2014

SHANGHAI INFORMATIZATION

上海信息化年鉴

上海文化出版社

青橙
qingcheng.com
青橙NX
工艺更精湛的大屏手机
全金属一体成型
1.7GHz同步真八核
5.5英寸FHD屏
1300万+500万双相机
2GB RAM+16GB ROM

2014年4月19日，青橙CEO王迅和著名艺术家王小慧　为青橙手机线下体验店揭幕。

2013年10月21日，全球首款真八核手机——青橙NX发布。

2013年5月30日，青橙推出全球首款个性定制手机青橙N1。

深度体验，所有定制

在C2B模式基础上，青橙2014年实现了国内首家手机O2O销售模式，打通了线上线下两个销售体系。在一站式的青橙体验店，用户可以深度体验手机定制所有环节，从而极大推升了青橙定制手机的在线销量和影响力。

产品蓝海，户外手机

在商业模式创新之外，青橙产品创新硕果累累。2014年9月，青橙开辟蓝海，将推出户外运动手机。这一产品，从手机行业竞相比拼价格和配置的惨烈竞争中突围，以其倡导的健康生活、快乐运动理念，适应了当代中国消费升级的潮流，为整整一代向往户外和个性旅游的年轻人，打造专属自己的健康手机。

颠覆行业，创新品牌

自2012年4月青橙品牌正式推出以来，青橙始终保持着行业颠覆者和品牌创新先锋的美誉。2013年5月，青橙推出全球首款定制手机N1；同年10月，推出工艺更精湛的大屏手机NX。2014年4月，青橙推动中国首家O2O体验店落户上海；同年9月，拟推出中国首款户外定制手机，为互联网行业吹进健康产品之风。未来，青橙将继续以“为用户提供极致产品、打造国人自豪品牌”为愿景，致力于向全球输出中国品牌影响力，致力于通过技术突破和模式创新实现产品的高附加值。

《2014 上海信息化年鉴》编纂委员会

《2014 上海信息化年鉴》编辑部

2013 年 10 月 25—31 日，由上海市智慧城市建设领导小组办公室、上海市经济和信息化委员会主办的“2013 年智慧城市体验周”活动在上海举办。本次活动设八大主题日，内容涉及交通、医疗、教育、政务、产业、社区、信息消费及信息安全，给市民带来不一样的智慧新体验。

2013 年 11 月 25 日，全国社区公共服务综合信息平台建设推进会在上海市徐汇区召开。与会领导参观了徐家汇街道社区事务受理中心，调研受理中心信息化建设，工作人员具体介绍了社区事务受理、智能社工、绩效评估、民生数据分析等系统。

2013年11月5—9日，第十五届中国国际工业博览会在上海新国际博览中心举办，共有来自25个国家的1979家展商参与了此次展出。此次展会包括数控机床与金属加工、工业自动化、工业环保技术与设备、信息与通信技术运用、新能源与电力电工、节能与新能源汽车、工业机器人、科技创新、航空航天技术等九大专业展。

2013 年 11 月 13 日，第十一届中国国际半导体博览会暨高峰论坛在上海开幕。本届大会以"应用引领、共同发展"为主题，围绕智能终端、可穿戴设备、物联网、智慧城市等热点应用领域，全面展示了半导体产业链上下游的新技术、新产品以及国家科技重大专项（01、02 专项）重点支持的研发成果，吸引了超过 200 家国内外知名企业参展。

2013 年 7 月 25 日，第十届中国国际数码互动娱乐展览会（China Joy）在上海开幕。本届展会吸引了中、美、日、德、韩等 20 余个国家和地区的 300 多家互联网娱乐产业相关企业参展，展出面积为 7 万平方米，规模创历届之最。

2013 年 12 月 21 日，第十二届"上海 IT 青年十大新锐"评选活动落下帷幕，腾讯科技（上海）有限公司总经理张立军、上海航天局第八一一研究所副所长刘勇等十人当选为第十二届"上海 IT 青年十大新锐"。

2013 年 10 月 30 日，第十届上海市优秀 CIO（信息主管）及信息技术优秀应用成果颁奖典礼在上海举行。经过四个多月的单位推荐、专家评审、无记名投票、网上公示等环节，最终评出 2013 年度上海市优秀 CIO 10 名，信息技术优秀应用成果 10 项。

2013 年 6 月 5 日，由上海市通信行业协会、上海市通信学会、上海市互联网协会及中国电信上海公司、中国移动上海公司、中国联通上海公司联合发起并主办的第六届上海通信发展年会在上海召开，主题为“通信与大数据”。

2013 年 9 月 14 日，在中国太平洋保险(集团)股份有限公司上海田林信息技术中心举行“中国太保 2013 年信息系统应急演练暨上海市信息安全示范性应急演练”。本次演练由上海市网络与信息安全协调小组办公室与太保集团联合举办，全市 120 家信息安全重点单位及本市保险业相关单位代表近 150 人现场观摩了此次演练。

2013年5月10日,“以学定教,打造优质课堂的网络教研暨四校签约结对会”在杨浦区教师进修学院附属中学举行。图为江浙皖沪四地网络结对学校校长与杨浦区教师进修学院共同出席班主任实训基地建设启动仪式。

开放教学数字化实验室建设第一期工程竣工。图为开放教学数字化实验室。

上图：上海师范大学教师代表赴美国高校进行 IT 技术交流；下图：上海师范大学教职工信息技术培训现场。

2013 年 6 月 28 日，由上海市经济和信息化委员会、上海市宝山区人民政府主办的上海移动互联网产业基地开园仪式在宝山博济智汇园举行，各区县分管领导及移动互联网产业发展联盟成员单位参加了大会。

目　录

Contents

特　载

要　论

总　述

第一编　信息基础设施

综　述

第一章　专业规划与重点工作

第二章 公共信息基础设施

第三章 信息网络设施

第二编 信息产业

综 述

第一章 信息产品制造业

第二章 信息服务业

第三编 政务领域信息化

综 述

第一章 政务信息资源与基础支撑系统

第二章 重点业务系统建设和机关信息化

第四编 经济领域信息化

综 述

第一章 信息化与工业化融合

第二章 农业信息化

第三章 金融信息化

第四章 电子商务应用推广与产业集聚

第五章 旅游和会展信息化

第五编 社会事业与公共服务领域信息化

综 述

第一章 市政府实事项目

第二章 社会事业领域信息化

第六编 信息安全

综 述

第一章 信息安全管理

第二章 信息安全服务

第七编 信息化环境

综 述

第一章 信息化政策法规

第二章 信息化人才工作

第三章 信息化研究与咨询

第四章 信息化宣传

第五章 行业(专业)协会发展

第二章　徐汇区信息化建设

第三章　长宁区信息化建设

第四章　普陀区信息化建设

第五章　闸北区信息化建设

第六章　虹口区信息化建设

第七章　杨浦区信息化建设

第八章　黄浦区信息化建设

第九章　静安区信息化建设

第十章　宝山区信息化建设

第十一章　闵行区信息化建设

第十二章　嘉定区信息化建设

第十三章　松江区信息化建设

第十四章　金山区信息化建设

第十五章　奉贤区信息化建设

第十六章　青浦区信息化建设

附　录

2013 年上海信息化建设大事记

评优表彰

统计报表

软件企业认定和产品登记名单

特别鸣谢

特　载

要 论

促进产业发展和信息化工作转型升级

——在上海市经济和信息化委员会调研时的讲话(摘录)

从上海现在转型发展来看,基本上还只是开局,还没有找到一条创新驱动、转型发展的顺畅道路。当前转型升级有点磕磕碰碰,思想认识、观念和很多工作方式还在转变过程之中。市经信委下一步要在前一阶段工作基础上进一步按照市委、市政府要求,总结经验,拓展思路,以利再战,转变发展方向,促进产业发展和信息化工作转型升级,为做好全市改革发展稳定工作做出更大的贡献。

一、吸引和培育新兴领域企业在上海发展

上海要转型升级成功,在市经信委工作领域,要有一批新的企业,有一批新的产业,甚至出现一批新的行业、新的业态来做大做强。多年来,上海没有在全国冒出引领发展的领军人物,老品牌不断衰落,新品牌又做不出来。北京、广东、江苏这几年冒出了一批新的企业,在一些新兴领域占据了很大份额。转型发展要以市场为导向,如果没有一批引领行业、掌握最新技术和商业模式的企业,上海的创新驱动、转型发展就会大打折扣。

进入后工业化时代,上海需要在高新技术领域,在战略性新兴产业领域,在一些新服务领域做大一批领军型企业。除了支持宝钢、汽车、石化、大电气等传统工业企业,市经信委也要勇于面对如何扶持新业态发展的问题。要培育像腾讯、阿里巴巴等新业态的企业。在实际工作中,与抓传统产业不同,要加强思路的拓展,完善环境的塑造、参与市场的竞争,培育和吸引此类企业到上海发展,推动此类企业成长壮大。市经信委要能够提出问题,组织研究,协调其他部门一起解决新业态发展问题。

二、制造业发展聚焦调结构、促转型

上海制造业发展要聚焦转型。这几年工业发展速度慢些不可怕,可怕的是产业结构没有加以调整。要按照"十二五"规划里的产业结构进行调整转变的目标和任务,全力做好"三化一融合"工作。要重视发展高端制造业和服务业。高端制造业对于一个地方的财政收入、中产阶级的成长、收入的均衡化非常重要。制造业里的创新能力、新技术都有一定周期,上海土地资源有限,面对制造业向高端转移的趋势,一定要加大推进力度。市经信委要牢牢看着你们的地,守着你们的碗,不能因为工业发展速度放缓,制造业碰到困难,就放松产业结构调整的强度和节拍。

在工业领域,我们还希望能够涌现一批创新型、科技型、有技术含量的中小企业。中小企业不一定都需要变成大企业,但要在某一个领域里做到技术与产品领先,占有较大的市场份额。近年来,上海扶持了一些战略性新兴产业企业,有些项目不是一两天能够完成,需要咬牙坚持。大型企业市经信委要大力支持,"专精特新"中小企业也要大力培育,以形成企业结构和制造业结构相互

配合的局面。市经信委要高度重视、坚定不移地推进制造业调整、转型发展。在实际工作中,需要进一步解放思想,放大胆量,抓好两头,抓住高精尖,调动相关部门资源做大事,同时充分发挥市场的基础性作用。

三、解放思想,利用各方资源推动产业发展

市经信委要进行国内外产业结构比对研究,抓紧拾遗补缺,敢于支持像高端医疗设备之类填补产业空白的产业。同时,要善于利用世界各国的资源和力量,推动各种所有制企业参与合作。培育新型制造业企业要利用全国、全世界的资源,可以先从销售渠道、产品服务突破,再完善研发,逐步推进国产化。从发达国家的经验看,也是充分利用社会资源等各方面力量,包括外部采购、外包加工,甚至委托设计来推动产业发展。比如美国 NASA 的太空旅游业,韩国利用日本的"星期六工程师"来进行人才引进。市经信委需要更多思考如何组织、调动各方资源开展工作。工业、制造业的问题必须紧抓不放,政府下决心支持上海的工业向高端制造业集中。我们要通过政策倾斜来推进支持像华虹这类的企业利用国际人力资源,以及零部件配套的能力,来寻找适合新形势的发展模式和道路。上海要创新驱动、转型发展,根据新情况敢于突破,以新思路、新模式、新方法来支持制造业发展。

四、抓住机遇、先行先试,推进信息化发展

发展信息化要抓住机会,做大应用项目。企业层面要创新理念,敢于投入,通过信息化提高管理水平、提高效率、降低成本、降低风险。政府层面要加强规划设计,通过智慧城市建设继续推进人口库、法人库等的应用,通过一些大的应用项目来推动政府工作效率的提高。市经信委可以主动提出一些解决应用和管理的问题的办法,通过这些问题的解决,进一步统一思想,提高大家对信息化工作的认识。信息化工作首先要打基础,可能需要几年时间推进像光纤到户等基础性工作,一些基础性工作不到位会影响整体突破,一定要坚定不移地推进。信息化工作事关全市大局,得到了国家工信部大力支持,上海要争取先行先试,通过智慧城市建设继续推进信息化发展,利用信息化手段加强舆论宣传,推动上海经济社会发展。

上海一直没有大的软件企业,需要认识并研究我们存在的差距。思想不够解放,对新事物不敏感,或知识条件不够,可能就会错过发展机遇期。当前,上海要抓住机遇发展软件信息服务业,特别是抓住无线互联网的技术,谋划无线互联网发展,关注先导性企业,带动相关互联网企业和服务业。之前,我们对 3G 估计太高,现在对 4G 要提高评估水平。教育和现代产业发展已日益紧密,推动产业发展要通盘考虑包括教育、人才培养在内的完整产业链。

五、完善工作体系,服务中小企业

很多国家有中小企业局,专门为中小企业提供服务。上海扶持中小企业要形成一个良好的服务体系,充分利用社会组织,购买服务,解决中小企业发展中面临的问题。科委已经在运作企业孵化器、苗圃、加速器,市经信委要一起参与融合协作。市经信委要和科委、国资委、商务委,包括发改委等各部门之间形成合力,建立一套工作机制。对于中小企业的扶持还要发挥民营企业的特点,调动民营企业的积极性,把民营企业吸引到创新转型过程中来。

六、勇于探索，进一步发挥社会信用体系作用

上海发展服务经济和新经济离不开社会诚信体系，只有好的法律环境和诚信环境才会营造好的市场环境。建立和健全社会信用体系对政府自身建设要求很高，对整个社会建设也会起到很大的导向作用。在这方面碰到问题要正确引导和疏导，敢于说话，敢于革命，敢于提出不同意见。之前的社会信用体系方案是十年之前就想做的事，认识水平还落后了一些。当年政府部门各自独立推进的决心不大，阻力较大。今后涉及全市性的社会信用体系工作中的问题，市经信委要调动市征信办、法制办、发改委等相关部门的资源来共同解决。

七、继续支持战略性新兴产业发展

战略性新兴产业如果大方向没错，即使现在市场不够好，也要把人留住，队伍留住，公司留住，产品留住，帮助企业渡过难关。但是，我们也要避免类似无锡某些企业那样的情况发生，要加强服务的监督，承担一些风险，宽容失败，不能否定“无心插柳”所取得的项目的成功。

八、推动政府职能转变，发挥行业协会作用

政府职能转变工作艰巨，但决心也很大。行政审批要根据国家有关规定进行简化、删除和备案。职能转变对上海市政府来讲，要围绕创新驱动、转型发展进行运作。职能转变不能泛泛而谈，要结合上海的创新，把社会的创新热情和积极性调动起来。职能转变涉及我们的思想理念、我们的工作方式、我们过去熟悉的一套流程，包括内部形成的一套工作机制。敢于下决心进行流程再造才能够促进职能转变。流程再造涉及实际分工、权利调整，需要认识到位、态度坚决，工作扎实，按照创新驱动、转型发展的要求，按照新型工业化以及“两化融合”的要求，按照建立高效政府的要求，下决心转变政府职能。

老的市经委具有优良传统，也面临新形势、新环境下的不适应问题，需要在坚持好传统的基础上研究新思路、新方法。上海在进行行业管理过程当中，要更多通过服务，更多通过市场化机制，相信市场的力量，发挥行业协会的作用。要采用新方式、新手段加强行业管理工作，完善行业标准、行业规范和行业淘汰机制。市经信委要开展行业管理新理念、新思路和新途径的研究。

此外，经信工作党委要加强党的领导，为相关挂靠央企等企业搞好服务，结合委内其他工作，及时进行协调和沟通，为企业解决碰到的困难和问题。

市政府对市经信委委予重任也寄予厚望，既给任务、给压力，也给关心和支持，希望经信委在上海下一步持续发展中起到更大作用，为创新驱动、转型发展更好地工作。

（上海市市长　杨　雄）

正确认识和把握信息安全形势　确保重要领域信息安全

——在5月6日市政府召开全市信息安全保障工作会议上的讲话

一、正确认识当前信息安全形势

近年来，在各有关方面的共同努力下，全市没有发生重大信息安全事故，城市信息安全态势总体可控，经受住了2008年北京奥运会、2010年上海世博会、2012年党的“十八大”等重大活动的考验，工作成效有目共睹。然而，随着信息网络的快速发展以及新技术的广泛应用，信息安全日益成为各方关注的焦点，安全形势日趋严峻和复杂，主要呈现出以下三方面特点：

（一）从国际看，信息安全日益成为国家之间战略博弈的焦点领域

近年来，网络安全领域的国际竞争和对抗日趋激烈。2012年美国国会对华为和中兴公司的信息安全审查事件，近期菲律宾、马来西亚之间的网络攻击事件等都表明网络与信息安全日益成为国与国竞争和对抗的焦点，网络战离我们已经不再遥远。

同时，国际黑客活动也日益猖獗。近期，韩国遭到了大规模的网络攻击，部分广播电视网络和金融机构网络瘫痪，超过3.2万台计算机和大量ATM提款机无法启动，造成了巨大的损失，给我们敲响了警钟。

当前，世界各国都高度重视网络与信息安全。美国、欧盟、俄罗斯等国家和地区加速完善网络审计及信息安全政策立法工作。美国总统奥巴马特别签署行政命令，提高关键基础设施网络安全；俄罗斯也出台了关键基础设施防护政策优先方向。可以说，维护信息安全已经成为各国捍卫国家主权和保障自身安全的核心内容之一。

（二）从国内看，我国重要信息系统面临的安全风险日益加剧

通过近十年的信息安全建设，我国信息安全保障体系框架初步形成，但一些深层次矛盾和问题依然存在。

1. **关键信息技术产品受制于人**　据近期的检查发现，银行、证券、保险、通信等重要行业100%的高端服务器、存储设备和操作系统，90%以上的核心网络设备，工业控制系统中85%的核心控制设备和软件均为国外产品。这些已经大量使用的国外技术产品是否存在漏洞与后门，我们底数不清，安全隐患严重。

2. **重要网络和信息系统防护薄弱**　据工信部抽查发现，我国63%的业务系统，33%的政府网站，17.5%的服务器，23.2%的网络设备，26.2%的终端计算机存在高危风险漏洞，大部分漏洞可被利用，进而实施攻击破坏。

3. **关键基础设施工业控制系统面临的安全威胁逐步加大**　石化、电力、轨交、供水供气、钢铁、有色、化工、装备制造等关键设施工业控制系统越来越多采用通用软件、通用协议，并以各种方式与互联网等公共网络连接，病毒、木马等正在向工业控制系统扩散，安全威胁日益凸显。

（三）从上海自身看，城市发展运行对信息安全提出了更高要求

一方面，“四个中心”和国际化大都市建设高度依赖信息安全保障。上海要推进创新驱动、转型发展，真正当好改革开放的排头兵和科学发展的先行者，必须加快推进“四个中心”建设，而金融、贸易、航运等重要领域均离不开信息化，需要安全、稳定、可靠的网络和信息系统作为支撑。同时，上海城市的运行安全也离不开有力可靠的信息安全保障。本市轨道交通、供电、供水、供气、城市管理以及工业生产等方方面面都离不开网络与信息化，一旦发生信息安全问题，对城市运行安全将产生巨大的影响。

另一方面，智慧城市建设的加快推进对信息安全保障工作提出了严峻挑战。伴随着智慧城市建设的深入，基础网络设施建设和信息化应用不断推进。目前，本市光纤覆盖已经超过650万户，WLAN总量超过2.2万处，数字健康档案、电子账单等应用也正逐步改善居民的生活。然而，信息化大步发展在给城市运行和市民生活带来效率和便利的同时，也给信息安全保障工作提出了严峻挑战。目前，钓鱼WiFi热点以及个人信息泄露等问题时有发生，对城市运行安全和个人信息保障构成严重威胁。总的来讲，现阶段信息安全保障能力仍无法与现实需求相适应。主要表现在：信息安全前瞻性研究不足、监管和服务手段相对薄弱、技术产业基础支撑能力有限、分散的资源投入与安全需求不相适应等。因此，要始终保持居安思危、如履薄冰的忧患意识，正确认识当前的信息安全形势，积极做好各方面的应对工作。

二、把握信息安全保障工作总体要求

（一）从战略高度理解信息安全工作的重要性

伴随着网络空间的不断演化，网络与信息安全不仅影响经济领域，更延伸至政治、文化和社会等其他重要领域，并已成为国家安全关注的焦点。在党的“十八大”报告中，提出了“高度重视网络空间安全”，“加强网络社会管理，推进网络依法规范有序运行”，并将网络安全提升到与粮食安全、能源资源安全同等的高度。因此，各级领导干部必须从经济发展、社会稳定、国家安全和公众利益的高度，充分认识信息安全工作的重要性和全局性，把信息安全问题放到更加重要的位置上，认真加以统筹和解决。

（二）准确把握信息安全发展的新趋势

一方面，信息安全与信息化体系的融合更加明显。近年来，英特尔收购迈克菲，EMC收购RSA等案例都表明，随着虚拟化、云计算、移动互联网的发展，网络与安全的边界越来越模糊，信息安全体系建设的重心从单独构建安全防护体系慢慢转向整个IT体系架构的协防，信息安全技术与信息化体系架构的融合已经成为必然趋势。另一方面，信息安全对现实世界的渗透也更加显著。随着传感器、智能控制等技术的发展，物联网应用日渐成熟，原先相对独立的互联网虚拟空间与现实世界的联系更加紧密，网络社会化的发展趋势日益明显。信息安全已经不仅仅是技术问题，更是社会化的综合问题，必须用体系化的方式加以应对。对此，我们要与时俱进，不断加深对信息安全发展规律性的认识，同时加强网络空间的社会化管理，进一步完善智慧城市信息安全保障体系。

（三）进一步明确信息安全保障的工作重点

国务院《关于大力推进信息化发展和切实保障信息安全的若干意见》指出，信息安全工作重点是要确保关键信息基础设施的安全，包括政府部门、能源、金融、交通等领域重要信息系统，电信网、广播电视网、互联网等基础信息网络，社会关键基础设施信息系统和重要工业控制系统等。这些关键信息基础设施一旦发生问题，对经济发展和社会稳定将产生不可估量的影响。因而，世界上各个国家和地区都把保障关键信息基础设施安全作为信息安全领域最重要的任务。2012年，我们对全市199家信息安全重点单位责任制体系进行调整和完善，逐一明确了责任人名单，就是要进一步明确智慧城市信息安全保障的重点和目标，落实信息安全工作的责任，确保关键信息基础设施的安全。

三、切实抓好信息安全保障重点任务

面对当前错综复杂的信息安全形势，要努力化解信息安全工作中出现的新风险、新隐患，积极应对不断涌现的新情况、新问题，努力做到与国家总体要求相适应，与上海智慧城市建设发展要求相适应，与城市信息安全保障体系内在要求相适应，进一步提升信息安全综合保障能力。要重点抓好以下三方面任务：

1. **加强信息安全顶层设计** 市网安办要加强统筹规划，做好城市信息安全保障的总体布局。一是加强信息安全的综合协调。由市网安办牵头，会同各有关部门，进一步理顺信息安全统筹协调机制，推进市区联动以及与金融、卫生、教育等行业领域协作配合，共同推动重点工作的落实。二是强化信息安全战略性部署和前瞻性研究。按照国家的总体规划，进一步健全和完善智慧城市信息安全保障体系；同时，针对云计算、物联网、移动互联网、大数据等新技术、新业态，加强信息安全风险评估和对策研究。三是推进信息安全法律法规及标准的建设。要加快本市信息化条例的立法进程，在个人信息保护、信息安全应急处置以及信息安全产品政府采购等方面开展标准规范的研究制定工作，探索信息安全服务评价机制，加强对信息安全服务机构的诚信管理。

2. **确保重要领域信息安全万无一失** 市经信委、市公安局、市国家保密局、市密码管理局等相关部门要加强协同配合，共同保障本市重要领域信息安全。一是充分依托本市199家信息安全重点单位责任制体系，强化落实信息安全等级保护、风险评估、安全测评、电子认证、应急管理、综合检查等基本制度和基础性工作，共同保障重要信息系统和基础信息网络安全。二是加强政府信息系统的安全管理。市经信委、市国家保密局要按照国家“一减二增三连”的总体要求，以政务外网信息安全保障项目建设为抓手，推进党政机关互联网安全接入工作。三是高度重视工业控制系统安全。市经信委、市安全监管局要探索建立面向安全生产的危险化工工艺信息安全检查制度；同时，相关行业主管部门要督促落实城市关键基础设施重要工业控制系统的安全防护和管理，定期开展安全检查和风险评估。四是强化信息资源和个人信息保护。根据全国人大《关于加强网络信息保护的决定》以及《公共及商用服务信息系统个人信息保护指南》的要求，加强对公共信息系统个人信息保护的监督和管理，开展个人信息保护试点示范。

3. **夯实信息安全工作基础** 市发改委、市经信委、市科委等相关部门要进一步统筹和整合资源，加大信息安全的资金和项目支持，完善信息安全保障环境。一是完善信息安全基础设施。推进信息安全监测预警、测评认证、网络信任以及综合服务等项目平台建设，提升信息安全综合保障水平，力争本市信息安全基础设施支撑能力国内领先。二是推动信息安全技术产业的发展。充分发挥政策和专项资金的引导和扶持作用，重点加强信息安全自主可控技术和产品的研发及产业化，并在本市战略性新兴产业中优先发展信息安全。三是加强信息安全宣传教育和人才队伍建设。继续开展信息安全活动周和技能竞赛，并将活动制度化、常态化，落实配套经费，增强全民信息安全意识；同时，加强信息安全专业人才的教育培训，完善多层次的信息安全人才培养体系，为本市信息安全保障工作提供人才和队伍支撑。

信息安全关系到政治安全、经济安全、社会安全和国防安全。我们务必要把信息安全放在更加突出的位置，增强责任感和使命感，全力以赴落实好信息安全保障各项工作任务，确保城市网络与信息安全，为上海“四个中心”和智慧城市建设作出新的更大的贡献。

（上海市副市长　周　波）

聚焦重点 形成合力 攻坚克难
加快推进本市信息基础设施建设

——在推进无线城市、光纤到户建设联席(扩大)会议上的讲话

市委、市政府高度重视信息基础设施建设，将其作为城市建设最重要的基础工程加以推进实施。本市“十二五”规划纲要明确提出要构建宽带、泛在、融合、安全的信息基础设施体系，成为国内网络带宽和服务最具竞争力的地区之一。2012 年 7 月，全市召开“推进智慧城市信息基础设施建设工作会议暨市无线城市建设联席会议扩大会议”，对本市信息基础设施建设工作，特别是公共场所无线局域网(WLAN)覆盖建设的工作目标和任务进行了具体部署。经过各个部门通力合作，克服种种困难，当前本市的信息基础设施建设水平基本达到了全国第一，向在座各位，特别是中央在沪单位表示感谢。

今天我们召开这个会议，主要总结回顾前阶段信息基础设施建设工作情况，落实国家近期有关信息消费及“宽带中国”战略的文件精神，进一步部署推进下阶段任务。

一、提升对智慧城市建设工作重要性的认识水平

上海在转型的过程中，靠什么代表中国参与国际竞争，靠什么保持我们的领先优势？硬件软件都要有。一是通过进一步改革开放，包括国家希望上海在中国(上海)自由贸易试验区(以下简称“自贸区”)中取得突破，是通过开放倒逼改革，为全国做出示范。二是智慧城市建设。如果我们没有达到世界领先水平，就无法参与竞争。信息通信技术(ICT)发展到今天，并不仅是一个技术的发展，它对产业的升级，对人民生活和工作方式的改变，对经济转型和社会进步，都起到非常重要的作用。推进政府自身职能的改变，实现社会网格化的管理，达到有效高效的目的。

要通过加强信息基础设施建设提升城市核心竞争力。从战略层面看，信息通信技术(ICT)及其基础设施是促进和带动产业升级、经济转型和社会进步的重要力量。国际金融危机爆发后，世界各主要经济体如美国、欧洲、日本、韩国、新加坡等，纷纷加大宽带网络等信息基础设施建设，为新一轮信息通信技术发展提供便捷、高效的发展环境，促进新技术、新经济、新业态、新模式发展，以期在后金融危机时代赢得竞争优势。党中央、国务院把信息基础设施建设作为新一轮国际竞争的重点领域之一。党的“十八大”提出要“促进工业化、信息化、城镇化、农业现代化同步发展”，国务院部署实施“宽带中国”战略，明确建设目标、任务和时间表，要求到 2015 年，初步建成适应经济社会发展需要的下一代国家信息基础设施。

从战术层面看，我想借用改革开放初期深入人心的一句话，即“要想富，先修路”。信息基础设施和高速公路、高铁、机场和港口等城市交通基础设施一样重要，只不过信息基础设施上运行的是信息系统和无法直接看到的信息。在全球化时代，信息已成为国民经济和社会发展的战略要素资源。我们不妨试想一下，上海如果没有高速公路、没有高铁、没有虹桥机场、浦东机场和洋山港，那上海还是今天的上海吗？同样，如果上海没有高效、便捷的信息基础设施，将严重影响上海的城市竞争力。如今许多跨国公司已将优质、高速、经济的宽带作为落户选址的重要参考。随着全球信息

化发展进入新的阶段，移动互联网应用已经广为普及，物联网、云计算渐趋成熟，大数据、可穿戴智能设备等新技术蓬勃兴起，这些新技术的应用基础就是高速互联、无所不在的有线和无线宽带网络。希望同志们像重视筑公路、铺铁轨、修机场、建港口一样重视信息基础设施建设。

上海要建设现代化国际大都市，必须积极对接国际竞争焦点，必须率先落实国家战略，将宽带信息网络作为可持续发展的重大基础设施进行优先布局，把推进信息基础设施建设作为争夺科技制高点和发展主动权的战略举措，全力以赴抓好信息基础设施建设各项工作。

二、清醒认识当前信息基础设施建设成绩和差距

“十二五”启动以来，本市以宽带城市、无线城市和通信枢纽为重点，全力推动信息基础设施建设，坚持建管并举，各项工作取得明显进展，管理措施不断完善，工作机制勇于创新。

应该说这几年上海在信息基础设施建设方面取得的成绩是有目共睹的。在建设成效上，上海宽带城市、无线城市等各项建设指标在全国继续保持领先水平，对比国家刚发布的“宽带中国”战略第一阶段（全面提速阶段：至2013年底）目标，上海已经全面超额完成各项指标任务。比如说，光纤到户覆盖能力和用户规模在国内城市居首位，城镇化地区覆盖比率接近100%，固定宽带家庭普及率超过60%；3G用户普及率达到38%，WLAN实现全市重要公共区域热点全覆盖，覆盖密度和规模在国内城市领先；下一代广播电视网（NGB）是国内最大的NGB网络；高清电视和高清IPTV用户全国第一，全面完成国家三网融合试点任务；宽带网速显著提升，不久前蓝汛公司发布报告称，上海互联网感知网速继续高居全国城市榜首。在管理机制上，上海出台了很多政策，创新了许多管理举措，这在全国都是首开先河的。比如在统筹规划方面，发布了国内首个基于城市建设坐标体系“公用移动通信基站站址布局专项规划”，并在全国率先开展编制城市信息基础设施布局专项规划，改变了原来电信运营商各自建设、资源低效使用的局面。在机制创新方面，率先探索建立了住宅配套通信设施的第三方专业维护机制，从机制上解决光纤宽带网络建设的“最后一公里”问题，确保各电信运营商平等接入，保障了居民对电信业务经营者的自主选择权。在规范收费方面，出台了针对物业不合理收费的相关规范性文件，对信息基础设施建设和运营过程中的收费项目和收费标准作出了明确规定。

但是，在看到成绩的同时，也要找准差距、认清不足。一是与国际发达国家和地区水平还存在差距。目前本市信息基础设施水平在全国处于领先，但对照“十二五”规划提出“建设具有国际水平的信息基础设施体系”的目标还有不足，和韩国、日本、中国香港、新加坡、美国等发达国家和地区相比还存在不小的差距，尤其在宽带速率、3G普及率、4G布局等方面还有很大的发展空间。二是与市民的网络通信需求仍有差距，市民的应用感知体验有待提升。以i-Shanghai为例，用户普遍反映认证环节过于烦琐，部分场所虽然已经开通服务但质量不佳，用户反映连接困难。另外，本市仍有部分区域3G移动信号不能完全满足通信需求，特别是在一些大型居住社区，由于地处偏僻或经过拆迁，移动通信网络覆盖基础较差，加上基站建设落地困难，造成网络覆盖质量不好，信号出现盲区。三是发展环境还不够完善。如光纤到户“最后一公里”还存在部分宽带经营垄断、签署排他协议、物业漫天要价等行业“潜规则”，个别小区物业或业主因不理解不同意实施改造，或设置较高进场费等门槛加以阻扰；个别基站设置程序不合规，市民对基站的电磁辐射有顾虑；电信服务资费结构还不够优化，资费构成不够透明等等。

三、聚焦重点，形成合力，加快推进下阶段信息基础设施建设

我们对智慧城市建设工作的推进，认识也不断在提升。我们建高速公路，政府投资大家都是能接受的。但是建信息高速公路，政府要出钱就不太可能。三家运营商基础条件好，又有这个实力，但是还是存在宽带最后一公里现象、郊区装宽带难等等，老百姓的需求应该放在首位。

信息技术更新快，政府支持信息项目风险很大，三家一家一根，也是重复建设。我们要制定自己的制度，降低成本，实现共享。几大运营商也要积极争取给上海更多的机会，眼光要放得长远，投资上海肯定有更多的社会效应和经济效应。信息共享重要，基础设施共享更不容易。维护方面已经达成共享。4G 的基站更大，很多专家也会有些安全方面的异议，如何实现资源共享显得更加重要和紧迫。

市经信委要敢于牵头，让全社会达成共识，形成支撑机制和创新办法，不断探索管理的新思路、新举措。联席会议要切实发挥作用，统筹协调，形成合力，共同解决问题。从建设四个中心，推进四个率先的高度，要深入研究一些难点热点问题，注重形成合力，把问题解决好，工作做好，确保全面完成“宽带中国”战略第二阶段(推广普及阶段：2014—2015 年)目标和本市“十二五”目标，实现信息基础设施从“国内领先”向“国际先进”的新跨越。

1. 全面落实国家《“宽带中国”战略及实施方案》 国务院近期印发的《“宽带中国”战略及实施方案》明确提出，宽带网络是新时期我国经济社会发展的战略性公共基础设施，将宽带网络建设上升到国家战略层面。一是明确法律地位，将宽带网络作为国家公共基础设施，要求将宽带网络建设纳入各地城乡规划、土地利用总体规划，强化宽带网络设施的建设和保护。二是明确发展目标，到 2015 年，城市和农村家庭宽带接入能力基本达到 20 M 和 4 M，部分发达城市达到 100 M。到 2020 年，城市和农村家庭宽带接入能力分别达到 50 M 和 12 M，发达城市部分家庭用户可达 1 G。三是明确发展阶段，分为全面提速阶段(至 2013 年底)，提高宽带网络接入速率，改善和提升用户上网体验；推广普及阶段(2014—2015 年)，加快扩大宽带网络覆盖范围和规模，深化应用普及；优化升级阶段(2016—2020 年)，宽带网络服务质量、应用水平和宽带产业支撑能力达到世界先进水平等三个阶段。四是明确任务措施，确定推进区域宽带网络协调发展、加快宽带网络优化升级、提高宽带网络应用水平、促进宽带网络产业链完善、增强宽带网络安全保障能力等五项重点任务，以及加强组织领导、完善制度环境、规范建设秩序等七个方面的配套政策。

信息基础设施包含了公用通信网、专用数据网、广播电视网并统筹考虑了信息化应用、信息安全等需求的综合性基础设施。一是本市信息化、通信主管部门要加强统筹协调推进，规划、建设、房管、环保等相关部门、区县政府等要切实加强协作配合，形成合力，共同推进。二是目前正在开展的全市国民经济和社会信息化“十二五”规划中期评估，谋划新三年的智慧城市建设行动计划，研究制定促进信息消费的实施意见制定过程中，应当吸收体现《“宽带中国”战略及实施方案》的要求。三是对照国家《实施方案》提出的各项指标和要求，将宽带发展纳入全市经济社会发展规划，主动对接并促进各项政策措施在上海落地。市经信委、市通管局要积极跟踪国家有关部门下一步出台的相关配套政策，全市相关部门也要做好支持配合，不仅要按时保质全面完成既定任务，还应根据上海经济社会发展情况适度超前。

2. 确保全面完成本市“十二五”各项既定目标 2013 年是本市推进智慧城市建设三年行动计划最后一年，也是“十二五”时间过半之年，各单位、各部门要对照“十二五”规划提出的信息基础设施建设目标，加快建设进程，确保全面完成。

继续加强光纤到户、下一代广播电视网(NGB)建设。全市的光纤到户已覆盖城镇化地区,NGB也覆盖了部分城镇。下一步,一是重点推进郊区特别是农村地区光纤到户和 NGB 建设,缩小城乡差距,推进区域协调发展。各电信运营企业和东方有线要加大投入,建设计划要向农村地区倾斜;市发改委要会同市经信委、市农委和市通管局研究提出落实电信普遍服务补偿机制的方案和具体政策措施,形成支持农村宽带发展的长效机制;相关郊区(县)政府也要高度重视,尽可能为农村地区光纤到户建设创造更有利的环境。二是进一步加强第三方专业维护模式的推广,市经信委会同市通管局、市发改委、市建交委、市房管局严格执行本市相关文件精神,切实加强实施过程监督,在全力做好新建住宅建筑通信配套设施第三方专业维护的基础上,重点推进本市大型居住社区通信配套工程的第三方统筹建设、统一维护工作;各电信运营企业要积极配合,主动对接,继续支持第三方专业维护工作的顺利开展。三是加快互联网城域网和骨干网优化升级。各电信运营企业要积极争取集团支持,提升骨干网容量和承载能力,推进城域网优化扩容,扩容网间带宽,保障连接性能,加快基于 IPv6 的接入网、城域网升级改造。

完善移动通信网络建设。移动通信网络已实现 3G 全市覆盖,下一步重点是对 3G 弱覆盖区域进行优化覆盖,并结合通信技术演进推进以 TD－LTE 制式为主的 4G 网络建设。一是各电信运营企业要加大宣传力度,加快虹桥商务区、国际旅游度假区以及自贸区等人流密集、服务业集聚、国际化形象突出区域的 4G 网络建设覆盖。二是确保基站建设有序进行。基站是移动通信网络建设的关键,要本着以人为本的原则,积极探索应用新技术,建设绿色、小型化和景观化基站,确保符合通信质量和生态环保的双重要求;按照公开透明要求,在居民区附近建设基站时,要主动征求居委会、业主单位和附近居民的意见,争取理解和支持。三是市无管局要在频段资源使用等方面做好服务支撑,要把好准入关,加强站址认定、验收、审批等环节的管理,确保基站建设符合规划、集约共建并满足环保要求;市规土局、市建交委等相关部门要重点在土地出让和地块开发过程中给予大力支持,确保符合公用移动通信基站站址布局规划的站址资源落地;各电信运营企业要进一步增强开放意识和大局观念,加大集约共建、资源共享的力度;市经信委、市通管局、相关部门、各区县要共同做好支持配合,保持上海在全国移动通信网络的领先地位。

推进无线局域网(WLAN)布局优化和服务质量提升。现在全市的 WLAN 热点数量已具有一定规模,下一步的重点是提升质量,改善用户体验。一是要继续把“i-Shanghai”市政府实事项目做细做实,重点研究解决网络连接、认证等当前用户关注的问题,争取做出品牌长期推广。二是鼓励各区县在 i-Shanghai 之外,结合区县各自特点扩大本区公共区域的公益性无线局域网覆盖,对全市公共区域 WLAN 布局进行有效补充和拾遗补阙。三是鼓励各电信运营企业在加大无线局域网建设力度的同时,积极探索技术模式和运作模式的创新,形成长效运行机制。

统筹互联网数据中心(IDC)建设。IDC 是支撑物联网、云计算、大数据存储和处理的重要应用基础设施,上海要结合开展的全市信息基础设施布局规划,统筹谋划 IDC 建设,特别在产业聚集的重点区域要有所布局。一是规划部门在设计和调整规划用地时应充分听取有关行业管理部门和企业的意见,促进 IDC 机房有效落地;二是各区县应主动设计配套政策,大力支持 IDC 产业链的健康发展;三是各电信运营企业要加大建设力度,利用云计算和绿色节能技术进行升级改造,提高 IDC 机房的能效和集约化水平。

3. 积极回应民声,营造良好发展环境 对民众关心、反映突出的共性诉求,要高度重视,主动改进,积极稳妥地处理好涉及群众切身利益的问题。一是促进电信资费透明及合理下降。围绕将上海建设成为“国内通信质量、网络带宽和综合服务最具竞争力的地区之一”的目标,各电信运营企业要积极从提升网络质量、改善客户服务、降低通信资费等方面加大工作力度，继续优化通信资费结构，进一步提高资费透明度，满足不同消费层次用户的实际通信业务需求。市通管局、市物价局要做好跟踪督查。二是做好面向公众的科普宣传。信息通信技术的特点是演进快，新技术层出不穷，要加大信息基础设施建设中公众普遍关注的问题如基站设置、电磁辐射、WLAN 使用、4G 网络等相关科普知识的宣传力度，要充分利用好网站、微信、微博和传统媒体等各种平台和渠道，宣传内容和方式要贴近生活、贴近百姓、通俗易懂，提高公众认知度和感知度。

（上海市副市长　周　波）

找准产业发展定位　实现工作效能提升

——谈新技术、新经济、新业态和新模式

关于“四新”，我们回答三个问题：一个是发展的趋势和规律，二是上海的基础条件和目标，三是路径办法和抓手，推进新技术、新经济、新业态和新模式发展。工作有了思路，就要抓到抓手。何谓抓手？比如哑铃大家都能举起，如果把同样重量的物质变成氦气球，体积就会很大，大家都很难拿走，因为它没有抓手。我们做工作也是如此，最怕瞎子摸象，仁者见仁、智者见智，要站在巨人的肩膀上，看到整体，登高望远，然后再落地，找到切入点、突破口与载体抓手，寻求突破。

经信委关注新技术不是实验室技术而是产业技术

产业技术要看未来的发展周期，长周期的新技术，有生命力、有市场接受能力的技术就是我们的新技术，不是越新越好，花钱做秀、摆谱，要发展有效益的新技术。但是有效益的新技术不是立竿见影的，也就是说新技术必须要有一个投资期。如现在电子技术做了很多研究，设定好集成电路从研发、核心制造到重大装备及整个服务，我们已有一系列集群，就要从这个行业的高度、从国际国内的高度来看。上海扶持电子信息产业发展，要遵循企业规律、行业规律，把大项目以及各个系统打通；下一阶段，要研究国际信息产业资产重组的课题，使国资改革达到能够参与国际合作竞争的水平，而推动产业结构调整最有效的方法是重组。

产业新技术关键是推进应用创新

如物联网理论，就是把生活中所有需要连接、能够连接的人和人、人和物连接起来，各种终端都能够打通。现在的技术已经突破了，重点是应用突破，接下来信息化建设就是要应用为王。上海在新一轮发展中，最大的优势是中心城市在各个领域的应用条件好，如果不用信息化，整个城市潜力就会受限制，应用信息化效果就非常明显。所以信息化工作要利用新技术，需要我们在实践中及时发现这些发展的新趋势、新亮点，即使是劳动密集型产业和都市型产业，也面临着用新的自动化技术，用好的品牌模式，把国有和民营企业融合发展，信息化进行技术改造等。就是说今天的新技术、新经济、新业态、新模式是使传统产业面临再生、脱胎换骨的机遇。老鹰到了40岁的时候会把自己的毛都拔下来，才能重新长出毛、脱胎换骨，继续生存下去，这就是个创新转型的绝好比喻。

上海有条件在发展平台经济上取得突破

整个消费品领域市场格局已经很清楚了，但是大宗商品网上交易还没有破题。按照我们国民经济 GDP 当中的分配比例，大宗商品底盘比消费品的底盘大得多。生产资料终端产品一部分用来作为最终消费品，一部分用来作为城市建设、国防、造机器的工作母机等用途，阿里巴巴再大也做不到这么多。所以大宗商品在上海做成大的世界级的品牌是有希望的。长宁区有一家在上海虹桥临空经济园区的企业，做大宗商品交易平台，撮合量已经达到 3 000 亿元。市领导很重视，要求

经信委会同相关部门与长宁区帮助他们解决问题。主要有几个方面：第一，给他们金融牌照，我们就要去调研金融牌照是什么概念，是第三方支付的许可，还是搞一个风投基金市里面注入，还是两者都有；第二，把政府公共信用信息服务平台跟他们对接，当然要在保证安全的情况下，大量的大宗商品信息足以分析我们各行各业的情况。

要发展同业联盟、异业联盟和产业联盟

异业联盟就是一根项链，把一颗颗散落在各处的珍珠串接起来。如医疗旅游就是把医疗、保健、体检、健康各领域联合在一起，再把旅行社、航运公司、旅游公司、旅游景点的资源连接起来。现在从海南一直到青岛、大连等一条线都在发展游艇码头，但是国家没有游艇码头行业协会，如果有可能牵个头把沿海的游艇一站站打通，也就是中国从南到北的沿海码头打通，然后在国际到达港再进行交流，这样中国游轮联盟就形成了。

还有我们城市的环保、道路交通的设施建设，这些事情的背后都是产业发展不够。产业发展不够，就是有需求没人投资，因为现在行业没理清楚，政策不清楚。按理说如果环保投入顺畅、政策到位，环保产业得到大发展，环保问题就会得到改善。如上海长江的集疏运搞了20年还没有起来，而欧洲内河集疏运、近海运输和远洋运输都严格标准化分工，可是我国的政策都不一样。当然方向盘在中央的部委手里，但是我们要善于主动踩油门。

要找到发展的方向和模式

经信委最大的优势是有业务的主导权，我们做得好，上海的财政资金、国有资金的收益等完全可以进行一个结构调整，就是持股比例的市场化调整，包括搞几个大的上市公司。然后上海可以拿几千亿投入到战略性新兴产业。关键是往哪里投要搞清楚，要有发展模式的预判。所以我们才需要细分，需要懂新经济、新技术、新模式，需要有新的团队、新的知识和新的体制。如大数据在宏观管理、制造业、农业、商业、金融业、医疗等领域广泛应用，上海要从多方面推进大数据发展，包括从科研攻关角度研究大数据领域基础技术、基础决策模型，推动面向电子政务、交通、卫生、金融、互联网等领域的大数据应用。又如信息消费涉及电信开发商、运营商、应用商，产业链条要协调可持续，通过创新释放能量，形成竞争合作、健康有序的关系。

要立足未来抓好新经济

上海讲金融中心、航运中心，国家有政策，有了金融中心、航运中心，贸易中心就已经包含在里面了。发展贸易的一个重要办法就是部市合作。我们要主动去想事，才能有更多的主动权。我们经信委现在无论做什么工作都不能缺少一面旗帜，比如智慧城市建设除了宽带网络建设、“两化融合”等，要有能够引起关注的大旗。我们在国际经济中心建设方面就要不断的破题、解题，比如是不是上海有了航运中心、贸易中心、金融中心，我们自然就是经济中心，我想最多也是约等于。

经信委站到了上海未来的十年、二十年、三十年改革发展创新转型的历史关键时期，这个时候我们一定要做一些事半功倍的事情，一定要抓大放小，一定要立足于未来去抓经济，而不是为过去打补丁。为未来而不断开创，过去的问题就迎刃而解；如果就问题抓发展，我们始终处于被动局面。当年杨浦提出知识杨浦，如果就事论事搞工业改造、旧区改造只是解决了过去的一页，翻不开新的一页。提出了知识创新区的概念以后，杨浦的地价、人气都不断提升。区干部的精气神的提升带动

杨浦不断寻求知识、文化、产业创新，产业结构调整、旧区改造也就不断跟进。

我们要通过教育实践和“四大活动”，找准历史方位和定位，认真履行我们的职能，开拓创新、转变作风，实现工作效能的提升。

（上海市经济和信息化委员会主任　李耀新）

大数据时代的挑战与机遇

——在中国信息化百人会第四次专题研讨会上的讲话

大数据作为新兴产业热点，在美国政府“大数据”计划的引导和IBM、甲骨文、EMC等跨国企业的推动下，成为继云计算、物联网之后信息技术领域的又一亮点。据开源分析机构Wikibon预计，2012年全球大数据企业营收为50亿美元，未来5年的市场复合年增长率将达到58%，到2017年将达到500亿美元。IDC则预测大数据技术与服务市场将从2010年的32亿美元攀升至2015年的169亿美元。产业界对大数据的发展前景充满信心，然而从全球总体发展情况来看，大数据当前还处于起步阶段，理论研究快于产业发展，厂商宣传多于实际应用。加快研发大数据关键技术，布局大数据产业链，推动大数据示范应用，对抢占新一轮信息产业发展制高点，具有重要意义。

对发展大数据的认识

通过发展大数据助推上海改革开放进程。“十八大”之后，上海改革开放新的发展阶段拉开了帷幕。前三十年的开放以浦东开发开放为代表，这次以创建自贸区为标志翻开新的篇章。其突破口是接轨世界，更加遵循国际化、市场化的规则。从法律层面、制度层面和经济各个层面，特别是新技术层面，全面对接国际发展的惯例、规律和趋势，为未来的发展打开了一个时间天窗、一个机会天窗。看起来自贸区只有28平方公里，但是它的意义是巨大的。我们也面临着很多任务，在工信部的直接支持下，在保证国家安全、公共安全的前提下来推动进一步开放和扩大国际交流与合作。有专家建议，自贸区里面也可以探索如何在确保数据安全的情况下，再打造数字保税服务区。接下来，首先是在学术和专业层面上进行探索和研究，然后再进入项目实际论证、政策协调及工作推进阶段。

发展大数据任重道远。尽管今天互联网经济和经济互联网都在快速发展，但是以物联网为例，按照最终实现人和物、物和物的相互连接，目前只完成了1%，还有99%的东西没有连接。也就是说大数据时代已经来了，但是真正的汪洋大海还在未来，还有很长的路要走，任重道远。同时，大数据真正的价值在于科学收集数据，突破现有数据信息孤岛，突破在经济、社会和公共领域里面出现的信息障碍，这些问题解决好，互联网经济才能发展。

需求是发展大数据最大的动力机制。当前大数据发展有一个动力机制，就是大家已经充分看到了大数据发展趋势对我们已经产生了积极的影响，有极大的吸引力。以“车联网”为例，专家认为，一座城市如果把“车和车、车与人”充分互联的话，从理论上可以提升城市道路通行能力270%。也就是说上海这样一座城市，如果把“车联网”真正发展到位了，车子翻一倍，不增加道路面积，车况、路况还会有好转。“智慧交通”是一个重要的话题，我们有足够的理由必须予这个领域以极大的关注。

发展大数据挑战政府的创新学习能力。在发展的阶段中第一步是政府要带头，政府要有足够的敏锐性捕捉这些趋势，从我们自身来说也要加强学习，向专家学、向理论学、向实践学。移动互联网、信息高速公路的发展越来越大、越宽、速度越快，但是从用户的角度来说，希望越便捷越好，而从服务供应商来说希望要有利用率。所以我们就要解决在安全、规范的前提下保护好各方利益的问题。既要保证信息通讯提供者有一个加快发展的力度和决心，又要保证在硬件建设之后有足够的车在信息高速公路上走，所以要发展内容产业。同时，在这个发展过程当中的不均衡、城乡之间的差别、领域区域的差别造成了局部通讯的拥堵，所以服务质量就成了社会公众关注的问题。我们需要从法规、政策、服务、管理各个方面理顺关系，使行业能够持续健康的发展。每个阶段会碰到不同的问题和瓶颈，内容产业的发展，包括现在的“三屏合一”等等，现在排上了议事日程，很多相关的新经济、新业态、新模式将如雨后春笋、日新月异。

上海发展大数据的优势

上海的大数据产业起步较早，在某些领域积累了一定的优势，具体体现为“一个先行，三个优势”。

企业先行先试。上海许多具有技术前瞻性与国际化视野的公司已经率先发力大数据技术研究、产品研发与模式创新。恒尧信息、云高信息、华存数据等一批企业在面向对象的数据库、分布式存储、分布式内存计算等大数据关键技术以及面向行业应用的数据模型等技术领域率先投入。聚胜万合、易传媒、分享传媒等互联网企业在基于互联网领域的大数据研究与商业模式创新处于国内领先水平，已经成长为行业龙头企业。

数据资源优势。上海信息化水平处于全国领先位置，已经积累了大量的历史数据。特别是近年来重点推进云计算、物联网、移动互联网产业的发展，数据采集更是“无处不在，无时不有”，为大数据应用提供了基础性资源。上海拥有全球最大的医联共享工程，4 000 万张交通卡，2 600 万手机用户，覆盖千万级城市部件的社区管理网格化平台，中国电子商务购买力前三甲省市等，为大数据创新提供资源优势。

IT 产业优势。在 IT 行业应用系统研发与服务提供方面在国内占据优势，大智慧、益盟信息、万得资讯、东方财富等企业面向全国金融数据服务；华腾软件、亚太计算机、银联商务等面向金融、石化等行业提供交易、清算服务；众恒信息、新泰信息、美达信息等面向全国提供实有人口数据；电科智能等企业在交通信息处理领域处于全国领先位置。全国具有影响力与市占率的 IT 解决方案提供商为大数据面向领域应用提供基础性保障。

科学研究优势。大数据产业是信息技术、数学、经济学以及相关应用科学的多学科、多产业融合的新兴产业。上海拥有数量众多的高等院校、研究院所，聚集了一批国际国内顶尖的科研人员，为产业发展提供人才保障。以智能交通的大数据应用为例，需要计算机软件、电子、通讯、应用数据、数据挖掘、交通工程、管理工程、运筹学等高端人才参与，建立流量研判、道路疏导、楼宇规划、道路管制应急响应、特征车辆检索等一系列的数据模型、算法、程序实现以及支撑决策的应对措施建议。

上海大数据应用案例

在公共服务和社会领域，上海将大数据广泛应用于公共服务、城市管理、应急响应、商业分析等各个领域，有效促进了智慧城市建设。

数字健康工程。以市民电子健康档案为重点的卫生信息化建设稳步推进，已完成市级共享交换平台和 6 个试点区共享交换平台建设，初步实现了试点区县平台和市级平台的互联互通以及跨区县、跨医疗卫生机构的业务协同；各市级医院积极推进移动医疗、临床路径、电子病历建设，并通过建设“一站式付费”系统，方便市民看病就医。

智能交通工程。建设完善交通综合信息平台，扩大信息覆盖范围，实现与闵行、虹桥枢纽等区域交通综合信息平台的互联互通，通过网站、车载导航、声讯热线、智能手机、触摸屏和电视广播等渠道，为公众提供道路通行状况等动态交通信息服务；推动公共交通信息化，在浦东公交公司实施智能集群调度试点，开展电子站牌试点及公交车辆营运信息发布试点。

网格化管理。将城区网格化的管理范围拓展至闵行、宝山、嘉定、青浦、松江、奉贤、金山、崇明等郊区县城市化区域；结合闵行区“大联动”的成功经验，加强城市管理与社区治安、教育、卫生、工商等其他社会管理联动。

政府信息资源开发共享。出台了关于上海市开展政府信息资源向社会开放工作的实施意见，推进 9 家试点单位（市公安局、市工商局、市住保局、市规土局、市建交委、市交港局、市卫生局、市商务委、市统计局）编目和开放工作，建成市信息资源服务平台（一期）。截至 2013 年 3 月底，目录管理系统汇聚了 9 家试点单位 563 条目录共计 5 869 个数据项；数据服务门户开放了 206 个数据产品和 16 个数据应用，共计 23 万余条数据，部分数据已经被一些信息服务企业加入其产品。政府机构把正面清单、负面清单进行信息的整合和共享，打破了信息孤岛。过程是艰辛的，但是结果是可喜的，前景是美好的。

积极推进大数据应用及产业化实践

上海将大数据作为新一轮科技竞争和产业竞争的战略重点和制高点，在《战略性新兴产业发展“十二五”规划》中，明确支持大数据产业发展。市经信委会同相关部门，正积极着手研究制订推动大数据发展的措施。近期将重点开展以下四方面工作。

围绕数据的生命周期，研发大数据关键技术。以数据分析技术为核心，加强人工智能、商业智能、机器学习等领域的理论研究和技术研发，夯实发展基础；加快非结构化数据处理技术、非关系型数据库管理技术、可视化技术等基础技术研发，并推动与云计算、物联网、移动互联网等技术的融合，形成较为成熟、可行的解决方案；面向大数据应用，加强网页搜索技术、知识计算（搜索）技术、知识库技术等核心技术的研发，开发出高质量的大数据产品，并与数据处理技术相结合，为实现商业智能服务提供技术支撑。

以软件和信息服务为核心，打造大数据产业链。一是推动以企业为核心的产学研用合作，加快提高非关系型数据库管理系统、分布式文件系统、分布式处理系统、数据挖掘与分析软件、商业智能软件、多媒体加工处理软件、可视化软件等软件发展水平，为大数据发展和应用奠定基础；二是鼓励软硬件企业和服务企业应用新技术，与信息内容服务相结合，面向实际的大数据应用提供具有行业特色的系统集成解决方案和数据分析服务；三是基于开源、开放操作系统或应用平台，整合优势资源，聚集一批有实力、有特色的中小互联网信息服务提供商，加速本土化信息服务的开拓与整合，形成良性发展的生态系统；四是利用中文语言优势，结合云计算技术与服务，加快中文数据采集、汇总与分析，加快开发和建设中文知识库、数据库与规则库，为实现数据服务、智能服务提供后台内容支撑；五是以数据处理软件为支撑，培育形成一批具有较高集成水平、较强市场能力的大数据解决方案提供商，为大数据在各行业领域的应用提供成熟解决方案。

以智慧城市建设为契机，加速大数据示范应用。一是面向医疗、交通、公安、消防、气象、互联网等数据量大的领域，引导行业厂商参与，大力发展数据监测、商业决策、数据分析、横向扩展存储等软硬件一体化的行业应用解决方案；二是面向智慧城市建设和市民生活服务需求，加快推动大数据在智慧城市建设以及面向个人的互动娱乐、生活服务领域的应用，不断提升数字内容加工处理软件等服务发展水平；三是推动行业数据的深加工服务，鼓励传统工业和服务业企业运用大数据技术，对行业数据进行深度加工，建立基于不同行业领域的专业数据库；四是推动传统企业和大数据研发企业深入合作，依托行业数据库，提供深度数据挖掘、分析等增值服务，培育一批面向行业的专业数据服务商。

聚焦产业核心要素，优化完善大数据发展环境。一是加强大数据应用背景下的信息安全研究，应对好大数据应用可能带来的信息安全风险；二是加快培育大数据企业，支持大数据相关企业享受软件企业优惠政策，鼓励认定高新技术企业、技术先进性服务企业等；三是壮大上海大数据专业人才队伍，鼓励高等院校和企业培养和引进大数据人才，享受软件研发团队奖励、企业股权和分红激励、“千人计划”等专项人才奖励计划；四是提升政府信息和数据的公开水平，完善信息公开利用体制机制，以政府掌握的行业和企业数据为切入点，推动信息资源开放共享，夯实大数据的应用基础；五是加大财政资金扶持力度，在云计算专项工程、高技术服务业专项、软件专项资金、服务业引导资金中重点支持大数据技术研发和产业化应用。

（上海市经济和信息化委员会主任　李耀新）

总 述

2013 年上海市国民经济和社会信息化工作综述

2013 年是本市智慧城市建设收官之年，全市围绕《上海市国民经济和社会信息化“十二五”规划》和《上海市推进智慧城市建设三年行动计划》，按照“创新驱动、转型发展”的总体要求，将智慧城市建设作为落实信息化领先发展和带动战略的抓手，着眼于智慧城市数字化、网络化、智能化特征，重点构建国际水平的信息基础设施体系、便捷高效的信息感知和智能应用体系、创新活跃的新一代信息技术产业体系、可信可靠的区域信息安全保障体系，努力提升城市精细化管理能力、生活智能化服务水平、政府高效化管理服务能力、信息化支撑产业结构转型、信息化基础设施和安全保障能力。信息技术、信息产品与服务应用进一步拓展深化，上海信息化整体水平保持国内领先，智慧城市框架体系基本形成。

一、信息基础设施建设水平持续提升，服务能级迈上新台阶

2013 年，本市继续深入推进光纤到户建设改造工程，宽带城市建设初具规模。上海光纤入户能力覆盖用户达到 805 万户。下一代广播电视网(NGB)覆盖 535 万家庭，其中，NGB 网络用户达到 110 万户。4G 建设方面，全市共建成 4G 室外宏基站 700 个，室内覆盖基站 300 个，内环以内基本实现重点区域的连续覆盖，发展近 6 000 个友好用户开展数据终端测试。公共场所 WLAN 场点达到 2.2 万个，无线接入点(AP)达到 16.5 万个，其中向用户提供免费 WLAN 服务的 i-Shanghai 已覆盖全市 456 处主要公共场所，共计设置无线接入点(AP)9 046 个。上海基础(信息)通信管线累计敷设 7 866 沟公里，累计接入楼宇 4 882 栋。上海互联网国际出口带宽为 650 Mbps，互联网省际出口带宽达到 3 500 Mbps。

2013 年，本市信息网络和功能型服务设施服务能力继续提升。截至 2013 年年底，移动互联网用户达到 2 115.28 万户，3G 用户达到 1 147.23 万户；互联网普及率达到 75.7%，互联网人口超过 1 800 万；家庭宽带用户达到 494.03 万户，其中家庭光纤用户达到 360 万户；家庭宽带平均接入带宽达到 14.2 Mbps；IPTV 用户在 2013 年达到 198 万户，其中高清 IPTV 用户 69 万户；有线电视用户为 660 万户，其中有线数字电视用户为 525 万户，高清数字用户达到 147 万户；2013 年上海超级计算中心主机“魔方”(曙光 5000A)运行稳定，全年平均使用率为 69.3%，全年并行规模在 1 024 核以上应用使用的机时占全年机时的 18%，新增 72 家用户，用户数累计达到 494 家。

二、信息产业稳定健康发展，战略性新兴产业体系初步形成

2013 年，全市信息产业增加值为 2 216.09 亿元，同比增长 10.8%；其中，上海信息服务业实现经营收入 4 317.29 亿元，同比增长 19%，实现增加值 1 387.88 亿元，同比增长 15.1%，占全市增加值的 6.4%，占第三产业增加值的 10.3%。信息产品进口额为 619.11 亿美元，同比减少 8.7%；信息产品出口额 841.9 亿美元，同比减少 3.2%，其中一般贸易出口额为 77.84 亿美元，同比增

长 15.8%。

2013 年，电子信息制造业稳中有降，产业结构更加优化。全市信息产品制造业主营业务收入 560.52 亿元，其中新一代信息技术制造业产值为 2 058.63 亿元。集成电路产业增长平稳，产业链发展日趋均衡，集成电路产业实现销售收入 730 亿元，其中集成电路设计业实现销售收入为 210 亿元。新型显示产业完成工业总产值 586.01 亿元，产业发展重点转向 LED、AM－OLED、激光显示等新兴领域。物联网产业年产值已达到千亿元规模，物联网相关企业超过 400 家，其中上市企业达到 17 家。上海在车联网产业布局、汽车电子、车载信息服务平台等领域都已形成并处在国内领先地位，初步形成涵盖核心芯片、车载终端、关键零部件、总线系统、应用软件、通信网络、内容提供、标准检测、知识产权等核心环节的完整车联网产业链。

2013 年，软件和信息服务业稳中有升，继续保持良好发展。全市信息服务业经营收入4 317.29 亿元，同比增长 19%。截至 2013 年年底，全行业从业人员 47.8 万人，规模以上信息服务企业近 5 000 家，其中 2013 年经营收入超亿元企业 381 家，累计 47 家信息服务企业在海内外上市。软件产业实现经营收入 2 464.9 亿元，软件出口达到 24.66 亿美元；全年新增登记软件产品 4 453 个，累计认定软件企业 2 226 家。2013 年 4 月，工信部正式授予上海“中国软件名城”称号。互联网信息服务业实现经营收入 835.72 亿元，同比增长 30%；网络游戏经营收入 260.12 亿元，同比增长 36.8%；互联网金融经营收入近 200 亿元；网络视听经营收入 70 亿元；电信传输服务业实现经营收入 700.01 亿元。

2013 年，新一代信息技术产业发展格局形成。“云海计划”，健康云、金融云、中小企业服务云等示范项目进展顺利；物联网技术在水质监测、智能消防、环境监测、公共安全和智能照明等方面取得应用突破；集成电路设计能力大幅提升，产品领域遍及移动智能终端 SoC（系统级芯片 System on Chip，简称 SoC）、数字音视频及多媒体芯片、北斗卫星导航芯片等，工艺水平进入 90 nm 和 65 nm 领域；TD－LTE 相关技术研发取得一定进展，TD－LTE 组网建设已基本完成中心城区网络覆盖，同步推进自贸区、国际旅游度假区、虹桥商务区、佘山国家旅游度假区等重点园区的 4G 网络覆盖；软件产业加快向高端集聚转型发展，互联网信息服务业在数字出版、游戏娱乐、金融服务、生活资讯等行业集聚了一批龙头企业；电子支付工作取得新进展，53 家企业获得第三方支付牌照，第三方支付收入超过 165 亿元，同比增长 40%。

三、信息技术应用和服务进一步拓展深化，智慧城市体系初步形成

社会领域信息化。2012 年上海学习网正式上线运行，截至 2013 年 6 月底，注册人数超过 126 万人，市级平台整合 3 600 门市民学习课程，总点击量超过 1.09 亿。常住人口电子健康档案建档率达到 80.49%，健康信息网完成市级平台、医联平台、市公卫平台和 17 个区县平台的建设和互联互通，覆盖全市近 600 家公立医疗卫生机构；建立 3 000 多万份动态健康档案；电子病历数据库采集 24 亿多条个人诊疗记录。通过建立统一食品安全投诉举报热线“12231”及其配套的信息化系统，协同市民服务热线“12345”和各区县平台资源，构建了全覆盖的食品安全投诉举报网络。共建成 184 条 ETC 车道，分布在 19 个主线收费站和 64 个匝道收费站；实现泛长三角区域（沪苏浙皖赣闽）ETC 系统联网运行。

经济领域信息化。2013 年，上海口岸电子单证传输量为 18 262.36 万张，同比增长 2.2%；上海口岸税费电子支付额达到 11 450 万亿元，同比增长 15%。全市银行卡交易金额为 21 403.08 亿

元，同比增长28.9%；其中，银行卡持卡消费金额达到12 072.26亿元，同比增长36.5%。上海全市电子商务交易额达到10 560亿元，同比增长35.1%，首次突破万亿元大关。其中，B2B交易额8 632亿元，网络购物(B2C/C2C)交易额1 928亿元。

电子政务建设。网上行政审批平台形成网上审批、统一查询、统一反馈、效能投诉、办事与服务和办理点查询等6大功能板块，汇聚658个行政审批事项和17个区县网上办事平台，1 313项政府网上办事服务项目。收录了92个市政府部门、21个区县政府行政服务中心、205个社区行政服务中心受理窗口信息。截至2013年年底，市法人库已涵盖全市范围内各类企事业单位、机关、社会团体和其他市场主体，共计142万户法人单位的登记、资质、监管信息。此外，依托企业库和电子口岸等资源，实现近3万家进出口领域企业175项信息在海关、检验检疫、外汇管理、商务、工商、税务、质监等部门间的交换和共享。上海市政府数据服务门户(www.datashanghai.gov.cn)面向社会集中发布了涉及8个领域，共计209项政府数据服务产品和相关应用。

社会信用体系建设。市公共信用信息服务平台于2013年6月初实现面向政府部门开通试运行，并于2013年年底实现面向信息主体开通查询服务；通过实现平台与市法人库和市人口库对接，截至2013年年底，全市已有57家单位向平台提供数据，平台归集信息事项1 185个，涉及法人138万、自然人2 500万，可提供查询的数据约2.2亿条。

四、信息化环境持续优化，支撑保障能力进一步完善

2013年，本市信息安全保障能力进一步提升。进一步落实市网安小组及办公室会议制度，进一步完善信息安全监管机制。持续推进深化重要信息系统等级保护、重要工业控制系统信息安全管理、信息系统安全测评与检查、监测预警与应急处置、数据证书发放等工作。截至2013年年底，在公安机关备案的信息系统已达2 722个；市信息安全评测认证中心对34个单位、55个公共信息系统实施安全测评，对涉及本市国计民生的96家单位、614个重要信息系统开展重点领域网络与信息安全检查；市网络与信息安全应急管理事务中心对全市210家重点网站开展实时监测预警和应急处置，共发布风险预警提示342份，处置重点网站潜在安全风险681个；上海数字证书认证中心新增各类数字证书6.3万张，累计发放388.2万张。

信息化立法工作有序开展。完成《上海市企业失信信息查询与使用办法》《上海市无线电管理办法实施细则》《上海市集成电路高端装备制造企业认定管理办法》《上海市信息化发展专项资金管理办法》四个信息化规范性文件的法律审核工作。研究草拟了自贸区增值电信业务开放操作细则，对外发布《中国(上海)自由贸易试验区外商投资经营增值电信业务试点管理办法》。完成制定《中国(上海)自由贸易试验区管理办法》，落实自贸区信用监管措施。推进落实行政审批制度改革事项，取消市场准入类审批1项，取消行政审批、转移由行业协会实施认定管理事项3项。编印《上海市“12345”市民服务热线知识库信息汇编(经济信息化领域)》。完成关于网络立法、垃圾信息、社会信用体系建设等4件人大议案和1件网络个人信息保护政协提案的办理。

继续推进经济信息化领域人才队伍建设。完成2010年第五批10名领军人才的中期考核工作，完成2013年经济信息化领域领军人才选拔工作。继续推进高技能人才队伍建设，组织实施2013年本市信息创意领域首席技师千人计划资助申报和审核工作，14人入选2013年首席技师千人计划。向市人社局组织推荐申报11家单位、17个国家专业技术人才知识更新工程高级研修项目。2013年继续教育专项培训达2 928人次。

上海产业发展和信息化建设2013年工作总结和2014年工作要点(摘要)

一、2013年工作总结

2013年,上海经济和信息化系统在市委、市政府的领导下,围绕“创新驱动、转型发展”,坚定不移转变经济发展方式,坚定不移推进经济结构战略性调整,产业经济稳中有进,发展质量和效益同步提高,智慧城市建设取得突破,全年各项任务顺利完成。

1. **全面推进智慧城市建设** 完成首轮三年行动计划,成功举办智慧城市体验周和信息安全宣传周活动。本市列入国家首批“工业云”创新服务试点省市。智慧社区、智慧园区建设有序开展,发布相关建设指南和地方标准,建立3 000万份动态采集和维护的健康档案,网格化管理系统实现中心城区以及6个郊区县、44个街镇的全覆盖。电子政务广泛应用,法人库二期、政府资源服务平台一期“一证通”等项目进展顺利。制定国家“两化融合”专项行动计划的实施方案,围绕模式创新、平台经济、智能制造、安全及绿色生产等重点领域,核电信息服务平台、船舶制造执行与运行仿真集成系统等14个信息化示范项目投入运行。持续推进光纤到户、3G网络、WLAN热点等建设,开展新建住宅通信设施第三方专业维护,在全市部分公交线路及陆家嘴等热点区域开展TD－LTE体验点建设,全面完成年度政府实事项目——i-Shanghai公共场所无线局域网建设,推进上海国际旅游度假区核心区、大型居住社区等重点区域信息基础设施配套建设,推进高速公路沿线、产业园区信息基础设施优化,完善本市宽带测速和九城市资费对标动态监测机制。加强工业控制系统信息安全管理、公共信息系统安全测评、个人信息安全保护等工作。综合利用无线电频率资源,构筑和谐台站管理模式,全力保障无线电安全。

2. **切实做好稳增长工作** 加强运行监测分析,把握行业发展态势和异动情况,对本市产业链和新产业、新技术、新业态、新模式(以下简称“四新”)企业运行情况展开分析。持续培育战略性新兴产业,编制完成高端软件等4个专项工程实施方案,新能源汽车与汽车电子等11个已发布专项有序推进,工业机器人、新型显示、超导带材等产业技术创新重大投资项目取得阶段性进展,新松机器人项目落沪,和辉光电和天马的OLED项目、3D打印、高端医疗设备等项目取得突破。44个战略性新兴产业项目通过“绿色通道”落地。金山新型显示、长宁电子商务等首批6家战略性新兴产业基地获命名。国家级企业技术中心累计达51家,市级453家,区级超900家。

3. **持续深化社会信用体系建设** 健全组织推进机制,加强信用制度建设,发布实施《上海市企业失信信息查询与使用办法》。市公共信用信息服务平台开通试运行,在食品安全等重点领域、法律服务等行业、专项资金管理等工作中试点推进信用记录和信用产品使用,推动信用服务市场建设和信用服务业加快发展,全年出具企业信用报告800万份。举办2013年上海市“诚信活动月”,开展各类活动近120项。

二、2014年工作要点

预计2014年实现规模以上工业企业增加值增长3%左右;规模以上工业单位增加值能耗下降

3.6%，完成产业结构调整项目500项左右；重点推进50家智慧社区和10家智慧园区建设，家庭光纤宽带用户普及率达45%，3G/LTE用户数超过1 350万户。

1. **促进高端制造业发展** 培育发展战略性新兴产业，推动新建12英寸集成电路生产线项目立项和12英寸硅片生产线建设项目落地开工，加快建立“核高基”领域自主可控的计算机产业体系，鼓励面向事务处理型桌面计算机关键软硬件的整机产品参与国家信息化系统的示范应用。加快组建上海云计算促进中心，建设崇明智慧岛数据产业园和洋山云海数据中心，构建面向个人、政府和企业的云计算服务体系，在虚拟化、海量数据存储、大数据等领域形成具有竞争力的产品和解决方案。组织推进P2P全程交通信息服务等物联网应用示范工程、停车场智能化改造和交通信息的开放利用。协调推进MEMS和智能传感器，在晶振、压力等传感器产业化方面取得突破。打造国内主要的金融IC卡芯片产业基地。推进国家下一代互联网示范城市建设，落实国家TD-LTE商用部署，推进移动终端SoC芯片、小型化基站与天线、信号分析仪、光接入的终端、跨阻放大器芯片等重点项目。研发各类新型信息消费电子产品，促进终端与服务一体化发展。加快推进和辉光电4.5代、天马5.5代AM-OLED量产线建设，实现宽视角、高精细度、窄边缘轻薄等TFT-LCD产业技术新突破，拓展LED在智能控制系统、灯具设计等领域的应用。培育发展激光显示产业，促进三鑫科技、仪电电子、显恒光电等企业产业化，推广大屏显示市场化应用，促进新型显示与智能终端、汽车电子、集成电路产业联动发展。加快推进北斗卫星导航地基增强网和室内外无缝网络建设，支持核心芯片研制、广域实时动态高精度定位技术、导航与位置服务关键技术等领域内的关键技术攻关，开展地方标准研究。电子信息制造业加快转型升级步伐，预计实现总产值6 500亿元左右，计算机代工制造占比进一步下降。

2. **加快生产性服务业发展** 支持制造业和服务业联动融合发展，鼓励企业开展总集成总承包业务，关注企业在剥离重组中的瓶颈和需求。深化推动电子商务“双推”工程，不断发掘和培育上海创新型电子商务平台企业，发展平台经济。

高水平推进软件和信息服务业。把握“中国软件名城”建设和在自贸区率先开放“增值电信业务”的契机，继续发展高端软件业，鼓励创建中国软件名城示范区(基地)，在基础软件、应用软件和工业软件领域培育并形成一批龙头企业。促进信息服务业能级提升，培育壮大移动互联网、互联网金融、车联网等规模，力争实现信息服务业经营收入超过5 000亿元，比上年同期增长18%；信息服务业增加值占全市服务业比重超过12%。积极扩大信息消费，落实国务院《关于促进信息消费扩大内需的若干意见》，发布本市贯彻落实的行动纲要，在新增重大项目、新业态模式、新建基础设施和载体等方面突破，实现信息消费总量和水平全国领先，在长宁区和杨浦区开展“全国信息消费示范区”试点。提升信息服务业企业国际化水平，建立市级公共服务平台，推动本市自主知识产权的软件产品和解决方案走向国际市场。

3. **深化推进智慧城市建设** 编制新一轮智慧城市三年行动计划，继续举办智慧城市体验周暨信息安全宣传周活动。提升信息化应用水平。聚焦感知体验，重点建设50家智慧社区和10家智慧园区，在部分郊区新城率先开展智慧新城建设，明确智慧商圈建设导则，在符合条件的部分区县启动区域性智慧社区平台建设，打造“空中智慧社区”。开展智慧健康、智慧养老、智能交通、智慧教育、智慧环保等信息化惠民项目，推进为老服务信息化示范平台、全市停车信息系统和公交电子站牌等建设，提升公众感受度。加强信息资源整合力度，推进全市电子政务公共平台及相关基础设施的一体化建设、集约化运维模式的构建，建成并完善本市政府信息资源公共服务平台功能，扩大政府数据服务试点范围，形成政府数据对外服务的统一门户。扩大全市实有人口库和法人库的应用覆盖面，启动国际航运中心综合信息平台以及自贸区投资服务和信息共享平台建设，协调建立国家口岸监管部门及本市相关政府部门的信息共享机制。以工信部“工业云创新行动试点城市”为契机，打造近10家企业信息化公共服务平台，组织20家企业开展《企业“两化融合”管理体系》标准的试点，“两化融合”发展水平指数达80以上。

加强信息基础设施建设。深化宽带城市建设，进一步落实国家“宽带中国”战略，年内家庭光纤到户(FTTH)覆盖总量达840万户；实装家庭光纤宽带用户达到400万户；年内新增下一代广播电视网(NGB)覆盖用户100万户，总量达600万户。提升无线城市服务，大力推进以TD-LTE为主的4G网络建设，基本实现中心城区和郊区主要城镇中心区域的网络连续覆盖；进一步优化无线局域网(WLAN)覆盖布局，引导区县和电信运营商等企业增加热点区域的WLAN覆盖。提高功能设施能级，力争互联网国际和省际出口带宽分别增加到800 G和4 800 G左右；促进亚太直达(APG)国际海底光缆建成并投入使用，推进绿色互联网数据中心(IDC)应用能力建设，年内IDC总量达27 000机架服务能力。发布信息基础设施布局专项规划并与城乡总体规划有效衔接。继续推进自贸区、国际旅游度假区、大型居住区等重点区域信息基础设施配套建设，聚焦薄弱覆盖区域，提升基础设施服务能级，初步建成“宽带上海”地图。全面推进三网融合，进一步促进高清IPTV和高清数字电视等业务发展。深化完善超级计算四期项目方案，启动三期改造升级项目立项，推动超算中心的转型发展。

保障信息安全。完善信息安全战略规划，建立城市关键基础设施目录，完成政府部门云计算服务安全审查试点。强化重要信息系统安全管理，加强重点领域信息安全检查和重要工业控制系统安全管理，完善应急管理体系，开展DDoS(分布式拒绝服务Distributed Denial of Service，简称DDoS)防范等示范性应急演练，对210家重点网站进行实时监测预警，推进应急基础平台、测评认证三期平台、网络信任体系二期平台等项目建设，构建互联网统一个人身份认证平台。促进信息安全产业发展，推进国产化替代。加强网络空间综合治理，在电子商务、互联网金融等领域开展个人信息保护安全测评，完善信息消费投诉举报及查处机制。强化无线电安全保障，统筹规划频率资源，加强台站管理规范，做好重要节点、重大活动、重点行业的无线电安全保障任务。

加强无线电管理。统筹规划频率资源，全力推动700 MHz频率资源再调整的国家战略，重点做好LTE全面商用部署的频率资源储备。加强台站管理规范，推动公用移动通信基站规划布局的落地。强化无线电安全保障，做好重要节点、重大活动、重点行业、重大考试的无线电安全保障任务，探索建立面向移动互联的无线电安全风险评估体系。

4. **完善社会信用体系建设** 进一步完善联席会议制度，健全区县、部门考核评估机制。完成市公共信用信息服务平台一期建设，扩大平台在市场监管、社会管理、公共服务、公共资源分配和自贸区建设中的应用，探索建立联动奖惩机制。发布实施《上海市公共信用信息归集和使用办法》，完善信用信息资源目录，扩大归集范围，提升信息质量，推进平台向区县、行业延伸。制订出台《上海市政府部门信用信息公开指导目录》。研究促进和培育信用服务市场发展的意见，支持市场主体加强信用管理、发展信用交易。举办“诚信宣传周”，扩大信用管理培训。深化“信用长三角”合作。

第 一 编

信息基础设施

综 述

2013 年是上海推进智慧城市建设第一轮三年行动计划的完成年。一年中，围绕宽带城市、无线城市及通信枢纽建设、第三代移动通信（3G）网络、光纤到户、NGB 网络、无线局域网（WLAN）、TD－LTE试验网等各项基础设施建设顺利进展，绝大多数指标已经或超额完成“宽带中国”战略第一阶段和智慧城市建设三年行动计划的各项目标。

加快推进信息基础设施建设，处于全国领先水平。2013 年，大力推进光纤到户建设改造，光纤到户覆盖总量已达到 803 万家庭，基本覆盖城镇化地区，实际使用用户超过 360 万户。下一代广播电视网（NGB）覆盖 500 万家庭。第三代移动通信（3G）网络已基本实现全市域覆盖。无线局域网（WLAN）累计接入 2. 2 万处，AP 超过 16. 5 万个，接入场所数和 AP 规模在国内城市中名列前茅。全市 456 个主要公共场所开通了 i-Shanghai 公益上网服务。历年累计敷设集约化信息管线 7 866 沟公里，累计接入商务楼宇、基站、小区 4 882 个（栋）。互联网国际出口带宽超过 650 Gbps，互联网省际出口带宽增至 3 500 Gbps。

坚持建管并举，制度规范不断健全，显著改善信息通信建设环境。开展涵盖通信机房、管线、室外宏基站等设施的《上海市信息基础设施布局专项规划（2010—2020）》初稿编制。配合编制完成《既有住宅建筑光纤到户改造工程技术规范》和《公共建筑通信配套设施设计规范》，进一步规范和促进本市的光纤入户改造工作。会同市政府相关部门，发布《关于规范本市商务楼宇信息基础设施建设和运营若干行为意见的通知》，明确了信息基础设施建设施工和运营的收费项目和收费标准。印发《关于做好 2013 年市政府实事项目“450 处公共场所免费无线上网”实施工作的通知》和《公共场所 WLAN 覆盖检测规范》等政策性文件，规范市政府实事项目的实施。强化服务，信息网络和功能型服务设施服务能力大幅提升。

第一章　专业规划与重点工作

概　述

2013年，信息基础设施规划扎实推进，覆盖范围不断扩大。继续推进涵盖电信、广电网络等基础设施的《上海市信息基础设施布局专项规划(2010—2020)》编制工作。组织完成虹桥商务区东片区、虹桥商务区、上海国际旅游度假区、青浦新城四站大型居住社区、上海漕河泾开发区、浦江高科技园区等区域的信息基础设施专项规划的编制，并纳入区域控详规划。

重大工程信息基础设施配套建设工作加快推进。一是跟踪重点区域规划和建设。针对国际旅游度假区、虹桥商务区等市政府重大工程和郊区新城、保障性住房、大型居住社区等重点区域的规划和建设进展，把握不同区域的差异化需求，同步推进信息基础设施配套建设。二是开展区域信息基础设施优化改造。制定专项规划和针对性的优化方案，加快高速公路沿线、产业园区信息基础设施优化改造，满足区域用户及产业园区转型发展的通信需求。完成沪金高速公路沿线公用移动通信网络优化建设，完成其余14条已建高速公路沿线移动通信网络优化方案的制定，并全面启动建设工作。完成闵行、静安、长宁等区7个产业园区信息基础设施优化建设，完成其他7个产业园区优化方案制定，推进建设工作。优化后相关区域的信息通信服务能力得到明显提升。

在宽带城市建设方面，截至2013年年底，全市光纤到户覆盖总量达803万户，基本覆盖城镇化地区，实际使用用户达到360万，家庭光纤宽带普及率42%，居全国首位。光纤接入用户平均带宽达到20 M。下一代广播电视网(NGB)覆盖500万户家庭，基本实现中心城区和郊区部分城镇的覆盖。

在无线城市建设方面，3G网络实现全市域覆盖，3G用户已超过1 100万户。城市公共区域WLAN接入热点累计达2.2万处，AP数接近16.5万个。完成TD-LTE扩大规模试验网建设，建成700处宏基站和300处室内分布系统，覆盖中心城区190平方公里，完成49路、926路等公交线路以及浦东滨江大道的4G体验区建设。

在通信枢纽及功能设施建设方面，互联网国际和省际出口宽带分别达650 G和3 500 G，继续保持城域网出口带宽国内首位。各类互联网数据中心(IDC)机架总量超过30 000个。集约化信息管线累计建设7 866沟公里，集约化信息管线接入商务大楼4 882栋。

在三网融合方面，全面完成国家三网融合试点任务。IPTV用户达195万户，数字电视用户超过450万，全市高清IPTV用户和高清电视用户共达205万户。

一、信息基础设施专业规划

【《虹桥商务区东片区信息基础设施专项规划(2012—2020)》】 2013年，为完善虹桥商务区东片区信息基础设施布局，适应资源节约型、环境友好型城市建设需要和城市信息化快速发展需求，编制了《虹桥商务区东片区信息基础设施专项规划(2012—2020)》，规划范围为机场工作区边界线、北翟路、环西一大道、沪青平公路的围合区域。规划用地面积约4.2平方公里。规划期限为2012—2020年。

根据规划，区域范围内将新建汇聚通信机房3处；新增室外宏基站2处，保留并集约化改造现状室外宏基站站址12处；新建公用移动通信街道站5处，保留公用移动通信街道站4处；配套新建公用基础通信管线约297.6孔公里。

【《虹桥商务区信息基础设施建设专业规划》】 该专业规划重点规划范围为虹桥商务区核心区，其中北部片区为申贵路、扬虹路、沪杭铁路外环线—兴虹路—申滨路—润虹路—申长路、天山路—申虹路—申贵路的围合区域，中部片区为虹桥综合交通枢纽本体边界、建虹路、嘉闵高架、扬虹路的围合区域，南部片区为申贵路—申长路—现状铁路用地边界、沪青平公路、沪杭铁路外环线、建虹路的围合区域。

规划用地面积约 3.7 平方公里。规划年限至 2020 年。

根据规划，在虹桥商务区核心区域范围及其周边区域内将新建综合信息机房 1 处，保留现状综合信息通信机房 1 处；新增室外宏基站站址 12 处，保留现状室外宏基站 3 处；配套新建相应的基础通信管道 33.46 孔公里。

【《上海国际旅游度假区核心区无线通信子规划》】 规划范围为北至迎宾高速(S1)以南 500 米，南至航城路，西至沪芦高速公路(S2)，东至唐黄路。规划用地面积约 7 平方公里，其中一期规划用地面积约 3.9 平方公里。规划期限至 2020 年。

根据规划，区域范围内将新建公用移动通信室外宏基站 15 处，其中一期范围内 9 处；公用移动通信其他覆盖方式如街道站、室内覆盖等，按实际需要安装配置；新建 WiFi 网络，其中室内覆盖集成在公用移动通信网络室内分布系统中，室外 AP 安装位置及数量根据客流分布等信息确定；新增集群基站 3 处，其中一期范围内 1 处，与公用移动通信室外宏基站共址设置；新建无线电监测台(站)3 处，其中一期范围内 1 处。

【《青浦新城四站大型居住社区信息基础设施专业规划(2012—2020 年)》】 规划范围为西大盈港、淀山湖大道、港周路、五浦路的围合区域。规划用地面积约 413.32 公顷。规划期限为 2012—2020 年。

根据规划，区域范围内将新建综合信息机房 2 处、小区通信机房 10 处；新增室外宏基站 14 处，拆除并在原址重建现状室外宏基站 1 处；配套新建相应的基础通信管线 399.74 孔公里，保留现状市政道路基础通信管线 45.75 孔公里。

（吴南竹）

二、宽带城市建设

信息基础设施第三方专业维护

2013 年，上海市建筑通信网络有限公司(以下简称“上海建通”)以第三方专业维护模式新接收的住宅小区通信配套设施维护小区 241 个，总面积 1 979 万平方米；截至 2013 年年底，本市住宅通信配套设施实行第三方专业维护的小区数达到了 370 个，总维护面积达 3 296 万平方米，覆盖用户 33.9 万户，实装用户 9.24 万户(实装率为 27.19%)。其中上海电信 86 451 户(所占比率为 93.55%)、上海联通 5 101 户(所占比率为 5.52%)、铁通 855 户(所占比率为 0.93%)。

2013 年，上海建通对 71 个住宅小区的新建住宅通信配套设施建设项目进行了第三方专业维护接收前的竣工验收工作。截至 2013 年年底，上海建通参与竣工验收的通信配套设施的建设项目累计已达 91 项。

（胡永龙）

三、无线城市建设

【上海移动打造无线城市】 中国移动通信集团上海有限公司(以下简称“上海移动”)持续加大建设力度，加强网络覆盖，提升客户网络感知。2013 年完成投资 42.8 亿元，全年新建基站 5 479 个，建设量超过 2011 年和 2012 年的总和，网络覆盖投诉量同比下降 22.74%，基础通信类升级投诉下降 53%。WLAN AP 总数近 9 万个，全面完成市府公共 WLAN 上网服务“i-Shanghai”210 个热点建设任务。积极响应政府号召，加大加快光纤入户新建和改造，通过与上海铁通联建共享、与东方有线联手合作，家庭宽带光纤资源覆盖 380 万用户。在业务应用方面，上海无线城市集中平台累计独立使用用户数超过 261 万户，累计 PV 量超过 4 828 万。已上线政务、公共事业、交通等七大类核心民生应用 92 项，服务范围之广和内容丰富程度均居行业前列，5 项应用入选全国最佳实践案例。由于在无线城市建设中的突出贡献，获颁“联合国上海志愿服务发展项目战略合作伙伴”称号。公司与宝山、杨浦、虹口、静安、闵行等区政府合作，助力区域内智慧园区、社区和商圈发展。在全国率先开展 NFC(近距离无线通讯技术 Near Field Communication，简称 NFC)手机钱包商用，并成为 GSMA(全球移动通信系统组件协会 Global System for Mobile Communications Assembly，简称 GSMA)亮点应用，NFC 发卡量和手机钱包业务用户数保持全国领先。上海移动的 IDC 服务成为移动互联网主站第一选择。

（骆远远）

第二章 公共信息基础设施

概 述

2013年，全市公共信息基础设施综合服务能力迈上新台阶。全年共开工新建信息管线管道863沟公里。接入商务楼宇、基站、小区累计4 882个。截至2013年年底，在上海登陆的国际海光缆有6个系统，10条光缆。

（吴南竹）

一、信息通信管线

2013年，上海信息化建设面临重大的发展机遇，智慧城市建设给上海市信息管线有限公司（以下简称"信息管线公司"）带来了重要的发展契机与不断开拓的驱动力。信息管线公司在保证完成市级重要活动运营维护工作的同时，投入力量参与迪斯尼、前滩地区、长兴岛等项目以及各郊区新城、各类工业园区、开发区、经济园区的信息基础设施优化建设，将信息基础设施建设与信息化应用推进更好地结合，为上海的信息通信基础设施建设作出新的贡献。

管线建设

2013年，信息管线公司共开工新建管道863沟公里。其中中心城区和浦东新区为558沟公里，约占65%；郊区为305沟公里，约占35%。截至2013年年底，信息管线公司累计建设开工管道8 732沟公里，中心城区集约化信息管道平均覆盖率近90%。

楼宇接入

截至2013年年底，信息管线累计接入商务楼宇、移动基站、企事业单位、居住小区等4 382栋（处），其中2013年完成楼宇接入202栋（处），满足了运营商业务发展的需求，保持了高效的建设态势。

维护保障

全市已纳入信息管线公司统一管理维护的管道有7 329沟公里，其中2013年新增约718沟公里。

城市公共光纤网建设

信息管线根据智慧城市建设发展的需要，积极推进上海城市公共光纤网建设，继续为公安、交警、教育、科技、卫生等部门敷设光缆达到4 000皮长公里，覆盖世博、三林、金桥、张江、高桥、川沙等功能区域，并结合地铁建设努力使新建光缆与原地铁1、2等多条线路的光缆资源进行互联互通，继续扩大网络覆盖范围，优化网络路由，使上海城市公共光纤网真正成为上海智慧城市信息基础设施的重要组成部分，成为推动各类信息化应用的开放网络平台。

（李文婷）

二、功能型服务设施

超级计算中心

【"魔方"主机】 2013年，上海超级计算中心（以下简称"超算中心"）主机"魔方"（曙光5000A）运行稳定，全年平均使用率为69.3%，全年并行规模在1 024核以上的应用使用机时占全年机时的18%，大大促进了高性能计算应用水平和质量的提升。

【高性能计算应用环境建设和应用情况】 2013年，超算中心新增72家用户，用户数累计达到494家。主要应用在物理、计算化学、纳米科学、材料科学、生物、汽车、钢铁、船舶、航空航天、机械工程、市政工程、核电工程等领域，并且在动漫渲染、基因测序和集成电路等领域开拓新业务。

继2012年建立上海超算核电分中心模式后，超算中心2013年继续推动“1＋X”工业云计算模式的建立，与沪东重机有限公司、上海电气中央研究院等机构合作，分别成立了上海超算船舶动力研发分中心和上海超算上海电气装备设计分中心，进一步努力做好上海工业企业“创新驱动，转型发展”的助推器，发挥自身的独特优势和不可替代的作用。该模式一是为了探索以用户需求为导向，依靠超算中心现有的软硬件资源、管理资源及人才队伍，树立全方位为用户服务的工作方式，从最初的机时租赁，到为用户单位提供硬件建设、软件部署、需求认证、技术咨询、平台建设的一条龙服务；二是为了探索建立上海工业大用户联盟，建立长期、紧密的共赢合作关系，以提高上海市高性能计算在工业领域的应用能力和水平；三是利用超算中心开发的Xfinity平台通过对HPC(高性能计算High Performance Computing，简称HPC)的整合为各分中心提供云计算服务。

2013年，《自然》子刊和《科学》等顶级学术刊物接连报道了上海超级计算中心科学计算平台上取得的一系列重要科研进展。中国科学家正基于该高性能计算平台获得越来越多、越来越重要科学研究成果，充分发挥了上海超级计算中心科学计算平台的作用。这些研究成果的取得，体现了上海超级计算中心公共服务平台的重要价值和意义。2013年，6篇在《自然》和《科学》上发表的论文由上海超算中心计算平台提供支持合作。

2013年，超算中心参与的“曙光高效能计算机系统关键技术及应用”项目获得国家科技进步二等奖；超算中心“中国国家网格南方主结点建设及应用服务关键技术开发”项目获得上海市科技进步二等奖；上海市科委研发公共服务平台建设项目“高性能计算综合服务平台建设”通过验收。

【其他】 2013年，超算中心开展一系列国际国内高性能计算交流合作活动。6月，中心参加ISC’13(2013年国际超级计算大会，International Supercomputing Conference，简称ISC’13)；9月，超算中心访问德国斯图加特高性能计算中心和西班牙巴塞罗那超级计算中心；11月，超算中心参展2013年度超级计算机大会、HPC CHINA 2013和中国国际工业博览会。

(张 怡)

第三章 信息网络设施

概 述

2013 年,上海信息网络设施服务能力大幅提升,无线电事业进一步服务于社会和经济发展。截至 2013 年年底,全市移动电话用户达 3 200.7 万户,比上年末增加 6.4%,其中 3G 用户数达 1 147.4 万户;互联网用户达 1 683 万户;宽带接入用户达 511.1 万户,其中速率在8 M 以上的接入用户达 346.5 万户;长途光缆线路总长累计达 33 230 皮长公里,1 729 812 芯公里。

一、固定电话网

中国电信股份有限公司上海分公司(以下简称“上海电信”)是中国电信行业国际通信最大的出入口局,建有国际海缆登陆站和国际卫星站,是 APG(亚太直达)、TPE(跨太平洋高速)、APCN2(亚太二号)、CUCN(中美)、SMW3(欧亚 3 号)、FLAG(环球)等国际大容量海光缆系统的登陆点,也是欧亚、中俄、中越、中印等大容量国际陆地光缆系统的终端站。同时,拥有 7 个具有高可靠性的国际卫星传输系统,分别对应着 Intelsat(国际通信卫星组织 International Telecommunications Satellite Organization,简称 Intelsat)和 Jsat(日本卫星 Japan Satellite Organization)的 5 颗卫星,是国际通信网络的重要补充。截至 2013 年年底,上海的国际电路已通达 236 个国家和地区,同时和中国电信国际公司各海外分公司(美洲、香港、欧洲)开通了众多 10 G 或 2.5 G 高带宽互联电路,并为上海移动等公司提供国际通道。作为亚太互联网中心,上海电信主要向各大运营商提供宽带接入、流量交换和逻辑上全透明的国际转接。上海电信还负责汇接中国电信网络内华东、中南、西南各省的国际通信业务。上海电信建有 7 万多路端的国际程控/软交换机,具有 SSP(信令交换点 Signaling Switch Point,简称 SSP)、ISDN(综合业务数字网 Integrated Services Digital Network,简称 ISDN)等智能功能,还具备了完善的国际数据专线网,包括 INTERNET(国际互联网)、ATM(异步传输模式 Asynchronous Transfer Mode,简称 ATM)、FR(帧中继 Frame Relay,简称 FR)、DDN(数字数据网 Digital Data Network,简称 DDN)、MSTP(多业务传送平台 Multi-Service Transfer Platform,简称 MSTP)、IP/VPN IP - VPN(虚拟专用网 Internet Protocol Virtual Private Networks,简称 IP - VPN)等,可以为电信客户提供各种方便快捷高质量的国际通信业务。

二、移动通信网

【无线通信网】 截至 2013 年年底,上海电信 CDMA 基站达到 4 970 个,网络容量 DO 载扇数达 22 377 个,1X 载扇数达 22 268 个。WiFi 热点数达 10 139 个,AP 数 69 957 个(含在建)。2013 年共有 172 个 i-Shanghai 场点(810 个热点)投入运营,AP 可用率指标提升至 99.53%,AP 关联成功率为 98.42%。

三、数据通信网

【基础数据专线网】 上海本地基础数据专线网(以下简称“数据专线网”)是一种以 ATM 交换为核心,以多种业务接入设备为接入层的数据传输网。上海已建成本地最大的数据网络，基本覆盖全市区域。数据专线网的特点是：速率高、距离远、网络时延小、连接方式灵活、电路质量和可靠性高、网络运行管理简便。数据专线网适用于信息量大、实时要求高、保密性强的客户需求，适合数据传输、图像传输和话音传输。可提供点对点、一点对多点的业务，便于金融证券公司、科研教育系统、政府部门租用数据专线组建自己的专用网；提供帧中继业务；提供语音、G3 传真、图像等通信。截至2013 年年底，共有各类数据专线网节点 1 200 余个，端口能力近 50 000 个，客户电路 9 947 条，提供 ATM 骨干带宽交换能力 45 G左右。

【IP 网络】 上海电信的 IP 承载网是世界上最大的 IP 承载网网络之一，承载着庞大的 NGN 语音、宽带接入、IPTV 和 VPN 等业务，具备网络拥塞控制、流量控制和质量控制能力，具备 ADSL、光纤、FTTB+LAN 和 PON 等丰富的综合接入手段。上海 IP 城域网连接 CHINANET 骨干多个核心节点。截至 2013 年年底，CHINANET 上海节点的 INTERNET 国际出口带宽达 406.86 G；CHINANET 上海节点连接国内各省核心的国内数据通道以 POS10G、10GEWAN、POS40G 技术为主，物理总带宽达到 2 560 G；上海本地城域网连接 CHINANET 骨干网各节点中继端口能力 2 520 G。截至 2013 年年底，上海城域网连接 CHINANET 的出口端口能力达到 2 520 G，连接 CN2 的出口物理带宽 120 G；汇聚上海本地 8 个区局、7 个郊县，中继带宽达到 2 950 G；各 IDC 机房上联至城域网骨干节点总带宽达到 2 120 G。

（王 勇）

四、有线电视网

【概述】 2013 年是东方有线网络有限公司（以下简称“东方有线公司”）实施“十二五”战略规划的攻坚之年，是东方有线公司从“建网”向“用网”转变的关键之年。随着国家战略的持续推行，“三网融合”相关业务的市场竞争日趋激烈。同时，东方有线公司内部还面临着网络建设及财务等各方面压力。面对宏观环境和市场竞争的诸多困难和挑战，东方有线公司积极应对，深度转型，确保了公司的正常经营，完成了各项经营指标，全面推进郊区整体转换及 NGB 建设，全面开展三网融合试点业务等战略性工作部署，在网络价值提升、业务战略布局等方面取得了突出的成绩。

【逐步完善全程全网的 NGB 网络平台】 按照上海“十二五”发展规划及建设智慧城市要求，在市整体转换领导小组及办公室的统一领导下，在市中心城区有线电视数字化整体转换和下一代广播电视网（NGB）建设的基础上，2012 年 10 月，市政府正式批复本市郊区（县）NGB 建设及整转项目，确定东方有线公司作为项目法人单位，在“十二五”期间完成郊区县覆盖 357 万户 NGB 建设和 328 万户整转工作，充分发挥 NGB 网络优势及有线电视网络公益属性，加强便民、利民信息化服务的集成应用，打造成为本市智慧城市和公共服务信息化主平台。2013 年 5 月，东方有线全面启动郊区县整体转换及 NGB 建设工作。全市 NGB 覆盖规模已超过 500 万户。

【积极推进各类增值业务推广】 在数字化整转和 NGB 网络建设的同时，东方有线公司各类新业务、新应用也在同步快速推进和发展，增值业务用户规模增长迅速，用户服务体验不断提升、改善。NGB 网络以“高宽带、强交互、可管控”为优势特征，能够提供视频、数据业务等三网融合业务。在付费频道内容引进方面，东方有线公司以“开放、合作、共赢”的精神，已和全国四大付费频道内容平台全面开展合作，分别引进上海文广互动电视有限公司、中央数字电视传媒有限公司、鼎视数字电视传媒有限公司、华诚电影电视数字节目有限公司的优秀付费频道，供上海市民收看。

【深入开展基于 NGB 的三网融合业务试点】 与上海移动、上海联通合作，进行有线和移动业务捆绑，已正式推出 15 M～50 M 的“E 家通”和“宽视通”高速宽带产品，在 NGB 区域发展高速宽带体验用户。已建成完整的 IMS 应用和管理系统，完成开展 IP 固话业务所需的技术及运营等准备工作，并与上海移动（上海铁通）等运营商合作，拟通过与宽带业务捆绑方式试点推广 IP 固话业务，同时结合 NGB 网络特性，适时推出可视电话产品。与内容供应商合作，利用 NGB 网络的特性大力开展以高清互动为主的融合业务，主要应用包括高清点播回看、3D 点播、互动教育、互动商城和智慧社区等，开发了东方云视在内的多屏融合业务，还提供电视金融、电视商城、电视彩票等服务，极大改善和提升了用户体验。与相关OTT内容牌照商和视频网站开展合作，完成研发DVB+OTT融合的智能终端，可提供更多的OTT视频类和应用类的服务。加强与政府合作，按照上海智慧城市建设的要求，在长宁、闵行提供智慧社区服务，包括医疗、教育、物价、交通等方面的信息，计划下一步在全市推广。

【荣获各类省市级以上奖项众多】 2013年，东方有线公司荣获各类奖项众多，其中"面向客户和业务的NGB接入网智能网管系统"获广电总局2012年度科技创新奖二等奖；"地面数字电视信号有线网络传输"项目获王选新闻科学技术奖二等奖；"东方有线数据库营销应用项目"获广电总局2012年度科技创新奖二等奖；"NGB业务运营支撑系统总体架构研究"获广电总局2012年度科技创新奖二等奖；"下一代广播电视网（NGB）视频点播系统关键技术及标准化研究"获王选新闻科学技术奖二等奖。

（王云美）

【IPTV平台】 IPTV是以电信宽带网络为传输通道，以电视机为终端，集互联网、多媒体、通讯等多种技术于一体，向家庭用户提供多种交互式服务的业务。截至2013年年底，IPTV平台总容量支持50万用户单播并发，总节点数235个。实际放号用户总路数已达到200万，其中高清53万，标清147万，实际用户单播并发峰值为30万，平台出口实际总带宽A平面流量3G，B平面1 724 G。自IPTV正式商用以来，业务数量稳步增长，并逐步提供互联网电视、智能电视等新业务。互联网电视用户数（华数平台）26万；智能电视开户用户数19.8万。

（王　勇）

五、无线电管理

【概况】 截至2013年11月30日，频率指配方面，上海市无线电管理局（以下简称"市无管局"）共完成频率行政许可审批127件，完成指配频率316个（组），完成韩国和日本提出的国际卫星地球站干扰协调各3起。台站管理方面，新增台（站）2 114个，报废台（站）1 762个，核发和更换执照1 668个；受理无线电发射设备型号核准申请74套，设备进关审批70批次（含进关盖章），共涉及无线电设备631 271台，指配船舶呼号37个。设备检测方面，完成95家单位1 017台（套）设备的新设台站检测；完成412家设台单位9 550余台在用设备的定检工作；完成14个型号的设备型号核准检测。无线电监测及干扰查处方面，累计监测时间15 744站小时，出动监测车辆16车次，启动应急监测任务9次，共完成各类干扰查处44起。服务民生方面，妥善完成318起信访投诉事件的处置和意见反馈。

【推进频率资源综合利用】 启动频率资源服务国民经济贡献度模型及统计评估体系的专项研究，基本完成相关统计模型设计。基本完成上海轨交CBTC无线通信系统干扰兼容性测试和风险评估工作。按照工信部和市委、市领导在WiFi逼停深圳地铁专报上的批示精神，组织开展验证测试及风险评估工作，完成上海两家主要供应商卡斯柯和自仪泰雷兹设备的全部测试科目，基本形成本市轨交全网络无线CBTC的风险评估报告。强化频率资源服务城市安全运行的应急保障能力。继续为武警、公安、安全等领域提升处突能力调配频率，强化电磁环境保护。为气象、射电天文等提升预测能力、提高科学研究水平配置频率。为来沪的17个批次国际要客提供全方位的频率保障。加强提升频率资源对"智慧城市"建设的支撑力度。基本完成本市5.8 GHz的WiFi频率使用方案，助推上海公共场所WiFi覆盖的实事工程。启动TD-LTE频率储备工作。加快对F频段的清频工作。积极做好频率占用费的征缴工作，累计完成年度频率占用费620万元的收缴工作。

【构筑和谐台站管理模式】 全面贯彻实施工信部全国台站规范化管理专项活动的总体部署。加快重点台站保护规划，推动建设频率储备，开展在用设备安全监督检查。会同规划部门梳理本市民航、海事、铁路（轨交）、气象、地震、射电天文等在内的11类重点固定无线电台站在内的"一站一档"，完成了320个保护对象（其中现有台站数量288个，规划台站数量32个），涉及227个物理站址的城乡规划落图、政策法规梳理以及保护规范拟定。继续做好《上海市公用移动通信基站站址布局专项规划（2010—2020）》的区县落地。强化行政审批过程中的景观设置、集约建设。完成基站审批9 426个，室内覆盖基站（室内分布合路系统）建设计划10批、共计162个集约化项目，覆盖面积1 313万平方米。新建项目室内覆盖集约化建设比例实现100%。按时完成国家规定的B库清理任务。按照国家无线电办公室下发的《关于无线电台站数据库B库的分类处理指导意见》，结合上海市实施方案，对遗留B库问题进行了分类清理。完成B库47 373个台站的清理工作，清理比例达到了98.5%，高质量完成B库三分之二的清理任务。完成上海市废弃寻呼基站处置。做好法律风险评估，通过公告、发函等方式协调设台单位及时拆除基站设施35处，确保公共安全。继续推进重点区域规划。推动完成国际旅游度假区迪斯尼核心区域的无线子规划、虹桥商务区东片区无线子规划的落地。

【实施无线电安全保障】 全力做好重大活动无线电安全保障，包括F1中国大奖赛、上海网球大师杯赛、勒芒汽车场地赛以及上海国际旅游节等在内的国际体育文化活动的频率资源配置和现场保障；实施民航专项保护，编制"上海市民用机场电磁环境保护区域规划"，推动本市浦东、虹桥两场及青浦管制中心的电磁环境保护区划定，实施机场电磁环境的重点保护；开展海事专项协调，重点开展对上海海岸电台周浦发信台电磁环境破坏的专项处置，推动现状过渡保护和搬迁的同步进行；按照国务院各部委的要求，积极开展打击利用无线电设备进行考试作弊的行为，全年参与包括高考等国家教育统一考试，公务员、司法考试等国家职业能力考试等各类考试专项保障10次，累计保障考点409个，涉及考生30.5万人，出动保障力量265人次，出动监测车69车次，专项监测时间15 744站小时，现场查获作弊事件1起，没收设备2台，移交公安部门犯罪嫌疑人1名；加强销售市场和在用台站的综合治理。会同市公安、市工商启动了3次专项联合执法活动，其间处置了9家非法销售单位、9个非法用频相对人；全力打击非法广播及伪基站，会同市公安、市文广等部门端掉非法广播电台4个，查没设备5套；同时，按照市政府专题会议的要求，建立了由市无线电管理局牵头，公安、文广、工商、文化执法大队等在内的处置架构，完善了工作机制；会同公安端掉伪基站10余处，刑事立案3起。

【提升无线电监管技术能力】 基本建成网格化无线电监测网络试点项目，完成虹桥综合交通枢纽、徐家汇商圈51平方公里区域内40个网格化监测站点部署，完成联网调测并开展应用。加快综合监测能力提升，重点部署洋山深水港、宝山吴淞区域以及大虹桥区域的监测设施，提升频谱资源管理能力；巩固机动监测力量协同机制，强化与国家无线电监测中心上海站、广电、民航等驻地监测资源的对接，推动人员、车辆、站点等监测资源的跨部门统筹，有效弥补本市在打击考试作弊、查处非法插播、军事遂行保障等多样化任务时的无线电管理力量不足；努力推动本市无线电检测公共服务平台建设，编制完成本市无线电检测公共服务平台建设的前期调研和项目建议方案，基本明确建设目标和建设内容，积极推动项目立项。

【强化总体规划与法制建设】 完成《上海市无线电管理"十二五"规划》中期评估，按照要求积极做好阶段总结和目标任务的细化调整；完善政策法规体系，正式发布实施《上海市无线电管理办法》实施细则；基本完成《上海市公用移动通信基站设置管理办法》实施细则的修编；贯彻实施工信部《业余无线电管理办法》，加快本市业余无线电管理与国际接轨；推进行政审批制度改革，拟定完成面向一门式受理的行政许可规范性目录；拟定完成物业行业试点推进公用频率对讲机告知承诺的工作方案并组织实施；全力做好市"12345"热线的对接工作，完成104起热线投诉的处置。

【完善体制机制】 继续深化无线电区县管理试点工作，在8个区县无线电管理试点工作的基础上，增加在普陀、闸北二个中心区开展试点，建立并完善区县无线电管理规范，建立健全信息沟通机制，区县协同和应急响应机制得到深化；推动无线电管理军民融合式发展，协助上海警备区建成频管分队，组织完成2次面向重大军事执行任务的演练，拓展军地合作领域，建立与空军上海基地的协同机制并组织演练；建成市无线电科普教育基地，正式纳入上海市科普教育基地名录，面向社会累计接待各类参观者逾3 500人次，获得奉贤区"优秀科普教育基地"称号。

【巩固宣传长效机制】 拟订实施2013年宣传工作方案，进一步细化本年度各项宣传重点、任务以及责任分工；完成重点专项宣传任务，做好"2·13世界无线电日"主题宣传、"5·17世界电信及信息社会日"的新闻发布、全国无线电台站规范化的宣传贯彻、全国无线电管理宣传月及无线电科普宣贯；做好无线电专刊出版发行，按计划完成三期《上海信息化》(无线电专刊)的出版和发行，专刊视角进一步凸显上海无线电管理在网格化无线电监测网络等领域的先行先试，进一步凸显本市建设智慧城市的相关要求；全面巩固宣传阵地，继续巩固好新华社、《文汇报》、上海人民广播电台、《解放日报》、上海电视台等主流媒体的宣传阵地，加大与《中国无线电》和《中国电子报》的专栏合作机制；积极利用新媒体平台，开设官方微博，直面公众传播无线电科普知识、行政受理事项、接受投诉举报建议建言，利用新媒体点对点、点对面的裂变式传播，拉近无线电管理部门与普通公众的距离，进一步提高政府透明度和公信力；探索建立区县宣传路径，动员区县积极落实宣传资料发放、专题宣贯会议、专项活动、专题讲座、专题征文、专家采访等方面的宣传工作，丰富了宣传载体，在此基础上加强协调统计，初步确立了"进社区、进学校"为主线的区县宣传长效机制。

无线电管理全年宣传资料累计完成逾50万字；见诸电视广播10余次；报纸专题新闻报道30余次；网站登录及刊载50多件；微博粉丝数量近25万；向国家报送重要信息21次。

（黄雨清　贾丽昆）

第 二 编

信息产业

综 述

2013 年，上海信息产业在工业和信息化部的指导下，在市委、市政府的正确领导下，认真落实各项决定和部署。

上海电子信息制造业坚持“创新驱动，转型发展”的总体方针，全年完成工业总产值 6 486 亿元。重点领域优势明显，继续领跑全行业。2013 年上海集成电路产业实现销售收入 730 亿元，其中集成电路设计业销售收入 210 亿元，较 2010 年翻一番。本市新型显示产业完成工业总产值 586 亿元，同比增长 4. 1%。本市通信设备制造业共实现工业总产值 650. 97 亿元，同比下降 11. 8%，销售收入 629. 05 亿元，同比下降 11. 6%，累计利润总额 5. 9 亿元，同比下跌 50. 6%。

2013 年，上海信息服务业实现经营收入 4 317. 29 亿元，同比增长 19%，实现增加值 1 387. 88 亿元，同比增长 15. 1%，占全市增加值的 6. 4%，占第三产业增加值的 10. 3%。上海软件产业实现经营收入 2 464. 9 亿元，同比增长 18. 2%。实现利润总额 352. 6 亿元，比上年同期增长 18. 2%，平均营业利润率为 14. 3%，从业人员 34 万。

第一章 信息产品制造业

概 述

【2013年电子信息制造业运行情况】 2013年，上海电子信息制造业坚持"创新驱动，转型发展"的总体方针，大力发展新技术、新业态、新模式、新经济，咬定目标，聚焦重点，突破难点，关注热点，加大推进力度，加快工作节奏，确保产业经济运行平稳。

2013年全年完成工业总产值6 486亿元，比上年同期下降1.8%，完成销售收入6 561亿元，比上年同期下降4.4%，实现利润181.7亿元，比上年同期增长19.3%，税金总额351亿元，比上年同期增长6.5%。

【电子计算机制造业转型发展初见成效】 上海笔记本电脑产量6 188万台，比上年同期下降15.2%；电子计算机制造业产值3 336亿元，比上年同期下降4.1%，在整个电子信息制造业产值中占比51%，较上年同期减少两个百分点；电子计算机制造业实现利润19亿元，比上年同期增长8%。以电子产品组装业为主体的上海电子计算机制造业主动转型，调整产品结构，拓展高端市场，在产量大幅减少的状况下，工业总产值小幅下滑，而利润出现大幅提高。

【集成电路产业继续向好】 2013年上海集成电路产业实现销售收入730亿元，其中集成电路设计业销售收入210亿元，较2010年翻一番。本市芯片制造业工艺技术水平与国际先进水平的差距进一步缩小。中芯国际集成电路制造（上海）有限公司（以下简称"中芯国际（上海）"）先进工艺开发及产业化快速推进，45/40纳米先进工艺已进入量产，32/28纳米工艺也开发成功；上海华力微电子有限公司（以下简称"上海华力"）55纳米CMOS（互补金属氧化物半导体Complementary Metal Oxide Semiconductor，简称CMOS）工艺进入量产，45/40纳米CMOS工艺已通过质量认定，40纳米高性能工艺已开始研发。

在国家科技重大专项的有力支持下，本市设计企业的设计技术不断提升，部分重点企业已完成28纳米产品的设计，预计2014年可进入商用阶段；芯片产品门类更加丰富，高端产品不断涌现，如高压IGBT（绝缘栅双极型晶体管Insulated Gate Bipolar Transistor，简称IGBT）产品已完成研发并通过技术论证，即将走向产业化应用。

【新型显示产业稳中有升】 2013年，本市新型显示产业完成工业总产值586亿元，同比增长4.1%。LED（发光二极管Light Emitting Diode，简称LED）以应用带产业的发展策略取得实效，如上海亚明照明有限公司（以下简称"上海亚明"）承接上海中心智能照明工程；上海三思电子工程有限公司（以下简称"上海三思"）运用LED应用技术研究所的技术成果，技术水平不断提高，成功承接了上海地铁6号线、11号线、16号线等多条线路的LED综合节能照明工程及百联又一城购物中心800平方室外全彩LED显示屏等大型项目，产业规模逐年递增。另外，LED在农产品种植补光灯、医用紫外激光产品等方面的应用取得突破。

在核心器件方面，映瑞光电科技（上海）有限公司的项目产能继续扩大，外延片产能达到3.6万片/月，同时开展倒装、硅衬底、垂直结构、图形衬底LED技术的研发。

在中小屏显示方面，AM－OLED（主动矩阵有机发光二极体面板Active Matrix/Organic Light Emitting Diode，简称AM－OLED）4.5代、5.5代两条生产线开工。TFT－LCD（无辐射薄膜晶体管有源矩阵液晶显示器Thin Film Transistor Liquid Crystal Display，简称TFT－LCD）中小尺寸屏全球市场占有率超过10%。

在制造装备方面，中微半导体设备（上海）有限公司（以下简称"中微半导体"）、理想能源设备（上海）有限公司（以下简称"理想能源"）、中晟光电设备（上海）有限公司（以下简称"中晟光电"）的MOCVD（基于金属有机化合物化学气相沉淀的气相外延生长技术Metal-organic Chemical Vapor Deposition，简称MOCVD）设备都已研发成功并试销，上海微电子装备有限公司的光刻机在上海蓝光科技有限公司试用，取得了较好的效果。新型显示产业成为战略性新兴产业新一代信息技术领域的又一亮点。

【下一代网络加快转型发展】 TD－LTE（分时长期演进Time Division Long Term Evolution，简称TD－LTE）进

入产业化阶段，市场份额不断扩大。TD-LTE核心芯片(五模基带、射频、功放等)的技术水平和产业化进度持续领跑，TD-LTE模块的全国市场占有率达到20%，测试仪器(矢量网络分析仪、信道模拟器)的研发在国内率先取得突破。上海成为国家下一代互联网示范城市，网络设备产业向IPv6演进取得了阶段性成果，产业链日趋完善，在LTE(3GPP长期演进3GPP Long Term Evolution，简称LTE)与WiFi(无线局域网Wireless Fidelity，简称WiFi)融合终端、网络优化、PON(无源光纤网络Passive Optical Network，简称PON)及芯片、企业路由器和工业交换机等领域涌现出一批专、精、特、优的中小企业。上海PON、EoC(以太数据通过同轴电缆传输Ethernet over Coax，简称EoC)、WLAN等一批重点产品形成了全国领先优势。启动实施终端品牌化战略，从“品质保障、使用体验、工业设计、智能制造”等方面，推进手机企业从代工设计向自主品牌转型升级。

【汽车电子和车联网产业、应用能级进一步提升】 2013年，上海汽车电子产值规模达到900亿元，同比增长10%，国内市场占有率30%，继续保持了国内汽车电子产业龙头地位。把汽车动力总成和底盘电子作为汽车电子高端自主技术的突破口和标志点，推进自主知识产权产品在批产配套上形成突破。组织推进车联网在智能公交领域的推广应用，协调推动上海巴士、浦东公交近200条线路、2 300辆公共车辆进入集群调度，对1 500多辆车载终端进行信息化升级改造，进一步促进了汽车电子产业与车联网应用的深度融合。2013年上海车联网产值约120亿元，居国内领先地位。

【物联网应用市场和产业链初具雏形】 上海物联网应用示范工程初具规模，累计培育出5个百万终端规模的应用示范工程。一批与民生密切相关的物联网服务品牌逐渐被市民认可接受。同时，在车联网、智能交通、农业、消防等细分领域，涌现出一批上亿元规模的物联网系统集成商和服务运营商，在行业背景、解决方案、业绩和商业模式等方面初步形成了领先优势和核心竞争力。在物联网核心技术和基础产品领域，上海取得了一系列核心技术突破，形成了完整的产品系列，并在智慧城市、电力等大型行业市场进行规模化应用，达到了国际先进水平。

(王 雷)

一、集成电路产业

概况

2013年上海集成电路产业发展呈现出四个特点：一是深入贯彻落实中央及上海集成电路产业政策，在推动产业发展过程中，政策效应充分凸显；二是销售收入持续增长，利润总额大幅攀升；三是重大工程项目和技术升级项目初现成效，经济效益开始展现；四是企业发展顺畅，企业规模有序扩大，企业效益好于往年。

根据上海市集成电路行业统计网的跟踪统计，2013年上海集成电路产业销售收入为730.2亿元(其中包括产品出口69.98亿美元)，同比增长9.3%。实现利润总额56.5亿元，同比增长32%。

2013年上海集成电路各行业的销售收入见表2-1。其中设计业发展最快，实现销售收入210.2亿元，同比增长22.8%。芯片制造业销售收入151.9亿元，同比增长12.9%。封装测试业销售收入259.3亿元，小幅增长0.5%。设备材料业销售收入72.8亿元，同比增长6.6%。

表2-1 2013年上海集成电路各行业的销售收入及增长率

行 业	2013		2012	
	销售额(亿元)	增长率	销售额(亿元)	增长率
上海集成电路产业	730.2	9.3%	668.0	6.0%
其中：设计业	210.2	22.8%	171.2	14.5%
芯片制造业	151.9	12.9%	134.6	5.3%
封装测试业	259.3	0.5%	293.9	2.4%
设备材料业	72.8	6.6%	68.3	3.6%

资料来源：上海集成电路行业统计网，2014.02

2013 年，上海集成电路产业链结构如图 2－1。由于近年来设计业持续快速增长，设计业在产业链中的比重迅速上升，上海集成电路产业链结构日趋合理。

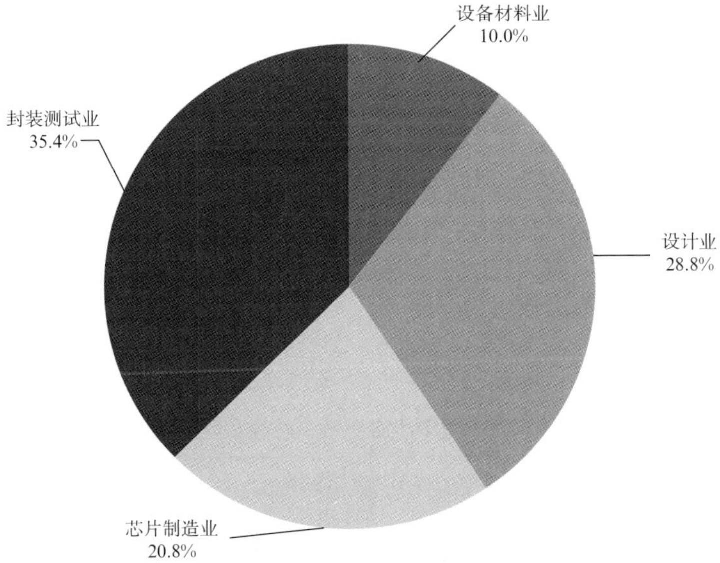

图 2－1 2013 年上海集成电路产业链结构

2013 年，上海集成电路产业占全球半导体市场的比重为 3.9%，占中国大陆集成电路产业的比重为 29.8%，如表 2－2。

表 2－2 2013 年上海集成电路产业占全球半导体市场及中国大陆集成电路产业的比重

比重/区域	全球半导体市场	中国大陆集成电路产业*	上海集成电路产业
销售规模	3 056 亿美元	2 500 亿元	730.2 亿元
增长率	4.8%	15.8%	9.3%
占全球半导体市场比重	—	13.4%	3.9%
占中国大陆集成电路产业比重	—	—	29.2%

*注：中国大陆集成电路产业销售规模为预测值。
资料来源：SIA，上海集成电路行业统计网，2014.02

截至 2013 年年底，上海共有集成电路企事业单位 423 家，累计总投资 245.6 亿美元，其中累计注册资金 110.6 亿美元。2013 年，全市集成电路从业人员总数为 11.90 万，其中专业技术人员 5.36 万人，专业技术人员占从业人员总数的 45.1%。各行业详细情况见表 2－3。

表 2－3 2013 年上海集成电路各行业企事业单位数量、累计总投资、累计注册资金、从业人数和专业技术人数的分布

行 业	企事业单位数量(家)	累计总投资(亿美元)	累计注册资金(亿美元)	从业人员总数(人)	专业技术人员数量(人)	专业技术人员占从业人数比例
设计业	196	15.30	10.65	31 522	22 845	72.5%
芯片制造业	11	145.05	59.48	15 681	6 196	39.5%
封装测试业	30	51.03	25.38	32 985	7 459	22.6%
设备材料业	78	10.60	7.21	12 903	6 512	50.5%
配套服务	108	23.63	7.86	25 905	10 616	41.0%
合 计	423	245.61	110.58	118 996	53 628	45.1%

资料来源：上海集成电路行业统计网，2014.02

IC设计业

【概况】 近两三年来，上海IC(集成电路 Integrated Circuit，简称IC)设计业利用全球经济回暖的有利时机，迎合世界移动智能终端产品发展浪潮，积极开发智能手机、平板电脑、移动数字终端等高端芯片，推动本市IC设计业持续增长22.8%。全行业出口金额达11.45亿美元，实现利润总额22.07亿元。

【企业状况】 2013年，上海共有设计企业196家，比2012年净增4家。设计企业的销售规模都有不同程度的扩大。上海集成电路行业统计网对本市108家设计企业的跟踪统计显示：销售收入超亿元的共有33家，占总数的30%；销售收入从1 000万元到1亿元的共45家，占总数的42%；销售收入低于1 000万元的共有30家，仅占总数的28%。2013年，上海首次涌现出销售规模超10亿美元的特大型设计企业，如展讯通信(上海)有限公司，2013年销售收入达到了64.49亿元。

在贯彻落实产业优惠政策方面，2013年上海105家设计企业通过年审，11家设计企业通过认定。展讯通信(上海)有限公司、格科微电子(上海)有限公司、上海复旦微电子集团股份有限公司、昂宝电子(上海)有限公司和联芯科技有限公司等12家设计企业被国家发改委等五部委认定为“2013—2014年国家规划布局内重点软件企业和集成电路设计企业”。2013年销售收入前10位的设计企业排名见表2-4。

表2-4 2013年本市销售收入前10位的设计企业排名表

排序	企业名称	2013年销售收入(亿元)	2012年销售收入(亿元)	2013/2012增长率
1	展讯通信(上海)有限公司	64.49	44.02	46.5%
2	格科微电子(上海)有限公司	16.90	11.85	42.7%
3	联芯科技有限公司	12.26	11.07	10.7%
4	上海复旦微电子集团股份有限公司	7.87	6.62	18.9%
5	上海美满微电子有限公司	7.21	6.29	14.6%
6	上海华虹集成电路有限责任公司	6.21	6.81	−8.8%
7	高通企业如管理(上海)有限公司	6.15	3.93	56.6%
8	昂宝电子(上海)有限公司	5.50	4.07	35.1%
9	超威半导体(上海)有限公司	5.42	5.09	6.5%
10	上海贝岭股份有限公司	3.69	4.49	−17.9%
合计		135.70	104.24	30.2%

资料来源：上海集成电路行业统计网，2014.02

【技术水平及技术创新】 据不完全统计，2013年上海设计企业开发成功的集成电路新产品共140款，产品遍及智能手机基带芯片、射频接收/发射芯片、数字音频及多媒体芯片、移动处理器、网络芯片、北斗卫星导航芯片、高频多核CPU(中央处理器 Central Processing Unit，简称CPU)、移动支付芯片、智能卡、智能电表芯片、电源管理电路、功率器件芯片和CMOS图像传感器芯片等领域。其中智能手机基带芯片、射频接收/发射芯片、CMOS图像传感器芯片和移动处理器等芯片，成为2013年上海设计企业的重要增长点。

2013年，上海IC设计行业的主流技术水平为0.13微米至90纳米，但技术先进企业已进入40纳米领域。与此同时，上海IC设计业还涌现出不少技术创新成果。展讯通信(上海)有限公司与中国移动通讯集团公司等合作开发的“TD-SCDMA关键工程技术研究及产业化应用”项目，荣获“2012年国家科技进步一等奖”。上海华虹集成电路有限责任公司自主研发的“双界面金融IC卡芯片”成功通过了国际芯片卡标准化组织芯片安全认证，同时也通过了国际CCEAL4+认证。联芯科技有限公司自主研发的"TD-SCDMA/HSDPA(高速下行分组接入High Speed Downlink Packet Access，简称HSDPA)/HSUPA(高速上行链路分组接入High Speed Uplink Packet Access，简称HSUPA)多模终端基带芯片及解决方案"荣获上海科技进步三等奖。灿芯半导体与其他设计业合作开发的40纳米芯片项目累计达10项。

芯片制造业

【概况】 2013年，上海芯片制造业实现销售收入151.9亿元，同比增长12.8%。出口金额为19.15亿美元，实现利润总额25.93亿元。上海拥有12英寸晶圆生产线2条，8英寸晶圆生产线7条，6英寸晶圆生产线3条。上海是国内芯片制造企业最为集中、综合技术水平最高的芯片制造基地。

【企业状况】 上海芯片制造业拥有两大企业群体，数字芯片制造企业群体有中芯国际(上海)、上海华力、台积电(中国)有限公司和上海华虹宏力半导体制造有限公司；模拟芯片制造企业群体有上海先进半导体制造股份有限公司、上海新进半导体制造有限公司和上海新进芯电子有限公司等企业。2013年年底，上海华力微电子有限公司12英寸生产线投产建成。从2013年10月起，上海华虹NEC和上海宏力正式合并运营。2013年，主要芯片制造企业的销售收入排名见表2-5。

表2-5 2013年上海主要芯片制造企业的销售收入排名表

排序	企业名称	2013年销售收入(亿元)	2012年销售收入(亿元)	2013/2012增长率
1	中芯国际集成电路制造(上海)有限公司	62.36	44.21	41.1%
2	台积电(中国)有限公司	35.29	34.17	3.3%
3	上海华虹宏力半导体制造有限公司	35.17	38.23	−8.0%
4	上海新进半导体制造有限公司	10.39	8.30	25.2%
5	上海先进半导体制造股份有限公司	7.22	8.56	−15.6%
6	凸版中芯彩晶电子(上海)有限公司	1.44	1.18	21.9%
7	上海华力微电子有限公司	2013年年底建成投产		
8	上海新进芯电子有限公司	2013年建成		
合计		151.87	134.65	12.8%

资料来源：上海集成电路行业统计网，2014.02

【技术水平及技术创新】 近年来，上海芯片制造企业不断提升制程技术，中芯国际(上海)的制程技术已推进到65/60～45/40纳米，28纳米先进工艺已有突破。上海华力也已开发成功45/40纳米工艺。上海华虹宏力半导体制造有限公司发展多项特色工艺，如0.35～0.18微米BCD工艺，0.18～0.13微米SiGe BiCMOS(双极互补金属氧化物半导体Bipolar CMOS，简称BiCMOS)工艺和0.13～0.09微米嵌入式自对准分栅闪存芯片工艺等。此外，上海华虹宏力半导体制造有限公司和上海先进半导体制造股份有限公司还各自发展6 500 V和3 300 V IGBT(绝缘栅双极晶体管Insulated Gate Bipolar Transistor，简称IGBT)芯片制造工艺。上海先进半导体制造股份有限公司建立起汽车电子芯片制造工艺平台。

封装测试业

【概况】 2013年，本市封装测试业的销售规模为295.3亿元，同比增长0.5%。全行业出口金额36.6亿美元，实现利润总额6.41亿元。与此同时，封装测试中传统的封装形式不断向先进的封装形式转型，世界先进的封装形式渐成主流。

【企业状况】 上海封装测试企业共有30家，其中集成电路封装测试企业20家，半导体分立器件封装测试企业4家，电子组件封装企业1家，智能卡模块封装企业3家，集成电路专业测试企业1家，测试探针卡制作企业1家。2013年，全市销售规模前10位封装测试企业排名见表2-6。

表 2-6　2013 年销售规模前 10 位封装测试企业排名表

排序	企 业 名 称	2013 年销售收入（亿元）	2012 年销售收入（亿元）	2013/2012 增长率
1	环旭电子股份有限公司	69.27	80.81	-13.7%
2	上海松下半导体有限公司	27.71	33.72	-17.8%
3	上海凯虹科技有限公司	27.65	28.94	-4.5%
4	晟碟半导体(上海)有限公司	27.00	22.50	20.0%
5	安靠封装测试(上海)有限公司	25.33	19.56	29.5%
6	上海雅斯拓智能卡技术有限公司	21.43	15.18	41.2%
7	星科金朋(上海)有限公司	20.36	22.66	-10.2%
8	日月光封装测试(上海)有限公司	19.30	19.79	-2.5%
9	紘华电子科技(上海)有限公司	9.78	12.45	-21.4%
10	上海凯虹电子有限公司	8.25	8.24	0.1%
合 计		256.53	263.85	-2.8%

资料来源：上海集成电路行业统计网，2014.02

【技术水平及技术创新】 上海集成电路封装存在传统的插件式封装、表面贴装式封装和先进的新型封装三个层次封装。先进的新型封装如 BGA(球栅阵列结构的 Ball Grid Array，简称 BGA)、PGA(引脚网格阵列结构 Pin-Grid Array，简称 PGA)、Flipchip(倒装芯片)、CSP(芯片尺寸封装 Chip Scale Package，简称 CSP)、WLP(圆片级封装 Wafer-Level Package，简称 WLP)、MCP(多芯片封装 MultiChip Package，简称 MCP)和 3D(三维)叠片式封装渐成主流。据粗略统计，三个层次封装形式的产值比例约为 10%、45%、45%。不少封装测试企业正在积极发展 SiP(系统级封装)技术。

设备材料业

【概况】 2013 年，上海集成电路设备材料业的销售收入为 72.8 亿元，同比增长 6.6%。其中，专用设备销售收入为 14.4 亿元，专用材料销售收入为 58.4 亿元。2013 年，上海设备材料业的出口金额为 2.91 亿美元，实现利润总额 2.76 亿元。

【企业状况】 本市设备材料企业共有 78 家，其中不少企业为世界著名设备材料厂商在国内的全资子公司，海外专家回国创业的新颖设备材料企业亦十分活跃。这些新颖创业公司自主研发的高端设备和关键材料已陆续投放市场，在推动上海设备材料业自主发展方面愈为重要。2013 年，上海主要半导体设备企业的销售收入见表 2-7，主要半导体材料企业的销售收入见表 2-8。

表 2-7　2013 年上海主要半导体设备企业的销售收入

排序	企 业 名 称	2013 年销售收入（亿元）	2012 年销售收入（亿元）	2013/2012 增长率
1	迪斯科科技(中国)有限公司	6.59	6.97	-5.5%
2	应用材料(中国)有限公司	5.51	4.46	23.6%
3	东电电子(上海)有限公司	3.45	3.27	5.5%
4	中微半导体设备(上海)有限公司	3.22	2.22	45.0%
5	上海微电子装备有限公司	1.18	0.61	93.5%
6	盛美半导体设备(上海)有限公司	0.98	0.16	512%
7	睿励科学仪器(上海)有限公司	0.06	0.05	20.0%
合 计		20.99	17.74	18.3%

表 2-8 2013 年上海主要半导体材料企业的销售收入

排序	企业名称	2013 年销售收入（亿元）	2012 年销售收入（亿元）	2013/2012 增长率
1	液化空气（上海）有限公司	10.82	10.13	6.8%
2	日元光半导体（上海）股份有限公司	9.91	10.13	−2.2%
3	上海申和热磁电子有限公司	8.84	8.70	1.6%
4	上海晶盟硅材料有限公司	4.35	4.00	8.8%
5	上海新傲科技有限公司	3.80	3.56	6.7%
6	上海合晶硅材料有限公司	3.21	2.98	7.7%
7	上海凸版光掩膜有限公司	1.92	1.92	持平
8	上海新阳半导体材料股份有限公司	1.45	1.70	−14.7%
9	安集微电子（上海）有限公司	0.79	0.50	58.0%
10	上海华谊微电子材料有限公司	0.63	0.51	23.5%
合计		45.72	44.13	3.6%

资料来源：上海集成电路行业统计网，2014.02

【技术水平及技术创新】 上海设备材料企业自主研发成功多项高端设备和关键材料，并投放市场。中微半导体设备（上海）有限公司相继研发成功 65～45 纳米介质刻蚀机和 32～22 纳米介质刻蚀机，达到国际领先水平。同时研发成功 MOCVD 和 TSV（硅通孔 Through-Silicon-Via，简称 TSV）设备。

上海微电子装备有限公司研发成功用于芯片前道工艺的 SSB600 系列扫描投影光刻机，用于后道封装的 SSB500 系列先进封装光刻机。用于平板显示制造的 SSB200 系列投影光刻机和用于 LED 芯片制造的 SSB300 系列先进光刻机。

盛美半导体设备（上海）有限公司（以下简称“盛美”）研发成功 12 英寸单晶圆兆声波清洗机，睿励科学仪器（上海）有限公司自主研发的全自动集成电路工艺光学检测系统进入了大生产线验证。安集微电子（上海）有限公司开发的 CMP（单芯片多处理器 Chip multiprocessors，简称 CMP）抛光液和硅材料抛光液、上海新阳半导体材料股份有限公司开发的超高纯铜互连电镀液及添加剂、上海化学试剂研究所开发的多种高纯超净化学试剂等材料，已大量进入市场。

（孙美玉）

【芯片级电路快速并行测试技术研究】 2013 年 9 月 23 日，由上海华岭集成电路技术股份有限公司承担的“芯片级电路快速并行测试技术研究”项目通过市科委专家验收。项目完成了对探针卡和接口板高密度扩展技术、并行测试干扰源隔离技术和多模块平行测试技术研究，实现了在线测试流程动态自动调整、测试优化算法和芯片测试一致性验证分析，测试效率得到了明显提升。项目建立了芯片级电路快速并行测试服务环境，研究技术应用到 15 个芯片级电路实际测试开发中。完成单晶圆芯片测试时间比传统方法缩短了 90%。现场测试报告表明，该项目研究的芯片级电路快速并行测试技术达到了项目任务书规定的技术考核指标。项目研制期间申请国家发明专利 2 件，获得软件著作权 3 项，完成了 15 套芯片级电路快速并行测试程序开发和测试探针卡及测试接口板开发。

【45～22 纳米单片晶圆清洗设备获得韩国海力士重复订单】 2013 年 7 月 19 日，由盛美自主研发的 12 英寸 8 腔 SAPS（空间交变相移技术 Space Alternated Phase Shift，简称 SAPS）兆声波单片清洗设备，在上海总部举行了设备出厂仪式。该清洗设备作为量产重复订单，将出厂至无锡的 SK 海力士半导体（中国）有限公司（以下简称“海力士”）。清洗设备是集成电路生产制造中使用频率最高的设备之一，清洗工艺约占整个集成电路生产流程的

15%～20%。盛美研制的具备完全自主知识产权，可适用于12英寸、8英寸、6英寸45纳米及以下技术节点的单晶圆清洗设备，通过了海力士44纳米和38纳米产品的大生产线工艺评估，产出良率比国外同类产品高出2.7%，打破了国际企业在中国的垄断，填补了国内高端集成电路清洗设备的空白。截至2013年年底，已获得SK海力士半导体(中国)有限公司、上海晶盟硅材料有限公司等企业的多台订单。

【全球首个半浮栅晶体管】 2013年2月29日，复旦大学宣布全球首个半浮栅晶体管在复旦大学发明并制造成功，同时公布了详细的测试数据，它的存储性能甚至超过了在业界有很高知名度的 Floating Body Cell(浮体单元)，并且比现有 DRAM(动态随机存取存储器 Dynamic Random Access Memory，简称 DRAM)技术制程简化。半浮栅晶体管是一种新型的、基础的、核心微电子器件，应用十分广泛，而且有很高的实用价值。它可以部分取代 DRAM、SRAM(静态随机存储器 Static Random Access Memory，简称 SRAM)和图像传感器，可以使芯片面积显著减小，在保持优越性能的同时，可以使制造成本降低。这项成果从发明、设计，到制造、测试，都完全依靠国内的团队与技术力量来完成。通过改变准浮栅的充电机制为带间隧穿载流子注入或光生载流子注入，可以分别实现快速存储功能和图像传感功能。

【芯片安全防护技术研究及卡 SoC 芯片开发】 2013年11月5日，由上海华虹集成电路有限责任公司承担的"芯片安全防护技术研究及卡 SoC(系统级芯片 System on Chip，简称 SoC)芯片开发"项目通过市科委专家验收。课题研究包括抗侵入式攻击技术、安全传感技术、抵御旁路攻击技术、芯片内部安全技术、密码协处理器技术等芯片安全防护技术；开展了包括旁路攻击测试技术、故障注入实验技术、物理攻击实验技术等芯片安全攻击测试技术研究。基于以上技术研究成果，开发了一款安全芯片。该芯片基于32位 CPU 安全平台，包含了7816、ISO14443等模块的多界面管理模块、高速通信非接触射频电路、大容量低功耗 EEPROM(电可擦可编程只读存储器 Electrically Erasable Programmable Read-Only Memory，简称 EEPROM)、PKI(公钥基础设施 Public Key Infrastructure，简称 PKI)协处理器、真随机数发生器等安全模块，采用了国家认可的商用密码算法，可满足多种应用，并保证应用中的安全性。该芯片取得了国际安全实验室攻击性测试报告，通过了银联卡芯片安全认证，获得了国家密码管理局商用密码产品型号证书。依据银行卡检测中心、宜硕科技(上海)有限公司及国家电子计算机质量监督检验中心等机构提供的芯片检测报告，该芯片的性能达到了项目任务书规定的技术考核指标。课题研制期间，申请国家发明专利5项，发表论文10篇。截至2013年9月，销售收入达2 179万元。

（李言旭）

中芯国际集成电路制造(上海)有限公司

中芯国际集成电路制造(上海)有限公司(以下简称"中芯国际(上海)")成立于2000年，是中芯国际集成电路制造有限公司的主要组成部分，先后建立了2条8英寸晶圆生产线和1条8英寸铜互连制程生产线。2007年12月，中芯国际(上海)的12英寸生产线建成并正式运营。2条8英寸晶圆生产线的合计生产能力为12万片/月，1条铜互连制程生产线的产能为3万片/月，12英寸晶圆生产线的产能为1.5万片/月。

中芯国际(上海)从建立开始，就以先进的工艺制程领先于国内芯片制造业。从2009年起，中芯国际(上海)承担了国家科技重大专项02专项的许多项目研发和产业化任务。在"65－45－32纳米成套工艺研发与产业化"项目的大力推动下，65纳米制程已十分成熟，为国内外许多设计企业开展代工业务，并取得了丰厚的代工收入，45/40纳米先进制程也已实现产业化，为国内多家IC设计企业，如展讯通讯(上海)有限公司，开展多频多模智能手机基带芯片开展40纳米制程的代工制造。32/28纳米先进制程已研发成功，预计于2014年内实现量产。

与此同时，中芯国际(上海)与国内外设计企业广泛合作，拓展先进制程代工业务。2012年，中芯国际(上海)与灿芯半导体(上海)有限公司、ARM公司开展合作，建立了40纳米低漏电工艺平台。2013年，中芯国际(上海)宣布其0.13微米低功耗嵌入式闪存(eFlash)制程正式量产，大大扩展了其嵌入式非挥发性存储器工艺平台。2013年10月，中芯国际(上海)的嵌入式电可擦可编程只读存储器(eEEPROM)工艺平台的银行卡芯片获得了银联认证。

2013年10月22日，中芯国际(上海)发布2013年第三季度财报。2013年前三年季度实现销售额5.343亿美元，同比增长15.8%。净利润4 250万美元，同比增长2.5倍。2010—2013年中芯国际(上海)的销售额及增长率见表2－9。

表 2-9　2010—2013 年中芯国际(上海)的销售额及增长率

年　份	2010 年	2011 年	2012 年	2013 年
销售收入(亿元)	54.5	42.5	44.2	62.36
增长率	34.2%	−22.0%	4.0%	41.1%

资料来源：上海集成电路行业统计网，2014.02

展讯通信有限公司

展讯通信有限公司(以下简称"展讯")是一家由留学生回国创建的 IC 设计企业，2001 年在上海成立，以生产世界领先水平的 2G/2.5G/3G/4G 手机芯片而著称。

2003 年 4 月，展讯设计的国内首款 GSM/GPRS(全球移动通信系统 Global System for Mobile communications，简称 GSM；通用分组无线服务技术 General Packet Radio Service，简称 GPRS)手机芯片在国内装机量产。2004 年 5 月，全球首款 TD-SCDMA(时分同步码分多址 Time Division-Synchronous Code Division Multiple Access，简称 TD-SCDMA)制式的 3G 手机基带芯片在展讯诞生，让中国第一个拥有自主知识产权的国际移动通讯标准 TD-SCDMA 拥有了相应芯片，实现了移动通信核心芯片设计技术的全面突破，打破了欧美大公司的技术垄断。2011 年 1 月，展讯发布全球首款 40 纳米商用多频多帧多模基带芯片 SC8800G，进一步表明在手机芯片领域我国领先国际竞争对手。2011 年 9 月，韩国三星 GALAXY S3 智能手机采用了展讯的 TD-SCDMA 芯片。

2013 年 12 月 17 日，展讯发布了 5 款四核 3G 智能手机芯片，面向高、中、低端四核智能手机市场全线发力。2013 年 12 月 4 日，中国发放 4G 牌照，为展讯 TD-SCDMA 的 TD-LTE(分时长期演进 Time Division Long Term Evolution，简称 TD-LTE)芯片带来了新一轮应用高潮。

2007 年 1 月，展讯研发的 GSM/GPRS 核心芯片系列荣获"2006 年度国家科技进步奖一等奖"。2013 年 1 月，展讯与中国移动通讯集团公司等合作开发的"TD-SCDMA 关键工程技术研究产业化应用"项目荣获"2012 年度国家科技进步奖一等奖"。2013 年 12 月，展讯被认定为"2013—2014 年度国家规划布局内集成电路设计企业"。

展讯手机芯片设计技术节节攀升的同时，企业经济效益日益高涨。2010—2013 年展讯销售收入及增长率见表 2-10。2013 年，展讯销售收入达到 64.49 亿元，成为上海第一家销售收入超过 10 亿美元的设计企业。2013 年，展讯基带芯片出货量跃居全球排名第 3 位，占全球基带芯片出货份额的 16.5%，继续保持了 50%以上的 TD 芯片市场占有率。

表 2-10　2010—2013 年展讯通信(上海)有限公司的销售收入及增长率

年　份	2010 年	2011 年	2012 年	2013 年
销售收入(亿元)	25.37	42.25	44.02	64.49
增长率	238.3%	66.6%	4.2%	46.5%

资料来源：上海集成电路行业统计网，2014.02

(孙美玉)

上海集成电路研发中心有限公司

【概况】 上海集成电路研发中心有限公司(以下简称"集成电路研发中心")充分发挥自身先进工艺开发能力及产业公共平台的功能，弥补集成电路产业链中的"缺口"，提升国内产业的整体研发实力，形成了"设备—工艺—产品设计"的整体能力。

【20～14 纳米工艺引导线建设】 2013 年，集成电路研发中心确定了 20～14 纳米工艺引导线的建设方案，完成了互连平台关键设备 PVD(利用物理过程实现物质转移 Physical Vapor Deposition，简称 PVD)、ECP(扩展并行口 Extended Capabilities Port，简称 ECP)、CVD(化学气相沉淀 Chemical Vapor Deposition，简称 CVD)、CMP(单芯片多处理器 Chip Multiprocessors，简称 CMP)及刻蚀设备的装机和工艺调试、国产自动搬送系统的安装、三维器件工艺平台布局设计和动力配套建设。此外，就引导线

建设与应用材料、LAM 及 ASML 等国际设备厂商协商达成了合作意向。

【国产 12 英寸集成电路设备应用工程】 2013 年，集成电路研发中心完成了国产设备工程布局设计和相应环境建设，明确了互联国产设备选型及相应技术指标，制定了基于国产设备的铜互连工艺开发方案；经和国产设备厂商协商，分别就其刻蚀设备、抛光/清洗和镀铜设备、涂胶显影设备及 MFC（质量流量控制器 Mass Flow Controller，简称 MFC）等设备达成评价和应用方案，并完成了中微刻蚀机的搬入和安装调试、盛美清洗机和 e-CMP、芯源 Track 的搬入和安装准备工作；针对部分已达到配套应用要求的国产设备，初步建立了和大生产线的联动机制，并进一步与上海华力、中芯国际（上海）等国内大生产线形成互认的评价机制。

【国产设备材料验证及工艺完善服务】 2013 年，集成电路研发中心进一步提升了对国产设备和材料的验证评估能力。在国产设备方面：对睿励膜厚和盛美清洗设备的 55 纳米工艺验证得到了大生产线确认；完成了国产光刻机、刻蚀机、离子注入机、PECVD（等离子体增强化学气相沉积 Plasma Enhanced Chemical Vapor Deposition，简称 PECVD）、涂胶显影等设备的验证优化，其中刻蚀机完成了 55 纳米工艺验证、涂胶显影机开始联机测试；在国产材料方面：完成了铜研磨液、添加剂、248 纳米光刻胶、SOI（硅绝缘技术 Silicon-on-insulator，简称 SOI）硅片等材料验证，其中部分材料已进入生产线进行产品工艺评价。

【特殊工艺开发及产品应用】 2013 年，集成电路研发中心研制完成了 1 700 V/100 A、3 300 V/75 A 大功率 FRD，其动静态性能已通过测试考核；在 SiGe 工艺产品方面开始投入试产，同时设计完成了 0.13 μm SiGe RF 的 TSV 结构；建立完成了 MEMS（微机电系统 Micro-Electro-Mechanical Systems，简称 MEMS）红外传感和麦克风制作工艺流程，完成了 MEMS 麦克风工程流片，并验证了正常功能。

【“12＋8”设计服务平台】 作为上海华力、中芯国际（上海）、华虹宏力等国内大生产线的设计服务伙伴，集成电路研发中心进一步完善了设计服务业务流程和功能，为十余家单位提供了数十次流片设计服务，设计完成了 55 纳米高压工艺单元库并投入使用；集成电路研发中心还通过了 CNAS（中国合格评定国家认可委员会 China National Accreditation Service for Conformity Assessment，简称 CNAS）现场评审，成为国内为数不多的具有 CNAS 测试资质的集成电路专业测试机构，检测领域包括半导体器件、集成电路、可靠性测试等。

【3D 集成和新型工艺研发】 关于 3D 集成技术的发展，集成电路研发中心以 TSV 及 TSV/硅片键合等技术为突破点，推进 2.5D/3D/3D－Si 集成在产品中的应用，并定位于 Foundry（铸造厂）和封装厂之间的接口技术研发，加快推进 3D 集成技术在国内的发展进程；此外，集成电路研发中心着力面向 300 mm 工艺技术的石墨烯先导技术研究，研究石墨烯低温 CVD 成膜工艺技术、石墨烯在线监控/测试评估技术、石墨烯集成互联技术、石墨烯高速器件结构和工艺集成技术以及石墨烯高速器件和互连模型技术等。

上海硅知识产权交易中心

【提升专利分析与侵权举证能力，积聚运营资源】 2013 年，上海硅知识产权交易中心（以下简称“SSIPEX”）重点围绕新兴产业，在承接完成一系列市场项目中，进一步提升了专利分析与侵权举证能力，努力使分析咨询业务、司法鉴定业务等知识产权业务快速增长并形成特色，并为专利运营业务的开展积聚必要资源。

在某研究所 DSP（数字信号处理 Digital Signal Process 简称 DSP）嵌入式指令集及实现技术的知识产权分析项目中，SSIPEX 通过对其 BWDSP100 位嵌入式指令集及实现技术的专利侵权风险、著作权侵权风险进行全面评估，针对其存在的知识产权风险提出了应对解决方案。该项目是继 01 专项龙芯知识产权风险评估、“申威”高性能 CPU 知识产权分析、CK－Core32 嵌入式指令集及实现技术的知识产权分析项目后的又一座里程碑。SSIPEX 在国家科技重大项目层面处理器领域的知识产权优势得到保持和巩固。

SSIPEX 为设计中心、大学等单位提供了 LTE、寄存器堆、SRAM、DDR3、PLL（锁相回路 Phase Locked Loop，简称 PLL）等技术的专利分析和评估工作，分析评估结果对企业极具知识产权风险评估的参考价值，也为 CPU 项目专利分析和评估的方向及框架方面提供了可借鉴模式。

受新媒体公司委托，SSIPEX 关于 OTT（互联网公司越过运营商，发展基于开放互联网的各种视频及数据服务业务 Over the Top，简称 OTT）和 WebOS 技术领域的专利分析项目顺利进行。通过该项目建设，SSIPEX增强了在网络电视操作系统软件、人机界面等技术点的专利分析能力，为中心在移动互联网业态下的热点技术专利分析积累了经验。

2013年，SSIPEX司法鉴定业务共完成各类司法鉴定工作8件，鉴定的技术领域涉及电子信息、机械、经营信息等。这些业务的实施，不但令SSIPEX与律师事务所建立了相对稳定的合作关系，为业务的进一步开拓奠定了良好基础，更重要的是提高了SSIPEX对侵权分析方面的认识，而这恰是专利运营所必需的基础能力。

专利运营业务方面，SSIPEX以LED照明为突破口，通过前期技术调研、专家研讨，对半导体LED照明中心专利池中的600多件专利进行了技术分类、筛选评级，并组建了以COB(板上芯片 Chip On Board，简称COB)封装、多量子阱为代表的专利组合具体建议；对LED灯具、散热结构等进行了分析和举证，初步完成了该领域关键专利和侵权产品的锁定。LED照明领域专利运营项目的尝试为中心在该领域的业务拓展积累了经验，也提升了业务人员技术分类、专利解读、价值评估、专利组合组建等一系列专利运营服务的基础能力。

MVC(模型、视图和控制器 Model View Controller，简称MVC)领域的专利运营继续推进，与部分国外公司展开谈判，并对其中典型公司提起专利侵权诉讼，这方面的经历为公司全面开展专利运营提供了宝贵的实战经验。

【扩大客户资源，探索新业务渠道模式】 为了维护并扩大客户资源，SSIPEX尝试与各类型的公司接洽，拓思路，找出路，探索新业务渠道模式。

为了获取更多的IP代理权，SSIPEX主动筛选联系15家IP供应商和代理，获得了代理权。SSIPEX与某公司多次接洽、探讨并形成专利运营合作的初步方案，梳理国内电子信息领域具有海外拓展市场需求的公司，结合企业的类型、需求，对总量500多件的16个专利组合进行市场推广。SSIPEX积极与国内外专利运营公司联合策划国际LED专利池。针对国内Foundry对高性价比基础IP的需求，SSIPEX积极探索以“合资”或“入股”方式组建Foundation IP团队的可行性。基于03专项的项目成果，SSIPEX启动了与部分项目承担单位专利委托授权与经营的业务联络，计划在TD-LTE、D2D(面向设备间直接通信 Device-to-Device，简称D2D)等领域建立专利组合及运营公司。

【争取新项目，为下一步发展提升基础能力】 市场业务的规模开拓，需要SSIPEX夯实基础能力，国家及地方各类项目扶持，提供了良好的资金、软硬件设备、数据库资源、扩宽业务领域等条件。

2013年，SSIPEX获得了上海市战略新兴产业发展专项之高技术服务业专项工程“新一代信息技术知识产权公共服务平台”项目，该项目建设能提升和完善公司知识产权业务发展所需的软硬件工具、专利数据库、诉讼数据库等业务基础；获得了上海市软件与集成电路专项“集成电路司法鉴定公共服务平台建设”项目，该项目的建设能提升中心司法鉴定业务的能力，完善鉴定中技术分析的流程规范；国家科技重大专项“高密度三维系统集成技术开发与产业化”项目知识产权共享机制研究课题，为SSIPEX在集成电路封装领域的知识产权服务拓展提供了良好的契机；上海市文化创意办公室的“工业设计知识产权保护平台建设”项目，有效助力SSIPEX知识产权服务业务向工业设计等领域拓展。

上海集成电路测试专业技术公共服务平台

【概况】 上海集成电路测试专业技术公共服务平台(以下简称“集成电路测试平台”)依托于上海华岭集成电路技术股份有限公司，致力于先进的集成电路测试技术开发和国内领先的集成电路测试技术公共服务平台建设，建立了40纳米/12英寸极大规模集成电路测试软件研发、芯片设计测试验证分析、工程测试试验评估分析、产业化测试软硬件环境和快速高效的用户服务体系，立足上海，服务全国。

【平台建设】 针对“十二五”国内集成电路产品研发和生产需要，集成电路测试平台建立了由100多台(套)国际主流先进测试设备组成的12 Ghz芯片测试分析、1 000 Mbps数模混合SoC(系统级芯片 System on Chip，简称SoC)芯片实时动态测试和芯片产业化测试多级多功能公共服务平台，建立了EDA-ATE(设计—测试)统一的技术研发和产业化测试软硬件环境。2013年，平台新增先进的12英寸全自动测试分析系统21台，建立了晶圆级高低温测试平台，实现了晶圆级和成品级的高低温产品测试应用，开始了28纳米级大规模集成电路产品的测试技术开发，获得了国家认可委CNAS实验室认证。

【技术发展】 在平台建设的基础上，集成电路测试平台紧盯国内外市场用户需求，开展先进的测试技术研究，在开发了RF(射频 Radio Frequency，简称RF)、信息安全、数字通信、数字音视频、高速接口、ADC/DAC(模数/数模转换器 Analog-to-Digital Converter/Digital Audio Compress)、FPGA(现场可编程门阵列 Field - Programmable Gate Array,简称 FPGA)、FLASH 等 400 多种集成电路产品测试技术的基础上,针对信息安全、3G/LTE 移动通信、卫星导航、FLASH、金融 IC 卡和 MEMS 芯片等领域的大量关键技术进行研究,满足了平台用户的需求;同时平台积极部署研发三维集成电路关键测试技术,以持续满足用户不断增长的需求。近年来,申请发明专利 42 项,完成测试软件国家著作权登记 91 项,大大提升了平台的技术创新和技术服务能力。

【产业服务】 集成电路测试平台为集成电路企业提供可测性设计、测试软件开发、芯片验证分析、可靠性试验和产业化测试等多种形式的公共技术服务,实现了测试信息录入、测试数据生成及传送、测试过程实时监控、设备运行状态统计、测试异常报警、历史记录追溯等所有环节的信息自动化处理,平台具有自主知识产权的远程测试控制系统,为客户提供全年 24 小时极大规模集成电路芯片测试技术服务,并实现了与产业链设计、制造、封装上下游企业的信息实时共享和无缝连接,为国内外 200 多家集成电路企业、400 多种芯片产品,提供了测试技术服务和产业化测试,连续 3 年荣获上海市大型科学仪器设施共享服务先进集体,取得了良好的社会经济效益。

集成电路测试平台建立了产、学、研、用可持续发展和技术创新体系,开展了多种形式的集成电路测试技术交流和培训,与上海集成电路设计、制造和封装企业良性互动,结成战略联盟,共同完善了上海集成电路完整的产业链,为我国集成电路产业的发展和技术进步做出了积极的贡献。

(王 雷)

二、通信和网络设备制造业

概况

2013 年,围绕国家“加快调整产业结构,提高产业整体素质”的总体发展要求,伴随智能终端的普及、4G 牌照发放、移动互联网、下一代网络、信息消费等应用发展趋势,本市通信与网络设备业处于过渡与转型的关键阶段。全行业生产、销售、利润同比均呈较明显下降态势,企业经营压力依然较大。全年,本市通信设备制造业共实现工业总产值 650.97 亿元,同比下降 11.8%,销售收入 629.05 亿元,同比下降 11.6%,累计利润总额 5.9 亿元,同比下跌 50.6%。

第四代移动通信及长期演进技术(TD - LTE)

截至 2013 年年底,全球 18 个国家共部署了 23 张 TD - LTE 商用网络,超过 40 个商用网在计划部署中,全球用户规模已突破 500 万。2013 年 12 月,工信部正式向三大运营商颁发了 TD - LTE 4G 牌照,12 月 26 日,向 11 家民营企业发放了首批虚拟运营商牌照;2014 年 1 月,向另外 8 家民营企业发放了虚拟运营商牌照,国内 4G 全面商用的时代正式到来。

中国移动通信集团公司(以下简称“中国移动”)作为最早部署 4G 网络的运营商,于 2013 年在 TD - LTE 试验网络的建设、运营维护、技术产品测试等方面加快了发展。继 2012 年 12 月中国移动香港公司 TD - LTE 网络正式交付商用、成为全球首个双模 4G 网络,即 TD - LTE 和 FDD - LTE(频分双工长期演进 Frequency Division Duplexing Long Term Evolution,简称 FDD - LTE)融合的网络之后,2013 年 2 月,浙江移动正式宣布在杭州和温州两地推出 4G 商用,成为中国内地首个完成 4G 商用的城市。2013 年,上海 TD - LTE 建设主要由上海贝尔股份有限公司和华为技术有限公司两家厂商承建。上海移动开展了一系列特殊场景覆盖方案和 TD - LTE 公众体验活动,进一步扩大 TD - LTE 的影响力,推动上海市 TD - LTE 更好地发展。

下一代网络(NGN)

随着七部委联合下发《关于下一代互联网“十二五”发展建设的意见》,IPv6 网络小规模商用试点随之正式启动。三大运营商已建的骨干网以及约 10% 的城域网都支持 IPv6,新建网络设备均要求支持 IPv6。此外,中国教育网(CERNET)和中国科技网(CSTNET)也全面支持 IPv6,电信运营企业、域名产业基本支持 IPv6 访问与解析;实现 IPv4 和 IPv6 网页浏览业务互通;IPv6 宽带接入用户数超过 800 万。

2013 年 12 月,国家发改委正式对外公布了下一代互联网示范城市建设名单,16 个下一代互联网示范城市(城市群)把 IPv6 下一代互联网作为信息基础设施,全面快速推进。截至2013年12月底，根据全球IPv6测试中心提供的数据，全球IPv6 Ready设备数量达到了1 856个，其中中国地区数量快速增长，2013年当年通过IPv6 Ready设备认证的数量居全球第一。因此，国内加快形成成熟的IPv6商业模式和技术演进路线，成为推进IPv6网络全面部署和加快新型网络体系架构建设的关键要素。

下一代广电网(NGB)

2013年8月，国务院正式印发的《"宽带中国"战略及实施方案》明确指出：到2013年年底，我国固定宽带用户超过2.1亿户，城市和农村家庭固定宽带普及率分别达到55%和20%。3G/LTE用户超过3.3亿户，用户普及率达到25%。行政村通宽带的比例达到90%。同时，随着双向网改技术的演进，特别是有线网络NGB(下一代广播电视网Next Generation Broadcasting Network，简称NGB)接入网国标的出台，有线运营商的双向网改和NGB融合加速凸显，并带动了相关投资的明显增长。

作为国家首批三网融合试点城市，上海2013年全面完成了各项试点任务。全市光纤到户覆盖730万户，城镇化地区覆盖近100%，实际使用用户达320万户。家庭宽带普及率超过60%，平均互联网接入带宽超过10兆，光纤接入平均带宽超过16兆。下一代广播电视网覆盖450万户，基本实现了中心城区和郊区部分城镇的覆盖，成为国内最大的NGB网络。

（薛国华）

物联网

【概况】 2013年上海物联网产业总体发展态势良好，形成了较多的行业示范应用。上海市与物联网相关企业上市公司达到了15家，主营业务包括RFID(射频识别技术Radio Frequency Identification，简称RFID)、智能电表、芯片设计和制造、M2M(移动网络对机器Mobile to Machine，简称M2M)通信、工业控制、智能交通、视频监控等领域的智能设备研制及系统集成等，在全国占据领先地位。

【培育发展物联网应用市场】 经过数年的引导培育，物联网应用市场初现雏形，上海在应用规模、应用成效、商业模式、行业标准、领军企业等方面，形成初步基础和先发优势。

应用示范工程初具规模 累计培育出5个百万终端规模的应用示范工程，除了原有的危化气瓶全程监管、小区联网门禁、手机比价查询、公交一卡通等应用示范工程，2013年，面向乘用车的车联网应用规模在国内率先达到百万级。

示范应用实效显现 在交通、健康医疗、楼宇节能、安防等领域的应用示范工程已产生显著成效。比如，基于物联网的居民健康管理服务，可降低管理成本近60%(随着应用规模扩大，边际成本将进一步下降)，慢性病识别率有效提升了20%左右，规范管理率和控制率指标也同步提升。

可持续运营的商业模式逐渐成形 在楼宇节能、社区安防等领域，摸索出一套"政府公共服务＋市场增值服务"的可持续运营模式。在车联网领域，本土企业形成从车载终端到应用平台的完整知识产权和服务品牌；以"安吉星"为代表的车载信息服务商业模式逐渐成形，开始盈利。

民生相关的物联网服务品牌被市民认可接受 包括多利农庄、菜管家(农产品)、维洛城、我查查(商业消费)、万达全程(健康管理)、Inkanet(车联网)、宝盒速递(快递)等。

在应用示范成功的基础上固化标准，进一步推广应用规模 累计有40多项上海单位主持或参与的物联网技术和应用标准规范发布，或在国家或地方标准部门立项。2013年以来，联合行业应用部门和标准管理部门，立项推进检验检疫进出境集装箱电子标签、公交汽电车调度和动态信息发布等行业标准、地方标准的制订工作。加快建设传感器网络国家标准验证示范基地。

一批专业领域的领军企业快速成长 据初步统计，本市15家上市公司将物联网作为战略转型方向，加快了技术研发和市场布局。同时，在车联网、智能交通、农业、消防等细分领域，涌现出一批上亿元规模的物联网系统集成商和服务运营商，在行业背景、解决方案、业绩和商业模式等方面，初步形成了领先优势和核心竞争力。

【核心技术突破及产业化】 基于本市信息产业基础，在物联网核心技术和基础产品领域实现了一批核心技术突破，有些在全球市场形成了竞争力。

在感知层，本市两家金融IC卡和移动支付芯片设计企业获得了2014年国家科技重大专项支持，抢占百亿级市场先机。在微机电系统(MEMS)领域，硅基麦克风芯片月出货百万颗，并在苹果公司iPad mini中应用；研发了CMOS－MEMS全薄膜封盖MEMS工艺和晶圆级集成封装工艺，并率先实现产品化。

在通信层，形成了完整的产品系列，基于Zigbee技术的短距离通信模块、基于GSM等2G技术的低速通信模块等产品、基于TD-SCDMA等3G技术的高速通信模块,已在全球80多个国家和地区销售,销售额累计达到百亿元。

在数据层,在海量实时图形数据处理平台、实时工业数据库等基础技术方面率先取得突破,并在智慧城市、电力等大型行业市场进行规模化应用,达到国际先进技术水平。

【产业技术发展】

RFID应用 RFID的广泛应用带动了产品发展,超高频RFID标签芯片研发取得了新突破。

超高频RFID应用趋势明显,除了原先的大型展会票务系统外,超高频RFID在社会管理和工业物流管理方面也有了较多应用,更进一步拓展了环境监测等领域应用。高频RFID芯片还在国内的酒类防伪、电力、军需物流等应用中广泛使用。基于RFID的、面向药品冷链的安全监控核心技术突破了RFID在药品安全监管中应用的关键技术,为下一步在医药流通领域规模化应用打好了基础。2013年,华虹集团组建技术中心,研发了基于RFID技术的读写模块,特别是900 M射频模块,并实现了小规模应用。

超高频RFID标签芯片研发取得新突破。上海坤锐电子科技有限公司的超高频电子标签芯片通过了空中客车公司的技术检测,达到国际先进水平,成为空中客车公司RFID标签芯片供应商。

RFID集成化应用取得新成效。上海检验检疫局与华申智能卡应用系统有限公司合作,基于RFID的进出口货物检验检疫信息交互系统平台投入使用,2013年9月26日举行了基于该平台的"即查即放"现场查验模式启动会。

MEMS传感器 MEMS传感器需求量激增,高端智能语音系统核心MEMS芯片打破了国外厂商的技术垄断,MEMS压力传感器芯片与国外技术差距逐渐缩小。

IHS iSuppli公司的MEMS与传感器专题报告显示,MEMS麦克风2013年出货量将进一步增长30%,达到26.6亿个。之前国内需求大部分都依靠进口,上海先进半导体制造股份有限公司携手上海集成电路研发中心以产、学、研形式联合,针对中国硅麦克风的核心MEMS芯片缺失环节,重点开发了高端智能语音系统核心MEMS芯片,实现了语音核心MEMS芯片集成化、小型化、低成本、高性能以及大批量生产,打破了国际厂商的技术垄断,满足了中国麦克风市场的需求。

上海丽恒微光电子科技有限公司MEMS压力传感器芯片项目前期ASIC(专用集成电路Application Specific Integrated Circuit,简称ASIC)电路设计MEMS传感器件设计和集成已经过至少三轮流片验证和改善。另一方面,在压力传感器和加速度传感器集成芯片项目的开发上,已经启动了ASIC仿真设计和工艺流程的完善,MEMS器件的设计已经完成。

(王　雷)

【《基于RFID技术有价票证物流信息综合管理系统》课题验收】 2013年6月27日,由上海华虹计通智能系统股份有限公司牵头承担的"基于RFID技术有价票证物流信息综合管理系统"项目通过市科委专家验收。项目申请了4项发明专利、1项实用新型专利、2项计算机软件著作权。项目通过RFID技术对有价票证物品实行生产、仓储、物流等各环节的全流程管理;完成了有价票证的流向追踪、库存统计、物品定位、分布情况统计和问题追溯;制订了一系列编码规范和安全体系。项目突破了UHF(特高频Ultra High Frequency,简称UHF)RFID中如何实现安全访问控制、芯片低功耗设计等技术难点,研制了具有安全需求的专用RFID芯片和读写机具,在有价票证领域进行了良好的应用。

(李言旭)

【行业应用推进】

工业物联网 在工业物联网领域,几家重点企业发挥核心技术优势,攻占新的市场,主要围绕区域性、城市级、跨长距离的安全与管理监控实现规模应用。

城市照明物联网智能监控与管理系统项目,通过建设应用于项目的大区域GPRS公网平台与小区域Zigbee无线短距离通讯或扩频电力线载波通讯平台(免费)相结合,使全市所有照明设施设备实现了全面联网监控、工作状态感知。项目已在全国多个城市推广应用,约50万盏路灯被纳入节能与安全监控范围,项目年收入1～2亿元。

化工区监控平台项目围绕化工生产与环境管理需求,研制了无线自主网和低功耗一体化检测终端,并提供针对性强的解决方案。自2013年年初在上海石化生活区建设液化气1 000多点的监控示范工程之后,又推广到天然气1 000多点监控,已避免多起气体泄漏事故的发生,得到用户的肯定。

大型公共建筑能耗监控平台应用拓展和数据运营,2013年在长宁区新增40幢楼宇,全区共有140幢楼宇接入；承接了黄浦区建筑能耗监控平台项目，第一期工程已接入58幢楼宇。

智能交通 在智能交通领域，上海各细分应用企业都保持了高速发展的态势，且业务稳定，未来可持续发展。

上海电科智能系统股份有限公司承担了上海近90%的城市道路智能交通、高速公路机电系统项目，业务增长迅速，2013年较2012年同比增长37%。

在车联网方面，上海博泰悦臻电子设备制造有限公司2013年新增用户数突破10万，接近12万；发布了基于iMAX536的全车规硬件平台系统并正式商用，系统性能大幅提升，上下行网速提高了10倍。

食品安全 上海的食品供给对外依赖程度较高，市民消耗的农产品中有70%来自外省市，上海已成为一座名副其实的食品"流通城"。

市商务委追溯系统持续发挥监管作用，在猪肉、蔬菜、水产、牛羊肉、粮食等方面提供溯源技术支撑和管理手段。上海出现了一批酒类溯源、螃蟹溯源、茶叶溯源等企业解决方案提供商。

迫于整体食品安全的大环境压力，上海涌现出一批采用物联网技术提升企业竞争力的公司，比如菜管家、联华超市、领鲜物流等生鲜配送全程采用了冷链运输；多利农庄的3 000多亩土地采用农业物联网技术，有效提升了有机蔬菜的种植管理水平。

智能医疗 2013年智慧医疗行业呈现加速发展趋势，涌现出一批具有市场竞争力和整体解决方案的服务提供商，行业热点逐步聚集于远程健康管理平台的建立和示范应用。

上海金仕达卫宁软件股份有限公司基于对物联网技术的吸收和应用，将业务重点转为医疗领域的移动支付、医院内部用药闭环处理以及移动医生站、移动护士站(DocTouch)等一系列新型应用。

东软集团股份有限公司从2008年开始，加大对以上海为中心的华东市场的投入，在远程健康管理方面推出了熙康远程健康管理云平台，集成了其自我品牌(如熙康智能腕表)和其他健康终端(如欧姆龙血压计等)，以提供整体的健康管理服务。

上海万达全程健康服务有限公司自主研发的"物联网家庭健康信息平台"重构以慢性病患者为中心的医疗服务提供体系，为社区全科医生和居民架起了实时监测和沟通的桥梁。2013年，在远程健康管理、远程心电诊断、远程会诊和远程家庭康复方面都建立了典型示范应用。这些示范应用的成功，很大一部分依赖于物联网技术发展和业务模式创新。健康服务覆盖上海9个区、22个社区，覆盖慢性病人群达53.04万人。

移动支付 2013年上半年，上海地区移动支付用户超过150万户，交易金额突破18亿元，交易笔数超过100万笔。由于移动支付结合了移动通信技术、互联网技术、电子商务技术、金融行业相关技术等，具有明显的跨行业特点，整体市场仍处于初级阶段，竞争格局未定。上海银联改造了16万台POS机，为其闪付和金融IC卡铺平道路；支付宝在自动贩卖机上实现了声波支付；微信在其App上增加了二维码支付。2013年移动支付行业迎来了三波浪潮：互联网远程支付、O2O电子商务支付、NFC近场支付。上海联通联合招商银行推行NFC手机钱包；中国移动与银联合作打造移动支付平台，按照移动支付国家标准推出了移动支付联合产品"手机钱包"。

全国第三方支付牌照累计发放了223张，其中上海企业占52家；上海市民拥有的卡数量众多，手机用户超过3 000万，普及率超过100%；餐饮、团购、电影票等行业移动支付需求旺盛，催生出大众点评、我查查、格瓦拉、维络城、分众传媒等生活类服务平台。

（王　雷）

重要企业单位

中国电信上海理想信息产业(集团)有限公司

【概况】 中国电信上海理想信息产业(集团)有限公司(以下简称"理想集团")，主要提供信息通信技术服务，涉及信息系统集成、应用软件开发、软硬件产品研制、增值业务运营和IT外包服务五大方面，产品和服务覆盖全国31个省、市、自治区，并延伸到香港、澳门，及美洲、欧洲等海外地区，客户遍布电信、政府、金融、教育、烟草、制造、化工等多个行业，拥有全国性的营销渠道和运维服务体系。公司致力于中国IT产业发展，借助中国电信精品网络资源，定位于电信与IT产业融合的ICT(信息通信技术 Information Communication Technology，简称ICT)服务商形象，为社会信息化、企业信息化和家庭信息化提供全方位、专业化的应用集成服务。

2013年，中国电信以创新和服务双领先推动规模和效益双提升，开创企业深化转型科学发展的新局面，持续深化企业转型，扎实推进"新三者"战略，并规划新兴业务发展。理想集团是新兴业务领域中ICT业务的主力军，对外抓市场和渠道，积极寻求多方合作，共同做实做大ICT业务；对内抓管理和人力，努力争取发挥人才作用、从管理中获取效益，各项基础工作取得成效。理想集团获得了"2013年度上海明星企业(经营型、创新型)""上海市重点软件企业”“中国电信上海公司重要通信保障工作先进集体”“上海市计算机行业最具发展潜力科技型企业十强”等荣誉称号，成为市科委大数据产业联盟成员单位。

【平台型业务运营能力大幅提升】 2013年，集天翼领航平台、Netcare网管专家服务平台、商务翼云平台于一体的平台型业务运营能力大幅提升，平台上涵盖网络监控、IT外包等多个信息化产品，平台功能覆盖在线咨询、在线受理、在线开通、在线支付、在线使用等应用流程，形成了平台客户数超10万、年收入达亿元的业务规模。其中明星产品Netcare业务的年收入已达6 000万元，重点客户中国人寿保险股份有限公司4 000多个点实施上线，并新拓展了太平洋保险（集团）股份有限公司、华泰财产保险有限公司等一批高端客户；电脑医生服务尝试O2O（线上到线下online to offline，简称O2O）运营模式，服务效率提高，吸纳外部服务商资源，现场服务覆盖范围扩大；商务翼云平台上搭建“开放产品区”“专业产品区”及“核心产品区”，专区合作产品数达100个，其中会易通产品以线上与线下结合的方式拓展，成功申报为中国电信集团级产品，建立并完善了全国化的产品运营支撑体系，在19个省市推广。

【OA相关业务在金融业实现突破】 OA（办公自动化Office Automation，简称OA）及门户类业务在电信、政府领域持续保持市场地位，并在金融领域有所突破。为包括集团公司、省公司、直属单位在内15个公司的管理系统提供信息化支撑，完成OA及门户系统优化，保证系统稳定运行。成功实施了上海浦东发展银行（以下简称“浦发银行”）内网门户项目，并在此基础上承接了银联国际公司OA以及门户项目、工银瑞信基金管理有限公司OA门户以及部分核心业务系统的开发。

【增值应用类业务拓展多个典型项目】 积极拓展以金融为主的行业应用市场，深化以“12345”市民服务热线为主的政府行业应用，成功维护了浦发银行、天翼支付、天翼商旅、“12345”热线办、健康教育所、四川检察院、韵达快递、市文广局、市监察局、市高级人民法院等一批核心客户，同时开拓了中国银联、渣打银行、兴业银行、天津静海县政府、集团客服部、内蒙古检察院等一批新用户。陆续研发了多媒体智能联络中心、金融展业、联居通、工作流、O2O业务运营平台及大数据行业应用等重点产品。其中，多媒体智能联络中心产品在中国电信集团多媒体客服、上海电信多媒体客服、浦发银行信用卡中心微信客服等多个具体项目中得以应用；内部核心工具类产品BLAZER获得2013年上海市优秀软件产品称号；智能“114”服务、智慧商圈等新产品在安徽落地。

【集成业务推进转型见成效】 智能化、信息网络及信息安全三大类业务推进转型，签订了多个千万级大单，并形成了专业化解决方案，如“智能停车引导系统”“城市道路积水监控”等理想集团独有的弱电专业化技术解决方案，争取跨地域规模发展。积极探索智慧城市行业应用，在智能停车引导、智慧社区监控、智慧教育网络基础建设、智慧政务网络基础建设等领域打造了亮点案例。取得了崇明商务中心、浦东春宇张江园等多个千万级项目；取得了嘉定教育网升级、宝山吴淞路街道监控等多个复制性项目；取得了宝山教育网安全认证、陆家嘴智能停车引导、浦东南码头监控等二期项目。

【完成多项重点通信保障任务】 承接了重要会议和活动的通信保障工作，包括全国“两会”、F1中国大奖赛、国际物联网大会、上海商业贸易交易会、上海教育行业通信展、上海市妇联大会、亚洲GSM通信展、中国学论坛、中国（上海）国际技术进出口交易会、电信学院教育通信展等。

【区县电子政务继续在全国推进】 重点发展移动电子政务业务，在云南、广西、宁夏、湖北等地上线移动政务，拉动当地网移动终端发展。此外，努力在广东、贵州等地发展电子政务运维及延伸业务。策划“翼动计划”，实现云南八个地市的项目现场巡检，提升服务质量，推动贵州省办公厅、广西政务云平台、湖北恩施电子政务、云南曲靖电子政务等重点项目进入终验。

【信息安全业务创立独立品牌】 在信息安全领域，积极发展等级保护专项业务，面向各大医院开展“信息系统等级保护”咨询服务；创立了独立品牌“iDetective信息安全网络侦查系统”硬件设备、“Web漏洞扫描”软件产品，并推进其升级优化。

【上海市委组织部项目上线】 2013年7月1日，历时近6年的上海市委组织部基层党建管理系统正式启用，该项目由理想集团承建。理想集团不仅在党建领域积累了丰富经验，还拓展了“网上行政审批”以及“民情档案”两大新业务领域，承接了市文管局、市无线电管理局以及黄浦区绿化市容管理局的行政审批类业务项目。

【上海市中小企业公共服务平台开通】 互动平台(www. ssme. gov. cn)正式开通上线,并完成了与“12345”市民服务热线的并线对接。245 家公共服务机构的服务资源将纳入该平台,上海市 60 多万家中小企业通过“中小企业服务互动平台”以及“12345”热线,可以“一站式”享受到面向中小企业的 8 大类政府服务,服务范围覆盖市、区两级中小企业服务中心、窗口平台建设单位,并与专业服务机构之间互联互通,服务信息资源共享。中小企业公共服务试点省将陆续开展相关平台的建设,理想集团还支撑了青海、贵州等省份的相关业务及上海市黄浦区中小企业公共服务系统建设项目、上海市商务委中小商贸流通企业的公共服务平台规划工作。

【“12345”热线核心系统完成大版本升级】 “12345”市民服务热线的核心业务系统 2013 年完成了 8 次大版本升级,与市文广局等 7 家委办局实现工单对接,其业务内容及业务流程基本满足了政府综合服务热线的需求。

【律师 e 通正式发布】 律师 e 通作为中国电信集团十大行业应用之一,服务于整个律师行业,2013 年 11 月 13 日正式发布。

【成为中国电信(上海)数字医疗信息化基地】 在数字医疗方面,理想集团成功申报成为“中国电信(上海)数字医疗信息化基地”,并圆满完成智慧医疗的顶层设计以及试点推广工作,形成掌上医院大医院版、基层医院版、大众版三大类应用产品。支撑全国重点项目 60 多个,分布在 14 个省市自治区,包括上海地区三甲医院 4 家、基层医院 74 家,并在内蒙古、吉林、湖北、江苏、浙江等地建立样板医院。支撑发展终端数超过 1 万个,同比 2012 年增幅达 60%。

【信息化支撑保障电信发展】 作为电信信息化的重要支撑单位,理想集团明确保障为主、大局为上,支撑中国电信集团及上海电信 IT 建设。承接中国电信集团统一门户、中国电信集团 31 省内控统建平台、中国电信集团统一信息检索平台、中国电信集团多媒体客服、中国电信天翼手机客服、上海电信计费项目、划小核算单元经分系统改造、天翼卖场重大改版等重点项目,上海电信 CRM(客户关系管理 Customer Relationship Management,简称 CRM)全网运营实现考核成绩名列前茅。理想集团完成建设任务和近 40 个 IT 部系统的运维工作,获得多方好评。

【新业务研发有成效】 结合新技术研发、新业务应用,理想集团在普适性较强的业务上做了研发上的统一规划和部署,形成面向移动终端的管控平台等一系列研发成果,多语言项目获“2012 年度上海市科技进步奖一等奖”,《基于 SaaS 模式的自主可控性信息化服务平台关键技术研究及其规模应用》获得“2013 年度上海市科技进步奖三等奖”,《大数据安全开放平台》入选“中国电信天翼创投创新孵化”项目,《基于 BigData 的 DPI 海量用户上网兴趣挖掘模型与应用》入选《2012 年度中国电信上海公司科技论文集》。

(理　想)

上海下一代广播电视网应用实验室有限公司

【概况】 2013 年是上海下一代广播电视网应用实验室有限公司(以下简称“NGB 公司”)业务发展的关键之年,在明确企业发展目标及其整体发展思路的基础上,NGB 公司秉持创新合作的精神,凝聚各方的用户基础和市场优势,以合作共赢的方式,积极主动、开放思路、全面推进公司业务开展;同时进一步深化公司制度梳理等,力求做到精细化管理,全面提升公司运营和管理水平。

上海三网融合发展在全国处于领先地位,NGB 公司利用上海大力推动“三网融合”和 NGB 建设的机遇,抓住上海建设智慧城市的有利时机,以全市数字电视整体转换、NGB 网络建设为契机,致力于发挥有线网络在视频领域传输和运营上的优势,以 NGB 网络为切入点,依靠数字电视新技术,协助东方有线网络有限公司(以下简称“东方有线”)大力发展高清电视、互动点播、时移电视、个人视频录像等基于双向功能的新电视业务,以此来加强和提升在“三网融合”后的核心竞争力,支撑 NGB 产业链的可持续发展。

【三网融合新技术研究和创新开发提升有线网络服务水平】

融合跨屏应用解决方案 NGB 公司以下一代广电网为基础,充分发挥有线网络的优势,在 NGB 网络平台上,在视频内容资源的可管可控及网络带宽质量保障下,提供基于统一智能视频服务系统(TV - PORTAL)的跨屏融合服务,以实现流媒体视频资源的跨终端、跨网络传输。随着无线终端的普及,用户更希望在家庭有线无线终端间实现业务的无缝连接,各类平板电脑、智能手机等移动终端,通过附加在家庭有线接入终端中的 WiFi,实现和机顶盒提供的业务之间的操作和切换。在移动终端上也可以享受有线网络提供的高品质视频服务，是“三网融合”业务，尤其是视频业务的一个亮点。对于广电运营商来说，有助于有效利用节目资源、增加用户粘度，也有利于多方位开展业务。

NGB公司作为东方有线智能电视终端及应用开发集成商，与东方有线相关系统、机顶盒终端以及应用提供商密切配合，共同完成了东方有线2012年智能电视跨屏应用（东方有线云视）的开发，可向用户提供基于智能手机和平板电脑终端上的直播、点播服务，并可通过智能手机和平板电脑将视频服务切换到电视屏幕上播放，形成小、中、大三屏之间的互动操作。

2013年，NGB公司配合东方有线完成了云视应用在苹果应用商店以及安卓应用商店的上线推广，同时继续推进智能电视跨屏应用的开发完善。结合市科委智能电视门户科研项目（TV Portal），初步完成了网络共享、电视社区、信息发布、终端管理、视频通讯、智能遥控等跨屏应用的设计开发工作。该应用充分利用现有的平台和资源，以用户为核心，在三屏之间形成良好的视频资讯传递、互补，用户从而可以更便捷地获得信息和享受更好的体验。NGB公司作为东方有线长期的技术合作伙伴，重点在应用产品设计、开发集成支持、软件测试认证三方面提供开发和集成技术服务。

智能视频服务网络探针监测系统　我国正在实施“三网融合”战略计划，随着NGB的诞生，广播电视网进入了一个崭新的时代，广电行业将与电信等行业展开业务、内容、服务等方面的竞争。但广电在服务质量方面与电信还存在一定差距，与电信开展竞争需要进一步提高服务质量和网络优势。而有线网络主要包含前端数字电视系统、HFC网络传输系统和用户接收等各个环节。迫切需要针对有线数字电视网络射频信号指标进行智能采集，并对采集数据进行分析研究，提供长期的网络信号质量监测与管理机制，使有线运营商能进一步按照NGB“互动、高清”的特色，顺利地在NGB网络上进行业务升级，提供更高质量的视频服务。

因此，NGB公司在2013年初启动了智能视频服务网络探针应用系统及网关开发研制，在东方有线数字电视整转基础上，搭建应用探测系统，通过分布式部署的支持探针应用的探针网关设备，实现了有线网络信号智能验收、实时监测、智能采集、智能预警、故障排查等功能，并对采集数据进行分析研究。

该项目已向上海信息投资股份有限公司（以下简称“上海信投”）申报科技创新基金资助，并成功申请为2013年上海市科技成果转化和产业化项目，获得了市科委的资金支持。通过该项目的开发研制，可准确采集有线网络视频传输指标，能有效实现传输质量控制，统一验收标准，提供运行期间网络维护历史数据，可快速高效地进行用户端故障检测，降低一线运维压力，有效获取远程专家技术支持，实现用户满意度的提升。

【智慧社区建设助力上海智慧城市发展】　“十二五”规划指出，要把推进信息化作为转变经济发展方式的重要手段和覆盖现代化建设全局的战略举措，以提升网络宽带化和应用智能化水平为核心，利用信息技术促进区域产业升级、提升城市功能、完善公共服务，建设以数字化、网络化、智能化为主要特征的智慧城市。

NGB公司依托上海信投、东方有线与各区政府的合作，在东方有线开展NGB建设的基础上，着力构建智慧云海网架构，并依托NGB网络与业务平台大力构建和发展政务、教育、健康医疗、智能社区等关键应用平台，支撑“智慧上海”的发展目标，提升上海的信息化水平。

2012年，NGB公司配合东方有线测试上线智慧长宁应用，可在全网提供长宁区有特色的社区信息服务，同时完成了智慧闵行应用的技术开发，并在闵行社区街道进行了公开演示。通过以上两个应用试点，完成了智慧社区信息服务技术解决方案的设计和开发。

2013年各区县（闵行、徐汇、虹口等）都在进行智慧社区规划建设，NGB公司凭借丰富经验，为东方有线子公司提供相应的智慧社区信息服务技术解决方案、应用产品设计、开发集成支持以及软件测试认证等服务。配合东方有线闵行子公司与闵行科委合作完成智慧闵行应用的开发及上线，配合东方有线青浦子公司与青浦科委合作完成智慧青浦应用的设计和开发集成。

【技术规范制订】　NGB公司与东方有线共同参与了广电总局相关科研项目的研究，结合东方有线实际业务需求落实技术规范制订工作。

智能电视操作系统TVOS技术规范工作　在广播电视向NGB迈进的征程中，实现接收终端的标准化、智能化是一项重要任务。只有实现终端的标准化，NGB全国互联互通业务才能落地；只有实现终端的智能化，才能承载跨屏互动、多屏融合等NGB智能业务。实现接收终端标准化、智能化的关键，不在于硬件平台的统一和智能，而在于其所搭载的核心软件平台，即操作系统。实现操作系统的标准化、智能化是解决问题的关键，实现符合NGB业务发展需求的智能电视操作系统（TVOS），对实现 NGB 具有重要战略意义。国家新闻出版广电总局科技司牵头组织成立 NGB TVOS(智能电视操作系统 Television Operating System，简称 TVOS)合作开发小组，从事 NGB TVOS 的相关研发工作，并取得了丰硕成果。

NGB 公司从 2012 年开始参与广电总局 TVOS 智能电视标准联合工作组的标准制订工作，在 2013 年完成了广电总局智能操作系统 TVOS 工作组所分配的任务，为整个工作组提供架构、代码及测试方面的各项技术支持。NGB 公司还支持 TVOS 工作组关于 1.0 版本开源工作计划的制定，为 TVOS 真正走向实际推广做好相关工作。

智能家庭网关原型参考样机的研发项目 NGB 公司以广电总局 NGB 智能终端专题组大力推进智能终端项目为契机，与 NGB 智能终端组组长单位——东方有线紧密合作，并借助相关股东以及复旦大学、上海交通大学、华东师范大学等合作院校技术力量，通过与思科、华为等行业内顶尖运营商、制造商的深入协作，致力于智能终端以及相关操作系统的开发、研究工作，促使 NGB 智能终端发展成为家庭智能网关的首选。

国家核高基项目申报 NGB 公司 2013 年积极参与核高基项目申报工作，包括相关任务分工、文档撰写、预算编制等工作，并按照核高基任务分工配合东方有线完成对应的技术验证及方案准备工作。

【建立面向 NGB 网络业务的技术服务平台】 由于拥有在上海 NGB 网络应用示范效益，能够为在各地广电运营商的应用上线及创新技术的实验起到良好的技术保障服务作用，NGB 公司建设了完整的 NGB 应用开发试验平台、应用示范平台以及认证测试服务平台，为各地广电运营商提供相关技术研究和应用示范、技术试验、认证测试等服务，为 NGB 网络的建设运营、业务扩展、应用开发、认证测试及新技术展示提供配套支撑服务。东方有线各类互动应用与各地有线网络运营商互联互通，配合推动各类应用的规模化发展和推广。

应用开发试验环境 2013 年，随着诸多科研项目完成验收，NGB 公司拥有了良好的、开放的 NGB 网络技术实验平台，形成了一整套应用开发技术规范及应用测试技术规范。在此环境之上，NGB 公司面向东方有线和各类应用服务提供商、技术提供商，提供开发试验技术支持，为有线运营商的 NGB 运营平台建设提供可靠技术保障服务。

认证测试服务环境 为保证东方有线使用的相关设备、终端及应用系统，能与现有服务系统匹配运行，同时在软硬件升级的过程中保持系统兼容性和稳定性，NGB 公司从 2012 年开始与东方有线合作，建设与东方有线现网运行系统相似的模拟验证测试系统环境，并按照与东方有线约定的测试服务流程，向相关设备、终端及应用系统厂商，提供对应的测试认证服务。

在顺利提供终端、应用测试等服务的基础上，2013 年 NGB 公司进一步完善测试服务环境及标准规范流程，并建立完善的网络设备测试服务。NGB 公司建立了面向东方有线的成熟完善的认证测试服务环境，形成了一整套应用测试技术规范。未来计划在此基础之上，针对广电总局确定的 NGB 网络相关技术规范，建立面向全国有线运营商的认证测试服务环境，提供相关测试服务。

演示示范环境 上海“三网融合”发展在全国具有领先地位，因而上海 NGB 网络及应用建设在全国具有示范效益。NGB 实验室从 2012 年开始 NGB 应用演示示范环境建设。2013 年随着一系列项目的验收以及新技术研发成果的完成，NGB 应用演示示范环境更加丰富和成熟。NGB 公司面向有线运营商提供 NGB 应用演示环境建设服务，能够提供演示方案、搭建演示环境、提供演示技术支持。2013 年，NGB 公司配合东方有线完成东方有线演示厅的项目建设，为各级领导、全国有线运营商及相关合作伙伴提供全面专业的 NGB 应用演示示范，使上海“三网融合”建设领先全国，起到了示范作用。

(王云美)

上海贝尔股份有限公司

【概况】 上海贝尔股份有限公司(以下简称“上海贝尔”)成立于 1984 年，是国务院国资委直属的 113 家中央企业之一，也是阿尔卡特朗讯全球旗舰企业之一，是中国第一家外商投资股份制公司，拥有强大的本土实力和广泛的全球资源。上海贝尔拥有遍布全国 31 个省、市、自治区的分公司，在海外设有近 20 个办事机构，产品出口至全球 50 多个国家和地区，现有职工人数 8 900 余名，92% 具有大学本科以上学历，平均年龄 36 岁。

2013 年，上海贝尔坚持以“着手眼前，全力打造健康企业；着眼长远，加快推进转型升级”为主题，以“学习实践党的群众路线活动”为载体，以管理提升活动为抓手，经营恢复健康，变革转型工作也取得了新的突破。2013 年，上海贝尔实现营业收入约 177.3 亿元，研究与开发费用约 18 亿元，技术投入比约 10.3%，面市新产品 25 个。上海贝尔资产总额约为 280 亿元，净资产 105.5 亿元，资产负债率为 63%，期末净自有现金约为 98 亿元。

【主要产品和项目】 上海贝尔大力开拓国内外市场，重点项目取得了战略性进展。在国内市场，战略新兴产品和传统优势产品均获得了突破：中国移动和中国电信4G市场份额排名均列行业第三，并持续获得三家基础运营商的2G、3G合同；非电信领域突破了多个国家发展战略性行业市场。在海外市场，上海贝尔TD－LTE向美国Sprint公司批量供货，标志着TD－LTE和中国供应商在美国市场的重大突破；外加工业务持续增长，海外全资子公司安弗施（RFS）业务持续健康增长。

持续加快科技创新，产品布局和重点技术实现突破。上海贝尔加快科技创新步伐，改善产品布局，坚持高科技创新投入。研发项目主要集中在LTE、xPON、OTN（光传送网Optical Transport Network，简称OTN）等产品，确保公司在新一代宽带无线技术、光接入、传输领域的技术领先。同时积极开展5G、物联网、云计算等新技术的研究与开发。据统计，上海贝尔累计牵头、参与新一代宽带移动通信国家科技重大专项44项，6项研发成果在国家、上海获奖，申请发明专利200余项，新增授权专利110余项；牵头并参与中国通信标准化协会（以下简称“CCSA”）标准项目100多项，成为CCSA多个标准领域的技术领导企业。

降本增效成果显著，盈利能力不断提升。2013年，上海贝尔的产品成本同比下降17.8%；变动费用同比下降37%，总体毛利率提升约5个百分点，其中无线3G、2G移动通信、宽带接入、光传输、IP路由器的毛利都有较大提升，弥补了LTE的前期市场投入。固定费用同比下降20%。同时，库存、现金流保持稳健，企业运营效率得到了新的提升。

建立全球采购物流中心，深化企业国际化经营战略。继成功收购兼并安弗施（RFS）之后，上海贝尔建立了全球采购物流中心，持续深化国际化经营战略，进一步提升供应链价值，既是面向全球经营的另一次创新，又提升了企业在阿尔卡特朗讯集团和国际市场中的地位。

以管理提升为抓手，企业基础管理实现新提升。上海贝尔在开源、节流、增效的重点项目之外，同时设立了九个“基础管理提升”项目，持续提升基础管理水平。信息化管理方面，上海贝尔在中央企业信息化评选中被给予肯定，荣获A级。为提升“两化融合”水平，上海贝尔通过BW/BI（业务信息仓库Business Information Warehouse，简称BW/商业智能Business Intelligence，简称BI）企业决策支持系统、“云服务”等新技术，使企业决策、能耗管理、移动办公、信息安全效率得到了进一步提高。在财务管理方面，上海贝尔通过加强产品线端到端的财务控制，使运营资金效率、合规管理、风险评估得到了新的提升。在人力资源管理方面，上海贝尔通过聚焦降本增效，使人员控制、基层人才培养、学习资源信息化等方面实现了进一步优化。在采购管理方面，上海贝尔通过增加谈判频次、网上竞拍、增加本地化采购等手段，使采购成本减少了14%，小于4周供货物料比例达到了50%。在安全管理方面，上海贝尔加强了安全制度体系建设，制定了94份安全管理制度和操作规程，正式通过了安全生产标准化建设二级评审，2013年全年未发生重大安全生产事故。在社会责任管理方面，上海贝尔自有物业综合能耗同比下降11.93%；供应链管理在DJSI（道琼斯可持续发展指数the Dow Jones Sustainability Indexes，简称DJSI）评比中名列前茅；提供员工EAP心理援助服务，举办大型心理健康讲座15次，个案咨询194小时；组织志愿者活动50余次，贡献志愿服务10 000多小时；连续五年发布企业社会责任报告。

（朱晓玥）

上海大唐移动通信设备有限公司

【概况】 上海大唐移动通信设备有限公司（以下简称“上海大唐”）成立于1998年，位于上海市漕河泾高新技术开发区，是国资委中央企业——大唐电信科技产业集团（以下简称“大唐电信集团”）下属的服务与解决方案专业提供商，秉承“以先进的技术、优良的服务为客户创造价值”的宗旨，以市场需求为导向，用创新专业的高品质服务和智能高效的工具，为国内外客户提供最优秀的服务解决方案，业务方向包括主设备原厂服务、通信集成与服务、软件产品与应用等。

【主要产品】 2013年，上海大唐移动进行了主设备原厂服务、通信集成与服务、软件产品与应用的市场拓展。

专业测试手机L1 上海大唐的L1测试手机是TDD－LTE专业路测手机，采用了高通芯片，实现了商用终端和测试终端的同机一体，能更为真实地反馈用户感知。

全制式自动路测产品 上海大唐全制式网络自动路测系统SPAN ADT能够实现对多种网络制式路测数据的自动采集和存储，可以应用于无线网络的网络质量监测、优化效果评定、割接情况检查以及日常维护，为网络优化工程师提供了更强有力的路测工具。

TD－LTE网络规划优化产品 随着六大城市试验网建设如火如荼地开展、3GPP（第三代合作伙伴计划The 3rd Generation Partnership Project，简称3GPP）标准快速地制定完善，上海大唐 LTE 产品规划演进稳步前进，规划开发的 LTE 系列产品包括 LTE 网络规划仿真软件 eNPS，LTE 路测软件 Outum。这两款软件几乎贯穿了网络建设、网络规划优化的整个生命周期。

网络透视系统产品 大唐移动网络透视分析系统 Morpho 通过海量数据透视全网覆盖、质量、干扰、掉话等指标，加强深入覆盖优化，调整现有的网络结构，精确定位客户投诉问题，从被动应对投诉到主动消灭“潜在投诉”，分析用户端到端的感知，提高用户满意度，提升网络服务质量。Morpho 打造了智能化网络结构评估优化体系，持续推进了整体网络质量提升，为运营商打造优秀的服务品牌、减少重复投资、提高产业投资产出率，推动国内外网络优化技术的发展，使运营商长久立于不败之地。

室内覆盖系统集成产品 上海大唐室内覆盖系统集成产品包括多系统接入合路单元 POI（信息点 Point of Interest，简称 POI）、干放、合路器、天线、功分器、耦合器、电桥、衰减器、负载等系列，可支持现网所有频段。

【重要服务】

室内覆盖系统集成服务 上海大唐拥有通信信息网络系统甲级集成资质及通信工程施工总承包资质，提供各类室内覆盖系统集成服务，包括网络覆盖产品的物业协调、查勘、方案设计、工程物资仓储转运、施工、调测、开通、验收等全部工作内容。上海大唐作为最早进入直放站/室内分布的厂家，多年在上海、北京、河北、湖北、浙江、福建、山西、四川等二十多个省市的移动、联通、电信市场提供优质集成服务，与各地运营商形成了良好的合作关系。

TD－SCDMA 网络优化服务 上海大唐结合对客户需求的深入理解和覆盖全国的服务体系打造的创新优化服务，主要包含日常优化、专项优化、室分优化、网格保障优化、设备维护等细分服务，上海大唐从 2005 年开始，为中国移动提供了包括试验网和 4 期网络的优化服务，为全国 20 多个省份的移动 TD－SCDMA 网络服务，TD－SCDMA 网络优化能力、网络指标领先业界。

GSM 网络优化服务 主要包括 GSM 网络日常优化、GSM 网络专项优化（KPI 指标专项优化、数据核心网优化、端到端数据业务优化、无线接口信令优化、高铁 CBD 等特殊场景优化等）、GSM 网络自动路测优化、GSM 网络室分优化、GSM 网络重大活动通信保障服务。自 2011 年开始，上海大唐移动在上海、四川、吉林、广西玉林、广西桂林、河南、江西鹰潭等地开展 GSM 优化服务项目，获得了客户的高度认可。

WLAN 网络优化服务 包括建设规划、验收测试、日常维护优化、专题测试优化在内的全方位端到端优化服务，良好的优化服务使得客户网络得到增值，提升了运营商 WLAN 网络的市场竞争力。上海大唐已经为中国移动、中国联通提供了多个包括 WLAN 校园网、WLAN 公共热点的优化服务，WLAN 网络优化能力领先业界，网络指标处于领先地位。

LTE 网络优化服务 上海大唐自 2012 年开始，凭借专业的 LTE 优化服务团队，在南京、杭州、宁波、福州等十多个城市开展 LTE 网络优化，重点开展了规划研究、四网协同规划、网络优化专题研究等方面的工作，专业的 LTE 网络优化能力和稳定的设备性能提升了网络指标和高速数据用户的感知。

CDMA 网络优化服务 上海大唐凭借优秀的 CDMA 技术，获得了电信集团认证网络优化一级 B 证书。通过长期的技术积累，在 CDMA 领域的多个专项问题（软切换、射频优化等）网优服务中提出了新的解决方案，并在实施过程中得到了显著效果。上海大唐致力于提供专业的 CDMA1X 系统语音、数据和 EVDO 系统的无线优化、系统优化、专题优化服务。

WCDMA 网络优化服务 上海大唐移动主要提供测试评估、日常网优、专题网优和深度网优的多层次服务，在数据业务优化、室内外协同优化、2G/3G 协同优化、资源利用率优化、干扰排查以及用户感知优化上积累了丰富的经验方法，并且在实施过程中取得了显著的效果。凭借专业的优化服务，全面助力运营商提高网络质量和用户满意度。

综合网络维护服务 上海大唐在全国建立了 9 大业务区、20 余个服务中心，在各省均拥有专门的系统技术服务部和经验丰富的网络建设维护团队，可以全方位提供维护、协维、代维等综合网络维护服务。上海大唐拥有完善成熟的项目管理体系、系统设备维护操作体系，对维护过程制定了详细的控制和管理流程，管理项目包括日常巡检、交维、故障处理、维护管理、通讯保障等。

培训服务 大唐移动通信学院细分学员的不同层次培训需求，提供包括专业技术能力培养（TD－SCDMA、GSM、CDMA、室内分布系统、TD－LTE、WLAN、物联网等多种系统技术）、综合能力培养、校企合作联合人才培养（专业共建、双师型教师培养、专业实验室建设、校外实习基地、学生实习就业、订单式培养等）等全方位的人员能力发展服务体系。其中校企合作联合人才培养服务依托于 DCNE（大唐移动网络工程师认证 Datang Mobile Certified Network Engineer，简称 DCNE）人力资源联盟，整合优势资源，致力于为学校提供人才培养目标梳理、人才培养方案制定、人才培养体系开发、双师型教师队伍建设、企业工程师走入课堂、学生走进企业工作岗位实践、无缝就业解决方案等全方位人才培养解决方案，实现学生、学校、企业、行业多方共赢。

【公司荣誉】 2013年10月30日，上海大唐被评为“2013年度上海明星软件企业”，李东宇被评为“2013年度优秀软件企业家”，大唐移动iNOMS EXPT分析软件被评为“2013年度优秀软件产品”。

2013年11月10日，经市经信委、市国资委、市财政局、市工商局、市知识产权局、市版权局联合组成的上海市知识产权优势企业创建工程推进委员会全体会议审议，上海大唐被认定为“2013年上海市知识产权优势企业”。

（蔡　赟）

联芯科技有限公司

【概况】 联芯科技有限公司(以下简称“联芯科技”)是电信科学技术研究院下属的、专业从事TD-SCDMA、LTE终端芯片和解决方案研发销售的高科技公司，是大唐电信科技股份有限公司旗下的核心子公司。公司注册资本3.4亿元人民币，总部位于上海，在北京设有分公司，香港设有子公司，深圳设有办事处，拥有1 000余名经验丰富的技术研究、产品开发、项目管理人员。

作为业内领先的移动通信终端基带芯片设计公司及终端解决方案提供商，联芯科技拥有并掌握了TD-SCDMA及TD-LTE通信协议栈的关键核心技术专利和先进工艺下的数模混合SoC芯片开发技术。在充分利用现有专利技术资源基础上，联芯科技开发了支持TD-SCDMA及后续演进技术的、面向移动互联应用的系列基带芯片产品和终端解决方案，主打芯片是集成应用处理和通信协议功能在内的SoC多模多核单芯片产品，具有良好的性价比，获得了市场的持续认可，与国内领先的终端品牌厂商宇龙、联想、中兴等都有深度合作，已经成为国内移动通信芯片设计领域内的龙头企业。

【主要产品】 2013年，联芯科技进行了一系列芯片设计研发及产业化。

LC1761芯片 LC1761是一款具有标志意义的LTE多模芯片，可支持4G、3G、2G，该芯片是率先支持祖冲之算法的LTE多模芯片，满足了LTE预商用背景下工信部、中国移动对于多模终端芯片的需求。在2013年年初中国移动杭州外场测试中，LC1761实现了下载峰值速率82 Mbps，平均速率73 Mbps，上下行并发速率达到62 Mbps/8.8 Mbps。经测试，该芯片达到了业界领先水平，性能指标达到优良等级。

LC1813芯片 LC1813是一款高性价比智能终端SoC芯片，基于40纳米工艺，采用四核ARM Cortex A7和双核GPU，具备强大应用和图形处理能力。搭载该芯片的智能终端具备1 300万像素的ISP能力，支持“WiFi Display”，支持最新Android 4.2操作系统，双卡双待特性可以更轻松地实现商务与生活需要的平衡。LC1813在优秀运算能力的基础上，大幅提升集成度，对于终端设计成本实现了更优控制，为客户带来更优性价比，推动千元智能机进入“四核”时代。

【公司荣誉】 联芯科技2013年被认定为“国家规划布局内重点集成电路设计企业”，同时也是“上海市知识产权优势企业”。

（陈皓瑜）

希姆通信息技术(上海)有限公司

【概况】 希姆通信息技术(上海)有限公司(以下简称“希姆通”)成立于2002年，由一批立志科技报国的中国工程师在上海创立，是国内一流、国际领先的无线通讯终端开发商。希姆通拥有一支掌握无线通信核心技术的研发队伍，研发人员近千人，研发实力全国领先。希姆通自成立以来，引进了各种手机研发平台，每年推出数百款新颖时尚、功能先进的移动手机。

【主要产品】 希姆通推出的LTE多模高端三防智能手持终端，采用了最新的Android 4.2操作系统，具有专业三防、防爆、LTE四核高性能、高端品牌等特性，其将专业三防、防爆、智能操作系统和LTE结合起来，满足了复杂环境下更高数据传输的需求，解决了很多行业现实问题。产品支持LTE，数据传输速率高达150 Mbps；多模多频，支持GSM/UMTS/FDD-LTE，TDD-LTE(时分双工Time Division Duplexing Long Term Evolution，简称TDD-LTE)等制式的10个频段，可全球漫游；采用电容屏，戴手套或潮湿环境下都可以操作。

【重大项目】 希姆通于2005年通过(SGS)ISO9001：2000认证和CMM3软件成熟度3级认证；2006年通过ISO9001：ISO14001认证、OHSAS 18001：1999认证及RoHS(关于限制在电子电器设备中使用某些有害成分的指令 Restriction of Hazardous Substances，简称 RoHS)认证，建立了严格的企业管理体系。公司核心业务是研发生产以手机为代表的移动智能终端，积累了2G、3G、4G各种制式的多平台研发经验，并明确宣布公司定位于“高端手机和终端产品的 ODM(原始设计制造商 Original Design Manufacturer，简称 ODM)提供商，不推自有品牌与客户竞争”。希姆通始终站在无线通讯领域的科技前沿，致力于成为“全球无线通讯领域终端产品解决方案与服务的世界级企业”。

2013年，希姆通凭借杰出的研发队伍及雄厚的研发创新实力，为客户提供最优秀的手机终端解决方案，使客户在竞争激烈的市场中获得持续稳定的收益。希姆通秉持与客户双赢的经营理念，成功地开拓海外业务，公司服务网络覆盖了亚洲、欧洲、南北美洲和非洲等全球市场，主要合作客户包括 Sonimo、ACER、Philips 等知名企业。

【公司荣誉】 2013年，希姆通获得了“2011—2012年度国家规划布局内重点软件企业”“2012年度上海市民营科技研发百强”“2012年度上海市民营科技纳税百强”“长宁区2011—2012年度质量诚信企业之星”“长宁区专精特新企业”“2013年度长宁区服务业企业先进单位”等称号。

（李　强）

上海斐讯数据通信技术有限公司

【概况】 上海斐讯数据通信技术有限公司(以下简称“斐讯”)是一家致力于向用户和客户提供移动终端、数据通信产品、云计算、ICT等各种软硬件及整体解决方案的研发型高新技术企业，集研发、制造、销售于一体，用户范围涵盖个人消费者、企业、政府、行业等各个层次。斐讯秉承“致力于更自由的沟通”的使命，构建了“快速响应，高性价比”的整体核心竞争力，使公司在短时间内实现了跃迁式发展。斐讯2011—2013年的营业收入实现了从10亿元、30亿元到60亿元的快速增长。

斐讯在全球设立了上海、深圳、武汉、成都、旧金山五个研发基地，并计划在未来三年内完成北京、西安、大连、慕尼黑等另外五个全球研发基地建设。斐讯拥有员工4 000余人，研发技术人员占比达到55%，技术人员全部为大学本科以上学历，其中硕士比率超过30%，博士比率超过5%。

斐讯持续积累自主知识产权，2013年度申请国内专利703件，其中发明480件，实用新型121件，外观设计102件，较2012年环比增长62.36%。斐讯第一座集生产制造、物流于一体的综合基地建筑面积3.5万平方米，年产能达千万台级，年产值达15亿元，第二座在建的生产基地318亩，建筑面积33万平方米，为斐讯的持续发展提供了强劲动力。

【主要产品】 2013年年初，斐讯调整战略方向，建立起以 MOBILE、SOHO、ENT、CLOUD、ICT 为五大 BU(业务单元 Business Unit，简称 BU)的企业发展框架，开启了公司的多元化战略新时代。MOBILE BU(移动终端业务)主要为个人消费者提供移动智能终端如手机、平板电脑等产品；SOHO BU(家庭终端业务)主要为家庭用户提供 DSL(数字用户环路 Digital Subscriber Line，简称 DSL)、EPON/GPON(以太网 Ethernet Passive Optical Network，简称 EPON/吉比特无源光网络 Gigabit-Capable Passive Optical Network，简称 GPON)、Home Switch、EOC(以太数据通过同轴电缆传输 Ethernet Over Coax，简称 EOC)、PLC(可编程逻辑控制器 Programmable Logic Controller，简称 PLC)、WiFi AP、Voice Gateway 等宽带终端产品；ENT BU(娱乐终端业务)主要为企业提供 Router、Switch、Security、Storage 等企业级网络终端产品；Cloud BU(云计算业务)为个人、企业、行业用户提供 IaaS(基础设施即服务 Infrastructure as a Service，简称 IaaS)、PaaS(平台即服务 Platform as a Service，简称 PaaS)、SaaS(软件即服务 Software as a Service，简称 SaaS)等全方位的云服务；ICT BU 为政府、能源、金融、电力等各行业用户提供智慧城市、智能楼宇、基础网络、整合通讯等领先的行业解决方案。斐讯的5个 BU，从产品线上涵盖了硬件设备、软件及整体解决方案，从客户群上涵盖了个人用户、企业用户、行业用户等不同层级。

【重大项目】 斐讯承担了2013年度上海市第一批信息化发展专项资金项目、2013年上海市高新技术企业复审、上海名牌产品申报项目、上海市高新技术成果转化项目——NAND 高性能双模无线移动终端、2013年度上海市服务业引导发展资金项目、2013年度上海市企业技术中心认定等十多个上海市重大项目的研发及产业化工作，执行情况良好。

【公司荣誉】 2013年，斐讯获得了“中国软件和信息服务数据中心领域杰出企业”“中国软件和信息服务风云企业”“上海民营制造企业50强”“上海民营企业100强”“上海名牌产品”等多项荣誉称号和奖项。

（张璐璐）

上海未来宽带技术股份有限公司

【概况】 上海未来宽带技术股份有限公司(以下简称“未来宽带”)成立于2004年9月,注册资本5 395.35万元,是一家为广电运营商提供面向“三网融合”接入网整体解决方案和系列化产品的高新技术企业。公司拥有发明专利33项、实用新型专利50项、外观专利5项和软件著作权39项,是行业标准的重要参与者,主持、参与相关行业技术标准的制定和评审11项。

【主要产品】 2013年,未来宽带在已有广电网络接入网产品的基础上进行技术研究与自主创新,开展研制符合《NGB宽带接入系统C-HPAV系统技术规范》和《NGB宽带接入系统C-DOCSIS技术规范》的下一代广电网(NGB)接入网设备产品,主营产品在上海、广东、江苏、浙江、安徽、湖北、新疆、吉林、辽宁、山西等27个城市和地区推广应用,覆盖用户数超过500万户。

NGB局端OLT设备 光线路终端设备ELT5500是一款支持三层路由功能的iPON局端设备,采用了PON+GE组播技术,通过PON口端可提供VOD(视频点播技术Video On Demand,简称VOD)点播、宽带上网、远程教育、数字医疗等多媒体业务,通过GE组播口可提供高清数字广播电视,可同CATV(社区公共电视天线系统Community Antenna Television,简称CATV)、DVB-C(数字视频广播-有线Digital Video Broadcasting-Cable,简称DVB-C)、CMTS(电缆调制解调控制系统Cable Modem Terminal Systems,简称CMTS)等系统兼容组网,为广电用户提供了数字模拟一体化、有源无源一体化的行业解决方案。

NGB缆桥交换机设备 符合C-HPAV技术标准的HS4504Y-4MT缆桥交换机设备是采用公司自主知识产权的iPON缆桥技术,实现了EPON信号与缆桥信号的相互转换,并同CATV信号的混频、共缆传输,可同CATV、DVB-C、CMTS等有线数字电视系统兼容组网。其中,野外型产品可部署在有线电视网络架构的楼头,产品采用野外型防水防辐射铝铸外壳。

NGB缆桥终端设备 支持WiFi接入的家庭网关型HMG400缆桥终端是采用同轴电缆接入的用户侧终端,可与缆桥交换机组网成具备双向传输能力的互动有线电视网络,为用户提供数据、视频、语音等“三网融合”的宽带业务。

DR6500Y CMC交换机设备 符合C-DOCSIS技术标准的DR6500Y CMC交换机产品是针对中国HFC(混合光纤同轴电缆网Hybrid Fiber Coaxial,简称HFC)网络结构和使用习惯进行设计研发的,遵循行业国内C-DOCSIS标准规范,符合行业国际DOCSIS 3.0标准的开放性、可持续发展、可分步实施的接入网产品。设备可根据用户个性化组网需求,选配内置CATV光接收机模块、CATV混合模块、GEPON ONU模块、10 G EPON ONU模块、10/100/1 000兆自适应以太网模块、IPQAM模块,实现了光节点一体式的整体解决方案。

【公司荣誉】 2013年1月,未来宽带商标被评为上海市著名商标;3月,未来宽带承担的上海市高新技术产业化重点项目“iPON缆桥接入系统产业化”和上海市科技小巨人(培育)企业项目通过验收;5月,被列入长宁区第一批“专精特新”中小企业培育项目;6月,公司申请的上海市科技小巨人企业项目正式立项,同年获上海市科技小巨人企业称号;8月,通过了上海市“专精特新”中小企业复审;9月,公司的下一代广播电视网接入网产品HS/HMD被评为2013年度国家重点新产品;11月,荣获2013年度上海市明星软件企业称号;12月,荣获2013年度上海产学研合作优秀项目奖二等奖;接入系统开发团队被授予长宁区“科技之星”创新团队称号。

(陈志奎)

上海博达数据通信有限公司

【概况】 上海博达数据通信有限公司(以下简称“博达”)主营网络数据通信设备的研发、生产、销售和服务,有路由器、交换机、EPON、安全、网管等多种网络数据通信产品,是业内优秀的网络通信设备供应商和整体网络解决方案提供商,为全国各行业、企事业单位和政府部门的网络建设提供全面解决方案,用户遍及金融、电信、教育、军队、邮政、税务、公安、气象等行业,部分产品打入了亚洲、欧洲、美洲等海外市场。

【主要产品】 2013年,博达立足于国际前瞻技术发展的制高点,针对国内外市场需求投入了高额研发经费,重点加强了可适用于运营商的中高端产品、电力行业的光接入产品及应用领域广泛的以太网交换机产品的技术升级,完成了拥有完整自主知识产权的三层交换机、BSR系列边缘路由器、PTN系列等新产品研发,取得了工信部“电信设备进网许可证”。

【重大项目】 2013年,博达积极承担了国家级、市级科研及产业化项目,开展了从单CPU集中式处理到多CPU分布式处理,从高速背板布线到大规模逻辑阵列

FPGA设计，兼容IPv4/IPv6及MPLS技术的研究。通过项目的实施，攻克了网络建设中的技术难题，提升了企业自主创新能力，为国家信息化建设提供了关键技术和设备。博达通过加速科技成果转化，促进了企业消化吸收科技成果的能力，提高了企业产品的技术含量，推动了行业技术进步，提升了行业整体水平。

【公司荣誉】 博达不断创新、锐意进取，坚持"专业网络科技"的发展方向，凭借先进的技术水平和优良的产品品质，获得了巨大的成功。2013年，博达通过了软件企业年审，获得商用密码产品销售许可证书，并再次获得"上海市明星软件企业（经营型和创新型）"荣誉；多个系列产品取得工信部颁发的"电信设备进网许可证"；公司总裁陈群获得了"上海市优秀软件企业家"称号。

（梁炳贤）

展唐通讯科技（上海）股份有限公司

【概况】 展唐通讯科技（上海）股份有限公司（以下简称"展唐"）成立于2007年9月，由归国博士曹刚创建于漕河泾开发区国家级海外高层次人才创新创业基地，注册资金8 000万元，于2013年9月6日完成股改。展唐在北京、深圳和西安成立了分支机构，专注于中国标准的TD-SCDMA、LTE终端的产品研发及产业化。

【主要产品】 展唐专业从事无线通信及电子领域产品的研究、开发，为客户提供从产品概念设计到外观、结构、软硬件开发，直至品质管控、最终量产导入的整体解决方案。

展唐具备严谨的品质管控体系与流程，完整的供应链与生产支持系统，北京、深圳两地具备独特功能的分支机构，全方位为一线品牌客户提供包括数据类、智能机类等全系列终端设备整体解决方案以及ODM（原始设计制造商Original Design Manufacturer，简称ODM）服务。

展唐携手著名基带芯片供应商，生产出多款TD-SCDMA系列手机，TD-LTE、FDD-LTE数据卡、MiFi等产品。

【公司荣誉】 2013年，展唐获得"2012年度上海市民营科技企业研发百强""2012年度上海市民营科技企业综合百强""2013年度上海市明星软件企业（经营型、创新型、成长型）"等荣誉称号，展唐总经理姚艳荣获得"2013年度上海市优秀软件企业家"称号。

（范琳颖）

上海创远仪器技术股份有限公司

【概况】 上海创远仪器技术股份有限公司（以下简称"创远"）是国家高新技术企业，专注于无线通信、射频微波测量自主知识产权核心技术领域，承担了多项国家工信部重大专项及上海市政府项目的研发和产业化，已完成上海市科技小巨人培育企业建设，2012年获批建设上海无线通信测试仪器工程技术研究中心。

【主要产品】

终端综合测试仪系列 T6280通用无线通信测试仪是世界先进水平的高性能、宽带化、多用途无线通用测试平台，可高效实现信令测试、非信令测试、快速校准等多场景多模式应用，被广泛应用于芯片厂家、终端设计、研发、认证机构，生产制造、维修、教学等领域，支持GSM/GPRS/EGPRS、TD-SCDMA、WCDMA、TDD/FDD-LTE等终端综合测试。

TSP-X系列扫频优化分析系统 TSP-X系列扫频优化分析系统是基于功能强大的全制式扫频仪和分析软件的综合平台，以扫频方式自动、高速扫描和解析GSM、CDMA2000/EVDO、TD-SCDMA、WCDMA、FDD/TD-TE、WLAN等制式空口信号，输出结果包括小区覆盖参数、广播信道系统消息和频谱信息，并以直观、多样的方式进行呈现，可广泛应用于网络勘察、规划、建设、优化等场合。典型应用包括：传播模型校正、清频测试和干扰排查、网络覆盖、干扰和邻区优化分析、网络结构质量评估、室内覆盖测试等。

矢量网络分析仪系列 该系列产品是创远为射频微波系统、器件、组件的研发、设计、实验、生产、维护提供的理想测试解决方案，应用领域涵盖了无线通信、广播电视、军工、半导体和科研教育。测试频段覆盖300 kHz～8 GHz；特有"一键测试"解决方案，动态范围大、迹线噪声低、测试速度快、测试曲线稳定。

ANTsys天线自动化测试系统 基于创远研制的TM系列高性能射频开关矩阵和两端口矢量网络分析仪，实现TD-LTE 9端口智能多频天线S参数自动测试，包括端口驻波、相邻端口隔离度、校准口到各天线单元端口的幅相一致性等指标的测试。

TD-LTE矢量信号发生应用解决方案 TD-LTE矢量信号发生应用解决方案主要由T3142A矢量信号发生器和IQC5000A信号存储回放设备组合而成。该系统可扩展提供多种矢量宽带射频信号，包括标准的TD-LTE射频信号、外场环境的真实信号、复杂混合信号（TD-LTE/WCDMA/WLAN混合）等。主要应用于设计研发、网络优化、生产线测试等。

【重大项目】 2013年度，继创远主承研的“TD-LTE-Advanced终端综合测试仪表开发”“多天线无线信道模拟器研发”项目通过国家工信部立项审批、实施之后，创远主承研的“LTE/TD-SCDMA/WCDMA/GSM终端综合测试仪开发”“LTE及LTE-Advanced信号源及无线信号分析仪开发”获得工信部2014年度课题立项批准。创远在北京、上海、南京、美国建成了射频技术和通信技术研究中心、东大—创远电子测量技术联合研究中心，并在上海建立了实验及产业化基地。

（朱纪华）

上海青橙实业有限公司

【概况】 上海青橙实业有限公司（以下简称“青橙”）专注于移动智能终端和互联网应用，作为一个持续创新、拥有创造力的公司，青橙2013年推出了颠覆性的手机模式——定制手机，用户可以根据自己的需求和喜好对手机进行定制，设计出专属的个性手机。

青橙融通互联网、移动科技、智能终端等各个板块，通过生产模式变革和业务流程的再造实现了柔性的生产体系，从而彻底颠覆了手机行业的传统生产模式。青橙锐意创新的底气，来自于公司深厚的底蕴，包括近10年的生产研发经验，超过2 100万台手机的年销售量，上千人的研发队伍，320亩移动产业园；还包括完善的产业链，动态的研发、采购、生产、立体服务网络和遍布全国的售后服务体系。

【主要产品】 2013年，青橙推出了颠覆性的定制手机模式，让用户从手机外观、硬件、软件等方面进行设计定制，并推出了奢华定制、创意热店等模式，为不同阶层提供了丰富的产品类型，同时让所有人一起体验创造乐趣。

青橙定制手机N1 2013年5月30日，青橙推出首款定制手机N1，用户可以从手机外观、手机硬件、手机软件等方面进行设计定制，彻底颠覆了手机行业的传统生产模式，开创了手机行业的新时代。

青橙青云手机 青橙与阿里战略合作推出了青橙青云手机，用主流的配置搭配阿里云OS操作系统，强强联合，成为云手机销量之首。

青橙定制手机NX NX是工艺更为精湛的大屏手机，采用全金属一体成型外壳，超过92%的航空金属占比让坚韧质感和轻柔随身融于一体，并搭配青橙自主研发的MyUI 2.0“轻3D”风格及滚边圆角设计。

【重大项目】

创意热店 采用众筹模式，让所有人一起体验创造的乐趣。只要有想法、有创意，随时上传个人设计作品至青橙官网，可享受每部手机的销售提成，在这里，人人都是创业家。

奢华定制 专为高端人群提供的奢华定制系列，采用全手工工艺，从材质挑选、款式设计，到裁剪、贴合、上光等每个环节。

【公司荣誉】 2013年4月，青橙CEO（首席执行官）王迅当选中国营销传播领军人物；9月，青橙定制手机获评中国杰出数字营销方案大奖；12月，青橙青云手机获得“最佳云手机”奖、最佳UI（用户界面User Interface，简称UI）设计奖、青橙定制手机NX荣获最佳终端创新奖；青橙CEO王迅入选“手机圈影响力总评榜100佳”。

（吴　宾）

上海优思通信科技有限公司

【概况】 上海优思通信科技有限公司（以下简称“优思”）创建于2005年10月，是以自主研发移动通讯核心技术为主的高科技企业，系大型央企大唐电信科技股份有限公司的全资子公司。优思主要从事移动终端软、硬件设计，提供手机解决方案以及手机核心零部件、整机的销售。2007年6月在启东经济技术开发区成立了集生产、研发和销售为一体的产业基地，占地30 000平方米。优思有研发人员约400人，拥有业内一流的开发队伍。

【主要产品】 优思在移动通信终端设备的研发上具有较强的实力和深厚的积累，拥有丰富的产品线，从制式上，公司产品线跨越从2G的GSM、CDMA，2.75G的EDGE（增强型数据速率GSM演进技术Enhanced Data Rate for GSM Evolution，简称EDGE）和CDMA 1x，到3G的WCDMA、EVDO、TD-SCDMA；从产品形态上，公司的产品涵盖普通功能手机、智能机、通信模块、手机、平板产品以及行业应用终端。2013年公司的首款基于LTE制式的4G产品也已问世。

优思具有较为完整的产业链，业务环节涵盖产品的设计、原材料采购及整机生产和销售，能够满足优质客户不同层次的需求。公司与关键部件供应商如主芯片方案商以及LCM（液晶显示屏显示模组Liquid Crystal Display Module，简称LCM）、触摸屏、存储器等供应商保持了良好的战略合作关系，保证了公司有较强的交付能力。

2013年，优思全面投入品牌运作，自主品牌优思(Uniscope)小C系列手机有良好稳定的性能表现，在市场建立了良好的品牌知名度，得到了消费者的认可。

【公司荣誉】 经过七年的发展，公司已经跻身国内设计公司前列，根据2007年业界一些媒体的排名优思排在手机设计公司第六名。2008第四届中国手机研发设计大会，由中国手机研发网组织评选，通过网络在线投票评选，公司获得了“2008中国手机方案设计企业十佳企业”称号。2009年，公司荣获国务院颁发的“国家科学技术进步奖”二等奖，2010年被评为首批上海市创新企业，2011年获得上海市企业技术中心认定。

（罗逸岚）

三、新型元器件产业

概况

电子元器件属于基础类电子产品，是信息、电力电子、汽车、工业自动控制、航天航空及消费类电子产品的基础和支柱。电子元器件涵盖了各类无源元件、有源半导体分立元件、机电元件和混合集成电路等专业门类，广泛应用于家用电器、广播通讯、汽车电子、节能光源、计算机终端设备、电器设备、航天航空、电子系统等高科技领域。

我国电子元件的生产已走向现代化、规模化，电子元件销售总额从2008年的7 988亿元发展到2013年的15 979亿元，年均增长17%。

我国电子元件的产量占全世界的30%以上，中国已成为名副其实的电子元件产业大国，电子元件的产量已居世界前列，电阻器、电容器、微特电机、电声器件、石英晶体元器件和通信光电线缆等门类产品的产量，都居世界第一位。

2013年，面对错综复杂的国内外政治经济形势，我国电子信息产业整体运行呈现平稳态势，生产保持较快增长，效益规模稳步提升，在国民经济中的重要性持续提高。电子元件行业整体保持着良好的运行态势。根据中咨网统计的数据，2013年，中国电子元件行业的销售产值达15 979亿元，增速8%。

2013年1—11月，电子器件行业实现了销售产值12 852亿元，增长11.3%(国家统计局数据)。作为基础行业的电子元器件行业保持了平稳增长，电子器件行业生产增速位居行业平均水平之上，行业投资较稳定。2013年电子信息产业固定资产投资完成情况见表2-11，上海地区电子元件、电子器件主要经济指标见表2-12，电子元器件行业协会部分主要指标统计见表2-13。

表2-11 2013年电子信息产业固定资产投资完成情况 单位：亿元

项 目	累计完成投资			新增固定资产		
	本年累计	去年同期	增减	本年累计	去年同期	增减
合 计	10 827.8	9 591.5	12.9%	6 749.4	6 664.4	1.3%
其中：电子器件制造	2 470.6	2 027.0	21.9%	1 455.1	1 457.4	−0.2%
电子元件制造	2 239.3	1 926.6	16.2%	671.5	1 353.3	10.3%

（国家统计局数据）

表2-12 2013年上海地区电子元件、电子器件主要经济指标 单位：亿元

	工业总产值		销售产值		销售收入		产销率	利润总额		税金总额	
	全年	增长	全年	增长	全年	增长	全年	全年	增长	全年	增长
电子元件	623.20	1%	618.85	−5.5%	634.15	−4.2%	99.3	36.18	17.8%	8.69	1.3%
电子器件	662.86	9.1%	656.81	6.1%	679.46	5.6%	99.1	44.65	—	4.33	36.3%

（上海市统计局数据）

表 2－13 2013 年电子元器件行业协会部分主要指标统计

主要指标	上半年同比	全年同比	主要指标	上半年同比	全年同比
销售产值	6.0%	6.2%	出口交货值	9.5%	7.8%
其中：电容器	2.7%	3.1%	其中：电容器	9.9%	3.9%
电阻器	－4.0%	1.2%	电阻器	－19.0%	－12.2%
电位器	12.9%	3.6%	电位器	18.0%	3.8%
连接器	7.3%	12.1%	连接器	8.4%	8.3%
控制元件	10.0%	10.9%	控制元件	81.2%	82.2%

（电子元器件行业协会）

从上面一系列表格、数据中可以看到，元器件作为基础产业，国内市场巨大，2013 年上海电子元器件工业生产与销售情况总体呈现了继续收窄的走势，发展趋势不一。

上海地区部分电子元器件企业按“创新驱动，转型发展”进行产业结构调整。部分企业继续将一些商务成本较高的传统产业进行梯度转移。2013 年，行业重要企业上海飞乐股份有限公司已按产业结构战略性调整要求，彻底告别了电容器（完成陶瓷、薄膜、铝电解、电极箔四家制造企业产权变更）产业链的制造。上海向日亚电子有限公司从土地、劳务成本等因素考虑，在江苏南通新建生产基地（规模超过上海基地），同时建立起产品研发、设备制造基地。

产业主要特点：大中型企业继续保持稳定增长，但增速继续放缓。工业企业利润继续低位运行，企业生产经营困难加大。

上海飞乐股份有限公司

【概况】 上海飞乐股份有限公司（以下简称“飞乐”）在重组前提下，按产业转型升级战略规划了汽车电子、汽车线束、汽车仪表及传感器等未来重点研发领域和产品发展路径。2013 年销售收入 21.04 亿元，同比增长 3.25%。其中汽车继电器、汽车线束、传感器组件等电子元件合计销售收入 9.14 亿元，同比增长 5.3%，传感器组件同比增长 15.4%。

【主要产品】 飞乐全力推进黄渡、崇明两个产业园区建设，拓展汽车电子三大产品配套延伸，重点研发车联网、传感器、接线盒、智能汽车仪表等汽车电子电器中高端产品。

【重大项目】 飞乐 2013 年完成了继电器全自动生产线项目、汽车电源分配系统，汽车线束投资项目等 7 个投资立项，并投资 4 000 万元进行技术改造，2014—2015 年技术改造投入预计为 1.5 亿元。

上海雷迪埃电子有限公司

【概况】 上海雷迪埃电子有限公司（以下简称“RADIALL”）是法国雷迪埃集团与上海飞乐股份有限公司在中国的合资企业。主要从事各类高频同轴接插件、电缆组件、汽车接插件和各类微波无源器件等产品的研发、生产、销售，是高科技创新型公司、上海市高新技术企业，产品广泛应用于电信、汽车、交通、工业、国防、航空航天及专业设备市场。

【主要产品】 RADIALL 生产各类高频同轴接插件、线缆组件、汽车接插件，各类微波无源器件等高端连接器，用于天宫一号、神舟系列飞船等尖端领域。2013 年销售收入 2.87 亿元，同比增加 29.1%。

RADIALL 在板对板射频同轴互连解决方案、全新复合材料同轴连接器、微型连接器、射频功率开关连接器、防水室外光纤组件等产品方面加大研发投入，并获得了丰硕成果，研制的产品达到优异性能，并拥有多项发明专利。

【重大项目】 RADIALL 秉承首席执行官 Pierre Gattaz 所倡导的“追求卓越，合作共赢”理念，与主要客户成功合作，成为行业主要供应商之一。

RADIALL 向客户提供的优良服务得到了市场的认可，并获得了业内顶尖企业的认可，成为摩托罗拉、波音、空中客车等众多大客户的“最佳供应商”。

RADIALL产品中超过50%出口到欧美、日本等发达国家和地区。在国内,"神舟飞船"、卫星、军用雷达、导弹等尖端领域,都有雷迪埃的产品。

RADIALL持续加强技术改造、新品研发和生产过程控制,2013年销售增长30%,利润增长170%,企业经营业绩良好。

上海克拉电子有限公司

【概况】 上海克拉电子有限公司(以下简称"克拉电子")是专业研制各类功率型线绕电阻器、汽车电子调速模块、冷凝风机电阻、车用冷凝风机电阻、抗干扰阻尼电阻等产品的上海知名企业。

【主要产品】 克拉电子(各类功率型线绕电阻器代表企业)的电子元件产品主要是为轨道交通配套,2013年主营业务收入3.5亿元,比上年增长21.1%;税利比上年增长30.8%;投入技改项目800多万元;申报专利11项;每千万元产值下降能耗6.9%。

【重大项目】 2013年,在国内汽车空调行业,克拉电子的新品开发和配套效率遥遥领先于同行企业、配套于电梯行业的大功率电阻和铝外壳电阻等产品持续增长,保持了公司创建13年来经营业绩持续增长的良好势头,销售收入和利润再创历史之最。

(王 雷)

上海现代先进超精密制造中心有限公司

【概况】 上海现代先进超精密制造中心有限公司(以下简称"上海超精密")是上海市信息投资股份有限公司投资控股的高科技企业,资产规模超亿元。上海超精密主要从事包括非球面和自由曲面在内的各类超精密光学器件加工、检测、整合、产品开发,是中国乃至亚太区最大的超精密光学器件制造及检测基地之一。

【主要产品】 上海超精密不仅面向航空、航天、科研等尖端领域,同时为医疗仪器、光学仪器、光电子设备、微机电系统、红外成像、超短焦投影仪及新光源路灯系统,提供各类光学器件的超精密加工检测。

【重大项目】 2013年,上海超精密承担的"国家重大02专项"攻关取得了重大进展。以上海超精密为主体建设单位的"上海市光学自由面检测专业技术服务平台能力建设项目"顺利通过验收。

国家科技重大02专项 上海超精密作为国家科技重大02专项课题的主要承担单位,项目课题任务是IC装备超精密光学零部件制造技术研发与平台建设。2013年,上海超精密在光刻机中的自动对准用光学零件的制造方面取得了较大进展,重大标志性成果有红绿光楔形板、铝膜探测板、掩膜基准板,其中楔形板产品生产了3个批次共9套,探测板产品两批次共6块,掩膜基准板产品两批次共8块。

上海超精密对02专项重点部件微晶玻璃方镜和碳化硅方镜进行了开创性的加工试验,并成功制造方镜加工小样,掌握了加工制造、镀膜、抛光等环节的要点,极大地推动了超精密平面光学元件、长条镜等元件的生产能力的建设。上海超精密建成了一条较为完整的先进光学零件制造加工生产线,完成了对平面度、直线度、粗糙度、不圆度、同心度、平行度、光洁度、面型测量仪器及设备的配套建设。

在02专项攻关期间,上海超精密团队完成了典型零件制造工艺的优化总结,总结出一套较为规范的工艺指导书,新增发明专利5项,实用新型专利5项,软件著作权2项,软件产品登记2项,共计14项知识产权。

上海市光学自由面检测专业技术服务平台能力建设项目 上海超精密在原有光学自由面检测专业技术服务平台建设的基础上,结合创新驱动和持续发展的总体要求,不断提升光学检测公共服务技术能力和软硬件条件,拓展光学检测服务对象范围和规模,并应用自主开发的多种超精密光学检测工艺方法,从光学平面、球面、柱面、锥面检测技术服务出发,开展特殊光学面型以及复杂光学系统检测公共服务。

上海超精密致力于建设一个开放性、服务性的检测平台,通过资源集聚和整合,在运营机制的保障下,针对企业发展面临的检测技术瓶颈、检测技术水平限制加工发展等问题,开展检测技术的研究和探索,提供资源共享服务,推动企业进一步发展。

服务平台能力建设成果超过预期,累计服务用户50家,为用户提供各类检测服务74次,实现服务收入近400万元,累计为用户带来的经济效益超过3 770万元,获得了用户的良好反馈。在项目建设期间,共形成了10份服务案例,其中3份是典型服务案例,已经在媒体公开发表。2013年9月30日,上海市光学自由面检测专业技术服务平台能力建设项目成果获得了市科委领导及相关专家的一致认可,顺利通过验收。

(王云美)

四、数字音视频产业

概况

信息时代，行业边界越来越趋模糊，彼此渗透愈演愈烈。随着科技的突飞猛进，各行业都在为自身发展作必要而及时的产业调整。以黑色家电为主、信息家电范畴的数字音视频产业已突破了传统意义上的行业划分，向更宽的范围外延，新纳进与之关联日趋紧密的新兴产业。

前些年，信息家电主要涵盖计算机（Computer）、通信（Communication）、消费电子（Consumer Electronics）、3C产业，此后为有利于产业链更好发展，加进了内容（Content）产业，过渡到管辖4C产业发展的阶段，近来又囊括了异军突起、发展势头强劲的新媒体与互联网产业。

作为数字音频领域重要分支的电视产业发展又上新台阶，进入了"技术更先进、类别更纷杂、享用更多元"的新时代。2013年，在整个消费电子市场不太景气的情况下，国内彩电市场的零售规模约4 700万台，同比增长10%；智能电视渗透率达到45%；3D渗透率达到41%；4K×2K电视占比达到2%。

2013年1—12月，上海彩电产量993 839台，销量984 496台，产销率99.06%，其中，LCD液晶彩电产量989 544台，销量979 613台，产销率98.99%；DLP数字背投产量4 295台，销量4 883台，产销率达到113.69%；数字摄录一体机产量2 737 544台，销量2 600 740台，产销率95%；网络摄像机产量249 383台，销量258 833台，产销率103.78%；汽车音响产量82 052台，销量86 800台，产销率105.79%。

东方明珠广播电视研究发展有限公司

【智能数字分集接收技术研究与应用】 东方明珠广播电视研究发展有限公司（以下简称"东方明珠"）历年来一直重视各种环境下信号无线接收技术的研究与实体系统与设备的开发。

2013年，东方明珠针对我国高速运输线路的发展现状和需求，提出"研究适合我国高速运输环境"的电视覆盖系统和终端设备。在"智能数字分集接收技术研究与应用"项目中，东方明珠受移动通信分集接收技术的启发，创新性地采用了不同传输信道的多路发射和接收分集技术，实现了抗衰落的性能大幅度提升，成功解决了接收中断问题。

东方明珠利用卫星和地面不同模式、不同路由获得发射传输信道的相对独立性，实现大幅度降低深衰落概率。在列车的接收终端上，东方明珠采用了大区域卫星接收、卫星信号盲区地面填充的覆盖方法，并且借助传输流无缝拼接技术，实现了节目的流畅播出与接收。

东方明珠研究成果已应用于实际的系统环境，如高速铁路卫星地面融合覆盖系统、嵊泗地区针对潮汐影响的前端分集接收系统、上海地区针对卫星信号日凌中断影响的换星热备份系统等。由于项目方案接口固定，卫星和地面方式可以灵活搭配，并能应用于高速铁路移动电视、差转台、单频网干扰区域等多种场合，具有广阔的推广前景。2013年，"智能数字分集接收技术研究与应用"项目申请发明专利1项，实用新型专利2项。

数字电视国家工程研究中心

【牵头参与美国下一代数字电视标准竞争】 数字电视国家工程研究中心（以下简称"工程中心"）一直在进行下一代数字电视方面的研究，并获得了相应成果。

为了能够使中国科研力量在数字电视领域参与国际标准竞争，2013年9月27日，工程中心联合中科院上海高等研究院、上海交通大学，经过长时间集中技术讨论和近五个月持续算法仿真，共同向美国数字电视标准组ATSC（Advanced Television System Committee，简称ATSC）提交了完整的物理层技术提案，力争在ATSC3.0标准中出现"中国元素"。

关于提案的征集，全球共有包括韩国三星、日本索尼、美国高通、辛克莱尔集团、爱立信等国际知名企业及组织在内的11家单位，向ATSC3.0标准组织提交了提案，其中7家单位提交了全系统提案，4家单位提交了部分技术模块提案。

工程中心联合相关单位，在标准竞争的全系统提案中突出了"高效的比特编码调制、同时支持TS及IP的输入数据格式、适用于城乡二元结构的专用上行信道、支持本地节目插入的分布式MIMO（多输入多输出Multi-input Multi-output，简称MIMO）、灵活的多功能信令"五大特色。作为中国国内唯一一家提交并参与标准竞争的技术方案，其成为具有一定竞争力的ATSC3.0备选方案。

【国内首套超高清地面全链路系统搭建完成】 2013年6

月1日，由工程中心牵头，联合上海交通大学、上海文广互动电视有限公司、北京数字电视国家工程实验室、深圳数字电视国家工程实验室以及工信部电子工业标准化研究院共同承担，中国科学院、北京大学、清华大学、中国电信、西安电子科技大学、中国传媒大学等15个单位参与的“十二五”国家高技术研究发展计划（863计划）信息技术领域“新一代数字电视关键技术研究及验证”项目顺利通过科技部组织的中期评审。

“新一代数字电视关键技术研究及验证”项目于2012年6月在北京成功启动，经过一年的联合攻关，取得了突破性进展，形成了新一代地面数字电视全链路架构的研究方案，在国内率先实现了包括超高清自主摄制采集、编辑制作、信源编码、信道传输和接收、超高清信源解码及显示等超高清无线数字电视的全链路样机，实现了广播通信混合异构网络及多点协同覆盖试验示范网建设。

上海高清数字科技产业有限公司

【概况】 上海高清数字科技产业有限公司（以下简称“上海高清”）长期关注并致力于为中国广电行业提供最优质的数字电视芯片及系统解决方案。

【主要产品】 作为国家级的高新技术企业和集成电路设计企业，2013年上海高清除了实现解码SoC芯片的批量出货外，还进一步清晰了自己的主要产品方向——中国地面数字电视解调解码芯片套片方案和中国直播卫星数字电视解调解码芯片套片方案——这标志着上海高清从芯片提供商成功转型为芯片、套片及软件方案提供商，公司的研发实力也随之进一步加强，市场覆盖范围进一步扩大。

【重大项目】 为了始终如一地将优质的芯片产品提供给客户，2013年上海高清建设完善了两条完整的产品线。第一条是针对地面数字电视市场的HD2311（地面解调芯片）＋HD3710（地面解码SoC）芯片的生产线；第二条是针对卫星数字电视市场的H2501B（卫星解调芯片）＋HD3601（高级安全卫星解码芯片）的产品生产线。

针对以上两条产品线，上海高清都具备完整的知识产权、突出的解调抗干扰能力、完整的解码能力、多核CPU计算能力、丰富的软件方案、低廉的成本，其生产的芯片得到了运营商、终端厂商的广泛认可，包括康佳、海信、TCL在内的国内主要电视机和机顶盒厂，都大规模采用了HD系列芯片。

上海全景数字技术有限公司

【概况】 上海全景数字技术有限公司（以下简称“上海全景”）作为领先的高清智能视频监控产品及行业解决方案提供商，面向全球提供专业的行业解决方案以及技术领先的安防产品、优质的视频产品。为了登上前沿技术高峰，上海全景组建了强大的本土研发和服务团队，并不断推出创新的视频处理技术和视频分析技术。2013年，上海全景位列市国资系统“创新型骨干培育企业”。

【主要产品】 上海全景近年主攻安防类高清、智能设备，并不断推出新品、精品，包括高清网络摄像机系列产品、网络存储服务器系列产品两大类。

高清网络摄像机系列产品采用了全球领先的视频技术，支持全帧率1 080 p输出，输出分辨率最高可达500万像素（2 560×1 920），支持H.264、MPEG4、MJPEG等多种编码格式，并且内置了多种智能分析算法，同时支持多码流输出、大容量SD（安全数字Secure Digital，简称SD）卡本地存储，以及POE（有源以太网Power Over Ethernet，简称POE）网络供电，遵循国际标准PSIA（物理安防互操作性联盟Physical Security Interoperability Alliance，简称PSIA）和ONVIF（开放型网络视频接口论坛Open Network Video Interface Forum，简称ONVIF）以及中国国家标准GB/T 28181，为以后系统功能的扩展打下了坚实的基础。

网络存储服务器系列产品融合多项IT高新技术，是集音视频解码技术、图像处理技术、网络技术、存储技术、智能化技术和结构技术等于一体的高端监控存储设备，具有“录制能力与解码能力强、转发路数多、高集成度、灵活度高、绿色节能、支持三种网络存储方式”等特点。

【公司荣誉】 上海全景在2013年赢得了多项荣誉，包括“中国安防最具影响力十大品牌称号”“中国安防十大新锐产品奖”“第十四届中国国际社会公共安全博览会金鼎奖”“第二届中国智慧城市建设推荐品牌”等。

上海文广互动电视有限公司

【参与课题项目研发，以技术支撑保障产业发展】 上海文广互动电视有限公司（以下简称“文广互动”）在2013年度参与完成了国家科技支撑计划课题“ACR（大规模接入汇聚路由器）创新应用示范”和“支持增强型搜索功能的三屏融合服务运行平台”两个项目的结项工作，项目进行中前者对ACR（大规模接入路由器Large - scale Access Convergence Router，简称ACR）设备的实际应用进行了综合功能和性能的试验和验证,建立了ACR应用示范区,部署了互动电视应用示范系统。同时还主要针对各大主流视频网站视频真实地址的隐藏技术,研究总结出一整套分析方案,得出了一种获取隐藏视频真实地址的方法。

ACR作为解决三网融合问题最为重要的基础设备之一,一方面产业化后具有显著的经济效益,另一方面有利于推进中国三网融合进程,提高宽带网络水平。其服务运行平台涉及研究的内容包括:三类终端与服务系统交互协议适配技术、媒体适配技术;支持手机、计算机、电视机三屏融合门户的内容统一分发、缓存一致性等关键技术;统一授权和计费技术研制基于第三方调用的支持增强型搜索功能的三屏融合内容发布平台。该项目的实施将有力促进"增强型搜索引擎关键技术研究与示范"重点项目的顺利进行,推动国家搜索引擎的示范推广,提高其采用率和渗透力,同时还为其他相关课题项目提供服务运行平台,打通应用示范的关键环节。更重要的是,该课题项目可为三屏融合的业务开展提供全套支撑。这两项主要用于信息产业与现代服务业的技术项目的验收通过,为接下来的相关产业的发展奠定了扎实的基础。

【扩大企业合作,拓展产业规模】 2013年,文广互动积极协调相关资源,于4月促成上海广播电视台与上海市旅游局签署了战略合作协议,共同建设旅游频道,以推动上海文化旅游产业发展,同时也为丰富旅游频道节目,扩大收视观众群提供了保障。

签约后,双方共同推进栏目和项目合作,合作开办了两档新栏目。在2013年上海市旅游节活动中,双方密切协作,除全程报道旅游节活动盛况外,还策划制作了配合旅游节活动的上海旅游系列宣传片。与此同时,年内还积极推动了旅游频道与各区县旅游局的合作,以进一步争取频道发展资源,并与市旅游局及10多个区县旅游局达成2014年宣传合作与资金支持的意向,为旅游频道今后的发展奠定了基础。

2013年5月,由文广互动牵头,上海广播电视台与市卫计委、市食药监局、医药发展基金、申康医院发展中心签署了战略合作协议,共建健康频道,推动上海健康城市建设。充分运用互动点播、移动终端、网络和互联网视频等新媒体手段,全天候、多渠道速递健康情报、发布卫生信息、普及实用知识,把更权威、更专业、更丰富的健康内容传递给观众,为大众提供更详尽、更可靠的健康服务。

【开拓发展空间,组建合资公司入驻自贸区】 2013年,为拓展新媒体战略渠道和事业发展空间,积极抢占新的宣传阵地,抓住国家智能电网战略发展机遇,创新探索新渠道、新业务、新模式,文广互动积极推动SMG与国家电网上海电力公司的资本合作。同年9月下旬,为大力推进智能电网电视,由文广互动、百视通新媒体股份有限公司与国家电网上海市电力公司所属上海恒能企业发展集团公司、上海电力通信有限公司签订投资协议,共同组建合资公司"广视通网络通信传媒有限公司",以发展智能用电、智能宽带、智能电视等"三电"增值业务。为有利于发展,广视通网络通信传媒有限公司入驻了中国(上海)自由贸易试验区(以下简称"自贸区"),成为首批005号企业。

上海索广电子有限公司

【以变革为动力,全面提升管理水平】 2013年,是上海索广电子有限公司(以下简称"索广电子")创立20周年的重要一年,也是公司面临市场和经营环境巨大变化的一年。由于受到智能手机和单反相机(含微单相机)视频功能的完善和普及对家用摄录一体机等产品的冲击,公司的生产经营遭遇了较大的影响,摄录一体机的生产数量和市场销售额均出现了较大幅度的下降。面临困境,公司确定"变革"为2013年的口号,以不断进行自我转变来迅速适应市场环境的变化。为了实现变革,索广电子将重点放在了业务能力和技术能力强化的实施上,并同时采取了通过加强内部管理(包括借助软件程序实现的新人事考勤系统、经费决裁系统、经费报销申请系统、半成品生产需求当周反映系统、财务合并报表系统以及E-Learning电子化学习平台),积极控制运营成本、提高设备自动化程度以及进一步调动各岗位员工的主观能动性等改革措施,使公司管理水平大大提升,竞争力进一步增强。

【以创新专利与规范标准引导,确保导入新品顺利生产】 2013年,索广电子成功导入生产了防水型运动系列摄录一体机、高端广播专业级摄像机、第6代高清监视摄像机系列、微型高清摄像功能组件、电视会议系统等高技术产品。公司领导层清晰知道要让这些产品在生产线上顺畅流动及正常下线还要采取不少相应的保障措施,为此2013年在全面提升技术力的基础上,狠抓了激励自主创新专利的申请与相关规范的标准制订,并取得了骄人的成效。2013年,索广电子申请了"一种基于脚本计算的在线可编程图像处理方法"等2项国家发明专利和"触摸显示屏缺陷品修复装置”等3项实用新型专利，同时编写出版了8项广播专业级摄像机企业标准、14项家用摄录一体机企业标准、24项监视摄像机企业标准。由于成绩显著，2013年公司荣获索尼公司的年度品质最优秀奖、9次蝉联上海市文明单位称号，并被全国电子信息行业协会评为“全国电子信息行业标杆企业”。

上海索广映像有限公司

【概况】 2013年是上海索广映像有限公司（以下简称“索广映像”）的新生元年，也是变化巨大的一年。索广映像在运营、新业务导入、品质等方面打造全新的公司形象。公司专心钻研掌握与企业持续发展息息相关的高精尖前沿新技术，包括粘贴式液晶屏、数字影院等消费电子设备与系统所应用的技术。

【主要产品】 2013年的新业务导入中，公司引进了膜复合型超大尺寸粘贴屏和超大尺寸液晶模组的生产。与项目相关的投资与试生产已经初步完成，并形成了2条贴屏生产线和9条LCM模组生产线。随着产量的大幅增加，2013年公司实现销售135.5万台，其中液晶彩色电视机及模组95.1万台，专业机及光机组件40.3万台；实现利润总额1.621亿元，销售收入63.9669亿元。另外，2013年还成功引进了激光投影机产品的生产与销售。

【重大项目】 为提升公司质量管理水平，索广映像一方面进行了多类型内部品质改善活动，且活动强调各部门联携开展，涉及变化点监察、生产再开异常COST预防、市场品质专项监察、WHY－WHY现场真因寻找等，同时利用SONY EMCS中国平台加强中国区SONY事业所间的品质推进活动，举办了事业所优秀品质改善项目交流会、ESD & DUST现场实践会等。

另一方面，索广映像非常重视企业标准的制订，以期通过标准的规范实施让生产零障碍。2013年，索广映像共制订企业产品标准21项，并参与了国家标准《投影机能效限定值及能效等级》的制订。在对品质管理的各方各项实效考核中，索广映像全部通过，包括质量指标市级以上抽查合格率100%，接受国家、市质检总局\工商行政管理局监督抽查6批次，7个型号全部合格，LCD－TV产品质量名列前茅，质量、环境管理体系接受第三方审查2次。

上海三鑫科技有限公司

【概况】 上海三鑫科技发展有限公司（以下简称“三鑫科技”）是专业从事激光显示产品研发及生产的高新技术企业，十分重视激光显示新品研发，2013年持续投入资金进行技术研发，多款激光投影设备亮相2013年上海市工博会。

【主要产品和项目】 用信息化手段助推公司研发是三鑫科技多年来一贯的做法，许多先进产品研发成功很大一部分原因归功于公司在管理上用心，尤其是采取了非常有效的信息化管理措施。在项目研发过程中，项目的进度和成本控制是项目能否最终顺利成功的关键要素，为了提高项目研发的成功率，2013年，三鑫科技优化了研发项目的信息化管理，在原有ERP（企业资源计划Enterprise Resource Planning，简称ERP）管理软件的基础上进行二次开发，开发了新的研发项目信息化管理系统，公司所有的研发项目均采用了统一软件平台进行管理，实现了研发项目全程监控。

经过2013年全年的试用证实，三鑫科技ERP信息化管理卓有成效，特别是项目的预算管理较使用前有了很大的改善。2013年，三鑫科技规范了研发项目管理后，项目按时完成率从90%提升到了95%，每个项目的研发成本平均下降3%，取得了良好的效果。

上海联合光盘有限公司

【概况】 上海联合光盘有限公司（以下简称“联合光盘”）非常注重新技术的开发和创新，2013年持续大力投入新一代光盘产品研发。

【主要产品和项目】 联合光盘2013年自主创新开发了第二代HQCD光盘HQCD Ⅱ（高品质压缩光盘二代High Quality Compress Disc Ⅱ，简称HQCD Ⅱ）高品质CD。HQCD Ⅱ能真实还原音乐母带的音质，较之HQCD具有三大优势。首先，HQCD Ⅱ采用了比普通CD材料更好的导光板PC材料作为光盘的基片，能更精密地记录数字信号，使信源原音逼真再现；其次，在基材中加入了微量色素的紫色基片，增强了红激光的聚焦能力，提高了光盘信息读取的精准度，大大降低了误码率；此外，HQCD Ⅱ光盘的反射膜采用了比普通CD反射效果更好的银合金，以更精确地读取音乐信号，原汁原味重现母带音质。三种材料汇合相辅相成，成就了最完美的原音效果。HQCD Ⅱ光盘已进入香港和内地高端音乐光盘市场，并引起极大反响。为此，联合光盘已注册商标。

【公司荣誉】 联合光盘经过二十多年的发展，始终坚持品质第一的原则，产品广受国内外客户好评。联合光盘出口产品分别获得国家6部委联合颁发的2009—2010年度、2011—2012年度“国家文化出口重点企业”称号和奖励；获得中国新闻出版总署颁发的第一（2003—2006年度）、第二（2007—2009年度）届“中国出版政府奖印刷复制奖”，2013年年底，HQCD Ⅱ光盘因其技术创新和高品质，在全国光盘评比中获得中国新闻出版总署颁发的第三（2010—2012年度）届“中国出版政府奖印刷复制奖”。这些政府奖的获得，是对联合光盘所坚持的品质第一的企业文化最大的激励和支持。

上海显恒光电科技股份有限公司

【概况】 上海显恒光电科技股份有限公司（以下简称“显恒光电”）接二连三攻克尖端技术的基础上，2013年在新型光源领域再获佳绩。

【主要产品和项目】 2013年，显恒光电拿下了一项具有国际水准的项目，成功研发了新型无汞深紫外光源。该光源具有鲜明特点：一是处于深紫外波段，二是无汞掺杂绿色环保，三是拥有高功率密度，四是使用寿命长且非常稳定，五是即插即用十分方便。从研发样品的光谱可以清楚看出，新型无汞深紫外光源的波长为241纳米，属于UVC深紫外波段。从241CL光谱中还可发现，341纳米处产生一个峰值信号，注入电流越大，峰值信号越强，但尽管如此，经测量341纳米峰值仅占总峰值的0.11%。显恒光电的这项新型光源技术在国际上处于领先地位。

（解　放）

五、新型显示产业

概述

2013年，在极为复杂的国内外经济背景下，上海光电子产业坚持围绕TFT-LCD、OLED、激光显示、LED等新型显示产业，深化光纤传感器在电力、石化、安防等领域的应用，聚焦重大项目和典型应用，注重完善以应用为导向、产业链协同发展为目的、创新驱动为核心的产业发展模式，做实产业布局，提升产业能级；产业内骨干企业加快转变发展方式，不断优化产品与市场结构，全面深化转型升级，使产业整体运行呈现稳中有升的发展态势。

产业发展状况

【工业产值稳中有升】 2013年，本市通过推进高新技术产业化、培育和发展新型显示等战略性新兴产业、加大对OLED（有机发光二极体面板 Organic Light Emitting Diode，简称OLED）等重大项目的投入、实施技术改造、进一步完善新型显示产业布局、加强产业链集聚发展等举措，推动新型显示产业新增长点的形成，全年实现工业总产值约600亿元，同比略有上升。

【OLED项目进展顺利】 2013年，总投资60亿元的上海和辉光电有限公司4.5代低温多晶硅（LTPS）AM-OLED（主动矩阵有机发光二极体面板 Active Matrix/Organic Light Emitting Diode，简称AM-OLED）生产线完成了主体厂房建设，点亮了AM-OLED生产线产品，在第4季度实现了批量生产。上海天马微电子有限公司投资建设的4.5代AM-OLED中试线完成建设，2013年4月10日，12寸AM-OLED获得了CITE（中国电子信息博览会 China Information Technology Expo，简称CITE）创新金奖。

【TFT-LCD经营状况实现历史性突破】 上海中航光电子有限公司的5代TFT-LCD产品目标定位于全球中小尺寸显示市场。2013年，公司抓住中小尺寸显示市场回暖的机遇，加强了SFT（高品质薄膜晶体管 Super Fine Thin Film Transistor，简称SFT）新技术和专业显示新产品在内的TFT-LCD面板产品开发及相关新工艺的研发，实施产品差异化布局，使公司经营状况发生了根本性的转变，一举扭亏为盈，全年实现营收26亿元，实现利润4亿元。

【激光显示产业化进程进一步加快】 已初步形成激光显示研发和产业集聚基础，引进与自主创新相结合，以光机作为突破点，以激光器研发和产业化为增长点，上海三鑫科技发展有限公司和上海广电光显技术有限公司的激光背投拼接墙、微投影产品及100寸激光电视机销售均取得了较快的增长。

【触摸屏项目前景莫测】 由于大尺寸触控的市场容量未彻底打开，触摸笔记本的渗透率依然不高，上海昊信光电有限公司（以下简称“昊信光电”）建设的G5代触摸屏项目进展不利，在2012年、2013年连续亏损的情况下，原公司股东芜湖长信科技股份有限公司以1.52亿元的价格将其持有的昊信光电43%股权转让给上海剑腾国际贸易有限公司(以下简称“剑腾国贸”)，使广为市场看好的G5电容式触摸屏项目蒙上了阴影，前景不容乐观。

【政策助力LED换挡提速】 随着《半导体照明节能产业发展意见》出台，财政补贴推广力度加大，同时LED照明技术逐渐成熟、产品价格不断下降，上海LED立足商用领域，大力推动LED技术进入商业化试点，加大对上海亚明、上海三思等LED产业中一批拥有自主知识产权、知名品牌和较强市场竞争力的骨干企业扶持；中微半导体、理想能源、中晟光电等在MOCVD高端装备的国产化步伐加快，使上海LED产业链进一步完善，LED产业综合实力得到了增强；骨干企业以“新技术、新应用、新模式”为抓手、以“行业标准”为基础，在隧道、地铁、商用设施照明领域取得了较快的发展。

平台建设

【上海市新型显示设计制造与系统集成专业技术服务平台】 平台主要依托上海大学新型显示技术及应用集成教育部重点实验室(2004年6月立项建设，2007年4月教育部批准运行)、有机光电显示设计与制造专业技术服务平台(2009年市科委立项建设)。平台围绕OLED、3D、LED等新型显示技术，通过与上海天马微电子有限公司、上海和辉光电有限公司等建立产学研联盟，形成了AM-OLED设计、OLED显示器制备、TFT基板制备、LED背光源与半导体照明、数字视频与3D显示、先进封装等多个研发平台。2013年，配合上海OLED产业发展，建成了OLED专利数据分析平台，在OLED关键材料和器件的产学研项目合作上取得了长足发展。

【上海LED半导体照明测试检验公共服务平台】 平台依托于上海半导体照明工程技术研究中心，由上海张江(集团)有限公司、华东师范大学、复旦大学等17家教学、科研机构共同发起成立。平台按照“实现为区域企业提供系统研究与分类技术服务”的体系建设目标，为上海乃至全国各半导体照明企业提供综合研发、检测、分析、评估和服务，达到整合上海半导体照明产业专业技术服务资源的目的。为了满足产业发展的需要，除常规测试服务外，平台还加强了对LED常规寿命与加速寿命测试方法及灯具结温测试的研究。2013年，中心检测实验室顺利通过了CNAS(中国合格评定国家认可委员会China National Accreditation Service for Conformity Assessment，简称CNAS)、CMA(中国计量认证China Metrology Accreditation，简称CMA)扩项评审，为LED测试业务扩展提供了技术保障，也为上海LED照明产业的提速发展提供了有力的技术支持。

重点企业

【上海天马微电子有限公司】 上海天马微电子有限公司(以下简称“上海天马”)于2006年4月在上海张江高科技产业东区注册成立，建成了国内第一条4.5代TFT-LCD生产线，首期设计产能为730 mm×920 mm玻璃基板3万张/月，市场定位为10.4英寸以下中小尺寸显示产品，用于移动终端、车载显示、娱乐显示、工业仪表等。

2011年2月，上海天马4.5代AM-OLED中试线项目成功点亮了国内第一款彩色AM-OLED产品，12月成功点亮了12寸AM-OLED样品。2013年6月，上海天马投资10亿元的5.5代AM-OLED蒸镀封装生产线启动建设，形成了月加工第5.5代1/4切割后的OLED蒸镀封装玻璃基板(650 mm×750 mm)1.5万张/月的产能(折合为4.3英寸AM-OLED显示模块计算为108万块/月)。上海天马的合作伙伴包括三星、HTC、诺基亚、LG和“中华酷联”(中兴、华为、酷派、联想)等国内外知名厂商。得益于产品向附加值转型和专业显示技术的创新，2013年上海天马实现营收24.7亿元，利润3 290万元，利润同比增长了32.8%。

【上海中航光电子有限公司】 上海中航光电子有限公司(以下简称“中航光电子”)由中国航空技术国际控股有限公司和中国航空技术深圳有限公司共同出资组建，于2009年12月11日在上海市闵行区莘庄工业区注册成立，拥有一条TFT-LCD五代线，设计产能为9万张/月玻璃基板加工能力、1 100万/月模块生产能力。中航光电子产品以液晶监视器为主，通过技术改造与提升，产品转变为用于GPS、数码相框、车载显示和便携式移动DVD等多种终端的中小尺寸液晶显示产品。2013年，中航光电子实现营业收入26亿元，利润4亿元，取得了良好的业绩。

【上海三思电子工程有限公司】 上海三思电子工程有限公司(以下简称“上海三思”)致力于LED显示、LED照明产品的研发生产，拥有5万平方米科研生产基地和100多项国内外专利。其LED显示屏占全国证券行情显示屏60%～70%的市场份额，占高速公路显示屏

60%～70%的市场份额，是高端LED显示屏市场的领导者，是国内少数成功切入LED照明领域的企业之一。经过长期坚持和良性发展，上海三思成为拥有员工1 800余人，其中研发人员300余人的世界顶尖企业。自从2007年成功推出LED照明系列产品以来，相继已有50万余盏大功率照明产品被成功地运用于隧道、地铁、公路、加油站、机场等行业领域，至今运行良好，大大改观了同期同类照明项目成功率过低的局面。上海三思首创用于深圳地铁2号线27个车站的隐灯珠反射型面光源灯具，从根本上解决了LED照明灯具眩光耀眼的问题，上海三思在之后两年多时间承接了上海、郑州、宁波、无锡、南京和杭州地铁共11个照明项目，一举成为国内地铁LED照明最大供应商。2013年，上海三思在LED显示屏和LED照明领域双双取得佳绩，全年实现销售收入1亿多元。

【上海和辉光电有限公司】 上海和辉光电有限公司(以下简称“和辉光电”)是由上海联和投资有限公司和上海金联投资发展有限公司共同投资的战略性新兴产业重点项目。和辉光电项目计划建成国内第一条设备最完善、技术最先进的第4.5代低温多晶硅(LTPS) AM-OLED量产线，公司取得了OLED领域专利201项，率先在AM-OLED量产工艺技术领域取得突破，技术赶超国际前沿。

【上海亚明照明有限公司】 上海亚明照明有限公司(以下简称“上海亚明”)创建于1923年，是中国第一家民族照明企业，也是中国第一只灯泡的制造者。上海亚明是集研发、制造、营销和工程服务为一体的专业照明企业，形成了光源、电器、灯具、零部件的产品系列，并以技术雄厚、规格齐全、质量上乘、服务优质而享誉海内外市场。

近年来，上海亚明不断加大在LED照明领域的技术投入，LED照明产品的比重已占公司主营业务的30%以上。2013年，上海亚明的多项产品中标国家半导体照明产品财政补贴推广项目，并中标了上海中心大厦、上海月星环球港等多个室内照明工程，取得了社会和经济效益的双丰收。2013年，上海亚明实现主营收入20多亿元，其中LED照明营收超6亿元。

2013年，上海亚明进入一个新的发展时期，致力于从传统照明向照明解决方案提供商转型，以LED照明为核心、以工程服务业务为支撑，大力发展智能照明、合同能源管理等，为客户提供智能化、节能型、环保型的产品和系统解决方案，打造国内一流的照明企业。

【上海波汇通信科技有限公司】 上海波汇通信科技有限公司(以下简称“波汇科技”)是国内光纤传感器领域的龙头企业，是一家集光学器件及光电设备研发与制造、应用软件及解决方案开发于一体的高科技公司。波汇科技在光纤传感、智能视频、光传输及处理三个核心领域中建立了多条产品线，其中光纤传感包括五条产品线，覆盖了该领域全球市场可提供的全部产品(分布式光纤温度传感器DTS、分布式光纤应力传感器BOTDR、OTDR光链路传感器、分布式光纤振动传感器、光纤光栅解调仪)；智能视频的主要方向为图像识别和高清视频传输；无源光网络主要为工业监控系统提供EPON通讯系统，并提供远程光纤在线监测的产品。应用软件方面有四条产品线，提供实时监测、数据管理等系统集成软件和专家系统。2013年，波汇科技加大了在分布式光纤测温系统、分布式光纤智能安防系统的研发力度，大力拓展电力、石化等领域的应用市场，全年营收首度突破2亿元。

(王　雷)

六、汽车电子产业

概况

上海是中国现代汽车工业的主要产业基地，也是中国第一代自主品牌汽车和自主品牌汽车电子产业的诞生地。2013年，上海汽车工业的持续快速增长，助推了汽车电子产业的集聚与发展，成为战略性新兴产业中不可或缺的重要组成部分和引领国内汽车电子产业快速发展的标杆。

【上海汽车电子产业稳定增长】 上海汽车产业始终保持着较高的增长态势和规模能级，2013年，上汽集团整车产销量突破500万辆，占全国市场的23%，成为全国第一、全球第六。2013年，上海汽车电子产业规模超过900亿元，同比增长10%，国内市场占有率为30%。其中，上海汽车电子嵌入式软件产值规模超100亿元(车联网与车载信息服务产业规模约为160亿元)。

【上海汽车电子产业发展态势】 由于上海积极推进“创新驱动、转型发展”战略，上海汽车电子产业重视自主创新和结构调整，汽车电子产业链完善布局，上海作为国内外汽车电子主要的研发、制造基地，产值规模始终保持稳定增长态势。上海汽车电子已成为国内产业链门类最齐全、配套规模最大的汽车电子产业领域。

市场分析表明，汽车电子产值规模仍保留高于汽车整车产值规模的增速，使汽车电子在整车的成本比重仍呈现不断上升趋势。上海汽车电子产业规模仍然保持国内龙头地位，其中自主品牌汽车电子零部件企业在车身、车载电子领域的产值规模有明显突破，但汽车电子产值贡献率仍未摆脱以合资品牌汽车电子零部件企业为主体的瓶颈。

【上海成车联网产业发展标杆】 车联网与车载信息服务产业的发展仍处于起步阶段，但发展的增长态势已经显现。2013 年，上海通用汽车公司前装量累计突破 100 万辆，Onstar 车载信息服务平台的续约率超过 35%，开始盈利。上海荣威 Inkanet 车载系统技术更加完善，上海大通"行翼通"平台已形成配套能力。上海车联网的产业规模占国内 90%，保持了产业龙头地位，并发挥着市场标杆作用。

上海初步形成了涵盖关键芯片、车载终端、总线网络、通信运营、高端软件、移动互联、位置服务、内容提供、标准检测、知识产权的完整车联网与车载信息服务全产业链科技研发及产业化布局。根据上海产业结构调整战略，上海车联网与车载信息服务产业在区域经济构架上，初步形成了八个区的产业科研、示范应用、信息服务集聚联动发展态势，嘉定、浦东为集聚区，徐汇、闸北、闵行、松江、宝山、杨浦为拓展区。上海已成为国内外车联网与汽车电子最完整、最集中的产业基地。

在市经信委、市科委、市质监局等有关部门的直接领导下，上海跨界集聚了汽车整车、汽车电子、移动通信、信息服务、智能交通等领域的 60 余家相关企事业单位，率先在国内成立"上海车联网与车载信息服务产业联盟"，形成了一套班子、同一平台、各方合力、协同推进上海车联网产业、科技、标准三位一体创新发展的机制动力和良好环境，并显现出发展潜力和重要作用。上海车联网联盟形态的机制创新模式在国内属于首创，具有行业导向性。

（黄　峰）

【轨道交通安全计算机平台关键技术研究及应用示范】 2013 年 9 月 23 日，由上海申通轨道交通研究咨询有限公司牵头，华东计算技术研究所、同济大学、卡斯柯信号有限公司、上海贝尔股份有限公司（富欣智控）、上海自动化仪表有限公司等单位共同承担的市科委科研计划课题《轨道交通安全计算机平台关键技术研究及应用示范》顺利通过验收。该课题充分发挥参与单位的复合优势，形成了协同创新，针对轨道交通运控系统的安全关键，突破国外供应商的技术壁垒，以适合我国运控系统发展需求为目标，研制出具有自主可靠技术和符合"故障导向安全"准则的车站计算机联锁、轨旁设备控制和车载控制的安全计算机平台，完成了相关系统中的技术验证与认证示范，为轨道交通运控系统的全系统自主化和产品系列化奠定了良好基础。课题研制了运控系统安全计算机样机 13 套，申请了发明专利 6 件，授权了实用新型专利 1 件，登记了软件著作权 6 件，形成了企业内部标准 8 项，提出了上海地方标准建议"安全计算机平台规范"1 份，发表论文 10 篇。由项目成果支持的富欣智控 ATP（列车自动保护系统 Automatic Train Protection，简称 ATP）控制系统通过了德国莱茵公司的 SIL4（安全完整性等级四级 Safety Integrity Level4，简称 SIL4）安全认证。

【基于 ETC 自由流标识技术的高速公路信息平台】 2013 年 6 月 20 日，上海东海电脑股份有限公司承担的市科委科研计划课题《基于 ETC 自由流标识技术的高速公路信息平台》顺利通过验收。该课题研发了 ETC（电子不停车收费系统 Electronic Toll Collection，简称 ETC）自由流的路侧天线单元和车载单元产品，形成了基于 ETC 自由流标识技术的高速公路信息平台系统，实现了适用于 ETC 车辆的高速公路多义性路径精确识别和弹性收费功能。该课题研制的产品具有与国标 ETC 设备在多车道自由流应用中的兼容，并能够结合高速公路联网收费系统、监控系统，进一步提供车辆定位、道路拥堵状况分析、交通诱导和信息发布等相关服务。该课题通过在 G2 京沪高速公路上海段进行示范应用，经一年多实际运行考验，系统运行稳定可靠。课题申请国家发明专利 2 项，获得软件著作权 1 项，完成了《上海市高速公路网电子不停车收费系统（ETC）技术规程》技术规范，发表论文 2 篇。

【整车制造过程零部件精准供应服务支撑技术研究及规模化应用】 2013 年 10 月 22 日，上海安吉速驰物流有限公司、上海交通大学共同承担的"整车制造过程零部件精准供应服务支撑技术研究及规模化应用"项目通过专家验收。该项目构建了汽车零部件精准化供应服务模式，建立了面向实时生产的零部件精准化供应服务业务体系和规范。形成了EPS、PPS、SPS+PTL、AGV等多种上线喂料服务系统，实现了基于条码的仓储作业管理、小件自动化仓储管理、虚实耦合的动态库位管理。建立了基于Control Tower的零部件物流运输过程管控模式，实现了面向安全生产的GPS+磁封+发动机联动的管控一体化。最后建立了基于WMS的零部件精准化供应服务管理平台。该项目成果在上海大众安亭等主要生产基地得到了全面应用，支持年产超过120万辆整车生产过程的精准供应服务，取得了良好的经济效益和社会效益。

【基于移动定位的智能调度项目研究】 2013年1月30日，上海一嗨汽车租赁有限公司承担的市科委科研计划课题《基于移动定位的智能调度项目研究》顺利通过验收。验收专家组认为，该课题研制了一套基于移动定位的车辆调度系统，系统具备基于GPS的车辆查询和定位、驾驶员接送流程管理，驾驶员PAD终端管理等功能，实现了公司内部的车辆监控和调度，提升了运营效率，并可提供给大客户用于对租赁车辆的运行管理。该课题研制的系统已投入实际运行，可支持对6 000辆车的查询和管理，目前已有1 500个代驾司机使用PAD终端接入系统，运行稳定。该课题研制期间获得了2项软件著作权。

（李言旭）

重要企业单位

【概况】 上海汽车电子产业已经形成了国内最为齐全的产业链构架，围绕整车配套的产业分布、科技研发和区位集聚，具有产、学、研、用协同发展优势，并为汽车电子和车联网产业成为上海转型发展的新战略增长点，形成持续健康快速发展，奠定了良好的基础。

【上汽集团及业内企业】 2013年，上海汽车集团股份有限公司（以下简称“上汽集团”）围绕自主品牌汽车发展战略，有针对性地制定了车联网与汽车电子产业发展规划，确定了上海荣威整车电子电器构架平台、上海荣威新能源汽车电控系统、车联网云平台技术应用等一批重点项目。同时明确将智能驾驶、主动安全及汽车电商作为今后一个阶段车联网和汽车电子应用发展的主攻领域。在其他汽车电子领域，上汽集团业内的联合汽车电子有限公司（电喷控制系统、车身电子）、延锋伟世通公司（组合仪表、车载终端）、小糸车灯有限公司（AFS、LED车灯）、上海实业交通电器有限公司（车身电子）、上海联创汽车电子有限公司（柴油电喷、电子助力转向、传感器）等骨干企业，都保持了良好的增长态势。

【上海本土企业】 上海本土企业在汽车电子领域的发展势头十分突出，包括上海科博达技术有限公司（车灯控制器）、东风电子科技股份有限公司（组合仪表、新能源汽车电控）、上海宝信软件股份有限公司（新能源汽车监控平台）、上海高德软件有限公司（位置服务）、上海航盛实业有限公司（车载终端）、上海博泰公司（荣威InKanet平台）等，都表现出良好的成长性。

【上海外资企业】 国际汽车电子知名跨国企业集团纷纷在上海投资组建独资或合资公司，形成了集科研与制造一体化的产业基地，主要包括上海科世达华阳汽车电器有限公司（车身电子、控制开关）、德国大陆集团亚洲总部（动力总成、底盘与安全系统、车身电子、传感器）、美国德尔福公司（汽车动力、底盘、空调控制、线束）、日本电装公司（动力底盘、车身电子）、森萨塔电子技术有限公司（传感器）、飞思卡尔半导体有限公司（芯片）、英飞凌科技公司（芯片）等。

（黄　峰）

第二章 信息服务业

概 述

上海信息服务业在历经了"十五""十一五"的黄金十年高速发展之后，坚持围绕"改革、创新、转型、提升"的主线，充分发挥市场配置资源的决定性作用，聚焦产业结构优化调整，借助"软件名城"建设、促进信息消费、自贸区成立的发展契机，着力消除瓶颈障碍，营造良好市场环境，激发市场主体活力，实现了新技术、新业态、新模式的提升突破，产业能级迈上了新台阶。

2013 年，上海信息服务业实现经营收入 4 317.29 亿元，同比增长 19%，实现增加值 1 387.88 亿元，同比增长 15.1%，占全市增加值的 6.4%，占第三产业增加值的 10.3%。截至 2013 年年底，本市规模以上信息服务企业近 5 000 家，其中 2013 年经营收入超亿元企业 381 家，累计 47 家信息服务企业在海内外上市，全行业从业人员达到 47.8 万人。

【产业规模扩大，企业实力增强】 2013 年，上海信息服务业继 2006 年踏上千亿规模、2009 年突破 2 000 亿、2011 年突破 3 000 亿之后，实现了新的飞跃，产业规模突破 4 000 亿元。产业总体进入稳步发展阶段，增速连续多年保持在 20%左右。企业核心团队奖励、软件研发人员奖励等政策的出台，为企业发展创造了良好的激励条件。企业实力不断增强，上海超亿元信息服务业企业规模从 2011 年的 225 家，扩大到 2013 年的 381 家，超 10 亿元企业从 19 家增加到 32 家。

【产业加快调整，兼并重组增多】 上海信息服务业进入规模化竞争的新时期，并购成为企业做大做强的首要选择。华东电脑通过增持华东系统股权、购入华讯网络股权，来整合多元化利益，实施集团化战略；金仕达卫宁收购宇信网景，拓展其在卫生医疗领域的份额。

信息服务业企业还通过并购实现新的战略布局，进军新兴市场。海隆软件收购国内著名互联网企业 2345，布局互联网服务业；科大智能收购永乾机电进军工业机器人。

部分重点领域成为资本市场追捧的热点，并购案例频繁涌现，其中既有游戏相关企业发起的收购，也有传统企业借助资本收购进入行业。网络游戏领域梅花伞公司收购游族信息 100%股权，游族信息从而实现借壳上市；顺荣股份斥资 20 亿元收购网游企业三七玩。

【顺应发展趋势，政策环境优化】 上海积极落实《国务院关于促进信息消费扩大内需的若干意见》，制定发布了《上海市贯彻〈国务院关于促进信息消费扩大内需的若干意见〉行动纲要（2014—2017 年）》（沪府发〔2014〕3 号）。《行动纲要》提出：务实推进 10 项重点行动，聚焦发展 8 个重大专项，全面构建 5 项支撑工程，力争将上海打造成全国信息消费最具吸引力、辐射力和竞争力的城市之一。

上海以建设自贸区为契机，开放发展增值电信业务，加强与工信部的协调沟通，最终确定对自贸区开放 7 类增值电信业务，联合市通信管理局出台自贸区外资企业经营增值电信业务的具体实施细则。

上海聚焦一批重点发展领域，加快完善产业发展环境。实施软件设计人员奖励办法、软件核心团队奖励办法、软件出口重点企业认定管理办法、规划布局内重点软件企业认定管理办法等软件产业扶持政策；发布"云海计划"（2.0），以推进应用为主线，不断优化云计算环境，推广云计算示范应用；深入实施《上海推进移动互联网产业发展 2012—2015 年行动计划》，组建移动互联网产业联盟；上海市网络信贷服务业企业联盟制订发布了《网络借贷行业准入标准》。

一、软件产业

概况

2013 年，上海软件产业实现经营收入 2 464.9 亿元，同比增长 18.2%。实现利润总额 352.6 亿元，比上年同期增长 18.2%，平均营业利润率为 14.3%，从业人员 34

万。全年新增登记软件产品 4 453 个，其中进口软件产品登记 133 个。全市累计认定软件企业 2 226 家，其中 2013 年新增认定软件企业 493 家。2013 年经营收入超亿元软件企业 306 家，经营收入超 10 亿元软件企业 32 家，人员规模超千人软件企业 41 家，累计有 248 家企业获得计算机信息系统集成资质（一级资质 12 家，二级资质 41 家，三级资质 105 家，四级资质 90 家），17 家企业获得计算机信息系统工程监理资质，计算机信息系统集成项目经理 2 706 人（其中高级项目经理 714 名）。

高端软件

【基础软件】 上海形成了较为完善的产业链，拥有一批知名企业，对 200 多家市级预算单位开展基础软件宣传与培训，形成了良好的市场环境，吸引微软将其云计算总部（Office 365、Azure）落户上海。

【应用软件】 上海在医疗卫生行业应用软件开发方面，形成了以万达信息、金仕达卫宁等上市公司为龙头，岱嘉、复高、龙骑、天健源达等企业为骨干的开发运维力量；在城市交通、轨道交通方面，电科智能、中海科技、宝康、铁通信号、卡斯柯等大型软件企业已发展成为国内领先企业；在先进制造业领域，鼎捷软件成为中国最具影响力的 ERP 企业管理软件与服务供应商之一。

【工业软件】 以宝信软件为代表的钢铁领域，已逐步形成了自动化工程总包能力，其智慧应用开发平台实现了海量存储，管理系统再依据数据库的实时讯息，分析、制定出正确决策；在船舶制造领域，东欣软件已成功应用于国内 50 余家大中型造船企业。

（杨立哲）

【《上海推进大数据研究与发展三年行动计划》发布】 2013 年 7 月 12 日，“金桥产业技术创新会议”在沪召开。会上，市科委副主任陈鸣波发布了《上海推进大数据研究与发展三年行动计划》（2013—2015 年），并宣布上海大数据产业技术创新战略联盟成立。在国家和上海市“十二五”科技发展规划及《上海市中长期科学与技术发展规划纲要》指导下，通过近一年时间的充分调研和讨论，梳理了市场和商业模式创新需求、大数据资源和技术基础、研发能力和人才现状等。经过充分酝酿、多次征求意见，编制了《上海推进大数据研究与发展三年行动计划》，简称“汇计划”，寓意“汇数据、汇技术、汇人才”，和“数据‘汇’聚、百川入‘海’”的文化内涵。汇计划将围绕技术攻关和产品研制、应用示范和模式创新两大重点任务展开，具体目标包括：具有自主知识产权、达到国际领先水平的若干大数据硬件装备；一批具有产业核心竞争力的大数据软件产品；6 个以上行业大数据公共服务平台、6 类以上大数据商业应用系统的研制，培育一批带动本地数据产业发展的行业龙头企业；培养和引进千名高端数据人才。“上海大数据产业技术创新战略联盟”由万达信息技术股份有限公司和上海产业技术研究院等 18 家单位共同发起成立，其目的是搭建大数据技术创新及产业应用合作交流平台，建立互利共赢、共同发展合作关系。

（李言旭）

二、互联网服务业

概况

2013 年，上海互联网服务业实现经营收入 835.72 亿元，同比增长 30%。其中，网络游戏经营收入 260.12 亿元，同比增长 36.8%。客户端游戏企业收入增长乏力，而网页、移动和社交类游戏企业增速较快，涌现了上海三七玩网络科技有限公司、上海游族信息技术有限公司（以下简称“游族网络”）、心动企业发展有限公司（以下简称“心动游戏”）等一批国内知名网络游戏企业，成为拉动网络游戏增长的重要因素。

互联网金融经营收入近 200 亿元。重点跟踪的 9 家网络信贷企业年营业额超过 4.5 亿元，54 家企业获得央行颁发的“支付业务许可证”，牌照数量在全国占比超过 1/4；第三方支付收入超过 165 亿元，同比增长 40%。

网络视听经营收入 70 亿元，较上年同期增长超过 70%，IPTV（交互式网络电视 Interactive Personality TV，简称 IPTV）发展尤为迅速，截至 2013 年年底，IPTV 用户已达 198 万户，其中高清用户逾 1/3，达到 69 万户。

互联网信息服务

【互联网金融】 作为电子商务之后集聚资金流、信息流的最有效手段，互联网金融成为随金融机构探索创新“蓝海”而爆发增长的新兴产业。上海借助国际金融中心和自贸区建设优势，聚集软件、金融领域的专业人才和复合型人才，获得了诸多互联网金融优势资源，成就了一批面向保险、银行等领域，具有国内外竞争力的金融软件产品，培育了专业证券投资咨询、金融工程和财经数据分析、海量财经信息交互等特色金融信息平台，具备了发展成为全球金融资讯服务平台的潜力和扎实的产业基础。

【网络游戏】 网络游戏企业研发投入加大，产品供给保持增长。如巨人网络科技有限公司除代理国外的魔幻大作《巫师之怒》外，还于2013年下半年推出了自主研发的年度大作《仙侠世界》；游族网络依靠《大将军》《大侠传》《女神联盟》等多款成功产品，进一步提高了市场份额。同时，随着智能终端普及率提升和用户使用习惯培育，使得移动游戏的用户规模扩大。如游族网络与心动游戏的官网平台，覆盖用户均超过300万。

【网络视听】 受众数量快速增长，上海网络视听市场规模和商业模式日渐清晰成熟，代表性企业集聚。网络视听企业纷纷将业务核心聚焦在打造特色鲜明的内容产品方面。如PPS成立爱频道，成为UGC（用户生成内容User Generated Content，简称UGC）的重要集聚地；PPTV着力培育差异化旅游品牌，打造了国内旅游原创视频产品的生产地。产业发展呈现内容差异化、布局移动端、关注用户体验和拓展国际市场的新特点。

（杨立哲）

【基于安全、便捷的线上消费线下刷卡的账单支付服务平台】 2013年8月1日，上海卡友信息服务有限公司承担的市科委科研计划课题《基于安全、便捷的线上消费线下刷卡的账单支付服务平台》顺利通过验收。该课题研制了一套以线上消费、线下刷卡为支付手段的账单支付服务平台，平台利用多种"信付通"终端为载体，实现多出账机构、多支付通道、多支付工具之间的互联互通，能够为电子商务应用提供支付服务。该课题研制的系统达到了单条交易处理速度≤1 s；接收外部请求响应时间≤100 ms；同一时间系统接入SP（服务提供商Service Provider，简称SP）业务系统的数量≥1 000个；平均日交易数据量达10万条。该课题研制期间获得软件著作权1项。该课题接入商户数量超过3万家，支持账单支付的交易终端达到35万台，系统运行稳定。

【第三方商户信息及POS支付服务平台】 2013年11月22日，由杉德银卡通信息服务有限公司承担的课题《第三方商户信息及POS支付服务平台》顺利通过验收。该课题研制了一套完备的基于商户信息及POS支付服务的平台系统，能够实现商户信息管理、风险控制、交易对账等相关功能，提供POS交易数据查询、对账、下载相关服务，系统运行稳定。课题所形成的平台已应用于杉德全国各地分公司、营业部，并已为数万家商户提供服务。该课题研制期间获得软件著作权4项，制定形成了2份企业规范。

【基于移动智能终端的游戏娱乐社交系统开发及应用示范】 2013年11月14日，由上海第九城市信息技术有限公司承担的课题《基于移动智能终端的游戏娱乐社交系统开发及应用示范》顺利通过验收。该课题研制了一套基于移动智能终端的游戏娱乐社交系统，能够实现游戏排行榜、成就、PK、论坛、聊天、游戏发现、推荐、下载等相关功能，为中小游戏开发者和广大游戏玩家提供开放、免费的社交平台相关服务。该课题所研制的系统已完成部署及商业化运营，已有超过200个游戏开发者使用平台SDK进行游戏开发，系统运行稳定，注册用户数已超过2 000万，日活跃用户数超过10万，课题成果已为移动南方基地、联通沃商店、电信天翼空间等运营商提供服务支持。该课题研制期间获得软件著作权2项。

（李言旭）

三、电信服务业

概况

2013年，上海电信服务业实现经营收入700.01亿元，同比增长5.6%。截至2013年年底，上海电话用户数达到4 069.9万户，其中固定电话用户数869.2万户，较上年年末减少33.7万户；移动电话用户数3 200.7万户，较上年年末净增192.4万户；随着业务开发、市场推广等不断深入，用户已对数据流量的接受度不断提高，数据流量收入正成为拉动电信增长的重要因素。

（杨立哲）

中国电信股份有限公司上海分公司

【《上海电信史》首发】 2013年5月16日，《上海电信史》在沪首发，原邮电部、信息产业部部长吴基传，全国政协常委、原上海市政协主席冯国勤，上海市十二届政协副主席王志雄，中国电信集团原副总经理张晨霜，上海市人民政府副秘书长徐逸波等共同启动新书首发。

《上海电信史》记述了上海电信业跨140年(1871—2010年)的发展历史。全书分5卷、36章、182万字，照片、图表700余幅。《上海电信史》通过一个主题、两个视角、三条主线，来展现这段历史。“历经百年风云，上海电信巨变”是该书突出的主题。注重强化电信“网络、业务、技术、服务、管理”的元素，注重反映电信源于经济、促进经济，源于生活、改变生活，是该书两个重要视角。三条主线：一是电信行业在曲折中发展、在奋斗中振兴、在改革中转型；二是上海电信以多元的业务、可靠的网络、优质的服务、先进的技术、严密的管理，不断满足上海经济社会发展和广大用户需求；三是上海电信形成并传承了具有鲜明特色的企业文化，并在新的历史时期发扬光大。

在《上海电信史》基础上，经结构重组和文字压缩，同步编纂了18章、50多万字、180余幅照片的《上海电信简史》。《上海电信史》的问世，是上海电信企业文化建设的一项重要成果，是企业发展的典籍、启迪员工的教材、企业与社会沟通的工具。

【助力上海信息化建设】 2013年，中国电信股份有限公司上海分公司(以下简称“上海电信”)与浦东、徐汇、嘉定等14个区县政府部门签署信息化战略合作协议，进一步深化各区县的信息化建设。同时，一批项目相继落地，加快了上海市的信息化建设步伐。

上海电信与市税务局合作，实施“以票控税”向“信息管税”的转型，推广网络发票开具和查询应用，受到中小企业欢迎。2013年3月13日，洋山深水港800兆集群基站新建项目完工，彻底解决了洋山港区域集群用户的通信需求。2013年下半年，由上海电信承建的“上海基层党建信息化工程”正式开通，现已发展为全市统一平台集中管理，管理的党员数量增至180多万。

行业信息化加快发展，上海电信先后与上海数字产业(集团)有限公司、上海牛奶集团有限公司、宝信软件股份有限公司、中国银行上海市分行、江南造船(集团)有限责任公司、中国邮政储蓄银行上海分行签署战略合作协议。2013年11月13日，上海电信和上海必智科技公司携手发布行业应用产品——律师e通，这是专门为律师行业定制的移动综合信息化办公软件，被列为2013年上海律师协会实事项目之一。

加快教育信息化建设，上海电信先后与华东师范大学、上海纽约大学、上海开放大学开展全业务合作，探索教育信息化的创新发展。典型项目的成功，预示着上海教育信息化走在了全国前列。2013年4月13日，上海电信与闵行区政府、教育局合作的成果——基于IPTV的闵行学生电子成长档案上线，范围覆盖5所学校约4 000名学生，学生成长档案由身心健康、学业进步、个性技能、成长体验组成，实现了学生校园成长过程的全记录。11月11日，上海电信完成了上海市首个统一平台、统一管理、统一维护的浦东教育专网项目，涵盖了浦东地区673所中小学校、职校、幼稚园，打造了全市最大的行业应用专属网络。12月6日，上海电信与金山区教育局、金山区山阳镇政府共同在山阳中学举行“智慧校园”开通仪式，山阳中学是“上海市翼校通标杆学校”。

【启动宽带提速】 2013年3月1日，上海电信全面启动第五次智慧城市宽带再提速活动。第五次宽带大提速的主要举措包括：铜线用户再提速、企业用户再优惠、智慧社区惠民生。8月13日，中国电信宣布启动第三次全国宽带大提速，全面推广100兆宽带，意味着中国家庭将快步迈入“百兆新时代”。9月1日，上海电信启动第六次智慧城市宽带大提速，正式实施百兆到户“宽带卓越计划”，光纤宽带的最高速率升级到100兆，而资费则有大幅度下调。通过提速，上海电信家庭用户的宽带速率得到了普遍提升，光网用户上行速率提到1兆～4兆。在光网已覆盖的地区，家庭铜缆用户改光纤后，也可立即提速至10兆～30兆。在宽带提速的同时，上海电信通过“智慧政务”“智慧行业”“智慧社区”等智慧应用，推动信息技术在城市管理、公共服务、经济发展、市民生活等领域的广泛运用。同时，上海电信创新IPv6、云计算、高带宽应用等新型信息技术和业务，推动城市光网朝着更宽、更快、更智能的方向发展。

【重要通信保障】 上海电信充分发挥上海地区电信企业主力军的作用，为全国及上海各类重要活动的通信保驾护航。在十八届三中全会、全国“两会”、上海“两会”期间，上海电信针对全网交换、传输、数据、业务平台、大客户网络、一级监控等，排查隐患，优化网络，涉及线路上千条，投入上千人次，确保会议期间通信畅通。

2013年6月5日，在22点30分至次日凌晨2点时间段，上海公司莘庄地球站成功转播“习近平主席墨西哥城演讲”时政新闻；9月3—13日，国家主席习近平对土库曼斯坦、哈萨克斯坦、乌兹别克斯坦和吉尔吉斯斯坦进行国事访问，上海电信派出卫星转播团队圆满完成了相关直播任务。

2013年4月20日，四川雅安地区强地震发生后，上海电信调度了28条至四川雅安的地面路由、开通了10条卫星中继迂回路由，完成了芦山、邛崃、宝兴等地的通信支撑，为灾区现场提供紧急通信保障超过55次、时长共计超过26 000分钟。

2013年11月5日，上海公司开展南极科考站的通信网络支撑保障工作，承担南极科考站的卫星通信网络服务保障任务，实地开展卫星链路和装备的保障维护，为科考站试验开通天翼网络，通过移动全球眼回传南极图像。上海电信派出两名应急通信人员，分赴南极中山站和长城站，中国电信成为中国首个踏上南极大陆的运营商，中国电信网络首次登陆南极。

此外，上海电信做好CBA、F1、环太湖自行车赛等重要体育赛事的通信保障和相应视频传播，为广大体育爱好者奉献精彩赛事。

【自贸区信贸营业厅挂牌】 2013年10月22日，中国电信自贸区信贸营业厅正式挂牌。营业厅位于自贸区基隆路55号国际信贸大厦，是通信运营商在上海自贸区内开设的首家营业厅，该厅营业面积达155平方米。营业厅主要面向自贸区内的各类企业及个人客户提供通信业务咨询及受理服务，业务涵盖宽带接入、固定电话、移动通信以及各类行业信息化应用。

【城市光网】 上海电信持续推进城市光网建设，城镇化地区光网已经基本全覆盖。2013年3月和9月分别实施第五次、第六次智慧城市宽带大提速活动，提升了城市宽带能级，使市民的上网速度和体验远远超过国内其他城市。全年新增FTTH(光纤到户 Fiber To The Home，简称FTTH)覆盖数90万户，全市光网覆盖能力达到800万户。全网平均带宽达到23兆，光网用户占比超过74%，10兆及以上家庭宽带用户占比79%。

【IPTV】 随着安卓智能操作系统的成熟，机顶盒硬件性能的提升，智能应用产业链的完善，上海电信IPTV业务迈入智能高清时代。2013年，上海电信与百视通合作推出了“小红双模机顶盒”，与天翼视讯传媒公司合作推出了“视讯魔盒”，两款机顶盒均针对光网用户设计，根据用户使用的业务自动选择接入网络，让用户在使用IPTV时享受有网络保证的服务，在使用互联网提供的业务时获得更多的服务，并满足用户“一户多路”的需求。在营销方面，上海电信推出了与宽带融合的IPTV套餐，作为市场主流营销活动，全年共发展智能高清IPTV用户19万户，高清总用户数超过60万，IPTV总用户数超过190万。

【智慧社区】 上海电信建成了智慧社区综合开放平台，具备了400万用户的覆盖能力，实现了IPTV电视门户、手机客户端的发布。通过与政府开展信息化建设合作，该平台在上海多个区县实现了规模化推广，实现了全市3 006个居村委的覆盖。2013年全年实现IPTV服务开通用户142万；手机客户端下载安装用户超过2万；多批次投放媒体宣传、参与公共展会，形成了一定的社会影响力。在智慧社区平台内容建设方面，全年共引入市级信源20项、区级信源81项。

【移动支付】 上海电信移动支付业务全面转型，移动支付技术从2.4 G频率转变为13.56 M频率，并大力发展与银行、轨道交通等行业的合作，推动刷手机引领时尚便捷的生活。移动支付大力结合民生应用，打造客户感知良好的民生缴费应用，以差异化服务促进移动支付业务规模发展，实现了上海水、电、煤、燃气缴费应用全接入，交通罚没可查询，以“手机＋支付”的模式提高了天翼业务附加值。此外，上海电信还与中国银行旗下的中银通公司合作，推进手机支付和银行卡的联合，扩大应用范围，用户可以在所有贴有银联闪付的POS终端上刷手机完成支付。截至2013年年底，上海电信拥有“翼支付”用户171.4万户，全年交易额达到1 754万元。

（王　勇）

中国移动通信集团上海有限公司

【巩固移动通信市场主导优势】 中国移动通信集团上海有限公司(以下简称“上海移动”)牢牢把握上海加快经济发展方式转变和实施信息化领先发展战略的机遇，积极进取、攻坚克难，全面完成了中国移动通信集团公司下达的目标任务，2013年完成运营收入201亿元，同比增长5.1%，净利润32.3亿元，客户总数达2 099万户，上缴税收18.95亿元，居上海第三产业税收百强第11位，保持和巩固了移动通信市场的主导优势，为提升城市信息化水平、为上海经济社会发展做出了积极贡献。

作为服务行业窗口单位，上海移动坚持“客户为根、服务为本”，扎实开展电信领域纠风活动，推进焦点问题治理。全面梳理在售资费套餐，满足各类消费水平客户的需求。积极主动全面落实手机实名登记，各渠道均已实现新增客户实名制登记功能，实名登记客户占比达80%。重点开展不知情定制、流量费用争议、手机上网质量等专项治理，切实保护了客户利益，提升了电信行业的服务水平。第七次蝉联“上海地区移动电话业务用户满意度第一名”，百万客户申诉率行业最低。

【全面推出 4G(TD－LTE)服务】 2013 年 12 月 4 日，工业和信息化部向中国移动通信集团公司正式颁发了 LTE/第四代数字蜂窝移动通信业务(TD－LTE)经营许可。上海移动牢牢把握 4G 发展新机遇，加快实施 TD－LTE 网络建设和核心网融合改造，顺利实现了 4G 网络内环内室外连续覆盖，外滩、中山公园、城隍庙、人民广场、徐家汇、淮海路等热点区域实现"满格覆盖"，在全国首批实现 4G 商用，在网客户"不换号、不登记、快速换卡"，即可畅享 4G 服务。上海移动围绕 4G 时代客户消费行为的变化，推出多终端共享功能、分速率、分客户、分业务的差异化资费服务，加快完善 4G 客户服务保障体系，优化流量提醒和推荐等全流程服务举措，确保各服务界面的良好客户感知。

【打造移动新媒体，促进都市文化繁荣】 中国移动视频基地落户上海八年来，聚拢行业合作伙伴 370 余家、投入产业链人员超过 4 000 人，为中国移动 7 亿用户提供服务，依托大都市良好的文化氛围，以先进技术传播先进文化，已成为国内领先的视频内容发布者和视频技术创新者。2013 年，中国移动视频业务全网月均活跃用户数达 5 241 万户，实现收入 29.6 亿元，收入份额占移动视频市场的 53%，版权库新增规模和视频库规模均为行业第一。推出互联网视频产品"和视界"，试点新媒体发行；构建互联网电视产品，与 7 家牌照方全部达成合作。"G 客 G 拍"原创视频专业发行平台发掘并扶持 2 500 名草根 G 客创业，征集原创作品 7 万部，成为手机视频和传统影视行业的结合点和新增长点。

【践行社会责任，助力社会和谐发展】 秉承"正德厚生，臻于至善"的核心价值观，上海移动在承担好基本商业责任的同时，积极履行企业社会责任。有效管控网络信息安全，每万用户等效 MO 垃圾短信数量下降 90%，在通管局网络安全防护检查风险控制评估中名列第一。厉行节能减排，单位信息流量综合能耗下降 20.6%，单位电信业务总量综合能耗下降 7%。

（骆远远）

中国联合网络通信有限公司上海分公司

【概况】 通过多年建设，中国联合网络通信有限公司上海市分公司(以下简称"上海联通")已初步建成服务上海社会、经济，以城市光网和 3G 基站为重点的现代通信网络。2013 年全年累计宏站建设 550 个，完成室内覆盖建设 411 个，新建传送网 POP(网络服务提供点 Point Of Presence，简称 POP)点 349 个。上海联通采用 HSPA＋技术打造的 3G 移动精品网络，覆盖率达 98.2%，全网无线接入速率达 21 兆，中心城区及部分郊区城镇化地区无线接入速率达到 42 兆。新增 FTTH 用户 28 万户，FTTH 覆盖规模达 231 万户。新增千兆宽带接入楼宇 300 栋，全网 4 兆及以上宽带接入用户比例超过 92%，家庭光纤宽带用户平均接入带宽近 20 兆。

部署 IPv6 技术，实现城域网所有数据设备及 IP 网业务支撑系统均可支持 IPv6 协议。率先完成了全网分组域建设，并启动了电路域的池组化建设工作，全网 IP 化达到 80%。启动迪斯尼主题乐园等重大市政工程的通信配套建设。在上海设立了"中国联通移动互联网国际创业中心"，建设了一套物联网管理平台，大力发展汽车信息化产业，拓展金融行业智慧应用。

经营业绩平稳向好，2013 年全年主营业务收入达到 83.6 亿元。市场拓展深度推进，尤其是存量微营销体系建设，在全国率先形成了"大数据精细化营销""流量积分体系建设""短订购流量型产品体系建设""流量经营专属子品牌—流量荟""互联网业务后向收费"五大创新点。2013 年 9 月推出的本地品牌"流量荟"，内含"App 名人堂计划""流量积点""沃动上海 App"三项业务，使上海联通流量经营进入到全新阶段。此外，落户上海的"中国联通应用商店"取得了突破性增长，开发者社区用户突破 3.5 万人，应用软件招募数量近 15 万款，沃商店注册用户数达到 1 亿，应用下载次数超过 3 亿。

【企业发展指导思想】 2013 年，上海联通以党的"十八大"精神为指导，以集团公司的总体战略及上海市"智慧城市"建设为引领，把握"快中求好"的总基调，抓住"规模发展"总目标，紧紧围绕"上规模、调结构、促转型、增效益、优服务、强管理"的总方针，以"规模、质量、效益"三位一体为总布局，以"创新变革"为总驱动，着力在增强经营能力、优化发展质量、深化客户感知、提升管理水平、改进工作作风上取得重大突破。

【重点业务】 2013 年 1 月，上海联通与高德软件联合发布了"一键导航"新产品，该产品基于 WCDMA 移动通讯技术和专业的呼叫中心服务，开创了手机导航的新模式。3 月，上海联通发布"云商店""云会议""云备份"等三款依托于云计算技术的新产品。6 月，上海联通推出了"云健康"医疗健康信息服务产品，实现了"云时代下的创新沟通方式"。5 月，上海联通推出"e 信产品"集团短消息，创新性地将短信、彩信拓展为多媒体互动的信息通信方式，实现了在短信和彩信业务上的有效增值。7月，上海联通与上海文聪信息科技有限公司合作推进“上海客运车辆WiFi项目”，通过在上海客运车辆(包括上海通勤班车、公交巴士、旅游巴士、省际班车等)内安装“云智能车载WiFi网关”AP设备，实现WLAN覆盖，向用户提供WCDMA 3G网络服务。9月，上海联通与华住酒店集团正式签署战略框架协议，共同打造“智慧酒店”标杆，为服务行业如何在移动互联时代提升服务质量和核心竞争力提供了新方向。

【精神文明建设】 2013年，上海联通召开了精神文明建设大会，启动了争创“全国文明单位”和“全国五一劳动奖状”的相关工作。全年组织完成了“雪域童年”等多个爱心公益活动，圆满完成了“两会”、神舟十号、十八届三中全会、嫦娥三号等重要通信保障任务。

2013年4月20日，四川雅安芦山地震后，上海联通紧急启动通信保障应急预案，全力确保四川方向整体话务量保持平稳，“10010”热线第一时间开展支援服务，开通寻亲服务。9月13日，最强暴雨袭击上海时，上海联通快速反应，强化保障，各维护部门抢险人员昼夜奋战，累计出动抢修人员350余人次，确保了通信安全畅通。

2013年，上海联通在蝉联五届“上海市文明单位”的基础上，首次荣获“全国五一劳动奖状”；公司团委被授予“中央企业五四红旗团委”；多个集体、多名个人受到上级表彰。

(应　燕)

四、软件和信息服务业公共服务体系

上海加快布局软件服务、云计算、数字内容、数据服务、移动互联网等重点产业和新兴业态，已建成18个市级信息服务产业基地，包括浦东软件园、漕河泾新兴技术开发区等辐射效应明显的综合性产业基地以及市北高新技术服务园、博济·智汇园、3131电子商务创新园等一批特色鲜明的专业产业基地。

浦东软件园产业价值链、企业链、供需链和空间链持续优化，产业集聚、集群和融合发展的趋势明显，形成了服务外包、移动互联网、芯片设计、电子商务、行业应用、文化创意六大主导产业以及3D打印、互联网金融、大数据、穿戴式智能设备等一批新兴产业，园区已成为上海乃至全国发展信息服务业的重要空间载体之一。2013年，园区经营收入突破500亿元。

漕河泾新兴技术开发区汇聚了中外高科技企业2 500多家，其中外商投资企业500多家，形成了以电子信息为支柱产业，以新材料、生物医药、航天航空、环保新能源、汽车研发配套为重点产业，以高附加值现代服务业为支撑产业的产业集群框架。

市北高新技术服务园以上海市云计算产业基地建设为突破口，积极布局云计算产业，集聚云计算产业链上下游企业，推动云计算相关技术研发与产品应用，打造专业性和功能性相结合的云计算平台。

博济·智汇园重点发展移动互联网及相关产业，提供移动互联网特色创意、知识产权交易和保护、投融资、实训基地、咨询服务等专业服务。

3131电子商务创新园以电子商务及上下游产业链为核心定位，集孵化器、投融资平台与产学研一体化等功能于一身，通过吸引、支持、孵化一批相关产业项目和机构，打造具有示范效应、功能性及配套完整的电子商务产业基地。

(杨立哲)

第 三 编

政务领域信息化

综 述

2013 年，上海市根据《智慧城市建设 2011—2013 年行动计划》的总体要求，进一步拓展部门业务系统信息化建设，推进了一批跨部门的重点应用系统建设，不断提高政府经济管理、社会管理和效率。加强政务信息资源与基础支撑系统建设，推进了政府信息资源目录体系，开通上海市政府数据服务门户，面向社会分批分类逐步开放政府信息资源；推进政府系统无纸化办公，精简文件、会议、简报，压缩流转时间，提高办公效率，改进工作作风，方便基层办事，提升政府形象；开展法人信息共享和应用系统（二期）建设；完成法人网上统一身份认证系统建设，开通法人数字证书服务门户和“962600”服务热线，在全市设立了 20 个服务网点，并选择工商、税务、人保等 9 个部门试点开展了业务应用，发放法人一证通数字证书近 60 万张，有力地推进了政府网上办事和服务。进一步优化政府服务渠道建设，不断提升政府公共服务的效率和水平。开通了“12345”市民服务热线，建立“三位一体”的行政效能联合督查机制，基本形成了全市一体的标准化热线服务模式和流程；进一步完善“中国上海”门户网站，开展网站无障碍改造工作，不断拓展网上办事服务内容，同时，开通了“上海发布”政务微博和微信平台。

第一章 政务信息资源与基础支撑系统

概 述

进一步建设和完善法人、人口基础信息库，通过政府信息资源目录体系的建设，推进全市各部门的信息资源梳理和注册管理，强化政务信息资源的基础支撑作用，同时开展政府信息资源开放试点。通过“12345”市民服务热线的业务整合，实现非紧急类政务服务热线的集中受理和联动处置，通过政府门户网站和网上行政审批平台的深化建设，进一步提升便民服务能力和水平。

在基础信息库建设方面，法人信息共享与应用系统（一期）已包括企业、事业单位、机关、社会组织和其他五大类法人主体，累计入库法人信息达160万户，为29个委办局提供了法人数据的查询应用。初步完成系统（二期）开发工作，实现登记类、资质类法人信息全覆盖，重点领域监管类信息基本覆盖，促进形成法人领域协同审批、综合监管的联动机制。

在政府信息资源管理方面，建成本市信息资源服务平台（一期），开通上海市政府数据服务门户（www.datashanghai.gov.cn），面向社会分批分类逐步开放政府信息资源，内容涵盖地理位置、道路交通、公共服务、经济统计、资格资质、行政管理六类，包括数据产品212项，数据应用30项，累计访问量超过345万人次。同时，编制完成了《政务信息资源共享与交换规范第1部分：目录元数据》地方标准并已正式实施。

在政府服务热线方面，开通了“12345”市民服务热线，建立“三位一体”的行政效能联合督查机制，基本形成了全市一体的标准化热线服务模式和流程。热线知晓度持续提高，服务能力明显增强，全年共接听市民来电150余万个，成为政府联系市民、服务市民的重要载体。

在政府网站建设方面，进一步完善“中国上海”门户网站，不断拓展网上办事服务内容，开展网站无障碍改造工作，全年政府网站群首页访问量达2.9亿人次。充分利用政务微博、微信发挥高效传播和及时互动的独特优势，开通“上海发布”政务微博和微信平台，“上海发布”政务微博在新浪微博“政府影响力”榜上继续排名第一。

完成了法人网上身份统一认证系统建设，开通法人数字证书服务门户（www.962600.com）和“962600”服务热线，在全市17个区县行政办事大厅、企业服务中心等设立了20个服务网点，制定了《法人网上身份一证通用数字证书格式规范》地方标准，在市财政局、人保局、工商局、税务局、质监局等9个法人设立和监管业务较集中的部门试点开展了业务应用，截至2013年年底已发放法人一证通数字证书近60万张，有力推进了政府网上办事和服务。

（刘迎风）

一、政府信息公开

【概述】 2013年，本市各级政府网站深入贯彻落实中共中央关于全面深化改革的战略部署，按照市委、市政府“两高、两少、两尊重”的要求，继续完善“信息公开、网上办事、便民服务、政民互动、招商引资”五大核心内容建设，进一步创新工作思路，形成合力，不断提升网站引导能力、传播能力、服务能力和创新能力，为上海当好改革攻坚排头兵、创新探索先行者贡献力量。

【信息公开与要闻发布】 根据2013年办公厅发布的《本市当前政府信息公开重点工作安排》，继续落实各项政府信息的公开工作，围绕财政信息、审计信息、环保信息等各类重点领域信息公开，加强政府信息公开专栏建设，推进网站互动功能，通过政策解读、在线访谈、网上咨询等方式，增强政府信息公开的针对性和实效性。中国上海门户网站全年集中发布的市政府文件和部门公开信息（文件、通知等）1 942条，其中市政府普发文件92个，市政府常务会议26次，市政府法规（草案）征求意见稿12个，市政府各部门文件等1 727条；其他公开信息包括市政府实事项目评议与征集。门户网站“政府信息公开”栏目全年页面总访问量6 164.3万页（次），位居网站主要栏目访问量第三。门户网站“上海要闻”(含部门信息、区县动态、便民提示、视频与图片)全年发布信息105 352条,日均288条(以日历日计),其中选用市政府部门、区县报送信息89 153条,占发布总量84.6%;图片新闻1 714幅,日均4.7幅。“上海要闻”页面总访问全年2.16亿页(次),较上年增加27.1%,居主要栏目访问量首位。

【领导信箱与政民互动】 门户网站“在线访谈”邀请市政府部门、区县领导围绕政府工作、市民关注热点难点开展在线交流,共举办95期(2013年举办15期),累计最高峰同时在线人数12.67万人次;互动平台开展政府规章草案民意征询12次,主要有:《上海市非机动车管理办法(修订草案)》《上海市城市网格化管理办法(草案)》《上海市职工基本医疗保险办法》《上海市活禽交易管理办法(草案)》等。全年联合各部门、区县网站开展网上征询(征集、公示、评议)847次,“委办局、区县在线访谈预告”152次,访谈预告覆盖全市范围。互动类栏目(市委领导信箱、市长之窗、互动平台、在线访谈、征询平台)全年页面总访问3 671.8万页(次)。

【探索与政务微博互动,开设消息速递专栏】 针对当前政府门户网站与政务微博之间表现形式单一、发布内容不同步、缺乏互动机制的现状,门户网站于2013年6月全新上线“消息速递”栏目。其目的旨在更好地服务社会公众,进一步发挥政府网站信息集聚和政务微博传播迅速的优势,增强政府网站与政务微博的协同叠加效应,努力形成优势互补、关联发布、内容递增的新局面。自栏目开设至今,消息速递共收录本市52个部门、17个区县和15个主要社会团体、公共服务机构、国有企业所发布的微博信息共101 780条,平均每月新采集数据达到14 000条,工作日日均发布微博信息近450条。栏目运用检索引擎、信息聚合、标签标记等先进技术,强化门户网站与政务微博的整合,引导和帮助用户了解相关信息和服务功能,使用户获得更全面、更及时、更感兴趣的信息内容。在整体提升政府网站和政务微博传播能力的同时,进一步增强本市政务信息的时效性、权威性和联动性。

消息速递栏目是网站积极探索与政务微博互动的有效尝试,微博信息和政府网站内容关联呈现的形式,不仅打破网站与微博之间的界限,为公众提供了“一站式”的信息服务窗口,很大程度上提高了用户对门户网站的持续关注程度,增强用户的忠诚度和门户网站的聚合度,提升政府网站与政务微博的服务能力和价值。

(杨 蕾)

二、应用支撑平台

上海市政务信息资源目录公共服务平台(一期)

根据职能,上海市互联网经济咨询中心(上海市智慧城市建设促进中心)负责研究拟订政务信息资源的管理规范和技术标准,于2013年4月完成了上海市信息资源目录公共服务平台(一期)的建设。该项目遵循统一规划实施和逐步完善的原则,完成了项目计划任务书要求的各项基础功能和应用系统的建设,建成了上海市信息资源目录管理系统和上海市政府数据服务门户网;其中“上海市信息资源目录管理系统”挂在政务外网上,供机关查阅;“上海市政府数据服务网”则挂在互联网上,无偿供社会企业和市民查阅,上海市政府数据服务网上线不到1年,已累计访问量达到476 356人次。中心做好跟踪平台运行状况,查阅发布数据产品和应用,数据定期统计和用户服务(编目方法、问题解答)等工作。通过该平台,中心完成了相关政务信息资源社会化开发和利用的工作,为党政机关和社会提供了试点信息资源开发利用服务。

(曹惠芳 朱 京)

三、政府门户网站

“中国上海”政府门户网站

【概况】 在市委、市政府领导下,上海市政府门户网站管理中心(以下简称“门户网站”)围绕服务公众宗旨,继续做好政府信息公开、网上办事与服务、政民互动等工作,以组织开展全市政府网站测评考核,围绕政府重点工作建设专题专栏,开设消息速递专栏,实事项目网上征集及公布，强化网站安全管理机制等为重点，各项工作开展取得良好成效。

2013年，门户网站在由中国信息协会主办、海南省信息协会、中国信息协会信息服务网络委员会、中国信息协会电子政务专业委员会联合承办的“第三届中国政府门户网站发展论坛”上，荣获省级政府网站互联网影响力综合排名第一；在《电子政务》杂志社、电子政务理事会举办的“2013年中国特色政府网站评选活动”中，荣获“互动创新奖”，“消息速递”专栏被评为政府网站特色专栏，“服务导航”栏目被评为政民互动精品栏目；在第十二届(2013)中国政府网站绩效评估结果发布会暨电子政务高峰论坛上，获省级政府网站绩效评估第二名，省级政府网站无障碍评估第一名，省级政府网站移动App评估第九名；在由中国信息化研究与促进网、工业和信息化部电子科学技术情报研究所等单位联合开展的2013年中国优秀政务平台推荐及综合影响力评估中，荣获年度中国最具人气政府网站、年度中国政务网站领先奖、年度中国政府网站外文版国际化程度领先奖三项大奖。同时，在由中国信息协会电子政务专业委员会和国家信息中心网络政府研究中心联合开展的2013中国政府网站互联网影响力评估中，以75.86分荣获省级政府网站互联网影响力第一名。

【网上办事与便民服务】 网上政务大厅试点提供22项单部门审批事项和2项并联审批事项。配合中国(上海)自由贸易试验区(以下简称“自贸区”)建设，新增中国(上海)自由贸易试验区网上服务平台，提供“内资企业设立”“外商投资企业设立”和“境外投资项目备案”三大应用，涉及自贸区管委会、市工商、市质监、市税务、市发改委和市商务委等多家部门及相关业务系统。全年“投资上海”栏目发布投资新闻768条，每日发布10余条招投标信息。新增现代服务业集聚区专栏，将全市14个区县共24个现代服务业集聚区，集中展示在专栏内，并提供地图及视频。办事平台共提供办事事项1 924项，其中在线受理1 149项、状态查询1 172项、结果反馈1 119项、办事三大环节全部提供的办事事项1 093项；查询平台提供428项政府部门、公共企事业单位信息服务内容，有1 039条热线电话可供查询；发布便民提示信息11 734条。“网上办事”页面访问总量68.6万页(次)(含市民办事、企业办事、网上政务大厅栏目)，占主要栏目页面访问量0.16%；“便民事项”页面访问总量7 863.1万页(次)(含查询平台、服务平台、便民问答、便民提示、服务导航、城市生活等)，占主要栏目页面访问量18.8%。

【继续优化“中国上海”英文版服务平台】 门户网站英文版目前有一级栏目16个，主要是“信息发布、办事服务、实用信息、互动交流”四大版块。“信息发布”主要为外籍人士来沪旅游、投资、生活、学习、工作等提供服务信息和办事指引；“办事服务”重点突出面向外籍人士服务对象的“主题服务”功能，设有“出入境”“婚姻”“求职”等内容，包括办事指南和办事机构信息，并提供在线受理和表格下载；“实用信息”包括便民问答、城市明信片和休闲娱乐信息；“互动交流”包括领导信箱、热线电话和网上调查等内容。

门户网站近年来越来越重视英文版建设，在深化服务、资源整合、功能拓展等多方面开展了一些有效尝试，比如推出“主题服务”专栏，第一批整合民政、公安、劳动与就业等部门的办事服务资源，提供婚姻收养、签证、就业和供水等服务。开通短信定制服务，政府部门和服务场所联系方式短信发送服务，即用户在浏览政府部门机构信息时，可以直接点击“办事部门名称和地址”的中英文两个版本，网站通过短信方式直接发送到手机终端，方便外籍人士外出办事使用。“What To Do”栏目全新改版扩容，提供电影、展会展览、演出和其他活动四大版块娱乐休闲信息，图文并茂。除了对信息内容进行介绍之外，还提供活动日期、场馆、场馆介绍、交通路线以及相关网站链接，同时还引入谷歌地图进行方位指引。投资栏目内容新增国家级和市级开发区内容介绍，新增投资项目网上填报服务，提供驻沪外企信息。推出“留学生政府奖学金”在线申请、查询等服务。新增“文化与艺术”栏目，主要介绍本市公园、艺术馆、书店、电影院、博物馆、剧院等文化设施，图文并茂地展示各场馆的基本信息、地理位置和交通路线。“FAQ”栏目改版，动态抓取相关部门网站内容，同时与“部门介绍”栏目进行关联，丰富信息内容。与部门合作推出防控H7N9禽流感专题、上海国际电影节、上海电视节、上海旅游节等英文专题。

【开展全市政府网站测评工作及评优工作】 完成2012年上海市政府网站测评工作，结合2012年建设企业优惠扶持政策专栏的重点工作，首次将开发区、管委会网站纳入测评单位范围，结合现场测评工作，组织并召开开发区、管委会政府网站建设座谈会。全市17个区县、48个市政府部门网站、7个管委会网站和14个开发区(园区)网站以及96位专家和近1万人次公众参加了测评。其中，6个区县网站和22个市政府部门网站获得优秀，8个区县网站和18个市政府部门网站获得良好。2013年网站测评工作在上年基础上，结合政府网站2013年重点工作，增加网站可见性优化、App 应用建设等新指标，增加开发区、管委会网站测评指标。其中，公众体验延续 2012 年测评的做法，继续以公众需求为导向，贯彻政府网站以人为本的建设理念，推动政府网站围绕公众需求和使用习惯进行建设。

【落实措施开展自查，保障网站有效运行】 2013 年度全网站各子系统稳定运行，网站内容管理系统、检索系统更新、电子邮件系统监测及账户开设、访问统计分析系统运行维护、网站运行状态监测系统、繁体网关以及办公网络计算机系统的维护工作有序进行，完成个性化门户网站改版及迁移工作。开展网站可见性优化，目前内容优化基本完成；网站支撑平台顺利通过信息安全测评认证中心复测，符合三级等保技术要求；继续加强安全管理和技术防护，确保网站系统运行安全平稳，系统 2013 年度未发生因黑客攻击而导致服务停止的事故；根据上海市经济和信息化委员会关于《2013 年上海市重点领域网络与信息安全检查实施方案》，做好门户网站信息安全自查并提交总结报告；根据市网安总队的要求完成《上海市重要信息系统和政府网站安全专项检查》。经过全方位的安全自查工作，全面梳理在信息安全组织、管理制度、预算和培训情况等软环境方面的各项内容。同时，对网络系统、安全系统、服务器、应用、数据库等进行技术检测，对发现的薄弱环节即刻加以修复和整改。通过分析研究了解目前所面临的安全威胁和风险，对整体信息系统的安全防护水平进行评估，积极采取有针对性的防范对策和改进措施。已经建立门户网站 IT 基础设施和业务应用系统集中运行监控管理平台，制订各项切实有效的安全管理制度，周密完善的技术操作规程和紧急预案，全面保障门户网站的有效运维并大幅提高应急响应和事件处置能力。同时，加强日常安全管理及巡检，提高相关人员的防范意识，保证网站安全运行。

【各专项工作有序开展】 政府网站信息无障碍推进工作。召开 2013 年上海市政府网站无障碍推进工作会议和阶段总结会议，明确 31 个市政府部门、12 个区县为 2013 年度试点单位，其中 5 个单位试点全网无障碍改造，工作按计划于 2013 年年底完成；上海市工程建设领域项目信息公开和信用信息公开工作。按照《工程建设领域项目信息公开和诚信体系建设工作实施意见》（中纪发〔2011〕16 号）和《关于开展工程建设领域项目信息和信用信息综合检索省级平台建设工作的通知》（中治工办发〔2011〕8 号）要求，建设本市工程建设领域项目信息和信用信息公开共享平台。项目建设完成并验收，平台共开通 43 个栏目，抓取 29 个部门数据，截至 2013 年 12 月 25 日，对外发布数据 186 202 条。

【网站建设基本数据】 截至 2013 年年底，门户网站数据库信息总量 134.7 万条，静态页面数 118.7 万余张（比上年同比增 45 万张，增幅 61.6%）；图片 17.46 万余幅（比上年同比增 4.06 万幅，增幅 30.2%）。其中，市政府公报 17 297 条，法律法规 821 条，各类办事规程 1 877 条，市政府各类文件 1 245 件，市政府规章 360 条，便民问答 6 048 条。累计发布要闻类信息 66.22 万条（比上年同比增 10.4 万条，增幅 18.6%）。2013 年，门户网站首页总访问量 2 297 万（日均 6 万），页面总访问量 5.7 亿（日均 155 万），比上年上升 21.92%。自开通以来，门户网站累计首页总访问量 2.24 亿，页面总访问量 34.76 亿。截至 2013 年年底，门户网站“公务信箱”开户 1.2 万余个，“企业实名信箱”用户 1 631 个，电子邮件订阅服务用户 9 348 个；手机短信订阅服务用户数 17.05 万人；全网检索系统可检索数据 62.45 万条。

区县政府网站与市政府部门网站

【概况】 本市区县政府网站和市政府部门网站（以下简称“政府子网站”）紧密围绕政府重点工作开展建设，进一步完善内容保障、资源整合和功能建设；发挥政府网站信息公开、办事服务、政民互动载体作用和影响力；加强市、区（县）所属部门和街道乡镇网站建设管理；构建安全管理体系；注重实用性，以新技术创新功能应用。在稳步发展的基础上，各项工作顺利有效开展。全市 64 个政府子网站全年首页总访问量 3.1 亿（日均 85 万），页面总访问量 63.1 亿（日均 1 728 万），首页访问量与页面访问量比值约 1∶20。

【政府信息网上公开】 全市政府子网站全年主动公开的各类政府信息（文件、通知、公告）20.2 万余条，其中区县政府网站 79 809 条，市政府部门网站 122 473 条；通过政府子网站受理的政府依申请公开信息 5 839 件（次），其中区县政府网站 3 613 件，市政府部门网站 2 226 件。浦东新区推出“自贸区专题”，集中发布有关政策及政策解读，为国内外企业投资自贸区提供便利和服务；黄浦区配合“建设外滩金融创新试验区”工作，及时发布权威信息，做好政策解读，有力推动外滩金融创新试验区建设；市科学技术委员会对信息公开版块中的政策法规栏目进行调整，分类更趋规范有序、清晰合理。市住房保障房屋管理局加大保障性住房信息的公开力度，新开设住房保障公示公告专栏，加强保障性住房政策标准调整后的信息公开。

【网上办事与便民服务】 全市政府子网站不断拓展办事服务内容，提升服务水平，特别在便民服务方面深入挖掘、整合资源，取得显著成效。区县注重区内服务，结合区域特色发掘服务资源、整合服务信息；部门网上办事推进力度持续加强，结合网上行政审批平台的建设，对一些并联审批项目也进行了有效探索。

区县各类审批事项上网比例 84.12%，并有 58.10% 的上网事项实现在线受理功能，网上提供其他办事类事项 4 967 余项。浦东新区"小博士"行政审批智能导航为市民和企业提供新区所有行政审批事项的自助式便捷查询服务；徐汇区网上政务大厅针对特殊群体设置了专门的办事通道，汇聚区内服务类办事项目，形成"一门式"的网上办事平台；黄浦区公布了 29 个部门和行业面向社会的"公开服务承诺"，并公布咨询投诉渠道，接受社会各界监督；长宁区推出了智慧社区云服务，对接智慧社区综合服务平台，将公共服务信息通过多平台推送发布。

2013 年，市政府部门审批事项上网率为 94.7%，网上受理率 71.0%。市政府法制办开展"行政复议在线办理"，为社会公众开设行政复议网上受理服务；市社团局运用"法人网上身份统一认证数字证书"，打造社会组织网上办事新平台，方便各社会组织在质监、税务、社保等 10 余家部门进行网上办事；市民政局开发"失智老人走失预防与定位援助服务系统"，利用新技术、帮助家庭第一时间获知失智老人的意外状况和信息；市质量技监局推出多种机构地图，如机动车安检机构分布图、食品生产企业电子地图、检验检测机构地图等。

【网上互动】 区县网站接受网上咨询月平均 5.1 万余人次；接受网上投诉月平均近 556 人次；网上公示评议、征集"政府工作规划（草案）、决议、意见"和政府工作调查、民意测评意见 626 余项，共有 501.5 万人次参与；单位网站开展"在线访谈"节目 71 期。虹口区推出"智能机器人"服务平台，打破各类信息间的隔阂，构建起全面、丰富的政府服务信息资源库；闸北区推出"焦点网谈微直播"，网民们可以通过"闸北发布"微博关注网谈中重要问题的领导答复，使公众多渠道地参与网谈活动。

市政府部门网站网上咨询月平均 2.2 万多人次；接受网上投诉月平均 4 532 人次；网上公示评议、征集"政府工作规划（草案）、决议、意见"和政府工作调查、民意测评 477 项，共有 216.67 万人次参与；单位网站开展"在线访谈"节目 277 期。市财政局利用智能咨询服务平台，完善互动交流内外网协同办理系统，提高咨询服务效率；市住房保障房屋管理局对政务微博栏目进行数据应用功能拓展，与新民网政务微博平台进行无缝连接，直接在首页"新闻中心"展示"房可圆"政务微博的即时信息；市绿化市容局推出"上海绿色账户"，通过现场活动和网站平台互动的形式宣传垃圾分类知识、普及低碳减排知识，受到市民群众的热烈响应。

【外文版建设】 目前，本市 44 个子网站（包括区县和部门）开设英文版或英文专栏，其中 16 个区县网站开设英文版，部分区县还设有日语、法语、西班牙语及韩语等版本。22 个子网站英文版开设热点专题栏目。长宁区根据人口分布特点开设了英、日、韩、西班牙四个语种版本，栏目设置注重区域经济、文化、教育、医疗等民生方面的介绍与推广，致力于让辖区内的"洋居民"融入社区生活；嘉定区英文版突出嘉定依托汽车产业支柱大力招商引资的经济亮点，其网站信息被华盛顿邮报网、爱尔兰太阳报网、美国全球新闻资源整合网等多家国外网站转载；市教委全面启用市政府奖学金网上申请平台，方便外籍申请人直接进行市政府奖学金的咨询、申请、材料提交和等候审核。

（杨　蕾）

四、重要公共服务热线

"110"报警电话

2013 年，"110"报警服务台共接警 1 300 万余起，同比增加 0.1%；处警 436 万余起，同比增加 9.2%。其中报警案件类 585 446 起，同比增加 1.2%，纠纷类 811 842 起，同比增加 8.4%，煽动性案件类 7 953 起，同比增加 4.2%，事故类 1 589 839 起，同比增加 10.9%，交通管理类 445 107 起，同比增加 4.3%，社会求助类 514 375 起，同比增加 17.6%。

（柴　珏）

"12345"上海市民热线

"12345"市民服务热线由中国电信上海公司承建，

2012年正式开通运行。2013年1月7日，“12345”市民服务热线开始7×24小时服务。之后，“12345”市民服务热线网站（www.sh12345.gov.cn）上线试运营，网站包括要闻动态、站内搜索、每日数据、快速链接以及留言板等版块。其中“留言板”供网民反馈各类意见和建议，反馈内容将进入上海“12345”市民服务热线的后台处理流程，留下联系方式的网民会得到后续跟踪反馈信息；“每日数据”发布“12345”市民服务热线来电量、接通率等相关数据；“快速链接”可直通政府部门网站、区县政府网站和本市重要机构网站。11月7日，“12345”市民服务热线与上海市、区县18条中小企业服务热线举行并线签约仪式。上海市各级领导非常关心“12345”市民服务热线的运行情况，市长杨雄、副市长艾宝俊等先后视察服务热线，并聆听市民来电。“12345”市民服务热线运营中心在2013年“金耳唛杯”评选活动中，荣获最佳呼叫中心称号。

（王　勇）

“12365”产品质量投诉热线

2013年10月8日，上海市质量技术监督局“12365”产品质量投诉热线实现与“12345”上海市民热线并线运行。并线后市民可以通过“12345”或“12365”进行产品质量申投诉及质监业务咨询，后台由统一座席进行接线并解答，而市民热线中心与“12365”中心之间通过系统进行数据交换，确保工单无缝对接及正常流转，全面提升办理质量和服务质量。

（储昭武）

“12348”法律咨询专线

2013年，上海市“12348”法律咨询专线共接答法律咨询209 272件，同比增长4.17%，其中市法律援助中心接答69 330件，占全市接答量的33.13%。区县法律援助中心接答量居前三位的分别是浦东新区44 365件、黄浦区9 513件、徐汇区8 838件。从咨询内容看，居前三位的分别是：房屋纠纷45 157件，占咨询总数的21.58%；劳动争议纠纷29 542件，占咨询总数的14.12%；合同纠纷27 011件，占咨询总数的12.91%。

为了切实满足人民群众的法律咨询需求，2013年上海市“12348”专线进一步提升专线服务水平。一是坚持24小时全天候人工服务，填补以往“12348”法律咨询专线夜间人工服务的空白，据统计，全年“12348”专线共接答夜间法律咨询电话2 963件，咨询内容列前三位的分别为劳动纠纷、婚姻家庭纠纷、房屋纠纷，该举措切实解决了群众的夜间法律咨询需求，取得了良好的社会效益。二是做好与“12345”市民热线的联动工作。2013年全年共接到市民热线交办件41件，其中咨询求助类28件，投诉建议类13件，办结满意率达100%。加强与市民热线的联动，不仅进一步拓宽了“12348”专线的服务渠道、提高了专线的社会影响，而且能及时发现和改进工作中存在的问题，进一步提升专线的服务水准。三是积极开展专题咨询服务，全市“12348”专线在“三八”妇女节、“五一”劳动节、重阳节等重要节日开展了妇女维权周、劳动者维权周和老年人维权周等专题咨询活动，活动期间共接答来电咨询4 511件，有效维护了特殊困难群体的合法权益。

2013年下半年，“12348”专线启动了升级改造项目，目的是进一步优化专线的接答方式、修改完善专线的统计系统、提高专线的夜间接答转接成功率，该项目预计在2014年上半年完成。该项目完成后，将进一步提高专线运行的稳定性，为市民提供更为优质的法律咨询服务。

2013年“12348”专线与上海人民广播电台“直通990”栏目继续联合举办“法律援助直通车”专题节目，安排资深律师接听市民来电咨询，打造“12348，送法进万家”的品牌，为人民群众提供更为便捷的法律援助服务。

（尹晓楠）

“9682000”信息化服务热线

2013年是上海市应急事务中心的“9682000”信息化服务热线投入运行的第12年，全年正常运作，通过电话咨询、上门现场技术服务等方式，向政府机关、企事业单位和广大市民向社会广大企事业单位和市民提供信息化咨询、信息安全、计算机网络等方面的多方位、多元化信息服务。

在日常服务中，呼叫中心认真接听客户的各类电脑报修、电脑咨询、投诉和建议，并及时反映、督促和跟进回访。全年共接待各类电脑报修6 000余宗，电话回访近1 000余次，受理免费技术咨询电话服务73 382次（其中，应用技巧和信息安全咨询占80%），上门技术服务5 483次，并在全市布置了10个加盟服务网点，提供快速、便捷、优质的技术服务。

（吴恩平）

“962200”社区服务热线

“962200”上海市社区服务热线是一条由市民政局、市文明办、市慈善基金会联合主办，由市社区服务中心具体承办的公益性便民服务热线。自1998年正式开通以来，始终坚持"以民为本、需有所应、便民利民、服务社区"的服务理念，为社区居民提供专业化、个性化、规范化的社区服务。

"962200"热线的主要功能定位为：居家生活好帮手、民政政务一号通、跨部门事务导航、承接"12345"市民热线。"962200"热线"服务超市"可为市民提供水电维修、修锁开锁、家政服务等近40项服务项目，通过与服务单位签订诚信服务协议的方式，确保服务质量和市民满意度；作为民政各类政策对外统一的咨询热线，向市民提供婚姻、殡葬、救济救灾、社会福利等16大类52项民政具体业务的政策咨询服务；对非民政的政务咨询来电，依托街镇社区事务受理中心涉及的人保、医保、计生等14个部门193项业务，为市民提供政务咨询导航服务；作为"12345"市民热线民政承接平台，负责"12345"知识库接入，接受、处理、反馈各类民政工单和交办任务至各区县及市局相关职能部门等三级承办单位分类落实的工作。

截至2013年11月底，"962200"热线共接听并处理市民来电21万多个，为社区居民提供生活服务超过4.4万次。热线回访综合满意率约为95%，其中及时联系满意率、服务态度满意率、办理结果满意率分别达100%、100%、90%。

（方廉忞）

"962020"上海旅游热线

上海旅游热线采用"962020"和"12301"双号接入服务模式。2013年全年呼入电话约5.12万通，接通率100%，时长平均103秒，上海旅游咨询、上海都市旅游卡和英语电话合计约3.33万通，占热线电话接入总量65%。在旅游咨询电话中，景点咨询居首，占咨询量的34.46%，主要咨询上海热门景点如东方明珠、豫园、沙特馆等景点的开放时间、票价等问题。旅游线路查询占13.31%，上海公共交通查询占8.32%，国内外游客通过使用公益旅游热线咨询服务，得到有效帮助，使游程更加舒适、便捷。2013年1月至11月，旅游热线接到投诉电话567通，主要投诉退团违约金纠纷、行程与合同不符合等问题；对区县旅游咨询中心的投诉为3例，游客对热线本身的投诉为"零"。2013年，旅游热线为保证服务品质，除新入职员工的上岗培训外，坚持每个月都有相关的业务培训和考核，提升了坐席员的综合素质。热线员工还积极参与了上海旅游咨询服务中心体系组织的"5.19"中国旅游日大型咨询等主题公益活动。

（刘　昊）

第二章 重点业务系统建设和机关信息化

概 述

2013年，各部门进一步建设和完善重点业务信息系统。上海市电子政务灾难备份中心系统各类介质容灾业务数据量达211 TB，同比增长20.5%。交通卡累计流通量为5 103万张，在本市公交和轨交行业高峰时段的市场占用率超过90%。各委办局则不断提高政府经济管理、社会管理和公共服务的效率与水平。

一、重点业务系统信息化建设

电子政务灾难备份中心系统

上海市电子政务灾难备份中心系统是根据上海市信息安全体系建设要求，在浦东新区张江建设完成的面向全市范围的集中式电子政务灾难备份系统，为全市委办局电子政务系统的介质容灾和数据容灾提供保障，由上海市人民政府办公信息处理中心负责运行管理。2013年，各类介质容灾业务数据量达211 TB，同比增长20.5%，截至12月底，库内存放容灾介质数据量累计达137 TB。该系统全年完成数据容灾作业共计1.2万次，业务传输数据量达217.45 TB，同比增长11%，累计完成作业2.83万次，业务传输数据量达521.36 TB，截至12月底，总计容灾数据存储量为61.2 TB。此外，中心还不断完善信息系统，提高系统服务能力，通过2013年度三级等保信息安全认证复测，通过上海市经济和信息化委员会(以下简称“市经信委”)关于2013年上海市重点领域网络与信息安全检查工作，通过市公安局关于上海市重要信息系统和政府网站安全专项检查实施方案的实施。

(邵 波)

交通卡

2013年，上海公共交通卡股份有限公司(以下简称“交通卡公司”)着力解决广大持卡人反映强烈的突出问题，将改善服务作为推进企业品牌战略的主要任务，将技术创新作为企业驱动发展的重点工作，不断提升服务水平，提高企业竞争力。

截至2013年年底，交通卡累计流通量为5 103万张，交通卡在本市公交和轨交行业高峰时段的市场占用率超过90%。随着本市高速公路ETC(电子不停车收费系统Electronic Toll Collection，简称ETC)专用车道的发展，ETC用户也不断发展，交通卡公司累计销售发行OBU(车载单元On board Unit，简称OBU)设备33.1万台，上海路网ETC日均结算17.27万笔，占本市高速公路网日均总车流量的21%，高峰时段部分主线道口ETC用户交易比例超过30%。

2013年，交通卡公司逐步开通了10家加油站、5家汽车快修、3家停车场、32条路段路边停车及2条社会班车线路的交通卡付费功能。11月，又与无锡、泰州、南通、长兴四个城市实现互联互通，已与14个城市实现CPU(中央处理器Central Processing Unit，简称CPU)卡互联互通。

2013年，交通卡公司开发了可脱机查询等不同类型的网上充产品，采用了新型芯片，不断降低产品成本，提高产品性能，在国内率先实现了交通卡领域的线上服务。又成功研发了基于Java卡的多应用管理与下载平台，实现交通卡功能和NFC智能手机功能“合二为一”。

为方便市民轨交充值，交通卡公司开发完成了集充值、查询等功能于一体的新型自助设备，预留扩展移资、销售、退卡等功能。部分自助充值设备已陆续投放轨交站点、家得利和快客便利店、市区商务楼、社区内等试点使用。

为确保系统安全，2013年，交通卡公司完成了沪通卡、交通卡清算主机系统的升级工作，沪通卡系统日处理能力由30万笔提升至190万笔，支持的安装网点数由10个提升至55个；交通卡系统日处理能力由3 000万笔提升至4 000万笔。

同时，交通卡公司还充分利用数据平台，做好客流数据分析，为政府管理提供决策依据。定期向市城乡建设和交通委员会、市交通运输和港口管理局（以下简称“市交港局”）等部门上报客流分析报告；积极与市交港局交通研究院合作，以“出行运距”“接驳比例”等指标选取样本，开展公交出行客流的专项分析；与公交企业合作，对公交部分线路客流数据进行运能分析，不断提高公交企业运营管理水平；为公安部门提供案件侦查线索700余起，为本市安全稳定做出贡献。

随着全国信息化工程的日趋成熟，电子货币支付方式必将取代传统的支付方式，用电子货币取代现金已成为社会时尚和需求。交通卡公司将在不断完善交通卡支付渠道，丰富交通卡服务内容，促进高科技行业的发展以及带动城市交通管理水平提升等方面投入更大力量，做出更加卓越的贡献。

（程李燕）

上海市政府办公厅核心办公系统

上海市政府办公厅核心办公系统（以下简称“核心系统”）是市政府办公厅日常办公业务系统。系统覆盖了市政府办公厅内部业务工作以及办公厅各业务处室与本市各区县、委办局等单位的政务业务处理，实现了市政府办公厅日常办公业务网上全流程化的电子化办公模式。

核心系统共有40多个业务子系统，覆盖全市300余家区县政府、委办局。系统于2004年上线运行至今，已逐步成为本市政府部门政务信息化系统的核心节点和政务资源汇聚中心，为市政府办公厅机关工作人员日常业务办理提供了有力的信息技术支撑，提升了本市政府部门的工作和服务效能。

2013年7月，根据《关于进一步推行无纸化办公精简文件会议简报的通知》精神，市政府系统各部门、各单位通过推行无纸化办公，进一步精简文件会议简报，提高工作效率的工作要求。市政府办公厅会同相关部门认真落实，积极推进，以“公文、会议通知、简报”业务为核心，充分依托核心系统，全面推进市政府办公厅日常政务网上办理和无纸化传输，有效降低纸质印刷能耗，提高了工作效率，为本市政府系统无纸化工作打下了夯实的基础。

二、市级机关信息化

上海市人民代表大会常务委员会

【概况】 2013年10月15日，人大机关业务流程与应用标准研讨会在上海召开，会议就立法决策支持、法规报备审查及议案分析关键技术等进行了研讨。10月25日，上海市人民代表大会常务委员会（以下简称“市人大常委会”）新版机关网正式上线，新版机关网增强了应用系统之间的数据交换和业务协同能力，推动了市人大机关无纸化办公进程。11月，“市人大机关公文流转系统”建设完成，系统可以实现电子文件交换、网上文件阅看、收发文管理等功能。12月，“上海市人大常委会综合信息发布平台”正式发布，该平台通过信息推送和手机终端交流互动模式，为全体市人大代表提供一站式信息化服务。

【人大机关业务流程与应用标准研讨会】 2013年10月15日，人大机关业务流程与应用标准研讨会在上海召开，13个省（区、市）人大信息部门负责人和部分分管领导出席研讨会。会议介绍了《全国人大职能体系关键技术研究与应用示范》项目研究及人大规划工作情况，并就立法决策支持、法规报备审查及议案分析关键技术应用点和需求进行了研讨。会议认为人大系统信息化建设要以业务需求为主导，信息化部门要找准工作定位，为业务部门推进本部门工作信息化出谋划策，要统筹协调信息化工作，不能将信息系统强推给业务部门。新一轮的信息化建设，要在深入调查研究、充分与人大业务部门交流意见的基础上，按照“为人大及其常委会履职提供信息支持”和“围绕国家基本法律制度的建设”的要求，以信息资源建设为重点，力争“十二五”期间在立法和代表两块核心业务上有所突破，并带动其他信息系统共同前进。

【市人大机关网改版建设】 随着市人大常委会信息化建设持续推进，市人大机关各项工作对网络和信息系统的依赖程度越来越高，原有的市人大机关网存在的诸如管理操作较为复杂、系统维护工作量较大、信息发布效率较低的问题日益凸显，已经不能满足日益增长的市人大机关信息化工作需求。2013年5月，市人大常委会启动了市人大机关网改版工作，10月25日，新版市人大机关网正式上线运行。

新版市人大机关网系统概况 新版市人大机关网对原有应用系统的分类版块、功能、结构、信息内容等进行了重新装配，对旧版网站的首页、各专页、外部数据接入、系统应用连接等进行了重新设计，对信息维护和应用管理功能进行了升级改造。新版机关网提供了统一的信息发布管理平台和日常维护保障工具，新增了定向信息发布功能，并且简化了信息发布流程；提供了日常工作安排和待办事项提醒功能，可以在线预约市人大机关内部会议场所并实时查看各个会议场所使用状态；提供了市人大机关内部个人专属电子文件柜，用户可以按照设定权限在线阅读市人大主要会议文件和参阅资料；提供了数据预处理功能，统一采用 PDF 文档格式，可以对各类文件格式进行规范化处理；提供了在线信息互动功能，以金点子、机关论坛、内部传递等栏目形式，增强市人大机关内部信息交流；提供了应用系统无缝接入功能，对市人大常委会已经建设完成的其他信息系统，实现单点登录、数据沉淀功能；提供了较为完善的信息统计分析功能，对各类信息的分析统计可以按需定制。

新版市人大机关网规划建设情况 考虑到市人大常委会已经建成并使用了多个业务应用平台，本着节约资金和集约化建设的原则，在市人大机关网改版建设过程中，对原有应用中使用到的软件产品、设备环境和总体架构进行了复用和延续。改版后的市人大机关网依旧部署在市人大常委会原有的硬件和网络平台上，极大地降低了系统建设成本。为了确保新版市人大机关网能在较长一段时间内持续为市人大工作提供助力，并且具备良好的硬件平台兼容性和友善的用户交互体验，新版市人大机关网具备以下特点。

开放性。新版市人大机关网以工作流平台、安全中间件为基础，运用 J2EE（Java 2 平台企业版 Java 2 Platform Enterprise Edition，简称 J2EE）应用服务器技术、消息中间件技术和应用与数据集成技术开发，广泛采用 XML（和可扩展标记语言 Extensible Markup Language，简称 XML）、JMS（Java 消息服务 Java Message Service，简称 JMS）等开放标式标准，与基于不同开发技术搭建的各类信息系统有良好的数据交互能力。

先进性。新版市人大机关网采用 Web 服务技术，该项技术经过长期发展，已经衍生出应用服务器、门户服务器、EAI（企业应用集成 Enterprise Application Integration，简称 EAI）产品等多项专门技术，在信息交换、可靠传输领域具备优势地位，同时也能够很好地兼顾数据集成与共享。

便捷性。新版市人大机关网采用各种成熟封装的平台技术，较好屏蔽了各项功能的具体实现细节，使得开发人员在整个项目实施过程中可以更加集中地关注市人大各个业务部门的实际需求，这不仅降低了建设成本，也缩短了开发周期。

扩展性。新版市人大机关网具备良好的业务延展性，市人大各个业务部门可以在实际使用过程中，按照本部门工作发展的需要选择扩展业务类型或者业务规模。新版市人大机关网也能够在保留系统原有资源的前提下，快速、便捷地引入新的硬件和软件系统。

安全性。新版市人大机关网提供了安全密码登录、数字证书管理、用户访问控制、信息加密等安全手段，确保系统安全。

新版市人大机关网上线后，如同桥梁、纽带一般，使得原有应用系统之间的数据交换和业务协同更加紧密便捷。新版市人大机关网的网页让人耳目一新，用户体验得到加强，日常工作安排、日程调度更加合理，网上办事流程愈加贴合市人大工作特点，既提高了工作效率，又减少了纸质文件印刷、发放数量，推动了市人大机关无纸化办公进程。

【“上海市人大常委会综合信息发布平台”建设】 2013 年 12 月，上海市人大常委会按照市人大工作部门实际工作需求，建设完成了“上海市人大常委会综合信息发布平台”。这是一个以服务全体市人大代表为宗旨，既可以推送短、彩信通知，又可以与目标手机终端进行交流互动的综合信息平台。平台主要具备以下功能。

推送通知类信息功能。平台具备国内全网短信通讯能力，支持接入中国移动、中国联通和中国电信的短信网关或短消息处理中心，可以智能化实现号码分流处理，具备全国特服号码的配置和处理能力。市人大工作部门可以编辑通知类信息，定制信息发送时间规则，平台将在到达触发点后，自动组装并发送信息。

市人大代表意见、建议收集功能。市人大代表可以通过平台专用服务代码，以主动上行短信的方式，向市人大常委会提交意见、建议。平台按照预设规则对市人大代表上传的意见、建议进行自动归类整理后，发送到职能部门，并返回一个识别编号，市人大代表可以通过该识别编号了解所提意见、建议的办理情况。

舆情、民意采集功能。平台可以主动向市民征询意见及建议，并接收市民直接提交的各类信息。平台支持问卷调查、满意度调查等功能，并具备投票统计、数据分析功能。

人文关怀功能。平台可以按照用户设置的信息推送规则，精确地将各类彰显人文关怀的信息发送给特定目标群体。可以为市人大代表推送重大、突发事件提醒及工作安排提醒，也可以发送个性化祝福短信。

本着节约资金、节省开发周期的原则，“上海市人大常委会综合信息发布平台”依托上海移动“企信通”平台而建，并按照市人大工作实际需求对平台进行了整体结构调整，重新设计了插件并对短彩信方案进行了改造。平台采用MAS(移动代理服务器 Mobile Agent Server，简称 MAS)设备接入方案，支持分布式部署，可实现应用按需扩展，具备较高的可维护性和扩展性。

【“市人大机关公文流转系统”建设】 为了贯彻落实市委关于在全市范围内实现文件简报网上传阅的工作目标，市人大常委会依托上海市电子政务平台，着手规划建设“上海市人大常委会协同办公系统”。“市人大机关公文流转系统”则是“上海市人大常委会协同办公系统”的子系统之一，系统可以实现外部文件交换、收文管理、发文管理、《人大简报》管理、文稿签报和内部文件交换等功能，可以在上海市各联网单位之间实现电子文件交换和文件阅看功能。“市人大机关公文流转系统”主要包括以下功能模块。

外部文件交换模块。市人大机关机要人员接收外单位通过市公务网发来的文件材料，或者市人大机关通过市公务网向外单位发送文件材料。

收文管理模块。外单位送市人大常委会、办公厅的文件，由相关职能部门统一登记，提出拟办意见。其中属于办件的，根据需要依次报送相关领导审核或审示后，交承办部门办理；属于阅件的，根据需要分送相关领导和部门阅知。

发文管理模块。凡是以市人大常委会、党组、办公厅名义正式行文，起草部门应提供经有关领导同意的文稿，由相关职能部门统一登记，进行发文拟稿后依次报送相关领导审、签后，印制并发送。

文稿签报模块。该模块包括委员会、研究室文稿签报流程和办公厅文稿签报流程。委员会、研究室起草的文稿，由起草部门自行报送本部门领导、常委会分管副主任审示，或并报分工联系的副秘书长审阅。办公厅所属部门和处室起草的文稿，由起草部门自行报送办公厅相关领导、相关副秘书长、秘书长、常委会领导审阅。

《人大简报》管理模块。用于编发《人大简报》的文稿，起草部门必须提供经有关领导同意的批示稿，转相关职能部门编辑，依次报送相关领导审核和审签后，印制并发送。

内部文件交换模块。相关职能部门接收、转发各委员会、研究室和办公厅其他处室送交办文的文稿。

“市人大机关公文流转系统”采用跨平台的 Java B/S(Java 浏览器/服务器，Browser/Server，简称 Java B/S)开发技术进行建设，具有标准化、高效率、易操作、易实现等优点，可以在多个网络平台之间完成跨区域、实时的信息传输和数据共享，具备较好的移植性和扩展性。系统的建成使用，畅通了上海市范围内单位与单位之间、部门与部门之间信息交换的渠道，提升了市人大常委会的电子政务水平。

（宋　兵）

上海市经济和信息化委员会

【以门户网站为载体推进各项工作纵深开展】 上海市经济和信息化委员会以门户网站为载体，运用云计算技术，集成了委内几乎所有的服务功能和可公开的应用系统，通过统一身份认证、统一数据库标准、统一界面设计、统一传输方式等手段，运用信息安全技术，实现了不同业务之间、不同部门之间的协同处理。2013 年着重在网站的发布内容、服务方法上采取了一系列措施，并对网站的信息安全做了进一步加固，几经测评和优化，力求门户网站在为企业(市民)服务功能、安全性各方面达到最优。2013 年再次获得上海市政府优秀网站，并被上海市网络与信息安全协调小组办公室评为“2013 年上海市重点网站运行安全优秀工作单位”。

信息公开推进情况 根据企业和社会的需求，定期调整和优化网站栏目，逐渐形成了“企业呼声直通车”“经济运行与产业安全监测平台”“专项资金项目管理与服务平台”“中小企业服务”等一批深受企业和社会公众欢迎、点击率高的精品栏目，将最新获取和制定的数据动态、产业政策、项目资金等情况实时在网上发布，并将市经信委最新发布的政策给予解读，如：“十二五”规划相关政策解读、减轻企业负担政策解读，切实做到服务各种所有制企业、服务区县和服务全社会。截至 2013 年年底，累计主动公开政府信息 5 059 条，全文电子化率达 100%，其中，本年度新增的主动公开政府信息 253 条，全文电子化率达 100%，较上年度同期主动公开量增加 40%。本年度共受理政府信息公开申请 4 件，其中网上申请 4 件，接受市民咨询投诉 3 896 次，其中网上处理 560 次。

网上审批推进情况 实现网上行政审批事项有“表格下载”“在线受理”“状态查询”“结果公告”四大功能。按照便民、高效的原则，健全监督制约和责任追究制度，明确工作责任，强化过程监督、内部监督和责任考核。审批(许可)类事项共有 24 项，其中可公开的 24 项，行政许可事项 14 项，非行政许可事项 10 项。门户网站上已公开的审批类事项有 24 项，占本部门可公开的审批类事项

100%。已实现网上受理的审批类事项有 24 项,已完整实现三个环节 24 项,已完成办事要素整合 24 项。

网站是信息的资讯中心 网站及时发布全市工业经济运行最新动态、委内工作最新动态、国内主要经济要闻、全国工业经济运行研究报告以及高新技术产业化最实时、最前沿的信息,及时发布全市工业经济运行数据,包括:全市工业、区县工业、都市产业、现代工业园区、产品数据库、行业协会等,开辟工程建设领域项目信息公开专栏;网站提供企业信息化问答、软件和信息服务业办事窗口以及各类信息化方面的政策和资讯。网站每天更新各类信息 20 万字以上。

网站提供众多便民服务 网站为企业、民众提供了众多便民查询服务,包括:加油站 GIS(地理信息系统 Geographic Information System)站点查询、i-Shanghai 上海市公共场所无线局域网覆盖地图查询、上海产业地图、都市产业园区分布地图查询。为协调解决企业生产经营过程中存在的问题,确立了跨部门的推进协调和跟踪落实工作机制,开通了"企业呼声直通车"。截至 2013 年 12 月底"企业呼声直通车"平台共收集企业诉求事项 161 项。

网站是业务处理的大集成平台 网站集成了市经信委对外业务处理的十多个信息系统,为企事业单位和市民提供了方便的协同处理和查询功能。如:经济运行和产业安全监督平台、软件和信息服务业网上服务平台、专项资金申报平台、开发区产业项目报送系统、中小企业服务平台、个人信用服务平台、上海市工业和信息化人才继续教育平台等。网站真正成为"一门式"服务的支撑平台,为委内工作大协同提供了基本保障。

开通政务微博更好地服务企业与网民 2012 年 3 月市经信委开通了政务微博,以服务企业和网民为工作灵魂,在内容上力求近民、语言上亲民、互动上利民。围绕市经信委产业转型发展和信息化建设的中心工作设置了"推进战略性新兴产业风采榜""工业开发区排行榜""每日温馨提示""服务零距离""创意上海"等栏目,同时,实时发布委重要工作动态和相关新闻等。主动开展信息服务,发布权威信息引导网上舆论,及时回应粉丝提问,发布内容天天有更新,网上咨询做到件件有回应,不断完善工作机制充分发挥政务微博在联系群众、服务企业方面的平台作用。委政务微博已发布 3 853 条(其中 2013 年发布 2 657 条),四个平台粉丝数达 139 643 人;微信平台发布资讯 56 期,粉丝数达 1 121 人。

【重点项目建设和应用推进概括】 2013 年,市经信委借助搬迁浦东世博村路 300 号之际,在电子政务方面进行了一系列更新和升级改造。目前所有终端用户都使用 300 号统一的政务外网互联网出口,内网已带应用系统,全网接入公务网、涉密网;同时采用虚拟化技术对应用服务器区的网络架构及存储方式做了全面升级改造。办公内网以协同办公平台为应用核心,拓展到业务系统、视频会议等应用,组成了业务"大协同"格局;办公外网以政务外网和互联网为基础,以门户网站为核心,整合了市经信委几乎所有的对外应用,形成了应用"大集成"。运用新技术和有效的管理,把网络架构整合和业务流程改造结合在一起,全面提升了市经信委电子政务应用水平。

【市经信委浦东 300 号信息化搬迁工程顺利完成】 根据上海市政府常务会议决定,市经信委已于 2013 年 6 月底搬迁至浦东世博村路 300 号五号楼,办公楼层为 5～20F,有近 400 位在职人员入驻办公。在充分利用原有设备基础上,通过改造内外网络基础架构、实施桌面云和服务器虚拟化、新建特定办公应用等方法,全面提升了市经信委信息化环境和建设水平。这次搬迁将原来人民大道 200 号、大沽路 100 号和巨鹿大厦三处办公地点合并至浦东 300 号,搬迁设备涉及近 300 台网络和主机设备,1 000 台终端设备。搬迁的目标是:将原有分布在以上机房的信息系统按内外网搬迁至浦东 300 号市经信委屏蔽机房和非屏蔽机房;市经信委所有办公人员的终端设备搬迁至浦东 300 号五号楼对应的办公室;相关会议系统设备搬迁至浦东 300 号五号楼相应的会议室。必须保证系统在搬迁后能够迅速恢复正常运行,实现业务应用系统运行的连续性、安全性和可靠性。经过前期两个多月的充分准备,采取多种方法和应急措施,经过 3 个多月奋战,全委办公人员于 6 月底顺利搬入 300 号,至 8 月底完成了各项应用系统的升级改造,做到了"不断不乱"。

【市经信委涉密信息系统取得运营许可证】 根据上海市政府无纸化办公的进展情况和市委文件简报传阅的推进进度,结合市经信委自身的办公需要,办公内网将架构在公务网涉密网上,以便顺利开展公务网上的各项应用和内网协同办公。市经信委 300 号的涉密网为全光网,每个工作位一台涉密电脑专门用于内网办公和公务网应用,另一台可上互联网的外网电脑用于非涉密业务处理,与区县(集团)、兄弟委办局和相关部委有关业务系统交互。在市国家保密局的指导下和市公务网管理中心的支持下,市经信委借鉴了市府办公厅、市委办公厅、浙江省政府办公厅等涉密系统办公模式，结合本单位办公实际，制定了涉密信息系统安全保密方案，于2013年7月下旬通过了市信息安全专家组评审，8月底通过了内网网络、相关应用服务器和所有终端的信息安全测评，取得了涉密信息系统运营许可证。市经信委完成了带涉密信息系统的内网全网接入公务网涉密网工作，保障了市委、市政府推进的“无纸化”办公顺利开展，保障了自身办公和业务信息的安全可靠。

【公务网文件简报网上传阅工作顺利开展】 根据上海市委、市政府无纸化办公要求，从2013年9月起市委、市政府各类文件简报通过公务网传送，各联网单位的文件简报往来也通过公务网传送。2014年1月1日起实行网上“单轨制”，各类请示件、商请函等办件暂时实行“双轨制”。自2013年9月1日起，市经信委全委人员可以访问公务网涉密网，并开发完成了OA(办公自动化 Office Automation，简称OA)系统和市委文件简报系统、市政府核心办公系统的信息双向传输，全委人员可以通过OA办公平台查阅和处理市委、市政府等各类文件。建立了文件简报传阅工作的日常机制，党委和行政明确了具体收发拟办人员，所有阅办件自动转入OA系统后，分别由党委和行政专人按照OA中的工作流程处理来文、简报和会议通知，简报类将自动去重后归入OA系统的简报查询模块，供大家查询，会议回执填写后由系统自动反馈给公务网。下一步将充分利用公务网公文收发系统，将市经信委需要发送给其他委办局、区县和集团的文件、通知等通过公务网传递，在OA中完成发文、阅办流程后直接传送给公务网。

【市经信委桌面云和服务器虚拟化系统建成】 2013年市经信委借搬迁之际，采用云计算和虚拟化技术对计算机桌面办公环境和服务器环境进行了改造，率先由委领导和正处长60多个终端用户使用“桌面云”。通过桌面虚拟化改造，显著降低了桌面电脑的购置和维护成本，大幅度提高了桌面和办公应用程序的统一性和可管理性，提高了办公和应用系统的数据安全性。通过服务器虚拟化建设，整合利用了原有设备资源，100多台应用服务器便捷的部署和管理让系统管理员摆脱了繁重的物理服务器、OS(操作系统 Operating System，简称OS)、中间件及兼容性等工作，减少了人工干预频率。同时，应用快速部署、资源动态调度和信息安全等虚拟化的良好特性得到充分体现，并且在节能减排、绿色办公、促进信息化系统符合“绿色和低碳经济发展要求”方面也有较好体现。

【上海市产业项目落地跟踪服务管理系统上线】 市经信委管理着上海市产业项目的准入评估、土地储备出让、项目审批、工程报建、在建项目和竣工投产情况等。为了完善上海市产业项目评审准入制度，推进行政审批实施同步办理，需要对产业项目准入、落地、开工、竣工等全过程进行信息化管理。通过建立市级-区县-工业区三级联动的产业项目评审准入，动态反映项目审批进度，以促进各职能部门的审批速度，优化审批流程，缩短审批周期；通过建立落地跟踪信息管理平台，对项目建设单位的开工、竣工情况等进行跟踪监督，加快推进项目建设。同时可以实现区县、开发区、市经信委、市规土局、市发改委、市科委、市环保局等部门的项目信息共享，实现委内各专业处室的项目信息共享。本项目包括产业项目的评审准入、落地跟踪和综合查询展现三个部分，已经初步完成了评审准入、落地跟踪、开发区GIS等子系统，正在优化原有相关子系统。建成后的上海市产业项目落地跟踪服务管理系统将服务于市级、区县和工业区，形成三级联动机制，实现项目的动态管理和信息共享，同时又是一个为领导层提供综合查询功能和提供决策依据的有效平台。

【上海市工业和信息化人才继续教育网上线】 上海市工业和信息化人才继续教育网是根据上海市经济和信息化委员会、上海市人力资源和社会保障局《关于在本市组织开展计算机与信息技术应用专业技术人员继续教育专项培训的通知》(沪经信人〔2012〕675号)，为加强本市新一代信息技术重点领域高层次、急需紧缺人才的培养培训，提升计算机与信息技术应用专业技术人才的综合素质和专业水平，从而开展计算机与信息技术应用专业技术人员继续教育专项培训而建设的综合信息平台，实现面向社会的相关政策和信息的及时发布。随着通用科目课程培训考核已作为业务考核、岗位聘用及职称评审的重要依据之一，越来越多的计算机与信息技术应用专业技术人员通过该网站了解实际情况，并参加相关培训。在第二期网站建设中，将在线排课、在线报名、在线受理、在线查询证书等功能整合到该平台上，实现了工业和信息化人才继续教育的一站式服务。通过平台，也对全市参加培训的工业和信息化人才的具体信息做了录入，完善了全市专业人才的数据信息，推动全市建立更全面、更专业的大数据平台。

(张舒敏)

上海市人民检察院

【概况】 2013年，上海市人民检察院(以下简称“市院”)

信息技术部门认真贯彻最高人民检察院(以下简称“高检院”)和市院党组对检察工作的总体部署,从上海检察工作实际出发,围绕执法办案基础建设规划、统一业务应用系统部署、上海特色应用深化三个方面,抓基础、促整合、推应用、重管理,坚持信息化为检察工作服务、为提高法律监督能力服务,各项工作稳步推进。一是围绕执法办案基础建设规划,抓推进;二是围绕统一业务应用系统,抓落实;三是围绕上海特色应用,抓深化;四是围绕规范建设,抓管理。

【统一业务应用系统部署运行】 按照高检院要求,积极完成统一业务应用系统四个平台建设。网络平台方面,检察专线网络主干带宽从百兆升级到千兆;运行平台方面,按要求配备了小型机、存储设备以及数据库系统等,完善了异地容灾备份系统;运维平台方面,制定了《统一业务应用系统联合运维保障制度》,开通了网上运维保障平台;保密平台方面,市院和17家院通过保密局分级保护测评,全市检察系统身份认证系统、印章与个人签章系统完成搭建。上海市检察机关被高检院列入第一批系统试点单位,2013年10月26日起在市院、二分院、黄浦、静安、杨浦和崇明检察院启动试运行。

【检察业务综合管理信息平台和司法办案区音视频系统建设】 市院下发了《关于上海市检察机关业务综合管理信息平台建设的指导意见》《上海市检察机关司法办案区音视频系统建设及应用标准》,开发了综合管理信息平台通用版和音视频汇聚转发平台两个基础平台,至2013年年底15家院进行了司法办案区音视频系统改造和新建,综合管理信息平台音视频源接入数增加到21家。

【驻监管场所检察室“两网一线”建设】 按照市院党组要求,推进本市检察机关派驻检察室与看守所、监狱等监管场所的信息、监控联网和检察专线网支线建设。至2013年年底,17个分支网络开通,17家院通过派驻检察室与监管场所监控联网建设验收,实现了对监管场所的全方位动态监督管理;同步完成监所检察联动平台建设,促进监所检察工作优质高效规范。

【网络培训系统和法律文书库建设】 完成市院与上海检察官培训基地联网工作,实现部分公共课程网上点播,近1 000个课程视频上线。基本完成案例库、优秀法律文书库、咨询专家库、检察文库的开发,已经汇集案例150条、优秀法律文书45条、专家15人,并于2013年9月部署应用,为提高文书质量和水平提供信息化支持。

【提升办公信息化水平】 开发完成了“上海市检察机关电子档案查询平台”,初步实现了全市检察机关电子档案网上查阅的功能要求,2013年年底前市院和8家院完成集中数字化档案导入与集中查询;升级了办公信息管理系统,市委文件全部实现网上无纸化传阅;市院法律文书和办公发文集中文印全面实现。

【提升案管业务信息化水平】 基于检察门户网站的功能模块“律师预约平台”于2013年2月底上线运行,基于检察业务网的“律师预约接待综合管理系统”于7月中旬起逐步在全市各级院推广,取得了良好的社会效果。

【数据中心建设和应用】 从数据整合、规范、共享的角度入手,对现有数据进行整合,形成了标准数据库及各类数据的标准差异库,实现对案管、案辅、队伍建设软件等数据的定时增量抽取;干警个性化门户“检察机关工作平台”投入试运行,初步实现“一站登录、数据汇聚和应用整合”的预期目标;基于数据中心的首个应用软件“执法办案风险评估预警系统”开发完成,2013年8月试点运行。

【加快侦查信息化建设】 侦查指挥中心对外信息查询资源进一步拓展,与公安查询专线开通,新增开放6个资料库,与15家银行联网查询工程启动建设,专门开发的公安、银行两个查询系统投入测试运行。

【基层院工作取得新进展】 虹口院积极推进违法信息系统建设,逐步将应用范围由侦监拓展到社区检察部门;嘉定院律师接待系统在全市推广,并接待了全国近40家兄弟单位观摩学习;青浦院依托东方绿舟,利用信息化和多媒体技术打造青少年法制教育体验基地;浦东院、静安院分别探索涉案物品条形码管理和“二维码”管理,实现涉案物品的数据化管理。

(翁美华)

上海市高级人民法院

【概况】 2013年,上海各级法院信息化工作紧紧围绕重点推进项目,注重网络信息安全建设和信息化运维管理,坚持用信息化为审判工作服务,为决策管理服务,为群众诉讼服务,为法官办案服务,推进信息化各项工作有序开展。

【坚持服务审执要务，确保公正司法】 审判执行是法院的中心工作，也是信息化服务保障的重点，不断优化审判执行软件，完善系统功能，增进智能化水平，是提升法院办案效率、确保公正司法的有效途径。2013年，上海法院完成审判监督、综合调研、信息化、赃证物等专项管理系统开发，完善审判管理综合平台，增加大标的案件统计、最高法院发回重审与指令再审案件管理、“检察建议”流程管理等功能。建立法官办案知识支持系统，整合上海法院案例、裁判文书、理解与适用文件、审判业务文件、司法建议、审判实践等内容，将“法官助手”引入审判流程管理系统，为法官办案提供辅助工具。针对重点关注的涉及惩治“市霸”、涉及民生的消费者权益保护、涉及生态文明的环境保护等社会热点问题，在案件立案和审理过程中主动标识，形成案件社会属性库，为日后调研分析提供数据支持。积极拓展信息交换共享范围，探索利用工商、公安、银行、房地、车管等资源，拓展法院与关联部门的信息共享与协同，提高执行效率，取得显著成效。继续推进庭审装备标准化建设，加强对庭审系统使用质量与操作规范的检查，扩充庭审数据中心存储容量，升级庭审管理软件，为转制后的上海铁路两级法院建立标准化庭审系统。推广执行现场录播系统的应用，对强制执行、诉讼保全、调查取证、信访接待、巡回审判等司法活动进行全程录音录像。大力推进远程审判工作，积极探索网上远程调解、远程出庭等办案方式。

【全力服务群众诉讼，落实司法为民】 司法为民是人民法院工作的根本出发点和落脚点，上海法院信息化建设始终围绕司法为民目标，积极践行司法为民根本宗旨，全力服务群众诉讼。2013年，开通上海法院三级联动的“12368”诉讼服务平台，该平台集电话、短信、微信、邮件、App、网站等于一体，并与各法院诉讼服务中心、执行事务中心实时对接联动。平台对外提供诉讼咨询、联系法官、案件查询、投诉信访等六大服务，对内提供督察考核等两大功能。完善上海法院互联网站功能，改进互联网司法公开、司法便民服务栏目，拓展“阳光执行”专栏，改版上海法院知识产权司法保护专网，提供更多专业知识。与市司法局、市律师协会共同开发“律师一卡通”模块，共享律师信息，方便律师参与诉讼，增进法院与律师工作的互助与互信。

【坚持服务决策管理，促进司法公开】 以信息化促进司法公开公正是法院信息化建设适应时代新要求的具体实践。2013年，采取有力措施，推进司法公开三大平台建设。增加审判流程公开信息点，规范信息表述形式，通过网络、热线、短信、微信等渠道促进审判流程公开，并建立司法鉴定机构数据库和特殊专业评估鉴定数据库，进一步完善司法委托中介管理系统，改进电脑摇号，增加司法委托中介机构工作考核流程管理等，确保委托过程公正公开。推广裁判文书辅助隐去当事人隐私信息模块，规范上网文书，提高文书上网效率，促进裁判文书公开，全年生效裁判文书上互联网12.29万篇，实现依法可以公开的生效裁判文书全部上网公开。

【全面服务法院干警，促进队伍廉洁】 为法院的队伍建设提供服务和保障，是法院信息化建设落实“以人为本”原则的重要体现。2013年，开通“为民务实清廉”主题教育实践活动论坛网、“上海法院先进群体风采录”和党建“2013年七一专版”，加强党组织建设与指导。建成上海法院网上院史陈列馆，并在法院内网全面运行，其中，市一中院局域网部门文化园地被最高人民法院评为“全国法院文化建设特色项目”。建成“老干部工作管理系统”，首次建立全市法院离退休干部专门数据库，并进行专项管理。完善干部教育培训综合网，新增在线学习、个人小结模块，方便干警在线学习和记录考核。增加目标管理考核模块及法院书记员、文员业绩档案模块，完善领导班子测评系统，新增司法巡查测评模块。信息化手段大大提升了考核的科学性和数据的全面性、准确性。改版文秘管理系统，统一上海法院公文流程。改版信访管理系统，强化信访流程管理及责任落实，特别是强化交督件的管理。

【全程服务指导基层，倾力基层建设】 加强对基层工作的监督指导和服务保障是信息化工作的重要组成部分，包括积极开展信息化调研与指导，举办信息条线培训，有力促进基层信息化建设。2013年，制订《上海法院信息系统使用和查询管理规定》，科学合理确定审判信息资源查询利用规则，促进信息资源有序利用。编制《上海法院涉密网络安全管理办法》，规范网络信息安全保密管理。制订并下发信息化运行维护、信息化预算等文件，有效加强对基层信息化建设的宏观指导。深化基层信息化调研工作，重点完成庭审系统规范应用、庭审数据刻录光盘、上诉案件档案电子化、“新两法”实施、“12368”诉讼服务平台等课题调研，并通过现场指导、分类培训和强化规范等方式，提升基层法院信息化管理能力。

（陆 诚）

上海市教育委员会

【上海教育数据中心基础设施建设】 上海教育数据中心(以下简称“数据中心”)已建成两个重点机房,上海大学机房和国定路电信机房,资源丰富,可提供系统托管、数据备份、虚拟主机等服务。目前有近百台高性能服务器,约300 T存储容量,配备齐全的操作系统软件、数据库软件和虚拟化软件,各类安全设备。到上海教育城域网出口带宽为10 G,并与中国电信、中国移动和中国联通网络高速互联。数据中心托管了包括“上海教育”门户网站在内的15个机关处室和直属单位的26个业务信息系统。

【上海教育数据中心数据梳理和整合方案细化情况】 上海市教育委员会机关处室和直属单位目前有57个业务系统,其中16个系统中包含学生、教师或学校三大类基础数据。通过梳理数据来源、流向以及应用需求,并比对分析教育部数据标准和上海市现有业务系统实际数据情况,结合本市教育信息化发展要求和教育部数据采集的要求,已制定上海教育数据中心的组织建设方案和技术方案。

(沈灵捷)

上海市公安局

【修订《上海市公安局科技项目奖奖励办法》】 根据上海公安《关于进一步加强上海公安科技创新工作的指导意见》有关“创立上海公安科技创新基层技术革新激励机制(归并至现行的市公安局科技项目奖)”的工作要求,上海市公安局科委办公室对现行的《上海市公安局科技项目奖奖励办法》做了修订,在现行的“技术开发和成果转化类”“技术基础类”“技术发明类”“科技建设类”四类项目基础上,增加“基层技术革新类”项目,纳入局科技项目奖励。

【启动上海公安下一代数据中心体系架构研究】 根据新形势下的实战需求,结合“金盾工程”二期建设的全面开展,上海公安信息化建设全面提速,信息化建设的整体效能不断提升。但由于机制约束、经费保障、人才结构等多种原因,上海公安信息系统的智能化应用水平尚不能满足实战需求。尤其在大数据研究应用领域,尽管已经积累了庞大的数据,但因对大数据缺乏系统研究,对大数据应用需求缺乏全面、深入的梳理,公安的大数据研究应用仍然停留在初级阶段。通过上海公安下一代数据中心体系架构课题研究,在系统梳理上海公安大数据应用现状的基础上,明确总体策略、思路和体系架构,规范、指导全局范围大数据应用的开展,避免在大数据应用领域出现盲目、低水平重复研发的无序局面。同时,通过上海公安数据中心体系架构研究,厘清大数据应用总体策略和思路,重点完成上海公安下一代数据中心体系架构研究,为大数据应用构建具有良好扩展性、可用性、安全性的核心支撑平台。课题于2013年6月通过市科学技术委员会评审立项,由上海市公安局科技处与同济大学共同承担研究。

【推进“信息中心”建设】 2013年,上海市公安局各主要业务单位、各分县局均成立了科技信息化部门和信息办,各分县局也都成立了信息中心,全局已基本形成具备一定规模的公安科技信息化队伍。6月,根据公安部相关工作要求,市局下发《各分(县)局信息中心建设及运行管理规范(试行)》和《各分(县)局信息中心等级评定办法》,正式启动分(县)局信息中心等级评定工作,进一步加强本市公安信息中心规范化、专业化建设。7月,市局下发《上海市公安局分(县)局基层数据采集管理办法》(试行),进一步规范全局数据采集工作。同时,为加强对公安信息网上违规行为的监测,上海公安逐步实现全局信息系统应用安全审计机制。年内,市局信息中心与市局纪委建立联动机制,为各级纪检监察部门提供信息系统操作日志40余件次。此外,市局信息中心率先开展运维机制改革,借鉴业界先进的运维质量管理体系理论和企业级运营服务商的实践经验,对运维机制进行了重新设计,从流程上规范和改善管理,逐渐推进信息系统和设备的建设、维护分离。

(柴　珏)

上海市民政局

【概况】 2013年是深入学习贯彻党的“十八大”精神的开局之年,上海市民政局(以下简称“市民政局”)以科学发展观为指导,全面落实《上海市政府电子政务“十二五”发展规划》和《上海民政信息化发展“十二五”规划纲要》,坚持“以需求为导向,以应用促发展”,扎实推进门户网站建设、系统升级改造、社会组织建设等重点工作,推动上海现代民政事业不断向前发展。

【“上海民政”门户网站建设】 上海民政网站在推进政府信息公开、提升网上办事服务水平、增强政民互动等方面继续发挥重要作用。一是深化政府信息公开。2013年共发布动态类民政新闻1 002条(含图片716张),国内民政新闻345条，媒体关注新闻192条，通过多种形式及时反映民政部门近期开展的各项工作动态；全年共发布政府信息公开224篇，着力提高政府信息公开透明度。二是完善网上办事服务。按照网上办事“三大环节、十个要素”的总体要求，上海民政网上办事大厅积极推行“前台一口受理、后台协同办理”在线办理模式，提供一站式办理服务，涵盖行政审批事项29项、其他办事项目8项，实现100%上网办理。全年共处理国内结婚登记网上预约25 984对，涉外结婚登记预约162对，市儿童福利院弃婴、儿童国内收养登记预约147人次；跟踪回访逾期未答复的网上办事事项25项，全部予以解决，当事人给予满意评价。三是丰富互动交流活动。全年共处理答复“领导信箱”局长信件1 028封，网上信访35封，网上咨询125封，监督投诉99封，公开“最新来信选登”32封；全年共开展4期在线访谈节目，通过发布互动节目预告，扩大公众知晓度与参与率，积极推动政府与公众互动交流，受到公众关注。四是开展业务频道建设。完成社工培训网、军休网建设和正式上线工作，并成功宣传了“上海市第一届军休文化艺术节”，取得了良好社会反响。

【上海市居民经济状况核对信息系统建设】 为满足支出型贫困业务核对需求，2013年9月，市民政局积极沟通市总工会、医保中心、红十字会、保险同业公会等部门，完成了与各部门的数据接口和专线建设工作，并调整了与市工商及财税的数据接口，同步实现了支出型贫困业务核对软件正式上线的任务目标，为支出型贫困业务受理工作20个工作日之内出具核对报告奠定了技术基础；完成了廉租房、共有产权房(经济适用房)、低保业务核心功能改造，包括廉租房及共有产权房业务(经济适用房)的申请表格及审核流程、取消低保业务的初核报告流程等；完成了电子政务平台收入核对业务频道建设；完成了共有产权房业务(经济适用房)核对员培训，共两批165人次。全年共受理廉租房业务27 747户81 262人，出具了22 742份核对报告；共受理共有产权房(经济适用房)业务29 365户81 153人，出具了26 860份核对报告；共受理低保业务243 913户452 915人，自动出具延期通知书218 880份，初核报告118 952份，核对报告115 531份；共受理支出型贫困业务484户894人，自动出具核对报告390份。

【上海市社会救助管理信息系统升级改造】 2013年9月1日，上海正式颁布实施《因病支出型贫困家庭生活救助办法(试行)》(以下简称“《办法》”)，首次将家庭支出纳入经济状况综合评估体系。根据上级要求，市民政局提前3个月启动救助系统升级改造，及时完成了支出型贫困业务受理子系统开发应用，并同步完成与核对系统的对接工作；同时按照项目计划完成了全市业务操作员培训，共481人次，为推动本市社会救助工作又一次创新发展、确保《办法》如期颁布实施提供了技术保障。全年系统共受理申请业务390户，审核通过238户，共发放生活救助金30多万元，经审核不符合申请条件的共152户，其中72%以上的家庭是由于收入或者财产超标。完成门急诊医疗救助模块开发，并实现了与松江、杨浦和浦东的一站式医疗数据交换，基本确定了全市一站式医疗救助的总体架构；按时完成了全国低保数据交换工作；根据绩效审计整改要求，及时完成了公安死亡名单下放和处理功能；进行了安徽下放户、农婚知青、社会困难户、居民医保需求调研或变更；调整了特殊救济的有关报表；完成救助进“一门式”软件变更。

【上海市婚姻收养管理信息系统升级改造】 根据民政部要求，2013年完成了与民政部婚姻系统的数据交换及查重功能的开发，在婚姻登记、婚姻补证、无婚姻登记证明、婚姻记录证明等几个工作流程中，增加了民政部婚姻数据查重功能，从技术上防范了重婚等犯罪行为的发生；与市住房和城市管理局建立了购房人婚姻状况信息交换核实机制，并确定了技术实施方案；及时解决系统日常运行问题，根据民政部要求及时调整了收养系统证字号；解决了系统与计财处外婚数据统计不一致、因补证撤销而无法出具无婚姻证明等问题以及与市计生委数据交换中出现的各种问题，确保婚姻收养业务正常开展。

【上海市优抚管理信息系统升级改造】 为贯彻执行民政部办公厅民办函〔2012〕209号文件要求，2013年启动优抚信息系统升级改造工作，完成了与民政部优抚系统数据接口开发和部署，实现了数据的自动同步，为部市两个系统的无缝衔接提供了可靠平台；完成电子档案系统开发，为每个区县和街镇优抚部门配置了身份证读卡器和高拍仪等设备，完成了优抚对象的身份证和照片采集工作，并将优抚对象的档案材料进行了电子化扫描，能够实时传输给民政部优抚系统，方便了档案资料的保存、上传与查询；进一步优化完善系统功能，增加了问题数据管理模块。

【上海市双退安置管理信息系统升级改造】 根据上海市人口办《关于调整迁沪落户人员数据标准的函》文件要

求，调整了系统的数据标准，新增了无军籍职工和军休干部家属随迁等功能模块，实现了八类双退对象审批入沪名单的自动生成功能，已完成全市业务培训；推广了民政部全国军休干部服务管理机构信息系统，进行了软件下发和全市培训工作。

【上海民政地理信息系统升级改造】 在相关业务部门的通力合作下，2013 年市民政局初步完成了优抚电子地图需求调研和应用开发，确定了数据维护机制；讨论并确定了市老龄工作处社区老年活动室、老年人维权机构、老年学校等业务应用、维护机制问题；及时更新了慈善处经常性社会捐助接收点闵行区数据；积极配合龙陵，牵头调研开发了全市英烈电子地图，方便了烈士家属、广大市民查询烈士资料和开展祭扫活动，尤其是为广大中小学生提供了爱国主义网上教育基地，取得了较好的社会反响。

【上海民政电子政务平台升级改造】 通过内部积极沟通，2013 年完成了市民政局公文系统的改版和业务培训工作，11 月 1 日正式上线使用。新公文系统新增了短信提醒、流程定制、公文取回、外出委托、急件预办等功能，并同步解决了纸质公文和电子公文必须同时流转的问题，为推进无纸化办公和提高办公效率提供了技术平台；新增收入核对页签；完善平台个人信息栏目；实现待办任务每日短信提醒；实现平台默认密码判断功能，制定登录密码复杂度策略；制定注销人员邮箱处理策略；完善各业务系统单点登录安全机制；搭建全套统一用户认证系统。

【国务院领导专题调研上海社会组织工作】 2013 年 7 月，国务委员王勇到上海专题调研社会组织工作。调研期间，王勇听取了上海市民政局关于社会组织登记管理及信息化建设情况的汇报，并与部分社会组织、基层政府和有关部门负责人进行了座谈。近年来市社团局按照市政府提出的“两高一少”（行政效率最高、行政透明度最高、行政收费最少）电子政务建设要求，始终秉持“以民为本、协同高效”的理念，不断深化应用，完善服务，保障安全，推进信息化建设，建成“一库”“两网”和“五个平台”，初步实现“四大功能”。“一库”，即上海社会组织法人信息库。“两网”，一个是内网，即上海市社会组织业务管理系统；一个是外网，即上海社会组织网。“五个平台”，即社会组织网上办事跨部门协同办公平台、群众活动团队备案平台、信息采集发布平台、基金会信息披露平台以及募捐信息服务平台。“四大功能”，基本实现网上办事、信息共享、辅助决策、社会监督功能。

【社会组织信用体系与自律诚信建设】 为贯彻落实《关于进一步加强上海市社会信用体系建设的意见》和《上海市社会信用体系建设 2013—2015 行动计划》文件精神，市社团局结合社会组织登记管理制度改革，认真研究，周密部署，有序推进，提前圆满完成了三年行动计划要求的 2013 年工作目标。社会组织逐步纳入国家信用体系建设被民政部评为“2013 年社会组织十件大事”之一。2013 年制定了《上海市社会组织信用信息记录、共享和使用管理暂行办法》（附《上海市社会组织失信行为记录标准》），由市民政局、市社团局、市经信委和市征信办联合印发。同时依托上海社会组织业务信息系统，结合已经建成的社会组织基础信息库，真实、准确、完整、及时地记录社会组织信用信息，在整合社会组织登记、年检、日常管理、规范化建设评估和执法监察等信息的基础上，区分社会组织的 28 类失信行为，自动对社会组织信用状况做出评价，作为社会组织登记管理机关加强日常监管的重要参考，发挥警示和提醒作用。

（王晓雯）

上海市财政局

【概况】 2013 年，是实现“十二五”创新驱动、转型发展的关键一年，也是财政改革不断深化的一年，上海市财政局（以下简称“市财政局”）扎实推进财政信息化建设，确保信息系统安全稳定运行。一是着力加强“制度加科技”管理方式的科技支撑，进一步推动财政管理创新；二是紧紧围绕财政中心工作，进一步深化财政核心业务系统应用；三是有效提高行政办公效率，进一步加强财政内外门户建设；四是双向互动共同促进，推进本市基层财政信息化建设；五是完成金财工程应用支撑平台项目，顺利通过财政部验收；六是着力基础保障体系建设，努力提高信息安全水平；七是加强运维服务管理，发挥运维服务效能。

【着力加强“制度加科技”管理方式的科技支撑，进一步推动财政管理创新】

进一步拓展政府采购平台功能 2013 年，为完善政府采购平台的电子招投标功能和预警监控分析功能，一是促进电子招投标功能应用。深入开展调研，扩充公开招标失败流程、答疑澄清和评标复核功能，调整非公开招标采购流程，完善开标、评标界面展示。截至 12 月全市共完成电子招投标项目 162 项，涵盖了全市所有采购中心及部分社会代理机构。二是提升采购平台集市商品交易量。新增公务用车、电梯等商品，占 2013 年电子集市总成交额的 10%。电子集市总成交数量较上年增加

6%，成交总金额增加21%。三是增强采购平台价格预警功能。在充分利用采购结果和电商第三方价格信息资源基础上启动了商品价格动态监控系统建设，促使97%的商品实现了降价，平均降幅近5%，最大降幅达11.87%。

构建财政监督检查信息管理体系 根据内外结合、上下联动、多层次、网络化财政监督检查管理要求，构建财政监督检查信息管理体系，达到事前、事中、事后全面监管财政资金运行的目标。一是建立监督管理系统总体框架。逐步实现监督整改、预算指标综合查询、预算执行综合查询、监督选案、检查处理、档案管理等功能，帮助监督检查人员在开展监督检查过程中相互合作、相互制约和彼此促进。二是完善资金监督和预警功能。与预算执行系统完成基本对接，通过优化预警指标形成对预算执行信息的预警监控。三是加强中央专项和市级专项资金管理。完成中央专项和市级专项监督检查功能开发，将预算主管部门的专项资金使用管理纳入监管，及时反映专项资金的预算分配、项目明细和资金拨付等动态信息。四是推广会计核算系统。为有效落实新事业单位会计制度，扩大系统应用范围至本市400余家事业单位，达到增强单位会计核算准确性的目的，为财政监管打好基础。

推进并完善乡镇财政性资金管理平台建设 根据市委、市政府对乡镇财政性资金管理要求以及国库集中支付制度改革的需要，一是完善乡镇财政性资金管理平台监管功能。乡镇平台监管子系统将原先分布在各区县的乡镇平台数据归集到市局监管平台进行实时检查，2013年着重对系统进行完善，实现了对各乡镇的财政性资金汇总展现查询以及预警、监控、分析等多项功能，进一步加强了乡镇财政性资金分配、使用的公开化和透明化管理。二是组织开发镇(乡)财政单一账户管理系统。贯彻落实市政府"从2013年起，逐步将国库集中支付制度实施范围扩大至各镇(乡)，确保财政资金安全、规范、高效运行"的要求(沪府办发〔2012〕59号)，积极推进镇(乡)财政单一账户管理信息系统在全市各区县的推广应用。单一账户系统作为财政性资金管理平台的组成部门，可有效加强镇(乡)财政预算支出管理，推动镇(乡)财政单一账户的规范化、信息化管理，保障镇(乡)财政国库支付制度改革工作的顺利推进。

【紧紧围绕财政中心工作，进一步深化财政核心业务系统应用】 扩展预算编制系统功能。开发完善预算编制系统，在项目库申报中增加项目评审情况的选择等功能，修改政府购买公共服务目录，调整事业单位人员经费和公用经费的填报等，进一步落实中央有关厉行节约的要求，切实压减一般性支出，优化财政支出结构，完善项目支出评审机制，不断提高预算编制科学性、规范性和有效性。

推进预算执行系统建设。一是实现安全便捷的网上对账功能。利用电子印章技术实现网上对账和电子签章功能，预算单位可直接在网上打印对账单，改变了原先财政打印送主管部门和预算单位对账的传统做法，有效提升预算执行效率。二是实现工资数据网络报送。新开发的工资统发系统正式启用，包含预算单位工资和津补贴的发放，改变以往工资信息盘片报送的做法，并与预算编制、指标管理、资金拨付等预算管理环节实现紧密衔接。预算执行系统的功能完善，进一步提高了财政资金使用的规范性，改进了预算单位的业务效率。

新建部门决算网上报送系统。为配合本市部门决算信息公开工作，进一步提高部门决算数据质量，组织开发了部门决算网上报送系统，与预算系统相衔接，建立部门决算信息化管理流程机制，进一步推进财政资金预算、执行、核算和决算全过程一体化管理，进而探索实现在系统上直接进行预算单位预决算信息的对比、分析和应用，以规范部门决算编报流程，加强对部门决算的审核管理，为部门决算信息公开打好基础。

完成资产管理信息系统升级改造和推广应用。根据财政部资产管理系统升级工作的统一部署，组织完成市与区县两级行政事业单位国有资产管理系统的升级改造和推广应用工作。此次升级在优化和再造本市资产管理业务原流程基础之上，进一步提升了系统的运行效率，加强了资产从购买、调剂、使用、处置、收益、清查核实到产权登记等全生命周期的管理。升级后的资产系统启用了新的固定资产分类代码，为资产管理与新的财务管理相结合夯实了基础。

建立全市集中的会计管理信息数据库。为了加强会计基础管理，增强对会计行业规范的监管，提升会计从业人员服务水平，新建了会计人员及会计基础工作管理系统。系统采用全市集中的会计管理信息数据库，包含发证管理、日常管理、继续教育管理、调动管理、统计查询、中介机构行业管理和财务信用等级管理等功能，有力支撑了新的会计从业资格管理办法在本市顺利实施，方便全市会计从业人员按照新的管理办法领取新证和换发老证。

开发绩效管理数据分析系统。为提高绩效目标申报的科学性和准确性，提升绩效跟踪的质量，开发绩效管理数据分析和绩效目标管理智能化系统。在指标库的基础上，建立科学的指标选择和建模方法，提高指标体系的科学性；通过指标体系建立数据采集系统和数据分析系统及社会调查系统，科学设置权重，从而提高评价准确性和客观性；通过分类评价指标体系、数据分析，建立动态的绩效评价标准体系，全面支持绩效目标申报智能化。

【有效提高行政办公效率，进一步加强财政内外门户建设】 深化扩展综合办公系统功能。扩充开发了综合信息采编及市“两会”提案管理功能，实现本市财政系统各单位政务信息、网站信息、政务微博信息一口报送、分类处理、按需编审，减少工作环节，提高工作效率。同时，开发人事信息管理功能，实现在线进行公务员和部门的考核测评及民主推荐，使定性考核与定量考核、静态考核与动态考核、日常考核与年度考核相结合，形成考核结果电子档案。

探索综合办公系统与预算执行系统一体化。为有效提高行政办公效率，减少审批环节，以预算执行系统为突破点，探索综合办公系统与业务系统一体化建设。选取中央专款项目管理业务，以预算下达分配为主线，以预算执行跟踪反馈为手段，全面反映中央专款下达、安排落实以及使用情况，实现中央专款来文、登记、基础信息采集、指标分配及下达、结果跟踪以及数据分析全过程一体化管理。

深化上海财政网站建设和应用。在确保财政网站平稳运行的同时，通过安全等保测评和日常检查相结合提高网站安全性，合理改进系统数据库配置和数据结构提升网站运行效率，加强网站管理功能以提高网站管理便捷度。开辟会计从业资格换证网上预约和基本信息变更功能，启用中小企业财务会计报表报送系统，进一步丰富网站功能。同时，为方便残障人士浏览网页信息，了解本市财政工作情况，对网站首页实施无障碍改造，调整首页的模板和文字提示，支持纯文字浏览和高对比度浏览，加装无障碍工具条和校验码发生器，对每个新闻页面都加装了语音工具播放文字语音，进一步提高财政网站的友好性。2013年，上海财政网站工作日平均浏览量达45万次，比2012年上升54%，荣获中国第八届特色政府网站评选“服务创新奖”。

【双向互动共同促进，推进本市基层财政信息化建设】 为适应不断强化的财政管理要求，继续推进本市基层财政部门信息化建设与完善，强化区县、镇(乡)财政信息化支撑作用，增强各级财政的整体监管合力。一是加强联络沟通，及时了解各区县工作推进情况和存在的困难，统筹技术资源协调解决。二是利用问题上报机制和工作例会，收集汇总新出现的问题和需求，帮助区县共同分析解决。三是加强内部合作和外部协调，对于采用市局版本软件的区县提出的新需求，会同相关业务处室进行分析研究，提出适当的解决方案帮助区县解决难题。四是加强培训，组织各类专题培训会，帮助区县提高系统运维、数据应用、网络管理、信息安全等方面的水平。五是继续加强对区县财政局信息化建设和信息系统应用的工作指导，帮助区县加强规范管理和做好信息系统安全。

【完成金财工程应用支撑平台项目，顺利通过财政部验收】 根据财政部关于金财工程总体建设要求，抓紧完成金财一期工程后期各项任务。一是本市金财工程应用支撑平台实施项目通过财政部专家组验收。由财政部专家组成的验收组听取了项目建设情况汇报，对执行标准、技术报告、项目管理和技术文档进行了审查，一致认为该项目“实现了业务流程和基础数据的标准化和规范化，上下级财政部门及横向数据贯通、资金动态监管、数据集中管理和综合分析利用，为财政科学化、规范化、信息化管理提供了有力的技术支撑”。二是深化应用支撑平台功能，通过应用支撑平台实现业务内网的预算系统与外网的政府采购系统、非税系统数据的互联互通，通过平台上下贯通功能实现市、区(县)数据上下联动机制。三是按照财政部关于金财工程财政业务基础数据规范的工作要求，完成《财政业务基础数据规范(上海市扩充代码集)》向财政部的备案工作(沪财信〔2013〕2号)。四是组织开发财政数据综合分析系统，以平台数据集中存储为核心，以财政收支分析为基础，逐步建立起市本级财政数据综合查询分析数据库，全面反映本市财政收支情况，为管理决策提供辅助支持。

【着力基础保障体系建设，努力提高信息安全水平】 信息化基础设施的稳固关系到信息系统运行的稳定，2013年着力推进基础设施建设，提升财政信息安全防护水平。一是启动信息系统应用级灾备项目。为确保业务应用、数据存储万无一失，依托市政府电子政务灾难备份基础设施，启动信息系统应用级灾备工作，完成项目可行性研究并报市发改委立项。二是完成数据中心柴油发电机项目。新安装1台1 000 kW(常用)柴油发电机提供应急电源，以保障财政数据中心持续稳定运行。三是完成政务外网双链路负载均衡项目。采用链路负载均衡技术，有效利用网络链路带宽，实现双链路网络流量负载分担及链路冗余保护。四是配合做好财政金融专用网建设工作。根据“上海市财政金融专用网”总体建设工作要求，结合城市金融网接入现状,新构建一条数据交换通道,实现财政金融专用网数据交换双通道互备冗余。五是做好以局域网方式接入公务网工作。结合市局网络部署现状,合理运用相关保密技术,实现了以局域网方式接入市公务网,并获得涉密信息系统使用许可证,为后续文件简报网上传阅打下基础。六是开展保密专项检查。在市财政局保密委的领导下,每月定期开展保密检查。在各部门自查的基础上,运用专业检查工具进行复查,边检查,边整改,按时完成专项保密检查自查阶段工作,取得了很好的效果。七是做好信息安全等级保护。为提高财政信息系统的信息安全保护能力和水平,保障和促进财政信息化建设,对重要财政信息系统(门户网站、非税收入、政府采购、预算管理和综合办公)和网络实施了安全测评和整改加固,提升了系统安全防护能级。

【加强运维服务管理,发挥运维服务效能】 一是加强信息系统运维质量管理。一方面,规范信息系统运维项目全过程管理。从项目启动、项目招标、项目实施到项目验收,制定严格的管理措施,加强项目中期质量考核,提高项目实施的规范性,提升项目运维成效。另一方面,加强运维服务团队管理。建立严格的考核制度,规范服务流程;组织跨系统业务知识综合培训,有效整合服务资源,提高服务人员业务知识水平,切实提升服务质量。二是实现信息化基础设施综合管理。通过对财政数据交换平台(网络)、主机系统、应用服务等在环境、资源、安全等各个关键要素方面的实时监控,努力做到发现隐患及时、处理故障得当,为财政信息系统的持续可靠运行提供良好技术保障。三是探索建立运维技术服务平台。平台由运维流程管理系统、运维知识库、运维辅助分析和绩效考核系统、日常监控平台等部分组成,通过平台实现规范财政信息系统运维服务管理流程,实现对各类运维事件的全面采集、及时处理与合理分析,有效提升信息系统的运维服务质量。

(时 珺)

上海市城乡建设和交通委员会

【推进应用系统建设及双链路网络平台】 2013 年上海市公积金管理中心(以下简称"中心")完成了一批应用系统的建设。完成了售后公房维修基金信息系统的建设,新系统梳理了原主要业务流程,开发了 6 大类 132 项业务功能,并开通了网上业务办理,能管理超 170.39 万户主分账户,总计约 124.43 亿资金;完成了服务信息诱导系统的建设,为前台排队叫号系统提供支持,并对办理业务进行评价,通过其信息发布功能来实现信息的同步更新,使用户能通过移动终端查看选择就近办理;完成了个贷电子化影像系统的基本建设,该系统加强了个贷业务监管,方便日常调阅,降低归档保管和资料流转成本,并最终实现了住房公积金业务电子化审批功能、电子化影像资料管理。2013 年中心遍历了 17 个区县管理部,为每个管理部的政务外网安装了防火墙和交换机等网络设备,并且完成了连通性测试,使各区县管理部实现了政务外网和电信双线并行运行,各管理部的主要业务系统已切换到政务外网数据网,原电信 EDSL(以太数字用户线 Ethernet Digital Subscriber Line,简称 EDSL)线路作为备选继续使用,增加了网络的带宽和稳定性。

【打造多样化便民服务平台 扩大公积金服务覆盖面】 2013 年,上海市公积金中心全力打造便民服务的四个平台,即上海住房公积金网站、上海公积金微博、上海公积金手机客户端和"12329"住房公积金热线,全力扩大公积金服务覆盖面和受益人群。

上海公积金微博新浪和腾讯平台 7 月 1 日正式开通,与网站、手机客户端、"12329"热线三个服务平台连通,及时发布上海住房公积金新闻动态,并通过家家小故事、家家小课堂、家家小知识和微解答、在线咨询精选、"12329"盘点等栏目的通俗活泼的形式,宣传上海住房公积金的政策、业务规则和办事程序。2013 年度发布微博 1 034 条,在市政府办公厅、新闻办《每月政务微博》简报的上海政务微博运行情况分类排名中,上海公积金微博在"主要社会群众团体、公共服务机构、国有企业微博"类别列进前 15 位,并获得腾讯颁发的年度最具社会责任奖和新浪颁发的年度最具潜力奖。

上海公积金手机客户端自 2012 年 5 月 18 日上线以来,共计发布 7 个版本,可以便捷地了解住房公积金新闻动态,随时随地查询自己的住房公积金账户缴存、使用和贷款账户还款情况的变化,方便查询到办理住房公积金业务的相关信息,使用人数不断提升,截至 2013 年年底用户累计登录量为 339 万次,当年用户登录量为 280 万次,单日最高登录量突破 2 万次。

上海住房公积金网的知名度和影响力也随着网站的发展逐年扩大。继 2010 年和 2011 年两次获得"中国政府网站优秀奖"之后,上海住房公积金网于 2012 年跨出坚实一步,获得"中国政府网站领先奖",并于 2013 年保持领先奖的殊荣,名次从 2012 年度的第 11 名上升到第 8 名。同时荣获"上海市第五届优秀网站"的称号,入围"上海市第六届优秀网站"。在不断提升服务工作的同时,中心也不忘信息安全的重要性。2013 年高度重视网站的安全工作，在全市重点网站运行安全评比中被评为“2013 年上海市重点网站运行安全优秀工作单位”。

在政府职能转变的大环境下，为适应新形势的发展，不断完善网站的功能和内容，提高网站网上服务和公积金的宣传能力，从“系统升级”“服务提升”和“增强管理”等方面不断靠拢电子政务网站行业管理要求、增强网站的认知度和竞争力。一是网站服务纬度不断扩大，首页点击量累计 1.22 亿人次，日均 6.71 万人次；网站累计发展个人会员超过 315 万人，其中 2013 年个人会员增长 37.64 万人；网站累计发展单位会员超过 14.34 万家，超过正常缴交单位账户总数的 90%，全年发展单位会员近 2.5 万家。二是网站内容更新快，全年发布内容达到 5 681 篇。网站的主要频道已达 25 个，并形成基数调整、百佳诚信、公积金运行报告等有影响力的栏目。三是全方位提升网站用户体验，在互动服务上从多方面着手，强化网上维权、在线咨询问答、网站信箱和在线调查服务，为用户提供多种咨询谏言的渠道，让信息公开落到实处。全年网上维权接收 2 205 件，在线咨询接收 24 925 件，网站信箱 7 617 件，在线调查开展六次合计 13 060 人参与。四是完善网站功能，网站邮箱增设附件功能，并对网站个人用户多个专栏登录进行统一，升级站内搜索使用户查找更便捷更快速，升级服务大厅模拟用户办事流程梳理网站各类业务信息，升级网点地图精确导航。五是公积金网上直联业务发展迅速，网上基数调整占全市调整总量的 3/4；单位信息修改占全年业务总量的 77.43%；个人六项变更直联业务，比 2012 年全年增长 27.59%，占业务总量一半以上。

“12329”住房公积金热线作为传统平台，也发挥了重要的服务平台功能。“12329”线路畅通，接听量高，接通率高，满意度高，服务投诉率低。2013 年接听总量为 159.33 万个，较上年上升 53.28%；自助语音查询总量 47.84 万人次；平均接通率为 95.91%，日接通率基本能达到 90%以上，满意率达到 99.63%。热线 7 月接听总量 20.26 万个，一天接听量 9 900 个，坐席一天接听 213 个电话，坐席一月接听 3 925 个电话等 11 项数据打破“12329”热线记录。经过多年的努力，“12329”上海住房公积金热线成为全国住房公积金行业服务热线的领头羊。

【公积金管理信息系统的异地灾备筹备】 在 2012 年《住房公积金信息系统应用级灾备项目建议书》的基础上，编制了《住房公积金信息系统灾备项目可研报告》，并获批复启动了招标流程。中心充分利用上海市电子政务容灾备份中心的物理环境，并通过网络线路、运行环境、软硬件设备等的扩充配置以及同城异地灾备中心的相关硬件环境建设，建设一个具有容灾功能的住房公积金信息系统。

【上海市公积金管理中心与市级平台数据共享】 实现与上海市法人信息共享与应用系统的数据共享。上海市公积金管理中心是上海市法人信息共享与应用系统（二期）（以下简称“法人库”）接入单位。中心现已通过 Web 接入方式访问法人库，可以查询各类法人的登记类、资质类、监管类信息。同时，中心还通过前置机向法人库提供单位公积金账号、补充公积金账号等登记类数据项。从法人库查询到的信息可以用于住房公积金扩覆工作、信访执法工作、日常业务管理等方面。

向上海市公共信用信息服务平台提供信用数据。上海市公积金管理中心积极参加上海市公共信用信息服务平台项目建设。根据平台的安排和要求，中心对相关数据进行了梳理和确认，并分别在 2013 年 5 月和 12 月向上海市公共信用信息服务平台提供了住房公积金诚信缴交单位名单、单位逾期不缴住房公积金的违法单位名单。

实现与上海市自然人信用信息共享平台的数据共享。在上海市公积金管理中心申请开通了上海市自然人信用信息共享平台的用户，可以查询自然人的基础信息、资质类信息、监管类信息。从该平台查询到的信息可以用于住房公积金信访、执法等方面。

【上海中国航海博物馆】 多媒体中控系统建设完成。多媒体中控系统是上海中国航海博物馆（以下简称“海博馆”）2013 年的重点建设项目，其主要目标是建设一套集控制、监视、维护与数据采集为一体的展区多媒体展项管理系统。该系统已建设完成并上线使用，可实现多媒体展项设备信息采集、多媒体展项设备开启关闭控制、多媒体展项设备使用状态监视、多媒体展项设备维护日志和多媒体展项设备运行状态统计等相关功能。

以常态化维护及升级改造为工作抓手，提升多媒体展项管理水平。海博馆自 2010 年开馆以来，多媒体展项运行已历四年。其设备正在逐渐步入硬件设备损坏率高发的时间段，这也正是考验管理能力的时刻。为应对在未来有可能出现的设备大量损坏的情况，除了建设多媒体中控管理项目以外，海博馆还加强了设备的检查频率和损坏部件的更换，为防范不测情况的发生，在条件允许的范围内对一些损坏概率较大的零件进行备份采购。与此同时，针对重点展项制定了维护预案并定期执行。

积极组织演练，优化应急预案。应急演练是应急管理工作的重要内容，是检验应急预案的科学性、实效性和操作性的有效办法，也是提升突发事件处置能力的重要途径。海博馆立足实际、突出重点、贴近实战、积极推进应急演练工作的开展，在实践中完善预案，定期组织开展应急演练。2013 年共组织开展了 5 次专项应急演练，针对备机切换、备用线路切换、应用服务器故障、数据库服务器故障、网络交换机故障、数据恢复等内容进行实际操作，确保在信息系统发生故障或事故时，能迅速、有序地进行处置，最大限度地降低因突发事件或意外灾害给海博馆信息系统带来的影响，保证应急协调机制和应急措施的有效性。

【市审查中心信息化建设】 为加大对本市施工图审查市场的监管力度，提高监管效率，提升服务品质，市审查中心在 2013 年继续加大信息化建设力度，在信息化、现代化监管中迈出坚实的步伐。具体完成了以下信息化建设工作。

建设完成市政、基坑专业施工图审查合同备案及程序性审查备案功能。建立起了对本市所有专业的施工图审查备案信息系统，实现了对本市所有专业施工图审查基本信息的采集；建设完成审查机构资格确定网上办理系统。建立起了本市审查机构网上办理审查机构资格的新申请、换证等功能，大幅提高了办事效率，对提高本单位的工作效率，方便办事单位起到积极作用；对原有的房建施工图备案功能、审查机构抽取选定功能进行了优化改造。随着监管规定的调整以及监管重心的调整，结合使用者提出的建议，对原有系统进行了优化改造，在市场信息透明公开、办事流程优化等方面收到了积极效果；完成计算机审图的一期试点工作。审查中心在 2013 年完成了计算机审图系统的数据库搭建、软件设计，并于下半年进行了较大规模的试点，从试点情况看，一方面该系统已可基本满足对电子施工图图纸的采集及审查过程信息全记录的需要，另一方面在稳定性、操作便捷性等方面也存在一些不足。总体来看，一期试点工作完成了预期的基本功能，发现了相关问题，为下一步计算机审图工作的开展打下了坚实基础。

（顾　涛）

上海市环境保护局

【概述】 2013 年，上海市环境保护局（以下简称“市环保局”）认真贯彻落实“信息强环保”战略，依据《上海市环境保护信息化“十二五”规划》，深入推进“智慧环保”建设，利用信息化手段推动环境质量和污染源的精细化管理，理清信息化建设对环保管理业务的支撑和服务功能，采用信息化顶层设计的理论和方法，从环保业务、数据、应用、技术架构层面对环保管理信息进行共享和综合应用，利用信息化手段将环保各项管理业务进行串联，将信息化贯穿于建设项目环境影响评价、建筑工地扬尘和噪声监管、污染源日常监管、环境质量管理、环境统计、污染源普查等各业务环节，实现数据和资源的互联互通，最终达到全过程管理的目标。

环保信息化建设的总目标是建立覆盖环保管理全要素管理的信息化体系。为实现环保管理全业务、全流程的信息化，实现“智慧环保”的战略。市环保局对各项业务进行了重新梳理，确定了“一中心（数据中心）、两平台（公众服务平台和综合业务平台）、三应用（环境质量、污染源管理、环保政务）”的环保信息化建设架构，将分散于各业务部门的数据在数据中心进行统一管理和提供数据服务，实现多维度、多层面的数据大集中，形成协调一致、各部门统一的集成办公平台；构建方便快捷、及时有效的公众服务门户，利用信息化手段提升对污染源的监管水平，提高工作效率，改善环境质量；环保信息化建设坚持以数据为中心，通过统一的环境数据中心的建设，逐步实现环境信息资源的统一存储，为各类数据应用提供统一可靠的数据服务，实现各级环保部门业务系统数据资源的交换共享，为环保管理提供支撑；在环保政务办公方面，充分利用应用集成技术，实现环保政务、环保业务审批过程、业务系统的有机集成，所有非涉密系统统一在政务外网部署的综合业务平台中集成管理；在公众服务方面，借助“上海环境”门户网站，建设统一的公众服务系统，通过网上“办事大厅”为公众提供所有环保行政审批和非行政审批的网上咨询和办理，利用数据中心的环境质量在线服务实现大气、水环境质量的实时和预报查询。同时，通过信息发布、投诉举报、网上访谈等，及时公布和处理公众最关心的环保事项，满足公众的知情权；在系统建设方面，按照资源共享和业务互动的理念，梳理环保业务的数据流和业务流，以环境管理数据为中心，实现数据的互联互通和管理业务的互动，达到环境管理部门联动的目的，最终达到对污染源精细化监管的目标，提升环境质量，增强环境保护部门的社会影响力。

（栗小东）

【上海市环境保护局信息化能力建设项目】 上海市环保信息化能力建设项目是围绕上海市近期环境管理目标，

确定和建立上海市环境信息化总体框架而开展的能力建设项目，目的是推进信息共享和跨部门业务协同，建设开放的环保网络，革新环保管理方式，提升业务能力，提高决策水平，实现“数据从分散到集中、服务从被动到主动、管理从粗放到精细、网络从瓶颈到畅通”四个转变，全面提升上海市环保局决策能力、业务能力、管理能力和服务能力。项目建设内容包括协同业务平台、环境专业技术信息网络、辐射检测信息收集处理平台和国家环境信息与统计能力建设项目地方配套四部分。至2013年年底，项目建设工作已基本完成，实现了部、市、区三级网络互联互通，基本实现了“一中心(环保数据中心)、两平台(综合业务平台和公众服务平台)、三应用(污染源管理、环境质量、环保政务)”的信息化架构，构建了数据中心基本框架和综合业务、公众服务两大平台，建立了行政许可审批、医疗废物管理、环境空气质量日报预报业务、辐射环境监测信息收集等应用系统，基本实现对环境数据统一管理和环境管理联动，在提高全市污染源监管和环境质量管理水平、促进环保电子政务发展等方面产生了比较明显的社会及经济效益。

（栗小东）

【上海市环境保护局环境监察移动执法系统】 市环保局环境监察移动执法系统建设涵盖了上海市环境监察总队及4家试点区县(普陀、杨浦、长宁、崇明)环境监察支队。系统建设内容主要包括硬件设备、移动执法系统及网络服务三部分。环境监察移动执法系统于2013年6月初正式启动建设。7—8月，系统完成了前期的需求调研，完成硬件设备的安装调试及系统软件的开发测试。9月16日，5家试点单位正式启动系统试运行。12月系统完成整体验收。

通过环境监察移动执法系统的建设，使环境监督管理由被动管理型向主动服务型转变，由粗放定性型向集约定量型转变，由单一封闭管理向多元开放管理转变，达到了环境监察业务的流程化、标准化、规范化和智能化的建设目标，实现各类监察业务有条不紊地运行。借助环保数据中心已建的基础数据资源，以及排污申报收费、在线监测、环境统计等业务应用系统产生的管理数据，充分利用数据交换等信息化技术，与环境监察移动执法系统进行高效结合，实现处室及上下级之间数据的共享互通。融合流程化、标准化管理手段，实现“横向到边、纵向到底”的管理目标，利用横向各业务部门及区县环保局、环境监察支队的数据交互，为环境监察执法现场提供完整及动态的执法数据，通过纵向到底实现环境监察系统的业务协同、督查督办及规范性稽查等功能，构建“执法重心下移，管理数据上交”的环境监察污染源管理信息一体化平台。

（王 跃）

【上海市环保局行政许可电子化档案管理系统】 2013年上海市环境保护局为加快档案信息化建设进程，规范档案一体化管理，开展了市环保局行政业务受理窗口档案电子化课题研究并建立了档案管理系统。该项目研究立足于资料、现状调研和其他行业同类业务电子化归档情况比对的基础上，以档案相关法规为依据，以市环保局业务管理为需求，结合市环保局档案一体化管理，确立科学、可靠的研究方法，通过对行政事项业务发生量、受理资料扫描量、网上业务系统数据产生量等进行综合分析，建立市环保局行政事项电子化归档标准及管理规范。

课题选取市环保局行政许可事项中较有代表性的建设项目环境影响评价审批、建设项目试生产(试运行)审批、建设项目环境保护设施竣工验收审批等6个行政许可事项作为研究对象。通过对浦东新区行政事项受理窗口、静安区行政事项受理窗口、闸北环保受理窗口、嘉定环保受理窗口等环保部门的调研和相关资料检索，了解国内外发展状况，明确各部门的业务需求，理清了市环保局行政许可审批事项电子档案的流程，并借鉴了兄弟单位的先进工作经验。经过数月研究，及多方征求意见，编制完成《上海市环保局行政许可电子化档案管理办法(试行)》；继而以此管理办法为工作指南，在建设项目行政许可审批系统基础上，拓展了网上电子文档提交、窗口纸质文档电子化及审批资料档案化管理功能，完成了《上海市环保局行政许可电子化档案管理系统》建设。课题的上述成果，为上海市环境保护局档案信息化建设提供了强有力的支持。

（黄云松）

【“上海环境”网站建设】 2013年“上海环境”网站持续深入地推进信息公开工作，并增强了网站服务功能的建设。主要工作包括以下方面。

网上办事平台逐步向区县延伸。在市环保局网上办事平台建成的基础上，各行政审批事项向市区两级管理延伸。截至2013年10月，已完成建设项目环评审批、试生产及竣工验收审批、危废转移审批等5项行政许可事项市区两级环保政府部门通过统一平台进行审批和管理。

深入推进环境信息公开。1. 公开空气质量AQI(空气质量指数 Air Quality Index,简称 AQI)日报、预报信息。全面落实新修订的《环境空气质量标准》,完善环境空气质量信息发布平台,及时准确发布二氧化硫、二氧化氮、可吸入颗粒物、细颗粒物、一氧化碳、臭氧六项污染物浓度监测信息。2. 公开重点污染源环境监管信息。按照环保部发布的第一批《污染源环境监管信息公开目录》要求,制定了《上海市环境保护局公开污染源环境监管信息目录》,明确公开内容、时限要求和责任部门。9 月起在"上海环境"网站设立"污染源环境监管信息公开"栏目,公开国家(上海市)重点监控企业环境监管信息,内容包括重点监控污染源基本情况、污染源监测、总量控制、污染防治、排污费征收、监察执法、行政处罚、环境应急等监管信息。3. 公开环境核查信息。加强重点行业环境整治信息公开,强制公开铅蓄电池、电镀、皮革三类重污染行业企业环境检查整治信息,信息内容包括企业名称、企业现状、应急预案编制情况、污染治理设施检查及污染物达标排放情况等;公开对公司申请上市环保核查的信息,每季度公开环保系统违法单位行政处罚信息;公开国家环境保护模范城市、国家生态建设示范区等创建工作的考核办法、考核指标等信息。

增强"上海环境"网站服务功能。2013 年"上海环境"网站多平台版本吸引了近万次的下载量,"上海环境"政务微博也受到 23 万粉丝的关注。10 月,"上海环境"网站完成无障碍改造,使盲人及弱视群体在辅助工具帮助下,能够便利、准确地获取网站信息和服务,让视障者能够充分、平等地参与社会生活和享受经济社会发展成果,体现了政府维护和关爱弱势群体的责任和义务。

(刘　敏)

上海市规划和国土资源管理局

【概述】 2013 年,上海市规划和国土资源管理局按照上海市委、市政府和国土资源部、住房和城乡建设部信息化工作的统一部署和总体要求,不断提高认识,转变观念,把信息化作为促进管理工作的重要工具和手段,在现有成果管理工作总体框架和管理制度的基础上,按照数据"一个口子进、一个口子出"的原则、"横向到底、纵向到边"的要求,以完善涵盖地下、地表、地上、全市统一的规划国土资源数据平台为目标,采取信息化顶层设计的理论和方法,设计规划和土地业务、数据、应用、技术构架,理清规划和土地各组成部分之间的关系,明确了信息化建设内容与管理业务的关联,通过市、区、乡镇规划和国土部门广泛和充分的应用,将信息化贯穿于规划、土地、地矿的调查评价、日常管理、监测监管、政策研究、社会服务等业务的全过程,通过全面收集和整理全市规划和国土资源各类业务数据,进一步加强了规划国土资源"一张图"及核心数据库建设和应用开发工作,率先实现了特大城市级规划国土的数据汇集,构建了空间上涵盖地上、地表及地下,时间上可溯及过去、现在、未来的信息平台,凸显了信息化对转变管理方式、监管方式、服务方式、资源配置方式的支撑作用,释放了信息化在规范和创新国土资源管理中的巨大潜能。

【推进顶层设计,加强"一张图"及核心数据库建设】 在建立和完善各类业务数据库方面,全面收集和整理全市规土资源各类业务数据,梳理各类业务数据的关联关系,研究并建立各类专题数据库。全国第二次土地调查工作进一步查清了上海市土地利用状况,掌握真实、准确的土地基础数据,并对调查成果实行信息化、网络化管理,建立和完善了土地调查、统计制度和登记制度;通过"两规合一",将土地利用总体规划和区域总体规划统筹考虑,既有利于有序推进城镇建设和产业发展,也有利于保护耕地工作,是上海市未来项目建设和土地管理的核心基础,对推进全市土地利用规划和区域总体规划的进一步落地具有重要意义;总规、详规专项清理工作不仅解决了数据现势性不够,数据重复、不一致、图属不对应等问题,还将各类业务、流程要求标准化、完整化;在建立和完善"一张图"数据库方面,研究全市规土"一张图"数据库标准和建库规范,包括"一张图"数据分类、数据内容、数据来源和数据用途,并建立"一张图"数据库。加快各类基础信息整合,按照统一的分类代码、统一的命名规则、统一的数据结构、统一的数据格式等要求,统一数据标准、统一业务流程,促进规划、土地、地矿数据的整合,形成全市统一的数据平台,满足规土行业管理、监管、宏观调控和社会化服务的需要;在建立和完善成果管理体系方面,建设规土成果管理体系,研究各类规土成果数据的存储、管理、应用和动态更新机制。按照数据"一个口子进、一个口子出"和"业务流、数据流"统一的要求,从数据标准制定、数据成果整合、数据更新机制建立和成果管理应用开发四方面全面建立成果管理新机制。

【以需求为导向,以应用促发展,加快电子政务全覆盖】 以信息化系统支撑行政管理事项规划、土地、地矿三大类业务全覆盖为目标,以优先实现成果管理的 49 项业务需求和技术方案为重点,以"从无到有再精"为开发策略,扎实有序开展各项工作。目前已有 55 个事项得到了信息系统支撑,包括土地管理板块中的 24 个事项、地矿管理板块中的12个事项以及规划类和其他各类管理事项中的19个事项。在这55个行政管理事项中，业务信息能够及时、全面掌握，系统运行正常，对覆盖的业务实现了“管得到”。制定了大部分系统的业务规则及核心管控要素，结合业务管理需求有强控的指标，体现了管理的规范性，实现了“管得住”。系统地考虑了详细的分级别业务分解流程设计，打通了上下游的数据关系和业务关系，达到了跨板块的数据共享，兼顾了市局、区县局、基层管理所的分工办理和协作互动，满足各相关管理方的合理诉求，实现了“管得好”。

【下放事权，加强指挥中心信息平台建设】 指挥监测中心定位于全市规划国土的数据集聚中心、信息展示中心和辅助决策中心。该平台采取顶层设计的方法，打破部门界限，为实现“用技术和制度把权力关进笼子”奠定基础，为全行业精细化管理提供全面有效的技术支撑。在信息集聚方面，拓展为以“规划、国土、资源”管理要素为核心，在空间上涵盖地下、地表及地上，在时间上可溯及过去、现在到未来的城市空间地理信息平台。在信息展示方面，实现了规划、国土、资源管理有机融合，协调联动的成效展示，并逐步构筑起整个城市一体化管理的战略展示平台。根据监管要求，完成了桌面版的开发并接入局内网门户；完成了三维模型管理模块功能开发工作，为三维模型日常管理及更新提供手段；完成了三维地籍的展示功能开发；完成了试点区域商业网点规划监测功能的开发。通过土地审批在线监测平台，开展行政事项监测，在规范土地审批事项、完善业务系统应用、提高业务数据质量方面起到了较好的推动作用。在行业动态监管方面，通过对土地审批、土地执法、土地现状、土地利用动态的监测，做好以日、周、月、季、半年、年为周期的各类监测报告的分析和上报工作。一年来共监测土地审批项目5 319件，形成60份监测报告。

【加强辅助决策，建立和完善规划和国土业务管理在线监测信息系统和办公自动化系统】 系统一期建设涉及规划编制与审批、土地管理审批、一书两证及方案审批、综合验收执法以及土地登记5项业务，对25个业务监测事项，49个监测环节进行在线监测，共形成了70个监测指标。完成：70个在线监测指标的指挥库建设，可对指标配置信息进行维护和管理，具备新增、停止、变更操作功能；系统发现功能模块的开发，实现监测系统对监测指标的自动比对，生成监测项目处置业务单，显示监测项目所关联监测环节的每项监测结果；系统办理功能模块的开发，可通过监测系统实时切入业务系统查看审批信息，实现了区县办理、市局办理、会办、局领导审定、监督处监管各用户角色的在线运行，并对整个办理过程实施流程监管；完成了监测系统用户手册的编制和对系统功能的测试，实现了系统自动比对监测指标，在线办理监测事项，在线管理监测业务，监测系统和各业务系统间实时联动的建设目标。系统基本实现了对规划和国土审批事项的关键环节和重要指标进行实时监测，对管理行为中存在的问题设置预警、分类处置、及时反馈，为局业务部门监测各项业务审批提供了可视化依据；办公自动化信息系统将市局、市属事业单位的各类行政办公、综合事务纳入统一信息化管理。该系统覆盖了各类收文、发文、签报、意见提案、信息公开、人事信息、报销、会议等管理内容，系统中大部分案件做到了无纸化流转。所有市局机关工作人员和事业单位办公室人员都开设了系统用户，相关工作依靠系统进行办理和流转。

【建立和完善规土政务信息资源服务平台】 在开发过程中以信息公开目录为标准，从技术上保障公开信息采集的完整性和准确性；以公开事项办理流程为依据，从设置上体现办理的规范性和高效性；以信息公开资源库为支撑，从功能上及时掌握信息动态；以信息公开过程关键节点为对象，从应用上加强对办理情况的掌控，形成了一个统一高效的政府信息管理平台，强化了对相关政府信息数据的沉淀、查询、分析、管理等功能。在业务对接方面，通过数据抽取的形式，对接市规划国土资源局详规审批、建管、市政、土地管理、一书两证等业务系统。同时提供手动上传信息渠道，确保各类政府信息数据全面、准确地沉淀在平台中。在查询功能方面，对于已经沉淀的政府信息数据，平台通过定制查询、关联信息提示等方式，为用户提供高效的信息查询功能。在过程监控方面，通过固化主动公开、依申请公开、公文备案三大流程，实现了对信息公开业务办理的全程监控。该平台已完成开发，处于试运行阶段，通过搭建一套统一的政务信息资源目录、政务数据服务模块、主动公开和依申请公开的整套工作新机制以及规土合一的数据资源平台，基本形成了一个覆盖规土政务资源信息、用户界面友好、信息服务能力高、信息公开覆盖广的政务信息资源服务平台，实现了全局政务信息资源的统一整合与有效利用，提高了信息公开和信息共享的服务水平。

【加强制度建设，深化信息化管理及应用机制建设】 在数据成果管理方面，建章立制，出台了一系列管理文件。

为加强对全市规土成果数据管理，确保各类数据成果的统一应用和规范，编写了《上海市规划和国土资源成果管理办法(暂行)》(以下简称"《暂行办法》")、《上海市规划和国土资源成果管理工作程序(试行)》(以下简称"《工作程序》")、《规划核心管控要素成果管理办法》(以下简称"《管理办法》")和《规划核心管控要素成果管理操作细则》(以下简称"《操作细则》")4 个成果管理文件。在体例上，以法律条文条一款一项的形式对文件各项内容进行组织，内容简明扼要，便于阅读理解和贯彻落实。在操作性方面，除明确了各项流程节点的相关具体要求外，并对流程中需要使用的各类表单进行了设计。《暂行办法》和《管理办法》从制度层面进一步明确了规划国土资源成果管理职责分工、业务流程和成果认定等内容。《工作程序》和《操作细则》明确了各项具体流程节点、操作主体、工作时限、程序要件等内容。建章立制对解决规划国土管理中长期存在的数据覆盖率、数据流动性、数据唯一性等问题发挥了重要作用，为建设全新的规划成果运作机制，提升成果管理质量和效率提供了有效政策支撑。

（郭　丽）

上海市水务局(上海市海洋局)

【概况】 2013 年是全面贯彻落实党的"十八大"精神的第一年和新一届政府的开局年，也是"十二五"规划实施承前启下的关键年。上海市水务(海洋)局信息化工作全面贯彻落实党的"十八大"精神，紧紧围绕水务、海洋事业发展大局，履职尽责、开拓创新，全力做好防汛水情服务保障，全面推进水务海洋信息化建设，进一步支撑了上海水务、海洋事业的可持续发展。

【启动水务、海洋信息化规划修编工作】 为了更好地指导未来十年的水务海洋信息化工作，启动了信息化规划修编工作，初步完成了基础设施、数据资源、应用系统等专题研究。通过组织专家讲座、开展局属单位和区县局调研等多种方式，积极宣传规划修编工作，落实了技术支撑单位，并在此基础上完成了规划工作方案、规划大纲。

【防汛指挥信息化应用新进展】 基本建成了以区县防汛办为分中心节点，支持各节点下辖街道、乡镇为接入对象的全市防汛系统三级视频会议系统；完成了防汛指挥室及防汛值班室的改造，实现了数字化信息的接入使用；完成了市防汛办灾情报送系统建设，保障灾情数据和信息网络上报畅通；完善了水情预报辅助系统、风暴潮预报系统、"一网四库"等系统功能，进一步加强了防汛信息保障能力。推进国家防总二期工程建设，初步设计已报国家防总汇总。

水情自动测报系统("一镇一站")如期建成。完成了 1 个中心、12 个分中心和 227 个遥测站的建设任务，实现了"改善站网布局、提高站网密度，提升系统的稳定性可靠性、提升运行管理效能"的设计目标。系统于 2013 年 5 月投入试运行，全部水情信息接入了市防办和国家防总，其效能已在汛期初步显现。完成了以中心机房标准化改造、会议室、会商室改造为主要内容的中心站配套改造任务，并组织了验收，全市水文测报系统的硬件和软件都有了较大改善。

完成了中心城区道路积水监测点建设。在下立交积水自动监测成功经验基础上，2013 年市水务局组织实施了上海市中心城区道路积水自动监测系统建设项目，建设道路积水自动监测管理应用系统和市中心城区 30 处道路积水自动监测点，道路积水监测系统在 9 月 13 日暴雨和强台风"菲特"影响期间实时反映了道路积水情况，为应急指挥调度提供了支持。

【上海市水资源管理系统顺利有序推进】 水利部整体批复同意了上海市水资源管理系统实施方案，并明确项目建设内容和要求，落实了中央补助资金 1 990.9 万元。国控项目于 2013 年 4 月正式启动，先后完成了需求报告评审、云平台技术设计和部分监测设备的安装调试工作。上海地方配套项目信息化部分已通过市经信委审查，批复资金 340 万元；上海地方配套项目自动化监测部分已完成了市水务局科技委组织的技术审查。

【上海市第一次全国水利普查暨第二次水资源普查数据组工作通过验收】 2013 年 11 月 13 日，市水利普查办组织召开第一次全国水利普查暨第二次水资源普查数据组工作验收会议，同意通过工作验收，历时三年多的普查数据处理工作全面完成。本次普查数据处理工作围绕普查的总体要求，组织实施有序、工作流程规范、技术路线先进适用，设计了兼顾国家和地方需求，市区两级统分结合的数据处理技术路线，搭建了覆盖普查过全程、全对象数据采集、处理、应用的统一业务平台；采用统一在线数据采集、全过程实名制管理、逐级审核流转、系统辅助校核等技术手段，全面支撑普查数据采集质量控制；充分利用上海地图资源和地理信息技术，减少野外测量工作量，提高空间数据成果的客观性和准确程度；首次基于普查对象要素对水务普查成果进行"关联数据"发布，实现对水务工程设施的整体表达和便捷查询；基于"云计算"技术建立"云客户端"成果数据共享应用示范。数据组工作有效支撑普查工作规范、高效、有序开展,对普查工作的圆满完成发挥了重要作用。

【推进水务智慧应用】 以"智能水网"为契机,有序推进一系列水务信息化项目的智慧应用。水务专业网格化(条段化)管理系统建设启动。经过一年多时间的积极协调和充分准备,上海市水务专业网格化(条段化)管理系统完成了调研分析、流程梳理、方案编制和项目招标等工作,至2013年年底,项目总体进度70%。该项目作为"上海市推进智慧城市建设2011—2013行动计划"中要求的内容之一,由市水务信息中心牵头,市滩涂海塘处、市堤防处、市城市发展信息研究中心等部门(单位)共同参与。项目结合城市网格化管理理念,综合应用当前先进技术,整合软硬件、网络、数据和管理资源,从"发现、立案、派遣、结案"四个环节主动及时发现和处置问题,全面掌握水务设施运行状况,实现全市海塘、黄浦江和苏州河堤防巡查网格化、养护信息化、监管精细化,促进多部门业务协同和信息共享。

智能苏州河项目成果初步体现。苏州河系统管理平台、沿线泵站排水在线监测和沿岸市管水闸泵站自动控制工程建设方案均已完成;在现有的苏州河管理信息平台基础上,整合了苏州河相关监测监控信息,开发苏州河防汛预警、水资源调度等辅助决策系统,初步实现苏州河管理的数字化、可视化和智能化。

智能供水调度平台建设方案正在方案审查阶段。该项目将在现有的数据采集系统基础上,进一步扩充和完善监测点,建立起覆盖全市的供水调度监测体系;结合管网GIS、管网水力模型、供水调度管理等系统,形成智能供水调度管理信息平台,实现调度运行的实时监控、供水变化趋势预测及应对、突发事件预警及应急处置等辅助决策功能,提升城市供水安全保障的智能化管理水平。

【海洋信息化建设取得了实质性启动】 积极推进海洋网络枢纽的建设。完成了国家海洋主干网上海节点的部分接入工作,基本实现了上海市海洋系统与国家海洋网络的互联;协调推进"数字海洋"上海示范区前期工作。结合业务需求和项建书评审意见,初步编制完成项目可行性研究报告,已通过市发改委组织的专家审查;推进"海域动管系统"建设。项目国家投资部分建设完成了国家系统部署、海域动管专网、高清视频会议系统,项目地方配套部分项建书通过了市政府办公厅电子政务办、市经信委审查,并获市发改委批复立项;建成海洋行政审批网上办事系统。已经完成海洋18项行政许可事项的全程上网流程的开发工作,并完成了各使用部门的意见征询和"试用"培训会议,基本实现了水务海洋"全部上网,全程上网"。

【推进电子政务开发和应用】 完成了上海水务海洋网站的第8次升级改版,统筹推进了局系统网站群建设,实现了局系统网站的统一规划、统一托管、统一安全、分级管理、分级维护。继续推进局统一办公门户建设,进一步完善了办公自动化系统功能。实现了局办公门户与部分局属单位办公系统的整合。切实做好政务微博的日常运维管理,营造了良好的社会舆论氛围。

【文件简报网上传阅准备工作基本完成】 按照市委办公厅推进市文件简报网上传阅工作要求,已基本完成文件简报网上传阅准备工作和技术保障。2013年6月,根据上级工作要求和本局公务网实际情况,组织编制了《上海市水务局公务网接入网涉密信息点扩展调整方案》,该方案通过市公务网管理中心组织的专家评审并获市国家保密局批复。8月底,组织了施工建设工作,先后完成了新增涉密信息点的网络链路敷设与连通性测试、终端计算机采购与安全策略设置、"三合一"和户籍化管理平台等保密技术设备的配备等工作。2013年9月底,按照《关于规范使用上海市公务网用户身份证书的通知》(沪电办〔2013〕2号)的要求,完成了USB(通用串行总线Universal Serial Bus,简称USB)身份证书的申报工作。

【"数字水务"一期工程通过市经信委组织的专项验收】 2013年7月5日,市经信委组织召开了"数字水务"一期(上海市水务地理信息应用系统)工程专项验收专家评审会。该项目自2008年开始建设,2011年9月完成建设,搭建了水务数据中心和水务公共信息平台的框架,实现了多源异构海量数据的统一交换和集中管理;在一张图和一个平台基础上的防汛保安决策支持系统和水资源管理信息系统,实现了对全市水情、雨情、工情、城市暴雨积水、河网水情和周边海域台风暴潮的实时监测,为水务一体化管理提供了有效手段。专家一致同意通过验收。

【水务计算资源虚拟化平台初步搭建】 针对上海市水务信息化的现状及需求,水务信息中心统筹了近几年多个项目中采购的服务器、磁盘阵列等,采用主流技术搭建了计算资源虚拟化平台框架。资源池中CPU达142核、276 GHz,内存640 GB,存储15 TB,运行了50多台虚拟服务器，支撑了水务公共信息平台、电子政务系统、水利水资源普查系统、水情应用系统、水务业务受理等多项业务应用。通过计算资源虚拟化平台建设，统一了服务器的操作系统和软件平台，下架了十多台购置较早、配置较低的服务器，缓解了机房承重不够、机柜空间紧张的压力；较大地提高了资源利用率，降低了运维成本。下阶段，信息中心将进一步加大项目建设和资源统筹力度的力度，不断完善虚拟化平台，进一步满足水务海洋信息化中计算资源按需分配、弹性调整的需求。

【多项成果获中国地理信息科技进步二等奖及上海市优秀发明选拔赛金奖和铜奖】 在2013年中国地理信息科技进步奖评选中，由市水务局主管、市水务信息中心完成的《"一张图"多级多源水务综合信息平台研究与应用》荣获二等奖。成果依托多个科研和建设项目，设计了符合水务一体化管理特点、一源多用和功能复用的平台总体架构；应用了多源异构数据资源整合、在线资源服务、一张图应用集成等新技术，充分发挥平台枢纽作用，极大地提高了数据的应用价值，有效解决了跨部门、跨系统、跨层级的资源整合、共建共享问题；建成集感知监测、行业监管、应急管理和公共服务等功能，有效支撑安全、资源和环境等多目标任务于一体的水务综合信息平台。成果已在市防汛指挥部及其部分成员单位、市水务局及其局属单位、各区县防汛水务部门得到较好应用，大幅度减少了水灾经济损失和社会影响，有效提高了行业管理和公共服务水平，显著降低了信息化建设和运维成本，锻炼了技管并重、不断创新、追求卓越的人才队伍。此外，《水务公共信息平台及其应用》和《水务IT服务管理平台》也获得上海市优秀发明选拔赛金奖和铜奖。

【"水务IT服务与监测软件"等七个项目获得著作权证书】 "水务IT服务与监测软件""机房环境监控平台软件""上海水环境设施监控与预警示范平台软件""上海水环境设施数据报表管理软件""区域水环境综合管理信息软件""热线灾情信息处理及发布软件""上海海洋综合管理信息应用平台软件"等七个项目，获得由国家版权局颁发的计算机软件著作权证书。

（蓝　岚）

上海市文化广播影视管理局

【概况】 2013年，上海市文化广播影视管理局（以下简称"市文广影视局"）以信息化规划为出发点，以推进重点信息系统建设为抓手，在保障信息网络安全的基础上，积极推进信息化各项重点工作、专项工作，取得了显著成效。市文广影视局始终从全局和战略的角度出发，大力探索和推进信息化与文化、文物、广播、电影及电视行业的深度融合，实现了局信息化建设的可持续发展，信息化已经成为高效运转、履行职能、创新管理、改善公共服务的重要支撑。

【全国文化市场技术监管与服务平台建设】 全国文化市场技术监管与服务平台的建设目标是构建统一的面向文化市场的政务信息化技术平台，为文化市场领域监管和服务两大职能提供强有力信息化支撑，通过在市场准入、动态监管、综合执法和公共服务的主要环节提供全方位的信息化应用，最终建立起全国文化市场统一的信息资源库，为文化市场监管与服务提供宏观决策支持。

服务平台的建设自2012年开始，总建设期为5年。服务平台建设目前正处于项目的第二阶段，制订文化市场监管与服务业务和数据标准规范，建设部级平台和区域中心平台，开发完成并在全国范围内推广市场准入、综合执法应用系统，重点开发文化市场地理信息系统、在线培训、移动执法与移动办公、决策支持以及游艺机运营监管等应用系统。

2013年，市文广影视局根据文化部提出的具体要求，在项目开始阶段就成立试点实施应用领导小组，建立相应的组织领导体系，组成了工作小组，明确了工作机制和沟通机制；确定工作方案和时间进度安排。2013年9月底，市文广影视局完成了前置机的部署及系统接口设计开发，10月起，上海文广局行政审批平台开始通过此接口与全国文化市场技术监管与服务平台进行数据对接。

【推进智慧城市建设　无线局域网（WLAN）全面覆盖公共文化场所】 为落实《上海市推进智慧城市建设2011—2013年行动计划》"构建起多层次、广覆盖、多热点的全市无线宽带网络""无线局域网（Wireless Local Area Networks，简称WLAN）热点基本覆盖城市重要的公共场所"的发展目标，市文广影视局高度重视并大力推进公共场所无线局域网（WLAN）覆盖工作，多次召开专题会议进行研究及部署，起草了《关于上海文广影视行业公共场所无线局域网（WLAN）覆盖工作情况的报告》，明确工作原则和目标、覆盖场所范围、工作机制、任务和责任，编制了工作任务节点表及运营商遴选方案等，作为推进无线局域网（WLAN）覆盖工作的指导性文件。截至2013年10月底，市文广影视局负责的90家公共文化场馆无线局域网（WLAN）热点已全部完成建设并且开通试运行，覆盖率达到100%，运行情况良好。

【市文广影视局门户网站顺利改版】 在2012年度文化部政府网站绩效评估中，市文广影视局门户网站得到测评专家一致认同和肯定，并获得了公众参与领先奖。2013年，门户网站的改版意在推陈出新、与时俱进，改版原则为突出核心工作、强化便民服务以及符合考核要求，全面梳理网站后台数据结构，简化目录、简化操作、提高点击率。网站整体分为信息公开、便民服务、网上办事、互动平台和文化资讯五大频道，与局机关三大体系核心工作以及政务网站四大功能密切相关的内容均被推送到首页。

【市文广影视局“12345”工单及知识库系统建成】 作为市民服务热线的二级承办单位，市文广影视局高度重视热线工作，局领导第一时间提出建设“12345”工单及知识库系统，并与“12345”市民服务热线平台进行系统对接，利用信息化手段确保工单办理、知识库更新及时高效、实时联动。局办公室设定了局“12345”工单及知识库系统的建设目标，将原有工单、知识库的纸质处理流程实现电子化、自动化，提升各处室的工单流转效率，达到化繁为简、规范处理的目的。具体包括规范工单处理的标准流程，提升工单流转效率和处理质量，规范对知识库信息的管理流程，提升信息上报效率和信息质量，并与“12345”市民服务热线的工单办理、知识库系统对接，实现流程与信息的无缝连接。在项目组的共同努力下，市文广影视局“12345”工单及知识库系统于2013年3月完成了需求分析和方案设计，5月完成了主要功能开发以及系统界面调整，6月完成了系统环境部署、接口联调等工作，并于2013年7月1日上线试运行。

【市文广影视局电子政务统一认证平台建设】 为了更好地实现信息化业务整合和资源整合，提高信息系统的易用性、便捷性和安全性，市文广影视局建设完成统一认证系统，构建统一的组织架构、用户信息等基础数据库，实现各信息系统工作待办事项的整合，并以引入数字证书的认证方式加强安全认证体系。该平台于2013年6月完成测试、试运行上线，已经为17个局机关处室、22个基层单位、17个区县文化(广)局和4家VIP企业的工作人员构建完成基础组织架构，录入用户信息320多条，已经为OA办公系统、行政审批系统、“12345”市民热线系统、WebOA系统等信息系统提供基础用户信息数据和身份认证服务。

【“文化上海”政务微博推广】 2013年，市文广影视局继续提升“文化上海”政务微博影响力，强调内容为王，在继续整合资源进行发布的基础上，进一步加强面向社会的各类信息发布，如重大资金申报与评审，重大文化项目建设进展情况等，为粉丝提供更多更好的文化资讯及服务。截至2013年年底，“文化上海”政务微博在新浪、腾讯、东方网、新民网四大平台全年累计发布微博15 314条，每个平台每天发布11条，90%以上内容为原创。四大平台累计粉丝数259 210个，较2012年增长一倍。全年开展39期“青年文化沙龙”活动，活动围绕上海国际电影节、国际艺术节等全市重大文化活动和中华艺术宫、市群艺馆、市少儿馆等局属单位重点项目，“青年文化沙龙”活动转评量占微博总转评量的93%。

（沈小龙）

【上海市民文化节活动申报平台建设完成】 2013年，上海市群众艺术馆作为首届上海市民文化节的主要承办单位，承担了全年四个季度活动材料的收集、审批、统计和归档工作。首届上海市民文化节活动申报平台的建设，为上海所有区县、全市203个社区文化活动中心、相关企事业单位举办的上万场各类活动提供了统一的申报平台。为市民文化节的各项工作提供了良好的技术支撑，大大改善了人工操作的各种弊病。系统采用数字化管理，减少申报、审批成本和内容错误率，提高工作效率，有效降低了活动报批的工作量，切实减轻了基层工作负担。通过建设市民文化节活动数据库，将所有活动相关内容电子化存储，既方便查阅，又可定量分析市民文化节的各项指标，为首届上海市民文化节平稳有序地开展奠定了良好的工作基础。

（景伟杰）

【上海当代艺术馆七大自主信息发布平台发布】 2013年，上海当代艺术博物馆开馆后不久，立刻着手开展除官方网站之外的自主信息发布平台建立工作，先后建立了当代馆公共邮箱、官方微博、官方微信、QQ群、MAILCHIMP邮件平台、短信平台、豆瓣空间等7大信息发布渠道，确保准确、及时、全面地将馆内各项信息向外界进行发布。当重大展览和事件发生时，上海当代艺术博物馆能利用这类新媒体，第一时间将信息传播出来，做到无缝推广。通过认证的新浪官方微博@上海当代艺术博物馆PSA（上海当代艺术博物馆Power Station of

Art，简称 PSA)，在短短一年时间内，已经拥有近 8 000 名粉丝，借助媒体宣传力量产生更强的信息传播力度。

（倪　家）

【上海市历史博物馆完成网站改版】 2013 年 10 月，全新改版后的上海市历史博物馆(以下简称“历博”)官网正式上线。历博官网改版项目自 2011 年起筹备，其间在历博馆内广泛听取意见，多次修改网站结构，并搜集、整理、筛选大量数字化信息，比选形式设计方案，最终历时两年完成。新网站在内容和形式上均有大幅调整。网站分中、英文两个版本，分设“关于历博”“展览活动”“综合资讯”“学术研究”“收藏上海”“互动交流”六个版块，共计 27 个子栏目。内容上保留了原网站关于历博的综合资讯及动态信息，增添了更多关于上海史及文博知识的主题单元，如“上海闲话”“海上小报”“文化遗产”等。以历博馆藏及研究为重点、亮点，整合融汇社会学术资源，全面展现海派历史文化。并将 2010 年出版的《海上文化寻踪》电子光盘改作网页版，令用户可免费在线使用浏览。新版官网形式上采用了虚拟展厅、多媒体展示、在线数据库搜索等多种方式，增强信息内容的可读性与趣味性，方便信息检索。并增设在线留言板和针对中小学生的趣味游戏单元，加强了网站与用户的互动。

新版历博官网后台更为明晰，操作便捷，并由专人负责网站的运营和维护，保证网站信息的时时更新和用户意见的及时处理。网站上线以来广受新老用户关注，并收到了大量批评与建议。截至 2013 年 12 月底，网站点击率已经超过 6 000 人次。

（邵文菁）

【数字博物馆建设全面展开】 “数字博物馆 · 上海中国画院部分”筹备建设目标在于打造一座兼具学术性、开放性和互动性、有“生命”的网上画院。通过互联网更好地宣传画院，使得学术活动公开化、提高受众参与度、增加互动，从而普及与弘扬优秀传统文化、传播主流价值，更好地满足广大人民群众日益增长的物质文化需求。同时，运用数字化手段，改善内部工作流程，提高管理效率。2013 年上海中国画院成立筹备小组，监督并负责项目的前期资料整理、归档、整体设计、质量管理等工作；讨论通过整体架构及建设效果方案；同时对大事记、动态、藏品、画师、展览、公共服务六个方面的材料进行收集整理，已完成前期建设筹备的需要，为 2014 年的项目建设任务奠定了良好的基础。

（肖　成）

上海市卫生和计划生育委员会

【概况】 2013 年，上海市卫生和计划生育委员会(以下简称“卫计委”)人口计生信息化工作的重点主要集中在认真贯彻落实人口计生事业“十二五”规划，大力推进信息化应用项目建设，积极开展数据共享工作，不断强化网络与信息安全保密工作，切实保障信息系统平稳运行。

【建设“跨部门共享数据处理中心与居(村)委信息核对应用系统”】 根据本市各级人口计生系统电子政务工作的实际需求，紧密结合人口计生系统居(村)委级的实际情况工作情况和跨部门数据共享的业务需求，充分利用电子政务网络建设的现有成果，依托现有的电子政务外网网络资源，建成一个汇聚、比对和整合相关部门人口数据，利用基层工作队伍加强数据核查，提高数据质量，为基层改善服务管理质量和效率提供数据支持的信息化工作平台，切实推进本市人口计生系统电子政务建设，提高整体信息化工作水平。具体表现在：一是利用人口计生数据库生成符合居委工作需要的各类台账；二是通过基层工作队伍对重点人群的基本信息和婚姻关系、子女关系信息开展核查，完善家庭关系数据库；三是建立人口数据居委核实、校对、更新的应用功能，通过任务下发和数据上报两个环节，建立新的数据维护渠道和采集机制；四是实现与人口管理服务相关部门或机构开展批量和实时的人口数据交换，汇聚、核对、整合人口信息，减轻基层直接采集人口信息的工作负担。本项目已基本建设完成，已经通过软件评测和安全测评，正在部署上线试运行工作。

【建设“免费孕前优生健康检查信息服务与管理系统”】 为降低出生缺陷发生风险，提高出生人口素质，按照国家人口计生委关于开展国家免费孕前优生健康检查项目、建立省级孕前优生数据分中心部署，完成好上海市人民政府关于与人民生活密切相关的实事——免费孕前优生健康检查服务，开展上海市免费孕前优生健康检查信息服务工作，建设“上海市免费孕前优生健康检查信息服务管理系统”，以实现对孕前优生健康检查信息分类汇总，做好本市居民孕前优生健康随访及信息提醒服务，并为本市出生缺陷一级预防、出生人口素质评价和深入分析科学问题提供和积累数据。通过专业统计分析模型，分析本区域影响优生的主要风险因素，提出预防出生缺陷的相关建议，为研究开发出生缺陷预防技术和方法提供重要科学依据。本项目已基本建设完成，已经通过软件评测和安全测评，正在部署上线试运行工作。

【启动建设"市人口计生综合事务电子监察系统"】 紧紧围绕"智慧人口计生"建设任务，以"制度+科技"为手段，深入推进全市人口计生系统电子监察工作，建设"上海市人口与计划生育综合事务电子监察系统"，对政务信息公开、行政事务执行、便民服务等各项网上工作环节进行全流程、全业务、全覆盖监察监控，对各层级、各岗位以及事项不同环节、不同时段的工作绩效进行统计分析、绩效评估和电子监察。为市和各区(县)电子监察系统建设数据交换接口。

【"计划生育综合管理信息系统 2014 年改建项目(行政事务处理平台)"立项工作】 为了适应上海市户籍人口居住地管理的新要求，协同推进户籍制度改革，优化流动人口计划生育事务跨省协同办理，进一步推进计划生育政府信息公开，提高行政效率，对"计划生育综合管理信息系统 2014 年改建项目(行政事务处理平台)"进行了立项。本项目改扩建以后，一是可以实现对育龄妇女怀孕、生育的计划生育政策执行情况全程监测，同时对违反计划生育的线索、案件开展跟踪管理及其查处。二是优化流动人口计划生育事项跨省协同办理流程，加强跨省信息共享，提高依法行政能力。三是建设政务信息资源目录和征信信息系统，实现计划生育依法办事结果与征信信息系统的数据共享。形成计划生育事项的"全市通办""跨省协办"和网上"一办到底"的信息化应用模式，进一步提高计划生育信息化应用水平，提升计划生育行政事务工作效能，提高政府为民服务能力。

【"计划生育重点人群服务管理系统"立项工作】 对"计划生育重点人群服务管理系统"进行立项的主要目的为：改善和提高政府计划生育公共服务能力，利用信息化手段提高工作效率，建设计划生育重点人群随访服务管理信息系统。建立计划生育重点人群服务管理数据库，形成计划生育重点人群随访服务管理规范和工作模式，实现过程管理和伴随服务目标。统计分析计划生育重点人群状况和变化趋势，利用地理信息系统展现计划生育重点人群服务分布和服务资源情况，为掌握计划生育公共服务需求，优化计划生育公共资源服务配置提供数据支撑。改进计划生育公共服务手段，提高计划生育公共服务的易得性。

【人口计生信息维护工作】 2013 年从外部门获取共享数据 3 468.1 万条，其中：户籍人口数据 750.2 万条，社保卡数据 827.0 万条，居住证数据 1 794.8 万条，婚姻变动数据 22.3 万条，年老一次性计划生育奖励和生育保险数据 39.19 万条。全年通过行政办事与公共服务信息化应用更新维护人口个案信息 1 557.5 万条，其中：行政办事更新 93.2 万条，社保更新 1 174.1 万条，人工更新 290.2 万条。启动出生信息与计生信息共享利用工作。

【信息安全保密工作】 按照市经信委、市网安办、市等保办、市保密局、市密码管理局等相关部门的工作要求，在持续做好重要信息系统等级保护的基础上不断强化信息安全意识，夯实信息安全基础，认真做好各项信息安全保密工作。配合相关主管部门开展信息安全保密检查，"三级等保"现场测评、网络与信息安全现场抽查，商用密码产品现场检查等工作，圆满通过各主管部门的监察评估。

【信息系统保障工作】 信息系统运行稳定：2013 年，本市各级人口计生部门通过人口计生综合管理信息系统共办理行政事务 117.5 万笔；完成国家流动人口网络化协作业务 117.1 万笔，其中跨省流动人口个案批量通报个案发送 60 万笔、接收 14.4 万笔；跨省流动人口省际协查发送 26 万笔、接收 10 万笔；跨省流动人口个案实时查询发送 6.2 万笔、接收 0.5 万笔。信息系统功能完善：流动人口信息跨省交换平台率先完成全面改造和与国家平台的对接。完成业务系统新增功能 4 项(流动人口第一个子女生育服务登记协查、流动人口第一个子女生育服务登记通报、避孕节育通报、手术服务通报)、变更功能 7 项(批量通报接收信息核实确认、批量通报上传信息校验补充、发出省际协查、反馈外省市协查、发出实时查询、接收实时查询、Padis 统计模块)，信息化应用功能满足及时适应业务工作调整的要求。

(周 娟)

上海市审计局

【概况】 2013 年，上海市审计局(以下简称"市审计局")继续按照本市电子政务、审计署和市局审计信息化发展规划的要求，紧紧围绕全年审计重点工作，稳步、有序地推进全市审计机关信息化建设及应用工作，在技术手段创新、计算机审计应用深化、信息化人才培养和强化服务保障等方面取得新的进展，为全面实现"十二五"本市审计信息化发展规划既定目标打下了坚实基础。

【全力推进"上海数字化智能审计工程"前期工作】 2013 年，市审计局集全市审计机关之力，攻坚克难，积极推进"上海数字化智能审计工程"项目前期建设，着力在强化四项措施上下工夫。一是强化组织领导。成立了由局长担任组长的项目建设领导小组，下设专家委员会、项目办公室和工作组，明确项目建设、管理、资金运用及廉政监督等方面的职责和分工。二是强化制度保障。制定项目建设推进总体方案和2013年推进的实施方案，从指导思想、组织保障、工作任务和进度安排、风险分析、保障措施等五个方面细化了工作任务、工作节点和工作要求。三是强化工作推进。召开了全市审计机关项目前期准备工作会议，进行工作动员和任务部署。通过举办视频培训、建立联络员沟通机制、定期召开工作协调会等形式推进项目阶段性工作。四是强化质量检查。建立以业务分组骨干、业务分组组长、部门领导、分管局领导、专家委员会为主的分层对阶段性工作质量把关机制。同时，将工作分解为具体考核指标，纳入全市审计机关信息化工作考核计分标准。7月初，市审计局在综合各业务部门需求梳理的基础上，编制形成“上海数字化智能审计工程”项目可行性研究报告，并经多方征求意见，修改完善后报市发改委审批。

【促进信息技术在审计中的深化应用】 2013年，市审计局进一步总结信息化审计经验，强化制度规范建设，有效促进全市审计机关计算机审计工作的深入开展。一是注重提炼。对市审计局2007—2013年开展信息系统审计的情况进行分析梳理，编制形成相关审计情况分析及整改推进建议。二是制定方案。编制并印发《2013年信息系统审计工作方案》，明确了全市审计机关信息系统审计的目标、范围、内容等相关要求。三是拓展审计面。结合年度审计项目，全市审计机关积极推进信息系统审计工作的开展，全年共在39个审计项目中开展了信息系统审计，信息系统审计覆盖面不断提升。四是提升效率。市审计局进一步加大对重点审计项目的技术支持力度。在对审计署全国政府性地方债务和财政存量资金等项目审计中，技术人员编写的债务报表汇总导入工具、后台快速导入工具、审计报告自动生成工具等程序，在十分钟内就能完成以前半天的工作量，工作效率提升了几十倍。四是推进联网审计。陆续建立和完善“地方商业银行数字化审计平台”“援疆投资联网审计平台”和社保联网审计，完成《上海市对口支援建设项目联网审计模式研究》等课题的研究。

【完成新大楼信息系统、会议系统搬迁工作】 2013年，市审计局在市政府的统一安排下，办公场所从黄浦区河南南路288号搬迁至浦东新区世博村路300号，市局在时间紧迫、任务繁重的情况下，有条不紊地开展了机房设备、弱电间网络设备、局内各应用系统、多媒体会议系统的迁移、安装、调试和上线等各项工作，共涉及审计内网、审计专网、公务网、互联网、审计署内网等5个网络，20多个应用系统，近1 000台(套)终端设备。整个搬迁期间，信息技术部门不仅制定了严密的技术方案和应急措施，同时加班加点，确保各类数据在搬迁过程中的一致性、完整性和安全性，圆满完成了信息系统、会议系统的迁移工作。

【移动办公和短信通平台全面应用】 2013年，上海市审计局推出一系列办公平台，方便审计人员之间的沟通与交流。一是开通移动办公平台，提高审计工作相关信息的及时传递，有效解决审计人员外出办公、异地审计期间，实现审计现场和审计机关的即时联动，全局共有268人实现了移动办公；二是开通“短信通”平台，提高全局重要事项的发布效率，加强日常提醒和内部信息沟通等；三是腾讯通RTX(即时通信 Real Time eXchange，简称RTX)平台应用进一步拓宽，形成了可连接审计署、各省审计厅或直辖市审计局和上海市各区县审计局的通讯平台，方便审计系统各条线之间的沟通与交流。

【加大计算机审计人才的培养力度】 2013年，市审计局进一步强化信息化人才培养工作。一是提升培训工作的针对性和实用性。改变以往交流、讨论单一的方式，采用主题讲座、实地参观、4G新技术体验、分组模拟演练等形式，先后组织举办了数据分析实用技术培训班、信息系统审计实务操作培训班、新技术培训暨2013年全市审计机关第三次计算机审计联系人碰头会，全市审计机关共215人次参加了培训，取得了较好的培训效果。二是继续做好计算机审计中级培训工作。全市审计机关37名学员参加并通过了第7期计算机审计中级培训，有5名成绩优异学员赴北京参加并通过了审计署组织的计算机审计中级水平考试。同时，全市新增63名审计人员通过了审计署OA培训认证考试。

2013年，在中国审计学会计算机审计分会组织的国家审计信息化持续发展研究论文征集中，市局有2位同志分获一等奖和三等奖，《上海市审计局信息系统审计绩效报告》和《上海市审计局电子政务审计绩效报告》入选审计署《信息化绩效报告》选编。

(张云天)

上海市国有资产监督管理委员会

【概况】 2013年,为贯彻落实《关于进一步深化上海国资改革促进企业发展的意见》精神,深刻领会"上海国资国企改革20条"的重要意义,上海市国有资产监督管理委(以下简称"市国资委")着力推进国资改革,促进国企发展。一年来,国资委信息化工作围绕全委工作重点,分类指导协调企业信息化建设,以"统一平台、集中数据"为主线,推进企业信息化与产业化融合发展,推进国资业务管理信息化建设,全面部署企业信息化发展的方向和重点任务,构建系统企业协同办公系统,开发完成系统企业通过国资委网站进入企业联动发展直通车功能,完善国资委业务应用网安全建设项目,进一步规范信息化项目的过程管理和预算管理。

【推进企业信息化与产业化融合发展】 研究确定信息化工作任务。协调召开了市国资委信息化工作领导小组会议,审议通过年度重点工作安排,组织召开推进企业信息化与产业化融合发展工作会,总结交流企业集团信息化建设典型经验,全面部署企业信息化发展的方向和重点任务,推进企业信息化工作。

推进企业信息化与产业化融合发展。研究制定推进企业信息化与产业化融合发展的实施方案。协调企业关于信息化领域的技术创新和管理创新项目的申报,对涉及的信息化项目予以筛选和认定。深入重点企业调研,选定8家企业列入系统信息化建设示范工程名单,7家列入创建示范工程名单,与市经信委联合印发《关于在市国资委系统实施企业信息化建设示范工程的通知》。指导企业做好创建报告的拟写,加强对企业创建工作的指导,组织8家企业的示范工程专家评议。

分类服务企业信息化。为引导企业前瞻布局,安全有序推进技术应用,根据企业信息化水平,分类服务企业信息化。一是组织相关人员赴深圳华为进行"跨国、跨地区大型企业集团的信息化管控"的学习考察活动,学习交流大型企业的管理文化、管理理念、信息化思路,促进企业提高管理水平。二是举办大数据时代的企业信息化应用交流活动,交流学习如何收集、管理、挖掘、用好各种关联数据,为企业发现商机、创新模式服务。三是组织企业参加7—11月举办的2013信息安全技能国企组竞赛,加强企业信息安全意识教育,提高企业信息安全保障能力,其中勘测院、久事、申通3家被列入全市国企组前六名。四是组织30家企业参加8—11月的上海市智慧城市百人CIO(首席信息官Chief Information Officer,简称CIO)培训,提升综合信息化管理素质。五是协调和鼓励企业积极参加2013年度上海市优秀CIO和优秀应用成果的评选以及上海市"IT新锐"的评选,加强国资企业信息化人才队伍建设,为推进国资企业信息化和产业化融合发展提供人才智力保障。六是联合市网安办举办"企业的商业秘密保护"的国资企业信息安全大讲堂,增强企业信息安全防范意识,进一步推动国资系统企业提高信息安全保障的能力。七是联合华三公司举办企业"云网融合"体验交流活动,分享企业关于云计算架构及虚拟化管理的企业云网融合解决方案等新技术应用,提升企业信息化水平。

推进企业使用正版软件。举办知识产权保护与软件正版化讲座,推介正版软件;搭建微软产品集中采购服务企业的平台,协调微软经销商仪电下属南洋万邦公司联系微软公司,达成微软产品让利14%以上的优惠,完成企业千万元以上的微软产品集中采购量,降低企业软件正版化成本,推进企业软件正版化进程。组织2013年企业使用正版软件情况的专项检查活动,了解掌握企业为实现"2013年底前完成所有三级以上企业实现软件正版化"目标所做的工作,进一步巩固前两年委管单位本部软件正版化的成果。形成"市国资委2013年推进使用正版软件工作总结和2014年工作要点",报送市版权局。

完成2012年度、启动2013年度企业信息化水平评价。在2011年度上海市国资委企业信息化水平评价工作的基础上,优化测评方式,按制造、投资、科研、服务、建筑房地产等五大类分类,调整测评指标和权重,精简有关指标项,增强测评的专业化,形成并发布2012年度企业信息化水平总体、个体评价报告,加大企业信息化推进力度。在前两年工作经验的基础上,结合企业和专家意见,进一步完善信息化水平评价工作机制,调整评价方案,突出个性化评价,组织2013年度企业信息化水平评价,组织专家遴选13家企业开展企业信息化调研及复评工作,形成初步评价报告。

【推进国资业务管理信息化应用】 推进国资业务管理信息化应用。2013年组织业务系统梳理,按合同要求完善功能,对数据实施全程管理,可实现数据自动导入、抓取,做好项目收尾工作;组织企业部署,通过SSL(安全套接层Secure Sockets Layer,简称SSL)网关和数字证书等手段将国资管理系统门户延伸所有企业;组织数据采集系统上线部署,实现网上数据采集全覆盖。组织国资监管系统收尾验收,组织干部、法人等子系统验收,部署产权、评估等子系统应用。完善企业交互的协同办公系统方案,完成办公门户作为联系企业门户,实现单点登录、

VPN(虚拟专用网络 Virtual Private Network,简称VPN)集成应用及短信平台功能的开发,部署企业试用。

构建系统企业协同办公系统。企业交互的协同办公系统初步建成,将国资监管信息系统和国资委OA门户系统功能向企业延伸,实现公文电子化往来,流程可视,并组织部署试点企业进行试运行,初步实现国资委机关和企业集团的协同办公。组织各企业协同办公系统管理员培训工作,并协助办公室组织试点企业协同办公系统使用的培训工作。完成委管企业协同办公系统使用部署工作。

开通服务企业联动发展直通车。开发完成了系统企业通过国资委网站进入企业联动发展直通车的功能,为国资委和系统企业以及系统企业间在国内合作交流、企业家沙龙、海外发展、政策法规、企业项目、网上咨询等方面建立沟通渠道,推动企业联合发展。完成系统企业登录的数字证书制作,组织试点企业直通车的测试运行,委管企业的应用培训以及数字证书发放。

完善国资委业务应用网安全建设项目。完成业务应用网信息安全方案的建设、测试,梳理应用系统,进一步落实安全措施,确保业务应用系统转网后的平稳运行。组织信息安全方案的试用、验收。

【做好机关信息化保障工作】 做好机关信息化保障。推进新版OA全面运行,完善功能,深化应用。加强日常一体化运行维护、防止安全漏洞。实施资源持续优化,提高系统的应用效能,做好委数据中心机房由仪电下属科技网公司托管的方案,顺利完成机房搬迁,做好系统平稳运行的维护保障工作。提升网站质量,增加网站应用,加强内容维护,落实技术保障和安全防范。做好2014年信息化项目预算申报。

加强机关信息化项目管理。2013年印发《市国资委信息化项目管理暂行办法》,规范信息化项目的过程管理和预算管理。落实信息化项目建设的需求分析、项目立项、开发过程、使用管理、运行维护的协调机制,加强信息化项目统一管理、统一建设的工作机制。并着手修订完善《市国资委机房及软硬件资源管理制度》等,加强信息化资产管理。

协助做好安全保密工作。为落实保密局检查的整改意见,对所有在用计算机进行了保密检查,针对检查结果中出现的问题提出技术解决方案。将所有在用电脑进行造册登记,做好各类台账的管理工作。组织市国资委机关信息安全自查、迎接市保密委复查。配合保密办组织委管企业保密培训。根据市委办公厅工作要求,制定文件简报网上传阅技术方案,组织实施市国资委涉密网建设,做好涉密网安全运行的服务保障工作。

加强日常运行维护。深化OA应用,完善系统功能,满足机关处室的新增需求。做好安全生产、收入分配、薪酬调查系统的功能升级整合及维护。做好服务器、存储、网络和安全硬件的一体化日常运维。做好门户网站日常运维,组织网站纠错、优化,做好内外网站信息的常态发布,全年内外网网站共编发信息2 800多条,上报中国上海网站1 600多条,采用1 456条,上报国务院国资委网站1 256条,采用146条。

(赵　泉)

上海市税务局

【概况】 2013年本市税务系统信息化建设工作以2012年度全国税务系统电子税务工作会议精神为指导,以保障税制改革、优化纳税服务、深化征管改革和提升行政管理水平等税收工作为核心任务,努力把"管理到位、网络畅通、数据完整、安全可控、运行平稳"作为信息化工作的长期要求,全面推进各项电子税务工作。

【营改增扩大试点】 为确保营改增扩大试点技术保障工作有效开展,市税务局信息中心(以下简称"中心")积极做好前期准备、模拟环境搭建、基础平台部署、模拟运行、运维保障以及效应分析等一系列工作,有效保障了各项工作的顺利开展和各个系统的按时升级。货运系统的升级改造,提高了货运发票税控系统扫描识别控件对货物运输业增值税专用发票的扫描认证自动识别率,修改了货物运输业增值税专用发票税控系统与综合征管系统之间的一般纳税人档案同步接口,根据调整后的业务规则升级调整代开货物运输业增值税专用发票税款抵扣功能。防伪税控系统的升级改造,修改了防伪税控系统与综合征管(国税)系统之间的一般纳税人档案同步接口,修改完善防伪税控系统,限制纳税人只能开具授权税率的增值税专用发票,增加了增值税专用发票销货清单的开具和管理功能,实现了对石脑油、燃料油增值税专用发票的监控管理功能。另外,还完成了稽核系统和网上申报等一系列升级工作,按要求部署了总局营改增监控平台,先后实现了营改增数据直报和海关缴款书"先比对后抵扣"等。

【网上办税服务厅】 2013年9月10日召开了网上税务一期建设(网上办税服务厅)项目启动会,标志着该项目正式启动。该项目从分局抽调人员,在闸北分局组织开发。根据项目的建设目标和总体架构，就系统功能整合、CA(证书授权中心 Certificate Authority，简称 CA)身份认证统一、数据接口规范等方面，对现有网上申报、认证、抄税等涉税应用进行优化完善，完成六套网上办税应用的登录整合。经过三个多月的软件开发及测试，2014 年 1 月 1 日网上办税服务厅正式上线，实现网上办税大厅框架构建、完成单点登录功能，实现了电子申报等办税项目无缝切换；组建"办税服务大厅"，实现网上应用平台整合。

【信息安全工作】 根据《国家税务总局关于开展 2013 年度税务系统信息安全专项检查工作的通知》，及《上海市经信委关于印发〈2013 年上海市重点领域网络与信息安全检查实施方案〉的通知》等要求，中心在 2013 年 8、9 月间组织安排技术力量对本市税务系统各单位全面开展信息安全检查工作，并对检查情况进行了汇总和通报。此外，中心还组织召开了全市信息安全保障工作专题会议；开展全市税务系统"信息安全形势教育"专题培训。组织协调信息安全技能竞赛；承办《护航税务信息服务，守卫涉税信息安全》信息安全大讲堂税务专场。针对可能存在的信息安全突发事件，组织信息安全应急演练；定期对全市范围的信息安全防护体系进行监控分析，并发布每月的安全通报；为全市的信息安全防护体系提供技术支持，保障税务信息系统安全运行。

【应用系统推行情况】 完成出口退税系统迁移和升级。按照国税总局要求，积极配合业务部门做好各项技术保障工作，完成了出口退税审核系统数据库迁移及升级工作，已正式启用新版出口退税审核系统和出口退税网上申报系统办理出口退税申报审核事宜；配合市局征管科技处对申报制度改革系统调整，配合完成了电子申报端的参数设置和功能升级。网上申报于 2013 年 4 月 1 日前发布上线。做好税务网站应用开发和日常运维工作。应用开发方面，根据业务部门提出的业务需求，完成税务网站软件升级工作，包括网购发票配送服务开发，发票核定，按季申报企业名单查询，互动参与平台的群组管理、手机短信订阅、纳税人课堂(学校)网上报名、在线填报、纳税人登录情况统计，附加下载改版，企业所得税汇算清缴事中监控疑点提示，发票信息网上查询，述职述廉改版等。日常运维方面，优化服务器性能，进行安全整改，确保税务网站安全运行；实现网上办税税务端整合改造：网上办税依事项划分有 11 项，其系统架构、技术路线、开发商都不尽相同，体现在安全性、合理性、完整性等方面参差不齐。中心分别完成了需求分析、框架设计、编码测试等工作，并于 10 月起正式全面上线运行，上线后集中监控、跟踪问题、排除故障、优化性能，保障了系统顺利上线，稳定运行，为分局工作解决了实际问题。持续推进内门户应用。进一步优化市局应用，截至 9 月底完成了微博管理系统、"12366"工单全市流转、科级干部公开选拔系统、公文系统相关功能调整、征管科技处主页改版、办公室、机关党委的主页开发、与远程教育单点登录等多个软件开发。保障分局正常应用，合理调研个性化需求，推广政府信息公开，完善风控中心应用，多渠道满足分局的个性化需求。

【信息化基础设施建设】 进行视频会议系统升级改造项目。2013 年年初通过厂商调研、方案论证、技术选型，初步拟定了整体方案，4 月项目正式启动。7 月，项目经专家评审通过。8 月最终采购需求经市局财务处报市采购中心，分两个包件进行公开招标采购。9 月项目开标，19 家单位投标。10 月完成了项目评标工作。11 月完成项目配套的项目监理招标采购及市局会场配套招标工作。同时根据项目整体的安排进度，完成了二分局(一大一小两个会场)的试点工作，并与市局会场完成了点对点的联调工作。

完成公务网建设。"文件简报网上传阅"工作是上海市委 2013 年电子政务建设的重要工作。为配合此项工作的实施，市税务局原有公务网单点接入方式需升级改造为网络接入方式，即新建一套涉密接入网系统。中心积极做好前期准备工作，待需求初步明确后，即刻准备实施方案。7 月 24 日，该方案通过市保密局的专家评审。评审通过后，中心迅速调动各方力量，结合专家整改意见，立即落实设备到货相关事宜，确保了 26—28 日周末加班期间的方案实施和网络建设。7 月 29 日，中心通过了涉密信息系统的分级保护测评。

完成核心机房调整改造。根据总局信息安全的要求及金税三期网络的规划，中心在中秋节假日期间对网络及部分系统平台进行优化调整，调整内容包括金税三期网络后续优化调整、数据中心安全域划分、广域网应急演练、网站核心设备故障修复、市局 FTP(文件传输协议 File Transfer Protocol，简称 FTP)服务器迁移、税务总库服务器迁移和综合征管库数据迁移等。国庆期间对本市税务办公大楼核心机房进行改造施工，改造内容主要包括 UPS(不间断电源 Uninterruptible Power System，简称 UPS)设备更新及配电改造、设备布局调整、IP(网络协议 Internet Protocol，简称 IP)网络优化、SAN(存储区域网络及其协议 Storage Area Network and SAN Protocols，简称 SAN）网络优化及网络布线调整等相关配套工作。通过两次停机调整，优化了核心机房资源分配，提高了机房的工作效率。

（刘 汀）

上海市工商行政管理局

【概况】 2013 年根据国家工商总局和市委、市政府的有关部署，上海工商行政管理部门全面履行工商行政管理职能，深化行政审批制度改革，服务上海经济社会发展大局，保障"四个中心"建设，积极参与建立自贸区等工作，上海工商信息化建设工作则围绕新形势下的工商行政管理工作重点，服务大局，保障工商行政管理信息化工作稳步推进。

【如期完成 2013 年度信息化预算项目和运维保障项目建设】 按照上海市经信委信息化项目预算的审核意见，上海市工商局 2013 年度完成信息化新建项目为法人信息共享系统工商业务数据应用建设、网络商品交易及有关服务行为监管应用建设、与"一证通"衔接及年检系统调整、三级等保—数据中心安全加固项目、网站安全加固项目、PC 服务器更新等 6 个项目的建设；完成 2013 年度信息化运维保障项目的行政监管应急指挥调度管理应用系统建设、国民经济行业转换及行业管理应用项目建设、信息化项目建设管理项目开发、OA 系统部分功能调整、工商业务专网"营业执照电子副本管理"项目主要功能的开发。

【法人信息共享系统工商业务数据应用】 通过法人数据共享利用，方便工商部门及时了解法人信息，便于加强对市场主体的监管，提高工作效率和公众服务水平。同时，深化企业登记数据和法人数据的应用，深入开发业务数据资源，帮助形成有针对性的行业分析报告，引导投资者进行理性投资，同时也为领导层的正确决策提供有针对性的数据支撑。开发完成的内容主要包括：基于法人库平台向其他政府部门共享信息，包括股权信息、快捷名称信息、名称核准信息等；在工商许可与监管业务中有效利用法人库信息，包括企业核对信息、税务信息、第三方信息、前置许可信息等；基于企业登记数据和法人数据进行行业分析，包括企业股权组成分析和企业投资族谱分析等；构建市场主体立体档案信息，以市场主体数据为中心，实现从建立到历次变更、处罚、巡检、被投诉等数据信息的串联；支持分局共享各类业务数据及法人库数据，改造前置共享系统，共享主体登记信息、监管信息、法人共享信息、效能信息和统计数据；梳理整合历史数据，完善历史存量数据的标注、转换、静态化与查询。

【网络商品交易及有关服务行为监管应用】 建设全市统一的网络交易监管系统，以互联网和业务专网平台为依托，以网络信息技术为手段，"以网管网"，提高工商部门网络交易监管效能，促进服务网络经济发展，维护经营者和消费者的合法权益、规范网络商品交易市场秩序。开发完成主要内容包括：建立网络经济户口数据库，将各类网络商品经营者的有关信息进行录入、整理，确定重点监管对象；建立网络交易日常监管子系统，获取总局搜索结果并分派、处理，人工网上巡查任务生成及结果录入；提供综合统计、查询功能；建设网上对外服务窗口，发布网络交易监管的政策法规、消费向导，基于网络经济户口数据库，开发网络经营主体查询系统，向公众开放已在工商部门登记注册的网站经营者的数据；实现与总局平台及本局其他业务系统的互联互通。

【与"一证通"衔接及年检系统调整项目】 在政府部门间信息数据实现汇集共享的背景下，结合市政府智慧城市等信息化项目的建设，工商部门在办理个体验照、企业年检业务时，通过推广法人一证通的应用，进一步扩大无纸化参检企业的范围，严格把好年检验照审查关。通过年检验照，采集企业监管信息和非公党建信息等各类信息，了解掌握企业情况，把握企业生产经营中存在的问题，提升监管效能，推动企业创新发展，促进社会和谐进步。开发完成的主要内容包括：拓展法人网上数字证书在工商年检时的应用，通过法人一证通，完成办理无纸化网上年检的企业身份认证，为进一步推行无纸化网检工作奠定基础；根据小型和微型企业的判定标准，在年检系统实现小微企业免收年检费用功能；开发"走千家企业活动服务网上预约"功能，通过企业自主预约、填报需求、各级工商部门走访企业的模式，实现"走千家企业"活动对象的分类汇总、走访情况跟踪、问题汇总、数据统计。

【2013 年三级等保—数据中心安全加固项目】 根据 2009—2011 年安全等级保护测评情况，上海市信息安全测评认证中心依据 GB/T 22239—2008《信息安全技术 信息系统安全等级保护基本要求》中第三级安全防护要求，对上海市工商局的"金信工程"业务专网进行了等级测评。其中对机房安全、双因素认证、介质管理及防病毒等几个不足的方面提出了整改意见。根据整改意见，对

现有系统进行安全加固,建设动态令牌认证系统,实现双因素认证;配置防病毒网关隔离市局和分局、分局和分局之间的病毒邮件传播;环境监控系统和防雷接地系统;配置移动介质管理系统。

【网站安全加固项目】 根据上海市市委、市政府、沪网安办〔2012〕2号文网站安全加固及沪网安办〔2012〕4号文网站安全加固的要求,针对存储核心数据的数据库系统进行全面的网络行为审计,阻止非法入侵和违规操作,保障核心数据资产的安全。为了减少审计设备对数据库的影响,采用并采购数据库旁路审计相关设备。为消除公众服务网核心设备的单点故障隐患,购置并集成了7层负载均衡器。同时为了加强用户授权管理,对关键设备的管理员采用双因素认证。

【PC服务器更新(备份系统)项目】 上海工商信息系统自1997年建成以来,经历了2001年、2006年2次Windows平台服务器的升级改造。随着新应用功能的不断扩展,逐渐反映出系统性能方面的不理想。各PC服务器设备经过近5年的运行已经老旧,硬件故障率也大幅提升,而且部分厂商不再提供支持服务,一旦出现硬件故障或者损坏将直接影响到系统的正常运行,因此更新了备份控制服务器、磁带库等硬件设备,降低故障率,提升系统处理能力。

【完成行政监管应急指挥调度管理项目建设】 采用信息化管理手段建立"应急指挥调度系统",针对突发的重大事件,整合各条线工作任务管理机制,实现综合性工作任务的发起、调度、督查、考核、总结及统一结果发布等功能,提高处理效率,使各级领导能够及时掌握整体执行情况,辅助其对综合性工作任务的处置决策。建设主要内容为建立工商监管范围内突发事件的应急指挥调度机制,满足各级领导的综合性、非常态化管理任务的调度发起、调度分派、进度跟踪、督查催办、情况汇总、预案定制、信息发布等功能,实现与各业务应用系统的调度联动。

【完成国民经济行业转换及行业管理应用项目建设】 根据2011版国民经济行业代码,对相关数据、涉及的统计报表和数据分析进行调整,以满足业务工作要求。同时,在个体工商户登记系统中增加台湾居民个体工商户登记,确保符合国台办和国家工商行政管理总局的文件和政策性要求。在企业的日常监管和年检中,探索企业信用分类监管与行业分类监管相结合的新模式,建立健全有利于新兴产业和新型业态发展的监管机制。配合上海产业结构调整,对淘汰类企业加强日常监管,促其加速退出市场。建设主要内容为:国民经济行业代码转换处理;构建台湾居民个体工商户的数据采集模块、名称和实体登记流程、法律文书和营业执照打印系统;实现广告经营单位数据录入、汇总、上报、查询功能,实现公益广告的数据采集、查询和统计功能;配合上海产业结构调整工作,对企业进行产业分类,对鼓励类、淘汰类产业企业实行分类监管,在此基础上进行产业数据分析和评估。

【完成信息化项目建设管理项目建设】 根据用户需求调整,完成增加按照信息资产服务类别(ABCD类)设置维护费用的比例的功能;修改了信息资源所属服务类参数变化获取方法,调整了可验收项目的项目列表逻辑等部分功能。

【完成OA系统部分功能的调整】 主要完成分局因私出国流程的调整,在OA党务发文中增加纪委发文类别等,完成后勤管理系统中"资产入库、资产退库、制服着装提示管理"等模块的调整。

【完成工商业务专网"营业执照电子副本管理"系统的主要功能开发】 包括申请新的电子执照、变更电子执照、挂失电子执照等功能,完成工商外网营业执照申请、读写,网上年检等系统的登录功能调整,完成营业执照申请内、外网联调,并进行了电子营业执照签发功能联调,测试新驱动程序、执照签发调用接口、营业执照登录、营业执照读写等功能,并根据联调结果进行应用功能改进。

【积极参与登记制度改革、上海自贸试验区的试点工作】 2013年,国务院决定在上海成立自贸区,并于9月29日正式挂牌成立。根据工商总局及市委、市政府的统一部署,按照自贸区建设任务的要求,根据自贸区工商职能转变的新特点,如期完成《自贸区相关业务系统调整方案》和《自贸区企业登记管理相关信息系统调整方案》,并根据调整方案对内资、外资登记系统进行调整。调整内容包括:企业登记前置许可数据项调整、许可经营事项调整、公司注册资本认缴制调整、企业住所数据项调整、增加试验区分局外资登记审核权的流程调整、外资登记审批信息数据项调整、自贸区注册号编码、自贸区登记用章调整、自贸区执照样式调整、新增自贸试验区内资和外资一口受理功能等。9月26日,自贸区登记系统正式上线运行,首日便完成20余家颁证企业的营业执照打照。

【加强信息安全管理工作】 在加强信息安全制度建设方面：一是对照市有关部门关于"门户网站安全保障工作制度"及"上海市政府网站安全保障指南"的要求，梳理了现有的相关技术防范措施和信息安全管理制度，完善现有技术防护措施、制定现有各项信息安全相关制度的执行规范和流程；二是组织并配合市信息安全测评认证中心对业务专网信息系统的三级测评，对测评中发现的问题及时落实整改，并督促存在安全隐患的分局落实整改措施；三是积极参与上海市2013年度重点领域网络与信息安全大检查活动，重新梳理现有的安全防护措施，完成《自查报告》；四是根据《应急演练科目纲要》，拟定应急演练方案，完成2013年信息系统应急演练；五是完成业务专网域控服务器、Web服务器等的风险评估，督促集成商对发现的高危风险进行整改。

【2013年度信息化项目的预算执行和2014年度信息化项目申报工作】 预算执行工作。2013年在信息化项目预算执行工作中，共完成单一来源采购6个，集市采购8个，竞争性谈判5个。2013年3月29日，完成"金信工程"改造项目的专项验收；完成了2011年度项目公共服务平台整合项目、2012年度项目(承包商登记、撤销登记业务及数据应用建设项目、非公党建信息管理系统建设项目、公众服务平台网上办事系统建设项目、企业电子地图应用建设项目、食品质量监测系统建设项目、市局互联网综合布线建设项目、网络设备更新(部分)建设项目)和上海市政务信息资源综合利用试点8个建设项目的专项验收。

预算申报工作。一是做好2014年度市本级信息化项目预算申报工作，通过需求立项评审工作，共形成16项2014年度信息化建设项目，完成预算申报工作；二是根据《上海市经信委关于上海市工商行政管理局金信工程改造项目专项验收意见》(沪经信推〔2013〕250号)，完成了"金信工程"改造项目运维项目预算的补充申报；三是追加申报2013年度信息化建设项目——办公自动化改造项目。根据市财政局的要求，调整办公自动化改造项目为2014年度建设项目，并完成了申报报批工作。

【加强数据质量检查，提高系统数据质量】 根据《工商总局办公厅关于开展市场主体登记数据质量检查的通知》，补充完善了三年数据检查总结报告。完成2013年度数据质量检查要求分析，并制作了分析PPT。根据总局下发2013年全国工商系统市场主体登记数据的摸底检查情况通报，对总局摸底检查分析结果进行梳理。对于业务部门问题，编写了问题修改建议单；对于总局模型问题，编写了情况反映说明。根据国家工商总局下发的《2013版数据指标规范》，组织有关人员对目前信息系统进行了梳理和对照检查，制定了对照数据指标调整及应用系统调整修改的技术方案。

【信息化工作调研活动】 为了更好地围绕中心，服务大局，服务经济发展，结合群众路线教育实践活动，积极探索行政体制改革与工商企业注册登记制度改革，服务基层工商部门信息化工作，2013年深入19个基层工商分局及部分工商所开展了信息化工作调研活动。调研主要内容包括：基层分局信息化管理机构岗位设置情况，信息安全责任制落实情况，基层工商部门信息化管理制度健全情况，工商信息系统运维环境情况，基层分局数据应用分析、共享交换情况，信息安全意识教育和专业技能培训情况。通过调研活动，加强了与基层的沟通交流，了解了基层部门对信息化工作的意见和建议，发现基层部门在信息化安全管理中不规范的问题，从而及时指导解决问题。

（李佳音）

上海市质量技术监督局

【推进"金质工程"专项验收及竣工审计】 加快完成"金质工程"收尾项目"风险管理""移动办公"及"行政执法"改造三个系统建设应用，2013年9月6日通过了市经信委组织召开的专项验收。至此，上海市"金质工程"项目从多个层次实现了食品生产安全监管、特种设备安全监察、工业产品质量监管以及计量、标准化、认证认可等监督管理的数据电子化、远程协同化以及管理网络化，有效提高了上海质监部门的履职能力和行政效率。同时，配合审计部门完成了对"金质工程"整体项目的竣工审计。

【深入推进法治质监信息系统建设】 继续推进"上海质监"网上预受理和审批系统的推广应用工作，完成计量12项、标准6项、特种11项、认证认可4项、工业产品2项业务系统网上受理。完善执法案审系统推广应用，实现行政处罚案件集体审理信息化。在确认需求指标对系统进一步完善的基础上，组织总队和四个区县试点单位展开推广应用。

【加快移动监管系统建设及推广应用】 大力推广移动监管系统，已全面完成食品生产、特种设备、工业产品和计量等业务的系统开发与推广应用，并完成了专家验收，同时结合无线视频采集、传输和处理系统建设，实现企业、产品监管从发证到监管和执法的全过程标准化、电子化、动态化和可追溯。至2013年11月，已有食品监管信息3 300多条、特种监管信息380多条。

【完成全市认证检测机构资源统计工作】 根据前两年的经验及2013年认证检测机构资源统计工作要求，完成“认证检测机构资源统计系统”开发及部署，并协助完成近700家机构业务开展情况、人员配置、设备仪器状况、认证检测能力等数据统计填报及统计分析，为市统计局、市经信委、市科委等部门提供认证检测基础数据。

【完成上海质量技术监督网站改版】 经过2013年年初策划、需求征集、方案论证、实施跟进、验收测评，完成了网站主页布局优化、质量科普专栏、机构便民地图、场景式服务等功能建设，促进网站信息发布更全面、更准确，交互平台更友好、更通畅。在国家质检总局组织的全国31个省级质量技术监督局网站绩效评估中位列第一，并获“特色栏目”单项奖。

（储昭武）

上海市统计局

【完善企业一套表联网直报平台】 为充分利用现代信息技术，改进统计生产方式，提高统计生产过程的透明度和数据的可控制性，提高统计工作效率和统计数据质量，国家统计局建立了全国统一的企业联网直报平台。通过该平台，全国所有“三上”企业（规模以上工业企业、限额以上贸易企业以及资质以上建筑业和房地产企业）通过互联网直接向国家统计局报送数据。该平台分为国家、省市两级，“三上”企业数超过2万家的省份部署独立的省级分节点并与国家节点之间实现实时数据同步，其他省份直接报送至国家节点。按此要求，上海市统计局2013年采用国家局指定的清华同方软件部署了全国联网直报市级分节点。根据前期试点情况，对平台相关设备进行了资源优化配置，提高了系统性能，实现了应用系统的负载均衡，实现了电信线路和政务外网线路之间的负载均衡和互为备份，并建立了针对网络和应用软件的监控系统，以便及时发现异常情况。自2012年年报和2013年定报开始，所有“三上”企业都已通过清华同方报送数据，其他企业仍通过原先的市级联网直报平台报送数据。

【做好第三次经济普查数据处理准备】 以2014年1月1日为调查时点的第三次全国经济普查充分运用现代信息技术，全面采用移动终端设备和电子地图，实现普查数据的采集、报送、处理等手段的电子化、网络化，提高普查的现代化水平。根据《上海市第三次经济普查数据处理方案》，普查员利用手持电子终端设备（Personal Digital Assistant，简称PDA），现场对普查对象所在地址进行GPS（全球定位系统Global Positioning System，简称GPS）定位，拍摄普查对象相关证照，核实、采集普查对象数据，并通过广域网或3G无线网络将数据报送至统一的数据处理平台，实现统计人员五级在线审核处理。

为提高企业地址定位的精确度，同时便于今后建立普查GIS系统，本市采用了市测绘院的电子地图取代国家局统一的高德地图，为此，在国家局数管中心、市测绘院、高德公司的协助下完成了各区县、街镇、普查区边界的绘制，并将边界数据准确导入普查GIS系统，生成了普查所需的电子地图。第三次经济普查数据处理环境已经搭建完成，主要包括移动终端管理平台、数据处理平台两部分。2014年1月1日开始正式调查后，数据处理人员可以通过这两个平台接收、审核由企业和普查员上报的数据，实时掌握数据处理进度，确保数据安全，数据处理工作将于2014年上半年全部完成。

【启动统计信用数据库建设】 为加快统计管理方式的转变和创新，进一步完善统计数据质量体系，切实加强统计基层基础建设，推进依法统计、诚信统计和服务型统计建设，市统计局在2013年启动了统计信用数据库的建设。目标是建立统计信用管理平台，实现对统计调查单位、统计人员的统计信用信息的记录、查询、处理、共享和信用评级，并与统计执法、行政许可衔接。已完成信用信息库的建立，实现对基本单位名录库、统计调查单位信用信息库、统计从业资格数据库、个人统计失信信息库的管理，即录入、审核、查询、汇总、权限管理等。

【加强信息安全和保密工作】 完成了市经信委2013年上海市重点领域网络与信息安全检查工作、市公安局2013年重要信息系统和政府网站安全专项检查，完成了全局所有非涉密系统的等级保护测评，其中三级系统1个，二级系统3个，按照测评结果制定整改计划并完成初步整改，完成了国家局要求的信息系统工程扩建项目风险评估和加固。

（唐庆茹）

上海市新闻出版局

【概况】 上海市新闻出版电子政务系统是上海市新闻出

版局 2010 年 12 月开始建设的项目，2013 年基本完成可行性研究报告中的需求建设，准备验收前的各项工作。2013 年完成公务网接入网分级保护建设项目，完成“沪版图书内容数字化”项目建设，完成青少年读书网改版和上海书展官方网站建设。2013 年 7 月，“书香上海”官方微信正式开通。2013 年上海市新闻出版专项资金经过行业单位申报和三级集中评审，已全部落实到新闻出版行业发展的具体项目。按照“公开、公正、公平”原则，新闻出版专项资金采取“初核、初评、定评”三级评审方式，对行业单位申报的 412 个项目进行评审，确定了图书出版、报刊出版、发行渠道、印刷产业、数字出版、版权产业、国际传播、公共服务八个领域的 181 个支持项目。新闻出版专项资金管理使用呈现三个特点。一是加强管理，规范专项资金的使用。二是规范流程，严格专项资金的评审。专项资金评审从项目必要性、项目方案可行性、项目预期效益、申报单位的综合水平、经费预算的合理性 5 个方面，采取综合打分和专家现场投票形式，共有 81 位专家库成员参加了项目评审，确定了专项资金支持项目和资金额度。三是引导支持，发挥专项资金的作用。为更好发挥新闻出版专项资金在引导支持上海新闻出版业发展中的作用，围绕市委、市政府“创新驱动、转型发展”的工作主线，着眼于打造新闻出版高地，推动上海新闻出版产业转型升级，2013 年新闻出版专项资金重点投向一批精品力作，一批惠及民生的公共文化项目，一批推动产业转型升级的重大项目得到专项资金支持，新闻出版专项资金对行业发展的引导支持作用进一步凸显。

【完成公务网接入网分级保护建设项目】 根据市委文件简报网上传阅的要求，2013 年 4 月启动公务网接入网分级保护建设项目建设，7 月完成公务网从单点接入到局域网接入的公务内网系统项目建设并顺利通过分级保护测评，取得使用许可证。

【上海市新闻出版电子政务系统项目建设】 由于项目进行了多次变更，2013 年 3 月重新编制了项目概算调整报告，7 月通过信息安全测评认证中心的信息安全测评和软件测评，11 月准备验收材料，报市经信委审核。项目虽已近验收，但仍需继续做好后续的各项工作，包括存在问题的修改完善等。

（梁国台）

【完成“沪版图书内容数字化”项目建设】 作为上海市人民政府与原新闻出版总署部市合作共同推进上海数字出版产业发展的重要内容之一，“沪版图书内容数字化”项目从 2009 年开始设计建设，被市政府列入 2011 年重点实施项目。历时三年多，已于 2013 年全面建设完成。该项目是政府部门为推动上海出版单位数字化转型而开展的基础性工作。项目采用政府部分资助的方式，鼓励上海出版单位开展数字出版基础工作，从面上加快上海出版单位的数字化转型进程。“沪版图书内容数字化”项目完成两大建设目标。一是以数字化形式为出版单位保存内容资源。通过项目建设，《大辞海》《中国通史》《资治通鉴》《话说中国》《新文学大系》等 5 万本改革开放以来沪新版有保存或再开发价值的精品图书得以数字化保存。二是为数字图书内容的进一步商业开发打下基础。通过项目建设，上海出版单位不仅储备了一批数量可观、品种丰富的数字图书资源，还积累了数字化资产管理的经验，并培养了一支能实战操作的数字化制作队伍，改善了上海数字图书的制作和商用能力，为传统出版数字化转型打下重要基础，也为后续的商业开发提供可能。

（范张文）

【青少年读书网改版】 2013 年，为积极推进中小学生良好阅读习惯的培养，以阅读引领青少年思想道德建设，增进青少年文化知识积累，配合“绿色悦读”和“悦读青春”两项活动的开展，青少年读书网（www. hellobook. com. cn）对相关内容和主页面进行了调整和优化。

首页新增“书香美言”和“书香文典”两个模块，以图文形式收录有关阅读的名人名言、中外著名文史典故、名人故事等，助力青少年扩充人文知识储备，提高文学感悟力和鉴赏力，同时为写作时的论据调用提供方便。为配合“悦读青春”活动开展，网站对该模块下的相关栏目加以调整，将“名家推荐”更名为“优秀青年荐书”，将“特色活动”更名为“青年读书会”，将“好书推荐”更名为“五四荐书”，通过模块的重新改造，使栏目名称更贴合发布内容，更符合青少年阅读兴趣和习惯，增强了网站的引导作用，同时，开设“读者咨询”栏目，增强网站与青少年读者的信息交流互动。

更改主页面框架、配色、字体和数据显示等，对“原创乐园”“我读我写”“上海书城”等已有模块进行美化，使内容图文并茂更加丰富，版面也更加合理和美观。自 6 月 1 日改版以来，截至 12 月 13 日，青少年读书网总访问量达 170 700 次，单日最高访问量达 3 729 次（8 月 29 日）。作为“绿色悦读”和“悦读青春”活动的主阵地，网站起到了积极的宣传推介作用，《新民晚报》《青年报》、人民网和东方网等媒体对“绿色悦读”活动纷纷予以报道，在各中小学校以及青少年中引起了强烈反响。青少年读书网自优化改版以来，对于营造中小学生倡导爱读书、读好书的良好氛围，对于引导全社会更多关注青少年阅读话题，都发挥了积极作用。

（王 磊）

【上海书展官方网站建设】 上海书展官网（www.shbookfair.cn）运用、结合新媒体等手段，综合发布书展在图书、活动、内容、文化等方面的信息，体现书展的功能定位、特色亮点，为全国各出版单位、作者、读者和媒体服务，培育和推动市民的阅读潜力，进一步宣传推广上海书展，树立书展良好的品牌形象，展现书展的文化价值和文化追求，不断扩大书展在全国乃至国际上的影响。网站能方便、快捷地对上海书展新闻、书展参展公告、记者登记、书展活动等进行管理和信息发布，发布和展示书展主办、承办和协办单位信息，发布和展示参展书籍、参展要求和历届书展资料等图文信息。

（温富成）

【上海市新闻出版工会网基本概况】 上海市新闻出版工会网（www.shcbgh.com）建于2002年12月，共设最新信息、工会组织、政策法规、民主管理、帮困助学、基层视窗、出版工讯、女职工工作、女编辑协会、文体活动和通知11个栏目。该网承载着新闻出版工会与原所属80余家（目前39家）基层工会上情下达、下情上报的功能，包括宣传教育活动、大型活动的举办、情况交流、经验介绍、信息沟通等，共计发布4 000余条信息和百余幅图片资料。网站具体功能如下：一是宣传党的方针政策和国家的法律法规，宣传劳模、弘扬先进，贯彻落实上级工会指示精神，及时布置工会工作；二为举办大型活动服务，开展网上法律知识竞赛，如：2007年、2011年先后开展“三法一条例”和“两法一条例”网上知识竞赛，参赛人次上万，开展行业职工运动会等活动，尽管运动会参赛人数达七八千人之多，各集团基层工会和职工均能及时了解活动要求，并以最短时间、最快速度组织实施；三为工会工作相互交流搭建平台，发布即时信息，不断增强工会工作的透明度，提高信息的及时性。通报基层工会工作情况，宣传劳模先进典型事迹、介绍基层工会工作经验。

（陈宏华）

【上海报刊数字化转型项目建设】 2013年新闻出版专项资金在报刊出版产业发展扶持方面，主要是支持学术期刊专业化、数字化、国际化发展。经过初核，专家评审和定评，最终对11个期刊项目进行重点扶持。其中，涉及报刊数字化的项目有：中国科学院上海生命科学研究院的《中国细胞生物学学报》数字化建设项目，将完成该刊从创刊以来的全文数字化，打造一个细胞生物学领域专业的学术交流平台；中国科学院上海硅酸盐研究所的《无机材料学报》全文结构化和富媒体出版项目，将完成该刊近五年的全文内容数据结构化制作，并以此为基础，生成RichHTML文件，为读者阅读提供各种便利和附加信息，能够较大提升其学术影响力；华东师范大学《文艺理论研究》编辑部的《文艺理论研究》国际化、专业化及数字化建设项目，将在近五年内使该刊跻身于国际核心索引（人文艺术引文数据库Art & Humanities Citation Index，简称A&HCI）刊物之列，实现国际水平、专业水准和数字建设的长足发展；外语教育出版社《外语界》编辑部的《外语界》期刊数字化项目，将建立网上投稿、查询、推广平台，实现编辑部在线审稿、稿件流转和编辑等功能，进一步增强该刊在国内外语学术界的影响力；上海交通大学出版社有限公司的《Nano-Micro Letters》学术期刊数字出版平台建设项目，将完成其数字化出版平台后续模块开发工作，建成一套功能完善、与国际主流出版平台相媲美的数字化出版平台系统，较大提升该刊的国际竞争力和学术影响力，也能对国内其他期刊的国际化发展和运营提供有益借鉴；上海医药行业协会的《上海医药》杂志数字化平台建设项目，将增强网站的互动性，方便读者和作者，扩大合理用药信息的社会影响力，打造行业服务综合体；上海市肿瘤研究所的肿瘤类学术期刊专业数字出版平台“肿瘤科学网”项目，将为编辑部、专家、作者和读者提供一个个性化服务的数字化平台，为社会大众提供防癌抗癌知识，传递行业信息，提高人们的肿瘤保健素养；上海市临床检验中心的《检验医学》全文数字化出版项目，将完成该刊近10年网络出版数字化制作和基于HTML（超文本标记语言Hypertext Markup Language，简称HTML）的富媒体开发工作；上海市文学艺术界联合会《东方翻译》杂志社的中国学术研究的国际化途径——《东方翻译》国际合作数字平台的建设项目，将以创建网上电子期刊和英文版为目标，通过国际网络合作和专家合作的形式，推动中国学术和文化走出去，为国内外翻译学者打造一个交流沟通的数字化学术平台；华东计算技术研究所的《计算机工程》个性化内容精准推送平台项目，将建立一个该专业领域的数据库，实现该刊发表内容的个性化精准化推送服务，是一项期刊数字化转型升级的突破性工作。

（周尚科）

【推动发行渠道信息化项目建设】 2013年新闻出版专项资金在发行渠道方面，除了重点支持实体书店外，还重点支持网上书店与数字发行平台，其中涉及信息化项目建设的有：上海天地图书有限公司的天地图书网上分销平台建设项目，利用原有的500余家供应商的资源优势，在保证原有业绩的情况下全面进入规模化网络分销模式，建立具有天地图书自有特色的线下结合线上的综合特色服务，实现传统图书市场销售的转型，引领新一代图书网销热潮。上海新华传媒连锁有限公司的免费阅读数字图书馆项目，数字阅读专区汇集了新华传媒的资源优势，主要由新华e店提供免费的图书下载阅读功能，为读者提供免费的数字阅读，可供读者免费阅读的电子图书近2 000种，计划发展到5 000种。数字阅读专区配备液晶电视机，台式电脑和平板电脑，在专区进行的数字阅读全部都是免费的。上海旧书店的"书适空间"网(个人阅读管理与分享平台)，利用手机等智能终端方便地进行图书管理，摄像头扫描条码即可录入图书详细信息，建立"我的书房"，并将图书进行分类处理：一口价转让、拍卖、出借和公益漂流，用户可以通过这个平台交流读书心得，分享读书乐趣，参加读书活动，可以根据地理位置搜索图书或者书友、书店，参加线下的文化活动。

（温富成）

【"书香上海"政务微博和微信】 "书香上海"政务微博2013年继续在新浪网、腾讯网、东方网和新民网四大平台运行，截至12月17日，共发布微博4 531条，粉丝数增至26.2余万人，活跃度和传播力在全市政务微博排名中保持前十。微博始终坚持围绕重要时间节点和重大活动开展宣传，在"三八"妇女节、4·23世界读书日、"五四"青年节、"六一"儿童节期间策划组织专题活动；八月上海书展十周年期间，"书香上海"政务微博在7天时间里全版面传送书展相关信息，日均编发微博18条并协调"上海发布"，引发网友转发评论达2.2余万次，强势助力上海书展宣传工作；中秋、国庆和元旦期间，设置相关专题，组织转发活动，努力传播"阅读是一种生活方式"的理念。注重创新内容形式，利用长微博、音视频等手段，丰富栏目的内容和呈现形式，共编发长微博330条，如：报刊集萃、媒体视角、书香美图、历史上的今天等。

7月，"书香上海"官方微信正式开通，微信内容以政务微博为基础，每日坚持精选部分内容主动推送，并将微博上线至今积累的书香晨曲、海上夜话、神州书卷、天天海上书、亲子书香、悦读锦囊等栏目的精品内容进行细致梳理，建立"书香上海'悦读信息数据库'"，以底部自定义菜单的形式提供高质量信息供即时下载。截至2013年12月27日，共主动推送信息149期，整理提供精品条目2 395条，真实粉丝(有效用户)达6 039名。配合中国最美的书获奖结果公布，及时将有关内容汇总发布，以方便用户下载。

（张　翼）

上海市绿化和市容管理局

【概况】 2013年是全面深入贯彻党的"十八大"精神的开局之年，是实施"十二五"规划承前启后的关键一年，上海市绿化和市容管理局(以下简称"市绿化市容局")围绕"管建并举"的工作方针，统筹规划，巩固现有建设成果，着眼长效管理，以打造"数字绿容"为目标，全面落实"十二五"行业信息化发展规划，抓好三个重点：一是推进项目建设，深化应用；二是提高管理水平，创新机制；三是强化规范意识，保障安全。通过对全年信息化工作的周密部署，行业信息化发展呈现了应用系统稳步提升，网络运维有条不紊，行业体系趋于完善的良好局面。

【完成三个重大建设项目的前期准备工作】 一是完成了《上海绿化市容综合监管信息系统完善工程可行性研究报告》编制工作。二是完成了上海市林业"三防"体系信息系统项目建议书编制。三是启动了基于北斗定位系统的城市执法管理车辆监管项目。

【设计开发了科研项目管理信息系统】 为实现科研项目管理的信息化，优化科研项目管理工作流程、方便科研相关人员信息互通、有效积累各类科研文档并形成各类统计数据，完成了"绿化市容科研项目管理信息系统"建设，系统功能包括从科研项目征集、项目立项、研究过程管理到验收的全过程管理，同时包含相关资讯信息和历年科研成果的积累、查询等功能。

【配合完成"绿化林业工程管理与服务系统"建设】 依托GIS、GPS坐标匹配技术和App模式，设计开发了平台端软件"绿化工程信息服务与监管系统"和手持终端"绿化工程移动终端监管和作业系统"。平台端软件的使用对象为绿化工程实施企业、监管部门及公众，实现了信息化的过程监管、共享和服务管理，而手持终端的主要使用者为绿化工程监管员、项目经理、安全员、质监人员和工程监理，现场人员通过移动终端能进行签到和信息上报，同时也能在移动终端上接收应急通知、工程作业相关提醒、整改通知指令等，实现了工程信息的高效管理和工程实施过程的实时监管。该系统已进入试运行阶段。

【完成上海公园绿地无线局域网(WLAN)覆盖工程】 公园绿地无线 WiFi 覆盖是上海市政府 2013 年的实事工程，面对开挖工程量大、覆盖面广、涉及管理单位多、协调难度大等困难，市绿化市容局通过加强组织机构建设、建立工作机制、制订标准与规范、分解任务和责任、积极沟通协调等措施，协同区绿化管理部门、公园方负责人共同召开专题研究会 16 次，公园绿地现场会 35 次，完成上海 98 家公园绿地无线局域网(WLAN)的覆盖工程，完成率为 100%，共建 98 个场点、708 个 AP 点。

【开发"上海公厕指南 App"并投入试运行】 该软件利用智能手机的特点及 GPS 地图定位技术，将上海市近7 000座免费开放的公厕位置及公厕内的详细情况传输给手机用户，用户能够通过屏幕显示出来附近所有的公厕标识，清楚地知道公厕内的环境状况和路程距离。通过文字列表及地图两种模式，由近及远地获取到身边公厕位置，并可根据 App 提供的 GPS 指引路线，前往最近的公厕，从而解决了公众突发内急找不到公厕的尴尬。上线后得到了市民的一致好评，入选 2013 年上海市申报联合国电子政务最佳应用奖项目，并被国家电子政务理事会授予了"2013 年政府网站创新应用奖"。

【立足规范促运维，完成多个信息化系统完善工作】 实现行政事务受理系统与"12345"热线数据上下互联的数据对接，完成了受理及反馈信息的自动传输，并对系统服务器和数据库进行了升级，优化了系统功能，提升了系统性能。

对绿化专业网格化系统 PDA 终端进行了升级，林业网格化、野生动植物保护资源调查和病虫害系统 PDA 终端操作系统从 Win CE 转到 Android 操作系统。同时，对系统部件、简易程序流程、野生动植物疫源疫病数据采集等系统功能进行了调整。

完成了上海市绿化市容遥感与地理信息系统的升级。针对各区县系统操作人员提出的意见与建议，对系统进行了升级完善，召开了系统应用推进会，并利用系统顺利完成了数据更新和统计年报工作。

对户外广告监察管理系统的查询、统计功能，手持终端数据筛选、GPS 定位速度、违规记录登记等操作问题进行了解决和功能模块优化，并与绿化市容行政审批系统实现户外广告审批数据的自动对接，方便了监管人员进行批后监管工作。

完善了城管综合执法信息系统功能，开发了人员奖罚信息管理功能、通知和信息发布模块，对处理流程、相关法规文书、数据报表表式进行了调整，更新了区县数据接口。

对崇明东滩鸟类自然保护区综合管理系统的移动端系统进行了升级，提高了系统稳定性、实用性和采集质量，使得野外数据采集工作能够快速进行，崇明东滩通行证也实现了电子化管理。

深化网上审批，做好行政审批系统与法人库的对接，并完成对征信系统及奉贤区、徐汇区的审批数据共享；配合市监察委完成了市绿化市容局行政审批电子监察系统的试点工作。同时根据国家林业局行政审批权下放的要求，完成了 4 项国家林业局下放审批事项的网上审批。

对 OA 中的办文流程、"两会"提案管理、电子归档等进行功能完善和升级，新增了规范性文件管理模块，实现了法规性、规范性文件信息化科学管理。根据新的需求，对 BizShare 进行了框架更新，对个人办公、站内信息、信息栏目、电子简报等功能模块进行了新增和完善，进一步深化了电子政务应用。

开展了上海市绿化和市容管理局统计信息管理平台的完善及功能扩展工作，对系统内试运行过程中发现的各类问题进行了修正；制定了《上海绿化市容综合统计平台运行管理办法》，对统计员进行了统计法律与法规、统计分析报告撰写的培训工作。

【顺应信息化发展趋势，搞好科研项目】 《物联网技术在绿化市容管理中的应用》课题。通过对绿化市容业务的分析，筛选了适宜绿化市容管理要求的物联网前端智能感知设备，从而提高绿化市容管理对象的自动监控、识别能力，同时通过智能处理系统和业务应用分析，为各级管理人员提供有效数据参考和决策依据，从而为实现"智慧绿化市容"提供技术保障。

《绿化市容云平台架构研究》课题。课题组完成了对云平台技术应用现状分析，绿化市容行业管理中对云平台技术支撑的需求调研，并初步开展本市和本行业计算机网络、软硬件资源、各类数据资源现状分析，最终提出绿化市容行业云平台构建基本架构设想。

《生活垃圾计量与收运系统与装备研究与示范研究》课题。课题经过近三年的努力，完成了射频识别技术在城市生活垃圾分类收运中的应用研究；城市垃圾信息系统建设过程物联网关键技术与装备的研究开发以及多种信息技术对接研究；搭建了基于物联网技术与现代物流管理技术的城市生活垃圾信息化分类收集管理网络平台，并建立了基于地理信息系统的城市生活垃圾收运数据管理平台。

《上海市绿化市容信息分类编码规范研究》课题。课题在分析国内外绿化市容信息化相关规范和本市绿化市容信息化基础上，根据实际现状，新建和完善了绿化市容信息编码、定位信息、图形图例和数据库字典等 4 个方面的规范。

【攻坚克难，顺利完成网站集群建设工作】 在 2012 年完成网站集群一期项目建设的基础上，开展了网站集群二期工程建设。积极主动帮助建设单位当好参谋，出谋划策做方案，克服了时间紧、建设资金紧缺等问题。通过现场办公协调，把工程例会开到各相关单位。如前往辰山植物园、上海植物园、滨江森林公园等多家单位进行了调研，确保了网站集群二期工程的如期完成，各建设单位网站已全部通过验收，并正式上线运行。

【创新思路，政务信息工作获佳绩】 采取“倒逼＋激励”双管齐下的机制，一方面把好质量关，减少信息发布与报送量，强化全行业政务信息质量。同时依托季度例会加强对信息员的全方位培训，促使市绿化市容局门户网站的浏览量全市排名由 2012 年的第 40 位上升到前 10 位左右；另一方面，通过修订《上海市绿化市容行业政务信息管理办法》，鼓励各区局、直属单位积极参与局门户网站各项活动，极大地提高了各单位参与门户网站活动的积极性。先后开设了 2013 年实事工程、古猗园新春游园会、上海花讯等近十个专栏，举办了植物园吉祥物形象公开征集、上海动物园的小大猩猩征名、我最喜爱的牡丹网络投票评选等群众喜闻乐见的网上活动。先后荣获了国家林业局颁发的“全国林业十佳网站”称号、国家林业局颁发的“网站设计领先奖”及中国上海门户网站颁发的“2012 年政府网站测评优秀奖”等。

（金　苹）

上海市交通运输和港口管理局

【概况】 2013 年，上海市交通运输和港口管理局信息化工作加强与业务的深度融合，推动行业健康发展，促进行业精细化管理，提高公众服务水平。

【加强顶层设计】 在完成《上海市交通港航信息化顶层设计深化研究报告》一个总报告和五个分报告的基础上，起草《关于加强交通港航系统信息化工作的指导意见》并颁布实施，明确了 2013—2015 年交通港航信息化工作目标、重点任务和实施路径。

【完善标准体系】 根据《交通运输部办公厅关于印发交通运输部信息系统建设技术管理暂行办法的通知》，修订《上海市交通运输和港口管理局信息化项目管理办法》，提出加强信息系统资源管理、安全管理、质量管理、项目建设及运维管理的全过程管理要求；制定《交通港航行业信息系统数据质量管理规定》，明确了数据质量管理的基本原则和管控机制，加强数据全过程管理的具体要求及保障措施；根据《交通港航行业数据中心基本技术规程》的研究结果，编制《交通港航数据元》及《交通港航数据交换标准》，为各行政业务系统的建设、局系统的数据贯通共享、行业数据中心的建设提供了基础性保障。

【推进公交智能化】 结合本市公交都市创建工作，积极推进公交行业信息化实施工作。一是起草制定了《关于推进本市地面公交行业信息化工作的实施意见》，提出了到“十二五”期末，公交行业信息化工作的目标和信息化基本框架。二是组织召开了公交行业信息化工作现场交流会。三是以车载一体化信息系统为基础，以公交智能化集群调度为龙头，以推进公众信息服务为目标，积极推动巴士集团、浦东公交信息化工作。四是正式启动公交信息化示范应用项目建设。

【开发手机查询系统】 开发基于安卓操作系统的“上海公交”手机应用，应用数据覆盖全市公共交通线网，包括近 1 290 条公交线路和 13 条轨道交通线路，具有线路查询、换乘查询和周边公交、地铁示意图等功能，并在全面底层开发、大数据管理以及新模型和新算法应用三个方面有创新、有建树，具有软件体量小、方案选择多、辅助定位功能强等特点，同时通过了谷歌安卓市场的官方安全性检测。应用软件正式发布以来，日访问量基本稳定在 1～1.2 万人次。

【开发信用评价系统】 根据《上海市社会信用体系建设 2013—2015 年行动计划》，先期完成出租汽车驾驶员、省际客运驾驶员、危险货物运输驾驶员和驾驶培训教练员四类从业人员信用评价系统的开发工作，具有信用信息采集、信用评价、信用奖惩、信用信息发布及共享、内部监管等管理功能。

【谋划新一轮智慧城市三年行动计划】 围绕“智能交通”，重点建设公共交通信息服务系统，至 2013 年，完善了公交运营管理和调度信息化、停车诱导和停车换乘系统，完成基于“物联网”的公交基础管理与服务信息系统。在此基础上，制订了新一轮三年行动计划，将在智能交通领域建成基于移动互联网的交通港航信息综合服务系统、内河交通预警与信息发布系统、公交智能调度系统、停车场(库)信息服务系统。

【启动北斗示范工程】 根据市政府的工作安排，交通港航领域积极推进北斗应用，通过实施“长三角卫星导航应用示范工程”中“重点车辆(两客一危)运输监控北斗示范应用”，2014年年底以前，将在一万辆“两客一危”车辆上部署北斗卫星导航终端，同时完成现有监控平台的升级改造。在制定具体实施方案后，从2013年11月起已正式启动此项工作。

【《上海虹桥综合客运枢纽协同管理与信息服务系统(二期)工程》项目前期工作】 联合部水运院完成项目初步设计，聚焦进一步完善基础数据采集、加强信息服务、强化各部门应急指挥协同，已分别完成本市、交通部组织的项目评审，待部审批立项。

【内河水上搜救中心和三个搜救分中心建设】 本市内河水上搜救中心和闵行、嘉定、奉贤三个分中心建设按计划顺利推进，完成项目建设开始试运行，固定图像已基本接入各中心的监控中心，有效帮助管理部门加强内河水上安全管理工作。

【网络信息安全】 开展2013年度重点领域网络与信息安全检查工作，检查全面涵盖政府网站、道路运输运政管理、重点营运车辆联网联控、航务管理和港口作业管理等重要信息系统。另委托市信息安全测评认证中心对公路客运信息平台、上海交通港航安全监管系统、上海城市交通信息监控系统、上海交通港航网等重要信息系统进行系统安全等级测评工作。

【Android版上海公交信息服务系统】 为适应当前移动终端应用不断增长的趋势，延伸“上海交通智能地图”的应用范围，扩大信息服务受众面，作为创建国家“公交都市”、落实本市“公交优先”战略的重要措施，借助多年的技术积累和丰富的信息资源，开发上海公交信息服务系统。2013年年初启动Android版上海公交信息服务系统的项目建设，上半年完成了手机客户端软件主体程序开发、坐标系转换和地理信息的梳理，第三季度开展了用户界面、美工和交互方面的优化调整和内部测试，并通过了谷歌安卓市场的官方安全性检测，12月2日应用正式发布。系统开发利用全面底层开发，并在大数据管理以及新模型和新算法应用等方面有所创新：

资源充分共享。上海公交App是上海交通港航网网页版公交查询系统的延伸，充分利用和整合已有资源。与网页版公交查询系统共用一套服务端查询服务，共享一套公交线网路网编辑系统，共享一套数据，共享硬件、网络及安全资源。同时做到数据维护方面、业务数据根据业务管理系统审批结果及时更新，并保持每周两次上传发布；其他辅助类信息进行不定期更新。

数据多容量小。系统覆盖全行业公共交通线网数据，公交线路1 288条、轨道线路14条，POI(信息点Point of Interest，简称POI)数据近60万个。通过数据压缩技术，基础地理信息小于1 MB，包括道路、绿化、河流、行政区等矢量数据，可通过离线下载；其他查询信息通过字节流压缩的方式实现手机客户端与服务端之间的通讯，查询一条线路平均网络传输量约1 Kb，有效减少用户网络流量。软件体量很小，安装软件包约2.23 Mb，其中还包括基础地理数据和栅格地铁图。

提高检索效率。空间索引采用了两种索引技术，针对多边形和线类型数据应用R-TREE索引，而对于站点和POI等点类型数据选用网格索引，实现对空间对象的快速检索。同时为大幅提升数据检索效率，特别是针对50万以上级的POI数据，采用了内存数据库技术进行数据管理，单用户检索平均小于1毫秒。

此外，系统手机客户端地图引擎采用C++底层研发，不依赖于第三方GIS软件。利用反走样技术优化图形绘制效果，使图形展示更为平滑；利用文字动态标注和自动避让技术，实时计算视图范围地理对象进行动态标注，并对可能出现的文字标注重叠部分进行避让处理，从而使用户体验更加完美。

系统的基本功能及应用效果体现在以下方面——手机客户端主要有线路查询、换乘查询和周边公交、地铁图四个功能模块，另外提供辅助定位功能、用户意见反馈模块。线路查询：提供线路上下行的走向、设站和首末班车时间等基本信息。换乘查询：提供包括公共汽电车和轨道交通的整体换乘，目前提供五个参考方案。换乘模型是以换乘次数最少前提下，加入轨道、公交和步行的速度权重，线路运行时间权重，以及剔除步行跨越黄浦江、苏州河等因素，提供方案。同时，提供返程查询和自定义出行时间的换乘查询功能。周边公交：提供指定位置周边500米、1 000米半径范围的公交信息。地铁图：以栅格图的方式展示整体轨道交通示意图。辅助定位：可通过 WiFi、3G 和 GPS 三种定位模式定位用户的当前位置；可通过地图选点或门牌、路口、居民区等信息定位出行起点和目的地。同时，系统内置地址、路口、学校、医院、住宅小区和地标建筑等地理数据近 100 万条，也便于用户辅助定位。

应用软件正式发布当日访问量近 2 万人次，目前日访问量基本稳定在 1～1.2 万人次；通过手机终端意见反馈栏目收集了大量的市民反馈信息，总体反响不错。下一步推进思路：一是实现公交到站预报。加强与本市公交运营企业的合作模式，实现数据共享，逐步叠加实时营运动态信息，实现公交到站预报等功能，为市民提供多层次的信息服务。二是开发基于苹果操作系统的手机应用软件，未来可供市民使用。三是拓展其他行业信息发布服务，比如公路客运信息、轮渡信息等。

【上海市省际客运加班临时标志牌管理系统】 近年来，随着上海市客运市场的发展，省际客运加班临时市场也取得了较大发展。传统的客运加班临时管理以人工发放纸质标志牌、路上稽查为主的方式，已经不能满足日益发展的旅游客运的发展。为进一步规范省际客运临时加班的管理，加强行业监督及客运站的安全管理，确保社会大众出行的安全，需要对客运加班临时进行信息化管理。上海市省际客运加班临时管理系统的建设，不但能提升管理部门的管理水平和管理效率，还可以将运管部门、执法部门和客运站的信息融合在一起，形成一个省际加班临时网上的综合信息平台，从而在整体上提升省际客运公路运输的安全服务能力。

2013 年 6 月 27 日，上海市省际客运加班临时标志牌管理系统项目正式启动。三季度完成了系统的设计开发，并对全市 34 家客运站及管理部门进行系统培训，开始部分站点试运行，经过中秋节及国庆节两个节日的试运行后，通过基础数据的进一步整理及完善，系统全面投入试运行。系统的开发建设，从不同角度、不同层面为管理部门提高了监管能力，为客运场站提升了服务能效。

提升运力布局的合理性。系统为政府管理部门进一步调整城市交通布局和运力安排、出台或修订政策法规等决策工作提供重要依据，实现行业管理部门对客运行业的监管功能，同时提高客运站的服务水平和经营能力，对交通客运行业具有重要意义；提高加班线路的安全性。系统的建立加强了客运站点、运管部门、执法部门的信息融合，改进了以往人工发放纸质标志牌的形式，用信息化手段规范加班临时管理业务流程，加强行业监督及客运站的安全管理，确保社会大众出行安全；加强业务审核的便捷性。系统以客运站为中心，从业务申请、加班临时出行、业务反馈为闭环的流程，为客运站业务申请、管理部门业务审核提供统一业务平台。并对车辆及业户的审核进行配置，只需做到一次配置，即可自动审核企业提交的业务，大大降低了审核人员的日常工作量。同时还提供了业务操作日志功能，可以对业务人员的所有操作进行查询跟踪。

上海市省际客运加班临时标志牌管理系统的建设目标为提高行业信息化水平、提升行业公共管理、规范加班临时管理业务流程，向客运站和管理部门提供一个网上服务信息平台，促进加班临时业务信息化的发展；面向行业基础管理部门——提供行业管理平台，规范业务办理流程；面向行业中高层管理部门——提供行业管理基础数据，进一步的行业管理业务规范出台及更加细化的行业管理；面向社会大众——建设对外服务平台，提供信息服务；面向客运站——建设客运站加班业务申请平台，提供企业业务申请及查询平台；面向运输信息标准——实现运输业务系统与其他系统的信息共享；面向社会——树立品牌效应，取得良好的社会效益。

截至 2013 年年底，上海全市共 34 家客运站成功使用上海市省际客运加班临时标志牌管理系统，项目设计时确定的各大业务模块已经上线；黄金周节假日期间全部采用网上申请、网上审核方式；系统应对外部其他系统提供的接口已全部开发完毕，并经过相应的验证。下一步将根据运行情况，对系统做进一步完善及维护，确保系统保持高效率、高稳定的运行状态。

【上海进港作业集装箱运输车辆监管信息系统】 上海是我国最大的江海陆空综合枢纽和国际港口城市，作为以国际金融中心和国际航运中心为目标建设的特大型城市，上海集装箱货物运输是货运市场的重要组成部分。经统计，目前本市集装箱运输企业 1 430 户，集装箱运输车辆 2 万余辆；外省市集卡企业约 200 户、集装箱运输车辆约 8 500 辆。根据上海市交通港口局《关于加强集装箱道路运输市场管理的工作方案》(沪交货〔2011〕370 号文)的要求，需要完善车辆备案和年度审验制度，本市集装箱运输车辆必须凭通过市区县运输管理机构年审的“道路运输证”，外省市驻沪运输车辆必须凭有效期内的“备案证明”，方可进港营运。

2012 年 12 月 20 日，上海进港作业集装箱运输车辆监管信息系统正式启动建设；其后通过半年的时间，进行系统调研及需求分析，接口开发，并与系统涉及的管理部门及相关企业沟通协调，于2013年三季度基本开发完毕，进入试运行阶段。车辆备案管理的信息化和规范化：利用信息化技术，规范车辆备案业务工作，提高车辆备案工作效率，积累车辆备案基础数据；进港作业集装箱车辆的营运监管：通过提供的集装箱车辆进出港区的信息，综合比较、分析沪籍车辆、外地车辆港区作业情况，提高对进港作业集装箱车辆的监管能力。

由于上海港各集装箱码头是集装箱运输车辆主要的经营活动场所，自2004年起，上海港各集装箱码头已经开始建设车辆RF(射频Radio Frequency，简称RF)卡管理系统。对于进出上海港集装箱港区的运输车辆，上港集团委托交海公司以发放RF卡的方式管理。由于车辆RF卡信息和运输管理部门登记或备案的车辆信息不同步，存在信息登记不符、冒用甚至假冒RF卡等问题，因此，项目通过信息化手段，导入了港口、道口、货运场站GIS数据；规范外省市驻沪集装箱运输车辆的备案管理，加强了对本市集卡车辆RF卡信息的监管力度，提高了车辆进出港区作业的安全性，进一步规范集装箱车辆的营运行为，改善上海市集装箱道路运输市场环境。

截至2013年年底，上海外省市集装箱车辆进港许可全部采用网上申请，网上审核方式；进港作业集装箱车辆的营运监管系统接入了6个港口基于RF卡记录系统记录的车辆进出数据，为行业管理部门对进港车辆的监管工作提供了支撑和保障。下一步将根据运行情况，对系统做进一步完善及维护，确保系统保持高效率、高稳定的运行状态。

【基于长三角航道网及京杭运河水系的智能航运信息服务(船联网)关键技术研究及应用示范课题研究】 “基于长三角航道网及京杭运河水系的智能航运信息服务(船联网)关键技术研究及应用示范”项目(以下简称“船联网项目”)是由交通运输部立项，上海、江苏、浙江三省市联合参与的国家物联网重点应用示范项目，整个船联网项目的科研项目分为十个课题，上海承担课题《基于内河电子航道图的应急救援系统研发及应用示范项目》。

船联网项目是建设服务型政府的重要举措，也是促进内河航运与物联网发展两大战略，实现航运管理精细化、行业服务全面化、出行体验人性化的要求。船联网项目将给广大的内河航运企业、内河航运从业人员以及社会公众提供有针对性、及时有效的服务，对提升内河航运信息服务能力以及物流服务专业化能力，促进内河航运发展，加强市场服务，提升管理水平具有十分重要的意义。

2013年在江浙沪三地进行实地踏勘与调研的基础上，对船联网课题研究内容进行了进一步梳理，对项目研究工作大纲中内河交通管理、移动执法终端、电子航道图等内容进行了深化和完善。针对研发移动执法终端设备，根据各省际检查站以及航务海事条线的相关业务部门的意见，各相关部门现场执法的流程以及对终端在现场使用中的需求，完成了四个子项目的设计说明书，进行意见征询，最终完成移动执法终端设备定型以及应用软件应急事故处置、危险品监管、水工管理、航道安全情况、船舶综合监管等模块的开发。并于2013年11月下旬通过了交通运输部科技司的中期检查。

(俞婷莉)

上海市安全生产监督管理局

【概况】 2013年上海市安全生产监督管理局信息中心(以下简称“信息中心”)在局党组的领导下，以“十二五”规划为信息化发展指引方向，以上海市安全生产监管信息化的建设为主线，在推进和完成各项信息系统项目建设、做好项目的运行维护保障工作的过程中，不断强化和提高信息化使用、应用与服务水平，提高上海市的安全生产监管水平。

【全面保障信息化工作 做好日常运行维护】 为确保局机关服务器、网络设备正常运转，快速、有效处置各类软硬件故障，截至2013年年底，信息中心对国家局视频会议系统调试39次，其他会议系统调试284次；30、19楼机房强电设备、消防设施、空调设备、UPS电源、监控设备、服务器、网络设备以及18、19楼弱电间网络设备、18楼党组会议室音视频设备、19楼应急指挥室音视频设备、网站、OA等应用业务系统日常巡检52次；门禁系统维护28起，完成下半年门禁系统备份工作；汇总完成1—12月《信息中心系统运行部运维报告》。完成“网络安全管理系统”“漏洞扫描系统”部署、调试工作；完成网站网页监控设备安装与调试；完成30楼政务外网、金安核心交换机光模块更换、19楼机房交换机光模块更换、18楼弱电间交换机光模块更换；互联网防火墙开放“危化监督管理系统”TCP(传输控制协议Transmission Control Protocol，简称TCP)_8081端口映射、互联网防火墙开放“宣培处培训系统”TCP_4321端口映射。

【增强对外宣传 加强网站运维】 2013年，网站主要栏目(工作动态、政府信息公开、区县快讯等)主动公开各类政府信息1 313条。通过网站公开的各类政府信息(文件、通知、公告)428条，其中，发布本单位各类政府信息

353条。另外根据局办公室要求制作了“集中开展安全生产大检查”专题栏目（内含3子栏目），内容上网并制作浮动广告。向“中国上海”上报新闻类信息674条（采用率85%），政府信息公开类信息54条（采用率72%）。报送领导信箱反馈情况共12期，无延迟无缺失，平均每期报送案例反馈数量2.8件。共收到“中国上海”社会监督员意见建议3件，100%做到3天内响应和2周内答复。

【出台区县信息化建设规范　服务区县信息化工作】 应各区县提出市局需尽快制定相关信息化建设规范的要求，信息中心完成了《上海市区县安全生产监督管理信息系统建设规范》（以下简称“《规范》”）。《规范》根据《国家电子政务总体框架》、国家安监总局《安全生产信息化“十二五”规划》和《上海市安全生产“十二五”规划》要求，结合近年来上海市部分区县在安全生产监督管理信息化方面的探索，针对区县安全生产监督管理的主要职责和业务流程，形成了建设规范和要求，作为区县安监信息系统建设的重要依据。对区县安全生产监督业务需求进行了全面分析，提出了总体技术框架，充分考虑了与市局、区县其他信息系统的接口和数据交换规范，统一了数据标准，有利于市、区县二级进行上下数据交换与共享，为今后业务协同打下了良好基础。

【完善制度建设　加强项目与供应商管理】 为了加强信息中心信息化建设项目的管理和规范，制定了《上海市安全生产信息中心信息化建设项目管理制度》，以此制度规范建设程序，落实项目建设相关责任，保证建设质量，提高项目运作效率，提高资金使用效益，确保信息化项目严格按照业务需求的目标实施推进。制度对项目准备、基本建设程序、建设规划、可行性研究报告、项目报批、招标投标、竣工验收等一系列流程全面跟踪与监控。

由于信息中心承担局各类信息化设备的运维工作，已经过维保期的硬件设备一旦出现问题，没有设备供应商和服务商的支持，很难在第一时间迅速排除故障。为此，信息中心制定完成了《上海市安全生产信息中心供应商管理制度》，将供应商分为“维保服务供应商”“设备供应商”和“系统供应商”三类，并对供应商的选择、招标投标等制定相应规章制度，用制度来规范、指导和约束供应商的工作。

（王　璐）

上海市民防办公室

【2013年全民国防教育日技术保障】 积极做好2013年警报试鸣的各项技术保障准备工作，完成全市警报终端设备的巡检工作，加强了对警报设置点专管人员操作设备的培训和终端设备的维护工作。在试鸣当天出动了信息采集车赶赴闸北区演习分会场，把实时图像传回市民防警报试鸣中心，使领导能在第一时间掌握警报鸣响实际情况，较好地完成了此次警报试鸣的各项保障任务。在此期间依托市应急信息发布平台，通过多种途径发布提示预警信息；同时通过上海民防网站、微博、微信等渠道发布提示预警信息。

【建立民防工程建设市场信用体系】 做好民防工程项目信息公开和诚信体系建设管理信息系统的运行维护，完成由业务部门提供的工程建设领域项目信息公开专栏中的10个栏目360余条公开信息的入库工作。根据《发布上海市行政和司法部门企业信用信息公开目录（2012版）》的要求，新增了五个栏目，完善了查询功能。制定了上海市建设市场管理信息平台民防分系统的建设方案，作为2014年度信息化专项向市经信委进行了申报，并经专家评审修改完善后获得了批准。

【多种信息化手段深入拓展民防宣传教育】 民防网站建设。完成各类上网信息的及时发布和各栏目与专栏的内容更新，其中外网网站发布信息2 042条，公务网发布信息1 573条。新增《人民防空科技情报信息》杂志，两网杂志刊登累计90期。首页增加“家庭应急包配置及使用说明”，普及民防知识。收集与反馈网上咨询办理单215件，并及时回复。在5.12民防防灾减灾日集中宣传活动中，民防网站作为宣传平台，及时开通防灾减灾宣传专栏，提供集中宣传活动动态、图片、民防知识问答题、《上海市公众应急指南》及说明等信息。2013年7月开通“党的群众路线教育活动”专栏，9月开通“2013年全市防空警报试鸣暨民防集中宣传周活动”专栏，同时设置“防空警报试鸣效果调查”。活动周结束后，收集调查意见反馈。

“上海民防”官方微博。全年共发送微博信息4 623条，每日编辑、发布固定信息4条，共有粉丝52 923人，收到评论1 433条，回复35条，信息被转发4 879次。处理“市民反应听到民防警报声”事件2次。分别开展“加强在校学生民防技能训练”微直播活动、“2013年度全市民防工作会议”及“民防行政审批管理授权签约仪式”微直播活动。防空警报试鸣期间，对本市中小学生防空防灾疏散演练、上海防空警报试鸣活动、2013年上海市社区民众防护技能展示活动进行微博宣传；开展“参观民防科普教育馆”“微博、微信有奖竞猜”“夏令微建议有奖征集金点子”等微博活动。

“上海民防”官方微信。2013 年第一季度开通“上海民防”官方微信，现有粉丝 1 484 人。主要工作为注册微信账号，维护微信内容，开设微信机器人功能并投入使用。配合市民防办年度重要工作陆续开设了民防互动、民众防护、群众路线、921 防空警报试鸣等专栏。

【民防行政审批系统的应用维护及升级保障】 根据业务要求对系统进行二次开发和升级。完成新建简易项目民防审批模块的功能开发，通过试运行后在全市开展正式运行。实现审批系统与法人库对接，架设前置服务器，安装数据库软件和数据交换软件，完成了监理资质审批数据与市法人库对接接口开发，实现与法人库同步，增加了监理资质的数据统计表。完成区县审批系统与该区监管平台的接口开发试点工作，通过程序将有关区的数据导入区监管平台前置库中。

【地下空间综合管理信息系统】 根据业务需求就地下空间综合管理信息系统在运行过程中碰到的问题提出解决方案，完善数据的反馈和更新机制。对地理信息模块进行技术研究，着重解决工程信息与地理信息结合展示。完成地下空间综合管理信息系统移动检查终端的研发，交业务部门在地下空间安全检查中试用。

【办公自动化 OA 系统启用及完善工作】 正式启动办公自动化系统的单轨制全面应用。完成对内部请示、发文处理、外部办文及督办等功能模块的开发，并对用户进行培训。在试用中重点对系统的稳定性、可靠性及用户体验友好性进行了改进，对各模块的阅读权限进行了调整，传阅和领导批示功能进一步细化。建成内网多媒体转播系统，按期投入使用。完成市委、市政府文件简报网上传阅市民防办接入系统的开发并按期投入使用。根据市委办公厅 2013 年年内要在全市推广文件简报网上传阅办公工作的要求，结合市民防办的实际情况，制定了对应的文件简报网上传阅的相关技术方案，2013 年 11 月底完成系统开发，12 月 1 日正式运行。

【参与城市减灾及应急保障任务，依托世博车载系留气球开展上海大气环境监测工作】 为使世博信息化成果更好地为城市发展和建设服务，经市经信委有关部门批准，会同市环境监测中心组织实施通过系留气球搭载大气环境监测设备，进行 1 000 米范围内包括 PM 2.5 在内的复合型污染物分布的高空垂直监测，负责空管协调、场地选址、系留气球放飞运行保障。监测期间正值上海有记录以来污染最严重时期，监测数据对上海市灰霾期间大气污染物的垂直分布规律在国内进行了首次探索和验证，为本市大气污染防治工作提供了科学依据。《人民日报》《解放日报》《东方早报》、上海电视台等多家媒体进行了宣传报道。

（陈奕平）

上海市国家保密局

【概况】 2013 年，上海市国家保密局（以下简称“市保密局”）以保障涉密信息系统安全为重点，加大经费投入，组织技术攻关，大力推进重要保密技术项目建设，积极推广保密技术和设备的配备应用，为全市党政机关和涉密单位的信息安全保密提供了坚实保障。

【全力做好文件简报网上传阅工作的安全保密保障工作】 文件简报网上传阅工作是 2013 年市委推进电子政务应用的重要举措。为此，市保密局与市委办公厅、市机管局、市公务网管理中心等有关部门加强协调，通力协作，积极研究落实推进过程中的安全保密工作。一是加快网络测评进度，为各机关单位公务网接入网安全保密测评提供便利；二是建立特殊服务保障机制，在涉密网络审批上做到随报随办，确保按时间节点完成；三是加强保密监管和日常督导。对全市已建成的涉密网络和公务网接入单点完成现场测评，及时发放涉密信息系统使用许可证，为市委推进文件简报网上传阅工作提供了有力的保密保障。

【有力推进互联网接入口保密管理等项目建设】 一是基本完成本市机关单位互联网接入口缩减工作。根据工信部和国家保密局相关要求，积极推进本市机关单位互联网统一接入和互联网统一接入口综合安全体系建设，完成了市、区两级机关单位的互联网接入口缩口任务。二是启动“重要涉密单位互联网接入口保密监测平台”建设，确定了互联网集中出口监管模式，将此平台建设列入市、区两级互联网集中接入口的综合防护体系建设项目。启动了平台的一期建设，实现了对各区县机关单位互联网集中出口保密监测。三是根据全国保密综合业务信息系统建设要求，完成保密综合业务网信息系统工程的一期、二期建设，完成接入全国保密综合业务网基础建设项目。

【保密科研工作和保密技术装备配备工作稳步推进】 在保密科研工作方面，完成了《集中出口主机定位关键技术的研究和应用》等两个课题的科研攻关工作，实现了《邮件系统风险预警平台》等两个课题的科研立项并通过可行性论证。在保密技术装备配备方面，继续推进"保密技术防护专用系统""涉密设备户籍化管理系统""保密工作综合管理系统""网页访问审计监控系统"等保密技术装备的配备工作，不断扩大配备覆盖面，全面提高综合防护能力。

【加强上海市保密检查大队建设】 充分发挥保密检查大队作用，2013 年完成了对全市 88 家党政机关计算机信息系统和政府信息公开保密审查的专项检查工作。在检查中，突出检查重点，创新检查方法，抓好监督整改，排摸、消除了一批失泄密隐患。并结合本市检查工作实际需求，添置了各类保密技术检查设备，全面增强了上海市保密检查大队的技术检查装备水平。

（汪宇雯）

上海市通信管理局

【概况】 2013 年，全市电信业务总量达到 487.4 亿元，同比增长 9%；主营业务收入 548.6 亿元，同比增长 7%；电信利润总额 103.9 亿元，同比增长 7.9%。基础电信业固定资产投资完成 136.6 亿元，同比增长了 2.5%，固定和移动交换机能力指标保持稳定，移动电话基站总数达到 4.5 万个，WLAN 公共运营 AP（无线接入点 Wireless Access Point，简称 AP）总数达到 15 万个，互联网宽带接入端口 1 360 万个，其中 FTTH/O（光纤到户/办公室 Fiber To The Home/Office，简称 FTTH/O）端口超过 60%，光纤到户能力全国第一。电话用户总数达到 4 070 万户，其中固定电话用户 869.2 万户，普及率 36.5%，在全国排名第二位（仅次于北京的 42%），移动电话用户 3 200.7 万户，普及率 134.5%，在全国排名第三位（仅次于北京的 170%和广东的 139%）；3G 移动用户达 1 147.4 万户，同比增长 53.4%，在移动电话用户中占 35.8%；固定互联网宽带接入用户达到 511.1 万户，其中速率在 8 M 以上的用户占比 68%，在全国排名第一（远高于全国 22%的平均水平和排名第二的 37%）。移动通信业和非话音务收入比重继续提高，分别占电信业务收入的 57.1%和 61.2%，高于全国 53%的平均水平。移动电话话音业务通话分钟数约为 350 分钟/月/户，同比下降了 27 分钟/月/户。移动互联网接入流量 72 160 T，同比增长 143.9%，远高于全国 71%的平均水平，依然保持高速增长的态势，其中手机上网流量占比为 63%，超过无线上网卡流量。固定互联网宽带接入时长 10 338 亿分钟，同比增长 16.9%，增速明显放缓。全市光纤到户覆盖总量超过 830 万户，光纤网络覆盖能力和用户规模提前一年完成"智慧城市"三年行动计划目标。

【行业监管】 有效推进电话用户实名登记。统一了各企业实名制工作落实的步骤和方式，上海电话用户实名率大幅提高，在全国暗访中排名第二，电信、移动、联通的用户实名率分别达到 96.7%、84.9%、60.4%。

在垃圾短信专项治理工作中，对企业的违规行为实行"零容忍"，共关停 1 722 个违规端口，并在全国率先推出了"0000"一键退订做法，将短信退订的选择权交给用户。

督促企业对用户感知较差、资费水平不合理的套餐进行清理，实现了本地网营业区内在售套餐数量控制在 10 种以内的目标。以"规范、安全、发展"为主题，督促电信企业进行有针对性的整改，使用户申诉呈逐季度下降趋势，全年百万用户申诉率为 63.58%，未发生群体性申诉事件。推进共建宏站互相结算，制定基站共维规范，大力推进大居基地、既有住宅及虹桥商务区等重点场所的共建共享工作。通过电信基础设施共建共享，三家基础电信运营企业 2013 年共节省建设资金近 7 000 万元。制定了《上海市电信运营企业区分公司共建共享工作考核管理办法（试行）》，对区分公司共建共享成效考核工作进行了研究和探索。

共审核通过网站 2.14 万个，上海网站总数达到 32.6 万个，备案率达到 99.99%（全国备案率 99.90%），网站总数在全国排名第四（仅次于广东、北京和江苏）。加强了对网站备案、IP 地址实名登记、接入服务商和域名注册服务商的管理，建立了近 400 人的信息安全员队伍，规范互联网市场秩序。

（胡永龙）

上海市监狱管理局

【概况】 2013 年，上海市监狱管理局（以下简称"市监狱管理局"）信息化工作积极围绕局中心工作，紧扣"巩固、深化、提高"的工作基调，坚持"集约型、矫治型、专业型"发展方向，通过制定标准、落实执行、过程督导、加强考核等工作方法，各项工作任务和目标得到扎实推进。

【完善三级警戒架构信息化配套建设】 完成了女子监狱、监狱总医院、周浦监狱等 3 家指挥中心建设，完成了全局所有指挥中心建设的任务。实现了各单位安防专网与局指挥中心的联网、全局12 000多路视频监控图像实时上传局临时指挥中心。开展了指挥中心工作人员和值班人员基本设备的应知应会操作培训。

【稳步推进罪犯“一卡通”项目试点建设】 按照总体实施计划，在南汇监狱试运行的基础上，根据试点情况及专家论证，并经局长办公会讨论通过，决定在保持原有系统结构的前提下，予以分步推广建设。同时，加强对各监狱的推广建设工作的服务、指导和督促，确保罪犯“一卡通”推广工作稳步、有序推进。

【周密筹划“司法警务通”试点建设工作】 “司法警务通”是市监狱管理局2013年度重点信息化建设项目，具有网络对讲、一键报警、白名单通话、短号、拍照、录音、录像、短信、GPS定位、机卡绑定互锁、状态强制改变、与对讲机互通等功能。“司法警务通”是在全局监区手机信号完全屏蔽的情况下建设的，能与既有模拟对讲机实现互联互通，能兼容综合各监狱既有门禁系统、民警“一卡通”系统，并考虑了前瞻性和可扩展性等因素。2013年，经过反复论证、测试，确定了“司法警务通”的技术方案与实施方案，完成了项目招标，并在南汇监狱、军天湖监狱、白茅岭监狱、女子监狱和监狱总医院等五家监狱开始建设。

（潘红亮）

第四编

经济领域信息化

综 述

2013年，上海在经济领域信息化工作方面取得明显进展，加快“两化融合”与战略性新兴产业建设，着力推进信息化在行业产业、区域集群的深化应用，推动制造业智能化、网络化、服务化和绿色化发展。

上海为农综合信息服务平台建设情况良好；组织实施农业物联网区域试验工程；继续加强农业信息资源收集、整理与分析工作；上海市农业委员会信息中心获得多项荣誉。

在金融行业，在中国证监会统一领导和上海证监局的具体指导下，本市各证券、期货、基金、保险公司以满足市场创新和业务发展需要，保障信息系统安全稳定。

电子商务“双推”工程自2010年试点实施以来，全市已有超过1.1万家中小企业获得“双推”补贴，从中受益，“双推”平台企业服务全国中小企业客户累计超过10万家。

旅游信息化方面，上海在提升旅游公共服务水平、运用信息化手段助力旅游市场管理等方面取得了新的成绩。深化与上海电信在旅游公共服务重点领域的合作，提升都市旅游卡功能，优化消费支付环境。

第一章 信息化与工业化融合

概 述

2013年，本市贯彻党的“十八大”推进两化深度融合要求，按照工信部两化深度融合工作部署，加快“创新驱动发展、经济转型升级”探索实践，着力推进信息化在行业产业、区域集群的深化应用，推动制造业智能化、网络化、服务化和绿色化发展。

一是示范项目持续推进，带动效应更加增强。围绕模式创新、平台经济、智能制造、安全及绿色生产等“两化融合”重点领域，联合市国资委下发关于实施国资系统企业信息化建设示范工程的通知，继续支持和协调推进一批信息化示范性项目建设，上海核电信息服务平台、船舶制造执行与运行仿真集成系统等14个信息化重点项目完成建设并投入运行。

二是公共平台稳步推进，行业水平得到提升。申报实施“基于云服务的高端装备制造业公共服务平台建设及示范应用”项目，正式成为国家首批16个“工业云”创新服务试点省市之一。支持推进“时尚设计资讯服务云平台”、“新能源汽车产品数据综合管理暨检测认证、标准信息服务平台”、“中小企业综合服务云平台”等一批行业性和中小企业公共服务平台建设。

三是标准规范有序推广，智慧园区加快试点。会同委工业区处、信息基础设施处制定出台《关于加快推进本市智慧园区建设的指导意见》。修订发布上海市地方标准《智慧园区建设与管理通用规范》。起草编制《上海市智慧园区建设指南》(草案)。推动筹建上海市智慧园区发展促进会，共发展意向会员102家，其中，IT服务商及运营商39家、产业园区50家、高校研究机构8家、金融服务机构及其他5家。

四是新兴技术创新应用，实践领域不断深化。指导举办上海市智能制造、互联网金融、中国(上海)企业级移动应用等研讨会和论坛，指导筹备成立上海移动互联网应用促进中心，加快移动互联网在工业领域企业的推广应用。支持推进“基于互联网技术的中药全产业链信息管理系统”、“基于云计算的高级供应链沟通平台”等一批新技术创新应用项目。

五是推进体系不断完善，发展环境更加优化。支持承办工信部“中国信息化百人会2013年第三次研讨会”。联合上海市科协举办3次“上海市智慧城市大讲坛”，启动2013年度上海市智慧城市CIO培训计划，完成三期专项培训，年内完成“两化融合”万人培训目标。联合市国资委举办“两化融合”宣贯培训暨市国资委系统信息化示范工程授牌活动。

(李海涛)

一、发展水平评估

【发展情况】 2013年上海市“两化融合”发展水平总指数得分为80.36分，比2012年提高2.93分，如图4-1。

2013年，社会“两化融合”发展水平指数得分为92.35分，比2012年提高3.1分；大型企业“两化融合”发展水平指数得分为79.74分，比2012年提高3.65分；中小企业“两化融合”发展水平得分为69.2分，比2012年提高1.78分，如图4-2。

【主要特征】

融合环境持续优化。2013年，社会“两化融合”在较大程度上延续了2012年的发展趋势，即由信息基础设施、信息化应用环境等方面的发展带动了“融合环境”的进一步优化；其中，互联网出口带宽、电子商务交易额等指标延续良好的增长势头，较好地体现了智慧城市相关重点建设成果。

产业调整转型效果渐显。另一方面，由于本市产业结构调整，尤其是制造业转型发展过程的持续，产业优化方面提升仍然缓慢，其中，工业总体规模增长缓慢，但重新实现增长，而软件与信息服务业继续较快增长。然而，不可忽略的是，与2012年产业发展情况不完全相同，相关指标的发展情况体现出了产业机构调整优化的成效，

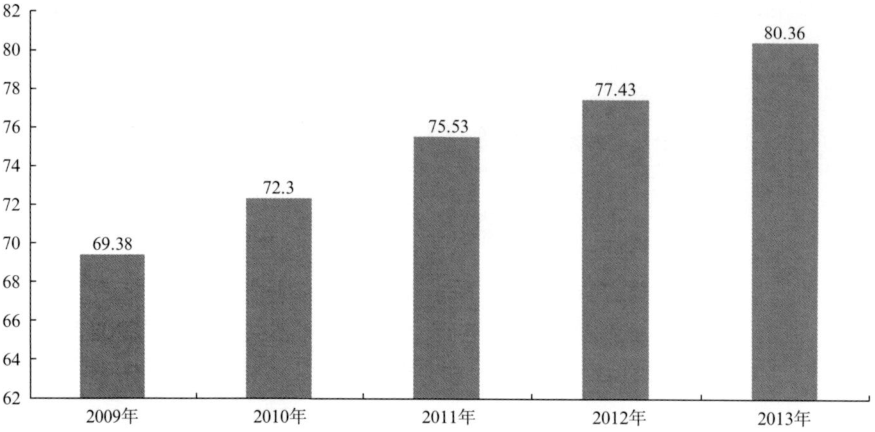

图 4-1 上海市“两化融合”发展水平指数得分(2009—2013)

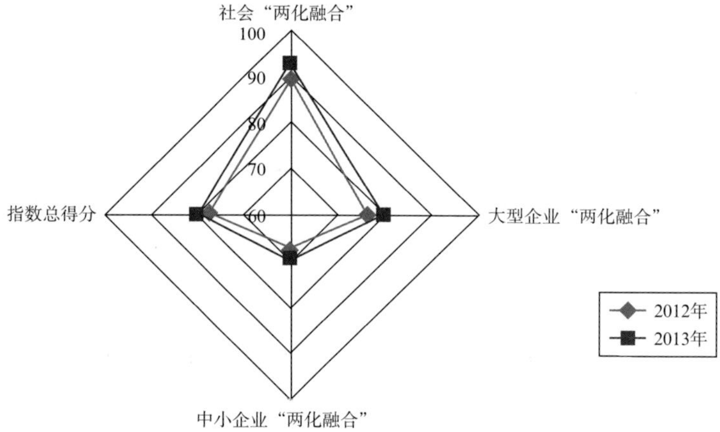

图 4-2 上海市“两化融合”发展水平指数得分(2012—2013)

如工业产值重新回到上升通道中,信息产品制造业机构的加速优化等。

【企业“两化融合”特征】

信息化基础、应用与效益全面提升。评估结果显示,相对 2012 年,大型企业“两化融合”发展水平实现较全面的提升。其中,二级指标“信息化基础”得分为 82.15 分,比 2012 年提高 2.84 分;二级指标“信息化应用”得分为 79.28 分,比 2012 年提高 3.04 分;二级指标“信息化效益”得分为 75.2 分,比 2012 年提高 3.12 分,如图 4-3。

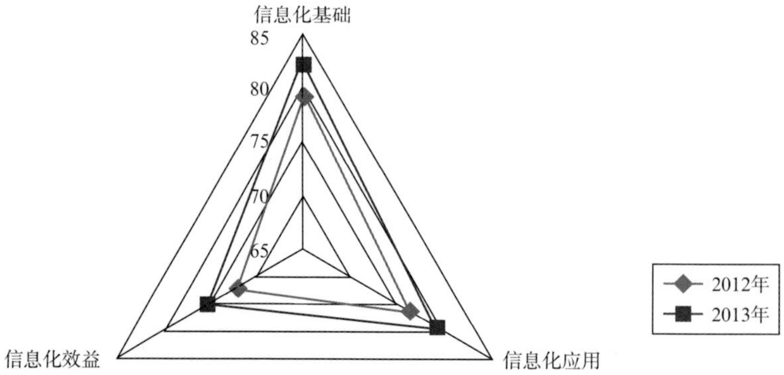

图 4-3 大型企业“两化融合”发展水平二级指标得分(2012—2013)

企业信息化工作保障机制深度优化。在二级指标“信息化基础”中，对于其得分增长，最大的贡献来自于信息化（工作）保障方面，具体而言，得益于信息化预算、信息化规划、信息化团队机制等指标数值的提升（详见后文关于具体指标发展的介绍，下同）

信息化集成应用水准进一步提升。在二级指标“信息化应用”中，与企业信息化应用集成相关指标相对成长较为明显，例如涉及多个环节信息系统、功能模块的普及程度，以及涉及企业整体运营管理流程的集成应用广度与深度等方面。

信息化推动企业优化发展效果渐显。在二级指标“信息化效益”中，三级指标“优化发展”涉及具体内容提升相对明显，节能减排与新兴技术应用等指标是其中的提升亮点。

（辛　竹）

二、支持机构

研究中心

【上海市推进信息化与工业化融合研究中心】 作为市级“两化融合”研究中心，2013年，上海市互联网经济咨询中心（上海市推进信息化与工业化融合研究中心）开展了“两化融合”综合性研究工作。一是采集企业“两化融合”发展水平数据，完成2013年度“两化融合”发展水平报告，对本市推进“两化融合”政策制定提供了重要参考。二是参与编制信息化与工业化融合年度报告，该报告纳入市经信委2013年度上海产业和信息化发展报告系列丛书并出版。三是开展“两化融合”支持项目的评估工作。针对2011年度信息化发展专项资金支持的32个“两化融合”项目，逐一总结项目实施情况、创新亮点和成效，编制年度“两化融合”项目建设情况报告和项目单篇分析报告。四是承担并完成了国家工信部区域“两化融合”发展水平评估（上海）的工作。根据工信部下发的有关评估方法（征求意见稿），结合上海实际，选取100家重点行业企业，开展了专项调查工作，并将数据上报工信部，为2013年中国“两化融合”发展水平评估报告提供信息支撑。

（曹惠芳　刘　岩）

【复旦大学】 复旦大学推进信息化与工业化融合研究中心作为上海市推进“两化融合”四大研究中心之一，紧紧围绕“两化融合”主题，参与研究上海市经信委信息化与工业化融合相关课题，加强对于“两化融合”的理论方法研究，为政府“两化融合”政策的科学制定提供服务。同时开展产学研合作研究工作，促进理论推广与实践应用。

编写《2013上海产业和信息化发展报告——信息化与工业化融合》 发展报告的编纂工作是中心的一项常规性工作。本报告基于大量资料的收集和分析，吸收了多位专家和学者的观点，对上海市2012年“两化融合”实践工作进行了详细阐述，并对产、学、研各个研究机构在“两化融合”方面的理论研究、技术攻关以及项目应用等各个层面的成果进行发布。

开展信息化专项资金项目《上海市重点产业信息化与工业化深度融合推进研究及评析平台》研究 通过总结“两化融合”的路径、方法和经验，开发深度融合水平及绩效评估指标、评估量表以及数据收集方法，为政府推进“两化融合”政策和措施提供依据。推进信息化与工业化深度融合，是我国现阶段的一项重大战略。上海作为首批国家级“两化融合”试验区，经过近5年的发展，构建完善了推进“两化融合”工作格局，信息化对提升产业能级、发展战略性新兴产业、促进企业转型发展作用显现。该课题为上海市重点产业典型企业的两化深度融合提供科学客观的现状水平评估及绩效评估的理论方法及操作工具，并为企业两化深度融合提供指导性的应用方案，从而为政府和大型企业建立两化深度融合的动态监测体系和反馈机制。

参与上海市信息化发展专项资金“两化融合”项目建设情况评估 为全面了解“两化融合”专项资金项目的执行情况和使用效果，深入挖掘具有典型经验的案例，中心参与了上海市互联网经济咨询中心对信息化发展专项资金“两化融合”项目建设情况评估工作。编写了12个专项资金项目的单片，并挑选典型案例形成《上海推动物联网技术在工业领域应用的思考》《上海推进两化深度融合的思考及建议》两份专报。

配合上海市智慧城市大讲坛工作开展 中心在市经信委的指导下，支持上海市智慧城市大讲坛工作开展。“上海市智慧城市大讲坛”集开放性、普及性、公益性、多元化为一体，主要面向并帮助社会公众及时把握国内外智慧城市最新的发展动态，了解新一代信息技术的发展和应用，为上海智慧城市建设贡献力量，打造上海市智慧城市专业宣传培训品牌。同时，积极营造良好社会氛围，助推上海“创新驱动、转型发展”。

【上海交通大学】 作为上海推进“两化融合”的首批4个研究中心之一，上海交通大学“两化融合”研究中心主要聚焦研发设计信息化，围绕生产过程的各个环节开展理论和实证研究，在横向支撑各个重点行业的“两化融合”。2013年，在理论技术研究上，中心完成基于全生命周期的产品研发与信息化融合和工业产品服务系统相关理论研究。围绕“两化融合”开展的项目，完成大型海洋工程装备协同研发与制造信息系统、商用航空发动机协同研发信息化平台、基于MBD(基于模型的定义 Model Based Definition，简称MBD)的大型客机协同总装工艺及工装设计技术研究与系统应用、信息技术支撑民用飞机服务业模式研究和应用示范等项目。

【同济大学】 同济大学“两化融合”研究中心继续遵循智能制造“以智能为核心、绿色为前提、安全为保障”的三者有机融合的本质内涵，重点在节能减排、安全生产、产品创新研发三个方面展开信息化与工业化的深度融合研究。在理论与技术研究工作中，深化“上海市信息技术促进企业节能减排实施导引路径”理论研究、深化“两化融合促进节能减排技术研究与推广”理论研究、撰写《企业安全生产管理信息化方法与技术》论著、进行企业创新产品虚拟样机研制及产品低碳设计技术研究和生态制造HSEE综合管理技术研究。

在产学研合作项目建设及其成效方面，同济大学“两化融合”研究中心在已取得的技术创新体系、关键技术突破、实施导引路径基础上，结合新一代信息技术，聚焦民用飞机、重型装备等大型装备制造行业。建设了“大型飞机制造过程能源综合管理系统”、“重型装备企业生产流程能源综合优化平台”和“高压/超高压系列变压器设计制造一体化能源综合优化系统”等示范工程，取得了显著成效。在促进安全生产领域中，中心以国家和上海市实施“两化深度融合”促进安全生产战略为契机，与中央企业和上海大型制造企业进行产学研合作，开展“两化融合”促进安全生产领域的技术研发和系统实施。自主研发了工业软件——“大型制造企业安全生产综合管理系统”，该系统是企业“两化融合”促进安全生产的信息化平台，可发现和管理安全生产隐患、发掘企业事故预防知识、辅助企业实施安全生产培训和应急演练。在促进产品创新研发领域，中心采用产学研用合作模式，与上海锅炉厂有限公司共同开展1 000 MW超超临界塔式锅炉和660 MW超临界Ⅱ型锅炉的虚拟样机研制。效果良好，促进了企业新产品虚拟样机标准化开发，提升了企业新产品开发能力。

重点实验室

【冶金生产过程自动化技术重点实验室】 宝信软件工业化和信息化融合展示中心于2013年5月进行了项目结题，该展示中心已经成为宝信软件对外宣传和技术推广的一个窗口。宝信软件自动化实验室在2013年主要开展了基于VME(一种通用的计算机总线，结合了Motorola公司Versa总线的电气标准和在欧洲建立的Eurocard标准Versa Module Eurocard，简称VME)总线的PLC(可编程逻辑控制器 Programmable Logic Controller，简称PLC)产品应用研究搭建形成了VPOC控制器4套，包括12个CPU，3套DP(分散型外围设备 Decentralized Periphery，简称DP)主站，3套RM通讯卡，100点以上的高速本地I/O卡以及12套以上的远程I/O的硬件平台和网络系统。并在传动产品应用研究领域，成功研制出1 500 KVA高性能变频产品样机，并通过各项试验考核，控制性能达到引进高端产品相应水准。首台宝信自主知识产权高性能变频产品装置成功应用于宝钢二炼钢175吨行车中，并投入生产运行，整流器采用IGBT PWM(绝缘栅双极型晶体管脉冲宽度调制 Insulated Gate Bipolar Transistor Pulse Width Modulation，简称IGBT PWM)整流方式，可实现四象限运行，制动时向电网回馈电能，功率因数控制为1，谐波控制到接近0，可达到高效能运行的效果。并于同济路1118号建成高水平变频传动试验室。

【工业领域高性能计算应用重点实验室】 工业领域高性能计算应用重点实验室研发攻关方向定为高性能计算服务技术及其在关键工业产业创新中的应用，即如何通过高性能数值仿真计算促进工业产业尤其是关键领域的科研创新。涉及的核心技术包括超级计算机系统技术、并行程序开发和优化技术、结合创新领域的高性能计算应用和高性能计算服务平台技术等。2013年，实验室与“两化融合”相关的工作仍然立足于三个现有业务和研究领域，并各自取得了新的成果：一是继续为上海市科研和工业创新提供稳定可靠的高性能计算服务和技术支撑；二是继续推进工业社区和高性能计算仿真平台的升级和完善，不断提高技术服务能力；三是继续依托一些国家重大科技项目，开展高性能计算并行程序开发研究。

【网络化集成控制技术重点实验室】 2009年8月，网络化集成控制技术重点实验室获批成立，技术攻关方向为网络化集成控制技术。经过了五年建设，已经取得了丰硕的成果。2013年，网络化集成控制技术重点实验室落实国家和本市“两化融合”战略和指导意见，着眼于深化通信和控制技术的研究，掌握网络化集成控制核心技术，保持对国内外先进技术的跟踪与研究，结合不同行业及不同需求，致力于网络化控制技术在不同领域的应用，提出了智能电网能源信息化、智能家居、物联网RFID资产管理的核心解决方案。在进行技术研究的同时，实验室紧密联系当前国内国际智能制造市场现状，致力于推进传统制造业信息化技术的转化，加速实现网络化信息技术、网络化集成控制技术成果的产业化。同时，网络化集成控制技术重点实验室围绕着工业网络化通信与控制技术、智能家居系统、智能电网能源信息化管理系统、物联网系统进行了多项新技术的攻关和新产品的开发，引进、消化、吸收国外先进的工业信息化技术，研究自主知识产权的创新技术；研究现场总线、工业以太网、工业无线网等最新工业通信技术以及现代控制技术的融合途径，开发工业通信产品和控制产品，形成网络化集成控制系统解决方案；加速实现网络化集成控制技术成果的产业化，并在传统制造业广泛推广，加速信息化技术与传统装备产业的融合，提升传统产业的信息化水平，为提升我国智能制造的技术和装备水平储备技术基础。形成了物联网资产管理系统解决方案，为关键的智能实验室建设以智能电网能源信息化管理、网络化通信与控制、智能家居、物联网等方面技术为基础，实现技术创新，取得重大突破。在智能电网用户端方面，在系统框架与解决方案、产品研发、技术研究、示范工程等方面均取得了众多成果。在行业推广方面，成功举办了“2013中国智能电网用户端技术发展论坛”，积极响应市经信委“加快两化深度融合进区县”的号召，同时得到了全国相关政府单位、科研院所、企业等众多机构的专家、学者、工程师的积极响应。

【电驱动及控制信息技术重点实验室】 上海电气集团股份有限公司是中国装备业最大的企业集团之一，上海电气中央研究院是上海电气科技创新体系的核心。其任务是整合、集聚集团内各类科技开发资源，全面提升集团科技开发综合实力；以信息化带动工业化，围绕集团核心产业，加强工业自动化共性技术、关键技术和前瞻性技术的开发研究。依托上海电气中央研究院建立的“电驱动及控制信息技术”两化融合重点实验室主要以信息技术应用为手段，以提升装备制造业信息化水平为目的，围绕装备系统发展所需的电机驱动及控制技术进行研究，建立相关实验平台和研发队伍，为上海地区、国家装备制造业发展提供技术支撑。2013年度，上海电气中央研究院电气研究室推进大功率高压变频器开发研制工作、“大型锻件在线测量”项目的基础研究、锂离子电池管理系统的开发研究，继续以支撑项目发展为所需，推进技术开发、测试、试验平台建设。

【汽车先进技术现实及虚拟的开发和应用重点实验室】 2013年，面对汽车市场日益严峻的形势挑战，泛亚汽车技术中心深刻认识自身作为设计研发中心的使命和责任。一是创新引领，提升设计工程能力。致力于通过不断提升自主开发核心能力，为整个业务链创造价值，获得了行业和集团的认可。2013年，泛亚“底盘架构三位一体的扭杆梁后桥正向开发”获得中国汽车工业科学技术奖二等奖（一等奖空缺），同时“汽车电子自主研发体系的创建与实施”获得中国机械行业企业管理现代化创新成果奖一等奖，另获两项二等奖。二是强化执行，保障项目顺利实施。保障了凯迪拉克XTS、新君越、雪佛兰科鲁兹掀背车、凯迪拉克ATS等新车型的成功投产上市。三是2013年泛亚金桥新园区正式奠基。预计2014年开始施工，2016年完工。

【煤化工企业能源优化信息技术重点实验室】 2009年8月，上海焦化有限公司“两化融合”煤化工企业能源优化信息技术重点实验室成立。由于上海焦化有限公司信息中心职能全体并入上海华谊信息技术有限公司，经批准，2013年1月，上海焦化有限公司“两化融合”重点实验室转授上海华谊信息技术有限公司。技术攻关方向为“煤化工企业能源优化信息技术”。2013年，实验室主要做了三项工作。一是实施SAP ERP（企业管理解决方案软件 Systems Applications and Products in Data Processing，简称SAP）和外围审批系统，提升企业内部管理，丰富集团SAP实践模版，为类似的项目型企业的实施积累了经验。二是结合新生产装置建设，完善上海焦化MES（制造执行系统 Manufacturing Execution System，简称MES）系统。该生产装置已正式投入试生产，焦化PI（数据采集系统 Plant Imformation System）数据采集升级工作已全部完成。三是通过以生产可视化平台为基础的煤化工MES等方向的优化工作，结合进行在以现场巡检、称重地磅为例的ERP外围生产和管理集成系统开发，实现煤化工MES系统向可视化方向发展，通过化工行业的实施经验逐步形成生产可视化解决方案。

【基于PDM的平台技术的研究和应用重点实验室】 根据2013年度制定的工作计划，完成在PDM(产品数据管理Product Data Management，简称PDM)开发的成熟架构上延伸开发销售信息系统，统一了产品数据模型和开发模型，使合同签约的产品规格从合同到技术确认、技术配置、非标确认、询报价、IDS(入侵检测系统Intrusion Detection Systems，简称IDS)表、配方分解基于一个统一的数据模型。极大地提升了效率，减少了数据转换的错误。同时，开发建立销售合同签约平台、合同配置平台、合同管理平台。

【民用飞机数字化协同与服务重点实验室】 2013年，实验室围绕国家两化深度融合战略，完成公司信息化规划(2013—2015)编制，全面落实公司信息化管理办法，积极履行主管部门和信息化领导小组办公室职能。以统一、协同、高效为目标，完成信息化组织体系优化及人员整合，为公司信息化建设与发展提供人力保障。整合各单位分散的信息化技术力量，组建中国商飞公司信息化中心，完成信息化组织体系优化，形成IT治理与用户支持、需求分析与应用开发、基础实施和信息安全三大领域的信息化组织和业务模式。以"管理制度化、制度流程化、流程信息化"为目标，启动统一的ERP管理信息化平台建设。以强化与全球供应商协同研制为目标，完善产品数据管理平台，启动型号研制平台集成(第一阶段)和主制造商-供应商协同工作平台建设。以实现全球、全员、全程实时、高效的沟通和协作为目标，加快建设公司统一通信系统；落实公司"勤俭研制大飞机"要求，稳步推进IT设备集中采购。组织开展课题研究和申报工作，多方争取公司信息化建设资源，进行关键信息技术应用攻关。

【工业过程测控技术重点实验室】 上海工业自动化仪表研究院高度重视自身企业信息化水平的提升，同时也着力于为各类传统行业、中小企业，尤其是仪器仪表企业等提供各类信息化咨询和升级服务。依托"两化融合"重点实验室，在信息化检测、软件测试、信息化系统建设和升级咨询等方向进行深入技术研究，配合上海市其他"两化融合"重点实验室，为企业提供信息化产品设计咨询及研发、生产过程自动化和信息化改造、生产和管理自动化及信息化升级等各种信息化技术服务。作为仪器仪表行业协会秘书处挂靠单位，上海工业自动化仪表研究院通过利用协会的影响力，为企业宣读信息化政策导向，引导并加强企业管理人员的信息化意识和方向，不断为企业提供信息化技术咨询和培训服务，每年培训专业信息化技术人才数百人次，具有非常大的影响力。2013年，陆续开展了系列实用性强，具有一定经济和社会效益的活动和项目。在2012年的基础上继续开展了"嵌入式公共服务平台""工业运营协同管理软件平台""软件安全认证"和"传统行业两化融合项目"，同时开展了针对中小企业尤其是小微企业开展系列培训和服务活动。

(张敏翀)

三、区县"两化融合"

浦东新区

【基础设施】 以城市光网、无线城市和三网融合为主的智慧浦东网络基础设施建设已取得积极成效。城市光网覆盖185万户，百兆家庭宽带接入能力覆盖率达99%。实际固定宽带带宽已达到13 M，在全市居于前列。基本建成覆盖全区的3G网络，基站总数6 339个，建成公共区域WiFi场所2 508个，实现在68个公共区域(医院、公园、图书馆、文化中心等)向公众开放"i-Shanghai"免费WiFi。有线电视数字化改造97万户，NGB用户97万户，IPTV用户34万户。

【电子信息制造业】 2013年，浦东新区电子信息制造业总产值2 500亿元。协同推进智能制造产业发展。组织开展设计业亮点企业评选，评选出展讯通信等实力型、创新型、成长型亮点企业30家。完成《设计业引领浦东集成电路产业发展》研究，建议浦东新区确定以设计业为引领的集成电路产业发展战略，引起区委、区政府领导高度重视。大力推进中芯国际、华虹集团等重点行业企业产能规模提升；扶持光刻机、刻蚀机、清洗机等高端装备制造企业领先发展；推动集成电路产业链上下游企业互补合作，推动IC设计业企业在本地流片，打造集成电路产业链高端环节。推进映瑞光电硅衬底技术研发，推进康佳高科技照明产业化项目和全球节能科技总部等项目落地。

【智慧应用】 以上海西本钢铁贸易发展有限公司、锦商网、东方钢铁电子商务有限公司和"我的钢铁网"等企业为骨干，利用新一代信息技术开展业务流程改造、拓展新的业务领域，使"不生产一吨钢"的浦东新区，成为全国钢铁行业资源配置中心，成为新区"两化融合"亮点；"浦东新区航运公共信息服务平台"，促进浦东新区航运战略的实施、填补政府服务航运企业方面的空白，在政府和企业之间建立起了有效通道。汇集金融信息与数据服务机构57家，第三方支付企业20家(占上海市38%、全国8%)，为金融中心建设提供信息化基础和保障。一号店通过线上线下联合服务，打造快捷便利的"网上沃尔玛"；盛大云平台的建设应用，将打造中国最大的云计算基地和创意文化产业基地。"两化融合"正成为推动浦东新区产业升级转型的重要路径。

【新兴产业】 推动新兴交叉领域融合发展，特别是云计算、物联网、电子商务、移动互联网、车联网、汽车电子等新兴领域发展，与相关部门、单位合作开展相关产业领域研究。云计算方面，围绕市经信委对浦东新区云计算应用示范区建设的要求，鼓励浦东企业建设云计算应用平台，推动上海市云海数据中心建设，建成若干个云计算应用示范项目。物联网方面，推动物理网应用示范开展，开展浦东康桥工业物联网产业园的可行性研究；推动组建电力载波通信等产业联盟；组织推荐上海波汇通信科技有限公司、华虹申报工信部物联网专项资金支持并获批。移动互联网方面，结合金桥上海市移动互联网产业基地建设，大力发展移动视讯、移动物联、移动电商等特色产业；支持中国电信创新孵化基地、张江移动互联网孵化器等基地建设，培育在移动互联网领域新的业务增长点。电子商务方面，紧紧围绕"四个中心"建设，积极构建政府、协会、企业等多方联动推进机制，不断完善电子商务产业发展环境。组织召开国家电子商务综合创新实践区验收会，浦东新区电子商务创新实践取得实效，获得业内专家及工信部领导好评。

(王　欢)

松江区

【专项支持】 根据2013年度"两化融合"的工作重点，编制了本年度区级"两化融合"专项资金扶持项目指南，将智能产品、智能制造、制造业服务化、节能减排、安全生产、中小企业信息化公共服务平台等领域的信息化技术应用项目列为本年度"两化融合"专项资金重点扶持方向，并根据时间要求于5月初发布了区级"两化融合"项目及示范企业通知。5—6月，区科委集中受理了"两化融合"专项资金项目申报。经单位自主申报、街镇园区审核推荐、区科委职能科室形式审查，区科委共受理项目37项。经专家集中评审、区科委班子集体讨论，立项24项，支持金额600万元，2013年下拨50%，即300万元。

【典型示范】 组织了"两化融合"示范企业评选活动，评选了10家"两化融合"行业标杆。通过企业授牌，组织相关企业到示范企业开展实训活动，开展现场交流，逐步培育和发挥先进企业的示范引领，其他企业共同提升的良好氛围。

【发展评估】 结合区科技联络员三级网络的工作机制，按照上海市2012年"两化融合"抽样调查要求，联合第三方机构，积极做好2012年度的"两化融合"水平评估工作，本年度共完成129份。在连续几年的评估的基础上，进一步建立健全样本企业、街镇科技联络员、第三方机构、区科委这样一个四位一体的评估体系，完善"两化融合"对街镇园区的考核工作。

【综合推进】 2013年，"两化融合"工作被列为人大重点审议议题。按照人大相关工作要求，编写了《关于我区"两化"深度融合推进情况的专项工作报告》，组织好人大领导赴区科委及优秀企业的调研工作。通过人大重点审议，进一步提高了区政府各部门对"两化融合"战略的认识，形成部门合力，共同推进区的"两化融合"工作。

(胡　伟)

宝山区

【基础设施】 继续加强区政府与上海电信、上海移动、上海联通的战略合作，完成区域信息基础设施建设投入6.5亿元。提前完成住宅光纤到户建设9万户，累计覆盖用户数60万户，家庭平均接入带宽超过15 M；实现27处公共场所免费无线上网。围绕五大地区转型和市民关注热点，启动通信盲区调研，协调解决通信故障、网络集约化接入等问题11件。启动居(村)委会电子政务网络100 M光纤接入计划。

【智慧应用】 实施《2013年宝山区信息化建设项目实施计划》，开展17项信息化项目建设，完成35项技术审核，验收项目16项。指导推进企业信息化建设，上海汉康豆类食品有限公司等一批企业信息化建设提升了市场竞争力，启动重点企业信息安全评估服务计划；推进企事业法人网上办事统一数字认证服务，数字证书申领超过1.5万张；完成175家中小企业信息化发展水平调查工作。指导博济智汇园开展"智慧园区"建设，宝山工业园区、月杨工业园区、罗店工业园区列入上海市产业园区信息基础设施优化建设计划。

【新兴产业】 上海北斗卫星导航平台公司落户宝山，公司承建的“上海北斗卫星地基增强网”正式开通。软通动力控股有限公司等企业相继落户。“宝山，上海发展卫星应用产业的沃土”主题展馆参加2013年上海国际导航产业与科技发展展览会。

（林必德）

杨浦区

【基础设施】 积极落实区政府和运营商合作框架协议，配合推进运营商在杨浦区域的功能设施建设，移动通讯枢纽大楼已建成，联通上海总部入驻杨浦，全面提升杨浦区信息基础设施服务能级。大力推进“城市光网”建设，到2013年年底已基本完成杨浦区的全覆盖，实现百兆到户、千兆到楼的网络覆盖能力。积极开展“无线城市”建设，电信、移动和联通三大运营商在杨浦境内共开通商用无线WiFi热点1 000余个，推进区级机关、街道（镇）行政服务窗口办事大厅WLAN建设，2013年开通覆盖17个单位的43个场点，初步构建起了多层次、广覆盖、多热点的全区无线宽带网络。推进通信宏基站和TD-LTE建设，积极协调落实电信等三家运营商在杨浦区域内通信宏基站建设难点问题；TD-LTE已经覆盖杨浦所有内环内区域，五角场等内环外重点区域也已覆盖到位。

【信息产业】 2013年，杨浦区软件和信息服务业产值约126亿元，有14家企业获得市软件和集成电路专项资金扶持共计1 980万元。创智天地、上海市云计算创新基地、杨浦科技创业中心、复旦软件园等信息服务集聚区建设各具特色。创智天地以信息服务业总部经济为主要方向，成功引进IBM公司全球服务执行中心的整体入驻。上海市云计算创新基地完成“上海市云计算创新展示中心”项目建设并投入运行，通过云计算系统解决方案与行业应用的展示促进云计算技术在相关行业内部的推广。杨浦科技创业中心成功申报上海市信息服务产业基地，并致力开展云计算孵化服务，组织企业参加“全球云计算大会（中国站）”等多项行业大会和专业培训，联合园区内外企业打造“云智汇”云商务服务包，中小企业可免费试用各类云商务明星产品。复旦软件园依托“兆联天下”服务平台成立了“移动互联网产业联盟”、“动漫游戏产业联盟”、“新媒体产业联盟”等三大联盟。

【综合推进】 围绕国家创新型试点城区建设，与校区、园区、社区寻求彼此的优势领域开展合作创新。开展复旦创新经济走廊规划研究，积极拓展和科研院所、中央国企、国际资源的合作联动，物联网科技园、智能电缆科技园、中航科技园挂牌运作，湾谷科技园开工建设。区政府与上海仪电控股（集团）公司签署战略合作协议，重点聚焦智能安防、智能照明、智能食品溯源、智能园区等细分领域，加快在杨浦区形成物联网、云计算产业集聚发展的态势；与上海电控研究所合作推进北斗导航产业的发展和示范应用，加快推进信息化与智慧杨浦的深度融合发展。同济大学推出“智慧城市交通监测管理服务平台”，使交通管理数据可视化；无线光通信技术LiFi在复旦大学实验成功；由同济大学牵头建立的“燃料电池汽车产业技术创新战略联盟”以及“污泥处理处置产业技术创新战略联盟”，获批“国家产业技术创新战略联盟”。

【园区发展】 加快环同济设计产业基地、科技创业中心、复旦软件园、湾谷科技园等信息化建设，在推动网络基础设施升级改造的同时深化信息技术应用。杨浦科技创业中心利用无线通信技术和现代网络技术，联合电信等多家运营商，使园区物业管理实现数字化、网络化；建成“孵化服务信息系统”，实现“招商→物业→账务→服务”的信息化操作流程的管理功能。推进复旦软件园、湾谷科技园“智慧园区”工程建设，促进园区信息基础设施、管理系统和服务平台的标准化、规范化。复旦软件园依托“兆联天下”虚拟园区建设，积极打造创新创业的服务平台、信息平台、培训平台与合作平台；湾谷科技园按照“国内领先的示范型生态智能化的办公园区”理念，积极创建高速智能的信息化基础设施和以客户为中心的创新智慧应用。

（陆军霞）

闸北区

【基础设施】 2013年，闸北区政府与上海移动签订了2013—2015年战略合作协议，闸北区科委与上海电信北区局、上海联通北区分公司、东方有线闸北区分公司签订了2013年合作协议，通过基础网络提升和功能平台打造，着力推进“智慧闸北”信息化基础设施建设。全区光纤宽带网络累计覆盖28万户，覆盖率达到100%，全区商务楼宇光纤覆盖率100%；新增WLAN热点覆盖400处，全区WLAN热点覆盖累计达1 400处；宏基站新增50个，累计达到342个；推动苏河湾地区4G网络建设，全区4G基站包括新建和升级共建成100多个；下一代广播电视网(NGB)累计改造达28万余户，覆盖率达到100%，数字电视普及率100%。按照计划安排，区24个需覆盖的公共场所中，完成所有场所的开通运行工作。根据市经信委的要求，完成了全市第二批园区中闸北区E构空间产业园的信息基础设施优化工作。上海市无线电管理局与闸北区科委共同开展闸北区无线电管理工作，成立了闸北区无线电管理办公室，工作内容包括基站的预审及协同管理、无线电科普宣传等。

【园区发展】 以高新科技园区为重点，实施信息化领先发展和带动战略，发挥信息化促进经济发展转型的引领作用。在信息基础设施优化建设方面，根据《上海市经济信息化委关于开展本市产业园区信息基础设施优化建设工作的通知》的要求，完成了全市第二批园区中闸北区E构空间产业园的信息基础设施优化工作。积极推荐市北高新技术服务园区、龙软基地、E构空间、上海多媒体谷、上海大学科技园五个园区申报市经信委组织的智慧园区的创建工作。

【综合推进】 完成了《闸北区政府计算机网络及其信息系统安全保护管理办法》和《闸北区社会信用体系建设2013—2015年行动计划》的制定，并经过区政府常务会议讨论通过，由区政府办公室转发各部门执行。

完成与国家计算机网络应急技术处理协调中心上海分中心的合作框架协议的签订，做好我区网络与信息安全的保障工作。

（王述之）

四、产业园区信息化

上海临港产业区

【落实上海南港智能化监管建设】 上海南港码头是目前国内唯一由产业园区投资建设和运营的沿海港口。南港码头开发是深化临港产业区建设发展，拓展上海“四个中心”建设战略空间，加快实现上海创新驱动、转型发展的时代要求，也是充分发挥上海南部口岸资源，打造贯通上海、连接江浙、服务全国的航运物流配送网络的迫切需求，为加快南港码头建设，做好海关监管服务工作，制定海关智能化监管方案。

依托南港港区视频监控平台，通过对港区所有场地进行功能划分并编号，实行网格化管理，并与海关视频化查验综合应用系统、物流监控系统相对接。目前，码头现场已经实现了海关WiFi信号覆盖，可支持实现移动视频和音频型号的传输。码头现场固定的视频监控系统，采用了大容量的服务器，可提供视频和音频压缩、存储和分析处理，并可提供海关对数字化证据资料的提取。

上海南港码头在建设智能化监管平台的同时，也进行了海关“即查即放”现场查验模式暨物联网项目应用的推进。基于物联网的进出境(集装箱)货物检验检疫物流监控系统以承载进出境货物的集装箱或高风险敏感商品直接作为监控对象，已在“口岸检疫、属地检验”的(集装箱)货物和进口钢瓶等高风险货物监管工作中进行了试点，做到全程监控可溯源。在上述应用实践工作的基础上，上海检验检疫局将充分依托RFID射频识别技术和云端信息处理技术，从系统开发所着眼解决的问题，扩展到进口出口、海港空港、境内境外等各类“检验监管”、“物流监控”、“执法合作”多项业务领域，全面实现执法现场的“即查即放”和快捷、规范、可控、溯源的检验监管新模式。

【逐步推广园区云服务应用】 上海数字园区云服务平台是上海市推进数字化、网络化、智能化为主要特征的智慧园区建设的重要组成部分，是对现有园区基础设施、信息系统改进提升，将大大提高园区信息化水平和智能化程度，极大推进“智慧园区”建设进程。

2013年，在临港集团带动下，数字园区云服务平台建设已初显成效。在临港光仪电园、临港保税港园区和临港松江高科技园区，依托园区内现有的信息化基础设施资源，已经建设完成了分布式的园区云服务中心，并建立了基于云计算支撑环境，为面向园区管理和入驻企业服务的应用系统快速部署及应用环境资源的动态调整提供支撑。

【启动安全生产管理信息化平台建设】 为保证临港产业区“数字园区”建设进程顺利推进，安全生产管理成为产业区建设发展的重要保证。为此，临港集团设立了统一的安全生产监控管理平台来保证产业区生产活动的安全进行。

统一的安全生产监控管理平台主要围绕“安全和管理”的主题，提供“巡查督导、记录历史、展示交流、智慧服务”等四方面功能。该平台可以同时为在建工地和已建园区提供服务，能显著提高在建工地的安全生产和现场管理水平，也能提高已建园区的安防管理和运行维护水平，而且通过进一步的组织和研发，还能在招商服务和园区管理方面提供更多智慧应用服务。

【积极开展园区光纤网络建设】 光纤宽带产业是当前信息产业中成长最快、发展空间最大的产业之一。推进光纤宽带网络建设能升级网络基础设施，提高自主创新能力，拉动相关产业发展，对应对金融危机影响，实现扩内需、保增长、促就业，以至提升国家长远竞争力均具有重要的战略意义。

临港产业区光网项目建设的开展，加快各子公司之间相关信息与相关业务之间的流转，提升信息传输容量与速率，从而在很大程度上提升集团公司内部工作效率。产业区光网项目的建设，也能从侧面促进相关配套设施跟进，同步带动产业区内国际光仪电园区内企业发展，以达到经济效益的最大化。

产业区光网项目的建设，更有利于光纤宽带在电子政务、医疗卫生、城市管理、社区服务等领域的普及，推广基于宽带的视频应用，发展基于宽带的信息通信服务和网络产业。继续利用相关资金渠道和有关政策，利用光纤宽带网络大力开展业务、吸纳相关适龄人员就业。

【“跨境电子交易”监管】 采取电商实体并重、贸易展示共进的战略方针，配合洋山海关落定“跨境电子交易”平台监管模式，与跨境空港电子商务信息系统相互补充、共同发展，同时联通中国(上海)自由贸易区(以下简称“自贸区”)和临港地区/南汇新城，通过“前店后库、展示＋零售”的模式创新，重点推进自贸区内商品展示中心的落地以及“进出口服装检测平台”的运作。

上海浦东软件园

【产业服务】 浦软汇智 IT 服务云平台自投入运营至今，平台注册中小企业用户 2 000 余家，为 1 100 余家中小企业提供了免费试用和收费的云服务，包括混合架构云服务、云主机服务、CDN(内容分发网络 Content Delivery Network，简称 CDN)服务、移动办公云服务、桌面云服务等。为了进一步夯实浦软汇智 IT 服务云平台的基础环境，提升平台在安全防御管控能力，上海浦东软件园股份有限公司在流量监控功能、接入层系统性能、多线路保障能力、安全管理能力等方面加大投入，浦软汇智 IT 服务云平台的安全等级得到大幅度提高。同时，通过内部立项，加大汇智 IT 服务云平台的研发投入力度，开发汇智 IT 服务云平台的新功能，平台在自助服务、计费模式、监控能力和扩展能力上均有较大提升，安全性、开放性、可控性得到了全面加强。

浦软汇智 IT 服务云平台为浦东软件园的企业创造了一个优良的创业和技术创新环境，也整合了众多上下游合作伙伴，形成了良性的云计算产业生态，达成了多方共赢，促进上海云计算产业发展，推动中小企业产业升级。浦软汇智 IT 服务云平台运营近两年，在上海地区拥有较强的影响力。浦软汇智 IT 服务云平台获得 2012 年中国云计算最佳运营商奖、2013 年中国云计算创新应用奖。

【“智慧园区”建设】 作为“智慧城市”建设的重要组成部分之一，“智慧园区”建设是创新园区管理模式、优化产业服务能力的重要支撑。公司已启动并完成“智慧园区”总体规划工作，依托浦东软件园自身技术力量，联合外部专家团队，以浦东软件园核心园为规划建设重点，辐射昆山园、三林园及新建园区，利用物联网、云计算、大数据等新一代信息技术，规划浦东软件园“智慧园区”的发展路径。通过“智慧园区”的规划建设，实现园区管理者、园区企业、园区从业人员及外部环境的全方位多维感知，全面提高园区的智能管控能力，园区服务品质得到进一步提升，建立浦东软件园高端化、智慧化、生态化的园区发展新模式，助力上海产业战略转型，助推上海“智慧城市”建设。

市北高新技术服务业园区

【基础设施】 一是通讯基础建设。已基本完成驻地网的管道、综合布线、桥架管路和通信网络等通信基础建设，能够满足运营商和入驻企业的入住需求和扩展需求。二是楼宇信息化建设。实现光纤宽带网络全覆盖，推进楼宇信息化建设。市北高新园区加强与电信、移动、联通等电信巨头合作，全面实现“宽带布线覆盖、光缆到户”。三是“无线园区”建设。实现无线宽带全覆盖，推进“无线园区”建设。市北高新园区在重点公共区域实现无线宽带覆盖。四是数据中心建设。建成 2 万多平方米的数据中心，可为入驻园区的企业提供设备租赁以及数据的存放等 IDC 外包业务。

【办公管理】 积极推进自身信息化建设，率先应用企业“办公云”系统、ERP(企业资源计划管理系统)以及 CRM(客户关系管理系统)。

企业“办公云”系统。办公云系统通过桌面虚拟化使员工在任何有网络的终端设备上使用浦东软件园公司办公云平台实现移动办公，实现集中管理、配置降低管理成本、降低服务器及客户端的采购成本，并能利用桌面虚拟化技术使闲置的老旧终端设备实现同样的办公环境及用户体验。所有桌面的管理和配置都有管理员在数据中心进行，例如设备部属、系统升级、应用安装等，避免了传统由于终端分布造成的管理困难和成本高昂。

ERP（企业资源计划管理系统）。为从根本上提升园区的管理水平和服务能力，浦东软件园公司企业资源计划管理系统（ERP）经过开发、测试、运行，涵盖了征地动迁、资产管理、招商管理、物业工程设备管理等开发区主要业务环节。

CRM（客户关系管理系统）。园区客户关系管理通过对招商信息、客户信息、产品信息、市场信息的集中管理。通过与财务系统的联通，使业务系统的信息更及时更精准；通过增加市场活动的功能，将各类市场活动记录在案，使市场活动的策划实施更系统，使各类市场活动的分析总结更科学；通过增加客户案例与投诉的功能，提高解决问题的效率，加强客户管理，提高分析能力，有效地提高招商效率和客户服务能力，以提高客户的满意度及加强客户的忠诚度。

【智慧园区】 园区以智能园区监控管理系统、智能信息发布系统以及智能楼宇建设为重点，大力推进智能园区建设，提升数字园区能级。

智能园区监控管理系统。园区建有一个集成全园各智能化子系统信息的、在大屏幕上展示的综合集成指挥管理平台，包括网格化管理、智能园区管理、园区应急指挥管理、园区能效与环境监控、综合指挥管理平台、园区交通管理、园区物业管理、数字化工地管理、大屏综合显示管理等，达到园区智能管理和统一管理的目的，提升园区自身管理水平。

智能一卡通系统。园区现有一套一卡通系统，基本实现在园区内的食堂、超市等消费场所的统一管理和统一结算，为区内企业员工提供生活上的便利。

智能信息发布系统。利用数字化手段，进行实时信息发布和传播，除门户网外，还包括主要道路口的大屏幕信息屏等。走进开发区，就会看到一个个竖立在醒目位置的巨大信息屏，可实时发布天气情况、园区实时环境监测状况、重要公告、各类重大信息以及播放园区宣传片等。

智能楼宇。园区已在现代服务业集聚区等区域实施楼宇智能化控制系统，主要包括基地周边电子报警系统；空调、电气、通风、给排水、电梯机电设备等专业监控系统；消防系统喷淋、烟感智能化控制；地下车库车辆管理系统，实现计费、计时、车牌摄像等功能。还可实现地下车库进入各办公楼入口处的电子门禁管理系统；物业管理所需的电子巡更系统；地下车库车辆诱导系统；实现温度、湿度、通风、照明等智能控制的办公环境智能控制系统以及大楼内会议室集中管理系统等。

杨浦科技创业中心

【产业服务】 阳光云综合服务平台。杨浦科技创业中心联合园区负责硬件基础设施建设，上海有孚计算机网络有限公司负责进行服务内容的开发与提供，共同为中小企业提供信息化应用服务和解决方案。计算资源公共提供者提供宽带、CPU、存储等支撑；计算资源管理者提供网络安全、环境服务等动态管理；企业信息化平台提供开放式的云软件的接口，实现软件 SaaS 化。

服务云应用一企业在线票据流转集成平台。该平台主要开发一个能够跟客户的业务系统进行对接的票据处理软件，通过搭建在线平台，实现客户与客户之间点对点的数据共享，项目由票据处理软件和流转平台两部分组成，主要由票据处理软件和 Web 传输的方式实现。主要功能包括：集中化的进销项发票处理和查询平台、自动进行税局认证、应收账款提醒及应付账款预测、销项发票预开具及客户审核、整合电子银行，企业支付中心、网上报销平台。

知识云共享一创新云数据服务平台。随着云计算产业的快速发展，各地方政府及行业组织相继出台地方标准、行业标准以取得行业制高点。针对以上的问题，杨科创云计算孵化器考虑以现有信息技术与资源为基础，结合云计算相关产业特点，着手建立云计算创新服务平台。平台以云计算相关产业内容为主题，结合相关产业资讯、标准动态、标准研究为载体，为企业提供从产业政策研究、标准化应用、标准体系实施等各方面的综合服务，为杨科创云计算孵化基地发展成为国家级云计算产业基地提供坚强后盾。利用云计算的虚拟化与分布式技术，结合新一代信息采集与挖掘技术，把企业需求的相关知识内容通过互联网进行采集，并自动查重与归类进行智能化整合处理，集成与知识云服务子平台中，并依托平台的基础云设施以服务的形式为用户提供按需服务。

【商务服务】 通过建设杨浦科创文化创意产业服务平台，增强了现代信息业企业的扶持力度，产生了新的服务模式"云智汇—云商务服务平台"。建设园区云商务服务平台,建立统一的用户注册窗口,同时为企业提供信息化产品的介绍,并提供下载的链接,让用户挑选适用的产品。推出综合云商务服务包,通过对云计算公共服务企业的产品与服务进行组合,针对中小企业用户,建立以服务为导向、以用户为核心的服务包。

建立云商务服务咨询服务平台,建立面向企业的客服窗口,及时解决用户在使用云商务服务包中所遇到的问题,并进行记录与分析。同时,服务平台将定期对服务包的使用情况进行回访,以便进行服务包的升级。完善云商务服务包的运营管理模式。从服务包组建的初期,寻找中小企业有需求的特色信息化服务产品,到后期,不断地融入新的信息化服务产品,建立一套竞争管理机制。

(张敏翀)

五、企业信息化应用

宝钢集团有限公司

【概况】 2013年12月,国资委发布了2012年度中央企业信息化水平评价结果,宝钢集团有限公司(以下简称“宝钢集团”)继续被评为最高级A级。2013年,宝钢集团积极应对国内外经济环境变化和钢铁工业结构调整等诸多因素的严峻挑战,围绕“数字化宝钢”建设,开展了多项工作。

【新一轮信息化规划编制完成】 《宝钢集团2013—2018年信息化规划》于2013年4月完成编制,内容包括规划总册以及知识管理专项、数据仓库平台专项、集团主要共享系统规划蓝图三个分册,完成了与集团战略管控业务相匹配的集团级信息系统的顶层设计,明确了规划期宝钢集团信息化重点工作。

【宝钢云计算中心建设初见成效】 截至2013年年底,宝钢云计算中心已为宝钢集团公司内外16个租户、50个系统提供了近90套基础资源环境,云计算特性逐渐体现,利用资源池化技术和弹性伸缩特性,使得系统资源能够按需调度,资源利用率达到30%,并具备进一步提升空间。体现云计算中心核心管理思想的“云管理平台”逐渐开始发挥价值,有效地将运营管理、运维管理、监控管理、资源管理、自动化管理五位一体,形成了70多项针对不同设备、不同资源的监控指标项,并通过对关键技术指标监控、分析联动策略自动报警和创建运维事件,及时发送短信通知运维人员,大大提高了运维效率,保障了信息系统的稳定运行。10月18日,宝信软件与上海电信在宝钢大厦签署数据中心(IDC)、融合通信业务合作协议。上海电信将租用宝信软件宝之云IDC一期项目的数据中心资源,为阿里巴巴提供绿色专属数据中心服务,并以此为契机推进双方在云计算业务领域的全面协同,标志宝钢云计算中心对外服务迈开了一大步。

【引导员工工作方式转变、助力效率和能力提升】 2013年6月,宝钢集团在已建信息系统的基础上,充分应用云计算、统一通信、Web2.0、用户体验设计等IT技术,启动了“以人为本”的员工智慧工作集成环境建设,形成集办公业务、信息沟通和知识共享于一体的员工智慧工作平台。截至2013年年底,智慧工作环境建设基本完成,等待择机上线。

【进一步拓展移动应用】 在移动办公方面,新开发了移动虚拟会议iPad版、宝钢小秘书和移动宝钢名录iPad/iPhone/Android版等应用。在移动商务方面,新增面向大客户经理的移动营销设计、面向营销服务人员和物流经理的移动应用,完善和推广面向客户和面向物流服务商的移动应用。在学习方面,在传统在线学习的方式和内容的基础上,拓展移动学习应用,实现宝钢员工从e-Learning向u-Learning(随时随地)学习的转变,进一步提升了员工学习的自主性,有效缓解了员工的“工学”矛盾,有力支撑了员工职业发展和能力提升。

【集团管控系统覆盖深度进一步延伸】 完成协同办公系统对宝钢工程技术集团有限公司下属子公司、宝钢集团新疆八一钢铁有限公司及其下属子公司、宝钢欧洲贸易有限公司和宝钢新加坡贸易有限公司两家海外公司的覆盖实施,完成标准财务系统对宝钢集团新疆八一钢铁有限公司、宝钢集团上海梅山有限公司的覆盖实施,完成人力资源系统对宝钢集团新疆八一钢铁有限公司及其下属子公司、宝钢集团广东韶关钢铁有限公司及其下属子公司的覆盖,为加强集团管控、促进信息共享提供了强有力的支撑。

【加强集团公司对安全监督领域的管控】 为实现集团公司对相关领域的安全监督,宝钢集团于2013年1月启动了安全监督信息系统的建设工作。经过项目相关方的共同努力，可研范围内全部功能已于2013年年底前上线，为满足政府监管要求、提升集团公司安全生产监管效率提供了有力支撑，为各单位安全管理工作提供了基础管理平台。

【持续推进电子商务】 营销电子商务方面，宝山钢铁股份有限公司彩涂预合同网上销售功能已正式运行，拓展对宝钢集团新疆八一钢铁有限公司、宝钢集团广东韶关钢铁有限公司的电子商务服务，完成了58家大客户通道及行业供应链的推广实施工作；新建股份运输部物流电商平台，完成股份物流电商从产成品到原料及半成品的拓展。采购电子商务在采购组织覆盖和交易品种挖掘上持续深入：新增宝钢集团新疆八一钢铁有限公司、上海宝钢节能环保技术有限公司和上海金艺材料检测技术有限公司、上海宝钢国际经济贸易有限公司下属5家加工中心等采购组织，新增医疗器械耗材、物业耗材等交易品种。

【借助信息系统盘活不动产】 2012年宝钢不动产管理系统初步建成，并在完成对部分子公司覆盖实施的基础上，于2013年7月完成项目范围内所有单位的实施覆盖工作。该系统实施完成后，宝钢集团不动产基础信息数字化水平达到90%，有效地实现了不动产基础信息的统一集中管理，为公司盘活存量不动产和闲置低效不动产提供了支撑。

【强化信息安全工作】 深入开展信息系统安全等级保护工作，完成等级保护制度建设，落实集团信息安全规划。宝钢股份新建制造管理系统、东方付通电子支付系统、财务公司电子商务金融工具及产品通过了国家三级测评工作，宝钢统一认证系统平台、华宝信托薪酬福利系统通过了国家三级外部初评工作。2013年1月，宝钢统一认证系统平台投入试运行，协同办公、标准财务、人力资源、科技管理、内部审计、宝钢工程经营共享等系统陆续纳入统一认证管理，切实强化了信息系统身份识别机制。2013年3月，基于云存储技术的宝钢网络文件保护系统（宝钢云盘）上线，并在集团总部和子公司试点应用，支撑了公司商密保护工作的开展。

【宝钢集团下属在沪子公司信息化建设】

1. 宝钢股份。继2013年1月1日完成9672系统升级改造项目第一步功能上线（包含厚板、条钢、财务、设备系统、运输管理系统）之后，2013年1月29日成功实施了9672系统升级改造项目第二步功能上线（薄板、硅钢制造管理系统），全面完成9672系统升级改造项目群“对用户影响为零、对指标影响为零、对生产影响为零”的系统切换目标。同时，实施了9672项目群各新系统（制造管理系统、设备管理系统、运输管理系统、数据仓库系统）的优化完善、辅助功能拓展和相关技改项目配套功能等方面的大量工作，确保了系统的稳定、高效。

策划带钢表面检测信息应用，提出在三年内建立覆盖公司直属厂部的跨工序带钢表面质量检测信息传递与利用体系。通过检测得到的质量信息，指导本工序、下工序作业，快速分析缺陷产生原因，快速实现产品生产工艺的调整，有效提升工作效率和产品质量。截至2013年年底，已完成系统主要功能需求以及系统框架设计策划，按照三层模式设计系统架构（即机组级SIS，区域服务器和公司级表面检测数据中心）设计，开展下一阶段工作。

提出“构建上海、湛江两地信息集成、过程集成和资源共享的远程管控、协同网络化运营信息平台，支撑湛江快速达产、达效”的湛江钢铁信息化总体目标，采用覆盖系统（总部集中部署）、标准版本覆盖（属地部署）、新建系统（属地部署）等建设方式组合，分步建设支撑湛江钢铁生产、经营、管理需要的信息系统。截至2013年年底已完成湛江钢铁信息化初步设计。

2. 上海宝钢国际经济贸易有限公司。工贸一体化系统经过三年多的建设，成功覆盖6大区域和专营公司，共计44家业务单元，为公司强化经营管控和业务操作的规范性奠定了基础。同时也完成了天津宝井钢材加工配送有限公司、山东宝华耐磨钢有限公司等新建公司的实施与覆盖，有效支撑了新公司的业务开展。持续推进工贸一体化系统的优化完善工作，进一步深化完善区域一体化协同、同城一体化运作，扎实推进工厂精细化管理项目，有效支撑了公司的营销变革及内部效率提升。

3. 宝钢不锈钢有限公司。围绕公司经营管理目标，在“可视、可控、可调”的要求下，对整体信息系统进行了顶层布局和整合。在存货可视化建设的基础上，继续开发了日清日结系统，提升了公司日成本管控、资金效率、每日损益的管理水平。同时，建立了基础版的经营驾驶舱，为支撑公司“日经营”迈出了坚实的一步。

4. 宝钢特钢有限公司。在数据仓库系统平台的基础上，向应用深度延伸，主要完成以下任务：建立设备系统和营销系统的数据仓库系统平台的指标手册，进一步完善数据仓库系统平台的指标功能，着手开展分产线、分部门指标的推广应用。同时，在数据仓库系统平台支撑分块运行和项目化管理的工作中，予以了探索和初步应用，2013年完成了战略产品项目化核算系统建设。

5. 宝钢资源有限公司。经过一年的探索，初步实现了铁矿石、煤炭、合金、有色金属、废钢铁产品的网上现货资源销售、非现货资源销售、可询价资源发布、客户需求收集管理、数据统计分析等功能，优化了现有资源销售管理流程，实现资源投放、下单签约、支付配款、提货跟踪等环节的电商化。并通过电商平台和内部经营管理系统的集成，实现了线上线下协同销售，营销统一策划，价格、库存统一管理。

通过投资管理系统建设，实现投资项目从项目寻源、立项到出资建设及运营跟踪的全流程管理，实现投资管理从项目文档维护向结构化数字管理的转变，变定性分析为定量分析，将投资项目的有关知识结构化后积累下来，为未来的投资决策提供量化分析依据。

6. 宝钢金属有限公司。延续“整体规划、分步实施”的原则，有步骤、有计划地完成各业务板块信息化规划及分步实施策略，重点实施各业务板块工厂级信息化建设。其中：宝钢气体CRM系统、金属制品板块ERP系统、金属包装统一ERP系统全部正式投运，宝钢气体计划及配送管理系统、宝通线材生产现场管理系统、宝钢包装外仓库管理系统建设项目已全面启动。

7. 宝钢工程技术集团有限公司。完成支撑变革及消缺改善项目和经营分析系统建设项目建设，风险监控平台建设项目已完成功能开发和系统培训，启动了共享系统覆盖宝钢钢构有限公司、宝钢轧辊科技有限责任公司及属地专务系统改造项目，宝钢节能专务系统已完成系统上线前的各项准备工作，常州宝菱重工机械有限公司通过CAPP（计算机辅助工艺过程设计Computer Aided Process Planning，简称CAPP）系统升级，实现了工艺路线设计完成后的成本自动计算功能。

8. 上海宝钢化工有限公司。经营管理系统按计划于3月31日率先在宝化国际上线试运行，4月30日覆盖苏州宝化，7月31日覆盖宝山分公司和梅山分公司，基本达到项目预期目标。

9. 华宝投资有限公司。华宝信托核心业务系统的建设目标为：建立一个“业务（信托项目）、客户为主，以财务核算、风险控制为辅”的，涵盖所有信托业务在内的，实现从产品设计、项目管理、客户管理、销售管理、项目运作管理、受益人账户管理、风险管理以及财务核算在内的、统一的综合业务管理平台。该系统于10月底完成试运行，11月完成数据切换，12月2日按计划正式上线运行。经过1个月的正式运行，已基本达到项目建设目标。

10. 宝钢发展有限公司。截至2013年年底，基本完成了经营管理层信息系统的推进，实现了采购管理平台对上海宝钢新型建材科技有限公司的全面覆盖和设备管理平台对整个公司的覆盖。通过公司层面共享平台的覆盖，实现了资源共享和信息共享。资源再生专业管理系统作为资源综合利用板块的专项系统，完成了对上海宝钢磁业有限公司、上海宝钢新型建材科技有限公司、工业环境保障部的实施覆盖，实现了流程在系统中管理、权限在系统中分配、资源在系统中共享，提升了业务运作效率和管理水平。

（谢立群）

上海纺织（集团）有限公司

【概况】 2013年上海纺织（集团）有限公司（以下简称“上海纺织”）信息化工作主要以集团战略规划和信息化专项规划为指导，围绕推进集团业务信息化、加强IT治理及提升信息化能级三个具体目标，稳步推进集团的信息化建设。

【集团人力资源信息化（GHRS）项目（一期）】 2013年1—6月，主要针对35家第二批推广单位实施，2013年7—12月进行了第三批（48家）推广，至2013年12月31日，142家企业全部覆盖完成并上线运行，系统中用户数为500多人，系统在职库录入人员数近5万人。GHRS项目的完成，将上海纺织集团的人力资源管理纳入统一的平台，实现机构组织、职工基础人事信息、薪酬发放、各类管理报表（包括政府部门要求上报的报表）、用工成本分析等基础管理的信息化。

【集团物业经营信息化（GPMS）项目】 在2013年全面推广的基础上，2013年1—6月开始对各个公司的推广使用情况进行检查，以督促各公司完成房源、项目等基础数据的录入以及合同和收款的规范化。项目于2013年7月完成终验，截至2013年11月14日，上线运行的二级公司为16家（涵盖园区78个、项目458个），系统中用户数近400人。2013年7—12月组织对系统进行调优，包括功能的完善、数据的准确性以及系统功能拓展。启动了三个优化项目，一是需求变更二次开发，优化界面、简化使用，使系统更为简便、灵活；二是拓展业务功能，搭建面向外部单位和人员的物业招商与客服平台，并借助微信实现推介、互动；三是上海纺织物业经营管理有限公司的财务业务一体化流程优化。2013年该项目被上海市国有资产管理委员会列为首批上海市企业信息化示范工程。

【集团数据中心同城异地容灾系统项目】 2013年4月23日,上海纺织集团启动了"集团数据中心同城异地容灾系统项目",经过技术选型、技术方案细化、调整,2013年7月正式进入实施,在距上海纺织集团总部约25公里的科技网数据中心建立了异地灾备机房,2013年10月完成项目整体设备的安装、调试,2013年11月进行内部的灾备联调测试工作,整体项目于2013年12月18日完成验收。

【集团门户定制平台(GCMS)项目】 根据上海纺织制定的应用集团门户定制平台协助下属企业开通网站的推广计划,截至2013年11月30日,平台已帮助企业快速、低成本建立网站9个,涉及下属企业4家。2013年1—6月,上海纺织集团以极低的成本和快速的反应搭建起了集团的时尚品牌和业务宣传网站平台(网址:fashion.shangtex.biz),凸显了集团网站群平台的优势。

【集团科技创新管理平台项目】 2013年7月3日上海纺织启动了"集团科技创新管理平台项目",在完成了整体的调研工作后,2013年10月完成系统原型开发,并搭建系统环境,系统总共涵盖10个子系统:系统门户子系统、项目前期管理子系统、项目实施管理子系统、项目合同管理子系统、经费管理子系统、项目成果管理子系统、系统后台管理子系统、专家评审子系统、科技统计子系统、专业审计子系统。截至2013年12月31日,整个项目建设完成。

【集团移动OA项目】 2013年上海纺织移动OA平台项目,经过选型、需求调研、方案确定等工作后,4月份正式进入实施阶段,并于2013年7月份正式上线试运行,共有平板IOS/安卓、手机IOS/安卓四个版本,今后将逐步扩大应用范围。

【建立信息化培训体系】 2013年9月26日上海纺织集团与上海纺织党干校联合举办了"上海纺织电子商务(高级)"培训班,共有20人参加了培训,12天课时,到12月全部结束。其中安排了一天的信息安全课程,有50多名下属企业相关人员参加。

【推动上海纺织电子商务】 2013年以艾瑞公司咨询报告为基础,上海纺织完成了集团成立功能性实体平台来促进集团电子商务发展的可行性研究报告和相关商业计划书。至2013年年底,集团以注资控股代运营公司(齐分享)形式来进行实质运作,齐分享(上海)纺织科技有限公司是一家提供全网电子商务销售服务的专业公司,加入上海纺织后,齐分享公司在保有原有服务的基础上,全力发展线上经销业务,同时还将拓展新的通路品牌,全面对接上海纺织战略。

(郁幼君)

中国石化上海石油化工股份有限公司

【概况】 中国石化上海石油化工股份有限公司(以下简称"上海石化")是集炼油、化工、塑料和化纤生产经营于一体、高度综合的现代化石油化工企业。2013年,上海石化以市场为导向,以提高发展质量和效益为中心,充分发挥炼油改造工程作用,安全环保态势总体平稳,生产经营稳定运行,优化工作深入推进,股权分置改革圆满完成,实现了企业经营业绩同比大幅提升。2013年,按照中国石油天然气集团公司"十二五"信息化建设与应用发展规划和"集中集成、创新提升、共享服务、协同智能"工作方针及信息化工作"六统一"原则,上海石化着力打造一流的信息化能力。APC(先进过程控制 Advanced Process Control,简称APC)技术应用取得新成效,330万吨/年柴油加氢装置等4套APC建成投用,10万吨级以上化工装置APC应用覆盖率达到85%,APC投用率保持中石化领先水平。流程模拟仿真培训系统应用范围得以扩展,新建或升级了12套主要装置流程模拟系统,并成功实现在云架构环境运行,改善了员工培训学习条件。生产经营分析监控系统基本建成,系统在财务、生产、设备、质量等条线投入使用,满足了生产经营管理基本需求。综合事务平台通过测试,集中集成、共享服务达到新高度。IC卡产品提货、炼油全流程优化、实时数据库集成应用、LIMS(实验室信息管理系统 Laboratory Information Management System,简称LIMS)二期、重点业务公开等系统相继建成投用,公司信息化水平迈上新台阶。公司被国家工业和信息化部评为国家级两化深度融合示范企业,连续四年被评为中国石化信息化水平A级企业。

【公司被评为国家级两化深度融合示范企业】 5月,工业和信息化部发文公布2012年度国家级信息化和工业化深度融合示范企业名单,上海石化被评为国家级两化深度融合示范企业。

【330万吨/年柴油加氢装置APC项目通过验收】 330万吨/年柴油加氢装置APC项目于2012年12月启动实施,2013年8月投入试运行。项目应用ASPENDMCplus及AspenIQ软件,开发了反应加热炉控制器等3个先进

过程控制器以及石脑油终馏点等5个软仪表，装置控制水平及数据精度得到提高。经考核，被控变量标准偏差下降30%以上。

【2＃乙烯装置裂解炉裂解深度控制系统推广应用项目成效显著】 继2010年裂解炉裂解深度（丙烯/乙烯比）控制系统在2＃乙烯装置试点应用成功后，上海石化于2012年1月启动实施2＃乙烯装置裂解炉裂解深度控制推广应用项目，应用神经网络等技术，建立由裂解深度神经网络软测量等模块组成的裂解深度先进控制系统。据测算，正常工况下裂解深度波动范围控制在±0.02内，裂解深度软仪表在线估计误差小于3%，双烯收率提高0.2个百分点以上，每年可增加双烯产量5 000余吨。裂解深度的控制质量得到明显改善和提高，与裂解炉COT先进控制系统的结合，使裂解炉在满足裂解深度要求的条件下降低了炉管结焦速率，延长了炉子运行周期。2013年6月系统上线投入使用，12月通过公司评定。

（吕燕君）

【化工产品IC（电子提货）卡项目通过验收】 化工产品IC卡系统集成了上海石化ERP系统销售数据、LMP系统物流数据、地磅和流量计等计量数据，基础数据实现自动采集，化工产品发货单据实行电子化流转，发货效率得以提高。2012年6月底系统上线运行，系统运行平稳，2013年12月通过中国石化验收。

【LIMS二期项目通过验收】 LIMS（实验室信息管理系统）二期项目是基于《中国石化炼化企业LIMS标准化模板》，进一步规范企业质检业务流程，提高实验室内部管理水平，减少人为因素对分析结果的影响，实现数据实时发布的要求。系统于2012年3月27日上线以来，运行平稳，2013年12月通过中国石化集团公司验收。

（梅 松）

【通过中国石化ERP应用达标验收】 10月，上海石化组织ERP应用达标自查，37项ERP创新应用成果报中国石化集团公司。在中国石化集团公司现场检查中，上海石化通过中国石化ERP应用达标验收，7项成果被评为创新应用成果，1项成果被评为绩效应用成果。

【综合事务平台通过测试】 11月，中国石化集团公司批复综合事务平台的可行性研究报告，该平台按照操作便捷、员工个人事务与关联方业务处理共享集成、公文处理流程统一规范集成（OA改造）的高标准要求建设，集中集成、共享服务水平提升。截至2013年年底，该系统通过测试。

（何益权）

【流程模拟仿真培训系统启动建设】 继8套配备机理模型的装置流程模拟仿真培训投用后，2013年上海石化新建或升级柴油加氢装置等13套装置流程模拟仿真培训系统，并在云架构环境中成功运行。仿真培训应用管理平台基本建成，实现了员工培训从需求到落实、从岗位技能鉴定要求到贯彻执行，全部转化成线上预先设计的员工技能培训KPI（关键绩效指标法Key Performance Indicator，简称KPI）指标，并全部处于受控状态，员工实操培训管理和评价体系更加科学规范。

（吕燕君）

【开展油气液体化工品监控项目建设】 为满足金山海关对码头及仓储区实时监控的工作要求，上海石化于年内启动油气液体化工品监控项目建设，在公司化工品码头设置安装摄像头，通过专线将视频图像传送至海关监控中心，实现对上海石化储运部1＃、2＃泊位以及5＃油库部分存放进口原料的球罐视频监管。

（何益权）

第二章 农业信息化

概 述

2013年,上海为农综合信息服务平台建设情况良好,加强"12316""三农"服务热线工作。组织实施农业物联网区域试验工程,启动实施一批重点示范工程项目。继续加强农业信息资源收集、整理与分析工作,维护网络平稳运行。

一、农业信息化平台体系建设

【为农综合信息服务平台建设】 一是加强"12316""三农"服务热线工作。起草了《关于进一步加强上海"12316""三农"服务热线建设工作的意见》。调整热线工作协调小组,统筹热线工作总体推进,扩充热线服务内容。进一步拓展服务范围,在纵向上做好与农业部平台对接,做好与区县分中心的对接。在横向上加强与"12345""12331"等其他市级热线沟通。加强热线绩效管理,提高热线服务水平。二是开展"农民一点通"设备更新和系统升级工作。2013年完成308台"农民一点通"设备更新工作,完成"农民一点通"视频系统改造,提升了视频通话的质量。与市农保中心合作,开通新农保政策咨询栏目等。三是完成视频会议系统技术组织实施工作。完成农业部视频会议系统向上海郊区县延伸项目建设。初步建成了"2+14"个双向高清视频会议会场,完成了部、省市、区县三级视频直播建设任务。

二、农业信息化发展应用

【组织实施农业物联网区域试验工程】 一是明确建设目标、总体思路与实施方案。确立本市区试工程以产业发展为导向,以企业为主体、点面相结合的原则,以三个农产品(水稻、绿叶菜、动物及动物产品)、四个环节(生产、加工、流通、销售)安全监管为重点应用领域开展农业物联网应用示范。二是启动实施一批重点示范工程项目。协调落实项目资金,扶持一些基础较好、农业产业特点突出、积极性高的企业与基地,探索系统、整体推进农业物联网应用示范工程。三是加强组织保障工作。会同市经信委出台了《上海农业物联网发展的实施意见》,印发了《农业物联网区域试验工程建设(上海)实施方案》,组建技术专家组,成立上海农业物联网应用工程技术研究中心等。

【继续加强农业信息资源收集、整理与分析工作】 一是做好上海农业网信息采编发工作。截至2013年11月30日,累计维护1.4万多条,全年点击数达9 836多万次,日平均点击数26.95万次;全年页面浏览量达6 824万次,日平均页面浏览量18.70万次。二是做好舆情监测与上海"三农"微博工作。全年上报网络舆情信息2万多条,提供上海"三农"微博信息151条,已采纳38条。解答"上海三农"微博转来的咨询问题27个。三是做好农业产品价格监测工作。建立了田头价、批发价、零售价的数据采集体系。田头价建立了20个蔬菜采集点,8家水产与畜禽采集点,采集信息6 000多条;批发价建立了6大批发市场批发价格信息采集点,采集数据50 000多条;零售价建立了34个集贸市场、三个定点区县共61个品种,采集数据78 000多条。编制上海市农产品价格信息专报,每月一期本年度共刊出11期,在上海农业网上海市场行情栏目发布。依托12316短信平台,开发了农产品价格短信服务系统,向8个区县的家庭农场、农民合作社、农业企业等175个新型农业生产经营主体提供价格信息服务，实现目标服务对象与服务品种的配对。

【上海农业信息化取得奖项与荣誉】 上海市农业委员会信息中心被农业部评为2013—2017年度首批全国农业农村信息化示范基地(政务应用型)；上海“12316”“三农”服务热线被评为2013年度上海市文化科技卫生“三下乡”优秀项目；上海“12316”“三农”服务热线获得2012年上海市农业科技促进年先进集体称号。

（张向飞）

第三章 金融信息化

概 述

2013年,上海地区按照发卡、受理环境建设和行业结合应用三位一体的工作思路,以小额支付领域的便民支付应用为重点,继续稳步推进金融IC卡应用推广工作。

在中国证监会统一领导和上海证监局的具体指导下,本市各证券、期货、基金公司以满足市场创新和业务发展需要,保障信息系统安全稳定。

保险行业信息化进一步提升,建立起电话营销禁拨平台,启动农业保险3G测绘开发项目,并推出国内首款网络保证金保险。

一、银行业信息化

【概况】 2013年,上海地区按照发卡、受理环境建设和行业结合应用三位一体的工作思路,以小额支付领域的便民支付应用为重点,继续稳步推进金融IC卡应用推广工作。

【发卡】 上海在2011年和2012年连续两年金融IC卡发卡量翻番的基础上,2013年实现了近4倍的金融IC卡发卡量增幅,且金融IC卡新增卡量在银行卡新增卡量中的占比超过67%。截至2013年年末,上海地区31家中资发卡商业银行中已有27家发行金融IC卡,9家外资法人发卡商业银行中有2家已发行金融IC卡,总发卡量已突破1千万张。

【受理环境建设】 上海在2013年着力从POS终端受理非接触式交易和ATM终端受理跨行圈存交易两方面,深化金融IC卡受理的硬环境建设,并分别取得了上海4大电子现金应用重点商圈(徐家汇、五角场、八佰伴、城隍庙)内非接POS终端占比达到86%,全上海超过99%的ATM终端能够受理电子现金跨行圈存交易的成绩。同时,为改善金融IC卡受理的软环境,人民银行上海总部组织银联上海分公司和全市30家发卡商业银行,联合开展了为期4个月的金融IC卡电子现金营销宣传活动,并通过落实收银员持证上岗工作机制、以4大商圈为重点开展专项检查等,进一步提升了商户收银员受理金融IC卡的意愿和能力,促进了上海更加亲和的金融IC卡应用受理整体形象的形成。

【行业应用】 上海继续在自动售卖机、停车场、标准化菜场、流动早餐车等便民支付领域,以电子现金应用为主推方向,大力发展金融IC卡便民支付应用。截至2013年年底,上海地区10个流动早餐车、51家标准化菜场、134家停车场、159家麦当劳门店、1 430台自动售货机和数千家连锁便利店等,已为上海打造出了初具规模的小额便民支付应用环境。与此同时,上海地区的商业银行通过与企业、高校、物业公司等合作,推出了十余个金融IC卡结合企业园区管理、校园管理、生活小区管理等应用项目,有效促进了金融IC卡的应用推广,体现了金融IC卡服务社会管理、造福民生的推广初衷。

(侯文瑾)

二、证券业信息化

【爱建证券有限责任公司】 公司在2013年投入近2 000万元资金进行信息化建设,围绕运维安全、创新业务和云计算等战略,重点完成了轻型营业部信息系统改造、云计算及虚拟化技术的探索与实践、互联网金融的研究与论证等六大重点信息工程。截至2013年年底，已基本完成了上海外高桥中心机房、上海陆家嘴软件园灾备机房和宁波中山西路灾备机房“两地三中心”的布局。

继续推进服务器虚拟化技术在非核心交易系统中的应用：基金平台、中登业务处理、三方存管前置机、深证通数据交换平台、稽核风控系统等主用系统和行情接收、另机系统、自营报盘等备份系统采用了虚拟化技术。积极开展融资融券系统、股票质押式回购系统等创新业务的保障工作。

稳步推进网络结构的优化和系统安全域的建设：实现了12家存管银行接入线路的全网路由和自动切换；将资管、证投、稽核等周边系统与核心交易系统实施分离并进行访问控制；外高桥中心机房各SDH（同步数字体系Synchronous Digital Hierarchy，简称SDH）线路切入155 M总头，降低了故障发生的概率；测试并部署了堡垒机，降低了操作风险。按照《证券公司证券营业部信息技术指引》的要求，试点将三家营业部实行了信息系统轻型化改造，使之符合B型营业部的技术标准，并为3家营业部每年节省费用30万元左右。为今后其他营业部的转型和新设轻型营业部积累了经验。

【长江证券股份有限公司】 OA办公系统向移动、易用方向发展，整合模式逐步形成。着手筹建互联网OA。建设了支持iPhone、iPad、安卓系统的移动办公系统，不断优化OA系统，制订了办公系统整合方案，制订电力、服务器、病毒及黑客入侵部署等紧急情况的应急预案。根据《证券期货业网络与信息安全事件应急预案》要求，公司领导和各相关部门高度重视，成立信息安全应急领导小组，定期进行安全演练。

【德邦证券有限责任公司】 2013年，在行业监管层指导下，公司重点推进信息系统备份能力建设，新建并启用异地备份机房（沈阳）；新增网络防火墙，引入外部公司对信息系统进行渗透测试、安全扫描；有序更新服务器、网络设备；积极开展信息系统故障应急演练。2013年德邦证券为配合创新业务开展，采购各种创新业务信息系统，并分批上线。

经纪业务领域：见证开户、网上开户分别于2013年5月、12月上线试运行。其他业务创新方面：转融通系统、股票质押式回购系统、沪深约定式购回系统、资产管理分级产品管理系统、资产管理自建TA（过户代理Transfer Agent，简称TA）系统分批上线。

2013年，公司在信息技术人才队伍建设方面：进行了股指期货、TA系统、自营资管系统、互联网金融、非现场开户系统、融资融券业务等11次培训。IT投入共2 837万元，相比2012年增加1 000多万元，在基础设施、信息安全、业务系统方面都有较大增幅。

【东方证券股份有限公司】 2013年，公司对存储系统、虚拟化应用平台等核心基础架构进行扩容或升级建设。完成“东方云”平台第二接入中心建设，设计能力可满足300家新型营业部、1 500个移动营销人员业务接入，并陆续投入使用。

启动数据仓库建设，分三期构建数据中心。完成一期建设，建立数据交换平台，规范业务数据管理，改善数据交互混乱的现状。确立用IBM Netezza一体机技术构建数据基础平台，形成公司级数据中心主题模型架构。

启动大自营平台建设，设计具有统一账户管理，统一指令管理，统一风控管理，统一绩效管理，以及全景式资产调度功能的投资管理平台。提供非现场见证开户和网上开户技术手段；推出深圳约定式购回、转融券、国债期货等业务功能；完成消费支付系统的上线和推广，实现了使用客户保证金进行公用事业缴费、手机充值、商品购买支付的功能。完成场外交易业务相关系统建设，保障场外业务运营；建立东方证券官方微信，完善服务及营销渠道。

2013年，公司层面的应急演练2次、总部层面的应急演练28次、营业部层面的应急演练384场次，参与应急演练的各部门人员达到千余人次。公司总部机房和68家营业部2 296台服务器、300台网络设备全部纳入监控平台统一监控，同时覆盖集中交易、网上交易、投资交易类的应用程序监控功能，真正实现了服务器、网络、应用程序等全方位的运行监控管理。

【光大证券股份有限公司】 公司突破传统证券网站单向信息展现的劣势，创造用户与业务人员互动交流的阵地，打造网上营业厅、分析师路演、光大客服、投资者教育等极具互动形式服务的新一代门户。新一代门户网站将和阳光财富平台相互结合，成为公司金融电商的统一入口。

策略化交易技术平台项目继续推进，在前期主体功能已开发完成的基础上，功能进一步全面完善，各相关业务部门的陆续接入。个股期权系统建设：根据上交所发布的材料研究和解读，完成了个股期权技术方案和上交所的仿真环境联合测试。中登统一账户平台、新三板建设，柜台交易系统规划与深交所份额转让测试：完成柜台交易系统、深交所份额转让系统及中证协私募产品转让系统三个系统的总体技术规划，明确了整个系统的定位和框架。

优化运行团队组成结构和人员配备，保证核心系统运行保障能力；加强内部岗位培训及证券业务、技术方面的培训，努力推进“一人多岗，一岗多能”，挖掘员工的潜力，倡导快乐工作理念，提高工作效率；成立策略与交易技术小组、网点技术小组、新业务技术小组3个专门技术小组，重点支持相关业务，促进技术与业务的有效融合。制定和完善了12个系统运维管理制度、规范及操作流程，以“做计划内的事情”为抓手，开展制度与流程执行情况的检查与督导，进一步深化内部规范管理。

【国泰君安证券股份有限公司】 2013年，公司继续加大信息技术投入，以技术的创新，支持公司业务创新和协作效率提升，提供战略性技术核心竞争力。

建设了采用金证基金直销系统为基础的直销系统。该系统便于业务扩展，完全可以适用今后5～8年的业务发展需要。直销系统中除网上交易系统外，其他系统已经与2013年7月试运营，9月正式上线运行，到2013年年底已经有直销客户约100人、直销规模约20亿元。

移动OA系统。2013年，为提高办公系统用户体验，顺应移动互联网和智能终端新技术发展趋势，公司一方面强化了办公系统技术服务，提升了办公系统用户满意度，建设了由移动办公系统、移动终端管理的移动运作支持平台，构建了公司移动终端应用的基础管理平台和框架。2013年12月，移动OA系统正式上线运行，极大提高了办公效率。

XBRL(可扩展商业报告语言 eXtensible Business Reporting Language，简称XBRL)信息报送系统。监管部门已从2008年开始在基金的信息披露中推广应用XBRL。实现各个基金季报、半年报、年报、净值公告和临时公告的XBRL实例文档报送。以基金信息披露需要为核心，依托XBRL技术，立足公司内部业务流程管理规划，采取以数据为中心的软件管理模式。2013年9月，XBRL信息报送系统开始进入试运行阶段，预计2014年可正式上线运行。

【海际大和证券有限责任公司】 公司在2012年末至2013年开展了整体虚拟化项目、网络加固及信息安全项目来满足OA系统上线的需求，同时优化公司信息系统基础设施资源及网络环境。

整体虚拟化项目。为搭建OA系统运行的硬件环境，根据2012年的规划与测试。公司于2012年12月签订整体虚拟化项目合同并正式开始项目建设。项目选用采用VCE架构的硬件设备。2013年4月，实现恒生净资本监控系统及恒生反洗钱监测系统和金蝶财务系统的虚拟化迁移。9月，实现资产管理系统的虚拟化迁移。10月起开始解决项目中未解决问题及项目技术文档的撰写与审核。预计2014年6月前完成整体虚拟化项目交付验收。

网络加固及信息安全项目。为保障OA系统的顺利上线运行，实现公司网络环境的加固及公司办公环境的信息安全，根据2012年的规划，公司于2012年12月签订网络加固及信息安全项目合同。2013年1月，正式开始网络加固及信息安全项目的建设。11月，完成网络加固及信息安全项目交付验收。

虚拟化安全防护项目。2012年12月，签订虚拟化安全防护项目合同，正式开始进行虚卡巴斯基开放空间安全解决方案的部署。2013年4月，完成虚拟化安全防护项目交付验收。

IP语音电话系统项目。随着公司整体虚拟化项目的部署，公司的服务器资源得到了优化，为实现公司的统一通讯，根据2012年的规划及测试，于2013年1月签订IP语音电话系统项目合同，进行虚拟化环境中的系统部署。8月，完成IP语音电话系统项目交付验收。实现电话会议、三方通话、呼叫预留、EM(分机移动)模式话机登录、语音信箱、电脑端软电话及手机端软电话等功能，完成公司的统一通讯建设。

投行综合办公平台项目(OA项目)。通过上半年部分部门的测试，于2013年8月1日正式上线运行。12月，全公司正式启用OA财务模块。

结算类通讯系统D-COM及PROP(参与人远程操作平台 Participant Remote Operating Platform，简称PROP)的测试环境建设。为更好地开展结算类通讯系统的测试，公司于2013年11月完成D-COM及PROP的测试环境的搭建。

落实合规风控自检及监管机构关注问题整改的信息系统建设。2013年10月，签订存储扩容项目合同；邮件归档系统项目合同。11月，完成存储扩容项目的项目交付验收。11月，签订电话录音及话务统计系统合同。12月，完成邮件归档系统项目的项目交付验收；电话录音及话务统计系统的项目交付验收。

应急演练。2013年8月31日，参加证券期货业信息安全应急演练。全年公司还开展了针对交易系统故障、交易系统主备切换、网络通信故障、网页篡改、病毒入侵、DDoS攻击、渗透式攻击、电力故障、消防报警、空调故障的应急演练。

【海通证券股份有限公司】 2013年,公司完成了骨干网万兆升级工作,公司广东路机房网络核心设备、机房之间网络顺利实现万兆连接,解决了网络传输瓶颈问题,数据处理能力进一步增强,提高了骨干网络带宽。本次升级进一步优化了网络结构,机房核心网络设备更换为思科6 509万兆交换机,同时采用高性能的思科万兆模块进行连接,骨干网在交换性能、转发能力、QoS(服务质量Quality of Service,简称QoS)管理等各方面均有了全面的提升,能够更好地满足交易、办公等业务应用对网络的需要。

公司股票质押式回购交易系统。该系统于2013年4月份开始参加沪深两市多轮联调及仿真测试,并在成功通过交易所验收后于6月份正式上线运行。该系统的成功建设和稳定运行,为公司成为行业内首批获得股票质押式回购交易业务的券商及时开展股票质押式回购交易业务、为客户进一步丰富资本市场提供了敦实基础和有力保障。

消费支付系统。公司在2013年初于行业内率先启动了消费支付系统建设项目,通过与第三方支付公司合作,利用第三方支付公司的支付网关,支持公司客户7×24小时使用资金账户内的可取资金完成消费购物和资金转入操作。

证保通系统。公司于2013年6月开始准备建设基于保险公司直连销售保险产品的证保通系统,7月正式开始建设证保通系统,10月份完成开发。11月份,完成保险公司验收测试,获得总公司保险代销资格以及网点保险兼业资格,正积极准备上线。

托管业务系统。作为业内首家获批公募基金托管牌照的券商,海通证券开发了资产托管系统作为基金托管业务的支撑平台。该系统于2013年5月份上线,功能完备、安全高效,是目前业内较为先进的托管业务系统。系统主要包括估值与核算子系统、清算交收子系统、投资监督子系统、信息披露子系统、运营管理平台、托管服务平台等模块,支持远程接入功能,实现了系统集中、数据集中、操作分散、维护便捷等优点,具有高度自动化和良好的安全性、稳定性、开放性以及可扩展性,能够确保基金资产核算估值及资金清算、监督基金管理人投资运作等托管职责的顺利实施,为基金资产的安全和独立提供了可靠的系统保障。

数据仓库系统。2013年6月,公司完成了数据仓库系统建设。数据仓库项目对公司各业务线的1 976个核心数据指标进行了讨论、标准化处理,建立了统一的数据模型,完成了数据标准、数据质量管理和数据管控流程的制定;实现了元数据监控的相关功能。在此基础上,完成了高管信息首页、核心统计报表等应用开发,展现了844个核心业务指标。公司制定了《海通证券数据仓库管理办法》,规范了各部门职责、系统访问权限、数据标准的修改流程、手工录入数据的审核流程等,为数据仓库的运行和未来应用奠定了基础。另外,建立于数据仓库之上的"基于大数据技术应用的客户精细化管理系统",被证监会拟授予第四届证券期货科学技术奖二等奖。

企业及私人客户财富管理系统的建设。2013年,公司完成了企业及私人客户财富管理系统的建设。该系统完成了企业及私人客户经理、客户信息、数据系统等功能模块的管理,实现对企业及私人客户三级客户经理的管理模式,达到企业及私人客户基本信息、服务信息在权限人员范围内共享,并实现服务人员量化考核的目标。该系统从6月份开始,经过需求分析、系统设计、建设实施,系统于12月底顺利完成了交付并开始了推广工作。

量化交易平台的整体规划设计与极速交易的自主开发。2013年初,公司开始进行了量化交易平台的准备,量化交易平台从整个系统规划和架构设计都通过独立自主完成,整个量化交易平台分为极速交易系统、量化数据中心和策略交易平台。7月份,启动了极速交易系统的建设和自主开发。部分核心组件由我公司自主开发,目前已经开发完成,正进行上线前测试。其中公司自主开发了通讯服务器、网关服务器、资券调度服务器等核心组件的开发工作,并完成了与其他交易系统的对接;同时,通过海通极速交易系统客户API(应用程序编程接口Application Programming Interface,简称API)接入程序的自主开发,形成了海通自己的客户交易接入标准。

信用客户征信自主开发。2013年4月开始,为提高信用客户征信的效率,公司自主进行了征信迁移方案设计和接口开发。系统于6月份正式上线,实现了客户征信与数据仓库的对接,完成了普通客户"在线批量征信"功能将客户征信效率大幅度提高了几十倍,在证券行业尚属首创。

【航天证券有限责任公司】 2013年,公司信息系统主要完成了信息系统安全维稳及创新业务的技术支持工作。全面加强了系统安全检查、建设和保障工作。按照新的监管要求重新修正了集中交易系统、网上交易系统、运行维护其他系统的应急预案和灾备方案,完善了信息技术管理制度。全年对各个系统进行了多次应急演练切换,并参加了交易所及登记公司的应急演练测试。在保证交易系统安全稳定运行的基础上，参加了交易所、登记公司组织的各类业务及创新业务的各类测试，并完成交易所退市版交易系统及周边测试上线、差异化红利税、金融交换平台升级、黄金ETF（交易所交易基金Exchange Traded Funds，简称ETF）系统升级等工作，并根据公司业务需求顺利上线了恒生账户系统，保证了客户账户管理的安全性。搭建了融资融券、股票质押、远程开户等测试系统，满足了创新业务发展的需要，为公司更好的创新发展打下了坚实的基础。

【华宝证券有限责任公司】 2013年，公司在信息系统中投入了大量的人力和财力，完成了多项重大信息系统项目的建设工作。

创新项目。深沪约定购回、实时申赎货币基金、货币ETF、国债ETF、转融资、实时开户系统数据接口调整、港澳台开户、国泰跨境ETF、股票质押回购、黄金ETF、中小企业私募债换股回售、资产管理产品和电子合同上线，为公司业务的顺利开展提供了有力的支持。在自主创新方面，部门也和营运管理部一起完成了公司日间清算项目的建设。

统一业务支撑平台。公司将各个系统中不同的业务应用纳入平台管理，使各个系统无缝对接，用户只需登录一个系统就可处理在多个系统中的待办任务，且支持移动办公。该平台的建设将极大提升公司各部门之间的协调能力，提高员工工作效率，使各个业务管理系统有机地合成一个统一的整体，实现“流程券商”的管理目标。主要功能包括：统一门户、统一用户登录、统一待办任务、整合现有业务系统等。

信息系统规划工作。信息系统规划将根据公司的特点和未来业务发展方向，结合现有的IT技术，站在企业发展的战略高度制定未来的信息系统的建设目标，形成信息系统的远景、信息系统的组成架构、信息系统各部分的逻辑关系，以支撑企业业务规划目标的达成。2013年7月，开始规划的编写，经过多次商讨修订，内容包括市场背景及外部环境的具体分析、规划的总体思路、五大体系的建设方案、关键事项及工作计划和展望等五个板块的内容。

网络与基础设施建设工作。2013年，建立了专门的测试网络，将测试系统和公司其他系统隔离开来，降低了系统风险。对张江办公区网络系统进行扩容，有效地改善了员工办公环境，提高办公效率。根据公司业务发展规划制定了相应的网络接入规范，严格规范各种业务系统的接入。根据市场情况适时地更换了春晓路托管机房的资源，节约了托管成本。优化网络结构，更新部分网络设备，保障了网络的稳定性，可用性，高效性。

【财富里昂证券有限责任公司】 2013年，为保障经纪业务运行平稳，给客户提供更安全、更丰富的交易手段，公司先后建设和上线了网上交易双因素认证系统和中国移动手机炒股系统。在2012年10月份，财富里昂公司启动了“网上交易双因素认证系统”的建设工作，财富里昂最终选择了恒生电子的“恒生统一认证系统”。经过3个多月的建设，该系统实现了与动态令牌、短信密码等的双因素认证，成功地于2013年1月28日正式上线。

公司原来只有一种手机炒股系统，针对客户使用手机炒股持续增加的趋势，公司7月份开始与中国移动手机炒股系统供应商——北京掌上网科技公司进行了接洽，开始了第二套手机炒股系统的建设工作。2013年11月8日，该系统正式上线，为广大客户提供了第二种手机炒股系统的选择。

针对研究报告系统存在的功能割裂的问题，对研究报告系统进行了改版和升级。财富里昂公司研究报告系统是自主研发的系统，系统上线后对研究业务的开展提供了极大的支持，但也存在一些问题。为此，公司系统开发人员在5月份开始着手对系统进行升级开发，到6月底完成了开发和系统升级工作，实现了研究报告撰稿、审批（待办同步到公司OA系统）、发布、上传（到公司网站和指定邮箱）的全业务流程的自动化、电子化。公司员工绩效考评系统是自主研究的，针对考核指标的调整等变化，对该系统进行了二次开发和升级。财富里昂员工绩效考评系统是自主研发的系统，2013年12月，针对部分考核指标的调整，公司系统开发人员对该系统进行了二次开发，12月底对系统进行了升级、上线，确保了全公司员工考评工作的及时、准确、平稳地开展。

【上海证券有限责任公司】 2013年，公司落实信息技术平台的开发与建设，建设队伍加大投入。

支持公司创新业务开展方面。完成了沪深股票质押回购业务系统项目建设；启动了个股期权全真模拟交易相关信息系统建设，完成了经纪、清算和风险监控系统的前期开发；完成了新意法人结算系统结算模式切换项目建设；完成了转融通业务系统项目建设；完成了约定购回业务系统的建设；完成了多金融产品代销系统项目管理；完成了非现场开户业务信息系统建设项目管理；完成了现金宝业务系统项目管理；完成了TA及估值系统分级模块升级项目；开展了国债期货交易项目建设；完成了经纪人管理系统客户经理平台项目建设；完成了快速交易系统项目建设的技术准备；启动合规平台二期项目；公司新版研究所研究管理平台投入正式运行；完成了上海证券玉如翼大智慧手机理财终端项目建设；完成了电子商务平台基础设施调研与系统的建设。

加强公司核心系统信息安全管理方面。落实安全规范，完善制度建设，提高管理能力；完成了网上交易系统部分站点的安全加固；完成新的防病毒软件的部署试点，提高信息系统安全性；完成集中交易系统、非现场交易系统等保三级测评工作；优化和完善公司安全区互联网线路接入，整合现有的互联网资源，完成互联网接入安全区改造项目；完成核心系统设备升级。配合业务转型，探索和实施营业网点无机房运行，完成营业网点网络改造：完成营业部互联网访问业务系统方案（Citrix 虚拟桌面）的制定和后台部署，并在选择营业部进行试点；根据公司对营业部轻型化的要求，设计新的网络架构和技术方案，完成系统改建工作。加强中心机房运维管理，强化风险控制意识，保障信息系统安全运行：落实日常安全运维，年初，完成了中心机房日常操作流程的梳理，查找可能发生的操作安全隐患。各个小组对日常操作日志、升级计划和记录、测试计划和记录、应急演练记录等表单进行重新调整和设计，力求记录详尽及时。同时，为了有效降低中心机房的技术风险，对设备、运行环境等故障提前预警，控制风险。加强和完善公司信息安全应急联动机制，八月底，公司组织所有营业部进行了一次灾备应急演练。

加强了信息技术前瞻性研究。完成了《证券公司柜台系统建设方案探索》《证券公司信息技术部门架构调研》《我国场外市场监管模式探索》《上海证券 IT 系统发展规划研究》《证券公司电子商务发展模式探讨》《证券公司互联网商务发展模式探讨》《证券公司统一门户建设模式探讨》《证券公司电子商务建设模式探讨》《信息安全风险评估方案探索》《证券公司柜台交易系统发展趋势探索》《证联网简介以及证券公司接入模式分析》《证券公司电子商务平台建设模式分析》《公司电子商务平台建设方案》等多篇研究报告。

【申银万国证券股份有限公司】 2013 年，公司修订完善了 IT 规划。根据公司战略，进一步优化完善了《信息技术三年发展规划》，并征求了来自证监会、上海局、沪深交易所等行业专家的意见，紧跟互联网金融相关技术发展，及时调整技术架构和应用规划。

大力发展互联网金融。完成了 PC 端一站式自助服务的统一业务办理平台“零售客户财务管理终端”的建设；上线并成功推广了移动证券高端版“赢家理财”软件；在公司网站建立了产品中心，支持金融服务及理财产品从上架、发布、维护到下架的统一管理，改进了预约开户、跨营业部合作开发客户、客户回访等流程；完成了申银万国客服中心微信技术平台的初步搭建；实现了“一号通”多功能账户技术体系建设。

打造以客户为中心的服务体系。申银万国建立了公司数据中心雏形，为经营分析、营销管理、客户服务等提供数据支持服务。在服务中台建设方面，MOT（关键时刻 Moment of Truth，简称 MOT）管理系统实施了 40 个关键事件，月均触发事件 18 万个，有助于提高公司标准化服务能力。

支持业务创新。2013 年，交易所业务创新产品大量推出，申银万国电脑网络中心提早参与，进行产品选型和系统开发部署，完成了与兴业银行、交通银行的金融代销产品系统对接；支持了转融券业务；搭建了资券调度平台；扩充了约定式购回深圳市场业务功能；实现了开户人员远程实时视频方式和客户网上自助开户模式；完成建设股票质押系统；策略建议平台支持了鑫富越资管产品的发行；完成了对投资管理系统的改造，扩充了股指期货、国债期货投资套利、RQFII（人民币合格境外投资者 RMB Qualified Foreign Institutional Investors，简称 RQFII）等功能模块；完成了沪、深交易所黄金 ETF、债券 ETF、国债预发行、证券公司次级债券业务、B 转 A 等一系列新品种的业务功能开发。

【中银国际证券有限责任公司】 2013 年，公司集中交易（含三方存管等）、账户系统、融资融券、新意法人清算、投保、网上交易、Call Center、营业部现场、网站等业务应用系统、网络及基础设施、客服等系统运行平稳，未发生因技术、管理原因导致的信息安全事故，为公司各项业务开展提供了坚实可靠的技术保障。2013 年，信息服务板块工作按照板块下各部门全年既定工作计划，结合公司业务发展规划，严格遵照各项规章制度稳步开展，在公司领导带领及信息服务板块全体成员的共同努力下顺利完成既定目标，为实现下年度工作目标打下了良好的基础。

根据公司业务发展规划，结合上级监管部门对信息系统安全保障的工作要求，2013 年，对公司 IT 治理、IT 基础设施、网络与安全、业务系统、营业部 IT、办公与桌面等各方面进行了规划、建设和运维管理。2013 年，集中交易完成的各项测试共计 82 轮次，集中交易、账户、新意法人清算系统完成的交易所和业务部门要求的新业务测试57轮次，上线31业务模块。

【摩根士丹利华鑫基金管理有限公司】 公司于2013年上半年上线了上交所固定收益平台、上交所大宗交易平台，实现了上交所现券买卖、回购业务。部署并开通了深圳证券交易所的地面行情和报盘系统，并对恒生交易系统进行了同步升级，实现了深交所现券买卖、回购业务。

2013年，公司开展了北京灾备中心系统建设的相关方案评估、设备选型等工作，为2014年逐步实现重要IT系统的灾备备份做好了充分的准备工作。2013年，进行了核心存储硬件设备专项风险评估，计划于2014年上半年实现基于服务器本地硬盘备份系统的实施工作。完成了对运维操作审计系统的选型测试工作。2013年，公司聘请了信息安全服务厂商对公司信息安全提供整体咨询和支持服务，进行了信息系统定期安全巡检，系统安全评估，渗透测试，开展等级保护工作，IT审计及风险梳理。

【东方花旗证券有限公司】 公司于2013年6月完成了交易系统的建设，主要涉及交易系统网络建设，沪深两市交易网关建设，沪深登记结算公司PROP、D-COM系统连通建设。于2013年8月采购两台千兆交换机作为目前生产服务器业务管理数据访问的接入交换机，同时将原有两台交换机作为后台存储以及故障迁移数据访问的接入交换机。2013年公司在应用系统建设方面重点包括以下项目：OA系统升级改造和功能扩展项目、人力资源管理系统项目、投行业务管理系统项目、证券风险监控管理平台项目、交易系统项目、IT统一安全运维审计平台项目、公司信息系统基础架构扩容优化项目。

修订IT制度，完善系统安全。根据《证券公司信息技术资源情况调查表(2013年)》的要求，修订了《东方花旗证券有限公司信息技术管理制度》文档，包括修订了信息技术治理、硬件管理、软件管理、安全管理、数据管理、运营管理等制度规范和工作流程。加强信息安全保障，在交易网络中通过部署一对防火墙，通过严格的访问控制策略将交易客户端、交易服务器、生产服务器和外联机构等进行逻辑隔离；在互联网入口部署一对防火墙，将净资本服务器、财务服务器等单独部署在独立的DMZ(隔离区demilitarized zone，简称DMZ)区；对于员工上网行为管理部署了上网代理和上网行为管理系统，防止公司员工泄漏公司信息；部署了防垃圾邮件网关；部署了SSL VPN接入设备和负载均衡设备。

（韦　炜）

三、保险业信息化

【上海建立电话营销禁拨平台】 2013年，上海保险业建立电话营销禁拨平台。自9月17日起，消费者如果不愿意接受保险电话销售，可以登录禁拨平台（网址：WWW.SHIA.ORG.CN)，输入上海地区范围内的手机号码，申请禁止拨打服务。自成功申请的7个工作日后，消费者在所选择的禁止拨打期限内将不会接到已选择人身保险公司的营销电话。同时，消费者也可以投诉反映，将上海地区范围内的手机号码告知平台后实施禁拨。为确保禁拨平台工作落到实处，上海市保险同业公会已建立了配套的自律规范和投诉处理机制，并不断加大查处力度。截至2013年12月31日，共有3 412人次上传了禁拨手机号码，涉及14家保险公司，禁拨人次达到42 475人次，初步取得效果。

【上海启动农业保险3G测绘开发项目】 2013年，上海启动农业保险3G测绘开发项目。该项目将彻底改变目前农险保险标的精确度不高的问题，有三大优点：一是实现农田地址精准定位，借助GPS卫星定位将农田经纬度在农业地图上准确标注；二是实现农田承保面积和受灾面积准确测量，通过多点定位测绘承保或受灾农田面积，提高保费和赔款厘定的准确性；三是在国内将率先完成包括农田位置、农作物等信息详尽的“上海地区农作物分布图”，对上海地区农业保险乃至全国农业发展具有重要意义。

【上海推出国内首款网络保证金保险】 2013年，国内首款网络保证金保险“众乐宝-保证金计划”在上海推出。该款保险由国内首家互联网保险公司众安在线财产保险股份有限公司推出，全名为“消费者保障服务协议履约保证保险”，将为淘宝集市平台加入消保协议的卖家履约能力提供保险，卖家购买该保险后无须再缴纳消费者保障基金，既可给予买家购物保障，又便于盘活卖家资金。该保险产品定价分为两种：一种是半年期一缴的保费，缴纳保证金的1.8%；另一种是一年期一缴的保费，缴纳保证金的3%。保额最高为20万元。保险理赔和追赔采取“先行垫付、事后追赔”的方式。

【上海保险业借力微信提升客户服务水平】 上海多家保险公司积极利用微信公众服务平台，整合功能，提升客户服务水平。一是保险公司开通微信服务号，“一门式”开展品牌宣传、产品营销、业务咨询和理赔等多种服务，改善客户消费体验。二是着重改善服务透明度和便捷性。客户通过微信平台可随时便捷地查询到其养老金单位净值、个人资产及缴费信息、理赔进度、赔款转账信息以及相关医院信息，并可实现自助卡激活、保单验真等服务。三是提供增值服务增加客户黏性。有的保险公司利用云计算技术、手机应用软件和远程血压仪等远程诊疗设备，为客户提供健康咨询、亚健康干预、在线询医等增值服务，成为专业、贴心的客户“健康管家”。

【一站式互动销售平台】 2013 年，友邦保险全面推广使用 AIA Touch 一站式互动销售平台，通过苹果 iPad 设备实现营销员移动展业。该平台共有 10 个业务板块，涵盖公司简介、产品资讯、财务策划、在线投保、客户管理等多个功能。其中，在线投保板块中的在线付款功能能够接纳所有银联信用卡和借记卡刷卡缴费并实现在线实名验证。数据显示，AIA Touch 平台对提高营销员业务水平、更专业地服务客户成效明显。

【CCC 定核损平台】 2013 年，中国人寿财产保险股份有限公司开发 CCC 定核损专用平台。该平台是国内保险公司与美国 CCCIS 公司合作开发的首个项目，以开放、灵活和本土化为宗旨，引入国外先进管理经验，结合国内行业和公司特点，综合考虑成本控制、风险防范、时效提升等诸多方面，利用技术手段固化定核损操作行为，提高操作流程标准化水平，避免操作人员的主观随意性。平台设有自动核损规则库，支持离线定损方式，定损员可以在没有网络的情况下进行定损，提高了理赔时效，实现理赔服务永远在线。截至 2013 年年底，中国人寿财产保险股份有限公司 90% 的车辆定损工作已通过 CCC 平台处理。

【乘意险移动 POS 出单系统】 2013 年，华夏人寿保险股份有限公司上海分公司开发使用乘意险移动 POS 出单系统，依托职能 POS 终端、二代身份证读卡器与 3G 网络，采取对接式快速出单方式，实现销售数据实时传输。系统主要功能包括：单证管理、终端管理、代理用户管理、销售管理、保单退单、产品方案管理等。系统主要适用于各级客运站短期意外险销售，减轻售票人员工作强度和工作量，有效确认被保险人身份信息。系统使用结果显示平均销售一份保单用时 2 秒左右，方便快速，目前已被上海市场长途客运站及旅客广泛接受。

【自助语音机器人客服系统】 2013 年，中荷人寿保险有限公司上海分公司自助语音机器人客服系统上线。该系统实现人机智能对话，把语音识别技术运用到客服热线中。客户在拨打 24 小时全国统一客服专线后，只需用普通话说出自己的来电需求，通过语音识别技术，中荷智能机器人客服“小爱”即可转译客户语言，快速引导客户进入业务办理流程，省去客户手工逐级按键的麻烦。同时对于公司地址信息、保全业务变更等信息咨询，系统可以直接播报，并可选择是否通过短信系统直接将公司信息发送至客户手机。系统主要功能包含：语音互动，智能沟通；缴费信息，实时查询；公司信息，方便快捷；变更文件，短信传递。与传统自助语音服务的手工按键方式相比，智能语音交互方式更贴近人工客户服务，只需通过简单的人机对话就能完成信息查询、业务受理等服务诉求，缩短了现有的菜单路径，减少咨询业务的办理时间，提升了客户服务水平。

【自主理赔服务系统】 2013 年，太平人寿保险有限公司开发使用自主理赔服务系统，依托 iPad 移动终端与 3G 或 WiFi 无线网络，供代理人或公司内勤不受时间及地点限制地进行理赔案件受理和录入。通过数据交互，由系统自动处理结案，实时获得理赔结论并给付理赔款，实现“先赔后核”。系统主要功能包括：移动终端信息录入、系统处理自动结案、自动转账实时付费、资料交接影像扫描、案件复核风险防范等。该系统建立了先给付后审核的创新理赔模式，改善了客户体验，提升了客户对理赔时效的服务满意度。

（狄 菲）

四、基金业信息化

【长安基金管理有限公司】 2013 年，公司为子公司长安财富资产公司实施了的整体信息化解决方案，可以涵盖客户关系管理、产品的研发、资金募集、资产运用、产品核算、收益兑付、反洗钱等资产管理业务的全部范围；实现了从业务数据自动按照会计核算准则生成相关会计凭证以及出纳、账簿、会计核算处理；提供电子流程审批功能，通过流程控制起到对业务的规范、有效内控的目的，是基金公司开展专项资产管理业务的核心业务系统。

【长信基金管理有限公司】 2013年，公司进行了机房基础设施建设，完成了机房精密空调系统扩容改造，增加了一台艾默生P2060FWRMS1R机房精密空调(双压缩机)；逐步更换部分承载相对重要系统的PC服务器；更换了UPS电池组，电池续航能力达到机房应急状态下运行的了设计要求。2013年，公司持续业务系统创新功能的建设开发，2013年4月20日，投资交易、估值系统期货功能上线。在投资系统方面我们在原有投资交易系统的基础上增加了期货模块，实现了对股指期货、商品期货各种交易类型的全面支持。在估值核算系统方面，引进了"HUNDSUN资产估值与会计核算系统"以弥补现有系统在期货估值方面的不足。

2013年11月3日，网上直销专业版上线，专业版整合了账户查询系统，统一了所有投资者的登录入口；系统功能菜单分类完全以大众投资者为导向，菜单名称通俗易懂；简化了投资者整个开户和交易整个过程，大大提高开户交易的效率。2013年6月20日，网上直销T+0快速赎回上线，货币基金T+0赎回使得货币基金获得和活期存款一样的流动性，可现实7×24小时赎回实时到账，该功能对于普通投资者的日常现金管理有着非常重要的意义。货币基金信用卡还款业务即用货币基金的份额偿还银行信用卡的欠款，支持主要大中小银行，银行入账快速。

2013年11月9日，公司组织开展了一年一度的灾备切换演练。演练以"长信基金空调故障导致生产中心所有服务器宕机"为场景，动员了公司全部灾备体系力量和部分第三方支持力量，按照公司相关预案进行了实际操作。演练从上午7:30开始，历经了四个小时的时间完成系统切换、人员转移、系统可用性验证和系统回切等一系列工作，过程紧张有序。演练结束后长信基金又进一步完善了灾备管理制度和相应的预案，为今后更好地应对突发灾难事件提供了宝贵的经验。

【德邦基金管理有限公司】 2013年，公司为了更好地拓展业务，部署了恒生专户系统并对涉及的现有系统进行更新改造，以支持业务全面发展。在提高公司办公效率实现信息电子化和无纸化办公方面，与泛微公司进行合作开发了OA办公平台，建立RSA双因素认证的VPN方式，实现移动办公和共享信息平台。2013年，进行了LOF系统改造及升级；上线OA系统；完成期货系统联测；配合子公司完成了信息技术的初步规划与建设；配合公司发行新产品货币基金，对投资交易系统和估值系统进行了调研、测试及升级；完成直销T+0项目、代销T+0项目；完成投基有道项目；完成工资宝项目。在2013年全年进行了2次全公司信息技术灾备及应急演练，检验了在机房供电、通讯网络、网络安全、各业务应用系统等系统在不同灾备及应急场景情况下进行安全切换和应急处理的过程，从而确保IT系统正常，降低运营风险。

【东海基金管理有限责任公司】 公司于2013年成立，成立后立即上线的信息系统，主要包括TA系统、直销系统、投资交易系统、估值核算系统、网站及网上交易系统、呼叫中心系统、数据中心系统、办公应用系统、异地数据备份系统等。

公司积极进行各项业务拓展与创新，开展了期货业务、定增业务、结构化分级业务，为此，公司完成了信息技术方面的系统改造，改造涵盖的系统主要包括投资交易系统、TA系统、直销系统、估值核算系统、风控系统等，顺利完成了新系统建设或老系统改造后的上线，确保了创新业务的正常开展。

对办公OA系统进行了改造及优化，使流程更加符合公司的管理规范及业务发展，提高了业务的流转审批效率。对公司信息技术的制度及流程进行梳理，使制度和流程更具有指导性、前瞻性、可操作性。

公司在信息技术的运营安全保障方面，进一步加强了公司员工信息安全的管理，在核心业务网加强了USB存储的控制，禁止未经审批的核心业务数据的复制操作。针对审计机构在内控审计中提出的一些建议或意见，公司结合实际情况进行了改进与完善，尤其是在涉及核心业务系统的密码管理方面，进行了规范、梳理，落实到了部门与个人。进行全面的信息技术应急演练工作。

【东吴基金管理有限公司】 2013年，公司从夯实基础入手，以计算机新科技和新技术为引擎，突出技术创新和业务创新手段，很好地突破了信息化发展过程中的瓶颈，将原有的被动发展模式转变为主动推进模式。一是加大在信息技术系统方面的投入，2013年，东吴基金在信息化方面投入近千万元，其中40%左右用于更新基础设施及硬件设施(包括核心系统服务器和其他设备等)；二是引入和开发多个业务系统，基本涵盖了基金行业目前所开展的所有业务类型，研究并计划引入虚拟化技术，合理规划信息系统的发展与建设纲要，将业务系统规划为投资、营销和运营三大平台，以协同办公系统为纽带，全程引入风险检测与管理系统，消除业务系统间的技术屏障。

2013 年，公司信息化建设主要体现在以下几个方面。基础设置建设主要包括机房建设(供电、消防、监控等)、信息网络建设和核心服务器运行平台建设，系统平台虚拟化等。基金行业的业务系统主要包括投资交易系统、基金清算系统、基金销售系统(含网上交易)等。针对基金行业系统安全要求高的特点，通过购买相应的设备和软件，在门户网站和网上交易等多个环节加大对入侵的检测力度，同时加强内部系统安全制度建设，强化系统的安全运营，消除运营隐患。

【富安达基金管理有限公司】 2013 年，公司完成系统建设：上线邮件归档系统；上线期货业务系统；完成了开放式基金投资的系统准备。继续完善监控管理体系，及时发现和应对信息系统运维和安全事件，保障了系统运营的稳定性及业务系统的连续性。公司于 2013 年 3 月对办公网络进行了 QoS 调整，于 2013 年 4 月对外联交换机进行了扩容，以适应日益增长的网络需求。2013 年，进行了多次小型机系统的 HA 切换测试、存储切换测试及业务数据恢复测试，并参加了沪深交易所 2013 年 8 月组织的证券期货业信息安全演练。通过演练，达到了模拟系统故障应急处理的目的，提高了信息技术人员应急解决和处置问题的能力，为应急处理的流程化和常规化做好了充分准备。

【富国基金管理有限公司】 公司由于本身主营业务的特性决定了在信息系统的应用方面广泛而复杂，信息安全管理因此成为公司范围内安全管理的重要组成部分。如何保障信息的完整性、可用性、私密性等不受到任何的侵害与破坏以及如何给予客户更多信心保障是公司信息化建设所面临的重要课题。为此，公司在 2013 年度聘请外部咨询机构，按照 ISO27001 的标准建立了公司的信息安全体系。

【光大保德信基金管理有限公司】 2013 年，公司信息系统整体运行平稳，全年无重大责任事故发生，故障率较以往稳定下降，各项工作有序推进，进展及成效全面达成预期目标。公司信息技术部门通过进一步优化工作流程及管理制度，加强各类标准与规范的执行力度，并结合多年积累的系统管理及运维经验，进一步深化运维管理系统建设，将日常工作流程固化并建立了多时点、多岗位、多渠道的消息提醒机制，从而进一步降低了因人为疏失或岗位衔接所带来的系统运维风险。此外信息技术部在电子商务业务拓展、新业务领域发展准备、信息系统安全机制增强、办公运维电子化平台搭建、团队建设等方面也开展了大量工作，为公司业务及管理的发展提供了可靠的技术支持与系统保障。

公司信息系统建设的总体目标是为全面满足公司当前各项业务开展与管理实施的需要，同时根据公司综合发展规划，参考行业内信息系统发展趋势，为公司 3—5 年内的发展预留一定的资源拓展空间。根据这一目标，并针对部分服务器、网络设备、电话交换机等设备使用年限超长问题，2013 年，公司先后组织开展并顺利完成了陈旧服务器更新及扩容、办公网核心交换机更换、语音电话交换机及相关配套设备更换等系列基础环境建设项目，在可预期的范围内为公司信息系统发展预留了充分的基础环境和拓展空间。按照公司数据安全管理制度所规定的机制，制订了数据安全保护技术改造方案及分阶段推进的工作计划，并完成了第一阶段的技术改造工作，进一步提升了公司信息系统网络、数据等方面的安全性。

随着余额宝等互联网金融产品的兴起，整个基金行业在互联网金融领域呈现蓬勃发展的趋势，公司也顺应这一潮流，通过与银联支付、银联商务公司的合作，针对银联线下收单商户推出了天天富余额理财业务，该业务不同于其他互联网金融产品以个人投资者为主要对象的模式，而是面向广大的个体工商户及各类营业单位，开辟了现金管理业务发展的一片新兴领域。

2013 年，配合公司在新产品、新业务方面的拓展，在业务应用系统建设方面也开展了大量工作，先后推出了部分代销渠道、网上交易直销渠道货币基金 T+0 赎回业务，顺利保障了大中华系列 QDII(合格境内机构投资者 Qualified Domestic Institutional Investor，简称 QDII)专户产品的发行与运作，完成了开展股指期货、国债期货、投资顾问通道业务的系统准备，并组织开发商配合相关业务部门完成了对多项新产品、新业务的方案论证及系统解决方案设计，为公司各项创新业务的开展提供了及时、有效的系统支持。

为进一步加强公司内部对于流程化工作的管理，实现跨岗位、跨部门工作的无缝衔接与统一协调，同时为公司各类智慧型资产的集中归档、有效继承提供便利，2012 年，公司开展了运维管理系统的 2 期项目建设，2013 年 2 期项目开发完成，并在此基础上通过自主二次开发的方式，在公司内部实现了多项大范围的实际应用，为公司内部提高工作效率、减少工作差错、有效整合资源、加强统一协作提供了高效的系统辅助工具。

【国海富兰克林基金管理有限公司】 公司已完成主要业务系统的开发，这些系统包括登记过户系统、直销系统、基金估值及清算系统、投资交易管理系统、呼叫中心系统、公司网站、投资研究资讯平台、行情分析系统、网上交易系统、CRM（客户关系管理 Customer Relationship Management，简称 CRM）系统及数据中心系统；配合公司业务的发展，完成了网上交易系统的开发，完成了登记注册系统和直销系统由旧版本奥尊系统到新版恒生系统的切换；根据证监会的要求，完成了反洗钱数据上报系统的开发并已经投入使用；完成了风险控制系统、携宁投研知识管理系统、办公自动化系统、网站直销销售适用性改造的开发、测试、部署工作；完成了网站的改版，XBRL 系统、新一代交易系统升级、人力资源管理系统的开发；完成了 QDII 投资交易系统及估值系统、灾备中心、专户登记注册系统、携宁投研知识管理系统升级，办公室 IP 电话系统、深圳通数据存管、直销及网上交易系统改版、口袋基金项目、A 股及 QDII 投资模拟组合、磁带库扩容的建设工作。2013 年度完成了货币基金 T+0、客服电话短信通、银商天天富、淘宝旗舰店、公平交易、NBU 备份系统升级等项目。

【国联安基金管理有限公司】 2013 年，公司 IT 本着系统运行稳定为基础，集中精力、人力、物力开发公司特色的业务平台为原则开展工作。多套服务器系统的更新保证系统运行稳定；多种网络设备更新，网络更加安全可靠；更换了办公网主干交换机设备，保证了网络的安全可靠，更换了负载均衡设备采用最新的 3600 高端配置，实现线路的自动切换和负载的自动均衡。存储设备的更换保证公司核心系统有可靠的硬件基础。更换交易网存储设备，采用 netApp 的 3250 系列，并扩大存储空间保证未来业务发展的需要。公司网站开发升级完成，在页面升级的同时我们对后台架构进行了优化，系统采用最新的架构，架构更合理，功能更加强大。

讯投股指期货交易系统二期改造。讯投股指期货交易系统为国联安在基金行业第一家引进的专业期货交易系统，公司根据公司风控的流程对系统进行了较大规模的改进，使之成为适合基金公司使用的期货交易系统。投资交易系统升级：投资交易系统增加“买断式回购”、“固定收益平台”、“大宗交易平台”三个功能模块。

配合电子商务确定新版电子商务系统升级项目，确定了货币 T+0 功能、基金通、信用卡还款等需求。与多家代销、第三方机构探讨第三方货币 T+0 的技术方案和可行性。确定与北京点心科技公司的 App 合作需求等。更换公司上网管理系统，采用深信服系统，淘汰微软的 ISA（网络安全和加速 Internet Security and Acceleration，简称 ISA）等，提高了上网的稳定性。解决了 MSN 及 QQ 监控问题，防范了外网邮箱的使用及交易网站的登录。更换部分陈旧的网络设备，提高网络运行的安全性，增加新的 VPN 系统保障期货交易通信线路稳定。提高公司域系统的运维能力，对域控制器重新梳理，解决了历史遗留的问题，提高了公司的微软系统运行保障能力。

【国泰基金管理有限公司】 2013 年，公司信息技术系统的建设主要围绕公司中长期发展战略的要求，以支持业务发展为主线、实现了对新产品国债 ETF、黄金 ETF、跨境 ETF、货币 T+0 业务、FoF（基金的基金，一种专门投资于其他证券投资基金的基金 Fund of Funds，简称 FoF）基金、投基有道、汇付生利宝等创新产品、创新销售模式的落地，树立行业创新标杆；坚持自主创新和自主开发的指导思想，充分调动和发挥员工的主观性和能动性，有效促进了公司信息化建设的加速发展，为提高公司的业务创新速度和持续化开展提供了有力的保障。特别是在各类新产品的创新方面，支持公司业务发展起到了巨大的作用：一是产品创新，包括国债 ETF、黄金 ETF、跨境 ETF、商品期货等新产品的创新和研发工作取得成果；二是加大对电子商务方面的信息系统建设，实现多项行业内第一；三是持续建设投研一体化平台，实现投资研究的信息共享和有效互动；四是公司持续不断对 CRM 系统、风险控制流程进行有效的优化；五是建设企业内部云，有效控制系统资源。

【海富通基金管理有限公司】 2013 年，公司进一步完善 IT 部门建设和管理，优化部门工作分配及岗位职责分工，适时增加及调整日常运维内容，及时跟进解决系统及应用季度巡检工作发现的问题，增加完善系统及应用的实时监控及预警，推进虚拟化技术架构的进一步规划、测试，落实等级保护及应急技术保障能力，保障 IT 基础实施、基础系统、业务系统的稳定运营。专注于新业务、新产品的跟踪及完成相应的技术准备，提高 IT 有关人员的工作效率。对邮件服务器硬件升级优化，平稳升级了已无法续保的公司办公电话系统，优化了存储系统，加强桌面、服务器、网络、系统安全措施实施及接受安全服务；配合桌面虚拟化项目，推进去小机化；利用多个周末实现业务系统、数据库迁移以及网络调整优化、应急保障、加急线路新增及迁移。在管理工作改善方面，制定了业务系统维护文档标准，对核心业务系统的权限进行了梳理并通过系统实现电子化流程；制定故障严重性标准，根据发生故障的严重性扣除开发商的维护费用，共担风险。在电子商务及营销方面，一方面夯实公司自己的网上交易平台，一方面积极参与互联网金融创新，同第三方销售机构、银联、互联网公司合作基金销售和类余额宝业务。

【华安基金管理有限公司】 2013 年，公司信息技术系统建设主要体现在：投研系统建设方面，全力支持公司业务发展和创新；营销系统建设方面，增加渠道和功能开发；办公系统建设方面，强化公司内部控制流程，提升了内部运营的安全性。

主要业务拓展。一是黄金 ETF 基金发行。是我国金融市场上首只实现“跨监管、跨市场、跨系统”的重大金融创新产品，为市场各类投资者提供了较为便捷、安全、较低成本的投资黄金方式。二是建立商品期货系统，拓展了公司的投资范围，实现了黄金的期现套利，并为子公司商品期货量化通道业务提供了相应的解决方案。三是扩展电子商务交易功能，实现微钱宝、货币 T+0、跨行取现、工行余额转存，便捷了客户的消费和投资通道，网上交易新功能开发将吸引更多客户通过电子商务渠道购买华安基金产品，也可使得华安电子商务系统更好领先于业内。四是继续电子商务渠道建设，完成建行快捷、工行快捷、财付通，拓宽电商扣款接入渠道，更方便于无网银客户进行开户和交易操作。五是注册查询系统改版升级，优化批处理流程，提高自动化程度，降低操作员工作量；优化并行处理逻辑，提高并发效率和业务量增加的需求；完善系统自我稽核能力，增强勾稽功能，及早发现异常。六是办公平台改造，继续优化了 OA、财务、移动办公系统功能，并推动了公司办公流程的改造，大幅提升了办公效率。

【华宝兴业基金管理有限公司】 2013 年，随着公司业务发展，外高桥生产机房租用的 6 个机柜已满，新增 1 个服务器机柜。张江灾备及测试机房测试服务器使用年限已超过 5 年，存在性能跟不上需求、超出产品支持生命周期、配件难以购买等问题。公司新购一批服务器，重新搭建了测试环境。2013 年统一建立了门禁系统，所有数据集中传输到上海环球总部。

上线互联网金融项目：建行快捷支付及开户、宝钢财务网站直连、货币基金 T+0 快速赎回、易宝接口、支付宝接口、淘宝开店、微信客户端。公司对呼叫中心系统进行了重建，于 2013 年 8 月份成功上线。通过三次仿真测试、一次通关测试，华宝添益产品成功上线。

公司在 2013 年 3 月 30 日、6 月 22 日、9 月 28 日、12 月 3 日，组织了四次应急演练。四次演练分别演练了交易、估值、网上交易、网络等系统在不同场景下的技术应急处理流程。12 月 7 日，华宝兴业基金组织开展了一年一度的灾备切换演练。演练以“外高桥中心机房不可用”为场景，演练了赢时胜的基金估值系统(包括一只公募基金行业精选基金)、QDII 估值系统以及恒生登记过户系统、投资交易系统 O3.2 和 QDII 交易系统、直销系统、180 价值 ETF 基金的 PCF(申购赎回清单文件 Portfolio Composition File，简称 PCF)篮子产生等，相关系统演练结果总体均正常，达到演练预期效果。

【华宸未来基金管理有限公司】 为支持公司新业务开展和满足监管规范的要求，信息化工作主要为上线了恒生分 TA 系统和 M7 邮件控制中心。2013 年 3 月，恒生分 TA 系统上线实现 LOF 开放式基金持有人份额的注册登记管理。2013 年 9 月，M7 邮件控制中心上线，实现公司邮件收发的备份和查询。

【华福基金管理有限责任公司】 公司中心机房托管在福建电信 IDC 机房，已于 2013 年 4 月正式启用，该机房为中国电信四星级机房。网络通信具体包含：计算机网络系统、KVM 系统、电话网络系统、地面通信系统、卫星通信系统等；应用系统建设包括基础应用系统和业务应用系统。

基础应用系统包含 AD 系统、企业级病毒防火墙系统、操作系统补丁管理系统、互联网络安全访问系统、互联网行为监控系统、邮件监控系统、电话录音系统、数据备份系统等。

业务应用系统包含开放式基金注册登记系统、基金投资管理系统、基金直销系统、基金估值与会计核算系统、资金清算系统、信息披露系统、客户服务系统、公司网站系统、公司 OA 及移动办公系统、公司办公邮件系统、反洗钱系统等；管理制度建设包括基本管理制度、部门内部管理办法和管理细则。

基本管理制度包含信息技术管理制度、IT 治理委员会制度；管理办法包含系统运行制度、系统资源管理制度、系统安全管理制度；管理细则包含信息系统应急管理细则、信息系统安全管理细则、信息系统运行管理细则、计算机网络管理细则、信息系统事故处理细则、信息系统数据管理细则、软件开发管理细则、信息技术项目管理细则、信息技术服务管理细则、信息资产采购管理细则、信息设备管理细则、软件及技术资料管理细则、信息系统变更管理细则、机房管理细则、桌面电脑管理细则、密码权限管理细则、防病毒管理细则。

【华富基金管理有限公司】 2013 年，集中精力确保公司信息系统安全稳定运行，完善信息化系统的建设及维护管理。随着互联网金融高速发展加强电子商务建设；跟踪关注新业务、新技术、新产品以及行业发展最新动态，完成相应的技术准备，提高相关人员的技术及业务技能。在管理工作改善方面，持续对业务系统文档进行维护，对核心业务流程及权限进行梳理，持续提高对信息系统管理工作。

基础设施建设及运营保障了基础设施机房、网络、电力等年度零事故，保障业务系统年度安全运行，无影响关键业务系统事件发生。建立子公司与母公司 Side-To-Side 的 VPN，使得子公司能直接访问母公司 OA 等业务系统。建立 SSL VPN 使得在外办公人员能正常访问内部 OA 及投资研究平台。核心业务系统更换上稳定性更高、性能更为优越的 3240 存储，以满足越来越多的公募及专户业务，也为后面业务的发展提供了适当扩展余地，以规避随资产管理规模扩张而可能产生的性能瓶颈。利用上从核心业务系统替换下来的 3140 存储，深化虚拟化应用的使用；目前在虚拟化应用能够在多台物理设备上进行热切，提高系统冗余，虚拟化提高了应用可用性，实现真正 24 小时在线不宕机；同时也节省了服务器资源及提高服务器的利用率。考虑到管理便捷、使用功能和语音 IP 化的趋势，在子公司成立之后经过严格多轮论证、测试后，便组建行业内最先进思科 VOIP(语音网络协议 Voice over Internet Protocol，简称 VOIP)电话语音系统，该系统已平稳运行超过 3 个月，未出任务故障，使用及管理都极为方便，并为母公司电话系统升级做好技术储备。网络行为管理监控设备深信服 M5100，使用年限已超 5 年，软件版本已停止更新，且现有功能不能满足业务需求；为满足监管业务需要，现已更换功能更全，性能更优的深信服设备，经过多次测试验证，完全满足业务需要，也通过监察稽核部验收。

经过大量严格的易宝支付三方联调测试，于 2013 年成功上线；增加网上直销第三方销售渠道，增加客户支付选择，提高客户满意度。为了提高用户体验，网上交易银联通第三方支付接口进行升级改造。

【华泰柏瑞基金管理有限公司】 2013 年是基金行业金融创新蓬勃发展的一年，渠道创新、产品创新层出不穷，围绕着"入口、流量、客户、资金"等要素公司也进行了深入的探索。银联商务是目前国内最大的线下 POS 机收单机构，其服务的商户都在 POS 收单业务结算过程中形成"短期闲置资金"，原本都只能存放在活期存款中，没有更好的管理方式。经过充分的论证和分析华泰柏瑞基金和银联商务针对银联 POS 机收单业务，合作开发了"银商天天富"平台系统。通过华泰柏瑞货币市场基金和银商 POS 机收单业务相整合，将客户的账期款购买货币基金，可以有效地提高商户的账期闲置资金收益。同时，货币基金良好的流动性、远高于活期存款的收益率以及低风险的产品特性正好满足商户的需求。目前系统已经上线运行，接入商户近千家，取得了较好的社会效益和经济效益。

【汇丰晋信基金管理有限公司】 2013 年，公司各项工作总体进展良好。IT 基础系统及应用系统均运行正常，未发生重大故障。上半年，公司办公室由原富城路 99 号震旦大厦 35 楼搬迁至世纪大道 8 号上海国金中心汇丰银行大楼 17 楼；公司 IT 系统主机房由富城路 99 号震旦大厦 35 楼搬迁至张江瑞昌路 277 号汇丰银行机房。下半年，本部门重点加强运维管理，在网络环境，系统架构发生重大改变的情况下，审查和调整故障应急预案、日常操作流程等规章制度，完成半年度故障应急演练、年度 BRP 演练，保证 IT 系统的运行安全、可靠。

IT 部门对全公司的桌面电脑操作系统进行了升级，将 Windows XP 升级到 Windows 7。由单一局域网结构调整为多个局域网由宽带电信线路连接的广域网结构，分别为 IFC 局域网，张江主机房局域网以及 BRP 局域网。每个局域网又通过强逻辑分割为 OA 网，交易网，外部网，测试网等。上述网络结构经过细致规划和测试，整个切割过程顺利，未发生系统故障。由于本公司主机房搬迁新址，为了保证搬迁过程顺利，公司新购置了两台数据库服务器及多台 PC 服务器，用于搬迁时的系统测试、切割，以及保证必要的设备冗余。新增设备进一步加强了公司系统的运行和容错能力。2013 年，IT 完成了如下应用系统升级改造：销售适应性系统升级；邮件归档系统；强定投升级改造；机构版电子直销系统；系统安全检察工作已固化为 IT 的日常流程工作，重点对主机、网络、网站、电子交易等系统治性定期的安全检察，并对发现问题及时进行整改。

【汇添富基金管理有限公司】 2013年，公司业务高速发展，信息技术部面临较大的挑战和压力，在信息技术部全体成员共同努力下，在各位业务部门的支持和配合下，较圆满地完成2013年既定的主要任务，有效地支持公司业务发展，为公司业务创新提供技术支持。信息技术部相继完成了投顾服务平台、固定收益一期项目、实时TA系统、金证系统一期、信托TA系统、跨市场ETF TA、手机OA系统、集团化财务系统、机房改造、公司数据存储和备份等重大项目的建设。

平台建设。通过电子化手段不断改进办公流程，提升工作效率，降低业务风险；设计并实施了投顾服务平台、产品投资账户管理系统、预算管理系统、人事考核系统、IT资产管理系统、电商营销平台、组织架构管理系统等电子化管理系统、手机OA系统。

注册登记系统。实施了信托TA系统、跨市场ETF TA系统，支持资本子公司产品、行业ETF产品运作；突破了代销与TA传统的批量交换模式，实施了实时TA系统，为后续与互联网公司合作打下基础。

固定收益平台的建设。实施了固定收益投资管理系统的建设，完成固定收益一期的开发和推广，该系统是对公司固定收益研究、投资、交易和风控业务管理的综合信息化平台，涵盖公司固定收益投资前、投资中、投资后各个业务环节。系统要具备应用功能整合能力，能将公司现有的风控系统、投研系统、交易系统相关应用功能进行整合；系统要具备数据集成能力，能集成固定收益业务的相关各类数据包括估值数据、交易数据、TA数据、外部第三方资讯信息等。固定收益综合业务管理系统提供固定收益投资系统相关数据和信息统一查询的视图，根据对各类数据和投资业务报表进行展现和推送，并按不同的角色提供个性化操作界面。固定收益综合业务管理系统实现投资流程的电子化，各岗位工作明晰化、头寸管理信息化、风控管理的系统化，能提升公司固定收益投资业务运作效率，防范固定收益投资业务运作风险，持续支持公司固定收益业务发展。

实施公司集团化财务系统。随着公司业务发展，尤其是香港子公司、汇添富资本等一系列子公司的成立，公司已经向着集团化运作的管理模式发展，内部管控机制面临着巨大变革，对相应的财务IT系统也提出了新的要求。尽快适应集团化财务管控的需要，信息技术部、财务部一同对国内最大的两家财务软件供应商用友、金蝶进行了考察。最终选择用友NC作为公司集团化财务管控解决方案，系统在2013年完成构建和投入应用，实现了集团财务统一核算和统一报告，实现资金调拨电子化、集团资金头寸归集管理、集团资金头寸动态监测预警、集团资金内部结算管理及投资管理等功能，该系统适应公司财务集团化管控需要。

【交银施罗德基金管理有限公司】 在2013年完成的项目包括基础设施类的IBM小型机更新项目、生产存储及容灾改造项目等；应用系统包括股指期货投资交易系统建设、CRM系统持续建设、呼叫中心系统改造、网上直销系统（二期）建设、TA资金清算银企直连交收系统建设、投资组合报告系统建设、一对一专户管理系统建设、公司财务收支分析系统、QFII投资组合管理系统、交行货币T+0、员工个人投资申报、股指系统结构化分值模块、网上直销货币T+0、工行直联、FA结构化分级模块、FA系统支持期货业务、营销费用管理、净值发布管理系统、综合管理平台持续开发、文件复制工具及监控、产品信息库和产品开发过程管理系统改进、RFP系统持续开发、基金运营部业务台账管理、交易室业务工作管理、多空分级项目。

2013年启动但未完工的项目：信息安全项目、总部新办公场地建设及综合布线项目、Sophis Value组合管理系统建设、自建TA、XBRL升级、微信公共平台、网上交易二期新增需求、银商天天富等。

【金元惠理基金管理有限公司】 2013年，公司的系统已经保证了目前及后续基金的顺利发行和交易，完全满足开放式基金的运作。金元惠理在系统开发过程中，采取的是联合开发、版权本公司所有的方式，选择恒生公司作为Call Center，登记过户及销售等系统的合作开发商。通过这种方式，一方面，可以充分利用专业IT公司的技术优势与业务经验积累，可以使系统在尽量短的时间内高质量地完成；另一方面，通过公司内部技术人员的参与，可以大大减少外部公司人员变动等引起的技术连续性风险。开发完成后，系统的后续维护和功能扩充既可由公司的技术人员完成，也可由软件公司完成，能确保业务与系统支持的同步发展。除了以上系统外，金元惠理基金还有投资交易系统、风控系统、网站系统、反洗钱系统等相关配套系统。目前该系统支撑着基金公司十几只基金和几十只专户产品的运作。

【纽银梅隆西部基金管理有限公司】 2013年，公司内针对业务发展需要调整IT建设战略规划，完成电子商务平台改造可行性研究，制定了电子商务平台建设方案、金融数据中心建设方案等，积极推进风控及绩效系统建设；搭建系统测试环境完成股指期货、商品期货、专户分级、投顾业务的测试与上线，完成货币基金的测试工作；完成与相关期货公司交易及清算接口对接测试并上线；启用了邮件归档设备，方便对公司邮件进行搜索查询和恢复，符合邮件归档的合规要求；根据证监会的等级保护规定，部门按照信息系统安全等级保护定级标准，完全依靠自身力量对公司的主要核心系统进行了自查自评的工作，并完成了向上海市公安局的报备工作。

【农银汇理基金管理公司】 2013年，公司对核心业务系统进行了多次升级和维护工作，主要包括：一是对估值和资金系统进行了6次升级；二是对投资交易系统进行了1次升级，在投资交易系统中开通了10个席位，并对席位进行了150余次调整，对投资经理权限进行了260余次调整；三是对注册登记系统进行了3次大版本升级，并在TA中增加了5个代销机构；四是对直销系统进行了1次大版本升级；五是对网上交易系统进行了2次升级，并完成数米基金网货币基金代销T+0工作；五是对专户系统进行1次升级。

外围系统方面：完成客服系统基于短期理财功能的改造以及32项需求调整，进行统一外送平台和客服系统供应商更换的前期项目工作；完成网站系统3项需求的升级；完成了CRM系统90项需求的升级；对XBRL系统进行了17次升级。

基础系统硬件维护方面：全年共完成了9大基础系统共34次季度巡检；共完成了10次磁带恢复测试、UPS放电测试以及灾备系统演练；共完成了120余次基础系统软硬件故障维修。在基础系统软件维护方面，全年共签订了8项基础系统维保合同；排查基础系统软件故障60余次；对基础系统，尤其是核心操作系统、数据库等做了7项软件升级；全年共完成了16次历史数据全量备份和邮件磁带归档等工作。2013年，公司还完成了30余项涉及IT系统的商务采购；完成了5次由交易所等有关部门组织的系统测试和演练；配合中国农业银行、德勤会计师事务所以及普华永道会计师事务所等机构完成了8次审计检查；为公司内部有关部门提供了150余次数据统计服务；完成1次证券业协会要求的信息资源调查情况统计表报送；完成了“两会”期间信息系统安全日报以及总结报告报送工作。

【诺德基金管理有限责任公司】 2013年，公司在信息化建设方面主要完成了专户系统建设、办公网服务器虚拟化改造、办公网和交易网线路改造等重大项目实施，平稳有序推进了CRM系统升级上线、公募估值系统升级测试、服务器和虚拟化迁移等大型项目实施，有力保障了公司各项业务的顺利开展和信息系统的平稳运行。2013年诺德基金在保障IT系统稳定运行方面做了很多工作。一方面继续强化信息安全保障和监控工作，确保网络及信息系统安全。为了保障业务正常运转，诺德基金信息技术部加强了每天的巡检和监控工作，仔细梳理信息系统可能存在的安全隐患，并及时予以解决，如每日进行全面的机房和重要系统、网络巡检工作；每季度对机房、小型机、存储、应用系统、各业务数据库进行巡检；组织相关部门进行了2013年度灾备演练，优化灾备应急响应流程；每季度对系统备份数据进行备份有效性测试、回装性测试等。另一方面，由于公司主要的机房设备、服务器、存储设备存在一定程度的老化，为防止重大IT事故的发生，诺德基金信息技术部还结合办公网服务器虚拟化改造对关键PC服务器和网络设备进行了设备更换和系统迁移，防患于未然。经过诺德基金信息技术部在测试系统近两年的虚拟化测试试用，结合部分服务器存储等硬件设备存在老化、需要更换的客观因素，经过慎重考虑，诺德基金确定了开始实施IT系统虚拟化的战略，采用成熟领先的VMWare虚拟化解决方案实施了办公网服务器虚拟化，对办公网内大部分可以实施虚拟化的应用系统做了虚拟化迁移改造，兼顾了大幅节约IT投入成本和IT管理的便利性，构建形成灵活、稳定的IT底层平台。目前，诺德基金办公网服务器虚拟化平台已运行了30多个虚拟机应用，极大地节约了各类IT资源。为满足诺德基金开展专户业务的各项需求，支持股指期货和商品期货投资，诺德基金信息技术部进行了各业务系统发行专户产品的系统建设和改造工作，组织进行了多轮次系统联合测试，采用VPN结合Ctrix应用虚拟化的接入模式，保证专户投顾高效、安全、便捷的接入，确保专户产品顺利发行。

【浦银安盛基金管理有限公司】 2013年，公司运行的信息技术系统主要包括分TA/直销系统、资金清算系统、投资交易系统、估值核算系统、网上交易系统、呼叫中心系统、外服系统、营销数据中心系统、办公应用系统等。目前这些系统在应对基金行业常规业务方面已经积累了6年左右的平稳运作经验，基本处于成熟运作状态。

信息系统建设方面。专户TA增加了货币基金处理功能。投资交易系统由版本20120229L升级到

20130329H。分TA系统增加内部员工购买基金控制模块，增加强收益债模块功能，该功能包括对相应基金赎回业务比例确认。直销系统增加"支持多交易账户"功能模块。呼叫中心增加专户产品电话认购功能，提供分红信息查询，对货币基金提供电话委托交易的申购、赎回功能。外呼系统增加手机短信电子对账单功能。对网站，XBRL等系统进行了持续的功能修改、新增等工作。基金从业人员证券投资管理监控系统测试并试运行，异常交易监控系统测试并试运行。

信息技术的运行维护、安全管理方面。2013年，新购IBM P720替换运行呼叫中心系统和网站系统的IBM P52a，同时把运行在老旧的PC服务器上的Web应用，HTTP服务，呼叫中心的CTI（计算机电话集成Computer Telephony Integration，简称CTI）服务，文件交换服务等比较重要的服务迁移到了新的刀片服务器上。公司确保了员工上网行为监控系统、网络防病毒系统、反垃圾邮件系统、网络防攻击系统、电话录音系统、门禁系统、视频监控系统的正常运行，使得公司的信息安全工作正常有序。5月，对公司的空调系统和UPS系统进行整体更换，更换后的系统运行更加稳定、可靠。对所有机房内的运行时间超长的网络设备进行整体更换，并在此基础上对网络系统进行应急演练。新设备运行正常。对公司原有的电话布线系统进行重新整理规划，理清文档，简化了后期维护工作，降低了故障率。签订磁带异地保管及周转服务，每日将存储增量备份数据的磁带弹出磁带库，并交由专业服务公司存管。每季度进行一次数据有效性验证。购买深圳通数据存管服务，将核心业务数据远程拷贝到深圳通在深圳的数据中心，达到异地存放要求。启动并完成数据备份中心项目，建立同城系统级的灾备中心，并进行应急演练测试。

【上投摩根基金管理有限公司】 2013年，公司的产品相关系统、客户相关系统及基础架构方面根据业务发展的需求，进行了系统功能增强和升级，保障了业务发展的需求。2013年公司网络运行稳定，未发生重大网络设备故障。2013年公司在安全方面加大了检查和投入力度，确保系统的安全可靠。

员工证券交易申报系统。随着基金法的实施，股票交易事前审核工作可能大量增加，为提高工作效率，不影响员工及其家属的及时交易，开发和实施了员工证券交易系统。本系统包括事后申报、事前申报、交易审批、监察稽核管理、系统管理、数据采集与集成等几个模块。公司于2013年5月9—16日进行了本年度BCP演练工作。

【上银基金管理有限公司】 公司自2013年3月开始筹备，7月通过场检，8月公司成立，至2013年末，信息系统已基本建成并达到基金业务运作要求。

信息系统建设方面。信息系统的建设必须符合相关法律法规和中国证监会规章；以国际化标准构建信息系统，在保证信息技术系统安全、稳定、可靠的基础上，建设具有集成性、可扩展性的信息系统平台；把握基金业的发展趋势，充分借鉴国内外基金业的成熟经验，在规划上保持超前意识并强调安全与风险控制，实现信息系统创新与业务创新的互动发展；与国内国际领先的后台运营服务商合作，构建先进的后台运营系统。

基础设施方面。主要完成了同城异地三机房、网络基础设施、通讯线路、安全体系、备份体系、监控体系的建设工作；在业务系统方面，主要完成了投资交易系统、估值系统、TA系统、资金清算系统、直销系统、网上直销系统、网站系统、客服系统、反洗钱系统、XBRL系统的建设工作。所有这些系统均采用了成熟先进的技术，设计合理，经过了长时间的试运行，整体表现稳定可靠。

【申万菱信基金管理有限公司】 2013年，公司在信息化建设方面主要有以下项目。一是呼叫中心系统更换。二是网络准入系统。项目实现公司所有网络接入，必须经过身份认证，提高公司网络安全性；项目已完成选型、商务谈判、测试，并于9月底上线。三是虚机和存贮扩容。上海主存贮扩容，实施已全部完成，并于6月下旬完成验收。扩容后存储容量由2.5T扩至近6T，能满足未来三年发展需要。虚机群由原3台物理服务器扩容为5台服务器，已完成项目审批、方案设计、设备询价和采购，以及项目已实施，并验收。四是货币T+0系统建设。项目实现网上直销客户货币基金的快速赎回，即时到账功能。按计划已完成需求确认、方案设计、商务谈判、系统开发、技术和业务测试。并于8月底正式对外上线。五是投资申报系统。2013年该公司全年IT总费用实际支出725万元，不含已完成项目的财务摊销费用。其中新设项目约170万元，运行维护费用约305万元，通讯费用约100万元，新购电脑类资产95万元，资讯费用150万元。2013年该公司整体技术系统运营稳定，未发生重大安全事故。其他所有系统、网络和防病毒等各方面均运行平稳，未发生事故。总体保障了公司业务的安全运行。2013年年度的灾备演练于12月12日顺利完成。

【泰信基金管理有限公司】 公司在2013年共完成新建较重大项目11项，整个过程严格按照系统建设规定进行，系统上线后稳定、可靠，很好地满足了公司业务发展需要。一是股指期货项目建设。公司根据公司业务发展，需要建设股指期货系统。按照正常系统上线流程，需要两个月时间。为保证公司产品尽快发行，公司信息技术部门协同清算会计部等部门，充分利用晚上、周末等时间，加班测试，仅用了1个月的时间完成了系统的测试和建设，提前为公司业务做好技术准备。二是估值系统进行新系统改造，为新业务开展做好准备。泰信基金管理有限公司为提高估值系统对新业务的支持，如：股指期货、商品期货等，经过严格测试和并行试验，把估值系统升级到2.5版本。

互联网金融项目。一是天天富项目的上线。公司信息技术部门进行网上基金销售系统银联天天富资金方式的测试，解决测试中发现的问题，12月，系统正式上线，提早完成了系统的建设。二是淘宝投机有道、代缴费、工资宝等项目的技术准备工作。三是子公司网络建设及公司网络调整。为使子公司业务能够早日开展，泰信基金管理有限公司信息技术部门对办公场所及子公司综合布线进行调整和建设，最短时间能完成了工程，使子公司人员及时到位，进行业务拓展。四是易宝支付项目建设。易宝支付作为第三方支付方式，可以更好地为投资者提供快捷基金投资渠道。泰信基金管理有限公司经过1个多月的测试，正式上线，系统运行正常。五是信息系统运维监控系统项目的建设。为提高对信息系统的管理能力，实现24小时不间断监控，泰信基金管理有限公司历时1个多月的时间，建设完成“信息系统运维监控系统”，实现对运行的主机、网络、网站、网上交易等进行监控，保障了机房及各业务系统的安全运行。六是深证通交易业务与非交易类业务平台分离。泰信基金管理有限公司深证通交易业务与60多家代销机构的非交易类业务共用一个平台，随着业务的增加，该平台重要性逐渐凸显出来，为减少风险，提高速度，增加备份能力，泰信基金管理有限公司通过近一个月的测试准备，成功完成交易业务与非交易类业务平台的分离。七是上证通综合业务平台的建设。泰信基金管理有限公司为提高公司新业务如股指期货等的承接能力，减少新业务开展的费用，利用上证通网络，建立综合业务平台，把报盘、行情、PROP等业务成功切换到该平台，在提高交易速度的同时，为股指期货等新业务的开展，提供了基础支持平台。八是利用虚拟化技术，构建独立的业务测试系统。基金公司创新业务不断发展，需要不断进行新系统的建设和原有系统的升级改造，泰信基金管理有限公司利用1个月时间，构建独立的业务测试系统。使测试环境和生产环境得到了有效的隔离，提高了生产系统的安全性。同时，采用虚拟化技术，减少了硬件服务器及网络的投入，用最少的投入达到较好的效果。九是直销系统批量交易、电子传真对账单系统测试上线。为提高直销交易速度，并为客户减少纸质账单，泰信基金管理有限公司经过严格的测试，并不断对系统进行修改，11月份直销系统确认单、对账单批量传真功能上线完成。十是入侵防御系统的改造：随着网络技术的不断发展，泰信基金管理有限公司为提高网络的安全性，及时采用先进的入侵防御系统，减少了系统受攻击的风险。

【天治基金管理有限公司】 2013年，公司在信息化建设方面精耕细作，主要围绕业务软件系统功能扩展、硬件设备更新换代、提高信息系统安全三方面展开。中登TA系统、自建TA系统、估值系统、投资交易管理系统、直销系统、网上交易系统、客服系统等核心业务系统都进行了升级，以满足业务部门提出的新需求；对部门服务器硬件设备进行了更换，新增了准入控制系统，提高了信息系统安全系数。

2013年，新购2台HP DL380G8服务器、1台HP SAN光纤交换机、1台HP EVA P6350存储设备专门用作虚拟化应用，虚拟机数量由20台增加到50台左右，将以前所有的工作站全部迁移到了虚拟机上；新购4台HP DL120G7服务器用于更换网上交易、网站应用的服务器；新购一台机房专用的Liebert PEX－P1025F精密空调，以确保机房工作在适宜的温湿度环境下。

为了完善信息系统安全措施，新增了准入控制系统。该系统主要有以下功能。一是只允许公司的电脑上网，外来电脑（包括员工自带的笔记本电脑、Ipad平板电脑、手机等）不能接入公司网络，访客经过授权可以临时接入网络。二是禁止USB接口的U盘、移动硬盘、移动光驱等的使用，因工作确实需要使用移动存储设备的员工，提出申请并得到领导授权然后在系统中配置后才能使用。三是操作系统补丁检测，如果没有安装补丁，不能接入网络。四是检查防病毒软件安装情况，并检测病毒库是否为最新，如果没有安装防病毒软件或者病毒库没有及时更新，都不能接入网络。

【万家基金管理有限公司】 2013年，公司新建了股指期货、商品期货及投顾业务相关业务系统，ETF基金相关业务系统，量化投资天软高频数据仓库系统及高频数据库，TA资金清算银企直连模块，估值系统电子对账模块和估值系统银行间交易下行API接口；引进赢时胜

XBRL系统；将赢时胜资金清算系统从V2.0升级至V4.0；邮件系统Exchange升级至2010版；实现了公司网站的全面改版升级，网上交易系统配合新版网站建设同时进行了改版，网上交易系统新增货币赎回T+0到账（易宝、公司自行垫资2种模式）、淘宝旗舰店等功能，并先后增加了银联广发卡、工行直连等网银支付接口。在基础运维保障方面：完成子公司办公区综合布线及弱电工程项目；进一步巩固基础建设，采用服务器虚拟化技术提高IT资源利用率；对服务器、存储和网络等硬件设备的使用状况和监控情况进行了全面梳理；对业务系统备份环境、测试环境的建设情况进行了核对；对投资交易、网上交易等系统建立了常见故障和问题知识库；通过网站常年7×24小时监测、网站和网上交易系统定期渗透性测试、业务网段反病毒系统部署、内部网络定期扫描等措施确保公司信息系统的安全；进一步完善应急处理流程，全年进行了2次灾备系统应急演练。

【鑫元基金管理有限公司】 公司筹建过程中，对软硬件均以高标准进行了配置。在IT系统建设方面，除了部署在办公场所内的机房外，将托管生产机房置于外高桥万国数据服务有限公司上海数据中心，同期实现同城异地数据备份。公司严格遵循证监会要求，在信息系统建设方面完成了基础设施建设、机房建设、网络环境建设、办公系统建设、业务系统建设等工作，涉及公司办公机房、公司托管生产机房，完成了机房空调、配电、UPS、监控等机房基础设施建设，完成了公司网络系统、信息安全系统、交易所和网站等数据通讯系统、电话系统建设，完成了公司办公网络域环境、邮件系统、文件系统等各类系统的建立维护工作，完成了证监会要求的人员行为频监控系统、人员进出指纹门禁系统、办公电话录音系统、办公邮件归档系统、员工上网情况及即时通讯等上网行为管理系统等各系统建设维护工作，保障了系统的稳定、高效运作。在公司成立开业后，完成业务系统、交易所相关系统（上海行情、报盘，深圳行情、报盘，深证通数据交换平台，登记结算PROP系统）建设，进行了三轮业务系统测试，完成了金证TA系统、金证直销系统（含网上交易）、金证投资交易系统、金证网站系统、金证呼叫中心系统、金证反洗钱系统、赢时胜财务估值系统、赢时胜资金清算系统、赢时胜XBRL信息披露系统的业务系统用户、角色权限、系统参数确认、系统上线和系统运维，完成数据备份建设。2013年，公司高效完成了系统建设，保障了系统稳定运行，为公司业务快速、顺利开展打好了基础。公司官网于2013年10月11日正式对外上线，为2013年下半年同期获批基金公司中第一家上线公司，提供公司资讯、专户查询、网上交易等多种功能，可支持33张银行卡，完成了网站ICP（网络内容服务商Internet Content Provider，简称ICP）备案、网警备案。

【信诚基金管理有限公司】 2013年，公司的信诚基金资产管理业务继续保持高速发展的态势。在2012年包括股指期货、债券创新分级、分级专户、短期理财等新业务陆续开展的基础上，不断解决以上这些新业务在运行维护中可能发生的新问题并优化系统和运维工作流程，保障公司日常基金运营、客户服务和投资业务各项工作的有序平稳进行。同时结合业界最新前沿信息技术，探索大数据、移动办公、虚拟机结合网络发布给公司带来的业务流程改进优化机遇。

项目建设方面。移动办公系统上线的解决方案和系统保障；投资系统功能扩展增强改造项目；公司OA系统的项目启动；数据中心系统项目启动；用于提高效率和业务扩展的三方投顾和流程审批模块的上线；XBRL申报系统改造项目启动；CRM项目启动；满足投资经理需求的量化和固收管理平台建设；运营流程监控和运营流程自动化系统启动；中信信诚资产管理子公司信息系统建设。

团队建设方面。重新调整了部门人员的工作分配，建立起具备相当开发管理和项目管理能力的专业团队，同时加强对部门员工的培训，形式包括部门内组织的技术培训、业务培训和经验分享等，也包括外部厂商提供的专业水平的信息安全技术培训，以及针对行业业务快速发展的新业务培训和业界同仁交流讨论会等。信息技术部在2013年新增了一名员工，在产品、销售和后台运营等多个系统快速增长的背景下，各位员工均能发挥自己的技术特点，高效完成支持业务发展的各项工作。

【兴业基金管理有限公司】 2013年4月，公司获中国证监会批复，主要从事基金募集、基金销售、资产管理、特定资产管理和中国证监会许可的其他业务。同年6月，兴业基金全资子公司—兴业财富资产管理有限公司获中国证券监督管理委员会核准设立，主要从事特定客户资产管理业务以及中国证监会许可的其他业务。

信息基础设施建设。完成公司机房建设，完成电信、联通线路租用、交易所卫星通讯网络建设，兴业基金核心系统建设稳步开展。完成第一阶段公募产品系统实施，实现传统公募产品（股票型基金、债券型基金、货币型基金、混合型基金、指数型基金）相关核心系统（投资交易

O32 系统、注册登记自建 TA 系统、估值 FA 系统、直销 DS 系统、资金清算 FC 系统、客服 CC 系统、客户关系管理 CRM 系统等)的建设,并有序推进第二阶段公募产品系统实施建设,在传统公募产品的基础上,实现对 LOF、封闭式基金、保本基金、短期理财基金、单市场 ETF 基金以及股指期货业务的支持,实现系统功能扩展,实现网上交易支付对接。

兴金财富子公司核心系统建设。配合财富管理子公司业务的开展,在行业内不存在系统解决方案的状况下,与开发商共同开发建设资产管理子公司项目管理、注册登记、项目投资、估值核算、资金清算、客户服务等系统建设,确保了财富管理子公司产品的顺利发行和投资运作,交易通讯保障有序。完成办公环境与托管机房专线网络通信建设,完成与深证通、登记结算公司、登记注册公司、上海交易所、深圳交易所的网络专线与威信通讯建设,确保了交易通讯的正常运行。

【兴业全球基金管理有限公司】 2013 年,公司在加强日常信息系统保障工作的基础上,定期对信息系统的薄弱环节进行分析,采取网络改造、系统配置定期整理和优化等各种措施不断对信息系统进行改进,本年度特别推进了 IP 电话系统建设工作、OA 系统优化改进、备份系统建设、Windows 域控升级、高可用性的办公网虚拟化环境的建设、防病毒系统的升级等,全年信息系统可用性保持较高水平。

业务系统建设工作方面。除了积极参与日常基金的各种事务处理和业务创新工作的技术支持工作,还大力推进了配合电商业务发展的相关系统建设。针对本年度专户业务大发展的情况,不断地进行技术和流程调整,以满足专户业务发展需求。积极参与合同审核,参与各种技术讨论工作(如各种开放期需求、复杂报酬公式研究等);积极调整 IT 队伍合同审核机制,加强各类业务提醒流程建设。为满足系统需求,组织专户 TA2013 版升级、加强增值服务费、高水位线发、复杂业绩报酬公式的技术支持;为应对专户带来的客服服务调整需求,安排人员对净值揭示、VIP 邮箱、电话流程、分组服务、对账单等客服功能进行了调整升级。

开放式基金基本业务。努力推动 CRM 系统建设,有效地保证了 CRM 系统建设的质量。大力推动系统开发工作往前推进,使得本项目于年中陆续上线了分析型系统和管理型系统;年内安排上线了银联 3.2 版,并为支付宝新增(建行)等支付渠道;推动完成了统计分析子系统开发工作;建设公司的淘宝店投基有道系统;合理规划组织人力推进银商天天富系统,新监管系统、建行账户迁移等系统建设工作;为了发展公司余额宝相关业务,主导了兴业银行银银平台理财门户余额宝项目研究规划工作;积极跟踪新技术新系统建设工作,在年中组织力量开发了简版的微信查询模块,并在年底前推动微信查询系统升级版建设工作。年内进行 O32 大版本升级的同时,大力加强了 QFII 系统的建设;在 QFII 业务上线后,还为 QFII 报表建设工作安排了多次开发,圆满地满足了 QFII 数据报表需求。

相关系统的需求管理和项目建设。通过携宁场外系统帮助交易室提升场外业务管理水平,通过反洗钱系统升级调整支持公司反洗钱工作向纵深推进,通过员工证券申报系统建设满足监察稽核合规性需求;配合直销部门完成客户风险承受能力评估政策的调整;本年度对估值系统、电子对账系统进行了大版本升级;本年度继续实施了月度例会制度,贯彻 PDCA 思想,推进文档、制度、流程建设,力争不断提升 IT 治理水平;在风险控制管理方面,努力消除工作中的风险点,加强应急和灾备体系的建设工作,提升信息系统容灾和应急响应能力。全年各个维稳期间信息系统运行稳定,有效地完成了维稳任务;积极配合安永、德勤的 IT 审计工作和监察稽核部门的各类审计工作,各类审计结果表明目前 IT 各项工作控制有效。

【银河基金管理有限公司】 在信息系统建设方面,公司完成了信息技术方面的系统改造。2013 年,公司主要完成的工作:一是公司积极进行各项业务拓展与创新,尤其是加大了与互联网公司的合作,在淘宝网新开旗舰店,与腾讯公司合作引入客户流量等,具体业务方面,开展了债券基金分级业务、股指期货业务、专户业务、货币基金 T+0 赎回业务,改造涵盖的系统主要包括投资交易系统、TA 系统、直销系统、估值核算系统、网上交易系统,外服系统等,顺利实现了系统改造后的成功上线,确保了创新业务的正常开展;二是对网站及网上交易系统进行了改版,增加了网银接口、完善了相关业务功能,提高了客服水平;三是 2013 年公司对已老化的重要设备做了更新、替换处理,对可靠性或可用性降低的软件进行了升级。

信息系统的维稳工作。一是针对网站及网上交易系统、网络安全设备采取了一系列的安全检测、安全改进及扩容等措施,全面提升了公司信息技术系统的总体安全水平。比如,增强了北塔管理软件的监控力度,全面、实时地监控了核心系统的软硬件环境,一旦出现异常将及时短信预警；新购了堡垒机，增强了核心系统的数据库安全。二是在线路方面，针对银行间业务及网上交易业务的带宽进行了扩容，尤其是网上交易线路，扩容后的安全性及稳定性得到了显著增强，减轻了网络压力。三是进一步加强了公司员工信息安全的管理，在核心业务网加强了USB存储的控制，禁止未经审批的核心业务数据的复制操作。因业务需要，公司限制性地放开了QQ通讯功能，为此特别更换了网络监控设备，用以加强通讯记录的监控。四是针对审计机构在内控审计中提出的一些建议或意见，公司结合实际情况进行了改进与完善，尤其是在涉及核心业务参数的设置方面，进行了规范、梳理，落实到了部门与个人，并强制要求双人复核后方可生效。进行了全面的信息技术应急演练工作。

【永赢基金管理有限公司】 公司于2013年10月8日获得证监会批复，并于11月7日正式成立。作为一家新成立的公募基金公司，建设一套高效、可靠的信息系统至关重要。公司筹备组在筹备初期就开始了信息系统建设的相关准备工作。筹备组全体人员在总行科技部以及供应商的帮助下，从几个方面对永赢基金信息系统进行了规划及设计：业务连续性、可扩展性、高性能、安全性、先进性、经济性、兼容性、可维护性。永赢基金机房分为宁波核心业务机房和上海办公机房，两个机房使用三条不同运营商的专线进行连接。永赢基金机房分为宁波核心业务机房和上海办公机房，两个机房使用三条不同运营商的专线进行连接。公司所有服务器均使用IBM X系列PC服务器，核心业务系统均采用双机热备的方式进行部署。集中存储采用业内比较主流的EMC VNX5300，具有较强的稳定性及可扩展性。

【园信永丰基金管理有限公司】 2013年是公司筹备的一年，筹备期间公司完成了系统集成商的招标选型，后续完成了信息技术相关的机房基础建设、系统集成建设、业务系统建设及信息技术部制度建设等相关工作。2013年8月通过现场检查，11月公司取得证监会《关于核准设立园信永丰基金管理有限公司的批复》。2013年公司完成主、灾备机房的建设，完成交易网、办公网建设。完成了核心业务应用系统的建设，目前已部署投资交易管理系统等13个系统。针对不同应用系统的运行环境和业务特点，公司制定了相应的应急预案。2013年8月进行了故障恢复演习，测试了包括线路故障、软件故障、数据错误恢复、人员缺席等应急演练，验证了应急预案的可行性。

【中海基金管理有限公司】 自公司成立以来，各级领导一直非常重视信息系统建设。截至2013年年底，IT资产总值已经达到3 600万元。公司已经建设了面积90平方米的上海中心机房，并于2012年年底于上海外高桥GDS（万国数据服务有限公司Global Data Solutions Limited，简称GDS）信息中心，建成灾备数据中心。2013中海基金重点项目情况。一是UPS电池更换。UPS电池购置于2008年9月，在2013年初放电测试时，已经发现65%的电池组出现阻抗较高、容量下降的情况，后备时间已经降至3小时。为了保障机房动力系统的备用能力，信息技术部与2013年10月通过招标，将全部电池予以更换。二是内网核心交换设备更换。中海基金内网核心主交换机分别购置于2004年、2007年。主软件版本并不一致，端口数量和类型也不相同。为保障核心网络系统的可靠运行，信息技术部也于2013年全部更换。

2013年，公司对信息管理制度和流程进行了梳理，建立《信息技术授权与管理体系》《信息技术培训考核管理办法》《新技术项目管理办法》《信息技术软件管理办法》《信息技术资料管理办法》《信息技术设备管理办法》《中心机房管理办法》《网络和通信管理办法》《变更流程管理办法》《系统危机处理与应急方案》等多项规章制度。2013年，信息技术部采用内部培训、外派培训，同业技术交流等多种方式，共派出培训10余人次。内容涵盖：系统安全、业务系统规则、新基金法、专户子公司建设等。

【中欧基金管理有限公司】 2013年，公司新建新意资金清算系统，淘汰赢时胜资金清算系统；进行货币基金T+1清算结算系统改造，涉及直销、资金清算、估值、登记过户各系统改造；投资交易系统新增加开放式基金场外交易、沪深交易所大宗交易等模块；登记过户系统进行了发起人基金功能升级改造；新建客户关系管理系统（CRM）；进行了专户估值系统对基金投资信托产品的系统改造；进行了网上交易从标准版到专业版的改版升级，并为网上交易增加建行网银接口，支付宝接口增加农业银行渠道，银联通接口新增支持中信、光大、广发银行定投业务；进行了普通投资者使用15位身份证件号码开户和交易时，进行限制的功能改造，此项改造涉及中登分TA系统、自建TA系统、直销系统、网上交易系统等系统，进行了销售部营销报表系统对货币基金的支持改造；新建公司员工证券投资报备系统；进行了2台小型机系统淘汰升级系统建设；进行了2套Oracle数据库从9i到10g的升级改造建设；进行了多台网络防火墙、路由器、交换机的使用年限淘汰改造；新建恒生XBRL系统，淘汰吉贝克 XBRL 系统；建设到深圳通的移动 SDH 线路。

全年对主要业务系统进行了多次更新维护升级，主要包括：投资交易系统升级 14 次，估值系统（含专户）升级 32 次，清算系统（含专户）升级 12 次，分组估值系统升级 5 次，中登分 TA 系统升级 19 次，专户登记过户系统升级 16 次，直销系统升级 15 次，呼叫中心系统升级 6 次，数据中心升级 3 次，主动服务系统（短信和邮件）升级 4 次；全年，登记过户、直销兼网上交易、数据中心（含客服中心、主动服务平台、反洗钱）系统各完成巡检 2 次，投资交易系统巡检 1 次；进行连接到深圳证券通信公司的卫星天线保养 1 次；进行网络漏洞扫描 1 次。

【中原英石基金管理有限公司】 公司在 2012 年年底完成场检和获得证监会设立批文，公司于 2013 年 1 月正式成立。公司的基础架构都已经建设完毕，业务环节也已经搭建完毕，但要支撑基金业务运作，还有很多重要的项目要完成。信息技术作为公司的基础和业务平台，在整个系统设计过程中，充分考虑了国内基金行业和信息技术行业的实际情况，以确保信息系统能满足未来业务和管理的需要；经过内部多次测试，并不断地改进和完善，系统已经具备了公司开放式基金正式发行的必备条件。系统受理各项业务正确无误，符合本公司的各项业务规则，充分体现和满足了公司基金财务与估值业务需求；系统做到了实用、稳定、可靠、安全，可以满足正式运行的要求。系统经过压力测试，可以支持 5 000 人同时在线浏览，每天最大支持 800 万页面访问量，支持 500 万注册用户信息的存储。

（韦　炜）

五、期货业信息化

【中信新际期货有限公司】 2013 年，公司整合了国内外交易通道、交易策略、技术优势的基础上自主研发的交易平台 CN－Pulse，旨在通过平台为客户提供专业化、多样性、全方位的跨境套利服务。平台采用 CITRIX 技术，在国内交易平台中属于首创。该系统为一屏全球化交易软件，它的出现推动了行业在该领域的共同进步，提升了行业的客户服务能力；国内期货行业首次应用国际标准 FIX（金融信息交换 Financial Information eXchange，简称 FIX）协议进行数据通信，通过该项目验证了 FIX 在中国期货行业进行信息交换的可行性，客观上推动了国内 FIX 协议的完善和深入应用。是国内期货行业的全球交易平台，能够同时连接境内外超过 40 家期货交易所。

【新湖期货】 2013 年，公司着重建设了联合代理风控项目。本项目提供了联合代理风险监控软件系统，对跨市场的证券、期货以及其他相关金融衍生品交易进行风险监控。其功能包括：向交易程序提供外部程序化交易接口进行交易接入，并且将交易请求通过期货公司交易系统转发至交易所；根据当前市场变化和账户的交易情况，计算和监控账户资金、仓位、交易的情况；根据预设的风控规则进行预警和风控干预。

【申银万国期货有限公司】 2013 年，公司相继完成了资产管理系统、快速交易系统、原油仿真系统、股指与商品期权仿真系统等众多创新信息化系统的建设，并自主开发了个性化的交易与风控系统，支持公司与行业创新发展。在由信息安全技能竞赛组委会主办，上海市信息安全行业协会承办的信息安全技能竞赛（第五届）中，公司技术中心组队参与证券组管理运维赛，经过层层选拔和激烈角逐，获得本次竞赛管理运维赛证券组三等奖，成为证券组唯一获奖的期货公司。

信息化建设。一是相继完成了上期所原油、中金所股指期权、上海期货交易所、大商所商品期权、郑商所商品期权上期 CTP（综合交易平台 Comprehensive Transaction Platform，简称 CTP）、飞创 XSPEED 以及各类客户端等信息化创新系统的建设，为客户提供了完善的原油与期权仿真交易服务的同时，助力行业金融创新的发展。公司还完成了资产管理系统的建设，为资产管理业务的拓展完成阶段性的技术准备工作。二是自主开发完成个性化交易风控系统与投资风险监测管理系统，实现期货交易、净值与回撤以及自动平仓等交易风制功能，为客户提供差异化的服务；自主开发的盘中风险测算管理则通过技术手段实现对公司客户交易账户的实时监控和风险测算，使公司可准确、全面地掌握客户风险状况，提高风控效率。三是随着程序化交易的迅猛发展，公司进行了快速交易系统的建设，该系统采用高速低延时的高端网络和服务器产品，为高端程序化客户提供行业领先的期货交易服务。

【中期期货有限公司】 公司于2013年初正式启用大连河口多活交易中心，主中心与多活中心采取1∶1部署，并同期提供给北方地区部分用户使用。大连多活中心可快速接管主中心全部业务，应急演练测试切换时间为5分钟之内。对核心网进行调整和优化，包括：客户接入网、软件商接入网、互联网接入网、专线接入网、营业部接入网、核心汇聚网、交易所报盘网、系统管理网、总部柜员网、CTP二席网络以及总部办公网络。配合建设上期所国际平台原油系统，组织专门人员，积极协调信息系统供应商，完成独立的国际平台原油系统的建设，积极配合交易所测试完成国际平台原油期货业务的各项测试，同时，完成该系统与银行之间的结售汇业务测试。进行连续交易系统升级，确保了公司系统安全稳定运行。在期权业务的推动下，公司积极与中金所联系，顺利搭建期权业务平台，并完成中金所期权项目合作研究。同时，在客服中心、结算部、研究所等部门配合下公司获得大商所期权仿真交易首批测试会员奖。

【中财期货有限公司】 公司长期致力于为客户提供安全稳定的交易通道，保障客户的交易安全，2013年，公司在交易系统方面最重要的工作是支持了上海期货交易所的连续交易，并为支持客户在连续交易期间进行银期转账功能，将银期转账迁移至银期平台。为各交易所的期权上线准备，公司于2013年年底与金仕达签订购买主备双活的V8t版本，计划于2014年进行升级。为了更好地支持上海期货交易所的连续交易，为投资者提供好的行情发布终端，将公司原有的博弈大师3.0行情升级至5.0版本，使得上期所的连续交易数据与日盘的数据相连续。同时购买博弈大师的代运维服务，将专业的工作交给专业的公司去完成。根据公司客户结构及客户使用情况，公司与上海富远信息技术有限公司不再签署新合同周期，取消了公司富远行情发布系统。

【上海浙石期货经纪有限公司】 公司积极做好“安全生产”，保障交易系统正常、夜盘交易顺利开展。从2013年5月份开始，浙石期货技术部正式进入夜盘技术准备工作，规范了夜盘的技术岗位职责工作，制定了三套交易系统及两套行情系统的升级方案，测试审核了各个系统的升级包，确保了7月正常开展夜盘交易。提升核心交易系统建设，确保信息安全，积极支持业务发展：引入华为虚拟平台项目等IT新技术，增效降成本。

浙石期货与软件商(恒生)联系，购买了支持连续交易和国债的恒生(夜盘)交易系统，购买了易盛交易系统8.0版本，能服务好客户，积极参与夜盘交易，为上期所连续交易提供保障。改造交易通讯链路及设备，提高交易系统安全保障。积极开展创新业务，体现IT的核心价值：开展中金所股指期权交易系统业务，于9月初完成中金期权系统的建设，建设过程中积极组织各项测试，经过一个月的紧张工作，顺利完成任务并完成交易所期权组结题验收工作，获得了中金所股指期权项目课题“优秀奖”。开展大连商品交易所豆粕期权交易业务，2013年10月底完成“恒生06系统”，同时完成大连豆粕期权系统的搭建和测试工作。

浙石期货使用大连交易所飞创技术公司设计的“x-speed期权交易系统”，于11月10日向交易所提交了相应期权材料，获得了交易所的好评，顺利通过评审，获得交易所奖励。积极与软件商一起探讨原油期货交易系统的建设。随着自贸区的建立，和上期所在自贸区推出原油期货的安排，本着创新业务需要IT先行的出发点，浙石期货与恒生等软件商积极研讨原油期货系统应具有的功能、基础配置等。目前已有成果，并与恒生签订了原油期货交易系统的协议。

【上海通联期货有限公司】 2013年，公司积极推进信息系统应用和建设。一是CTP(上期技术综合交易平台)交易系统正式上线，为提高行情获取速度，上海通联期货在张江机房部署了UDP行情系统，为高频交易和套利客户捕捉交易机会提供了利器，并对系统的参数进行调整及优化，使系统交易速度有较大提升；二是文华一键通、彭博闪电手、快期、交易开拓者、达钱等特色交易软件陆续上线，为公司提供方便、快捷的程序化交易平台，为期货投资者提供多样化交易手段。三是网站建设工作，为完善网站布局，开展网站改版重建工作，新网站已于9月9日正式运行上线。四是万向大厦新机房建设，完成机房承重加固、结构化布线、防雷接地系统、门禁系统、强电电源、环境监控系统、视频监控系统、机房装修、精密空调、配电设备等项目。在确保系统安全的前提下，本次机房建设标准按照期货公司信息技术指引三类建设，为以后核心系统的接入做好准备。五是工行、建行银期转账系统正式上线。

【良茂期货经纪有限公司】 2013年，公司为完善交易系统建设，增强信息系统功能，更好地支持业务创新发展，合理控制创新业务带来的风险，公司上线了上期技术综合交易平台CTP系统作为公司的核心交易系统次席运行，引入了基于开放接口的成熟后台交易系统。规划信息化办公平台建设，促进办公效率提升，增强公司内部人员沟通和协调机制，为业务发展保驾护航。根据公司管理制度及流程要求，规划支持公文流转、信息发布、事务申请及处理、合同管理、资金管理、人员管理、移动办公等功能的高效信息化平台，支持简介、环保、高效、合规的信息化网络办公流程，为公司做大做强打下坚实基础。重点关注系统的功能性、安全性、可扩展性、高可用性。优化交易网络建设。完善交易网络建设，实现交易网络的高速互联互通，实现了与灾备机房交易网络的联通，建设高可靠性、高安全性、高带宽、低延迟、无阻塞的交易通信网络。随着张江上期技术数据中心的启用，公司建立了具备冗余性能的数据同步备份转用数据网络，提供主机房至同城灾备机房的数据冗余性，为建设同城灾备系统做好准备。完善信息数据中心建设，信息数据中心作为公司敏感业务数据的集中保存设施，需要较高保障等级的物理环境和信息技术安全防护措施。公司于2013年中上线了核心业务系统虚拟化硬件平台，该平台促进了公司现有服务器的资源动态使用率调配、新系统的部署效率及系统安全性等各方面要求的进步，建设目标为完成现有信息系统核心、周边系统及各业务子系统冗余性的部署，最终完成公司信息化系统虚拟化率70%以上的目标。

【上海东证期货有限公司】 2013年，公司新建了中金所数讯机房，为本地备份构建IT基础设施，进一步完善本地灾备，进而构建两地三中心的交易框架。完成了核心交易系统从金士达期货交易系统到上期技术综合交易平台(CTP)的升级工作，系统交易性能提升了10倍以上，并提升了系统可靠性。参加了期权交易系统的后台测试工作，并组织了仿真测试大赛，引入了超8期权软件，合作开发了东证权王，为后续中金所、大商所等期权业务开展做好技术储备。通过了后续新增的保证金存管行(兴业、浦发等)进行了技术测试工作。针对期货交易系统、交易所报盘、网络设备、银期转账、行情咨询系统等进行的分项目演练、分类型演练或全项目演练共计30余次，提升应对核心信息系统故障的处置能力。由第三方权威安全机构完成的信息系统安全扫描检测服务和信息系统远程渗透性测试服务等安全检测服务，对安全扫描和检测中发现的问题做了加固处置。

【上海东亚期货有限公司】 2013年，公司信息系统的投入总计627万元，建设了3套交易系统，恒生VIP交易系统、易盛交易系统和CTP交易系统，其中硬件费用88.93万元，交易系统软件费用105万元。新建设的交易系统，除了运用已有的链路，还须增加一些新的链路，包括增加互联网和交易所直连链路，以保证客户的交易平稳、正常、有序运行。2013年，公司在通讯链路方面投入了20万元。公司在2013年投入了25万元购买Office 2013和Win server 2012，45万元购买了Oracle 11g数据库软件。

【上海东方期货有限责任公司】 2013年，公司自运维交易系统的元年。公司新增异地备份服务器，已基本满足了数据备份能力的4级要求。2012年年底，公司部署了恒生期货交易2006版期货交易管理系统，主机托管在万国数据GDS外高桥机房，在数据备份存储方面，采用HP的双引擎存储设备和Oracle 10G+RAC的产品和解决方案，在故障应对能力方面，已经做到符合同城数据备份能力的4级要求。经过2013年一年的运行，系统运维平稳，各项功能可满足公司需要和技术管理指引等相关要求。2013年与恒生电子租赁机柜托管协议，将备份服务器托管在杭州萧山兴议IDC中心机房。经过加密及备份软件的协同实现数据异地存放，全面实现数据异地备份能力的4级要求。2013年7月，上海交易所开始进行夜盘连续交易，公司跟进夜盘连续交易运维服务及相关升级。在网络安全防毒方面，为核心系统和内部交易网络相关计算机和服务器安装部署了趋势科技防毒墙网络版，提高了核心网络的安全保障能力。在办公及网络服务方面，公司新建了企业邮箱，增强了网络沟通能力。

【上海大陆期货有限公司】 公司连续交易自2013年7月5日起开始上线运行。在交易结算系统满足交易时间段交易、风控、入金外，对结算和数据备份的处理速度上做出调整改进，为连续交易正常开盘提供保证。参与大商所仿真期权测试以及各交易所的系统测试、新品种上线测试。在大连商品交易所期权测试评比中，大陆期货取得了优秀的成绩，并获得了大连商品交易所的奖励。大陆期货组织技术部、结算部和各业务部门，顺利完成了交易所的各项测试工作。

【华鑫期货有限公司】 公司在2012年成功通过中期协组织的信息技术专项检查，达到中期协《信息技术管理指引检查》三类标准。2013年，在此基础上继续自查自纠，不断完善，努力打造一个安全、高效的信息技术平台为公司快速发展提供保障和动力。公司在原有基础上继续加大技术投入，使用上期技术张江托管机房，建设了上期技术综合交易平台，2013年，公司还增加了多套次席交易系统。2013年，公司租用了数讯托管机房的3个机柜，开始部署搭建飞马平台，预计2014年上半年可投入应用。同时，本地系统实时热备、灾备系统的建立，形成了多层次、有效的系统安全保障体系。公司积极完善应急预案，加强应急演练，增加应急情况下的应对经验，进一步增强了信息安全保障能力。

【华闻期货经纪有限公司】 2013年，公司采取有序有力措施，确保连续交易正常、稳步进行。2013年年中，华闻期货上线了一款新的交易系统，综合交易平台(简称CTP)，整个过程按照原定计划如期推进，最后圆满完成。华闻期货在建立主备机房的同时，公司分别在上海、北京、郑州等地的专业IDC内建立了多个外围网关站点。2013年，公司通过设备更新，提高了系统性能与冗余，降低了业务运行风险。此外，公司先后开通的农业银行、建设银行、交通银行、工商银行等银期转账业务，满足了公司正常办公及业务运行要求。2013年，华闻期货根据《信息系统备份能力要求》中关于信息技术二类公司对应第四级标准的要求，专门在公司总部与郑州营业部之间建设了数据专线，作为每天重要数据的异地存储的专用线路。在郑州营业部配备了专门技术人员负责异地数据及服务器维护，从而保证线路的可靠与数据的安全。2013年下半年，公司逐步购买了核心系统所需要使用的操作系统、Oracle数据库及相关应用软件，全面实现了公司核心业务及核心系统的正版化。建立了公司内部的信息系统安全审计平台。

【恒泰期货有限公司】 2013年，公司投资300多万元在内蒙古呼和浩特恒泰证券机房建设了双活备交易中心系统，6月17日，公司内蒙双活备中心系统正式上线运行。公司积极推进连续交易系统建设工作，与文华财经资讯有限公司、郑州易盛信息技术有限公司、信易物联网络科技集团以及五家商业银行沟通确认连续交易支持事宜，为连续交易上线做好技术保障工作。公司在上期技术公司停止提供仿真环境、模拟环境后，重新建设了由公司自建自运维的CTP仿真交易平台、模拟交易平台，为客户提供了连续、便捷、稳定、快速的测试环境。2013年，公司重新采购了MCAFEE防病毒软件系统对系统安全进行全面防护，优化原有防病毒体系结构，对内部所有办公设备进行全面管控。公司规划建设了上网行为管理平台，通过主动管理功能，实现公司员工、客户上网行为的有效管理、监控。公司总部信息系统进行了重新建设，办公机房及公司网络部署进行了全面优化；总部系统搬迁工作平稳、有序、安全、顺利完成。随着交易所期权产品的推进，全面推进期权系统建设工作。2013年，公司为提升信息技术服务水平及服务能力，建设了掌上财富手机行情，并引进众期资产管理平台，以满足不同投资者、不同使用偏好客户的个性化需求。

【海证期货有限公司】 2013年，公司的信息化系统工作主要是紧紧围绕提高信息化系统运维保障能力、信息系统的建设、信息技术管理制度的完善、开展程序化和套利研发等全面展开的。公司为保障信息系统安全运行和各项业务的顺利开展，投入了大量的人力、财力完善公司整个信息系统的结构和安全。2013年，大商所推出全新的期权业务测试，公司完成了飞创大连期权系统的部署，按交易所要求进行了前期的交易、结算等方面的测试，同时，完成了大连期权全市场测试工作。针对中金所推出的国债期货交易，公司积极准备部署，对交易、结算等环节进行测试，完成了恒生、易盛、CTP各系统的升级，确保了国债期货交易的成功上线。11月，中金所推出包含期权的大仿真环境，公司完成了期权测试系统的整合和升级工作，将原恒生仿真系统的数据(客户信息、资金、持仓等)迁移到期权环境，顺利地按时完成了仿真系统的切换。随着CTP业务的开展，按照业务发展的要求，对客户托管在公司的电脑及服务器进行了部署和配置，并针对机构和大客户，新增部署了众期分账户系统，拓展了公司软件应用使用范围。围绕上期所推出的黄金、白银及有色金属的夜盘交易，公司分阶段地配合交易所进行了一系列的系统测试，完成了恒生、易盛、CTP各交易系统的升级，保障了新业务的顺利开展。2013年度公司开展了套利和程序化交易研发工作，对有需求的客户，通过客户的期货历史交易数据帮助客户分析客户交易行为，借助数理统计理论、方法和数据挖掘理论对客户的交易数据进行运算并给出相应的运算结果、交易行为分析和建议。

【海通期货有限公司】 2013年，公司持续加大IT投入，全年IT费用投入近3 000万元，建成多套行业领先的快速交易系统，为客户提供更为快捷的交易通道。同时，全力打造由CTP交易系统、大连飞创X-Speed系统、郑州易盛交易系统、中金所飞马交易系统、恒生机构版VIP交易系统所组成的异构交易集群，满足客户全方位、个性化需求。通过建设快速、稳定兼具个性化的系统，为公司实现在中金所、上期所综合排名第一保驾护航。2013年，公司信息技术大力加强内部能力建设，强化人员配置力量，开展多期测试与演练，确保配合上期所连续交易成功上线；完成四大交易所包含国债期货在内的九大品种的上市技术准备工作。公司信息技术通过强化内部管理，建立风险台账，对系统运维过程中存在的各个风险点进行全面排查，对相关应急预案进行全面修订，在公司客户权益突破80亿元、盘中突破100亿元的情况下，确保了全年交易系统无故障运行；部署了多套期权测试系统、做市商系统以及原油期货仿真系统，为未来创新业务的开展提供技术支持。2013年，公司大力加强代理结算系统的建设，获批成为中国金融期货交易所全面结算会员；为防范各类交易风险，参与了中国证监会组织的2013年度全行业应急演练，同时，多次参加各交易所组织的各项应急演练，确保系统的安全平稳运行。

【国投中谷期货有限公司】 2013年，公司的信息化建设以"严格制度、稳定安全、系统创新"为指导开展了一系列工作。完成在全虚拟化环境下的"金仕达"二席系统建设，新虚拟化系统在解决了原有系统的物理单点故障风险的同时，也有效提高了系统结算运行效率，各项结算操作时间平均缩短50%。公司经过细致充分的准备，在上期所的金银品种夜盘交易中，顺利实现连续交易。2013年下半年，完成四套期权测试系统的建设，并积极参与各家交易所有测试。长期运维二套支持期权交易的测试系统。公司完成了一系列的管理制度和规范的更新，其中涉及信息化建设的有《国投中谷期货有限公司数据备份及介质管理办法》。

【光大期货有限公司】 在交易系统方面，公司根据期货行业技术等级和业务支持的要求，信息技术部在上海期货交易所张江机房内规划部署了代表国内先进技术水平的综合交易平台CTP交易系统。停用原金仕达V6主席、V8T主席及其灾备系统，完成所有投资者的迁移工作。按期实现郑州灾备交易系统的成功上线运行，形成两地双活交易系统。在业务数据支持方面，建立了综合管理平台，特别重要的是该综合管理平台将与经纪业务统计分析和财务核算对接，全面实现具有公司个性化需求的考核体系的完全自动化，提升中后台工作效率；在部门人员管理方面，建立了新的部门构架，优化职能分工；而在业务支持方面，建立技术服务队伍对业务的支持提供更规范、更好的支持。

【东兴期货有限责任公司】 公司现有的信息系统在行业内是一个基础配置，可满足公司业务开展的基本要求，相比行业内与公司同等背景的期货公司，公司的信息系统的建设有待发展。公司在前几年信息系统的运行及建设的基本宗旨是在满足业务要求的前提下，以节约费用为主。制定了三年信息系统发展规划：2013年后的信息系统建设将根据公司的业务发展情况为基础，加大信息系统的投入，以业务发展为前提加大信息的平台建设，如建设以内存数据库为基础的交易系统，三席、四席系统的建设，多交易中心的建设等。信息技术指引等级升类，计划三年内升至三类；通讯链路方面计划2014年完成灾备机房与主机房直连专线，亦可作为灾备机房和瑞丰大厦通讯的备份线路；交易系统建设规划按需升级主次席交易系统；周边业务系统建设规划CRM系统、Call Center系统等。

【东吴期货有限公司】 公司于2013年5月初顺利完成了核心机房的搬迁工作，按照机房甲级标准进行建设和施工。完成信息技术管理指引二类到三类的升级工作。2013年8月公司通过了专家组关于《期货公司信息技术管理指引》三类的现场检查，并在2013年四季度通过了协会专家组的评审，顺利完成了信息技术自二类到三类的升级工作。完成信息系统连续交易的升级改造工作。为了配合上期所推出部分品种的连续交易，公司对多个行情和交易系统进行了测试、升级和改造，也进行了一系列制度和流程的制定和修订工作，为上期所连续交易的平稳推出做了大量的准备，保证了公司在上期所连续交易推出后信息系统的平稳、稳定运行。完成灾备系统的搬迁。为完善公司信息系统灾备架构，合理整合公司信息技术的运维、保障能力，公司在2013年10月将原放置在苏州的灾备系统搬迁至上海张江机房，灾备系统满足了异地灾备的要求，改善了灾备系统的运行环境，提高了灾备系统的管理能力，在一定程度上降低了系统的运行风险。开展期权项目研究和期权仿真系统建设工作。公司还在2013年参与了中金所和大商所的期权研究项目。搭建仿真期权系统，参与了两交易所组织的期权测试，通过中金所及大商所的期权研究项目检查验收，其中中金所期权研究成果获中金所奖励。

【东航期货有限责任公司】 2013年，公司努力推进信息技术建设。一是启动连续交易。连续交易的启动对信息工作提出了更高的要求。这需要更规范的流程、更严格的合规管理、更熟练的变更操作、更真实的模拟环境和更强大的应对故障能力。流程和合规确保信息安全；熟练的变更操作确保在短时间内能够完成变更；模拟环境确保人力资源建设；故障应对能力确保发生故障后的恢复时间。一一攻克难关后，东航期货做到了连续交易的平稳过渡。二是自主开发“全球鹰”交易软件正式上线。在经过漫长的调研、开发、测试后，2013年东航期货自主研发的“全球鹰”交易软件正式下水。“全球鹰”实现了业内所有主流软件的特点，并在此基础上开发出了独具特点的功能。同时，东航期货还具有为客户个性定制“全球鹰”的能力，满足各类需要。全球鹰交易软件的正式上线无疑标志着东航期货软件个性化服务能力落到了实处。三是公司网站及“蓝海密剑”大赛论坛改版。随着新一届“蓝海密剑”大赛的举办，公司网站和大赛论坛也有了新面貌。新的公司主页更友好，信息更直观，采用了当今“扁平化”的设计潮流。

【天鸿期货经纪有限公司】 2013年，公司在IT方面投入802万元，比2012年同比增长了33.5%，IT部门新增加5名专业技术人员，并逐步完善主数据中心和多活中心的信息化建设。同年5月，郑州灾备机房建设工作完成，租赁机柜3个，新上服务器13台、网络设备16台、防火墙设备2台。7月，郑州灾备-CTP多活中心投入使用；易盛系统及支持机构投资者资金账号拆分功能的机构通系统于4月建设完成，并于4月底正式上线；4月，完成银期系统交通银行和工商银行的接入方式由共享网络改为直连方式接入；6月，对CTP和易盛系统进行维护升级，作为上海期货交易所的会员单位，随着其于7月正式推出黄金、白银期货品种的夜盘交易，对公司的交易系统进行夜盘交易环境的升级维护，保障投资者因业务需要对公司信息系统方面的需求；CTP银期系统通过直连方式新接入到2家银行的专线，且分别于4月、12月开通到建设银行和农业银行的银期转账功能；8月，完成中金仿真系统的托管运维到自运维顺利切换；12月，配合上期技术，完成对机柜线路的改造工作；7月，系统支持大商所套利保证金优惠业务。此外，根据公司发展营业部的业务需求，12月，完成对新设的福建莆田营业部机房项目及办公区IT施工。为配合交易所的各种测试搭建了1套CTP测试系统，全年参与张江机房升级维护9次，参与交易所系统升级测试20余次，夜盘上线模拟测试3次，自行组织及配合交易所进行了6次应急演练。因业务需求，中金期权仿真系统的建设工作已经展开，后续将逐步完善各系统的升级、测试、运行和维护。

【国信期货有限责任公司】 2013年，公司信息化建设在过去多年投入后进入一个新的阶段，在实现同城灾备基础上，开始建设上海交易中心，逐步推进异地灾备和异地双中心建设，建设基础目标为实现“两地三中心”模式。在完成新一代交易系统规划后，2013年，正式进行系统建设，新交易系统建设能承载公司未来五年交易和业务发展需求，可支持百万客户、千万交易量的业务发展需求。随着行业各项创新业务如资管业务、风险管理子公司、投资咨询服务的推出，配套信息系统需求日趋广泛，公司在年度内完成了投资管理系统和众期资产管理系统建设，以满足公司和客户交易管理需要。在交易所连续交易推出后，公司在系统保障方面做了各种强化管理，包括人员配置、管理流程、系统维护等各个方面都进行了优化。公司信息系统建设正向公司信息技术战略目标迈进，建设行业一流信息技术系统，满足业务发展和行业创新技术需求，打造行业领先的核心交易系统与业务应用系统。2013年，公司完成了国信期货新一代交易系统、桌面准入及内外网隔离、虚拟技术应用、呼叫中心系统、投资管理系统、众期期货资产管理平台六个信息化建设项目。

【中融汇信期货有限公司】 2013年，结合监管部门的要求及公司自身信息化建设情况下，业务软件实现了全面正版化，增加了重要数据的异地备份，采购了新的业务硬件设备，降低业务运行风险，增加了信息技术操作审计系统，做到事件有理有据，可随时审查核对，加强了公司办公网络使用的管理。2013年，监管部门下发了关于信息系统安全审计方面的文件，技术部对4家审计系统提供商进行测试评估，总结其优缺点，结合公司信息系统情况，选定帕拉迪公司产品作为公司安全审计工具。2013年，公司在有防毒杀毒软件的基础上，从防火墙入手，加强了公司办公电脑、手机、iPad、笔记本及其他移动设备通过公司网络进行各种操作的管理，做到登记机器MAC进行上网，安全认证。

（韦 炜）

第四章 电子商务应用推广与产业集聚

概 述

2013年,上海电子口岸建设持续推进。截至2013年年底,上海口岸信息化应用已达86个,完成报文交换量1.9亿个,完成电子支付交易1.1万亿元。同时,推进上海国际航运中心综合信息平台建设、自贸区投资管理和监管信息共享服务平台等项目的建设。

法人信息共享与应用系统项目自2009年10月启动项目建设,2011年3月21日通过专家技术验收,系统建成正式投入使用。接入系统的单位用户已达18家,注册个人用户达到1 056户。系统可对各行业的法人信息数据进行统计分析,为市领导提供辅助决策依据。

电子商务"双推"工程自2010年试点实施以来,已累计遴选"双推"平台企业35家,"双推"工程实施三年来全市已有超过1.1万家中小企业获得"双推"补贴从中受益,"双推"平台企业服务全国中小企业客户累计超过10万家。

一、重点项目

电子口岸建设情况

【概况】 2013年,上海外贸口岸继续受到全球航运业疲软的影响而复苏缓慢,经济增速持续低迷。在外部环境日益严峻的情况下,根据电子口岸"十二五"规划以及相关的上海国际航运中心"十二五"规划,上海电子口岸迎难而上,紧紧抓住上海国际航运中心、自贸区信息化等建设机遇,运用电子商务、云计算及移动等新技术努力提高信息化基础建设能力和水平,全年取得了良好的工作成绩。截至2013年年底,上海口岸信息化应用已达86个,完成报文交换量1.9亿个,完成电子支付交易1.1万亿元。

【监管业务】 随着海关推进172舱单的步伐,上海电子口岸办研发的分拨舱单及放行系统顺利推进使用,已经实现8家船公司通过平台进行进口舱单转发处理。海事传统危险品申报以及船舶动态申报系统客户新增20家,累计用户数达350家。上海电子口岸办与上海检验检疫局密切合作,开发了外高桥保税办特殊区域系统、检验检疫自贸区系统、邮政快件、移动执法、跨区域通关协同、船舶监控等十多个系统或课题。

【上海国际航运中心综合信息平台】 上海国际航运中心综合信息共享平台项目方面。项目建设书于2013年2月获得市发改委的批复;5月,项目可行性研究报告通过了发改委的评估;11月,项目可行性研究报告获得市发改委的正式批复。该项目包括数据中心、公共数据交换、门户网站、一单两报、跨区域通关、船舶动态等6个子项目,共计批复财力资金8 577万元。12月,上海电子口岸办正式启动了航运平台建设实施工作,已经相继启动了工作组组建、招投标准备、机房场地落实、项目实施计划等工作。

上海国际航运中心门户网站建设方面。在市建交委牵头下,门户网站已完成了需求调研、内容协调、功能规划设计、原型设计、一阶段功能开发与测试、系统部署、域名申请与备案、网站内容管理办法及运营方案制定、运营团队组建等工作。门户网站已经完成开发上线工作,日常运营团队已经建立,运营常规工作已经开展,正在准备门户网站正式发布的相关工作。

【自贸区相关信息化建设】 上海电子口岸办积极参与了政府专题研究和配套信息化建设项目。通过参与规划,梳理了自贸区口岸信息化建设方面的工作。上海口岸关检合作"三个一"试点系统是为贯彻落实国务院常务会议精神,促进进出口稳增长、调结构,进一步提升贸易便利化水平,上海口岸积极落实"一次申报、一次查验、一次放行"改革,加强关检协作配合,简化通关程序,服务于自贸区，落实"一线放开"的具体措施。2013年，上海电子口岸办配合口岸办、海关、检验检疫等单位完成了"三个一"系统开发与上线，系统在2013年10月1日上线，已在外高桥港区、洋山港区、外高桥保税区试点。

【上海跨境贸易电子商务试点工作】 2013年8月12日，海关总署与广州署长莅临上海电子口岸调研跨境贸易电子商务试点情况，肯定了上海电子口岸办和试点企业东方支付在上海试点的推进工作，提出解放思想，大力利用上海较好的商业和口岸通关环境，加快试点的推进步伐。2013年8月13日，上海市跨境贸易电子商务服务试点得到海关总署的正式批复，试点内容包括一般进口、保税进口和一般出口。

（王云美）

【航运中心综合信息平台】 经多次论证，上海航运中心综合信息平台建设方案基本完成，2013年11月，项目可行性研究报告获得市发改委的正式批复。该项目主要建设内容包括1＋1＋1＋3，即口岸云数据中心、公共数据交换系统、门户网站以及"一单两报"、跨区域通关协同、船舶动态等三个业务应用系统。市建交委、市口岸办等牵头单位已会同信投公司启动了项目建设实施，筹划开始了工作组组建、招投标准备、机房场地落实、项目实施计划等工作。

【自贸区投资管理和监管信息共享服务平台】 根据《中国(上海)自由贸易试验区管理办法》要求，会同自贸区管委会与相关部门进行了多轮沟通，确定基于市法人库、行政审批平台等市级基础信息平台，实现跨部门的信息共享，推进自贸区投资管理和监管信息共享服务平台的建设。为满足平台按时运作的要求，服务平台先行基于市网上行政审批平台搭建了自贸区投资管理子平台，完成了投资管理和企业设立流程的基本功能开发，以及外资企业设立备案和外资项目备案的相关流程开发，可以实现一表式网上受理，同时，完成了办事大厅的系统改造。平台已于10月8日开始上线运行，截至2013年年底，通过以上的相关流程完成备案的外资企业达3 405家，完成设立的内资企业228家。

【推进一批航运信息化公共服务应用示范项目建设】 通过政府引导促进、规范标准配套、专项资金支持等，鼓励企业基于航运中心综合信息平台开发、应用各类口岸信息增值服务。2013年通过信息化发展专项资金支持了2个航运信息化应用项目，其中，基于航运电子支付系统的融资信息化平台，基于上海东方电子支付有限公司在透支及特殊区域领域具备的真实数据资源，结合银行的资金优势，为企业提供了一种新型的零抵押、低门槛、申请灵活的借贷渠道，大幅提高了现有中小型航运企业的资金周转效率；进口商品贸易便利化公共服务平台建设一个面向进口商品的跨境电子商务平台，节省税费、物流、报关等一系列海外购物手续，可以使国内消费者像购买国内商品一样方便地购买海外商品。

（刘迎风）

法人信息共享与应用系统项目

【概况】 "法人单位基础信息库"是国民经济信息化中的一个基础性信息库，并在"十五"期间被确定为国家电子政务建设一期工程任务中重点建设的四个国家基础数据库之一。2009年9月经市发改委批复，财力投资537万元，建设上海市法人信息共享与应用系统。项目建设由市经信委牵头，上海市信息投资股份有限公司为法人单位，市工商局、市地税局、市质监局、市编办、市社团局、市环保局、市安监局和市食药监局八家单位参建，中心机房设在市工商局。

本项目是在原"上海市企业基础信息共享与应用系统"的基础上进行建设，在原有的企业法人领域基础上扩大到事业单位、社会团体等法人领域，结合本市政府部门对法人数据的业务需求以及跨部门的信息共享要求，建成覆盖全市法人领域的共享信息库，为法人数据应用的准确性和唯一性提供统一的平台，进一步推进市政府各部门对法人领域信息资源的共享与应用。进而形成工作合力，全面提高政府各部门之间数据资源利用率、提升各行政部门的业务管理水平。

2009年10月启动项目建设，2011年3月21日通过专家技术验收，系统建成正式投入使用。经过一年的运行与推进，接入系统的单位用户已由原来8家参建单位扩大至18家，注册个人用户达到1 056户，在法人单位的注册、证照与资质的申办等过程中实现了跨部门的信息共享，注册用户可随时方便地查询相关法人的各类基础信息，提升了行政部门对相关法人在经营活动中的资质资格审查与监管，同时，系统可对各行业的法人信息数据进行统计分析，为市领导提供辅助决策依据。

（王云美）

【发展情况】 2013年，法人信息共享与应用系统一期(以下简称"法人库")入库数据进一步稳定增长，法人类别进一步增加，接入单位范围不断扩大，数据质量不断提高，应用成效进一步显现。截至年底，入库法人信息已达160万户，在原有的企业、事业、社团、其他四类法人的基础上，进一步增长了机关法人类别。接入单位扩大到29家，在原有Web接入方式和前置机接入方式的基础上，进一步增加了Web Service接口调用方式。配合上海市公共信用信息服务平台建设，完成了相关接口开发工作，实现了公共信用相关信息的实时调用和查询。

在法人库一期的基础上，2013年，进一步启动市法人信息共享与应用系统(二期)项目建设，实现登记类、资质类法人信息全覆盖，以及重点领域监管类信息基本覆盖，促进形成法人领域协同审批、综合监管的联动机制。根据《市级执法单位行政执法依据》，二期项目涉及全市面向法人具有行政执法职能的37家市级部门，涉及行政审批和行政处罚事项数量为1 181项。截至年底，二期已完成系统功能开发工作，37家接入单位已经全部提供了历史数据，绝大部分单位已经完成了前置机部署和开发工作，可以通过前置机服务器实现法人数据的及时上传，计划于2014年一季度实现项目试运行。

(刘迎风)

电子商务双推工程

5月16日，由上海生产性服务业促进会、上海市电子商务行业协会主办的“2013年上海电子商务‘双推’工程启动发布会暨电子商务与产业融合创新发展论坛”举行。

“推动电子商务企业创新发展，推动中小企业应用电子商务工程”即“双推”工程，市经信委经过三年“双推”工程的实践探索，已总结形成了一套全新的扶持电子商务新经济、新模式、新业态与中小企业融合互动发展的工作办法，积极鼓励区县进行资金配套，共同扶持电子商务与中小企业的融合创新发展。前期通过市经信委专项资金申报网组织申报，经过专家评审和网上公示，在50多项申报平台中遴选出12家平台企业作为本年度电子商务“双推”工程服务平台，涉及供应链管理与交易服务、循环利用、网络营销、现代农业、文化创意、汽车服务市场、专业资讯、第四方物流、云计算信息技术服务、电子支付等多个服务领域。“双推”工程采用“政府贴一点、平台企业让一点、中小企业出一点”的方式，有效降低了中小企业的电子商务应用门槛，同时助推电子商务平台企业拓展服务市场，在坚持公开遴选、尊重市场选择的前提下，放大资金支持效应，推动平台企业与中小企业实现“共赢”发展。

“双推”工程自2010年试点实施以来，已累计遴选“双推”平台企业35家，每年都有不少创新型电子商务服务平台企业参与“双推”平台申报，“双推”工程实施三年来全市已有超过1.1万家中小企业获得“双推”补贴，从中受益，“双推”平台企业服务全国中小企业客户累计超过10万家。本市电子商务领域的模式、技术创新活跃，电子商务应用的内涵与外延在市场需求的推动下也在不断深化和扩展，为了多层次满足中小企业的电子商务实际应用需求，“双推”平台遴选中除了关注综合网络营销、网络交易服务等传统电子商务服务平台外，更加聚焦新业态、新热点、新模式，兼顾专业行业领域的电子商务平台以及为中小企业运营提供多方面支撑服务的平台，以顺应电子商务服务内涵与外延的拓展，力求引导中小企业在做强自身核心业务的同时，充分利用社会专业化资源，借助电商服务支撑，助力企业实现高效运营和加快发展。

2013年12家“双推”平台企业分别是：快钱支付清算信息有限公司、上海爱姆意供应链管理有限公司、上海加贸边角料交易服务中心有限公司、上海慧聪电子商务有限公司、上海上外网络教育发展有限公司、上海火速网络科技有限公司、国兴农现代农业发展股份有限公司、上海新跃物流企业管理有限公司、上海钢联电子商务股份有限公司、上海车易信息科技有限公司、上海和辰信息技术有限公司、上海新天龙网络科技有限公司。有意向的本市中小企业还可登录上海中小企业网(www.1128.org)和政务微博“经济和信息化在线—上海”了解相关具体内容，根据自身实际需求接洽有关平台企业，签署为期一年的电子商务服务协议，开展电子商务应用。

(杨勤伟)

二、应用推广

【对外劳务合作服务平台】 为打造上海劳务服务平台特色，充分反映对外劳务合作行业整体健康向好发展的定位，2013年10月，上海对外劳务合作服务平台上线。平台通过劳务指导、劳务人员培训等提高外派劳务人员素质，推动大学生境外就业；通过平台整合劳动力资源、项目资源、企业资源、政策资源等，充分发挥信息化系统的集聚功能，发挥资源储备优势；同时，国内劳务输出与国外人才引进的双向发展，促进国际人才交流与合作。下一步，平台将在现有基础上，完善服务功能，实现以下进展：一是劳务人员居民身份证（居住证）的识别系统开发，二是劳务人员出入境记录查询，三是与兄弟省市服务平台联网的功能。

【市商务委网上行政审批和法人库应用平台】 从市商务委实际工作需要出发，建设网上行政审批和法人库应用平台，打造业务管理、协同办公、统计分析、企业服务等综合性应用管理平台。项目包括企业在线网上办事平台建设、法人库应用建设、展会业务管理平台建设以及外贸企业管理平台，从而实现市商务委为企业服务、业务行政管理和外贸展会业务的全面、及时、准确的业态形势掌握。本项目将业务流程、法人信息、业务备案、政务公开等业务和管理内容进行整合，结合外网门户和内网电子政务平台，实现业务协同，从而大大提高业务流程效率和工作管理效率；基于法人库扩展委内法人业务管理，实现委内法人信息的共同维护和同享更新。

（杨　珞）

第五章 旅游和会展信息化

概 述

2013年,围绕"建设世界著名旅游城市"中心任务,上海旅游局在提升旅游公共服务水平、运用信息化手段助力旅游市场管理等方面取得了新的成绩。深化与上海电信在旅游公共服务重点领域的合作,提升都市旅游卡功能优化消费支付环境。

一、旅游环境信息化建设

【在88个街道社区文化活动中心新建旅游信息服务点】 在完成2012市政府实事项目(100个社区文化活动中心设立旅游信息服务点)的基础上,2013年,安排部署了88个社区旅游信息服务点,超额10%完成了原定80个点的项目目标。在项目实施过程中,总结了经验与不足,对旅游e点通多媒体触摸屏的外观设计和部分功能进行了升级改造,使其更加美观时尚,更加符合不同层次用户的使用习惯。基本实现了本市街道社区文化活动中心的全覆盖,使社区居民通过点击触摸屏即能获得上海"吃、住、行、游、购、娱"等各类旅游信息。同时,定期投放各类宣传资料,为上海社区居民提供方便快捷的旅游信息服务。

该项目于一季度根据市财政局的要求,完成最低价中标的招标流程、触摸屏的外观优化设计和设备采购合同。二季度末进行第一批的设备安装调试,三季度完成了第二批和第三批的设备安装调试。在市政府对2013年实事项目推进情况的通报中,市旅游局承担的80个社区文化活动中心新建旅游信息服务点工作被列为完成好的9个项目之一。在完成实事项目的同时,按照年初工作计划,为全市45个咨询中心更换42寸e点通多媒体触摸屏的工作也已完成。

【旅游e点通多媒体触摸屏英文版改版工作】 对原有旅游e点通多媒体触摸屏英文版进行改版,从内容框架、功能形式、界面设计、语言规范等方面反复进行了研究论证,并几经修改,新的英文版囊括了诸如上海必看、必玩、必吃、必购等旅游要素,又提供了汇率换算、学说上海方言等实用工具,务求使其更加适合入境游客的实际需求且操作简便。

【智慧城市"i-Shanghai"无线覆盖工程】 为推进上海"智慧城市"建设,服务广大市民,改善城市整体信息环境,促进信息消费,依据市经信委部署,在全市A级景区、红色旅游景点和旅游咨询中心共66家单位的安装推进工作。截至2013年年末,已全面完成了66个景区点的无线上网覆盖工作,从而为广大市民游客提供了统一、便捷、优质、免费的无线接入服务。

【完善智能手机导游iTravels上海】 经过近两年的推广应用,智能手机导游iTravels上海在深入了解游客需求的同时,不断将移动互联网络的最新技术成果和潮流趋势引入系统,这款手机App应用已升级到V3.1版本,收录了上海著名景点86个、配音讲解点98条、图片1 466张、推荐行程35条、城市涉旅公共设施点523个、景点周边推荐商户708个,全面满足游客在景区点、目的地城市所需的导览、导游、导航、智能行程规划、社区分享互动等一体化需要,游客免费下载80万余次,成为游客在沪旅行的便捷服务工具,也是上海市旅游局重要的旅游公共服务平台。该App正积极拓展电子商务功能,以便实现酒店客房、景区门票的预订及与银联特惠玩平台共享会员优惠,使游客的旅游活动能够通过平台实现一站式服务和信息闭环。

【深化与上海电信在旅游公共服务重点领域的合作】 2013年8月,市旅游局与上海电信共同签署了"十二五"智慧旅游战略合作协议,按照协议,双方将在智慧旅游产业信息基础平台和网络建设、智慧旅游公共信息推广、智慧旅游公共服务应用、智慧旅游行业电子商务、旅游行业信息化建设等五个方面开展广泛而深入的合作。目前,该协议中所涉及的重点项目如IPTV“上海智慧旅游社区”频道已于9月正式上线试运行，从而为社区居民和广大游客提供及时、准确、形象、直观的旅游资讯，手机导游iTravels酒店版的推广应用工作也在双方工作组的努力下取得了突破。

【强化重点基础信息资源库功能】 根据智慧城市三年行动计划和市府有关专题会议要求，2011年，市经信委启动了上海市法人信息应用系统（简称“法人库”）建设工作，市旅游局于2013年9月被列入法人库二期第二批接入单位。9月，将全市旅行社法人资质类信息（历史数据）导入统一法人库平台，并完成了数据初审和比对工作，11月底，按照法人库技术标准，开发内部应用系统与法人库的数据接口，完成系统前置机与法人库总平台的对接、联调工作，上线现实数据的上传和下载功能。

【四星级酒店软件正版化工作】 根据2013年“上海市使用正版软件工作会议”关于推进旅游饭店业软件正版化工作部署，着力推进本市66家四星级饭店使用正版软件的工作，通过采取积极宣传，统一思想提高认识；联合发文，开展专项行动；建立联系人制度，落到工作责任；市局、区联手，共同推进等方法，有效落实了该项工作，截至2013年年底，本市四星级饭店软件正版化工作已基本完成。

二、旅游电子商务信息化

【上海旅游会展网】 2013年上海旅游会展网月均点击量450万次，进一步完善和优化了中、英、日、韩、法文版上海会展旅游网的内容和表现形式。研发上海旅游外文版App程序，用最时尚的方式宣传上海，完成全年多语种网站改版、运营维护工作，并将相关二维码发布在网站并印制在纸质宣传品上。

【探索电子合同应用促进电商健康发展】 以电子版的旅游合同为核心，以国家旅游局与国家工商总局联合发布的国内游、出境游、赴台游三个旅游合同示范文本和上海市旅游行业协会的旅游包车合同文本为模板，覆盖旅游合同的网上填写签署、修改审核、上传备案、统计分析、监督管理的全套流程，最终实现旅游合同综合管理备案、数据统计汇总分析、行业行政监管、游客查询监督、旅行社内部辅助管理、旅游综合信息服务等多种功能，为旅游合同的甲乙双方提供一个安全、可信、透明的第三方支撑平台。2013年在携程旅行网、春秋旅游网等大型旅游电子商务企业得到成功运用，促进旅游电子商务市场的进一步规范和健康发展。

【提升都市旅游卡功能优化消费支付环境】 截至2013年11月底，上海都市旅游卡发行约55万张，发行金额达3.1亿元。可受理特约商户总数达到552家，POS机总数达88 000台，其中非公交领域POS机7 381台。2013年，可充值的CPU芯片卡全面上市，持卡人可通过网上充、自助终端机以及部分实体服务网点进行充值。可受理销售、退卡、咨询等服务的网点已有23处，其中6处可受理充值业务。除了实体服务，2013年年底前还要开通“7-11连锁超市”的55个阿拉丁充值终端机，为游客提供自助服务。2013年启动的后台主账户系统的工程，可为每张CPU卡开立一个后台账户，并与持卡人进行实名制绑定。实现后台账户挂失、持卡人可通过网上充、自助机及手机终端等方式实现从后台账户向CPU卡的圈存。

【普及中小企业平台实现业务资源对接】 “金棕榈中小旅行社企业公共服务平台”新版年初上线，平台初步实现了行业资源整合，在线实现线路、保险、门票、机票等资源全面整合，起到行业“业务链”作用。目前，签约供应商37家，开设账户5 373个，上线线路近5 000条；新引进了今日天下通及驴妈妈等合作伙伴，实现业务上下游整体资源对接。同时，平台内置多家大型保险公司特别为平台量身订制的旅游意外险与航空意外险产品，为平台用户解决了代理旅游保险的兼业资质限制问题，用户通过平台在线投保与结算等服务，不仅可以获得更多经济收益，同时可以有效降低与避免企业的经营风险。已成功完成天安人寿保险公司、美亚保险公司上海分公司、中国人民保险公司、中国平安保险（集团）股份有限公司、大众保险股份有限公司五家保险公司的接口建设工作，其中平安保险80条产品，美亚保险67条产品，大众保险63条产品，天安人寿与人保各8条产品，航意险3条，客户可随时在线投保。2013年前三季度，经中小平台的保险流量总额已达到600万元。2013年，平台在拓展用户方面取得了显著的成果，新签约客户300余家，签约总用户数达536家，其中，约90%的签约用户通过平台内的不同功能开始有黏性的使用平台。目前，平台已成功开设山东站、广州站、河南站，覆盖旅行社2 000多家，并在向全国其他省份进行推进。

（刘 昊）

第五编

社会事业与公共服务领域信息化

综 述

2013 年，社会事业与公共服务领域信息化建设持续推进。实事项目方面，上海付费通信息服务有限公司完成了自 2011 年起制定的三年全国百城计划，账单业务覆盖全国 100 个主要城市的拓展。社保卡方面，2013 年，全市共制发(包括补换)各类社会保障卡、居住证件 236.04 万张，其中社会保障卡(蓝、红、金卡)57.83 万张、儿童卡 0.95 万张、敬老服务卡 16.51 万张、居住证 49.01 万张、临时居住证 111.74 万张。"962222"呼叫中心全年提供来电咨询 53.66 万人次，接待来访 0.27 万人次，处理来信 0.53 万封。

在教育领域，复旦大学信息化建设的工作重心逐渐从独立的业务系统建设过渡到以服务为核心的建设模式，完成了四个校区互联、冗余备份的主干网建设；上海交通大学优化改造了校园网出口架构；信息化建设持续推进。在文化领域，上海图书馆继续做好"一城一网一卡一系统"和"少儿一卡通"平台建设；解放集团创办的 i-news 上海手机报，相关业务产品有 7 个，用户总数达到 100 万级别，其中核心产品彩信报收费用户达到 20 万，成为上海用户规模最大的地方彩信手机报；上海网络视听骨干企业收入 67 亿元，同比增长 50%。在医疗卫生领域，上海健康信息网服务网站正式开通。在邮政信息化方面，顺利完成投递信息系统二期工程切换上线工作。社区公共服务方面，上海社区服务网运行以来，累计发布社区动态信息近 78.7 万条，居委信息 3 000 余条，居委志愿者信息超 2 万条，公共服务设施信息 2 600 余条，社区服务队伍信息 10.5 万余条，一门式信息 1.6 万余条。

第一章 市政府实事项目

概 述

付费通、社保卡等历年实事项目继续深入推进，上海付费通信息服务有限公司完成了自2011年起制定的三年全国百城计划，账单业务覆盖全国100个主要城市的拓展。上海社保卡公司全力以赴做好居住证新政配套实施相关工作。

一、付费通

【概况】 2013年，随着上海推进智慧城市建设的步伐，付费通作为2004年的市政府实事项目，继续深入推进工作的进度。付费通公司2011年获得由央行颁发的“支付业务许可证”两张，可在全国范围内开展互联网支付、固定电话支付、移动电话支付、银行卡收单等业务，在上海范围内开展预付费卡的发行与受理，成为行业内为数不多的“全牌照”公司。

【上线英文网站 便捷外籍人士缴费】 根据人口普查显示，上海成为全国第二的境外人员最聚集的地区。2013年3月，付费通推出了全新的英文版网站，面向上海及全国主要城市的外籍人士，提供水电燃气宽带固话和手机充值等支付服务，帮助外籍人士足不出户轻松缴费。与中文网站相比，根据目标人群的需求，付费通网站英文版采用了较为简约的排版，精选及保留了网站的生活缴费服务，内容更具有针对性。

【反洗钱监测系统上线 保障用户安全】 2013年5月，作为首批获得“第三方支付牌照”的公司，付费通公司率先正式上线了反洗钱监测与数据报送系统，确保用户账户资金安全。付费通公司是目前国内最大的公共事业网络缴费平台之一，支持用户家庭水电煤等各类账单的查询和支付，目前付费通公司所上线的系统可支持支付许可的网络支付及银行卡收单的交易形态监控。付费通的风险控制管理工作由总经理负责，风险合规部作为管理部门，统筹公司的技术部、运营部等各个部门共同开展工作。付费通风险合规部表示，未来付费通在履行反洗钱防控义务的同时，将积极协助相关部门开展反洗钱工作，承担更多的社会责任。

【智慧社区落地 创造和谐社区】 2013年5月，紧跟“创建智慧城市”的步伐，付费通公司与闵行报春路街道、绿茵苑业主委员会以及合作方上海福履信息技术有限公司，共同合作开展付费通智慧社区项目。该项目已经实施完成了智慧物业管理、电子商务服务等工作，包括小区一卡通解决方案，即小区业主通过IC卡(集成电路卡 Integrated Circuit Card，简称IC卡)一卡进出小区。通过该举措可加强人员和车辆管理，有效杜绝群租；通过实践后的统计了解到，实行智慧社区的小区失窃率远低于往年。

同时，智慧社区项目还通过实施物业费、停车费等物业公共费用的在线缴付项目，极大提升了物业信息化水平，真正实现信息化智慧公共服务建设，获得了物业公司的大力支持。将水、电、煤、通讯、有线电视等费用的缴付，从付费通公司网站 www. shfft. com，进一步延伸到了线下，包括进入物业办公室，有效服务了老年人等上网困难群体，并获得了小区业主们的一致好评。

【电子账单论坛 助力智慧城市建设】 2013年6月，由付费通公司主办的“发展电子账单 助力智慧城市”高峰论坛正式举行，上海各公共事业、通讯单位以及部分银行、便利店等单位共同探讨了居民家庭账单的呈递与支付发展，市经信委信息化推进处处长张建明出席论坛并致辞。

【电子账单公共服务平台改版 提升用户体验】 2013年8月，立足于低碳环保的电子账单项目，付费通公司承建的上海市电子账单公共服务平台推出了突破性的电子账单查询和申请功能，推动电子账单网站升级为账单搜索引擎。这也是上海电子账单公共服务平台启动以来首次全新改版。

改版升级后的上海市电子账单网站首页新增“账单搜索框”，用户只需输入账单编号，就可直接、快速地查询到该编号所对应的水、电、燃气、手机、固话、宽带及有线电视费等多种公用事业费的账单，并可在同一页面完成电子账单申请。截至2013年年底，电子账单公共服务平台成功申请了240万份电子账单，少用2 300万张纸。

【线下代扣走进网点　20万家庭已办理】 付费通基于十年来在缴费细分领域的发展，在原有缴费服务上推出了账单代扣服务，用户不用跑缴费点，也不用每月惦记账单过期，只要绑定账单与付款账户，每月账单都可以自动缴费。据介绍，目前付费通代扣服务已基本覆盖上海出账机构的水电煤通信机构，用户只需登录付费通网站，输入账单户号并授权付费宝或银行卡支付，轻松两步即可完成绑定，据统计，已有20万家庭用户办理账单代扣。

2013年9月，为了帮助市民实现轻松生活，更方便地申请代扣，付费通公司携手上海市电力公司等多家水电煤通信等公共事业出账机构，联合加大推广账单代扣的缴费方式以及低碳环保的电子账单的宣传力度，特别推出了线下网点代扣办理专柜。目前已在各出账机构部分营业窗口设立专柜，包括上海市电力公司浦东电力公司浦电路、三林、川沙、周浦、大团、松江、奉贤、松江、金山、青浦等18个线下办理专柜。在线下办理的同时，还同步开设“网上支付、实名制、电子账单业务”专柜，为客户办理网上支付、代扣手续，同时整合资源，积极推广实名制和电子账单两项重要业务。

【网上缴房产税　轻松生活更便民】 2013年10月，作为上海市房地局唯一指定的网络支付渠道，付费通网站开通了2013年度个人住房房产税的查询和支付业务，继续为用户提供便捷的网上缴税渠道。截至2013年12月31日，全市共有三分之一的房产税纳税人选择了网上缴税，这不仅仅大大地缓解了年终缴税大厅现场拥挤的人流高峰，同时也免去市民排队、携带证件原件的麻烦，还可以为市民免费邮寄缴税凭证。

【EBPP完成全国百城计划】 2013年12月，上海付费通信息服务有限公司完成了自2011年起制定的三年全国百城计划，账单业务覆盖全国100个主要城市的拓展。

【付费通卡购卡门店覆盖主要商圈】 付费通卡是由上海付费通信息服务有限公司全资子公司上海付费通企业服务有限公司发行和受理的一张预付费卡。作为一张线上缴费线下消费的多功能卡，受到了广大持卡用户的喜爱。2013年，付费通卡的销售已经超过500万张，发卡量位居上海预付费卡市场的第二位。同时，付费通公司陆续在上海市中心地段人民广场及徐家汇商圈设立付费通品牌服务门店，为用户提供更加方便的售卡服务。而在提供基本的预付费卡销售服务功能之外，还延伸了付费通的整体客户服务工作，包括VIP（贵宾Very Important Person，简称VIP）卡挂失、付费通卡密码重置等服务，皆可在新网点办理。2014年，付费通公司计划开出更多的服务门店为市民服务，包括五角场、浦东陆家嘴等，覆盖全市主要商圈，惠及更多市民。而为了使用户享受到更好的消费环境，付费通公司不断地在拓展线下优质商户，2013年新拓展了沃尔玛、大润发、罗森、来伊份、月星环球港等多家优质连锁商户及大型商场。目前付费通卡在线下已经拥有超过16 000台POS（销售终端Point of Sale，简称POS）机及6 000个网点，覆盖上海主要商户。

（王云美）

二、社会保障卡

【社保卡业务受理网点规范化检查与指导】 以“提高执行力、增加影响力、形成推动力”为目标，按照社会保障卡、居住证件有关业务规范，组织区（县）社会保障卡服务中心负责人和部分网点业务骨干，对上海市17个区（县）部分受理网点进行交叉检查，检查覆盖率22%，检查内容涵盖日常业务操作规范性、人口数据和照片采集质量、核销管理、持证上岗、设备日常维护保养等20项，总体合格率94%。发现问题反馈所属区（县）督促整改，进一步提高基层工作执行力，为区（县）间经验交流创建良性互动平台。

【社会保障卡补换卡业务电话确认、回访举措】 为进一步减少冒领、冒补事件，出台了《关于进一步做好社保卡补换卡工作的通知》，在虹口、杨浦两区补换卡网点率先试点，对代办人身份加强信息核对，并试行代办业务电话确认和回访制度。2013年年中在杨浦区社会保障卡服务中心召开现场交流会，对电话确认和回访制度试行情况进行评估，并决定在闸北等7个区扩大试点，要求严格执行并做好电话记录台账，确保扩大试点工作取得实效。

【推进补换卡网点下沉社区】 指导浦东、杨浦、青浦、金山等区27个业务受理网点增设补换卡功能，目前全市社会保障卡补换卡网点已达94个。通过推进补换卡网点建设，进一步保障市民补换卡，方便市民享受医疗与人力资源社会保障待遇，同时逐步使区（县）社会保障卡服务中心管理职能由具体卡证操作向区域业务指导监督转变，突出属地化管理。

【居住证新政配套实施相关工作】 《上海市居住证管理办法》（2013年5月28日上海市人民政府令第2号公布）（以下简称"《管理办法》"）、《上海市居住证申办实施细则》（沪府发〔2013〕41号）等文件于2013年7月1日起施行，根据市政府总体工作部署，市社保卡中心积极配合做好居住证新政配套实施工作。一是优化流程，做好系统改造升级。为应对可能出现的来沪人员集中办证、换证大人流对社区事务受理服务中心的压力，对网点居住证申领系统的办证流程进行了改造，照片拍摄、信息录入从"串联"优化至"并联"操作，压缩了办证受理时间。根据居住证申办、信息变更、签注、注销等流程调整情况，对居住证信息系统包括数据交换、个人化、"962222"热线、网站等子系统及网点居住证申领系统进行适应性改造升级。二是加强谋划，做好制证技术准备。根据《管理办法》及相关部门业务需求，调整卡面载明内容，卡面设计有可反复擦写区域，持证人"居住地住址""有效期限"等信息变更后，卡面信息可相应擦写变更，并按照新版居住证印刷位置与覆膜位置，调整制卡工艺。为保障外地来沪人员居住证申领制发，做好卡基采购、制证技术准备与产能应对准备，保障制证周期。三是细致服务，保障新政平稳过渡。为保障《居住证》办理工作平稳过渡，开展面向各区（县）人口办的技术指导、政策咨询服务；6月19日市政府新闻发布会召开后，"962222"服务热线做好充分准备，为来沪人员提供居住证申领政策咨询服务。及时收集区（县）网点、外地来沪人员有关居住证申办中存在的问题和不足，研判解决。

【社会保障卡、居住证件制发工作】 2013年，全市共制发（包括补换）各类社会保障卡、居住证件236.04万张，其中社会保障卡（蓝、红、金卡）57.83万张、儿童卡0.95万张、敬老服务卡16.51万张、居住证49.01万张、临时居住证111.74万张。"962222"呼叫中心全年提供来电咨询53.66万人次，接待来访0.27万人次，处理来信0.53万封。

（邢　勤）

第二章 社会事业领域信息化

概 述

2013年，社会事业与公共服务领域依托各行业主管部门积极开展信息化运用，为市民带来便利和实惠。教育、文化、医疗、邮政等领域充分开展信息化应用，各项工作取得积极成效。

一、教育领域信息化

复旦大学

【概况】 2013年，复旦大学信息化建设的工作重心逐渐从独立的业务系统建设过渡到以服务为核心的建设模式。首先，以个人服务为中心，将个人业务申报与管理信息系统分离，实现轻量级的个性化的填报服务，集成到网上一站式服务中心。其次，以数据为着眼点，开展两个层面的工作。第一个层面是全局性的数据处理，建设复旦大学数据仓库，规划主题数据库，支撑学校宏观管理部门的决策分析；第二个层面是以“人”为载体，梳理散落在十几个业务管理系统中人的各个属性信息，建成个人数据中心，打造师生数据服务平台。最后，配合学校办公室、发展规划处进行全校数据集成与共享服务，走访学校各个管理部门，进行单机数据库和学校共享数据库的数据比对与分析，为全校数据的真正打通做技术支撑。

【校园主干网建设和网络出口扩容】 2013年，复旦大学校园网完成了四个校区互联、冗余备份的主干网建设，校区间主干网带宽达10 G；配合红房子医院杨浦分院通过自有产权光缆接入邯郸校区核心网，并在枫林校区核心网与儿科医院（万源路院区）之间通过教育城域网光缆开通上海教育城域网第一条VPLS（虚拟专用局域网业务Virtual Private Lan Service，简称VPLS）专线，接口速度1 G；枫林校区成为上海教育城域网的主节点，枫林教育网出口接入新的上海教育城域网并升级到10 G接口。为了满足广大师生对网络质量服务的要求，对校园网出口带宽进行扩容，上海联通1 G出口带宽扩容至2.5 G。截至2013年12月，复旦大学公网可用总出口带宽达到3.8 G。

【校园网络出口优化及辅助设备选型】 2013年，复旦大学信息办着重在校园网的出口建设方面进行大量的设备辅助建设和优化工作。经过测试和选型，在校园网总出口上重新部署了万兆负载均衡设备，统管所有出口线路，合理分配多条出口的利用率，并提供用户最佳的网络访问路径；部署网页内容缓存设备，把校园网之外的如视频、门户网站内容等资源存储到校园网内，校内用户在访问一些常用网站时被重定向到校内缓存，从而节约了学校出口线路带宽，经过测算，降低了30%左右的线路带宽；另外，在出口带宽的安全管理方面，部署万兆流量控制设备，以监控和管理应用使用情况、限制非法带宽使用、限制IP（互联网协议Internet Protocol，简称IP）最大并发连接数，在保障网络安全性的同时优化了校园网络带宽。

【继续推动无线网的普及】 在无线校园网运行和应用方面，继续通过各种手段，推动无线网的普及。2013年，复旦大学信息办在教学科研区域开通SSID（服务集标识Service Set Identifier，简称SSID）：iFudan.1x，使Windows可顺利使用802.1x方式连接无线网络；在学生宿舍区域开通专用SSID：iFudan.stu和iFudan.stu.1x；完成无线自动分配地址的重新规划，以保障地址池的可用性，使无线网并发用户数达2万。此外，复旦大学信息办还通过无线网络数据的管理和挖掘以提供更好的服务：启用Aruba无线网管软件，管理Aruba和Cisco的所有AP（无线接入点Wireless Access Point，简称AP），并通过编写程序处理网管报表，初步可以根据MAC（介质访问控制层Medium Access Control，简称MAC）地址分析出客户端的设备厂商；联系计算机学院，组织学生开展无线网络数据挖掘和无线定位方面的研究和探索;针对学校大学生创新论坛、上海论坛等大型活动,提供无线使用数据分析报告。此外,扩大了无线校园网覆盖范围,同时对覆盖密度不足和设备老旧的地区进行扩容升级。2013 年总共购置和部署无线访问热点 1 797 台,无线访问控制器 1 台。对覆盖密度不足和设备老旧的地区进行扩容升级。新覆盖的楼宇包括:邯郸校区本部食堂、本部与东区学生宿舍、房委会、体教部,江湾校区食堂,张江专家楼,枫林 6 号楼、保卫处、幼儿园;升级与增补扩容区域包括:邯郸校区 1 号楼、8 号楼、10 号楼、微分析楼、电真空楼、跃进楼、袁成英楼、综合楼、二附中、六教、光华楼东辅楼、光华楼东主楼 14 - 21 楼、文科楼 5 楼,江湾校区教学楼、图书馆、行政楼,枫林校区放医所。此外,复旦信息办全面推进学生宿舍无线网络覆盖工作,在东区 13 - 16 号楼和本部学生宿舍与邯郸校区南区学生宿舍实现了无线覆盖。

【继续保障和深化各项校园信息化运维工作】 2013 年,完成标准化考场的技术支撑,完善机房管理。复旦大学信息办承担高考和研究生考试阅卷期间的技术保障;同时提供机房作为多门课程日常教学的多媒体教室使用,以支持学校的教学工作开展;对综合楼、江湾校区、张江校区机房进行了 UPS(不间断电源 Uninterruptible Power System,简称 UPS)和电力线路的扩容。此外,复旦大学信息办完成了复旦邮件系统升级,新邮件系统界面美观,支持加密通讯,兼容常见浏览器,支持移动终端,支持超大附件中转站,实现多项实用功能,如会话方式组织邮件、邮件旗标、垃圾邮件反馈、整域黑白名单、邮件文件夹密码保护、邮箱页面锁屏等。自 2010 年 6 月至 2013 年 12 月,邮件系统用户数从 9 万增加到 15 万,数据量从 6 T 增加到 15 T。

【探索一站式服务与数据展示服务】 2013 年继续完善一站式服务门户与个人数据中心,逐步推出面向师生的个人数据服务。此外,复旦大学信息办探索建立校级统一数据展示与分析平台,构建与业务系统运行数据库分离的统一数据仓库。为发展规划处、教务处、招生办公室、医学院、数学学院等部处、院系提供了各种数据分析支持,包括教育部高基报表、复旦大学 2012 年度本科生教学质量评估、研究生教育质量评估、院系竞争力分析、教师绩效评估等。同时复旦大学信息办建立了 DSS(决策支持系统 Decision Support System,简称 DSS)一体化数据展示平台,利用 QlikView 分析工具和决策支持系统(DSS)的配合,为学校办公室提供决策支持。

【继续完善基础平台建设】 2013 年,复旦大学信息办完成复旦云存储平台前期开发以及部署接入工作,以 2013 年新增 500 TB 集中存储为基础,引入 eDoc 和酷盘云存储服务系统,建立面向师生服务的云存储平台,支持浏览器、电脑客户端、安卓操作系统等多平台访问。测试阶段已有用户 1 628 人,文件总数 220 154 个,文件大小 790 G,单日文件下载次数高达 53 305 次,预计 2014 年向广大师生提供正式云存储服务。复旦大学信息办完成统一身份认证 LDAP(轻量目录访问协议 Lightweight Directory Access Protocol,简称 LDAP)和 AD(活动目录 Active Directory,简称 AD)域打通,复旦大学无线网络认证 RADIUS(远程用户拨号认证系统 Remote Authentication Dial In User Service,简称 RADIUS)接入 AD 认证,为 4 万在校师生提供稳定服务。复旦大学信息办对统一身份认证第三方认证接入进行了基础框架的升级,修复安全漏洞,支持体教部、ACM(美国计算机协会 Association for Computing Machinery,简称 ACM)、易班等多个第三方系统的接入。对短信平台进行升级,增加通讯录、手动重发功能,进一步扩大使用范围,2013 年发送短信 30 多万条,是 2012 年的 3 倍。修订并发布二级网站建设的服务条款,为校内需要建设网站的单位提供更加规范服务。支持复旦大学精品课程网站建设,提供建站培训和技术指导。经统计 2013 年共建设部门网站 44 个,精品课程网站 80 个,累计总共建设部门网站 109 个,精品课程网站 329 个。此外,收费服务管理平台增加 VPOS(零售终端机 Voltage Point of Sale,简称 VPOS)支付服务功能,在留学生收费中试点运行,共完成收费 800 万元。VPOS 支付功能减少了现金流,提高了缴费效率。

【继续保障和完善已有的各类信息化应用系统】 2013 年建设提案服务系统,复旦大学第十四届党代会首次使用网上提案提交方式。提案服务系统在党代会召开期间稳定运行,接收党代表提交的提案 50 份。提案立案后,在提案服务系统中对所有党代表公开提案情况和承办进展。在这次提案工作中,累计有 605 人次在提案上签名,有 246 名代表参与提案工作,参与率达到 84.5%。复旦大学信息办继续建设外事管理系统,在系统中完成来华人员管理,实现了来华人员签证管理、登记管理以及经费核算管理功能,用信息化手段提升服务质量,帮助外事处及时掌握外国专家动态。重新梳理文科科研处业务需求，修改开发文科科研管理系统，清理了历年的科研项目数据和成果数据，2013 年 12 月系统试运行。在研究生教育管理系统基础上，完成研究生英文版服务系统的开发和实施，全英文授课的留学生在英文服务系统中完成学籍信息维护、学籍变更申请、选课、学位申请等各项业务，系统提供培养方案查询、开课信息查询、成绩查询等服务。复旦大学信息办继续建设研究生招生管理/报考服务系统，完成考试考务、复试录取等管理功能的全面整合。本科生招生系统升级，增加申请材料专家评审功能，以适应自主招生综合评价录取模式；开发移动版招生网页，为手机等终端访问用户提供便利；增加港澳台网上报名功能等。进一步完善教务管理系统功能，根据复旦大学教学发展要求，升级了评教模块，文字评教和量化评教上线运行，为每学期 3 000 门以上课程提供更加科学、灵活的评教服务。同时，为暑期国际课程、校外考试报名等业务改革提供最新技术支持。进一步完善校园生活服务平台，全面推出邯郸、枫林校区体育场馆预约服务，2013 年完成预约签到近 2 万人次。复旦大学信息办进一步完善了 eLearning 系统，2013 年开课课程和访问用户数量稳步提升。其中在 eLearning 系统开设课程的数量在秋季学期达到了 1 200 门，比 2012 年同期上升 50%；在线人数比 2012 年同期上升 100%。在此基础上推出的 Sakai 共享版开源项目，被国内近 20 所高校采用。

【完善一卡通系统配合校园生活服务平台】 2013 年复旦信息办提供卡片认证接口服务；配合后台服务器和存储设备的更新，进行历史数据库的迁移工作；配合哲学学院的自助复印需求，进行自助复印软硬件的开发和实施工作；配合财务处，进行经费管理系统的对接开发，完成了 Web Service 服务的提供和名单的同步工作；配合信息办的数据分析挖掘需求，进行一卡通相关业务数据的抽取、分析和同步工作；优化业务流程，进行了补办卡后的持卡人原有资金的多媒体自助转移功能；完成了联机充值机的开发和实施工作，彻底解决了充值不同步的问题，并规避了资金风险；完成了网银充值的开发和实施上线工作，持卡人可以通过网银自助完成一卡通圈存；完成了校医院公费医疗身份认证由脱机名单机制转变为联机实时验证模式。

【技术创新】 2013 年，复旦大学信息办在虚拟化基础设施中，采用 Storage VAAI(阵列集成存储应用程序编程接口 The vStorage Application Programming Interface for Array Integration，简称 VAAI)技术，提高了 I/O(输入输出端口 Input/Output，简称 I/O)访问效率，显著减少了虚拟机迁移、部署过程中的 I/O 操作量，提升了存储的使用效能。通过 vSheild 技术，采用软件定义防火墙和杀毒中间件，为整个虚拟化设施提供全局的安全保障；在智能 DNS(域名系统 Domain Name System，简称 DNS)和路由方面，改进了智能解析技术，可获取某个域名的所有可用解析结果，结合路由检测技术，从中选取最短目标地址进行访问。通过路由检测技术，对互联网上的所有 IP 地址进行地域、运营商的分类，再根据路由协议的 AS-NUM(自治系统号 Autonomous System Number，简称 AS-NUM)以及访问路径等条件进行路由访问选择，在不改变现有网络结构和链路的情况下，显著提升网络访问速度，解决多链路捆绑运营商之间互联访问的问题。在网络方面，应用厂商的流量整形及用户行为控制、WAF 防火墙、网络缓存等技术，提升了网络安全防护能力、节约网络带宽、提高资源访问速度。在应用系统的报表设计中，引入 iText 技术，不仅可以生成 PDF 和 RTF 文档，还可以将 XML、HTML 文件转化为 PDF 文件，改善了原来报表工具依赖 Java Applet，报表效果不稳定等问题，已经应用于外事系统学生出国出境交流模块、研究生工作管理中的助学贷款模块和党代会提案系统中。在基于 VLC(可见光通信技术 Visible Light Communication，简称 VLC)的校园视频转播服务体系中，增加了访问网页直接收看直播以及对 iOS(苹果操作系统 Operating System for iPhone/iTouch/iPad，简称 iOS)移动端收看直播的支持以及基于 WordPress 平台的视频上传和多终端点播的模块。配合在教室中安装的网络摄像头，可以实现无人值守的自动启动转播进程并自动进行录制，方便了广大师生收看复旦大学各类重大活动、会议、课程和直播讲座；在新监控系统中，采用新型监控技术框架，将数据采集、存储、处理和查询展示功能分离，低耦合设计，可实现多校区分布式节点监控，同时可直接做横向扩展。新的监控框架之下容易实现新设备和服务的快速监控和自动发现，例如无线网络设备、各业务系统访问质量检测。在数据展示平台中，采用 QlikView 的内存计算技术，显著加快了查询和多维数据集的传统 BI(商业智能 Business Intelligence，简称 BI)。采用 AQL 技术对数据进行高效压缩，使得 TB 级的数据的直接展现成为可能。

【其他】

继续增强交流，扩大影响 2013 年，复旦大学继续担任中国高等教育学会教育信息化分会副理事长单位、上海市高等教育学会信息管理专业委员会主任委员单位、上海市高等教育学会校园网络专业委员会副主任委员单位、上海市高等教育学会理事等。2013 年 6 月参与组织上海市民办高校"强师工程"计划，在复旦大学信息办进行"信息化工作管理人员"项目培训，有近 20 所民办高校信息化工作人员参加培训。共接待国内近 40 所高校的来访考察。在教育部科发中心、北京大学、中科院、华东南三省一市、中国高教学会信息化分会、上海高教学会 MIS(管理信息系统 Management Information System，简称 MIS)专委会等组织的全国或区域性的教育信息化会议上做了学术报告。为复旦大学对口支援学校提供技术、资源的保障，将各项工作落到实处。2013 年 4—5 月，复旦信息办就重庆医科大学中心数据库的建设方案及技术、门户、视频等方案先后接待 3 位重庆医科大学现代教育技术中心的工作人员为期 2 周的学习交流，并到重庆医科大学现场讨论；在重庆医科大学做信息化展望的报告，介绍复旦大学数据挖掘和综合利用情况。2013 年 6 月，复旦大学信息办为河西学院干部做信息化培训，与河西学院对外交流合作处处长赵柱沟通信息化合作与支持的情况，对 OA、教学、视频等方案给出参考建议；2013 年 10 月复旦大学信息办评审河西学院的信息化系统建设方案，并讨论了可移植的信息化应用。接待云南大学现代教育技术中心 2 位老师在信息办进修，主要学习网络课程系统建设；2013 年 2—6 月，技术支持复旦-云大 2 门网络课程《全球化时代的法律冲突与对话》和《从计算到智能》；接待云南大学重点项目建设办公室王耀希主任和王建华副校长等来访，讨论云大信息化规划；实质性启动了复旦-云大合作共享资源项目，由复旦大学、云南大学、IT 厂商(华为)三方合作，并由厂商免费直接提供给云南大学相应的存储设备，用于资源共享项目。

申请和参加科研工作 2013 年，复旦大学信息办通过教育部中国移动科研基金项目"知识管理与分享云服务系统关键技术研究与示范应用"签署合同并通过项目中期检查；"基于云计算技术的教育教学模式改革探索"入选教育部首批教育信息化试点单位项目；成功申请上海市教育评估院"基于数据整合与挖掘的高校教育质量评估研究"项目；上海市教委信息中心课题"高校信息化对附属中小学信息化的影响"课题；中国高等教育学会教育信息化分会课题"基于开源软件的网络教学平台开发与推广"2013 年顺利通过中期审核。复旦大学信息办继续积极参与教育部有关规划、信息化标准、三通两平台规范等项目的编制工作；参与教育部科技发展中心《高等教育信息化发展报告》和中国科学院《科研信息化蓝皮书》的编制工作；参与的《教育信息管理标准》课题获得中国高等教育学会 30 周年庆典优秀项目评选一等奖，负责的《教育信息化评价指标体系》课题获得中国高等教育学会 30 周年庆典优秀项目评选优秀奖；《数据管理支撑信息化"一站式"服务发展》和《信息化支撑教育教学与人才培养模式创新》同时入选中国高等教育学会教育信息化分会《高等教育信息化创新应用案例选编》首批案例。"个人数据中心"和"支付平台"获得上海高等教育学会信息管理专业委员会优秀案例奖。在《中国教育网络》等专业期刊上发表论文 10 余篇。

（复 旦）

上海交通大学

【概况】 2013 年上海交通大学以深化内涵建设为工作主线，按照数字大学建设规划和"985 工程"三期建设的要求，以质量建设为核心任务，不断增强服务能力，扩展服务领域，提升服务质量，提高师生满意度，继续"打造一流信息基础设施，提供一流信息技术服务"的信息化工作。

【校园网与地区网建设】 2013 年，上海交通大学优化改造了校园网出口架构，部署了两台"双活"的万兆路由器，极大提高了校园网出口的运行可靠性。目前，校园网出口拥有教育网、上海联通、上海电信和杭州电信 4 条不同线路，总出口带宽达 4.822 G，其中 CERNET(中国下教育网 China Education and Research Net，简称 CERNET) 3 G，上海联通 1 G，上海移动 622 M，杭州电信 200 M，并实现 20 G 接入上海教育城域网。通过部署链路负载均衡设备实现了网络流量在 4 条线路之间的智能选路，有效地利用了出口带宽资源。校园网出口还部署了万兆流量控制设备，可以对 85%以上的流量进行识别，对各类应用的网络流量进行合理调度，保障了广大师生科研教学对互联网的访问需求，同时，通过在校园网内部署 CDN(内容分发网络 Content Delivery Network，简称 CDN)内容、视频缓存服务器，进一步节约了出口带宽，提高了师生对互联网访问的体验。

校园无线网络三期建设全面完成。全校共部署了 2 550 多个无线热点，覆盖范围包括教学、科研、行政、图书馆、食堂、体育场等公共区域，实现了校内 90%以上的无线网络覆盖，其中闵行校区已经实现办公、教学、活动、学生宿舍楼宇的无线全部覆盖，极大地满足了全校师生的移动应用需要，目前无线网峰值用户已经超过 13 000 人。车载 WiFi 覆盖也将投入使用，广大师生员工在乘坐班车途中，也能够访问校园网资源。随着校园网服务能力和服务质量进一步的改善，用户体验不断增强，真正建成了“无处不在的校园网”。

2013 年，完成校园网光缆敷设、改建约 5 公里，熔接纤芯约 300 芯；完成闵行校区 25 幢学生公寓、铁生馆、第二餐饮大楼、第五餐厅大楼、商业街南、清真餐厅，徐汇校区桃李苑、包兆龙图书馆、研究生食堂等修建项目的网络布线系统修整方案的审核、施工联系及验收工作；完成徐汇校区董浩云博物馆、总办公厅、西区浴室等架空光缆入地工程，割接光缆约 6 公里，熔接纤芯约 360 芯；完成 CERNET 机房的光缆搬迁项目，熔接纤芯约 3 000 芯。

地区网建设方面，负责上海教育宽带网的安装实施，完成上海教育宽带网 100 G 主干线路的建设，完成 17 个区县教育网的接入和原上海教育科研网的用户升级工作。配合 CERNET 211 三期机房建设，完成校园网徐汇机房设备和上海教科网设备的搬迁工作，大大提高校园网出口和上海教科网出口的可用性；完成 211 三期 CERNET 核心节点路由器安装部署，上海—南京具备 100 Gbps 传输能力。完成徐汇浩然大厦 CERNET 主机房的改造，确保中国教育科研网上海主节点和上海教育科研网交大主节点的安全运行。

【信息服务建设】 闵行和徐汇两个主备双活数据中心已经建成。按照多校区多业务的特点，完成了数据中心创新体系架构的设计与建设，数据中心网络支持 200 余台服务器的万兆双线接入，主备中心通过万兆线路高速互联，实现了跨数据中心的大二层互联，主备中心可同时对外服务。数据中心存储可用容量总计达到 470 T。存储划分为一级和二级存储，一级存储可用容量 220 T，注重性能和稳定性，支持融合的存储协议，支持异地数据复制，能较好支撑关键应用的容灾。二级存储可用容量达 250 T，注重存储容量，将高性价比的服务器本地存储和 IP 存储通过集群文件系统实现整合，可以按需扩容。新增的网络、存储和服务器通过完备的冗余网络架构互联，极大提升了数据中心的业务处理能力，不仅满足了学校各类信息系统运行的需要，更为李政道图书馆、管理学院、电信学院的众多管理和科研应用提供了有力支持。同时还建立了数据中心运维管理系统，实现了对数据中心交换机、服务器、存储系统等硬件设备，对虚拟机、Web、数据库和各类应用系统的监控和报警，提升了数据中心的运维管理水平。

完成了云计算平台的建设。使用开源云计算软件，结合自主研发的运维、计费管理工具，在全国高校中率先提供了从虚拟数据中心、云存储、公共开发平台到软件数据接口等全系列云计算试验服务。虚拟数据中心（40 台服务器，支持 500 个虚拟机）已经开通并服务于智慧之窗、计算机教学、4 G 无线试验网等科研教学工作。应用开发平台已正式面向师生提供免费服务，可以支持多种框架和编程语言。“云计算应用”获评上海高教学会校园网络专委会 2013 年优秀创新案例。

完成了网络信息中心新一代业务管理系统（nicman2）的建设，实现了新的门户与原有 nicman 平台资源管理部分的无缝整合，新系统在信息管理、流程管理、资源管理、用户体验上进行了完善和改进。同时开发完成了新的综合网管平台，实现了校园网网元的统一监控和及时响应。

邮件系统的数据迁移到新采购的存储系统中，目前用户已达到 7 万人，教师邮箱容量提高到 5 G，学生邮箱容量提高到 2 G，用户邮件数据从 5 T 增长至 10 T。

【网络安全管理】 网络信息安全保障体系建设取得新的进展。网络安全审计、恶意代码/行为监测服务、Web 安全防御和无线网安全等平台服务不断深化，在全校范围内提供病毒和木马查杀、主机和网站漏洞扫描、僵尸网络实时监测、安全事件告警和技术咨询等服务。自建的国内高校领先的集防御、监测和服务为一体的网络与信息安全保障服务体系不仅在本校部署应用，而且已部署于 CERNET 全国主干网，成为教育部 211 工程信息安全项目的重要组成部分，通过该系统成功发现和侦破了校内多起比较严重的信息泄露事件，同时也为上海教委、兄弟院校和其他单位提供了多起信息安全事件的线索。

数据中心的安全体系不断完善。现有服务监控系统在入侵检测、日志搜集和分析工作方面都得到了进一步加强，校内统一身份认证和授权系统的安全性得到了进一步增强，多个重要网站使用 SSL（安全套接层 Secure Sockets Layer，简称 SSL）证书加强通讯全过程安全传输，对多个业务系统的严重安全漏洞及时发现并做了安全修复加固。部署了数据中心的网络流量分析监控系统；建立了基于操作系统日志和应用日志的集中存储；堡垒主机系统和动态口令系统也在建设之中。

组建学生科技创新工作室。依托校网络信息中心，充分利用学校优良的信息基础设施和信息资源，为学生提供科研创新的工作学习环境，通过吸引校内众多优秀的本科生、研究生组成相关社团，开展科研活动。目前已成立三个学生社团，包括网络安全、云计算与移动应用和高性能计算三个领域。其中，2013 年 9 月成立的信息网络安全协会，旨在组织校内同学参与国内外各类信息安全竞赛，扩大学校在信息安全领域的影响，同时协助学校参与校内外的相关安全工作。11月，0ops网络安全技术战队获得“安恒杯”杭电第五届网络攻防大赛决赛一等奖；同月，上海交大代表队获得“2013上海市信息安全技能竞赛”综合组三等奖。

继续完善各类正版软件和安全防毒软件的提供和服务，通过迎新、新职工入职和其他各种途径进行了网络信息安全的宣传教育，提高了院系、部门等师生的信息安全意识。

【管理信息化建设】 继续对软件基础架构进行升级改造，新的流程服务理念在应用系统中不断地取得成果并得到认可。通过和国际交流处的紧密合作，在国际交流处出入境审核信息化中得到应用，2013年完成了基于该平台的首个大规模流程的部署。“基于可视化流程平台的复杂业务流程构建”案例，获评上海高教学会信息管理专委会2013年优秀案例。

继续推进校务管理业务领域的应用系统建设，主要包括：科研系统二期和房地产系统二期年底验收；实现了全校房产数据的清理、入库；完成了院系国际评估系统及网站的建设；完成了全新的编制管理体系等人力资源系统改进工作；配合研究生院、学生处推进其内部管理系统建设；启动资产平台二期建设。

校级数据统计领域，初步建成的逻辑完整的校级统一数据仓库，大幅度提高了统计数据的质量和平台的合理性；同时，继续推进财务管理驾驶舱建设。校级统计分析/商务智能平台逐步发展成熟，在上海交通大学财务驾驶舱建设的基础上，短期内实现了教育部财务管理驾驶舱系统，并取得部委的一致好评。

继续深化学校信息化各基础平台的建设工作和校园数据整合工作。2013年，新建了38个各信息系统间数据交换的业务流程，大力支持了各业务应用系统间的整合工作。目前全校在运行的业务数据交换流程已达到343项。

【高性能计算】 全面完成高性能计算机系统的建设并于暑期后正式提供服务。该计算机命名为“π”，计算能力达到262万亿次/秒，位列2013年6月份全球第158位（华东地区第一、全国部属高校第一）。设备的建成得到业界和媒体高度重视，《光明日报》、《科技日报》、上海电视台、东方卫视等数十家媒体对此进行了报道。经过用户委员会评审，15个项目获得首批支持，到12月10日该设备CPU部分平均利用率达到98%，超额完成60%的年度目标。

与浪潮公司共同举办了2013亚洲大学生超级计算机竞赛（ASC13）决赛，首次组织学生参赛，成功进入十强。决赛中，上海交通大学代表队打破LINPACK（线性系统软件包Linear System Package，简称LINPACK）测试的世界纪录，以微弱劣势获得亚军。组织学生参加2013年CUDA（统一计算构架Compute Unified Device Architecture，简称CUDA）大学生校园竞赛，进一步激发学生学习GPU（图形处理器Graphic Processing Unit，简称GPU）的兴趣。

为推进高性能计算技术的普及，提高师生使用高性能计算技术开展科研工作的能力，年内共举办6次SJTU HPC（上海交通大学高性能计算Shanghai Jiao Tong High Performance Computing，简称SJTU HPC）系列研讨班（330人参加）；开设《高性能计算导论》全英文本科生公选课；评选了第二届“AMD高性能计算奖学金”，本次获奖同学为6名，每人获得1万元奖金。

【其他】 完成《CERNET主干网上海核心节点建设》与CERNET 211三期《高性能网络管理和安全保障系统》等纵向课题；完成上海市教委信息中心委托横向课题：上海教育宽带网监控运维、上海教科网网页篡改监测系统、上海教科网Web-DDOS监测系统。

2013年12月，完成“上海高校节能环保示范项目”之“数据中心机房精密空调系统节能改造”工程，该工程入围中国数据中心“数据中心优秀设计奖”。

【首届亚洲大学生超级计算机竞赛决赛在上海交大举行】 有“超算F1”之称的首届ASC（亚洲大学生超级计算机竞赛Asia Student Supercomputer challenge，简称ASC）超算大赛决赛于4月17日、18日两天在上海交通大学举行，来自中国、俄罗斯、沙特阿拉伯、韩国的6个国家和地区的10支高校代表队进行总冠军的激烈角逐。

ASC是与美国SC（超级计算大会Supercomputing Conference，简称SC）、德国ISC（国际超级计算大会International Supercomputing Conference，简称ISC）大学生超算大赛并驾齐驱的全球三大超算赛事之一，该赛事由中国倡议成立，日本、俄罗斯、韩国、新加坡、泰国、中国台湾、中国香港等国家及地区的专家和机构联合发起和组织，由浪潮集团主办，大赛以推动超算应用人才培养，推进亚洲区域内超算交流合作为主要宗旨。

进入决赛的十支高校队伍，是从参加初赛的34所亚洲地区高校中角逐而出，分别是上海交通大学、清华大学、国防科学技术大学、华中科技大学、中山大学、中国台湾清华大学、中国香港中文大学、沙特阿拉伯王国阿卜杜勒阿齐兹国王大学、俄罗斯圣彼得堡大学、韩国蔚山科学技术大学。

进入决赛的上海交通大学代表队由 6 名来自计算机相关专业的大三、大四在校本科生组成，上海交通大学高性能计算中心副主任林新华老师担任指导老师。虽然组队的时间不到 1 个月，也是第一次参加此项竞赛，但是他们凭借着扎实的理论基础，在此次竞赛中，脱颖而出，成功进入决赛十强。并在 LINPACK 专项大赛中打破世界纪录，以微弱劣势屈居亚军。

【全国高校最快超算系统 π 在上海交大正式运行】 10 月 23 日下午，目前全国高校性能最强的超级计算机 π 在本校正式运行。该系统峰值性能达到 263 万亿次，根据最新 TOP500 超级计算机排名，位列全球第 158、中国第 11、上海市第 1。

π 采用了 830 颗 Intel Sandy Bridge CPU E5-2670，100 片 NVIDIA Kepler GPU K20m，100 片 Intel Xeon Phi 5110p，使用 56 Gbps 的 Infiniband 高速网络连接，并提供了 720 TB 的并行文件系统。该系统由浪潮公司负责搭建，部署在上海交通大学二楼，为学校高水平科研和超算人才培养提供有力支撑。

上海交通大学常务副校长、中国工程院院士林忠钦，上海交通大学和高性能计算中心主任顾一众，物理与天文系特别研究员陈民，化学系孙淮教授等校内用户代表，浪潮信息高级副总裁王恩东，NVIDIA 全球副总裁 Ashok Pandey 等制造商代表，上海超算中心及复旦、华师大、上海大学等兄弟院校代表 60 多人参与了 π 命名揭牌和正式运行仪式。仪式上还宣布了经用户委员会评审确定的被 π 第 1 批支持的 15 个项目，需要在以后 6 个月提供约 1 100 万核小时的计算资源。其中包括物理与天文系特别研究员、"青年千人"获得者陈民研究员提交的课题"激光等离子体相互作用中有关粒子输运、加速和辐射的大规模数值模拟研究"，是"人造小太阳"研究的重要部分。

高性能计算中心从 97 份应征稿件中最终选择了 π 为这台超级计算机命名，是因为 π 在希腊文中具有并行的含义，而并行是高性能计算的最基本理念；π 作为无限不循环的无理数，是人类理解无限的开始，其精确计算是人类使用计算机解决科学问题的典范；同时 π 还可看作交通大学首字母 J 和 T 的组合。

（杨宝军）

华东师范大学

【概况】 2013 年，华东师范大学信息化校园建设工作进一步加强。完善对公共支撑环境建设、管理与服务系统建设和网站及信息门户建设，并通过规范化管理，提升信息化服务能力，为学校的管理、教学科研和师生校园生活提供了更加便捷的现代化手段。

【计算资源】 以两台联想服务器 Think server 保障教务选课平稳运行，选课期间，最高同时在线人数达 4 000 人。完成了 vmware 虚拟服务器扩容，由 2012 年的 12 台主机、容纳大约 120 台虚拟机，扩容至两校区各 10 台主机，容纳 400 台虚拟机，为全校的各类 WEB 应用提供了更好的运行环境。

【存储资源】 存储扩容至 186 T，以应对虚拟化、备份、教学资源等不断增长的存储需求。对现有应用存储进行了冗余建设规划，对已有存储进行了部署安装和业务切换，实现了两校区虚拟服务器底层平台建设，分别放置于学校各部门虚拟机和学校核心业务虚拟机，两大平台网络物理隔离，保证安全。

【网络资源】 学校 IPv4 网络出口带宽增加至 2 150 M，其中教育科研网带宽增至 1 000 M，电信 163 网络带宽增至 150 M，上海城域网带宽增至 700 M，联通带宽 200 M，移动带宽 100 M。学校 IPv6（第六版互联网协议 Internet Protocol Version 6，简称 IPv6）网络出口带宽为 1 000 M。与电信、移动等运营商进行了 Wlan 的协商与业务测试合作，提升了用户的上网体验。

对学校出口主干网络设备（总出口防火墙、各链路防火墙、核心交换机）及两校区网络互联设备进行了升级改造，网络的稳定性和安全性有了大幅提高，优化了网络路由选择，两校区之间的互通链路带宽和逻辑链路数量进一步提升，优化了资源配置，提升校园网络的服务质量，满足校园网日益增长的流量和新业务的需求，为今后较长时期内的校园网各种业务，数据中心建设以及教学科研工作提供了有力保障。完成校园网络教科网出口切割，对校园网架构进行了调整，建立专门的数据中心，更新波分设备改善两校区互通。

【校园设施配套建设】 为配合图书馆中山北路校区的大修工程，对图书馆的大学生活动中心临时办公地点进行了网络改造；为了优化动物房和新药研究院的网络，对其光缆走向进行了改造；对组织部、办公楼东二、师资办西一楼的室内网络进行了改造调试；配合俊秀艺术楼、河西食堂的装修，对其网络进行了改造部署；配合孟宪承书院的搬迁，对其有线网络和无线网络进行了改造。

为配合后勤保障部快递中心的成立，对其办公区域进行了网络改造；配合后勤保障部、基建处，完成三馆的弱电改造和安防系统的部署和验收；配合后勤保障部，为后勤节电平台和水监控平台提供网络方案与实施的支撑；完成了 DNS（域名系统 Domain Name System，简称 DNS）和 DHCP（动态主机设置协议 Dynamic Host Configuration Protocol，简称 DHCP）的冗余部署，提高了网络的稳定性和健壮性。

为保障上海纽约大学迎新工作的顺利进行，暑假期间完成了三馆南楼所有有线和无线网络设备的安装与调试工作，其中包括 344 个数据点位，1 台汇聚交换机，15 台接入交换机，2 台 POE 交换机和 27 个无线访问接入点（AP）。为上海纽约大学迎新工作提供了重要的网络支持和保障。

为学校平安校园监控平台的建设提供网络方案与实施的支撑，配合保卫处，完成保卫处监控专网的改造规划，将其物理链路与校园网物理隔离，进行子网划分，网管监控等细化工作，逐步完成改造部署。完成了文科大楼、干训楼、校园卡系统部分接入交换机的更换，提高了网络的速度和安全性。新增部署了法商楼、文科大楼、孟宪成书院、公共管理学院等的无线网络，新增部署无线 AP 接入点 300 个，AP 总数达到 1 299 个。

【校园卡系统】 配合后勤保障部，调整补贴水量和收费单价，解决了新增联网水表费用异常的问题。与后勤保障部等多方协商，形成了消费纠错的规范化处理方式，由餐厅出纳员操作，规范操作流程，并且保存相关凭证。配合后勤保障部完成了闵行本科生公寓十栋楼淋浴设备的更换勘察和部署工作。完成校园卡系统和后勤校园收发室快递整合方案。

配合孟宪承书院的搬迁，新增两台注册报到机和一台教工考勤机。借助已有的会议签到采集程序和考勤机硬件，完成了会议签到软件的开发，与卡系统管理中心集成，方便日常使用。将原有 POS 机使用的 485 联网模式全部改为 TCP（传输控制协议 Transmission Control Protocol，简称 TCP）联网模式，新增虚拟机作为专用的采集工作站，安全性更高，解决了由于 POS 机出故障导致出纳机不能使用的问题。

通过更换硬件，优化配置，解决了教工考勤授权异常、圈存机故障、水控设备的时钟、扫描助手不能显示部分学生姓名、规范各采集工作站中本地数据库、web 服务器经常性重启、过期卡自动授禁等问题。

【邮件系统】 完成了教职工、学生和校友邮件系统的升级，并部署了邮件归档系统，完成了邮件系统的冗余建设和存储迁移，增强了邮件系统的稳定性和安全性，解决了原邮件系统一些问题。

【数据共享及信息安全】 完成了富士通存储 E-3000 到 EMC 存储的镜像同步工作，提高了核心应用存储的安全性。搭建 vplex 双活容灾，提高数据库和应用的安全性。对现有 Web 服务器进行了安全加固和加速，部署了万兆 Web 应用防火墙、负载均衡设备和反向代理设备，并实现了冗余建设。完成了宣传部使用信息发布系统 Web 版、信息发布平台 WebService 接口、信息发布平台手机短信版，完成了信息办联系方式短信查询功能；建立 WebService 用于 IECNU 成绩查询。为了增强各系统之间的共享，建立数据中心，用于数据库信息的共享，提供 WebService 服务。重新封装建立短信平台中新的短信服务的 WebService 接口，建立短信接收服务端，新增短信功能，实现校园卡余额查询和挂失校园卡的功能；完成卡中心查询 3 天内消费记录接口封装和 OA 系统查询待办发文签报 Webservice 接口的重新封装。

保障与研究生系统、财务系统、设备管理平台等系统相关的数据同步的正常运转；为智能教室系统、院系门禁管理系统等外部系统提供 Webservice 服务，促进数据共享；通过数据备份软件实现对进行信息中心核心数据库和主要应用系统的文件进行日常备份，并进一步升级拓展备份系统的存储空间和应用范围。

完成了上海公安局文保分局下发的配合任务，确保"十八大"、重大节日期间的网络与信息安全，配合市网安办进行了全校网络与信息系统的隐患排查和整改工作，参与了第三届网络与信息安全活动周。

【视频直播与视频会议】 完成了软件视频会议和 MCU 的部署和冗余建设，为教学科研的提供了更加便捷的交流沟通方式。完成了多次视频直播服务和视频会议的支持工作，包括人事处的远程面试、校友会成立晚会、管理案例精英大赛、国际湿地研讨会议、华夏论坛、教育部视频会议等，为各院系与国内外院校和研究机构进行前沿的学术研讨、技术交流和高层峰会提供了平台和服务保障。

【云应用】 完成了私有云存储硬软件系统的部署，为学校师生提供云存储空间，每位用户至少 10 G 空间，实现移动教学与办公，并满足各种智能终端的网络访问需求。完成了 citrix 虚拟桌面的扩容，30 个专用桌面扩展至 110 个，并大大增加了存储空间，每位教师可以使用到 100 G+ 的使用空间，并可灵活扩容。底层平台也由 xenserver 迁移至 vsphere 上，提高了虚机控制灵活性。进一步推广 NTR 软件应用，与 itil 运维服务平台对接，拓展了信息化服务渠道。

【网站群】 通过网站群进一步推进学校主页和校内二级网站建设，提高网站的信息安全水平，降低管理的复杂度。校园网主页于 2013 年元旦正式改版，英文版、法文版主页也同时推出。改版华东师范大学新闻网，建设了大夏学术网。学校主页的 Alexa 排名于 2013 年 5 月上升至高校前三名。继续完善新版教师个人主页的各种功能，教师个人主页数量超过 2 600 个。制作开发了校友会、教务处、人事处、社科处、MFA 中心、留联会、绿色化学与化工过程绿色化重点实验室等十余个网站。制作开发了第四届全国动物行为学研讨会的会议网站，制作了 ISMAR2015 会议网站初稿。制作开发了植物生理学、分子植物病理学、日语听力、政治学原理等教学课程网站，其中分子植物病理学和日语听力网站被评选为 2013 年上海市精品课程。为晋荣东、王群、陈立侨等教授个人实验室制作了个人网站。

【华东师范大学微信公共平台】 华东师范大学微信公共平台已于 2013 年 5 月正式上线。该平台集成了网站群、教师个人主页、公共数据库服务等各种信息资源。

【信息化支撑队伍建设】 信息办从信息中心及网络中心内部调动工作人员组成内设的研发中心，负责信息办科研项目的推动及部分信息系统的开发。信息办 2013 年年度新增进校教师 4 名，离职教师 1 名。根据学校总体安排，信息办服务院系、服务职能部门，不断拓展业务职能范畴、提升信息化服务能力。

【制度制定和完善工作】 依据学校相关规定及相关职能部门的管理规范，信息办制定了以下规章制度：《信息化办公室职称申报规则》《信息化办公室考勤制度》《信息办人事考核管理规定》《信息办报考在职研究生的相关规定》《信息化办公室职称申报规定》。

（任福芳）

上海师范大学

【概况】 2013 年，上海师范大学以量化信息化工作绩效为重点，以管理精细化、服务个性化为目标，积极稳妥地做好校园信息化保障、应用系统维护、信息化安全管理、信息化队伍建设等各项工作，不断提升校园信息化运行维护及信息管理的工作水平，为学校教学、科研、管理提供安全、优质的信息化技术支持与服务。

信息化专项建设。做好校级信息化专项及二级信息化项目建设的实施管理工作。实施完成基于校园网的远程视频会议及教学系统节点扩容、校园网基础设施安全管理建设、校友管理系统、二级学院行政办公管理系统、学校 GIS 地图信息系统、上海师范大学信息公开管理系统等信息化项目建设。实施完成校门出入系统、教师休息室门禁系统、学生信息门户加油网 APP 等实事工程建设项目。

信息安全。多项措施并举，进一步加强网络实名管理和信息化应用安全管理。部署卡巴斯基和瑞星两套正版病毒防护系统，完成 Web 防火墙设备和远程安全扫描系统、日志审计系统的部署。

信息管理及队伍建设。本着创新发展、规范管理的宗旨，深化信息管理制度建设，推进网络信息工作人员队伍建设。派出骨干赴加州大学北岭分校进行 3 个月的访学；组织优秀员工及校优秀网络信息员赴美国高校进行校园 IT 新技术、信息技术服务与管理等方面的专项交流。在信息技术培训、IT 服务方面，本着面向师生、主动深入的宗旨，采用网上培训视频和培训资料共享、上门培训、班课化培训等形式为教师提供多时段、多样化的培训。

数据共享。推动学校各类数据归口管理、集中共享，对学生、人事、教务、科研、财务、设备等各类数据的来源归口和流程进行梳理和更新，夯实学校数据中心建设。

（顾益明　李若宝）

【市教委 2013 年高校信息公开评议获优秀　排名全市第三】 根据市教委文件《上海市教育委员会关于公布 2013 年上海市高校信息公开评议结果的通知》（沪教委办〔2103〕34 号），在市教委围绕信息公开、便民服务、网上互动、工作特色等四个方面组织开展的“2013 年上海市高校信息公开评议”工作中，经各单位自查以及专家网上评议，上海师大排名全市高校第三，被确定为“优秀学校”。2013 年，学校认真落实《高等学校信息公开办法》，高度重视学校信息公开工作，规范和深化该项工作，以校园网上信息统一管理为抓手，规范各部处的网上信息发布，使用信息共享技术手段建设上海师范大学信息公开网，提高便民服务质量和水平，不断加强网上互动交流。

【学校邮件系统升级】 1月和5月，学校先后完成教师邮件系统和学生邮件系统的升级工作。升级后，教师用户的邮箱空间扩容至10 G，邮件数量不再限制。新版邮件系统支持各类移动智能终端，新增视频语音邮件、定时邮件、附件提醒、网盘文件共享提取等功能，操作更便捷，用户体验明显改善。

【学校电信网络出口带宽扩容】 1月，学校电信网络出口带宽从200 M到700 M的扩容工作完成。同时，根据学校教育网与电信网络出口带宽的实际情况，对教学、办公、宿舍区域网络路由进行调优，有效提高校园网络质量、提升师生的网络访问体验。

【3G无线设备借用服务推出】 3月15日起，为满足广大教职员工外出参加会议、访学、交流等短期活动时对网络的使用需求，学校推出向教职员工提供中国电信3G上网卡及无线路由器的外借服务。3G无线路由器可以在中国电信3G信号覆盖的区域，连接手机、平板电脑、笔记本等WiFi终端设备，最多可支持8个WiFi终端设备同时接入，自带电池可连续工作5小时，待机时长超过300小时。

【够快网盘服务启用】 3月，学校够快网盘(http://gokuai.shnu.edu.cn)服务正式启用。够快网盘是学校首次采用购买服务的方式提供面向全校师生的云存储平台，能够提供团队空间账号的服务，为教学、科研、管理等工作提供更大容量的存储空间。够快网盘提供两种使用方式：客户端方式和Web方式，其中客户端方式可以支持Windows、Mac OSX、Android、IOS、Windows Phone等多种平台。师生用户分别通过登录http://gokuai.shnu.edu.cn、加油网(http://u.shnu.edu.cn)并进行统一身份认证后即可使用该网盘。

【推进云服务器管理及服务】 4月1日起，学校按照适用原则，有效利用云服务器管理方便、业务扩展性强的优势，面向全校师生提供云服务器服务。学校把近60个校级应用系统从超过保修期的实体服务器迁移至云服务器，同时为二级部门新建10余台托管云服务器。该举措有效节约数据中心机房空间和能源、节省设备采购资金。

【推出Rsupport远程支持服务】 4月18日，为更好地向师生用户提供信息技术服务、及时解决用户在校园网应用过程中遇到的问题，学校推出Rsupport远程支持服务。Rsupport远程支持服务网址为http://rsupport.shnu.edu.cn。Rsupport远程支持服务是一种基于Web浏览器连接的新颖远程支持工具，用户根据系统生成的连接代码登录后，技术支持人员就可以通过远程协助操作、网络互动聊天等方式，快速准确地为用户提供实时技术支持。通过应用该远程支持服务，服务人员可以高效、灵活地对多位用户进行同时在线支持服务，避免在各个故障现场之间低效奔波。

【实行校公共机房上网实名登录】 4月，学校在085内涵建设项目的支持下完成校园公共机房上网审计系统建设，实行校公共机房上网实名登录并开通公共机房的国际访问权限。师生在公共机房访问校外网络资源时，需使用学校统一身份认证账号和口令进行登录，实现实名登录；访问校内网络资源时无需认证。此项措施既便于师生操作，又便于开展各类上机课程教学工作，也满足了师生获取更多国内外优质教育资源的需求。

【移动智能终端校园专用WiFi开通】 5月上旬，通过对无线系统进行升级，学校为移动智能终端用户开通无线校园网专用信号——“shnu-mobile”，实现一次认证后即可自动免登陆联网。该无线信号支持iOS、Android等操作系统的移动智能终端。与此前需多次输入账号和口令的网页登录无线校园网方式所不同的是，师生用户在智能手机、IPAD等移动智能终端上只需进行一次方便、快捷的认证，即可在校园WiFi环境下，自动免登录进入无线校园网。此次无线系统升级拓展后，可支持最大用户数5万、同时上网用户数5千。

【成为全国首个使用支付宝全渠道充值校园一卡通高校】 6月，为提升学校信息化建设水平、满足校园一卡通用户的网络消费需求、方便师生为校园卡进行在线充值，学校和支付宝合作推出支付宝为校园一卡通充值的服务。学校成为全国首批与支付宝合作使用电子支付对校园一卡通进行充值的高校之一，也是全国首个使用支付宝进行自动圈存、自助圈存和支付宝钱包圈存全渠道充值校园一卡通的高校。利用支付宝提供的服务，学校完成对现有校园卡系统的改造，建立校园卡支付宝圈存业务系统，为师生用户提供更加便捷、灵活、安全的校园卡充值服务。师生用户登录支付宝账户后，在“应用中心”中选择

“校园一卡通”服务，选择“上海师范大学”就可以使用支付宝为校园卡进行充值。

【校园地图系统上线】 8月，上海师范大学校园地图系统(http://map.shnu.edu.cn)上线运行。该系统通过3D仿真和实景展示的形式展现校园风貌，提供校内各单位的图文介绍、校园风光及教学生活相关的基础信息的查询和导航服务。同时，为满足日益增多的移动智能终端用户的需求，学校推出支持iOS、Android等操作系统移动智能终端的校园地图客户端。2013年迎接新生工作也在此平台上同步进行。通过该平台，新生和家长足不出户就可以漫游虚拟校园，提前对学校的教学、生活环境有更直观、更全面的了解；还可通过校园地图上的“迎新功能”，查询从上海各主要交通枢纽来校的交通线路、报到当天校内的机动车行驶线路及报到流程并及时了解宿舍所在的位置和其他报到服务点信息等，为报到提前做好各项准备工作。

【VPN接入系统升级】 9月，为解决学生实习期间、周末、假期在校外使用校内数字资源的问题，学校完成对专用资源网络接入系统(简称VPN系统)的升级工作。学校原有VPN系统由于设备带宽等性能的限制，只对教师开放。升级后的VPN系统同时向所有在校师生提供服务，师生在校外可以通过访问网址https://vpn.shnu.edu.cn，登录认证后即可使用校内专属资源(如图书馆数字资源)。此次系统升级既提高了专用资源接入通道的网络性能，又实现客户端多操作系统的支持，满足全校师生使用不同客户端系统方便地访问校内数字网络资源的迫切需求。

【学院行政办公助手上线】 10月，为更好地利用信息化手段实现学院行政办公的自动化、信息化和规范化，提高学院行政工作效率，构建资源共享平台，“上海师范大学学院行政办公助手”正式上线使用。使用该办公助手可以及时发布学院通知公告并对学院的规章制度、院校通讯录、院聘津贴、财务经费、会议考勤等进行高效规范的管理，还可以根据不同教职工的岗位分配不同的管理使用权限。教职工用户通过登录学院行政办公助手可以查看学院发布的最新公告和各类规章制度、下载院校通讯录、查看个人院聘津贴、经费使用情况等，实现学院内部的互联互通和资源共享，文件、信息传递更加方便快捷。

【实现校园餐饮公共区域WiFi覆盖】 10月和11月，徐汇、奉贤两校区餐饮公共区域无线网络先后开通使用，标志作为学校2013年实事工程之一的“校园餐饮公共区域无线网络覆盖”工作完成。学校餐饮公共区域的无线网络覆盖范围为：(徐汇校区)外宾楼餐厅、学术文化交流中心餐厅、紫薇苑餐厅、香樟苑餐厅、生乐餐厅；(奉贤校区)玉兰苑餐厅、金桂苑餐厅和紫藤苑餐厅。学校餐饮公共区域无线覆盖提供的信号源(SSID)是shnu-mobile。shnu-mobile支持iOS、Android等操作系统的移动智能终端。通过对智能终端的简单设置即可使用无线校园网服务。

【校邮件系统密码管理平台启用】 12月31日，学校新版邮件系统及统一身份认证密码管理平台http://xgmm.shnu.edu.cn正式启用。需要在网上进行自助密码重置的师生用户，只需在管理平台上确认手机信息后完成账号与手机号码的绑定。忘记密码的用户可通过向绑定手机发送通行码，完成认证后可自助进行密码重新设定，操作方便快捷。

(李若宝)

上海体育学院

【概况】 2013年度的校园信息化的工作主要是在保障现有校园网络服务和信息应用服务安全稳定运行的前提下，围绕学校本年度工作要点，优化面向部门和师生提供的各类信息化服务，积极开展信息化项目建设，加强和完善基础网络设施建设和应用系统建设，为全院师生提供更优质的信息化服务。

【完成《上海体育学院信息化建设三年规划(2013—2015)》的制定】 为深入贯彻国家和上海市中长期教育改革和发展规划纲要精神，落实教育部教育信息化发展规划、上海市教育改革和发展“十二五”规划及上海市教育信息化“十二五”发展规划内容，配合学校建设世界一流体育大学的目标，有效推进学校的信息化建设，制订《上海体育学院信息化建设三年规划(2013—2015年)》。

此次规划以师生为本，围绕“教学、管理、服务”三大要素，积极探索现代信息技术与教育创新的有效融合，全面提高教育管理水平和服务质量，阶段性整体部署学校的教育信息化发展任务，努力打造一个安全、稳定、高效的校园信息化环境，以满足师生员工在校学习、工作、生活的需要，提升学校综合竞争力。完成三个转变，由管理信息化为主向教学(训练)、管理、服务信息化并举转变，由信息化建设分散管理向集约化管理过渡，由各类数字资源单一利用为主向资源共享和综合利用转变。

【校园网站群项目建设】 完成了学校中英文门户网站、手机版网站主页以及45个二级学院及部门网站的建设和数据迁移工作。为网站的建设提供更便捷的技术平台,更方便建设新网站,实现网站建设的高效和访问速度的提高。

【专题网站建设】 为深入贯彻落实和学习党中央在进行深入开展党的群众路线教育实践活动的有关事项和精神,配合学校相关部门建设了相关专题网站,完成了“深入开展党的群众路线教育实践活动专题网”和“信息(校务)公开网”等网站的建设工作。

【校园网络工程建设】 完成校园大屏光纤工程铺设。实现大屏幕控制机与校园网交换机光纤之间的直接连接,实现更方便快捷的对大屏幕进行更新维护和管理;完成田径场、西网球场、游泳池和高尔夫馆光纤铺设工程;完成高尔夫球馆的有线网络工程;完成运动健身科学馆的无线网络建设工程;制定乒乓球训练馆、乒乓球综合馆有线和无线网络建设方案。

【校园信息平台和信息化系统建设】 完成研究生教学教务管理系统二期项目的建设并投入使用。信息化二期建设的软件项目(OA系统,党群系统,场馆系统,教学教务管理系统)已全部达到招标需求设计要求。

启动了校园网基础信息平台的升级和短信通讯平台的建设。目前按照项目进度计划有序进行,已完成产品的部署,完成校内各相关部门的数据及集成的调研工作。

【信息系统安全等级保护】 按照国家的有关规定完成了三个重要信息系统安全等级保护整改。根据信息系统安全等级保护建设的整改要求,采购并部署了IDS(入侵检测系统 Intrusion Detection Systems,简称IDS)、网络审计和日志审计三类安全产品,并对重要网站和信息系统进行加强安全防护。

【邮件服务系统升级】 对校园邮件服务系统升级扩容。部门、教职工和学生邮箱空间均提升至3 G,网络存储空间提升至500 M,邮件附件文件最大提升到50 M,更好地为全院师生提供邮件服务。

【网络带宽提升】 经与运营商协调,校园网中国电信出口带宽免费升级,从60 M扩容至80 M。并且在原有价格不变的情况下,将每个学生在宿舍的网络带宽提高一倍,学生宿舍的上网条件得到明显改善,并解决了学生网络故障报修难的问题。

(罗海林)

上海应用技术学院

【概况】 2013年上海应用技术学院的信息化工作主要是完成网络建设升级,完成数据中心虚拟化系统的搭建,继续完善数字化校园辅助管理系统及应用,实现信息化科研工作的突破,进一步开发校园网新应用、提升了信息系统安全与使用效率,打造高水平的数字化智慧校园。

【校园网络、安全系统建设】 2013年,校网络出口带宽完成升级。校园网络出口带宽由原有的214 M提升至534 M;完成了奉贤校区286个无线i-SIT AP的部署,覆盖了各学科楼、办公楼、各教学楼和食堂等主要区域;完成堡垒机系统,网页防火墙系统、入侵防御系统等安全设备的配置和部署。

【基于易班的信息化建设项目】 由上海市教委党委、上海应用技术学院、易班发展中心共同参与开发的基于易班的信息化建设项目完成验收。“易班”建设项目,突破了“易班”推广的技术瓶颈,实现了“易班”门户与学校门户的统一身份认证;将数字化校园中一些面向学生的典型业务,如学生课程表查询、学生成绩查询、奖助学金评定等以更加灵活多样的方式融合进“易班”平台;开发了学生关注的就业信息系统、二手货交易系统,拓展了“易班”平台上的应用。同时,创新性地提出了“易班校园代理”的解决方案,为易班更好地与各个学校数字化校园的对接提供了切实可行的途径。

【大学生第二课堂教育管理系统项目】 大学生第二课堂教育管理系统是学校为达成第二课堂教育目标进行配套服务的软件系统。通过该系统,学校内各类第二课堂活动的管理与服务都容纳其中,涵盖了讲座报告、讨论班和读书会、科技创新和学科竞赛、军训教育、文体活动、社团活动、志愿服务、社会实践、公寓社区活动等。系统于2013年5月份开始招标,6月份进入系统设计与开发阶段,10月系统投入试运行。经过用户部门使用进一步完善功能,于11月份完成项目验收。

【数据中心虚拟化一期系统】 学校独立完成数据中心虚

拟化系统的组建。系统采用了刀片式服务器，学校存储系统提供 3.5 T 空间。将学校网站群、期刊社系统、邮件系统、合同管理系统等业务迁移至虚拟化系统，并投入正常运行。

【校园卡业务系统的完善】 学校完善了校园卡业务系统、实现了校内统一身份认证。学校拥有食堂消费终端刷卡机 227 台、水控读卡器 1 271 台、宿舍电控设备 3 719 台、门禁设备 73 台、考勤机 20 台、车载消费终端刷卡机 35 台、手持机 8 台、圈存机 11 台、多媒体查询机 12 台。

（田怀香）

上海远程教育集团

【概况】 2013 年，上海远程教育集团(以下简称“集团”)围绕“深化转型，内涵发展”的工作主题，在务实中求突破，在转型中促发展，扎实推进开大信息化、全市基础教育信息化以及上海学习型社会建设，不断提升集团教育技术服务水平与能力，为终身教育体系的构建做出新的贡献。

以提供“信息化的教育教学”为目标，加快上海开放大学信息化建设。明确集团、上海开放大学教育信息化内涵发展的任务，制定了上海开放大学信息化发展规划，启动数字化校园建设。推进上海教育城域网主节点建设。建设上海开放大学门户网站，健全全网上测试系统和全网络学习平台系统，完善移动学习的学习支持服务，开展网上虚拟实验室的建设，满足上海开放大学多样化的教学需求。建设上海开放大学云计算平台，改善上海开放大学系统整体校园网络环境，提升校园网的出口带宽，建成上海开放大学三级架构城域网。改造远程教育呼叫中心，增加在线客服，提升服务水平。完成开放教学数字化实验室的方案总体设计，并成功申请到上海开放远程教育工程技术研究中心。

年内，上海市电化教育馆以重大项目建设为契机，积极推动上海基础教育信息化发展。上海市基础教育学生信息管理系统实现全市中小学生学籍数据实时采集全覆盖，顺利完成上海系统与教育部系统的数据对接，向全市 138 万名中小学生成功发放电子学生证。启动中小学专题教育项目，已完成学生资助学习管理平台的功能架构及技术实现。成功改版中国长三角优质教育资源网，建设长三角教育资源共建共享平台，目前已有 1 219 所学校在网上注册。积极开展电子书包项目推广试点工作，推出电子教材及数字教育 APP 发布系统，成功开发 10 套电子教材。制定了上海市“中小学教师信息技术应用能力提升工程”(2014—2017 年)方案，并承担了对全市 2 100 名新教师教育技术应用能力和新一轮中小学教师信息技术应用能力的培训任务。

服务学习型社会建设。推进“上海学习网”与区县学习网的互联互通，强化社区特色互动品牌建设，面向市民持续推进线上线下一体化应用，逐步探索建设“课程超市”应用模式。市级平台至今已整合开发 4 000 门市民学习课程，实现与长宁、徐汇、闸北、杨浦、静安以及浦东新区等 6 个区县学习网的互联互通，整合课程资源 8 000 门。进一步推进学分银行建设，建立覆盖全市所有继续教育高校的 68 个学分银行高校网点，形成高校网点学分认定转换制度及学分银行与开放大学衔接的工作机制，开展学分转换。

【推进上海教育城域网主节点建设并挂牌】 上海教育宽带城域网是上海市教委信息化重点建设项目，上海开放大学成为上海教育宽带城域网的重要组成部分。10 月 29 日，顺利组织上海教育城域网主节点揭牌仪式，并承担了从网络铺设、设备上架、配置调试等基础设施建设工作，协调建设各方，现已完成光缆铺设、机柜安装、设备调试等基础设施建设工作，已实现与复旦大学、上海交通大学、张江高科技园区三个主干节点的 100 G 互联，实现与黄浦教育信息中心、杨浦教育信息中心、虹口教育信息中心、交大医学院等多个主节点的 10 G 互联，并为周边教育单位提供万兆或千兆接入。

【深化上海开放大学全网上学习平台系统建设】 研究并形成了 2—3 年内开放大学校园网系统建设的整体建设方案和第一期建设方案，将建设学校基础数据管理平台，实现统一身份认证，单点登录。整合网上课堂与优质课程平台，实现了入口一致、资源分享、教学统一。建设全网上形考系统，融合学生记分作业、期中考试、平时表现、评价机制、成绩管理等考核内容，并于 11 月通过验收后正式使用。2013 秋季学期全网上形考课程已增至 51 门。截至 11 月月底，各分校共设置学生 14.9 万人次、班级 10 173 个、学习小组 6 389 个，学生累计答题试卷数量 38 万份，答题总数量 2 064 万道，有效保障了教学业务的顺利开展。同时，学校进一步推进移动学习资源与项目建设，将学历教育的资源推送到四屏(电脑屏、电视屏、手机屏与 Pad 屏)，供各类学习者选择学习。

【改善上海开放大学校园网络环境】 完成总校网络带宽出口提升，从原有的 200 M 提升到 1 G，有效地改善了学校的网络环境。优化宽带城域网结构，由二层结构扩展成三层结构，并设立了五个二级汇聚点，汇聚各接入分校网络流量，再上连到总校，从而提升了整个局域网的稳定性。形成了覆盖全校、扩展到分校系统、可在上海高校间跨校认证的无线网络建设方案，现已进入了项目实施阶段。同时，成功建设上海开放大学云计算平台，把原来分布在130多台物理服务器上的320多个大小应用逐步迁移到云平台上，为学历教育与终身教育的各种应用提供了稳定、可靠的基础环境。

【完成远程呼叫中心建设】 通过对旧的呼叫中心系统的改造项目，旨在从功能集成、信息统计、问题库使用、内部管理、日常工作使用及硬件方面大幅提升，满足各项服务需求。2013年11月，新的呼叫中心顺利竣工，在性能方面得到了很大提高，不仅满足了现在各项目的服务需求，还为今后发展留下了空间。系统建立完成了用户信息库，实现自动统计和分析功能，提高统计效率与准确度。新系统集在线客服、短信、邮件、传真于一体，在提升用户满意度的同时，有效提高了工作效率。截至2013年年底，学历教学平台总计接入对话量接近10 000人次，为学习者提供了便捷的支持服务。

【开展开放教学数字化实验室建设】 组织多层次、多方位调研，完成了开放教学数字化实验室项目方案总体设计及多轮专家论证。基于实验室运行配置方案设计，初步搭建出了课堂数字化学习、录播、多屏互动、3D展示等智慧学习环境，开展了微课、移动、Moocs、3D等互动学习样板内容设计。在技术研究上，已完成了实验室评估分析等共性关键方法研究，并积极开展国内外合作交流，先后与美国、德国领先的数字化学习实验室进行交流，达成初步合作意向。基于实验室的建设，成功申报由市科委命名的上海开放远程教育工程技术研究中心。工程中心以“远程教育学习服务和数字实验技术”为研究中心，设置了开放远程学习平台、开放教学数字化实验环境、开放学习资源一体化系统、电子书包支持服务系统等四个研究方向。

【推进中小学专题教育项目】 中小学专题教育项目由学生自主学习管理平台和网络课程两部分组成，项目从2012年年底启动至今，已完成学生自主学习管理平台的功能架构及技术实现，并在8所学校进行试用，完成测试验收后，12月由市教委基础教育处主持了平台发布。同时网络课程的开发工作也在紧锣密鼓地进行中，目前已有2门课程的8个模块通过审核并上线试用，还有13门课程的47个模块计划也将陆续上线。根据市教委基础教育处对专题教育的整体规划，中小学专题教育项目将提供200门网络课程，支持170万中小学生的网络专题学习，并与学生信息系统对接，实时记录学生的网络学习情况。

【开展电子书包项目推广试点工作】 完成《科学与技术》《儿童哲学》等10套电子书（教材）的开发。“电子教材及数字教育APP发布系统”也已上线。开展“国际合作数字化环境下科学课的教与学探索实验”项目总结报告12万字，并编写214个国外引进资源的导读和应用指南。启动“国内一对一数字化课堂教学实践”项目，开发了《牛津英语》二年级第一册共78个移动教学资源，在曹杨实验小学进行了试用，并对其在内的近70所学校的数字化教与学探索进行跟踪研究并提供技术支持和指导。

【筹建开放教育课程资源“超市”】 根据《国家中长期教育改革和发展规划纲要（2010—2020年）》和《上海市中长期教育改革和发展规划纲要（2010—2020年）》有关建立一个开放灵活的教育资源公共服务平台，实现优质教学资源在校际间乃至全球共享的要求，上海开放大学从革新办学方式、创新学习模式的角度出发，着手开展开放教育课程资源“超市”的设计研究。成立以专家组和工作组为核心的研究团队，通过对国内外教育信息化现状和发展趋势的认真分析，并结合商业超市的理念和机制以及开放教育资源实际情况，依托云技术的支撑，基本完成了“课程超市”的顶层设计。积极申报“上海课程超市建设”项目。

【持续推进学分银行建设】 学分银行高校网点建设取得突破，建立了覆盖全市所有继续教育高校的68个学分银行高校网点，形成了高校网点学分认定转换制度及学分银行与上海开放大学衔接的工作机制。制定了涉及19个本专科专业的学历教育530门课程学分认定标准、469个职业培训等非学历证书转换为学历教育课程学分的认定标准，开展了学历教育不同高校之间、职业培训等非学历证书与学历教育之间的学分转换。全市各区县社区学院、街镇社区学校和市老年大学课程开设信息3 119条经认证进入学分银行，累积市民文化休闲教育学习成绩169 832条。截至2013年12月，学分银行开户并建立个人学习档案人数411 489人，开户学员存入成绩918 577条。

（钱音肖　黄复生）

二、文化领域信息化

概况

2013年，是深入贯彻实施“十二五”规划的重要一年，宣传系统信息化工作紧紧围绕《上海市推进智慧城市建设2011—2013年行动计划》和《宣传系统信息化发展“十二五”规划》，按照市委提出的“创新驱动、转型发展”的要求，着力建设宣传系统“十二五”信息化重点项目、继续加强信息安全综合保障工作，稳步推进主流传统媒体的创新转型，各方面工作取得积极成效。

【积极落实规划，推进重大信息化项目建设进程】 2013年是深入实施《上海宣传系统信息化“十二五”规划》提出的目标、任务的关键之年，在部领导的关心重视下，宣传系统各单位积极行动，制定合理计划，大力度推进重点项目建设，信息化工作取得了积极成效。市新闻出版局基本完成电子政务系统项目建设，实现内容审读、行政审批、行业监管和公共服务等功能。上海图书馆继续做好“一城一网一卡一系统”和“少儿一卡通”平台建设。目前，全市包括市少儿馆在内的“一卡通”市、区县、街镇以及其他基层服务点总节点数已达到了294个，同时还在继续推进浦东新区、静安、长宁、宝山等4个区5个馆全面进入中心图书馆“一卡通”系统。“一卡通”现有流通馆藏量超过1 900万册，较2012年有逾90%的增长，年异地通借通还量超过4 200万册次，较去年增长超过20%，位居全国第一。中心图书馆“一城一网一卡一系统”服务平台已成为全球超大型的城市图书馆联合体。上海广播电视台完成新闻中心高清化改造，实现新闻综合频道和东方卫视的新闻全面高清化播出，与各新媒体业务平台进行互联，具备全媒体素材获取和发布的能力，以保持上海广播电视台的新闻制播能力在国内的领先地位；完成广播制播网改造，建设全新的全媒体广播制播平台，实现了播控系统的全面信息化，提高了广播核心竞争力；同时，还完成了媒资系统高清化综合改造，实现娱乐媒资、体育媒资、新闻高清媒资和原有中心媒资的统一检索查询、统一调度管理、文件化送播、资源再利用等，提升媒资体系的整体服务水平和媒资的利用效率。

【采取有效措施，切实提高信息安全防范能力】 为确保全国“两会”和十八届三中全会期间的媒体安全，宣传系统各单位采取措施，周密部署，加强网络安全管理，确保各项工作落在实处。市宣传部进一步强化宣传系统信息安全服务平台功能，在为宣传系统32家直属单位及其下属62家互联网站提供网站监控的基础上，部署完成Web应用弱点扫描管理模块，定时对各单位的网站进行渗透性测试，查找网站最脆弱的环节和安全隐患及漏洞，并及时出具测试报告，协助各单位及时发现漏洞，消除隐患，同时，还积极做好信息化建设咨询、IDC机房服务、信息安全技术支持等内容的服务，切实做好本市宣传系统信息安全保障工作，提高各直属单位信息安全防范能力，组织开展宣传系统专项保密检查。根据中办、国办和保密局相关信息安全要求，市宣传部先后修订了《中共上海市委宣传部机关保密工作规定》《关于做好保密要害部门、部位确定工作的通知》《中共上海市委宣传部机关计算机网络系统使用管理办法》《中共上海市委宣传部机关涉密介质安全保密管理制度》等一系列保密规章制度，督促并做好宣传系统以及部机关的涉密计算机和移动存储介质的台账管理工作。文广集团包括电视台、东方网、上影集团等单位在重大会议期间也是统一思想、高度重视，以安全为第一要则，克服保障工作时间长、跨度大、任务重的困难，针对互联网站、业务网、办公网以及网内运行的信息系统，结合其应用特性和保障要求，从内容把控和技术防范两方面部署了多项保障措施，主要包括：强化信息安全责任制，严格内容审核把关，加强技术防范措施力度，合理安排值班、内容监控力量，规范人员培训和应急演练，完善上下游部门以及与外单位之间的信息沟通机制，确保了网络和信息系统在重要保障期间安全平稳运行。

【创新驱动转型，加快全媒体研究开发建设步伐】 随着信息技术与网络技术的迅猛发展，传统媒体的发展受到制约，宣传系统各单位纷纷未雨绸缪，全力以赴做好新媒体的研究、开发和建设工作。2013年，百视通与微软的合资企业——上海百家合信息技术发展有限公司入驻自贸区，该公司将致力于家庭娱乐和游戏产业的技术研发以及内容聚合，将发挥双方在娱乐与科技方面的优势，不仅为中国用户带来世界一流的娱乐科技体验，也让中国的娱乐文化产业创新走向世界。同时，上海广播电视台、上海东方传媒集团(SMG)与国网上海市电力公司组建的合资公司“广视通网络通信传媒有限公司”也入驻中国

(上海)自贸试验区,该公司主要开展基于智能电网的各类增值业务,拓展数字电视新媒体新的传播发展渠道,有效践行服务"三网融合"国家战略,推进信息产业与文化产业的融合发展。解放集团创办的 i-news 上海手机报,相关业务产品有 7 个,用户总数达到 100 万级别,其中核心产品彩信报收费用户达到 20 万,成为上海用户规模最大的地方彩信手机报,《解放日报》的电子阅报栏也已在上海全市布点 600 多台,已上线《解放日报》、即时推送新闻"新新闻"、图片专栏"i 视觉"及《i 时代报》四块内容,目前开发成功的"解阅二代"已投放市场正式使用,新设备适合投放于多媒体播放终端,如 Flash 动画、内嵌视频等展现形态,提升用户整体阅读体验,从后台统计系统看,周均点击量达到了 12 万次,取得了良好的反馈,初步形成了规模和影响。《故事会》《大众医学》《上海壹周》等杂志也全面进军手机阅读领域,开发相应的 App 并上线供用户下载使用。

(励 敏)

公共文化信息资源开发和服务体系建设

【加快推进公共文化数字化管理】 利用有线电视传播文化信息资源共享工程,为群众提供点对点、个性化的公共文化服务。市政府与上海东方有线网络有限公司合作继续推进郊区下一代广电网络与有线电视数字化建设。2013 年,完成下一代广电网络(NGB)覆盖用户 120 万,形成全市 530 万户 NGB 用户规模。2013 年,全市已建成 305 个公共电子阅览室终端。依托上海市中心图书馆建设海量文献资源库,实现信息资源共享。推动中华艺术宫两万件藏品影像数据采集、上海舞台艺术精品数字化集成与典藏、上海艺档馆及各类艺术机构数字化建设。推动上海当代艺术博物馆、民间博物馆、非遗展示馆设施集群数字化功能建设配套。"上海市社区文化活动中心中央信息管理系统"通过文化部科技司验收,系统拥有五十余万实名制会员数据库,成为上海全市公共文化设施数据统计的主要来源之一。开展对现有博物馆资源的数字化精选、整合,有条件地实施博物馆资源进入浦东、虹桥机场工程。推进"公共文化云"项目建设,按照国家公共文化发展中心要求完成上海公共文化数字支撑平台建设方案设计,并通过文化部专家组审核。研究制定数字群艺馆和市民艺术大课堂方案,将在建的数字图书馆建设纳入"公共文化云"。在嘉定、闸北区开展云服务试点。市民文化节期间,东方艺术指导中心推出资源派送和管理平台,将数百项社会主体、百名艺术家等资源成功推送到社区。

【顺应移动互联网发展,推动公共文化服务延伸】 2013 年 6 月 28 日,适用于图书馆、博物馆等文化服务机构的"城市公共文化移动服务集成平台建设与研究"项目通过文化部验收,该项目可用于构建具有个性化、随时随地交互能力的移动应用服务。12 月 4 日,市文物局的博物馆、文化遗产和重要名人故居三份导览图 App 应用程序在市文广局官网上线,市民可通过手机、平板电脑等移动设备下载 App 程序按图索骥找到这些文化场所。上海博物馆"幽蓝神采"元青花瓷器大展 App 应用程序 2013 年 1 月 17 日正式上线,以全新的文物博览模式,用纤丽细腻的中国传统笔墨,带市民走进元青花瓷器的艺术世界。政府各公共文化服务部门、文化场馆纷纷开设官博、官微、官方微信等发布文化信息、推广文化活动。2013 上海书展借助二维码技术及现场信息化导购装置,及时满足广大读者和网友畅游书海、分享书讯的信息服务需求。市民文化节组委会另辟蹊径,在各区县文化活动场所放置印有二维码的文化节海报,以供市民扫描后查阅各区县文化节活动安排。

【适应阅读方式转变,构建上海知识服务数字化网络体系】 上海图书馆数字图书馆建设与时俱进,继 2012 年推出移动服务平台及相关手机应用之后,2013 年上海图书馆重点实施上海市民数字阅读推广计划。开展微访谈、"激情夏日、绿色阅读"系列微活动,与"市民电子书"App 对接,在广大市民中营造电子阅读的书香氛围。市新闻出版局推动数字阅读工程发展,大力开发手机阅读、云中图书馆等新型阅读领域,加强数字阅读的内容建设,推动阅读与原创的良性互动。借助上海书展官方微博、博客、微信,利用开设专题网页、嘉宾访谈、好书推荐等多种形式开展数字环境下的全民阅读活动。与此同时,利用新闻出版专项基金资助区县、各类读书组织、社会团体开展线上线下全媒体推动立体阅读项目。上海报业集团成立首日则宣布将发展重心转向新媒体内容业务,进一步加强新闻资讯的数字化,积极实现新闻的手机等多平台推送服务。并与百度签署合作协议,合作运营百度新闻上海频道。

(马升华)

东方信息苑建设

【探索数字家园网站发展,搭建整合特色服务板块】 由东方社区信息苑开发的社区数字家园网站(02lu. com)在 2013 年度积极探索发展通道,搭建整合特色服务板块,服务广大市民。截至 9 月份,网站注册用户达到 30 万人。9月份，“热点关注”新版上线。“热点关注”平台上新增文明社区创建、媒体合作、市民巡访团等功能版块，进一步凸显网站立足社区信息化服务、推动社区信息化管理的职能。同时，网站与《解放日报》、《文汇报》、《新民晚报》、上海广播电台、《东方早报》五家媒体正式签署合作协议，将全面推进社区文明建设。

【开展无线网络应用培训，全面推动智慧城市建设】 为帮助更多市民适应新时期信息化发展，体验智慧城市带来的信息便利，消除中老年人群的“数字鸿沟”，由上海市经济和信息化委员会主办，上海市信息化培训协会指导开展的“2013移动互联网应用培训普及工程”在全市17个区（县）全面启动，东方社区信息苑100个网点成为首批指定培训点，为社区2万名市民提供公益培训服务。活动自开展以来，获得社会积极反响和社区居民的热情参与，每天的报名人数都达百人，居民通过培训熟练掌握无线网络知识，学会平板电脑操作的基本技能，了解各种与衣食住行密切相关的最新信息应用，感受信息化给日常生活带来的便捷。

【由点到面开展全面帮扶，助农民工融入城市生活】 2013年，东方社区信息苑在为农民工提供基础上网服务的基础上，根据需求由单点到全面开展重点帮扶，陆续启动了“金融让生活更幸福——万名进城务工者金融知识教育项目”、进城务工者绿色网上行、指导农民工网购火车票服务、东方社区公益美容大赛农民工培训专场等活动，通过培训、讲座等方式帮助农民工融入城市生活。

农民工免费接受金融培训，树立正确的理财观念。2013年，“金融使生活更幸福——万名进城务工人员金融知识教育”公益培训共计免费为10 225名进城务工者进行了金融知识培训。培训分为16课时，每课时45分钟，总计上课时间为12小时。据资料统计，浦东新区共有2 152名外来务工学员参加了培训，崇明县的学员达1 050人，金山区为978人。数据显示，30岁以上的外来务工者对金融知识的渴求最强烈，占所有培训学员人数的60%。经过培训，学员们的考试合格率达到了95.5%。该项目由上海市慈善基金会、上海市银监局和东方网主办，上海市慈善教育培训中心、东方社区信息苑承办，汇丰银行资助。

解决网购春运火车票难题，帮助农民工回家团圆。“指导外来务工者网络购买春运火车票”是东方社区信息苑的品牌公益服务项目，它解决了进城务工人员网络购买火车票难的“困惑”。家里没有网络设备、不会操作电脑的市民和农民工，可到离家最近的信息苑免费上网购票，或请信息苑工作人员指导网络购票。2013年春节前夕，信息苑曾指导过五六千名农民工购买春运火车票，帮助一千多名农民工买到了回家的车票。这一公益服务项目得到媒体的广泛关注，中央电视台及沪上十多家媒体曾多次进行报道，社会反应良好。2013年年底，上海铁路局与东方信息苑再次深度合作，把信息苑作为“铁路春运火车票销售宣传点”。

【拓展思路创新公益活动，热门活动引发社区热潮】 2013年，东方社区信息苑在保障提供优质基础服务的基础上，积极走群众路线，倾听居民的心声，对接不同层级的居民需求，拓展思路创新公益活动，通过开展针对不同人群的特色活动，持续引发社区居民的参与热潮，实现了公共文化服务规模、品质、品牌的多重提升，实现了公共文化服务功能在基层实实在在的落实。

交通安全宣传走进社区，共同构筑交通文明社会。2013年2月，东方社区信息苑联合市文明办、市网宣办、市公安局交警总队开展了交通安全进社区活动，通过在信息苑开展线下千场交通安全讲座、线上交通安全知识竞赛和交通安全视频片展播等相结合的方式，深入社区为百万市民打造学习交通安全知识的平台。活动持续一年，全市300多家东方社区信息苑作为“社区交通安全宣传点”，长期为居民提供学习交通安全知识的服务。

持续举办计量网上竞赛，帮助学生普及计量知识。2013年5月，东方社区信息苑在市质监局的指导下，持续开展“计量：经济发展的基石、和谐生活的保障——5·20计量科普知识网上竞答活动”。5—10月，全市10万余名中小学生和市民参与网上计量科普知识答题，越来越多的人通过参与竞赛，了解计量在科技、生产、生活中的重要作用，活动掀起社区及学校学计量、用计量的热潮。

快乐天空暑期活动升温，打造学生校外第二课堂。2013年暑期，东方社区信息苑将推出“快乐天空”——“快乐暑假·创意梦想”为主题的青少年暑期公益系列活动，通过组织“社区幼儿积木创意搭建大赛”“青少年再生资源利用知识讲座”“青少年网络电子竞技大赛”“青少年计量科普知识竞赛”“‘未成年人一日交警’交通安全教育”等丰富多彩的活动，为广大青少年儿童营造健康快乐的暑期生活环境，切实为广大青少年儿童提供了寓教于乐、丰富多彩的活动大餐，以及展示自我、互动学习的快乐舞台。

普法宣传与居民面对面，掌握旅游法知识有实用。

2013年7月，东方社区信息苑联合上海市旅游局及各区县旅游局开展《中华人民共和国旅游法》知识普及社区行活动，通过社区专题讲座、咨询、旅游法知识网上问答等形式，提高《旅游法》在市民旅游者中的知晓度，增强市民旅游者旅游法治观念和素质。

开展普及知识产权活动，抵制盗版地图走进社区。2013年9月，正值上海反地图盗版联盟成立十周年之际，作为社区宣传平台，东方社区信息苑与上海市测绘院联合，运用各种方式使社区居民了解维护地图知识产权的重要性，如张贴宣传画、发放宣传册等等。同时还将利用社区居民非常依赖和喜欢的社区数字家园网站，一方面寻找社区里的地图爱好者，另一方面发布话题讨论以及分享相关经验，让更多居民学会如何尊重知识产权。

创新应用信息网络平台，建立社区科普学习课堂。由上海市科学技术委员会主办，各区县科学技术委员会协办，东方社区信息苑承办的"科普学习小课堂"于9月上线。此信息化平台的上线，响应了党的"十八大"报告提出的"普及科学知识，弘扬科学精神，提高全民科学素养"要求，对加强上海全民科普工作的进程，促进科学普及服务均等化等方面具有积极的意义。

优质农产品进社区，诚信服务惠及社区居民。2013年7月，以"绿色、环保、优质"为主题的优质农产品进社区活动在东方社区信息苑启动，活动的主要目的是"服务农民，方便市民"，使更多社区居民体验购买奉贤优质特色农产品的居家生活乐趣，共享新农村建设成果，促进生产企业(合作社)良性互动和健康发展。此外，东方社区信息苑还与南汇、奉贤农委等合作，为社区居民引进了各种放心的食品，如千年农夫的大米、水果和鸡蛋，奉贤的菌菇，阿克苏的苹果等。2013年11月，"诚信服务进社区"活动在浦东南码头社区启动，该活动由上海市商业企业管理协会指导、上海东方数字社区发展有限公司主办，为居民送上各类商品选购咨询服务以及放心产品。来自第一医药、永安百货、今亚首饰等的劳模工作室团队为社区居民排忧解难。

【一苑一品塑造特色品牌，弘扬培育志愿服务精神】 2013年，东方社区信息苑继续围绕"一苑一品"的要求，主动寻找门店特色，创新服务内容，开展差异化服务，积极培养、发展及壮大各类文化沙龙组织，形成门店特色主打文化品牌。目前，包括诗歌文化特色的诗乡苑、摄影特色的浦兴苑、沪语特色的半淞园苑等数十个文化特色门店已经陆续形成。同时，作为上海市志愿者服务基地，东方社区信息苑在2013年逐步招募志愿者参与社区公益志愿服务，并通过《东方社区》及社区数字家园网站推广志愿服务文化。目前，东方信息苑已经形成了包括上海财大英语志愿者团队等一批志愿者团队，正逐步探索建立一个包容、规范的组织，吸引更多的志愿者加入。

（东方信息苑）

数字新媒体发展

【概况】 2013年，上海网络视听骨干企业收入67亿元，同比增长50%。行业自制内容增加，自制网络剧、微电影、自制栏目总时长同比增长30%；部分自制网络剧和自制栏目成功分销到上星频道播出。上海地区IPTV用户达190万户，上海台发展互联网电视用户1 000万户，手机电视用户1 200万户。

【全面建设中国(上海)网络视听产业基地】 中国(上海)网络视听产业基地是目前国家广电总局批复的唯一一家国家级网络视听产业基地，位于紫竹国家高新技术产业园区。2011年12月，国家广电总局就推进基地建设，与上海市人民政府签署部市合作协议。2013年基地共引进项目35家，注册资本共计内资2.06亿元人民币、外资1 808万美元、27.5万欧元。基地内企业实现总产值约15亿元，相比上年度的6亿元，同比增长达150%，全年实现税收人民币1.35亿元，同比增长约160%。入驻的企业涉及网络视频、移动视频、影视制作、动画设计等网络视听产业链核心环节及相关联的文化传播、应用集成、版权服务、投资服务等。作为招商项目的重点，中国网络电视台与百视通技术公司联合投资设立的合资公司"爱上电视传媒有限公司"(以下简称"爱上公司")已于上半年在基地完成工商注册。"爱上公司"注册资本为人民币5 000万元。爱上公司将主要经营IPTV集成播控总平台和分平台的建设、运营和维护，对基地打造网络视听产业链具有重要意义。2013年是基地全面开工建设的第一年，全年项目建设均按照原计划进度积极推进，基地主楼已于2013年12月上旬顺利完成结构封顶，2014年6月将顺利完成主体建设并逐步投入运营。基地积极推进网络视听产业公共服务平台搭建工作。上海影视产权服务平台、集群渲染平台、节目交易中心项目均已在市政府相关部门评议验收阶段。

【2013中国网络视听产业论坛】 作为部市合作协议重要内容，12月5—6日，2013年中国网络视听产业论坛在上海隆重举行。本届论坛以"顶层设计下的战略路径选择"为主题，由国家新闻出版广电总局和上海市人民政府

主办，国家新闻出版广电总局网络视听管理司与上海市文化广播影视管理局联合承办，上海紫竹高新区、中国（上海）网络视听产业基地、上海市视听新媒体行业协会协办。

作为网络视听产业的国家级年度盛会，中国网络视听产业论坛自2009年以来已连续举办了第五届。本届论坛智慧交锋，观点碰撞。在12月5日上午的主论坛上，国家新闻出版广电总局网络视听管理司司长罗建辉详尽解读了2013年国家关于网络视听行业管理规范和政策的有关变化，对2014年行业发展的政策导向予以前瞻。上海市文化广播影视管理局副局长王玮介绍了上海网络视听产业的发展状况。一直全力推动网络视听行业正版化进程的搜狐董事局主席兼CEO张朝阳回顾了中国在线视频产业发展的历程，深度剖析了网络视听行业大格局。“好声音之父”、灿星总裁田明从“中国好声音”激情纵论一云多屏时代的互动战略。百视通总裁陶鸣成从重塑家庭娱乐中心的角度分享了百视通在“平台化、国际化和智能化”三大维度上的思考和尝试。

除了两大主论坛，本届论坛还设置了五大分论坛，包括围绕“大内容、大数据、大营销”的网络视频分论坛、探讨“垂直整合与水平市场”的互联网电视分论坛、研究“商业模式重构与消费者测量”的新视听分论坛以及关注“云视听与云服务”的新运营分论坛，还有重点探讨微电影等内容的“原创与自制”发展论坛。中影股份公司董事、副总裁张强，HBO亚太区CEO Jonathan Spink 施鹏稼，新闻集团全球副总裁高群耀，未来电视总经理张宇霞，优朋普乐董事长兼CEO邵以丁，海信传媒CEO简志敏，爱奇艺首席内容官马东，华为终端首席战略官芮斌等发表了精彩演讲。

12月5日晚还举办了“2013网络视听行业十大事件与十大营销案例”评选结果发布仪式以及首届上海微电影大赛颁奖仪式。新广电总局组建、“宽带中国”战略、推动信息消费、百度收购PPS、苏宁云商和弘毅投资控股聚力传媒等行业热点当选为2013年网络视听行业十大事件。优酷、土豆网、爱奇艺、PPLive、搜狐视频、乐视网、百视通等网络视听企业，分获十大营销案例殊荣。首届上海微电影大赛以“寻找第X代导演”为口号，共征集到参赛作品349部，历经网友海选、评委会、复选，共产生26部最终入围的优秀影片，最终产生包括最佳影片、最佳导演、最佳动画片、最佳高校作品竞赛单元等9个单项奖。

（冯　婷）

数字出版

【上海书报刊三大领域6家企业获首批国家数字出版转型示范单位称号】 2013年，国家新闻出版广电总局在新闻出版行业开展了传统出版单位转型示范工作，上海有6家企业获得转型示范单位称号，分别为：华东师范大学出版社有限公司、上海第一财经报业有限公司、上海日报社、《第一财经周刊》杂志社、故事会文化传媒有限公司、上海教育报刊总社。

【22个数字出版项目获2013年上海市新闻出版专项资金资助】 围绕市委、市政府“创新驱动、转型发展”的总要求，2013年上海市新闻出版专项资金重点资助一批精品力作，一批惠及民生的公共文化项目，一批推动产业转型升级的项目。在数字出版方面，重点支持数字出版产业的关键技术研究、模式创新，优质内容的数字化产品开发和应用，传统出版与新媒体的业态嫁接合作，基于移动阅读环境下的服务模式创新，优秀原创民族网络游戏的创作及国际传播，国家数字出版基地的服务功能建设。“大众医学手机版”“旅行者移动全媒体平台项目”“贺友直画说系列数字产品”和“大学生就业指导网络服务平台”等22家单位的22个项目获得资助。

【上海数字出版领域八项目纳入上海市“科技创新行动计划”】 上海市新闻出版局发布《上海市2013年度“科技创新行动计划”信息技术领域数字出版项目指南》，评选2013年度“科技创新行动计划”数字出版项目。上海市科学技术委员会组织专家从公开征集的项目中评选出8个项目，纳入上海市“科技创新行动计划”。此次入选项目主要集中于数字出版产业的关键技术研究与应用、传统新闻出版数字化转型的研究与应用和数字出版业的创新模式研究与应用3个方面。

【第十一届ChinaJoy成功举办】 2013年7月24—28日，由国家新闻出版广电总局和上海市人民政府等十三个政府相关行业主管部门支持，中国出版工作者协会游戏出版物工作委员会、商务部外贸发展局、上海市新闻出版局和北京汉威信恒展览有限公司联合主办的第十一届中国国际数码互动娱乐展览会（ChinaJoy）在上海举办。展会以“游戏演绎梦想，移动畅想未来”为主题，展览面积75 000平方米，其中，BtoB展区面积达18 000平方米，参展厂商300余家，规模较去年扩大1.5倍。450家国内外厂商联袂参展，700余款精美游戏产品供玩家体验，国内展品超过400款。四天展期，入场人数达到20.6万人。

【《2012年上海游戏出版产业报告》发布】 上海市新闻出版局发布《2012年上海游戏出版产业报告》，2012年，上海网络游戏业合计营收达190.2亿元，约占全国游戏市场收入总额的31.6%，高于同期全国网络游戏业增幅。上海的网络游戏产品已从以前的引进、代理为主实现了成功转型，通过自主创新，一批原创民族游戏在上海推出，并走向国际。2012年12月26日，业内最具知名度的中国优秀游戏评选大赛"金翎奖"揭晓，上海共13家游戏企业的23款游戏产品获奖，位列全国首位。

【组织2013年上海市网络游戏出版业务人员培训班】 为构建网络游戏发展的良好生态，规范行业秩序，增强出版专业知识，培养网络游戏编辑出版专业人员，2013年12月，上海市新闻出版局组织上海市网络游戏企业内主要从事网络游戏内容编制和内容审核等相关业务人员进行了培训。培训班结束，共70人获得了"上海市网络游戏出版业务人员培训合格证"，该证书将作为上海市新闻出版局对互联网出版单位年度审核登记的必备材料之一。

【组织2013年上海市网络文学编辑人员培训班】 为提升互联网出版物编辑人员的业务能力和职业道德修养，加强行业自律，2013年12月，上海市新闻出版局组织上海市网络文学编辑人员50人参加了有关互联网出版政策法规、行业自律准则和社会责任等内容的培训。

【上海五款游戏产品入选第四届中华优秀出版物奖游戏出版物奖】 中华优秀出版物奖由中国出版协会主办，与"五个一工程"奖和中国出版政府奖并列为业界三大奖。第四届中华优秀出版物奖奖项共分为三大类，即图书奖、音像电子和游戏出版物奖及出版科研论文奖。游戏出版物奖的10款获奖作品，上海占5款，分别是上海淘米网络科技有限公司制作的《赛尔号》、上海冰动信息技术有限公司制作的《桃园将星录》、上海烛龙信息科技有限公司制作的《古剑奇谭》、上海恺英网络科技有限公司制作的《蜀山传奇》及广州九娱网络科技有限公司和上海易娱网络科技有限公司制作的《龙将》。

【网络游戏《光荣使命》填补中国原创军事题材网络游戏空白】 巨人网络继开创了第三代游戏商业模式"公平游戏模式"后，再度开展了军地合作创新，联合自主研发的《光荣使命》填补了中国原创军事题材网络游戏的空白，并开创了国防科技软件领域军地合作的先河。

（范张文）

【《故事会》的数字化转型】 2013年，上海故事会文化传媒有限公司被评为全国数字出版转型示范单位。作为一本有着50年历史的老刊，《故事会》积极寻求数字出版时代的突破和转型。在期刊数字化方面，推出了全新的故事会数字版(安卓版)，读者扫描纸质刊物上的二维码，即可免费获得30天数字版阅读权限，做到纸质媒体与数字媒体互动，线上传播与线下阅读互补。故事会中篇故事App在苹果商店正式上线，基于Window8平台的客户端开发也在年底实施。此外，公司基于中华民族文化大系的数字出版项目得到各方关注。中华民族文化大系全媒体大型数据库项目入围2013年新闻出版改革发展项目库；中华民族文化大系全媒体文化产品平台建设获得2013年上海文创资金扶持，同时，项目与香港今日出版有限公司达成合作协议。

【企业创新工具库——《上海商报》企业创新服务数字平台】 企业创新工具库，是一个以互联网平台为核心的服务体系，由四项服务于企业创新的互联网产品构成，包括创新案例库、创新思想库、创新实用工具库，以及创意产品库。互联网信息服务是创新平台的基础，而依托互联网构建的线上与线下相整合的服务体系是创新平台的核心价值，目的是为企业创新真正提供帮助和推动力，从而更好地服务于上海"创新驱动，转型发展"城市战略。

通过企业创新服务数字平台，《上海商报》将实现三个转型，即从平面媒体向数字媒体转型，从传统媒体向现代服务型企业转型，从单一广告盈利模式向综合服务盈利模式转型。《上海商报》倾力打造的通过数字互动平台，专注服务于企业创新，通过提供各种互联网在线创新工具帮助企业创新的服务平台，将带动《上海商报》自身的创新转型，也将成为上海乃至全国的首创。企业创新平台的开通将为促进中小企业健康发展插上信息之翼，不但有效传达政府政策信息、产业扶持政策，也促进企业间信息的有效流动，具有显著的社会效益与经济效益。

【上海字模一厂的传承"活字印刷"艺术和文化项目】 印刷金属活字，作为一种重要的印刷工具，浓缩了汉字文化的精髓，蕴涵着我国劳动人民所发明的造字艺术与书法艺术，为近代印刷业的发展，为中华文明乃至世界文明的延续发挥了巨大的作用。传承“活字印刷”艺术和文化项目(以下简称“项目”)对活字印刷的铜模、活字及设备进行抢救性收集和整理,对铜模进行编号,并进行数字化管理。恢复并复制铜模活字制造技术和工艺,开发相关软件,完成文字检索、匹配和整理工作,创造条件建立活字印刷的“活化石”学习参观基地,为开发艺术品打下物质技术基础。项目通过艺术设计加工和传统文化内容的创新,把铜模活字与相关材料加工成《千字文》、《三字经》、《百家姓》、阴阳五行等个性化的艺术收藏品,将获得可观的经济效益。

项目于 2013 年 11 月被市文创办列为“2013 年上海市促进文化创意产业发展财政扶持资金”支持项目,项目还荣获了中华全国总工会、科学技术部、工业和信息化部、人力资源和社会保障部四部委联合评选的“第四届全国职工优秀技术创新成果优秀奖”。

【《辞海》(第七版)、《汉语大词典》(第二版)编纂加工平台】 与一般图书相比,工具书的编辑工作更是离不开计算机系统的支持。在上海辞海编纂处对《辞海》和《汉语大词典》的修订工作中,相关的计算机辅助编纂系统已经发挥了很好的作用并取得了明显的优势。在接下来的修订工作中,将在前期辅助编纂系统成功运行的基础上,开发功能更为强大的编纂系统,已开始着手设计《辞海》(第七版)、《汉语大词典》(第二版)的编纂加工平台,设计的要求不仅要满足纸质书的出版,还要围绕大型工具书编纂流程的变革和数字化产品的推出等目标进行。

【全面开展世纪出版集团内容资源数字化转档工作】 2013 年,世纪出版集团全面开展内容资源数字化转档工作,提前并超额完成了上海市新闻出版局图书数字化三期工程(改革开放—1996 年出版的沪版图书)的世纪集团任务指标,通过了第三阶段的抽查验收。

【“电子书包”的建设工作基本完成】 在数字教育方面,2013 年启动的“‘电子书包’数字课程内容资源研发与示范应用”项目是世纪集团电子书包项目的核心工程,这一项目对信息化时代的数字课程教材内容资源研发与示范应用建设进行探索,项目将建设、形成一系列具有实用性、系统性、科学性,以满足各级各类学校师生使用的丰富数字化学习资源。

目前主要完成以下几项工作。第一,将对现有教材的知识点进行梳理,理清相关知识点的关系,并对各知识点做碎片化处理,最终形成一个以知识点为基本颗粒的“基础教育知识谱系”。第二,以“基础教育知识谱系”为基础,整合、完善出版资源(图书、期刊、音像与电子产品),构建一个以教材为核心的基础教育资源数字数据库,教师和学生通过使用基本配置的产品,调用不同的知识点,引发不同知识模块的调用,从而实现个性化的定制。第三,项目还是一个自我完善的智能发展系统,教师和学生在使用产品和服务中产生的数据,可反馈到数据库中,构成“电子书包”进一步开发、完善的依据。目前,世纪集团下属出版社在“语文”、“数学”(上海教育出版社)、“物理”(上海科技出版社)、“音乐”(上海音乐出版社)课程的电子书包工程均已完成。另外,还开展并完成了“面向拓展型课程的交互式电子书包开发与应用”项目(上海远东出版社),该项目以中小学“金融与理财”课程作为应用实例,充分利用 Moodle 平台及其他技术将原先的纸质教材转变为数字化的立体资源,知识结构更开放,资料更新更迅速,形式也更灵活生动,使教学从课堂内拓展到课堂外。

【上海市艺术展公共信息服务平台建设项目】 上海市艺术展公共信息服务平台(东方艺展网)artshow. eastday. com,以整合提供上海各类艺术展公共信息服务为核心,平台发挥互联网海量、集成、搜索、交互、多媒体等优势,为上海的艺术场馆、拍卖行等提供艺术展的展讯、预展、预约、支付等平台服务,并覆盖互联网、App 终端、印刷品等多元载体,全方位联动艺术机构、艺术场馆、艺术家、艺术品、艺术交流活动、艺术人才培养等公共服务。

平台将主要实现四大公共服务职能。一是传播宣导职能。实现上海艺术展全方位信息的公共传播,一方面,为艺术机构及场馆扩大其艺术展的知晓度和影响力,传播艺术家和艺术品的艺术及社会价值;另一方面引导社会公众(上海市民及来沪游客)参观艺术展,提升艺术修养,带动艺术品交易,营造上海浓郁的文化艺术氛围。二是集成展示职能。实现上海各类艺术展的统一平台展示,把零散的各个艺术展集中整合,全面展示上海艺术文化活动的规划布局和发展全貌,打造上海“国际化艺术之都”的城市形象,体现上海“海派艺术”的整体力量。三是艺术教育职能。围绕艺术展,为各个艺术场馆提供面向公众的艺术教育,包括艺术类的讲座、沙龙活动等。四是产业服务职能。实现上海艺术展的相关产业服务对接,包括艺术场馆的在线预约和在线支付等。

平台通过以上四大公共服务职能,全面服务艺术展的运营机构和场馆,全面推进上海艺术产业发展,全面配合上海各类艺术展的公共管理,全面促进上海城市艺术氛围营造，全面带动上海市民艺术修养提升，推进上海艺术软实力升级。

【城市公共安全教育数字平台】 项目的整体架构是建立以城市公共安全教育为核心内容的数字平台，以上海科学技术出版社关于城市公共安全教育的相关出版项目和合作单位的相关技术资料为数据库基础，内容表现形式包括城市公共安全教育网站、城市公共安全教育数字仿真系统、城市公共安全教育微博和城市公共安全教育移动阅读（手机阅读、平板电脑阅读）等。目前项目已经启动，通过多媒体形式，对社会各个层面人群提供可视的、移动的、具有互动性、实景体验式的安全知识教育。同时，有效利用单位已有的出版资源，为消防、劳动保护、安全监督、城市交通和环境监测等行业的技术人员提供岗位培训资料，特别是为中小学校学生安全教育提供各种数据库和课件下载，在传播普及城市安全知识和行业技能培训方面具有鲜明的时代特点，公益价值和商业价值都很突出。2013 年 6 月，项目被新闻出版广电总局列入出版改革发展项目库。

【开启基于云服务的按需印刷平台(一期)工程】 POD（按需印刷 Print on Demand，简称 POD）是传统图书出版业的发展趋势。未来图书的形式必定是数字图书与纸质图书共存，纸质图书以按需出版和按需印刷的方式生产是必然趋势。

本项目内容是建设一个基于 SaaS 模式的按需出版公共业务平台（软件部分），包括：数字内容管理平台，以 DRM（Digital Rights Management，数字版权管理技术）为核心，实现数字内容的结构化存储、重复利用和跨介质动态发布及多种管理功能，如角色权限、流程、版本、日志等；电子商务系统，实现数字内容的在线创作、出版和交易，用户可发布、购买电子或纸质 POD 图书；按需印刷管理平台，针对终端用户的生产订单进行按需印刷生产，实现对印刷任务和订单生产状态的有效管理。

目标是运用信息化技术完成出版资源内容的存储，并对数字内容进行有序、有效、规范地管理。建设目标分为两期，其中一期目标是实现对数字成品的管理和电子商务系统及印刷生产管理系统无缝衔接。

（江 云 张国强）

【古籍字画数字化制作、交易及实时拍卖系统】 2013 年 1 月 31 日，由上海图书公司承担的“古旧书业数字化特色业务发展平台——古籍、字画的数字化制作、交易及实时拍卖系统”项目通过了上海市科委组织的专家验收。该项目采用先进的光学字符识别技术，解决了古旧图书数字化过程中的版面分析、特征抽取和匹配输出及人机互动校对等问题，开发了一套适用于古旧图书数字化的加工制作系统。该项目基于“用户产生内容”理念，采用模板、标签、聚合内容等技术，开发了一套公共性质、商业运营的古旧/二手书刊流通平台，能有效提高书刊的利用率。

（李言旭）

解放日报报业集团

【概况】 为更好发挥上海报业的影响力和引导力，推进上海主流媒体创新转型发展，经中共上海市委批准，2013 年 10 月 28 日由解放日报报业集团（以下简称“解放集团”）和文汇新民联合报业集团（以下简称“文新集团”）整合重组的上海报业集团（以下简称“上报集团”）成立。上报集团紧密追踪信息技术发展的最新成果，加快内容生产和传播的数字化转型，融合各种新兴媒体传播新领域，形成上海报业规模优势和整体竞争力。

【集团信息化系统安全稳定运行】 信息技术中心作为集团信息化系统管理和运维的主管部门，制定各类信息化应用管理制度，做好技术支持服务工作，确保出报、网站等各项业务系统正常开展，制定并演练应急预案，保障了集团信息化系统安全稳定运行。

上海报业集团成立前，信息技术中心连续奋战，实现了光纤网络互联互通，并在挂牌前完成原解放集团、文新集团机关电脑搬迁、安装和调试任务，保证了新集团挂牌时上报集团总部中金大厦和解放大厦、文新大厦三地无障碍办公，总部工作的员工进驻首日就能正常开展工作。

上报集团在闵行区莘庄解放大厦和威海路文新大厦各有一套新华社卫星图文接收系统，因受天气、环境影响，时有发生漏稿，影响新华社稿件正常接收。上报集团三地实现光纤互通后，报社间新华社接收系统互备方案得以实现，信息技术中心运用网段划分，将两地原备用卫星接收机分别划入对方网段作为对方备用卫星接收机，当一地发生因卫星信号低影响接收时，可通过互通的光纤接收对方的卫星信号，实现异地卫星图文接收。

11 月，解放日报社打造内部稿件评稿系统，评稿系统改变了以往解放日报社手工统计稿费的传统模式，建立了透明简便的打分体系，实现了评稿体系的公开民主和便于查询。

2013 年年底，《报刊文摘》上线全媒体采编系统，改变以往采编没有流程和权限管理的现状，同时在确保传统纸质报纸出报的基础上，《报刊文摘》还在全媒体采编平台同步打造微信公众账号，实现传统媒体与新媒体的融合发展。

【新媒体业务有序推进】 解放集团门户网站“解放牛网”将平面媒体资源与互联网相结合，日均浏览量达到450万次，已拥有25万有效注册用户。上海报业集团成立后，“解放牛网”恢复“解放网”品牌，以解放日报社官方新闻网站的定位重新亮相，着力打造《解放日报》向新媒体转型的枢纽和平台。

解放集团旗下各媒体积极开设官方微博、微信，最新统计数据显示，在新浪、腾讯两大微博平台上，《解放日报》粉丝数已达170万，在全国省级党报中排名第一；《新闻晨报》粉丝数达480万，在上海媒体微博中位居第一，在全国报纸类微博中位列第二，同时官方微信用户也已突破10万。

解放集团创办的《i-news上海手机报》，相关业务产品有7个，用户总数达到100万级别，其中核心产品彩信报收费用户达到20万，成为上海用户规模最大的地方彩信手机报。

由解放集团牵头申请的“十二五”国家科技支撑项目——“新媒体资源管理关键技术研究与集成平台应用示范”项目成功获批，是国内报业集团首次申报成功此类课题项目。

【电子阅报栏项目】 以新闻内容阅读、公共信息发布、个性化定制服务为主要功能的《解放日报》电子阅报栏已在上海全市布点600多台，已上线《解放日报》、即时推送新闻“新新闻”、图片专栏“i视觉”及《i时代报》四块内容，从后台统计系统看，周均点击量达到了12万次，取得了良好的反馈，初步形成了规模和影响。

经过长时间的调试、试点工作，目前正式投入市场使用的电子阅报栏设备命名为“解阅二代”。“解阅二代”是一台红外触摸一体机，由显示终端、红外触摸屏、主机及机柜四部分所组成。新电子阅报栏跳脱平面媒体内容展示框架，探索适合投放于多媒体播放终端的如Flash动画、内嵌视频等展现形态，提升用户整体阅读体验。

为了能更好地支撑电子阅报栏设备能快速分发大容量数据，平台现已搭建了2台发布服务器、1台备用发布服务器和1台内容制作服务器，具备双机热备功能。系统整套软件平台为c/s架构模式，分为信息发布客户端和信息发布管理两部分。

电子阅报栏作为一个信息服务平台有着极强的可扩展性，可以方便地导入集团丰富的内容资源，可以根据终端用户不同的需求定制各种个性化的应用，可以以更炫目的多媒体形式展现给读者，不仅拓宽了传统报业的发行渠道，更承载起传统报业向新媒体转型的重任。

【新版新闻资料图文检索系统】 新闻资料图文检索系统完成改版，形成新版新闻资料图文检索系统（以下简称“新系统”）对库内容进行了大规模充实，页面与内容组织方式进行了全新规划设计。

检索方式采用目前流行的类Google检索风格，检索结果在显示正文的同时，还显示此文所在版面，方便编辑记者的使用；系统运用大数据检索功能，实现各类数据库集中检索，扩大了检索面，检索结果可按需分年和分月显示；开设数字报版面浏览专区，版面图按小图、中图和原图三种方式显示，满足编辑记者不同需求；新闻图片类数据库，采取大页面显示多张图片方式，还可显示原图，方便用于图片的出版。

新系统将原来分散在不同系统中内容进行了整合，新增“老照片”“历史剪报”等。报刊数据库内新增延安时期《解放日报》《文汇报》《新民晚报》《人民日报》《解放军报》《北京日报》。将来根据报社采编需要再增加数字报纸的品种。

新系统连通了与电子报库接口，每天完成电子报制作发布上网后，其源数据也自动导入新系统并自动加载入库，库内容更新的时效性得到很大提高。

【上海报业集团与百度联合运营百度新闻上海频道】 积极探索传统媒体与新兴媒体融合发展，在新媒体领域积极提升对外合作的水平与效果。上海报业集团成立伊始选择的第一个新媒体项目是与百度公司展开战略合作，共同运营百度新闻“上海频道”。双方通过联合运营，共同组建团队，涉及上海本地新闻搜索引擎、媒体资源购买、云服务器资源提供、舆情报告、手机阅读服务、人才合作、战略资源购买等七个方面，使上海报业集团旗下媒体内容更快捷满足本埠大众需求。

百度公司是目前全球最大的互联网中文搜索引擎，旗下百度新闻是全球最大的中文新闻平台。合作推出百度新闻“上海频道”，将汇聚上海报业集团丰富的新闻资源和百度公司强大的技术及平台优势，为上海用户打造了解这座城市飞速变化的窗口和瞭望塔，并成为向国内外用户展示上海的名片和风向标。

百度新闻“上海频道”运用中间页策略，借助百度搜索平台，体现搜索技术之聚合和导引效应，优化读者体验，呈现真实全面的上海。这个合作项目的选择体现了上海报业集团做集成、做平台和做孵化的新媒体策略。

【解放日报社推出新媒体产品"上海观察"】 作为传统报业与新媒体融合发展的新尝试，解放日报社推出新媒体产品"上海观察"。"上海观察"立足目标定位，重视深度阅读，围绕上海发展的重大话题，为党政干部、城市利益相关者以及一切关注上海发展的境内外人士，重点提供有价值的分析和评论。"上海观察"在网络终端上支持IOS、Android 和 PC 客户端，每天至少更新两次，每期8～10篇文章，内容和《解放日报》基本不重复，适当有些报网互动，主要以深度分析、评论、海外媒体编译为主，目前常设的栏目有政情、经济、舆情、评论、文化、历史、圈子等。

信息技术中心根据需求为"上海观察"项目制定了先进的技术方案，构建了稳定的系统平台。平台网络采用专线连接上网，开发工具采用 Xcode、eclipse、Java 等先进技术，应用参数化设计，界面友好、操作简便。架构上准备了六台服务器，两两互做备份，一共三组服务器，各自起到数据库服务、应用服务、静态网页服务作用。客户端同时从应用服务和静态服务两台服务器上下载数据。其中，文本和图片等大数据，部署在静态服务器上，通过高内存，设置缓存区域，提高客户端数据下载速度，应用服务器负责诸如评论等其他动态数据和文本的下载更新。如果用户下载压力增大，可扩充内容服务器通过负载均衡实现流量分流，提高并发处理能力。

【大申网上线满一年】 解放日报报业集团与腾讯公司合作创办的腾讯大申网正式上线满一年。这一年，大申网初步完成了内容平台建设，形成了网站页面端、移动端、微博、微信等多渠道的立体布局，超额完成董事会下达的营收指标，并在短短半年内实现盈利，打出了品牌，初步建立了"高绩效、快成长、有温暖"的企业文化。

一年来，大申网全力建设本地生活服务平台，面向IP定向为上海的本地用户，经过内容的深耕细作，服务周到细致，每天吸纳至少百万用户到访，日均 PV(页面浏览量 Page View，简称 PV)也远超千万。4 月，大申网开始运营腾讯新闻客户端上海页卡，短短数月已吸引近40 万用户。微博和微信运营也表现不俗，大申网微博官号已覆盖超过 25 万网友，微信官号从 2013 年 3 月起正式运营，粉丝迄今已超过 5 万。

大申网充分利用集团优势资源，积极探索报网互动，尽力把报纸内容影响做到最大。在选择同题材的稿件时，偏重集团内部资源，《解放日报》许多贴近民生的稿件都编排在大申网的关键位置，既扩大了党报影响力，又丰富了大申网内容，展示了品牌形象。

【"魔方"项目通过上海市科委验收】 "普适于目前主流移动环境下的数字内容开发与多元发布的关键技术研究和应用示范平台"项目(以下简称"魔方")，"魔方"的目标是研究普遍适用于主流移动终端平台的数字内容发布的关键技术，通过算法研究、原型开发、验证平台开发、示范系统开发，实现移动终端上新闻专题的发布系统、移动终端界面适配平台、移动客户端软件、多元发布系统、用户行为分析、多元终端广告发布等，最终形成一套完整的面向个人移动终端的新闻编辑与发布平台，并开始商业试运营。

"魔方"以新闻专题为核心，"魔方"的每个面都是一个专题，点进去的每个专题由若干个版面组成，可以滑动屏幕一页一页浏览版面，详细展开每一块的内容。系统主要分为编辑平台和产品展示终端。编辑平台采用所见即所得的排版功能，支持图文、视频、音频等格式的导入与混合排版制作，可以做到一次制作，同时发布到 PAD 和手机等多种终端，系统可以根据不同终端类型对图片，音视频等内容进行适配。产品展示终端分为 IOS，Android 以及 Windows Phone 等平台，屏幕尺寸适配 3.5 寸以上智能手机和平板电脑，总适配终端型号不少于150 个。目前，该项目内容由《申江服务导报》提供素材，制作发布的"魔都申活志"已上线苹果、安卓和 Windows 的软件市场。

(沈峥嵘)

文汇新民联合报业集团

【概况】 2013 年，文汇新民联合报业集团加快了传统报业集团向现代报业集团结构转变的探索，不断推进建立服务于集团各媒体的信息化服务技术平台。

2013 年，文新集团承担的项目——"报业全媒体新闻采编平台"获得上海市促进文化创意产业发展财政扶持资金 200 万元；由文新集团作为主课题单位的上海市经济和信息化委员会安全类攻关立项项目——《平面媒体出版数据灾难快速恢复系统》顺利通过验收，并成功运用于多家平面媒体；文新集团继推出无纸化采编办公、远程采编办公之后，又推出移动应用办公平台，摆脱了必须在固定场所固定设备上进行办公的限制，给集团的采编人员、办公人员提供极大便利，提高工作效率；文新集团重新打造员工服务平台“文新家园”，增加服务功能，凝聚员工积极性；上海报业集团总部信息化办公应用平台的建设为新集团的信息化应用的发展打下了坚实的基础。

【文新集团获文创基金项目扶持资助】 2013 年，以文新集团作为承担单位申请的项目——“报业全媒体新闻采编平台”获得 2013 年上海市促进文化创意产业发展财政扶持资金（简称“文创基金”）项目立项。平台计划投资总额 600 万元，政府扶持资金 200 万元，文新集团自筹投资 400 万元。

报业全媒体新闻采编平台在传统媒体基础上融入新媒体的制作和发布，支持跨平台发布稿件、数据定时同步、在线视音频处理、视音频自动转码、实时监控系统服务等功能，帮助集团实现内容资源的整合，使传统媒体的工作延伸到新媒体领域，真正实现内容一次采集、多次利用、多介质发布。

该平台将为文新集团从传统媒体向新媒体转型提供强有力的技术支撑；为集团的报纸、网站、移动阅读、户外大屏、微博等提供统一信息采集、统一编辑流程管理、跨媒体选题策划管理、多渠道新闻发布管理的多媒体新闻资源管理方式；为新闻媒体实现读编互动、采编分离、报网互动、新媒体应用提供高效、互动的工作模式和丰富的多媒体新闻内容。

该平台的建设将帮助文新集团进行统一的内容资源管理，实现新闻资源的按需共享，还可以协助报社实现流程融合，进行生产流程再造，为报社提供多媒体内容生产加工平台，既能服务传统媒体，也能为新媒体业务的开展提供强大内容支撑；平台能够帮助文新集团实现内容的集约化制作，完成新闻信息的多级开发，实现新闻传播从“第一时间采写”向“第一时间发布、即时滚动播报”转变，使新闻资源实现一次生产、多次发布、多次销售；平台能够适应报社的组织融合，通过灵活的架构搭建，既能支撑报社现有的业务模式，又能够适应报社业务重组的需要，为传统报业向媒体融合战略目标迈进提供了强有力的技术支撑；平台可以提供互联网热点抓取、热点自动发现等功能，辅助采编人员工作，提高工作效率。实现新闻线索即时发现、网络热点及时捕捉、新闻信息对比判断；平台可以使报社的生产安全得到一个大幅度的提高，规避以往的出版风险，降低报社内容的差错率、重稿率，节约大量的出样纸和墨粉，使出版流程更加安全、可靠、环保、经济，提高办报质量和读者满意度。

该平台建设将为文新集团带来良好的经济效益。首先，通过该项目的建设，不仅大大方便了记者写稿、投稿，还显著改善了编辑对稿件进行编辑修改、组稿的方式，总编、值班总编等也可以通过计算机方便地对大样文件进行审查和监控，为中文环境下新闻采编工作带来了革命性的突破。由于系统将对报社各子媒体进行整合，实现资源共享，原来新媒体很难获取的第一手新闻素材则可以最先获取并发布，将提高新闻发布效率。网站、手机媒体、电子阅读器、户外媒体等新媒体访问量将得到很大提升，并获得更多的广告收入。

其次，该系统将实现资源共享后网站等新媒体不需要再设置专人去收集各种新闻素材，所有原创稿件都可以使用报社统一供稿；采稿、编辑、审核、发布等采编流程都前移到全媒体数字化新闻平台上，由报社技术部门统一维护，节省了由专人维护各自新媒体编辑系统的工作量，大大节省了人员成本。为集团扩展新媒体缩短建设周期，节约投资，实现资源使用最大化。

该平台建成后，文新集团在提升技术先进性的同时提高了采编出版效率、提升了内容传播速度。最重要的是，在网络、移动媒体和其他终端中占领了先机，提升了传统媒体在新一代阅读群体中的品牌影响力和文新集团的核心竞争力。平台将进一步加强新闻时效性，推动新闻事业向网络等新媒体深度延伸和立体拓展，从而更好地促进社会的和谐发展，提升媒体行业的社会责任感。

【文新集团研发市经信委攻关项目完成验收】 2013 年，由文新集团作为主课题单位的上海市经济与信息化委员会安全类攻关立项项目——《平面媒体出版数据灾难快速恢复系统》完成全部开发与建设任务。在顺利通过安全测试、系统测试、财务审计和项目监理后，于 7 月通过专家验收。

该项目在文新集团龙吴路印务中心建立主灾难备份机房，同时在文新集团新民晚报老大楼建立副灾难备份机房。目前系统已成功运用于《文汇报》《新民晚报》《东方早报》《东方体育报》、文新广告等文件服务器的出版数据备份和采编系统、OA 办公系统等应用系统的数据库备份。项目从 2012 年 9 月起已平稳运行一年多，可靠性达到 100%。本项目从 2011 年申请立项到 2013 年完成验收，历时两年多。项目团队先后完成需求调研、系统开发、项目实施、测试部署、结项验收等工作，打造了一套有效的平面媒体安全恢复体系，提供了持续的、备用端可直接启用的容灾解决方案，比传统备份解决方案更高级别、可操作性更灵活、应用性更广泛、实用性更强。

本项目在平面媒体生产过程中实现数据安全多点存储，多历史版本存储，最多可保存 50 个历史版本；实现系统的冗余和数据快速恢复，将主服务器的数据准实时复制至备用服务器，建立主系统的可用副本，一旦主服务器停止服务，可立即启用备用服务器上的业务系统并使之投入运行，保障平面媒体出版平台的持续运行；实现海量数据远程异地备份，秒级别的备份周期对数据的保护程度远远高于传统备份系统；实现源系统的海量数据和异地目标系统数据及时保持同步，使容灾系统对主业务系统的影响减小到最低；实现主备系统在不同硬件设备之间、在不同操作系统之间、在同一应用系统不同版本之间的数据复制，极大地降低了系统的投入成本。

本项目采用了并行传输控制技术，将传输数据分片后在多种数据连接上传输数据。使用多个并行的 TCP 流与使用单一的 TCP 流相比更能有效地提高数据传输的总带宽。采用并行传输，当 TCP 流达到 7～8 条时，其速率与串行传输比较而言可提高 4～5 倍，其传输时间也可缩减到 1/5。将多台业务服务器的海量数据备份到异地备份设备，备份周期可达秒级别，备份窗口趋于零，对数据的保护程度远远高于传统备份系统。

由来自媒体行业、高校、软件行业的信息安全专家组成的专家评审小组在听取了该项目的汇报和现场系统演示后，一致认为该项目有效地提高了文新集团信息化系统和数据的安全性，建议在行业内加大推广力度。

【文新集团移动应用平台搭建完成】 随着移动 IT 设备的普及，文新集团继推出无纸化采编办公、远程采编办公之后，对移动采编办公的需求日益增强。2013 年，文新集团移动应用平台搭建完成，投入应用。该平台为文新集团提供了一种新的办公模式，利用手机、平板电脑等移动 IT 设备实现移动采编和移动办公，摆脱了必须在固定场所固定设备上进行办公的限制，给文新集团的采编人员、办公人员提供了极大便利，提高了工作效率。

该平台建立了文新集团移动应用门户，基于目前文新集团内部实际使用的应用系统，进行相应整合，开发这些系统的移动应用功能。该平台通过单点登录的方式，保证文新集团移动用户的唯一性；通过平台的权限控制，保证用户使用应用系统的范围；通过绑定用户移动设备地址，保证移动平台中各系统的安全性。

移动应用平台包括：移动采编、移动办公和会议协同等系统。

移动采编实现在手机、平板电脑上发送文字、图片、音视频、签发稿件、审核大样等功能。系统提供在移动设备上进行文件、图片、音频、视频等多媒体稿件和素材采集功能，提升报社对突发事件的快速响应能力、对新闻内容的多媒体播报能力以及远程记者与报社总部的及时互动能力。系统与目前文新集团使用的采编业务系统无缝对接，在业务上实现移动处理和传送稿件，为采编人员提供更加方便、快捷的工作手段。移动采编到目前为止属全国报业首例开发。

移动办公实现在 iPad 等移动终端上在线办文，查阅、更新和定制一周安排，审阅件和传阅件的即时提醒，会议纪要和通讯记录在线查询等。同时，还可在线查阅经管系统中的一系列经营数据、财务报表和人员信息等，进一步提高文新集团的办公效率。

会议协同实现各部门在紧急、特殊情况下的团队合作。例如，前后方人员即时通讯、资料查询、文件上传、后台支持等。从某种程度上说，协同办公平台就是每个团队成员的随身的办公室，能够给办公人员提供移动、方便、快捷的信息支撑。

【重新打造“文新家园”员工服务平台】 2013 年，文新集团开发团队重新打造文新集团员工服务网站——“文新家园”网。

“文新家园”网站于 2010 年正式开通，文新集团以购买服务和协助开发的方式来维护该网站的运行。网站运行至今，每年的服务费和开发费居高不下，而且协助开发的方式并不利于网站新功能、新项目的开拓，因此，2013 年，文新集团开发团队独立开发了一套“文新家园”系统平台，重新搭建服务器技术平台，并成功完成无缝切换。

文新集团开发团队历时 3 个多月，完成了“文新家园”论坛的开发工作，并以此作为新“家园”的基础，对 BBS 功能进行解构，重组现有功能，再加上原“家园”独有的热点首页、视频秀、探照灯等特色栏目及其配套系统。其次，开发团队重组原“家园”的数据结构，以满足新“家园”的个性需求。在网站正式迁移前，团队还进行了多次数据迁移的预演，确保新老“家园”数据的平稳过渡。由于准备工作充分和有序，整个平台迁移顺利完成，用户体验不受任何影响。迁移完成后，团队重新开发了 Webservice，使数据能适应移动设备的要求，为网站今后开拓移动功能打下了扎实的基础。

新的“文新家园”是文新集团推进企业文化建设的平台；是文新集团员工与管理层的沟通平台；是促进集团内员工人际交往的社区平台；是调动员工积极性的激励平台；是助推员工发展学习的平台；是平衡工作与生活的福利和便利的平台；是员工工作之余放松身心的休闲平台。员工们在 BBS 的各个板块上与同事畅所欲言，展示自己的风采，“晒晒”家里的宝贝，跟大家分享拍摄的照片，写下的文字，也可以为别人叫好喝彩，加油助威。文新集团在“家园”上举办各种活动，2013 年就举办了“学习十八大，岗位建新功”等系列活动，包括“劳动最光荣，岗位建新功”“倡导核心价值，树立职业形象”“弘扬传统文化，创建书香文新”三次员工网上大讨论，参与员工近 500 位，影响巨大。此外新“家园”还开通了员工收入查询功能，员工可以方便地查询每月工资、奖金等收入情况，并提供历史数据查询、各时间段收入汇总等功能。

“文新家园”作为文新集团内部服务网站，影响力稳步提升，用户群逐步扩大，形成了一批定期登录家园网站、参与家园活动、关心家园发展的核心用户和活跃用户。据统计，“文新家园”开通六个月来，就有 1 200 名左右的文新人登录过家园，日均点击率约为 2 200 次。

【上海报业集团总部办公信息化平台搭建完成】 2013 年 10 月 28 日，由解放日报报业集团和文汇新民联合报业集团整合重组的上海报业集团正式成立。成立之初，上报集团采用徐家汇中晶广场总部、莘庄解放大楼和威海路文新大楼的三地办公模式，文新集团技术团队仅用一周时间完成上报集团总部办公信息化平台的搭建。

为使上报集团实现三地楼宇日常办公信息的自动化、网络化和公开化，提高上报集团办公人员的工作效率，技术团队通力合作、全力以赴，确保上报集团的网络畅通、OA 系统上线和搬迁工作顺利。网络技术团队从 10 月 21 日开始，日夜奋战 7 天，按时完成了上报集团总部（中金大厦）两个楼面 100 多个网络信息点的局域网平台建设；搭建了全面覆盖两个楼面并与原系统可以无缝衔接的无线网络系统；实现了上报集团总部（中金大厦）、解放大厦和文新大厦之间网络的互联互通。开发团队仅用一周时间完成了上报集团 OA 公文管理系统的定制开发工作，并于 10 月 26 日零点将解放集团、文新集团原有的 OA 系统进行无缝切换。上报集团成立第二天，技术团队在上报集团总部和解放大楼为各部门办公人员进行现场培训，同时配发图文并茂的操作说明。上报集团成立仅一周，OA 系统的用户数已达到 756 位，在线办文数达到 74 件，发文达到 17 件。OA 公文管理系统进一步规范了上报集团公文格式和流程，减少纸张浪费，并使用户能够更加快速便捷地查询、浏览、保存和归档公文。电脑维护团队在三天时间内完成了 90 多台电脑的搬迁、安装和调试任务，并在每台电脑桌上温馨提示 IT 设备的使用方式，使总部工作的员工在上报集团成立的第一天就能正常投入工作。

上海报业集团总部办公信息化平台的搭建为推进上报集团的信息化发展打下了坚实的基础。

（倪竹青）

上海文广新闻传媒集团

【百视通入选中国文娱企业 50 强】 由艺恩咨询主办的第四届文化娱乐产业年会在京举行，会上发布了 2012—2013 年度中国文娱企业 50 强榜单，上海东方传媒集团有限公司 SMG 旗下百视通新媒体股份有限公司（以下简称“百视通”）荣获“紫勋奖中国文化娱乐企业 50 强”称号。

百视通新媒体股份有限公司是由 SMG 控股的中国 A 股首家新媒体上市企业。百视通现拥有百视通技术、文广科技、广电制作 100% 股权，投资入股上海信投、风行网络等网络企业，与中国联想、中兴通讯组建新媒体合资公司，构筑起中国最大的新媒体产业集群。公司 IPTV、互联网电视、智能电视、OTT（互联网公司越过运营商，发展基于开放互联网的各种视频及数据服务业务 Over the Top，简称 OTT）、手机电视等新媒体业务覆盖到大陆 20 多个省市及东南亚，技术设备、影视制作渠道拓展到亚太、非洲地区。百视通总市值一度居中国 A 股市场文化传媒板块首位，于 2013 年进入“沪深 300”成分股指数序列，成为中国 TMT（数字新媒体 Technology，Media，Telecom，简称 TMT）行业新兴蓝筹股。

百视通是中国 IPTV 业务模式的开拓者与创立者，于 2005 年在上海、黑龙江启动中国最早的 IPTV 试点商用，逐步探索，在技术、内容、业务模式方面全面创新。百视通现服务 IPTV 用户超过 1 600 万，用户规模位居全球第一。

【百视通微软合资公司成为自贸区首家入驻企业】 2013 年 9 月 29 日，中国（上海）自由贸易试验区（以下简称“自贸区”）正式挂牌。百视通与微软的合资企业——上海百家合信息技术发展有限公司成为首家入驻企业，市委书记韩正向合资公司代表颁发入驻企业 001 号证书。

合资公司将致力于家庭娱乐和游戏产业的技术研发以及内容聚合，将发挥双方在娱乐与科技方面的优势，不仅为中国用户带来世界一流的娱乐科技体验，也让中国的娱乐文化产业创新走向世界。此次合作有利于规范发展中国的家庭娱乐产业，将获得全球领先的技术支持和运营能力，抢占产业发展的关键时间点，激励中国数字家庭娱乐产业的繁荣，发展出市场旺盛、前景广阔、价值巨大的科技文化融合业态。

自贸区的政策将起到催化和加码的作用，有利于合资公司对家庭娱乐和游戏平台的技术研发、内容整合、软件开发、平台综合进行的大胆尝试，探索一个既符合中国游艺游戏机市场、又有利于引进世界先进技术、并符合国家监管政策的商业模式，为中国用户提供新一代的家庭娱乐服务。

【SMG与电力合资公司“广视通”入驻上海自贸区】 2013年9月29日上午，自贸区挂牌仪式上，上海广播电视台、上海东方传媒集团(SMG)与国网上海市电力公司组建的合资公司“广视通网络通信传媒有限公司”成为上海首批入驻自贸区的005号企业。

根据上海广播电视台战略部署，为拓展数字电视新媒体新的传播发展渠道，有效践行服务“三网融合”国家战略，推进信息产业与文化产业的融合发展，SMG所属上海文广互动电视有限公司、百视通新媒体股份有限公司与国家电网上海市电力公司所属上海恒能企业发展集团公司、上海电力通信有限公司在前期合作项目的基础上，共同出资组建合资公司，开展基于智能电网的各类增值业务。

【百视通再获“核高基” OTT增添新引擎】 百视通获得国家2013年“核高基”科技重大专项——“智能数字电视终端基础软件研发及产业化”的课题立项批复，项目获得中央财政资金预算3 312万元。

此次“核高基”课题由百视通牵头，联合华为公司、清华大学等方面联合申报。项目将构建终端安全框架，构建开放可扩展的智能数字电视应用框架，在人机交互、嵌入式浏览器、HTML5技术、开放API等形成创新突破，并搭建智能电视云服务平台、电视应用商店系统，形成交互娱乐、电视商务、应用商店等三个新型数字电视示范应用系统，为构建我国智能数字电视终端产业化系列标准做出贡献。

百视通近年在新媒体领域所展现的综合技术实力、自主开发创新能力、技术研发成果高转化率、技术研发引领能力，成为“核高基”项目获批的决定性因素。百视通从创立之初，就紧紧依靠新媒体技术的自主研发与消化、集成实现产业技术领域的突破。8年来，百视通已经掌握多项领先的新媒体技术，获得的重大技术专利、重大技术类知识产权超过200项，其中包括在多种宽带条件下，向电视、电脑、手机、Pad等各类终端提供平稳、高清的视频流媒体服务的多种技术解决方案，在IPTV、互联网电视、智能电视等领域具有独特的技术积累，部分成果被海外通信运营商、媒体行业“选中”，输出到印尼、欧洲等国家或地区。

百视通上市以来，进一步加大对技术的研发投入，不断攻克多项新媒体前沿技术，逐步将新媒体前端平台、多种网络、媒体资源系统等进行整合打通，实现统一的版权管理、实现分发网络智能化、跨屏幕运营，建成“百视云”系统，这一系统再被全球部分类似网络条件的国家“看中”。

百视通首席技术官、百视通新媒体研究院院长黄思钧表示，“百视通将充分发挥获得‘核高基’项目的机遇，推进相关技术的自用与推广，服务于我国智能电视产业。其中，公司必然加大对新媒体核心基础软件的商业应用，推进国产嵌入式操作系统的创新，提高我国智能数字电视行业技术的国际地位。”

【新华社联手百视通探索新媒体发展】 新华社中经社控股有限公司与百视通新媒体股份有限公司战略合作框架协议于2013年4月2日在上海签约。新华社凭借自身强大的内容优势，结合百视通先进的技术和终端，共同推进新媒体的发展。

根据协议，双方将在新闻资讯、指数研发等方面开展深度合作。中经社控股授权百视通在新媒体平台使用部分新闻资讯产品，并通过百视通传送给全国IPTV用户。基于中经社控股在指数研究与发布上的经验积累，双方还将以百视通全球第一大的IPTV电视受众群为基础，共同研发IPTV收视率系列指数产品和服务。

新兴媒体的发展是一项系统工程，其产业链涉及诸多环节，需要内容、渠道、终端、运营等各部门打破隔阂，互通有无，取长补短。业内人士指出，双方强强联合，将实现“内容＋平台＋终端”的完美结合。

【百视通联手印尼出版巨头 试水新媒体远程教育】 百视通与印尼出版巨头印尼国家出版社在上海签署合作项目备忘录协议。双方表示，将整合各自优势资源，试水印尼远程网络教育市场。作为中国最大的电视新媒体企业，百视通将为印尼国家出版社提供基于新媒体电视平台的技术支持，并负责远程网络教育内容和频道的制作和运营。

根据合作备忘录，百视通将会把新媒体内容制作和运营的优势经验投入项目，双方率先启动在教育类内容制作以及网络教育频道运营的合作；未来，网络教育内容及频道将经由百视通在印尼全国范围内的直播卫星服务进行全面分发，实现印尼网络教育的“岛岛通”。

这一合作案，再次印证了百视通从核心技术、内容制作、平台服务到渠道运营方面的全产业链优势。事实上，自2012年，百视通已与印尼电信达成全面战略合作，覆盖了IPTV、OTT、手机及直播卫星业务，将技术、内容、平台运营、服务等打包出海。此次与印尼国家出版社的合作，是百视通多角度探底海外市场、进行多元化产业合作的一次尝试。此次合作将进一步提升百视通在印尼国内的多产业市场份额，推动全球扩张战略。

（佟　方）

【东方明珠移动电视提供各类即时资讯、公益百科和服务信息】 2013年7月12日，“2013中国新媒体创新榜颁奖盛典暨2013中国新媒体创新大会”在北京隆重举行，东方明珠移动电视荣获“2013中国户外移动电视领军品牌”特别大奖。东方明珠移动电视历经十年打磨，通过充分发挥无线数字电视广播技术的点对面的技术优势、实时安全的传播特性，逐渐完善成一个面向公众的、集时效性、公益性为一体的公共服务信息和预警信息发布平台，为千千万万出行市民提供各类即时资讯、公益百科和服务信息。

身处信息爆炸时代，信息的权威性是市民最为看重的。东方明珠移动电视发挥官方新媒体平台的优势，想方设法开展节目与技术的改革与创新，坚持与政府各委办局紧密合作，发布各类能为市民所用的政务信息和应急预警信息。目前，东方明珠移动电视已与10多家政府委办局合作，每天滚动播出各类公共服务信息，包括与上海市气象局合作发布《今日气象最新》、与上海市促进中小企业发展协调办公室合作发布《中小企业之窗》、与上海市公安局合作《防范办你行》、与上海市食品安全委员会合作《食品安全小贴士》、与上海市质监局合作《拒绝过度包装》等，成为参与社会管理、与政府职能部门合作最多的官方户外移动电视，切实满足了户外移动人群对公共信息日益扩大的需求。

东方明珠移动电视迄今已在公共交通、楼宇、水上巴士等拥有共32 000个收视终端，辐射上海19个商圈，100%覆盖上海中心城区，形成了大上海极具影响力的无线数字广播网络。节目每天传至近1 800万市民。

【东方明珠移动电视开通食品药品安全公共信息发布平台】 2013年3月29日，由上海市食品安全委员会办公室与东方明珠移动电视共同建立的“食品药品安全公共信息发布平台”正式开通。今后将在每天早、中、晚各时段滚动发布相关食品安全信息，为每日出行的1 800多万上海市民传递食品药品安全监管信息、风险预警信息、科学消费指南，以及相关科普知识，曝光严重失信食品生产经营企业及相关责任人等“黑名单”。

为进一步加强本市食品安全科普宣传工作，上海市食品安全委员会办公室与东方明珠移动电视共同建立食品药品安全公共信息发布平台。据悉，东方明珠移动电视“食品药品安全公共信息发布平台”正式开通后，将充分发挥无线数字电视广播传输技术点对面的技术优势、实时安全的传播特性，运用图文并茂、一问一答、专家释疑等多种节目形式，以短小精炼的栏目涵盖各类食品药品安全知识、餐饮消费指示、食物中毒预警信息。同时，将在每天早、中、晚各个时段，滚动发布10多次相关食品安全信息，为每日出行的1 800多万上海市民传递食品药品安全监管信息、风险预警信息、科学消费指南，以及相关科普知识，并曝光严重失信食品生产经营企业及相关责任人等“黑名单”。

该平台试运营以来，获得了市民的高度认可，效果显著。据上海“市民信箱”网站调研显示：99.2%的市民表示，该平台播出的食品药品安全信息对其有帮助；食品添加剂常识、食品存放常识、在外就餐发现食品安全问题处理方法等，是市民最为关心的食品安全知识。

（方　明）

【移动电视发挥节目整合能力，提升“全国两会”报道品质】 全国“两会”期间，东方明珠移动电视与上海电视台、上海广播电台、新华社、东方网、上海“市民信箱”网站等联合，推出“两会全媒体”和“两会微时间”两大专题版块，囊括“两会”全资讯，并实时转播全国“两会”开闭幕式，让出门在外的市民通过东方明珠移动电视快速、全方位了解“两会”的台前幕后。“两会微时间”版块通过数据、镜头、记者随笔等不同角度将两会的台前幕后包罗万象，包含“微数据”“微调查”“微图片”“微日记”“微观点”等栏目。其中，“微调查”“微观点”栏目通过与市民信箱网站的深度合作，将市民信箱网站的两会热点话题调研、网民热议“两会”的观点与市民分享，网络与移动电视两大新兴媒体优势资源的互补，大大增添了市民参政议政的互动性；“两会全媒体”版块则以内容全、形式多的特点呈现在观众面前，将两会最新的短、频、快新闻以及现场同期声、新闻分析和解读等，运用标题新闻、图文新闻、文字新闻及视频新闻相结合的形式，让观众在短暂的乘车时间内迅速、全面了解“两会”。

（毛占刚）

上海图书馆(上海科学技术情报研究所)

【概况】 2013年是“十二五”规划实施的第三年，随着移动互联网、云计算、大数据的兴起，上海图书馆(上海科学技术情报研究所)(以下简称“馆所”)的信息化工作取得了可喜的成绩，也面临极大的挑战，为此，馆所在上级部门的统筹协调下，在移动、在线、在场服务方面形成了“中心”与“全网”的协调发展，以“云中上图”、数字阅读、中心图书馆“一卡通”和数字图书馆推广工程为主要抓手对公共数字文化建设进行顶层设计，认真做好馆所“云中上图”信息化三年行动计划的制订和实施工作，统筹规划云中数字图书馆建设的数字化资源、数字化平台、数字化服务和数字化管理，继续保持新馆开馆以来连续十七年无重大故障的运行纪录。

【着力打造图书馆移动服务平台】 根据图书馆事业发展和移动互联网的蓬勃兴起，2011 年上海图书馆联合上海市群众艺术馆申报了文化部科技提升计划“城市公共文化移动服务集成平台建设与研究”项目于 2013 年顺利完成结项，通过文化部科技司组织的项目验收，获得了与会专家的一致认可，目前已应用于上海市中心图书馆联盟。该平台建设有上海图书馆 HTML5 与 WAP 手机网站，通过该平台，解决了不同移动终端与后台系统没有统一数据交互接口的问题；同时，平台兼具管理功能，统一管理各类移动 App 的版本升级、发布、监控、统计等。目前已与闵行、青浦、嘉定、长宁签订了移动客户端建设协议，通过不同的方式为成员馆服务，其中闵行区图书馆的移动客户端已正式发布使用，截至 10 月底，装机量已达到了 1 128 台；该项目还结合上海图书馆丰富的历史文献馆藏资源，制作了以“海上风华”为主题的 7 款 iPad 互动电子书，现已全部在 App Store 上正式发布，截至 10 月底的装机量已超过 1 000 台。完成了上海图书馆手机客户端的大版本升级，覆盖了 iPad、iPhone、Android 目前主流的移动终端。不仅优化了原有功能，还特别增加了移动阅读模块：通过与新华 E 店、掌讯移动的三方合作，将 3 万多种新华 E 店最新电子书整合进上海图书馆的手机客户端中实现移动阅读并能离线下载。截至 10 月底，iOS 和 Android 客户端的累计装机量已分别达到了 23 778 台与 20 293 台。

通过与南大的合作，研发了上图爱阅读自助阅读机。成功首创了图书馆移动数字阅读的创新服务模式，即整合了资源厂商的内容，并能通过上海图书馆的手机客户端、互动触摸大屏向所有上海图书馆的持卡读者服务。上图爱阅读自助阅读机能够在大屏上实现试读 2 万多种图书，并能在线办理读者证，通过与手机客户端的交互，读者可以用拍摄二维码以及摇一摇的方式将大屏上的图书直接借到手机上进行阅读，给读者带来的全新数字阅读体验。

【进一步推进市民数字阅读计划】 市民数字阅读平台的建设 2013 年在 PC 与手机两大平台上均有所突破。在 PC 平台中采用了响应式设计，对图书期刊采用了统一的分类规则，使读者能根据自己的喜好选择订阅热门的分类。在手机平台中尝试了图书馆移动数字阅读的创新服务模式，即整合资源厂商的内容，并能通过上海图书馆的手机客户端、互动触摸大屏等各类终端向所有的持卡读者提供服务。

市民数字阅读平台在资源建设上也保持不断更新，电子书方面和方正、超星、新华 e 店合作，共新引进电子书 357 954 种；网络文学继续与盛大合作，新增引进 1 250 种连载作品；电子期刊方面新增了《读览天下》和《墨香华文报纸》两款新资源，共计近 2 000 个品种。使市民数字阅读网站的资源总量达到了 278 093 册图书、9 953 种期刊和 940 种(份)报纸的规模。自 2012 年 12 月到 2013 年 11 月，市民数字阅读网站的总访问量达到了 215 257 人次，其中有效读者(持卡读者)达 19 511 人次、电子书点击量达到 122 419 次、网络文学点击量达到 18 189 次、电子期刊点击量达到 45 929 次、电子报纸点击量达到 16 992 次，2013 年前 11 个月的电子阅读终端外借量累计达到了 8 910 次。

【落实读者信息系统改造，拓展“我的图书馆”服务范畴】 结合读者信息管理系统的升级改造，实现将读者证有效期延长至终身有效，方便了读者的使用，并对中心图书馆所有服务点的读卡设备进行了统一升级，实现对办理双界面(接触式与非接触式)读者卡的支持，并为 2014 年全面支持非接触式读者卡做好了充分准备。同时，采用新老系统并行的方式进行升级切换，保证了现有系统的安全稳定运行，2013 年通过该系统新增的办证量超过 30 万张。

“我的图书馆”服务范畴进一步得到拓展，全方位地为注册读者提供在线服务。在对后台硬件设备进行升级增能的基础上，增加了基于 SPSS(统计产品与服务解决方案 Statistical Product and Service Solutions，简称 SPSS)的图书推荐模块、iPad 预约申请系统、电子书阅读器预约等新功能；还通过与人口办的合作，新增了网上办证系统，自 8 月份推出以来已有近 500 人次通过该系统注册虚拟读者证。该平台的接入服务已达到了 10 余种，实现读者在线、移动、到馆服务的“一次注册、全平台使用”。

【"一卡通"系统进一步扩容增效】 截止到10月底，2013年已完成新建中心图书馆"一卡通"基层服务点11家，2家在建。全市包括市少儿馆在内的"一卡通"市、区县、街镇以及其他基层服务点总节点数已达到了294个，还在继续推进浦东新区、静安、长宁、宝山4个区5个馆全面进入中心图书馆"一卡通"系统，进一步完善了图书异地通借通还在全市范围内的网点覆盖。全年新开通成人现场办证10家、少儿现场办证22家，在全市294个"一卡通"服务网点中现已有230个开通成人现场办证服务、133个开通少儿现场办证服务，实现随办随取，全年各服务网点现场办证量超过13万张，其中少儿证超过6万张。"一卡通"现有流通馆藏量超过1 900万册，较2012年有逾90%的增长，年异地通借通还量超过4 200万册次，较2012年增长超过20%，位居全国第一。中心图书馆"一城一网一卡一系统"服务平台各方面依然居于全国领先水平，且已成为全球超大型的城市图书馆联合体。如表5-1。

表5-1 "一卡通"成员馆

中心图书馆"一卡通"成员馆	机构数	服务网点数
上海图书馆	1	1
上海少年儿童图书馆	1	1
区(县)馆	22	44
街道(乡镇)服务点	212	234
其他服务点	10	10
高校分馆	1	1
专业分馆	3	3
总计	250	294

【夯实IT基础设施，提升服务能级】 继续以网络升能为基础，通过虚拟化服务增强技术保障能力。完成馆所互联网出口主干链路的升级，新增及更新汇聚层和主机房服务器群所使用的交换机共7台。虚拟机群的应用规模进一步扩大，已形成33台虚拟机宿主服务器、135台各类虚拟机的虚拟化应用环境，较2012年有近50%的增长，满足未来"云中上图"的应用发展需要。对无线网络服务进一步优化，扩展馆内无线网络覆盖面并对无线网结构进行调整，提高了网络性能，2013年使用免费无线上网的读者达9.5万人次，较2012年增长超过10%，受到广大市民和读者的普遍欢迎。

【加大数据创新应用力度】 通过对图书馆信息系统内大数据(Big Data)的专业分析和处理，在保障读者隐私的基础上，充分利用图书馆的数据资产、数据挖掘产生新的效益。2013年年初推出"我的悦读2012"年度阅读账单，历数每位读者的阅读足迹，在推广服务和与读者互动的方式上进行的创新，获得了广大读者的认可与好评。《文汇报》《中国文化报》《新民晚报》等媒体纷纷报道，给予高度评价；文化部副部长杨志今作出批示，建议将此做法加以总结，进行推广。2013年图书馆服务宣传周期间，推出国内第一份面向公众的图书馆阅读白皮书《上海市公共图书馆2012阅读报告》，总结了本市读者阅读生态，得到《解放日报》《人民日报》多家媒体的报道。

在此基础上，进行创新型数据服务的尝试，通过对大数据的分析与挖掘，以Flash/HTML5的方式交互式实时展现上海图书馆上海市中心图书馆的业务数据。采用新颖的多媒体交互展示方式展现"今日到馆总人次""即时书刊流通数据""前一日书刊流通情况""各成员馆书刊流通情况""当前正在外借书刊的封面"等数据。此外，还积极探索数据创新服务的形式，推陈出新，在移动客户端开发了结合实时数据展现与业务报表查看的馆长工作站应用。

【完善文化信息资源共享工程运行管理】 全市共享工程技术支持保障工作继续稳步推进，对107家共享工程基层点(不包含卫星点)进行了242次数据更新和维护，安装和维护数据量达到2.7 TB。完成街镇基层点镜像站资源的挑选和配置更新，更新后每个基层站点拥有的视频资源达1 195部(集)，142 GB。积极开展文化共享工程的培训工作，先后对全市17个区县支中心开展业务培训和网络培训10次，共计19 512人次。

完成"共享工程HD"客户端的二次资源更新以及"中小学自主学习教学辅导课件"的上线运行，新增"馆藏精品文化专题片""海派历史文化多媒体资源库""上海城市文化讲坛"三个专题栏目。2013年，共接收国家中心下发的资源404 GB，共享工程上海分中心主站"上海数字文化网"免费视频资源总量达到4 137部(集)。

(丁柯允)

【资源建设与在线服务融合发展，"云中数字图书馆"粗具雏形】 上海图书馆从1996年开始跟踪国内外数字图书馆研究与实践动态，历经十余年的建设，数字图书馆资源有了长足的积累，数字化服务已进入良性循环轨道。根据数字图书馆平台建设投入大、周期长、积累沉淀要求高等特点，采取“边建设边服务”的滚动建设方式，逐步建成了一批在国内外极具影响力的精品数字资源库群，其中主要包括古籍善本和手稿抄本、家谱、盛宣怀档案、民国图书、民国期刊、旧日文图书、旧西文图书、字林西报等八个大型历史文献数字化全文影像库，上海年华“电影记忆”“图片上海”“上海与世博”“抗战图片库”四个主题资源库，并由此形成了以上海开埠以来的地方史精华为主题，以馆藏近代文献资源为内容，以多媒体数字化为主要表现形式，以“基本库”与“专题库”相结合，展现上海历史文化年谱的主题资源库群。整个历史文献数字化库群已累积有 379 万条元数据，339.4 万种(篇)全文共计 5 167 万页，自建数字资源总量达 232 TB。2013 年全年累计检索量 184 812 次，全文浏览量 4 166 296 页，打印 11 377 次，已成为国内最大的自建数字资源库群之一。同时，“上图讲座”已拥有流媒体讲座资源 800 部，超过 1 250 小时的音视频资源，为“讲座图书馆”的建设打下了坚实的基础。《全国报刊索引》是上海图书馆全国闻名二次文献品牌，经过不断深化二次文献加工服务，探索二次文献内容开发转型，形成了《北华捷报/字林西报》及馆藏五六十年代数字化期刊产品，《全国报刊索引》目次库和篇名库、《学术会议库》和《晚清、民国时期期刊全文库》等数字资源库产品并取得了良好的品牌价值和服务效益，累计各类篇名目次数据总量已超过 3 000 万条，时间跨度从 1833 年至今，年新增数据达 350 万条。

此外，上海图书馆也积极引进国内外大型电子资源提供读者全天候便利化的网络在线服务，目前已引进外购数据库共 145 个，其中中文数据库 35 个，外文数据库 110 个，电子期刊 3.3 万种，9 000 万篇，电子图书 130 万种，电子报纸 402 种，学位论文 270 万篇，会议论文 370 种，2013 年增订续订了全球样本库、格罗夫艺术在线、Berg 时尚图书馆、Style sight、读览天下、墨香报纸库、方正电子报纸、万方会议论文等电子资源并进行了系统整体部署，存储总量已达 37 TB，全部提供馆域网在线服务，部分通过“e 卡通”服务系统提供注册读者的远程服务。

【无障碍数字图书馆覆盖全市注册的残障人群】 上海图书馆联合上海市残疾人联合会在上海市经济和信息化委员会的支持下，共同推出了全国首家无障碍数字图书馆(http://dlpwd.library.sh.cn)，主要面向视障人士中的全盲人士、低视力、色盲、色弱和光泽性过敏人士、聋哑人群、行动障碍人群和老年人提供无障碍网站、有声电子书和数字化讲座服务，从而消除残障人士和老年人获取信息的障碍。目前已覆盖全市注册的 31 万残疾人，可免费提供 300 种无障碍电子书、620 部无障碍数字化讲座和无障碍网站等服务，其中电子书的查询、预览、语音导航、内容跟随朗读等全程无障碍阅读为全国首创。同时，上海图书馆主门户网站也配置了全新的无障碍辅助工具，提供有声网页播放和无障碍浏览辅助，使残障人士和老年人可以足不出户“借”上海图书馆的书，视力不好可以在线“听”上海图书馆的书。该系统获得了 2013 年度上海市信息技术优秀应用成果奖。

【公共电子阅览室和文化共享工程建设取得新进展】
“公共电子阅览室建设计划”是文化部主导推进的，以未成年人、老年人、进城务工人员等特殊群体为重点服务对象，依托文化共享工程的服务网络和设施，以及文化共享工程、国家数字图书馆、本地图书馆丰富的数字资源，努力构建内容安全、服务规范、环境良好、覆盖广泛的公益性互联网服务体系。上海地区公共电子阅览室建设主要依托全市现有的公共图书馆电子阅览室和“东方社区信息苑”的服务网络，利用中央云管理平台和数据链实现公共电子阅览室的服务体系和统一管理，截至 2013 年年底，市级中央管理平台已接近完成，管理端软件和终端软件正逐步覆盖全市 400 家公共电子阅览室，并与国家中心软件平台实现对接。

全国文化信息资源共享工程是文化部推进的全国性文化惠民工程，截至 2013 年年底，全市已建各级服务站点 2 364 个，实现了市、区县、街镇、村四级网络的全覆盖。文化共享工程信息系统顺应国家“三网融合”的战略，因地制宜，打造文化共享工程的“天罗地网”，通过互联网、电子政务外网、上海市党员干部现代远程教育网、3G 移动互联网、数字电影移动播放器以及移动硬盘等多种方式组合形成数字资源传输链。上海图书馆作为共享工程上海市分中心通过“上海数字文化网”门户网站(http://www.library.sh.cn/whgx)提供讲座、展览、电子图书、文化信息等服务，方便市民免费浏览观摩。共享工程整体数字资源量已达 13 TB，共有 2 447 部集多媒体视频资料在网上供用户免费使用。

【数字图书馆推广工程建设进一步向纵深推进】 根据文化部财政部关于实施“数字图书馆推广工程”的通知要求，上海市在 2012 年启动实施“数字图书馆推广工程”，该工程是构建以国家数字图书馆为中心、以各级数字图书馆为节点、覆盖全国的数字图书馆虚拟网，建设分级分布式数字图书馆资源库群，在全国范围内形成有效的数字资源保障体系，以互联网、移动通信网、广电网为通道，借助各级公共图书馆和手机、数字电视等新兴媒体，向公众提供多层次、多样化、专业化的数字图书馆服务，从整体上提升全国公共图书馆的服务能力。2013 年在上海市文化广播影视管理局的指导协调下，对上海图书馆、上海各区县图书馆的数字化建设情况进行了深入调研，明确了工程实施目标、规划纲要和实施计划，对试点工作进行了部署，下发了《“数字图书馆推广工程”省级、市级数字图书馆硬件配置标准》，并把“数字图书馆推广工程”列入本市公共文化服务体系建设“十二五”规划，积极争取各级财政支持。根据上海地区工程建设的特点，成立了上海市数字图书馆推广工程建设领导小组和推进办公室，由市文广局、上海图书馆、各区县图书馆相关同志组成，统一协调推广工程的工作。目前全市共有 1 家市级图书馆、7 家区县级图书馆启动工程实施建设工作。2013 年市区两级财政共计投入 2 176 万元用于上海图书馆和各区县图书馆的数字图书馆推广工程配套资金和数字化建设经费。上海地区“数字图书馆推广工程”建立了国家图书馆、上海图书馆、上海区县公共图书馆三级数字图书馆服务架构，以国家数字图书馆光纤骨干网为核心，结合上海地区公共图书馆虚拟网的专网平台初步搭建完成。上海图书馆成功整合了各类读者和用户资源实现统一认证和统一授权，并扩展至主要关键应用系统，实现读者在线、移动、到馆服务的“一次注册、全平台使用”，该统一认证平台正与数字图书馆推广工程的统一用户管理系统实现融合对接。同时，上海图书馆已经加入中国政府公开信息整合服务平台，实现与“上海市政府信息公开检索平台”的资源共享。对于区县图书馆的数字化建设，充分尊重其原有建设特色，分阶段逐步实现平台融合，例如杨浦区图书馆已经建成“上海近代文献主题馆”，该馆立足杨浦区的近代历史积淀，以杨浦的近代工业、市政为主题，将文献、数字资源、影视播放、视频点播、展览讲座等数字资源和在场服务、在线服务融为一体，并设立读者讨论交流空间，由参考馆员指导读者查阅资料并提供咨询。在数字资源联建共享方面，上海图书馆与国家图书馆、南京图书馆合作进行数字资源征集和联合共建工作，先后提交两批国家图书馆采选的数字资源，其中包括民国文献、家谱、老照片、专题视频资料等。与南京图书馆进行家谱、老报纸、馆藏人物和商标数据库联合共建工作。同时，上海图书馆也与本地区县图书馆开展数字资源联合共建，扩大联合编目系统覆盖面，联合采购“新华 e 店”电子图书等商业数据库，并积极参与国家图书馆组织的数字资源联建、联合采购调研和数字资源登记工作，积极推荐皮书、标准、年鉴、SCI(科学引文索引 Science Citation Index，简称 SCI)、SSCI(社科科学引文索引 Social Science Citation Index，简称 SSCI)、Gale ECCO(Gale 集团出品的十八世纪作品在线 Gale Eighteenth Century Collection Online，简称 Gale ECCO)、剑桥大学电子书等数据库的联合采购。

【升级网络体系，强化科学管理】 新建改造完成了地铁十号线地下空间、创·新空间阅览室、综合阅览室的网络基础设施，部分办公区域和读者大厅咖啡吧的网络综合布线与节点开通工程，共新增网络节点 160 多个，保障了一线部门业务工作的正常开展。将馆所互联网出口主干链路升级至 200 兆。对局域网万兆核心网络交换机的引擎、电口板卡等模块进行了更新换代。信息系统支撑平台逐步向虚拟化和云存储演进，稳定高效地支持各应用系统的运维与建设工作，2013 年完成了对馆所主门户和各网站群、“图书馆杂志”采编发系统、“创之源”中小企业服务网、统一认证系统、“一键通”跨库检索平台、书标打印系统、知识库系统、古籍数字图书馆、期刊装订子系统进行运维和更新，完成邮件系统平台的日常运维与系统版本升级以及 WebMail 的界面定制工作。服务器机群的虚拟机的应用进一步扩大，至 2013 年年底已形成 33 台宿主服务器、135 台各类虚拟机的虚拟机群，较 2012 年有近 50%的增长，支持包括实体机迁移整合、新应用部署运用、系统测试等在内的多种应用场景。

做好 OA 办公自动化系统的升级增能，提升办公效率。2013 年先后完成了业务统计子系统的升级改造、增加了“招投标预审”“季度重点工作”等模块、完善系统首页面、在系统中优化调整了部分业务流程、搭建 OA 系统与电子档案系统接口等工作，极大地提高了系统效率。

（徐　强）

上海博物馆

【概况】 2013 年是上海博物馆信息化工作有效推进的一年。在馆领导的高度重视和坚强领导下，信息中心根据年初制订的工作目标，抓住数字资源采集这个重点环节。同时，在加强信息化基础建设的基础上加强应用的实际成效，使信息化工作向纵深推进。

【运用网上平台进行传播】 2013 年，信息中心主动积极配合各业务部门的工作，除做好各项信息保障工作之外，还在网站上推出了各项活动，积极进行传播。配合 5·18 国际博物馆日活动，与教育部联合举办“上海博物馆珍品百选”网络投票活动，制作了专题网页，开发了与投票相关的各类程序模块，保证了活动的圆满进行。为这次活动策划制作的专题宣传片《夜曲》，在网上播出后，更是受到了业内人士和广大网民的一致好评，点击近上万次。为了配合本馆党委群众路线活动，网站还开放专门邮箱征求意见，为活动的正常运作做出了贡献。

【推出网上专题】 上海博物馆新版网站2012年正式上线后，为了给国内外公众提供一个较好的网上参观环境，为了进一步普及中国古代文化知识，体现上海博物馆作为一个都市文化象征所具有的文化底蕴，上海博物馆网站依托本馆收藏，连续推出网上专题展览。

配合传统节日，推出“蛇年话蛇”新春特辑；以挖掘文物的深度内涵为目的，推出《“秋水伊人”——中国古代女性与文物》专题；配合陈列室新展品上柜，推出《“静穆的力量”——小臣卣》专题等。网上视频栏目专门开辟了专家讲坛专题，推出了由上海博物馆专家主讲的《青铜器系列讲座》《中国古代漆器》《古书中留存的印记》《玺印与古史研究》《明清时期的雅玩雕刻》《古代官作和民作玉器》等文物系列讲座专辑。

网站根据工作需要，对网站后台应用进行改造升级。对活动预约模块进行了改造升级，增加了短信预约、预约管理、活动资讯发布等新功能，优化了预约流程，实现了博物馆教育活动全部线上一键搞定的目标。同时，还对视频点播模块进行了升级改造，增加了首页推荐、热点推荐等新功能，以更好地方便网友观看。

【网络安全设备进行升级改造】 网络安全是网络运营的基础，也一直是信息中心关注的一个重点。2013年，随着应用的增多和数据存储压力的加大，与原有已相继步入老化期的安全设备之间的矛盾日益突出。为此，信息中心对相关网络安全设备也进行了调整更新，增加了新的防火墙和网络入侵检测防护设备，同时对相应的软件系统进行了更新升级。这次更新改造解决了因网络安全设备防火墙老化致使网络连接丢包、网站不能正常服务的故障，解决了因iguard网页防篡改系统BUG原因导致门户网站经常崩溃的问题，使网络安全得到了进一步的保障。针对100 M网络线路出现的故障，在及时对自身网络硬件设备进行逐一排查后再联合电信逐一排查，更换了故障设备和升级了网络终端设备，解决了因电信线路端故障导致经常断网的问题。

此外，为了更好地保证上海博物馆对外网络的运行安全，信息中心首次联合上海信息安全测评中心人员对上海博物馆外网主动进行了多次安全漏洞扫描，并结合扫描报告结果对发现的问题进行了整改。在硬件方面细化了防火墙的安全策略，关闭了一些可引起黑客入侵攻击的服务端口，杜绝了安全隐患。在系统方面修复了服务器操作系统弱口令、增加了安全员账号、加固了安全策略等，另外，还配合网站相关工作人员针对Web和数据库服务器所发现的高危漏洞进行了技术修复，使得网站达到了网络安全等级二级所规定的基本要求。同时，信息中心还配合办公室完成公务网安全评测的前期准备工作，协助办公室联系公务网安全评测中心购置并安装了公务网安全评测所指定的软硬设备，使上海博物馆公务网具备了申请安全评测申报开通的条件。

【信息化基础工作】 上海博物馆文物保护科技中心建设全面展开，在建筑主体工程建设大力进行的同时，各项信息化基本工作也随之同步推进，以保证大楼建成后各项应用的建设和使用。信息中心派出专人进驻建设指挥部，专门负责信息化方面项目的实施。及时协调相关方面，为上海博物馆文物保护科技中心建设指挥部开通Internet网，同时在建设指挥部组建了有线和无线局域网；在指挥部的统一部署下，将三幢楼(科技楼、生活楼、小白楼)信息管道复用联通；根据总的建设要求，将上海博物馆文物保护科技中心生活楼的网络、电话、电视桥架和所有的房间及走廊的管道布建完毕。同时，信息中心还配合建设指挥部与电信签署了100 M网络专线和IPTV网络电视的合同；并参与了上海博物馆文物保护科技中心信息系统建设(一期项目)方案的评审和补充材料的提交工作。方案已提交市经信委审核。

【推进文物数据采集工作】 上海博物馆藏品数据库是上海博物馆信息化体系中的重中之重，已拥有的文物数据资源总量为124 553件，基本涵盖了上海博物馆的所有重要的等级文物。2013年，信息中心在相关业务部门的配合下，开始在内容上进行扩展，将外延至古籍、碑帖等藏品；古籍数字化一期工程正式启动，数据采集工作正在按计划进行当中，已扫描古籍图片32 000多页。同时，古籍数据库的开发工作也在同步进行当中。预计2014年年中将形成一个结构有序的古籍管理系统。届时，研究人员可利用计算机系统对古籍数据库的目录、内容和图像结构进行管理。这些工作可以认为是上海博物馆藏品系统面向古籍藏品的一个拓展。

【藏品数据库(图像)管理系统工程正式启动】 作为藏品

数据库建设的另一项主要的辅助项目，藏品数据库（图像）管理系统的建设在2013年年底正式启动。这一系统从程序管理上入手，优化业务流程，提供图像从申请拍摄到提取利用的节点跟踪。同时，在客户终端完成系统管理、文件上载、编目、归档、搜索、下载等管理功能。此外，还将推进数据内容和数据类型的多元化，在数据类型，将视频采集也作为藏品数据资源的一部分，并适时开展三维数据的采集。在数据库管理上也计划将视频、三维数据等纳入其中，统一管理，以给使用者提供更多的数据选择。

在藏品影像管理子系统的功能上，原有藏品影像展示和管理手段比较传统单一，特别是海量高清图像的管理方面，没有专门的管理手段和相应技术。在加工、检索、展示功能上不能满足管理和浏览者的需求，缺乏与观众的互动和专业化利用手段。藏品数据库影像系统功能将在这方面有所增强与改进，主要在影像一体化加工、影像对比、专业标注、高精度影像检视、图像检索、多维导航功能等方面都将给人以耳目一新的感觉。这一工程目前正在进行程序开发，预计将在2014年年底完成。

【配合全国首次可移动文物普查】 第一次全国可移动文物普查是新中国成立60余年来，我国首次针对可移动文物开展的普查，是在我国文化遗产领域开展的重大国情国力调查项目。第一次全国可移动文物普查由国务院统一领导，集中技术和人才力量，对我国可移动文物进行全面调查登记，并建立全国可移动文物信息登录平台和数据库，从而实现全国文物信息资源的整合利用和动态管理。

信息中心派出专业人员参加了国家组织的相关培训，并对普查实施方案，发布规范和标准进行了学习和研究，将学习成果进行了汇报，推动了馆内普查工作的进行。另外根据馆内普查工作的要求，信息中心与保管部相配合，进行了培训，对藏品数据库和保管总账的登录情况和统计状况进行了对比，拿出了对比数据，并提供了各类文物图片数据的缺失情况，对整个馆普查工作的进行起到了良好的推动作用。

【开展“文博类信息系统建设标准化”研究】 随着本市文博系统各单位提出开展信息化项目建设的需求日益增多，而文博类信息化项目又有其自身的特点，为完善本市信息化项目支出预算的审核标准，指导文博系统预算单位的信息化项目申报工作，市经信委委托上海博物馆进行“文博类信息系统建设标准化研究”。

为做好这项工作，信息中心投入人员，设立专门的小组开展此项研究工作，经过材料收集和实地调研阶段，研究小组的工作得以顺利展开。在2013年年初开题报告会的基础上，通过对现有资源的整合汇总，专利爬梳，年中研究小组又形成了《上海市市本级预算单位文博类信息系统建设指南》（初稿），并通过了市经信委组织的专家会议的审议。该建设指南首次划定了文博类信息系统的建设范围，并针对不同类型的博物馆，明确了其信息化建设的特点和基本要求，对博物馆如何更为规范、合理、科学地进行信息化建设将起到较好的指导作用。

（张　毅）

其他

【上海市文化市场行政执法指挥监管系统完成功能升级】 2013年，上海市文化市场行政执法指挥监管系统进行了升级改造，主要是通过接口集成，与文化部的全国文化市场技术监管系统实现了有效对接。同时，根据统一使用新版文化行政执法文书的实际要求，对系统功能作了部分更新，增加了版权执法案件流程，完善了案件审批功能。根据使用实际，更新了PDA执法设备和系统，更新了系统操作界面，完善了场所数据库和GIS地图，增加了文化执法信息报送和发布功能。在此基础上，指挥监管系统完成了与浦东、闸北、杨浦、普陀、青浦、松江、宝山、崇明等8个区县文化执法大队的分布式链接，有效提升了工作效率。

（孙志勇）

三、医疗卫生领域信息化建设

【上海健康信息网服务网站正式开通】 2013年10月31日，经过近两年的建设，上海健康信息网服务网站（www.shhs.org.cn）正式开通。上海健康信息网是将全市所有公立医疗机构各类信息系统通过网络相互连接起来，动态整合了这些机构中每位市民的服务信息，建立起每位市民的健康档案。健康档案中记录了每位市民享受卫生服务中有关诊断、用药、检验检查结果等医疗服务记录，还包含出生登记、计划免疫记录、妇女儿童保健服务等公共卫生服务内容。

【市级综合管理平台建设】 根据医改的要求，按照监测、评估、考核的整体框架，平台包含决策支持、行业监管、医改监测和信息发布四大核心内容。在原综合展示平台的基础上，拓展和深化应用，整合区县、医院的建设成果，充分利用了其他来源的数据资源（卫生监督、卫生统计等）。目前平台行业监测评估完成医管、医改相关内容，2013年年底对医院监管开展了实战实用，预计2014年6月平台投入试运行。

（陈春妍）

【PB级海量存储系统关键技术的研究与应用示范】 2013年8月12日，由上海圣桥信息科技有限公司、上海交通大学、上海申康医院发展中心和上海岱嘉医学信息系统有限公司联合承担的市科委重大项目“PB级海量存储系统关键技术的研究与应用示范”项目通过了市科委组织的专家验收。该项目成功研制了一套PB级海量存储系统（StorCloud海量存储产品），该系统采用分布式系统结构与横向扩展（Scale-out）技术，实现了PB级海量存储系统的高可扩展性，以多种冗余技术提高了海量存储系统的高可用性；并可支持在线增加存储节点、扩展系统容量和IO带宽，在可扩展性和可用性等多项关键技术上都有突破。该项目研制成果已成功部署在上海医联数据中心，满足IHE（集成医疗企业 Integration Healthcare Enterprise，简称IHE）国际规范的分布式存储架构，实现了34家三甲医院的医学影像数据信息共享与集约化管理，为区域卫生信息化平台的大数据应用构建了云存储平台。

【“基于传感网的远程健康监护预警平台研发和示范应用”项目】 2013年1月6日，由万达信息股份有限公司承担的“基于传感网的远程健康监护预警平台研发和示范应用”项目通过市科委专家验收。项目完成了基于传感网的远程健康监护业务模式研究报告及商业运营模式研究报告；实现了对四种专业的和便携性的健康监护设备的集成，研发了可测量生命体征信息指标（包括血压、血糖、血氧、脉搏）的便携式健康信息采集仪，完成了针对居民个人的远程健康监测并通过无线网络传输到健康管理服务平台，实现了“居民预检、平台预警、医生干预”的整体服务流程。项目在世博园、养老护理机构等地方进行了应用示范。该项目建设的万达全程健康服务运营平台已在上海金山区、黄浦区、浦东新区、徐汇区开展试点服务。

（李言旭）

四、邮政信息化建设

【概况】 2013年，上海市邮政公司（以下简称“上海邮政”）进一步实施科技兴邮战略，充分发挥信息化引领作用，增强企业核心竞争力。依靠高新技术和现代管理方法、经营方式和组织形式，创新服务领域、服务模式。通过信息化，减少冗余流程，提高运行效率和效益，进一步解放生产力。着力推广和应用新技术，提升邮政传统业务的技术含量和技术层次，实现传统业务效能提升，开拓新的业务领域，满足用户需求。密切关注信息技术发展趋势，了解借鉴国内外企业信息化的先进经验。2013年，顺利完成投递信息系统二期工程切换上线工作、“一卡通”系统二期及相关附加功能、代收费业务新增东方文化卡支付方式、国际小包集货系统开发、报刊增刊费变动系统、客户营销管理系统中增加数据提取功能模块、“速卖通”国际小包集货仓系统、浦江月线下寄提管理子系统和邮上海系统开发线下寄递信息受理相关功能等十三项软件开发项目顺利实现上线。

【投递信息系统二期工程上线运行】 为进一步提高投递生产管理水平，实现对投递业务运行的精细化和科学化管理，中国邮政集团公司立项建设投递信息系统二期工程。上海作为全国首批应用试点省市，自9月起开展各项上线准备工作，确定设备部署方案，做好设备接收工作，提前进行省中心机房准备工作和服务器上架安装调试及布线等，保证场地、机柜、电源和网络及时到位。自11月15日起，上海邮政组织两次业务预演，收集汇总问题，为系统成功上线奠定基础。11月19日，上线切换工作顺利实施，经部分区县局配合进行业务测试后，上海投递信息系统二期工程成功切换上线。

【建设“速卖通”集货仓业务系统】 全球“速卖通”是阿里巴巴旗下唯一面向全球市场打造的在线交易平台，阿里巴巴选用中国邮政的国际小包，通过北京、上海、深圳三个口岸出关，为跨国交易提供国际物流服务。整个物流的过程分为国内段和国际段，中间需要一个货物集散仓库，作为国内段的收件人和国际段的代理寄件人，称为集货仓。上海邮政从未来业务发展和提高物流处理效率的角度出发，积极承揽“速卖通”上海口岸的集货仓业务。7月9日，项目正式启动，上海邮政业务及技术部门派员常驻淘宝杭州总部，与合作方多次进行系统联调。10月9日，淘宝的相关子系统与上海邮政国际小包集货仓系统正式上线运行，邮政的国际包裹业务与跨境电商的直连跨出了具有战略意义的第一步。

【新增挂号信函分拣机工程通过验收】 上海新增挂号信函分拣机工程是中国邮政集团公司下达的重点建设项目。工程于2012年6月16日开始施工，经过8个多月的生产试运行，于2013年12月6日通过竣工验收。该工程项目包含挂号信函分拣机2台，采用模块化设计，单机处理能力≥18 000件/小时，另外还有信盒输送系统和变配电设备等配套设备。上海新增挂号信函分拣机工程的建设，提高了信函分拣自动化水平，提升信函分拣效率和准确率，提升了邮件传递速度。

【技术支撑书展检票系统】 8月14—20日，2013上海书展在上海展览中心举办，为保障书展顺利进行，作为书展门票系统合作方，上海邮政信息技术部门根据书展组委会要求对“上海书展明信片门票智能防伪检票系统”进行升级，确保在人流高峰时系统也能稳定运行。项目组及时检测网络系统和每个网络端口的连接质量，优化条码防伪验证技术，并完善摄像头拍照比对功能、统计监控功能，实时掌控人流情况。同时应用了报警功能和快速重启功能，各项技术支撑工作获得了书展组委会肯定。

（陆怡琼）

五、社区公共服务信息化

【上海市社区服务网】 上海市社区服务网（www.962200.net）属上海信息港五大骨干网工程之一，自1998年正式开通以来，历经多次改版，形成上海社区公共服务、社区生活服务和社区志愿服务“三位一体”的信息发布网络构架。社区公共服务方面，主要集中发布社区公共服务信息类，包括全市社区公用服务设施、居委会、志愿者服务队伍和活动、社区新闻等信息。社区生活服务方面，定位于社区生活服务的网上咨询和预定，为服务商提供加盟社区服务的便捷途径，目前“社区服务超市”可为居民提供近40项生活服务。社区志愿服务方面，通过搭建社区志愿者的活动、交流平台，为社区志愿者和社区受助群体牵线搭桥，发动民间组织和个人投身社区服务和公益性事业，还受理社区志愿者的网上注册，目前社区志愿者网已注册志愿者41万多人。

社区服务网运行以来，累计发布社区动态信息近78.7万条，居委信息3 000余条，居委志愿者信息超2万条，公共服务设施信息2 600余条，社区服务队伍信息10.5万余条，一门式信息1.6万余条。

（方廉忞）

第六编

信息安全

综 述

2013年是落实信息安全保障"十二五"规划和智慧城市建设承上启下的关键一年。本市各信息安全保障职能部门认真贯彻落实市委、市政府的工作部署，围绕城市运行保障和智慧城市建设实际，健全信息安全统筹协调机制，强化重点领域信息安全监管，完善城市信息安全基础支撑，优化安全可信信息消费环境，提升全民信息安全意识。2013年，全市没有发生特重大信息安全事故，城市信息安全态势总体可控，为上海"四个中心"和智慧城市建设提供安全可靠保障。

随着智慧城市建设的推进，云计算、移动互联网、大数据等新技术的兴起和应用，信息化已深刻影响着经济、文化、社会、军事等各个领域。与此同时，信息安全占据着越来越重要的位置，成为制约城市正常运转，促进经济发展和提高居民幸福指数的关键因素，日益引起广泛关注。2013年，根据《国务院关于大力推进信息化发展和切实保障信息安全的若干意见》和党的十八届三中全会《中共中央关于全面深化改革若干重大问题的决定》中提出的"积极利用、科学发展、依法管理、确保安全的方针，加大依法管理网络力度，加快完善互联网管理领导体制，确保国家网络和信息安全"要求，在全市各方面的共同努力下，进一步健全城市信息安全保障体系。完善市网安平台统筹协调，市网络与信息安全协调小组办公室（以下简称"市网安办"）组织协同公安、保密、密码、通信管理、工商和信息化等主管部门，结合各自职责，有效推进了责任制落实、等级保护、分级保护、密码监管、安全测评和风险评估、应急管理、工控系统安全管理等重点工作。各职能部门和行业主管部门联合开展网络空间专项治理行动，落实重点领域信息安全检查行动，均取得了显著成效。同时，大力推进信息安全应急和综合服务平台等基础设施建设，强化个人信息保护，完善网络信任体系。

本市信息安全产业在当前信息网络化、数据化所催生出的新信息安全需求下，快速发展，涌现出一批优秀的信息安全骨干企业，为信息安全产业做大做强打下坚实基础，也在城市信息安全保障工作中发挥了重要作用。同时，进一步加强信息安全宣传教育工作，成功举办第三届信息安全活动周和第五届信息安全技能竞赛，不断提高市民的信息安全意识和技术防范能力。

第一章 信息安全管理

概 述

按照国家对信息安全保障工作的总体部署，在市委、市政府的领导下，市网安办组织协调本市公安、保密、密码、信息化、通信管理、工商等部门，密切协同、有效配合，共同推进和完善本市信息安全保障体系的建设。2013年，完成市网安小组成员调整，在较好地完成各项信息安全常规性工作的基础上，开展关系群众切身利益的网络欺诈行为的专项治理；推动落实全市199家信息安全重点单位责任制网络体系；联合开展重点领域网络与信息安全检查行动；强化个人信息保护和重要信息系统安全监管；深化重要工业控制系统信息安全管理和应急管理体系建设；组织信息安全宣传教育。从而有效地保障了本市基础网络和重要信息系统的安全稳定运行，确保本市无重大信息安全事故。

一、制度建设

【完善信息安全协同监管工作机制】 在市各重点行业主管部门和重点单位的共同努力下，信息安全监管制度得到进一步落实和深化。一是加强信息安全统筹协调。召开全市信息安全保障会议，传达国家在新时期对网络与信息安全保障工作提出的新要求，部署各重点单位信息安全保障工作；编制并下发《2012年度重大信息安全事件回顾报告》。二是组织完成重点领域安全检查。根据国家2013年重点领域信息安全检查工作部署和市领导批示要求，市经信委、市公安局、市密码管理局组织本市涉及国计民生重点领域共96家单位实施安全检查。针对检查中发现455个安全问题和隐患，及时督促整改。三是加强重要信息系统安全监管。市公安局、市密码管理局、市经信委等单位针对备案信息系统组织实施分级、分类测评，并督促其对测评中发现的问题进行整改。四是加强政府信息系统安全防护，完成区县级互联网接入安全管理，逐步实现市级接入口整合归并。

【深化工业控制系统信息安全管理】 根据工业和信息化部(以下简称“工信部”)《关于加强工业控制系统信息安全管理的通知》要求，上海采取多项措施，在多个领域积极保障重要工业控制系统信息安全。一是在石化领域，市经信委在高桥石化开展大型石化控制系统信息安全加固示范工程，通过典型石化装置的风险评估和技术加固，形成可复制推广的评估检查方法和信息安全解决方案。二是在电力领域，初步梳理了电力行业系统二次防护和工业控制系统安全监管相关工作经验。三是在轨交领域，形成并落实本市轨交系统信息安全管理制度体系，启动构建地铁自动售检票系统的模拟测试环境。四是在核电领域，启动第三代自主核电技术CAP1000信息安全管理体系标准的研究制定。

【强化应急管理体系建设】 坚持预防与应急并重、常态与非常态结合的原则，建立健全统一指挥、结构合理、反应灵敏、保障有力、运转高效的信息安全应急管理体系，完善应急预案，提高危机管理和风险管理能力。一是在上海市应急管理委员会办公室(以下简称“市应急办”)指导下，完成《上海市网络与信息安全事件专项应急预案》的执行评估和修订，指导本市重点单位开展信息安全应急预案调整工作。二是组织开展网站安全监测、应用保障等专题培训，并委托市网络与信息安全应急管理事务中心对全市210家重点网站开展实时监测预警和应急处置，共发布风险预警提示342份，处置重点网站潜在安全风险681个。三是联合人民银行上海总部和太平洋保险集团在金融和保险领域分别开展网络与信息安全示范性应急演练，提升重点领域信息系统应急处置与协调能力。

【开展网络空间综合治理】 网络空间综合治理是深入贯彻落实党的“十八大”精神、维护人民群众切身利益的重要举措，是关注和保障民生、维护媒体公信力的必然要求。全市各有关部门切实增强责任感和使命感，加大相关领域网络违法行为整治和违法案件打击力度，不断提高专项整治工作的针对性。一是开展网络欺诈专项整治。市经信委积极推动官方网站认证、假冒网站发现与阻断等网络可信服务平台建设，并在易迅、一号店、携程等2万家知名网站中应用推广；联合道路运输、物流等行业协会，为德邦物流股份有限公司、上海公兴搬场物流有限公司、上海永兴搬场有限公司等提供官网认证和假冒网站识别服务，发现并阻断假冒网站超过1万个。二是大力整治网络违法及不良信息。市通信管理局推广实施短信“一键退订”功能，充分依托“12321”投诉举报平台，开展垃圾短信专项整治；市公安局等单位加强互联网信息清理整治工作，处罚违法违规网站2 390家(次)，关停违法栏目2 449个，指导全市网站自行清理违法违规信息14万余条。三是严厉打击网络违法犯罪活动。市公安局、市通信管理局等单位开展网络“打防严保”专项行动，全年共侦破各类案件12 197起，抓获各类犯罪嫌疑人14 883人；市无线电管理局等单位开展无线电安全执法，侦破和查处“黑电台”案件4起、“伪基站”案件3起。四是加强电子商务和网络交易执法。市工商局制定出台《关于加强网络交易监管执法工作的实施意见》，完善网络交易监管平台，网上线下联动、加强监督执法，共查处网络交易违法案件1 784起。

【完善网络信任体系建设】 加快完善上海网络信任体系，为社会提供可靠的信息安全认证服务，多管齐下，共同维护良好的网络交易秩序。一是市经信委、市密码管理局进一步推进本市法人一证通项目，组织完成市政府300号电子认证系统的配套建设，支持和推动基于SM2(基于椭圆曲线公钥密码算法Senior Middle 2，简称SM2)算法的数字证书应用，并启动数字电视机顶盒证书等相关应用研究。截至2013年年底，上海数字证书认证中心已累计发放各类证书394.5万张，进一步强化数字证书在保障电子政务、电子商务安全以及保护公民个人信息等方面的支撑作用。二是市工商局积极推进经营主体网上亮照工作，共有6.2万户网络经营企业实现网上亮照，并逐步探索构建网络交易信用评价机制，引导网络交易活动规范有序进行。

【强化个人信息保护】 上海在个人信息保护方面不断探索，推动立法和行业自律。一是贯彻落实全国人大常委会《关于加强网络信息保护的决定》，针对重点行业和互联网信息服务业企业开展个人信息保护国家标准宣贯活动。二是启动《公共信息系统个人信息保护管理办法》立法调研，组织市信息安全测评认证中心编制《公共信息系统个人信息保护测评准则(试行)》，并在卫生、证券等行业开展个人信息保护安全测评试点。三是市经信委、市公安局、市网信办、市通信管理局等部门组织五大行业协会发布个人信息保护联盟倡议，加强行业自律。

二、加强信息安全宣传教育

【第三届信息安全宣传周】 为进一步提高全社会信息安全意识，创建安全可信的信息消费环境，保障城市信息安全，在工信部信息安全协调司指导下，市经信委联合市公安局、市网信办、团市委等单位于11月1—7日以“我身边的信息安全”为主题，举办第三届信息安全活动周。本届活动周充分依托行业主管部门、区县、企业和协会，通过重点行业信息安全大讲堂、社区宣传活动、宣传手册发放等方式，利用广播电视媒体、微博、微信和智能手机应用等渠道深入社区、学校，内容以重点行业信息安全大讲堂、信息安全技能竞赛、信息安全知识宣传为核心，紧密贴近百姓常见的信息安全事件，从切实保护公民个人电子信息安全和人民群众合法权益出发，体现了行业性、专业性、普及性、互动性的特点。今年特别推出了信息安全领域垂直门户聚合平台—手机App“享安全”。为移动终端用户提供信息安全新闻资讯、宣传资料、行业动态、专家观点等内容，致力于构建信息安全决策者、从业者、关注者以及普通公众的交流社区。

第二章 信息安全服务

概 述

针对上海信息化发展的新趋势和即将开启的新一轮智慧城市建设安全需求，在本市信息安全主管部门、企事业单位积极努力和共同推动下，城市信息安全基础设施得到进一步完善，信息安全社会化服务能力持续提升，网络和信息安全监测预警处置能力进一步加强。同时，推动已进行等级保护备案的信息系统尤其是三级以上系统加强安全测评及风险评估；推动法人一证通项目实施，夯实全市统一的网络信任体系建设；加强信息技术服务外包的安全管理，组织开展信息安全服务机构推荐及能力评估，发布信息安全服务机构推荐名单，促进信息安全服务诚信化管理。

（章 蕾）

一、计算机病毒防范

全市城域网骨干网安全运行状况

2013 年上海市网络与信息安全应急管理事务中心（以下简称“市应急事务中心”）继续对全市城域骨干网进行 7×24 小时的网络与信息安全事件抽样监测，主要包括各类安全事件以及流量的实时监测。

2013 年全年整体网络与信息安全态势良好，未发生大规模或高危害的网络与信息安全事件。通过分析监测数据发现，影响本市网络安全的主要威胁来自于漏洞攻击和网络扫描类事件。本年度病毒蠕虫、拒绝服务攻击事件量较去年有所上升，漏洞攻击、网络扫描等事件量较去年有所下降。具体情况如图 6－1、表 6－1 所示。

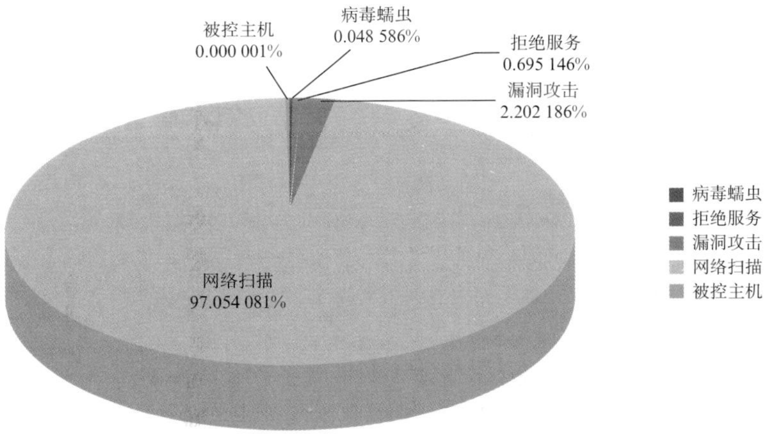

图 6－1 2013 年度各类安全事件总量权重图

表 6－1 2012 年与 2013 年各类安全事件数量对比表

	病毒蠕虫	拒绝服务	漏洞攻击	网络扫描	后门	木马
2012 年	2 317 209	128 798 704	656 444 378	39 948 405 610	3 028	8
2013 年	10 959 466	156 803 923	496 746 249	21 892 451 361	175	2

整体来看，本年度上海市网络运行安全状况基本平稳，各类网络与信息安全威胁基本可控（图 6－2）。

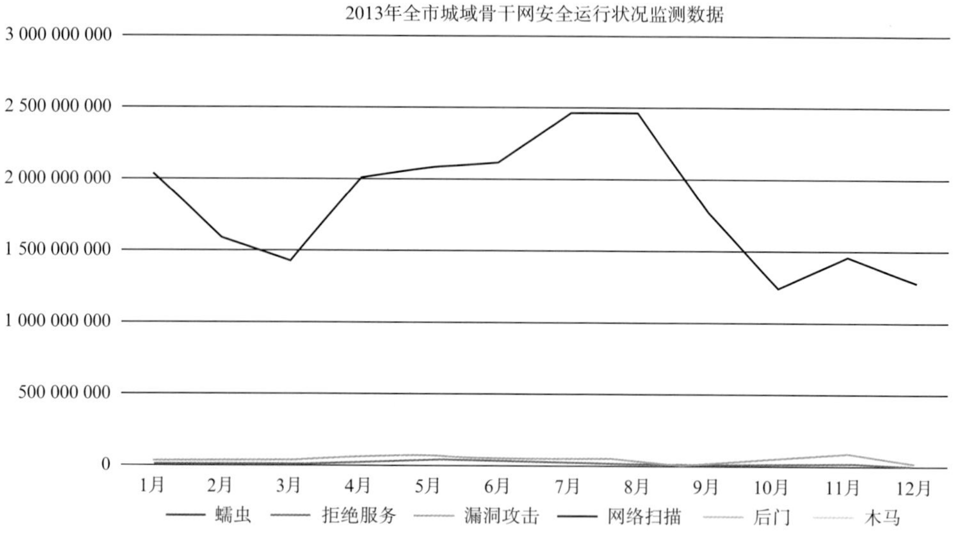

图 6－2 2013 年全市城域骨干网安全运行状况监测数据走势图

全市重点网站运行安全监测和应急处置工作

2013 年，市应急事务中心共对 210 家重要网站实施安全监测服务。全年向发生安全事件或存在潜在风险的重点网站主管单位发布网络与信息安全风险预警提示 291 份，《上海市重点网站运行安全分析报告》4 期，为全市重点网站的安全运行提供了坚实的监测、预警技术保障。大部分重点网站运营管理单位在接到报告后与市应急事务中心保持了密切联系，在对网站系统开展升级改造后也及时以邮件、电话等方式告知市应急管理中心。

综合 2013 年四个季度以来市应急事务中心的监测数据统计，共监测到网站安全风险 547 个，未发现网页篡改、信息泄露、网站挂马、域名劫持、断开链接等安全事件。其中，高危风险 16 种 192 个，主要出现在跨站点脚本编制、存储的跨站点脚本编制、发现数据库错误模式等几个方面，占总风险数的 20％以上，受影响的网站占 15％以上。中危风险 7 种 175 个，低危风险 27 种 180 个，相关潜在风险影响网站 291 个。

根据《上海市重点网站运行安全分析评估规则（试行）》要求，市应急事务中心对全市重点网站进行了分季度排名，各季度运行安全状况好的Ⅰ级网站数均达到 120 个以上，有超过 60％的重点网站都处于良好的运行安全状态。Ⅳ级网站数所占比例逐季度下降，至四季度结束，降至 2％。

互联网络交换平台

2013 年，市应急事务中心统筹谋划，理顺了上海互联网络交换平台（以下简称"交换平台"）各个层面的工作关系，加强了交换平台运维的日常管理，保证了交换平台运行的基本环境，确保了交换平台设备工作正常、系统运行稳定、链路保持畅通、流量稳步提升。

【交换平台流量情况】 2013 年，交换平台积极发挥本地"互联互通"的优势和作用，主要为上海电信、上海联通、上海移动、东方有线、上海科技网络通信有限公司、上海长城宽带网络服务有限公司等 15 家接入成员单位提供本地交换服务。2013 年，交换平台新加盟 2 家 ISP（互联网服务提供商 Internet Service Provider，简称 ISP），分别是上海励杰通信服务有限公司和上海臣翊网络科技有限公司。

2013 年，交换平台流量呈稳步上升趋势并保持良好的可发展空间。统计显示，交换平台 2013 年日总流量平均值超过 21 TB，相比 2012 年提高了 25.8％，最高日总流量超过了 30 TB，达到历史最高峰（图 6－3）。

【ISP 流量排名情况】 目前，交换平台仍是上海本地各互联网络运营商依赖实现本地网间交换的唯一的网络公共服务平台。统计显示，交换平台 2013 年流量前 8 名分别为长城宽带（上海）、联通（上海）、东方有线、铁通（上海）、上海科技网、上海移动、上海教科网和上海电信；流量增幅较大的有上海移动、铁通（上海）、东方有线等 6 家 ISP（表 6－2、表 6－3）。

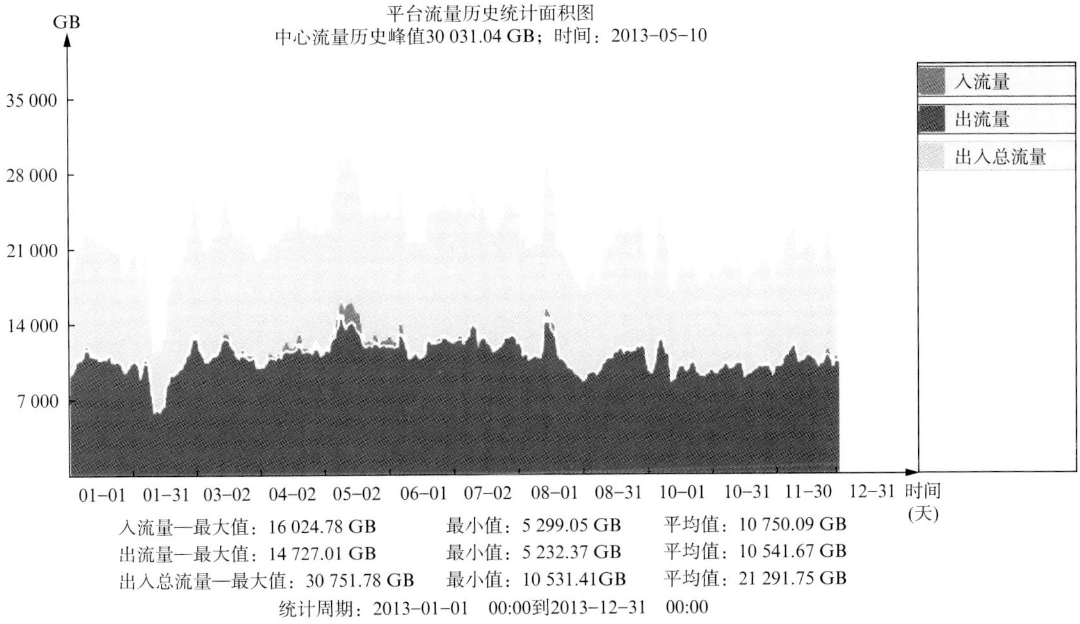

图 6－3 2013 年交换平台流量趋势图

表 6－2 2013 年交换平台 ISP 流量排名
（表中←表示名次不变，↑表示名次上升，↓表示名次下降）

	2013 年	2012 年	排名变化
长城宽带(上海)	第 1 名	第 1 名	←
联通(上海)	第 2 名	第 2 名	←
东方有线	第 3 名	第 4 名	↑
铁通(上海)	第 4 名	第 5 名	↑
上海科技网	第 5 名	第 3 名	↓
上海移动	第 6 名	第 7 名	↑
上海教科网	第 7 名	第 6 名	↓
上海电信	第 8 名	第 8 名	←

表 6－3 2013 年交换平台流量增幅排名

	2013 年	2012 年	流量增幅
上海移动	663.17	307.76	115.48%
电信恒联	1.91	0.98	94.89%
铁通(上海)	887.14	483.67	83.41%
中国科技网(上海)	16.17	10.57	52.98%

续 表

	2013 年	2012 年	流量增幅
东方有线	1 132.50	772.36	46.62%
长城宽带(上海)	2 051.94	1 543.18	32.96%

【应用协议流量排名情况】 交换平台是我国第一个地区性的宽带网络公共服务平台，交换平台的流量是我国互联网的一个缩影，具有较强的代表性。统计显示，2013 年交换平台流量中的应用协议主要包括迅雷、HTTP(超文本传输协议 Hypertext Transport Protocol，简称 HTTP)、KAD(一种通过分散式杂凑表实现的协议 Kademlia，简称 KAD)、网络 UDP(用户数据报协议 User Datagram Protocol，简称 UDP)数据、2038、电骡 UDP 数据、比特洪流 UDP 数据、QQDownload1、QQ-SZ 等，其中迅雷和 HTTP 两类应用协议流量占交换平台总交换流量的 67%(图 6-4)。

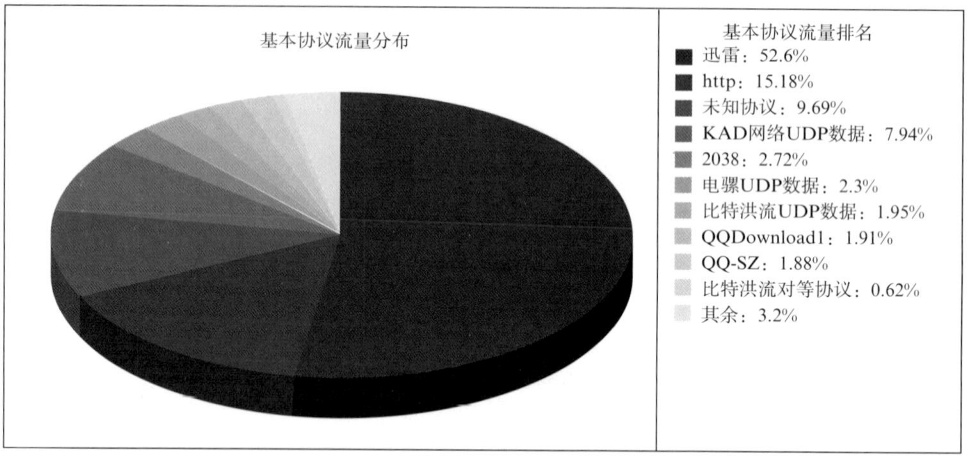

统计周期：2013-01-01到2013-12-31

图 6-4 2013 年度交换平台协议流量分布图

重点单位信息安全防范

2013 年由于机构合并、系统代管等原因，参加本市信息安全月报工作的单位数为 151 家。月报表受理情况统计显示，按时报送单位数平均为 140 家，按时报送率为 92.72%。

综合年度 12 个月的月报表(表 6-4)，本市信息安全问题有以下几点情况值得关注。

就发生信息安全事件的单位数量而言，2013 年度信息安全事件月平均发生率为 36.79%，与上年度的月平均发生率 17.58%相比增幅明显。在每月的信息安全事件发生率的分布图中(图 6-5、表 6-5)，可看到全年月发生率基本在 36.79%的附近盘整，最高是 12 月的 42.86%，最低是 3 月的 28.57%，总体变化不大。说明随着本市有关单位对信息安全问题越来越重视，各项安全措施不断落实和完善。

"黑客攻击"事件与上一年度比较，数量明显减少，为 34 067 例(按攻击源 IP 统计)，基本上是端口扫描、尝试性远程登入以及通过 SNMP(简单网络管理协议 Simple Network Management Protocol，简称 SNMP)窃取设备配置信息等试探性动作(图 6-6、表 6-6)。

"计算机病毒"事件 2013 年比 2012 年情况略差。全年有 25.71%的单位受到不同程度的病毒感染(图 6-7、表 6-7，)，比上一年度的 16.21%有所上升。有 21.43%的单位遭受过三次以上的反复感染(图 6-10、表 6-10)，也比上一年度的 19.18%有所上升。本市每月入侵计算机的病毒种类不完全相同，全年肆虐比较严重的计算机病毒有 Worm 蠕虫病毒、ARP 病毒以及各种 Trojan 木马病毒极其变种。病毒的发展趋势由破坏性向窃取用户信息变化。

由于自身原因造成的信息系统瘫痪的次数比上一年度增加。就单位而言，这类信息安全事件发生概率最小，全年度只有 1.43%的单位发生过这类事件(图 6-9、

表 6-9)，但是它对社会和经济生产活动的影响却不容低估，有的甚至引起了社会的关注。

本市发生各类信息安全问题比较多、频度比较高的单位依次是金融行业、政府机关、新闻媒体、通信网络、高校、工业企业等单位。表 6-11 列出了全年度易发信息安全事件的单位分类情况。

表 6-4　2013 年信息安全事件发生情况一览表

信息安全事件 月份	黑客攻击(次)	计算机病毒(台次)	由于自身原因造成的信息系统瘫痪(次)	收到反动及黄色内容邮件(封)
	发生数量 / 发生单位数(家)	发生数量 / 发生单位数(家)	发生数量 / 发生单位数(家)	发生数量 / 发生单位数(家)
1 月	4 020 / 6	2474 / 34	2 / 1	10 749 / 7
2 月	1 577 / 10	915 / 32	1 / 1	14 155 / 5
3 月	1 402 / 6	1 166 / 30	1 / 1	6 401 / 3
4 月	3 623 / 8	1 131 / 31	9 / 2	5 712 / 3
5 月	1 964 / 9	1 009 / 35	6 / 4	6 105 / 7
6 月	1 979 / 8	871 / 34	1 / 1	2 170 / 7
7 月	3 802 / 7	977 / 38	0 / 0	6 284 / 5
8 月	1 499 / 5	2 325 / 43	1 / 1	171 / 6
9 月	4 714 / 6	1 840 / 42	0 / 0	3 085 / 7
10 月	5 742 / 5	2 326 / 41	0 / 0	3 811 / 8
11 月	2 078 / 7	2 772 / 42	0 / 0	4 201 / 10
12 月	1 667 / 7	2 036 / 44	2 / 1	4 170 / 8

表 6-5　2013 年信息安全事件单位发生率走势表

1 月	2 月	3 月	4 月	5 月	6 月	7 月	8 月	9 月	10 月	11 月	12 月
34.29%	34.29%	28.57%	31.43%	39.29%	35.71%	35.71%	39.29%	39.29%	38.57%	42.14%	42.86%

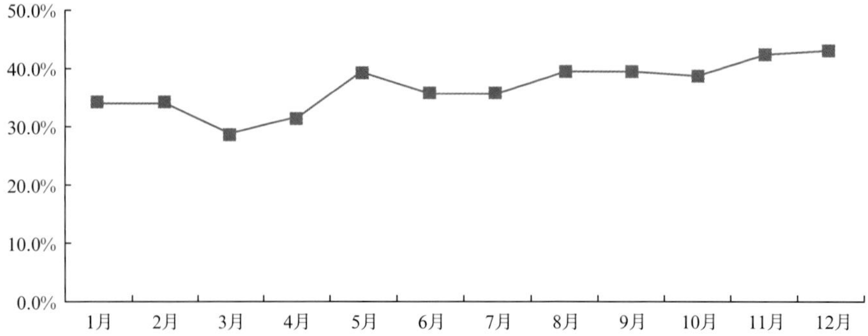

图 6－5　2013 年信息安全事件单位发生率走势图

表 6－6　2013 年“黑客攻击”发生数量月分布情况表

1 月	2 月	3 月	4 月	5 月	6 月	7 月	8 月	9 月	10 月	11 月	12 月	共计
11.8％	4.63％	4.12％	10.63％	5.77％	5.81％	11.16％	4.4％	13.84％	16.86％	6.1％	4.89％	100％

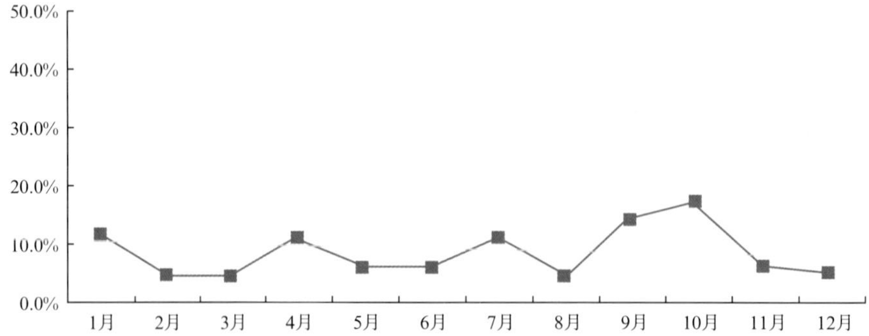

图 6－6　2013 年“黑客攻击”发生数量月分布情况图

表 6－7　2013 年“计算机病毒”发生数量月分布情况表

1 月	2 月	3 月	4 月	5 月	6 月	7 月	8 月	9 月	10 月	11 月	12 月	共计
12.47％	4.61％	5.889％	5.7％	5.09％	4.39％	4.92％	11.72％	9.27％	11.72％	13.97％	10.26％	100％

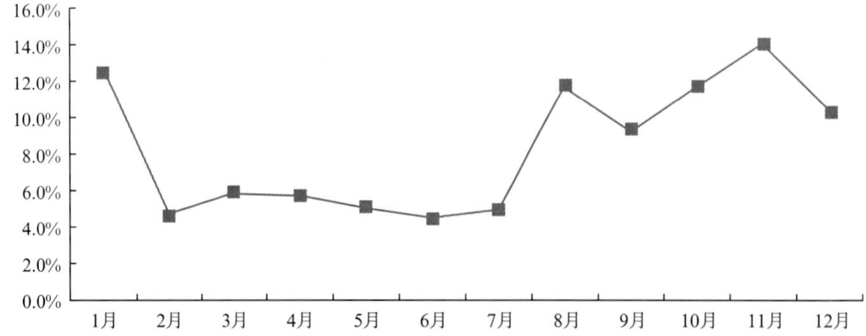

图 6－7　2013 年“计算机病毒”发生数量月分布情况图

表 6-8 2013 年"收到反动及黄色邮件"发生数量月分布情况表

1月	2月	3月	4月	5月	6月	7月	8月	9月	10月	11月	12月
16.04%	21.12%	9.55%	8.52%	9.11%	3.24%	9.38%	0.26%	4.6%	5.69%	6.27%	6.22%

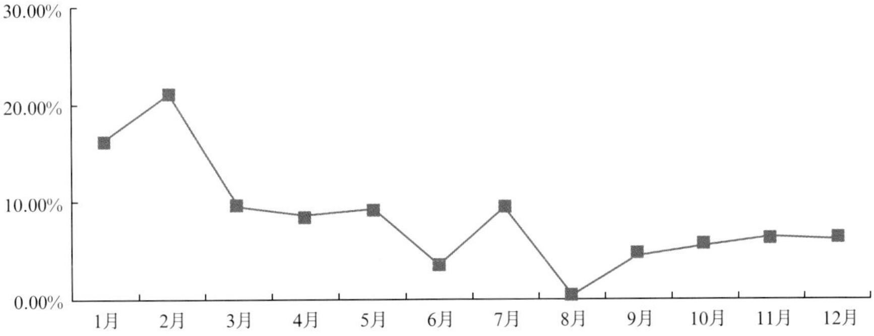

图 6-8 2013 年"收到反动及黄色邮件"发生数量月分布情况图

表 6-9 2013 年各类信息安全事件单位发生率表

信息安全事件	黑客攻击	计算机病毒	由于自身原因造成的信息系统瘫痪	收到反动及黄色内容邮件
发生单位数所占总单位数比例	7.14%	25.71%	1.43%	6.43%

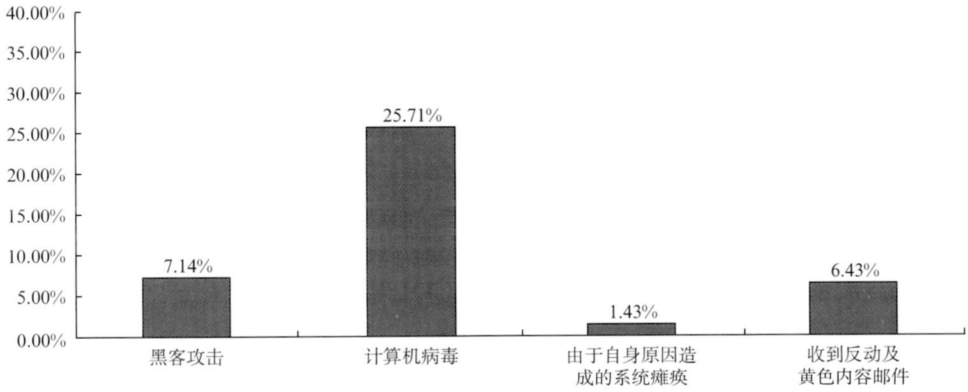

图 6-9 2013 年各类信息安全事件单位发生率图

表 6-10 2013 年信息安全事件重复发生分布表

事件类型 \ 发生次数	0次	1次	2次	3次
黑客攻击	92.86%	2.86%	1.43%	2.86%
计算机病毒	74.29%	1.43%	2.86%	21.43%
由于自身原因造成的系统瘫痪	98.57%	0.71%	0	0.71%
收到反动及黄色内容邮件	93.57%	2.86%	0.71%	2.86%

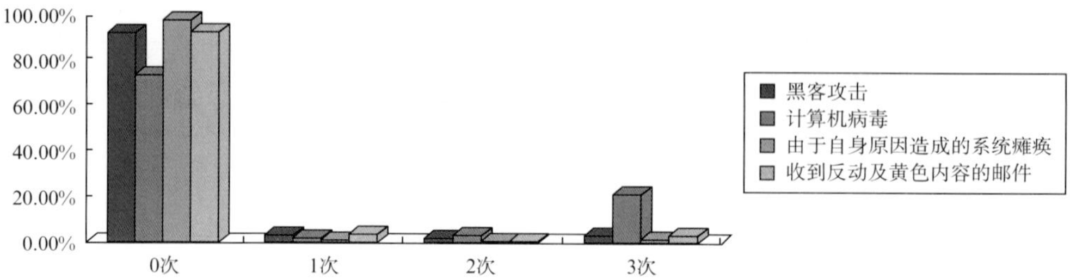

图 6 - 10 2013 年信息安全事件重复发生分布图

表 6 - 11 2013 年全年易发信息安全事件的单位分类表

事件种类	易发单位
黑客攻击	金融类、通信网络类、高校
计算机病毒	政府机关、金融类、工业企业类
由于自身原因造成的系统瘫痪	金融类、政府机关
收到反动及黄色内容邮件	新闻媒体、高校、政府机关

重要计算机病毒防范

2013 年是病毒全线爆发的一年，无论是传统的 PC 端病毒，还是针对移动互联网的手机病毒，在总体数量上都有飞跃式的增长。其中以“密锁”为代表的企业病毒和以“验证码大盗”为代表的手机病毒是全年威胁性最高的两类病毒。随着手机病毒的不断发展，未来黑客会将传统 PC 端病毒技术和思想移植到手机系统中，因此手机病毒在 2014 年将更加活跃。

相对于几近完善的用户体验，移动互联网的信息安全工作还远未及格，“重体验、轻安全”成为移动开发者们的通病。而从移动社交来说，微博、微信以及其他社交类移动应用都面临着两大问题：一是内容审核制度不严，使社交平台成为钓鱼诈骗的主要渠道；二是隐私信息泄露严重，用户的身份信息很容易被有心人掌握。除此之外，免费 WiFi 的安全性及路由器漏洞也成为用户在使用移动互联网时的重大隐患。移动快捷支付相较于传统网银也容易产生更多不安全的因素。2013 年，病毒总体数量比 2012 年同期增长 163%，同时，新增手机病毒样本与 2012 年相比，有数十倍的增长。其中以恶意扣费、隐私窃取、恶意传播、资费消耗、诱骗欺诈等几大类为主。除此之外，恶意网址在 2013 年相对低迷，比 2012 年同期增长了 8.72%，而钓鱼网站比 2012 年同期增长了 6.36%。2013 年，有 72%的网民遇到过假冒中奖类钓鱼网站，有 51%的网民遇到过购物类钓鱼网站，而搜索引擎仍是网民遭遇钓鱼网站最常见的途径。

目前，APT（高级持续性威胁 Advanced Persistent Threat，简称 APT）攻击已成为大型企业在信息安全方面所面临的主要威胁。黑客通常会通过带毒邮件或者社交网络上公司特定成员的一些真实信息突破企业的安全系统，进而对内网进行渗透。因此，建立完善的信息安全机制就显得尤为重要。

十大病毒排名

Trojan. Spy. Win32. Hijclpk：利用 lpk 劫持运行自身，并释放后门。

Trojan. Win32. FakeFolder：蠕虫病毒，伪装成文件夹图标迷惑用户。

Win32. Toffus：全盘感染可执行文件。

Trojan. Script. VBS. Dole：一款感染 Office 文档的宏病毒。

Win32. Induc. av：感染 Delphi 库文件。

Trojan. Script. Lisp. ACAD：感染电脑中用户正常的 lisp 脚本，影响 CAD（计算机辅助设计 Computer Aided Design，简称 CAD）操作，甚至偷取 CAD 工程文件。

Win32. Parite. an：全盘感染 . exe 和 . scr 文件，并使计算机成为肉鸡。

Win32. KUKU. ky：全盘感染可执行文件。

Trojan. DL. Script. JS. Agent. lok：利用浏览器漏洞挂马。

Worm. Script. VBS. Autorun. bt：伪装成快捷方式，并指向恶意的脚本文件。

2013年五大高危Android病毒：

Backdoor. AndroidOS. Obad. a：黑客可实时控制用户设备，并可截获包括电话号码、运营商、IMEI编号、通话记录、本地时间和MAC地址等关键信息。

Robot通讯录病毒：病毒将第一时间把用户的整个通讯录发送至黑客指定地址。

“山寨POCO”：在不知不觉中被捆绑恶意推送程序，大量占用手机流量。

“漏洞”病毒：被捆绑恶意广告推送，并泄露隐私信息。病毒会读取手机联系人信息及手机中已安装的应用信息，并发送至黑客指定地址。

“验证码大盗”：将在后台检索手机短信内容，并对含有“验证码”等关键字的信息进行拦截，在第一时间把该类内容及网民手机基本信息发送给黑客。

2013年十大挂马漏洞排名如下：

CVE-2013-0024：IE漏洞

CVE-2013-1306：IE漏洞

CVE-2013-3121：IE漏洞

CVE-2013-1373：Flash漏洞

CVE-2011-3401：Windows Media Player漏洞

CVE-2013-0750：Java漏洞

CVE-2013-1710：Java漏洞

CVE-2013-5789：Java漏洞

CVE-2013-3206：IE漏洞

CVE-2013-3882：IE漏洞

2013年挂马网站趋势：

与2012年相比，由于利用Java漏洞的网页木马大量出现，同时一些常用软件如IE、Adobe Flash Player等0day漏洞的爆发，导致挂马网站数量总体上升。但由于反挂马技术愈加成熟，且大部分来自挂马网站的攻击都能被拦截，因此挂马网站存活率不高，增长幅度也很小。

2013年十大钓鱼网站排名如下：

kkpp. qcbon. com：中国银行钓鱼网站

www. qq. com. jewgu. com：QQ钓鱼网站

ibcty. cdcrawford. ca：中国工商银行钓鱼网站

www. zkhm6. com：央视节目钓鱼网站

bsicbc. com：中国工商银行钓鱼网站

www. tbkx10. com：淘宝购物钓鱼网站

che. jd5120. com：淘宝购物钓鱼网站

www. ff2288. com：网络游戏钓鱼网站

www. tx2013vip. com：QQ钓鱼网站

www. ff11qq. tk：在线充值钓鱼网站

2013年钓鱼网站趋势：

2013年，有72%的网民遇到过假冒中奖类钓鱼网站，有51%的网民遇到过购物类钓鱼网站，21%的网民遇到过理财类钓鱼网站。有62%的网民曾因使用搜索引擎遭遇钓鱼网站，其次是通过邮件及聊天方式，分别占36%和30%，以手机短信遭遇钓鱼网站的比例为15%。

1. 钓鱼网站瞄准综艺节目

2013年，《中国好声音》《我是歌手》《中国星跳跃》和《爸爸去哪儿》等综艺类节目异常火爆，已成为全国观众热捧的对象，每档节目推出后，都会在网上形成关注热点。因此，黑客也盯上了这块蛋糕，进行网络钓鱼诈骗。

2. 假冒算命、征婚网站专套个人隐私

该类网站设计简单、易于操作，并以“预测运势”或“恋爱配对”等名目套取用户的姓名、生日及联系电话等隐私信息。

3. 赌博、色情类违法网站钓鱼诈骗猖獗

赌博类网站往往以高额回报引诱网民，而色情类网站则以成人内容、美女主播等名目设下陷阱，两类网站在注册时会要求网民提交姓名、生日、手机号码、身份证号码等真实信息，一旦网民想要享受网站提供的服务，就必须向网站充值，这时网站会向网民套取银行账号、开户行名称、开户姓名等敏感信息。届时网民将面临个人信息泄漏、银行卡被盗刷等风险。

计算机司法鉴定服务

2013年，上海上信计算机司法鉴定所较为圆满地完成了所有鉴定任务，在业务开展和内部管理上取得了一些成绩。2013年，上信计算机司法鉴定所共完成39件鉴定案件，内容包括电子邮件真实性鉴定、电子文档生成时间鉴定、软件功能鉴定、即时聊天记录鉴定、历史上网记录核实、手机短信鉴定、电子设备中照片鉴定、硬盘数据固定以及数据恢复等方面。其中公检法、仲裁、公证委托18起，律师事务所委托14起，企事业单位委托4起，个人委托3起。司法鉴定人因人民法院和仲裁机关要求出庭质证18人次，接受鉴定咨询50余次。无投诉及信访记录。

2013年，上信计算机司法鉴定所还在内部管理上狠下工夫，不断提高全体工作人员的法律政策和专业知识水平，所有司法鉴定人均完成了司法鉴定管理机构及司法鉴定协会规定的学习时间和内容，并在司法部司法鉴定科学技术研究所组织的鉴定能力验证和上海市司法鉴定协会组织的“电子物证质量检查记录”得到了较好的成绩。四名工作人员取得了“内审员合格证”。

（吴恩平）

二、信息安全测评

概况

2013年，上海市信息安全测评认证中心作为本市重要的信息安全基础设施保障单位，按照本市统一的信息安全测评战略布局，立足产品测评、系统测评、评估服务等三大块核心服务能力，不断提升测评水平，打造测评战略高地。挖掘用户需求，努力开拓市场，截至2013年12月，业务总量再创中心成立14年来历史最好成绩，全年累计完成各类测评服务项目逾900个。

基础网络和重要信息系统安全测评

2013年，市测评中心继续深入贯彻国家信息安全等级保护制度和《上海市公共信息系统安全测评管理办法》（上海市人民政府58号令）的政策要求，稳步推进本市重要公共信息系统安全测评工作。2013年1—12月，根据市网安办、市等保办的统一部署，市测评中心共对本市349个重要信息系统进行了安全测评工作。

金融服务类系统142个，占40.7%；电子政务类系统92个，占26.4%；基础网络、公共事业、社会保障、轨道交通、医疗卫生、民航、第三方支付类系统97个，占27.8%；企业类系统18个，占5.2%。

截至2013年年底，市测评中心共计完成本市1 410余次公共信息系统的安全测评，测评范围涉及电子政务、社会保障、银行、证券、保险、电力、燃气、供水、轨道交通、医疗卫生等关系国计民生的主要信息系统应用领域，为上海市各类重要信息系统的安全稳定运行提供了重要的保障，保证了上海市信息化的持续、稳定和健康发展。

信息安全测评认证系统建设

市测评中心作为国家认监委全国首批指定的七家信息安全产品3C强制认证检测实验室之一，2013年共受理完成了20件产品的认证测评业务，检测产品覆盖了应用扫描、移动办公客户端、数据库审计、智能卡COS（国产操作系统China Operating System，简称COS）、IC卡芯片、身份鉴别等类别。

同时，作为人民银行授权的九家非金融支付业务服务系统检测机构之一，2013年，共受理89个非金融支付业务服务系统的检测服务，覆盖互联网支付、预付卡、银行卡收单、移动支付、固定电话支付、有线电视支付等所有支付业务形态，进一步为构建安全可信的信息消费环境提供技术保障。

2013年市测评中心申请及正在实施的国家、地方科研课题（项目）共计9个，覆盖安全保密风险评估、工控系统、移动支付、智能卡检测等领域，同时加强个人信息保护方面研究，组织编制《公共信息系统个人信息保护测评准则》，并在卫生和金融领域开展评估试点工作。此外，加大对安全检测技术的研究，已形成完整的渗透性测试案例库，在智能卡检测、工控系统、云计算安全研究等方面的检测能力明显提升。

（李宏达）

三、数字证书应用推广

概况

2013年是上海市电子认证服务2011—2013年三年发展行动计划的最后一年，全市网络信任体系建设工作扎实、有序地开展，电子认证平台建设进一步增强、认证服务体系进一步完善、业务应用领域进一步拓展、法人网上身份统一认证工程稳步推进，整体发展处于健康、有序状态。全年发放各类数字证书总计58.64万张，历年累计发放数字证书超过394万张，数字证书在电子政务、电子商务等领域的应用均取得较大进展。

基础平台建设

1. 以公钥密码算法升级为契机，加强电子认证系统建设

为保障重要信息系统密码应用安全，国家密码管理局印发了《关于做好公钥密码算法升级工作的通知》。全国第三方电子认证服务机构按照通知要求，积极对电子认证服务系统进行升级改造。根据工信部、国密局关于算法更替的要求，上海市数字证书认证中心有限公司（以下简称“市CA中心”）和上海神兵信息安全有限公司（以下简称“神兵公司”）合作完成了SM2算法认证系统的研发和安全性审查，并获得了商密产品型号证书。在此基础上对现有 RSA 算法认证系统进行了改造，并通过了安全性审查，顺利完成了现有系统算法升级，并接入国家电子认证信任源点。

2. 以市级电子认证工程中心和司法鉴定实验室建设为基础，提高技术研发水平

为了满足和支撑电子商务、行业市场对电子认证、网络信任服务的需求，市 CA 中心承建了上海电子认证工程技术研究中心，主要围绕电子认证服务发展中的基础性、关键性和共性支撑技术进行技术突破、服务创新，面向上海市电子认证服务领域提供各项技术研发、产品开发、应用研究、技术咨询、技术培训等服务，并借助技术优势、人才优势和产品优势促进具有重要应用前景的科研成果的转化和应用产品的产业化，为电子政务、电子商务和社会公共服务活动开展提供有力的安全保障，为信息化在各个领域的开展提供安全、可信的应用环境。电子认证工程技术研究中心于 2013 年 11 月通过了验收专家组的验收，并获得上海市科委颁发的上海电子认证工程技术研究中心牌匾，成为全国首个电子认证行业内的工程技术研究中心。同时，为了加强电子签名在司法鉴定、责任认定中的技术研究，2013 年市 CA 中心与市应急事务中心开展了合作，以应急事务管理中心下属的上信计算机司法鉴定所为主体，联合建立和运作“上海市上信计算机司法鉴定所电子签名司法鉴定实验室”。通过成立电子签名司法鉴定实验室，提供电子签名司法鉴定和责任认定的科学研究，提升电子认证过程中的责任认定服务水平。

3. 以 EV 审计为抓手，提升运营服务水平

市 CA 中心按照 WebTrust 国际标准建立了规范化的服务管理模式，为了进一步提升对系统稳定性、运营规范性和服务高效性，结合 EV（扩展验证型服务器证书 Extended Validation SSL Certificates，简称 EV）国际认证要求，今年进一步优化了系统性能，加强了合规性管理。随着法人一证通项目的推进，证书用户数量短时间内激增，针对制作证书等待时间很长，易超时，影响制证效率等关键问题，结合算法升级改造对现有认证系统进行了大规模的性能优化。在系统安装部署层面，对 ISAP（信息分类与预测 Information Sort and Predict，简称 ISAP）、UCService（UC 浏览器服务项）等模块进行了多台负载均衡的配置，并为市 CA 中心受理点单独配置了专用 ISAP；在系统程序优化层面，对 BOSS 系统（综合业务运营支持系统 Business & Operation Support System，简称 BOSS 系统）的数据访问层代码进行了编写优化，将数据交互由同步传送数据改为异步提交；在数据库层面，对于系统查询的关键字，数据表间外键关联项全部进行索引，充分发挥数据库操作的性能优势。通过优化将证书制作时间由 30 秒下降到 5 秒，为市 CA 中心的服务提供了良好的技术性能保障，并组织了系统的灾备演练。EV 证书是遵循全球统一的严格身份验证标准颁发的 SSL（安全套接层 Secure Sockets Layer，简称 SSL）证书，是目前电子认证行业最高等级的证书。市 CA 中心与国际 IT 审计事务所进行了合作，完成了 EV WebTrust 审计，确保成为立足本土服务、提供全球高等级信任证书服务的认证机构。

4. 以技术创新为动力，完善信息安全产品线

市 CA 中心以上海电子认证工程技术研究中心建设和神兵公司商密定点生产单位发展为契机，加大技术自主创新和产品整合力度，围绕身份可信、行为可信和结果可信，在遵循国家电子认证行业主管部门和密码主管部门要求的基础上，形成满足不同用户需求、面向不同行业应用的产品和解决方案。2013 年市 CA 中心和神兵公司联合研发了企业级 CA 系统、签名验证服务器、移动认证网关、电子认证统一应用网关、SSL 认证网关、电子印章、电子签名证据保全、权限管理系统等多个产品，形成了较为完善的信息安全产品链，目前 DIDMS（数字身份管理系统 Distributed Database Management System，简称 DIDMS）已经获得公安部计算机信息系统安全专用产品销售许可证，时间戳服务器、签名验证服务器、SSL 认证网关、电子印章系统、统一身份认证系统等正在申请国家密码管理局的相关资质。

电子政务中的应用

【“一证通”项目稳步推进】 在 2012 年推进工商、税务、质监、人保、编办、社团等涵盖法人数量多、涉及业务面广的 9 家委办局法人数字证书应用的基础上，2013 年以“深化第一批九家单位证书应用、新增第二批十家单位应用”为重点，在市经信委的支持下，对 19 家政府单位开展了“一证通”应用情况调研，选择了条件成熟的公积金、规土、环保等十家单位作为新增应用单位，根据《上海市电子政务电子认证统一服务平台技术指引》分别编制了应用方案，实现了统计联网直报平台、上海环境网上办事大厅、卫生监督网上办事大厅、市住房公积金网等业务平台的应用对接、集成、测试和数据导入，目前正在开展部分系统的试运行工作。

目前已在全市范围内的 17 个区县行政办事大厅、企业服务中心等设立了 20 个服务网点，服务网点可现场办

理数字证书申办、变更、介质解锁等业务。同时为提高法人数字证书服务水平，建设了包含 40 个坐席的“962600”呼叫中心。“962600”客服热线面向全体法人单位提供证书申请、办理、更新等业务咨询，满足大规模用户服务的需求。法人网上身份统一认证系统签发的法人一证通证书包含组织机构代码证号、工商登记号、税务登记号、公积金代码和社保号等相关的标识信息，实现对多个应用的支撑，2013 年本市共发放法人“一证通”数字证书 56 万张，其中在办理数字证书的法人单位中，办理 2 张以上的不足 3%，97%以上的法人单位办理一张数字证书用于多个部门办事。

从实施情况来看，法人一证通工作达到了一证通用、方便办事、降低成本、安全便捷的目的，为建设“两高一少”政府、提升政府公共服务水平发挥了重要作用。

【医疗卫生领域中的应用】 医疗卫生领域在做好市卫生局大数据平台和现有医院服务的基础上，全面推进上海二级以上医院的电子病历应用。市 CA 中心在 2013 年又专门成立公共卫生事业部充实技术力量，基本做到了上海地区区县卫生局和医院的全覆盖，掌握了该行业电子病历和数字证书应用的第一手资料，确保第一时间获悉项目信息并及时跟进，并先后在上海市同济医院、上海市东方医院、上海国妇婴等多家医院实施了电子病历项目，完成了市卫生局大数据平台项目建设。同时，市 CA 中心根据卫生部推进以电子病历为核心医院信息化建设的规划，派市场人员积极参与外省市医疗机构的项目，积极参与卫生行业的研讨会，并与相关技术厂商合作，极大地推动了医疗卫生行业业务的进一步发展。

【电子招投标领域中的应用】 电子招投标是数字证书在政府公共服务领域的又一重大应用，为了规范电子招标投标活动，促进电子招标投标健康发展，由国家发展和改革委员会、工信部等八个部委联合制定了《电子招标投标办法》，并于 2013 年 5 月 1 日正式实施。上海市政府采购中心在办公设备等通用设备方面每年在网上采购 4 亿元，防伪税控设备网上总招标额超过 100 亿元。上海建设系统的建筑项目招投标每年涉及的项目金额超过 1 500 亿元，涉及的建设项目超过 1 000 个。为此市 CA 中心确定了以电子招投标与政府采购作为市场的重点突破领域，并落实部门和组织专人跟踪，积极与招投标系统开发商形成战略合作，取得一定的效果，在原有华宝国际控股有限公司等合作伙伴的基础上，2013 年将数字证书陆续应用在兖矿集团有限公司、西部矿业股份有限公司等大型央企的电子招标系统中，同时也逐步将成果推广至重庆与云南等政府采购平台中。

电子商务中的应用

【银行金融领域中的应用】 银行金融行业是信息化程度最高的领域，也是数字证书应用的最大热点之一，市 CA 中心加强了与上海银行的合作，根据市场竞争的实际情况，与上海银行讨论后推出了 SM2 算法预制证书系统。预制证书系统是市 CA 中心针对金融行业证书需求推出的产品，预计会为金融行业数字证书推广带来新的市场机会。2013 年全年上海银行到账金额 586 万元，已经成为市 CA 中心最重要客户之一。除上海银行外，经过两年的跟踪，2013 年市 CA 中心通过了华侨银行的企业网银项目的测试审核，成为华侨银行的核心供应商。此外，海通证券股份有限公司、上海证券有限责任公司、东北证券股份有限公司、申银万国证券股份有限公司、宏源证券股份有限公司等证券公司，华安基金管理有限公司等基金公司和中国太平洋保险(集团)股份有限公司、中国人寿保险股份有限公司等也在其一些网上业务中采用市 CA 中心的数字证书作为安全保障手段。

【期货贸易领域中的应用】 市 CA 中心先期进入大连期货交易所业务平台，结合期货行业特点创新服务模式，成功进行了证书应用，目前全国三大期货交易所采用市 CA 中心的数字证书，不但扩大了证书应用的规模，而且实现了行业应用的证书一证通。在各类网上交易平台中，市 CA 中心选择交易数额大、安全要求高的 B2B(企业对企业之间的营销关系 Businessto Business，简称 B2B)交易平台作为重点突破目标，采取稳扎稳打的方式开展证书应用，争取形成示范效应。目前，东方钢铁在线交易平台已经全面使用市 CA 中心的证书进行在线钢材交易，每年网上成交额超过 30 亿元。海虹医药网上采购和招投标系统从上海逐步扩展到了江苏、浙江等地。此外，在贸易方面，配合中国(上海)自由贸易区建设，市 CA 中心与上海海关合作完成了《上海海关放行电子信息安全认证规范》，并配合发布了《上海海关关于实施放行电子信息安全认证规范的公告》。通过标准的制定，上海海关的空运、海运相关单位都将使用加密设备，实施无纸化通关项目。

(徐　祺)

第三章 信息安全技术研发及产业化

概 述

随着云计算、物联网、移动互联网、电子商务安全、社交网络安全等逐渐成为信息技术应用热点，信息安全从传统安全走向了融合开放。新兴的应用和业务形态都带来了新的安全风险和挑战。在产业发展过程中，上海市各信息安全企事业单位通过不断实践，提高了上海市信息安全技术创新能力，突破了一批关键技术，培育了一批信息安全技术人才，推动了上海信息安全建设和信息安全产业的发展。

从市场看，安全需求逐步从核心业务安全保护向全面业务安全保护扩展，从网络实施阶段的安全布置向网络运行过程的安全维护延伸，安全产品的市场需求不断扩大。在用户需求不断扩大、信息安全保障工作环境不断改善、企业产品逐步成熟和不断创新等有利条件下，上海市信息安全产业依然处在稳定的成长阶段。

就全国范围来看，年经营收入超过1亿元的企业有所增加，上海信息化安全应用仍处于全国领先水平。启明星辰信息技术有限公司、北京天融信科技有限公司、卫士通信息产业股份有限公司、杭州安恒信息技术有限公司等企业在上海的业务保持稳定增长，上海本土信息安全企业产值较2012年相比普遍有所提高。上海信息安全产业近三年经营收入情况如表6－12所示。

表6－12 上海信息安全产业近三年经营收入情况 单位：亿元

	2011年	2012年	2013年
信息安全产业年经营收入	39.89	40.74	43.88

（章 蕾）

一、国家信息安全产业化（东部）基地

国家信息安全成果产业化（东部）基地（以下简称“国信安基地”）创立于2001年5月，是由科技部立项的国家863计划重点项目。基地坐落于上海张江高科技园区内，占地28公顷，是国家级专业产业园和国家级高新技术创业服务中心。作为我国三大国家级信息安全成果产业化基地之一，国信安基地承担着国家信息安全产业技术、人才、重大项目集聚，以及成果产业化的历史使命。国信安基地在发展道路上不断探索，已经初步形成了以信息安全为核心、以TIMES产业链（通信业、信息技术与因特网、多媒体和移动商务、娱乐和电子商务、安全与监管）为纽带的ICT（信息通信技术Information Communication Technology，简称ICT）特色产业园区。近年来，国信安基地积极致力于信息安全产业整体研究，在园区企业成长服务成功经验的基础上形成地域整体产业推动能力，立足国信安基地促进信息安全产业发展。

新时期，国信安基地积极培育信息安全服务业发展，着力打造信息安全服务高地。国信安基地负责建设的信息安全综合服务平台被上海市纳入信息安全“十二五”规划，也是上海市经信委重点项目之一。信息安全综合服务平台作为国内信息安全行业的首个定位服务类的平台，致力于为信息安全企业的市场推广提供窗口与渠道，为信息安全需求用户提供咨询与沟通的桥梁，为行业主管机关决策提供参考。信息安全综合服务平台直接服务三类客户：信息安全从业企业与技术人员、各类网络信息技术应用单位（包含各类政府机关与企事业单位）及社会大众。

（朱方园）

二、重要信息安全企事业单位

上海市数字证书认证中心有限公司

上海市数字证书认证中心有限公司是按照“政府支持、市场化运作”的模式，在市政府有关部门的协调下，于1998年在上海市政府举行揭牌仪式而成立，股东方由上海市信息投资股份有限公司、上海电信、上海联和投资有限公司和中国银联组成。作为中央密码领导小组批准的唯一一家试点单位，市CA中心成为国内第一家专业的第三方电子认证服务机构，是上海市信息化发展不可或缺的基础保障设施，是全国最大的电子认证服务机构之一。2005年首批获得国家密码管理局颁发的电子认证服务使用密码许可证和工信部颁发的电子认证服务许可证两项资质，是首批获得运营资质的八家数字认证机构之一；2011年又首批获得电子政务电子认证服务资质，同时也是国内第一家通过国际WebTrust认证的机构，在国内被公认为运行经验最丰富、应用领域最广、用户群体最大的数字证书认证中心之一。

市CA中心自成立以来，一直致力于PKI/CA(公钥基础设施Public Key Infrastructure，简称PKI/认证中心Certificate Authority，简称CA)数字证书认证技术的研究和发展，致力于数字证书的应用推广，不断进行开拓创新。作为上海市唯一由政府授权的数字证书认证机构，市CA中心承担起全市统一的网络信任体系建设重任，根据市政府的规划和安排，市CA中心负责构建全市统一的数字证书认证平台，按《中华人民共和国电子签名法》要求面向政府机构、企事业单位、社会团体、社会公众等提供电子认证服务，并经过多年发展，形成了以上海为主体、以长三角为重点、依靠合作伙伴辐射全国的服务体系，数字证书应用涉及政府办公、政府采购、招投标、电子报税、工商、社保、质监、卫生、房地、银行、在线交易、网络支付、企事业单位信息化等电子政务、电子商务领域。目前累计发放数字证书近394万张，其中针对上海市电子政务和社会公共服务等应用的需求，多年来推出了大量的数字证书应用，涌现了企业网上报税、政府采购招投标、网上工商年检、法人单位年检等一批在全国有影响力的证书应用项目。

市CA中心一直坚持自主技术路线，形成了拥有自主知识产权的多种数字证书应用产品和应用解决方案，经过十余年的努力发展，形成电子认证服务关键技术领先优势，是集研发、建设、运行和服务于一体的电子认证服务机构，拥有多项电子认证服务知识产权。市CA中心申请发明专利6项、取得专利授权1项，软件著作权登记14项、软件产品登记6项，拥有2项高新技术成果转换、2项科学技术成果，获得2项市科技进步奖。市CA中心作为全国信息安全标准化委员会成员、国家密码管理局商用密码基础设施工作组成员、工信部宽带无线IP标准工作组成员牵头和参与制定了多项国家、行业和地方标准。市CA中心目前拥有“SHECA”“UniTrust”“协卡”“协卡认证”“万维信”等多个商标，在多年的发展过程中，按照自主发展、市场化经营的道路，一直注重打造品牌优势，在技术、服务、市场、人才和法律法规建设方面齐抓并进，在行业内树立了品牌效应，为市CA中心打造国内一流的电子认证服务机构打下了坚实的基础。

市CA中心拥有一支经验丰富、技术精湛、意识领先的电子认证服务基础技术研究和数字证书应用技术研发、支持和运维服务队伍，根据电子认证服务特点与要求，对相关技术进行了有效整合，形成了一套高效的技术研发思路和丰富的应用解决方案。主要研究以开发PKI/CA及相关产品和解决方案为主，自成立以来，利用市CA中心专家掌握的拥有自主知识产权行业先进技术，不断开发符合市场需要和具有潜在需求的新产品，包括CA数字证书认证系统、密钥管理系统、电子印章系统等。市CA中心还承担了多项国家级和市级证书应用示范项目，产业发展项目和科研计划项目，包括科技部S219工程信息安全专题、国家桥CA示范工程、科技部创新基金项目、长三角CA互联互通项目、国家CA规划课题研究等。

市CA中心获得了国家颁发的电子认证服务许可资质，通过了国家密码主管部门的技术鉴定，是首批国家信息化试点工程单位、首批电子政务电子认证服务机构，也是国内最先通过国际WebTrust审计的数字证书认证机构，目前还是市信息安全行业协会副会长、市电子商务行业协会常务理事、市信息服务业协会常务理事等。

（徐　琪）

上海市网络与信息安全应急管理事务中心

上海市网络与信息安全应急管理事务中心的前身为上海市计算机病毒防范服务中心，成立于1999年9月，为上海市经济和信息化委员会直属全额拨款事业单位。

根据市委、市政府有关指示精神(《中共上海市委常委会第137次会议纪要》、常务副市长杨雄和副市长艾宝俊《关于组建上海市网络与信息安全应急管理中心的报告》批示),为加强本市网络与信息安全应急管理工作,加快网络与信息安全功能性机构建设,建立全市信息安全应急防范体系,2011年12月7日经市机构编制委员会批准,上海市计算机病毒防范服务中心更名为上海市网络与信息安全应急管理事务中心,并增挂上海互联网络交换中心牌子,设应急管理部、网络交换部、综合保障部三个部门,及上海上信计算机司法鉴定所、上海市信息化服务热线两个机构。

市应急事务中心作为全市信息安全专业支撑机构,协助市网安办开展全市网络与信息安全应急管理工作,主要职能有:一是负责全市网络与信息安全应急管理日常工作,协助开展重大网络与信息安全事件应急处置协调;二是负责全市网络与信息安全综合监测预警体系建设与运行,汇总、研判、通报网络与信息安全态势,发布预警信息,指导全市信息安全重点单位实施防范措施;三是负责全市网络与信息安全应急预案备案管理,组织开展应急技术培训、应急演练及事件处置善后与评估工作;四是负责全市各类网络与信息安全应急资源和设备的信息管理,组织协调储备与调度;五是负责网络与信息安全典型事件抑制手段、网络公害防范等共性技术及专用技术的研发与储备;六是负责运营管理上海互联网络交换平台,促进互联网服务提供商在上海的互联互通,面向城域骨干网实施突发网络与信息安全事件应急处置手段;七是协调管理上海信息化服务热线的运作,面向市民和中小企业提供网络与信息安全公益服务,以及电子证据司法鉴定服务等。

2013年市应急事务中心每周在全市20余家电视、广播、报纸等媒体和市经信委网站、市民信箱等网站发布计算机病毒预报共计150余次。发放免费期刊《信息安全和服务》12期,共发行15 600册,全面介绍了全市信息化发展的状况、信息安全防范等知识。

上海市信息安全测评认证中心

上海市信息安全测评认证中心成立于2000年1月,是经上海市人民政府批准成立的专门从事信息技术产品、信息系统安全测评的第三方专业机构,是国内最早开展信息安全测评的机构之一。市测评中心隶属于上海市经济和信息化委员会,是具有独立法人资格的事业单位。

作为上海市的重要信息安全基础设施,市测评中心创建了国内独有的"一个测评平台、资源共享、多方授权、服务各方"的上海测评模式,是最早通过中国合格评定国家认可委员会(China National Accreditation Service for Conformity Assessment,简称CNAS)的检测实验室认可(L0754)及检查机构认可(IB0039)的机构之一,并获得了国家保密局涉密信息系统安全保密测评中心等部门的业务授权,是国家认监委对13种信息安全产品强制性认证的全国首批七家指定检测实验室之一。同时,市测评中心是依据上海市人民政府58号令《上海市公共信息系统安全测评管理办法》,由上海市经济和信息化委员会指定的本地唯一一家公共信息系统安全测评机构;是经公安部能力评估、市公安局(市等保办)指定的本地信息系统等级保护测评机构;是上海市密码管理局指定的本地商用密码系统安全检测机构。

市测评中心现有员工70余人,拥有一支包括多名博士、硕士在内的专业技术队伍。中心实行主任负责制,下设七部一室:业务部、产品测评部、系统测评一部、系统测评二部、研发部、质量管理部、办公室、后勤保障部。各部门职能分工明确,相互协调运作,形成一个有机整体。

经过多年的探索和实践,市测评中心在测评理论、测评标准、测评方法、测评技术等方面不断创新,形成了以信息技术产品安全测评、信息系统安全测评、信息安全评估服务、信息安全管理体系咨询等为核心的技术能力,并在此基础上拓展了包括产品认证测评、产品功能/性能/选型测试、公共信息系统安全测评、等级保护测评、涉密系统安全保密测评、信息安全风险评估、信息安全管理体系咨询等在内的二十余种业务类型,在服务本市乃至国家信息安全保障体系方面发挥了重要的作用。

上海颐东网络信息有限公司

上海颐东网络信息有限公司(以下简称"颐东公司")创建于1997年4月,隶属于上海市仪电集团下属的上海仪电物联技术股份有限公司,是一家由国企控股的专业从事计算机信息系统的集成和实施;IT基础设施的维护和服务;信息安全技术的研究和研发;信息安全产品的研发和生产;信息安全系统的建设和集成;云计算安全体系的预研和实践;物联网安全的规划和实现;各类电子政务应用和电子商务应用的软件开发等业务的高科技企业。

2013年5月上海仪电集团通过仪电物联收购控股了颐东公司,并通过业务整合将颐东公司原来非信息安全的业务实施了剥离,定位到了一个安全产品和云安全研究的专业公司,提出了立足上海、走出上海,进入全国市场的目标,打造全国信息安全领先的专业安全型企业。

万达信息股份有限公司

万达信息股份有限公司(以下简称“万达公司”)成立于1995年12月，是国内领先的智慧城市综合软件和服务提供商，也是国内最早专业从事城市信息化领域服务的企业之一。万达公司以行业应用软件、专业IT服务和系统集成为主营业务，在城市信息化各行业积累了丰富经验，形成了突出的行业软件与服务优势，为智慧城市提供整体解决方案。

万达公司拥有国家计算机信息系统集成一级和CMMI5(软件能力成熟度集成模型Capability Maturity Model Integration，简称CMMI5)两项业内较高资质认定，是国家规划布局内重点软件企业、国家发改委高新技术产业化示范工程企业、科技部“十五”国家现代服务业软件产业化基地和国家信息产业科技创新集体，获国家信息产业科技创新集体等称号。

万达公司拥有共计250余项自主知识产权和多项国内外专利，承担多项国家各类标准及指南和上海市及其他地方各类标准的制定工作，曾获得1项教育部科技进步一等奖和5项上海市科技进步一等奖。

万达公司总部和开发基地设在上海，在华东、华中、华南、华北、西南、西北、东北等区域以及美国等地设立了数十个分支机构，形成了覆盖全国的服务体系。目前共有员工2 300余人。

普华基础软件股份有限公司

普华基础软件股份有限公司(以下简称“普华基础”)成立于2008年10月，是中国电子科技集团公司下属一级子公司，也是中国电子科技集团公司基础软件业务战略平台。普华基础成立至今，在良好经营态势的支撑下，由原先的注册资本1亿元，增加到目前的2.89亿元，总资产超过5亿元，2013年累计销售额达到2.2亿元，是目前国内最具实力的国产基础软件企业之一。

普华基础已经打造了较为完整基础软件产业链，并进行了业务网络体系的建设工作，其中：普华基础目前参控股产业链企业有中标软件有限公司、北京人大金仓信息技术股份有限公司；并在日本和瑞典分别设有合资子公司Tubro Linux和普华AB，分别开展嵌入式软件和汽车电子业务；普华基础目前有在职在编员工近300人，合并控股企业过千人。

在业务网络建设上，普华基础基于集团研究所资源及国家重大专项，与产业链中各类企业、院校、咨询研究机构建立起良好的合作、交流关系，包括：北京大学、清华大学、浙江大学、电子科技大学、上海交通大学、同济大学、华东师范大学、中国电子标准化研究院等；发起、主导和参与了多个产学研联盟体系的建设，包括U盟、CASA(计算机和自动化系统协会Computer and Automated Systems Association，简称CASA)、云海产业联盟等。

启明星辰信息技术有限公司

启明星辰信息技术有限公司(以下简称“启明星辰”)成立于1996年，由留美博士严望佳女士创建，是拥有完全自主知识产权的网络安全产品、可信安全管理平台、安全服务与解决方案的综合提供商。2010年6月23日，启明星辰在深交所中小板正式挂牌上市，成为国内第一家登陆资本市场的民营信息安全企业。

启明星辰拥有完善的专业安全产品线，横跨防火墙/UTM、入侵检测管理、网络审计、终端管理、加密认证等技术领域，共有百余个产品型号，并根据客户需求不断增加。启明星辰解决方案为客户的安全需求与信息安全产品、服务之间架起桥梁，将客户的安全保障体系与信息安全核心技术紧密相连，帮助其建立完善的安全保障体系。截至2013年年底，启明星辰在全国各省市自治区设立三十多家分支机构，拥有覆盖全国的渠道和售后服务体系。

凭借多年来的潜心研发，启明星辰成为国家认定的企业级技术中心、国家规划布局内重点软件企业，拥有最高级别的涉及国家秘密的计算机信息系统集成资质，并获得国家火炬计划软件产业优秀企业、中国电子政务IT100强等荣誉。

启明星辰位于北京中关村软件园，创造了百余项专利和软件著作权，参与制订国家及行业网络安全标准，填补了我国信息安全科研领域的多项空白。完成包括国家发改委产业化示范工程，科技部863计划、国家科技支撑计划等国家级科研项目近百项。

作为北京奥组委独家中标的核心信息安全产品、服务及解决方案提供商，第29届奥林匹克运动会组织委员会帆船委员会(青岛)唯一信息安全供应商，启明星辰受到独家官方授权，全面负责奥运会主体网络系统的安全保障，得到了国家主管部门的大力嘉奖。此外，启明星辰还为上海世博会、广州亚运会等多项世界级大型活动提供全方位信息安全保障。

上海三零卫士信息安全有限公司

上海三零卫士信息安全有限公司(以下简称“三零卫士”)是专业从事信息系统安全行业的高新技术企业和软件企业，注册于徐汇区虹桥路333号203室(慧谷)，是上海市科委首批认定的科技小巨人(培育)企业。现以上海公司为中心，在杭州、广州、南京、武汉、北京等地设立了子公司或办事处，建立了全国IT服务支撑网络。

三零卫士依托国内实力最为雄厚的信息安全权威机构——中国电子科技集团第三十研究所，以其近40年的信息安全和通信保密工程的技术积累和经验为支持，结合现代信息安全技术的最新发展，积极投身于我国信息安全事业，主要面向党政机关、金融证券系统、电子商务和各企事业单位，专业从事信息安全服务。同时三零卫士在信息安全产品开发和推广及服务方面也走在前列，有成熟的鹰眼网络入侵检测系统、鹰眼主机入侵检测系统、SSL安全网关、鹰眼安全评估仪、强林安全操作系统系列、龙信使安全电子邮件系统等，所有产品都获得国家保密局、公安部、国家信息安全测评认证中心的认证或认可。三零卫士在技术传承的基础上还进行了大量发扬光大，并开展了广泛的科技成果转化工作。通过优异的系列安全产品呈现给用户一个完整的网络安全解决方案，并通过提供有效的安全服务，包括系统安全评估、安全方案制定、安全实施、应急响应、安全咨询和培训服务等，为客户提供了强有力的安全保障。

作为国内最早专业从事信息安全服务的机构之一，早在2001年，三零卫士信息安全事务所成立，作为首批计算机网络安全服务A类试点单位，承担了多项信息安全示范工程建设，同时，三零卫士还于2004年获准成为华东地区唯一一家互联网应急处理服务试点单位，并于2007年再次被认定为应急服务支撑单位。集中了国内和业界资深信息安全专家的上海三零卫士，目前先后为政府、金融、科研院所、企业等数百家信息系统提供了安全评估、方案设计论证、产品推荐、安全咨询和安全外包等安全服务。完整的安全技术解决方案、优质的产品和强烈的责任感、完善的服务，使三零卫士取得了用户的信赖和好评。此外，三零卫士还协助国家、部委、北京、上海地方政府进行信息安全规划工作，并特别关注和参与信息安全行业的标准化工作，承担了国家、公安部、北京市、上海市、杭州市等十多项国家、行业和地方标准的制定。

上海动联信息技术股份有限公司

上海动联信息技术股份有限公司（以下简称“动联信息”）是信息安全领域的领先厂商，致力于安全产品的自主研发、生产、销售和服务，为金融、电信、互联网、政府和企业机构等提供涵盖电子交易安全、移动支付、新型防伪的终端产品和系统解决方案。动联信息创建于2006年，总部设在上海，在北京、广州、深圳、成都、杭州、福州、香港等地设有分支机构。动联信息现有员工近200人，其中60%为研发和技术人员。动联信息拥有设备完善的生产基地，建筑面积超过15 000平方米，年产能可达5 000万片。2013年，动联信息销售额突破5亿元。

作为国家商用密码产品生产定点单位和销售单位、高新技术企业、上海市双软企业、“浦东新区企业研发机构”、上海市“诚信创建企业”、上海市“专精特新”中小企业、上海市“文化科技创意企业”，动联信息还通过了ISO9001国际质量管理体系、ISO27001信息安全管理体系、ISO14001环境管理体系、OHSAS18001职业健康与安全管理体系的认证。动联信息始终坚持技术创新的核心理念，拥有强大的技术开发实力，致力于电子交易安全、移动支付和新型防伪技术的研发。动联产品拥有完善的资质，包括“商用密码产品型号证书”“软件产品登记证书”“计算机软件著作权登记证书”“计算机信息系统安全专用产品销售许可证”“涉密信息系统安全产品认证”“军用信息安全产品认证证书”“产品信息安全认证证书”，并获得数十项发明专利和实用新型专利。

上海众人网络安全技术有限公司

上海众人网络安全技术有限公司（以下简称“众人科技”）于2007年9月成立，主要从事拥有完全自主知识产权的iKEY身份认证系统及系列产品的研发、生产和销售，并已通过ISO9001质量管理体系和ISO27001信息安全管理体系认证。

众人科技是中国领先的专业身份认证安全技术服务商，所开发的iKEY身份认证产品分别获得由国家密码管理局颁发的国内首张动态口令产品及挑战应答产品型号证书，同时众人科技研发的可应用于动态口令产品和挑战应答产品的超低功耗专用安全芯片，也获得了国内首张产品型号证书。众人科技拥有从密码专用安全芯片、终端产品到后台系统的全产业链自主知识产权，并自主设计了国内第一条、具有世界领先水平的密码令牌全自动柔性生产线，已申报国家发明专利50多项。众人科技的产品不仅获得了国家密码管理局的资质，还获得了公安部信息安全产品销售资质、国家保密局涉密产品资质，同时还通过了中国人民解放军总参和总装的信息安全产品检测许可等。iKEY身份认证产品通过中国科学院科技查新中心评定，“属填补国内空白，国际同类产品的先进水平”。众人科技的产品系列齐全，可满足不同行业客户的各层次需求，其金融服务身份认证方案、电信系统安全方案、云安全综合方案等，在相关行业领域均有广泛应用，拥有丰富的身份认证技术安全服务经验和优良的服务业绩。

众人科技总部设立于上海，与北京大学、上海交通大学、哈尔滨工业大学、对外经贸大学等国内著名高校建立了紧密的战略合作关系，聘请了中国人民解放军多位有突出贡献的著名信息安全专家担任众人科技专家顾问。

众人科技作为国家密码管理局国标项目组组长单位，参与制定了国家密码行业标准 GM/T 0021—2012《动态口令密码应用技术规范》；作为国家密码管理局密码检测标准制密项目组组长单位，组织编写"动态口令密码检测"的相关规范；同时，参与制定工信部动态口令产品行业标准、央行身份认证技术相关标准以及银联身份认证技术相关标准。并于 2011 年被工信部从百家企业中遴选为首批 11 家基于安全可控软硬件产品云计算解决方案供应商之一。众人科技与上海市信息安全行业协会共同建立和运营"众安认证服务平台"，并参与国家 863 基地的信息安全产品测试平台项目的建设。

上海辰锐信息科技公司

上海辰锐信息科技公司(以下简称"辰锐公司")成立于 1993 年，是公安部第三研究所下属全资公司(又称为信息安全技术部)。辰锐公司位于上海市浦东新区毕昇路 339 号，现有员工近 200 人，90%以上具有本科以上学历，50%以上的研发人员具备博士、硕士、副研究员资历。

辰锐公司立足信息安全领域，主要从事可信网络与非可信网络间的有线类边界安全接入、移动安全接入、视频安全接入等领域的方案设计、产品研发及工程实施和服务工作，主要涉及内外网数据交换、可信边界安全接入、移动接入 VPN(虚拟专用网络 Virtual Private Network，简称 VPN)、视频安全接入、单向传输、终端安全管理、警用数字化单兵、公安数字证书等技术和产品，并承担了全国公安信息系统安全保密大检查工作的技术支撑和服务工作。同时，辰锐公司也是公安部相关业务局的重要技术支撑单位。辰锐公司积极参与公安部相关业务局的规范和标准的制定工作，主导和参与了多项国家级和部级科研项目。

辰锐公司被认定为上海市软件企业和上海市高新技术企业，获得上海市明星软件企业(创新型、成长型)称号，是上海市软件协会会员单位、上海市信息安全行业协会副理事单位。辰锐公司通过 ISO9001(2008 版)的复审认证，并获得计算机系统集成四级资质。已在北京、新疆、山东、湖北、四川、广西、福建、云南、广东等地成立分支机构或网点，形成了 1 个分公司、2 个办事处、3 大市场大区、7 个工程服务网点、覆盖全国的市场和技术服务支撑体系，并立足全国公安行业，努力拓展不同行业、不同领域的信息安全市场。

辰锐公司以信息安全需求为导向，以科技创新为动力，形成了一批具有自主知识产权、具有核心竞争力的产品及具有一流水准的开发队伍。目前，已获得 9 项发明专利，3 项实用新型专利，31 项软件著作权，16 个销售许可证，在边界接入、无线接入、视频接入、安全隔离、数据交换、终端安全、智能卡等多条产品线上拥有一流的产品与核心竞争力。"公安信息网边界安全防御系统"获得"公安部科学技术奖二等奖"，"基于短信协议的移动安全通信系统"获得"公安部科学技术奖三等奖"，"面向重要专网的边界安全防御关键技术及应用"项目中获得国家科学技术进步奖二等奖等重要奖项。

上海恒驰信息系统有限公司

上海恒驰信息系统有限公司(以下简称"恒驰信息")致力于为客户提供一站式基础网络建设，信息安全，虚拟化与云计算解决方案。恒驰信息成立于 2005 年，总部位于上海，并在北京、广州、杭州、南京、成都、南昌、长沙、西安、哈尔滨设有分支机构。

恒驰信息从创立至今，在信息安全领域经过 8 年的探索与实践，已成为一家信息安全特色鲜明，服务能力卓越的综合性信息安全产品、方案和服务提供商。可为客户提供基于中国信息安全等级保护法规标准和 ISO27001 国际信息安全管理体系的信息安全体系规划和咨询，安全风险评估、安全系统建设、安全运维服务等业务，其中信息安全系统建设涵盖网络安全、主机安全、系统安全、数据安全、应用安全、安全集中监测与运维管理 6 大领域。

随着云计算与移动互联时代的来临，恒驰信息汇聚行业内各类优秀人才，战略性的推出大型园区网络、数据中心网络、移动 WiFi 网络建设以及服务器虚拟化、统一存储虚拟化、云桌面等解决方案。为客户在云计算模型下的各类信息化实践和服务交付提供建设经验。

依托行业专注力以及技术创新实力，恒驰信息成为多家国内外优秀安全产品厂商的技术服务中心和中国区总代理，提供包括下一代防火墙、入侵防御、SSL VPN、上网行为管理、反垃圾邮件、邮件归档、负载均衡、WEB 应用防火墙、广域网优化、病毒防护、终端安全管理、堡垒主机、应用性能分析等数十条产品线几百款安全产品。同时，恒驰安全服务以信息安全保障体系为目标，以动态安全风险管理为核心，将客户业务运转与安全保障体系有机结合，推动人员、业务、平台融会一体，提升网络安全建设效能，优化用户安全建设体验。

杭州安恒信息技术有限公司

杭州安恒信息技术有限公司(以下简称"安恒信息")是业界领先的应用安全及数据库安全整体解决方案提供商,专注于应用安全前沿趋势的研究和分析,核心团队拥有多年应用安全和数据库安全的深厚技术背景以及最佳安全攻防实践经验,以全球领先具有完全自主知识产权的专利技术,致力于为客户提供应用安全、数据库安全、不良网站监测、安全管理平台等整体解决方案。

安恒信息总部位于杭州高新区,在北京、上海、广州、深圳、成都、重庆、西安、济南、南京、美国硅谷等地都设有分支机构,遍布全国的代理商体系以及销售与服务网络能够为用户提供精准、专业的服务。安恒信息成立以来安恒人始终以建立民族自主品牌为己任,秉承"精品创新,恒久品质"的理念,力争打造中国信息安全产业应用安全与数据库安全第一品牌。

多年来,安恒信息以其精湛的技术,专业的服务得到了广大客户的青睐,同时赢得了高度的商业信誉。其客户遍布全国,涉及金融、运营商、政府、公安、电力能源、教育、医疗、税务/工商、社保、等保评估/安全服务机构、电子商务企业等众多行业。

安恒信息目前拥有明鉴、明御两大系列自主研发产品,是应用安全、数据库审计、不良网站监测等领域的市场绝对领导者。其中明鉴系列应用扫描器被公安部三所测评中心等国内权威等级保护测评机构广泛使用。

上海格尔软件股份有限公司

上海格尔软件股份有限公司(以下简称"格尔软件")成立于1998年3月,格尔软件是中国数字证书领域的先行者和领导者,是中国最早研制和推出公钥基础设施PKI产品的厂商之一,是国内首批商用密码产品定点生产与销售单位,是国家保密局批准认定的涉及国家秘密的计算机信息系统集成甲级资质单位,是全国信息安全标准化技术委员会的核心成员单位;格尔软件是国家863计划信息安全示范工程金融项目的总服务商,是国家科技支撑计划商用密码基础设施项目的牵头单位;格尔软件先后两次荣获国家科技进步二等奖。格尔软件注册资金4 575万元,员工300余人。

格尔软件秉承"技术领先、做精产品"的研发理念,通过持续创新和不断改进,格尔软件长期保持PKI核心技术和产品的领先优势。格尔软件拥有一支经验丰富、梯次合理、技术功底扎实的研发团队,通过十多年孜孜不倦的创新和研发,格尔软件已经拥有一大批专利技术和自主知识产权产品,格尔软件可以提供基于PKI的全系列信息安全产品以及安全服务和信息安全整体解决方案。格尔软件拥有一支专业的技术支持队伍和由公司总部与区域技术支持中心组成的服务体系,先后通过ISO9001和CMMI3认证。格尔软件通过对质量过程的持续改进,使格尔软件的研发能力、产品和服务质量得到不断提升,使客户得到更加放心满意的产品和服务。

经过十多年的耕耘与发展,格尔软件以扎实稳健的企业风格在信息安全领域打造了良好的品牌,成为国内领先的信息安全产品和服务提供商。

上海冰峰计算机网络技术有限公司

上海冰峰计算机网络技术有限公司(以下简称"冰峰网络"),是国内专业VPN市场的开创者,是国内领先的VPN、流量管理、行为管理链路负载均衡、防火墙设备供应商和IT价值解决方案提供商。冰峰网络不断创新、提供最高性能的产品,用专业化的技术手段帮助客户改善IT架构、降低运营成本、提高运转效率、保障政令通畅,使客户的IT投资发挥最大价值,以客户的成功作为唯一使命。

经过十年积累,冰峰网络的产品大量应用于公安、银行、证券、电力、教育等对安全性和可靠性要求严苛的行业以及全球500强、国内50强等大型企业。冰峰网络的销售和服务体系遍及中国31个省市和自治区,在国内13个主要城市建立了办事处和分公司。冰峰网络旗下的iceflow和网极星两大品牌,VPN、流量管理、行为管理、链路负载均衡、防火墙等多条产品线,得到权威机构的高度评价。

凭借创新的产品理念和雄厚的技术实力,冰峰网络的产品得到国家官方的多家权威机构的安全认证,获得中国国家密码管理局的"商用密码产品生产定点单位""商用密码产品型号证书""商用密码产品销售许可证"等认证以及中国公安部的"信息安全产品销售许可证""互联网公共上网服务场所信息安全管理系统"等认证。2013年,冰峰网络再次通过科技型中小企业技术创新基金立项扶持,并于2014年取得高新技术企业资格。

上海新网程信息技术股份有限公司

上海新网程信息技术股份有限公司(以下简称"新网程")成立于1998年8月,由清华学子和资深互联网及网络安全专家创立,是一家专门从事互联网数据分析及网络信息安全产品研发的高新技术企业。

新网程是业内为数不多的专注于互联网各种技术研究达15年之久,并使用自己开发的中间件平台进行产品研发的企业。15年来新网程围绕互联网数据采集、数据分析及互联网应用开发各种软硬一体的产品，所有产品均拥有自主知识产权。目前已推出“网络督察上网行为管理系统、新网程互联网信息安全审计平台、新网程内网管理系统、新网程WiFi营销应用平台”四大系列产品，在国内已拥有超过50 000家企事业单位用户。

经过长期的技术投入和积累，新网程在Linux内核、Windows底层及互联网应用方面拥有十五年的研发经验，核心技术包括PAS(个人无线接入系统 Personal access System，简称PAS)网络应用开发平台、海量数据存储和处理技术、互联网数据采集及协议分析、基于Linux平台的网络控制、基于Windows核心的桌面控制等，在这些技术的基础上新网程可以快速构建符合市场需求的各种软硬产品。

新网程的技术、产品及创新能力多年来一直受到行业内的好评，在各级政府及合作伙伴的关心和支持下，近年来新网程获得包括：上海软件及系统集成行业企业竞争力50强、上海软件和集成电路设计人员专项奖励、星级诚信创建企业、上海市计算机行业最具发展潜力科技型企业、上海市明星软件企业等荣誉。新网程的产品还被评为上海市优秀软件产品、上海市品牌产品等称号，并多次获得国家及各级部门科研项目资金扶持。

（朱方园）

第 七 编

信息化环境

综 述

2013年,上海信息化政策法规进一步完善,人才工作有效推进,宣传工作取得成效,各行业社团稳步发展,信息化发展环境得到优化和提升。

依法行政工作不断深化。围绕本市信息化政策法制环境建设,推进信息化领域地方性法规和规章的制定,进一步完善信息领域行政执法监督,围绕依法行政相关要求,营造良好的信息法律环境氛围。

信息化人才工作有序推进。人才教育培训方面,市经信委举办专题活动,组织推进专业技术人才知识更新工程,组织推进本市工业和信息化人才继续教育工作;信息化人才技能竞赛活动方面,举行信息安全技能竞赛;信息化优秀人才评选方面,推进经济信息化领域领军人才队伍建设,推出“首席技师千人计划”和“上海IT青年十大新锐”评选活动。

信息化研究与咨询深入开展。上海市互联网经济咨询中心为加强对中国(上海)自由贸易试验区(以下简称“自贸区”)互联网产业园的服务,提供信息化决策支持与咨询以及信息化技术和项目的合作交流。

信息化合作交流有条不紊地进行。市经信委积极开展援疆、援黔工作;会展方面,上海国际信息化博览会的召开,推动信息化建设发展。

第一章　信息化政策法规

概　述

2013年，围绕本市信息化政策法制环境建设，积极推进信息化领域地方性法规和规章的制定，进一步完善信息领域行政执法监督，加强信息法律宣传教育，重点推进行政审批制度改革、自贸区建设等重点工作，围绕依法行政相关要求，营造良好的信息法律环境氛围。

一、政策法律制定

【立法工作推进】 2013年，根据市人大常委会年度立法工作安排，重点开展了《上海市信息化条例(草案)》立法起草和审查准备工作，为本市信息化系统性立法积累了经验。完成了市人大常委会2013—2017年五年立法规划申报，《上海市社会信用体系建设条例(暂定名)》《上海市供用电条例(暂定名)》被列为五年立法规划正式项目，《上海市信息化若干规定(暂定名)》《上海市无线电管理条例(暂定名)》被列为五年立法规划预备项目。开展了《上海市公共信用信息归集和使用管理办法(暂定名)》和《上海市公共信息系统个人信息保护管理办法(暂定名)》两个市政府规章预备项目的立法准备，完成了相应课题调研、专家论证和草案起草工作。

【规范性文件管理】 完成了《关于统筹优化全市工业区块布局的若干意见》(沪府发〔2013〕33号)、《上海市企业失信信息查询与使用办法》(沪府办发〔2013〕7号)等政策性或规范性文件的法律审查；完成了《上海市无线电管理办法实施细则》(沪经信法〔2013〕35号)、《上海市信息化发展专项资金管理办法》(沪经信法〔2013〕879号)、《上海市集成电路高端装备制造企业认定管理办法》(沪经信法〔2013〕878号)等规范性文件的法律审核、发文和报备工作。

二、行政执法与监督

【行政执法指导】 根据市经信委行政管理职能，完成了对闵行区喜丽快餐饮料店扰乱用电秩序案、上海缘润花木场损坏电力线路案等24件电力领域行政处罚案件的法律审查，按照法定程序，对上海永球养殖场损坏电力线路案等18件案件，以市经信委名义作出了处罚决定，累计罚款51.5万元。

【行政复议与诉讼】 办理了孙亮诉市无线电管理局颁发给中国联合网络通信有限公司上海分公司移动通信基站无线电台执照的行政复议案件，经审理维持了原具体行政行为；复议后，申请人就此案件向徐汇区法院提起了行政诉讼，徐汇区法院一审判决市无线电管理局胜诉，市一中院二审也维持了原具体行政行为。

【行政执法制度建设】 委托上海大学法学院开展了经济信息化领域行政处罚基准制度课题研究，形成了《经济信息化领域行政处罚裁量基准》，将电力行政执法裁量基准向上海市人民政府法制办公室(以下简称"市法制办")报备并向社会公开。委托上海大学法学院开展了经济信息化领域行政执法行为规范手册编制，形成了《行政执法行为规范手册(经济和信息化执法类)》(共分为电力、无线电、节能监察、监控化学品等九个分册)，将按照市法制办要求，在经济信息化行政执法过程中向行政相对人发放。

三、法制宣传教育

【“六五”普法中期考核】 2013年是“六五”普法的第三年，市经济信息化系统法宣办按照市法宣办工作要求，由政策法规处、党委宣传处、央企服务处等经济信息化系统法宣联席会议成员，对江南造船集团有限责任公司、中国航油集团物流公司等八家系统单位进行了“六五”普法实地督导检查，还对其他系统法宣单位进行了书面检查。经检查，经济信息化系统各法宣单位都按照“六五”普法工作要求，完善法宣工作机制，推进法制宣传工作。市经济信息化系统法宣办也被工信部向全国普法办推荐为“六五”普法中期工作先进集体。

【宪法宣传周活动】 2013年12月5日是第十三个宪法宣传日，市经济信息化系统法宣办围绕“大力弘扬法治精神，共筑伟大中国梦”的主题，组织系统单位开展各类法制宣传活动。如上海航天局组织举办了法制文艺会演，上海贝尔股份有限公司开展了自贸区专题法律知识学习等。市经济信息化系统法宣办还自编学习资料、宣传短信，通过“党支部书记微信群”等新媒体渠道进行法制宣传。

四、行政审批改革

【重点课题研究】 按照2013年市委、市政府重点课题“深化本市政府机构和行政审批制度改革”的工作要求，对市经信委及直属事业单位履职情况和32项行政审批事项进行了梳理，形成了市经信委政府职能转变和行政审批制度改革情况报告以及行政审批的部门简政放权和批后监管方案，开展“市经信系统社会组织管理”和“优化旧厂房转型再利用配套政策”两个子课题研究，并根据深化、落实职能转变和行政审批制度改革的思路要求提出具体的建议。

【行政审批制度改革】 按照国务院关于取消和下放行政审批事项的工作要求，结合本市经济信息化工作实际，对市经济信息化领域行政审批事项进行了精简。截至2013年年底，经上海市行政审批制度改革工作领导小组办公室确认，取消的市场准入类审批1项，取消行政审批、转移由行业协会实施认定管理的事项3项。对保留的行政审批事项进行了流程优化；其中缩短审批时限的22项，简化申请材料的5项，减少审批环节的1项，简化审查方式的6项。积极推进行政审批电子化、信息化，加强和完善事中、事后监管机制，着力提高行政审批效能。

五、重点专项工作

【自贸区法制保障】 在自贸区成立和建设过程中，按照市政府相关要求，积极参与自贸区经济信息化领域开放措施有关工作。会同相关职能部门，起草自贸区增值电信业务开放操作细则，报工信部对外发布；开展自贸区信用监管制度的研究；配合完成了《中国（上海）自由贸易试验区管理办法》的制定。

【政策法规课题研究】 按照《市经信委2013年政策法规工作计划》，开展《上海市产业和信息化领域企业社会责任研究》《上海市经信委合同示范文本设计》等课题研究，完成了《上海市住宅区、商业楼宇移动通信设施配套建设管理规定立法调研》《上海市重大工程信息基础设施配套建设管理规定》《上海市无线电管理办法立法研究》《上海市征信活动投诉处理规定立法调研》《上海市政府信用信息公开实施细则立法调研》等课题的评审。

【市民服务热线知识库维护】 加强经济信息化领域“12345”市民服务热线知识库联络员队伍建设，加大对市经信委网站、微博等公开信息渠道的采集力度，完成了新能源汽车、CA法人一证通、i-Shanghai、公共场所无线局域网等市民关注热点问题的重点跟踪和信息上传。全年累计对113条原有信息进行修改，新增加55条信息，删除12条信息。截至2013年年底，经济信息化领域"12345"市民服务热线知识库共包括6大栏目，分23个子类，有747条信息。开展《上海市"12345"市民服务热线知识库信息汇编(经济信息化领域)》编印工作。

六、依法行政工作

【法律性文件审核】 完成了《上海市轨道交通管理条例》《上海市建筑市场管理条例》《上海市促进改革创新决定》《上海市碳排放和交易管理办法》《上海市网格化管理办法》等40多件法律性文件征求意见的反馈。重点参与了《上海市非机动车管理办法》协调论证和公开听证，参加了《上海市实施〈中华人民共和国残疾人保障法〉办法》《中华人民共和国消费者权益保护法(修正案)》《上海市实施〈大气法〉办法》的专题论证等工作。

【其他法律事务】 按照财政管理要求及合同法律规范，进一步加强了合同审核力度。参照合同规范文本，严格规范对外签订的合同，对其内容进行了修改审核；按照政府采购程序要求，严格控制未按采购流程进行的对外委托事项。2013年全年累计审核合同464件，金额累计达1.6亿元，合同数量同比增长了62%。完成了关于"网络立法、垃圾信息、社会信用体系建设"等4件人大议案和1件网络个人信息保护政协提案的答复。

(蔡朋朋)

第二章 信息化人才工作

概 述

2013年，信息化人才工作有序开展。人才教育培训方面，市经信委举办“从资本足迹探寻IT驱动的新经济发展”专题活动，组织推进专业技术人才知识更新工程，组织推进本市工业和信息化人才继续教育工作。信息化人才技能竞赛活动方面，举行信息安全技能竞赛；信息化优秀人才评选方面，推进经济信息化领域领军人才队伍建设和首席技师千人计划，并举办“上海IT青年十大新锐”评选活动。

一、信息化人才教育培训

【合作交流】 发挥高端人才集聚交流平台作用，结合当前时事热点，邀请业内专家，发挥“花园坊下午茶”品牌效应，成功举办以“中国（上海）自由贸易试验区建设与央企发展机遇”和以“走向新经济 分享新案例”为主题的“从资本足迹探寻IT驱动的新经济发展”两场专题活动，促进互相交流。

【研修项目】 组织推进专业技术人才知识更新工程，围绕产业发展和信息化建设需要以及战略性新兴产业发展重点领域，组织市经济信息化系统相关单位做好国家专业技术人才知识更新工程2013年高级研修项目申报工作，向上海市人力资源和社会保障局（以下简称“市人社局”）组织推荐申报了11家单位17个高级研修项目。其中，“高端装备制造业数字化、智能化设计制造技术”成功入选2013年国家高级研修项目。“网络空间安全与信息对抗”“纺织新纤维的研发与产业化”“绿色环保颜料在高性能涂料中的应用技术”3个高级研修班成功入选2013年上海市专业技术人员高级研修项目计划。

【继续教育工作】 组织推进本市工业和信息化人才继续教育工作。一是根据市人社局工作要求，组织推进急需紧缺专业技术人才培养培训项目、岗位培训项目的实施，2013年装备制造、信息技术、新材料、海洋工程、现代服务业、生物技术、军工配套等领域急需紧缺人才培养培训达2 198人次，岗位培训达68 059人次。二是根据《关于在本市组织开展计算机与信息技术应用专业技术人员继续教育专项培训的通知》，组织推进计算机从业人员职业道德、信息安全、云计算与物联网、下一代互联网、信用概述5门通用科目课程培训工作，2013年继续教育专项培训达2 928人次。三是不断完善继续教育工作体系。组织开展《信息设备使用人员安全素养》《互联网搜索引擎优化实用技巧》《互联网搜索引擎策略与管理》《企业网站信息化数据分析与管理》《企业电子商务化技术拓展网店运营技巧》等相关培训课程，并纳入本市工业和信息化人才继续教育课程体系工作。推进上海市工业和信息化人才继续教育专家指导委员会（以下简称“继续教育专指委”）队伍建设。四是坚持教育培训情况统计制度。据统计，2013年全年各机关处室、直属事业单位及相关教育培训机构开展培训内容达279项，总人数14.1万余人次。五是搭建继续教育工作平台。组织做好上海市工业和信息化人才继续教育网相关工作，增加新的服务内容，及时发布、传递继续教育工作的政策法规信息，更新知识动态、课程信息，建立完善网上信息发布窗口和沟通交流平台。

（杨沛江）

【上海市申信信息技术专修学院信息化人才教育培训情况】 上海市申信信息技术专修学院（以下简称“申信学院”）是一所旨在培养国家高端IT紧缺专业人才的非学历院校，近年来，申信学院积极组织开展各类培训，提升了市经济信息化领域企业经营管理人才、专业技术人才的专业素质和综合能力，为促进产业发展和信息化建设提供了人才支持。申信学院是市职业能力考试院认定的上海市全国计算机技术与软件专业技术资格（水平）考试报名咨询点、市商务委认定的服务外包人才培训基地，也是市经信委中小企业协调办公室认定的上海市中小企业服务机构中的人才和培训服务机构。2013年共组织开展培训达6 118人次，其中项目经理4 248人次，信息安全1 270人，服务外包600人次；培训项目达15项。申信学院培训特点：一是紧贴人才培养需求，围绕信息产业发展需要组织开展培训。二是培训项目较为丰富，涉及信息化项目管理、信息安全、服务外包ITO（信息技术外包Information Technology Outsourcing，简称ITO）、BPO（商务流程外包Business Process Outsourcing，简称BPO）相关专业知识培训等。

申信学院通过一系列工作拓展业务质量，一是以教学质量的保证来创设学院的品牌。申信学院在培训教学的质量方面狠下工夫，进行了有针对性的课程设计，聘请业界知名的权威老师；建立了较为完善的教学评估制度，充分听取学员的反馈建议。这些措施在培训教学中得到了落实和完善，有效提高了教学质量。二是以发现社会热点来拓展培训课程。申信学院时刻掌握社会热点问题和企业需求，随着我国信息化进程的不断深入，信息安全问题已经成为政府和企业广泛关注的问题。学院深入研讨培训方案，与相关信息安全知名培训机构合作，邀请国内知名专家对全市各重点单位信息安全第一责任人和工作负责人开展专题培训，全年共举办信息安全三级、CISSP（国际注册信息系统安全专家Certified Information System Security Professional，简称CISSP）、CISM（注册信息安全员Certified Information Security Member，简称CISM）、CISP（注册信息安全专业人员Certified Information Security Professional，简称CISP）等相关培训课程，共培训学员1 270人次，取得良好的社会效应。三是以强化服务宗旨来创新教学模式。申信学院秉承“客户为先”的服务理念，以服务为本促进培训，把日常培训和服务工作相结合，积极走访客户，了解客户需求。针对大客户企业的培训需求，推出了培训“1＋N”服务方案供客户选择，制定常态化公开课培训＋N项VIP服务、课前在线答疑1个月、线上线下互动等培训方案。四是以完善管理制度来提高管理水平。申信学院在制度建设方面，从“内强素质、外树形象”着手，通过不断加大服务考核力度来增强学院管理制度的执行力，进一步提高了学院员工的综合素质，同时也提高了客户的满意度，树立学院良好的对外形象。

（张舒敏）

【上海亚太地区经济和信息化人才培训中心】 作为“上海市推进信息化与工业化融合培训基地”，上海亚太地区经济和信息化人才培训中心，2013年连续举办了4期商务部的信息技术应用援外培训班，促进了发展中国家特别是非洲国家对中国的了解，增进了彼此间的交流和友谊。继续开展GPST全球专业人才认证项目，推出包括信息化等八个领域不同层级的认证。引进了软件需求工程国际认证，举办了一期软件需求工程国际认证的培训班。

（曹惠芳　吴玉刚）

二、信息化人才技能竞赛活动

【2013信息安全技能竞赛】 信息安全技能竞赛逐步成为信息安全技能展示和技术交流的平台。2013信息安全技能竞赛于2013年6—10月举办，分设个人技能赛和管理运维赛，共有来自全国10多个省市的500余人报名参加，分别决出了10名优胜者和30支优胜团队。本届比赛在比赛形式、参赛规模和竞赛效果等方面都取得明显提升。一是推出线上竞技平台，通过线上线下结合，为拓宽竞赛范围和提高竞赛效率探索新模式。二是管理运维赛充分体现行业特色。首次分银行、证券、保险、国资和综合五大领域举行管理运维赛，共83支团队参加，充分展示了各重点行业信息安全管理运维的综合实力。三是参赛人员总体规模扩大。共有来自新疆、黑龙江、山东、深圳、上海等10多个省市的500余人参赛。其中个人赛的200名选手中，外省市选手占到25％。四是形成了较为完善的竞赛奖励机制。通过与国家信息安全保障从业人员资格认证、上海市人才引进、上海市网络与信息安全应急专业队伍等国家和本市人才政策挂钩，激发参赛人员斗志和潜能。五是水平竞技与能力培训两手抓。本届竞赛将比赛内容与国内外信息安全管理和技术体系建设紧密结合，对选手进行技能和管理的专题培训。

（章　蕾）

三、信息化优秀人才评选

【经济信息化领域领军人才队伍建设】 继续推进经济信息化领域领军人才队伍建设，完成对领域第五批10名领军人才的中期考核工作，其中4名考核优秀。按领军人才选拔标准和条件，结合战略性新兴产业特点和人才情况等因素，完成2013年经济信息化领域领军人才选拔工作，共推荐27名候选人，最终12名入选2013年上海领军人才。

【首席技师千人计划】 继续推进高技能人才队伍建设，根据市人社局相关要求，组织实施2013年本市信息创意领域首席技师千人计划资助申报和审核工作，14人入选2013年首席技师千人计划。

（杨沛江）

【第十二届"上海IT青年十大新锐"揭晓】 2013年7月31日下午，"中国移动"第十二届"上海IT青年十大新锐"评选活动新闻通气会召开。本次评选活动是在团市委、市经信工作党委、市经信委、市青联的指导下，由市信息化青年人才协会、中国移动通信集团上海有限公司、上海广播电视台、解放日报社、文汇报社、新民晚报社、上海信息产业(集团)有限公司、青年报社、IT时报社等单位共同主办。新闻通气会由活动组委会主任、市信息化青年人才协会会长其实主持。团市委副书记徐未晚、市经信委纪工委书记黄肇达、中国移动通信集团上海有限公司副总经理梁志强发表讲话。

本次活动的评选对象是在信息基础设施领域、信息产业领域、经济与社会信息化领域和信息化环境营造领域中取得突出成绩、做出重要贡献的上海青年或者来上海工作1年以上的外地、外国青年，年龄在18至40周岁之间(1973年7月1日至1995年7月1日出生)。在人选推荐上，本届评选活动除接受各级党政机构、团青组织、行业协会推荐外，符合评选条件的优秀IT青年也可自荐报名参评。评选活动主办单位负责人、基层团青组织负责人、本市信息化相关行业协会负责人以及本市主要新闻媒体记者100余人参加了新闻通气会。

第十二届"上海IT青年十大新锐"评选活动自2013年7月开展以来，得到了各级组织的高度重视和社会各界的广泛关注，上海信息化领域青年踊跃报名参与。经过评委初评、意见征求选拔产生20位正式候选人，最终通过自我陈述、答辩等环节，由组委会以无记名投票方式，并结合社会公众手机短信投票评选产生了第十二届"上海IT青年十大新锐"和"上海IT青年新锐"奖获得者。

2013年12月21日，"中国移动"第十二届"上海IT青年十大新锐"评选活动落下帷幕，腾讯科技(上海)有限公司总经理张立军、上海航天局第八一一研究所副所长、局副总研究师、主任设计师刘勇等十人当选为第十二届"上海IT青年十大新锐"。中国移动通信集团上海有限公司宝山分公司总经理朱敏刚、新蛋信息技术(中国)有限公司总经理胡卫新等十人获得"上海IT青年新锐奖"。市经信党工委书记周国雄、团市委书记夏科家出席评选会并为十大新锐颁奖，市经信委副主任刘健、共青团上海市委副书记、市青联主席徐彬为新锐奖获奖者颁奖。市经信纪工委书记黄肇达宣读获奖名单，颁奖仪式由团市委副书记徐未晚主持。

本次评选活动获奖者主要集中于云计算、物联网、TD-LTE、高端软件、集成电路、下一代网络(NGN)、车联网、信息服务等领域的杰出青年。这些获奖者着眼未来、开拓创新、勇担重任，在各自行业取得了突出的业绩，并将为上海"创新驱动、转型发展"和"智慧城市"建设更好地贡献青春智慧。

本次活动各指导单位和主办单位负责人、评委会委员、基层团青组织负责人、相关行业协会负责人及本市各主要新闻媒体记者等150余人出席了会议。

"中国移动"第十二届"上海IT青年十大新锐"获得者(按姓氏笔画为序)：

联芯科技有限公司副总经理　王海龙

上海智臻网络科技有限公司(小i机器人)创始人、总裁　朱频频

上海航天局第八一一研究所副所长、局副总研究师、主任设计师　刘勇

上海创图网络科技发展有限公司董事长　李欣

上海申康医院发展中心医疗事业部主任科员，上海医联中心副主任　何萍

上海拍拍贷金融信息服务有限公司首席执行官　张俊

腾讯科技(上海)有限公司总经理　张立军

上海聚胜万合广告有限公司首席技术官　胡宁

上海淘米网络科技有限公司联合创始人兼总裁　程云鹏

上海景域文化传播有限公司(驴妈妈旅游网)总经理，景

域集团副总裁　曾俊

“中国移动”第十二届“上海 IT 青年新锐奖”获得者(按姓氏笔画为序)：

上海中兴软件研究院副院长　史伟强

中国移动通信集团上海有限公司宝山分公司总经理　朱敏刚

同济大学软件学院常务副院长　刘琴

公安部第三研究所物联网研发中心副主任　刘云淮

银联商务有限公司上海运行中心副总经理　杨继业

上海瀚银信息技术有限公司首席执行官兼董事长　张莉

上海数字位图信息科技有限公司总经理　张天桥

盛趣信息技术(上海)有限公司(盛大游戏)首席执行官兼首席制作人　张向东

上海词海信息技术有限公司首席执行官　范剑淼

新蛋信息技术(中国)有限公司总经理　胡卫新

(华辰武)

第三章 信息化研究与咨询

概 述

2013年，上海市信息化专家委员会（以下简称“市信息化专家委”）按照市委、市政府要求，举办云·存储·大数据峰会、国际高端智库沙龙，开展系列组别沙龙活动，探讨绿色数据中心建设，开展课题研究和专题调研等多种形式的活动；上海市互联网经济咨询中心（上海市智慧城市建设促进中心）为加强对自贸区互联网产业园的服务，提供信息化决策支持与咨询以及信息化技术和项目的合作交流。

一、上海市信息化专家委员会

【举办云·存储·大数据峰会】 为推进在美华人计算机科学家与国内产业界与学术界的互动与交流，推动存储技术与云计算、大数据融合发展，在市信息化专家委的支持下，IEEE存储技术委员会联合华美信息存储协会于2013年7月22—23日在上海举办“云·存储·大数据峰会暨亚洲非易失性存储器研讨会”，会议就云计算、存储、大数据等方面的议题展开探讨。云计算、互联网、视频服务等领域的专家500余人参加会议。

【举办国际高端智库沙龙】 7月22日，围绕“大调研、大讨论、大转变、大协作”，进一步深化对“新产业、新技术、新业态、新模式”的关注和研究，探讨本市新形势下产业经济发展战略和新一轮智慧城市建设方向，市信息化专家委与国际顶级IT研究咨询公司Gartner联合举办国际高端智库沙龙，市信息化专家委和市经信委相关领导参加会议讨论。

【开展系列组别沙龙活动】 受市智慧城市建设领导小组办公室委托，市信息化专家委开展系列组别沙龙活动，应用组、软件组、电子信息产业组、基础设施组和技术组分别召集专家与委相关分管领导、业务处室进行座谈，为制定新一轮智慧城市三年行动计划提供专家咨询意见。秘书处对专家发言进行整理汇编，形成《新一代信息技术、产业和应用发展趋势》。

【共同探讨绿色数据中心建设】 市信息化专家委联合上海市建筑科学研究院共同邀请中国电信集团公司、上海翰纬信息科技有限公司、天玑科技股份有限公司、上海市建筑科学研究院等单位的业内专家，共同探讨分享绿色数据中心建设，对建设与上海现有其他基础设施、经济（产业）结构相匹配的面向服务的新一代绿色数据中心提供专家咨询意见。

【开展课题研究和专题调研活动】 一是围绕交通信息互联互通这个关键问题，联合市经信委电子信息产业处设立“加强车联网与城市智能交通的互动应用研究”课题，委托市交通信息中心会同市车联网行业协会和上海联通共同开展研究，力争形成具体化项目。目前，上海联通已与市交通信息中心达成交通信息资源互换的初步意向。二是会同电子信息产业处和上海申康医院发展中心一起指导上海卫生信息工程中心开展“物联网技术在智慧医疗中的应用现状和发展趋势研究”，通过走访、座谈等形式，调研了上海市卫生和计划生育委员会、区县卫生局（长宁、浦东、金山等）、部分三级医院和社区卫生中心、相关企业等多个单位。

【积极参与智慧城市各项宣传活动】 一是积极参与、配合智慧城市体验周和信息安全宣传周活动，邀请安排市经信委主任李耀新、上海联通总经理蔡全根到第一财经录制对话节目，取得良好的社会反响；二是协调安排第一财经“财经关键词”栏目连续四周播出宽带中国、信息消费等与信息化有关的财经关键词解读，引起社会关注；三是组织专家积极参与“我为智慧城市建设献一计”活动，宣传智慧城市建设成果，引导社会各界关注新一轮智慧城市建设。

【举办促进政府数据服务开放研讨会】 为支持各类信息资源的有序开发、深度挖掘和综合利用，促进信息服务业发展，邀请主管部门、人大、市政府法制办、信息资源管理机构、需求企业、专家学者等相关各方，围绕创新本市政府信息资源开发利用模式，对政府数据服务开放的法律责任及隐私保护、获取政府数据服务的准入条件及数据交换规则等问题进行深入讨论。

【做好上图信息化讲座等常规工作】 继续做好上图信息化讲座、《信息化视点》编发、协调服务工作和市经信委领导交办的工作等专家委常规工作。为全体专家订阅2013年《上海信息化》杂志，开设“上海市信息化专家委微信群”，成为专家们互动交流的新平台，为宣传市委、市政府信息化相关工作提供新平台和渠道。协调落实委相关领导参加第十届国家信息化专家论坛并演讲。

（潘君才）

二、上海市互联网经济咨询中心

上海市互联网经济咨询中心（以下简称“市互联网经济咨询中心”）是信息化研究及信息化合作交流等专业咨询服务机构。2013年，为加强对自贸区互联网产业园的服务，提高对园区的服务效能，设立了上海市互联网经济咨询中心自贸试验区分中心。

研究咨询

【智慧城市建设】 组织开展“我为智慧城市献一计”活动。编写了活动总体方案，形成智慧城市市民调查报告，多点面开展智慧社区建设工作。一是重点编制对智慧社区建设工作具有指导意义的上海市智慧社区建设指南。二是对第一批上海市智慧社区建设试点单位项目进行跟踪评估。三是组织第二批智慧社区试点单位申报，完成各智慧社区试点工作重点报告。四是组织开展智慧城市体验周智慧社区体验日活动。

（曹惠芳　刘　岩）

【政府资金投资信息化项目评估咨询服务】 一是信息化项目的评估咨询。完成2013年度市建设财力投资信息化项目评估、2014年度市本级预算单位信息化项目评估、市本级预算单位追加预算和待分配项目评估工作。完成了2013年度国家电子发展基金项目的申报和评审组织工作。组织召开了2013年度国家物联网申报项目的专家评审。二是完成市软件和集成电路产业发展专项资金项目的管理（含国家电子发展基金项目），完成了《上海“十二五”期间电子发展基金项目执行情况》《2012年软件和集成电路产业发展专项资金预算执行情况》《上海市软件和集成电路产业发展专项资金2011—2012年项目情况总结》等6篇总结材料。

【完成相关项目验收工作】 一是市软件和集成电路产业发展专项资金（含国家电子发展基金）项目验收工作，二是市信息化发展专项资金项目验收工作，三是承担国家物联网发展专项资金项目验收工作。

（曹惠芳　吴剑栋）

【参与区县等社会经济领域信息化建设服务】 一是完成了闵行区2013年度信息化项目的预算审核工作和闵行区信息化项目咨询评估服务。二是完成了静安区2014年度信息化项目的预算审核工作，完成区财力投资信息化项目评估和2013年度调整预算项目评估。三是完成了虹口区2014年度信息化项目的预算审核工作，完成区财力投资信息化项目评估和验收竣工的信息化项目。四是完成对市证券交易所各部门申报的招标预算审核。五是完成市纪委办公厅信息化方案评估。六是完成了《加强车联网与城市智能交通的互动应用研究》项目报告。

（曹惠芳　吴剑栋）

【其他】 完成自贸区信息化总体规划研究。中心完成了自贸区信息化总体规划研究，力争将自贸区信息化建设打造成为智慧城市示范区；积极投入上海诚信体系建设，完成上海市社会诚信体系建设和发展十二五规划中期评估研究工作，完成2013年度上海市社会信用体系建设优秀成果评选工作方案；完成信息化统计相关工作。编制完成年报和季度信息化统计报告；努力推动上海信息基础设施能级的提升。为推动上海信息基础设施能级提升，中心建立了第三方的互联网运行质量监测公共服务平台，编写了《2013年上海市网络质量测评报告》；完成移动互联网新业务新模式研究；完成2013年上海软件产业发展情况报告；开展信息消费研究。该研究聚焦现有政策资源，提出本市新增信息消费的重大项目建议和设想，积极做好智慧城市专家委秘书处工作。

（曹惠芳 王建会）

合作交流

【上海市互联网产业园揭牌】 通过与自贸区内的上海外高桥保税区联合发展有限公司合作，促成上海市互联网产业园在自贸区揭牌，打造代表现代互联网产业水平和国际能级的集群化产业园区，提升上海经济发展的活力和竞争力。

（曹惠芳 金 毅）

【平台、论坛及国际合作】 建设上海市创意人才国际合作交流平台。围绕建设上海市创意人才国际合作交流平台，建立会展合作洽谈平台，建设创意设计国际交流活动数据库和应用系统。连续举办了3期集开放性、普及性、公益性、多元化为一体的上海智慧城市大讲坛系列讲座，使社会公众及时把握国内外智慧城市最新的发展动态，助推上海“创新驱动、转型发展”。以“大数据时代的发展趋势与责任”为主题，成功举办了中国信息化百人会第四次专题会。成功举办联合国工业发展组织项目2013全球CEO发展大会。积极拓展国际合作：一是开展与波兰波尔茨克市国际培训中心的人员互换项目，二是与柬埔寨金边高棉集团签署战略合作协议，三是加入中国联合国协会。

（曹惠芳 吴玉刚）

软件评测

市互联网经济咨询中心下属上海市软件评测中心（以下简称“评测中心”）业务体系框架初具规模，技术团队建设稳健发展，市场拓展有序推进。评测中心保持软件产品登记、著作权、集成资质评审、验收测试等基础业务量稳步增长外，开拓多范围、多领域和多方向业务结构，将测试业务延伸为集测试、质量保障、咨询服务为一体的线性业务结构，开展受理上海市信息系统工程监理相关资质的申报工作；建立定性定量评估指标体系和评估模型，稳健推进电子政务项目绩效评估、政府门户网站达标评估和电子商务双推试点工程绩效评估业务；完成了包括“云存储”等方面的测试标准体系建设；承担游戏审查达标检测服务，提供第三方测试、质量保障咨询等服务。通过“一门式”窗口开展软件产品登记测试、软件著作权代理、软件成果鉴定测试、产业化专项资金验收测试、司法鉴定测试等各类测试服务，提高窗口服务效率，服务软件企业1 500多家。常规业务营收同比增长了15%。评测中心加入移动互联网产业联盟和上海中小企业园区服务产业联盟，与上海云计算产业发展基地、同济园区和浦元园区建立了战略关系，与公安部第三研究所、上海市信息安全测评认证中心等多家机构签订了战略合作协议。

（曹惠芳 沈建雄）

企业服务

市互联网经济咨询中心下属上海信息投资咨询有限公司注重为企业信息化服务，并拓展和深度进入了智慧社区、学校医院、文化创意、数字园区、智慧城市体验中心等业务领域，尝试了节能减排方面的咨询、监理、招标业务。

（曹惠芳 赵 彤）

上海市质量技术监督局

上海市“金质工程”

“金质工程”是国家质检部门为了更好履行职能，实现既定目标所实施的信息化建设工程，它是国家电子政务建设的重要组成部分，是国家电子政务12个重点应用系统之一。金质工程的建设，能够有效促进质监部门行政能力的提高、行政规范性的提高、行政透明度的提高、行政协同性的提高和行政效率的提升。

上海市“金质工程”是国家“金质工程”和上海市电子政务的组成部分。按照“统一规划，分步实施，统一制度，分层管理，统一标准，分开运维”的建设思路，以规范化为前提，以标准化为基础，以系统化为导向，以实用化为目标的原则，结合政府要求和质监工作特点有序推进，从多个层次实现对食品生产安全监管、特种设备安全监察、工业产品质量监管，以及计量、标准化、认证认可等监督管理的数据电子化、远程协同化以及管理网络化，提高了上海质监部门的履职能力和行政效率，有效地支撑了质监工作在服务经济、促进发展、规范市场、保障民生中的作用发挥。

概况：上海市“金质工程”建设范围涵盖市质监局、17个（原19个）区县质监局、9个直属技术机构、18个郊区县局技术机构及100多个检验检测机构，主要实现了以下功能：

◆实现了市质监局和区县两级质监行政部门、直属机构以及相关技术机构的网络互连互通，为信息互通共享、工作互动协同建立信息高速公路。

◆建立了数据“一方维护、一次采集、多方使用”的数据资源注册管理机制，保证数据采集的准确性、一致性和信息共享的及时性，消除信息孤岛，达到行政管理工作动态化。

◆建立了四大系统二十余个应用子系统，实现全系“网上办事”“信息公开”和业务工作的电子化和网络化。

◆推进了质监系统行政业务流程的整合、优化和改进实现工作过程的透明性、可控性和可追溯性，实现行政管理系统化、工作程序规范化。

◆建立了“一门式受理”“一线式投诉”的业务受理和咨询投诉管理模式，促进质监工作方式的转变，增强公共服务的便民性。

◆实现了同国家总局各部门信息自动上报和任务自动接收，实现同长三角等兄弟省局的业务系统的信息自动交换和共享。

◆实现了同市政府、区政府和相关政府部门的业务系统的信息自动交换和共享，形成信息资源的有效积累，提高信息资源加工、分析和利用的能力，为全面了解和掌握全市产品质量状况，预测业务发展趋势和各类业务风险提供技术支撑。

整体架构：上海市“金质工程”的主体内容可以概括为“一网一库四系统”。

◆“一网”，是指依托上海市政务外网，覆盖市、区质监局以及所属技术机构的质监专网，有效降低了基础设施建设投入和长期运维成本。

◆“一库”，是指建立的包含基础信息、业务信息、综合分析及共享信息等内容的数据库群，确保了信息的溯源唯一性、共享及时性和维护动态性。

◆“四系统”，是指业务管理系统、一门式受理及服务系统、行政办公辅助系统和综合分析系统四类应用系统，共21个子系统，不仅覆盖了所有质监业务，还包含了质量动态档案、质量风险监测、质监综合分析等为监管提供分析和决策的信息化支撑系统。应用系统的组织架构如下图所示。

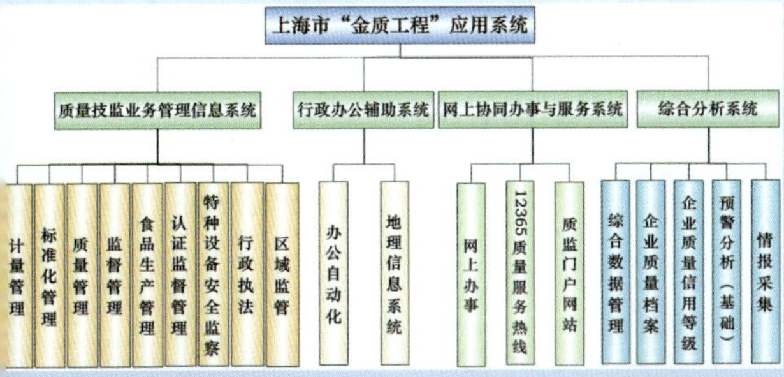

◆实现了同市政府、区政府和相关政府部门的业务系统的信息自动交换和共享，形成信息资源的有效积累，提高信息资源加工、分析和利用的能力，为全面了解和掌握全市产品质量状况，预测业务发展趋势和各类业务风险提供技术支撑。

特色创新：

◆质监网站群“一站式服务”

◆12365质监热线“一线式处理”

◆行政事务“一体化集成”

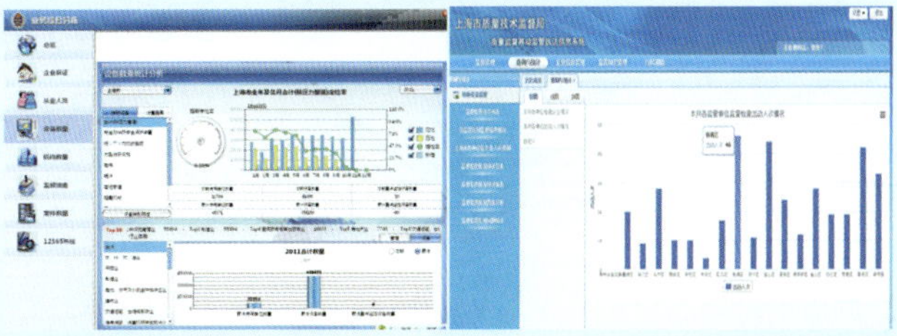

金质工程（二期）建设将充分依托前期建设成果，加强规划设计，引入先进技术，凝练、细化和量化项目建设目标和建设内容。

统一规划，做好顶层设计，充分考虑金质工程跨系统、跨部门的业务协同和资源共享，进一步提高公共服务水平；发挥数据大集中优势，深入开展数据挖掘，进一步支撑各级政府部门质量宏观管理与决策。

注重实效，围绕质量安全监管、公共服务、创新社会管理的要求，重点做好移动监管、数字执法、质量信用、标准信息、公共检验检测、法人基础信息数据库等信息系统建设，进一步充实质监业务信息化装备库。

顺时应势，加大对新技术在质检信息化工作中的应用比重，提早应对新技术引发的信息化工作变革。运用云计算、物联网等手段，打造“数字质监”“智慧质监”。

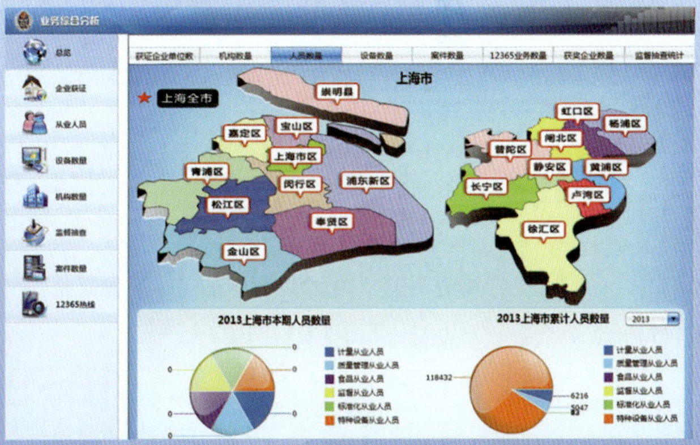

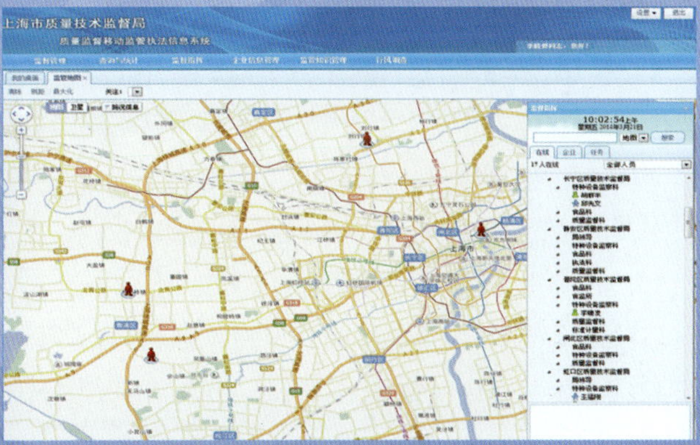

6.14 信用记录关爱日

你的信用报告，你查过吗？

珍爱信用记录　享受幸福人生

中国人民银行 征信中心

CREDIT REFERENCE CENTRE.THE PEOPLE’S BANK OF CHIN

2006年3月，经中编办批准，中国人民银行设立中国人民银行征信中心（以下简“征信中心”），作为直属事业单位，征信中心专门负责企业和个人征信系统（即金信用信息基础数据库，又称企业和个人信用信息基础数据库）的建设、运行和维护。同为落实《物权法》关于应收账款质押登记职责规定，征信中心于2007年10月1日建成应账款质押登记系统并对外提供服务。2008年5月，征信中心正式在上海举行了挂牌仪式，册地为上海市浦东新区。2013年3月15日施行的《征信业管理条例》，明确了征信系统是国家设立的金融信用信息基础数据库定位。目前，征信中心在全国31个省和5个计划单列设有征信分中心。

作为专业化征信机构，征信中心依法履职，积极推进征信系统建设，保障系统稳定运行，加快系统升级优化，深入推进服务转型，加强产品研发与应用，切实维护息主体合法权益，充分发挥征信系统作为我国重要金融基础设施的作用，为推动社会用体系建设做出了积极的贡献。

建成全球规模最大的征信系统。1997年，人民银行开始筹建银行信贷登记咨询（企业征信系统的前身）。2004—2006年，人民银行组织金融机构建成全国集中统一企业和个人征信系统。现在的征信系统，已经建设成为世界规模较大、收录人数众多收集信息全面、覆盖范围和使用广泛的信用信息基础数据库，基本上为国内每一个有用活动的企业和个人建立了信用档案。截至2014年4月，征信系统收录自然人信息8.4亿收录企业及其他组织近2 000万户。征信系统全面收集企业和个人的信息。其中，以银信贷信息为核心，还包括社保、公积金、环保、欠税、民事裁决与执行等公共信息。入了商业银行、农村信用社、信托公司、财务公司、汽车金融公司、小额贷款公司等类放贷机构；征信系统的信息查询端口遍布全国各地的金融机构网点，信用信息服务络覆盖全国。形成了以企业和个人信用报告为核心的征信产品体系，征信中心出具的

报告已经成为国内企业和个人的“经济身份证”。

征信系统应用广泛、成效显著。征信系统已经在金融机构信用风险管理中广泛应用，效解决了信息不对称问题，提高了社会公众融资的便利性，创造了更多的融资机会，进了信贷市场发展。征信系统的广泛应用，显著提高了社会信用意识，进一步促进在社会形成“守信激励、失信惩戒”的激励约束机制。

征信中心将继续深化服务转型，全面提升可持续发展的能力和水平，把征信系统建好，努力为全社会提供更加优质高效的征信产品和服务，继续为我国金融体系稳定、会信用环境改善发挥作用。

址

京办公区：北京市西城区闹市口大街1号长安兴融中心4号楼8层，邮编100031

海办公区：上海市浦东新区卡园二路108号4号楼，邮编201201

服电话

人征信业务：4008108866

收账款质押登记：4008858500

址：www.pbccrc.org.cn

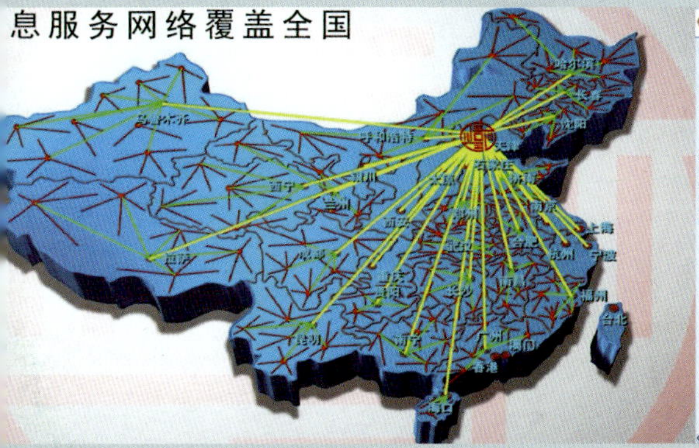

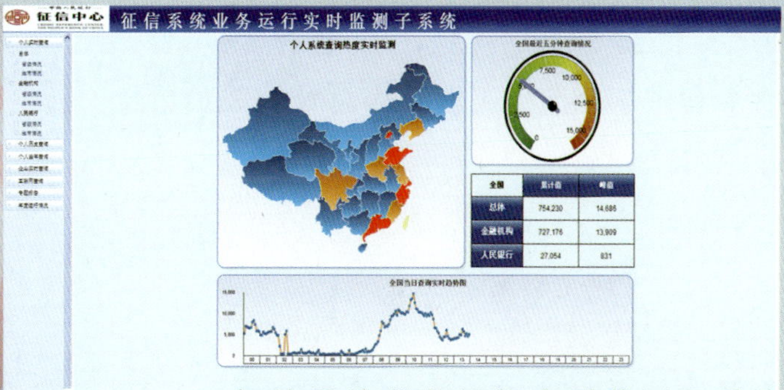

征信系统业务运行实时监测子系统

上海市城镇工业合作联社

上海市城镇工业合作联社是在20世纪50年代“三大改造”中建立和形成的。1985年从上海市手工业生产合作社联合社中分离出来，成立上海市郊县城镇集体工业联合社，与上海市农机工业管理局（后相继更名为上海市郊县工业管理局、上海市区县工业管理局）两块牌子、一套班子运作。2000年，根据市政府机构改革总体要求，上海市区县工业管理局撤销，上海市郊县城镇集体工业联合社更名为上海市城镇工业合作联社，由上海市工商行政管理局注册登记为非公司企业法人。

上海市城镇工业合作联社是上海城镇集体企业的联合经济组织和指导服务机构。隶属于上海市经济和信息化工作党委和上海市经济和信息化委员会领导管理，是中国轻工业联合会和中华全国手工业合作总社的成员单位。

目前，上海市城镇工业合作联社有闵行、嘉定、宝山、浦东、奉贤、松江、金山、青浦、崇明等9个区（县）城镇集体工业联合社、21家直属成员企业，166家基层成员企业，3 000家经济小区落户企业。在职员工1.85万人（不包括经济小区落户企业），各种托管人员5万多人，总资产131.17亿元，净资产56亿元。

近年来，上海市城镇工业合作联社高举发展集体合作经济旗帜，通过深化体制改革、调整产业结构、优化指导服务、维护和谐稳定，使城镇集体经济不断发展壮大，综合实力不断增强。2010—2013年，全系统实现工业总产值323.15亿元，销售收入449.28亿元，利税总额50.46亿元，达到年均10%的增长水平。同时，创新转型取得较好成果。2010年以来，全系统投入科技创新和技术改造资金7亿元，开发新产品1 157项，申报和获得国家发明专利166项，涌现了上海熊猫线缆股份公司等一批上海市高新技术企业。

目前，上海市城镇工业合作联社正按照党的十八届三中全会精神和上海“创新驱动、转型发展”的要求，与时俱进，筑巢引凤，吸引各种所有制经济加盟，大力发展混合所有制经济，增强联社在成员企业中的凝聚力和向心力，进一步发展壮大城镇集体经济。

上海中移通信
SH CMCT

上海中移通信技术工程有限公司

**[以“成为卓越的全业务集成与用户个性化信息集成的企业”为战略指引
上海通信建设领域中的重要力量]**

上海中移通信技术工程有限公司是中国移动通信集团上
公司全资子公司，于2010年4月正式完成注册，注册资金9 000
肩负突破中国移动上海分公司现有业务领域、拓展创新综合
务、成为中国移动上海分公司全面通信业务能力和用户个性
需求集成商的重任。公司对内是上海公司系统集成部，对外
立法人责任。公司具备通信信息网络系统集成企业（甲级）、
工程施工总承包三级、建筑智能化工程专业承包三级、增值
务经营许可证、计算机信息系统集成（四级）、房地产开
暂定证书等资质，通过ISO9001质量管理体系和职业健康安
系统认证，主攻系统集成、软硬件开发、信息服务、通信工
大业务板块，专业从事通信工程专业承包及通信设备和铁塔、
系统维护；通信网络系统集成、计算机信息系统集成及工程
技术咨询、技术开发、技术服务；传输带系统工程、空调、
设备安装，为工程配套金属件装潢；设计、制作、发布广告；
通信、信息技术及软件的研制、开发；通讯器材和产品的批

公司现有员工150余人，技术合作人员260余人，项目管
规模达百人，联合施工班组规模达300人，全业务支撑人员
人。公司内设综合部、计划财务部、市场业务部、项目管理
程施工部、信息集成部、设计研发部7个职能部门，并结合
动上海分公司深化属地经营的战略指导，设立浦东、南区、西
北区、核心网与重大工程五处区域项目部，贴近服务，支撑
通过不懈努力，上海中移通信技术工程有限公司目前已成为
信建设领域中的重要力量。

自成立以来，公司先后研发了无线视频监控系统、ATM防诈骗干扰器、WLAN业务自动拨测系统等多项适应市场需求的信息化产品，其中部分产品已成功进行商用。公司还承接了如上海奥运场馆通信建设工程、2010年上海世博会通信网络建设、第十四届世游赛通信建设等重大国际活动的通信建设及保障工程。同时，公司与中国电信、中国移动、中国联通、中国网通等多家大型通信运营商以及上海贝尔阿尔卡特、中兴、华为、大唐、诺基亚、西门子、爱立信等企业合作开展工程建设。

公司曾多次被市通信管理局、团市委、市安监局、中国移动上海公司、中国网通集团上海市分公司评为或授予“上海市通信建设市场管理先进单位”“上海市青年安全生产示范岗”“上海市优秀青年突击队”“TD施工项目组优秀团队”“迎奥运基础网络整治工程优秀团队”“上海移动工程建设优秀施工合作方”“接入网工程建设优胜奖”等。公司所承担施工的工程项目有多项被原上海邮电管理局、市通信管理局、中国移动公司评为优质工程。2010年，公司承担的世博项目荣获上海市优质工程一、二等奖。2011年，公司成功中标第14届国际泳联世界锦标赛新闻中心网络及通信工程、大师杯赛通信及报障工程等国家重点项目，在世游赛各大新闻中心、大师杯赛现场成功打造集WLAN、有线宽带、IMS多功能语音业务、传真等在内的全业务通信网络，并出色完成世游赛、大师杯赛通信保障工作，赢得了世游赛组委会、大师杯赛组委会及各大媒体记者的一致好评，荣获由第十四届世游赛组委会颁发的荣誉证书。2013年，公司荣获上海市杨浦区“科技小巨人”和“专精特新企业”称号，并被评为2013全国基础设施建设先进企业和2013全国基础设施建设优秀施工企业（信息网络基础工程）。

公司以“成为卓越的全业务集成与用户个性化信息集成的企业”为战略指引，以成为上海首屈一指的、具备超强社会务能力的信息服务企业为目标，全面培育全国化和国际化运作能力，为有力支撑上海移动全业务发展、全面助力上海个中心”建设积极贡献力量。

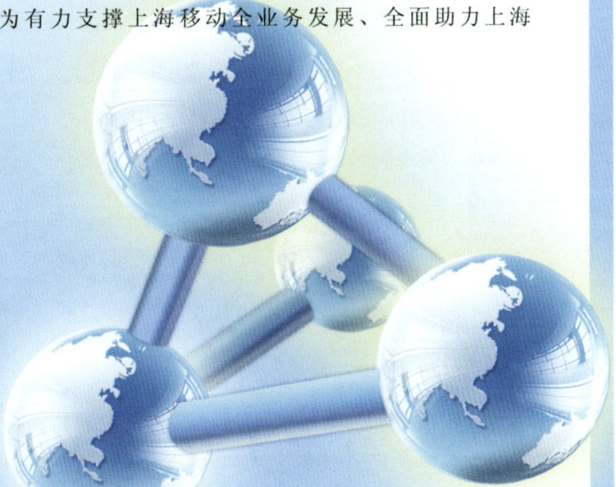

上海市监狱管理局

Shanghai Prison Administration

2013年，上海市监狱管理局信息化工作积极围绕局中心工作，紧扣“巩固、深化、提高”的工作基调，坚持“集约型、矫治型、专业型”发展方向，通过制定标准、落实执行、过程督导、加强考核等工作方法，各项工作任务和目标得到扎实推进。

01 完善三级警戒架构信息化配套建设

完成了女子监狱、监狱总医院、周浦监狱3家指挥中心建设和全局所有指挥中心的建设任务。

实现了各单位安防专网与局指挥中心的联网、全局12 000多路视频监控图像实时上传局临时指挥中心。

开展了指挥中心工作人员和值班人员基本设备的应知应会操作培训。

02 稳步推进罪犯“一卡通”项目试点建设

按照总体实施计划，在南汇监狱试运行的基础上，根据试情况及专家论证，并经局长办公会讨论通过，决定在保持原有统结构的前提下，予以分步推广建设。同时，加强对各监狱的广建设工作的服务、指导和督促，确保罪犯“一卡通”的推广作稳步、有序推进。

03 周密筹划“司法警务通”的试点建设工作

“司法警务通”是上海市监狱管理局年度重点信息化建设项目，具有网络对讲、一键报警、白名单通话、短号、拍照、录音、短信、GPS定位、机卡绑定互锁、状态强制改变、与对讲机互通功能。“司法警务通”是在全局监区手机信号完全屏蔽的情况下建设的，能与既有模拟对讲机实现互联互通，能兼容综合各监狱既有门禁系统、民警“一卡通”系统，并考虑了前瞻性和可扩展性等因素。2013年，经过反复论证、测试、确定了“司法警务通”的技术方案与实施方案，完成了项目招标，并在南汇监狱、军天湖监狱、白茅岭监狱、女子监狱和监狱总医院开始建设。

上海市民防指挥信息保障中心

上海市民防指挥信息保障中心承担民防通信警报、指挥所和信息化建设、维护管理和保障任务。

近年来，中心在市民防办的领导下，狠抓业务建设和岗位练兵，多次承担和完成了国家和上海市的重大保障任务。

民防机动通信车为上海应急指挥服务

2011 年，上海市民防信息采集车投入使用，搭载“ 动中通 ”卫星通信系统、800 兆数字集群、军用短波和微波视频传输系统，具有灵活机动的通信手段，与市民防应急指挥中心形成机动指挥通信体系。多次为市政府应急办应急出动，为全市重大活动及民防警报试鸣应急演练提供机动通信保障服务。

世博车载系留气球为上海环境监测服务

为使世博信息化成果更好地为城市发展和建设服务，在市民防办的领导下，经市经信委有关部门批准，中心会同市环境监测中心通过系留气球搭载大气环境监测设备于2013 年12 月6—31日进行 1 000 米范围内，包括PM2.5 在内的复合型污染物分布的高空垂直监测。

整个试验期间，气球升空 29 次，最长连续滞空时间21 小时，技术保障人员通宵达旦地开展工作，圆满完成了任务。

本次任务是我国首次在立体大气环境监测技术领域中的应用，及时为市政府治理大气环境提供科学依据，填补了我国立体大气监测的空白。

《人民日报》、《解放日报》、《东方早报》、上海电视台等多家媒体进行了宣传报道。

商贸重镇　宜居城镇　休闲小镇　航头镇

航头，鹤之故乡、傅雷故里，是浦东最早成陆的区域之一。航头位于浦东新区西南部，地处奉贤、闵行和浦东新区交界之处，素有“金三角”之称，区位优越。全镇面积60平方公里，辖13个行政村、9个居委会、10个社区工作站，常住人口约15万。

作为上海市大型保障性居住社区重要基地之一，航头大型居住区鹤沙航城位于航头镇东北角，由航头基地、周康基地和航头新选址（拓展）基地组成，占地5.03平方公里，规划建筑面积480万平方米，其中住宅面积303.8万平方米，预计导入3.9万户15万人。截至2014年6月，已交房2 2082套，已入住1 0511套，入住2 4545人，主要来自黄浦、杨浦、闸北、虹口、普陀等7个区。

近年来，航头镇加快建设以“商贸重镇、宜居城镇、休闲小镇”为目标的新型城镇，先后荣膺国家卫生镇、全国环境优美乡镇、全国创建文明村镇工作先进镇、上海市文明镇、上海市五好镇党委等30多项市级以上称号。受益于浦东中部区域城市化、大型居住社区建设和自身经济社会的平稳发展，航头镇综合经济实力明显增强，产业结构不断优化，2013年实现规模以上工业产值96.75亿元，固定资产投资46.91亿元，累计完成税收12.63亿元，地方级财政收入4.43亿元，财政收入3.92亿元。镇域内逐步形成“九横九纵”的道路交通网络，已开通的轨道交通16号线在镇域内有两个站点，并有公交1067路（航头4路）与之配套，轨道交通18号线一期工程正环评公示，公共交通资源不断完善中。

航头将继续以建设“美丽航头”为目标，以“四大重点项目”为抓手，推动航头加快实现转型发展。龙华医院浦东分院、大型城市综合体、一号店、高端养老社区、轨道交通16号线周边道路及大型居住社区相关配套建设等项目的签约更是为航头注入了强有力的发展动力。同时，航头镇积极发展农业支柱产业，实施“三品”战略，千方百计，多管齐下，服务企业，扶持特色农产品发展，推进品牌建设，形成了真一牌猕猴桃、玉之山金针菇、金牌大米、立春鸽业、浦东三黄鸡、大中北虫草六大农业品牌。

浦东新区新农合药品供应链管理信息系统

2003年，面向农村卫生医疗的新农合制度正式拉开序幕，到2010年年底，参合率达96%，已实现全面覆盖。浦东新区与原南汇区合并后，村卫生室数量超过300家，由于信息化建设基础薄弱，很多卫生室的药品采购仍旧采用手工作业，并且未纳入全区统一的管理体系，无法达到乡镇卫生院和村卫生室一体化管理的要求。

据此，2012年2月，在浦东新区卫计委的统一部署下，组建了以孙晓明主任、范金成副主任为领导，计财处和卫生资源管理中心为业务管理，上海张江（旺云）信息技术公司为技术开发的项目团队。两年来，项目组多次组织召开座谈会商讨建设框架，卫生资源管理中心主任赵缨亲自带队下基层调研，各方专家经过近10个月多角度深层次的论证，于2012年年底确定了信息系统的建设方案并马上投入设计开发。2013年系统建成后，分四批进行试点、培训、推广、试运行，在全区村卫生室实现了统一配额管理、药品采购目录管理，建立起规范的采购和配送流程，实现了药品信息的互联共享。该信息系统跨越了医疗卫生和农村两个被社会高度关注的领域，满足了新农合医疗药品采购全信息化、全过程的监管要求，实现了多方参与、互联共享的目标，系统在2013年11月中国信息化协会举办的2013城市信息化发展大会上荣获“优秀方案奖”。

卫生资源管理中心主任赵缨带队深入基层开展调研

浦东新区卫计委领导在部署新农合药品供应链信息系统建设相关工作

系统操作培训现场

闵行区教育信息化

——用数据再现学生成

目前，闵行区有中小学校和幼儿园近300家，传统管理方式难以满足教育规范化与精细化要求。“十二五”间，闵行区提出“智慧教育”目标，信息化成为区域教育现代化建设的不二选择。为此，闵行区提出“优质化、息化、国际化”的教育现代化建设路径，以感知师生发展、互通教育信息、智能的教育服务为区域教育信息化目标，着力打造以教学支持、教育管理、信息公共服务为主体的区域数字化教育服务体系。

重点项目一：学生电子成长档案建设项目

2012年10月，项目启动，目前已为全区113 608位中小学生建成电子成长档案，实现通过中国电信IPTV、东方线数字电视及学生个人门户为区内学生家庭提供教育信息服务，让家长可随时查看学生在校学习、成长情况。

成长档案包含身心健康、学业进步、个性技能、成长体验四部分，相关数据通过学生在校信息上报系统、业务管理平台、电子学生证日常刷卡管理等途径汇聚。通过提供客观数据，成长档案在规范学校办学、促进区域育管理精细化、指导学生个性发展等领域已发挥重要作用。

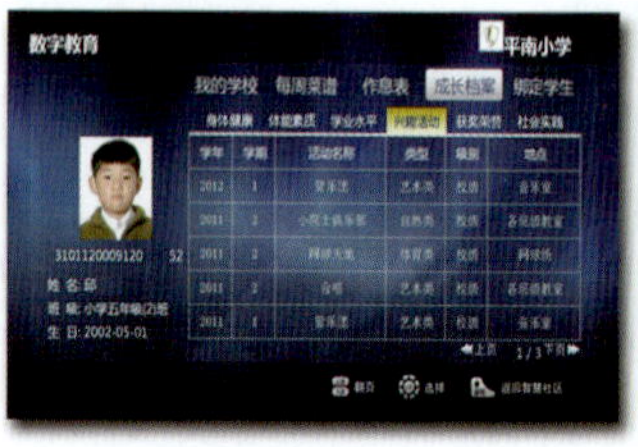

呈现学生成长档案

“电子书包”进课堂

刷电子学生证，参观上海航天城

刷电子学生证，校内借阅

重点项目二：“电子书包”试验项目

2012年3月，项目启动，目前全区试点学校45所，160个班级参与，现已建成教与学数字化平台，初步形成资源设实践的长效机制。闵行区“电子书包”试验将继续着力在学习环境的智能、数字化资源的服务、学习方式的变等领域进一步探索。

重点项目三：教师专业发展档案建设项目

2013年3月，项目启动，从道德修养、研修经历、教育实践、辐射引领等四方面建立教师专业发展档案，全记录教师专业发展轨迹，为促进教师专业发展提供客观依据与数据服务。

此外，闵行区还积极构建面向学生、学校和教育行政部门的数字化教育评价体系，大力推动电子学生证在校图书借阅、学生体质监测、课程选修、校外实践基地参观等领域的应用探索，有序推进数字化校园建设。

第四章 信息化宣传

概 述

2013年，市经信委信息化宣传工作以战略性新兴产业为重点，以宣传各类重大活动为抓手，围绕全局加大新闻报道工作力度。组织开展智慧城市体验周、信息安全宣传周等活动，全年共组织新闻发布活动35次，其中市政府新闻发布会3次，编发新闻稿近100篇，新闻媒体刊播各类报道近3 500篇。安排委领导接受央视、《人民日报》、新华社采访10余次，提升了信息化工作在全市的影响力。

一、综合性工作宣传

【加强新媒体工作力度】 建立信息报送共享平台。推进了市经信委政务微信、微博、门户网站、信息简报、新闻报道五位一体的信息编报平台，方便各部门及时在PC端和手机终端及时报送产业发展和信息化建设工作情况的文字和图片信息，同时通过编报平台进行整合共享，设置优先程序统筹全委政务信息报送工作。

努力推进新媒体工作。2013年是市经信委政务微博开通的第二年，政务微博已迅速发展成为政务公开和网络问政的重要平台。作为移动互联网时代一种全新的沟通交流方式，市经信委于2013年9月23日开通了政务微信。市经信委办公室通过构建五位一体的联动平台和工作机制，每天实时更新，同时在各大平台权威发布重要工作动态和相关新闻。截至2013年年底，已发布政务微博2 657条，四个平台粉丝数高达139 643人；政务微信平台发布资讯56期，粉丝数达1 121。组织政务微博、政务微信联络员培训班，邀请新浪微博等有关专家授课，提升联络员的信息报送水平和积极性。

【加大电视和平面媒体宣传力度】 通过新闻发布会、新闻通气会等形式，加强与电视、广播电台、报刊、网络媒体和新媒体的沟通，通过新华社、人民网、《经济日报》《解放日报》《文汇报》《新民晚报》等媒体对市政府实事项目"450处公共场所免费无线上网"工作推进会、第十届上海国际信息化博览会、2013年上海市社会信用体系建设工作推进会、信息安全工作会议、2013上海电子商务双推工程启动发布会、2013年智慧城市体验周等活动进行宣传，扩大了各项工作的影响力和覆盖面。

【公开出版物开展宣传】 出版工业和信息化专门书籍，如《2013上海产业和信息化发展报告》等重要书籍，对本市工业和信息化主要行业、重点领域、重点企业、推进措施及产业布局等进行宣传，重点突出介绍本市战略性新兴产业的发展情况。《2013世界服务业重点行业发展动态》对信息化领域发展也有相应介绍。

二、重点工作宣传

【本市450处公共场所免费无线上网项目】 根据市民反馈意见，不断优化已开通场所的"i-Shanghai"服务质量，切实改善用户体验，真正把市政府为民服务的实事项目落到实处。3月6日上午，召开2013年市政府实事项目"450处公共场所免费无线上网"工作推进会，部署本市全年在2012年基础上进一步加快推进150处公共场所的无线局域网新建工作。2013年10月底前完成全部450处公共场所的技术检测、服务验收以及张贴统一标志牌等工作。同时，将通过公开招标方式选定第三方检测公司，对450处公共场所无线局域网运行情况和服务质量开展检测。通过编制和发放"i-Shanghai"用户手册、开放"i-Shanghai"网上查询系统等方式，进一步加大宣传推广力度，让更多市民体验智慧城市建设带来的便捷。

本市自2012年下半年启动建设公共场所无线局域网覆盖开通“i-Shanghai”项目，主要是在本市人流密集、窗口功能突出的公共服务场所，包括公共交通枢纽候客区、商业街圈沿街休息区、公园绿地和旅游景点游客休息区、会展中心会议与展览厅、文化场馆活动区、公立医院候诊区、体育场馆观众活动区、行政服务类办事大厅等9类区域，实现无线局域网覆盖，由电信企业建设和运营，统一服务标识为“i-Shanghai”，市民可以在这些场所享受每天2小时的适度免费上网服务（主要提供普遍服务，如网页浏览、邮件收发、即时通信等）。截至2013年年底，本市已有300处公共场所基本完成无线局域网覆盖并开通“i-Shanghai”服务试运行。人民网、中新社、新华网、新民网、《中国日报》、中国经济网、《解放日报》《文汇报》《新民晚报》《新闻晨报》《东方早报》《劳动报》《上海商报》《青年报》等媒体都对该项工作进行了新闻报道。

【上海成为国内首个省级中国软件名城】 2013年4月28日，国家工业和信息化部副部长杨学山、上海市人民政府副市长周波共同为上海市“中国软件名城”揭牌，标志着上海成为国内首个获得“中国软件名城”称号的省级城市。

市委、市政府一直以来高度重视软件和信息服务业发展，将软件和信息服务业作为推动上海“创新驱动、转型发展”的重要引擎以及上海建设“四个中心”和“智慧城市”的重要支撑，在政策环境营造、重点领域推进、专项资金支持、新兴业态培育、人才队伍建设等方面出台了一系列办法和措施，有力促进了产业发展。

上海围绕“名企、名人、名品、名园”的培育和建设，打造成为带动效应明显、知名度较高、特色鲜明的中国软件名城。一是打造百亿级名企。通过奖励经营收入首次突破一定规模软件企业、认定市级重点软件企业、鼓励企业上市融资和兼并重组、加大招商引资等打造3～5家经营收入超百亿企业。二是塑造名人。通过行业领军人才引进、“绿色通道”人才落户、设计人员奖励、高校企业联合培养人才等，形成支撑产业发展的60万从业人员。三是培育名品。通过做大重点软件企业品牌、扶持新兴产业、向服务化和平台化转型，形成一批有影响力的行业专精特新优势品牌。四是建设名园。通过现有国家级和市级软件园园区扩围、跨区联动、品牌输出、转型发展等方式，不断扩大园区物理空间，形成全市错位发展格局，同时结合产城融合和工业区转型升级等发展新的产业空间，新增200万平方米产业园，建设30个特色鲜明的信息服务业基地。上海软件和信息服务业到2015年预计经营收入达到6 000亿元，2020年前突破1万亿元。

在揭牌仪式上，本市范围内规模最大、环境最好的信息服务产业基地之一——上海临港软件园也宣布成立。上海临港软件园全部建成后，临港软件园将达50万平方米，集聚5万从业人员。按照“长远规划、分期开发”和“盘活存量、规划增量”的原则，临港软件园将在整体规划的基础上分步开发，以优惠的待遇吸引企业入驻。软件园一期总用地约10公顷，位于南汇新城滴水湖畔，总建筑量5万平方米，绿化覆盖率为40.2%，距离地铁16号线滴水湖站不足1公里，银行等商业配套齐全。《解放日报》、人民网、《文汇报》、新华社、《经济日报》、新闻综合频道、东方卫视、第一财经频道、《新闻晨报》等媒体均开展了相关报道。

【市信息安全保障工作会议】 2013年5月6日，本市召开上海市信息安全保障工作会议。会议强调要把信息安全放在更加突出的位置，从城市运行安全的高度，贯彻落实国家的战略部署和要求，加强信息安全工作统筹，抓好重点领域信息安全监管，强化信息安全基础性工作，围绕“五个聚焦”加快推进城市信息安全保障体系建设。聚焦信息安全管理体制完善，加强信息化和信息安全立法，明确信息系统主管、运营、使用者及信息安全服务提供商的责任，并强化公共信息系统个人信息保护。聚焦信息安全防范工作落实，贯彻全国人大常委会《关于加强网络信息保护的决定》和《信息安全技术、公共及商用服务信息系统个人信息保护指南》国家标准，开展个人信息保护评估；互联网、信息服务、信息安全、网络安全管理、网络文化5大行业协会出台倡议，促进行业自律。聚焦信息安全应急体系深化，依托国家和地方资源，调动社会广泛参与，组建600人规模的网络与信息安全应急专业队伍，为本市处置信息安全突发事件应急决策咨询、联络协调和技术处置提供支撑。聚焦信息安全技术产业发展，在推进物联网、云计算和高端软件等战略性新兴产业专项工程中，将信息安全作为重点支持方向，加快技术研发和产业化。聚焦信息安全宣传教育普及，举办本市第三届信息安全活动周和第五届信息安全技能竞赛，加强对信息安全从业人员的职业资格管理，促进全社会信息安全意识提升。

上海市网络与信息安全协调小组成员、联络员，全市199家信息安全重点单位第一责任人、工作负责人和信息安全员，以及本市重要信息安全支撑机构及骨干企业负责人、技术负责人约600人参加会议。

【2013 年智慧城市体验周】 2013 上海智慧城市体验周于 10 月 25—31 日在全市开展。体验周主题为“智慧城市，开启美好生活”。2013 年智慧城市体验周在组织内容上体现“广泛宣传、各方参与、体验互动”的特点，从全市层面，各领域层面和区县层面，将体验周分为综合性活动、主题日活动和区县活动。

综合性活动 为增强体验周期间市民的实际感受，提高市民的参与热情，同时做好第一轮智慧城市三年建设成果梳理和总结，联合相关单位在全市组织若干个具有较大影响面和市民参与度的活动。一是编制《我身边的智慧城市Ⅱ》宣传册。二是举办智慧城市大讲坛。三是智慧社区成果展示。四是一系列智慧城市体验活动。五是“我为智慧城市献一计”总结交流会。六是智慧城市对话节目。七是组织汇编智慧城市建设“新闻事件集”及开展新闻评选。八是智慧城市案例集汇编。同时，指导并依托各部门、协会以及企业，组织开展一批智慧城市相关主题论坛，主要有智慧园区创新发展论坛，2013 中国(上海)“两化”深度融合研讨会，中国(上海)企业级移动应用峰会暨投融资论坛，互联网金融创新应用暨电子支付发展论坛，杨浦国家创新型城区发展战略高层咨询会暨湾区智慧城市论坛。

主题日活动 为分解智慧城市概念，便于公众参与和了解智慧城市的具体内容，同时加强媒体宣传的集中性，2013 年智慧城市体验周采取主题日的方式开展，每天确定一个主题集中宣传相关内容，并将相关具体活动集中在主题日开展。初步安排八个主题日，分别为：智慧交通、智慧医疗、智慧教育、智慧政务、智慧产业、智慧社区、信息消费、信息安全。

为落实国家关于促进信息消费若干意见要求，并作为 2013 年智慧城市体验周的首次尝试，设信息消费主题日，以电信运营商的流量赠送，以及电子商务企业、信息服务企业的促销让利为重点，促进市民的信息消费和信息体验。

区县活动 一方面，每个区县结合自身特点，选择至少 2 个主题日，组织开展本区智慧城市宣传体验活动，策划相关的宣传推广方案；另一方面，指导各区县开展各具特色的智慧城市宣传体验活动。在此基础上，形成覆盖全市的智慧城市体验周活动地图。

（杨勤伟）

第五章 行业(专业)协会发展

概 述

2013 年,上海信息化系统各协会、民办非企事业单位等围绕全市年度信息化重点承接课题;搭建交流平台,推进政策落地;开展标准建设,促进产业发展,发挥政府和企业之间的桥梁作用。

一、行业(专业)协会发展

上海市集成电路行业协会

【概况】 上海市集成电路行业协会(以下简称"集成电路协会")成立于 2001 年 4 月,现有会员单位 463 家。会员覆盖集成电路设计、制造、封装、测试、设备、材料整个产业链。行业总投资为 285.99 亿美元,注册资金为 134.37 亿美元,从业人员 13.8 万人。按所有制分类:中外合资、合作 59 家,外商独资 214 家,内资 100 家,民营 83 家。其中从事设计 205 家,晶圆制造 15 家,封装测试 32 家,设备材料及配套 118 家,智能卡 24 家,科研院所及投资管理 62 家。

2013 年,上海集成电路产业在经济规模、产业结构、技术创新等方面,继续保持在全国集成电路产业的重要地位。全年实现销售收入 730 亿元,同比增长 9.3%。产业整体实现利润总额 56.5 亿元,同比增长 32%。实现了产业规模和经济效益同步发展。集成电路协会理事会下设了设计、制造、封装测试、设备材料和智能卡五个专业委员会。协会秘书处设有一室四部,秘书处有专职工作人员 13 名。

【配合政府贯彻落实协调产业政策】

继续协助政府有关部门和海关推动"集成电路设计企业产业链全程保税试点"的扩大试点工作 协助海关、张江开展"集成电路设计企业产业链全程保税试点"的扩大试点工作。2013 年 9 月,海关总署在对展讯通信(上海)有限公司试点总结后,又批准锐迪科微电子(上海)有限公司、上海盈方微电子股份有限公司、深迪半导体(上海)有限公司三家企业开展试点,并扩大到跨关区保税业务。据展讯通信(上海)有限公司开展跨关区保税业务试点核销的一本手册,已减少增值税资金占用数百万美元,减少海关保证金资金占用数百万人民币。同时也大大加快了芯片进口的报关时间,从原来一般贸易进口的 1—2 天加快到半天。试点取得良好成果。

协助政府开展集成电路产业政策的落实和实施工作,开展国家规划布局内重点集成电路设计企业认定 2013 年,经国家发展和改革委员会等五部委批准,展讯通信(上海)有限公司、格科微电子(上海)有限公司、上海复旦微电子集团股份有限公司、昂宝电子(上海)有限公司、联芯科技有限公司、上海华虹集成电路有限责任公司、上海贝岭股份有限公司、中颖电子股份有限公司、芯原股份有限公司、钜泉光电科技(上海)股份有限公司、博通集成电路(上海)有限公司、锐迪科微电子(上海)有限公司等 12 家企业被认定为"2013—2014 年度国家规划布局内重点软件企业和集成电路设计企业",使企业可以享受到企业所得税 10%的优惠政策。

开展集成电路设计企业认定工作。2013 年新认定设计企业共 18 家,通过年审设计企业共 138 家。使企业可以享受到企业所得税二免三减半的优惠政策。

协助市经信委开展集成电路设计人员专项奖励实施工作。协助市经信委召开申报 2013 年度集成电路设计人员专项奖励政策的宣讲和申报工作会。有 32 家集成电路设计企业的 1 810 位开发具有自主知识产权的设计人员享受到 1 754.7 万元奖励。

开展高端装备制造企业及设计人员的专项奖励工作。协助市经信委多次与市发改委、市财政局协调,努力争取到 2013 年对高端装备制造企业设计人员的专项奖励。召开"上海市集成电路高端装备、制造企业及设计人员专项奖励工作会议",并协助经信委制定认定办法和实施细则,为 4 家高端装备企业、7 家制造企业通过企业资质认定，使 11 家企业的 367 位设计人员享受到 282.5 万元奖励。

协助开展 65 纳米以下集成电路设计产品在本市进行首轮流片补贴政策实施工作。协助市经信委制定“支持对利用本市集成电路生产线开展工程产品首轮流片的集成电路设计企业的政策实施办法”，并帮助召开政策动员会和组织申报，使展讯通信（上海）有限公司、锐迪科微电子（上海）有限公司两家公司享受到 1 000 万元补贴。

协助企业积极申报“2013 年国家 02 重大专项”项目及课题。对上海的集成电路企业都进行重点辅导、咨询，极力推荐帮助立项 5 项，获得专项资助 6.19 亿元。为上海集成电路产业的创新发展增加了持续和可靠的后劲。

【与政府部门沟通，帮助企业解决困难】

发挥海关与企业的桥梁作用 不少企业向协会反映，上海海关为严格执行海关总署[2008]169 号令，将停止执行寄售维修型保税仓库先出库、后申报的现行做法，对企业及时维修带来严重损害。集成电路协会及时向海关反映了企业的焦虑，并组织有集成电路制造商、设备供应商、物流服务商等 21 家企业进行研讨，将企业的要求、建议汇总后报告上海海关。上海海关听取企业意见后决定暂维持原“先出库、后申报”做法，在具备信息联网等条件后，再研究执行 169 号文的具体做法；针对大部分设计企业不了解海关对进口芯片的审价规则，造成巨额补税给企业带来的严重后果。集成电路协会邀请海关总署上海商品价格信息处共同召开“集成电路设计企业海关审价培训”，30 多个企业近 50 名财务、物流、进出口的专业人士参加培训。

集成电路协会还为一批企业进出口遇到问题与海关进行沟通协调。为格科微电子（上海）有限公司向上海海关审单处、浦东海关通关处、浦东海关加贸处等咨询委托外发加工并附带加工设备办理进出口的有关政策；为上海芯哲微电子科技有限公司提供加工贸易集成电路封装原材料单耗证明；为芯原微电子一批客户急需的工程样品，在进口报关查验时发现申报数量与实际不符，要求企业说明原因，并提供有关价格资料。集成电路协会急企业所急，与海关沟通，在第二天及时放行，保证了工程进度；为上海盈方微电子股份有限公司研究产品出口流程，保证在最短时间取得出口退税，提高资金利用率；复旦大学微电子学院承担国家项目，向上海海关提出进口设备免税申请，但等待数月未能得到批复。后经集成电路协会与上海海关沟通和说明，并由学校提供了补充资料，免税申请很快得到批准；应奉贤海关要求，为上海芯哲微电子科技有限公司提供加工贸易集成电路封装原材料单耗证明；日月光半导体制造股份有限公司反映，因进口芯片海关改为人工审单和出口成品海关抽查率高，影响通关速度，引起客户抱怨。协会书面报告浦东海关和浦东国际机场海关，并陪同企业专程去两海关说明情况，使问题得到解决；杭州士兰微电子股份有限公司的微进口测试设备，被吴淞海关认为归类有问题，要送稽查处理，公司要求集成电路协会给予帮助。集成电路协会通过向吴淞海关领导说明情况，并配合从专业角度做好主管人员工作，使问题得到解决；为世芯电子（上海）有限公司进口软件（IP）免税问题，向上海硅知识产权交易中心和上海宏力微电子有限公司咨询，并将办理程序及受理部门告知世芯电子（上海）有限公司；为埃文思材料科技（上海）有限公司提供二手设备进口、测试样品进口等业务咨询。

向政府有关部门上报调整免税项目建议，推进优惠政策落实 自海关总署 2002 年颁布了免税原材料和消耗品目录以来，一直没有调整，导致很多原材料和消耗品，企业只能按一般贸易方式征税进口。也有一些原材料和消耗品已经国产化可从目录中删除。为此，集成电路协会组织中芯国际集成电路制造有限公司、上海华虹宏力半导体制造有限公司和台湾积体电路制造股份有限公司等企业，根据“有增有减”的原则，提出需增加免税项目 75 种，可删除的 14 种原材料和消耗品清单。通过张江高新区管委会向国家有关政府部门反映，建议尽快调整免税目录，使国家对集成电路产业的优惠政策能不折不扣地落到实处。

协助解决中小企业融资难 为上海宏测半导体科技有限公司、上海裕芯电子有限公司、山景集成电路有限公司等企业解决免担保贷款支持。泰隆银行已向集成电路企业累计投放五千多万元的信贷支持。

开展 2013 年行业薪酬调研 为给企业定薪、调薪提供依据，帮助会员企业稳定员工队伍，开展 2013 年行业薪酬调研，与中智公司合作，组织行业内主要会员企业参加“上海集成电路行业薪酬调研”，举办“2013 年集成电路薪酬调研成果发布会”。

加强会员企业与市有关专业部门沟通 搭建市科委公共研发平台——上海市集成电路行业协会服务站和市商务委公平贸易·上海市集成电路行业协会工作站；牵头 8 家协会，承担市科委《研发平台行业协会服务站服务体系建设》项目，开展多场宣传培训活动；新推荐会员加入万户企业，发放宣传资料，推荐仪器加盟平台，组织会员企业申请研发公共服务平台资金补贴等工作。

【开展软课题研究】 完成市经信委委托的《2013年上海集成电路产业发展研究报告》,完稿后委托上海教育出版社印刷出版,共印刷1 500册。全篇报告共计20.9万字,内含统计图表300余幅;完成市经信委委托的《2010—2012年上海集成电路产业发展情况调查及分析》;完成市经信委委托的《上海市集成电路高端装备企业认定管理试行办法》政策文件起草;完成市经信委委托的《2012年上海集成电路产业发展形势简报》;完成市经信委《2013年上海信息产业年鉴》集成电路部分的撰稿工作;完成市发改委《2013年上海市国民经济和社会发展报告》的集成电路部分的撰稿工作;完成张江管委会委托的《"十二五"张江集成电路产业知识产权发展规划》课题;完成张江管委会委托的《关于张江集成电路产业链发展研究》课题;为金山工业开发区编制《关于建立砷化镓(GaAs)晶圆代工生产线的前期咨询报告》;完成仪电集团委托的《关于投资睿射射频功放芯片项目的咨询报告》;完成中国半导体行业协会委托的《中国半导体产业发展报告》(第一章全球半导体产业和第八章第二节上海市集成电路产业)章节的编写工作;开展上海集成电路行业探索实践虚拟IDM发展的对策与举措的课题研究;完成浦东新区科委要求编写《引进培育IP核企业推进浦东IC设计高端化发展》咨询报告。

【组织开展各类合作交流、展览活动】 组织会员赴中国台湾参加SEMICON Taiwan研讨会,并召开大陆半导体设备材料产品发布会。促进两岸半导体产业合作交流,为大陆设备材料企业开拓中国台湾与国际市场,共22家单位60余位代表参展。

举办2013年海峡两岸(上海)集成电路产业合作发展论坛。由集成电路协会与中国台湾区电机电子工业同业公会在上海合办;市台办、市经信委的领导出席,200余位行业精英参会。

协办2013中国国际半导体博览会暨高峰论坛。"2013中国国际半导体博览会暨高峰论坛(IC China 2013)"在上海新国际博览中心举办。全面展示了国家极大规模集成电路制造及工艺、IC设计及封装、IC制造、IC设计、IC材料、智能终端与可穿戴电子物联网与智慧城市等方面的新技术和新产品,超过200家企业参展,60 000余人观展。工信部彭红兵副司长、市经信委主任李耀新等出席。

协办2013年信博会及SEMICON China 2013。全球最大的半导体展会SEMICON China 2013在浦东新国际博览中心举行。囊括当今世界上半导体制造领域主要的设备材料厂商。N2馆的IC设计制造服务专区,汇聚了上海华力微电子有限公司、中芯国际集成电路制造有限公司、上海华虹NEC电子有限公司、上海华虹宏力半导体制造有限公司、上海复旦微电子股份有限公司、日月光(上海)封测有限公司、中微半导体设备(上海)有限公司等上海本土产业链上的企业。

举办2013年集成电路产业链发展高级研修班。邀请了中科院上海微系统与信息技术研究所院士王曦、清华大学教授魏少军等7位专家分7个专题,围绕集成电路产业链的现状和发展,就国家新兴产业战略给集成电路产业带来的发展与机遇进行了演讲。100余位从事产品、工艺研发的技术人员和从事技术、产品管理及基地的领导参加学习。

举办智能终端与集成电路设计企业交流对接会。20余家企业的代表近五十人参加。6家企业高管分别从各自的企业产品、技术需求、市场应用等方面进行交流发言。使集成电路设计更贴紧整机需求,整机企业更多选择性价比较好的国产芯片,搭建整机与芯片产业联动发展,合作共赢平台。

举行"应用驱动高端3D封装发展"研讨会。格科微电子(上海)有限公司、苏州晶方半导体科技股份有限公司、武汉新芯集成电路制造有限公司、日月光(上海)封测有限公司等8家企业作市场、应用、设备、材料、工艺、技术的专场演讲,140余位企业代表参会。

召开石墨烯应用探索研讨会。集成电路协会荣誉会长邹世昌主持会议。中科院上海微系统与信息技术研究所、上海第二工业大学两位专家作主题演讲,复旦大学和交通大学两位老师参加了如何开展科研界与产业界应用互动的讨论。40多位专家和代表出席了会议。

举办集成电路的三维晶体管技术专题讲座。20家制造、设计、测试、设备企业的100多名工程师和技术管理人员参加。

举办"小芯片、大数据"——2013张江高科技专题论坛。来自华美半导体协会的近20名海外学子、企业家与孵化器、集成电路协会会员企业代表等60人参加。

举办三场(第14—16期)张江集成电路企业领导沙龙。第14期以人力资源管理为主题,70余人出席。第15期以企业资本运作为主题,邀请多个金融机构与企业交流,35家企业的负责人、财务经理参加。第16期以集成电路制造及产品知识产权为主题,50余位法务、知识产权相关领导及工程技术人员参加。

举办"半导体二手设备整体解决方案"供应商与用户座谈会。与日本、韩国集成电路产业界交流,探讨全球半导体产业转移背景下二手设备及备件供应解决方案，中、日、韩备件供应及维修商12家企业负责人和国内9家FAB厂的备件采购负责人进行面对面的座谈会。

【加强协会组织、能力建设，新会员发展和联谊会等工作】 完成集成电路协会的换届改选和五个专委会换届工作，选举傅文彪为协会第四届理事会会长，邱慈云等25人为副会长，蒋守雷为秘书长；顺利召开集成电路协会第四届一次常务理事会，42家常务理事会单位派员出席会议；顺利完成“上海市社会组织规范化建设”评估工作，集成电路协会已被市社团局批准为五星级协会。

举办“新春联欢会”和“2013年中秋联欢会”活动，来自市社团局、市税务局、张江税务所、浦东海关、张江管委会、浦东科协、市工业经济联合会的领导以及200余位会员企业代表参会；举办“长三角半导体（集成电路）行业协会联谊活动”，中国半导体行业协会、江苏、浙江、上海及苏州、无锡市行业协会共20余人参加，介绍本地IC产业的情况，探讨长三角共同努力推动产业发展；召开2013年上海IC产业统计及信息员工作会议，140余位统计人员及信息员出席，会上对20位“2013年度统计工作先进个人”和20位“2013年度统计工作积极分子”进行表彰奖励；2013年，发展新会员27家，会员总数达462家，收缴会费108万元；组织协调行业开展职称评定工作，会员企业已评审通过的高级工程师为25人，申报工程师为150人。

经过努力，集成电路协会2013年荣获上海市工业经济联合会“2010—2011年度行业协会先进集体”奖状、上海市社团管理局、上海市人力资源和社会保障局授予的“上海市先进社会组织”称号，上海市民政局、上海市社团管理局授予的“社会组织规范化建设”五A级协会。

（孙美玉）

上海市信息服务业行业协会

【搭建平台，整合资源】 2013年，上海市信息服务业行业协会（以下简称“信息服务业协会”）召开了三届六次理事会。2013年全年，信息服务业协会吸纳会员企业90家，会员企业总数达到487家。在会员服务方面，向会员单位发送政府项目申报信息近20项，其中第十二届上海IT青年十大新锐有5人是信息服务业协会会员单位成员，第六届上海市优秀网站评选活动有85家会员单位通过信息服务业协会报名。2014年度“专精特新”中小企业项目有30家通过协会上报材料，上海市企业“诚信创建”活动有50家企业由信息服务业协会推荐。信息服务业协会还推荐了7家单位纳入市经信委《企业标识（LOGO）精辑》征集出版的工作。信息服务业协会已成为行业内大部分企业了解政府政策、参与政府活动、接受政府调研的重要桥梁。

另外，信息服务业协会还协同主办了第四届大学生科技创新创业大赛、App手机应用大赛、上海市第三届、第四届婚恋博览会、第六届中国游戏开发者大会（GDC）、全球云计算大会中国站、亚太第四届中国数字营销变革峰会、IS风云会等知名活动。

2013年6月，在市经信委的指导下，信息服务业协会搭建了一个新平台——上海移动互联网产业发展联盟，联盟发起单位40家，首批成员单位130余家，其中包括上海电信、上海联通、腾讯、华为、百度、交通银行、复旦大学、交通大学、盛大网络、银联等，都是移动互联网上中下产业链中的知名企业。联盟以产业为主线、以应用为导向，依托上海市移动互联网产业链各环节的龙头企业，凝聚上海市乃至国内外移动互联网产业链上下游资源，增进产业链中各类企业的信息互通，促进形成优秀的移动互联网产品商业模式和品牌，最终推动移动互联网产业大发展。

2013年10月，信息服务业协会协助完成上海市智慧城市宣传周工作。成功策划举办两场智慧城市进社区路演活动，宣传智慧城市给市民带来的便利。此外，信息服务业协会还编撰并向市民免费发放了《我身边的智慧城市Ⅱ》数十万册，组织几十家企业参加信息消费促销日活动等。当月，信息服务业协会下属信息服务人才培训中心向市经信委人事教育处申报的课程获批，开设互联网搜索引擎优化实用技巧、互联网搜索营销策略与管理、企业电子商务技术拓展——网店运营与管理实用技巧、企业网站数据运维分析与管理4门上海市工业信息化人才继续教育课程，成为职称评定等方面的重要依据。

【制定标准，细化准则】 数字化营销方面，信息服务业协会发起成立中国数字化营销与服务联盟，吸收包括腾讯、百度、新浪等在内的10家理事单位，联结标准工作核心组成员，腾讯、百度、新浪、凤凰等约20家企业分别于2013年5月在上海、11月在北京两次与中国电子化技术标准研究院召开座谈研讨会，并取得了一定的会议成果。

网络信贷方面，信息服务业协会在2013年上半年制定的《网络信贷联盟自律公约》基础上，下半年发布了上海网络信贷服务业企业联盟《网络借贷行业标准》，抬高了行业门槛，细化了行业标准。2013年，全国约有60余家P2P平台发生提现困难或跑路、倒闭的情况，但无一发生在上海，这跟信息服务业协会长期致力于组织上海P2P企业共同遵守行业自律是分不开的。长期以来，信息服务业协会以网络信贷联盟为工作抓手，组织“网络信贷联盟企业”代表与中国银监会、央行等金融监管部门召开调研会，召开“网络信贷规范自律，促进上海金融信息服务业发展”新闻发布会，并定期召开工作例会，建立企业与政府沟通长效机制，通过工作例会形成8期《网络信贷服务业企业联盟工作动态》报市经信委、市金融办等有关部门。上报内容包括累计成交金额、90天逾期率，并对交易量和市场进行深入分析与研究，协助政府部门研判行业发展状况与行业的风险情况。

网络游戏方面，信息服务业协会召开了关于《网络游戏行业服务规范》达标验收工作的宣导会，完成了上海市网络游戏地方服务标准的验收工作。共有94家网游企业参加了会议，市经信委、市文广局领导出席会议，近100家本市网络游戏企业参与验收，规范了网络游戏行业的服务规范。

此外，信息服务业协会积极宣传维护信息安全和网络诚信。2013年5月，市公安局联合市经信委、市网信办、市通管局及信息服务业协会等5家协会举办了加强上海市网络信息安全保护自律倡议书签约仪式。2013年9月，为积极传播正能量，弘扬主旋律，营造健康向上的网络环境，信息服务业协会和上海市信息化青年人才协会等7家协会共同向广大网民发出倡议——坚守“七条底线”，共建网络文明。

【开创区县合作新思路】 信息服务业协会于2013年与徐汇区、宝山区、虹口区、杨浦区、黄浦区、嘉定区等多区县合作开展了一系列促进产业发展的活动。与虹口区合作举办了第四届大学生科技创新创业大赛，此赛事已在虹口区成功举办了四届，共吸引全国各地近5万名青年创业者报名参赛，共有31个团队先后成立了自己的公司。大赛为激发青年人创新创业精神，展示科技创新才智，培养创新创业人才，实现创新创业梦想搭建了一个舞台。

此外，信息服务业协会与徐汇区共同举办了首届上海市徐汇—联通杯移动互联网应用大赛，与徐汇区、黄浦区、嘉定区共同举办了“汇聚移动互联，引领未来生活——第五届移动互联网产业发展高峰论坛”；与宝山区合作召开了上海移动互联网产业发展联盟成立大会，以及“网罗天下贷动未来”2013上海金融信息服务业年度峰会暨互联网金融高峰论坛；与静安区、虹口区分别合作开展了“我身边的智慧城市”路演活动；与杨浦区合作组织编写了《移动互联网产业发展研究报告》等。

【探索移动互联新趋势】 2013年12月2日，“汇聚移动互联，引领未来生活——第五届移动互联网产业发展高峰论坛”召开。信息服务业协会邀请了中国工程院院士、中国互联网协会理事长邬贺铨，腾讯副总裁郑志昊，联通沃商店总经理魏欣等业内著名专家、企业家作主题演讲。来自上海移动互联网产业的专家、学者、企业家800多人汇聚一堂，共议移动互联网的发展大计。

【2013上海金融信息服务业年度峰会】 2013年12月18日，协会在上海婚礼中心金色大厅成功举办“网罗天下贷动未来”2013上海金融信息服务业年度峰会暨互联网金融高峰论坛，上海现代服务业联合会会长周禹鹏、市经信委主任李耀新、市金融办公室副主任吴俊、市通管局副局长孙万毅、宝山区副区长夏雨、秦文波等领导出席。李耀新在论坛上作“让金融插上互联网翅膀”主题演讲。论坛上，启动了联盟《2013上海网络信贷服务业白皮书》编撰工作，并发布《网络借贷行业标准》。来自北京、深圳、广州等地从事金融信息服务的企业家汇聚一堂，共襄盛举。中央电视台、上海发布、第一财经、上海热线等媒体对论坛进行了报道。

2013年全年，信息服务业协会获得一个全国性荣誉，两个省市级荣誉。协会第七次被中国游戏行业年会评为“2013年度全国优秀动漫游戏协会”，被现代联合会授予“2012年度荣誉奖”，被市工经联授予“2010—2011年市先进行业协会”光荣称号。协会秘书长马海湧被评为“上海市十大社会工作突出贡献人才”、常务副秘书长江英被评为“上海市行业协会先进工作者”。同时，协会积极主动承担社会责任，雅安灾情发生后一个工作日内，协会迅速募集捐款126 800元，并向下属党支部和会员单位发出倡议，宣传引导，呼吁大家共同为救助灾区同胞奉献爱心。

此外，信息服务业协会2013年还出色完成了上海市5A级行业协会的迎评工作。协会工作被评估小组评价道：领导重视，思想统一，全员动员，以评促建，重在建设。信息服务业协会在日常工作中，遵行业规范，重行业自律；在服务政府、服务企业中，兢兢业业，扎扎实实；在制度建设中，狠抓落实，效果明显；尤其是协会党建工作有成效，充分发挥了协会各方面作用。

（秦文沁）

上海市信息家电行业协会

【为中小微企业提供多种资源服务】 2013年，上海市信息家电行业协会（以下简称“信息家电协会”）以“进一步增强服务意识，提升服务能力”为工作动力，重点放在了为中小微企业提供多种资源服务上。

一是完善上海研发平台信息家电行业协会服务站服务体系，组织企业加入上海科技研发服务“万户工程”，享受政府方面提供的科技服务；二是发挥“企业诚信建设创建活动行业协会工作站”的作用，搭建行业诚信体系建设平台，积极开展诚信企业培训、推荐、评选、考核工作；三是为中小微企业与信用保险公司、小额贷款公司牵线搭桥，为解决支付担保和小额贷款提供帮助；四是组织小微企业参展首届上海（国际）中小企业精品展，以智慧生活为主线，展示企业“专精特新”优秀产品；五是推荐上海广电光显技术有限公司参加在江苏宿迁举办的光电产业高峰论坛暨光电产业规划推荐会活动，为企业搭建合作交流平台；六是根据工信部有关资质要求，帮助上海东洲罗顿通信股份有限公司在截止期前落实微波发射设备生产许可有关申请、审核手续；七是推荐信息家电协会理事单位上海风格信息技术股份有限公司入围“2013年度上海市‘专精特新’中小企业名录”；八是推荐上海宏曲电子科技有限公司参加第二十六届上海市优秀发明选拔赛，并申报知识产权专利试点示范单位；九是为企业提供知识产权政策服务，组织会员单位参加市知识产权局“上海市企事业专利工作示范单位认定和管理办法”政策解读会，上海风格信息技术股份有限公司、上海杰华科技发展有限公司等6家企业代表出席。

【创新服务模式，提供贴心服务】 为使信息家电协会提供的服务对企业各个方面有所获益，2013年，信息家电协会在服务模式上进行了创新，通过服务方式、服务范围以及服务类别的全方位更新，使得企业感受到协会服务的贴心，并起到了实效。一是配合会长单位百视通新媒体股份有限公司，组建跨行业、跨系统的“OTT智能电视产业技术创新战略联盟”，2013年3月28日，联盟正式成立，并举行了首届一次理事会，确定了联盟的工作目标和业务分工。信息家电协会承担了联盟秘书处的日常工作。二是邀请工信部国家数字电视重大专项主任专家赵季中赴浦东张江考察晶晨半导体（上海）有限公司，向专家推荐东方有线网络有限公司等公司申报国家核高基项目，根据核高基重大专项指南，推荐两家单位申报国家核高基项目。三是组织企业申报国家工信部“2013年度电子信息产业发展基金”项目、“上海市软件和集成电路专项资金”项目等，并为企业提供相应的信息跟踪和技术完善服务。四是配合市经信委组织重点企业参加国家重大科技专项意见征询会，了解企业发展现状，听取企业建议，解读专项申报政策。五是协助会长单位百视通新媒体有限公司完成促进信息消费重大项目征集——智能电视应用商店应用消费及终端推广示范。六是组织会员单位参与“智能电视圆梦计划”：中国电信&百视通TV屏创新应用孵化活动。七是推荐企业代表参评“中国移动全球通”第十二届“上海IT青年十大新锐”评选和上海市第二届“上海十大杰出青商”评选。八是推荐申报副会长单位上海广播电视台的“G”注册商标为“上海市著名商标”。九是推荐百事通、东方有线、上海电信、上海贝尔等企业产品入选上海高新技术产业化常年展示。十是根据上海市有关政策，推荐东方有线网络有限公司、上海高清、数字电视国家工程研究中心三家单位作为人才引进重点机构，上报有关委办，为企业提供人才服务。十一是配合市互联网经济咨询中心，对申报“上海市软件和集成电路专项资金项目”中“数字家庭智能网关”课题的三家企业主动上门实地调研，指导帮助企业开展项目申报工作。十二是与其他7家电子信息系统行业协会同金山工业区签订“上海金山工业区管委会与上海市行业协会8+1战略合作框架协议”，并成立行业协会金山工业区工作站，为会员单位与金山工业区的合作提供枢纽服务。十三是向国家有关部门提交的关于部分进口配件关税税率调整的建议，被国家税务总局和上海相关部门采纳，建议的目录产品进口关税获得大幅降低，企业获得减负。十四是接受市经信委“上海市通讯设备生产管理与市场整顿”服务委托，承接关于上海市卫星广播地面接收设施定点生产经营管理工作。

【深入走访调研，了解企业诉求】 信息家电协会将了解下属会员企业的具体诉求作为协会工作的一大重点，深入走访调研。通过陪同上级领导、与专家结伴以及秘书处成员自行前往等多种形式进行走访。走访调研的内容多种多样，包括企业与政府沟通渠道搭建；智能电视产业链发展状况；企业智能电视应用方面的技术、产品及解决方案现状；智慧家庭、智慧社区、智慧城市建设；设备招标订购中的优势和具体困难；数字电视整体转换总体进度以及NGB网络覆盖情况；数字家庭应用领域的最新进展情况；近期产品研发情况，以及企业申报上海市软件和集成电路专项资金项目情况等。2013年全年走访调研的企业包括晶晨半导体（上海）有限公司、上海国茂数字技术有限公司、上海思华科技股份有限公司、百视通新媒体股份有限公司、浦东新区陆家嘴街道办事处、上海东洲通信科技有限公司、上海联彤网络通信技术有限公司、东方有线网络有限公司、上海杰华科技有限公司、上海广播信息网络有限公司、芯域微电子有限公司、飞利浦上海研究院，以及上海视畅信息科技有限公司等。

【组织行业培训开展课题研究】 信息家电协会成立来一直注重行业培训工作，2013年一如既往培育各方人才。其中，与市知识产权服务中心联合开展企业知识产权管理干部培训已达200余人次。另外，组织会员单位参加市知识产权管理局举办的“上海市企事业专利工作示范单位认定和管理办法”专项培训；组织智能电视相关单位技术人员进行“基于智能电视平台的应用商店SDK技术”培训；组织企业参加产业专利分析实务培训班；联合上海市物联网行业协会与上海大学通信学院、信息学院开展人才供需对接，为行业企业选拔优秀人才，为学校落实学生就业。

2013年，在课题研究项目上完成了《数字电视核心芯片国产化实施方案研究》《智能电视与智慧城市融合》《激光电视趋势研究与实施》《企业网络文化产业调研》《论行业协会人才建设》等课题研究；同时还撰写《依托“相约张江”系列论坛树立上海数字电视产业发展风向标》和《制定技术标准，占领产业高地》两篇总结协会工作经验和特色的协会工作案例报送张江园区管委会。

2013年，信息家电协会《信息家电》内部交流资料(电子版)试刊，以会刊形式汇集、记载行业信息，架设行业交流桥梁。

【搭建交流合作平台，开拓企业视野】 举办各类论坛、研讨会，让行业专家与企业对口人才交流，为会员企业拓展视野，了解世界最新前沿技术及相关产业发展情况创造了条件，提供了有效的平台。2013年，与张江高科技园区、OTT智能电视产业技术创新战略联盟联合主办了2013相约张江·第六届上海数字电视发展论坛——智能电视与现有视讯业务的融合发展。上海数字电视发展论坛已经连续举办六届，每年讨论一个专题，已经成为具有上海数字电视产业方向标意义的交流平台；主办了“数字家庭应用产业链专题研讨会”，邀请有关数字家庭应用企业的领导和专家共同探讨智能家庭、智慧社区有关技术应用和产业化合作前景；组织会员单位参加“全球知识产权及创新峰会”，峰会为企业带来了海外知识产权保护的实践和操作经验；组织会员单位参加上海战略性新兴产业知识产权联盟与爱登堡科技园交流对接活动。参与协办的论坛、研讨会、交流会包括第十届数字电视与无线多媒体通信国际论坛——未来媒体论坛、2013地面数字电视发展论坛、大数据背景下的新媒体发展论坛、百视通——BBC战略合作发布会、2013年春季搜赢大数据时代——百度中国行暨上海站活动、海南省政府与上海知名企业家投资合作交流会、中国智慧家居上海沙龙、中国电子视像行业协会2013上海论坛、中国电子质量协会电子产品污染防治2013英雄会、首届上海中小企业专精特新产品展示会，配合OTT联盟参与2013年亚洲移动通信博览会有关组织工作。同年，还与复旦大学智慧城市研究中心建立关于智慧社区建设方面的长期交流、合作关系。

（解　放）

上海市计算机用户协会

【2013年度上海市优秀CIO】 2013年是上海市计算机用户协会(以下简称“计算机用户协会”)承办由市经信委、市科委和市国资委联合主办的上海市优秀CIO和优秀应用成果评选十周年，十年来共评选出优秀CIO 133名，优秀应用成果62项，为推动上海市的信息化建设，建设智慧城市做出积极贡献。

2013年3月，计算机用户协会组织了十年来论文的征集工作，共征集23篇应用论文，并在《计算机工程与应用》的核心期刊上发表，同时征集了50位历年上海市优秀CIO评选的感言，抒发情感。

2013年10月，评出2013年度上海市优秀CIO十名，优秀应用成果十项。10月30日，第十届上海市优秀CIO及信息技术优秀应用成果颁奖典礼在上海贵都国际大酒店举行。中国计算机用户协会名誉理事长陈正清，副理事长、秘书长唐群，市经信委副巡视员史文军、市科委副总工程师陈东，市经信委信息中心主任朱维嘉，市科委信息中心主任董美娣，市国资委信息管理处处长李小山等出席了颁奖大会。会上，市经信委副巡视员史文军到会致辞，市科委副总工程师陈东代表三委办揭晓2013年度上海市优秀CIO、信息技术优秀应用成果名单。

2013年度评选出的十大优秀CIO有：

1. 中国石油上海石化股份有限公司信息部主任　任家华
2. 锦江之星旅馆有限公司首席信息官　周文光
3. 上海良友(集团)有限公司技术部总经理　邓文信
4. 上海临港经济发展(集团)有限公司信息中心主任　陈凯
5. 上海市环境保护局信息中心副主任　王勤
6. 上海图书馆网络中心主任　徐强
7. 上海外国语大学信息中心主任　陈华沙

8. 上海钢铁交易中心有限公司技术总监　马苏

9. 上海中医药大学附属龙华医院信息中心主任　董亮

10. 上海城投原水有限公司工业控制部门经理　张欣

2013年优秀应用成果的单位和项目有：

1. 中国商飞上海飞机设计研究院　《大型客机供应商研制符合性管理》

2. 上海船舶工艺研究所　《海洋工程装备虚拟仿真技术研究及应用》

3. 上海城投原水有限公司　《长江口水源地氯化物预警预报信息化平台》

4. 上海中心大厦建设发展有限公司　《上海中心大厦基于BIM技术的信息化应用》

5. 上海良友(集团)有限公司　《良友新港粮食港口物流信息系统》

6. 锦江之星旅馆有限公司　《连锁酒店分布式业务系统的自动更新系统》

7. 上海宝钢交易中心有限公司　《汽车钢材供需细化动态管理系统》

8. 上海图书馆上海科学技术情报研究所　《上海无障碍数字图书馆》

9. 上海东方希杰商务有限公司　《OCJ网站后台管理系统》

10. 上海中医药大学附属龙华医院　《基于3G的移动决策支持系统》

（王寿根）

上海软件行业协会

【概况】 上海市软件行业协会(以下简称"软件协会")成立于1986年6月，是国内最早成立的软件行业协会之一。软件协会是由在本市从事软件业的软件企业、软件机构及相关单位自愿组成的跨部门、跨所有制的非营利的行业性社团法人，下设软件质量管理与过程改进、软件服务、软件知识产权、嵌入式系统与软件、开源软件和教育软件6个专业委员会，会员单位超过1 200家，体现了软件协会广泛的代表性和行业的专业性。软件协会遵循"行业代表、行业服务、行业自律、行业协调"的工作宗旨，积极开展"服务企业、发展产业、规范行业"的各项活动，根据政府主管部门的授权或委托，按照公开、公平、公正的原则承担行业管理与服务职能，连续七年被中国软件行业协会评为"先进行业协会"。

【"双软"认定工作】 2013年在市经信委的领导下，软件企业认定工作高效有序开展。2013年，上海新认定软件企业创历史新高，全年共认定493家，共登记国产软件产品4 320个，较2012年增长13.1%。截至2013年年底，上海累计登记软件产品达24 943个。

【发挥政府和企业间的桥梁作用】

参与上海四号文配套软件产业政策制定工作，反映行业诉求　2013年，软件协会参与工信部新《软件企业认定管理办法》研讨，努力表达上海软件企业对相关实施细则的具体要求，并会同市经信委起草书面政策建议呈送工信部，为积极争取有利于上海软件产业发展特点的政策环境发挥了协会自身的作用。新《软件企业认定管理办法》颁布后，按工信部要求，在市经信委、发改委、财政局、商务委、税务局等主管委办局的领导下，软件协会积极参与《上海市软件企业认定办法实施细则》和《上海市规划布局内重点软件企业、集成电路设计企业认定办法实施细则》的起草。并坚决贯彻工信部各项新的要求，积极调整流程及规章，适应64号文后的"双软认定"工作新形势。

政府相关优惠政策落实工作　2013年，按《上海市规划布局内重点软件企业、重点集成电路设计企业认定管理办法(试行)》第四条的规定，软件协会积极做好2013—2014年度重点软件的申报组织支撑工作。市级重点软件企业认定是落实26号精神，推动上海软件企业做大做强的重要举措。2013年，软件协会在市发改委、市经信委、市财政局、市商务委、市税务局的领导下，完成18家2011—2012年度市级重点软件企业认定工作，并参与企业申请政策落实相关工作。2013年，相关主管部门对2012年度软件设计人员奖励工作提出了更高要求，软件协会大力改进网上申报平台，并在满足审核真实性和规范性的要求下，尽量简化申报材料，共完成网上申报预审8 000多人次，并完成书面材料审核7 000多人次。在此基础上，软件协会还开始进行软件人员薪酬水平分析。

配合做好中国软件名城现场评估工作　2013年1月下旬，软件协会协助市经信委等主管部门做好中国软件名城评估专家团的接待、陪同工作，评估工作历时四天，专家们参观了上海的部分园区和企业，对上海的软件企业发展作出了肯定。

【服务产业发展，展示上海软件风采】

组织30家软件企业机构参加在北京举办的第十七届中国国际软件博览会　上海展区全面展示了软件产业

发展的成就和上海软件企业发展的特点与实力，展现了上海软件产业与企业的良好形象。2013年5月30日下午，工信部副部长杨学山，工信部党组成员、总工程师朱宏任，软件司司长陈伟、副司长陈英，中国软件行业协会理事长赵小凡、秘书长谢渡婴和中国工程院院士倪光南等先后仔细参观了上海展区，详细听取了上海产业配套政策制定和落实情况汇报，观摩了小i机器人、宝信软件智慧开发平台、万达信息智慧城市集约服务平台的展示，并询问了临港软件园规划和建设情况。领导和专家们充分肯定了上海软件产业发展取得的成绩。

成功举办第五届软件创新论坛 11月19日下午，"2013上海软件创新论坛"在上海科学会堂国际会议厅成功举行。本届论坛的主题是"创新、服务、开放"，用开放的理念，深入贯彻十八届三中全会"全面深化改革"的重大决策，积极探索软件企业的转型发展。论坛由软件协会联合上海软件园主办，市经信委、市科委、上海现代服务业联合会共同支持。市经信委副主任邵志清、上海现代服务业联合会会长周禹鹏及市科委、市商务委和市社团局领导等出席论坛。来自全市近200多家软件企业、区县主管部门、软件园区、兄弟协会等有关代表近300人出席论坛。

启动2013年度上海明星软件企业、优秀软件产品、优秀软件企业家评选 围绕上海软件"名企、名品、名人、名园"的建设，为进一步鼓励上海软件企业在新技术、新业态、新模式、新经济方面做出贡献，软件协会于2013年8月启动协会传统精品活动——2013年度上海明星软件企业、优秀软件产品、优秀软件企业家评选。2013年的评选活动在宣传上积极采取市区联动模式，受到全市软件企业的积极响应与热烈参与，经过协会初审通过的申报企业达165家，创历年之最。经过网上初审、专家评议、网上公示等程序，最终评选出上海宝信软件股份有限公司等57家经营型明星软件企业、花旗软件技术服务(中国)优秀公司等10家出口型明星软件企业、上海华勤通讯技术有限公司等88家创新型明星软件企业、快钱支付清算信息有限公司等18家快速增长型明星软件企业、万达信息股份有限公司等16家领先型明星软件企业、网宿科技股份有限公司等21家明星软件企业。同时评选出上海宝信软件股份有限公司董事长王力等10位优秀软件企业家，安科瑞电气股份有限公司的"安科瑞ARCM200剩余电流式电气火灾探测器软件V1.0"等162款优秀软件产品。软件协会在11月举办的第五届软件创新论坛上举行了颁奖仪式，并在《文汇报》上以整版形式进行了发布与宣传。

举行第三届上海市软件行业标兵评选 软件协会积极配合上海市"中国软件名城"建设工作，着力软件产业一线"名人"评选活动，本次标兵评选活动受到上海软件企业的积极响应和广泛参与。活动评选出2012年度上海市软件行业标兵100名，涉及企业机构共计69家。软件协会凭借培训服务这一优势，专门设立了人才培训基金，从第二届开始，为每位行业标兵颁发培训券。2013年，协会又向获奖行业标兵发放了价值十万元的培训券，行业标兵可凭券参加协会组织的各类培训。

推荐软件企业申报社会荣誉 2013年2月，根据市经信委要求，组织13家企业申报上海移动互联网优秀企业、优秀项目；4月，推荐中国银联、上海华勤通讯技术有限公司、上海吉联新软件股份有限公司等企业申报浦东新区科技进步奖；6月，中国银联、上海微创软件股份有限公司、盛趣信息技术(上海)有限公司等7家企业经过软件协会推荐获得上海移动互联网优秀企业称号；8月，推荐腾讯控股有限公司、上海富友金融服务有限公司、上海骏梦网络科技有限公司、上海智臻网络科技有限公司等企业领军人才申报"第十二届上海十大IT新锐青年"评选；2013年，在帮助软件企业申报上海市著名商标、上海市首席技师等社会荣誉的工作中，撰写行业协会推荐意见，帮助企业进一步提升品牌知名度和开展人才资源建设，通过该项工作，提高了协会在企业中的凝聚力。共为26家企业完成推荐意见。

办好《软件产业与工程》 协会会刊《软件产业与工程》(双月刊)(国内统一出版物号CN31-2042/TN，国际出版物号ISSN1674-7933)2013年共出版6期，全国公开发行共25 000份，为近20家优势软件企业、培训机构刊文进行有针对性的宣传。全年共计发表各类文章119篇，其中工程论文38篇。全年发表字数共计约44万字，每期平均约7.3万字。

【关注企业需求，不断增强协会凝聚力】

推进软件行业诚信体系建设 2013年5—6月，软件协会启动了软件行业诚信体系建设平台工作，在企业诚信创建办公室的指导下，在平台搭建5大板块，并完成了7项内容(企业风采、行业动态、品牌展示、行业诚信排行榜、行业从业人员展示、行业标准及警示)的更新、完善。软件行业诚信体系建设平台(http://rjhy.hycx.org.cn)取得了较好的成绩，获得"上海市企业诚信创建"办公室评出的平台升级奖。软件协会自身的诚信建设获得了上海市民政局、社团管理局的认可，并在全市大会上进行了交流发言。

对接市科委研发公共服务平台 2013 年 5 月，完成了 2011 年承担的市科委研发平台专项“面向软件产业的中介服务能力建设”项目的验收。该项目推进了面向软件产业的中介服务体系建设，为软件产业提供了 6 种综合服务，内容包括政策咨询、人才建设、行业分析、企业融资、会务和载体服务。构建相对完整的产业链，延伸了研发平台在软件行业领域的公共服务节点，深化了研发平台的服务资源专业优势，同时提升了软件行业协会的服务效能。

软件产业链对接及优秀项目推荐 2013 年，软件协会组织举行“工业软件产品研讨暨对接交流会”，由协会执行副会长单位上海宝信软件股份有限公司（以下简称“宝信软件”）承办。通过交流，参加沙龙活动的 50 多家企业了解了宝信软件面向工业软件的智慧应用开发平台等产品的功能、性能、应用案例、成熟度，以及与国内外产品的比对情况。活动中，企业间还交流了可能的合作机会，拓展了产品推广渠道。

2013 年，软件协会受市科委委托，承担 2013 年度上海市信息技术行动计划中有关金融信息服务类项目的发掘与推荐工作，通过调研，深入发掘对上海金融中心建设具有重大支撑作用的信息化项目，共推荐申报 10 多个项目。最终，上海股权托管交易中心的“上海股权托管交易中心非上市股份有限公司股份转让交易体系”、金融期货交易所的“一线通平台及中国金融期货信息服务体系建设”和东方财富网的“金融理财产品在线销售平台”等三个项目成功中标。2013 年下半年继续接受市科委委托，承担“2014 年度上海市信息技术行动计划”中有关大数据、大型行业应用软件、互联网金融、自贸区建设方向的项目的发掘与推荐工作，通过调研项目征集，共推荐申报几十个项目。

协会培训聚焦企业需求 2013 年，软件协会组织培训活动 19 次，培训 2 000 人次，服务超过 700 家软件企业。软件协会的培训服务持续以“质量好、内容多、频度高、价位低”为特点，特别关注政策申报、软件过程、开发方法、知识产权等企业关注的热点课题，推出包括研发费用加计扣除、开发人员专项奖励、软件企业年审、敏捷开发、代码与设计重构、知识产权研讨等课程。软件协会通过培训切实为会员单位提供有力的优惠，总计为企业节省培训费用 30 万元。

金融服务取得进展 软件协会为帮助改善上海软件企业的融资环境，立足自身联系广泛、信息丰富和非盈利公益性的特点，积极与相关金融机构联络沟通，力图在破解软件企业融资难方面有所突破。2013 年，软件协会先后开展四轮“软件企业金融服务需求调查”，了解到许多软件企业对银行信贷、担保、股权融资、三板上市等金融服务有现实需求。并两次组织近 80 家软件企业举办了软件企业金融服务对接活动，取得圆满成功，帮助企业落实了授信额度。

2012 年年底，国家发布了积极引导中小企业在场外交易市场直接融资的政策导向。软件协会准确把握产业发展趋势和产业导向，积极与上海股权托管交易中心接洽，并于 2013 年 4 月达成战略合作协议，共同推进上海软件企业赴 OTC 挂牌工作。目前，软件协会正在推动多家有需求的企业开展相关的前期评估工作。

为政府、司法部门提供专业支持 为倡导行业自律，软件协会受闸北区工商局、黄浦区法院的委托，针对软件行业中的不正当竞争案例、知识产权侵权案例组织业内有关专家就技术层面进行评议，提出可供参考的行业协会意见，为相关案件的裁决提供了专业支持。软件协会还配合徐汇区法院在对软件盗版案例方面完成取证工作。

出版《软件企业研发费用加计扣除操作指引》 在市经信委软件和信息服务业处和市税务局的领导下，2013 年，软件协会积极组织市区两级税务部门和部分软件企业，深入研究国家和上海有关加计扣除的政策法规及软件企业实际操作规程，完成了《软件企业研发费用加计扣除操作指引》的初稿。该书的出版将为全国软件企业利用研发费加计扣除政策，进一步加大研发投入，推动软件产业层级提升，提供一定的借鉴指导意义。

成功举行软件创新论坛 2013 年 11 月 19 日，2013 上海软件创新论坛（第五届）成功举行。本届论坛的主题是“创新、服务、开放”，要用开放的理念，深入贯彻十八届三中全会“全面深化改革”的重大决策，积极探索软件企业的转型发展。本届创新论坛由上海市软件行业协会、上海软件园主办，市经信委、市科委、上海现代服务业联合会共同支持。市经信委副主任邵志清、上海现代服务业联合会会长周禹鹏及市科委、市商务委和市社团局等领导出席论坛。论坛上还举行了 2013 年度上海市明星软件企业，优秀软件企业家和优秀软件产品颁奖仪式，首次由上海市软件行业协会出资将获奖名单公布在 11 月 18 日刊发的《文汇报》上，通过协会的服务创新，鼓励获奖企业加快转型升级。论坛邀请上海市政府发展研究中心专家到会，与软件企业探讨自贸区的建设给软件产业发展带来的机遇与挑战。

【扩大对外交流】

组团参加日本近畿信息系统产业协会年会 2013年6月，软件协会组织软件企业参加日本大阪近畿信息产业协议会(KISA)的年会，组织双方企业对口洽谈，共洽谈16场。上海银联电子支付公司与KISA达成了在银联B2C电子商务网站上的日本馆中设立KISA企业产品上线的合作意向，提出了多项合作内容。此外，软件协会还成功邀请KISA组织企业参加2013年10月在上海举办的软件贸易发展论坛。

组织上海软件企业参加以色列外贸专场交流会 为以色列外贸部门组织的14家软件企业来上海举行专场交流。联系落实了16家业务对口的软件企业共计27人参加交流会，交流会成功举行，举办单位以色列驻上海领事馆对软件协会的组织工作给予了肯定。

进一步帮助企业拓宽市场渠道 2013年，软件协会把“上海—新加坡ICT产业合作交流中心”活动进一步引入到“上海软件贸易发展论坛”中，搭建了中外软件企业合作交流平台，为更多的软件企业拓展市场渠道提供新机遇。

(姚宝敬)

上海市电子商务行业协会

【概况】 上海市电子商务行业协会(以下简称“电子商务协会”)成立于2002年4月13日，是由从事电子商务的企事业单位按照自愿平等原则组成的，经上海市社团管理局注册登记、并具有独立法人资格的非营利性行业组织。英文全称Shanghai Electronic Commerce Association，缩写为SECA。电子商务协会的业务主管部门为市经信委，同时接受市社团管理局的指导和监督。

2013年，电子商务协会注册会员188家，会长单位是中国电信号百信息服务有限公司。会员单位涉及与电子商务相关的细分行业达20多个，如：消费品网购、金融保险、电子支付、商贸流通、物流配送、交易服务、安全认证、消费资讯、教育培训、技术支持等多个领域。

2013年，电子商务协会围绕“创新驱动，转型发展”的发展战略，贯彻落实国家和上海市政府有关电子商务的方针政策，坚持“服务企业、规范行业、发展产业”的宗旨，在加快产业发展、提升会员服务、深化产业研究等方面发挥了积极作用。

【协会会员队伍持续发展壮大】 电子商务协会将发展会员特别是发展在电商行业中具有代表性的企业入会作为一项重要的工作。经过持续努力，2013年，新加入上海著名的电商企业(包括上海分部)和研究机构有上海易贸投资集团有限公司、顺丰速运有限公司、百度在线网络技术有限公司、中国建设银行、中信银行等。电子商务行业协会已将上海著名的电商企业大都吸收入会，包括上海本地企业如易迅电子商务有限公司等，也包括了著名电商企业上海分部，如苏宁云商集团股份有限公司、阿里巴巴网络有限公司、中国电信上海电信研究院等。从目前会员企业分布的广泛性来看，协会会员所在行业分布广泛，零售网商、金融和互联网金融、都市产业(旅游家装生活服务)、供应链快递、贸易、咨询、高校和研究机构都有，这种趋势反映了电子商务作为一种新型业态正在成为各界广泛认同的发展模式，对推动经济发展将发挥越来越大的作用。

为促进行业协会与会员企业的共同发展，2013年新一届协会秘书处成立后，为广泛征求会员单位的建议与意见，相继走访了易讯、春秋航空等会员和准会员单位，听取他们对电子商务协会工作的建议与意见，为2014年改进协会工作提供思路。此外，新一届秘书处积极支持会员单位的各项活动，凡是由会员单位承办并要求协会支持的活动，电子商务协会都会积极支持，并及时发布信息，邀请其他会员单位参加，电子商务协会领导或秘书处工作人员也会主动参与。2013年，秘书处邀请会员单位共同参加或自身派代表参加了“苏宁云商云平台成立及招商大会”“中国电信号百集团与上海老字号企业深化合作交流会及签约仪式”“车易安汽车后市场网商大会”“亨谦电商服装供应链淘工厂发布会”等会员企业的活动。

【加强专委会建设】 2013年，电子商务协会进一步加强专委会建设，充分依靠专委会在电商行业各专业的引领作用，开展各项活动，带动和促进电商相关专业的发展。根据经济转型发展和电子商务平台与技术发展趋势，电子商务协会成立新专业委员会，引领电子商务细分行业的发展。

成立移动电子商务专业委员会 随着移动互联网及3G、4G通信技术的快速发展，各种智能移动终端已经被电子商务应用平台广泛采用，电子商务下一个发展趋势必然是移动电商平台和终端的大普及。根据这一趋势，2013年年初，电子商务协会新成立了移动电子商务专业委员会，主任单位由上海联通担任，副主任单位由上海移动、号百信息服务有限公司、中国银行上海分行、东方CJ、中信软件有限公司、杉德电子商务服务有限公司6家企业单位担任，另有10家会员单位。

成立贸易专业委员会 根据自贸区设立后上海将加快贸易便利化、全球化的推进，贸易类跨境电子商务必将获得极大发展的情况，电子商务协会拟成立贸易电子商务专业委员会，旨在吸收一批从事内外贸贸易并期望以应用电子商务方式拓展业务加快发展的企业，贸易专业委员会业经酝酿成立并通过 12 月 27 日协会理事会批准，首批有 15 家会员企业。

发挥原有专委会作用，引领电子商务细分行业发展 2013 年，电子商务协会下属的支付专委会和制造业专委会较好地发挥了专业引领作用，通过论坛、研讨会、沙龙等多种形式的活动，在电子商务各自细分领域为促进交流和沟通、引领电商发展做出了各自的贡献。

支付专委会举办了 2013 互联网金融论坛，定期出版资讯，并组织会员单位去韩日考察电子支付发展趋势。为配合市经信委统计工作，电子支付专委会主任单位协调各委员单位，开展了电子支付行业数据统计工作，为电子支付专业委员会完善相关制度安排，加强对上海电子支付行业指导和管理，提供了数据支撑。

2013 年，制造业专委会工作主题是“关注小微企业、发展专精特新”。通过组织企业家、专家专题论坛会、组织培训、交流、考察活动来推动和帮助中小企业转型，主任单位上海爱姆意机电设备连锁有限公司成功组织了“走向交易，走向服务——制造业电子商务的未来”高峰论坛，还向部分中小制造业电商企业开放了旗下 365me 机电供应链平台，为带动中小制造业转型发展提供帮助。

调整充实原有专委会 为顺应电商发展趋势，电子商务协会秘书处建议将原物流信息应用技术专业委员会更名为物流与信息技术专业委员会，以适应物流与物联网、大数据等信息技术的发展趋势，带动并促进电商行业的整体发展。此建议经 2013 年 12 月 27 日理事会表决同意，并由顺丰速运上海公司担任该专委会主任单位，上海交通大学中美物流研究院担任该专委会副主任单位。

【注重消费者权益保护】 2013 年 3 月 14 日，电子商务协会与虹口区消保委合作举办“3·15”消费者权益日主题活动——网络购物消费者维权座谈会。政府部门和电子商务协会以及消费者共同讨论消费者维权问题，虹口区副区长、区消保委主任张锡平，虹口区质监局副局长金良军、虹口区工商分局副局长沈敬威、食品药品监督管理局虹口分局副局长童铭武、电子商务协会秘书长张承鹤等领导莅临。同时，区物价局、区法院、区旅游委、区商务委等职能部门负责人、消费者代表及 25 家企业单位代表出席。3 月 15 日，电子商务协会又组织了 3 家电商企业易果网、车易安养车网、奢拍网参加消保委在虹口区鲁迅公园举办的消费者维权日咨询宣传活动，3 家企业专门设摊位解答相关消费者提出的一系列问题。此次活动有效拉近了电商企业与消费者的距离，尤其是打消了中老年消费者网购的顾虑，对增强消费者在网络购物活动中的信心和提高消费者维权意识有着极大的促进作用。2013 年 9 月，电子商务协会秘书长代表协会参加了上海市消保委电子商务专业办公室的成立大会并担任市消保委电子商务办公室专业顾问。同年 11 月，电子商务协会秘书处应国务院法制办要求，对《食品安全法（修订草案送审稿）》提出了修改建议并由中国电子商务协会转呈国务院法制办。电子商务协会还积极协调企业与消费者之间的一些纠纷，成功化解了消费者与电商企业的矛盾。

【推进诚信体系建设】 2013 年，电子商务协会继续积极推进诚信体系建设，其中贯穿全年的工作是推进市经信委下达的科研项目——第三方信用服务示范平台，项目由会长单位中国电信号码百事通集团公司承担，得到了电子商务协会会员单位东方钢铁电子商务有限公司、快钱支付清算信息有限公司、市民信箱的大力协助。此外，电子商务协会还派员参加了市社团管理局组织的行业协会诚信体系建设推进交流会并参加了诚信培训，制定了诚信公约。

【参与市智慧城市建设各项工作】 2013 年 9 月，市经信委启动 2013 年智慧城市宣传周活动，将 10 月 27 日定为“信息消费日”，开展信息消费日主题活动。电子商务协会积极响应经信委号召，召集会员单位积极参与此项活动。上海市新一轮智慧城市建设行动计划于 2013 年年底启动部署，电子商务协会秘书处按照市经信委有关通知要求，号召相关会员单位积极参与上海新一轮智慧城市建设，根据今后三年上海智慧城市建设的内容，充分发挥企业各自优势，结合上海智慧城市建设的重点任务梳理申报重点项目，此项工作得到了相关会员企业的积极响应，上海百联（集团）有限公司、上海钢之家信息科技有限公司、上海瀚银信息技术有限公司等 6 家企业上报了与智慧城市建设相关的 15 个项目。

【向政府相关部门提供电商发展状况】 2013 年，电子商务协会陆续向市经信委、市发改委、市委办公厅、市社会工作党委等政府部门提供并反映了上海电子商务发展情况报告，此外就电商诚信问题向经信委信用管理处提供了专题报告，这些报告不仅提供了上海电子商务发展的总体情况和发展数据,而且就存在的问题向政府主管部门提出了中肯的建议,有助政府掌握和了解电商发展的具体情况和电商企业面临的困扰,促进电商行业的规范有序发展。

【行业论坛和研讨会】 2013年,电子商务协会针对电商行业不同群体和不同业态,组织或参与组织了多次论坛和研讨会,通过搭建对话平台,集聚各方新思路、新举措,共同探讨电子商务发展战略,寻求合作机遇。这些论坛和研讨会的成功举办,有利于促进上海电子商务创新发展,扩大了协会和相关会员企业知名度,为打造行业品牌,增加行业话语权提供了重要途径。

电商模式研讨会 2013年1月10日,电子商务协会召开针对"双十一、双十二"网购已经逐步演变成全民狂欢购物节这一现象,举办电商模式专题研讨会,邀请齐家网、1号店、东方CJ等企业家代表和业内专家共同参与讨论研究。

电子商务高峰论坛 2013年5月18日,电子商务协会召开专场电子商务高峰论坛。此次论坛主要由制造业、电子支付、呼叫中心三个分论坛组成,共有近百家企业参加了论坛活动。论坛上,电子商务协会对获得上海市优秀制造业电子商务企业的8家会员单位进行了颁奖。

互联网与电子商务共同发展商务研讨会 2013年7月12日,电子商务协会协助了会员单位上海有孚计算机网络有限公司承办了2013互联网与电子商务共同发展商务研讨会,围绕"电子商务与IDC(互联网数据中心)行业相互促进、共同携手加速行业发展"主题,研讨会对电子商务行业的现状和今后的发展;IDC行业如何提供更好的增值服务,助力电商企业发展,实现自身价值;对电商企业,如何通过IDC行业强劲的技术支持和保障,使其电商基础平台稳定可靠运行,提升品牌价值等展开了讨论。

互联网金融发展与人才培养专题研讨沙龙 2013年11月14日,由电子商务协会支付专委会主办、金融学院信息管理学院承办的以"互联网金融发展与人才培养"为主题的支付专委会专题沙龙在上海市金融学院举行。会议就互联网金融和金融互联网的联系与区别、如何推进互联网金融的发展、如何推进电商、特别是互联网金融电商的人才培养进行了交流与探讨,通过沙龙活动参与各方观点的交流与碰撞,增强了共识与相互理解。

互联网金融论坛 由电子商务协会电子支付专业委员会主办的"2013上海互联网金融创新论坛"于2013年11月22日召开。论坛围绕互联网金融兴起带来的机遇与挑战、P2P网络借贷、电子商务与金融服务创新、银行与互联网融合、跨境支付的新机遇与新挑战、自贸区的建立所带来的机遇与挑战等议题进行讨论,400余位来自政府监管部门、行业协会、商业银行、卡组织、网商、电子商务公司、电信运营商、第三方支付服务商、系统集成商、设备供应商、综合方案解决商等机构和企业的高级管理人员和企业家莅临本次论坛。

移动电子商务跨域发展研讨会 2013年12月19日,电子商务协会移动电子商务专业委员会举办了移动电子商务跨域发展研讨会,本次会议围绕着移动电子商务便捷交易、安全支付等议题,由七位嘉宾发表了主旨演讲。会议就移动电子商务发展趋势及前景、移动电子商务发展的各种支付手段工具以及移动电子商务发展的安全问题展开讨论。

电商物流与供应链论坛 2013年12月26日,电子商务协会物流与信息专业委员会举办了"电商与快递供应链发展论坛",物流与信息技术专委会主任单位顺丰速运有限公司承办此次论坛。论坛聚焦当前快递配送制约电子商务发展的瓶颈问题;快递配送体系相对滞后于电子商务的发展速度、快递服务质量问题;仓储、运输、配送、支付、金融衍生服务等整个快递物流供应链的健全与否、快递产业如何升级等热点展开。论坛吸引了电商行业近200名业界代表参会。

【促进中小微企业转型发展】 2013年,电子商务协会通过组织多种形式的活动,促进中小微企业加快发展、转型发展。

2013年4月,制造业专委会围绕"科技创新促转型"主题,举办制造业中小企业转型研讨会,与行业内企业共同探讨中小企业发展电子商务的机遇及挑战,专委会主任单位爱姆意机电设备有限公司从322家中小企业中筛选了93家符合电商平台发展的供应商,把中小企业供应商发展成为其平台的注册供应商,带动了中小企业共同转型发展。

2013年4月11日,由银联商务主办的创新支付方案推介会召开。针对此次服务活动,电子商务协会支付专委会主任单位银联商务有限公司邀请了新蛋贸易(中国)有限公司、携成旅行网等多家代表参加,针对电子支付新的发展方向、最新技术及产品作了介绍。

2013年4月25日,电子商务协会召开了O2O电商模式讨论会,邀请到三十多家企业参与,其中中小企业、园区企业超过5成。齐家网副总裁郑文军介绍了齐家网从2005年创建以来的发展历程，分享了齐家网在家居建材领域中应用O2O发展模式的经验。会上，电子商务协会副秘书长还为入选园区“优秀电子商务创业企业”三家单位进行了颁奖，分别是：上海摩道网络科技有限公司、上海海嘉睿博电气设备有限公司、上海韵赟电子商务有限公司。

为积极响应本市中小企业办关于进一步促进中小企业发展的重要指示，实际解决中小企业投融资难题，促进电商企业与金融机构间的有效对接，拓宽创新型、成长型电子商务企业的融资渠道。电子商务行业协会副会长单位暨支付专委会副主任单位中国银行上海市分行于6月25日在中银大厦举办电商中小企业融资推介会，多家电商企业参与交流活动。上海市分行还邀请部分管辖支行综合客户经理与电商企业一对一地交流沟通，了解电商企业的实际融资需求，商谈授信服务方案，研究制定中小企业特色新产品，并表示非常愿意与电商企业共享业内资源，开展更多的业务推广合作，从而帮助电商中小企业发展成长。

2013年11月15日，为推动小微电商创业企业应用新技术创新运行模式，提高成长速度与创业成功率，电子商务协会邀请宝山智力园区和市北高新园区相关企业举行小微电商企业创业模式研讨会，探讨交流小微企业电商创业发展心得。参加活动的企业有入驻北外滩开业园区企业和入驻市北高新园区企业以及上海电子商务职业培训中心等。

【多层次多方位的合作交流活动】 2013年，电子商务协会开展和参与了多层次多方位的合作交流活动，促使上海电子商务企业“走出去，引进来”，提高了上海电子商务行业的影响力和示范带头作用，为寻求广泛的合作机遇，促进会员企业把握发展机遇起到了积极的推动作用。

2013年4月，俄罗斯“商界”企业公司与上海地区电子商务B2B企业进行面对面的交流洽谈，电子商务协会组织了包括东方钢铁、第一钢市、环讯支付、特易等16家电子商务企业参与会晤。

2013年7月13日，由以色列出口与国际合作协会、以色列驻华大使馆商务处主办的主题为“网络和移动支付及网络安全”中以企业商务研讨及对接会召开。电子商务协会组织电商企业参加。此次对接会吸引了超过40家中方公司代表参加，涉及银行、保险公司、第三方支付公司、电子商务公司、软件等行业。

助力E店宝在沪举办电商高峰论坛。2013年6月，北京圣特尔科技发展有限公司（E店宝）与电子商务协会联合主办了“鉴机识变顶级电商高峰论坛”。电商如何应对新变化以及社会化营销成为本届论坛的两个主要议题。除主论坛“鉴机识变”外，还另设了三个专场：供应链、品牌营销、运营&管理。

接待外省市政府、企业，寻找合作商机。新一届秘书处成立以来，沈阳、大连、浙江、江苏、山东、天津等地的相关政府部门、企业和园区来电子商务协会秘书处交流，主要集中于招商引资、电子商务协会的组织作用、电子商务的发展趋势、合作举办展会、电商人才培训等，电子商务协会分门别类地对这些信息与合作意向进行梳理后与会员单位分享，从中发现和寻找电商会员企业发展的商机，同时也向来访部门介绍了上海电商行业和协会的发展情况。

【组织和协助开展评优及项目申报】 2013年，电子商务协会继续组织、协助配合政府和相关社团组织开展各类申报评优活动和项目申报工作，号召会员单位积极参加。

优秀制造业电子商务企业评选。为表彰在转型发展过程中取得突出成绩、为上海电子商务发展做出贡献的一批制造业电子商务企业，2013年3月启动了电子商务协会最具影响力、最具创新、最佳服务三类优秀制造业电子商务企业的评选活动。参与这次评选申报的企业共14家，通过历时两个月评估筛选，最终评选出荣获“最具影响力电子商务企业”称号的会员企业三家（东方钢铁、上海钢联、齐家网）；荣获“最具创新性电子商务企业”称号的会员企业三家（爱姆意、付费通、明凯照明）；荣获“最佳服务电子商务企业”的会员企业两家（商派、火速网络）。

上海IT青年十大新锐评选。电子商务协会配合团市委、市经信工作党委、市经信委、市青联会、市信息化青年人才协会，组织参与了第十二届“上海IT青年十大新锐”评选活动的申报工作。

上海市著名商标评选。电子商务协会配合上海市工商行政管理局和上海市著名商标评审委员会开展2010—2013年上海市著名商标评选活动，推荐东方钢铁BSTEEL和正广和96858为上海市著名商标。

上海市创新型新兴服务业示范企业评选。配合上海市现代服务业联合会开展“上海市创新型新兴服务业示范企业”评选，当选企业将获得连续三年每年100万元的政府资金支持，此项活动从2013年年底开始进行。

提供项目申报信息和开展推荐咨询服务。组织会员单位参加政府专项项目申报，帮助会员单位获得政府政策扶持和资金资助。电子商务协会通过跟踪政府部门相关网站和资讯，及时掌握项目信息，并利用协会网站发布或通过电子邮件、传真、电话等手段，告知相关会员单位。2013年内发送申报信息百余次，并通过安排专人一对一开展咨询或组织专题解读等形式，为企业解答项目申报相关要求和注意事项，对具备条件和有申报意愿的会员单位给予申报推荐或申报辅导支持。

【组织编撰2012—2013上海市电子商务发展报告】 由电子商务协会组织编写的电子商务报告是研究分析上海电子商务行业的主要参考资料，主要服务于电子商务行业的管理部门、企事业单位、院校和研究机构，以及社会层面的电子商务使用者。在出版发行《2011年上海市电子商务报告》基础上，电子商务协会组织开展编撰《2012—2013上海市电子商务发展报告》工作，组织包括资深电子商务专家、企业家、学者参与的研究团队编写。

【组织实施电子商务行业情况宣传】 做好协会网站和宣传刊物。电子商务协会通过专有网站的“公共栏”“重要信息”“行业动态”“政策指南”“企业文化交流”等栏目，为会员单位提供政策信息、行业动态、项目申报服务信息和企业交流平台。会员单位可免费使用电子商务协会网站发布消息和获取各种资讯。定期汇编《电子商务资讯》月刊，期刊除及时采集各类政府、电商行业资讯外，还发表对会员企业的宣传报道和专题采访近60篇。期刊寄送范围覆盖全部会员单位、工业园区和政府相关部门，并作为交流材料寄送长三角地区电子商务协会。在政府相关部门内刊上作宣传。电子商务协会秘书处设置了信息联络员，定期组织宣传稿件。通过《行业协会动态》专刊反映上海电子商务行业发展和协会工作开展的有关情况。每年还定期向市发改委、市经信委、市社团局、市工业经济联合会等管理机构发送年度电子商务行业发展状况总结材料，在相关年鉴发布。

（黄小平）

上海市信息化培训协会

【概况】 上海市信息化培训协会（以下简称“培训协会”）成立于2003年2月。成立以来，在开展基础调研、承接课题、编制岗位目录等基础工作的同时，还先后承担了政府委托的多个大型培训项目。从2003—2005年的市府实事项目“百万家庭网上行”、市委组织部、市人事局和市信息委开展的本市干部电子政务培训考核以及上海市信息技术管理职业资格认证，到2008—2010年的市府实事项目“千村万户”农村信息化培训普及工程、上海干部在线学习城课程开发和审核等。除了开发培训课程，设计培训运作模式以外，协会还为项目提供具体的服务，负责培训教材的开发编写、培训实施的指导以及培训质量的监督管理等，取得了良好的效益。此外，培训协会还作为上海市职业能力考试院信息人才认证中心，承担了全国计算机技术与软件专业技术资格（水平）考试报名辅导和上海市信息技术管理人员职业资格认证的开发工作。

【移动互联网应用培训】 为增强市民对智慧城市的体验，进一步缩小中老年人群与青年人群之间的“数字差距”，提高中老年人群的生活质量，培训协会根据市经信委的工作部署，在本市开展实施了2013年移动互联网应用培训普及工程，计划培训2万人，宣传15万人，对象主要为中老年人。通过培训，帮助学员掌握“五个会”（会联网、会搜索、会下载、会安装、会使用）的基本技能，达到普及无线上网知识及移动终端操作技能的目的。培训和宣传分别委托东方社区信息苑和上海电信承担。协会负责项目的具体指导和实施。为此，协会编写了《移动终端应用》专用教材和《无线网络和移动终端》普及读本，拍摄制作了6集（真人）教学视频《老年人学用PAD》和4集《智慧城市》动画教学片放，委托开发了注册签到和数据管理的培训管理软件，为培训点建立“移动互联网体验活动中心”制定了建设规范，明确了标准要求，为东方信息苑进行了教师培训，并委派专家多次到培训点检查指导。项目推出后，受到了社区中老年市民的热烈欢迎。截至2013年年底，培训和宣传任务全部顺利完成。

【上海老年大学教材研发】 目前，上海已进入老龄化城市。许多老年人纷纷进入老年大学学习深造。市教委对此非常重视，希望更新一批老年大学的课程和教材。协会由此承担了“上海老年大学教材研发中心”相关职责，于2013年年底前对新教材进行了一系列的重新设计，制定教材的新样式，确定教材的内容框架，联系教材的编著人员，落实教材的出版机构，最终根据市教委的要求，完成了58册老年大学新教材的所有组织策划工作。教材的质量、形式（尤其是在移动终端上学习的电子书和移动学习课件）获得了市教委领导的高度肯定。

【智慧城市大培训】 为了让更多市民了解无线网络、移动学习等新一代信息技术，体验智慧城市的发展成果，提升市民的数字化学习和智慧生活技能，上海市学习型社会建设服务指导中心于2013年开启了“建智慧城市，做智慧市民”大培训活动。培训协会与指导中心下属的办公室联合组成了活动指导委员会办公室，负责活动的具体实施。培训协会编写了《智慧城市，让生活更美好》的专用教材，并承担了全市所有区县和街道乡镇社区学校的教师培训工作。

【西部人才培训】 根据中央人才工作协调小组关于东部地区支持西部地区信息化与信息产业人才开展培训工作的指示精神，由市对外合作交流、市经信委和市对口援疆前方指挥部主办、市信息化培训协会承办的2013新疆喀什地区信息化管理人员培训班分别于2013年4月和9月在上海和新疆喀什举行。

上海培训班共有50名学员。培训班安排了一系列的信息化主题培训和参观，帮助他们了解上海信息化发展建设的同时，打开思路，拓宽视野，提高认识。培训班获得了学员的一致好评。本次培训恰逢上海发生禽流感期间。在主办部门的指导下，培训协会事先制定了“禽流感预防处置应急预案”，在学员到达后立即告知了学员预防应急措施。培训的第二周又发生了新疆“423”暴力恐怖事件，事发地就在喀什，与许多学员关系密切。培训协会当即与学员沟通，安抚情绪，了解学员的培训计划是否有改变，尽可能帮助学员解决困难，确保了培训工作的顺利完成。

为扩大培训受益面，根据市合作交流办和市经信委的要求，培训协会于2013年9月9—15日，组织了一批信息化专家赴新疆喀什开展培训和专题讨论。培训通过网络向喀什地区下属的所有市、县直播，听讲的人数达到上千人。之后，专家团成员又走访了喀什地区下属的部分县，与当地的干部就信息化应用推进等内容进行了深入的探讨。

（童陵枫）

上海市信息安全行业协会

【概况】 上海市信息安全行业协会(以下简称“信息安全协会”)成立于2003年3月，是由上海地区从事信息安全产品开发、制造、经营和服务的企业和其他相关企事业单位按自愿、平等原则组成的非营利性、行业性社会团体法人，下设商用密码专业委员会。

信息安全协会宗旨：贯彻执行国家和上海市关于信息安全产业发展的方针、政策，维护会员的合法权益，提高会员技术业务和经营管理水平，增强行业的整体素质，推进上海信息安全产业的快速健康发展。业务范围：咨询和中介服务，组织调研、交流、合作、培训，举办会展、论坛和编辑出版等，以及承担政府委托的事项。信息安全协会拥有内部期刊《行业动态选编》。

【大力开展信息安全宣传工作】 学习贯彻全国人大通过的《关于加强网络信息安全保护的决定》。积极组织会员单位参加上海市信息安全周活动。2013年6月，举办《信息安全技术公共及商用信息系统个人信息保护指南》标准宣贯培训会；搭建“E365”网上资讯平台，集上海市信息安全活动周、业界活动、安全预警、产业观察、每周信息安全要闻等内容为一体，满足信息安全决策者、从业者、关注者以及公众对信息安全知识的需求；推出信息安全领域垂直门户聚合平台——手机App“享安全”，为移动终端用户提供信息安全新闻资讯、宣传资料、行业动态、专家观点等内容，致力于构建信息安全决策者、从业者、关注者以及普通公众的交流社区。

【服务会员单位，做好相关企业推荐工作】 2013年3月，推荐6家会员单位进入张江园区质量培育库；2013年6月，推荐27家会员单位参加由上海市网络与信息安全协调小组办公室组织开展的信息安全服务机构能力评估及信息安全服务机构申报工作；2013年9月，为会员单位上海市数字证书认证中心有限公司、上海格尔软件股份有限公司出具相关领域服务与产品市场占有率说明，帮助企业申请“上海名牌”；2013年10月，推荐会员单位上海颐东网络信息有限公司张伟平总经理为青浦区专业技术拔尖人才。

【推进上海信息安全综合服务平台的建设及培训】 在上海市网络与信息安全协调小组办公室指导下，和上海863信息安全产业基地有限公司共同承建“上海信息安全综合服务平台”，网站网址为：www.jingjie365.org。

2013年，完成了平台一期项目验收和正式上线，作为会员单位信息的发布窗口和联系渠道。在建立长效运行机制的基础上，扩展服务功能，从咨询查证服务，到联系对接服务，再聚焦网上在线的监测、认证、应急、培训等服务，形成了特色服务产品和品牌。

为使会员单位熟悉分类方法，并能够按照标准进行信息上传，举办了《信息安全技术信息安全产品类别与代码GBT25066—2010》和《信息安全服务定义与分类》专题培训会。

【完成相关研究报告和调研】 2013年1月，承担了《信息安全产品和价格调研分析》课题。在对本市电子政务领域主要信息安全产品应用情况开展集中调研的基础上，编写《上海市电子政务领域主要信息安全产品应用情况报告(2013年度)》，由上海市网络与信息安全协调小组办公室采纳并形成"沪网安办〔2013〕6号"文进行下发；承担课题《2013年上海市信息安全产业发展报告》；定期采集信息安全企业新闻、产品、荣誉等信息，每月编制《行业动态选编》，推送给各会员单位、主管部门及用户单位；开展信息安全专业人才调研，编制《中国信息安全专业人才调研报告》。

【多种形式促进企业与用户单位的互动交流】 对上海市重要信息系统单位按照金融、运营商、公共服务、先进制造和航运、电子政务等进行分类梳理。以不同领域用户专业组的形式，加强用户与用户之间、用户与企业之间的沟通。

开展"ISA shanghai信息安全保障智慧城市"系列活动 活动内容包括：2013年6月，举办2013上海市应急与业务连续性管理高峰研讨会；2013年7月，举办OWASP中国区应用安全沙龙；2013年7月，举办上海地区信息安全厂商交流会议；2013年8月，携手嘉定区科委，举办"上海嘉定科技博览会智慧城市论坛暨电子商务与支付行业信息安全高峰论坛"；2013年10月，举办"2013工控安全与测试自动化服务高峰论坛"。

承办2013信息安全活动周信息安全大讲堂系列活动 2013年11月1日，举办银行业信息安全大讲堂，参会人员有各大国有总行及数据中心、各级分行、股份制商业银行、外资银行、第三方支付公司、银联、外汇交易中心等人行直属单位代表；2013年11月5日，举办医疗卫生行业信息安全大讲堂，参会人员有市卫生局、卫生信息中心、直属医疗机构信息部门负责人、区县负责人、三甲医院信息部门负责人等；2013年11月5日，举办教育行业信息安全大讲堂，参会人员有各大高校、区县教育局相关人员；2013年11月5日，举办水务系统信息安全大讲堂，参会人员有水务系统信息科技部门、IT岗位及党委相关人员；2013年11月6日，举办国资企业信息安全大讲堂，参会人员有市国资委系统二级以上企业、区县国资委及区县属企业代表；2013年11月6日，举办司法系统信息安全大讲堂，参会人员有司法系统负责信息安全的领导、专职人员、局机关和直属单位内勤等；2013年11月6日，举办税务系统信息安全大讲堂，参会人员有税收业务人员、税务技术人员、纳税人等；2013年11月7日，举办重点网站信息安全大讲堂，参会人员为上海市重要网站代表；2013年11月7日，举办工商系统信息安全大讲堂，参会人员有市局领导、信息化小组成员、分局领导与负责人、全体信息系统管理员与信息安全员、分局科室、工商所、检查支队信息化管理员等。

（朱方园）

上海市无线电协会

【无线电培训】 为提高无线电管理专管员的业务技术，规范办事能力，上海市无线电协会(以下简称"无线电协会")共组织开展了6期无线电管理专题培训。培训内容主要有：无线电台站管理政策、无线电频率管理政策、无线电设备检测要求。培训计划按时完成，累计培训人数1 500余人次。

【诚信体系建设】 诚信体系建设是无线电协会研究室的重点项目。2013年，研究室将工作重点放在继续增加对无线电销售设备市场规范化的管理力度，促进依法销售、合法使用；营造公平、公正、有序的市场竞争环境和行业诚信的和谐社会氛围。在资质管理方面，重点加强对固定台设计、集成运营企业这两个资质的管理力度，对发证的企业按时年检，严格把关。

2013年度共开展了5个诚信体系建设项目，截至2013年年底已完成了新申请单位的评审和其他单位的年度审证工作。

加强无线电通信网络设计资质管理 为规范上海市无线电和通信网络建设市场，加强对无线电通信网络技术设计的资质管理，促进无线电通信网络建设技术工作的健康发展，结合无线通信行业的实际情况，凡从事无线电通信网络技术设计的企业均需取得"无线电通信网络技术设计资质"后，方可从事无线电通信网络技术设计工作。无线电协会负责组织上海市内无线电通信网络技术设计资质的审证工作。2013年共有43家单位获得该资质。

规范销售无线电发射产品企业 以市政府进一步规范市场，加快社会诚信体系建设为指导，推出"销售无线电发射产品规范企业"活动。参加单位自愿申请，经过检查、审核，符合条件的，可挂牌经营。同时，通过网站、报刊等多种形式对社会公开，并且对这些单位建立诚信档案，纳入"全市企业联合征信系统"。对违反承诺的行为也要记录在案，并根据失信程度给以不同惩戒。2013年获得规范企业证书的单位有34家。通过现场办证活动，共收到频率占用费15.56万，全部交入国库。

规范无线电频率使用企业 "无线电频率使用规范单位"活动是在积极提倡运用高科技通讯技术同时，充分认识无线电发射设备是一种特殊产品。必须合法使用国家频率资源，共同维护空中电波秩序正常，才能保证通讯信息正常、有序的传播。对于行业内诚信度较高，频率使用较为规范的企业，颁发该资质。2013 年，通过审证获得规范企业证书的单位有 4 家。

“公用移动通信室内信号覆盖分布系统集成企业”和“移动通信室内信号覆盖分布系统代维企业”评选 为更好地推进本市公用移动通信室内信号覆盖分布系统的集约化建设，打破行业垄断，优化资源环境；完善管理体系，保证工程质量；倡导行业自律，实现多方共赢，无线电协会开展上海市行政区域内的移动通信室内信号覆盖分布系统集成商的入围评比及管理暂行办法。入围企业将列入《移动通信室内信号覆盖分布系统集成商入围名册》。2013 年，获得证书的单位有 3 家。

WLAN 无线电产品生产销售规范企业 由于“物联网”中无线电产品的使用频段是对外开放的，在新技术新产品不断涌现的同时，也给保护该频段的电磁环境提出了很高的要求。为了维护无线电管理的正常秩序，保护合法使用电波用户的利益，在 2013 年开展了“WLAN 无线电产品生产销售规范企业”活动。对于行业内规范生产、规范使用、规范销售 WLAN 产品的企业进行评比和推荐。2013 年，获得规范企业证书的单位有 5 家。

【无线电环境优化工作研究】 为了维护空中电波的正常秩序，保障通信用户的正常使用，2013 年，无线电协会与运营商合作，开展上海市范围内的电磁环境优化工作。与中国电信和中国联通公司开展合作，主要涉及电信 C 网、联通 G 网以及目前正在广泛铺开建设的 LTE 网络。2013 年，无线电协会共为电信公司解决干扰问题 40 起，为联通公司解决干扰问题 25 起。

【LTE 频段干扰问题分析及研究的调研】 为保障已有通信网络的正常运作，维护良好的电磁环境，同时为正在建设的 4G 通信网络打下良好的基础，无线电协会计划在 2014 年度开展“LTE 频段干扰问题的分析及研究”项目。针对该研究方向，协会在 2013 年进行了全方位的调研和准备工作：

如何对 4G 频段进行扫频 在上海市区范围内，利用移动监测设备对 LTE 频段进行实时监测，了解其使用现状，并研究最合理的测试方法。测试频段：2.1 G 及 2.6 G(1 920—1 935 MHz、2 110—2 125 MHz、2 500—2 690 MHz)。

如何对出现的干扰进行分析研究并排除 在 LTE 频段监测过程中，对出现的干扰如何进行分析研究并排除；综合得出一套切实有效的干扰分析办法和干扰处理方式。

【数字集群及数字通信技术运用方案论坛】 为深入开展无线电技术与管理理论研究和技术创新，适应“十二五”期间国家无线电管理全面建设的要求，无线电协会于 2013 年召开了数字集群及数字通信技术运用方案论坛。内容包括：数字专业通信的新技术、新产品；探讨数字化专网建设、管理新模式；引导频率资源的合理利用和有效监管。这项工作推进了无线电管理局频率管理中数字集群模转数的进程。

（陈　晟）

上海光电子行业协会

【举办换届选举大会】 2013 年 3 月 22 日，上海市光电子行业协会(以下简称“光电子协会”)换届选举大会举行。大会选举出了戴立勇为协会会长，陈必寿、顾铁、刘二壮、苏耀康为副会长，并选出了上海大晨光电科技有限公司、上海鼎晖科技股份有限公司、上海博恩世通光电股份有限公司等 19 家企业为协会的理事会理事。

【长三角 LED 产业联合会】 2013 年 7 月 24 日下午，长三角 LED 产业联合会筹备工作第一次会议在光电子协会举行。会议要求光电子协会牵头的联合会筹备组要充分利用中央对上海在成立区域性社会组织的审批管理工作所给予“由上海代办、委托管理、先行先试”的机遇和上海市政府领导关于社会组织要更多参与、介入上海经济改革和自贸区试点建设发挥作用的精神，高效务实，在广泛听取各职能部门和专家意见、建议的基础上，进一步完善操作方案。

【新入驻园区社会组织负责人座谈会】 2013 年 8 月 13 日，张江高科技园区管委会召开了新入驻园区社会组织负责人座谈会。上海市产业投资促进会、上海市动漫行业协会等 10 多家社会组织的负责人参加了会议。会议由园区管委会经济发展处处长张坚主持。会上各新入驻社会组织的代表介绍了自身的发展情况。张坚介绍了园区对各入驻组织的支持政策。他说，本着“欢迎入驻、对应优先、同类择优、设定门槛”的原则，园区竭诚欢迎各社会组织入驻张江。对各社会组织的购买服务，将会严格按照 20、30、60 万元三档，对照社会组织服务指南的规程要求，委托第三方机构进行评估。希望各社会组织在服务张江时能发挥作用：一是协会的智囊团作用，二是及时提供信息的情报作用，三是能对产业发展瓶颈问题提出对策的作用。

【三届二次理事扩大会】 2013年8月20日，光电子协会在上海三鑫科技发展有限公司会议室召开了三届二次理事扩大会。光电子协会正副会长、理事和部分会员单位的领导和代表20多人参加了会议。上海市经信委产业投资处副处长厉德豪、上海张江高科技园区管委会经济发展处处长张坚出席了会议。会议由光电子协会会长戴立勇主持。会议审议通过了关于增补部分理事单位的议案，通过了光电子协会上半年工作总结和下半年工作计划的报告。与会代表充分肯定了光电子协会三届理事会所做的工作，并对秘书处下半年的工作提出了建议和要求。厉德豪在讲话中对光电子协会在为政府和企业的服务中的创新开拓提出了希望。张坚在讲话中要求光电子协会聚焦张江，为张江国家自主创新园区的建设发挥“四个作用”(即政府决策的智囊团作用、及时提供信息的情报作用、研究和突破产业瓶颈的研究室作用、上情下达的直通车作用)，通过创新工作，成为服务企业的“智库”，产业发展的“眼睛”，协助政府的“手臂”。

【LED照明推广示范项目方案研讨会】 2013年9月4日下午，光电子协会召开LED照明推广示范项目方案研讨会，拟就行业标准的制定、检测体系的建立、推荐应用产品目录的建立、EMC模式、政府补贴的落实等广泛听取会员单位意见，在集中会员单位智慧的基础上形成“关于在上海市公共领域推广应用LED照明的试点示范工作建议”，并报送市经信委等相关职能部门，以推动上海LED照明应用推广工作在公共领域的健康、规范进行。

【浦江经济论坛会议】 2013年11月1日，光电子协会副秘书长唐庆艺参加了由上海市经济团体联合会、上海市工业经济联合会组织的浦江经济论坛会议、行业协会能力建设交流会。围绕为企业创新，提升企业知名度，品牌建设，标准化体系推动行业发展，加强行业协会能力建设，迎接新形势任务的挑战，行业协会专业服务的思考与建设，行业协会专业人才队伍的建设，行业协会协调能力的提高，行业自律现状、原因和对策建议等议题进行了广泛的交流，为今后光电子协会更好地开展工作开拓了思路。会上，蒋以任等领导出席，强调年轻的职业化人才培训机制，提高队伍素质，做好行业协会规范化评估，引导行业发展能力，了解行业内状况等，并由3家行业协会代表分享行业协会工作内容。

【智能终端与新型显示企业交流对接会】 2013年11月5日，由上海市光电子行业协会和上海市通信制造业行业协会联合组织召开的“智能终端与新型显示企业交流对接会”在三鑫科技公司会议室举行，市经信委电子信息产业处领导、浦东新区经信委、金山区经委相关负责同志、两家行业协会秘书长及相关会员单位代表出席。光电子协会会长戴立勇在会议上介绍了近期行业在组建OLED产业联盟，推动产业链合作创新方面所做的工作。上海和辉光电有限公司、天马微电子集团两家新型显示企业的代表介绍了产品主要性能指标及特点。上海闻泰电子科技有限公司、上海青橙实业有限公司、上海优思通信科技有限公司的三家智能终端的单位代表介绍了公司产品及对显示屏的需求。金山区经委表示，和辉项目是市区联合支持的项目，目前金山区在新型显示方面围绕产业链开展相应的对接，如：设备、材料厂商等，将新型显示作为区内重点产业发展推进。浦东新区经信委表示，目前主要配合市经信委做好制造业大项目的跟进及对中小企业的关注。最后，市经信委副总工程师林晶在会议总结时提出：类似的跨行业合作交流需要继续保持和鼓励，从目前来看，智能终端搭载移动互联，是信息服务的重要载体，移动智能终端对信息消费及显示屏的产业带动很大。借助当前推动促进信息消费和自贸区等热点，要加强协会和企业对于自贸区的研究，通过此类对接会等形式，交流沟通、错位竞争、共同推进产业的发展。本次对接会的成功举办为产业链上下游企业搭建了互相了解、沟通的平台。会员单位上海青橙实业有限公司与上海和辉光电有限公司开展进一步对接交流，初步达成了合作意向。

【2013光电产业高峰论坛】 2013年11月6日，由上海市光电子行业协会和国家半导体照明应用系统工程技术研究中心共同主办的“2013光电产业高峰论坛”在上海新国际博览中心N5-M51馆隆重举行。论坛以“数字与绿色——光电产业的机遇与挑战”为主题。上海大学教授张建华、上海交通大学教授何祖源、上海半导体照明工程技术研究中心副主任杨卫桥、上海天马微电子有限公司总工程师凌志华、上海和辉光电有限公司市场总监卓建宏、上海中发电气集团董事长陈邓华等出席论坛并发表主题演讲，与参会的代表分享了他们对OLED、LED照明和光纤传感产业及应用发展趋势、市场走势、技术发展等领域的专业分析。来自本市和兄弟省市光电子企业、高校、科研院所、部分行业协会，技术专家、行业同仁等150余位代表参加了会议。上海市经信委、市科委、浦

东新区发改委、金山区经委的相关领导出席了会议。光电子协会名誉会长、中国工程院院士庄松林主持了论坛。市经信委副主任邵志清出席了论坛并致辞。他表示光电产业是上海重点扶持和发展的战略性先导产业。经过多年的发展，已建立了比较完整的光电子产业链，在新型显示、半导体照明、光纤传感等领域也具有一定优势。“十二五”期间，上海将坚持以“聚焦核心、应用引领”的发展思路，在新型显示领域，重点布局 OLED、TFT - LCD、LED、激光显示等产业，推动本市新型显示产业向高端发展，提升产业能级，促进产业更好更快地发展。

【2014 年上海电子信息产业项目（光电产业类）】 2013 年 11 月 20 日，由光电子协会组织的 2014 年上海电子信息产业项目（光电产业类）申报指南沟通会在市经信委举行。上海亚明照明有限公司、上海鼎辉科技发展有限公司、上海明凯照明有限公司、上海仪电电子集团技术中心、上海中发电气集团股份公司等 10 多家企业的负责人和代表参加了会议。光电子协会的代表也参加了会议。会上，各与会代表分别介绍了 2013 年的生产经营情况，对政府在推动产业发展的政策方面提出了建议。

【2013 年度上海光电子行业统计工作专题会议】 2013 年 12 月 26 日，光电子协会在市经信委会议室召开了“2013 年度上海光电子行业统计工作专题会议”，18 家重点会员单位统计工作负责人参加了会议，市经信委电子信息产业处领导应邀到会指导。

【上海 LED 标准化路灯灯具标准试验技术交流会】 2013 年 12 月 26 日，光电子协会在市经信委会议室召开了“上海 LED 标准化路灯灯具标准试验技术交流会”。上海亚明照明有限公司、上海三思科技发展有限公司、上海明凯照明有限公司、上海蓝光科技有限公司、上海映瑞光电有限公司、上海澳星照明电器制造有限公司等 30 余家企业的技术负责人和研发人员参加了会议。光电子协会秘书长厉德豪主持了会议。市建交委 LED 路灯、隧道灯工作组，上海长江隧桥发展有限公司项目总工杨方勤博士作了《上海 LED 标准化路灯灯具标准试验技术》的专题报告。

（童　峰）

上海信息化发展研究协会

【概况】 2013 年，上海信息化发展研究协会（以下简称“发展研究协会”）在市经信委的指导下，在会员单位的大力支持下，秘书处工作人员齐心协力，克服各种不利因素，紧紧围绕协会总体发展方向，整合各方资源，服务会员、服务社会、服务政府的宗旨，开展了多方面工作，取得了一定的成绩，使协会的发展更上一层楼。

【《上海市黄浦区智慧城区三年行动计划》编制】 2013 年 2 月，受黄浦区科信委的委托，研究并编制《上海市黄浦区智慧城区三年行动计划》，至 2013 年 6 月，该项目顺利通过专家评审验收。

【《上海市无线电管理“十二五”规划》中期评估】 2012 年 12 月，承担了上海市无线电管理局《上海市无线电管理“十二五”规划》中期评估工作，开启了有关“十二五”期间信息化领域规划的评估工作，于 2013 年 4 月完成该项工作。

【《上海市国民经济和社会信息化“十二五”规划》中期评估】 从 2012 年 11 月起，承担了上海市“十二五”国民经济和社会信息化规划中期执行情况评估工作，历时 6 个月，于 2013 年 6 月完成全部评估任务。

【《上海市智慧城市三年行动计划（2011—2013）》执行情况评估】 2013 年是上海市智慧城市三年行动计划的收官之年，受市经信委信息化推进处的委托，开展了三年行动计划的执行效果评估工作，于 2013 年 12 月完成该项任务。

【《长三角区域一体化信息化“十二五”规划》中期评估】 为推动长三角区域一体化发展，发展研究协会在全年协助完成长三角区域一体化信息化“十二五”规划编制的基础上，2013 年开展了规划的中期评估，于 2013 年年底完成全部评估工作。

【完成上海市工程建设规范《数据中心基础设施设计规程》】 根据上海市城乡建设交通委员会 470 号文的要求，为规范本市数据中心的建设，协同上海现代建筑设计（集团）有限公司等完成该标准的研究和制定，并于 2013 年 11 月 1 日发布实施。

【上海市地方标准《个人信息保护规范》编制工作】 为推动本市个人信息保护，规范信息使用范围，保护个人隐私，编制完成本市第一部有关信息保护地方标准，并于 2014 年 1 月 1 日发布实施。

【《金融IDC共享平台建设方案》研究】 受上海银行卡产业园区管理有限公司的委托，开展了本市金融IDC共享平台建设方案的研究和制定工作，于2013年10月完成该项工作。

【《移动互联网时代的IT专业人才培训研究》课题】 针对移动互联网时代的到来，协同上海市信息化培训协会，开展了该项课题的研究，研究成果为本市相关IT专业人才培训提供了有效的理论指导。

【编制并出版《2013年上海信息化发展报告》】 为全面总结本市2012年信息化建设和应用情况，根据上海市经济和信息化委员会的相关工作要求，发展研究协会第五年承担年度信息化发展报告的编制和出版工作。

【编制《上海智慧城市建设案例集》】 在开展本市智慧城市三年行动到计划执行效果评估的基础上，为总结相应的成功案例，受市经信委信息化推进处委托，编制完成该案例集。

【发挥协会作用当好信息化建设助手】 为发挥发展研究协会智库的作用，受上海虹桥商务区管委会的委托，整合专家资源，为虹桥商务区信息化建设提供智力支持和顾问需求，为推动"智慧虹桥"建设发挥桥梁作用。

（朱慧丽）

上海电子元器件行业协会

【概况】 上海电子元器件行业协会（简称"元器件协会"）1989年5月成立，是本市及周边地区电子元器件企事业单位自愿组成的跨部门、跨所有制的非营利的行业性社团法人。元器件协会现有各类所有制会员单位140余家，包括上市股份公司，国有、外资、民营企业，随着外地新会员不断加盟，会员的多元性与长三角区域特性已初步显现。元器件协会贯彻《关于上海市促进行业协会发展的指导意见》，按照"服务企业、规范行业、发展产业"要求，把服务企业、规范行业出发点和落脚点定位在发展产业上。

2013年，元器件协会秘书处深入学习贯彻党的十八届三中全会精神，加强自身改革发展，创新思路，开展专业组活动。继续有效做好各项服务、信息交流等基础工作，凸显本协会会员多元性与长三角区域性特征，推进资源共享。

配合政府职能转变，在政府有关部门指导和支持下，建立与政府有关部门的沟通、连接平台。加强自身建设，不断提升各项功能。加强行业协会的自身能力建设，努力为承接政府职能和政府购买服务做好准备。

【保持政府沟通】 与市经信委、市社会团体管理局、市经团联保持联系，为政府提供服务。出席在浙江嘉兴召开的2013上海电子信息制造业行业发展座谈会（协会秘书长工作会议），提供《2013年上海电子元器件产业发展简析报告》；举办中小企业发展专项资金项目申报专题培训，邀请上海市中小企业发展服务中心科技部部长赵梅芳进行申报项目政策解读。与部分企业赴市中小企业服务中心相关部门进行专题咨询、参与答辩等活动；参与完成市工经联行业发展研究课题《对行业协会"专业服务"的思考与建议》专题报告；向市经信委提供上海电子元器件行业协会年鉴，提交中国工业企业品牌竞争力评价推荐名单。

【促进产业链上下游协同发展】 策划供销洽谈交流平台，在上海欣驰电子有限公司现场举办"上海欣驰电子有限公司供销洽谈会"，促进产业链上下游、会员之间相互了解，互惠互利，共同发展。

【加强横向联系与合作】

参与筹建8家行业协会金山工作站 为贯彻落实市委、市政府提出的打造"杭州湾北岸先进制造业基地"的战略部署，探索行业协会服务地区经济的模式和效果，实现政府和协会的互利共赢，元器件协会等八家电子信息制造业行业协会与金山区经委、金山工业区管委会合作，建立金山区工作站。

对外交流合作 2013年10月11日，嘉兴市经济和信息化委员会、嘉兴市南湖区人民政府与上海市经济和信息化委员会、上海市电子信息十大行业协会联合举办"沪禾两地电子信息产业交流会"。嘉兴市经信委主任、嘉兴市南湖区领导分别介绍嘉兴市、南湖区电子信息产业基本情况。元器件协会会同集成电路、电子制造、物联网、交通电子等行业协会进行互动交流发言。

2013年11月22日，浙江嘉兴市人民政府在上海龙之梦万丽酒店，举办嘉兴信息产业（上海）推介会。元器件协会等十家行业秘书长应邀出席。

组织企业出席"佛山—上海产业经济发展交流会"，组织十余家企业领导及相关人员出席在上海绿地万豪酒店举行的"广东佛山（禅城）—上海产业经济发展交流会"，协办"企业利用网络进行宣传推广扩大经营"讲座。

浙江长兴县槐坎乡书记施忠斌、乡长孙宏惠多次与元器件协会秘书长张定华会谈；乡党委再次选派年轻干部钱毅到元器件协会进行挂职锻炼，2013年年底期满返回长兴。

出席产业交流会 2013年6月6日，由中国电子商会、百度上海分公司主办，上海电子商会承办，上海电子元器件行业协会等行业协会协办的“搜赢大数据时代，2013百度翔计划助力中小企业成长峰会”在大宁福朋喜来登酒店宴会厅隆重举行。协会所属会员企业经营者及相关人员近50人出席了会议。

参加各类会议 组团参展82届电子展、香港电子展、工博会；召开仪电集团系统电子元器件、电子制造、通讯广播电视、照明、信息家电、仪器仪表等行业协会秘书长工作会议，商讨六行业协会资源共享，共同发展举措；组织部分会员企业应邀出席在浦东国际人才城酒店举办的第六届数字电视发展论坛——下一代电视发展浪潮下的三网融合战略《智能电视与现有视讯业务的融合发展》；协助塑料行业协会宣传报道“亚洲第一，全球第二的CHINAPLAS 2014国际橡塑展”；参与“2013汽车电子产业发展（上海）国际高峰论坛”。

【推进政府项目立项与验收】 协助八家会员完成国家级、市级九个政府项目验收；为会员提供技改、系统集成项目咨询服务，成功立项七个；完成2012年上海市经济和信息化行业协会发展专项资金项目“上海通信用高频连接器的现状和发展趋势研究”课题；2013年行业协会发展专项资金“电化学传感器在物联网中的应用和发展趋势”课题获批立项；2013年上海市软件和集成电路产业发展专项资金“微波无源器件在国内航空航天领域的发展趋势研究”获批立项。

【凸显月刊服务】 在《电子元器件》月刊上，元器件协会除了继续定期对行业经营情况作统计分析和市场需求、发展趋势的分析，登载供会员企业参考外，还积极宣传市政府“关于进一步促进中小企业发展若干意见的实施意见”等相关科技政策。月刊的“政策导读”“经营之道”“技术交流”“会员风采”“协会花絮”等栏目以及封二、封三的图片，内容充实，获会员企业好评。

（王　雷）

上海市信用服务行业协会

【概况】 上海市信用服务行业协会（以下简称“信用服务协会”）成立于2005年6月，现有会员单位64家，业务范围涵盖了信用管理咨询和培训、信用调查、资信评估、商账追收、信用担保、信用保险、保理等领域。业务范围是：行业调研规划、标准制定、学术研究、信息交流、咨询服务、培训及从业人员资质认定。信用服务协会通过互联网站、《工作简报》等形式与社会各界沟通联系、发布信息。

【参与政府部门调研】 接待上海市社会工作党委社会调研、配合参与《落实政府职能转移发挥行业组织作用》课题；配合市征信办商讨上海市信用信息公共服务平台建设等有关事宜。

【起草法律法规有关文件】 承担了市经信委、市征信办的《上海市公共信用信息归集和使用管理办法》研究课题，该课题将进一步明确信用信息的范围，采集、处理和查询机制等，为政府部门梳理和归集信用相关信息提供依据，支撑公共信用信息服务平台面向社会提供服务和规范运作，同时进一步加快本市社会信用体系建设，着力构建“诚信上海”，营造守信受益、失信惩戒的良好社会氛围，加强上海市政府部门信用信息开发应用的科学管理；如承担了上海市社团管理局的《上海市社会组织信用信息记录、共享和使用管理暂行办法》《上海社会组织失信行为记录标准（试行）》的研究课题，并参与修改文件的工作。

【为政府部门的决策提供咨询】 配合市经信委组织业内专家为自贸区的社会信用体系建设出谋划策，请业内专家提出了许多宝贵的建设性建议。

【参加枢纽型社会组织的各项工作】 在上海市经济团体联合会（以下简称“市经团联”）、上海市现代服务业联合会、上海市金融联合会的领导下，积极配合三个联合会所组织的各项工作和活动。配合市经团联的社会组织新闻发言人培训、社会组织规范化建设评估工作、《行业协会能力建设》课题研究、学习市长杨雄在联合会的讲话，探讨社会组织发展的活动；参加由现代服务业联合会和自贸区管委会等主办的制造服务外包国际论坛和服务外包展示交易会、参加了现代服务业联合会的发展平台经济与促进区域合作高峰论坛和社会组织摄影大赛；配合和参加了金融联合会的市金洽会、市金融指数发布会、卢森堡金融洽谈会、金融经济形势报告会等。此外，还配合市征信办做好上海市社会信用体系建设工作推进会、上海信用服务机构座谈会等会议的组织工作，协助上海市诚信宣传月活动的开展，完成上海市信用服务行业的年度统计工作、上海诚信网信息采集等工作，得到了政府有关部门的认可。

【开展上海信用服务机构质量控制规范化先进单位评比】《上海市信用服务行业质量控制基本规范》在信用服务协会第二届会员大会第三次全体会议上正式表决通过，并在协会网站上发布后，为了更好推动此规范的落实，信用服务协会在全体会员的参与和帮助下，制定了开展上海信用服务机构质量控制规范化建设评估工作方案与评估指标体系，并开展上海信用服务机构质量控制规范化先进单位评比，采用了单位自行申报，经过单位自评、单位互评、专家评审的模式，最终评出先进单位，从而得到广大会员单位的响应，此项活动提升了信用服务机构质量控制水平，对促进行业发展产生了积极的影响。

【开展上海信用服务机构综合排名工作】 为全面反映上海各信用服务机构的综合实力，引导上海信用服务机构规范化建设，提升上海信用服务机构水平，为市场公平选择信用服务机构提供依据，信用服务协会启动了上海信用服务机构的综合排名工作。抽调了行业内有工作实践经验的相关人员，组成制订上海信用服务机构综合排名指标体系项目组，项目组成员在进行广泛调研和吸取其他行业综合排名经验的基础上，又进行了参与项目组成员的自评，最后确定上海信用服务机构综合排名指标体系。

【推动信用服务行业通报处置制度的建立】 根据市委文件《关于进一步加强上海市社会信用体系建设的意见》(沪委发〔2012〕13号)中提出对违反行业自律公约的行为建立通报处置制度的要求，开展建立信用服务行业通报处置制度研究。本项目的研究对加强行业自律，增强行业诚信守法、公平竞争的意识，促进信用服务行业健康发展起到积极的作用，同时为本市社会信用体系通报处置制度研究提供理论和实务上的支撑，为完善上海社会信用体系建设做出贡献。

【及时向会员单位提供多种形式的信息服务】 通过信用服务协会网站和不定期简报这两个宣传平台，宣传会员单位品牌，发布国家有关信用服务的政策法规，交流各方面信息及行业动态，网站保证时效性，重要信息第一时间通知各会员单位。如上海市诚信专项资金申报、沪上金融家评选、现代服务业重点示范项目认定管理办法等各类信息，都及时告知了会员单位，组织符合条件的单位进行申报，且做好推荐工作，为会员单位服务。

【组织会员单位发布社会责任报告】 为提升上海市信用服务行业的影响力，积极宣传上海市信用服务行业的社会责任和征信服务机构的形象，信用服务协会在业内动员和组织会员单位撰写社会责任报告，与市经团联取得联系后，经审核，信用服务协会上海资信有限公司、上海新世纪资信评估投资服务有限公司、上海远东资信评估有限公司、上海正名资信评估有限公司、上海欣熙尔资信评估有限公司五家会员单位获得批准，在全市发布了各自的社会责任报告，并获得了由市经团联颁发的证书和铜牌。

【组织会员单位学习《征信业管理条例》】 为了规范发展征信业，提供良好的征信服务，形成信用激励约束机制，约束社会经济主体的信用行为，央行2013年正式出台了《征信业管理条例》。为帮助会员单位更好地了解条例内容，信用服务协会与中国人民银行上海总部征信管理处联合举办了《征信业管理条例》报告解读会。同时还协助央行上海总部组织会员单位参加郑州和北京的“征信机构《征信业管理条例》培训班”。通过培训，业内机构更好地掌握了条例内容，并更有利于征信机构推动条例的贯彻实施。此外，为了帮助企业提高业务量，提高信用服务行业在社会上的认知度，还积极为企业牵线搭桥，促成信用服务协会会员单位与区县政府征信职能部门、上海市相关行业协会等单位的业务合作，积极帮助企业拓展市场。

【联合主办“2013年首届信用管理高峰论坛”】 2013年8月，借企业信用管理专委会成立之际，在市经信委指导下，与第二工业大学、宝山钢铁股份有限公司和第一财经日报社联合主办了“2013年首届信用管理高峰论坛”。来自政府、企业单位、高校、社会组织的70余名领导、专家、学者参加了大会。论坛上，参会嘉宾围绕“信用管理”主题，结合自身在该领域的丰富经验，分别作“企业信用体系中的政府作用”“宝钢的信用管理在企业界的作用”“中国社会信用体系建设的突破”等精彩的演讲。在讨论时，嘉宾们深度解析国家有关政策，揭示了企业信用管理的价值，切实交流了在企业信用管理方面的创新经验。

【合作交流】 为了解上海信用体系建设，韩国贸易保险公司一行于2013年12月17日上午拜访信用服务协会，信用服务协会介绍了协会规模和业务范畴，双方交流和分享了信用服务方面的经验，并探讨今后多方面合作交流的可能性。信用服务协会还邀请中国出口保险有限公司等相关的会员单位一同交流，并接待中华人民共和国商务部上海代表处代表，双方探讨了电子商务信用体系建设，并就如何在商务领域合作进行了洽谈。

2013 年 12 月 14 日，走访了上海外高桥保税区联合发展有限公司，双方就各自在信用体系方面所做的工作进行了交流，同时希望能在自贸区信用体系建设方面寻求下一步的合作。双方希望在自贸区设窗口，通过线上线下形式为入驻自贸区的企业做好信用服务工作。应邀参加广东省信用协会召开的社会信用体系建设专家研讨会及 2013 广东信用论坛，学到了广东在社会信用宣传上的成功经验，同时还汇报了信用服务协会在上海社会信用体系建设中的一些探索以及如何发挥信用服务机构作用的做法等。应邀出席世评集团成立大会暨改革国际评级体系论坛，会上探讨了亚洲地区建立评级机构重要性，看到了我国在争取信用评级上的国际话语权所进行的努力和所取得的成绩，增强了在信用服务事业上国内外交流合作的信心。

【与高等院校建立合作机制】 为完善信用管理专业的课程体系，培养社会主义建设需要的合格人才，应邀组织了上海资信公司、上海远东资信评估公司等业内专家参加了第二工业大学经济管理学院关于管理专业的课程体系的评审。专家们结合实践经验，提出了很多有见地的想法，对进一步提升信用管理专业的课程体系起到了积极的作用，这也将成为协会与高校合作的一种机制。除了上述合作之外，信用服务协会近年来还陆续与高校合作建立见、实习基地，2013 年更是充分发挥会员单位与高校结合的优势，为高校学生利用寒暑假实习、见习提供实践基地，为大学生增加社会实践经验发挥了一定作用。另外，还发挥平台的作用，促成第二工业大学和商务部研究院信用与电子商务研究所的研究课题的合作。通过合作，提升了高校教学质量，使教育、科学研究、技术开发和生产劳动得到了充分的结合。

【开展“上海市诚信建设示范达标试点”工作】 为加快推进本市社会信用体系建设，突出示范引导和守信激励，按照自愿参与的原则，鼓励市场主体主动开展诚信建设示范达标工作，营造守信受益、失信惩戒的社会信用环境，在上海市征信管理办公室的指导和监督管理下，信用服务协会负责首批“上海市诚信建设示范达标试点”工作的实施。通过为期 6 个月对三类主体 9 家单位的评估试点，一方面对示范达标工作的流程和方法进行检验，根据实际需要改进工作流程和完善工作方法，一方面通过不同市场主体检验初步制定的三种类型评估标准的准确性和有效性，视具体情况改进、完善、细化了各类型评估指标体系。此次工作积极推动了市场主体加强内部信用管理体系建设，促进社会信用建设环境进一步改善，为今后在全市范围内推广诚信建设示范达标工作积累了经验。

【市社会团体自律与诚信建设】 为推进行业协会行业自律与诚信建设，提高行业协会社会公信力，加强和改进行业协会管理，根据民政部《关于开展行业协会行业自律与诚信创建活动的通知》和市民政局、市社团局《关于加强本市社会组织自律与诚信建设的指导意见》，信用服务协会与市经团联等其他 10 家协会共同发起《关于加强上海市社会团体自律与诚信建设倡议书》，承诺将健全自律规约、推进信息公开、规范自身行为、开展诚信服务。此项活动对共同推进诚信上海建设，在本市社会管理和社会建设中发挥更加积极的作用。

【配合市经团联，参与行业协会规范化建设评估工作】 为促进行业协会健康有序发展，配合市经团联、市社团局开展本市行业协会评估工作，信用服务协会会长单位上海资信有限公司总经理沈琨，协会副会长单位新华信商业信息咨询（北京）有限公司上海分公司副总裁周向军，协会理事单位上海华予信企业信用征信有限公司总经理赵东岩，协会会员单位上海正名资信评估服务有限公司总经理叶克全，协会秘书长饶明华等应邀担任了评审小组成员。评审过程中，他们认真查阅协会提交的相关评估材料，并对需要了解的情况进行提问，结合行业特点积极发挥行业专长，得到了上海市社团局、市经信委和上海市经济团体联合会的一致认可。

【联合发起成立上海市互联网产业服务联盟】 为推进互联网与相关产业融合发展，共同促进上海现代服务业蓬勃发展，致力于上海智慧城市建设，与上海市互联网协会、上海计算机行业协会等 16 家单位联合发起成立了上海市互联网产业服务联盟，该联盟于 2013 年 4 月成立。联盟有效聚合各协会的服务功能，为互联网产业提供各种有效的服务，如：“12321”网络不良与垃圾信息处理、互联网信用等级评价、企业高技能人才培养、互联网知识产权保护等服务。

（朱晓玲）

二、民办非企业单位发展

上海市信息服务外包发展中心

【概况】 2013 年是上海市信息服务外包发展中心依据国内外产业发展形势转型发展的一年。在市经信委软件和信息服务业处的指导下，积极开展有关信息服务外包领域的调研和研究，整合国内外市场资源，努力拓展业务范围，开展了多项积极有效的工作，取得了一定的成绩。

【开展本市软件和信息服务业领域国际业务拓展现状调研】 在市经信委软件和信息服务业处的指导下，开展了本市软件和信息服务业企业开展国际业务现状的调研，通过召开座谈会、企业走访、问卷调研等形式，基本摸清本市软件和信息服务业企业开展国际业务现状，并形成相应的调研报告。

【开展软件和信息服务业国际市场需求分析】 对欧美、南美、非洲、东南亚等地区和国家的软件和信息服务市场需求进行了研究分析，并结合本市企业的实际情况，进一步明确了企业拓展国际业务的市场定位，在此基础上形成了相应的报告。

【研究制定相关国际业务拓展政策和措施】 在调研的基础上，结合信息产业领域现有的产业政策，针对本市软件和信息服务业企业开展国际市场、提升国际化能力，草拟了相应的政策初稿。

【举办多场国际业务合作活动】 围绕企业"走出去"，积极探讨相应的流程和经验，分别于 2013 年 4 月、7 月、10 月召开了三次"上海—美国 IT 项目对接会"，三次活动共有 30 家上海企业、19 家美国企业参与洽谈，并取得了良好的效果。3 次对接活动共达成 7 个约 500 万美金合作项目、两个约 80 万美元的合作意向，两家美方企业与上海企业之间合资合作意向。

【开展《长三角地区软件和信息服务外包产业一体化发展策略》课题研究】 受长三角地区共同发展基金的支持，开展了《长三角地区软件和信息服务外包产业一体化发展策略》课题的研究，完成课题框架制定、调研问卷设计等工作。

【开展《上海市软件和信息服务外包产业统计》课题研究】 为摸清本市软件和信息服务外包产业发展现状，在市经信委软件和信息服务业处指导下，开展了上海市软件和信息服务外包产业统计指标体系的研究，在此基础上进行了第一次针对软件和信息服务外包产业的统计调研工作。

【开展国际招商引资工作】 积极利用欧美及其他国外资源，为瑞士联合银行、美国 Equifax 公司来沪业务落地进行牵线搭桥。

（朱慧丽）

第六章 信息化合作交流及重要会展

概 述

2013年,上海市信息化合作交流工作稳步开展。市经信委本着"突出重点、建立机制、完成硬任务、做好软任务"的基本要求,积极开展援疆工作,并推进上海对口支援贵州遵义工作。会展方面,上海国际信息化博览会的召开,推动了信息化建设的发展。

一、国内外合作交流

【援疆工作】 新疆地区是上海重点支持与援建的地区。市经信委结合上海援疆工作"民生为本、产业为重、规划为先、人才支撑"的基本原则,紧密联系上海市对口支援新疆工作前方指挥部,本着"突出重点、建立机制、完成硬任务、做好软任务"的基本要求,围绕招商、产业转移、组织会展、安排培训等方面,扎实推进援疆工作。市经信委副主任刘健专门带队赴新疆与新疆经信委开展对接,推动援疆工作。

一是选派援疆干部。根据全市援疆工作计划,2013年选派第八批援疆干部赴新疆。市经信委选派肖健(正处级)担任前方指挥部产业发展组组长。同时,为更好地支持援疆工作,选派一名副处级干部作为前方指挥部产业发展组组员。

二是开展培训和挂职。完成新疆喀什50名干部来沪信息化专题培训工作。完成新疆喀什熊明健、沈鹏、杨龙等16名干部来沪工业区和市无管局挂职6个月的协调服务工作。带领信息化专家赴新疆喀什开展信息化培训,在当地通过视频会议的形式,培训人员将近1 000人。

三是修订《喀什四县招商引资手册》。为加强新疆喀什地区四县的宣传力度,促进招商引资,应市援疆前方指挥部要求,修订了《喀什四县招商引资手册》,有力推动喀什地区的招商引资工作。

【援黔工作】 为贯彻落实中央政治局委员、中共中央上海市委书记韩正,中共上海市委副书记、市长杨雄赴贵州考察的重要指示精神,在市经信委主任李耀新的推动下,建立了市经信委与贵州省经信委产业对接的长效机制。市经信委副巡视员史文军带队赴遵义进行产业对接,积极推进上海对口支援贵州遵义工作,开辟上海产业对口帮扶遵义市产业发展研究论坛。市经信委外经处、综合规划处、工业区管理处、结构调整推进处联合赴遵义与遵义市工业和能源委员会就产业帮扶的具体问题开展对接。协调推进宝钢集团在遵义建设钛深加工产业基地,推进光明食品集团有限公司在当地建设食品加工基地,华谊集团公司、建材集团有限公司与当地合作建设煤化工、建材加工基地。协调推进漕河泾开发区与遵义经济技术开发区合作。协调推进复兴集团参与遵义国有企业的改制重组。完成赴遵义开展园区管理干部培训。

【其他工作】 落实市经信委与西藏日喀则地区工信局的框架协议,对接责任部门。完成云南50名工业区管理干部来沪培训等工作的协调服务;赴云南迪庆调研2014年产业对接需求。参与完善本市对口援青2014年度计划和规划项目。

二、信息化博览会、研讨会

【2013上海国际信息化博览会】 在工信部的指导下,由市经信委会及浦东新区人民政府主办,国际半导体设备

与材料协会、慕尼黑国际博览集团以及中国印制电路行业协会承办的2013上海国际信息化博览会(以下简称“信博会”)于2013年3月19—21日在上海新国际博览中心和世博展览馆顺利举行。据统计,本届信博会展览总面积达18万平方米,共有来自22个国家及地区的3 300家展商参展,18余万人次专业观众进场。

本届信博会共有6个专业展、近百个论坛及研讨会,并首次邀请了国内近百个城市组成地方政府代表团参观洽谈。其中,6个专业展分别是“国际半导体设备与材料展暨研讨会”“中国国际太阳能技术展览会”“中国国际平板显示器件、设备材料及配套件展”“慕尼黑上海电子展”“慕尼黑上海光博会”以及“中国国际电子电路展览会”,专业展览会独立成板块,各有其特点。

信博会已成功举办了10届,期间组委会坚持国际化、高端化、专业化的发展方向,注重展会的前瞻性、实效性、服务性和互动体验性,紧扣“十二五”信息化发展战略,促进“两化融合”,促使信息化向纵深发展,深化信息技术行业应用,快速提升企业信息化能力、增强企业竞争力。2013年的展览会无论是从展览面积还是知名厂商参展数量、展出的展品技术水平方面均比上一年有较大幅度的提升。

【第十五届中国国际工业博览会】 2013年11月5—8日,由国家发改委、商务部、工信部、科技部、教育部、中国科学院、中国工程院、中国国际贸易促进委员会和上海市政府主办,中国机械工业联合会协办,上海东浩国际服务贸易(集团)有限公司承办的第十五届中国国际工业博览会举行。本届工博会以“制造:数字与绿色”为主题,设置数控机床与金属加工展、工业自动化展、新能源及电力电工展、工业机器人展、信息与通信技术应用展、工业环保技术与设备展、节能与新能源汽车展、科技创新展和航空航天技术展9个专业展,同期举办主题论坛活动53场。本届工博会还启动了“网上工博会”项目,实现了实物展与网上展的结合,有超过1 000家参展商注册,日均近30个展品上线。

(陈东陵)

第八编

区县信息化

综 述

2013年，按照上海市信息化发展的战略要求和总体部署，在各区县政府的重视和支持下，信息化工作得到进一步加强。各区县完善信息化基础设施建设，推进社会领域信息化发展，建立健全长效工作机制，落实信息化环境建设，加大社会诚信体系建设力度。信息化服务区县经济和社会发展的成效得到了充分显现，有效助力本市区县社会、经济、产业等各行业发展。

加快推进基础设施建设。宝山区光交网建设全面启动；虹口区完成《四川北路区域信息基础设施专项规划》编制；黄浦区启动《黄浦区信息基础设施建设专项规划》编制。

进一步推进智慧城市建设。浦东新区入选第一批国家智慧城市试点，再获“智慧城市示范领先奖”；普陀区围绕长风生态商务区、真如城市副中心、桃浦科技智慧城等重点地区开展信息基础设施专业规划研究；闸北区推进以“六大智慧”为特色的智能应用体系建设。

促进信息产业发展。金山区成立首家专业电子商务产业园区；嘉定区上海微技术研发产学研合作创新联盟正式成立；松江区积极推进张江高新区松江园的管理与服务。各区县软件和信息服务业能级不断提升，电子信息制造业向高端转型，物联网、云计算、电子商务等新兴领域正逐步成为智慧化应用体系建设的重要支撑。

深化社会各领域信息化服务。宝山区餐饮服务食品安全远程实时监控系统项目通过验收。徐汇区探索“智汇课堂”项目。

推进信息化环境建设。闸北区完成《闸北区政府计算机网络及其信息系统安全保护管理办法》的制定。崇明区制定《2013年崇明县网络与信息安全工作要点》和《崇明县信息安全培训计划方案》。

第一章 浦东新区信息化建设

概 述

2013年,浦东新区信息化工作在区委、区政府的领导下,以"智慧引领模式变革"为主线,围绕《智慧浦东建设纲要(iPudong2015)——浦东新区国民经济和社会信息化"十二五"规划》《浦东新区社会诚信体系发展"十二五"规划》《推进智慧浦东建设2011—2013年行动计划》等纲领性文件的要求,紧扣年度工作目标,在信息基础设施建设、信息化应用建设、信息产业发展和推进社会诚信建设工作方面取得了阶段性成果。

一是城市信息基础设施进一步升级,百兆家庭宽带接入能力覆盖率达99%。二是城市管理和服务更为智慧高效,政府服务向协同、高效和便捷发展,基础性数据资源库进一步完善,协同共享机制基本建立,建成行政审批综合信息系统,实现123项社会类行政审批事项的网上审批,极大提高政府服务效能。三是城市管理更注重精细和精准,以物联网、云计算等为代表的新兴技术得以广泛应用,"一总三子"综合交通信息管理平台等应用系统基本形成数字化、网络化、移动化、互动化的城市管理体系。四是以注重亲民和便民为出发点,重点加强教育、文化、卫生和社区等领域信息化建设,逐步形成新型信息化公共服务应用架构。

2013年,在住房和城乡建设部召开的第一批国家智慧城市试点工作会议上,浦东新区被确定为第一批国家智慧城市试点单位。

一、政务领域信息化

【浦东新区获批第一批国家智慧城市试点单位】 2013年1月29日,住房和城乡建设部在北京召开第一批国家智慧城市试点工作会议,浦东新区被确定为第一批国家智慧城市试点单位。

【浦东新区再获"智慧城市示范领先奖"】 在由科技部、教育部、中国科学院等联合主办的2013中国智慧城市与智慧园区发展高峰论坛中,对全国50个城市(区)、100个园区进行智慧城市(园区)发展评估。浦东新区在智慧城市发展水平评估中排名全国第二,并再次荣获"智慧城市示范领先奖"。同时,张江高科技园区获得智慧园区发展水平评估第一名。中国智慧城市发展水平评估由中国社会科学院信息化研究中心和国脉互联智慧城市研究中心共同举办,围绕智慧基础设施、智慧管理、智慧民生、智慧产业、智慧人群及智慧环境六大方面对参评单位进行综合评估。浦东新区在全国智慧城市发展水平评估中的排名不断进步。

【浦东完成正版软件推进工作】 根据浦东新区政府与微软公司的备忘录内容,区经信委统一采购了微软Windows Pro和Office Pro产品及服务,分发至86家委办局、街镇及事业单位。区经信委制定了详细的培训计划,2013年分四批召开了"微软正版软件分发培训会"。培训内容包括软件序列号领用流程、软件安装方法、激活方式、服务运维流程、应急流程等。同时,区经信委根据各单位的申请情况,合理分配正版软件序列号。正版软件的推进有效提高了新区网上办公的安全性和规范性。

【浦东动物疫病防控信息化服务民生】 截至2013年年底,浦东新区动物疫病预防和控制信息管理系统完成项目验收,该系统已在浦东25个街镇的所有畜牧兽医站和11个街道动物防疫工作站进行试点,共完成全区5 299家养殖户信息数字化和养殖地地图定位工作。动物疫病预防和控制信息管理系统的建设运行,使管理部门充分掌握了新区猪、牛、羊、鸡、鸭、鹅、鸽等十几类畜禽饲养的信息,形成了动物饲养情况的快速统计;实现了全区疫情月报制度,涵盖国家和上海市畜牧主管部门规定的全部疫病疫情;实现了抗体检测流程化管理,加强了区疫控中心、检测中心、镇畜牧兽医站之间的信息联动,提高了检测信息的规范化管理。下一步,系统将纳入政府投资采购的全部疫苗信息,并进行统一规范管理,监管疫苗入库、发放、使用和报废的整体流程。

【浦东新区国际航运气象服务系统建成】 浦东新区气象局为提升浦东经济社会发展,为上海国际航运中心建设提供更加优质的远洋气象服务能力,建设了浦东新区国际航运气象服务系统。系统通过利用国际成熟的全球预报模式、国际先进的海浪模式和洋流模式,细分全球海洋区域,分析全球海区10天以内的天气、风向风力、风浪涌浪、洋流等,实现全球海区的风浪预报,自动实现恶劣天气预警,以全球海陆图为背景,以可视化方式展现最佳航线,为远洋船舶提供航行路线参考。

【浦东公共建筑能耗监测平台项目正式上线】 为进一步落实推进上海市人民政府《关于加快推进本市国家机关办公建筑和大型公共建筑能耗监测系统建设实施意见的通知》相关要求,浦东新区经过前期调研与沟通,建设了浦东新区能耗监测平台。2013年,该平台已建成并通过验收,已有11幢楼数据接入该平台,未来将涵盖500幢楼宇。平台可对楼宇能耗(用电)进行实时监测,并进行分析处理,如数据对比、能耗组成分析、传输状态查询、建筑分布、能耗排名等,以图表形式对建筑能耗水平按建筑类型、功能、能耗指标等因素,以多种时间跨度进行排序,使用户能直观地从不同角度查看本区建筑的用能水平、特点及变化趋势。

【浦东新区实有人口信息交互应用平台通过验收】 2013年3月6日,由浦东新区公安分局承担的"浦东新区实有人口信息交互应用平台"正式通过验收。该项目包括实有人口基本库,建立了标准化的应用服务系统,打通了区公安、区劳保局、区社发局、区建交委、区工商分局之间的数据壁垒。应用服务系统涵盖了公安四大人口基础库、劳动就业信息、外劳力信息、社保卡信息、居住证信息、建交委房产权属信息、建筑工地人员信息、社发局人员就医信息等相关数据,实现了各部门人口基础信息共享和交换服务。截至2012年年底,各委办局信息采集量如下:公安分局2 136万条、劳保局414.3万条、卫生局69.6万条、民政局26.4万条、工商分局16.8万条、建交委14万条,开通成员单位(委、办、局、街道/镇)39家,用户数111个。

【浦东新区档案局完善电子签章在系统中的应用】 区局馆库系统经过不断优化完善,已提供多种方便快捷的服务手段。如依托浦东新区数字认证系统平台,增加CA认证与电子签章应用,保障了系统的安全。2013年上半年,迎春点正式启用电子签章打印功能,大大提高窗口工作效能,主要体现在:一是电子档案和电子签章技术融合,提高防伪能力。二是避免人工盖章的误差,提高工作效率。下半年继续推进电子签章的应用,改进电子签章应用速度和稳定性,并逐步开放在线验证服务。同时,新区档案局进一步探索民生档案服务社会、服务大众的新机制、新举措,以建设数字档案馆为重点,深化"三个体系"建设,提升档案服务效能,完善档案资源信息库,联合各业务主管部门共同破解不同数据库间对接与转换问题,逐步推进跨行业、跨部门间民生档案信息整合和共享利用,力争在"十二五"期间,基本实现各类常用民生档案利用不出社区,让老百姓得到更多方便和实惠,使档案工作在地区发展和人民生活中发挥更多更大的作用。

【浦东新区项目网上审批系统运作良好】 浦东新区建设项目网上审批系统,可实现在线联合审批,提高项目审批工作效率和质量。截至2013年年底,新区已有16家审批单位和部门、316个审批用户开通了网上联合审批操作权限。12月27日,新区审改办组织各审批部门对网上联合审批操作人员进行了培训。同时,选择了两个施工许可证已发放的建设项目作为模拟项目进行网上联合审批和实时跟踪试运行,显示统计、核准备案、环评审批、项目报建等16个环节均已完成。建设项目网上联合审批系统实现了项目各部门之间审批的网上协同,实现了浦东新区领导及督查、审改部门对重要情况的全程跟踪和督办。

【浦东新区卫生信息中心机房建成并投入使用】 "浦东新区卫生信息共享联动工程二期"的子系统——浦东新区卫生视讯中心为配合浦东新区卫生信息网和数据中心的建设,在浦东卫生发展研究院(莱阳路818号)新建卫生信息中心机房。新建的卫生信息中心机房按B级标准进行建设,并满足等级保护三级基本要求,总面积约218平方米,包含UPS间(包含UPS电池间)、动力输出间以及机房主区域。新建的卫生信息中心机房主区域现有32套机柜,其中16套服务器机柜、10套高密度机柜和6套网络机柜,未来可扩容至45套机柜。新建的卫生信息中心机房能提供良好的设备运行环境,包括电力、温度、湿度、空气纯净度、防火防灾措施、更好的网络环境和性能，且具备先进性、可靠性、安全性、集成性、经济性等多种优点，并预留了可持续扩展的设备空间，能够保证满足浦东新区卫生信息中心业务的不断发展需要。

二、社会领域信息化

【浦东新区住户调查综合服务平台项目通过验收】 2013年10月22日，由浦东新区发改委承担建设的"浦东新区住户调查综合服务平台"通过验收。主要建设内容包括前端数据采集、数据调查采集管理、自动采集服务、问卷设计管理、样本管理、数据查询统计等。该项目将住户传统的纸质记账转变为网上输入的方式，调查员可直接在网上审核住户信息，更新原先通过传真、电话和上门调查等采集手段，减少了人力物力，节约了交通、通讯、日常办公成本，填报也更加快捷。随着填报频次的提高，大量增加数据的采集，从而能更准确地反映出记账户的收支生活水平。同时也为政府及时掌握居民家庭生活情况并作决策提供了依据。项目共计完成1 600家记账户的推广，月平均填报数量达6万条，填报频率和数量比原先提高了25%。

【浦东新区民政综合业务信息管理系统走进街镇】 2013年7月4日，浦东新区民政局、区经信委召开民政综合业务系统街镇版研讨会。十余个街镇对数据安全、系统使用权限、与相关委办局的接口等工作提出了建议，并结合实际工作，提出相应需求。会上，浦东民政局宣布正式启动"浦东新区民政综合业务信息管理系统"建设，以"业务横向联系、信息综合利用、辅助决策支持"为目标，整合民政救助、优抚、双拥、双退、福利、老龄、社团等业务条线的信息资源。综合业务系统基于街镇应用需求，提供老人地图服务接口和数据服务接口，街镇可利用这些接口开发个性化应用，减少系统的建设成本。

【浦东新区档案局推进民生档案信息化进社区】 浦东新区档案局将信息化手段与服务模式创新相结合，通过"浦东新区档案区域协同分级管理系统"（以下简称"区域协同系统"）的实施，构建了"物理分散、逻辑集中、异地服务、全网共享"的区域档案利用服务平台，在全区42个社区服务中心推行婚姻、独生子女、知青、知青子女回沪、社员造房等相关民生档案的社区便民利用，实现了与市区县16个档案馆际之间跨馆查询利用。区域协同系统搭建在两台服务器上（数据库服务器、应用服务器），各街镇社区服务中心通过政务外网或VPN方式与馆内应用服务器实现资源共享和互连服务，形成档案工作上下联动的积极效果，同时为确保档案区域能高效、安全的应用，平台采用了权限控制，在全区范围内对档案区域利用的申请、审批、使用各个环节进行全程监控，加强了档案利用的安全管理。区域协同系统的实施，初步形成了覆盖全区的区域档案利用服务网络，让社区居民能在离家最近的地方，在最短的时间内查到所需要的档案材料，做到村民查档不出村。

【浦东大力推进"智慧养老"项目】 2013年5月，浦东智慧城市发展研究院、浦东新区老龄事业发展中心与上海宽带技术及应用工程研究中心进行三方合作，充分发挥各方优势，以"科技助老、智慧养老"为宗旨，致力于"基于智能传感设备的居家照看及老人日常生活能力（ADL）大数据的采集与利用"的科技助老服务。三方合作内容主要包括：科技助老产品的研制、应用和产业化推进。如跌倒检测智能感知地毯、床垫式生命体征检测仪、智能门锁等养老产品系统；浦东新区科技助老公共服务平台的规划建设；浦东新区街镇试点、示范应用等。

【潍坊街道开启"科技助老"模式】 潍坊新村街道作为"智慧社区—科技助老"项目试点单位，于2012年成立潍坊新村街道创建"智慧社区—科技助老"领导小组，引进基于集成被动监测系统技术的爱照护商业智能管理系统，实现潍坊社区智能化养老服务管理。爱照护养老服务管理系统利用物联网和云计算技术，包含老人日常生活能力损伤持续侦测、老人远程监护和关爱、老人生命体征参数采集和自动上传、照护需求评估、服务计划、派单、实施、验收和支付的全流程可视化管理模块。居家服务人员、送餐员、关爱员和子女通过智能手机的App客户端，实现对老人各级养老服务信息采集和获取，有效提高了潍坊社区养老服务管理整体效率。2013年，正式启动潍坊社区服务智能化管理系统实际应用工作，在社区敬老院、6个老年人日间服务中心和居家养老服务等领域全面铺开爱照护商业智能管理系统试点。

【周家渡街道居委巡查系统建成并启用】 周家渡街道社

会综合管理指挥中心的居委巡查系统于2013年建成并启用，居委网格巡管人员统一配发PDA手持移动终端。按照管理流程，巡管人员如在工作中发现各类紧急情况，可利用PDA终端进行拍照、填写相关信息并上报，街道的综合指挥分中心巡查系统将第一时间获取信息并进行处理。此种方式改变了以往“居民区有事直接找相关科室(部门)”的传统处理模式。巡查系统接到上报信息后，预存在系统内的15大类、110小类处理预案将快速与报送事项进行自动匹配。同时，街道领导可通过系统进行实时查看、了解事项处置各环节的工作情况。该系统提高了社区管理工作效率，使监督工作由静态监督、事后监督向动态监督、实时监督转变。

【洋泾生活服务网】 为更好地为社区居民服务，洋泾社区本着“政府搭台，和谐发展”的思路，着眼社会生活虚拟化发展趋势，以社区为单位、以生活服务为抓手，以洋泾社区电子政务成果为依托，构建框架下资源共享、信息互通的洋泾生活服务网，为社区所有主体(政府机构、商家企业和居民)提供资源汇聚、互动共享、虚实结合的生活服务，并以此为载体推动社区资源融入社会、社会资源服务社区，全面提升服务能级，最终实现市民、企业、政府的三赢结果。网站一共采集了涵盖居民日常生活9大类的服务机构信息，其中包括100余家公共服务和600余家市场服务的信息，所有内容包含政府职能机构、医疗机构、学校、公园、菜场和老百姓日常生活相关的衣食住行等方方面面。为了解居民需求，网站工作人员还分别走访了洋泾街道内38个居委会，对每个居委会实地考察，查看周边商家机构及便民服务情况。

【陆家嘴社区首推智能快递箱】 陆家嘴社区为解决快递最后100米和小区快递乱象丛生等问题，建设了智能自助快递箱，并在海怡小区试点。智能快递箱使用率占总快递量的50%以上，并计划根据小区需求逐步推广。快递员进小区，根据快递箱的操作步骤，将快递件放入箱内，快递箱的操作系统，会以短信的方式通知货主，同时发出快递箱取件密码。货主回到小区后，通过密码输入和身份识别确认后，自动取货，使小区快递变得井然有序。

【浦东新区家庭网络康复平台】 浦东新区家庭网络康复平台是上海市残疾人康复职业培训中心建设的一个集康复、咨询、租赁、服务等为一体的残疾人综合服务系统。通过线下的机构与线上的服务相结合，加强了机构康复与家庭康复的紧密联系，让残疾患者在家中即可享受到康复评估、康复指导、健康咨询等便捷服务，最大限度地降低了残疾患者在康复医疗方面的费用，缓解了残疾患者出行不便的难题，也提高了现有康复医疗资源的利用率，最大范围地扩大残疾患者的康复受益面。该平台创新康复服务模式，降低康复医疗费用，缓解“康复难、康复贵”的难题；利用家庭网络康复平台的优势，辐射上海市，扩大用户群体，以加盟的形式扩展分中心。引入康复终端设备和电子血压计，通过租赁的方式惠及残疾患者，将数据实时地上传至数据库，有效地跟踪与了解残疾患者的实际情况，实现康复设备的社会性综合利用。

【上海电信浦东分公司开展“智慧浦东社区行”大型路演活动】 2013年11月，上海电信浦东分公司在洋泾街道、沪东街道、南码头街道的响应配合下，成功举办了2013年“智慧浦东社区行”大型系列巡回路演活动。活动以便民、惠民为宗旨，以大力宣传智慧社区应用成果为目的，结合各街道实际应用情况，现场通过设置统一横幅及展示设备的形式为各街镇社区度身打造一整套个性化的路演方案，集业务演示、咨询讲解、应用体验等多项功能，搭建成熟的社区信息化应用展示平台。工作人员向前来参观的居民详细讲解无线通信的相关知识，普及移动通信基础知识，并从移动4G、无线城市、社区物价发布、小区安防、车载定位和家居卫士六个方面向居民介绍了未来无线通信在教育、医疗、交通、公用事业等多个贴近居民实际生活中的应用成果，让居民充分感受到智慧社区的建设成果。活动期间共开展路演5场，接受用户咨询3 000余次，活动效果良好。

三、经济领域信息化

【浦东市场监管新手段综合监管效率提升】 浦东新区市场主体综合监管与服务系统(二期)完成了项目验收。该系统于2013年6月起在新区市场监管局食品处和洋泾街道等试点区域开始试运行。该系统在原有一期的基础上完善了网格化监管子系统，增加了业务提醒与督办食品监管、案件管理等模块和绩效考核与效能监察子系统。系统通过电子地图形式直观反映各类市场主体的分布，也便于监管责任的划分和落实；通过预警提醒等功能，为日常监管任务高效按期完成提供了帮助；通过对无照巡查与处置信息的链接，方便了无照对象的处置；通过对市场主体补充信息的录入，解决了在实际工作中的归类查询问题，为阶段性工作的开展提供手段。该系统充分体现出网格化综合监管的设计理念，已成为新区推进网格化综合监管的有力手段，并将系统成功推广到全区 29 个工商所，为新区工商局的监管工作提供了强有力的技术支撑手段，提升了监管效率。

【康桥镇完成社区公共事业自助缴费网点建设】 为进一步方便康桥镇居民日常生活，解决"公共事业交费烦"问题，康桥镇联合浦东供电公司计划在辖区内建设 36 个公共事业自助服务终端，方便居民使用银行卡自主完成电、水、燃气、电信、有线电视等公共事业费用的缴纳。康桥镇于 2013 年 10 月启动该项工作，落实安装地点及配套设施，已完成 16 个服务终端设备的安装，计划 2014 年全面完成社区公共事业自助缴费网点建设工作，并配合浦东供电公司做好自助服务终端的维护和管理工作。

【零部件第三方物流服务平台经济效益良好】 零部件第三方物流服务平台是上海畅联国际物流有限公司建设的物流服务平台，该物流服务平台的建设形成了协同的供应链桥梁，实现电子零配件产业链上下游的延伸，将产业链内企业有机联系在一起，产业链上各个上下游公司可通过运行本平台，调动、调配营销资源、库存信息资源、订单信息资源、生产能力资源、序列号跟踪等服务，实现整体效益最大化。该系统提高了公司在订单处理、报关、进出口、运输等环节的综合服务能力，大大降低企业的管理成本。最大限度地缩短了第三方物流服务的响应时间。系统可迅速、准确地显示出供求信息、生产要料状况、配送情况和库存动态明细信息，使企业存储物料的长线、短线一目了然，从而降低服务周期。通过系统优化，提升了公司服务水平，客户满意度得到提高，增加了企业的核心竞争力，使得公司业绩以每年稳步增长的良好态势发展。

【西本新干线电子交易系统二期上线】 西本新干线电子交易系统二期是由上海西本钢铁贸易发展有限公司建设的电子交易平台，项目上线后，通过一年的运营，已覆盖了大宗商品产业链若干典型行业、代表性领域。体现初步社会效益。通过一系列模式和技术的创新和应用，有效降低了产业结构风险、系统性风险，实现了合理产业结构调整，有效帮助降低社会整体物流成本，提升物流效率。通过云计算技术的落地实践，实现了物流行业云计算产业积聚。已经形成十几家软件供应商在线开发、两家基础资源供应商在线服务，整体产值过千万的规模。现已申请 34 项专利，拥有 3 个软件著作权，并制定、发布了一系列行业云计算标准。

四、城市建设管理领域信息化

【浦东新区住房保障管理信息系统通过验收】 2013 年 12 月 20 日，浦东新区建交委"浦东新区住房保障管理信息系统"通过验收。通过整合现有浦东新区保障性住房信息资源，以地理信息系统为基础，建立并完成保障性住房数据库管理系统、保障性住房业务管理系统、保障性住房中心信息门户、保障性住房三维展示。项目涵盖了廉租房、征收安置房（动迁房）、经适房（经济适用房）、公租房（公共租赁房）四大类基础房源的建设，集中管理了分散在 36 个街镇的保障性住房信息和数据资源，共计 188 个保障房基地、161 246 套保障房、1 413.9 万平方米，提供了包括"四位一体"的房源信息、租住申请审核、申请审核结果公示和诚信情况通报等各种服务，实现了与区、街道等的数据共享，进一步规范了业务流程和管理模式，提高了对浦东新区保障性住房的管理水平。

【浦东公交集群调度信息系统运行成效明显】 截至 2013 年年底，上海浦东新区公共交通有限公司建设、运营的"智慧公交-基于 GPS、GPRS、RFID 的公共交通集群调度信息系统"共计完成 520 套 GPS+DVR 车载一体机及 590 套集群调度一体屏的安装，在 1 110 辆公交车上实现集群调度功能，在 96 条公交线路上实现智能调度常态化管理，取消副站，调度员已从原来的 141 人减至 51 人。项目实施以来，大力提升了浦东新区的公交服务水平，吸引了更多乘客采用公交出行模式，改善了城市交通环境。同时通过项目持续运营，为行业监管和政府决策提供可信、及时的数据基础，为规范成本规制和财政补贴，提供了技术保障。

【"陆家嘴停车"App上线】 "陆家嘴停车"App应用苹果版和安卓版App已上线使用。"陆家嘴停车"App应用是陆家嘴智能停车引导系统的重要组成部分，系统通过数据采集、数据处理、数据综合发布等子系统，将各种类型停车场(库)及道路停车的信息进行统一管理及发布，可实时提供停车场的位置、收费、实时状态等信息，从而达到指引停车的目的。同时，系统采用"绿、黄、红"三种不同颜色来表示停车场"空闲""忙碌""拥挤"的实时状态。让用户清晰、迅速地掌握停车场停车实况。系统在改善停车场的经营条件以及增加商业区域的经济活力等方面发挥了重要的作用。

五、信息产业发展

【浦东信息产业迅速增长】 新区电子信息制造业稳步增长，总产值约2 500亿元。软件和信息服务业增长迅速，实现经营收入1 950亿元，同比增长11.3%。新区新兴产业呈现良好发展趋势，鼓励浦东企业建设云计算应用平台，推动物联网应用示范开展，支持中国电信创新孵化基地、张江移动互联网孵化器等基地建设。

【微软公共云项目正式落户浦东】 2013年5月22日，微软公共云Windows Azure正式落户。微软公司全球首席执行官鲍尔默、美国驻华大使骆家辉参加仪式并致辞。微软中国公司将微软公共云项目(Windows Azure和Office365)落地浦东并选址建设项目数据中心，以云计算理念为全中国用户提供各类应用系统开发建设的基础服务平台，实现微软办公软件、邮箱、即时通讯等云服务，提高政府服务效率，降低中小企业成本，有效优化构建浦东产业发展的生态环境，推进浦东新区建设上海市云计算应用示范区进程。

【开展集成电路设计业亮点企业评选】 浦东开展了集成电路设计亮点企业评选。经过综合评选，选出了实力型、成长型、创新型三类亮点企业，共有15家亮点企业入选。被评选为"浦东新区集成电路设计业亮点企业"的企业，在上海市软件和集成电路等专项申报中，结合项目具体情况给予了重点推荐。同时，在集成电路研发人员的奖励、集成电路首轮流片的奖励等政策申报过程中给予重点辅导，其代表芯片产品将入选浦东开发开放展(产品展)的"浦东芯片墙"，并给予重点介绍。入选企业的管理者在"浦东年度经济人物"和"浦东百人计划"等评选活动中给予了重点推荐。

【浦东4家企业入选中国软件百强】 2013年5月，在国家统计局服务业统计司、工业和信息化部运行监测协调局的指导下，中国电子报发布了2013年(第十二届)中国软件业务收入前百家企业。在此名单上，浦东中国银联、上海宝信软件股份有限公司、上海贝尔股份有限公司、华讯网络系统有限公司4家企业上榜，这4家企业2012年软件业务收入合计达到121.78亿元，其规模远远领先于行业内其他企业。

【浦东10家企业占据全市软件二十强】 2013年6月，市经信委公布了2013年上海软件企业二十强名单，浦东10家企业榜上有名，特别是榜单前10强中浦东占8席，且前五名企业均来自浦东新区，分别是中国银联、上海盛大网络发展有限公司、上海宝信软件股份有限公司、上海华讯网络系统有限公司和上海贝尔股份有限公司。此次入选的企业2012年度营业收入合计达276.4亿元，占全市二十强企业总数的72.2%，其规模领先于行业内其他企业。

【中国物流云产业基地落地】 2013年5月29日，以"云领未来、物流天下"为主题的"中国物流云产业基地"启动仪式在上海隆重举行。意味着国内垂直行业的产业云计算基地正式落户上海浦东，对打造全球领先的大宗商品云计算基础环境，创新物流新模式，助力产业升级将起到积极推动作用。基地将立足"制造在区域，物流在全球，交易、研发、数据在上海"的网络平台经济模式，打造一个千亿级钢铁交易结算中心，若干个千亿级大宗商品交易结算中心，形成网上总部经济集聚区雏形。同时通过IT高科技手段和行业标准建设的结合服务，最终实现"架构产业IT新经济"理想。

【浦东9家企业入选上海市规划布局内重点软件企业】 2013年6月，根据《上海市规划布局内重点软件企业、重点集成电路设计企业认定办法(试行)》，市发改委、市财政局、市税务局、市经信委等部门联合认定并公布了2011—2012年度上海市规划布局内重点软件企业。浦东新区盛大计算机（上海）有限公司、中国电信上海理想信息产业（集团）有限公司、华存数据信息技术有限公司、博彦科技（上海）有限公司、上海中兴软件有限责任公司、上海新致软件有限公司、上海麦杰科技股份有限公司、上海海勃物流软件有限公司、上海金仕达卫宁软件股份有限公司等9家企业入选，数量占全市的46%，这些企业均可按照《关于本市进一步鼓励软件产业和集成电路产业发展的若干政策》相关实施细则申请享受优惠政策。

【国家电子商务综合创新实践区成效突出】 2013年12月，浦东新区国家电子商务综合创新实践区通过国家工业和信息化部专家组验收。浦东“国家电子商务综合创新实践区”创建三年来，在电子商务创新发展方面取得了重要成效，不仅经营规模持续增长，2012年浦东实现商品类电子商务交易总额3 511亿元，约占上海市商品类电子商务交易总额的45%，模式创新更是成为亮点内容，涌现了一批优秀企业。新区电子商务发展环境不断完善，组织召开了中国（上海）电子商务创新发展论坛等交流活动，发布了浦东电子商务三年行动计划等文件，不断加强电子商务基础设施、信用服务、物流体系、支付体系建设，使浦东电子商务发展环境和服务体系不断完善。同时，在电子商务园区建设取得实效。唐镇电子商务创新港通过大力推进公共与集成服务、专业服务、交易服务三大支撑体系，推动区域电子商务服务的产业资源集聚、创新要素集中和服务功能集成，电子商务产业已成为唐镇重要经济增长点。

【浦东7家企业入围2013—2014年度国家规划布局的重点集成电路设计企业】 工信部印发了《2013年度通过年审的集成电路设计企业名单》和《集成电路设计企业名单（第十一批）》。根据名单，全国共395家集成电路设计企业通过2013年度年审，其中上海105家、浦东71家。2013年度新认定集成电路设计企业50家，其中上海11家、浦东6家。至此，浦东新区经工信部认定的集成电路设计企业共77家，占上海的66.4%，占全国的19.5%。展讯通信（上海）有限公司、联芯科技有限公司、格科微电子（上海）有限公司、上海华虹集成电路有限公司、昂宝电子（上海）有限公司、芯原微电子有限公司、钜泉光电科技（上海）有限公司等7家企业入围2013—2014年度国家规划布局的重点集成电路设计企业。

六、信息基础设施建设

【信息基础设施建设水平进一步提升】 浦东新区以城市光网、无线城市为主的智慧浦东信息基础设施建设已取得积极成效。城市光网覆盖185万户，百兆家庭宽带接入能力覆盖率达99%。实际固定宽带带宽已达到13兆，在全市居于前列。基本建成覆盖全区的3G网络，基站总数6 339个，建成公共区域WiFi场所2 508个，实现在68个公共区域（医院、公园、图书馆、文化中心等）向公众开放“i-Shanghai”免费WiFi。

【浦东新区IPTV用户突破40万】 截至2013年7月，浦东新区网络互动电视（IPTV）已突破40万户，其中高清IPTV占比达35%。随着光宽带网络的迅速普及，浦东电信的高清IPTV走上了快车道。

七、信息化环境建设

【浦东新区成立智慧社区建设联盟】 2013年1月，由区经信委指导，浦东新区信息化协会和中国电信上海公司浦东电信局协办的浦东新区智慧社区建设联盟宣告成立，该联盟成员主要包括相关街镇和企业。联盟旨在为浦东新区智慧社区建设单位提供一个学习、探讨、交流的平台，通过此平台可交流在智慧社区建设过程中的经验，分析解决遇到的问题，学习探讨智慧社区建设过程中出现的新问题新理念，分享智慧社区建设成果和资源，提高智慧社区建设进程和效率。

【上海市中国软件名城和临港软件园揭牌】 2013年4月28日，上海市中国软件名城创建试点工作总结会暨上海临港软件园开园仪式召开，工信部副部长杨学山、上海市副市长周波出席，并共同为上海市中国软件名城和临港软件园揭牌。会议由市府副秘书长徐逸波主持，市经信委主任李耀新介绍了上海市中国软件名城创建工作情况，工信部软件服务业司司长陈伟宣读了授予上海市“中国软件名城”称号的文件，浦东新区临港地区管委会介绍了临港软件园有关情况和政策，并和首批8家入园企业举行了签约仪式。

【浦东新区智慧城市建设专家委员会周年研讨会成功召开】 2013年5月14日，浦东新区智慧城市建设专家委员会周年研讨会在浦东国际人才城召开。工业和信息化部信息化推进司副司长董宝青、上海现代服务业联合会会长周禹鹏、浦东新区副区长朱嘉骏、同济大学副校长吴志强等出席。研讨会以“智慧引领模式变革”为主题，共同研讨了智慧城市建设发展的模式和路径，研讨智慧城市和产业转型的互动机制。会上，上海浦东智慧城市发展研究院联合国内十多家在智慧城市领域知名研究机构，发起成立“中国智慧城市咨询评估机构联盟”倡议，以此打造国内智慧城市高端研究咨询领域的交流合作平台，构建智慧城市研究机构之间、研究机构和政府及市场之间的沟通桥梁。同时，上海浦东智慧城市发展研究院和浦东新区老龄中心、上海市宽带中心进行签约，共同在浦东新区推进智慧养老项目。

【签署共建智慧社区战略合作协议】 2013年5月21日，浦东新区经信委与中国电信上海公司浦东电信局签署共建智慧社区战略合作协议。双方约定，将进一步贯彻落实国家信息化发展战略和上海市“智慧城市”信息化建设目标，充分发挥浦东电信在实施“智慧浦东”战略中的生力军作用，推动新区18个街镇的智慧社区建设。此次签约，既是智慧浦东“政府引导、社会参与”信息化建设模式的体现，也是浦东新区充分发挥属地电信、通信、信息服务商的综合实力，承担更大社会责任的体现。

【浦东新区发布智慧社区建设指导意见】 2013年8月，浦东新区发布《浦东新区智慧社区建设指导意见》，旨在加快推进智慧浦东建设，指导街镇开展智慧社区建设。新区已有10家区级智慧社区试点单位，其中陆家嘴街道、南码头路街道、金桥镇和周浦镇还被确定为市级智慧社区试点单位。

【浦东新区积极开展智慧城市体验周活动】 2013年10月25日，“上海市智慧城市体验周”陆家嘴智慧社区开展。活动展示了家庭医生远程医疗服务、IPTV社区频道、智能快递箱、电子阅报栏等智慧社区应用。在体验周内，浦东新区在相关试点街镇开展了智慧浦东建设成果巡展，通过图文并茂的方式向市民推介了近年来智慧社区建设取得的成果。并在试点街镇、公交枢纽站点、智慧城市体验中心等开展了涉及智慧医疗、智慧公交、智慧航运、智慧社区等近20场智慧城市宣传活动，让市民感受到“智慧城市开启美好生活”。

【区域卫生信息化建设与管理研修班成功举办】 2013年5月28日，由上海市浦东卫生发展研究院主办的“区域卫生信息化建设与管理研修班”在浦东卫生发展研究院举办，来自闵行区、杨浦区等区县及新疆喀什地区等地共70多名学员参加培训。11名卫生信息化领域专家从“NHS建设经验介绍”“上海电子病历应用水平分级评估思路”“区域卫生信息化的深化与发展”“区域卫生信息化标准体系的研究与应用”等议题，与学员多方面探讨了区域卫生信息化建设和管理的前沿动态和实践经验。

八、社会诚信体系建设

【浦东启动加强社会诚信体系建设调研课题】 2013年2月21日，浦东新区召开加强社会诚信体系建设调研课题启动会。区宣传部、区政府办公室、区科委、区商务委、区建交委、区国资委、区金融局等委办局及浦东海关、区检验检疫局和张江高科技园区管委会、区综合保税区管委会等18家单位的分管领导和相关处室负责人参加了会议。区经信委副主任张爱平主持会议，并从新区社会诚信体系建设现状、调研的目的原则、调研重点和分工、调研方式及成果形式、时间节点安排等方面对本次诚信调研课题作了介绍和布置。浦东新区副区长朱嘉骏出席会议并发表重要讲话。7月6日下午，浦东新区区委书记沈晓明听取了区经信委关于浦东新区社会信用体系建设调研的课题汇报，并指出社会信用体系建设是市委、市政府层面近年来非常关注的重点工作，浦东新区要认真落实好上海市的要求，扎实推进相关工作开展。

【基本建成浦东新区工程建设领域信用信息共享平台】 根据《工程建设领域项目信息公开和诚信体系建设实施

工作意见》等相关文件精神，浦东新区于2013年开始建设浦东新区工程建设领域信用信息共享平台，该平台通过建立和完善市场主体信用档案，推进信用信息在市场准入、资质管理、招标投标、评优评奖等市场运行和监管环节中的应用，服务于政府业务监管和决策。实现工程建设信息的互联互通和互认共享，从而建立健全守信激励和失信惩戒制度。各级行业主管部门按照有关标准，制定具体实施办法，综合运用信用信息结果。对信用等级低和有不良行为、性质恶劣的从业单位重点监管，在市场准入、资质管理、招标投标等方面提出限制条件。推进公开工程建设项目信息和信用信息。链接和整合相关部门建立的信息公开共享专栏，集中公开工程建设领域项目信息和信用信息，对公开的项目信息和信用信息，依托互联网，为公众提供“一站式”综合检索、查询等服务。强化对市场主体信用情况的舆论监督和社会监督，对严重失信行为及时曝光，倡导诚实守信，营造良好的经营氛围。

【浦东新区行政审批告知承诺信用监管平台】 根据《上海市企业注册登记“并联审批”办法》要求，浦东新区展开了告知承诺审批方式试点。浦东有2.5万家企业参与了告知承诺审批，其中有3.1%的企业属于履行情况不良。2013年浦东新区开始建设浦东新区行政审批告知承诺信用监管平台，平台针对34项行政审批事项进行信用监管。前期包含浦东新区工商局、区卫生局、区食药监局三家试点部门的10多项行政审批事项，后续会纳入其他相关审批部门的行政审批事项；监管对象包括浦东公民、法人或者其他组织。该平台通过统一整合浦东新区各审批部门掌握的主体信用信息，实现信息在各审批部门间的流通共享，为审批部门进行及时的事后监管提供依据；通过信用分类分级监管、信用预警等手段，有效梳理需要重点关注和监管的主体，提醒审批部门加强监管力度和效率，防患于未然；通过建立信用联合监管机制、制定失信惩戒措施，加强审批部门间业务联系和事后监管，使信用不良主体“一处失信，处处受限”，坚决纠正和查处不按承诺要求生产经营的主体，督促主体兑现承诺，确保诚信经营，依法经营。

（蒯晓豪）

第二章 徐汇区信息化建设

概 述

2013年，徐汇区推进重点应用，努力消除“数字鸿沟”，延伸智能化便民服务渠道。信息产业发展良好，区软件信息服务业实现营业收入297.47亿元，占全市产业总量的6.9%。同时，推进本区信息基础设施建设和民生科技应用创新，打造产业集群，推进移动互联网产业发展。

一、政务领域信息化

【无纸化办公】 以“规范、共享、协同”为导向，全区统一规划，突出顶层设计、注重底层实施，在对原办公自动化系统(OA)系统全面升级的基础上，大力推进机关公文简报处理、重点工作督查和提案议案办理的全程电子化。徐汇区政府电子政务平台已覆盖全区各处级单位、街道(镇)和基层居委会，日均访问量5 500人次，区政府办公自动化系统年均使用量近100万人次，节约大量办公纸张及耗材。主要做法：一是推行全区党政机关网上办公。基本应用已覆盖公文管理、信息报送、文件交换、机关简报等各项日常性行政事务。网上日程安排使用量达10万人次。二是实现人大书面意见及政协提案全程网上办理，涵盖受理登记、转分办、承办答复、意见反馈、复查办结并公布到区政府网站的整个过程。三是开展全区重点工作网上督查。实现“数据电子化、流程标准化、操作便捷化”，完善督查机制、提高督办效率。四是全力做好网上信息公开与公众互动工作。实现前后台互联互通、业务数据跨部门流转。

【网上行政审批建设方面】 继续整合“信息孤岛”，构建一体化的网上行政审批平台，以部门受理窗口为主体，社区服务站为基础，并联审批系统为纽带，通过全区统一的政务网络连接起来，形成市、区、街道、居委会四级联动的公共服务网络，保证各种服务功能和信息交流的顺利实施。根据《国家电子政务总体框架》及上海市网上行政审批统一编码规范，采用开放式标准兼容各个条线的业务数据。平台已对接民政、工商、卫生计生、绿化市容、环境保护等市级部门12个信息系统，已实现新设企业100%网上并联审批，涉及食品流通、公共卫生、环境评价、图书零售、餐饮服务等14个部门的25项行政职权，为区内企业市场准入打开了一条“高速公路”。

【重点应用推进方面】 努力消除“数字鸿沟”，延伸智能化便民服务渠道，以“服务、办事、互动”为特色，通过新理念、新技术、新标准、新流程、新模式的应用，为社会公众提供方便优质、多方式全方位的服务，提高基层服务水平，促进基本公共服务均等化。一是为解决本区老年人口总量大、增速快，独居、纯老家庭多等难点重点问题，开展久久关爱为老服务平台建设项目。该平台采用“呼叫中心”方式，当加入平台的老年人有服务需求打来电话时，平台会自动辨别老年人所在的街道地址和个人情况，并将就近的服务信息提供给老年人或将服务直接配送到老人身边。借助“一号通”技术，当老年人遇有紧急情况求助时，平台会在最短时间内联系救助机构和老人亲属，及时正确施救。平台还为失智老人提供位置查询、设置电子围栏等，让家属或监护人能随时掌握老人位置及活动状况，防止走失及意外发生。二是为进一步完善城镇医疗救助制度，保障本区困难群众能够享受到基本医疗卫生服务，逐步建立起管理规范、救助快捷、效果明显的“一站式”城镇医疗救助体系，由现行的事后救助向事前、事中转变。通过技术手段，建立以数据中心为依托，政策数据化为导向的业务工作平台，以“一站式”城镇医疗为基本业务主线的平台体系。该平台于2013年5月上线试运行，在枫林、斜土社区进行试点。三是各街镇社区事务受理中心深化标准化建设，全面落实服务事项、办事流程、建设规范、标识标牌、管理软件和评估体系“六个统一”，推进社区公共服务均等化、规范化、高效化。积极促进“社区事务受理服务系统”的应用推广，充分发挥其统一受理、数据沉淀、业务协同、信息互通、数据上传、统计分析和绩效考核等功能，健全“前台一口受理、后台协同办理”的工作机制，开设综合受理窗口，超过窗口总数的50%，降低行政成本，提高工作效率，方便群众办事。按照“能通办则通办、能就近则就近”的原则，加强部门合作，开展“全区通办”试点，开设了50项“全区通办”的服务项目，为居民提供便捷的个性化服务。四是开展村(居)社区事务及便民服务延伸点的信息化建设。积极推广“智能社工”自助查询系统等便民信息系统的普及运用，逐步设立社区事务自助受理终端，为群众提供方便快捷的个性化自助查询、自助受理常规即办件等政务服务。社区定期组织培训社会工作者、社区志愿者，严格按照相应的规范程序，接受行动不便、有特殊困难的居(村)民委托，代为办理相关事宜。同时，推进社区事务网上全程公开。加大公开力度，逐步做到当事人对所办事项的过程、进度、跨部门办事结果、受理情况的历史记载等信息可查询、可下载。探索实现政务服务的政策全透明、过程全公开、查询全方位。探索运用电子监察系统，确保服务过程可追踪、可监督。该项目在凌云社区的梅三居委会试点。

【基础软件国产化方面】 继续配合国家及市有关部门关于做好国产基础软件产品推广应用的工作要求，2013年年初启动了电子政务平台的国产化移植建设项目。该项目主要包括软硬件国产化、性能优化、功能深化等，基于国产基础软件的应用平台已上线试运行，并获“上海市国产基础软件应用示范用户奖”。该项目各环节均采用国产基础软件，形成了应用平台的全国产化，可满足国家重大信息化工程自主、可控、安全的需要，保障了政府信息安全。且积累了大量国产化平台开发建设与运行管理经验。扶持了本区科技企业做大做强，促进高新技术产业成果转化，形成促进国产软件平台良性发展的上下游产业链，打造电子政务应用领域的国产品牌。国产基础软件的普及与应用，对于进一步提高我国软件产业的竞争力，提升软件产业专业化服务水平，促进国民经济和社会信息化的健康快速发展，具有积极而深远的意义。

（区府办）

二、社会领域信息化

【智慧医疗学术论坛暨远程诊疗中心揭牌仪式】 2013年2月，上海市第八医院举行了智慧医疗学术论坛暨远程诊疗中心揭牌仪式。远程诊疗中心旨在以远程专家为主，开展健康咨询、远程专家会诊、远程医学监护、远程诊疗并安排到指定医院住院治疗等服务。

【漕河泾街道信息化建设】 一是改造、升级社区网络视频会议系统，着力将居委会活动室打造成社区文化活动分中心，实现东方讲坛、文化演出活动全程同步转播，方便居民就近观看。二是完善社区网站改版，依托老人关爱网、宝宝乐等社区教育平台，通过文、图、音、像等形式提供菜单式服务项目，满足居民文化、教育需求。三是加强政务微博建设，建立政务微博队伍，开通街道办事处、九点社工站、育儿指导中心等17个政务微博，开展人员培训，规范微博维护，及时发布民生信息，加强网上互动交流，畅通居民信息渠道。

【斜土路街道社区生活服务中心实体化和信息化建设】 一是以规范化、多功能为导向，加强硬件建设和维护。在服务中心设立便民生活服务站，为园区内各类组织配备会议与活动空间，提供集聚办公和共享服务场所。二是强化社区公益服务网和信息平台建设。加强网络信息库与市网的对接，逐步完善远程特约服务机制。整合上海市社区服务热线与街道服务热线，与街道应急处置中心联动，形成统一的社区综合服务呼叫平台。三是充分发挥社会组织、孵化公益组织作用。大力培养专业社工人才，建立社区志愿者管理体系，提供常态化和专业化的服务。采用现场服务、网络电话预约、特殊群体上门服务等形式，形成实体化与虚拟化相结合的服务架构。

【湖南路街道推进社区信息化工作】 一是完善网络基础功能建设，试点推进街道及事务受理中心WiFi无线网络系统布局，使WiFi信号覆盖到整个办公区域，提升信息化办公便捷度。二是完善街道内部信息管理平台，优化资源共享和邮件系统，加强科室、部门间实时沟通，提高工作效率，节省办公经费。三是加强居委会信息化硬件建设，更新增设硬件设施，改造升级居委会网络，畅通街道、居委会、社区事务受理服务中心间的信息沟通渠道，提高工作效率。

【区人口计生委与区人口办联合举办业务知识培训班】 为发挥社区综合协管员兼职人口计生干部采集信息作用，提升人口信息化水平，2013 年 7 月 24—26 日，区人口计生委与区人口办联合举办业务知识培训班，13 个街道、镇社区综合协管员共计 300 余人分 3 批参加了培训。培训内容包括基层流动人口计划生育工作依据、流动人口计划生育权利和义务、主要工作职责与要求和主要工作考核办法等四个方面。

【居家养老服务智慧平台】 在区“公共服务一卡通”基础上，以街道(镇)为单位设立智慧平台，管理和调度本社区为老服务人员和信息。利用服务人员随身携带的智能终端和用户身份卡，通过无线网络对服务进行实时跟踪，自动采集汇总服务时间、内容、满意度等数据并生成报表。通过智慧终端，服务对象可及时了解各类政策和公共服务信息，管理人员能随时了解服务人员工作状态，也为业务主管部门及时掌握服务指标、服务质量、服务内容等提供有效支撑。

【区发改委(物价局)推进价格信息资源全民共享】 区物价局通过价格监测电子采集系统工作平台，坚持对 20 家农贸市场监测点的每日菜价进行统计与整理，向菜市场准确公布主要农副产品参考价；利用移动通讯、徐汇官方微博、《徐汇报》、徐汇有线台等载体向市民提供菜价的具体数据与分析，方便市民了解市场行情和购买农副产品；透过“徐汇价格之窗”平台即时公布各类价格动态，及时更新菜市场“市场参考价公示栏”上的监测项目及规格，确保区内主副食品价格信息能及时准确更新。

【加强食堂网络监控工作】 统一校园食堂监控设备安装标准，依托原有徐汇教育城域网网络，实现基础教育监控设备全覆盖；建立多重监管主体，实现与校方、承办公司、区食品监督部门对学校食堂规范化操作的远程实时监控；利用网络视频技术，重点监控切配区、烹饪区、备餐区、清洗区四个操作关键流程；加强监管和抽查力度，将专人监控和现场检查结合起来，进一步加强监管强度。

【税务分局深化数据利用】 利用数据库，对企业在综合征管系统、所得税汇算清缴、纳税申报月报表和会计年度决算报表等方面的数据进行抽取和集成，并设计程序审核、校验企业数据的合理性和勾稽关系，将有效数据集中录入和上报，做到企业数据“一次上报，多次使用”。调查涵盖软件企业、集成电路公司等共 304 户，涉及各类财务指标 787 个，校验表内和表间关系 1 500 多次。

【推行建设项目环评网上审批工作】 一是全过程网上办理。各岗位均在网上审阅材料、填写意见、制作文书、作出决定，并保留操作痕迹。申请被受理录入后，在系统内全过程“阳光运行”，保证项目审批公开透明。二是全过程文书规范。通过平台优化流转过程，细化工作内容，形成配套格式文书。对建设项目环保审批的各种文书、表格使用统一模块，有效提升行政审批的文书规范性。三是全过程实时监督。对行政审批运行情况进行实时监控监察，各审批环节相互制约、相互监督，有效杜绝越权审批、随意变更等现象，确保权力运行监管全覆盖、全程化，有效防止违规审批行为。

【“网上矫正中心”系统】 一是通过“网上矫正中心”系统与区公安局、区检察院、区法院等单位开展信息交互，实现材料转递无缝衔接，进一步完善社区矫正工作的沟通、协调、配合机制。二是通过考勤系统记录每个矫正对象的报到、学习、公益劳动等情况，强化矫正对象在刑意识，提高社区矫正规范化管理水平。三是根据矫正对象的实际情况，将其信息流转至相应的项目工作室进行介入干预，在系统内统筹安排矫正对象参与项目活动的时间和内容，增强个性化矫正效果。

【区教育局开展教育信息化区域综合试点工作】 2013 年 12 月，区教育局启动无线网络设施建设，实现徐汇教育城域网万兆网接入上海市教委网络；对电子政务系统进行升级改造；开展云计算服务中心和云终端建设，完成教育系统智慧会议系统建设，不断完善网络基础设施。开展精品课件试点工作，推进精品学科资源库建设；加快应用系统建设，结合学生学籍、学业成绩和综合因素的数据采集和评价管理，开发设计学生综合素质评价系统，不断强化教育资源建设。

【探索“智汇课堂”项目】 一是开设“空中课堂”，运用云计算平台，共建共享教育资源，探索多校区的“异地同步”教学，实现学生在不同空间同时学习、适时互动和及时互补。二是开发“移动课堂”，根据市基础教育网络率先建成“万兆骨干、千兆到校、百兆教室”的新一代网络架构，研究开发“移动课堂”系统，通过网络实时提供教学资源，协助学生突破时空参与课堂教学。三是探索“翻转课堂”，采用新型教学模式，设计课堂教学中“预习情况通报”“预习内容讨论”等教学环节，提升课堂教学的实效性。四是创建“微型课堂”，将拓展性、研究性、创新性的教学内容拍摄成教学视频，提供菜单式、个性化的课程篇目，借助云计算和物联网平台，建立师生间、学生间的互动平台。

三、经济领域信息化

【徐家汇商城探索O2O创新模式】 一是提前开展应急培训，提升一线客服和物流作业岗位技能，确保活动期间咨询订购电话顺利接听、订单包裹及时出库。二是与申通、邮政等快递公司合作，确保货品在最短时间送达消费者手中，有效降低延期送达等投诉。三是线上线下互动营销，网络商城策划轿车无底线降价竞购活动，提升网上销售人气；线下传统百货汇金、太平洋等百货公司推出团购等营销活动。徐家汇网上商城“双十一”当日实现订单6 820单、销售额520万元，商圈内集团旗下4家单体百货店销售收入826万元。

【“上海数字化智能审计工程”工作】 区审计局调集具有丰富绩效审计经验和良好计算机基础的工作人员组成项目推进小组，持续加快项目建设；结合审计工作重点和人员安排，通过分段、分时、分工，制定本区绩效审计项目进度分工实施方案；通过专题研讨、小组讨论等方式，梳理财政资金分配、使用、管理及资金效益等四大类绩效审计事项，确保数字化智能审计报表填写工作有序高效进行；深入调研财政资金绩效评价的依据和分类，有序开展项目工程各阶段的建设任务。

四、城市建设管理领域信息化

【区工商分局加强网络监管维护消费秩序】 一是规范辖区内重点电子商务企业网络促销宣传，加强对网站宣传和进货质量的管理，做好消费纠纷应急预案，增强消费者权益保护力度。二是通过消费维权联络点、政务微博等方式提前发布消费警示，向消费者普及网购商品和服务的基本知识，提醒消费者网购注意事项，确保维权凭据翔实有效。三是畅通“12315”、“12345”投诉举报网络，着力抓好转办、督办、协办，提高网络巡查力度，严厉查处网络虚假宣传、非法有奖促销等不正当竞争行为，营造和谐有序的网络消费秩序。

【建立网络交易消费维权共管机制】 区工商分局与有关网络平台企业建立消费申投诉处理共管机制，指导其提升消费者申投诉处理效率，从源头控制上督促网站强化信息发布主体资质审查程序；从管理机制上进一步规范网站有关客户协议和交易规则，指导网站学习使用市有关合同示范文本，加强网站平台对企业发布网络服务信息的约束，确保信息的客观真实；指导网站进一步完善投诉处理平台建设，加强与网站的联系沟通，准确掌握消费热点和矛盾集中点，及时有效地处理消费者的申投诉，打造一流的分类信息服务平台。

【提高区域食品安全监管效能】 一是在全区160家中小学和公办幼儿园学校食堂，以及40家民办幼儿园和9家大专院校食堂安装实时视频监控系统，全过程实时监控学校食堂生产流程。二是积极推进餐饮单位使用电子化溯源系统，以保证食品原料来源、食品配送去向实时可追溯，全区已有381家餐饮单位开展推广使用。三是完成48家菜场粮食追溯系统和22家菜场淡水鱼追溯系统安装，实现全区所有标准化菜市场肉菜、粮食、淡水鱼追溯全覆盖，为提高问题发现率和快速处置率打下扎实基础。四是在监管一线全部配备ATP、中心温度计、有害物质快速测试纸等快速检测装备，加强现场监管的有效性，进一步提高监管能效。

五、信息产业发展

【产业稳步增长】 2013年徐汇区软件信息服务业实现营业收入297.47亿元，占全市产业总量的6.9%。营业收入同比增长21.2%，增速高出全市2.2个百分点。实现增加值92.03亿元，同比增长8.2%，占全区GDP的比重8.4%，占全市产业增加值的6.6%。徐汇区软件信息服务业重点企业中，2013年营业收入过亿元企业57家，过10亿元企业7家。中国人民银行颁发的全国250家支付牌照企业中，徐汇区占据10家。2013年度上海软件企业二十强徐汇区有8家上榜，2013年上海市信息产业13件重大并购案中有4件由徐汇区企业主导。徐汇区软件信息服务业对区域经济及全市信息产业的贡献度越来越大。

【推进移动互联网产业发展】 一是申请成为上海市首批移动互联网产业基地，制定入驻企业税收、专业集群功能建设和园区服务管理等方面补贴扶持政策，与复旦、交大等高校联合培养专业人员。二是组织14家核心移动互联网企业发起成立徐汇区移动互联网产业集群，开展技术协同研发、攻关、应用，完成科技企业创新服务云平台、创业孵化服务平台、移动支付聚合服务平台等建设，发起成立"上海市位置服务产业联盟"，筹建"上海市移动互联网产业促进中心"。三是组织承办2013中国(上海)企业级移动应用峰会暨投融资论坛等活动，促进区域移动互联网企业间行业应用、业务拓展及企业管理的交流互动。

六、信息基础设施建设

【加快区域信息基础设施建设】 2013年，电信南区局光纤到户改造累计覆盖超过44.24万户，完成309幢商务楼、813个居民小区的光缆接入。中国移动徐汇区域新增光纤到户覆盖2.4万户，完成131幢商务楼、24幢居民小区的光纤入户；徐汇区作为中国移动4G网络(TD-LTE)规模技术试验网试点区县，成为上海浦西区域首个开通移动4G站点的行政区，现已完成375个站点的建设工作，实现区域TD-LTE信号全覆盖；数据专线累计开通84条，其中跨省专线1条，变更专线4条，重大专线22条。联通南区分公司完成光纤到户1.7万户，完成28幢商务楼宇光缆接入；徐汇区作为中国联通4G网络(FDD-LTE)试验网试点区县，成为上海浦西区域首个开通联通4G站点的行政区。2013年，中国电信、中国移动、中国联通三大运营商共参与并完成50个徐汇区i-Shanghai热点项目建设。徐汇区有线电视正常用户有37.5万户，数字电视用户数量为34万户，其中高清用户10.3万户，现有NGB网络覆盖达到37.12万户，覆盖率84%。

七、信息化环境建设

【搭建文化信息服务平台】 徐汇区创新公共文化服务方式，积极将信息技术、数字技术、网络技术等现代科学技术和传播手段用于公共文化服务，创新文化表现形式，丰富文化服务内容，拓宽服务渠道。在漕河泾和天平两个街道的5个居委会综合文化活动室创新试点"三室"建设，其中网络学习室就是利用远程教学技术手段，配送文化辅导项目进社区，通过网络视频教学，实现主分会场多点切换，同时实现在场、在线、在学的互动和交流；借鉴智能手机这一较为成熟的信息技术推出"移动读书汇"手机阅读平台；建立"徐汇终身学习网"，在全市率先建成了"人人皆学、时时能学、处处可学"的学习型城区。

【推进智慧城区建设工作】 一是推进商圈公共服务信息交互、创新商业营销方式和信息资源的开发与利用，加强商圈商、旅、文App综合服务应用的建设工作，让消费者在商圈切实感受到现代商业综合服务。二是推进华泾镇首批智慧社区试点项目建设工作，构建"智慧社区文化活动服务平台"，打造推动社区科、教、文、体均衡发展的信息化应用平台，提升综合公共服务能效。三是会同漕河泾开发区以智能化建设逐步实现对园区信息更透彻的感知和园区企业更全面的互联互通、共建共享；鼓励物联网、云计算等新兴信息技术在园区管理、企业服务、产业转型、绿色生产等方面的示范应用，支持园区内企业打造"数字工厂(企业)"；贴合区域内高新技术企业发展需要，推动基于智能技术的综合信息服务平台和新型智能商务楼宇管理系统的建设。

【推进信息基础设施建设和民生科技应用创新】 区科信委推动徐家汇商圈、衡复地区等44个公共区域和34个行政窗口的无线覆盖建设，鼓励楼宇及园区的无线局域网建设，增强公众体验和感知度；进一步协调电信运营商开展光纤到户及3G、4G通信网络建设。鼓励民生应用和市民体验等智慧项目发展，聚焦商圈、滨江和社区的智慧化项目应用，启动滨江信息基础设施规划，鼓励使用徐家汇商圈购物、交通、娱乐等商旅文化发展需要的App应用，促进传统实体商业的转型发展。依托漕河泾开发区和张江徐汇园等空间载体，扎实推进移动互联网产业集群发展，培育特色移动互联网产业基地，组建移动互联网产业技术创新战略联盟，支持并做强以移动互联网为主导方向的智慧产业发展。

【开展信息系统操作培训】 区财政局按照资产管理新要求，组织开展信息系统操作培训。一是对接新国标资产分类和范围。运用新信息管理系统，进一步细化分类，合理调整资产分类标准，为完善资产管理打下基础。二是优化操作流程。加强基础信息的核对，确保数据资料的准确性和完善性，进一步健全资产信息库，并引入资产卡片登记批量管理模块，简化操作程序。三是深入开展业务指导。针对资产处理较为复杂的单位，积极走访，加强辅导和培训，保障国有资产管理与财务制度的有效衔接，确保新资产管理信息系统在本区试点的顺利推进。

（区科委）

第三章 长宁区信息化建设

概 述

2013年,长宁区围绕“十二五”规划纲要中提出的“精品虹桥、国际商都、智慧高地、活力城区”发展方针,对接“创新驱动、转型发展”和上海市推进智慧城市建设三年行动计划,全力实施“智慧高地”战略,扎实推进基础设施、电子政务、数字惠民、信息产业四大类55个“智慧高地”建设项目。

一、政务领域信息化

【区机关政务平台电子邮件系统平稳升级】 区机关政务平台电子邮件系统自2003年建成投入使用以来,年均收发邮件量600万封,是区机关政务平台中使用面、使用量、使用频率最高的应用系统。新版邮件系统运行情况良好。

【区移动办公系统三期建设】 区科信委完成区移动办公系统三期建设,在前期已实现文件、会议、简报、邮件、日程和请销假等功能的基础上,三期新增会议通知和会议材料模块,并可实现开机自动接入政务网和任务实时提醒。现已全面完成项目开发和手机发放工作,手机终端采用联想最新型号S920。

【做好“四三二一”,促进行政审批大厅系统升级】 一是新增四项功能。在长宁门户网站上开设“内容查询”“网上申报”“状态查询”“结果反馈”功能,便于审批事项及时查询。二是设置三级审批。在审批流程中,设置了“办事员受理—科长审核—局长审批”的逐级审批程序,进一步规范审批过程。三是实施二次监督。通过黄灯、红灯警示设置,达到部门内外的双重监督,促使各级工作人员在规定时限内完成任务,使行政审批工作更为可控。四是完善一次统计。根据实际工作需要,进一步完善审批项目统计表,使相关部门能够更直观、准确地了解到部门的具体工作情况,做好基础数据累积。区科信委配合相关部门,全面完成了行政审批大厅的系统升级工作,为部门行政效能的提升奠定了基础。

二、社会领域信息化

【2013年区政府数字惠民政府实事项目建设】 结合“智慧社区”建设,区科信委全力推进数字惠民实事项目建设,完成了全年工作目标。一是基础设施广覆盖。全力推进无线宽带热点、2G/3G无线网络及城市光网建设,全年建成无线宽带热点112个,2G/3G无线网络有效面积覆盖率超过99%。家庭光纤宽带100兆接入能力覆盖率达到98.6%,入户率超过50%。二是服务载体更多元。在全年建成45台智慧社区综合信息服务屏(电子阅报栏)的基础上,积极开拓电视频道、手机互动应用等渠道,针对不同居民群体需求,丰富信息化服务载体。三是便民信息更丰富。在提供天气预报、报刊阅览、地图查询等信息的基础上,探索推送政策咨询、菜价发布、科普之窗等服务板块,进一步扩充便民信息内容,提升信息化建设利民、惠民水平。

【创新建立社保卡补换卡网点小教员培训机制】 区科信委创新建立社保卡补换卡网点小教员培训机制。一是顺势而为,组建教员队伍。在各街道受理网点挑选会电脑、善表达、综合素质佳的工作人员,建立区域小教员队伍,组织区域小教员业务知识培训,并通过考核和聘任,发挥小教员示范训导作用,提升培训施教能力。二是探索创新,优化培训内容。编写一套丰富、全面、针对性强的培训教材，增加了常见问题解答、市民服务理念与技巧，整理网点在业务操作及补换卡中遇到的疑难案例等内容，使培训内容更贴近工作实际。三是结合实践，推动机制深入。结合江苏街道补换卡网点的增设，启动区域小教员的培训实践，对全区补换卡网点新进人员进行上岗培训。小教员在培训教案的基础上，结合自身工作实践，细化、补充了社保卡业务操作、特殊情况处理等内容，形成了具有自身特色的教案，进一步突显了培训工作的针对性和有效性。

【推进“网络课堂”二期项目建设】 区科信委与区教育局等相关部门协同配合，完成了“长宁教育网络课堂”二期初三语文、数学、英语、物理、化学共计320课时的拍摄工作。

三、经济领域信息化

【推动科技型中小企业融资工作】 为进一步拓宽科技型中小企业融资渠道，帮助企业缓解融资难问题，区科信委在区财政局的指导下，与上海多媒体产业园发展有限公司、中国银行上海市分行、上海银行长宁支行共同签订《上海多媒体产业园区中小企业政策性融资平台合作协议》。该协议约定，融资平台领导小组各成员单位要加强联动、协调，在权责范围内对单个企业法人提出的500万元以下的贷款额度申请予以联合审批，努力提高为企业服务的实效性。

四、城市建设管理领域信息化

【新泾镇社区“创新屋”通过市级验收】 “创新屋”以“低碳生活‘百变奇巧屋’”为主题，分设“基础入门区”“提高区”和“交流展示区”三个部分，针对不同层次人群，将低碳创新活动与市民的兴趣爱好相结合，为百姓亲身体验创新乐趣提供了活动场所。天山和新泾镇两个社区“创新屋”通过市级验收，成为长宁“智慧高地”建设的重要社区实践展示载体。

【长宁区基础地理信息共享服务平台上线】 长宁区基础地理信息共享服务平台上线运行，平台集地理空间信息共享、数据交换、功能服务为一体，已涵盖社区、学校、医院、文化场所、体育场馆、科普基地等14大类、50个小类的业务数据，具备查询地址定位、周边查询、路径分析等服务功能，实现全区政府管理“一张图”。平台向各部门提供权威、可靠、适时更新的地理信息服务，由各部门共同维护和使用服务平台地理信息数据。

【3D虚拟科普场馆(一期)】 为进一步挖掘并利用长宁区域内科普场馆教育资源，区科信委与上海动物园、消防博物馆两家国家级科普教育基地联手打造3D虚拟科普场馆(一期)项目，平台已上线试运行。平台旨在运用数字媒体技术，通过互联网让更多公众更加便捷地参与场馆体验活动，感受长宁良好的科普文化氛围。

五、信息产业发展

【区科信委向政协科技委介绍“智慧高地”建设情况】 2013年3月28日，区科信委邀请区政协科技委全体委员召开长宁区科技工作通气会。会上，区科信委针对“两会”期间委员们关心的“智慧高地”建设问题，介绍了长宁区在信息化基础设施、电子政务、数字惠民、信息产业等方面取得的进展和下步推进措施，并就正在全力推进的“智慧社区”和“智慧电视”两项重点工作与委员们作了交流，听取意见和建议。

【长宁区信息服务业企业家代表座谈会】 在座谈会上，副区长解冬与企业家们共同分析了长宁信息服务业发展和“智慧社区”建设面临的新形势，研究长宁在推动信息服务产业转型发展、推进信息技术贴近百姓惠及民生等方面的新思路、新举措。来自上海市信产通信服务有限公司、上海联通等10家知名企业的代表参加了座谈。

【加强专利申报服务指导】 区科信委加强专利申报服务

指导，促进企业创新意识提升。一是加强宣传指导。邀请长宁区知识产权局和临空园区管委会专家，为区企业组织专题讲座，结合成功案例介绍软件产品的专利申请技巧、管理和维权等知识，提升企业专业知识水平。二是落实政策支持。在认真落实《长宁区鼓励科技创新实施意见》等鼓励性政策的基础上，按照《上海市专利资助办法》，认真做好专利工作试点和示范单位申报工作，第一时间通知跟踪服务的重点企业参加申报，确保政策落地。三是跟踪实施情况。按照国家知识产权局部署，组织开展全区企业专利申请情况调查，下发调查问卷近 150 份，通过全面排查摸底，了解和掌握本区专利申请情况，确保工作有的放矢。2013 年以来，长宁区申请专利总量达 987 件，其中发明专利占 52.89%，全区年度每万人有效发明专利拥有量位列全市前茅。

六、信息基础设施建设

【无线宽带 WiFi 基本实现全覆盖】 2013 年，在市经信委下达给长宁区的 33 处公共场所 WiFi 无线覆盖建设任务的基础上，按照“加上一块、加快一步”的原则，拓展了虹桥古北开发区、区级办事窗口、社区“三个中心”、文化场馆、公园绿地、医院等 79 个区级公益热点，从而基本覆盖了全区所有公益场所和重点商务楼宇。

【光纤宽带基本实现全覆盖】 按照“智慧商务”的要求，全力推进重点区域的光纤宽带接入工程。全区商务楼宇已基本实现光纤全覆盖。其中，商务楼宇实现光纤到楼，高端楼宇实现光纤到楼层、到桌面，户均接入能力达到 100 兆。按照“智慧惠民”的要求，积极推进“城市光网”进社区实事项目，长宁区家庭宽带 100 兆接入能力覆盖率达到 98.6%，入户率超过 50%。同时，按照“三网融合”的要求，积极推进高清智能电视的推广与应用，“智慧长宁”频道在东方有线开通。全区东方有线数字电视用户和电信 IPTV 用户数占全区居民总户数的 50%。

【2G/3G 无线网络基本实现全覆盖】 围绕“布局合理、覆盖全面、优势互补”的无线城市建设目标，不断优化完善区域内的 3G 无线覆盖能力。根据持续增长的用户需求，通过室外宏基站建设扩容增量，实现区域内 3G 移动网络高容量覆盖，有效覆盖面积超过 99%；通过完善移动通信基础网络建设，实现全区域无缝覆盖；通过优化频率配置，提高网络通信质量和网络安全。同时，在网络规划建设过程中充分兼顾节能减排和环境保护，区内 456 个 2G/3G 室外宏基站，站距保持在 500～800 米。在此基础上，在临空园区建设 4G 实验网络（TD－LTE），在虹桥区域进行第四代移动通信网络试点，为重点区域的企事业单位提供更加优质、高速的无线宽带网络环境。

【公共服务领域应用基本实现全覆盖】 在电子政务方面，长宁区政务外网铺设光缆皮长约 1 200 公里、芯长约 7 500 公里，覆盖全区所有委、办、局、街镇、居委会，建成 4+2 电子政务综合信息系统。长宁区先后被国信办和上海市确立为电子政务综合试点区，并在全市企业并联审批三个试点区中率先建成网上行政审批平台。在社会事业方面，智慧教育、智慧医疗、智慧文化等建设初显成效，大力推进网络课堂、数字化医院、社区居民健康档案、药品网上采购监管、数字图书馆等信息化体系建设，全区中小学校、幼儿园全面接入光纤，长宁公共卫生健康网覆盖全区 40 多个医院单位。在全市率先探索并推进智慧社区试点建设，初步建成智慧高地社区体验中心。在城区管理方面，作为全国社会管理创新综合试点区，长宁率先建成“三个实有”信息管理系统，完善了城市网格化体系，实现实有人口、实有房屋、实有企业数据采集全覆盖，街面实时监控图像系统全覆盖，居民住宅小区出入口实时监控摄像探头全覆盖，地上、地下管线管理信息系统全覆盖，不断向 3E 城区的目标迈进。

七、信息化环境建设

【上海多媒体产业园被评为上海市信息服务业产业基地】 上海多媒体产业园立足自身基础和优势，积极推进信息服务业基地建设，提升其服务能级和管理水平，引导信息服务业集聚发展，在园区建设、产业集聚、功能营造和品牌效应等方面积累了优势，形成了创业创新机制环境良好的高科技园区。多媒体产业园成为3家市级特色类基地之一。

【虹桥临空经济园区被评为上海市战略性新兴产业示范基地】 虹桥临空经济园区立足自身基础和优势，在完善产业链、打造产业集群，加快推动电子商务企业在园区的创新发展等方面取得了良好成效，成为市经信委公布的首批上海市战略性新兴产业示范基地之一。

【强化政府信息安全建设】 区科信委多措并举，强化政府信息安全建设。一抓数据网络安全。全力推进区政府服务器虚拟化和数据平台云建设，同时通过统一部署防火墙、网络防病毒、文档安全管理、端口安全管理、磁盘加密等安全设备，实现数据统一存储、备份和恢复，进一步完善数据中心安全保障体系，定期对重点领域信息系统进行安全测评，强化数据网络安全防护。二抓软件运行安全。按照市政府相关要求，积极推进区政府机关部门软件正版化工作，明确政府机关正版软件购买、使用及管理的相关要求，通过“部门协作推进、财政经费保障、政府集中采购”等措施的落实，提升区政府机关软件正版化水平。三抓业务技能提升。积极组织区相关单位参加信息安全技能竞赛，通过参与比赛，加强岗位练兵，促进区信息安全管理人员技术水平提升。

八、社会诚信体系建设

【开展企业诚信知识讲座进园区活动】 2013年10月17日，按照2013年上海市“诚信活动月”和长宁区社会信用体系建设宣传活动的安排，为宣扬“公正、包容、责任、诚信”的价值取向，增强企业信用管理能力，区科信委特邀请资深专家，通过专题讲座进园区的形式，在慧谷白猫科技园开展企业信用管理知识宣传。园区内科技企业从事财务管理和人事管理的骨干人员积极参与。

【谋划长宁新一年社会诚信体系建设工作】 区科信委聚焦三个领域，积极谋划社会诚信体系建设工作。一是聚焦公共行政领域。推进政府信息公开工作，加大公共财政、公共资源配置、重大建设项目等领域的政府信息公开力度。加强公务员队伍信用培训与教育，促进公职人员诚信自律。二是聚焦市场经营领域。健全企业信用分类监管机制，形成扬善惩恶的良性机制，发挥分类监管的综合效应。健全失信企业“黑名单”管理制度，在食品药品、安全生产、环境安全等关系群众生命安全和身体健康的重点领域，推动“黑名单”政府部门内部通报和联合惩戒机制。加快区内企业诚信数据库建设，推动企业信用信息共享。三是聚焦社会生活领域。加大诚信文化和诚信知识普及力度。加强诚信舆论引导，依托新闻媒体，通过典型事例，鞭挞失信行为，褒扬守信行为。深化诚信宣传“进机关、进校园、进企业、进社区”活动，形成各方重视诚信建设、人人关心诚信建设的良好氛围。

【推进长宁区社会信用体系建设】 社会信用体系是发展市场经济、构建和谐社会的重要基石。上海市将社会信用体系建设连续两年列入政府年度重点工作。区科信委认真贯彻落实市委、市政府文件精神，把诚信建设摆在突出位置，积极谋划2013—2015年行动计划，为长宁区社会诚信建设下一步发展明确方向。计划提出，力争到2015年把长宁区建成信用制度较完善、政府内部信用信息充分共享、社会信用环境较优良的城区。一是加强工作组织推进，完善信用制度体系。二是改善社会公共服务，完善市场信用管理机制。三是关注民生和聚焦难点，推动各领域信用体系建设。四是加强诚信宣传教育，弘扬社会主义诚信文化。

（杨　砚）

第四章 普陀区信息化建设

概 述

2013年,普陀区"智慧城市"建设稳步推进,围绕长风生态商务区、真如城市副中心、桃浦科技智慧城等重点地区开展信息基础设施专业规划研究,完成全区信息化基础设施规划草案编制工作。实施光纤改造工程,实现城市光网全覆盖,惠及17万户家庭,平均接入带宽达16兆。完成无线城市试点区域17个WLAN热点建设,基本实现百幢商务楼宇WLAN全覆盖,继续实施产业园区信息基础设施优化,提升区域商业商务品质。

新增市软件企业15家,上海电科智能系统股份有限公司被认定为"2011—2012年度国家规划布局内重点软件企业",成为普陀区首家国家重点软件企业。指导6家企业被评为上海明星软件企业,6个项目被评为上海优秀软件产品项目。华大科技园核心功能区建设稳步推进,国家"可信嵌入式软件工程技术研究中心"落户普陀。规划设计天地软件园功能升级。加强无线电管理,推进市无管局下达的各项试点任务。

社会领域信息化方面,在曹杨街道探索推进"居家安防""IPTV平台"智慧社区建设试点项目,为205户独居老人免费提供服务。开展智慧教育云建设。配合公安推进联勤联动,完成外来人口居住证接入终端电改光工程。完成门户网站改版,梳理形成涉及电子政务平台、门户网站和子网站群等12项管理办法,进一步规范"两网一站"管理。

诚信建设方面,成立区社会信用体系建设联席会议,编制和推进区社会信用体系建设三年实施方案,召开全区社会信用体系建设推进大会,探索在区级项目评审中率先使用信用产品。

一、政务领域信息化

【完成"两会"信息保障工作】 会前准备阶段完成硬件与网络设备调试,确保人大意见办理系统正常运行。会议期间,每日录入代表书面意见原文,核对书面意见接收和发送情况,形成代表书面意见受理情况目录,完成政府工作信息的接收、编辑和上网。同时制作"两会"网上专题,在门户网站首页发布相关活动信息,保障信息发布系统安全运行。

【区无线电管理合作签约暨揭牌仪式】 2013年7月30日,市无线电管理局副局长贾洪宝、市经信委基础设施处、市无管局部分处室负责人、区相关职能部门和各街镇分管领导,以及区内三家运营商代表参加区无线电管理合作签约与揭牌仪式。此次揭牌标志着普陀区无线电管理体制机制的进一步完善,为建立市区两级协同管理、协调推进的模式,实现无线电属地化管理奠定基础。

二、城市建设管理领域信息化

【苏州河游船开通WLAN覆盖】 2013年6月7日,苏州河游船WLAN建设完成项目验收,这标志着又一主要市民休闲娱乐场所完成无线网络覆盖,市民可以在游艇上欣赏两岸风光的同时,免费使用无线网络,增添旅游乐趣。普陀区自2011年起大力推进智慧城市建设,经过两年对主要公共场所无线网络系统化的建设,已完成长风生态绿地、中环商圈主要商业区域、普陀区图书馆等19个市民休闲活动场所及区房地产交易中心、企业服务中心、各街镇主要办事机构等23个市民集中办事场所的WLAN覆盖,向市民免费提供无线上网应用,提升市民和企业的办事环境。

三、信息产业发展

【普陀区企业获市经信委专项资金扶持】 普陀区"电力需求侧管理公共服务平台"(上海协同科技股份有限公司)、"蓝鸟冶金行业生产管控系统"(上海蓝鸟科技股份有限公司)、"银行纸币流通管理系统"(上海古鳌电子科技股份有限公司)三个项目获得市级产业项目专项资助资金350万元。来自华东师范大学的课题"车联网的商业模式研究""上海信息服务业新模式新业态发展研究"获得课题研究专项资助。

四、信息基础设施建设

【启动区信息基础设施整体规划编制工作】 2013年1月22日,区科信委组织区发改委、区建交委、区规土局、区商务委、"一河五区"主管部门、各通信运营商及邮电设计院等单位,开展普陀区信息基础设施整体规划编制工作,标志着首次全区整体范围的信息基础设施规划全面展开。

【启动2013年度园区信息基础设施优化工作】 2013年6月5日,普陀区2013年度产业园区信息基础设施优化工作正式启动,真如铁三角科技园、景源时尚产业园两家园区列入上海市产业园区信息基础设施优化专项工作。由政府牵头,运营商配合,重点对园区的通信质量、信息基础设施服务能力进行优化改造,并引进第三方测试公司进行专业评估,切实提升园区信息基础设施的服务能级。

五、信息化环境建设

【普陀区软件和信息服务业年报统计工作完成】 参加年报统计的企业共有191家,实现营业收入87.06亿元,较上年同比增长9%。其中软件收入40.4亿元,较上年同比增长3%;创造利润8.41亿元,较上年同比增长25%;缴纳税收4.06亿元,较上年同比增长20.8%。全区共有软件认定企业82家,2013年实现软件收入30.2亿元,占所有企业软件收入的74%。

六、社会诚信体系建设

【召开社会信用体系建设工作推进会议】 2013年7月18日,区科信委主任吴铁延代表区诚信体系领导小组办公室在推进会议上汇报了《普陀区社会信用体系建设2013—2015年实施方案》起草说明并部署下阶段工作,为促进政府职能转变、提升区域软实力、推动全区新一轮社会信用体系建设向纵深发展奠定基础。

(杨文磊)

第五章 闸北区信息化建设

概 述

2013年，闸北区信息化工作围绕《闸北区推进“智慧城市”建设三年行动计划(2011—2013)》，紧紧抓住以建成“智慧闸北”为总目标，重点推进以“宽带城市、无线城市、三网融合”为特征的信息基础设施体系建设和以“六大智慧”为特色的智能应用体系建设。在政务、社会、经济、城市建设管理等领域均取得了较好的成效，进一步提升了信息基础设施的服务能级、改善了信息化发展环境、促进了信息产业的有序发展、开创了社会信用体系建设的新局面，全面完成了“智慧闸北”的阶段性建设任务，为闸北区经济和社会事业的发展提供强有力的支撑，为新三年的“智慧闸北”建设奠定了扎实的基础。

一、政务领域信息化

【全区地理信息系统共享平台和数据资源交换平台建设】 实现闸北区地理信息系统的统一管理，构建政务云的数据共享层，实现跨部门的数据共享。通过推进闸北政务云建设，全面提升全区范围内各级委办局部门内部应用及省市垂直应用的整合，为各级行政部门履行职责、职能转变和体制创新提供强有力的现代科技支撑，有效促进闸北区政务进一步增强科学决策、宏观调控、社会管理、经济发展、促进和谐的能力。构建闸北政务云标准框架和电子政务建设标准规范；实现资源共享，避免机房、网络和系统等的重复建设；提升基础软硬件的利用率，通过采用虚拟化、按需分配和灵活扩展等技术手段解决资源利用率不高的问题，方便系统、应用的迅速部署和推广建设闸北区电子政务网络交换平台。建立统一的应用支撑环境，为政府和各级职能部门业务工作提供统一的技术应用支撑服务，统一开发和部署业务应用系统，完善电子政务构件库，实现对电子政务通用业务构件的复用、调用和调试，为新建系统能够在较短时间内完成应用功能的搭建和运行提供强有力的支撑。

【完善政府网站集群建设】 政府网站是政府信息系统的重要组成部分，是各级政府及其部门发布政府信息、提供在线服务、与公众互动交流的重要窗口和平台。但由于网站暴露在开放的互联网中，与内部网络存在一定的数据交换，从而成为互联网安全的重灾区。针对安全检查中发现的主要问题，闸北区从整理政府各部门网站入手，根据市有关文件规定，取消部门单独设立网站的权限，改由统一建设集群门户网站，从内容到管理采取全面的安全防护。现已经启动“闸北政务网站群”的相关建设工作，通过建立统一信息基础设施、统一网站平台设计、统一网络安全布局，实现闸北区网站的统一管理和运维，避免出现网络安全的相关问题。通过政府门户网站集群已开发完成了党务公开、信息公开、区人大、区法院、区环保局、工程信息公开、区委统战部、区文明办、区审计局等部门的网站建设。

【四个实有信息系统建设】 积极建设四个实有信息系统，包括实有人口系统、实有房屋系统、实有单位系统、实有社团系统，通过整合现有数据库和系统资源，建设统一规范的人口基础信息库，实现全区人口基础信息的集中、统一与规范管理，实现人口信息高度共享和综合应用。

实有人口信息系统正逐步开发完善中。整合现有数据库和系统资源，建设统一规范的人口基础信息库，实现全区人口基础信息的集中、统一与规范管理，为科学决策提供强大的数据支持；基于人口基础信息库及综合应用体系架构建立信用评价模型，建设公民信用体系，为闸北区经济建设环境质量的改进提供保障；建立和健全标准规范体系和安全体系，建立一个统一规范、集中部署、安全规范的人口基础信息数据中心。

【楼宇经济系统】 建设闸北区招商楼宇经济系统，以新建楼宇开始入手做增量数据，统计楼宇的入住率、入住对象、税收产值、属地化等信息，以招商项目为对象，结合楼宇经济数据，持续跟进项目开展进程、服务对象、负责人员等信息，以信息化管理为手段，以规范招商工作管理体制，提高招商工作效率为目的，根据招商中心实际业务流程，打造全新招商楼宇经济系统。并在招商条线中全面推进，成为招商条线的日常工作机制。已完成6幢楼信息库。

【加大政府信息公开力度】 2013年，闸北区认真贯彻《中华人民共和国信息公开条例》和《上海市政府信息公开规定》相关要求，完成年度工作计划和任务，确保本部门和全区的政府信息公开工作有序开展和推进。2013年1—12月，全区公开信息共计2 334条，其中主动公开1 871条，依申请公开463条。全区共受理信息公开申请2 130件，其中当面受理1 766件，网上受理254件，受理信函申请109件，受理其他形式申请1件。其中由信息公开科代区政府(区府办)依法受理和处理公民申请128件。向市民提供咨询服务4 753人次，其中当面咨询3 022次，电话咨询1 519次，网上咨询212次。

二、社会领域信息化

【彭浦新村街道智慧社区建设】 2013年，闸北区进一步加大力度推进“智慧社区”建设，在市经信委开展的智慧社区建设试点示范申报工作中，彭浦新村街道以“社区养老”为特色的智慧社区建设被成功评为上海市16个智慧社区建设试点示范之一。彭浦新村智慧社区建设是以上海电信IPTV多媒体通信和物联网为技术依托，开发居家养老业务管理系统和机构养老业务管理系统两大系统模块。已完成整个系统基础网络的建设、“智慧社区养老”云平台的搭建及相关系统的研发，以及部分老人家庭的终端设备安装。

【大宁街道智慧社区建设】 大宁街道以“智能家居”为特色的社区建设成功获批市科委科研成果应用推广示范社区。大宁街道智慧社区建设是以智能电网改造为契机，通过搭建以“互视通”为基础的信息平台，结合社区市民服务、物业和小区安全智能化管理，网上社区商业等典型性、实用性信息应用，实现家庭高品质娱乐、全功能智能控制、多功能虚拟社区等多项应用服务于一体的“现代化、年轻化、时尚化”的智慧社区，方便百姓生活，带动信息消费，体现智能化社区服务。具体分为7个模块，分别为家庭智慧节能、家庭智能技防、信息发布、政府服务、物业管理、科普频道、家庭娱乐。已完成“智能社区”云平台的搭建、实施与智能用电有关的新型应用的开发及部署。同时，闸北区已完成大宁、临汾两个街道全市第二批智慧社区申报工作。

【构建“智慧教育”】 闸北区继续加大教育信息化方面的资金投入，加快教育领域信息化建设步伐，有效利用资源，更好地为教育服务。闸北区推送的“初中数学诊断指导矫正系统研究”“跨区域教师网络视频互动教研模式研究”“基于网络平台的沟通与交往电子教材的实践研究”“内地西藏班学科教学资源库的共享平台建设研究”等项目，使4所院校成为教育部和上海市数字化校园和实验项目院校。建设了基于网络学校装备审核执行系统，从管理层面提升信息化应用水平。进一步优化区县教育专业网站的建设，做到统一论证，内容聚合，高效共享，力求为师生和家长提供更多信息与服务。在科学发掘、规范数据的基础上，建设完备的学生管理和教育考试信息化支撑环境，以标准化考场建设项目为切入点，实现中考、高考、国家考试全面达标，提供科学、实时的数据，为学生成长发展做好支撑。

【创建闸北区公共文化数字配送与互动服务系统】 深化打造“闸北文化云”，建立具有“闸北”印记的文化信息资源交换平台，让公共文化走进百姓家庭、走到百姓身边，只需打开电脑、手机、电视就可以享受全区域的公共文化服务，提供足不出户，随时、随地的公共文化服务，使公共文化成为百姓身边的文化。整合区域数字文化，丰富公共文化服务品牌，拓展数字文化传播渠道，将闸北的数字图书馆、史料馆文化遗产、文化馆相关服务和海上文化中心文化资讯与发布管理平台融会贯通，形成浑然一体的闸北文化网络世界，无论在任何地方，都可以通过数字化终端浏览参观、体验全区的数字化公共文化场馆，查阅文化服务的资源和内容，实现公共文化服务资源共享。

【以健康档案符合性测试为契机，加强区域卫生信息化建设】 作为卫生部指定健康档案符合性测试试点区，闸北区在2013年完成了三家二级医院、一家社区服务中心的HIS(医院信息系统 Hospital Information System，简称

HIS)改造升级，通过标准引导医院信息化基础建设和功能建设，让信息化在医疗改革中发挥重要作用。完善区域卫生数据共享平台，形成全面、准确的健康档案数据库，在11月卫生部组织的健康档案互联互通成熟度测评中，成为全国首家通过地市级四星测评的区域。根据健康网工程疾控项目的进度安排，公共卫生6大系统完成改造升级并正式使用，实现了临床医生站提供疾病报告、慢性病随访等公共卫生协同服务智能提示功能。配合市儿保系统、孕保系统项目试点工作，实现全部应用机构正式使用。在高血压、糖尿病、健康体检等系统中，自主研发中医干预管理模块，实现对管理对象体质辨识，并提供中医健康生活指导的慢性病干预管理功能。该功能已在全区社区卫生服务中心使用，并实现75%的中医干预率。同时，65岁老人区域体检系统、牙防保健系统已投入使用；新版大肠癌筛查系统和家庭医生管理信息系统完成开发；残疾人管理信息系统建设项目正式启动。

【建设闸北社区屏】 完成100个居民活动集中场所的频媒综合服务终端建设是闸北区市民实事项目之一。该项目室内屏选址在市民活动较多的街道办事大厅、具备条件的社区文化中心和卫生中心，室外屏选址在人群聚集的公共活动场所，以及具备条件的小区入口。在科技发展、科普宣传、公共环境、公共安全、公共健康、公共旅游等方面为社区居民提供各类重要资讯服务，体现便民、利民的特色服务。该项目的实施，是新华社服务地方政府、为地方政府量身打造的新型舆论阵地和综合信息服务平台，为社区新型舆论阵地建设提供经验积累，促进社会和谐发展，推动智慧城市建设。不仅能够及时便捷展示传播国内外重大新闻事件和生活资讯，实现集成式、全天候、实时性、立体化发布，而且开辟了闸北专栏，发布闸北区域内的重要信息，满足人民群众对各类重大资讯和社区服务、政府信息的需求，从而起到美化城市环境、提升城市形象和文化品位的作用。

【有序开展社保卡、居住证申领工作】 2013年，全区共发放社保卡12 190张，发放敬老卡4 900张。全区受理补换卡业务总数30 450张，其中补卡25 160张，换卡5 290张。1—11月办理临时居住证16 600张，临时续签59 600张，退签3 200张，办理投亲类从业类居住证2 610张，从业居住证4 700张。

三、经济领域信息化

【夯实苏河湾地区的信息化基础】 苏河湾地区作为闸北区重点打造的高端商务区，信息化发展需求潜力巨大。闸北区在和上海电信、上海移动、上海联通签订的年度信息化建设合作协议中，全面包含推进苏河湾地区通信基础设施的建设和应用建设规划。为做好苏河湾信息化建设规划工作，区科信委与苏河湾推进办公室、区发改委、区规土局进行了详细的需求构想，根据苏河湾区域现状分析和信息化现状及需求分析，结合闸北区智慧城市建设要求，制定了智慧苏河湾信息化建设规划方案，推动苏河湾区域信息化建设、助力打造智慧苏河湾“城市综合体”。整个苏河湾信息化建设主要围绕“无线高地”“极速光网”“全能应用”等信息化高端目标，成为闸北“智慧城市”建设的重要组成部分。根据智慧城市实际建设实施要求，针对智慧苏河湾信息化规划建设的“智慧商贸”、“智慧人文”及“智慧安居”三大应用板块，在苏河湾区域内选择部分领域进行信息化应用试点示范工程的建设，包括商圈“一卡通”和“随行通”应用示范工程和智慧社区管理平台、智能家居应用示范工程及苏河湾展示中心等，后续将逐步考虑规模推广和对各类系统应用的全面建设。

四、城市建设管理领域信息化

【推进公安图像监控系统三期建设】 按照闸北区图像监控“十二五”规划，完成大宁街道和彭浦镇两个区域的监控系统建设。截至2013年年底，全区面上完成545个高清探头、57个模拟可控探头、20个断面治安卡口建设，同时完成了公安派出所两个网络设备的升级改造。

【建设闸北城市综合管理信息系统】 结合闸北区信息化发展需求和闸北区城市综合管理要求，决定实施闸北区城市综合管理信息系统建设工程，有效推进闸北区城市综合管理信息化的发展，提高运行管理水平，发挥网格化管理模式的延伸优势，提高城市常态管理水平，并初步具备采集公共突发事件信息的能力。根据闸北区城市管理现状，依托现有的城市网格化管理系统进行整体架构设计，充分利用现有软件、硬件、数据和网络资源，建设两级管理信息平台，拓展城市综合管理的范围和内容。对现有网格化管理信息系统进行升级改造，对接“12345”等相关信息资源，建立闸北区城市综合管理信息平台。以集中式架构设计建设闸北区街镇级城市综合管理信息平台，实现信息平台全区统一，管理数据集中汇聚。整合闸北区电子政府网、网格化管理信息系统等现有信息化资源，建设闸北区城市综合管理信息网络，推动信息共享和充分应用，改善闸北区城市管理信息滞留现状，提高综合管理水平和运行效率，增强对各类突发事件的应急处置能力；建立条块结合、责权利相协调的闸北区城市综合管理体系。

五、信息产业发展

【区域科技经济发展平稳】 一是科技经济总量有新突破。二是区域内高新技术产业保持了较好的发展势头。三是科技企业“纳税大户”呈现了进一步增多的态势。2013年，区域内总税收超1亿元以上的科技企业达9家，区税收1 000万元以上的科技企业达27家。四是积极实施科技招商。2013年以来，区科信委充分发挥科技政策的引领作用，主动配合区相关部门做好引大引强工作，成功引进了龙盛集团、宝尊电子商务公司、上海移动设计院、触动多媒体技术（上海）有限公司等一批优质科技型企业入驻闸北。

【科技创新品牌度进一步提升】 一是上海市市北高新技术服务业园区成为上海第一批战略性新兴产业示范基地（新一代信息技术领域云计算）。二是闸北园成为上海张江高新技术产业开发区首批行政审批权下放3个试点园之一。

【加大科技企业培育力度】 一是科技企业能级不断提升。区域内高新技术企业突破150家，提前两年完成“十二五”规划指标。上海市科技小巨人（培育）企业总量达46家，市技术先进型服务企业达12家，均位居中心城区第二位。二是积极推进科技企业股份改制，融资步伐进一步加快。全区已完成股份改制的科技企业16家，正在进行股份改制的科技企业7家。其中，上海格州电子股份有限公司在完成股份改制后，于2013年9月5日在上海张江高新技术产业开发区成功实现股份转让、股权融资。区域内多家科技企业做好上“新三版”的前期准备，部分科技企业着手进行股份改制上“创业板”的相关工作。三是加强专利试点、示范企业培育。通过组织申报上海市专利试点、示范企业培育，进一步提升科技企业专利申请，两家企业获上海市专利示范企业，3家企业获上海市专利试点企业。

六、信息基础设施建设

【提升基础网络服务能级】 2013年，闸北区政府与中国移动上海公司签订2013—2015年战略合作协议，闸北区科信委与上海电信北区局、上海联通北区分公司、东方有线闸北区分公司签订了2013年合作协议，通过基础网络提升和功能平台打造，着力推进“智慧闸北”信息化基础设施建设。全区光纤宽带网络累计覆盖28万户，覆盖率达到100%，全区商务楼宇光纤覆盖率100%；新增WLAN热点覆盖400处，全区WLAN热点覆盖累计达1 400处；宏基站新增50个，累计达到342个；推动苏河湾地区4G网络建设，全区4G基站包括新建和升级共建成100多个；下一代广播电视网（NGB）累计改造达28万余户，覆盖率达到100%，数字电视普及率100%。

【全力推进i-Shanghai公共区域无线网络建设】 根据市经信委“加快推进本市公共场所WLAN覆盖工作”方案，闸北区全面完成24个区域的i-Shanghai无线覆盖和开通运营工作，其中大宁商圈和不夜城商圈通过了第三方测试并开通运营，取得了良好的社会反响。

【试点开展区域无线电管理】 上海市无线电管理局与闸北区科信委共同开展闸北区无线电管理试点工作，并在闸北区科信委挂牌“闸北区无线电管理办公室”。根据无线电管理的实际需求，同时参考外区经验，将区科信委、区教育局、区建交委、区规划局、区民防办、上海电信北区局、上海移动北区分公司、上海联通北区分公司等34家单位纳入无线电管理工作队伍中,并对各单位的任务进行了分工,形成了无线电管理职责全覆盖。同时,建立了年度基站建设计划会商制度,年度无线电管理宣传工作会商制度,每月基站预审和日常工作交流机制。2013年,无线电管理的重点工作即初步做好区域内公用移动通信移基站的站址勘测、认定初审及相关沟通、协调工作,确保基站按布局专项规划有序落地,对4批次各运营商计划建设基站进行了审核,其中移动17个、联通2个,电信6个,并依托规划促进新建基站实现共建共享并定期向市无管局报工作简报或工作信息;定期参加了市无管局组织的培训、演练等活动,同时加强闸北区无线电管理工作人员的培训,对组织应急通讯分队成员进行专业培训。先后开展了无线电进社区、进机关、进学校活动,广泛发动群众,开展无线电科普活动,为无线电事业的发展奠定了良好的社会舆论基础。

七、信息化环境建设

【重点领域网络与信息安全检查】 根据《国务院办公厅关于开展重点领域网络与信息安全检查行动的通知》精神和上海市网络与信息安全协调小组的具体安排,闸北区区委、区政府高度重视网络与信息安全工作,第一时间成立信息安全自查工作临时领导小组,按照《上海市重点领域网络与信息安全检查行动实施方案》的要求,部署区政府各部门开展网络与信息安全检查工作。通过一个月的自查,闸北区重点领域网络与信息安全总体状况良好,信息安全风险得到有效降低,应急处理能力得到切实提高。区科信委根据《上海市重点领域网络与信息安全检查行动方案》的具体要求,结合闸北区信息安全现状,制订《闸北区重点领域网络与信息安全检查行动实施方案》,指导推进本区信息安全自查工作,确保检查行动取得实效。并由区府办牵头,区科信委会同区公安分局、区保密办、区委机要局召开了闸北区重点领域网络与信息安全检查行动实施方案部署会,要求各部门加强信息安全意识,严格按照实施方案的要求,建立健全信息安全制度,明确职责,落实自查工作,并根据时间节点,报送《信息安全自查工作进展每周报告》及信息安全自查报告。

【智慧城市宣传】 根据市经信委统一部署,闸北区于10月在彭浦新村和大宁两个社区集中开展"智慧城市体验周"专题活动,在市级媒体上视新闻综合频道新闻坊栏目和闸北有线台及闸北报等区内媒体进行了相关专题报道。11月,闸北区举行信息安全活动周的相关活动。组织两场专题培训和宣传活动,取得了良好的效果。针对政务信息安全领域情况易发、多发的现状,区科信委组织了全区60余个部门的相关负责人,开展"电子政务与信息安全"专题教育培训活动。闸北区科信委联合临汾路街道和上海移动北区分公司在临汾路街道文化活动中心举办了"我身边的信息安全"专题讲座。结合临汾街道老年居民较多的特点,通过现场讲座和发放专题宣传手册的形式,为社区内100多名老年居民和老年协会志愿者讲解如何预防电信诈骗、预防手机病毒、预防骚扰电话等信息安全知识。2013年年底,闸北区企业上海(创图)多媒体展示体验中心获批第二批上海市智慧城市体验中心。

【完善信息化安全环境建设】 完成《闸北区政府计算机网络及其信息系统安全保护管理办法》的制定工作,并经区政府常务会议讨论通过,由区政府办公室转发各部门执行。完成与国家计算机网络应急技术处理协调中心上海分中心的合作框架协议签订,做好闸北区网络与信息安全的保障工作。

八、社会诚信体系建设

【全面启动新一轮社会信用体系建设】 2013年,制定《闸北区社会信用体系建设2013—2015年行动计划》。6月,全区召开了社会信用体系建设联席会议。会后,区工商局通过几个月走访摸底,初步建立了完备的企业信用档案;各街道以创建"文明诚信企业"和"社会公认放心工商户"为载体,以"讲文明、守信用、重合同"为主要内容,大力加强企业和各工商户的文明诚信教育和商德建设,通过与企业签订诚信承诺书,引导企业和个体工商户自觉遵守文明守信公约，合法经营，塑造诚信立业的优秀形象。

【开展行政审批应用申请主体信用记录试点】 结合《闸北区社会信用体系建设2013—2015年行动计划》和闸北区具体情况，在对全区47个有行政审批权限的部门逐一筛选后，确定在区环保局的“环境影响评价的行政许可”和区安监局的“非药品类易制毒化学品经营备案”两项审批事项中进行试点。区环保局对2012下半年进行环境影响评价申请的398家申请主体和2013年前10个月的632家申请主体进行了信用记录，对实施行政处罚的3家企业和1个自然人加入了诚信档案“黑名单”。区安监局针对2012年开始的“非药品类易制毒化学品经营备案”的申请主体也进行了信用记录和信用档案制作工作，对有信用污点的企业和个人进行了重点记录。

【完善政府采购领域诚信制度】 区财政局依托检察机关的行贿犯罪档案查询系统，综合政府采购诚信证明制度运行两年多以来的实际情况，不断完善防范预警制度，建立廉政准入门槛，在公开招标项目开标后由检察院对中标供应商出具有无行贿犯罪记录的证明文书，对最近三年内存在行贿犯罪行为的供应商，依法拒绝其参与政府采购活动。全年共对29个政府公开招标项目的210家供应商进行诚信记录查询，无一出现诚信问题。区财政局与区监察局、区审计局共同制定《关于规范闸北区政府采购采购人代表评审工作的通知》，从评审前、评审过程中、评审结束后三个环节，以及评审现场纪律，评审工作的评价及反馈，违纪处罚原则等三个方面，对采购人代表提出要求，明确规定采购人代表如有违反评审纪律行为的，将取消其评审资格并予以通报批评，情节严重的将依法追究责任并予以处罚。

【优化社会信用体系建设法治环境】 闸北法院着力破解“执行难”，实现胜诉当事人权益。共受理执行案件2 494件，执结2 450件。主动适应新媒体时代宣传工作的要求，成立新闻中心，扎实做好司法诚信新闻宣传工作，加大对虚假诉讼行为的打击和宣传，构建法院诚信宣传工作新格局。

【诚信氛围营造】 闸北区各街道认真抓好宣传教育，逐步增强全区公民的文明诚信意识。街道开展了多次文明诚信宣传活动，通过东方讲坛、座谈会、党组织生活、楼组长会议、演讲等形式在全区各街道努力营造“讲文明、守信光荣；不文明、失信可耻”的舆论氛围。上海第二中级人民法院、闸北区法院、街道所聘律师多次到共和新路街道举行巡回法庭，配合锦灏居委会、1100弄居委会、唐家沙居委会积极开展法进社区教育活动，宣传法治、宣传诚信。区规土局将工程建设领域信息公开和诚信体系建设工作与行政审批改革措施同部署同落实，明确工作任务、责任，认真抓好贯彻落实。

【信用教育与培训】 为促进闸北区科技企业信用知识的普及和信用产品的使用，共建“信用闸北”，根据上海市“诚信活动月”的安排，2013年10月举行“科技企业与信用服务”讲座。公务员局将公务员诚信教育纳入本年度公务员培训计划重要内容。主要通过公务员大讲坛形式，举办“公务员诚信与品质修养”和“公务员礼仪与行为规范”系列讲座；同时，把公务员诚信教育的内容纳入公务员轮训班、初任培训、区情教育培训等培训班的重要课程，2013年累计培训1 260余人次。

（孙 平）

第六章 虹口区信息化建设

概 述

2013年是上海智慧城市三年行动计划收官之年，虹口区信息化工作在区委、区政府的领导下，在市经信委的具体指导下，进一步加强和完善区电子政务建设，以政民应用需求为导向，以推进拓展业务应用为抓手，通过建立健全管理制度规范、加强信息化项目管理、加大信息资源的整合开发利用、优化信息基础设施环境、拓展面向公众的服务渠道，进一步提升信息化在电子政务、公共服务、社会领域、产业发展等方面的支撑和渗透效应，取得良好的成效，促进行政管理水平和公共服务能力的提高。

一、政务领域信息化

【组织开展2014年虹口区政府投资信息化项目评审】 2013年10月12—13日，区科信委组织专家小组对本区部门申报的2014年信息化政府投资项目和运维预算进行审核评估。本次政府投资项目审核涉及部门19家，申报项目35项。

【组织开展政府投资信息化建设项目稽查】 根据本市关于加强政府投资项目管理的相关要求，探索推进信息化建设项目的稽查工作。2013年12月26日市稽查办、区稽查办、区科信委、区财政局、区审计局等部门和行业专家对区公安分局出入境、人口办业务用房的弱电系统、区重要商业区停车诱导系统、区建设工程远程监控管理系统等项目进行稽查。本次稽查的重点涉及制度建设、项目审批、招标投标、投资控制、合同管理、财务管理、工程监理等方面。

【多级联动门户平台启动实施】 2013年12月20日，虹口区多级联动门户平台项目建设通过立项审批并启动实施。该项目按照“统一规划、分步实施”的原则，搭建区级、部门、街道、居委、个人等多级联动的门户平台，实现政务信息资源的整合共享和协同处理，为建设服务型政府，提高政府行政效能和服务水平提供技术支撑。

【文化馆数字平台项目实施】 虹口区文化馆数字平台项目通过专家评审，已启动实施。该项目主要建立文化信息资源库，实现虹口特色文化的数字化管理，通过互联网、多媒体手段，提高虹口文化的影响力。

【虹口区地下空间网格化管理系统项目建设启动】 虹口区地下空间网格化管理系统于2013年7月30日通过项目立项审批。该项目的实施将实现对虹口区地下工程的网格化管理，促进管理流程再造，落实安全管理职能。

【门户网站建设】 “上海虹口”门户网站完成了英文版网站改版上线，开设了“在线访谈”栏目，增加了“智能机器人”服务功能。智能机器人服务基于领先的人工智能信息交互技术，能够自动应答网站访问者提出的各种问题，以达到加快网上办事和便民服务的响应速度，提升办公效率。

【区三级政务网络升级改造完成】 为推进街道信息化建设，满足市级条线应用与区级应用延伸至居委会的需求，2013年对全区现有的区三级政务网络(街道至居委会的三级政务网络点)进行了统一升级改造。此次网络升级改造的重点是整合全区的政务网络资源，对街道三级政务网络系统进行统一的规划和设计，通过升级改造，将区三级政务网络由原有使用的Cable Modem VPN网络替换为较为先进实用的MSTP(多服务传输平台Multi-Service Transfer Platform，简称MSTP)光纤网络。在2013年9—12月中，共对全区226个居委会的区三级政务网络链路进行了升级改造。升级改造后的区三级政务网络符合国家对于政府电子政务系统的相关标准要求，也为虹口区实现政务网(包括互联网)的统一出口管理提供了网络基础保障。

二、社会领域信息化

【医改信息化工程项目(一期)顺利完成】 基于居民电子健康档案的虹口区医改信息化工程(一期)项目是以市民健康管理为核心,建设全体市民的电子健康档案,保障全体人群享有基本卫生服务,开展自我健康管理提供信息支撑的卫生信息化平台。经过一年的规划、准备与实施,该项目于2012年12月月底正式投入试运行。

【社区生活服务平台建成】 2011年3月,虹口区生活服务平台项目建设正式启动,并于2012年8月投入测试运行。该项目以社区为单位,以生活服务为抓手,构建一体化框架下资源共享、信息互通的区、社区两级生活服务平台。通过一体化支撑框架建设和多维服务门户建设,提升社区居民生活服务水平。基本达到预期的设想目标,并整合了虹口微博、社区微博,以及东方网的信息资源。通过加大推进网上敬老院、社会公益、志愿者服务等功能的应用,扩展社区居民的网上互动、大大提升了社区生活服务的信息化水平。

【举办"上海市蓝桥杯'公共安全'科普PPS创作传播活动"】 为向公众普及应对各种公共安全突发事件的相关科技知识,增强公众的公共安全意识和自我保护能力,区科协组织举办了"上海市蓝桥杯'公共安全'科普PPS创作传播活动"。受到社会广泛关注,活动期间编制了《科普PPS和PPT制作教程》,开展PPS创作培训12期,收到各类PPS创作作品620件,评选出一等奖5项、二等奖10项,三等奖15项。

三、经济领域信息化

【虹口区3家企业被评为电子商务示范企业】 上海国际酒业交易中心有限公司、号百商旅电子商务有限公司及上海大宗钢铁电子交易中心有限公司3家企业被上海市商务委评定为"2013本市电子商务示范企业"。

四、城市建设管理领域信息化

【防汛视频会议系统建成】 在市区两级视频会议基础上建设的以区县防汛部门为分中心、支持下属街道为接入对象的虹口区防汛视频会议系统于2013年6月建成,11月24日通过验收。该系统可有效形成三级防汛指挥信息网络,进一步完善水雨情监测,深化区防汛业务的协同应用,大大改善区防汛决策指挥手段,提高本区防汛应急指挥能力。

五、信息产业发展

【大力发展信息产业】 虹口区信息服务业企业956家,信息产业规模稳健增长,企业创新经营能力不断提高,销售收入较上一年同比增长23.8%,上海易所试网络信息技术股份有限公司在"新三板"成功挂牌。

【电子商务产业发展】 2013年全区电子商务类企业304家,比上一年增加63家。全区电子商务类企业三级税收同比增长10.06%,区级税收同比增长12.04%。

六、信息基础设施建设

【《四川北路区域信息基础设施专项规划》编制】 虹口区四川北路是上海重要商业街区之一,总用地面积约为

2.6平方公里。为配合区域总体规划，强化区域信息基础设施配套，完善信息基础设施布局，区科信委按照“集约化建设，资源共享，统一维护”原则，与上海邮电设计咨询研究院合作，共同完成《四川北路区域信息基础设施专项规划》的编制工作。

【修订《虹口区通信环境优化专项经费使用管理办法》】 为做好虹口区通信环境优化工作的政策延续，进一步优化本区通信环境，提升虹口区商务氛围和公众生活品质，增强区域经济和社会发展的软实力，虹口区科信委会同区发改委共同完成《虹口区通信环境优化专项经费使用管理办法(修订版)》并予以发布，自2014年起实行，有效期三年。

【签订《关于共同推进虹口智慧城区建设战略合作框架协议(2013—2015)》】 2013年10月22日，虹口区人民政府与中国移动通信集团上海有限公司在区政府举行签约仪式，签订《关于共同推进虹口智慧城区建设战略合作框架协议》。

【签订《推动“智慧虹口”信息化建设2013年度合作协议》】 2013年4月1日，虹口区科学技术委员会与上海电信北区局举行签约仪式，签订了《推动“智慧虹口”信息化建设2013年度合作协议》。根据协议，双方本着“政府推动、市场引导、企业运作、资源整合”的指导原则，将就“城市光网”建设、信息基础设施建设、“智慧虹口”信息化应用这三大方面继续深化合作，全力推进“智慧虹口”的建设。

【虹口区科信委与东方有线签署2013年度合作框架协议】 2013年4月17日，虹口区科信委与东方有线网络有限公司举行签约仪式，签订《联合推动“智慧虹口”信息化建设——2013年度合作框架协议》。双方将在下一代广播电视网NGB网络建设、数字电视光纤网络建设、基于NGB的应用、政务网络优化推进及信息化服务优化等方面全方位合作，共同推进虹口区信息化建设和综合应用，推动通信技术在区域经济各领域的广泛应用，推动区域信息服务加快发展。

【多渠道宣传HongKouFree】 HongKouFree是由虹口区人民政府通过政策扶持，在商业街圈、产业园区、文化休闲、便民服务等各类公共服务场所建设、为民众提供全天候免费WiFi体验的公共无线局域网。截至2013年年底，全区范围内开放HongKouFree公共免费网络的场点已达201个。为全面普及HongKouFree使用，虹口区科信委在2013年4月通过使用指南视频、手册投放，海报、标识张贴，门户网站开设专栏等方式进行广泛宣传，使HongKouFree为更多市民用户所知，为市民生活添便利，为虹口生活添精彩。

七、信息化环境建设

【举办“2013年智慧城市体验周”活动】 以“智慧城市开启美好生活”为主题的“2013年上海市智慧城市体验周”活动于2013年10月25—31日举行。10月30日虹口区以“智慧引领生活”为主题，组织开展了“智慧虹口体验日”及“智慧生活，乐享广中”智慧社区体验活动。共约500人次的社区居民、医务工作者、机关干部等参加了体验活动，让智慧引领生活的理念深入人心，取得良好成效。

【组织开展“第三届上海市信息安全活动周”活动】 由市网安办牵头主办的“第三届上海市信息安全活动周”于2013年10月30日拉开帷幕。虹口区以“我身边的信息安全”为主题，由区科信委、广中街道在广中社区联合举办“手机信息安全”展示活动；区科信委利用“上海虹口”门户网站的虚拟空间和区机关物理空间广泛宣传信息安全主题活动，举办“重点网站信息安全”大讲堂活动。

【组织召开2013年度虹口区信息化专题培训】 为提高机关工作人员的信息安全理论水平与综合实践能力，促进其在构建安全信息系统防护体系等实际工作中的应用，同时普及、深化移动互联网技术知识，区科信委于2013年7月组织开展2013年度虹口区信息化专题培训，授课4天，培训内容为《信息安全》和《移动终端实用技能》。来自区35家机关部门及直属单位的60位信息化工作人员，分两期参加了培训。

八、社会诚信体系建设

【成立社会信用体系建设联席会议】 为加强虹口区社会信用体系建设，2013年4月成立虹口区社会信用体系建设联席会议，编制下发了《虹口区社会信用体系建设2013—2015年行动计划》，形成了《虹口区社会信用体系建设2013—2015年行动计划任务分工表》。

【举办2013年“诚信活动月”活动】 2013年9月23日—10月24日是上海市“诚信活动月”。活动月期间，虹口区社会信用体系联席会议办公室组织举办了诚信体系网络推广活动、社会信用体系建设专题培训活动，虹口区价格诚信建设和价格法律政策咨询活动，社区卫生服务中心争创价格诚信单位等系列活动，推动市民、企事业单位、政府部门共建诚信虹口。

【举办社会信用建设专题培训班】 2013年9月26日，虹口区社会信用体系建设联席会议办公室举办社会信用建设专题培训班，共有26家区联席会议成员单位分管领导和联络员参加培训。本次培训特邀信用行业专家从信用和社会信用体系理论、“上海市社会信用体系建设三年行动计划”解读、信用应用案例分析三个方面，对社会信用体系建设的内容进行讲解，取得了良好效果。

（刘长林）

第七章 杨浦区信息化建设

概 述

2013 年,杨浦区信息化工作紧紧围绕建设国家创新型试点城区的战略目标,以智慧城市建设为主线,从社会信息化、信息产业、社会信用体系建设等方面着手,较好完成了 2013 年各项工作任务。

2013 年,杨浦区信息化建设的主要工作:一是稳步推进信息化建设。落实区政府和运营商合作框架协议,配合推进运营商在杨浦区域的功能设施建设。移动通讯枢纽大楼已建成,上海联通总部入驻杨浦,全面提升杨浦区信息基础设施服务能级。二是信息化应用推广。加强城区管理信息化,推进杨浦区城区综合管理"大联动"信息系统建设;推进医疗信息化项目建设,实现电子病历、健康档案、医疗资源全区共享;以信息技术和课堂教学深度融合为基础,推进 7 个学校的教育云项目试点;继续开展"区长在线"和"书记信箱"等互动性信息化应用;组织开展财政预算信息化项目的协同理财;做好社保卡、居住证日常管理、市民信箱等工作。三是推进智慧城市建设。通过建设智慧政务、智慧城区、智慧城管和智慧民生四个领域的示范智慧应用服务,基本构建起杨浦区智慧城市建设的应用核心体系。新江湾城、延吉、长白等街道从各自情况出发选择合适的切入方向尝试开展智慧社区建设;不断完善五角场商圈公共信息服务功能。四是加强社会诚信体系建设。召开 2013 年信息化工作领导小组会议;继续在政府采购、公务员个人诚信、商旅企业领域实行信用报告、信用评估。五是推进产业发展和园区建设。完成电子信息产业"十二五"规划中期自评报告;协调推进复旦软件园工程建设;推进创智天地上海市高新技术产业化基地、上海市云计算创新基地、杨浦科技创业中心数字化园区建设,杨浦科技创业中心成功申报上海市信息服务产业基地,通过市区联动实现产业集群建设;落实云计算产业扶持政策,推进云计算创新展示中心项目建设,完成云计算展示中心的验收工作;深化杨浦区"两化融合"实践区创建,完成"两化融合"指数评估工作及企业"两化融合"案例收集;开展软件企业季度统计、年检初审工作;组织市高新技术产业化等项目申报工作。

一、政务领域信息化

【电子政务建设】 根据杨浦区委、区政府关于智能政务的要求,推进政府网站群工作及无纸化办公平台、视频会议系统建设。进一步完善政府网站群整合建设,重点推进电子政务无纸化办公平台的建设,把握工作节点,切实转变工作作风。完成基于政务外网的远程视频会议方案编制,在区政府大楼、城建大楼及 12 个街道镇的主要会场(共 17 个会场)安装远程视频会议系统,借助高速传输的政务外网骨干网,实现远程召开区内会议,既节约办公经费,又避免与会人员来回奔波。

【企业设立并联审批平台建设】 杨浦区网上行政审批平台(一期)已经完成,二期正在同步开发中。自开通以来,通过该平台办理的企业设立并联审批联动办件数为 5 494 件。根据市委、市政府提出的上海市要成为全国"行政效能最高、行政透明度最高、行政收费最少"地区之一的要求,市层面构建了一个覆盖全市行政审批事项的管理和服务平台,即网上行政审批平台,以促进跨部门的行政审批业务协同为重点。根据全市统一规划,杨浦区也建设了区级网上行政审批平台,开通了企业设立并联审批等重点协同应用网上办理,实现了条块互联互通、审批业务办理"一次录入"。区级平台是市级平台的延伸,区平台通过市平台与工商、质监、税务等条线打通,通过数据交换的方式,实现"提前服务、综合协调、一口收件、抄告相关、并联审批、限时办结"。

【信息化设备数据库建设】 梳理杨浦区政务网络各类硬件设备,包括核心交换机、汇聚交换机、接入交换机、应用数据服务器、安全设备等,利用信息化开发手段建立专用数据库，并建立健全同步更新机制，把设备的名称、用途、IP地址、所属单位等基本属性纳入数据库统一管理。运行于政务网的设备发生变化（注销、新增、改变用途等）将实时与数据库联动，通过数据库可查询到设备使用情况，便于日常维护和资产管理。

二、社会领域信息化

【社保卡、居住证工作规范推进】 2013年，杨浦区社会保障卡服务中心坚持便民创新服务，加强网点建设，在五角场镇试点的基础上推进社保卡补换卡业务在街道（镇）全面铺开；完成居住证业务移交区人口办的相关工作。截至2013年年底，杨浦区社保卡网点共完成社保卡（包括学籍卡、敬老卡）申领16 949张、敬老卡续期51 805张、社保卡补换33 304（其中五角场镇8 237）张。截至9月31日，居住证网点共办理临时居住证17 203张、续签42 686张、遗失补办2 148张、退证6 022张，一年居住证从业类申领4 503张、投靠类申领3 810张。

【智慧社区建设】 新江湾城街道坚持企业为主体，市场化运作原则，在完善信息基础设施建设的基础上，积极推进智慧社区各项应用落地。社区在实施"宝盒速递"自助快递系统、"集付通"电子货架系统、节能电子公交站牌、智慧城管、新江湾城智慧社区家庭信息化套餐包等一批示范应用项目的基础上，编制了《新江湾城智慧社区二期建设方案》，重点推进新江湾城智慧社区展示体验厅建设。2013年7月，新江湾城街道被列为上海市智慧社区示范单位。12月，延吉街道与长白街道被列入上海市智慧社区建设第二批试点。延吉街道结合老龄化人口多的成熟社区特点，重点关注居家养老、实有人口管理等系统建设，在第四睦邻中心建成智慧社区体验中心，增加市民对智慧城市的体验感。举办4期智慧社区建设研讨会，软件开发企业、科技园区、网络运营商等共商智慧社区试点建设，逐步总结试点经验。长白街道探索社区服务的新模式，借助信息化手段建立"民生服务在线"，构建一个百姓能够方便表达诉求、获取公共服务资源，政府能够及时了解百姓需求，主动提供服务的一体化便民服务平台。

三、经济领域信息化

【五角场智慧商圈建成开通】 围绕移动网络时代的应用特点，不断完善五角场商圈公共信息服务功能。通过在商圈部署无线宽带网络，为用户免费提供便民信息、停车诱导、商户导购、促销信息、自助预订等功能，优化商圈的购物环境，打造线上线下融合发展的新商业模式。五角场智慧商圈项目在2013年上海购物节杨浦区活动启动仪式上正式启动。进入五角场商圈的消费者可通过便携式终端（手机或平板电脑）自由上网，无限使用免费无线WiFi，让消费者在购物时享受更简单、更舒适、更快捷、更安全的网络服务。

四、城市建设管理领域信息化

【"大联动"信息系统一期开发并投入使用】 2013年，杨浦区"大联动"信息系统（一期）开发并投入使用，政务网光缆接入杨浦区5个街道（镇）的"大联动"指挥分中心，形成区镇联动。杨浦区城区综合管理"大联动"机制是社会管理创新的一项重要举措，其不改变原有行政管理组织体制，也不改变各部门的行政管理职责，而是以资源共享、集约高效和统一指挥为条件，依托信息化系统建设，旨在优化和完善城区综合管理运行机制，充分发挥"块（街镇）"综合管理优势和"条（各相关委办局）"专业管理优势，推进工作联动。"大联动"信息系统建设的基本框架为"区综合管理委员会指挥中心—街镇综合管理指挥中心"两级架构；建设总体目标是：在整合与利用杨浦区现有信息资源和信息系统的基础上，采用现代通信技术、计算机技术，建立集告警接受中心、指挥调度中心、数据服务中心于一体，且自动化程度较高的杨浦区综合管理"大联动"平台。进一步深化城区管理力量和资源联动，加大问题的发现和处置力度，配合完整的保障工作机制来确保受理记录无误、指挥落实明确、处理程序规范、反馈及时有效，实现城市管理协调规范，应急处置有序高效，数据服务全面完整，实现“市民投诉率和110报警数下降、群众满意度、安全感和城区综合管理水平提高”的工作目标。

五、信息产业发展

【软件和信息服务业发展】 2013年，杨浦区软件和信息服务业产值约126亿元，市经信委认定的软件企业176家，其中2013年新认定软件企业34家。以“品牌化、专业化和特色化”为目标，配合区域五大功能区规划，重点建设创智天地、云基地、杨浦科技创业中心、复旦软件园等信息服务集聚区。创智天地以信息服务业总部经济为主要方向，成功引进IBM公司全球服务执行中心整体入驻，园区累计引进企业686家，其中2013年引进企业118家。区级税收增长较快，对区域产业带动、创新资源集聚起到良好的示范作用。推进上海市云计算创新基地建设，积极引进云计算企业；完成“上海市云计算创新展示中心”项目建设并投入运行；组织落实云海沙龙定期活动，为云计算上下游产业链企业间的对接交流合作提供良好的平台。杨浦科技创业中心成功申报上海市信息服务产业基地，并致力开展云计算孵化服务，组织企业参加“全球云计算大会（中国站）”等多项行业大会和专业培训，联合园区内外企业打造“云智汇”云商务服务包，中小企业可免费试用各类云商务明星产品。复旦软件园依托“兆联天下”服务平台成立了“移动互联网产业联盟”“动漫游戏产业联盟”“新媒体产业联盟”三大联盟，并推出“兆联天下 · My Share志愿者计划”。

【获得市专项资金扶持】 杨浦区有14家企业获得市软件和集成电路专项资金扶持，扶持资金共计1 980万元。分别是上海杨浦科技创业中心有限公司（杨浦创业信息服务产业孵化公共服务平台）、上海杨浦知识创新区投资发展有限公司（云计算线上线下展示与交流服务平台）、上海恩度网络科技有限公司（基于安卓系统的应用分发软件）、上海清鹤数码科技有限公司（基于浏览器技术的移动终端应用软件跨平台解决方案与产业化）、上海高洁信息科技股份有限公司（面向垂直电子商务的营销云计算平台）、易保网络技术（上海）有限公司（易保车商渠道车险云平台）、上海天跃科技股份有限公司（基于云计算的银行安防视频云服务平台）、上海企源科技股份有限公司（基于PaaS的企业管理综合应用云平台）、上海复旦微电子股份有限公司（高分辨率CMOS图像传感器研制）、上海汉邦京泰数码技术有限公司（基于国产基础软件的监管设计与实施）、华平信息技术股份有限公司（基于主流移动操作系统的AVCON移动终端视频监控指挥通讯软件）、上海天臣防伪技术股份有限公司（面向食品安全的手机查询软件与云服务平台）、上海合合信息科技发展有限公司（基于云计算的文档数字化关键技术及应用软件系统平台的研制）。

【软件企业服务】 2013年6月13日，杨浦区科信委组织召开软件企业年审培训会，邀请市经信委相关负责人为区内164家软件企业解读软件企业年审政策，包括新《软件企业认定管理办法》等，对2013年软件企业年审工作进行了部署，并开展软件著作权登记资助、阳光云平台等专题培训。组织软件企业年检工作，共受理136家软件企业年审材料；完成2012年度软件和集成电路企业设计人员专项奖励受理初审，受理13家企业215人约273.7万元的个税奖励申请，经初审，12家企业210人予以通过；完成软件和集成电路专项资金杨浦区地方配套资金4个项目共拨付59.4万元，并开展项目跟踪、管理工作；配合上海移动互联网优秀企业、优秀项目征集，共推荐30家移动互联网优秀企业、47个移动互联网优秀项目，9家企业入选上海市第一批移动互联网成长型企业，4个项目入选上海市第一批移动互联网优秀案例。

【杨浦区政府与上海仪电集团签署战略合作协议】 2013年10月24日，杨浦区政府与上海仪电控股（集团）公司（以下简称“上海仪电”）签署战略合作协议。着力发展云计算和物联网产业，重点聚焦智能安防、智能照明、智能食品溯源、智能园区等细分领域；上海仪电的云赛基金已落户杨浦，上海仪电将把杨浦区作为发展战略性新兴产业的主要创新孵化和产业化基地，加快在杨浦区形成物联网、云计算产业集聚发展的态势。

【杨浦区入选全国首批国家信息消费试点区】 按照工信部和市经信委要求，2013年11月25—26日，杨浦区作为上海两个试点城区之一，由副区长陈宇剑带队赴北京参加信息消费试点专家评审会现场答辩。此次试点提出的目标是：到2015年杨浦区信息消费试点力争形成“信息基础设施能级跃升、信息消费增长长效稳定、信息消费热点产业集聚、信息消费环境安全可控”的良好局面，成为我国信息消费市场规模领先、应用丰富、模式创新的信息消费试点区。12月，经国家工业和信息化部批准，杨浦区成功入选全国首批68个国家信息消费试点市（县、区）。

六、信息基础设施建设

【杨浦区政府与上海移动签署新一轮合作框架协议】 2013年8月5日，杨浦区政府与中国移动上海公司举行关于共同推进杨浦智慧城区建设合作框架协议签约仪式，签署了新一轮合作框架协议。杨浦与上海移动长期以来有着良好的合作关系。新一轮签约意味着杨浦区将在推进城市管理、企业服务和公共服务信息化方面再上新台阶，推进杨浦智慧城区建设，聚焦特色构建数字化、智能化的智慧城区。

【杨浦区政府与上海东方网股份有限公司签署全面战略合作协议】 2013年8月21日，杨浦区政府与上海东方网股份有限公司签署全面战略合作协议，并为东方网落户杨浦新公司揭牌。双方将本着互惠互利、合作共赢的原则，共同推进杨浦新闻宣传工作，打造杨浦区党务、政务、微博、网站，做好区域网络舆情监测和引导工作，并推进东方网新媒体项目在杨浦落地。

【“城市光网”与“无线城市”建设】 杨浦区大力推进“城市光网”建设，已实现覆盖居民小区965个，覆盖家庭40.06万户，到2013年年底已基本完成杨浦区的全覆盖。实现百兆到户、千兆到楼的网络覆盖能力，宽带网络平均接入速率达12兆。完成下一代广播电视网（NGB）改造34.5万户。积极开展“无线城市”建设。电信、移动和联通三大运营商在杨浦境内共已开通商用无线WiFi热点1 000余个。实施杨浦重点区域、公共场所无线局域网络覆盖，完成20个i-Shanghai场点WLAN建设；推进区级机关、街道（镇）行政服务窗口办事大厅WLAN建设，2013年开通覆盖17个单位的43个场点。初步构建起多层次、广覆盖、多热点的全区无线宽带网络，为广大市民提供便捷的无线网络数字化服务。推进通信宏基站和TD-LTE建设。积极协调落实通信宏基站建设难点问题，杨浦区科信委和三家运营商建立定期沟通机制，针对三家运营商在杨浦区域内通信宏基站的规划、建设、拆除、保留等难点问题召开专题协调会。TD-LTE已经覆盖杨浦区所有内环内区域，五角场等内环外重点区域也已覆盖到位。

七、信息化环境建设

【杨浦国家创新型城区发展战略高层咨询会暨美国旧金山湾区智慧城市论坛举行】 2013年10月18日，杨浦国家创新型城区发展战略高层咨询会暨湾区智慧城市论坛在复旦大学举行。此次论坛由杨浦区人民政府、复旦大学、美国旧金山湾区委员会等共同主办，主题为“智慧城市——让智慧点亮城市生活”。会上分享了各地智慧城市建设的最新进展、技术创新动向。推进智慧城市建设是上海加快实现创新驱动、转型发展的重要手段，是深化实践“城市，让生活更美好”的重要举措，也是杨浦国家创新型试点城区建设的必然要求。聚焦信息化、智能化，打造智慧城区，对杨浦到2015年基本建成国家创新型试点城区、到2020年基本建成“四地四区”具有重要意义。杨浦正在以智慧政务、智慧社区、智慧商圈、智慧医疗、智慧校园和智慧文体为重点，汇集各方资源，推进智慧城区建设。论坛的举办给杨浦带来国际前沿的先进理念及实践经验，更好推动智慧城市建设。

【智慧城市宣传周活动】 2013年10月26—27日，在智慧城市宣传周期间，杨浦区新江湾城街道联手上海电信、上海集付通信息技术有限公司、上海宝盒速递有限公司等企业在街道所属的江湾国际公寓、雍景苑、涵碧景园小区开展以“智慧城市，开启美好生活”为主题的智慧社区推广宣传活动。活动现场通过派发宣传手册、智慧城市刊物等，和居民进行“零距离”互动和“一对一”交流。机关干部、居委会干部与企业工作人员积极向居民宣传集付通、宝盒速递、IPTV 等相关应用项目。面向公众普及智慧城市的理念和知识，并推出一批 IPTV 试用名额，让居民更好地体验智慧城市给居民生活带来的便利和更多优质资源共享。

八、社会诚信体系建设

【杨浦商务旅游企业信用管理岗位培训班开班】 根据《杨浦区社会信用体系建设 2013—2015 年行动计划》，为推进杨浦区商务旅游企业诚信体系建设，2013 年 3 月 19 日，区商务委、区科信委、区旅游局、区商联会、区企联会共同举办 2013 年杨浦商务旅游企业信用管理岗位培训。来自区域商务旅游 37 个单位的 70 余名学员参与了信用管理基础知识、诚信服务礼仪规范、资信评级实务操作等培训，此次培训将带动商务旅游企业推进诚信全员教育。

【杨浦区社会信用体系建设专题会议召开】 2013 年 3 月 21 日，杨浦区社会信用体系建设专题会议召开。会上，区科信委介绍了《上海市 2013 年社会信用体系工作要点》，对起草《2013 年杨浦区社会信用体系建设工作要点(修改稿)》作了说明；各部门审议了《2013 年杨浦区社会信用体系建设工作要点(修改稿)》，区委宣传部、区商务委、区质监局就本部门开展的社会信用体系工作作了交流发言。

（陆军霞）

第八章　黄浦区信息化建设

概　述

2013年，黄浦区信息化规划与建设稳步推进。完成《黄浦区推进智慧城区建设三年行动计划(2012—2015)》编制，全面启动《黄浦区信息基础设施建设专项规划》编制并完成初稿。不断优化以“城市光网”和“无线城市”为重点的通信环境，信息基础设施建设进程加快，区内五大商圈完成i-Shanghai信号全覆盖，全区WLAN热点累计达1 414个，AP 10 985个，光纤入户累计覆盖433 145户。智慧社区工作不断推进，五里桥街道智慧社区建设不断深化，半淞园街道IPTV社区智慧社区项目投入试运行。重点领域信息化应用协调推进，能耗在线、教育信息化、卫生信息化、“数字城管”和“数字惠民”等项目稳步推进。结合区文明城区创建工作，加快区信用体系建设，推进重点行业、重点领域信用体系建设，加大诚信宣传力度。推进软件和信息服务业服务工作，全区新增市软件业认定企业两家，全区软件和信息服务业企业达60家，营业收入达25.88亿元。社保卡补换服务工作有序开展，全年共补换社保卡23 880张、敬老卡2 970张、儿童卡47张；受理社保卡业务7 900张、敬老卡4 743张、儿童卡36张、居住证7 513张、临时居住证36 630张、临证到期续签145 580张。

(沈　蓓)

一、政务领域信息化

【建立三级电子政务制度体系】 2013年，以《黄浦区电子政务管理办法》为纲领，围绕区电子政务项目立项审核、区政务外网接入、综合应用平台管理、政府网站集群建设、信息安全等方面，出台专项管理细则，并配套出台操作性、指导性强的工作指南，形成办法、细则、指南三级电子政务制度体系，为区电子政务建设提供制度保障。

【开展全区电子政务项目立项审核】 2013年6—9月，对全区23个部门申报的114个2014年电子政务预算项目进行立项审核和预审工作。从项目必要性、可行性和预算配置合理性等方面入手，通过现场调研、分工审核、综合分析、预算评估等审核方法，有效制止可行性低、共享性差，存在资源浪费、重复建设风险的电子政务项目立项。同时，通过审核和服务相结合的方式，以审促建，有效落实区电子政务顶层设计和技术标准。

【建成区电子政务综合应用平台】 2013年5月1日，新版区电子政务综合应用平台正式上线。平台立足探索云计算技术在电子政务领域的创新应用，构建“一体化、标准化、通用化、协同化”的区级电子政务综合应用服务体系，实现各类通用应用系统、协同办公系统、部门专项业务系统的整合对接，成为承载全区一体化电子政务应用体系的核心平台。

【推进区政务外网与互联网逻辑隔离项目】 2013年，在完成各类非涉密网络整合，建成全新区政务外网的基础上，启动实施区政务外网与互联网的逻辑隔离项目，并对机关互联网出口作统一归并。区政务外网覆盖区内所有行政、事业单位和街道、居委会，实现市、区、街、居，纵、横双向互通。

【“上海黄浦”门户网站改版并获多项荣誉】 2013年12月25日，“上海黄浦”门户网站改版上线，从提升用户体验的舒适度和关注度入手，优化页面设计和栏目分类，完善网站、微博两大平台联动机制，开通全天候“便民智能咨询”服务，提供首页无障碍浏览和中文语音导读服务，新增图片信息检索功能，实现用户桌面的灵活定制。在2013年中国优秀政务平台推荐及综合影响力评估活动中，“上海黄浦”门户网站荣获“2013年度中国政务网站领先奖”，在直辖市所属区县网站榜单中名列第一，同时还获得“2013年度地方特色政务网站”称号。在2013年公布的本市政府网站测评结果中,“上海黄浦”门户网站被评为上海市优秀政府网站。

【“上海黄浦”微门户上线】 2013年7月,“上海黄浦”门户网站推出移动终端服务——“上海黄浦”微门户,为在黄浦区工作、生活、旅游和投资的公众用户打造综合性、智能化的政务服务平台。用户可通过微门户了解黄浦要闻、黄浦概览和便民资讯,获取政府公开信息和办事指南信息,查询医疗、教育、卫生、购物等实用生活服务信息;通过参与“在线访谈”,实时进入访谈直播现场,与访谈嘉宾互动交流;通过登录“用户中心”,接收与用户相关的依申请公开政府信息、网上咨询投诉答复、办事消息反馈等。“上海黄浦”微门户全面支持苹果、安卓各版本和型号的手机终端,实现与门户网站信息的同步推送,让市民能够随时随地、轻松便捷地畅游和体验移动的“上海黄浦”。

【推进部门网站集群化改造】 2013年7月,“上海黄浦”门户网站集群化管理平台建成并投入使用。平台遵循“一体化”的建设思路,通过规范技术标准,集约化构建党政机关子网站和专题网站,有效降低部门网站建设成本,避免数据割裂和资源浪费,实现整个站群体系的信息全面共享。2013年下半年,实施23个部门网站集群化改造工作,实现政府网站群集约建设、统一管理、内容共享、业务协同,网站群整体服务质量和安全防护能力显著提升。

【归并区门户网站咨询投诉与区市民服务热线受理渠道】 2013年第四季度,推进“上海黄浦”门户网站咨询投诉栏目与黄浦区“12345”市民服务热线的受理渠道归并和办理机制整合,实现非紧急类政务事项的“一口受理、统一答复”,进一步畅通政府与市民之间的沟通渠道,促进政府公共服务效能提升。

【举办“上海黄浦”门户网站“在线访谈”】 2013年,紧扣政府工作重点和社会民生热点,“上海黄浦”门户网站举办“在线访谈”活动8期,其中区领导访谈3期,部门领导访谈5期,内容涵盖文明城区创建、夏令问题解决、民生保障、医改、创业、环保、科普等方面。访谈活动注重嘉宾与网民的现场互动,体现“真诚、实在、亲和”的特质,得到市民群众的高度关注,累计访问量21.6万人次,接收并答复网民提问289个,答复率100%,成为门户网站最具人气的品牌栏目。

【推进区行政审批事项规范上网】 “上海黄浦”门户网站以推进行政审批标准化和行政服务标准化为契机,深化“政务大厅”栏目建设,根据《黄浦区行政审批事项目录》,协调各行政审批服务部门梳理网上行政审批事项,制定规范、统一的办事指南,更新完善其他办事信息,推动可公开的行政审批事项规范上网。同时,推行“网上办事实名问责制”,公布所有行政审批事项的职能部门、责任人和联系电话,方便市民、企业查询联系。

(张 倩)

二、社会领域信息化

【完成《黄浦区推进智慧城区建设三年行动计划(2012—2015)》编制工作】 根据区委办《关于制定建设世界最具影响力的国际大都市的中心城区行动方案和系列三年行动计划的安排》要求,区信息化委聚焦信息基础设施、智能化应用、移动互联产业发展,完成《黄浦区推进智慧城区建设三年行动计划(2012—2015)》调研和编制工作,经区委常委会议审议通过并正式发文。

【开展黄浦区智慧城区体验周活动】 2013年10月24—31日,区科信委联手区域内16家部门、企业,开展以“智慧生活新世界”为主题的系列宣传体验活动。在淮海公园和新世界商城开展了区智慧城区建设成果展示活动,包括信息网络及运营商应用服务、电子商务、移动医疗服务、电子政务、信息安全等智慧城市知识应用普及及市民现场体验。在五里桥街道,推介社区联系服务一本通功能,进行现场操作培训,利用IPTV、手机版进行医疗信息资源进社区体验活动等。宣传系列活动充分展示了黄浦区智慧城区的建设成果,提升了市民知晓度、体验感和社会参与面。

【半淞园街道搭建IPTV终端智慧社区平台】 黄浦区半淞园街道根据社区居民的应用需求,积极探索创新模式,拓展为民服务渠道,与上海电信携手,以IPTV为终端打造的智慧社区平台建成,并投入试运行阶段。该平台包括上海发布、社区新闻、便民地图、老年关爱、事务受理中心、生活服务中心等十个服务项目。

三、经济领域信息化

【五大商圈 i-Shanghai 项目服务通过验收】 2013 年 12 月 3 日，区科信委联合区商务委、区建交委、区规划局等相关部门，召开了人民广场、南京路步行街、淮海路、新天地、豫园五大商圈公共场所无线局域网 i-Shanghai 覆盖服务验收会议。会议根据第三方提供的技术检测报告、各相关部门反馈的用户使用情况，认为黄浦区五大商圈公共场所无线局域网（WLAN）覆盖基本达到了预期目标，符合相关技术要求和服务要求，运营效果良好，服务验收合格。同时对以后的维护和服务提出了更高要求，确保 i-Shanghai 实事项目能长期为公众服务。

四、城市建设管理领域信息化

【城区管理信息化应用稳步推进】 区科信委协同区相关部门，聚焦停车、节能、环保等领域，推进城区运行管理信息化，满足新黄浦城市精细化管理需求。交通信息智能化服务水平得到提高，建立了统一的黄浦区停车服务网，具备区内道路停车场信息及停车场周边的三维街景查询功能。新天地太平桥停车场物联网应用示范工程建成，实现了不停车收费、停车场场内诱导和反向查询的功能。用能监测行动取得成效，区级能耗在线监测平台率先实现与市级能耗平台的联网对接，完成 54 幢大型公共建筑的分项计量安装联网工作。优化升级网格化管理信息平台，拓展城市网格化应用。区内地下空间的管理纳入区城市网格化管理范畴，升级餐饮业油烟气在线监控系统功能，推进区内建筑工地安装扬尘污染在线监控系统。

【教育、医疗信息技术应用不断深化】 区科信委协调区教育局、区卫计委等部门，推进数字教育、数字健康建设。在区教育信息化方面，数字化、网络化、智能化的教育创新模式逐渐显现，加快推进基于云计算技术教育数据中心建设，开展基于移动数字终端应用的教育管理及教学应用信息化试点。格致中学开展基于“多点触控”技术背景下高中互动课程的开发与实践研究；卢湾一中心小学开展基于平板电脑应用的“云课堂”项目，促进教育内容和质量、教学手段和方法进一步提升。在区卫生信息化方面，基于市民电子健康档案的卫生信息化工程取得成果，区级平台汇聚有 60 万个人基本信息，237 万余条各类诊疗信息，实现了 11 家区级医疗机构之间居民健康档案的相互调阅功能，并实现与市级平台的互联互通和共享交换；启动了区市民健康档案建设项目“市健康信息网工程”区级配套工程（一期工程）项目，完善了 11 家区级公立医疗机构医院管理信息系统建设；试点开展创新的医疗业务模式，在五里、打浦社区服务中心试点了远程血压、远程心电监测预警项目；完成了区域影像诊断中心的建设；瑞金-卢湾区域医疗联合体跨院结算顺利推进。

五、信息基础设施建设

【启动《黄浦区信息基础设施建设专项规划》编制】 2013 年 2 月 4 日，《黄浦区信息基础设施建设专项规划》开题研讨会顺利召开，全面启动编制工作，2013 年年底已完成初稿。该规划作为上海市中心城区首个信息基础设施专项规划，是黄浦区推进信息基础设施布局优化和规范管理的一次有益尝试。

六、信息化环境建设

【开通区域内 WLAN 热点查询服务】 黄浦区作为无线局域网接入场点、密度和公益性无线局域网覆盖很广的区域之一，为方便使用 WLAN 无线上网的市民和企业查询 WLAN 覆盖情况，2013 年 6 月，区科信委门户网站开通了 WLAN 热点查询功能。通过访问网址 http://kw.huangpuqu.sh.cn/kw，点击菜单栏中“区内 WLAN 热点查询”，即可获知区内各类公益场所的 WLAN 覆盖情况。

七、社会诚信体系建设

【推进重点行业、重点领域信用体系建设】 区科信委结合《黄浦区社会信用体系建设三年行动计划》编制工作，明确区信用体系建设重点工作领域，不断推进区信用体系建设。结合南京路、淮海中路商业街信用体系建设特色，推广“双真”承诺活动经验和做法，不断完善信用经营的商务环境。会同区监察局，推动工程建设领域信息公开，组织各相关单位开展自检工作，不断充实和完善信息公开专栏内容。

【开展“诚信活动月”系列活动】 根据市征信办开展“诚信活动月”活动要求，结合区文明城区创建，区科信委牵头区信用体系建设联席会议相关成员单位，积极开展以“筑牢信用基石，共建诚信上海”为主题的“诚信活动月”系列活动，活动以信用相关制度的宣传为核心，积极开展宣传教育活动。组织播放诚信宣传公益片、编写商业企业信用案例、开展诚信商圈联盟成立仪式暨市民咨询活动等，积极营造“守信受益、失信惩戒、诚信自律”的良好氛围。

（沈　蓓）

第九章　静安区信息化建设

概　述

2013 年，围绕建设现代化国际城区的总体目标，按照《静安智慧城区建设规划（2011—2015 年）》提出的主要目标和任务，以“数字化、网络化、智能化”为主线，全面推进“智慧商务突破区、智慧政务先行区、智慧生活示范区”建设，使智慧城区成为构建现代化国际城区的重要支撑。

在实现智慧城区建设的“四横两纵”总体框架的进程中，逐步形成了“五个聚焦五个抓”基本工作思路，即聚焦达成共识，抓宣传培训，提升全民科学素质，形成共建共享工作格局；聚焦网络覆盖，抓基础建设，打造无线城区和宽带城区；聚焦示范带动，抓应用建设，着力完成重点项目建设任务，示范带动出更多需求和项目；聚焦信息共享，抓资源整合，促进信息资源跨部门、跨领域综合利用，实现公共管理精细化；聚焦信息安全，抓安全保障，提高重要信息系统的安全防护能力。

在政务领域信息化方面，开展移动办公平台建设，整合政务公开和政务服务平台的建设与应用等重点项目，政务网络功能和服务持续优化。通过跨部门系统建设，逐步推进统一大平台构建，提高信息共享程度和协同管理水平，实施扁平化管理，打造务实、高效、协作、精简的法治政府。

在社会领域信息化方面，围绕改善民生需求，建设居家养老管理服务平台、推进石门二路街道的“智慧社区”建设等重点项目，为民服务能力逐步提升，使市民普遍受益，增强市民体验感和认同度，营造良好的生活服务环境，构建和谐家园。

在经济领域信息化方面，光纤进楼、到层覆盖能力进一步加强，不断提升智慧商务能级和商务信息基础设施建设，大力发展信息产业、电子商务、服务业新业态等经济发展的新热点，培育创新型企业，在实现区域经济增长的同时进一步优化商务环境。

在城市建设管理信息化方面，建立综治管理信息系统，努力实现“大综治”工作格局；在信息基础设施建设方面，完成静安区中心机房建设和启用等重点项目，信息基础设施建设不断完善，信息安全保障能力逐步提升；在社会诚信体系建设方面，积极推动政府部门使用信用报告试点、规范“黑名单”管理和开展商业商务行业诚信档案建设等，不断深化政府职能转变和完善市场信用机制。

一、政务领域信息化

【开展移动办公平台建设】　平台设计了安卓和苹果两个版本，支持手机、平板电脑等智能终端，实现邮件收发、公文批阅、通知查收、简报浏览、日程添加、通讯录查询等功能。平台于 2013 年 9 月上线测试。优化区级电子政务平台，启动了公共信息平台优化完善项目，按照“信息简洁，操作简单”的要求，新增和优化了部分功能。2013 年各部门累计网上发送各类简报 1 055 份，通知 21 683 份，公文 1 779 份。

【完善政务资源共享机制】　依据《上海市网上行政审批过程基础数据规范》的要求，进一步梳理行政审批信息化基本数据项及电子监察规则。对现有电子政务资源进行调整、升级和改造，建立政务服务事项管理库、办理过程信息库、办理结果信息库、监察规则信息库和监察业务信息库五类数据库，为推进信息资源共享、数据实时传输、全程电子监察和行政审批公开透明运行提供信息化支撑。依托电子政务平台，推动网上行政审批系统、电子监察系统、政务公开和政务服务专栏建设。在门户网站设立政府信息公开和政务公开栏目，并提供办事结果查询及网上预办；建立网上行政审批系统，提供处理行政审批业务的工作平台，对于无信息化系统的行政审批事项，按照数据规范要求，设置具备通用审批功能的事项模块；建立审批事项管理系统，由区审改办对区级行政审批目录进行集中统一管理；建立电子监察系统，对纳入网上行政审批系统的事项进行统一的电子监察。

二、社会领域信息化

【为民服务信息化建设】 开发社会化居家养老管理服务平台，对全区为老服务机构实行信息化管理，内容涵盖日常为老的“十助服务”，提高了老年人的生活质量；推进标准化菜市场建设，应用现代物联网技术，对菜场内蔬菜瓜果肉类等进行信息化管理，使每一笔交易都可追溯、可监督，保障了居民食品安全；整合区域优质医疗资源，搭建了全区统一的公共卫生数据中心和区域医疗会诊平台，向社区卫生服务中心等下端医疗机构提供技术支持和服务，实现了居民健康档案的动态完善，提高了社区居民就医的便捷性；建设图书馆管理系统，并与市图书馆联网，实现资源共享，开设“掌上静图”手机图书馆网站，提供龙源期刊、中华数字书苑等数字资源，几十万册图书期刊供读者阅览，满足市民多层次、多样化的精神文化需求；建立科普信息服务综合管理系统，建设科普视频信息采集工作站、科普视频信息管理发布、展示及监控系统，不断丰富科普展示的形式，为居民提供及时有效的科普资讯。

【推进智慧社区试点示范建设】 积极推进上海市智慧社区试点示范建设，石门二路街道被列为全市首批十六家试点单位之一。分期实施和谐家园网、社区关爱救助系统、社区居家安防系统、远程健康监护系统、社区服务一卡通等项目建设，取得一定成效，受到社区居民好评。另外，江宁路街道基本建成社区综合服务和综合管理系统；静安寺街道搭建了乐龄一键通；曹家渡街道推进了延伸服务信息系统建设项目。

【加强门户网站建设】 围绕增强宣传、强化互动、拓展应用和整合资源等目标，顺利实施网站首页优化调整和新闻中心整体改版。整合区政府门户网站和 14 个民生热度较高部门的网站资源，建成静安区智能问答平台。利用智能交互方式，实现政府网站群信息的一站式智能问答服务。建成静安门户网站 App 客户端，通过活泼、友好、易用的界面，以语音检索、周边查询、一键呼叫和消息推送等功能，向用户提供政务公开、在线互动等政务服务，进一步提高政民互动交流的便捷性和通畅性。新增专项资金管理和使用情况公开分类及行政处罚事项，有效提升网站办事服务能级。建设外文版“便民提示”专栏，使生活或工作在静安的外籍人士，可以及时了解静安区食药品卫生及安全信息、各社区文化活动中心、剧场和图书馆举办的文化艺术活动信息，及静安区医院的义诊医疗咨询活动等信息，进一步提升政府服务的国际化水平。

三、经济领域信息化

【创建静安南京路移动支付示范街区】 静安区与中国银行、中国移动、上海杉德支付网络服务发展有限公司合作，创建“静安南京路移动支付示范街区”，推出“静安白领卡”系列营销活动，在 1788 广场、久光百货、吴江路步行街等区域打造移动支付示范区域。在优化商圈环境方面，搭建“网上南京路”平台，通过整合静安南京路沿线商场、店铺，集聚区域内高端品牌、自主品牌、老字号品牌，通过现代化信息技术和多媒体展现方式，搭建网上南京路电子商务平台，提升品牌销售能级，推广静安南京路品牌商业街形象。

【智慧商务能级不断提升】 在产业发展和扶持方面寻求突破，探索电子商务和智慧商圈建设路径，“800 秀”创意园区积极参与市智慧园区试点建设项目资金资助申报，“800 秀”创意园区、静工园 2 个产业园区被列入 2013 年度上海市产业园区信息基础设施优化建设项目计划。在公共服务和管理方面，建成静安寺交通枢纽综合交通信息系统，构建包含轨道与地面公交、以城市综合公共交通网络信息发布与乘客诱导为主要功能的综合交通信息系统。建设静安区楼宇信息动态管理系统，建设一体的动态管理平台，为协同各相关部门共同做好楼宇属地管理工作、提高楼宇税收落地率和产出效率提供数据做好支撑。创新监管执法模式，启动建设楼宇基础数据库、基本建成企业综合监管 GIS 系统，智慧商务提升能级。

【商务信息基础设施环境不断提升】 光纤进楼、到层覆盖能力进一步加强，商业商务场所无线网络覆盖率达 80%以上，宾馆酒店公共区域无线网络基本全覆盖。

四、城市建设管理领域信息化

【建立综治管理信息系统】 在城区综合治理方面，静安区以扁平化管理为目标，建成集数据整合、业务流转、综合监测等多项功能于一体的综治管理信息系统，实现跨层级、跨部门、跨网界的综合性业务应用处理。该系统集中整合了“实有人口”等49个业务数据库，将全区相关部、委、办、局、街道和区属企业纳入系统的流转体系，明确了148项“大综治”工作事项、流程，为实现区域扁平化管理的“大综治”工作格局提供了有效的技术支撑。

【提高城区安防能级】 建设区社区治安综合治理信息智能采集管理系统，对5个街道的综治中心联网及区下辖50个老式小区的前端信息感知系统实施试点建设。开发社区信息智能采集管理系统，与区综合治理平台对接，对老式小区人员、汽车、房屋及公共财产和事件实现全面管理。在城区安防方面，静安区应用现代图像监控和图像处理技术，建成路面监控探头1 500余个，建立卡口断面式车辆信息智能采集系统近50处，复接社会单位图像50余路，形成了全方位的区级综合视频监控网络，提高了城区的安防能级，有效支撑了平安城区的建设。

五、信息产业发展

【全面做好软件认定企业年审工作】 全面掌握静安区认定软件企业和软件认定企业产品情况，有42家软件认定企业初审合格，与2012年相比，新增3家软件认定企业，新增软件认定产品45个。

六、信息基础设施建设

【静安区中心机房建设和启用】 完成原有常德路370号、武宁南路、公安分局和房地产交易中心四处地点的机房、网络和设备搬迁、整合和优化工作，涉及多台网络和安全设备、多台应用服务器及多个应用。

【完善政务内网建设】 2013年，按照电子政务内网建设要求及安全保密规定，在新建中心机房的同时，启动相应的测试和安全测评工作。新建屏蔽机房通过国家保密局的防泄漏测试。机房搬迁后网络结构发生变化，重新开展了公务网接入网安全测评工作，于8月获得市保密局颁发的涉密系统运行许可证。

【深化公共服务场所无线网络办公建设】 推进公共服务场所无线局域网的建设、检测与验收。完成区内130多个公益性服务场所WLAN建设，开通i-Shanghai免费使用。完成南京西路商圈和曹家渡商圈无线局域网第三方测试和验收申报工作。由第三方负责对区内近130个公共服务场所进行无线局域网覆盖检测，根据检测情况开展相应的验收和免费上网服务购买工作。

七、信息化环境建设

【开展宣传培训工作】 逐步形成政府、企业、市民和社会各方共同推进、共建共享的发展格局，开办“智慧时代，魅力静安”主题展，打造智慧城市的展示与交流平台，努力实现企业开拓市场和市民提升生活品质双赢；举办IT青年企业家走进静安活动，加强与行业的互动，引导IT企业投入静安智慧城区建设；开展各类信息化培训，从理论到实践深入浅出地介绍智慧城市建设；结合科普工作，通过科普专刊、科普宣传屏，大力推广普及信息技术新应用。区科信委与区委办、区保密局、区公安分局等部门密切配合，分工协作，加强区内信息安全管理、技术防护、应急演练、宣传培训等方面的工作，确保主干网络和重要信息系统的安全可靠运行。

【加强信息安全检查和测评】 根据上海市网络与信息安全协调小组办公室下发的《上海市重点领域网络与信息安全检查实施方案》等文件要求，组织开展重点领域信息安全检查工作，制定检查方案，成立检查小组，对区公共信息平台和区门户网站两个三级信息安全保护系统进行了为期四周的安全自查，并上报《2013年度上海市静安区信息安全自查报告》。先后完成区公务网分级保护测评，获得市保密局涉密信息系统运行许可证；完成区公共信息平台和区门户网站三级等级保护复测工作；搭建静安区政府网站群安全检测“云平台”，为各网站管理单位提供实时监测网站可用性情况并进行安全检测。

【开展应急演练】 在制订《区网络和信息安全事件应急预案》的基础上，针对台风等灾害性天气，制订《静安区政务网-机房应对恶劣天气专项应急预案》，开展机房消防应急演练，区委办、区府办、区应急办、公安静安分局、区建交委等部门参加了演练，取得较好效果。为应对机房搬迁、门户网站服务器搬迁过程中可能发生的突发事件，搬迁前2周内完成门户网站数据库恢复演练。

【加强网络和机房日常运行维护】 对区政务网机房的物理环境进行4次安全专项检查，及时发现问题及时整改，保证机房的正常运行；加强对网络、应用安全外包服务的管理，做到每天有晨报，每月开情况汇报会，及时掌握网络和主要应用系统的安全情况。

八、社会诚信体系建设

【推动政府部门使用信用报告试点】 召开区机关单位信用报告使用工作座谈会，召集区委组织部等16个机关部门，征求各单位使用意向。2013年9月，区政府转发了区信用办《静安区关于推广使用信用报告的实施意见》，确定在区科信委、区建管署、区质监局先行试点使用信用报告，由区信用办统一购买。现已完成信用报告采购，签订了服务合同。并首次在区科技类民办非企业单位的申办中试点使用，正积极探索在区科技类民办非企业单位的年检审核中深化试点。

【优化政府采购信用管理】 建立政府采购供应商诚信档案，记录参与政府采购活动供应商的诚信情况，结合行贿犯罪档案查询系统，限制有行贿犯罪记录以及在工商、税务等部门留存重大违法行为记录的供应商参加政府采购活动。

【规范信用信息共享 深化“黑名单”管理和使用】 配合市信用信息服务平台的运行和维护，督促各部门参照《企业信用信息数据规范》《个人信用信息数据标准》等标准，依据《上海市企业失信信息查询与使用办法》，按照上级业务主管部门要求，规范本单位信用信息记录范围、种类及相应的工作机制，通过条线业务系统与市信用信息服务平台实现共享与披露，鼓励各部门结合自身业务，深化“黑名单”管理和使用。区建管署每月定期将审批通过的建设工程施工的项目在静安区人民政府门户网上的“工程建设领域信息公开”专栏及上海市建筑建材业管理业内网上予以公布。区政府采购中心执行招投标领域行贿犯罪档案查询制度，对有行贿犯罪记录以及在工商、税务等部门存在重大违法行为的供应商，三年内拒绝其参加政府采购活动。区环保局定期向市环保局报送区域内主要环境违法企业名单，并在市环保局网站上公布违法单位的名称、违法行为、处罚情况等信息。区安监局将安全生产失信记录作为对企业实施分类监管和处罚裁量的重要依据，建立安全生产违法“黑名单”认定、修复和披露制度，扩大安全生产领域信用信息的公开力度。

【开展商业商务行业诚信档案建设】 区商务委梳理已建档的企业，补充调整各类信息达百余条，确保了上网的企业数据真实有效。同时，在考评方面，继续调整优化考评标准，调整诚信评价分值，更多引入第三方专业数据和消费者的评价意见，由第三方全程参与考评过程，重点关注企业连续经营年限、财务会计信用以及经营情况等内容，更好帮助消费者了解企业。

【建筑市场信息系统】 区建管署研究制定《静安区建筑建材业企业信用管理办法》(草案)和《静安区建设工程领

域开展建筑施工企业从业信用评价的办法》(草案)。依托全市统一的建筑建材业信息平台,建立企业信用档案,如实记录企业信用信息。设定信用等级的评价标准,根据企业不同信用评价等级,在招标投标、项目监督、评优评奖等环节实施分类管理。

(方晨祎)

第十章 宝山区信息化建设

概 述

2013年，宝山区信息化建设取得新进展，信息化对经济社会各领域的支撑作用进一步提升，各项信息化建设任务圆满完成。信息基础设施建设加快推进，提前完成既有住宅光纤到户建设9万户，家庭平均接入带宽超过15兆。实现27处公共场所免费无线上网。“市民百事通”信息服务平台全面开通，为民服务信息资源达120类6 000多项。建成本区首个智慧社区市民服务体验中心，友谊路街道、庙行镇成为上海市智慧社区试点单位。开展第四届“智慧城市 智慧宝山”宣传周活动，完成移动互联网社区居民培训1 600人，宣传人数7 000人。建成智能公交信息平台、区餐饮服务食品安全远程实时监控、友谊地区城市综合管理图像监控中心等一批重点信息化项目。推进网上行政审批平台、建设工程智能化监管系统，建设工程合同网上备案系统、智能公交信息平台等信息化项目应用。指导推进“智慧园区”、企业信息化建设，提升了企业的市场竞争力。圆满完成区政府实事项目社保卡补换服务点全覆盖工作。推进商业企业、食品安全、市场监管等领域诚信体系建设，开展2013年上海市“诚信活动月”宝山区广场宣传活动。

2013年，宝山区信息化委员会获上海市公务网2012年度视频会议优质保障奖。宝山区无线电管理办公室获上海市区县无线电管理试点先进集体。宝山区商务委获上海市商务诚信建设试点工作组织先进集体。宝山区社保卡服务中心被评为上海市社保卡先进集体。

一、政务领域信息化

【召开2012年度电子政务平台网络运维工作总结会】 2013年1月15日，区信息化服务中心组织召开2012年度区电子政务平台网络运维工作总结会。2012年度政务网内所有设备运行状态正常，总体运行情况良好。运维工作主要包括网络设备、存储系统及设备服务、机房物理安全及系统集成、服务器系统、安全系统、应急响应及培训等内容。宝山区电子政务网是宝山区信息化的统一平台，依托现代高速发展的网络环境，建立起从区政府到委、办、局、镇、街道的多级网络环境，已发展成全区化的信息化电子政务平台。

【企业诚信档案系统建设项目通过验收】 2013年2月1日，宝山区企业诚信档案系统建设项目通过由上海市征信管理办公室专家小组验收。与会专家在听取了承建单位汇报，观看了系统演示，审查了相关文档资料后，一致认为项目完成了计划任务书所规定的成果形式和验收指标。2009年，宝山区企业诚信档案系统建设项目获市社会诚信体系建设专项资金第三批试点项目。项目包括宝山区法人库、企业诚信档案专题数据库建设；宝山区企业信用评价模型和宝山区企业信用指数课题研究及5家试点企业诚信体系在产品追溯、应收账款和员工客户信用等方面的推进诚信体系建设。通过试点，进一步完善区企业诚信档案专题数据库，探索政府引导企业守信的有效措施，增强企业信用意识，提升企业信用状况，提高企业经营效率。

【政府门户网站2011年度项目通过验收】 2013年5月10日，宝山政府门户网站群建设和宝山政府门户网站系统升级项目通过专家验收。“2011年宝山政府门户网站群建设”本着“统筹规划、集约建设”的原则，完成宝山区政协、区住房保障和房屋管理局、区水务局、宝山国际民间艺术交流与研究中心四个单位的网站建设。其中区政协网后台嵌入了政协信息管理系统功能，实现了委员管理、履职管理、活动签到、会议活动情况统计、短信管理、委员提案、社情民意、互动交流等功能。上海宝山民间艺术博览馆网包含中英文两个网站，采用3D展示技术，实现带领参观者漫游博览馆，深入各个展馆360度观看展馆场景。网站群建设实现了服务器和后台发布系统的共享，各网站仅需开发前台页面，充分利用已有资源实现了集约化建设。“宝山政府门户网站系统升级”按上海市等级保护相关测评要求和政府网站发展需要，采购防火墙、交换机、服务器、入侵检测等硬件及文字校对软件等，进一步提高了政府门户网站网络安全和信息管理水平。

【劳模信息管理系统通过验收】 2013年5月24日，宝山区劳模信息管理系统通过专家验收。该系统管理着宝山区360多名劳模，实现了劳模信息采集、管理，统计、查询、分析等功能，实现对个人和集体的劳模个人信息、慰问走访、来电来信来访情况、疗休养情况、出席活动、落实政策情况等劳模信息的综合管理，不仅实现宝山区所有劳模的统一管理和数据共享，也成为党和政府了解宝山各类劳模动态信息的平台。该系统是本市(区、县)内建立的首个劳模管理系统，在实现与市总工会现有系统的实时对接和数据交换的同时，系统还应用于本区涉及劳模工作的35个直属工会，实现了“市、区、基层”劳模管理上下一体化联动，提高了上下级工会之间劳模管理服务工作的效率。

【建设工程合同网上备案系统上线运行】 2013年5月20日，宝山区建设工程合同网上备案系统上线运行，合同备案企业通过登录上海市城乡建设和交通委员会门户网站(www. shjjw. gov. cn)网上办事大厅或上海市建筑建材业网站(www. ciac. sh. cn)网上办事专栏，足不出户即可办理合同备案和核销事项。建设工程合同网上备案工作的实施，进一步规范了建设工程承发包活动，是信息化管理在工程建设领域运用“制度+科技”的充分体现；同时也方便了建筑施工企业，减少了原来窗口受理时企业来回奔波所耗费的人力物力，提高了整体行政效能。

【开展电子政务平台应急演练】 2013年11月2日，为配合做好第三届上海市信息安全活动周工作，同时进一步提升应对网络与信息安全突发事件的实战能力，加强信息安全防范意识，确保区电子政务平台的正常稳定运行，区经信委会同区信息化服务中心开展了区电子政务平台应急演练。演练范围主要包括区电子政务核心骨干网络、互联网边界安全防护设施、电子政务重要信息系统、机房物理安全监控保障设施。本次应急演练着重通过实战提升区电子政务平台的应急处置能力，验证应急预案的有效性和可操作性。演练所涉及的消防系统、监控系统、供电系统、网络交换系统、安全防护系统，以及区公务员门户、区协同办公系统、区人口综合管理信息系统、统一电子邮件系统等都顺利通过应急演练科目，达到应急演练的预期效果。

二、社会领域信息化

【推进居委会信息化建设】 为加快信息化建设步伐，不断推动镇、街道社区政务现代化进程，改善社区综合信息管理等系统的运用环境，区经信委会同区地区办依托宝山电信局已有基础网络设施和技术力量，对居委会宽带进行改造和升级。截至2012年年底，完成所有居委会光纤接入改造及升速。升级改造后，居委会的政务平台运行速度大大加快，促进了居委会工作效率的进一步提升，为做好社区系列信息化建设奠定良好基础。

【餐饮服务食品安全远程实时监控系统项目通过验收】 2013年3月8日，区经信委对食药监宝山分局2012年区政府实事项目——宝山餐饮服务食品安全远程实时监控系统项目进行验收。会上，由市食药监局信息中心、同济大学电子与信息学院、市公安局科技处等单位的专家组成的验收组听取了项目工作报告，查看了相关材料，一致同意该项目通过验收。验收组肯定了该项目“在规范餐饮服务单位生产经营行为、有效控制食品安全风险、维护社会稳定、提升监督管理水平等方面起到积极作用”，并就加强该项目售后服务和拓展特色功能方面提出了建议。

【友谊地区城市综合管理图像监控中心项目通过验收】 2013年3月22日下午，友谊地区城市综合管理图像监控中心项目验收会在友谊路街道办事处3楼会议室举行。会上，验收组一致同意友谊地区城市综合管理图像监控中心项目通过验收。验收会上建设单位简要介绍项目概况，验收组及与会人员实地查看城市综合管理图像监控中心。该项目完成友谊地区70个小区1 426个视频图像的接入，基本实现了能同其他信息系统互动和信息共享，能通过实时监控和视频巡逻及时发现、快速处置城市管理中的突出问题和治安问题。

【新农合实时结算系统(二期)项目通过专家验收】 2013年3月28日，宝山区新农合实时结算系统(二期)项目通过专家验收。该项目根据上海市加强新农合工作的要求，在一期实现全区 10 个社区卫生服务中心和 89 个村卫生室新农合实时结算的基础上，扩展到本区 10 家二级医院。按照农合政策进行实时补偿结算处理，并返回处理结果至各医院 HIS 系统，实现区内二级医院参合农民看病实时结算。此外，还实现了实时结算数据审核、结算拨付管理、新农合"一卡通"、大病减负和民政救助结算管理等功能。参合农民在区内定点医疗机构就医时，只需支付自费部分，新农合报销部分直接扣除。新农合实时结算实现了切实减轻病人全额垫支大额医药费用的负担，方便了参合农民就医。同时，实时结算优化了农合报销流程，极大提高了农合基金的管理效率。

【友谊路街道举办居委人口计生干部电脑培训班】 2013 年 3 月 21 日，友谊路街道和东方社区信息友谊苑联合为居委人口计生干部举办电脑培训班。培训班特别邀请了信息苑优秀讲师朱建国及信息苑两位领导对学员进行培训指导。参加这次培训的居委人口计生干部年龄、文化水平差距较大、电脑基础不一。根据学员的具体情况分成初级班和提高班，每周一次，20 个学时为一个周期。这次电脑班的开设，旨在提高居委人口计生干部网络信息化知识，解决在电脑操作从基础到提高过程中的问题，保证各居委的电脑资源充分利用起来，发挥居委电脑应有的作用。

【率先开启酒类安全电子化溯源】 2013 年 6 月 8 日，宝山区酒类安全溯源管理平台通过验收。作为上海市首个酒类溯源平台，宝山区秉承先行先试的原则，按照国家酒类管理要求，在上海市酒类专卖管理局的指导下，积极探索利用物联网技术推进酒类安全溯源管理。宝山区酒类安全溯源管理平台采用了互联网、无线移动终端、条形码等综合信息手段，具备酒类信息管理、酒类商家及商品备案、酒类商品溯源、移动执法等功能。溯源管理利用二维码标签和电子随附单两套溯源体系实现对本区范围内流通酒类的全过程追溯。二维码标签应用于进口红酒，电子随附单应用于所有酒类。作为建设上海市国际酒类贸易中心的重要举措，区酒类安全溯源管理平台系统的建成应用，有利于加强政府对酒类市场的全程监管，有利于为广大酒类经销商构建诚信服务平台，更有利于为消费者提供酒类商品网上查询的便捷通道，让消费者快速了解商品真实信息，放心消费。

【疾病预防控制实验室管理系统(二期)通过验收】 2013 年 6 月 28 日，宝山区疾病预防控制实验室管理系统(二期)项目通过专家验收。该项目在一期的基础上对系统功能进行了优化升级和进一步完善，进一步提升了实验室运行效率和管理水平。项目主要建设内容有新建现场数据采集功能、重建质量管理和库存管理流程、服务器双机热备系统、链接温控系统自动记录、各类功能完善等。其中，现场数据采集功能实现了现场类实验数据的直接录入，工作人员通过携带便携式计算机，在现场可以将在事先预备好数据的系统上直接录入本次业务数据的采集，回单位后与系统对接数据交换，避免了二次录入工作。质量管理和库存管理的流程重建把质量管理与质量控制贯穿于整个业务流程中，同时围绕检验业务对实验室各种资源进行合理的配置和管理。这些模块的补充完善，使实验室信息化系统彻底代替原有的工作模式和思维，使实验室信息化水平更上一层楼。

【水闸自动监控系统改造工程(二期)通过验收】 2013 年 9 月 11 日，宝山区水闸自动监控系统改造工程(二期)项目通过专家验收。该项目在一期项目基础上，完成了北泗塘和练祁水闸现场自动化监控系统的改造；实现了区水闸监控调度控制中心对北泗塘、练祁、小沙背和黄泥塘水闸的远程监测和调度指挥。经过两期项目，接入区水闸监控调度控制中心的水闸共 6 座，对这些水闸都实现了机房手动操作、水闸中控室远程控制、堤防水闸管理署监控中心远程控制三级监控操作功能，同时具备了实时采集闸门工作状态、水位数据、视频图像数据的功能，对采集的各类数据能进行存储统计并形成报表。通过改造工程，改变过去只能在水闸站端监控操作的模式，突出堤防水闸管理署中心监控调度的功能，减少了人力成本支出，提高了工作效率，提升了宝山区水闸行业的管理现代化水平。该项目实现了区水务局、区防汛办实时监测的功能，为防汛防台联动调度、水务信息资源共享奠定了基础。闸站对防汛指挥调度决策和综合调水调度指令的响应速度大大提高，水闸防洪除涝、水资源调度的整体效益得到了较大程度的发挥。

【青年服务平台项目通过验收】 2013 年 9 月 18 日，宝山区青年服务平台项目顺利通过专家验收。该平台建成了区青联委员互动社区、青年交友社区、宝山青年志愿者社区、关爱来沪务工青年子女社区四个社区，为宝山区团组织服务辖区内团员、青年、志愿者交流信息、了解团组织工作内容提供网络平台。此外，该项目还完成了原团委网站系统的升级改版，增设了"宝山青年"电子报刊，将信息上报权限给予全区 400 多个基层单位，建立了信息上报审核机制等。宝山区青年服务平台通过青年人喜闻乐见的方式构建青年服务社区，在便利工作的同时，也吸引了大量青年人的参与，并结合新媒体建设进一步做好凝聚青年的工作。实现了基层信息网上及时上报、迅速动员的目标，促进青少年了解共青团，提高参与共青团工作的热情，也进一步促进宝山共青团的信息公开、精神传达、办事效率和团内民主建设，达到引导青年、组织青年、服务青年的效果。

【实现社保卡补换业务全覆盖】 2013 年 9 月 16 日，宝山区社保卡补换业务实现了全覆盖，市民可以就近办理社保卡补换，许多原来需在虹口、闸北、普陀等区办理社保卡补换业务的居民，也纷纷选择前往居住地附近的宝山社保卡网点办理补换业务。据统计，10 个新增网点的补换业务量同比增加了 20%，增幅明显。这一政府实事项目的提前完成，极大方便了市民，受到一致好评。

三、经济领域信息化

【上海移动互联网产业发展联盟正式成立】 2013 年 6 月 28 日，由市经信委、宝山区政府主办，上海市信息服务业行业协会、上海博济堂科技创业服务有限公司承办的“上海移动互联网产业发展联盟成立大会暨上海宝山移动互联网产业基地开园仪式”在宝山博济智汇园举行。上海现代服务业联合会会长周禹鹏，市经信委副主任傅新华，中共宝山区委常委、副区长夏雨等领导出席大会。另有各区县分管领导及移动互联网产业发展联盟成员单位共约 200 人参加了大会。会上，上海现代服务业联合会会长周禹鹏为上海移动互联网产业发展联盟揭牌。上海移动互联网产业发展联盟（以下简称“联盟”）的成立，是贯彻落实《上海推进移动互联网产业发展三年行动计划》的重要举措之一。联盟共征集发起单位 40 家，首批成员单位 130 余家，其中包括中国电信、中国联通、腾讯、华为、百度、交通银行、复旦大学、交通大学、盛大、银联等企业和机构。联盟成立后，将通过加强政府与企业、企业与企业之间的信息沟通与资源共享，加强产业协同，促进移动互联网各细分领域之间的协作、创新与联动；推动上海移动互联网产业示范应用，搭建产业化合作平台，改善产业发展的市场环境，提升产业技术水平、商业创新力及产业竞争力，从而推动上海移动互联网产业快速发展。

【宝信软件为 22 座万达广场建无线网络】 上海宝信软件股份有限公司（以下简称“宝信软件”）中标大连万达集团旗下 22 座万达广场无线网络覆盖项目。移动终端商业应用是 IT 行业的热点，而基于无线网络及数据链路层的扩展应用更是各大主流厂商争相抢占先发优势的业务领域。在该项目招标前，万达集团曾在 4 个广场进行实验性部署，在验证技术解决方案可行性的同时，考察参与企业的技术实施能力。宝信软件作为验证试点企业之一，在试点项目实施过程中，凭借过硬的集成技术能力和务实负责的工作态度赢得了万达集团的认可，继而为后续项目合作奠定了良好基础。此次中标万达广场无线网络覆盖项目，为宝信软件增强新技术核心能力奠定了基础，也是宝信软件在钢铁行业严峻的市场环境下，培育新战略客户的重要举措。

【宝信软件与上海电信签约加强双方在云计算领域的全面协作】 2013 年 10 月 18 日，宝信软件与上海电信在宝钢大厦签署数据中心、融合通信业务合作协议。上海电信将租用宝信软件宝之云 IDC（互联网数据中心 Internet Data Center，简称 IDC）一期项目的数据中心资源，为阿里巴巴提供绿色专属数据中心服务，并以此为契机推进双方在云计算业务领域的全面协作。此次签约，不仅透露出宝信软件业务转型的信号，更从一个层面折射出宝钢加快转型升级战略的尝试。早在 2010 年，宝钢与中国电信即签订战略合作协议，上海电信与宝信软件在宝钢集团信息化建设中多有合作，双方合作领域从基础通信层面逐步扩展至业务及信息化系统层面，在高速互联网、呼叫中心、电子商务、物流管理，以及工业生产信息化等领域有着深入合作。但在钢铁业乃至制造业持续低迷的大背景下，作为宝钢多元产业的重要力量，宝信软件并不满足传统工业软件和服务供应商的身份，此次签约将在以往基础上，进一步拓展数据中心业务合作领域。宝之云 IDC 项目是宝信软件业务转型的一大手笔。一期项目计划利用闲置工业厂房建设拥有 4 000 个机柜的大型 IDC，为客户提供承载 IT 设备运行的高可用性机房环境、提供 IT 设备托管服务。据介绍，宝信软件未来还将不断丰富软件及服务业务，进一步提升核心竞争力。此外，双方还将在融合通信业务合作方面，在工业生产信息化应用、电子商务平台、智慧办公业务等领域开展深度合作。

四、城市建设管理领域信息化

【宝山区领导听取“智慧宝山”规划工作汇报】 2013 年 1 月 28 日，区委常委、副区长夏雨听取“智慧宝山”规划工作汇报。上海电信公司经理王思伟，区经信委、宝山电信局领导参加了会议。在分别听取区经信委关于智慧宝山“1+5+2”总体框架体系和上海电信公司《“智慧宝山”整体性规划工作计划书》汇报后，区委常委、副区长夏雨对该工作给予了肯定，并指出建设“智慧宝山”是推进现代化滨江新区建设的一个组成部分，是实现宝山“两区一体化”总体目标的重要战略和技术保障，开展规划工作也是落实区政府与上海电信公司共同签署《推进“智慧宝山”建设 2012 年度战略合作协议》的一项内容，要立足长远、着眼现在，围绕民生服务扎扎实实开展。同时，将规划与重点项目设计同步考虑，将远期规划和近期工作紧密结合，推进和建成一批社会关注、市民得益、成效明显的信息化项目。

【城管大队无线实时图像监控系统及安防监控系统通过验收】 2013 年 2 月 22 日，由区经信委组织，“宝山区城管大队无线实时图像监控系统”和“宝山城管大队安防监控系统”两个项目通过专家验收。宝山区城管大队无线实时图像监控系统建设内容包括：在城管淞南中队执法车和三处道路固定点上安装摄像头，视频图像实时回传，淞南中队管理人员能实时查看执法区域内情况，通过视频监控及时有效地安排执法工作。系统的应用增强了城管执法的规范性和有效性，通过现场实时监控，规范了城管人员的执法行为，也保证了城管执法的有效取证，同时也提升了管理水平和执法工作效率。系统投入使用后，所在区域乱设摊由原先的每月 30 起锐减为 6 起，同比下降 80%，投诉由原先的每月 10 起锐减为 1 起，同比下降 90%。两个项目的其他建设内容还包括：按照上海市城管执法局标准化分队建设要求，完成区城管大队下属七个分队的局域网综合布线；在区城管大队及下属机动分队，建设了智能脉冲电子围栏报警系统；在区城管大队下属罚没物资管理仓库，建设了视频监控系统，实现对罚没物品的有效监管。

【宝山区政府与市经信委合作签约】 2013 年 7 月 12 日，区政府与市经信委举行关于建立宝山区产业转型升级和智慧城市建设联动机制框架协议签约仪式。市经信委主任李耀新，副主任刘健、周敏浩，区委副书记、区长汪泓，区委常委、副区长夏雨，副区长秦文波等出席。按照框架协议，未来市经信委将在多层次、多领域与本区开展联动合作。在重点产业发展方面，双方将加强联动机制建设，重点支持宝山信息服务、智能装备、文化创意等产业的集聚发展，开展“一带三线三园”产业布局和 633 产业发展战略研究，探索具有宝山区域特色的差别化产业政策，支持宝山区发展新材料、重大装备制造、信息服务、资源综合利用、文化创意五大产业发展。在产业新经济发展方面，合力推进战略性新兴产业，加强对新经济、新业态、新模式、新技术等的探索，支持宝山“两头在沪”企业的培育发展，共同推动移动互联网、卫星导航产业发展。在产业结构调整转型升级方面，支持南大地区、吴淞工业区等区域转型调整，推进国有企业产业转型，推进央企、部市属企业与宝山区开展产业链、投资项目、技术合作、总部落地等对接。主动对接服务国家(国防)战略，争取高端装备制造、新兴产业重点专项和创新平台落户宝山。在“智慧宝山”建设方面，开展顶层设计，支持宝山区在电子政务、城市管理、数字惠民等信息化应用领域开展试点，建设政务信息中心、智慧社区等示范项目，推进物联网、云计算等新一代信息技术的创新应用及信息化与工业化、城市化深度融合，建设区域公共建筑能耗检测平台和“数字园区”等。此次签约，将成为宝山区加快打造“两区一体化”的重要抓手和平台，标志着双方合作发展、协作互动迈上了新的台阶。双方表示，下阶段各相关部门将进一步细化落实框架协议的各项内容，共同推进宝山产业发展和信息化建设。

【宝山区地下工程综合管理系统通过验收】 2013 年 7 月 25 日，宝山区地下工程综合管理信息系统顺利通过专家组验收。地下工程综合管理信息系统作为网格化管理系统的延伸，在其基础上从工作需要出发，进行了一系列的改造和完善，包括利用地理信息系统、全球定位系统、物联网等技术，整合现有地下工程信息资源、推动信息共享和充分应用，实现地下工程的信息化、标准化、精细化、动态化管理，以及针对巡视人员的量化考核管理。巡视人员手持设备读取巡更点现场的 RFID 电子标签，信息记录在存储卡中，即成功完成了一次定点巡更。这不仅解决了原先采用 GPS 定位在建筑物内没有信号的困境，还杜绝了不巡检、漏巡检的情况，加强了对工程安全巡检的监督和管理。巡视中一旦发现问题，巡视人员还可通过手持设备及时上报给网格化管理中心，进行联动处置。系统有效地规范了民防办的日常政务管理，提升了公共服务能力和决策支持能力，从而推动了检查执法管理效率的提高。

【友谊路街道被确定为上海市智慧社区建设首批试点单位之一】 2013年8月10日，区友谊路街道被确定为上海市智慧社区建设首批试点单位之一。按照市智慧城市建设领导小组办公室的指导性意见，区经信委、友谊路街道紧紧围绕民生所需，整合服务、突出重点、扎实推进，“智慧社区”建设取得阶段性成果，得到市智慧城市建设领导小组办公室的充分肯定。一是辖区信息基础设施建设不断完善，为市民提供高速畅通的网络环境。二是积极探索民生工作新途径，一批信息化为民服务项目扎实推进。三是围绕实际需要，扎实推进社区管理网络化、协同化、智能化。四是建立机制，网上协同办公成为政务工作的重要组成部分。

【部署推进第二批智慧社区建设工作】 2013年9月18日，区经信委在宝林四村智慧社区体验中心召开会议，部署上海市第二批智慧社区申报工作。各街镇园区信息化分管领导参加会议。根据《上海市智慧社区建设指南(试行)》要求和区政府领导指示精神，宝山区智慧社区建设要坚持需求导向、便民惠民原则，统筹规划、因地制宜原则，创新模式、合作推进原则，实现五个发展目标：实现信息基础设施网络化，落实“宽带中国”战略，增强本区信息网络综合承载能力和信息通信集聚辐射能力，提升信息基础设施服务水平和普遍服务能力；实现生活服务便利化，以“市民百事通”信息平台为基础，以社区居民生活服务需求为出发点，通过网站、手机、社区触摸屏、电信IPTV等形式，为市民致力于提供整合的、简化的、实用的、降低门槛的网络生活信息服务；实现社区管理与公共服务信息化，协调整合各领域便民惠民服务的信息资源，推进广覆盖、易使用的社区管理与公共服务信息化应用，为市民提供高效、便捷和智慧的服务；实现小区管理智能化，运用多种技术手段，打造安全、舒适、高效的智能化小区；实现家居生活智能化，鼓励社会化、市场化推进家居生活环境的智能化管理。

【庙行镇成功申报上海市第二批智慧社区试点建设】 根据市经信委《关于开展第二批智慧社区建设试点申报工作的通知》，结合《上海市智慧社区建设指南》要求，经调研分析、方案编制、组织推荐，庙行镇完成上海市第二批智慧社区试点申报工作。2013年11月，《宝山区庙行镇创建智慧社区工作方案》通过市经信委组织的专家评审，被列入全市第二批智慧社区试点名单。

五、信息产业发展

【参加第四届中国卫星导航学术年会】 2013年5月15—17日，以“北斗应用——机遇与挑战”为主题的第四届中国卫星导航学术年会在武汉国际会展中心举行。来自国内外卫星导航系统主管部门和卫星导航领域知名专家学者以及企业家，通过学术交流、高端论坛、展览展示和科学普及等一系列活动，分享学术研究的最新收获，展示卫星导航应用最新成果，探讨卫星导航应用服务模式，谋划卫星导航产业未来发展。本届年会由中国卫星导航系统管理办公室、中国卫星导航定位应用管理中心等单位共同主办。区经信委组织相关单位参加卫星导航学术年会，通过该学术年会，有利于宝山区更密切的跟踪国家卫星导航发展战略、更好融入国家北斗卫星导航产业发展环境、更快积累企业信息资源、技术资源等，从而推进本区卫星导航产业发展。

【参加2013年上海国际导航产业与科技发展展览会】 2013年9月11日，由市经信委、市科委联合主办的2013年上海国际导航产业与科技发展展览会开幕仪式在上海光大会展中心举行。区委副书记、区长方世忠，副区长秦文波参加开幕仪式，共同见证“上海高精度北斗地基增强网”开通。上海高精度北斗地基增强网由宝山区上海北斗卫星导航平台有限公司承建，是北斗(上海)位置信息综合服务平台重要的基础设施。本区以“宝山——上海发展卫星应用产业的沃土”为主题的展馆也正式亮相展会，汇聚了上海北斗卫星导航平台有限公司、上海百事灵多媒体科技有限公司、上海数字位图信息科技有限公司、上海南斗物联网有限公司、上海玥达网络科技有限公司等一批卫星导航企业和上海国际研发总部基地、宝山工业园区等园区。上海北斗卫星导航平台公司注重依托北斗定位服务，加强水资源安全检测、农业管理和食品安全溯源管理；北通卫星导航积极利用卫星导航技术服务特殊人群，提供关爱服务；上海越德计算机网络工程有限公司建立北斗/GPS车辆动态称重系统、北斗/GPS车辆油量管理系统以及运输温控系统，加强货运车辆智能化监管和安全管理；数字位图公司利用卫星导航定位技术构建企业外出服务人员位置指挥系统，为企业外出服务选择最佳路径、实现可视化指挥调度管理；软通动力在城市应急指挥中，借助卫星导航与电子地图实现可视化的指挥与决策，支持多职能部门的协同联动。

【第三届中国移动游戏大会在宝山举行】 2013年11月27日，由移动游戏发展联盟和上海市宝山区人民政府主办的第三届中国移动游戏大会举行。在前两届大会的基础上，新增主题演讲、高端对话、开发商展区、商务洽谈区及社交交流平台等内容。自成为上海市首批移动互联网产业基地以来，宝山已集聚移动互联网相关企业300多户，成为上海市移动互联网产业发展最快的区域。为贯彻十八届三中全会关于推进电信价格改革，完善互联网管理领导体制的相关精神，宝山区全力推进互联网信息产业的发展，特别是在重点聚焦发展的移动游戏领域，已集聚了人人游戏、愤怒的小鸟等大批知名游戏。此外，宝山正在积极打造总建筑面积10万平方米的上海移动游戏产业基地，一期已建成使用，并引入了国内首个电子竞技类永久性场所——上海电子竞技中心以及谷雨网络（人民网投资游戏公司）、光明云媒（光明网下属企业）、上海龙会洲网络科技有限公司等一批优秀游戏企业。宝山将以建设成为国家级移动互联网产业基地为目标，继续支持移动互联网产业发展，除已有的3.5亿元“1+9”支持产业发展专项引导资金外，还制定了针对移动互联网产业的专项扶持政策，从人才引进、科技创新、租房补贴、税收优惠、创业融资、孵化加速等方面给予基地入驻企业全方位支持。

【上海汉康豆类食品有限公司致力建设“智能工厂”】 近年来，上海汉康豆类食品有限公司（以下简称“汉康豆类食品”）作为区经信委推进信息化与工业化融合的重点支持企业之一，率先迈出一步，依托信息化推进传统的大规模生产走向精细化生产，实现计划与执行的一体化、设计与生产的紧密融合、生产与销售的全面对接、财务与业务的无缝链接，“智能工厂”建设取得明显成效，为行业信息化建设树立了标杆。作为上海市豆制品行业的龙头企业之一，汉康豆类食品“智能工厂”主要包括企业资源计划信息管理系统、物联网生产物流追溯系统、在线订单系统、GPS车辆管理系统、业务员管理系统、工业设备管理平台、厂区监控管理平台等八大应用系统。在辅助领导决策方面，“智能工厂”建设为企业构建了强大的运营管控信息化平台。企业领导可随时获得各级部门计划的内容和计划执行情况，大幅提高了决策效率。业务部门管理人员通过科学的数据分析，准确把握企业运营发展趋势，管理指导工作更具针对性和实效性；在生产和销售方面，企业生产效率提高40%，年销售量提高30%；在订单和收款方面，通过信息系统减少了50%的订单录入人员，杜绝了漏订货、超额发货、超期促销等行为；在物流配送方面，开发应用了汉康物联冷链系统，降低了空箱损失率，精确定位库存，实现了配送精确化和产品可追溯；在客户服务方面，投诉及时处置率提高20%；在成本控制方面，管理成本和运营成本下降20%。该企业信息化建设已列入2012年上海市信息化专项扶持范围。

六、信息基础设施建设

【宝山光交网建设全面启动】 2013年1月10日，中国移动上海分公司在宝山召开移动2013宝山光交基础网计划启动会。会上，上海移动介绍了宝山光交网建设计划。宝山区建交委、区规划局、区公安分局、区经信委、区市容局等部门参加会议。上海移动根据与市政府签署的《共建智慧城市战略合作协议》，结合宝山区信息基础设施的实际需要，按照《宝山区国民经济和社会发展第十二个五年规划纲要》的要求，投资2.76亿元，启动宝山光交网工程，全面提升宝山区信息基础设施的整体水平。本次工程将形成40个综合业务接入区，575个光缆接入区，新建、加排207条道路，总公里数达到552.6沟公里（585.2孔公里）。光交网建成后，将满足宝山区2G网络、3G网络、4G网络、家庭和政企宽带、WiFi网络等业务发展的需要，为区政府部门、企事业单位、家庭和个人用户可提供优质、高效的信息化产品，为本区实现区域产业升级、调整转型打下良好的基础。

【上海市无线电管理局调研宝山区无线电管理试点工作】 2013年4月12日，市无线电管理局就宝山区开展无线电管理试点工作进行调研。会上，区经信委汇报了

2012年无线电管理试点工作以及本年度工作设想。2013年，宝山区探索建立多部门协同机制，完善区无线电管理模式，推动本区公共通信基站精细化管理，实现公共通信基站全生命周期管理。在强化无线电安全监管，健全监督检查机制，创新无线电宣传等方面继续推进。市无线电管理局听取汇报后，充分肯定了宝山区无线电管理试点工作所取得的成绩，同时，希望宝山区在无线电知识宣传教育上有所创新，联手市教委、区教育局等相关部门，编制无线电知识教材，争取纳入宝山区中小学教学课程。

【召开2013年度区重点领域网络与信息安全检查工作会议】 2013年8月5日，宝山区召开2013年度区重点领域网络与信息安全检查工作会议，各街镇、园区、各部委办局参加了此次会议。会议部署2013年相关工作，并下发了《2013年宝山区重点领域信息安全检查实施方案》。本次重点领域网络与信息安全检查工作，主要是通过开展常态化的信息安全检查，全面掌握本区重要网络与信息系统基本情况，进一步落实信息安全责任，增强人员信息安全意识，认真查找突出问题和薄弱环节，全面排查安全隐患和风险漏洞，分析评估信息安全状况和防护水平，有针对性地采取管理和技术防护措施，促进安全防范水平和安全可控能力提升，预防和减少重大信息安全事件的发生，切实保障信息安全。检查内容包括信息安全管理情况、技术防护情况、应急工作情况、安全教育培训情况及安全问题整改情况。区网安办组织协调相关职能部门和专业技术队伍对部分重点单位和重要系统进行安全抽查。

【高境镇与宝山电信局签订城市社会治安综合管理防控信息系统建设合作协议】 2013年8月8日，高境镇政府与宝山电信局举行社会治安综合管理防控信息系统建设合作签约仪式。高境镇城市综合治理视频监控中心是镇党委、政府为进一步加强城市综合管理，提高应急事件处置能力，全面提升全镇街面、居民区、重点单位社会治安信息一体化、全方位的监控网络体系建设，健全和完善镇域内视频监控的合理性、科学性，形成工作合力的重大举措。高境镇城市综合治理视频监控中心项目建设，采取了宝山电信投资、高境镇租赁的形式。宝山电信局将为高境镇提供整套视频图像点位总数690个。

【完成12座公园WiFi建设】 2013年9月，宝山区炮台湾公园、顾村公园、临江公园、友谊公园、大华公园、泗塘公园、淞南公园、永清公园、共和公园、罗溪公园、罗泾公园、月浦公园等12座公园i-Shanghai无线WiFi全面建成，并正式向游客提供服务。游客可在游览公园的同时，通过自己手机账号享受到每天两个小时的免费服务。此次公园WiFi建设共设置92处场点，总覆盖面积达300公顷，基本实现了公园游客服务中心、游客休憩区、主要景点、应急疏散点等人流量较多区域的WiFi覆盖。

【东方有线网络有限公司举行通信基础网络应急演练】 2013年11月3日上午，为配合做好第三届上海市信息安全活动周工作，区经信委联合宝山东方有线网络有限公司开展宝山区通信基础网络应急演练。本次通信基础网络应急演练模拟在淞宝路（近化成路）因施工不当造成光纤通信网络中断的情况下，区委、区政府及各相关部门分别启动突发公共事件应急预案，并赴现场实施指挥抢险行动。通过此次公共通信应急演练工作，一是检验了突发公共事件发生时，《宝山区突发公共事件总体应急预案》和《宝山区世博反恐怖通讯应急保障处置预案》的可行性、可操作性。二是检验了宝山区各通信运营企业应急联动机制的落实情况。三是进一步提高了各通信运营企业在应对突发公共事件时的快速反应和保障能力，四是熟悉了应急指挥流程，提高了指挥水平，为加强区属基础通信保障工作做好进一步准备工作和打下扎实基础。

【i-Shanghai城市无线网络覆盖“北翼商圈”项目通过验收】 2013年12月31日，由区政府牵头，区经信委落实的市政府实事项目——上海市i-Shanghai城市无线网络覆盖宝山区“北翼商圈”项目通过验收。该项目主要覆盖区域为友谊路1.6公里（同济路—临江公园）沿线公众聚集的公共场所，同时覆盖牡丹江路1.5公里（双城路—淞宝路）沿线绿地10个休息区。截至2013年年底，宝山区已陆续向市民推出吴淞国际邮轮码头、吴淞客运中心码头、上海长途客运站北站、旅游集散中心宝山分站、友谊公园、临江公园、罗溪公园、月浦公园、泗塘公园、炮台湾湿地森林公园、大华行知公园、顾村公园、上海解放纪念馆、宝山区文化馆、宝山月浦文化馆、市三医院、市一医院宝山分院、曙光医院宝山分院、华山医院宝山分院、宝山区妇幼所、宝山体育中心、共和公园、罗泾公园、淞南公园等25个免费上网服务的公共场所。

七、信息化环境建设

【《宝山区信息化年鉴(2012)》出版发行】 2013年1月，《宝山区信息化年鉴(2012)》由上海社会科学院出版社正式出版发行。这是记录宝山区信息化建设和发展历史的第一本文献性著述，也是全国范围内率先尝试的地市级城市信息化年鉴。自1998年宝山区政府成立国民经济和社会信息化领导小组及区信息网络管理中心以来，宝山区信息化工作已走过十多年历程。《宝山区信息化年鉴(2012)》在编纂体例上与一般年鉴有所不同，包含了“2011年信息化建设”和“1998—2010年历史回顾”两大部分，不仅记录了2011年宝山区信息化发展概况，而且对此前十多年全区信息化工作的早期历史资料作了全面追溯。年鉴的编纂得到了区委、区政府的高度重视和区各相关单位的大力支持。区委书记斯福民任编委会名誉主任，区委副书记、区长汪泓任编委会主任并为年鉴作序，区委常委、副区长夏雨任编委会常务副主任并撰文点评本区信息化十多年来的发展史，区国民经济和社会信息化领导小组成员单位在历史资料整理、撰稿等方面给予了全力支持。为做好年鉴编纂日常工作，区经信委特邀中华《桥》杂志社和中国政策科学研究会经济政策委员会采编部参加，抽调精干人员组建编辑部，从大量历史档案中梳理出宝山信息化十多年来的发展脉络，各项前期准备及编校等工作历时近一年。年鉴附录包括1998—2011年宝山区信息化发展大事记、区领导重要讲话摘要、历年工作要点、区信息化发展规划、历年项目实施计划、合作协议、区级信息化领导机构及成员的变动情况等。

【宝山区首届中小学校园无线电节闭幕】 2013年3月17日，由区经信委、区教育局、区体育局共同主办的宝山区首届中小学校园无线电节在吴淞实验学校闭幕。市无线电管理局、市科技艺术教育中心、区经信委、区体育局、区教育局相关领导及来自区各中小学无线电创新联合体学校的师生100余人参加了闭幕式。会上，与会领导和老师们一同观看了短片《宝山区无线电节精彩回眸》，联合体主席行知实验中学校长对区首届中小学校园无线电节进行总结汇报。随后市区各级领导和专家开展了无线电科普活动研讨活动，就如何进一步发挥联合体团队的功能、增强项目教师的合作意识和激发学生的兴趣等内容进行了研讨。市区级专家对宝山区开展的无线电活动给予了肯定，希望继续秉承“尽情畅游无线电智慧，快乐描绘校内外精彩”的理念，引领更多的青少年参与到无线电这项丰富多彩、寓教于乐的活动之中。

【深化信息化项目绩效评估工作】 2013年5月，区经信委与复旦大学公共绩效与信息化研究中心合作完成了第四轮5个信息化项目的绩效评估，总体情况较好。其中1个项目为优秀、4个项目为良好。通过评估，可知区城市网格化管理系统、工商行政管理信息系统、疾病预防控制实验室管理系统、农村经营管理系统、新农村合作医疗实时结算系统业务依赖度高。区城市网格化管理系统建立了良好的联动、托底机制，使案件、事件得到闭环解决，加强了部门之间的工作联动和应急处置。违章建筑案件的处理，从发现到结案，仅用两天时间，相比以往10多天的时间大大提高了案件的处置效率。区农村经营管理监管系统使用前，区内各行政村约有50%的账目和资产合同管理处于手工处理状态，工作量大，透明度和准确度有差距。使用本系统后，48个代理会计承担了238个单位的账务、资产和合同管理，同时负责200多家单位的报表和资产管理工作，人员比未使用系统前减少了62人，人力成本节约了56.4%。同时，由于实现了数据的共享，各级管理部门按各自权限范围查询所需资料，方便快捷，并能及时提供给领导参考。区工商行政管理信息系统建设内容之一的排队叫号系统，提高了窗口的接待效率，改善了服务形象，深受企业欢迎，仅2009年投诉减少了70%，先后被测评为2009年、2010年政风行风第1名。区村卫生室新农合实时结算系统实现区内10个镇属社区卫生服务中心、89个村卫生室的实时结算，农民在区内任何一家医院就医，都能便捷地享受到新农合补贴政策，大大缩小了城乡差距，减轻了病人经济负担。2011年实行实时结算模式后，全年区社区卫生服务中心及村卫生室发生新农合补偿474 785人次，其中实时结算占总人次的97.4%。区合作医疗中心通过实时结算系统即时掌握基金补偿、医疗费用、享受人次的动态情况，为合理管理、科学预测基金风险提供了可靠依据。本次评估依据《宝山区信息化项目绩效评估指标体系(2012版)》，对信息化项目应用普及、资源利用、系统运维、安全保障、可持续性、社会效益、经济效益、信息共享、创新应用等37个指标进行评估。

【启动2013移动互联网应用培训普及工程】 2013年7月4日，由市经信委主办，上海市信息化培训协会具体指导的“2013移动互联网应用培训普及工程”在暑期启动。本次培训工作由东方网社区信息苑组织实施，中国移动协助宣传。移动互联网应用培训普及主要针对本市中老年人。本区东方网社区信息苑下属的通河苑、共富苑、高境苑、牡丹江苑、诗乡苑、庙行苑、友谊苑、华欣苑8个网点成为首批承担此项活动的指定培训点。截至2013年年底，本区完成市统一部署的计划培训1 600人，宣传受众7 000人。

【举办2013年度信息安全和保密管理培训班】 2013年7月5日，2013年度宝山区信息安全和保密管理培训班在区委党校开班。本次培训由区经信委和区国家保密局联合组织，全区街镇(园区)、委办局82个相关部门，132名网络管理员和保密联络员接受了信息安全和保密知识专业培训。培训内容主要有4项：一是棱镜事件与信息安全态势分析，2013年度本市信息安全保障工作会议精神传达及本区相关工作部署。二是公安部三所反计算机入侵和防病毒研究中心关于病毒防范和黑客入侵的实例分析。三是区电子政务网络日常运维与操作流程培训。四是保密技术防范工作要点讲解及本区保密工作部署。本次培训进一步提升了全区网络管理员与保密联络员信息安全与保密工作的认知水平与实战技能，为本区信息安全与保密工作的顺利开展打下了良好基础。

【宝山区开展第四届“智慧城市　智慧宝山”宣传周活动】 2013年10月25—31日，根据上海市经信委的统一部署，宝山区开展“智慧城市　智慧宝山”宣传周活动，这也是本区第四届信息化宣传周活动。期间，“宝山市民百事通”信息服务平台正式开通；开展“分享周边生活服务‘大数据’　共建共享智慧宝山成果”市民签名活动；邀请了政协委员为“智慧宝山”建设建言献策，共同成为智慧城市的参与者和见证者；开展市民生活智能化广场服务活动，让市民体验智慧家居生活带来的便捷；组织市民“智慧宝山”一日游，让市民走进宝山信息化、了解宝山信息化、支持宝山信息化；完成移动互联网市民培训1 600人、宣传7 000人；举行了信息安全与企业可持续发展研讨会，积极引导重点行业、龙头企业加快企业信息化和信息安全建设。

【宝山区荣获2013中国城市信息化服务创新案例奖】 2013年11月9日，2013中国城市信息化发展大会暨典型案例推介活动在贵阳举行，“宝山市民百事通信息服务平台”在大会上荣获“2013中国城市信息化服务创新案例奖”。2013中国城市信息化发展大会由中国信息协会主办，中国信息协会信息服务网络委员会承办。大会共评选出16个城市信息化典型案例奖、16个城市信息化服务创新案例奖。“宝山市民百事通信息服务平台”的建设理念是以市民为中心，在政府各部门和行业协会的支持下，逐步汇聚政府部门为民服务基础信息，集中社会为民服务资源，通过对基础信息的加工开发和重新组合，将管理信息变成服务信息，将服务信息从复杂变简单，由单一变丰富，并挖掘出“隐藏”在公文中的服务信息、借助网站、手机、社区触摸屏、数字电视等渠道，为本区市民提供整合、简化、实用、降低门槛的信息服务。平台汇聚生活服务、市民健康、公共服务等8个领域120类6 000多项信息。在提供服务的同时，平台还将通过广大市民的相互分享和推介，对访问量、评价纠错、市民意见等数据进行分析，及时感知用户需求、预见用户需要、回应用户诉求，不断深化服务项目，添加市民关注栏目，致力于为本区市民打造实时的“移动生活字典”，唱响信息时代智慧生活的主旋律。“宝山区市民百事通信息服务平台”是本区重点信息化项目，也被列为市经信委2013年重点支持项目。

八、社会诚信体系建设

【宝山区召开诚信体系建设联席会议】 2013年4月25日上午，宝山区召开诚信体系建设联席会议，会上讨论了《2013年宝山区信用体系建设工作要点》和《宝山区社会信用体系建设2013—2015年行动计划》。2013年，宝山区信用体系建设围绕推进机制、政府诚信、信用信息记录共享和应用、公共领域信用建设、电子商务信用环境、诚信宣传等六个方面展开。根据3年行动计划，至2015年，宝山区基本形成信用体系建设长效管理机制，为社会信用体系建设提供制度和组织保障；基本实现区企业信用信息跨部门共享与应用，完善企业信用管理制度；宣传普及程度大大提高，社会诚信氛围基本形成，为宝山经济和社会的发展提供良好的社会诚信保障。

【罗泾镇举行创建诚信计量示范镇启动仪式】 2013年6月21日上午，区质监局和罗泾镇政府联合举行“罗泾镇创建诚信计量示范镇启动仪式”，区质监局分管局、罗泾镇政府、罗泾工商所、食药监所、质监所、安全管理事务所等8家创建领导小组成员单位负责人，集贸市场、医院、加油站等6大行业参建单位负责人、管理员、社会监督员等共计60人出席了启动仪式。会议提出了创建要求、创建目标，旨在倡导“公正、包容、责任、诚信”的价值取向，营造诚信、和谐的社区计量环境。罗泾镇政府代表宣读了开展“诚信计量示范镇”创建活动实施方案并下发了创建活动通知。会上聘请罗泾镇12名居委会干部为社会监督员并颁发了诚信计量社会监督员聘书，发挥群众和社会监督作用。

【宝山区商务委获市商务诚信建设工作表彰】 2013年6月25日，在上海市商务诚信建设试点工作总结表彰会上，区商务委荣获“上海市商务诚信建设试点工作组织先进集体”称号。区商务委根据商务部和上海市商务委的部署，2012年8月至2013年6月，在本区商贸企业中开展以“诚信经营、优质服务”为主题的商务诚信建设试点工作。确定牡丹江路一条街、万达广场、大华虎城和家乐福生活广场为商务诚信建设试点地区，36家规模企业为试点工作重点企业。试点工作开展以来，紧紧围绕“确保商品质量、提升服务品质、坚持诚信经营、树立商业品牌”四项重点任务，试点工作成效明显。通过试点工作的开展，商贸企业自觉践行诚信经营理念，严格行业标准，遵守职业道德。试点期间，商贸企业用诚信经营取信顾客，提振消费信心，提升了商圈经营活力，优化了区域商务环境，促进了商贸经济发展。

【区商务委召开商务诚信建设试点工作总结表彰会】 2013年7月26日，区商务委召开区商务诚信建设试点工作总结表彰会。相关街镇商务主管部门、参加商务诚信试点工作的企业负责人和获得试点工作的先进单位、先进个人及服务标兵代表等80余人参加了会议。区经信委、区工商分局、区发改委(物价局)、区税务分局、区质监局相关领导应邀出席。会议总结了本区商务诚信建设试点工作开展情况；授予上海国美电器有限公司牡丹江路店等18个单位为宝山区商务诚信建设试点工作先进单位，宝山区友谊路街道办事处财政审计科等5个单位为宝山区商务诚信建设试点组织工作先进集体，蔡敏等18位个人为宝山区商务诚信建设试点服务标兵，杜德平等14人为宝山区商务诚信建设试点组织工作先进个人。

【全国打假办调研宝山区“两法衔接”工作】 2013年9月，全国打击侵犯知识产权和制售假冒伪劣商品工作领导小组办公室到宝山调研行政执法与刑事司法相衔接工作。区委常委、副区长夏雨、市商务委副主任吴星宝陪同调研。在听取宝山区“两法衔接”工作有关情况汇报后，柴海涛表示，宝山区协调沟通机制和信息平台建设机制具有鲜明的特色，为“两法衔接”工作的深入推进发挥了积极作用。调研会上，区“两法衔接”成员单位领导还就加强“两法衔接”工作，深化机制建设等方面召开了座谈讨论。会上还进行了“两法衔接”信息共享平台运行演示。“两法衔接”信息共享平台的有效运行，提高了本区打击经济犯罪的合力，为构建纯净和谐市场环境提供有力的司法保障。

【举办上海市“诚信活动月”宝山区广场宣传活动】 2013年9月28日，区诚信体系建设联席会议办公室、区精神文明建设委员会办公室、区信息化委员会在宝山万达商业广场举办以“筑牢信用基石，共建诚信上海”为主题的2013上海市“诚信活动月”宝山区广场宣传活动。活动现场，区统计局、工商分局、区旅游局、区酒类专卖局、区质监局、区发改委(物价局)、区人力资源社会保障局等7家单位，紧紧围绕民生，面向社会公众，接受市民对信用服务、劳动保障、民生计量、真假酒类鉴别、企业诚信、消费维权、价格诚信、统计诚信、文明旅游等相关政策咨询，发放各类宣传知识手册2 000余份，摆放宣传展板。同时，在广场LED屏幕同步播放上海市“诚信活动月”公益宣传片。通过广场宣传活动，促进社会各界了解信用制度，引导市民重视个人信用，推动社会营造良好的诚信氛围。

【宝山区建交委加大建设工程监管力度确保城市运行安全】 针对建设工程施工陆续进入旺季，区建交委加大对建筑工地的监管力度，一是加强工地巡查，提高到位率。对已报监的建筑工地加强日常巡查和抽查，尤其是对有一定规模危险性较大的分部分项工程，以以往发生过生产安全事故或质量事故、工地日常自我管理状况较差的工地增加抽查次数。二是突出重点，加强对重大危险源的监管。严格执行“重大危险源项目监督方案审批制度”，完善管理操作流程，从源头上把好关，专人负责，切实加强在建工地重大危险源项目的安全监管。三是依法监督，从严治理安全隐患。在巡查中，发现有违反操作、违反规范、违反强制性标准的工地，从重处罚，限期整改，决不姑息迁就。四是完善信息系统，整合视频监控，充分运用和发挥建设工程综合管理信息系统的作用，加快推进系统二期的建设，增加“用工管理”和“诚信管理”功能模块，推进建设工地安装视频探头，实现信息系统与视频监控的无缝整合。

【区统计局、宝山调查队试点开展统计诚信单位创建活动】 为进一步促进统计基础建设，巩固和提高统计“四大工程”(加快建设基本单位名录库、数据采集处理软件系统、联网直报系统、企业一套表制度)，努力践行“三个提高”(提高统计能力、提高统计数据质量、统计公信力)，增强全社会诚信统计、依法统计意识，2013 年起在区部分“三上”(规模以上、限额以上、资质以上)企业中试点开展“宝山区统计诚信单位”创建活动。此项工作的开展，旨在逐步构建统计诚信体系，进一步规范“三上”单位统计基础工作，提高统计数据质量，提高政府统计公信力。同时，借助宝山区社会信用体系建设网，建立和完善统计信用信息的记录、共享、披露和使用机制，积极营造守信受益、失信惩戒的统计环境。

（张婷婷）

第十一章 闵行区信息化建设

概 述

2013年，在区委、区政府的领导下，在市经信委的指导下，闵行区科信委以“智慧闵行”建设为重点，按照《闵行区推进“智慧闵行”建设行动计划》，在“智慧中心”“智慧政务”“智慧教育”“智慧医疗”“智慧交通”“智慧社区”“智慧信息基础设施”七大重点领域开展项目建设，推动信息化在各领域的应用。

一、政务领域信息化

【申报并建设上海市第二批“智慧社区”试点示范】 根据上海市智慧社区建设试点示范工作的要求，结合“智慧闵行”建设实际，区科信委推荐七宝镇、马桥镇申报建设上海市第二批智慧社区试点示范。2013年12月，七宝镇、马桥镇被列入上海市第二批智慧社区试点单位，并开展相关工作。

【推进数字电视社区频道建设】 丰富数字电视频道内容，协调区教育、卫生数据实现区级层面的数据交换共享，建设闵行区学生电子成长档案，基于中国电信IPTV的区学生电子成长档案和基于东方有线数字电视的智慧教育已上线应用。组织开展培训，各街镇开始在数字电视数据交换平台上发布信息。截至2013年12月，“智慧社区”数字电视服务已覆盖约34万用户。

【“智慧闵行”微信公众服务号上线】 2013年8月，“智慧闵行”微信公众服务号开始面向移动终端用户提供闵行区信息及服务。

【完成电子政务新中心机房的建设及整体搬迁工作】 区电子政务新机房基础设施建设于2012年年底完成，区信息服务中心分别于2013年1月和4月，对政务网和公务网进行了整体搬迁，实现了“网络基本不断、应用基本不断”的目标。

【推进机关软件正版化】 区科信委在全区开展政府机关正版软件使用情况检查，通过检查，掌握各单位的电脑终端配置情况和软件使用现状。以街镇和莘庄工业区为重点推广对象，要求积极落实国家部署，加强正版软件使用知识宣传，努力推进软件正版化工作。

【推进和完善政务一体化平台建设及应用】 区科信委进一步推广政务办公平台各项应用，在推进区府办请求件的基础上，进一步完善公文流转系统的流程配置，在区建交委、区科信委、区环保局进行试用。

【区政府网站影响力日益扩大】 由《电子政务》杂志社、电子政务理事会主办的“2013·政府网站精品栏目”评选工作中，区长网上办公栏目被评为“2013·政府网站政民互动类”精品栏目；由东方网主办的第三届“上海政务好新闻”评选中，闵行区获一等奖；马桥镇人民政府网站的“马桥镇便民服务平台”，梅陇镇人民政府网的“梅陇志愿者”被评为“2013·政府网站政民互动类”精品栏目。

【整合区内二级网站】 推进二级网站整合工作。截至2013年11月，区门户网站对区内25家二级网站进行了整合调研，整合完成党务公开网、创智中心、早教网、旅游网等9家子网站。

二、社会领域信息化

【开展基于学生电子成长档案的数据采集与汇集】 2013年3月，学生电子成长档案建设在全区中心学校全面推开。区教育局积极推进学生电子成长档案建设，围绕“让闵行每一个孩子健康快乐成长”的核心理念，构建与完善了学生电子成长档案内容框架与指标体系，开发多种渠道采集学生成长信息，启动教育数据中心，建设汇聚学生成长信息。12 月，全区中小学生基本建成学生电子成长档案。数据中心通过数据平台交换、学校利用区中小学生信息上报系统、电子学生证数据交换等途径，根据学生电子成长档案内容框架，在全区所有中小学校全面采集学生成长信息。

【推进教育数据中心建设】 在区教育数据中心一期建设基础上，区教育局积极推进数据中心二期建设，通过需求调研、系统设计、项目开发实施工作，教育数据中心已初步形成了以学生、教师、学校机构三大基础数据为核心、学生身心健康、学业进步、个性技能、成长体验为主题的多维数据模型。中心硬件建设已完成，并且已实现学生学籍系统数据、学业质量分析系统数据、2012 学年学生成长数据的汇聚、清理与入库工作，区教育基础数据中心基础数据库初步形成。

【开展基于电子学生证的数字化校园建设】 闵行区被确定为上海市基础教育学生信息管理应用试点区及电子学生证应用试点区。区教育局积极推进基于电子学生证的数字化校园建设工作，截至 2013 年 10 月，已完成基于电子学生证的以下系统试点工作：图书借阅系统、学生体质健康测试系统、学生进出学校管理系统、校外实践基地管理系统、校内特殊场馆管理系统、学生拓展型课程管理系统。电子学生证的应用实现了学生成长诸多数据的记录与汇聚，也成为学校规范与完善管理的重要工具。

【推动电子书包项目建设】 以“电子书包”项目为驱动，积极探索数字化环境下教与学实践，促进学习方式变革，完善区级数字化学习服务平台，建设面向全体师生的数字化教与学系统。闵行区电子书包项目现有实验学校 45 所，160 个实验班级，6 186 位学生参与数字化学习项目，300 多位实验教师投身实验，实践朝常态化方向有序推进。实验学校围绕教与学方式变革的目标，充分利用区域“电子书包”平台，构建数字化教学系统，形成支撑数字化教学的导学课程资源体系，已形成“行政推动、业务主管、学校自主、师生发展”的良好局面，实验使学习平台更完善，学习资源更丰富，教师教育理念更先进，学习方式更灵动，教学评价更有效。

【区教育数据管理平台建设】 经过一年建设，区教育数据中心汇聚了学生、教师、学校的大量数据，形成了不同的主题数据库。已形成基于“一卡四库”的学生学籍信息、身心健康、学业进步、个性技能、成长体验五大主题数据库。并初步开展了基于学生成长数据的统计、分析工作，并将这些数据通过区教育数据管理平台呈现出来，2013 年 10 月教育数据管理平台开发初步完成，为区域教育管理精细化提供数据支持。

【吴泾医院通过卫生部电子病历五级评审】 2013 年 8 月 4 日，卫生部电子病历试点考评专家对吴泾医院电子病历系统应用水平分级评价进行了检查，专家组依据卫生部《电子病历试点任务目标》和《电子病历系统应用水平分级评价方法及标准》，采取现场调取数据、现场提问等方法，实地检查了医院信息化建设应用现场。通过专家组的检查、评价，吴泾医院顺利通过了卫生部电子病历五级评审，是上海唯一一家获此殊荣的二级乙等医院。

【开展区卫生局数据中心三级安全等级保护工作】 为确保闵行区区域医疗平台信息系统安全平稳运行，切实提高本区医疗信息安全保障能力，按照卫生部《卫生行业信息安全等级保护工作的指导意见的通知》及市卫生局下发《关于组织开展本市卫生信息系统安全等级保护工作的通知》等相关文件精神和工作要求，区卫生局开展数据中心三级安全等级保护工作。

【全国居民健康卡试点项目启动】 作为卫生部确认的全国居民健康卡试点区，按照卫生部《居民健康卡管理办法（试行）》和《健康卡标准技术规范》相关配套技术要求，开展居民健康卡的制作、发放和应用工作。

【开展智慧医疗信息化一期项目建设】 按照智慧医疗计划，区卫生局开展智慧医疗信息化一期项目建设，包括 GP 医生二期、学生健康档案管理系统二期、数据中心平台升级、电视预约 IPTV 等 15 个项目。

【组织开展第五次全国卫生服务调查工作】 在市卫生局信息中心指导下，区卫生局统一部署全区调查工作，对各街镇居委会情况摸底后，通过随机等间距数据抽取的方式抽取了 5 个社区卫生服务中心共 10 个居委会 600 户家庭进行上门问卷调查，对所有参加调查的人员进行了统一培训和实战练习，有效保证了数据质量和问卷水平。

2013 年 9 月按时完成了第五次全国卫生服务调查工作任务。

【完成社保卡、居住证办理工作】 全年完成社保卡申领 25 001 张，发放社保卡 37 370 张，办理临时居住证 186 087 张，正式居住证 62 501 张，临证续签 340 319 张，办理社保卡补卡、换卡 35 783 张，受理市民信箱 74 人次，办理信息更正 108 人次。

三、城市建设管理领域信息化

【完善大联动系统平台】 做好大联动平台一期运维工作。加强对一期各子系统的管理，管理任务分解到人，运维责任落实到人，实行故障记录登记等制度，建立运维保障体系，确保了大联动信息系统平台运行稳定。实施大联动平台二期项目操作，编制完成大联动二期的设计报告，通过了第三方评审，基本完成项目招投标程序相关工作。

【完成大联动综合业务平台建设】 自 2013 年 3 月起，开始调研、重新构建新的大联动综合业务平台，以适应不断激增的业务需求。7 月 1 日，大联动综合业务平台正式试运行，并及时对委办局、街镇及其下属处置部门 900 多人开展操作培训。11 月，社区采集系统正式纳入大联动综合业务平台。平台总体运行情况平稳。

四、信息基础设施建设

【推进“无线城市”建设】 共有 1 587 处场点实现了无线局域网（WLAN）覆盖，包括各街镇社区事务受理中心在内的 64 个公共服务场所实现免费无线上网，累计上网 52.3 万人次，时长 50.5 万小时，较好地为广大市民提供了免费无线上网服务。

【信息基础设施建设规范化集约化】 共协调区内 101 个路段的信息管线集约化建设，信息管线建设 112.5 沟公里，总计 556 孔公里。积极配合区重大工程、市政道路改造工程建设中涉及通信基础设施方面的协调工作。

【网格化管理】 全年共处理了 2 455 起区应急联动中心和网格化管理指挥中心下达的信息管道被盗窨井盖、信息交接箱破损、架空线坠落等案件，完成率 100%。

【做好基站预审及信访工作】 根据《上海市公用移动通信基站布局规划》和《关于在松江等 8 个区（县）进一步深化本市公用移动通信基站区（县）管理工作的若干意见》的通知，依托上海市公用移动通信基站信息化管理平台，区无线电管理办公室共计完成 468 个基站的年计划预审工作及 92 个基站月计划预审工作；完成 33 个关于基站和信号的信访案件。其中关于基站的投诉 23 起，关于手机信号弱的投诉 10 起，群访案件 7 起。

五、信息化环境建设

【举办“智慧闵行”专题研讨班】 2013 年 10 月 28 日，区委召开为期两天的“人口调控和智慧闵行专题研讨班”，全区四套班子领导及各单位正处级领导干部参加培训。10 月 29 日，全区 11 个单位以“智慧闵行”为专题，汇报了建设情况，副区长蔡小庆作“用闵行提升闵行发展智慧”的主题报告，区委书记孙潮、区长赵祝平作了重要讲话。

【《闵行区信息化项目建设和运维指南》制定工作】 区科信委着手制定《闵行区信息化项目建设和运维指南》，2013 年 4 月召开信息化项目建设和运维指南研讨会，全区 15 个相关单位的信息化管理人员及指南编制人员参加会议。8 月，《闵行区信息化项目建设和运维指南》通过专家评审。

【召开闵行区社会信用体系建设工作推进大会】 2013 年 4 月，区诚信办组织召开闵行区社会信用体系建设工作推进大会，会议发布了《闵行区社会信用体系建设

2013—2015 年行动计划》和《闵行区人民政府关于调整闵行区社会诚信体系建设领导小组成员单位的通知》。

【召开“智慧社区”推进会议】 2013 年 5 月 15 日，区科信委召开“智慧社区”推进会议布置数字电视服务平台信息发布推进相关工作，区委办、区府办领导要求各镇、街道、莘庄工业区重视此项工作，收集整理居民关心的身边信息，按照工作计划推进落实。

【开展数字电视社区频道使用培训】 2013 年 6—8 月，区科信委组织信息服务中心、莘闵电信、东方有线闵行分公司组成培训队伍，深入每个镇、街道、莘庄工业区，对全区 517 村（居）委会的约 1 200 名人员进行数字电视、应用终端的操作培训，培训范围覆盖全区所有村（居）委会。9 月，各镇、街道、莘庄工业区陆续开始在智能电视数据交换平台上发布信息。

【加强网络与信息安全防范工作】 2013 年 9—10 月中旬，区科信委会同区公安分局信安队、区委机要局、区保密局等部门组成联合检查组，对各单位电子政务系统、设备和规章制度进行专项检查。

【做好信息系统等级保护信息安全工作】 为进一步加强本区重要信息系统安全防范工作，及时发现、整改各类信息系统安全问题和隐患，提高信息安全防范能力，区科信委认真组织开展 2013 年度本区重要信息系统安全等级保护工作，协调区重要信息系统进行等级保护的安全测评。

六、社会诚信体系建设

【继续推进闵行区企业信用信息共享平台】 按照《闵行区企业信用信息共享平台管理办法》要求，做好区企业信用信息共享平台二期管理工作，加强监督与检查，要求各参建单位涉及的信用信息共享平台数据按期更新维护，确保二期平台数据的及时性和准确性，并着手区企业信用信息共享平台三期开发准备工作。

【积极开展诚信知识宣传活动】 通过闵行区“3·15”国际消费者权益日宣传咨询、“质量月”宣传等活动，组织开展诚信宣传活动，接受市民咨询 100 余人次，发放《诚信知识一百问》和《个人诚信体系建设指引》等宣传资料和纪念品 5 000 余份。通过多种宣传平台和形式，大力倡导全社会诚信、守信观念，努力营造良好的社会诚信氛围。

【调整区社会诚信体系建设领导小组成员单位】 区诚信办调整区社会诚信体系建设领导小组，将各镇、街道纳入领导小组，由 41 个单位组成，形成推进诚信体系建设的合力。

（全淑蓉）

第十二章　嘉定区信息化建设

概　述

2013年，嘉定区信息化工作围绕打造长三角综合性城市，加快实现创新驱动、转型发展的发展目标，以培育智慧产业，提升市民生活品质，转变政府职能，塑造高效政府为宗旨，着力推进嘉定新城"智慧城市"建设，重点在营造产业环境、服务企业发展、加快示范应用等方面开展一系列工作，推动"智慧城市"相关产业和物联网产业、文化信息产业在嘉定的集聚发展。

一、政务领域信息化

【《"智慧城市"建设三年行动计划》正式发文】　发布《嘉定区推进"智慧城市"建设三年行动计划(2013—2015)》，明确了嘉定"智慧城市"建设制定的总体战略，确定了以需求导向、以嘉定新城为重点区域、以社会民生为重点领域，着重推进涉及民生、社会管理和服务生产领域项目建设的发展目标，明确了一系列保障制度的建设思路：一是明确嘉定"智慧城市"建设的相关标准，推进智慧城市整体建设。二是提升各部门间信息资源的共建共享与协调联动，形成资源共享的工作模式。三是以社会民生为导向，提高市民的知晓率和参与度。四是在相关重点领域、区域制定具体实施规划，确保智慧城市建设落实到位。

【推进智慧政务应用服务提升】　截至2013年年底，智慧政务平台累计建立日程208 510条、发送政务短信7 548 361条、日均4万余条；发送专送件454 365条、通知8 723条。全区接入政务网的政府机关、事业单位、区管企业和村居委共1 298家，接入网络用户达12 208名，日均在线人数6 978人，互联网出口总带宽达800兆，平均流速达82兆每秒，日均提供网站访问110万余次，日均流量2 015 GB，日均拦截非法攻击24 000余次；移动智慧政务开通人数为3 058人，日均访问量为1 143人次。通过区智慧政务平台流转的信息量年均达53 000余条，短信达1 400万条；据不完全统计，每年节约的纸张达200万张，有效提高了行政机关、企事业单位办事效率，办公成本大幅下降，经济效益明显。

【智慧政务管理探索集约化建设】　智慧政务中心机房及云计算中心的建设和运维，大胆探索集约化建设和运维模式。在集约化方面，整合区内承载各类业务系统的大小机房20余个，托管服务器及相关设备300多台，汇聚48个条线应用系统，避免了重复建设和资源浪费。在运维方面，整体网络、服务设备、机房及应用系统管理率先探索购买服务的运维方式，有效控制成本增长，全年节约全区运维费用400余万元。

【"嘉定发布"政务微博拓展服务功能】　2013年，"嘉定发布"的新浪微博账号共发布微博4 401条，发出评论1 468条，收到评论42 490条，通过私信形式与846名网民进行沟通交流，拥有粉丝26.4万。"嘉定发布"进一步拓展服务功能，开设"早晚高峰路况""影像嘉定""绿色嘉定""嘉定城事"等栏目，围绕"2013年嘉定两会""嘉定科博会""市民文化节"等重点活动，通过"微专题""微活动""微直播"等形式，发挥政务微博传递声音、与民互动的双向沟通作用。同时，"嘉定发布"积极回应社会关切，第一时间准确地发布信息，主动进行正面引导，"嘉定发布"的声音被各大媒体广泛采用。H7N9流行期间，则随时发布嘉定最新情况，稳定网民情绪，充分发挥了政务微博促进政民互动的渠道作用。

【"上海嘉定"门户网站再创佳绩】　在"第十二届中国政府网站绩效评估结果发布会暨电子政务高峰论坛"上，"上海嘉定"门户网站名列全国区县政府网站百强，综合得分排名第39名，再次实现突破；在政务移动App专项评估中,“掌上嘉定”政务信息发布平台位居全国第一。截至2013年年底,“上海嘉定”常设栏目共发布政务动态信息5 894条,公开各类政府文件1 237件、业务专题信息1 062条、通知公告168件;开展各类民意征集活动15次,开设专题栏目9个。5月,“上海嘉定”门户网站正式开通了“政务微信”,截至2013年年底,加载用户已达数千人;同时,“上海嘉定”还完成了英文版升级改造工作,并通过与《中国日报》合作进一步提升网站影响力。

二、社会领域信息化

【社保卡运行情况】 2013年,完成各类社保卡申领11 952人。其中:0～6岁儿童卡163人,7～70岁蓝卡6 079人,70岁以上红卡355人,敬老卡(年满70周岁以上)5 355人;完成各类社保卡补换12 311人次,其中补卡4 801人次,换卡7 510人次。

【全民健身“一卡通”平台功能进一步扩展】 2013年7月,依托“嘉定体育”网站,以全民健身“一卡通”为载体的嘉定全民健身网上预订系统正式上线运行。嘉定体育馆、安亭羽毛球中心等区级公共体育场馆内的乒乓球、网球、羽毛球、足球等项目面向全区“一卡通”用户全面开通了网上预订功能。截至2013年年底,已有区级公共体育场馆10个、“365百姓健身房”5个、百姓服务点1个、社区公共体育场14个、向社区开放的学校50所,共近90处公共体育场所被纳入“一卡通”联网场馆。2013年,区内免费体育场馆共产生38万余条刷卡记录,公益性收费场馆产生12.3万条刷卡记录,新增“一卡通”用户3.6万名,用户总人数已达6.8万余名。

【“嘉定旅游”官方微信开通】 2013年9月,开通“嘉定旅游”官方微信平台,截至12月,平台粉丝人数达到1 000人左右,且保持稳定增长趋势。“嘉定旅游”微信平台通过图文混排的形式,主要发布嘉定各景点、景区、星级宾馆介绍,各类旅游节庆活动、赛事新闻,实用旅游信息和旅游知识等。区旅游局还通过微信平台鼓励粉丝积极参与各类节庆、赛事活动。加强推广嘉定旅游,如汽车文化节各大赛事观赛、“看F1,游嘉定”大型活动等,并以各种形式加强与粉丝之间的互动,提高嘉定旅游文化的知晓度。

【物联网技术辅助刀鱼养殖】 建设嘉定特种水产养殖基地监测系统。利用物联网技术,对水下养殖环境进行直接观测,实时采集水下环境参数、记录刀鱼繁育生长活动,为嘉定特种水产养殖基地研究长江刀鱼全人工繁殖提供精准的观测数据,进而自动监测与智能调控刀鱼的人工养殖过程,为进一步开展刀鱼人工繁育研究提供辅助支撑。

【嘉定区卫生信息中心正式成立】 配合上海市“健康信息网”工程的全面推开,在加强卫生专网等基础设施建设、完善医疗机构和公共卫生信息系统、推进区域卫生信息平台建设等方面取得了积极成效。

【完成区域卫生信息共享交换平台建设】 初步实现“一网、一中心、一平台”的三个“一”总体目标,建立覆盖到区内所有公立医疗卫生机构的千兆卫生专网,启用嘉定卫生信息数据中心,完成区域卫生信息共享交换平台建设;实现全区所有公立医疗卫生机构互联互通和业务信息系统数据整合,从而动态形成市民个人健康档案,实现健康档案共享调阅服务。截至2013年12月,嘉定区卫生信息共享交换平台通过市区两级平台对接,每日向市平台上传数据近30万条,为嘉定居民自动建档119万份有效健康档案。

【初步形成新型公共卫生服务模式】 完成疾病预防控制条线中高血压、糖尿病、肿瘤、脑卒中、死亡登记和结核病登记六个病种信息系统的建设,在区级医院实施慢病智能上报系统,初步形成以慢性病综合防治为重点的“医院数据报送、社区随访干预、疾控业务管理”业务共享协同的新型公共卫生服务模式。通过首诊测血压、健康体检、门诊就诊等途径发现高血压、糖尿病和肿瘤患者并纳入管理。截至12月,累计登记的高血压患者人数达118 879人,糖尿病患者29 195人,肿瘤患者11 646人。

【试点建设门急诊流程优化一次付费系统】 在嘉定区中心医院、南翔医院和妇幼保健院等区级医院试点建设门急诊流程优化一次付费系统,患者可利用自助服务机享受自助挂号、自助预约、自助付费、自助充值、自助查询、自助打印报告的“六自助”便捷服务,减短了患者排队等候时间。同时,通过新农合实时结算区级平台和民政医疗救助一站式服务建设,使参合农民和低收入人群可以实现医疗服务实时结算,减轻了患者医疗费用负担。

【“食品安全监管责任网络监察系统”投入试运行】 食品安全监管责任网络监察系统建立在相关监管部门业务平台之上，从监管部门的业务系统中抽取监管行为、执法程序、处理结果等重要环节业务数据，与监察系统中设置的标准要求进行比对，发现并处理相关问题，推动监管部门切实履职负责。系统已具备全程监察、综合评价、预警提醒等三大模块功能。

【“嘉检之星”律师接待服务系统完成升级】 2013 年 3 月，“嘉检之星”律师接待服务系统升级至 2.0 版本，在原系统基础上，新增律师来访接待管理功能，完善了预约、登记等服务界面，并通过对接司法局律师库，建成覆盖全区的律师信息数据库，与案件承办人信息共享，保障律师与承办人沟通，实现接待服务智能化。自启用以来，区人民检察院依托该系统共接待律师阅卷 390 余次，听取律师意见 13 人次，受理申请材料 60 余份，好评率达 100%。

【“工会网络管理系统”建成】 2013 年 5 月，“嘉定区工会网络管理系统”正式上线运行，系统由预警提示、资金监管、考核分析、信息窗口、制度管理、经费审查和基础数据“七大平台”组成，下设 32 个子项目，涵盖嘉定区工会管理工作的各方面，如“预警提示平台”把潜在劳资矛盾隐患作为重点，实时监控全区劳资矛盾情况；“资金监管平台”把帮困资金发放情况录入系统，实现帮困资金跟踪到户。此外，系统还提供信息报送、考勤签到、宣传教育等子项目和经费审查、基础数据等平台，已基本形成“系统、平台、项目”的三级架构，以“管理加科技”的方式，实现了基础数据精准化、组织建设规范化、绩效考核自动化、工作督办及时化和作风建设常态化。

三、经济领域信息化

【“财务监管信息平台”建成】 2013 年，区国资委财务监管信息平台建设全面完成。平台网络版已覆盖至全区的区委管企业，共 233 户单户企业；单机版覆盖至全区的所有国有和集体企业，共 274 户单户企业。平台共由“信息收集”“信息分析”“信息查询”“企业绩效评价”“风险预警”“实时预警”和“报表合并”7 个子系统组成，系统中的年报、月报平台与市国资委相对接，国有资本经营预算与区财政局相对接；有效实现了对嘉定区国有资产监管方式由静态转向动态、由事后监管转向全程监管的转化。

四、城市建设管理领域信息化

【安亭、菊园成为上海市智慧社区第二批试点】 2013 年 12 月，嘉定区安亭镇和菊园新区分别成为上海市智慧社区建设第二批试点单位。嘉定区智慧社区建设试点工作以“便民、惠民、利民”为基本出发点，从信息基础设施、社区生活服务、社区管理与公共服务等方面推进试点建设，并积极探索利用市场机制开展智慧社区建设，建立智慧社区长效运行机制，力争形成可复制、可推广的经验。其中，菊园新区将率先建成“两个平台、四大领域、五大终端”的智慧社区运营服务体系，重点关注居民生活服务和社区内部管理两大领域，开展公共服务、社区养老、小额支付、志愿者管理等领域创新应用，覆盖电视、电脑、电话、户外大屏、手机/PAD 等五类终端，打造环境优质、治安保障、出行便利、老有所依的幸福菊园，构建“菊园 e 家亲”智慧社区。安亭镇把“嘉惠宝 · 智慧安亭”App 应用和智慧社区运营模式作为自身特色，构建面向社区居民，提供多元化服务渠道，集社区事务受理服务、社区卫生服务、社区文体服务、社区便民服务和居民公共出行为一体的生活服务平台，简化社区居民寻求生活服务的过程，为社区居民提供优质、便捷、专业的各类社区服务，提升社会力量的协作能力和服务水平，提高社会资源的综合利用率，提升社区的整体服务效能。

【嘉定新城首批智能车库建成】 截至 2013 年年底，嘉定新城首批智能车库建成并开始试运行。项目以区文化馆、区图书馆、紫气东来绿地和高台路马陆划线车位为首批建设区域，共涉及 400 余个车位。在智能车库内，车库管理子系统与车库灯光照明系统联动，当车辆驶入时，车库灯光将一路引导车辆到达停车区域，其他区域则可以不亮灯，从而达到节能低碳的目的。智能车库的车位信息通过周边市政道路、地铁站等处的交通诱导显示屏予以发布，市民可以及时了解当前时段附近区域的地下车位剩余情况。项目还与上海市交通信息中心共同研发虚拟情报版发布系统，用以显示全市快速路网信息，嘉定沪嘉高速的南门和马陆两个高速进出口附近作为首批试点纳入该系统。项目最终将把嘉定新城地区所有公共经营性场所、公建配套性场所、机关办公楼和商务办公楼的3万多个停车位全部纳入系统，部分内部管理较好的小区停车位也可能纳入该系统。

【“三维地理信息系统”建成】 截至2013年年底，嘉定区三维地理信息系统建设基本完成。系统基于ArcGis地理信息系统，将区内房产登记、一手房、二手房、物业小区、经适房、动拆迁等信息与三维虚拟仿真地籍数据库相关联，实现房屋登记信息查询，物业、维修资金查询，预售许可证发放、房屋成交情况统计等功能。

【“南翔镇人口房屋与企业综合服务平台”投入使用】 南翔镇人口房屋与企业综合服务网络平台以实有人口、实有房屋、实有单位基础数据为平台支柱，建立起全镇“三个实有”信息库；在实时动态更新的基础上，为南翔镇控制人口规模、优化人口结构实现各个层面的基础分析，并以区域内出租房屋为内容，逐步实现出租房屋租赁信息的无偿更新发布，有效提高出租房屋人、房关联的一致率。同时，南翔镇借助平台推广的契机，进一步规范来沪人员租房办法，规范居住证办理，对南翔实有人口试点提供教育培训、医疗卫生、就学就业、住房和社会保障等民生服务举措，为居住证增加“含金量”。

五、信息产业发展

【推动互联网产业发展】 2013年，市经信委在全市启动上海移动互联网优秀企业、优秀案例的征集工作。嘉定区共推荐15家企业、39个项目参加评审。6月，第一批移动互联网龙头企业、成长型企业和优秀案例名单出炉，嘉定区推荐的网宿科技股份有限公司被评为龙头型企业，蜂侠飞科技有限公司上海分公司被评为成长型企业，蜂子移动互联网营销平台、移动医护工作站、Pushwin移动智能营销系统等6个项目被评为优秀案例。

【上海微技术研发产学研合作创新联盟正式成立】 2013年6月，上海微技术研发产学研合作创新联盟正式成立，联盟由中科院上海微系统所、中电科第三十二研究所等12家成员单位组成，以嘉定菊园物联网孵化器为依托，着力于嘉定物联网产业集群发展、孵化服务功能完善和自主创新能力建设，截至9月月底，联盟共孵化39户物联网及物联网相关的科技企业，覆盖了物联网产业链从微电子、芯片研发到物联网技术应用的四大领域。企业累计知识产权授权数55项，受理数30项，其中10件发明专利，14项软件著作权，13项实用新型专利，3项外观设计专利，1项集成电路布图设计。

【上海物联网中心科研应用取得良好进展】 2013年11月，上海物联网中心园区改建初步完成，新物联网大楼进入内部精装修施工阶段，预计于2014年6月竣工并搬迁入住。同时，上海物联网中心在关键技术研发、示范应用和测试服务平台建设方面都取得了良好进展：一是在关键技术研发方面，完成物联网、无线局域网等组网应用中的频谱干扰和电磁兼容性技术研究项目，3G/TD-LTE蜂窝网与WLAN无线局域网的融合共性技术研究的相关成果已申请环保物联网接入设备技术规范，分别成功申报张江高科技园区、市经信委、市科委等多个国家和上海市的物联网项目。二是在示范应用方面，完成智能消火栓信息监控系统和基于物联网的工厂化育苗系统关键技术研究与示范应用项目的技术攻关，分别在嘉定区、徐汇区和孙桥农业园进行了示范应用。三是在测试服务平台建设方面，推进“基于规模应用的物联网系统测试平台、短距离通信标准体系研究和公共检测平台、物联网研发测试服务平台”三大平台建设，通过构建小规模真实网络验证系统，进行智能交通系统的前期技术难题攻关。

【举办车联网论坛】 2013年，上海车联网技术应用论坛在嘉定举办。来自政府管理部门、国内外车联网与车载信息服务产业相关企事业单位的高管及专业人员，科研机构和院校等业内的专家学者齐聚一堂，围绕“车联网技术应用推动产业转型发展”的论坛主题，就如何更好地推动车联网创新技术应用、提升车载信息服务能级、聚焦嘉定车联网产业基地建设、推进上海战略性新兴产业及智慧城市工作等方面内容建言献策、展开讨论，共商车联网产业发展大计。

【推进软件与集成电路产业发展】 2013年，嘉定区针对市软件与集成电路发展专项资金申报新政策、新办法的实施，整合资源为区内企业开展集中培训、一对一指导等系列活动，帮助企业理解新政策，提升专项资金申报效率。年内，全区企业共申报软件与集成电路项目 21 个，10 个项目获得支持，申报成功率达 47.6%，同比增长 185%；获得资助金额总计 1 215 万元，同比增长 10.5%。其中软件项目 6 个，集成电路研发项目 3 个，集成电路战略课题研究 1 项；从应用领域来看，共有汽车与交通领域项目 5 个，生物医药领域项目 2 个，金融领域项目 1 个，手机游戏领域项目 1 个，其他领域项目 1 个。

【文化信息产业发展】 随着“创新驱动、转型发展”战略不断向纵深推进，全区文化信息产业发展优势更趋明显，发展成效更加凸现。据统计，全区文化信息产业经济总量持续扩大，增加值、营业收入、税收收入、新增企业数、电商交易额等主要经济指标增长显著，全年新增文化信息企业数 680 家，同比增长 24.3%；全行业实现营业收入 756.6 亿元，同比增长 31.4%；上缴税收收入 25.4 亿元，同比增长 16.5%。重点行业实现营业收入 548.3 亿元，同比增长 50.1%；上缴税收收入 15.6 亿元，同比增长 29.5%。

六、信息基础设施建设

【嘉定与上海移动签署“智慧城市”建设合作框架协议】 2013 年 11 月，嘉定区政府与上海移动公司共同签署《关于共同推进嘉定区“智慧城市”建设的合作框架协议》。根据协议，嘉定区政府将与上海移动多方面展开合作，充分发挥中国移动“四网协同”的优势，加快嘉定区信息基础设施建设，促进城镇化区域基本实现无线宽带覆盖，优化通信基础环境。围绕打造“具有科技特色和高端制造功能的长三角综合性节点城市”，共同推进重点区域、重点行业智慧应用。围绕“智慧政务、智慧社区、智慧交通、智慧医疗、智慧教育”五大应用项目，打造新亮点，推进嘉定智慧城市建设。

【公用移动通信基站现状梳理工作启动】 2013 年 11 月，区科信委召开嘉定区公用移动通信基站现状梳理评估工作协调会，明确了梳理评估工作的主要内容，要求电信、移动、联通三家运营商全面开展对已建和在建通信基站情况的梳理汇总，积极配合开展 2014—2016 年嘉定区公用移动通信基站站址布局规划的编制与完善工作。区科信委将根据汇总情况，着手完成《嘉定区公用移动通信基站站址现状梳理与评估报告》和《嘉定区公用移动通信基站站址布局专项规划》编制，并启动嘉定区信息基础设施管理平台二期建设。

【信息化基础设施集约化建设】 嘉定电信、移动、联通三家运营商及上海管线公司共新建信息管线路段 177 条，共计 1 288.506 孔公里。

【i-Shanghai 网络稳定运行】 根据《上海市公共场所无线局域网（WLAN）覆盖建设指南（暂行）》，截至 2013 年年底，嘉定区 i-Shanghai 公益上网服务在嘉定州桥老街、老城商圈、马陆葡萄公园等 16 处重点区域的 217 台无线设备运行稳定，每周市民连接 i-Shanghai 网络的平均次数达 60 162 次，平均产生流量 1.39 TB。

【NGB 网络改造有序推进】 嘉定完成了覆盖 12.11 万户的 NGB（下一代广播电视网）网络改造工程，涉及嘉定镇、新成路街道、菊园新区、南门工业区、南翔、江桥、封浜、嘉定新城（马陆）、外冈、黄渡、方泰、徐行 12 个镇及街道。按照数字电视整体转换工作要求，启动嘉定区数字电视整体转换项目，基本完成嘉定镇、新成路街道、菊园新区、南门工业区、江桥、封浜、嘉定新城（马陆）、外冈、黄渡、方泰十个街镇城镇用户的数字电视整体转换工作，年度共计完成整转覆盖有效用户 17.84 万户，使部分用户享受到了有线数字电视高清、交互、点播、宽带上网等多样化的服务。

七、信息化环境建设

【“智慧教育”成果亮相上海教育博览会】 2013 年 4 月 12—14 日，嘉定区在 2013 年上海教育博览会上推出以“走近大数据——嘉定学校信息化的自主创生”为主题的系列展览，全面呈现了教育信息化条件下，嘉定学校的自主发展成果。区内部分学校各自展示了独具特色的“大数据”教学应用范例和数字化课程，如迎园中学的“发现自己的数字公社”、华二初级中学的“健康成长的数字膳食”、上海市嘉定区第二中学的“博物馆式的数字课堂”、上海市嘉定实验小学和安亭小学的“个性发展的数字生活”、上海市嘉定区第一中学的“创新思维的数字设计”等，引起了参观者的热烈响应，体现了嘉定教育国际化和信息化水平。

【“智慧城市”特展在嘉定科博会展出】 2013 年 8 月 29—9 月 1 日，在 2013 年嘉定科技博览会上，以“一家三代人的智慧生活”为主题的嘉定“智慧城市”特展亮相，本次特展从智慧城市的微缩单元——“智慧社区”入手，向公众描绘了嘉定“智慧城市”建设蓝图在普通市民生活中的一个缩影，展示了嘉定在智慧医疗、智慧教育、智慧社区、智慧交通和食品药品安全监管等方面推出的一批崭新应用，向广大市民传递了对未来生活的美好愿景，提高了市民对“智慧城市”的认识和理解。

【举办“无线电知识科普”系列讲座】 2013 年 11—12 月，区无线电管理办公室以“科学认识无线电、关心重视无线电”为主题，举办了多场无线电知识科普系列讲座。讲座活动面向居委会干部、社区居民、在校学生、团组织干部等群体展开，邀请到多名无线电监测、青少年无线电科普等方面的专家，通过各种主题讲座，普及无线电应用、电磁辐射防护、青少年业余无线电活动等方面的知识，提高学生、市民对无线电技术的认识与理解，营造科学认识无线电的良好氛围，为推进嘉定区“智慧城市”建设铺垫了良好群众基础。

【嘉定新城智慧城市体验中心开馆】 2013 年，嘉定新城智慧城市体验中心正式建成，并面向市民免费开放。体验中心位于嘉定新城城市规划展示馆内，面积 1 750 平方米，临近地铁 11 号线嘉定新城站，集中展示了以“便民、惠民”为核心的智慧城市建设理念及在平安城市、环境保护、交通诱导、智慧公交等民生方面的应用成果，让市民体验到智慧应用给日常生活带来的便利。体验中心共有 6 个主展示区，包括了通过光、电、声技术精准展示嘉定智慧新城总体规划布局的新城智慧沙盘区；利用 WiFi、3G、WIMAX 等多种无线网络技术对建筑工地安全生产、城市景观环保可控、重要路口交通路况等进行实时监控的平安城市板块；对新城核心区 12 个特色区域的温湿度、大气、水质等环境质量情况进行实时监测的智慧环保板块；利用物联网技术为市民提供实时公交信息、路况信息，方便市民公交出行与换乘，提升公交监管能力的智慧公交板块；通过将嘉定新城主要公路网的交通信息进行综合展示、推送，从而优化市民交通出行决策，缓解交通拥堵的现状；通过巨型环幕电影展示嘉定新城聚焦民生的智慧应用，使观众充分体验到智慧城市建设品质。

（金　戈）

第十三章 松江区信息化建设

概 述

根据市委、市政府推进“智慧城市”建设的有关精神和要求，松江区在已完成的《松江区“十二五”国民经济与社会信息化专项规划》基础上，重点聚焦松江新城发展和提升城市综合实力，基本确定“智慧松江”整体框架和建设目标，最终形成《松江区“智慧松江”行动计划（2013—2015年）》。2013年，松江区全面推进高速宽带泛在化、“两化融合”纵深化、电子政务协同化、城市管理智能化、公共服务数字化、信息安全可控化的“智慧松江”建设，全面提升松江区经济发展水平，公共服务水平和居民生活水平。

一、政务领域信息化

【改版升级区政府信息平台】 政务办公信息平台已完成升级改版，完成了办文、办会、办事等主要业务模块的开发工作。该系统正式投入使用，第一批使用范围是区政府内部。2014年二期建设将向各委办局全面铺开，以进一步提高政府公文管理水平，规范工作流程，提高工作效率。

【深入推进“两化融合”工作】 作为上海市首批首家“两化融合”试点实践区，从企业、行业、区域、政策等多个层面分类推进工作。积极完成重点扶持企业开展“两化融合”项目建设和在行业区域内树立示范企业等工作，共扶持“两化融合”专项24项，评选示范企业10家。2013年，组织“两化融合”示范企业评选活动，评选了10家“两化融合”行业标杆。重点扶持企业“两化融合”项目24个，安排财政扶持资金300万元。组织相关企业到示范企业开展实训活动，开展现场交流。“两化融合”工作被列为区人大常委会重点审议议题，并组织区人大代表到企业调研。

【完成行政服务中心智能化建设工作】 2013年3月，经调研和需求分析，确定按照“利旧＋新建”的原则，采取界面整合、数据整合的方式，最大限度利用原市民服务中心和企业服务中心已有信息系统，整合建设松江区行政服务智能化项目。一期总投资约1 000万元，建设周期为4个月。10月8日，区行政服务中心正式对外服务。已实现为服务对象提供人性化服务、为窗口工作人员提供便捷操作、为中心管理者提供信息支撑，还基本实现了行政审批一口受理、一门办理、一站服务，减少了审批流转环节，真正让企业和市民“跨进一扇门，解决百件事”。

二、社会领域信息化

【顺利完成居住证件交接工作】 松江区社保卡中心积极响应市人口办的文件精神，积极与区人口办联系沟通，紧扣时间节点，明确交接工作的具体事项，明确工作职责，并确保居住证件办理工作不断不乱，在分管领导与区科信委主要领导的支持下，在任务重时间紧的情况下，到全区各居住证件申领网点现场，进行卡证、押金、工本费、票据及耗材的清点清查工作。2013年12月2日，正式完成居住证件全部工作的交接，并做好2013年下半年度临证成本的结算，各网点补贴费的发放。

【有序开展无线电管理工作】 2013年，完成全区279处公用移动通信基站年计划预审工作；完成辖区内站址认定预审32处；完成市无管局任务派发单、区内相关信访投诉等14起；完成i-Shanghai场点建设任务1处，协调其他场点建设16处；做好2013年松江区高考无线电保障工作；定期召开区移动通信基站管理协调会；组织业务培训4次，近70人参与；开展第二届“走进神奇的电波世界”知识竞赛，通过“小手牵大手”的形式，吸引50所学校、近22万人次主动上网学习，并创新性地将舞台剧表演、讲故事等方式引入决赛环节，效果突出；制作《无线时代，畅想精彩》宣传片，下发至基层；创作舞台剧《听啥人讲》，进街镇广泛巡演。

三、经济领域信息化

【做好大学生科技创业工作】 2013年基金会共接待咨询120人次，完成第一批大学生创业项目初审和专家评审。网上申报31项，实际参加评审25项，初审通过10项，复审通过5项。经理事会讨论，5项通过审批，资助资金70万元。

四、城市建设管理领域信息化

【推进国家级科普教育基地建设】 共建科普教育基地33家，涵盖了天文、气象、地震、农业、工业、信息化、植物等多个领域。同时，积极探索“引导社会资金参与科普公益活动，鼓励企业建立科普教育基地”的新模式。由企业出资建设的有10家，形成了松江企业科普特色。

【加快视频图像监控系统建设】 完成11个区域的系统覆盖，建设治安监控探头5 388个，卡口监控探头906个，新建佘山、方松派出所两个存储分中心，并与电信签订建设合作协议。卡口信息识别系统方面，截至2013年10月，实际建设断面159个、摄像机793个。高速路段卡口建设基本完成相关手续办理，S32、G15、G60开始进场施工。视频图像监控系统方面，治安监控建设，完成第一批探头中约80%的基础施工，计划建设1 628个立杆基础，已完成1 300个左右，并同步开始立杆和管道开挖，主要设备和监控平台采购进入实质操作阶段，第二批点位(共2 462个)正进行前期准备工作。

【城市综合管理“大联动”平台】 2013年，完成平台主体开发任务，并在区中心、16个街镇分中心部署运行，同步接入19家区内执法、应急、服务等政府职能部门。平台内总计梳理纳入大联动工作6大类，135项事件，在事件受理派发、应急指挥调度、工作绩效考核、辅助决策分析等方面发挥作用，基本实现日常事务高效、应急处置有效、部门联动长效的城市综合管理全程信息化支撑目标。

五、信息产业发展

【推进张江高新区松江园的管理与服务】 组织企业做好张江专项资金项目的申报，共向上级部门推荐16个项目，申请资助资金(市区两级)5 651.22万元；完善松江各个分园的组织建设工作，召开季度工作例会，加强各园区之间的沟通与交流。在园区内做好科协组织的建设，成立科协工作站；组织开展《产业园区转型升级与二次开发策略研究》的课题调研，围绕产业园区创新转型的战略方向、创新转型的路径、整合资源与平台搭建策略、二次开发的推进策略等方面进行研究。

六、信息基础设施建设

【推进信息基础设施建设】 自2010年起，松江区以总体规划为引领、管理规范为依据、信息平台为依托，不断加强信息基础设施建设。截至2013年年底，城镇地区基本实现光纤全覆盖，百兆宽带接入户数达36万户；基站建设力度不断加大，全区现有室外宏基站847处（其中2011—2013年间新建386处），通信质量明显改善。此外，重点推进热点、难点区域信号覆盖优化工作，在泗泾大居、新城、佘山等原先覆盖较弱的地区，通过持续开展集约化建站和信号优化工作，信号覆盖情况得到好转，居民投诉率显著下降。

七、信息化环境建设

【智能交通建设】 建成智能公交管理系统，完成711辆公交车GPS车载终端和706辆公交车DVR视频监控设备的安装，实现了对车辆运行的远程监控，有效规范了公交驾驶员和售票员行为，并给公安破案提供一定范围的帮助；建成区营运出租车信息系统，实现了车辆监控、远程销卡及轨迹回放功能，减少空驶率、规范驾驶员行车、提高了驾驶员工作效率；建成掌上公交出行服务系统，在两条公交线路试运行，市民在公交车站可通过二维码下载掌上公交出行服务应用软件，即可获得公交出行及周边道路路口交通情况等信息。

【智慧卫生建设】 覆盖区内全部15家社区卫生服务中心、7家二级医院及卫生局、疾病预防控制中心等卫生机构，完成卫生信息化基础设施建设、建成卫生数据中心和区域卫生信息平台，建成了一些有特色有亮点的应用系统，如区域自费一卡通系统、区级健康档案调阅系统、区域医疗业务协同引擎系统、双向转诊系统、区域医学影像诊断中心、临床检验中心、卫生行业管理与行政辅助决策系统和公众服务门户等，促进了区域卫生数据的交换共享和开发利用，提高了区域公共卫生信息管理的工作效率和质量，显著降低了医务人员的工作强度和病患的医疗成本。

八、社会诚信体系建设

【启动社会信用体系建设工作】 制定《松江区社会信用体系建设三年行动计划》以及任务分工表，2013年6月召开全区社会信用体系建设工作推进会。以商务诚信、建筑行业诚信企业评估为切入点，在全区营造"守信光荣、失信可耻"的良好社会氛围。

（何月丽）

第十四章　金山区信息化建设

概　述

2013年，金山区信息化与智慧城市建设在区委、区政府的领导下，在市经信委的统一部署下，紧紧围绕建设“三个金山”战略目标，根据《上海市推进智慧城市建设2011—2013年行动计划》的目标，依托信息技术，积极探索和稳步推进本区智慧城市建设，大力推进信息基础设施建设和管理，进一步提高信息技术应用水平和推广力度，同时不断优化和营造信息安全、社会诚信等信息化环境，为全区经济和社会和谐发展，提高人民生活水平发挥了重要作用。

一、政务领域信息化

【建立金山区政府信息发布平台】 2013年12月30日，金山区政府信息发布平台正式开通。通过该公共信息发布平台，政府可以定向按区域、按对象分类推送信息；也可以进行信息的收集和处理，向公众公开相关信息。此外，平台还提供信息调研、统计分析、信息查询等功能，解决政府工作中的难题。同时，通过该平台使各委办单位统一地发布平台，既提高了工作效率，又让公众看到一个新的政府形象，还避免了各单位重复建设造成的资源浪费，由于整合后发布数量的增加，还可以降低运营成本。该公共信息发布平台已入库人数近30万，有30家委办单位参与信息发布，涉及12大类，27小类信息，基本涵盖政府管理的各方面。金山区人民政府公共信息发布平台的建成，将成为联系广大市民的重要窗口，通达社情民意的崭新渠道，推进政府工作的有效载体，服务基层和市民的重要手段。

【区国资委建立“国资监管信息系统”】 为增强金山区国资监管信息化水平，进一步发挥国资监管“制度加科技”的作用，提高国资监管效能，区国资委从2011年着手开发建设“国资监管信息系统”，2012年起开始在区属企业进行系统试运行。系统包含企业基本信息、财务信息查询、财务信息收集、财务风险预警管理、重大事项管理、改革改制流程管理、业绩考核管理、法律法规查询、企业人员管理和法人治理结构等子系统。通过系统及时收集更新企业财务统计数据、企业基本情况介绍、法律法规、企业人员信息和法人治理结构等基础信息，并对改革改制、业绩考核、重大事项管理等国资监管业务流程实现信息化操作和管理。国资监管信息系统的建立，为企业和国资管理相关人员及时提供了准确、全面的监管信息，进一步提升了国资监管规范化、精细化和信息化水平。

【区财政局建立同城异地容灾系统】 为保证区财政局核心业务应用系统正常、稳定运行，提高财政业务应用系统的可用性和可靠性，适应财政业务发展需要，以财政办公地点搬迁为契机，于2012年8月开始将原生产中心机房改建为容灾中心，在相隔30公里的新办公地点建设新生产中心，利用存储复制技术实现了系统数据库的实时容灾备份，利用服务器虚拟化技术实现了应用系统冗余备份。2013年12月，顺利完成了容灾演练和项目验收，实现了系统数据迁移和应用系统的平稳过渡及财政局核心业务应用系统的同城异地应用级容灾。

【金山区国民经济与社会发展综合信息系统（一期）建成】 为加快推进部门在管理体制、管理观念、管理方式和管理手段上的转变，实现政府职能向宏观调控、社会服务、公共管理和市场监督方面的转化。2013年4月，金山区发改委开始建设金山区国民经济和社会发展综合信息系统（一期），本项目的建设将有效实现政府管理服务职能的“廉洁、勤政、务实、高效”，突出政府在行政管理和业务管理中为民服务的现代化手段，推进政府管理公开化、透明化。

【区教育局建构金山教育即时通】 "金山教育即时通"平台实现了全区教师内部信息交流、文件共享、部门信息收发等功能；以组织架构形式建立起灵活便捷、定位准确、组织有序的通讯机制；数据文件柜方式实现了分级存储、数据资源层级共享，内外网可取，云端数据资源即时共享等特点。金山教育即时通使用低门槛、高效率，操作简便，节省了大量人力、物力和财力，实现了异地、分散、分时的教育、教学、办公模式。

【金山教育信息化建设专栏】 以2013年上海市教委的"信息化助推教育转型"教育博览会和教育部第二届全国教育门户网站评选为契机，整合金山区教育信息化资源，建立了"金山教育信息化建设专栏"。专栏设校校通展示、班班通展示、人人通展示、管理信息化、资源信息化等5大板块共29个信息化内容，全方位多角度的整合、展示、分享金山区教育信息化资源。

【区教育局规范整理行政审批项目】 2013年重新梳理了教育系统的16项行政审批事项，对每一项行政审批事项都建立办事指南、办理机构、相关法规、表格下载、在线受理、状态查询、结果反馈、网上咨询、便民问答、监督投诉等因素，并提供独立的网络地址，增加网上办事与服务功能。

【信息管理系统升级网上项目监管模块】 为全面掌握金山区项目投资发展现状，实时监管金山区重点产业项目行政审批流程，区行政服务中心于2013年上半年研究制定了信息管理系统升级方案，现已进入应用阶段。通过网上项目监督模块，原有项目纸质报送及电话询问进度的方式转变为无纸化办公，并以此形成一套集镇（工业区）、职能部门及行政服务中心三方联动的网上项目推进体系，系统推进区"点供项目""重大项目""联合会审"项目。该系统从五个方面跟踪项目审批流程，包括园区项目报批流程启动情况；用地储备办理情况；完成前期准备工作，实现土地挂牌情况；施工许可证办理情况；行政服务中心跟踪分析。行政服务中心在跟踪流程的同时寻找行政审批中存在的问题，发出短信预警信号。行政服务中心信息管理系统网上监管的实施切实加强了项目监管力度，提高审批效率，同时为进一步优化行政审批流程提供有力依据。

【数字化城市管理信息系统建设二期工程】 数字化城市管理信息系统是金山区绿化和市容管理局提出的"十二五"信息化工作规划项目，旨在建立绿化、环卫、城管、网格化等综合部门为一体的跨部门、跨业务和跨平台的信息交换与共享系统，以提高城市管理工作效率、提升工作质量、更好服务民众的目标。根据金山区局的业务发展需要，在一期项目的基础上，进行了系统二期开发，旨在完善系统模块，增加业务系统的数据共享。二期系统于2013年下半年开始建设，于12月开始试运行。根据金山区绿化和市容管理局的实际工作需求，系统设立个人办公、办公用品管理、广告与店招店牌管理以及市容环卫现场检查的功能模块，实现了绿化市容环卫质量数据分析管理的功能，优化原有界面，更新系统框架。二期系统在功能性和实用性上都有了全面的提升，达到了预期的升级要求。

【区园林署编制古树名木专项规划】 为从源头加强古树名木的保护管理，金山区自2012年11月起开展古树名木保护专项规划编制工作。截至2013年年底，完成了全区81株古树名木、47株后续资源树木的资料收集编制和"上海市古树名木智能信息化管理系统"的信息录入工作。编制古树名木专项规划是提高古树名木管理工作标准化、规范化和信息化水平的重要手段，金山区古树保护部门对全区128株古树名木及后续资源树木认真收集、拍摄实景照片，仔细调查树木周边土地性质、地面标高、建筑功能、高度、风貌、建设动态、生态环境等情况。为做好该项工作，建立了相应的工作机制，明确工作分工，落实工作责任，保证工作经费，确保了编制工作的有序开展，做到"一树一档""一图一表""图表合一"，完善了古树名木的保护机制。

【区农委完成金山农业网改版】 "金山农业网"（http://www.jsac.gov.cn）是上海市首批建设的区（县）农业网站之一。近年来，区农委致力于将网站打造成为展现本区"三农"新貌、传播"三农"信息、及时提供为农信息服务，金山农业对外推介和宣传的网络品牌。2013年，网站再次全面改版，对相关栏目内容进行调整，在保持原有网站特色的同时，新增了"农业节庆""品牌农业""农委党建"等栏目，使网站定位更明确、栏目设置更齐全、行业特色更明显，实用性更强，服务功能更全面，页面更美观。新版"金山农业网"于2013年7月正式上线。10月，在新浪网上新创建了"金山三农"政务微博，拉近了与网民的距离。

【金审二期工程模块扩容实施验收完成】 2012年，区审计局申报信息化项目《金审二期工程模块扩容实施》，主要模块有审计项目跟踪实施模块、审计项目情况统计分析模块、计划管理模块、数据交换模块。2013 年 8 月完成该项目验收工作。

【推广应用 AO2011 版现场审计实施系统】 通过组织审计人员对 AO（审计师办公室 Auditor Office，简称 AO）2011 版现场审计实施系统专业的培训，区审计局每位审计人员都了解和掌握该软件各项功能的应用，2013 年开展的审计项目已全部运用 AO2011 版开展计算机审计。

【常用财经审计法规检索软件常规升级】 常用财经审计法规检索软件购于审计署计算机技术中心，每逢审计署计算机中心对该软件进行升级时，区审计局积极快速地对局内的检索软件升级，为审计人员查询各类法规提供了方便，提高了工作效率。

【自主开发“集中审批数字化采集系统”】 为适应税收征管改革中涉税事项集中审批的整体要求，金山区税务局根据区内各税务所分布较为分散、文书资料流转保存不便等实际情况，自主研发了“集中审批数字化采集系统”，使涉税审批形成大厅集中受理并进行文书资料影像化采集，后台以电子数据形式快速流转，最后统一审批的工作模式。该系统主要由文书受理环节的影像资料采集模块和文书审批环节的影像资料查询模块组成，具备了影像采集资料自动获取、文书信息实时传输、后台审核重复调用等功能。在提高审批效率的同时，免予填单，实现了审批专业化、无纸化管理。此外，通过引入影像资料 CA 证书电子签名，加强了资料无纸化受理和归档的法律效力。区税务局将进一步扩大影像化资料采集范围，以更好适应税收征管模式向专业化扁平化方向发展。

【区地方志在线编纂综合管理平台通过验收正式启用】 2013 年 1 月 25 日，金山区地方志在线编纂综合管理平台项目验收会在金山区档案局召开。该项目列入 2012 年度上海市方志办要点工作和金山区推进智慧城市建设工作计划，并作为金山区数字地方志建设（一期）的主要内容。市方志办、区科信委、区档案局的领导专家出席验收会。经听取项目建设和试运行情况报告、观看操作演示，专家组一致同意项目通过验收。并指出，系统覆盖全区所有组纂稿单位，定位清晰、功能齐全、技术新颖，创意人性化、操作实用化，项目建设达到了预计效果，为实现地方志编纂、管理、利用信息化、提升金山区志鉴编纂管理效率开辟了新的手段，为金山区数字地方志建设打下了坚实的基础。

二、社会领域信息化

【山阳镇成功申报上海市智慧社区建设第二批试点单位】 为进一步落实《上海市推进智慧城市建设 2011—2013 年行动计划》，根据市经信委《关于开展第二批智慧社区建设试点申报工作的通知》和《上海市智慧社区建设指南》的要求，经过前期调研分析、方案编制、组织推荐、专家答辩评审，金山区山阳镇成功成为上海市第二批智慧社区试点 27 家单位之一。三年来，山阳镇党委、政府为进一步落实“行动计划”中提出的“市区联动、示范带动”的要求，积极推进城市光网、“智慧医疗”家庭责任医生、社区联居通综合信息平台建设、智慧校园翼校通建设，利用有线、无线、云计算、物联网等各种信息化技术和手段，整合社区现有的各类服务资源，实现数据、服务、资源共享，为社区各类群体提供政务、民生、商务、教育、卫生及生活互助等多种社区服务，逐步将山阳打造成具有先进水平，集现代化、智能化于一体的智慧社区。

【金山市场有限公司在农贸市场采用新型交易方式】 2013 年，金山市场有限公司根据公司战略规划，启动 POS 机增值服务业务。7 月中旬，选择了信誉高、服务好的交通银行金山支行合作该业务。截至 2013 年年底，市场公司商圈内已安装七批 POS 机。据统计，安装的 POS 机共计 366 台，分布在金山卫市场、万安市场、朱泾城南市场、松隐市场、张堰市场、干巷市场、亭林市场、朱行市场、山阳市场、钱圩市场、蒙山路市场、四村市场、岑仙苑会所、西南垂钓基地、金山嘴海鲜市场、山鑫联成市场、正育市场、辰凯市场及其商圈附近的各类门店处。市民可以在市场公司商圈内使用所有银联标志的银行卡、便利通卡、斯玛特卡、杉德魏康卡、联华 OK 卡、金山市场卡进行消费购物。

【金山区新型农村合作医疗信息系统升级】 为保证金山区合作医疗信息系统的安全稳定，为参保人员提供便利，保障社会和谐，满足区政府对合作医疗管理的新要求，2013年，区卫计委对新型农村合作医疗信息系统进行了升级。一是更新设备，共更新合作医疗结算中心应用服务器6台，定点医疗机构前置机服务器18台，定点医疗机构防火墙4台。二是升级软件，通过与民政部门系统的数据实时交换，判断参加新农合的农村困难群体人员，全部免去这些人员的就诊费用。配合家庭医生制试点，开展新农合参保人员的家庭签约、提供转诊服务、预约服务等，实现与卫生部门社区卫生服务系统的数据实时交换。

【汽车服务市场监管系统】 2013年，区运管署开发了"金山区汽车服务市场监管系统"，旨在更有效地履行汽车维修行业监管职责，尤其是对大中型客车、危险品运输车辆的维修做好监管工作，实现公开、公正、透明，并为广大群众提供了解企业真实情况、对不良企业进行投诉、网上预约车辆维修等一系列便民、利民服务。区运管署运用该软件对企业进行精细化管理，对企业维修的每一辆车辆从进厂到出厂进行追溯，同时对出厂合格证加强管理，避免合格证倒卖等违法行为的发生。同时，区运管署与企业之间实现无纸化办公，完成报表、小修台账、配件台账、合同台账的各种传送等工作，减少了企业的运营成本，也增强了区运管署的监管效率。市民也可以通过网络实时了解每个企业的变化，例如技术人员、位置、维修设备、企业负责人等内容，拓宽了市民的修车选择，也促进了维修企业进一步提升自身维修质量、技术力量及服务水平。

【综合利用信息系统平台做好基本医疗再救助工作】 为减轻农村困难人群实际医疗费用负担，缓解农村困难人群看病难问题，区民政局在金山区医疗救助一站式服务（实时结算）系统基础上，综合利用区新型农村合作医疗信息系统和一站式服务信息系统，对农村困难人群在合作医疗基本医疗补偿和民政医疗救助基础上实行商业保险再救助。2013年1月起开展调研工作，开发、调试新农合系统与保险公司业务系统接口，4月1日正式实施再救助结算。在工作流程上，民政部门按照程序认定享受对象，每月及时将享受人员的基本信息输入救助系统和民政医疗救助"一站式服务"系统，及时维护农村"三类"救助人群的动态信息；卫生部门利用新农合信息系统每月及时准确无误地传输医疗就诊数据，做好与保险公司对接；保险公司每月按照信息系统的就诊数据，审核确定理赔人数和理赔金额，并通过转账方式完成相关理赔工作。通过实施农村困难人群基本医疗再救助项目，进一步解决困难人群医疗难，4月（实施后）与3月（实施前）相比，就诊人次增长了9.33%，发票总额下降了3.79%；自负费用下降了82.91%，其中住院、门诊大病自负费用下降了100%；门诊自负费用下降了69.26%。切实保障了困难人群的就医需求，使困难人群敢看病、看得起病。

【"农民一点通"应用】 针对"农民一点通"设备老化严重等现象，做好"农民一点通"设备更新的前期摸底工作，并向市、区两级提出"农民一点通"设备更新的方案和资金的申报工作。2013年，全区共安排21台"农民一点通"设备更新，10月完成设备更新任务。同时，为更好地让村民使用"农民一点通"，使各村农业信息员加强对设备管理，及时上报维修损坏设备情况，提高"农民一点通"利用效率，对信息员开展相关工作培训，共培训镇、村信息员300多人次，使基层信息员更加明确了工作职责和目标，对后台模块有更深入的了解，更加熟练操作为农综合信息服务平台。2013年，在保持"农民一点通"原有功能应用的基础上，增加了新农村档案信息内容的公开公示，方便村民查寻。

【农业综合数据中心建设】 上海市科技兴农重点攻关项目"上海农业综合信息服务平台功能延伸和拓展"项目于2011年年底正式立项后，按照制定的项目实施计划，建设金山区农业综合信息服务平台，重点建设"金山区农业综合数据中心"，对金山区农业五大主导产业粮食、蔬菜、畜禽、水产、瓜果生产管理信息系统进行研发。5月已完成各子系统的开发工作与上线部署。共录入数据79 779条，其中粮食系统168条、蔬菜系统64 829条、畜禽系统8 644条、水产系统5 928条、瓜果系统210条。其中蔬菜标准园信息化管理系统在2012年建设9家的基础上，2013年又新增10家，共计22家，实现蔬菜生产管理的可追溯。

【金山区青少年体育网】 "金山区青少年体育网"于2012年10月开始建设，于2013年6月正式启用。根据金山区竞赛训练管理中心工作实际情况，网站设立"新闻动态""文件通知""师资培训""特色学校""体育文化""活动公告""业余训练"等栏目，及时公开各单位青少年体育活动、训练、竞赛等信息，包括各类竞赛信息、注册、报名、成绩等信息，并将学生体质健康、师资培训、体育文化、竞赛专刊等10项网上办事内容进行了整合，提高了青少年体育工作的效率。

【金山地情网正式开通】 2013年9月25日，以金山区自然、地理、政治、经济、文化和社会相关资料文献为基础，以方志成果为主体的“金山地情网”正式开通，成为金山区档案局借助信息化、数字化手段，对外展示金山区方志信息、风景名胜、金山文化、金山人物、大事记等金山方志成果的窗口。网站地址：http://www.jsdqw.gov.cn。

【金山区新农村档案信息网正式上线】 2013年9月6日，金山区新农村档案信息网正式上线。网站依托金山档案信息网，开设新农村档案信息专栏，包括涉农档案、涉农信息、新农村风貌、涉农档案查询、国家示范区创建内容等栏目，并将全区124个村网页和志鉴电子书内容作为亮点延伸到新农村档案信息网，集中对外展示金山区新农村档案信息。网站地址：http://www.archives-shjs.gov.cn。

【金山区农村档案信息共享平台建设】 2013年9月22日，列入金山区创建社会主义新农村建设档案工作示范区主要工作任务的金山区农村档案信息共享平台建成并投入使用。2013年12月31日，该平台通过由区科信委、区财政局、区档案局组成的专家组验收。平台主要面向区内各镇、工业区及124个村，初步形成了档案信息贴近农民、服务农村的共享服务模式，全区农民借助联网计算机，足不出村即可在本村“综治(群众)服务站”档案服务窗口查询利用档案信息。一是能查询到包括馆藏“婚姻、独生子女、知青、农转非、农民宅基地、三峡移民、复退军人、土地证存根、收养登记”共9大类民生档案，并提供就近获取社区查档出证指引。二是提供全区涉农档案和档案馆所有开放档案信息，实现信息共享。三是实现镇内村与村、村与镇和区内镇与镇之间的室藏档案信息查阅申请，实现信息共享。四是各镇、村档案室对现有室藏档案中评估认为可以提前共享的档案信息，可发布到共享信息中为百姓提供及时的档案信息共享服务。

【“涉农档案信息公开系统”投入使用】 2013年12月4日，为全力配合金山区创建社会主义新农村建设档案工作示范区工作，由区档案局建设的“金山区涉农档案信息公开系统”在全区124个村委会所在地“农民一点通”综合系统开通使用。金山区涉农档案信息公开系统在全区9个镇、1个工业区，124个村的“农民一点通”设备上，接受村民访问查阅档案信息。系统开设档案介绍、开放档案、涉农档案三块内容，有案卷级目录1 208条、卷内文件级目录32 538条和部分开放档案全文信息。金山区涉农档案信息公开系统实现了金山区档案信息在上海市为农综合信息服务平台上的展示，并结合“农民一点通”已有的智能热线综合系统(电话、电脑、网络等)的信息传播载体，利用现代信息技术优势，可便捷查询开放档案全文、涉农档案目录和全宗介绍等信息，开创了农村档案服务新模式，成为档案信息共享、服务村民的一个新窗口。

【签订“智慧金山”战略合作框架协议】 2013年8月14日，中国电信股份有限公司上海分公司与金山区政府签订“智慧金山”战略合作框架协议(2013—2015年度)。根据协议，双方将本着“政府推动、市场引导、企业运作、资源整合”的指导原则，就共同推动“两化融合”，提升数字惠民能力，提高政府综合服务能级等开展全面合作。合作内容主要包括“依托城市光网，加强信息基础设施建设”“加快智慧应用建设，携手打造智慧政府、智慧安全、智慧教育、智慧医疗、智慧农业、智慧社区，提升城市管理和服务水平”“共同促进信息化与产业融合，助力金山发展转型”等方面。当日，金山电信局还与区科信委签订了2013年“智慧金山”信息化建设项目计划任务书。

【金山电信与金山区共同建设“智慧社区”】 金山电信局先后与全区11个街道乡镇签署共建“智慧社区”战略合作协议。截至2013年年底，共计132个村居委实现了“智慧社区”覆盖，共有31 375线实现了智慧社区IPTV平台上线。同时，以“联居通”在智慧社区平台上的应用为核心，在山阳镇试点应用的基础上，年内实现了“联居通”平台与上海电信智慧社区IPTV平台的对接，并向全区推广。智慧社区平台以统一的综合门户、成熟的智慧应用、标准化的接口与认证、个性化的订制服务，让居民、政府、应用提供者、建设者各有所得。

【山阳中学“智慧校园”试点项目】 随着社会各界对平安校园、信息化教育的重视，金山电信局致力通过翼校通行业应用和电子校徽功能的推广，积极推动“智慧校园”建设。8月，与上海市山阳中学签订“智慧校园”合作协议。“翼校通”开通后，学生进出学校时，设在学校门口的考勤机将通过学生校徽的内置电子系统，自动记录学生的考勤信息，并以文字短信的形式发送到家长指定的手机上，实现进校、离校短信报平安。此外，“翼校通”还建立了互动网站平台提供学校通知、家庭作业、在校表现、考试成绩、课堂评语五个内容。教师可登录平台与家长交流学生学习情况，家长可通过平台随时了解孩子情况，学生也可通过平台查询成绩、下载课件和进行网上学习等。

【金山移动信息化展示厅纳入上海市智慧城市体验中心】 2013 年 10 月，金山移动信息化体验中心正式纳入上海市第二批智慧城市体验中心（第二批共 5 家，全市总计 14 家）。展示厅围绕“4G 体验”“智慧教育”“智慧生活”“智慧医疗”“企业管理”“城市管理”等主题，展示移动信息化解决方案在生活信息化、政府企业管理、城市公共管理等领域的应用。

【手机用户实名制登记工作】 自 2013 年 9 月 1 日起，中国联通上海市金山区分公司（以下简称金山联通）全渠道按照工信部要求，凡购买联通手机卡的用户必须提供真实的身份证件，经实名制登记系统存入系统留档。确保新入网用户 100%实名制，原有老用户逐步完成实名制补登记工作。

【金山联通校园业务实现新突破】 2013 年 3 月，金山联通完成中博学院通信接入工程，成为上海联通在金山区接入的首个校园市场，为学生提供更多通信选择及优质服务。同时与该校积极搭建就业实习平台，在岗位需求方面优先考虑金山本地学生群体。

三、经济领域信息化

【区供销合作社资产管理实现信息化】 为尽快建立财务、资产信息化建设，加快实施信息化管理战略目标，坚持管理创新，金山区供销合作社在历经一年半的艰辛探索和项目研发后，建成资产信息化管理平台，并在系统内上线操作。新建的资产信息化管理平台主要整合了四大模块功能：一是股权管理，主要包括企业库和行业协会等相关信息。二是资产管理，主要包括资产台账和资产业务。三是资产运营管理，主要包括客户管理、合同管理、账务管理、租入资产管理和资产运行分析等。四是综合管理，其中包括制度法规、组织架构、项目管理、区域规划和资产安全运行等。这四大模块功能的设立，有效提高资产组织管理水平和管控能力，为系统内提供更多、更便捷的资产服务信息。同时，也为区供销社对资产的集中监管提供强有力的支撑。

【中小企业上市管理平台（一期）推出】 2013 年 3 月，区经委委托上海双炎和鸣信息科技有限公司开发建设金山区中小企业上市管理平台。该项目旨在促进全区拟改制上市企业数据采集、挖掘和利用，并建立和企业在第一时间互动的完整体系。通过对上市进程有效管理，重点选择一批产业发展方向明、科技含量高、资产质量优、发展前景好和上市积极性高的企业，分类指导和培育，充实优化上市后备库，加快企业梯队建设，确保“十二五”期间 100 家企业进入上市后备企业培育库，30 家企业完成股份制改造，并在上海证监局备案，六到十家企业进入非上市股份公司股权转让系统挂牌，新增五到八家企业上市。2013 年 9 月 11 日，项目顺利完成了验收。该平台有效推动区企业上市工作，加快了企业对接资本市场融资步伐。通过平台加大对企业政策宣传、引导及有针对性的服务，调动了企业与资本市场对接的积极性。截至 2013 年年底，已有 80 家有上市意愿并通过审核的企业加入区上市后备企业培育库，4 家企业分别在上海股权托管交易中心和新三板挂牌，5 家企业登录上海股权托管交易中心 Q 板，拓宽了融资渠道，提升了企业知名度，使企业迈上了发展壮大的快车道。

【推广“爱旅游·金山”手机导游终端应用】 2013 年金山区旅游局加大“爱旅游·金山”手机应用终端的更新维护力度，对手机客户端进行了全面升级，完善了版块功能，添加了新增景点内容，更新了开机页面，调整了下载链接。改版后的“爱旅游·金山”运行更为流畅、内容更加准确、互动更为便捷。为提升“爱旅游·金山”手机客户端的知名度，区旅游局加大推广力度，借助“i-Shanghai”公共无线网络服务平台，在免费 WiFi 覆盖的公共场所植入了 100 块“爱旅游·金山”二维码标识牌，使“爱旅游·金山”真正为游客“智慧游金山”发挥应有力量。截至 2013 年年底，该软件已累计下载 42 万次。

【做好涉农补贴资金监管平台的维护管理】 涉农补贴资金监管平台建设是 2010 年市纪委“制度＋科技”的一项重点工作。按照市农委有关规定，在 2013 年第一季度，完成 2012 年各类数据的审核和录入工作。2013 年，共发布各类补贴信息 123 330 条，政策法规 30 条，涉及农户 95 043 户，合作社 947 户，涉及金额 30 903.9 万元。并于 4 月初完成在“农民一点通”上的信息公开公示。

四、城市建设管理领域信息化

【"金山区物业管理信息系统(二期)"成功验收通过】 为推进物业服务行业"规范管理、提高工作效率、提升服务水平",金山区房管局在2012年12月启动物业管理信息系统二期建设,重点拓展应用功能,建立面向区局物业管理部门、各基层住房所、物业服务企业、各住宅小区管理处、业主委员会管理的信息化管理系统。主要功能定位包括五大方面:一是移动应用。利用智能终端(手机、平板电脑等移动设备)实现各基层住房所管理人员巡检过程中的现场取证、GPS定位等。二是公共收益管理。加强对物业服务企业公共收益的透明化管理。三是建立物业服务企业诚信档案。根据实际情况设定评分标准和打分机制,系统可根据各物业企业运行情况进行公平打分,及时公布诚信档案,便于监督管理和企业自我约束。四是物业费缴纳管理。系统对小区每一户物业费进行登记管理,可显示物业费缴纳情况。五是共享GIS平台。主要在金山区GIS共享平台上进行物业管理的扩展应用,包括住宅小区标注、小区管理处标注、基层住房所标注、物业服务企业标注等。经过8个多月的调研、系统设计、编码、系统测试、用户培训、试运行,2014年1月,由区科信委、区住房保障房屋管理局、区财政局组成的验收小组,经过听取汇报、演示、质询和充分讨论后,对金山区物业管理信息系统二期项目进行了现场验收。

【社区实时图像监控建设】 针对现阶段金山区实时图像监控存在的"密度低、盲点多、贯连差"等问题,2013年,区公安局深入贯彻落实科学发展观,以实现"科技强警"战略和"智慧城市"建设为目标,开展了社区实时图像监控四期(第3批)项目,该项目是金山区政府重大实事工程项目之一,计划开展建设监控点位400余个。4月中旬,分局围绕市局监控系统建设有关技术标准和要求,并结合各街镇派出所实际情况,经反复调研、专家论证等方式,制定了本次项目的总体建设方案和技术方案,工程于12月顺利完成。项目完成后,金山区实时图像监控覆盖率达到每平方公里4.2个,进一步提升了分局打击破案、治安防范能力,为全区的社会治安稳定发挥了较大作用。

【建立危险化学品集中经营平台】 2013年12月31日,上海化工品交易市场(危险化学品集中交易专区)在金石湾功能区揭牌,作为上海市危险化学品集中经营平台试点项目之一,金山区依托化工产业集聚、配套条件完善等优势,率先开发危险化学品流向流动监控系统,力争实现"源头控制、过程管理、闭环运作"的监管模式。

【金山区环境保护局企业应用平台】 为更好地辅助环保部门进行有效管理和调控,提升环保管理工作水平,金山区环境保护局企业应用平台在2012年12月开始启动,于2013年11月在金山区环保部门及企业中推广使用。该平台(二期)在一期基础上,对功能进行完善扩展,共涉及两个部分,内网(办公网)部分和外网(互联网)部分。内网部分包括污染源普查、排污申报核定、监测检测、应急管理、核与辐射管理、统计分析等功能模块。互联网部分包括污染源信息填报、排污申报、委托检测申报、"三同时"验收申报、应急预案备案、核与辐射情况备案、行政处罚情况查看等功能。并共享一期数据库的资源,达到共同构建环境管理综合信息平台,实现环保工作事前分析、事中调控、事后评估的目的。

【区建交委建设紫石泾航道全线视频监控】 为加强金山区水上交通安全信息化监管水平,确保水上危化品通道航行安全,在市地方海事局的大力支持下,2013年在紫石泾金山区管辖的10.14公里航道上建设了10根立杆,安装了20台摄像机,视频信号接入金卫海事所并通过市政务网连接至区地方海事处和市地方海事局监控室。该项目实现了紫石泾全程视频监控,弥补了传统人力巡航不到位的缺陷。2013年10月试运行以来,基本达到了预期要求。

【金山区公路路网管理分中心建设】 为满足公路网日常监测、协调管理、信息服务、应急处置等需求,提高路网动态监测及运行管理水平,保障路网安全畅通运行,金山区公路管理署于2012年6月开始筹建金山区公路路网管理分中心,涵盖全区公路,重点覆盖213.596公里县道,包括县道沿线的桥梁、地道、立交等设施。通过对金山区公路网信息化发展的研究,拟定分阶段建设的规划,把区路网管理分中心建成"一个平台、五个业务管理系统"。("一个平台"即一个支撑公路路网分中心业务管理、对外互联和信息共享、业务系统接入和业务运管支撑的核心平台;"五个业务管理系统"即设施管理系统、养护管理系统、路政执法管理系统、应急处置管理和信息应用系统)2013 年 6 月完成一期项目建设,主要担负网格化巡查、信息整合、应急处置、车辆 GPS 监控及各类视频监控的职能,并于 8 月 1 日开始试运行,运行效果良好。二期项目在总结一期建设、运行经验的基础上进一步拓展公路数字化管理功能,增加养护管理、路政管理等系统,并加强与市路政局公路路网监测中心的资源共享。

【建立城管执法指挥中心】 根据执法大队"十二五"规划和上海市城管执法局的工作要求,于 2013 年 1 月建立金山区城管执法大队监控指挥中心,主要用于协调大队与各部门、中队的工作,提高执法效率,完善网格化管理,做到及时发现、及时处理、及时反馈,并整合市级、区级和兄弟单位间的工作业务系统进行统一接收和处置。中心由 1 个控制台、6 块 32 寸拼接屏和 3 台操作终端组成,由专门工作人员对大队所属各部门和中队的固定监控、执法车载监控、车辆 GPS 和队员进行管理和调控。

【固定办公场所安全监控系统】 基于城管工作的特点,在大队机关、各所属中队和岗区等办公场所,安装了 9 个固定安全监控系统。系统由监控探头和硬盘录像机组成,通过政务网络能把视频文件备份到大队机关的服务器上,并能通过大队指挥中心进行调看。安全监控系统的建立,为应对突发事件提供了视频证据。

【城管执法车辆车载视频监控系统】 城管执法车辆车载视频监控系统是为保护队员人身安全,并对案件进行必要的取证而设的。该系统由车顶摄像机、显示器、存储器和操控云台组成,通过调用视频监控网络信息,辅助工作人员对各种城市管理问题和突发事件派遣、处置、指挥。并且其自带的 GPS 监控系统还能实现车辆定位、车辆查询、车辆监控、车辆调度、车辆管理、信息服务、轨迹记录与回放等功能,支持多个和多级监控中心的配置和管理。现有 10 辆城管执法车安装了该系统。

【金山区污水处理集中监管系统】 金山区污水处理集中监管系统于 2013 年 11 月开始建设,2014 年 2 月开始试运行,旨在通过一个智能化、数字化、集中化的计算机辅助监管系统全面整合各污水处理厂、泵站运行、排水运行数据情况,实现对各污水处理厂污水处理、泵站运行有效集中监控,从源头控制污染,监控污水处理厂的达标排放,为水务应急指挥调度提供一个完善的监管及决策平台。力求从源头上缓解和扭转水环境恶化趋势,为建设生态文明、绿色低碳、环境美好的"三个金山"作出积极贡献。

五、信息产业发展

【电子信息制造业发展情况】 2013 年,随着日铭电脑配件(上海)有限公司等一批重点企业的落地投产,以及以和辉光电项目为龙头的上海市战略性新兴产业(新型显示)示范基地的授牌,金山区电子信息制造业开始呈现较快增长态势。全年全区电子信息制造业实现产值 63.86 亿元,同比增长 98.5%。金山区电子信息制造业主要集中在电气机械、器材制造、电子元件及组件制造等传统生产制造领域,龙头企业数量较少,年产值 10 亿元以上的企业 1 家,年产值亿元以上的企业 8 家。2013 年,在着力推进和辉光电项目的同时,金山区围绕发展重点、发展路线、产业布局等专题,深入推进相关规划编制工作。主动对接国家和市级战略,充分调动和发挥科研院所、行业协会的优势,积极搭建平台,组织召开新型显示产业链垂直整合研讨会、产业链合作交流会等,联合上下游关键厂商,探索产业链垂直整合的新途径,加快 AMOLED 产业联盟建设和产业链招商。和辉光电是由上海联和投资有限公司和上海金联投资发展有限公司共同投资的上海市战略性新兴产业重点项目,2012 年 10 月落户金山工业区,预计将于 2014 年第四季度完成投产。

【区软件和信息服务业保持稳定增长】 2013 年,金山区软件和信息服务业发展保持稳定增长,全年实现经营收入约 12 亿元,较 2012 年增长 14%。重点企业发展良好,上海众达信息有限公司前三季度营业收入已达 1.2 亿元,预计全年可实现营业收入 1.5 亿元。上海佳克计算机软件有限公司正式通过上海市股权交易中心审核,成为金山区第一家上市的软件企业。2013 年金山区全年新增认定软件企业 22 家,新增登记软件产品 61 个。截至 11 月,全区共有软件认定企业 41 家。

【成立首家专业电子商务产业园区】 上海杭州湾北岸电子产业园成立于 2013 年,隶属于上海新金山投资工业投资发展有限公司,是金山区首家电子商务产业园。园区坐落于金山工业区大道—夏宁路路口的联动 U 谷产业园内，拥有办公楼14栋，每栋3层，总建筑面积2万多平方米。另在朱泾地区配套有4万多平方米的仓储区域。园区规划建设有“三个基地，六个中心”九个功能区，包括办公基地、培训孵化基地、信息化服务基地、人才服务中心、仓储物流中心、第三方代运营中心、电商呼叫中心、园区注册中心、休闲娱乐中心。园区已注册企业20多家，并引入了外包服务商，形成了以电子商务为核心、各类外包服务如园区代运营管理、物流配送、呼叫中心、人才培训、注册中心等为一体的电子商务产业链。

【区电子商务产业发展势头迅猛】 金山区信息服务业企业主要以电子商务为主，以第三方公共电子商务平台为基础的电子商务联盟发展模式初步显现，金山工业区、金石湾等区域已形成电商集聚发展区。2013年前三季度实现营业收入超1 000万元企业已超10家，主要集中在服装、食品等行业领域。2013年“双十一”，上海诠渡堂服饰有限公司(男装)实现营业收入400万元，上海融氏企业有限公司(食用油)达到250万元，电商发展势头迅猛。嘉定区第三方电子商务平台凸显亮点，生产性服务业领域的电子商务平台发展迅猛，以新跃华物流管理有限公司的“物流汇”、上海众达信息产业公司“C物流”等较成熟的平台为基础，深化了物流行业企业经营和车辆管理等领域的电子商务应用。上海新跃物流企业管理有限公司是国内第一家通过建设、运营和管理“中小型物流企业公共服务与管理平台”的第四方物流企业。该企业“物流汇”平台已累计注册VIP物流企业会员超3 700家，活跃企业数已超过30 000家。上海众达信息产业公司搭建的“C物流”平台上运行的中石化运输车辆达到了8 000辆。

【新一代信息技术融合应用】 上海众达垠讯物联网科技有限公司专注于化工物联网的研发与应用，特别是大规模物联网产品的整合组网和微功耗节点的研发。已研制成功物联网协调器(网关)、物联网路由器、物联网气体探测器、物联网温度探测器等6类产品，并在石化液化气监测和温度监控等项目中成功实施了1 000多个节点的自组网。另外与石化企业签订了化工生产安全环保的一体化管控物联网项目，总金额预计4 000多万元，整合信息点将达到数十万个。

六、信息基础设施建设

【信息基础设施有序、集约化建设】 规划指导信息基础设施有序建设，结合各重点区域的总体规划和区域功能特点，编制重点区域信息基础设施专项规划。全区主干道路通信管道已基本实现全覆盖，次干道路及其他道路由运营商根据各自业务需求做了部分覆盖，新建道路也已实现道路与通信管道同步建设。重大建设项目中，上海移动金山光交基础网完成建设，进一步提升区内信息基础设施能级。2013年全区出口带宽由160 G翻一番，达到320 G；共审批通信管线建设申请28项，建设通信管线110条，总长度146.2沟公里；新建、同址(扩容升级)通信基站336个；新增WLAN热点78处。

【城市光网覆盖能力不断增强】 推进电信光纤到户工程，全区城市光网FTTH覆盖已超过10万户，小区覆盖超过200个。实现“百兆进户、千兆进楼”的网络覆盖能力，城镇地区已基本实现光网全覆盖，农村地区实现光网覆盖，新增3万用户。推进石化、朱泾地区实现下一代广播电视网络NGB(数字高清电视)升级改造，年内共计8万用户完成升级改造。

【推进城市光网和移动网络建设】 金山电信局新增光网覆盖用户40 174户。截至2013年年底，城市光网覆盖达195 190户，网格覆盖612个，其中FTTH覆盖159 371户，涉及550个网格，光网已全部覆盖城镇地区小区；政企用户FTTH/O光网覆盖达到7 310户。提升移动网络覆盖，年内完成寻址99个，建设开通9个站点，为4G业务发展打下了基础。加快WiFi有效覆盖和i-Shanghai专项建设。其中2013年新建48个场点，全年开通枫泾古镇、金山区图书馆、东林寺、滨海公园、公共卫生中心、第六人民医院金山分院、金山体育中心等9个场点i-Shanghai热点。截至2013年年底，金山区WiFi在网运营场点共计296个。

【金山移动加大投入推进“智慧金山”建设】 为加速金山区域内无线网络建设，上海移动共投资5 999万元，建设2G站点39个，3G站点201个，WLAN AP96个，为金山工业化、城市化提供通信保障，推进“智慧金山”建设。同时，金山移动网络基础工程被纳入2013年金山区重大工程，金山移动智慧城市项目列入2014年金山区实事项目。

【金山移动全面启动光交网建设并完成一阶段工程】 2013年4月22日，金山移动召开光交基础网项目启动会，正式全面启动属地光交网建设，为城市光网推进及智慧城市建设奠定基础。2013年完成金山光交网建设一阶段工程，覆盖面积共60平方公里，涉及8个综合业务接入区建设，新增光交箱148只，敷设光缆569.253皮长公里。

【金山联通为家庭用户提供100兆宽带】 金山联通针对家庭用户群体打造“100兆光宽带，上网极速快”的沃家庭品牌宣传，原带宽20兆的到期用户还可免费升级至100兆，真正做到“智慧生活尽在掌握”。

七、信息化环境建设

【制定金山区电子政务网核心故障应急演练方案】 为适应未来信息化发展需要，根据《上海市网络与信息安全事件专项应急预案》，提高政府应对突发公共安全事件中网络与信息安全事件的能力，保障基础信息网络和重要信息系统的运行安全，维护国家安全和社会稳定，促进经济社会全面、协调、可持续发展，结合金山区网络与信息安全管理工作实际，制定“上海金山”电子政务网应急演练方案。通过模拟“上海金山”电子政务网出现各种意外故障时的情形，提高各相关岗位人员的安全处置能力及应急反应能力，通过预防措施和恢复控制相结合的方式，使由意外事故（如自然灾害、事故、设备故障或故意行为）引起的破坏减少至可接受的水平。本方案包括演练科目、演练对象、时间安排、演练步骤、风险控制、限制损害事故的后果，并经过演练后加以执行，以确保在最短的时间期限内恢复业务处理、减少事件影响，降低系统的风险。

【“涉检信访网络舆情收集系统”运用】 面对当前社会矛盾主体多元化趋势加剧的新局势，金山区检察院立足检察职能，工作模式也顺应信息化发展，充分发挥信息技术在检察工作中不可替代的作用，切实体现信息技术在规范执法行为、促进执法公正、强化法律监督职能、提升检察工作管理水平等方面的成效。涉检信访网络舆情收集系统能够及时迅速掌握网络上各类涉检舆情动态。该系统以系统管理、网络舆情、内容管理、门户网站为主要模块，通过互联网，将各类涉检舆情第一时间收集到系统后台，由工作人员将有效涉检舆情发送到区检察院网络监控平台，便于及时掌握各类信访信息动态，了解群众诉求。该系统每日定时采集网站最新内容，每半小时采集一次热点微博内容。区检察院相关工作人员、主要领导以及其他授权人员通过检察系统内部网站和外部网站均可及时获取群众的热点网络舆情。涉检信访网络舆情收集系统自2013年5月开始试运行，期间做了少量系统调优和需求变更工作以使该系统更加符合实际使用情况。如今运行稳定，数据更新及时，客户端程序部署安装快捷简单，满足当初的设计要求，可全面掌握重大的涉检舆情以及其他涉及金山区的网络舆情。

【“金山区法律服务平台”子网站】 为方便广大市民全面了解金山区法律服务有关情况，及时、快捷地寻找到权威、有针对性的法律服务信息。2013年5月8日，“金山区法律服务平台”网站正式开通运行。该网站作为金山区司法局的子网站，整合了区法律援助、律师服务、公证服务等资源，开设了法律援助、公证工作、律师工作、律师诚信系统、网上办事、法律法规等多个栏目，将有关法律援助、公证服务、律师服务相关信息统一提供给广大市民，为市民提供一站式、一体化、一揽子法律服务。网站具有三个特色：一是及时报道金山区法律服务要闻、工作动态。二是专门开设了律师风采栏目，方便民众了解、选择聘请律师并进行监督。三是平台提供了较多政法部门和行业权威网站链接，满足广大市民和法律服务行业专业人士的需要。

八、社会诚信体系建设

【调整完善区社会信用体系建设联席会议领导小组组织架构】 2013年11月，按照市里统一要求调整和完善了区社会信用体系建设联席会议领导小组组织架构，进一步整合各方资源，提升各部门联动协作的效率，联席会议成员单位由36家增加至58家。

【举办2013年诚信宣传月活动】 2013年10月18日，金山区诚信体系建设联席会议在百联广场举办以“诚信与百姓生活”为主题的诚信月现场咨询活动。联席会议的27个成员单位围绕政务诚信、商务诚信和社会诚信，以现场设摊咨询、发放宣传资料和宣传品等形式，宣传和引导市民进一步增强诚信观念和规则意识，推进本区社会信用体系建设。活动引来广大市民的热情参与，现场共发放宣传资料1 200多份，环保袋800只，笔袋500只。此次诚信宣传月活动，金山区积极响应上海市“诚信活动月”主题“筑牢信用基石，共建诚信上海”，通过现场设摊咨询、展示诚信漫画、拉横幅、贴海报、播放诚信公益片等形式，大力宣传“公正、包容、责任、诚信”的价值取向，推动广大市民群众、企事业单位、各级政府部门以及其他各类社会团体共同建设“诚信金山”。

【实施危险化学品行业企业安全生产“黑名单”】 2013年5月，区政府印发《金山区危险化学品行业企业安全生产“黑名单”管理办法（试行）》，明确金山区域内从事危险化学品生产、经营、储存、使用、运输和废弃物处置的企业或者其他单位如出现8种违法情形就将被列入“黑名单”。年内，共有两批10家“黑名单”企业向社会公布，接受社会监督，抄告给21个行业和部门，并实施重点监管。并对在一年内已受到过一次行政处罚的104家单位发出“警示单”，对17家单位实施警示约见谈话措施。

【开发推广汽车维修行业管理软件】 为进一步提升金山区汽车维修企业诚信化经营和现代化管理水平，区运管署于2012年开发完成金山区汽车维修行业管理软件，该软件涵盖了车辆进厂登记、车间派工、竣工处理、维修工时价格上报等一系列标准业务流程。截至2013年年底，该软件已在全区120户一、二类汽修企业安装使用。该软件的安装使用不仅提高了企业维修效率，而且在维修质量、维修价格等方面也更加透明规范，受到了广大汽修企业的一致好评。区运管署通过电话跟踪软件使用情况，根据企业的实际需求，经常性开展软件上门指导，已组织了四期软件应用集中培训，力争将这一集营销、生产、管理于一体的软件效用发挥到最大化。

【完成信息管理平台建设并投入使用】 为进一步推进金山区食品安全信用体系建设，食药监金山分局积极开展金山区食品药品监管和检验信息管理平台开发工作。2013年6月，该平台完成验收并投入使用。通过不断使用完善，在区农委、区质监、区工商、区食药监、区出入境、区卫生、区城管等相关监管部门及街镇（金山工业区）食安办间实现了区域条块的监管信息共享，交流工作信息614条。建立了重点生产经营企业基础档案数据库和食品安全电子信用档案，将企业的监督抽检不合格信息、行政处罚信息及投诉举报情况记入档案。已实现对食品生产、流通、餐饮环节14 444家企业的“一户一档”管理，将25家失信企业纳入“黑名单”管理。金山食品药品检验所依托平台探索实验室检验流程信息化管理，提升检验管理水平。

【推进统计信用管理平台建设】 2013年是统计信用体系建设的基础建设阶段。区统计局领导高度重视并亲自研究部署，成立了由法规科、社会科、经济科等部门负责人组成的工作领导小组。领导小组下设办公室，指定法规科负责组织协调工作。制订了《2013年度金山区统计局统计信用体系建设工作计划》，明确了工作的主要目标任务和时间安排。按照工作计划，部门间分工协作、共同推进，将统计信用体系建设工作与统计监测、统计执法和统计法制宣传教育工作有机结合起来进行，以此促进整个统计信用体系工作的开展。区统计局还根据市统计局的工作要求，同步推进对统计调查单位和统计从业人员的信用记录和管理。围绕“加强宣传、建立制度、构建机制、建库联网、先行先试”的工作格局，建立本区“统计信用信息管理库”，将统计调查单位失信信息纳入全市公共信用信息服务平台法人库。并制定《统计调查单位信用等级评定办法》及相关标准，跟踪记录统计调查单位的良好行为信息、不良行为信息和失信行为信息，通过评估确定统计调查单位统计信用为A、B、C三个等级，并进行动态调整。

（李　俊）

第十五章 奉贤区信息化建设

概 述

2013年,奉贤区信息化工作围绕智慧城市建设有序推进。完善电子政务平台;“上海奉贤”门户网站在市政府2012年度网站测评中获“优秀”称号;软件和服务业稳中有升,总体态势良好。

一、政务领域信息化

【“上海奉贤”门户网站建设】 2013年,“上海奉贤”门户网站累计发布信息65 000多条,其中,全年新增6 500多条,信息公开信息新增1 800多条,包含了“三公经费”等财政预决算信息;各类网上来信累计近29 000件。其中,全年新增2 258件;日均首页访问量近5 000人次,日均页面浏览量20多万。

完成区长网上办公系统优化改版,丰富了活动的展示内容和形式,增强了系统管理功能,优化了活动流程,实现了电子督办。3月10日正式启用新版系统。

实现上海奉贤便民智能服务平台与门户网站相关栏目信息的自动同步更新;区长网上办公累计开展了97期。其中,2013年开展12期,4期活动穿插了网民与区长的互动,系统运行稳定正常。自2005年11月开展区长网上办公活动以来,累计收到各类问题5 307个,现场答复4 660个,活动期间参与人数累计20 774人次。其中,2013年累计收到各类问题976个,现场答复722个,活动期间参与人数累计7 674人次,比往年大幅提高。

完成了奉贤区创建全国文明城区专栏、区人大代表建议网上评议专栏、区政协提案网上评议专栏、“市民问政”专栏、“贤城说事”视频专栏、奉贤区首届十大“环卫之星”网上评选、2012年区政府实事项目实施情况网上评议、2012年度奉贤区政府实事项目综合评议网上调查、奉贤区政协2013年度专项民主评议网上调查问卷、奉贤区创建全国文明城区卡通形象标识网上评选、奉贤区优秀检察官网上评选、十佳“有政治身份的企业经营者重视工会工作‘五带头’先进个人”网上评选、两法两规网络知识竞赛、诚信宣传专栏、2013年“感动奉贤”候选人物网上评选等共15个专题专栏。

“上海奉贤”门户网站在上海市政府2012年度网站测评中获优,位列区县政府网站第四。这是奉贤区在市政府网站测评中首获优秀,也是此次网站测评中唯一的郊区县单位。“上海奉贤”门户网站在由中国信息化研究与促进网主办的评测中获“2012年度中国外文版政府网站领先奖”“2013年度快速发展型政务网站”“2013年度‘中国政务网站领先奖’”。“上海奉贤”门户网站在国家信息中心网络政府研究中心发布的《中国政府网站互联网影响力评估报告(2013)》中综合排名列上海市区县第4名,多个单项名列前茅。

【智慧城市有序推进】 2013年,奉贤区南桥智慧新城建设被市经信委确定为上海市两个试点区之一。南桥镇江海五居、正阳二居、银河丽湾三个社区被市经信委确定为上海市第二批智慧社区试点单位。

【开展政府系统网站测评工作】 2013年11月,奉贤区政府颁布《关于开展2013年政府系统优秀网站评选的通知》,要求以评促建、以评促管、以评促改,进一步提升本区政府网站整体水平。按照文件要求,测评主要从信息公开、在线服务、公众参与和用户体验四个方面建立奉贤区政府网站系统测评标准体系,开展测评工作,探索新的测评形式。本次测评分为四个阶段,分别是自查、专家现场测评、公众评议及第三方评估。2013年,全区共有48家政府系统及相关单位网站参评,经单位自评、专家现场测评、第三方测评和公众网上测评,奉贤区南桥镇人民政府网站等15家网站被评为优秀网站。

【政府网上办事大厅】 2013年,完成奉贤区行政许可服务与监管平台二期、奉贤网上办事大厅网站开发建设，5月正式投入使用。29家部门、224项行政许可事项服务可以通过网站进行申报查询。全年网上受理61 461件，累计办结59 506件。

二、社会领域信息化

【社保卡申领及补缺】 2013年，做好奉贤全区参加新型农村合作医疗保险人员社会保障卡申领工作，完成广覆盖信息采集3 432人，发放社会保障卡3 332张，补(换)社会保障卡11 834张，比上年下降5%。全年受理市民信箱14人次，累计受理14 994人次。

三、信息产业发展

【信息产业稳中有升】 2013年奉贤区软件和服务业稳中有升，各软件和信息服务企业产生利润总额4 111.4万，比上年下降34%。营业收入69 332万元，比上年增长27.8%，从业人数为1 937人，比上年下降6%，研究与发展经费支出9 840万元，比上年增长20%。2013年有90家注册地为奉贤的软件和信息服务业企业登录市软件和信息服务业统计系统，其中认定软件企业30家，非认定企业60家。全区有规模以上电子信息制造企业14家，完成产值42.9亿元。

四、信息基础设施建设

【信息公共服务】 2013年，完成奉贤区南桥镇解放路、人民路及南中路商业街(人民路商圈)公共场所无线局域网络覆盖工程，并正式运行。开展“世界无线电日”宣传工作。加强无线电科普知识的宣传，制作宣传版面40块，在全区进行无线电科普巡展，发放无线电科普折页5 000册。加强区企业信用信息平台建设，新导入组织机构代码信息99 384条、市场监管信息6 799条。

(蔡　澄)

第十六章　青浦区信息化建设

概　述

2013年是“十二五”规划承上启下之年。青浦区科信委在区委、区政府的领导下，在市经信委的关心指导和各相关部门的大力支持下，按照《青浦区信息化工作“十二五”规划》所确定的工作目标，坚持贯彻落实科学发展观，积极推进信息产业发展，不断深化政府信息公开，有序推进政府信息化实事工程，优化信息化环境，用信息化手段为促进青浦经济社会全面协调发展提供了有力支撑。

一、政务领域信息化

【建成并试运行青浦区政府信息公开系统】 2013年，青浦区政府信息公开系统开发完成并试运行，2014年初正式上线。系统建立基于区政务网的政府信息公开标准与规范，建立统一的政府公开文件数据共享库，并按照一致、规范的形式对公众公开；建立全区依申请公开案件的实时上报汇总机制，实现从各部门收到申请到答复的电子化流程管理；建立电子化的全区信息公开统计考核功能，优化全区政府信息公开体系的完整性、规范性和实用性。

【进一步深化主动公开】 全区主动公开政府信息4 677条，依申请公开信息目录541条，提供服务类信息1 827条，现场接待4 328人次、电话咨询4 225人次，全文电子化率达100%。重点推动行政审批、财政、保障性住房、食品药品安全、环境保护、安全生产、价格和收费、征地拆迁等重点领域的信息公开。公开了青浦区2012年度预算执行情况明细以及2013年度预算草案明细。共有49家政府部门向社会公开本部门2013年财务收支预算和财政支出预算。

【加大公共服务类信息公开力度】 “上海青浦”政府网站“信息公开专栏”重点发布了与市民生产生活密切相关公共服务领域的信息公开，包括：公开经适房、廉租房等各类房地信息公示公告39条；食品药品安全方面公开通报食品抽检情况12批，餐饮服务许可证发证统计12批，医疗器械经营企业行政许可统计12批，药品零售企业行政许可统计12批，食品监督抽检不合格单位168家；环境保护方面公开环保违法企业名单12批，环评审批公告12期，征收企业排污费公告12期，环保局月度执法情况12期，青浦城区及各镇降尘和水质情况公布12期，青浦区每日环境质量报告，青浦淀山湖、太浦河水质状况报告12期；医疗卫生公开医政、医疗管理，疾病预防、卫生监督信息54条，公开医师资格变更及注册名单7批，护士资格变更名单7批，医疗机构设置、执业登记、校验、注销审批公示1期，青浦区建设项目预防性审核名单7批，青浦区公共场所卫生许可证发放名单7批；公开规划公示103条、征地公告128条、征地补偿安置方案122条；各类企业招聘信息、职业培训信息1 705条；学区划分、招生公告等教育服务信息51条。

【构建电子政务“云安全”防护体系】 对电子政务“云安全”进行性能升级和覆盖范围的扩展。系统服务能力提高一倍，覆盖范围从政务外网扩展到互联网，为实现“云安全”在电子政务领域的全面推进构建了良好条件。将电子政务“云安全”系统建设纳入建设规划，从云网络态势展示、“云安全”监测响应、AAA(认证、授权、审计)、云应用安全、云设备安全和云数据安全六个部分增加安全防护措施，逐步构建电子政务“云安全”防护体系。项目获得了上海市信息化发展专项资金的资助。

【发挥政务微博“政”能量】 2012年3月7日，青浦区政府新闻办官方微博“绿色青浦”在新浪网、腾讯网、东方网和新民网同时开通。截至2013年12月，“绿色青浦”粉丝总量为140 882人次，发布微博29 151条次，收获评论和转发共计120 167条次。其中，新浪微博平台拥有粉丝 79 357 人次，发布微博 9 032 条，网民转发 90 880 条次，评论 11 748 条次。

【拓展“上海青浦”政府网站服务功能】 “上海青浦”政府网站“书记信箱”“区长信箱”“网上信访”“网上投诉”等政民互动渠道持续畅通。2013 年，门户网站书记、区长信箱共收到来信 560 封，办结答复 560 封，办结答复率 100%；委办局、街镇领导信箱共收到来信1 380 封，办结答复 1 330 封，办结答复率 96.87%；网上信访类栏目共收到电子来信 631 封，办结523 封，办结率为 82.88%；网上投诉类栏目共收到电子来信 16 封，办结 11 封，办结率为 68.75%。同时，进一步加强信件处理网上公开力度，及时选登部分来信，公开典型案例（含处理结果）与领导信箱信件办理情况月度统计数据。

二、社会领域信息化

【社保卡工作】 青浦区社保卡、居住证工作紧紧围绕“全面提高服务质量，改进工作作风，提升管理服务水平”的工作主线，社保卡、居住证办理工作有序开展。全年共制发各类社保卡 9 084 张，其中儿童卡 12 张，社保卡蓝卡 4 294 张、红卡 35 张，敬老卡 4 743 张；补换社保卡 14 587 张；制发居住证 127 018 张，其中正式居住证 6 550 张，临时居住证 120 468 张。

【启动基于居民健康档案的卫生信息工程（二期）】 青浦区投入 1 600 万元建设基于居民健康档案的卫生信息工程（二期），在一期完成区内数据整合和上报市级平台的基础上，二期工程的重点是居民健康档案和诊疗数据的区内应用，进一步提高居民享受医疗服务的便利程度。完成医疗救助“一站式”结算系统，为民政医疗救助对象提供全面的费用结算服务，无论是居保、镇保还是新农合用户，都能够实现实时的医疗救助服务。

三、经济领域信息化

【推进“两化”深度融合】 开展信息化与工业化融合发展水平指数抽样调查。为全面及时地把握本市重点领域信息化与工业化融合现状和发展趋势，了解企业在信息技术手段应用方面的整体情况，在全区范围内，针对各行业企业开展 2012 年“两化融合”抽样调查。将调查汇总的数据进行分析整理，形成“两化融合”发展水平指数，为“两化融合”政策制定和工作推进提供参考。

【电子商务促进中小企业发展】 积极向区内中小企业宣传政策。通过政府门户网站发布有关信息；同时，通过科技政策宣讲会等渠道进行宣传。截至 2013 年 8 月，共有 187 家青浦籍企业获得资助，获得补贴 68.53 万元。

四、城市建设管理领域信息化

【城市图像监控系统有序推进】 为统筹建设和管理全区的图像监控系统，区科信委牵头建设青浦区城市图像监控系统，用户覆盖区公安分局、区水务局、区交运局、区建交委、区绿化市容局等多个城市管理部门。在系统建设中全面引入第三方咨询服务。2013 年完成了《图像监控系统建设可行性研究报告》编制，确定 5 098 个具体建设点位。

五、信息产业发展

【发展软件和信息服务业】 2013 年，全区软件和信息服务业实现销售额 150.5 亿元，同比增长 10%，实现税收

6.38亿元。新增软件认定企业21家,全区共有软件认定企业73家。

【推进产业基地建设】 充分发挥“上海淀山湖信息谷”各基地的招商优势,大力引进行业领先企业、新业态新模式企业以及总部企业,有效提升招商引资的规模和水平。多次带领大连软件园等知名企业去“一谷四基地”察看、交流,帮助四个基地引进优质企业,积极做好项目的储备、物色、遴选、推荐,跟踪一批重点项目,推进优质项目落户青浦或与区内企业合作。

【加强对重点项目的跟踪服务】 积极参与协调中国北斗导航位置服务技术创新西虹桥基地建设推进工作。中国北斗产业技术创新西虹桥基地在2013年6月21日揭牌,基地被正式纳入上海市北斗卫星导航产业发展的重点区域之一,开展长三角卫星导航应用示范工程大众位置服务应用项目。

六、信息基础设施建设

【建设“智慧城市”】 截至2013年年底,全区固定电话新增0.1万户,总数达27.6万户;移动手机用户新增1万户,总数达120.9万户;宽带接入用户新增0.1万户,总数达17.6万户;城市光网覆盖新增用户3.8万户,总数达26万户;新建公用移动通信基站128个;无线局域网WLAN新增125个热点、801个AP。

【协调通信设施集约化建设】 配合轨交17号线的动工,积极协调通信运营商做好盈港路二期(汇金路—漕盈路)通信基础设施的搬迁和新建工作。配合西虹桥国家会展中心项目,协调通信运营商做好周边拓宽改造道路的信息基础设施调查任务,组织通信运营商开展存量资源的调查、搬迁需求的科研分析,组织管道搬迁建设和光电缆割接等工作。与淀山湖新城公司和房产开发商沟通,落实通信局房的建设标准和要求,明确要求在用户入住之前完成全部建设任务,保障新入住用户的通信权益。

【推进无线电管理试点工作】 根据市无管局的要求,对2013年无线电管理试点工作做了计划部署。试点内容明确为:深入开展无线电专题宣传,提高无线电知晓度;组织“社区居民无线电科普”主题教育活动;做好区域内基站设置协同管理工作,推进集约化建设工作;加强重要业务台站设置的管理和保护工作;加强青浦移动通信应急机动分队建设与管理,配合做好干扰排查和信号监测等;积极开展青少年业余无线电知识普及培训。2013年内共发放宣传册、宣传品5万余份,张贴宣传画报200多张,展板巡展30多次,参与人数3万余人,在电视、报纸和网站上对世界无线电日进行宣传。

七、信息化环境建设

【保障信息和网络安全】 在多年运维经验的基础上,紧密结合实际现状,充分考虑各种可能发生的突发事件,补充并优化相应处理措施,持续改进《青浦区政务外网系统应急预案》及《青浦区政府网站系统应急预案》,进一步明确全区各部门突发事件应对职责,规范应对流程,建立健全应急机制,积极构建多重防护结构,逐步完善区电子政务网络与信息安全防御体系,通过预防措施和恢复控制相结合的方式,使网络平台或应用系统在突发事件发生后能够更快恢复服务,更好保持可用性,减少对外不利影响。

【举办信息安全活动周】 组建了2013年青浦区信息安全活动周筹备组,制定了以“我身边的信息安全”为主题的2013年青浦区信息安全活动周计划方案,并于11月上旬组织举办活动。通过举办信息安全专题培训、信息安全技能竞赛、市民信息安全宣传和信息安全应急演练,积极增强全民信息安全防范意识,有效提高全区信息安全技术水平。

八、社会诚信体系建设

【建立区内信用体系建设基础制度】 根据《关于进一步加强上海市社会信用体系建设的意见》及《上海市社会信用体系建设2013—2015年行动计划》要求，区政府印发了《青浦区社会信用体系建设2013—2015年行动计划》，明确以政府诚信建设为先导，以中小企业诚信建设为重点，以守信受益、失信惩戒、诚信自律为导向，以信用信息记录、共享、披露、应用为主线，以信用制度建设为核心，以信用管理为支撑，确定了11大重点领域，具体分解为36项任务，落实了牵头单位。此外，根据《上海市企业失信信息查询与使用办法》，结合区内行业部门各自特点，探索编制《青浦区企业失信信息查询与使用办法》。

【加大政府部门掌握信用信息公开力度】 按照"谁主管、谁收集、谁公开、谁负责"的原则，推进工程建设领域项目信息公开专栏建设。截至2013年年底，青浦区工程建设领域项目信息公开专栏共发布信息3 208条。加大政府部门掌握的信用信息公开力度，重点推动环境保护、公共卫生、安全生产、食品药品等涉及重大公共利益的信用信息公开。区社保中心开展诚信机制应用试点，公开社保欠费违法单位名单3批。

【继续推动政府带头使用信用产品】 鼓励和支持各部门在市场监管和公共服务等领域，示范使用信用信息、信用产品。明确区建交委建筑市场资质管理为区级试点事项。发挥政府主导作用，以应用带动区域信用制度的建立和完善。继续在政府采购、企业融资担保等方面使用信用产品，其中企业融资担保方面共有71家中小企业使用了资信等级报告，提供贷款担保资金40 050万元。信用报告的有效使用对防范和控制担保风险起到了积极的作用，全年未发生逾期、欠息、代偿情况。

【中小企业信用信息共享服务平台】 建设完成青浦区中小企业信用信息共享服务平台，已归集区环保局、区卫生局、区食药监局、区税务局、区科信委等部门有关企业基础信息、信用信息、经营信息及诚信补充信息等数据15万条，进一步完善了区内中小企业评价体系和信息披露机制，畅通政府部门间的企业信用信息交换，为实现区内企业信用信息共享提供了技术保证。

【举办青浦区2013年诚信宣传周活动】 2013年9月23日—10月23日，举办"筑牢信用基石，共建诚信青浦"2013年青浦区诚信活动月。全区共组织开展了38项重点活动。通过主题实践活动、诚信校园行活动和进行居民诚信公开倡议、集中宣传等，推动广大市民群众、企事业单位、各级政府部门以及其他各类社会主体共同建设"诚信青浦"，形成褒扬和践行诚信的价值观。

（全维雯）

第十七章 崇明县信息化建设

概 述

2013年,崇明县在市经信委的关心指导和各相关部门的大力支持下,围绕加快建设现代化生态岛的总目标,认真落实《崇明县"十二五"时期国民经济和社会信息化发展规划》所确定的工作目标,扎实推进电子政务、信息基础设施、智慧社区、无线电管理、信息安全保障等工作,充分发挥信息化在加快推进生态岛建设中的助力作用,全县信息基础设施得到加强,发展环境继续优化,综合应用不断深入。崇明县无线电管理办公室被上海市无线电管理授予"优秀集体"荣誉称号。

一、政务领域信息化

【新媒体平台建设成效凸显】 2013年,县政府新闻办官方微博"上海崇明"在东方网、新浪、腾讯三个微博平台运维良好,新增粉丝20 000余人,发布信息10 000余条,网友转发近100 000条,评论20 000余条。"上海崇明"官方微博被腾讯网评选为"2013年度政务微博新秀"。"上海崇明"公共微信在9月上线后,共推送42期126条信息,订阅用户达2 000余人,图文页阅读总量达10万人次。新媒体平台在宣传工作中的作用逐步显现。一是官方微博传播崇明本土特色。崇明县建立由18个委办局组成的政务微博协作联盟和18个乡镇联动的工作机制,用丰富的信息服务网友,传递政府声音。"上海崇明"官方微博贴近民生,注重传播崇明本土特色,开设"吃在崇明""玩在崇明""崇明文化""我爱崇明话"等栏目,推介崇明生态旅游、美食文化,成为岛内外网友了解崇明的重要窗口。2013年,"上海发布"共录用"上海崇明"信息近70条。"上海崇明"还架起了政府与群众沟通联系的桥梁,年内共处理岛内外网友通过微博平台发布的各类诉求40余起。二是公共微信凸显崇明资源优势。随着微信的崛起,崇明县于2013年9月中旬开通"上海崇明"公共微信平台,及时占领网络舆论新阵地,推出"岛·事""岛·居""岛·游""岛·味""岛·文""岛·梦"等六大主题板块,涵盖崇明政治、经济、文化、历史、旅游、美食、人物等各领域。"橘黄蟹肥"农产品系列宣传、悦城崇明旅游宣传等深受订阅用户好评,10月14日推送的"岛·游秋天,到崇明骑单车"消息送达人数626人,吸引了22 257人阅读。

【政府网站功能不断拓展和完善】 政府网站始终坚持"建设人民满意的服务型政府"这一核心理念,注重各类信息公开。2013年,"上海崇明"门户网站新闻中心版块发布信息2 345条,同比增加8.8%;信息公开版块发布信息828条;公共服务版块新增信息2 292条,其中便民服务信息2 219条,网上互动信息73条;外文版发布动态信息143条。上报"中国上海"门户网政务动态4 677条,采用4 514条,采用率96%,同比增长31%;上报便民信息241条,并做好网上领导信箱的信件统计和33个典型案例的上报工作。网站开设多个主题专栏。其中,1月开设两会专题,发布信息117条;5月制作"环崇明岛国际公路自行车赛"专题,发布信息193条;6月制作"端午季"专题,发布信息74条;8月制作"崇明河蟹品牌名称评选活动"专题;10月开设"崇明森林旅游节暨文化艺术节"专题,发布信息94条;11月推出"中国梦·生态梦"专题,发布信息157条。"上海崇明"门户网站信息公开版块增加了"民生保障"栏目,分设"教育卫生""社会保障""三农服务"三个子栏目,充分贴近网民关注热点。调整了便民服务栏目设置,使其更直观更合理。其中"便民提示"栏目分设了"政策新规""文化导航""价格服务""交通出行""卫生保健""生活提示""休闲旅游""求职培训"等10个子栏目,更利于公众查找所需信息。新闻中心版块增设了"微讯"和"今日崇明"等栏目。"微讯"栏目自8月下旬正式上线以来共发布信息87条。此外,加强政府网站考核。根据《崇明县乡镇、委局网站建设工作考核暂行办法》,组织对18个乡镇网站建设工作进行考核,重点对政府网站的建设、运维和管理等3个方面进行考核。通过考核,有力地推进了政府网站规范化建设和管理,使政府网站服务功能显著提升。

【电子政务协同办公平台应用有力推进】 根据崇明县“十二五”信息化发展规划要求,明确《崇明县电子政务协同办公平台建设方案》。按照方案所确定的“先试点、后推广”的原则,分别举办了政府系统协同平台技术管理员和电子公文交换管理员培训,扎实推进协同办公平台在县有关部门和乡镇的试点应用。在此基础上,完成了协同办公平台二期项目服务器、负载均衡、反垃圾邮件网关、安全网关等硬件建设和软件开发,电子公文CA认证系统实现联调和试运行。逐步建立部门间信息共享机制,实现协同办公,发挥电子政务综合效益。截至2013年年底,共有县委办、县人大办、县府办、县政协办以及有关委局和18个乡镇共75个单位使用该平台并取得成效,共4 564人进行了通讯录注册,各功能模块总访问量92 221人次,即时通讯每天在线人数约500人,流转公文、公告、简报等3 217件,发送邮件16 575封,发送工作短信104 118条。

【信息化项目申报管理工作进一步加强】 根据《上海市市级项目支出预算管理暂行办法(试行)》《崇明县信息化项目建设和管理实施办法》《关于做好本县信息化项目支出预算有关工作的通知》等要求,进一步完善《崇明县信息化项目申报预审工作程序》和第三方专家评审机制,严把技术关、共享关、资金预审关,促进信息资源整合,提升项目投资效益。重点关注生态环境、生态农业、医疗卫生、科技教育等领域的信息化建设,积极跟进崇明县重点信息化项目的建设情况。进一步规范县委重点信息化建设、验收工作,确保项目达到预期建设目标,使信息系统正式投入使用后高效稳定运行。对2013年度内实施的五个信息化项目进行预审,建议建设资金控制在2 651万元以内,比原计划压缩资金2 794.7万元;对2014年新增的45个信息化项目进行专家集中评审,建议实施20个项目,建设资金控制在1 925万元以内,比原计划压缩资金5 892万元。开展2012年度软件和集成电路设计人员专项奖励的预审工作,指导上海华东电脑系统工程有限公司申请软件和集成电路项目。

二、社会领域信息化

【城建档案室着重开展历史档案信息化工作】 2013年,崇明县城建档案室在完成当年接收入库档案信息化工作的同时,加强人力、物力、财力的投入,新增工程扫描仪等设备,着重开展历史档案的信息化工作。按照倒推年份的方式,分类分批分量对历史档案进行信息化工作,现已完成了部分建设工程竣工档案(1987—1999年度共12年889卷)的历史档案信息化工作,确保了这批已信息化的档案可为全岛的建设和发展贡献价值。历史档案信息化工作现已成为崇明县城建档案室工作的重点,将尽早完成馆藏历史档案信息化工作,使得珍贵的历史档案能长远保存。

【崇明统计信息网改版正式上线】 2013年,为深入推进崇明统计信息化建设,实现统计数据资源的合理利用和共享,加快推动崇明统计事业的发展,更好地为全县经济建设和社会发展服务,崇明县统计局、国家统计局崇明调查队对统计信息网进行了全面改版并于2013年4月10日正式上线。本次改版新增了专题调查、工作提示、在线调查等更具统计特色的栏目;为能更好地服务大众,从统计服务中独立出网上办事栏目;同时还新增了统计学会、统计风采栏目。崇明统计信息网为统计系统内部信息共享带来很大的便利,大大提高了工作效率,同时也为各级领导和社会各界了解全县统计信息提供了良好平台。

【新华医院崇明分院数据中心搬迁】 2013年,投入400多万元的新华医院崇明分院数据中心整体搬迁顺利完成,为该院信息化建设打下扎实基础。机房内的主机设备支撑了全院60多个业务的信息系统。信息技术已全面融入该院各个工作环节,此次搬迁使医院各应用系统安全性得到明显提升。

【各类卡证采集发放工作有序完成】 全县社会保障卡(居住证)受理网点发展到20个,已有3个社会保障卡补换受理网点。全年共申领社会保障卡32 353张,发放社会保障卡50 136张,共补、换社会保障卡7 563张。申领居住证621张,发放665张。申领临时居住证105 430人次(其中包括续签、换卡等),更换有效期满的社会保障卡1 562张。为方便长兴地区和下沙片地区的市民就近办理业务，在原来设立于新城行政服务中心的县社保卡补换卡业务基础上，新增设了长兴镇和堡镇两个镇社保卡受理网点。

【旅游服务信息助力旅游发展】 2013年，崇明县旅游局大力挖掘旅游景区视频监控系统、LED电子显示屏等已建成项目服务游客的潜力，进一步拓展上述项目的布点范围；初步完成崇明旅游信息数据库建设；在崇明乡镇社区信息苑、星级宾馆和部分优质农家乐设立崇明旅游信息触摸屏，着力构建方便快捷、信息齐备、服务优良的旅游信息化系统。

【三维房产综合信息系统整合房产信息资源】 崇明县住房保障和房屋管理局以信息化建设为抓手，进一步提高管理能力和服务水平，确保群众居住安定有序，积极打造三维房产综合信息系统。该信息系统已完成招标工作，并和中标公司签订了服务合同。其中，共有产权保障住房模块已交保障中心使用，可查询申请户信息和房源信息，并可根据需求统计申请人批次和房源批次；市场权籍模块已交住房保障科使用，可对预售许可证和房地产开发企业进行管理；动迁安置房模块已交住宅中心测试使用，可掌握各动迁基地的工作进度、裁决用房等情况；为收集一手房信息，开发了开发企业网签数据上报系统，由开发企业每天填报数据，可及时掌握一手房的成交情况、购房对象、房源供应等信息。

三、经济领域信息化

【上海智慧岛数据产业园建设稳步推进】 在工信部和市委、市政府领导的支持和关心下，作为上海"十二五"信息服务业规划发展和智慧城市建设的核心载体之一，上海智慧岛数据产业园正式开园以来，重点发展以数据产业为核心的软件和信息服务业。园区的招商政策、扶持政策、数据产业孵化器建设等基本确定，园区的土地收储以及道路桥梁、电力、通信、水系、绿化、管线等公共基础设施建设逐步开展，相关配套工程正在跟进，园区的各项建设工作稳步推进。智慧岛数据产业园已新增注册企业32家，经济效益正在逐步产生。

四、城市建设管理领域信息化

【城桥镇全面推行电子巡更信息化管控】 2013年，城桥镇以县网格数字化信息平台为技术支撑，将城区划分为24个网格，安装600多个电子巡更系统，确保检查网络全覆盖、无盲点。从巡逻路线、巡逻时间等方面进行了严格规定，有效杜绝了夜间巡逻队员脱岗、离岗现象，增强了巡逻队员的工作自觉性和工作责任感。

五、信息产业发展

【软件和信息服务业发展良好】 崇明县软件企业数量有所下降，但企业实力得到稳步提升，软件业发展良好，全县软件企业各主要经济运行指标保持稳健运行的态势。2013年，崇明县软件和信息服务业总收入116 972.9万元，与去年同期相比下降20.76%，利润总额5 302.8万元，与去年同期相比下降1.75%。其中，软件业务收入合计68 314.9万元，软件产品收入为26 815.6万元、系统集成和支持服务收入27 995.6万元，信息技术咨询和管理服务收入11 779.1万元。系统集成和支持服务收入占软件业务收入总量的42%，软件和产品收入占总量的29%，成为崇明县软件和信息服务业的重要组成部分。其中，营业收入减少的主要原因是上海帝联信息科技股份有限公司、上海天好电子商务有限公司、上海新易传媒广告有限公司三家原先占产值比例较高的重点企业不再纳入统计范畴。大企业利润稳步增长，但多数小微企业的利润均为负值，影响总体利润的增长。数据表明大型企业的经营比较稳定，而中小企业经营较为困难。截至2013年年底，崇明县软件和信息服务业总资产144 583.2万元，与去年同期相比下降13.95%。资产超亿元的企业5家，1 000万元以上的企业 14 家。崇明县软件和信息服务行业结构及行业布局不断优化，产品种类不断增多，软件服务化趋势明显。软件企业从业人员人数为 1 607 人，与去年同比减少 34.86%，这是由于三大企业不再纳入统计，使从业人员数量明显减少。崇明县软件和信息服务企业全年研究与发展经费支出为 6 686 万元，同比上升 18.03%。软件企业不断加强自主研发投入的力度，把是否拥有核心自主知识产权作为自身生存、发展的生命线，技术原创投入增长明显，为软件和信息服务业的可持续发展打造坚实的基础。

六、信息基础设施建设

【信息基础设施集约化建设】 根据“统一规划、统一建设、统一管理”的原则，配合崇明新城、陈家镇的建设，召开信息管线集约化建设相关工作会议，完成相关道路信息管线集约化建设。协助崇明新城公司开展《崇明新城信息基础设施专业规划》编制工作，统筹崇明新城区域信息基础设施的建设和发展。同时，根据上海市政府批准的《上海市公用移动通信基站站址布局专项规划》，开展了对上海移动、上海联通、上海电信等单位申报的移动通信基站站址审核工作，进一步推进了移动通信基站的集约化建设。

【无线电管理试点工作扎实推进】 围绕加快推进信息管线、通讯基站、无线覆盖等信息基础建设，着力推进光纤到户、公共场所无线局域网覆盖、新建设住宅通信工程配套、第四代移动通信网络(4G)建设等工作。在崇明县移动通信基站建设规划落地、军用和民用重要业务台站保护、青少年无线电培训、重要无线电活动宣传以及国际自行车赛和中高考等重要活动的通讯保障等方面，开展了大量工作。完成《崇明县无线电试点工作方案》，制订了《崇明县无线电试点工作计划》，签订计划任务书，并完成了三大运营商计划的预审，与市无管局的共移动管理平台联通。2013 年，组织开展了崇明县中小学教师无线电管理工作培训及测向演练活动、青少年无线电夏令营活动等一系列活动。8 月 10—15 日，崇明县中小学代表队参加全国青少年无线电通信锦标赛，共 24 名参赛运动员获奖，是多年来崇明县中小学生代表队在全国青少年无线电通信锦标赛中获奖数量最多的一年。

【推进智慧城市、智慧社区建设】 根据《上海市推进智慧城市建设 2011—2013 年行动计划》《上海市公共场所无线局域网(WLAN)覆盖建设指南(暂行)》《关于加快推进本市公共场所无线局域网(WLAN)覆盖工作实施意见的通知》和崇明县《关于 2013 年县政府实事项目和重点工程的通知》要求，明确了智慧城市建设的目标任务。截至 2013 年年底，已完成 13 处公共场所及 98 个重点区域无线局域网(WLAN)覆盖的建设工作，并已开通试运行。13 个场所均完成了检测和验收工作，超计划完成实事项目确定的进度节点。智慧社区建设中，由县科信委牵头三大运营商，在完善瀛东村光纤网络、手机信号、无线覆盖等信息基础设施建设的基础上，逐步在社区管理、社区服务、居民生活等各个领域推进数字化、网络化、智能化的信息技术深度应用，积极打造瀛东村智慧社区品牌。同时，协助瀛东村申报市信息化发展专项资金，进行初审并提出推荐意见。

七、信息化环境建设

【重要信息系统等级保护工作稳步推进】 崇明县根据《信息安全等级保护管理办法》和《上海市重要信息系统等级保护实施细则(试行)》的要求，认真部署，稳步推进全县信息系统等级保护工作。继续加强重点领域网络与信息系统的等保测评和安全自查工作，落实信息安全工作责任制，推进信息安全应急保障体系建设，加紧实施等级保护建设项目，对现有网络和信息系统进行配置优化和安全加固。联合下发《关于开展我县党政机关和涉密单位互联网接入口归并整合工作的通知》，对游离在县政务网之外的接入终端实施集约化接入，配合县信息中心部署终端安全管理系统，实现县政府部门互联网统一出口和网络安全监管，打造安全、稳定的电子政务运行环境。

【信息安全应急保障体系进一步完善】 根据市委、市政府对信息安全保障的工作要求，制定《2013 年崇明县网络与信息安全工作要点》，强化县网安小组及其办公室在贯彻上级部署、信息安全基础制度建设等事项上的牵头和统筹作用。制定《2013年崇明县网络与信息安全工作要点》和《崇明县信息安全培训计划方案》，修订《崇明县网络与信息安全事件专项应急预案》，进一步加强崇明县信息安全重点单位信息安全专业技术人才的培训，完善关键岗位信息安全人员培训制度。2013年9月7日，县网络与信息安全协调领导小组办公室组织县政府门户网站运行管理中心等单位，举行了2013年度网络与信息安全应急演练，对政务网协同办公平台应用系统故障、政务网出口防火墙故障、政务网汇聚设备故障、门户网站防瘫痪和门户网站防篡改等项目进行了应急演练。提高应对网络与信息安全突发事件的组织指挥和应急处置能力，保证各项应急指挥调度工作迅速、高效、有序进行。

八、社会诚信体系建设

【政务诚信工作有力推进】 以建设“服务政府、责任政府、法治政府”为目标，把政府信息公开作为提高政府公信力的重点工作，依法、及时、准确地向社会公开政府信息，推动政府网上服务和办事，主动接受公众监督，增强政府管理的透明度。根据市委、市政府《关于进一步加强上海市社会信用体系建设的意见》的要求，将“崇明县社会诚信体系建设联席会议”更名为“崇明县社会信用体系建设联席会议”，调整组建了由67家成员单位组成的联席会议。根据《上海市社会信用体系建设2013—2015年行动计划》的内容，形成了《崇明县社会信用体系建设2013—2015年行动计划》。组织召开崇明县社会信用体系建设工作会议，围绕“建设市场、安全生产、食品药品安全、环境保护、工商管理、质量管理、民政管理、农业管理、商业和旅游及文化、政府采购、政府诚信、公职人员诚信”12个重点领域开展社会信用体系建设，加强“环境保护、农业管理、生态旅游”三个特色领域的信用体系建设，建立信用记录应用，扎实推进崇明县社会信用体系建设。同时，发挥好政府网站、政务公开栏、农村广播、便民服务平台等在信息公开和政务服务中的作用，进一步公开涉及群众切身利益事项以及群众关心、社会敏感、反映强烈的热点问题。此外，加强政府部门诚信履职信息记录和管理，建立完善政府部门“公开承诺”制度，进一步畅通群众监督渠道，充分发动社会力量、新闻单位参与监督，形成监督合力。继续开展民主评议基层站所和政府部门政风评议活动，发动县政风监督员和调查员围绕履行职责、办事效率、公开透明、收费罚款、服务态度、清正廉洁等情况，对被评部门进行深入调查，发现问题并推动整改，促进群众“满意型”政府建设。

（周欢欢）

第九编

社会诚信体系

综 述

2013 年，上海社会信用体系建设工作被列入上海市政府重点工作。全市各部门、各区县、各类主体以信用制度建设为核心，以信用信息记录、公开、共享、使用为主线，贯彻落实社会信用体系建设要求，大力践行“公正、包容、责任、诚信”的价值取向，着力构建“诚信上海”，取得了丰硕成果。

第一章 社会信用制度建设

概 述

2013年，全市以信用制度建设为核心，加强顶层设计，在深入调研的基础上发布了两个重要的市委、市政府文件，对本市未来几年的社会信用体系建设作了部署；完成一系列共性的信用制度安排；同时在各重点领域持续推进信用制度建设。

一、信用制度建设

【市政府办公厅转发《上海市企业失信信息查询与使用办法》】 为落实《关于进一步加强上海市社会信用体系建设的意见》和《上海市社会信用体系建设2013—2015年行动计划》，根据地方社会信用体系建设牵头部门工作座谈会议要求，市经信委研究起草《上海市企业失信信息查询与使用办法》（以下简称“《查询与使用办法》”），对各级行政管理部门记录、共享、查询和使用企业失信信息做出具体规定，明确对失信企业依法实施限制。《查询与使用办法》于2013年2月由市政府办公厅转发。

【开展《上海市社会信用体系建设条例（暂定名）》立法预备工作】 《上海市社会信用体系建设条例（暂定名）》列入2013年市人大立法预备项目。根据《关于进一步加强上海市社会信用体系建设的意见》和《上海市社会信用体系建设2013—2015年行动计划》的要求，市经信委积极开展有关立法研究，以规范社会信用信息的记录、共享、公开和使用为核心，着力解决社会信用建设中的综合性、根本性问题，明确公共信用信息服务平台等信用基础设施的地位和作用。

【完成《上海市公共信用信息归集和使用办法》的起草工作】 为了规范公共信用信息的归集、使用及其监督管理等活动，优化公共信用信息服务，市经信委组织起草《上海市公共信用信息归集和使用办法》（以下简称“《归集和使用办法》”），作为市公共信用信息服务平台配套制度的顶层设计，目前已经形成《归集和使用办法》草案，计划于2014年发布实施。

【充实市社会信用体系建设联席会议】 原市诚信体系建设联席会议更名为市社会信用体系建设联席会议，调整充实了联席会议总召集人、召集人和成员，覆盖68个委办和区县，并指导各区县建立了相应的组织推进机制。

【制定相关标准规范】 为指导和促进行政、司法等部门规范地记录、公开和使用信用信息，市经信委编制完成《上海市行政和司法部门企业信用信息公开目录（2012版）》和《上海市政府部门使用信用报告指南（2013版）》，并发布。

【完成《上海市社会信用体系建设2013—2015年行动计划》中期评估】 根据市政府统一部署，完成《上海市社会信用体系建设2013—2015年行动计划》中期评估。

二、各领域、各区县信用制度建设

【加强重点领域信用制度建设】 市经信委根据信用体系建设高度探索性和实践性的特点，不断探索、创新工作推进方法，通过中期评估、定期交流、专人联系、规范把关等工作，协调指导各部门依据全市信用体系发展运行框架，研究制订试点工作方案、建立制度性安排，在信用信息记录、披露和应用上取得重要进展。

市经信委着力实施13个试点专项，12个重点领域牵头部门加强部门信用制度建设。信用记录在建设市场招投标管理、交通港航企业管理、交通运输驾驶员管理、安全生产管理、食品安全过程监管、药品招标采购、制造企业质量管理、电梯维保质量安全管理、社会组织管理、统计调查单位和从业人员管理、政府采购供应商和专家管理等工作的市场监管、社会管理、公共资源分配等方面开始发挥重要作用。主动推进部门和领域信用制度建设，市社团局、市司法局、市统计局研究形成规范性文件并发布实施。推动信用信息公开、跨部门共享和联动奖惩，市环保局、市质量技监局、市食品药品监管局、市安监局等市场监管部门在管理工作中主动向外提供信用信息，主动使用其他部门或来自市公共信用信息服务平台的信用信息，将主体信用状况作为分类管理的主要依据。食品安全黑名单以及工商、税务、海关等委办和长宁、宝山、金山等区县推出的分类管理、配套奖惩等举措在社会上影响较大，收到了较好效果。

【落实重点工作创新试点】 为落实国家要求，按照部际联席会议指示，市科委、市教委、市民防办等部门和浦东、闵行、青浦等区县选择十余个行政审批事项开展使用相对人信用记录的试点并取得阶段性成果。

实施市级试点，市经信委会同市财政局在市经信委重大装备、信息化发展（含双推）、知识产权、诚信体系建设4个专项资金管理中试点使用信用产品，研究明确工作范围、形成工作和规范机制，对一部分存在劣迹的企业形成威慑。支撑职能转变，市经信委会同有关部门深入研究，形成以企业信用管理为重点的自贸试验区信用体系建设方案；完成试验区信用管理子平台主要功能和框架设计，梳理区内产生或与试验区企业相关的信用信息，初步形成资源目录；市公共信用信息服务平台在试验区设立服务窗口，在向试验区各监管部门提供服务的同时向试验区企业提供信用信息查询服务，为政府部门的事中和事后监管提供技术和数据支持。

市经信委指导市信用服务行业协会探索诚信创建，完善标准制度和试点方案，组织9家企业参与示范区、示范基地、示范平台达标试点；指导号百商旅开展电子商务信用服务示范平台建设试点，建立健全相关标准和工作机制。

三、相关课题研究

【完成地方信用立法课题研究】 市经信委委托市立法研究所完成本市社会诚信体系建设的立法调研并结题，为有关地方性法规的立法工作提供实践指导和理论支持，并在调研成果的基础上起草地方立法条例的草案。

【完成《加强信用管理促进政府职能转变》课题研究】 市经信委重点课题《加强信用管理促进政府职能转变》依托上海正信方晟资信评估有限公司开展调研，从理论和实证两方面对政府的信用职责进行梳理分析，探讨了政府职能转变，政府信用危机、信用管理在政府职能转变中的运用等问题，以期为深化上海行政管理体制改革、加快服务型政府建设提供理论与实践依据。

【完成《自贸试验区信用风险分析与控制》课题研究】 市经信委委托上海资信有限公司开展《中国（上海）自由贸易试验区信用风险分析与控制》课题研究，分析评估了自贸试验区发展过程中可能面临的近期和中长期信用风险，并就如何规避风险提出了应对措施及政策建议。

第二章　信用信息基础建设与信用服务行业发展

概　述

2013 年，上海市公共信用信息服务平台初步建成，并面向政府部门和信息主体开通试运行。上海信用服务行业继续保持较快发展势头，截至 2013 年年底，在上海市征信管理办公室备案的征信机构达到 83 家。信用服务行业整体较快发展，骨干企业在市场上的影响力逐步扩大，继续在全社会防范信用风险、促进信用交易、保障经济又好又快发展等方面发挥重要作用。

一、市公共信用信息服务平台开通试运行

市经信委、市发改委、市政府办公厅牵头组织各有关方面着力推进市公共信用信息服务平台的规划设计，加快系统开发建设，于 2013 年 6 月初实现面向政府部门开通试运行，于 12 月底实现面向信息主体(包括法人和自然人)开通查询服务。这一平台得到市领导充分肯定，为公共信用信息服务社会提供了重要支撑。

强化信息归集，通过梳理确认，与市法人库和市人口库对接，截至 2013 年年底，全市 57 家单位(含行政机关、司法机关以及公用事业单位)向平台提供数据，平台归集信息事项 1 185 个，涉及法人 138 万、自然人 2 500 万，可提供查询的数据约 2.2 亿条。丰富平台功能，平台初步具备信息查询、异议处理、资源目录管理、系统管理、用户管理和日志管理六方面功能。强化制度配套，指导市信息中心建立 19 项管理制度和 4 套工作规范，正在研究 11 项制度规范，建立日报、半月报等 6 类平台运营情况的报告制度。开展应用培训，面向 65 家联席会议成员单位及市经信委、市水务局开展 3 批次政府部门用户工作培训，22 个政府部门经核准共开通了近百个平台账户。

二、信用服务行业发展与规范

2013 年，市征信管理办公室继续开展信用服务机构的备案工作，新核准 3 家信用服务机构的备案申请。截至 2013 年年底，在市征信办备案的信用服务机构达到 83 家，业务产品齐全，覆盖商业征信、个人征信、资信评级、企业信用管理等各领域，整体继续保持增长势头，行业发展居全国前列。市经信委与人民银行上海分行、市中小企业办等共同开展信贷市场借款企业、集团关联企业、担保机构的评级工作，加大对中小企业融资发展的支持力度，借助能源管理合同为小企业增信、争取融资，研究对策措施，以保障和促进信息消费、互联网金融等新业态加快发展。

市征信办继续受理对备案信用服务机构的投诉，完善投诉受理工作流程，全年对数起来电、来信、来访进行妥善接待和处理。完成了信用服务行业年度统计，编制《2012 年上海信用服务行业统计报告》并在上海诚信网上发布。市经信委指导信用服务行业协会组织制订信用服务机构综合排名评价指标体系，落实行业标准、加强行业自律、拓展信用市场。

第三章 社会诚信氛围营造

概 述

2013年，本市积极、深入开展各项社会诚信创建活动，倡导诚信风尚，营造诚信环境，继续加强和深化长三角区域的信用合作。

一、诚信文化建设

【举办诚信活动月】 市经信委与市文明办共同举办以“筑牢信用基石，共建诚信上海”为主题的“2013上海诚信活动月”，副市长周波出席首日活动并开通市征信办与市食品药品监管局、市质监局合作开发的“上海·信用·生活”手机App应用。举办重点领域信用体系制度建设成果展、市社会信用体系建设网络展、“诚信上海”专家座谈会，邀请人民银行征信中心副主任王晓蕾作“我与征信”主题报告。组织全市区县、委办围绕“信用与政府职能”“信用与百姓生活”“信用与市场环境”“信用与转型发展”4个专题，开展诚信便民服务、专题研讨交流、主题报告讲座、信用专题培训、诚信知识竞赛、典型事例征集、诚信漫画展览等各类活动近120项，有关活动被人民网、新华网、东方卫视、《新闻晨报》等众多媒体报道，逾5万名市民参与活动。健全考核体系，针对“社会信用体系建设和政府信息公开”一级指标，完善相关指标体系和考核标准，完成面向17个区县的年度绩效考核任务。

【加强信用教育培训】 市经信委在促进企业加强信用管理、提升专业人员信用意识和水平、培训行业从业人员等方面开展培训推广，发挥信用服务机构力量，支持有需求的部门和区县开展培训；“信用概述”继续作为本市计算机与信息技术应用专业技术人员继续教育专项培训的公共培训课程。组织编写、出版《上海市公务员诚信建设知识读本》，纳入本市公务员各类培训课程。

【管理专项资金】 2013年上海市社会诚信体系建设专项资金项目完成申报受理、专家评审及复核会审工作，支持涉及质量、环保、食品餐饮等公共安全领域，电子商务等现代服务业领域以及金融、中小企业发展等领域的项目20个；规范完成历年项目的跟踪和验收工作，达到项目预期目标。

二、长三角区域合作

2013年，本市继续积极参与、深入推进长三角信用合作。沪、苏、浙、皖三省一市形成跨省联动，完成“信用长三角”相关课题的研究工作，联合公示长三角地区186家备案信用服务机构。

（刘 洋）

附　录

2013年上海信息化建设大事记

1月

1月5日，市经信委转发《国家发展改革委办公厅关于2012年(第二批)企业技术中心创新能力建设专项项目的复函》的通知。请各项目承担单位按照复函要求，加快落实项目的实施条件，严格执行国家有关资金使用管理的规定，切实做到专款专用，确保工业和信息化项目按计划实施。

1月18日，市经信委下达关于2011年度软件和集成电路设计人员专项奖励的通知。

1月31日，市经信委印发《2013年度软件和集成电路产业发展课题研究项目申报指南》，提出了31项课题申报内容，包括国内外信息服务业动态研究、上海软件产业发展研究报告、推进上海大数据产业发展对策研究等课题。

2月

2月21日，市经信委主任戴海波召开专题会议，研究浦东新区软件和信息服务业以及海洋经济发展工作。副主任傅新华、秘书长戎之勤、国防工办副主任张华芳、副巡视员史文军参加。

2月22日，副市长周波赴市经信委调研，对市经信委工作给予充分肯定。

2月25日，市经信委召开推进战略性新兴产业工作会议，副主任陈跃华主持，主任戴海波出席会议并讲话，副主任傅新华、总工程师马静、秘书长戎之勤、巡视员沈庭忠出席。

2月27日，市经信委召集区县经委部署2013年战略性新兴绿色通道工作，要求各区县按照要求开展历年绿色通道项目评估，启动2013年绿色通道项目申报工作。

2月28日，市经信委召开战略性新兴产业11个专项新闻通气会。总工程师马静介绍了本市战略性新兴产业11个专项的有关情况。

3月

3月1日，市政府副秘书长徐逸波赴市经信委调研。

3月7日，市经信工作党委书记周国雄、市经信委副主任刘健前往静安区石门二路街道调研智慧社区建设。书记周国雄对做好智慧社区建设工作提出了三点要求。

3月8日，市经信委副主任、市征信办常务副主任陈跃华主持召开公共信用信息服务平台(一期)项目工作推进会，细化和部署公共信用信息平台建设的任务和责任。

3月14日，市经信委召开第十届上海国际信息化博览会新闻通气会。市经信委副主任周敏浩出席会议并介绍博览会情况。

3月19日，副市长周波、副秘书长徐逸波参加上海第十届国际信息化博览会巡馆活动。

3月21日，秘书长戎之勤召开专题会议，研究下阶段市经信委内信息化建设工作。

3月26日，副主任尚玉英召开CBTC系统自主化应用推进会议，研究推动轨道交通自主化信号系统试点应用工作。

3月26日，副主任陈跃华主持召开地方信用立法专题会，讨论明确《上海市社会信用体系建设条例(暂定名)》起草工作的内容重点、组织架构、专家人选和进度要求。

3月29日，副市长周波会见IBM公司全球副总裁，市经信委总工程师马静陪同。

4月

4月7日，市无线电管理局启动修编《上海市公用移动通信基站设置管理办法实施细则》，以更好地适应新技术新制式的发展。

4月8日，副主任傅新华出席加拿大—中国(上海)信息通信技术交流对接会，并介绍了上海信息通信技术产业发展情况。

4月15日，主任李耀新出席长宁区信息委与仪电信息集团战略合作签约仪式，并调研上海科技网云计算中心。

4月15日，副主任周敏浩会见德国默克集团执行董事会成员Dr·Bernd Recknann一行，就拟建默克中国控股公司的落户选址及税收政策、金桥液晶工厂项目的投产运行及液晶原材料进口关税等事项展开交流。

4月15日，副市长周波、副秘书长徐逸波赴中国电信南汇信息园调研，充分肯定了上海电信参与推动本市智慧城市建设的工作并提出要求。市经信委副主任刘健参加。

4 月 17 日，总工程师马静听取全市开发区信息管理服务平台建设运行情况汇报。

4 月 18 日，上海市市长杨雄带队赴京拜会工信部部长苗圩。工信部副部长苏波、上海市副市长周波出席座谈。工信部办公厅主任莫玮、装备工业司司长张相木、软件服务业司司长陈伟、电信管理局局长韩夏、信息化推进司司长徐愈、上海市政府秘书长蒋卓庆以及上海市经信委主任李耀新、副主任刘健、副主任傅新华、秘书长戎之勤、总工程师马静参加座谈。

4 月 18 日，副主任陈跃华带队赴市公安局，协调解决市公安局、市人口办支撑公共信用信息服务平台建设的相关问题。会议明确市公安局、市人口办将如期向平台提供数据，保证 5 月底平台面向政府部门开通试运行。市公安局副局长江宪法、市人口办主任朱慧芬、市信息中心主任李志伟参加会议。

4 月 19 日，副主任傅新华出席 2013 年全国软件和信息技术服务业工作座谈会，介绍上海软件和信息服务业在提高软件能力和系统能力方面的经验做法。

4 月 25 日，市长杨雄赴市经信委调研，市政府秘书长蒋卓庆陪同调研。市经信工作党委书记周国雄、市经信委主任李耀新分别汇报两委有关工作情况。市政府办公厅副主任盖国平、市政府研究室副主任王德忠、市政府法制办副主任张忠玉以及市经济信息化两委有关领导、两委处室负责同志参加调研座谈。

4 月 26 日，副主任周敏浩主持召开工博会主题专家评审会，对面向全社会征集的 609 条工博会主题进行评审。

4 月 26 日，本市召开 2013 年社会信用体系建设工作推进会议。副市长艾宝俊出席会议并讲话，副市长周波主持会议，副秘书长徐逸波、戴海波以及市经信委主任李耀新、副主任陈跃华出席会议，主任李耀新在会上作了《关于 2012 年社会信用体系建设主要推进情况和 2013 年社会信用体系建设工作重点》的工作报告。

4 月 27 日，市经信委、市企业法律顾问协会、市信息法律协会、《上海信息化》杂志社共同推动《经济和信息化政策法规汇编》光盘制作完成。

4 月 27 日，主任李耀新、副主任傅新华、总工程师马静召开专题会议，研究战略性新兴产业“高端软件”专项行动方案相关工作。

4 月 28 日，市长杨雄、工信部副部长杨学山出席“核高基”重大专项“面向事务处理型桌面计算机关键软硬件”工作会议并分别作重要讲话。副市长周波、秘书长蒋卓庆、副秘书长徐逸波以及市经信委主任李耀新、副主任傅新华、市科委副主任陈鸣波、市发改委副主任周亚、市财政局副巡视员姜蓉出席会议。会议由工信部电子信息司司长丁文武主持。

4 月 28 日，工信部副部长杨学山、副市长周波出席上海市中国软件名城创建试点工作总结会暨上海临港软件园开园仪式。副秘书长徐逸波主持会议，市经信委主任李耀新介绍上海市中国软件名城创建工作情况。工信部软件服务业司司长陈伟、电子信息司司长丁文武、市经信委副主任傅新华等领导出席会议。

5 月

5 月 6 日，主任李耀新召开专题会议，研究卫星导航产业发展工作。

5 月 6 日，本市召开信息安全保障工作会议，副市长周波出席会议并讲话。副秘书长徐逸波主持会议，市经信委主任李耀新通报了近期本市信息安全工作情况和下一步工作安排，工信部信息安全协调司司长赵泽良传达了近期国家网络与信息安全工作的部署要求，上海市信息化专家委信息安全组组长、中国电子科技集团信息安全首席专家张建军研究员作了题为“当前信息安全形势与建议”的专题培训。

5 月 7 日，主任李耀新带队赴东浩集团调研第 15 届中国国际工业博览会筹办工作情况。副主任周敏浩、东浩集团董事长戴柳、副总经理唐贵发参加调研。

5 月 7 日，主任李耀新召开专题会议研究《上海市信息化条例》立法工作。副主任陈跃华、刘健、傅新华出席会议。

5 月 8 日，副市长周波会见惠普公司全球高级副总裁 Tony Prophet 一行，副主任傅新华参加。双方就中国(上海)国际技术进出口交易会、中国(上海)自由贸易试验区(以下简称“自贸区”)等议题进行交流。

5 月 10 日，主任李耀新带队赴东方财富信息股份公司、汇付网络数据服务公司等企业调研金融信息服务业发展工作。

5 月 16 日，主任李耀新、副主任傅新华与黄浦区代区长彭崧、副区长吴成赴工信部电信研究院华东分院(上海华东电信研究院)调研，工信部电信研究院院长曹淑敏、华东分院院长马鑫介绍了有关情况。

5 月 16 日，市政协副主席周太彤就个人信息保护问题，主持召开“加快出台地方性法规，保护公民个人信息安全”提案专题协商座谈会，市经信委副主任陈跃华汇报了相关提案办理情况。

5月17日，市战略性新兴产业领导小组办公室召开专题会议，总工程师马静出席会议，主要研究市经信委2012年战略性新兴产业第二批重点项目及部分第一批复核项目的支持方案、高技术服务业专项工程与电子商务专项工程相关项目支持方案等内容。

5月22日，市委书记韩正会见微软公司首席执行官史蒂夫·鲍尔默一行，外方介绍了微软在中国，特别是在本市的发展情况，双方就智慧城市、云计算等领域进行交流，副主任傅新华陪同会见。

5月22日，美国驻华大使骆家辉率领由微软、思科、英特尔等12家美国云计算公司和机构组成的云计算贸易代表团访沪。副主任傅新华应邀与大使骆家辉会面，并向与会企业介绍了上海在云计算领域的产业现状和发展规划。

5月22日晚，工信部在杭州召开扩大信息消费座谈会，部长苗圩出席会议并讲话，市经信委主任李耀新作了交流发言。会议由工信部信息化推进司司长徐愈主持，沪、苏、浙、皖四省市经信委主要负责同志和19家信息消费相关企业参加会议，上海的建通网络、大众点评、快钱支付、盛大网络等4家企业作交流发言。

5月23日，主任李耀新、副主任陈跃华、刘健赴市信息中心调研公共信用信息服务平台工作。

5月24日，主任李耀新、总工程师马静调研上海高新技术产业化展馆，明确下一步工作。

5月24日，市经信委信用管理处与市通管局、市信息中心共同召集电信、移动、联通三家运营商上海分公司，就进一步丰富完善市公共信用信息服务平台信用信息进行协商。

5月28日，主任李耀新、副主任刘健赴市无线电管理局调研无线电管理工作。

5月29日，主任李耀新会见《解放日报》副总编黄强一行，感谢《解放日报》对本市产业发展和信息化建设的舆论支持，并介绍了市经信委重点工作。

5月29日，在市经信委、市公安局、市网信办、市通信管理局牵头指导下，市信息安全行业协会、市信息服务业行业协会、市信息网络安全管理协会、市互联网协会和市网络文化协会在上海科学会堂召开“加强上海市网络信息安全保护自律倡议书签约仪式”。

5月31日，工博会组委会副主任兼秘书长、副市长周波主持召开市政府专题会议，听取第十五届中国工博会筹备情况汇报，组委会常务副秘书长、市政府副秘书长徐逸波出席会议。

6月

6月3日，市长杨雄会见台湾云端运算产业协会理事长李诗钦一行，就云计算、智慧城市、光伏产业等领域进行交流，主任李耀新参加会见。

6月3日，上海市公共信用信息服务平台面向政府部门开通试运行。市委常委、副市长艾宝俊出席开通仪式并讲话，副市长周波启动服务平台，开通仪式由市政府副秘书长徐逸波主持，市政府副秘书长戴海波、市经信委主任李耀新出席。

6月3日，国家金卡工程办公室在北京人民大会堂召开了“国家金卡工程20年应用成果报告会”，工信部副部长杨学山、原信产部部长吴基传、王旭东出席会议，上海“公交一卡通”获得表彰。

6月4日，市人大常委会副主任洪浩、财经委副主任杜悦妹、法工委副主任施凯等听取市经信委、市政府法制办关于《上海市信息化条例（草案）》立法情况的汇报，副主任刘健和秘书长戎之勤进行介绍和说明。

6月5日，为落实市长杨雄在“关于恳请支持东方网新媒体项目的请求”上的批示精神，副主任刘健赴上海东方网股份有限公司进行调研，要求市经信委在信息内容方面做好协调推进工作，在智慧新城试点中积极推进终端布放，并把该项目纳入新一轮智慧城市三年行动计划中统筹考虑。

6月6日，主任李耀新、副主任刘健、秘书长戎之勤与副巡视员史文军召开专题会议，研究自贸区中产业发展与信息化建设相关工作。

6月6日，主任李耀新与总工程师马静赴嘉定区，先后调研上海联影医疗科技公司、百度在线上海软件技术分公司、中广国际广告创意产业基地等，了解产业发展与信息化建设情况，并与嘉定区区长马春雷、副区长费小妹等进行座谈。

6月6日，主任李耀新、副主任傅新华出席新经济企业座谈会。会议邀请信息服务业领域10家具有代表性的新业态新模式企业，围绕上海信息服务业提升发展进行座谈交流。

6月13日，主任李耀新会见印度驻沪总领事史耐恩先生一行。会谈中，史耐恩介绍了印度企业在上海的发展情况，希望双方在信息技术等领域加强合作。主任李耀新介绍了上海软件名城、智慧城市、自贸区等政策，希望双方企业能抓住机遇，实现共同发展。

6月14日，市经信委召开智慧新城试点工作企业对接会，近30家企业参加。嘉定区、奉贤区分别介绍了嘉定新城、南桥新城智慧新城试点方案，企业围绕试点方案作了交流发言。

6月14日，市征信办、市信息中心在上海图书馆召开市公共信用信息服务平台政府用户培训会议，本市相关委办局、区县政府、市高院、市检察院等65家单位的130余人参加培训。

6月18日，全市经信系统在奉贤举办“食品工业企业诚信体系培训暨婴幼儿配方乳粉安全深度行”主题日活动。

6月19日，市经信委会同市国家保密局、市政务外网管理中心就本市党政机关和涉密单位互联网接入安全管理工作召开专题会。

6月21日，副巡视员史文军参加2013年上半年本市经济形势分析重点委办局座谈会，汇报上半年本市产业和信息化发展情况。

6月26—28日，2013亚洲移动通信博览会在上海新国际博览中心举行。工信部副部长尚冰、副市长周波出席了26日的开幕式并分别致辞，市经信委副主任刘健出席开幕式并演讲。

6月28日，主任李耀新、总工程师马静会同市文广局商讨上海公共文化服务云建设、数字多媒体舞台系统项目建设、大型5D剧场项目建设等工作。

6月28日，主任李耀新、副主任刘健与上海电信总经理马益民就加强智慧城市信息基础设施建设进行交流。

6月28日，副主任陈跃华主持召开《政府部门信用信息开发应用管理办法》调研项目开题会，多位课题被委托人在会上作了开题报告。

6月28日，上海移动互联网产业发展联盟成立大会暨上海宝山移动互联网产业基地开园仪式在宝山博济智汇园举行。上海现代服务业联合会会长周禹鹏为上海移动互联网产业发展联盟揭牌，市经信委副主任傅新华公布了“上海市第一批移动互联网龙头型企业、成长型企业和优秀案例”名单。宝山区委常委、副区长夏雨等出席会议。

6月30日，中国信息化百人会在上海召开“大数据：挑战与机遇”专题研讨会。副市长周波、工信部总经济师周子学出席会议并致辞，主任李耀新做主题演讲，工信部信息化推进司司长徐愈、副主任刘健参加会议。

7月

7月1日，市经信委搬迁至世博村路300号办公。

7月3日，副主任吴磊赴嘉定区调研高端装备及智能制造领域典型企业新时达电气和联影医疗，听取企业在工业机器人和高端医疗影像设备突破创新成果的汇报，鼓励企业加大研发力度，继续推进产学研联动和科技成果转化。

7月4日，副市长艾宝俊、副秘书长戴海波召集市经信委、市公安局、市发改委、市人保局等部门专题研究本市实有人口信息管理系统建设有关情况。副市长艾宝俊要求，市经信委会同市公安局等部门要做好实有人口信息资源目录以及实有人口信息共享交换操作细则制定等工作，进一步加强实有人口信息管理系统应用。副主任刘健汇报了实有人口信息管理系统建设和应用情况，并对如何更好地发挥实有人口库作用提出建议。

7月4—5日，主任李耀新、秘书长戎之勤、副巡视员史文军赴深圳考察学习产业发展和信息化建设工作。

7月9日，副主任傅新华、秘书长戎之勤参加“物联网技术在智慧医疗中的应用现状和发展趋势研究”开题会，要求该课题围绕运营模式提出可操作建议，保障智慧医疗的面上推广与持续发展。市卫计委、第六人民医院等有关领导、专家，就智慧医疗的服务范围、社会需求、运营模式、产业带动等提出建议。

7月12日，市经信委与宝山区政府共同举行“学习贯彻市委全会精神推进宝山产业转型升级和智慧城市建设恳谈会”。会议由副主任刘健主持，主任李耀新、副主任周敏浩、副巡视员史文军、宝山区区长汪泓、副区长夏雨、副区长秦文波出席。

7月15日，本市电子政务内网建设和管理领导小组召开工作会议，总结近期文件简报网上传阅推进工作。会议由市委副秘书长李逸平主持，市委常委、市委秘书长尹泓出席会议并讲话，副主任刘健参加会议并作交流发言。

7月16日，结合群众路线教育实践活动相关要求，秘书长戎之勤组织召开经济信息化领域政策法规课题承担单位座谈会，听取部分相关单位对经济信息化政策法规课题管理方面的意见、建议。

7月22日，总工程师马静参加《加强车联网和智能交通应用互动研究》课题开题会，提出要加强车联网与智能交通应用互动商业模式研究，加强交通数据的开放，促进大数据产业发展和应用。

7月22日，主任李耀新和上海市信息化专家委主任吴启迪参加市信息化专家委员会和国际顶级IT研究咨询公司Gartner举办的国际高端智库沙龙，与Gartner国际专家进行深入交流。副主任刘健、总工程师马静、副巡视员史文军参加会议并发表意见。

7月23日,副市长周波、副秘书长徐逸波专题听取《上海市信息化条例(草案)》起草工作情况,副主任刘健对立法主要解决的问题、思路和设计的主要制度措施作了汇报,市政府法制办副主任张忠玉汇报了立法相关协调工作情况,副市长周波对进一步完善该条例(草案)提出要求。

7月23日,主任李耀新会见Infosys技术(中国)有限公司首席执行官Rangarajan Vellemore一行。主任李耀新对外方提出的问题谈了看法和建议,并表示市经信委将继续关注在沪的印度软件企业,做好协调和服务工作,推动其在上海的发展。

7月23日,总工程师马静参加"车联网与智能交通互动研究"课题开题会,与会专家围绕面向人、车、路的互动需求及交通流量、公交、停车场等信息的开放利用,建议从体制机制、商业模式、应用示范等角度加以研究和突破。总工程师马静要求将课题作为大数据应用突破的案例进行研究,促进产业发展和智慧城市应用相互支撑。

7月25日,主任李耀新与市统计局局长王建平会商产业和信息化领域统计工作。

7月25日,以"智慧城市和城镇信息化发展"为主题的2013年中国信息化进程报告会在京举行。工信部副部长杨学山、信息化专家委常务副主任周宏仁等领导出席报告会。副主任刘健在会上作了题为《创建面向未来的智慧城市》的专题报告,介绍本市创建智慧城市的主要做法和建设成果。

7月29日,市委宣传部副部长、市文明办主任燕爽带队来市经信委协商"诚信活动月"相关合作事宜。副部长燕爽与书记周国雄进行了会谈,与副主任陈跃华就推进"诚信活动月"的组织筹备工作及将地铁逃票信息纳入市公共信用信息平台等事宜进行讨论。

7月29日,副主任刘健出席"上海市无线电管理局对口支援喀什地区无线电管理局监测系统集成交付使用"仪式,并参加两地经信委工作座谈会。

7月30日,副主任吴磊专题调研上海市轨道交通信号系统企业,分别参观卡斯柯信号有限公司、上海自仪泰雷兹交通自动化系统有限公司、上海富欣智能交通控制有限公司,并与企业进行座谈。

7月31日,主任李耀新召开专题会议研究促进"信息消费"工作专题会议。

7月31日,工信部在贵阳召开"第27届中国电子信息百强企业座谈会暨2013年全国电子信息行业座谈会"。会上,发布了2012年度(第27届)中国电子信息百强企业名单,华为技术有限公司、联想控股有限公司、中国电子信息产业集团有限公司名列前三甲,上海贝尔股份有限公司、中芯国际集成电路制造(上海)有限公司、上海华虹(集团)有限公司分列第19、47、64位。

7月31日,市经信委会同市国家保密局、市公众信息网管理中心召开本市互联网接入安全管理工作座谈会,相关单位部门负责同志参加会议。会议听取了市公众信息网管理中心关于本市政务外网综合安全防护体系的汇报,各参会单位也交流了本系统、本单位互联网接入安全管理工作进展情况、相关工作经验及存在的问题。

8月

8月1日,副主任陈跃华主持召开2013年上海市社会信用体系建设重点领域试点专项中期成果交流会。市建设交通委、市交通港口局、市安全监管局、市食安办、市食药监局、市环保局、市质量技监局、市工商局、市民政局、市财政局、市监察局、市公务员局等12个重点领域牵头部门参加会议,分别介绍试点专项进展情况,并进行了讨论和点评。

8月5—7日,主任李耀新带队赴湖南省考察学习产业发展和信息化建设工作,实地调研了湖南省广播电视台、中联重科、华自科技、华曙高科公司等单位,分别与湖南省政府、省经信委以及长沙市高新区等座谈交流湘沪两地产业发展和信息化建设工作经验,并专程赴韶山市瞻仰了毛泽东故居。秘书长戎之勤、副巡视员史文军、有关处室负责人以及张江集团、金桥集团、西上海集团、春秋航空公司等参加考察。

8月6日,市人大财经委主任委员潘志纯、副主任委员张耀伦、杜悦妹等听取市经信委、市政府法制办对信息化立法工作的专题汇报,并邀请部分专家、人大代表对《上海市信息化条例(草案)》提出意见和建议。

8月6日,副主任吴磊赴上海申通地铁集团有限公司调研,了解自主化国产轨道交通信号系统设备在上海地铁中的使用情况,并就鼓励企业自主研发、推动本市信号系统产业发展进行讨论。

8月6日,市经信委组织有关专家赴上海益实多电子商务有限公司(一号店)调研电子商务领域个人信息保护工作,就如何贯彻《信息安全技术公共及商用服务信息系统个人信息保护指南》国家标准以及下阶段互联网电子商务领域个人信息保护安全测评试点工作进行交流。

8月8日,市经信委会同市无线电管理局赴上海工业自动化仪表研究院,就城市运行中的无线通信安全问题进行专题调研,市无线电管理局局长周卫东参加。

8月9日，主任李耀新会见微软公司全球副总裁、微软大中华区法律及公司事务总经理陈实一行。外方介绍了微软的业务转型计划，并希望能参与自贸区建设，为今后的转型发展带来更多机会。市经信委表示将继续支持微软在上海的发展。

8月12日，副主任陈跃华主持召开专题会议，研究进一步加强本市党政机关和涉密单位互联网接入安全管理工作，要求加强与市国家保密局、市政务外网管理中心合作，争取年内完成市区两级机关单位互联网接入口的统一归并工作。

8月12日，副主任陈跃华主持召开专题会议，研究第三届上海市信息安全活动周和第五届信息安全技能竞赛筹备工作，要求进一步完善筹备方案，结合当前的热点问题，从促进信息消费的高度，加大宣传普及力度，加强专业人才培训教育，努力提升全民信息安全意识。

8月14日，主任李耀新、副主任刘健、副巡视员史文军召开会议，讨论本市工业发展、信息化发展“十二五”规划中期评估报告。

8月15日，国办信息公开办来沪调研本市政府信息公开工作，市政府办公厅组织了本市政府信息资源向社会开放情况沟通会，市经信委介绍了本市信息资源服务平台建设应用情况、试点单位目录编制情况、目录元数据地方标准立项情况和下一步工作计划，并与国办信息公开办等单位进行了工作交流。

8月16日，主任李耀新、副主任刘健、傅新华出席促进信息消费——“加快信息基础设施演进升级”专题调研座谈会，主任李耀新对下阶段工作提出了要求。

8月19日，市经信委组织召开专家咨询会，征求对《上海市网络与信息安全事件专项应急预案》的修订意见。

8月20日，市经信委组织召开云计算安全保障专家咨询会，就云计算安全风险以及工信部《基于云计算的电子政务公共平台安全规范》国家标准征求意见稿进行探讨。

8月21日，市经信委召开市法人信息共享与应用系统二期项目建设启动会，在二期项目首批20家重点单位的接入工作初步完成的基础上，进一步启动了第二批17家单位的改造建设和接入工作。

8月22日，副主任刘健、秘书长戎之勤、副巡视员史文军召开《上海推进以应用为导向的智慧城市建设的体制机制研究》课题汇报会，提出着力建立一个统筹协调和协同推进的管理体制，加大力度完善政府信息资源公开和互联互通机制等措施建议。

8月22日，秘书长戎之勤、副巡视员史文军主持召开专题会，研究推进本市内资招商与项目推进工作的体制机制，明确下阶段主要工作，要求尽快建立市级招商引资联席会议制度，研究推进两个数据库和两个应用平台建设，要求全委各处室大协作，共同推动全市招商与项目推进工作体制机制创新。

8月22日，“企业腾云计划——imo云办公，随时随地掌握沟通运营”在市北高新园区启动发布。副主任傅新华在发布会上致辞。

8月23日，市经信委组织召开上半年区县智慧城市推进工作交流会，副主任刘健出席会议，并对各区县的智慧城市推进工作提出了建议。

8月26日，副主任吴磊带队赴北京就上海和辉光电有限公司AMOLED显示屏投资项目一期规划及后续发展方向与工信部交流。副主任吴磊感谢工信部对上海产业发展的支持，强调将发挥上海集成电路产业人才、市场、全产业链等综合优势，推动集成电路产业各关键环节取得率先突破。

8月27日，副市长周波、副秘书长徐逸波带队赴国际旅游度假区项目现场工作调研，察看园区基础设施建设情况、迪斯尼项目虚拟体验室和布景制作中心，听取了度假区建设指挥部的工作汇报。副主任刘健参加调研，并就度假区信息基础设施规划建设情况作了汇报。

8月28日，副市长周波出席推进无线城市、光纤到户建设联席(扩大)会议。

8月28日，市网安办会同中国人民银行上海总部联合组织举行2013年上海市金融业信息系统攻防演习，以测试金融机构如何应对电脑黑客攻击。

8月29日，主任李耀新、总工程师马静带队赴松江调研正泰电气、斐讯通信、纺织服装品牌创业园等单位，听取松江区产业发展情况汇报。

8月30日，市经信委组织市卫生计生委、市教委、市建设交通委、市电子政务办等单位信息化部门，共同商讨2013智慧城市宣传周智慧交通、智慧医疗、智慧教育、智慧政务主题日宣传方案，沟通目前工作进展和下阶段共同推进的工作。

9月

9月6日，本市智慧园区建设专题研讨会在上海纺织科学研究院举办。会议解读了《上海市经济信息化委关于加快推进本市智慧园区建设的指导意见》、上海市地方标准《智慧园区建设和管理通用规范(草案)》等政策法规文件，分享了宝信软件、杨浦科创等单位的智慧园区建设经验。

9月10日，副主任陈跃华召开专题会，研究讨论本市信息安全服务机构能力评估和推荐发布工作，推荐“百万青少年绿色上网项目”以及做好申报2014年市政府实事项目准备等事宜。

9月10日，市经信委围绕如何创建安全可信的信息消费环境，赴上海数字证书认证中心有限公司进行调研。

9月11日，市经信委会同市科委共同主办的首届“上海国际导航产业和科技发展论坛暨展览会”正式开幕。市政府副秘书长徐逸波、工信部电子信息司副司长刁石京、市经信工作党委书记周国雄、市经信委主任李耀新、副主任吴磊、市国防科工办副主任张华芳、市科委副主任陈鸣波、青浦区区长赵惠琴、杨浦区区长诸葛宇杰、宝山区区长方世忠、闵行区副区长蔡小庆等领导出席展会。

9月12日，主任李耀新会见中国出版集团驻沪办主任、东方出版中心党委书记、总经理宗焕起一行。双方就加强中国出版集团在沪设立总部、数字出版和文化创意产业基地发展等深入交换了意见。

9月12日，“献我智·慧生活，我为智慧城市献一计”静安科技馆体验专场活动举行。

9月13日，副主任刘健会见墨西哥通信和交通部副部长 Jose Ignacio Peralta Sanchez 一行。市经信委介绍了本市智慧城市建设情况，表示我国正在深化改革开放、鼓励企业走出去进行海外投资，支持外方在上海的招商引资，欢迎墨西哥组团参加中国工博会，希望以工博会为平台促进双方合作交流。

9月14日，“中国太保2013年信息系统应急演练暨上海市信息安全示范性应急演练”在中国太平洋保险(集团)股份有限公司举行。市政府副秘书长徐逸波、市经信委主任李耀新、副主任陈跃华、上海保监局副局长李峰、太保集团霍联宏总裁等领导观摩演练，副主任陈跃华主持演练活动。

9月14日，作为上海市智慧城市CIO培训的系列内容之一，第二场企业班授课在上海交通大学举行。

9月16日，市经信委副主任、市国防科工办主任吴磊、市国防科工办副主任伍继宏赴中国航空无线电电子研究所调研，参观615所桂平路所区的系统和测试实验室，深入了解重点项目的推进进度及企业需求。

9月16日，主任李耀新、副主任傅新华赴联想集团调研，了解联想集团的发展历史、最新产品等，并与联想集团CTO贺志强进行座谈。李主任提出，希望联想集团加快在上海的发展，落实工信部相关要求，积极支持上海“1213”项目的实施。

9月16日，副主任陈跃华主持召开自贸区社会信用体系建设工作座谈会。市公安局、市工商局、人民银行上海分行等单位参加会议，交流本领域推进试验区社会信用体系建设的工作思路。

9月16日，市经信委召开本市失物招领服务平台培训交流会，东方网进行了本市失物招领服务平台的培训介绍并作现场演示。市公安局、市交通港口局、市商务委、市绿化市容局、市体育局、铁路上海站、上海博物馆、上海图书馆等单位参加培训会。

9月18日，副主任傅新华拜访上海市“12345”市民服务热线管理办公室，双方就市中小企业服务热线与“12345”的功能定位、运行情况等进行沟通交流，并就加快中小企业服务热线融入“12345”市民服务热线，在技术、内容、机制、宣传等层面的衔接达成初步共识。

9月18日，由市经信委和市公务员局、市委党校共同举办的处级领导职务公务员信息化与智慧城市建设专题培训班结业仪式在市委党校举行。

9月23日，本市“诚信活动月”首日活动在徐汇区光启城举行。副市长周波、副秘书长徐逸波、市经信委李耀新主任、市委宣传部副部长、市文明办主任燕爽、副主任陈跃华，市社会信用体系建设联席会议各成员单位以及现场群众近千人参加首日活动。

9月23日，副主任刘健拜访中国互联网协会，与中国工程院院士、协会理事长邬贺铨、协会副理事长高新民进行交流，希望中国互联网协会加强与上海合作，将上海作为中国互联网大会的举办地，组建专业工作委员会时考虑上海的挂靠单位，探讨互联网金融、智慧城市建设等工作交流合作。

9月24日，副市长周波、主任李耀新到市无线电管理局调研工作。

9月25日，2013中国智慧园区高峰论坛在上海浦东软件园举行。副主任邵志清、国家信息中心专家委员会主任宁家骏等出席会议。会议围绕智慧园区发展战略、建设模式、重点应用、运营策略、评测体系等热点话题进行研讨，探索中国智慧园区建设路径。

9月25日，副主任刘健、市绿化市容局副局长方岩等出席上海公园绿地WiFi建设表彰暨开通大会。

9月26日，市经信委就“棱镜”事件后的信息安全形势与对策组织召开专题会议。

9月27日，主任李耀新主持召开市经信委主任办公会议，讨论通过了市经信委关于自贸区产业创新转型升级和信息化建设两个重点课题的工作方案。

10月

10月8日，主任李耀新会见SEMI中国区总裁陆郝安，双方就集成电路行业情况和发展趋势进行了交流，双方表示将在未来深化合作，共同推进上海集成电路产业发展。

10月9日，市人大常委会召开"信息化建设"专题代表书面意见督办座谈会。市人大常委会副主任郑惠强、洪浩，市政府副秘书长徐逸波，市经信委主任李耀新、副主任刘健、秘书长戎之勤出席会议。

10月10日，主任李耀新、副主任刘健、副巡视员史文军赴互联网经济咨询中心调研。

10月10日，市经信委组织召开工业控制系统信息安全与测试自动化服务专题会议，邀请中国商用飞机有限责任公司、上海市电力公司、上海电气(集团)总公司、中法水务投资有限公司等重点单位信息安全负责同志以及公安部第三研究所、上海信息安全测评中心、金电网安等业内专家，分别就如何加强工业控制系统信息安全工作进行交流讨论。

10月11日，副主任傅新华会见甲骨文公司全球副总裁潘杰君一行，双方就甲骨文公司拟在自贸区内设立云计算中心的可行性进行了深入沟通。

10月12日，市经信委和市发展改革委联合组成的答辩组，赴京参加国家发展改革委组织的"国家下一代互联网示范城市"答辩评审会，从"基础设施、业务应用、产业化、政策环境"等方面介绍了本市下一代互联网工作的基础与瓶颈、工作目标与内容、保障措施。

10月14日，副主任刘健赴陆家嘴街道调研智慧社区建设，并到市新居民区社区活动室实地察看了智慧社区应用。

10月15日，工博会组委会副主任兼秘书长、副市长周波主持召开第十五届工博会市府专题会议。组委会常务副秘书长、市政府副秘书长徐逸波、组委会办公室常务副主任、市经信委主任李耀新出席会议。

10月16日，副主任吴磊、副巡视员史文军组织召开《杭州湾北岸先进制造业发展战略》课题讨论会，中国电子信息产业发展研究院党委书记宋显珠、副院长杨拴昌、赛迪顾问总裁李树参加会议。

10月16日，市征信办组织重点领域专项试点牵头部门、行政审批领域使用信用记录试点相关部门、区县信用体系建设牵头部门代表召开推进信用记录使用、加强信用联动奖惩交流研讨会。市征信办常务副主任陈跃华出席会议并讲话。

10月16日，2013年上海软件和集成电路产业发展专项资金项目管理会议召开。会议就专项资金项目财务账目、技术进展、工作流程，验收规范、后续检查等环节对项目承担单位进行培训，提出要求。

10月17日，副主任刘健、副巡视员史文军赴上海超算中心调研，专题讨论推进上海超算中心四期建设，副主任刘健对进一步完善四期建设方案提出具体要求。

10月18日，副主任吴磊赴中国移动通信集团上海有限公司调研，参观中国移动视频产品创新基地和上海移动网络运行管理中心。

10月18日，市经信委与银监会上海监管局召开会议，围绕发挥市公共信用信息服务平台作用，运用跨领域信息加强银行从业人员、高管人员和银行信用监管，进一步建立金融行业从业人员失信联动惩戒机制等问题进行探讨。

10月19日，上海天马有机发光显示技术有限公司AM-OLED项目一期启动仪式在浦东新区举行。副市长周波、副秘书长徐逸波、中航工业总经理谭瑞松、中航国际总经理吴光权、市经信工作党委书记周国雄、市经信委副主任吴磊出席启动仪式。

10月22日，市经信委与奇虎360科技公司就重点网站安全监测与服务、欺诈网站拦截与阻断、信息安全活动周的筹备等事宜进行会商，并就下一步奇虎360科技公司与上海网络与信息安全应急管理事务中心等单位开展合作的事项进行研讨。

10月23日，主任李耀新、副主任邵志清赴印孚瑟斯技术(中国)有限公司调研，双方围绕软件产业发展瓶颈、中国市场开拓等问题进行深入讨论。

10月23日，主任李耀新在上海电视台接受第一财经"财经关键词"节目智慧城市专题访谈，围绕本市智慧城市在信息基础设施建设、信息化应用和新兴信息技术产业发展等方面的进展情况、未来展望以及2013年智慧城市体验周活动与主持人进行交流。

10月24日，市国防科工办副主任张华芳会见德国电信车联网副总裁米撒勒莱纳先生一行。副主任张华芳表示，希望将来与德国电信等欧美优秀企业合作，建立互利共赢的合作关系。

10月24日，受中国移动集团公司奚国华董事长委托，集团发展战略部总经理王红梅一行5人，来市经信委就自贸区有关政策进行专题调研。副巡视员史文军介绍了自贸区建设背景、核心内容、政策创新等内容，市经信委相关处室重点介绍了自贸区增值电信业务开放、信息基础设施发展建设、社会信用体系作用、法制保障、产业和信息化课题等，并对电信运营商提出相关需求和工作建议，双方进行了沟通和交流。

10月25日，市长杨雄会见美国惠普公司（HP）全球高级副总裁、中国区董事长毛渝南先生一行，市经信委主任李耀新陪同。

10月25日，副主任陈跃华召开专题会议，听取2013年本市信息安全检查工作总结、云计算服务安全审查试点、信息安全服务机构能力评估、网络与信息安全应急基础平台项目建设等工作情况。

10月25日，书记周国雄、副主任刘健前往浦东新区陆家嘴街道调研智慧社区建设，参观本市智慧社区试点示范成果展示，到独居老人家庭察看生活预约服务、食品安全追溯、远程医疗咨询等应用，并到社区活动室察看IPTV社区频道、远程心电监护、医疗预约服务、陆家嘴区域停车实时信息等应用。书记周国雄对前阶段本市开展的智慧社区试点工作给予充分肯定，并对进一步做好智慧社区建设提出要求。

10月28日，副市长周波参加2013上海智慧城市体验周活动，前往浦东新区陆家嘴街道调研智慧社区建设。副市长周波参观了本市智慧社区试点示范成果展示和陆家嘴街道社区体验中心，到独居老人家庭和社区活动室察看了生活预约服务、食品安全追溯、远程医疗咨询等应用。主任李耀新陪同调研。

10月28日，市信息化专家委举办促进政府数据服务开放研讨会，会议由专家委主任吴启迪主持，副主任刘健、总工程师马静、市政府法制办副主任张忠玉、市申康医疗中心副主任高解春和上海联通总经理蔡全根参加会议。

10月31号，2013信息安全技能竞赛个人技能赛总决赛开赛。总决赛为信息安全夺旗赛，选手需使用指定计算机、所提供工具对目标服务器进行安全分析、漏洞查找、漏洞利用、权限获取和目标控制。经过激烈角逐，来自上海的选手朱家恺获得第一名。

10月31日，主任李耀新、秘书长戎之勤、副巡视员史文军赴市政府研究室，与主任王德忠共同研究推进产业信息化创新转型、国际经济中心建设、外环生态经济圈、制造业与服务业融合、产业发展模式和政策机制创新等情况。

11月

11月1日，作为第三届上海市信息安全活动周重点行业信息安全大讲堂的首场行业讲堂——银行业信息安全大讲堂开讲。工信部信息安全协调司司长赵泽良、上海市网络与信息安全协调小组副组长、市经信委主任李耀新、中国人民银行上海总部金融服务二部副主任姜威分别发言。

11月1—7日，以“我身边的信息安全”为主题的第三届上海市信息安全活动周圆满完成。

11月4日，信用管理处会同自贸区管委会企业服务处，召集市环保局、市信息中心等部门召开自贸区信息共享平台信用管理子系统建设工作座谈会，就系统的主要功能、数据需求和系统框架等问题开展讨论。

11月4日，副主任马静、国际质量科学院理事长玛丽·简院士、中国工程院院士教授郭重庆、中国认证认可协会秘书长生飞、国家认监委认可监管部主任赵宗勃等出席2013年中国国际工业博览会质量创新论坛，副主任马静介绍了世界和我国信息产业发展情况。

11月6日，主任李耀新、秘书长戎之勤赴市委研究室，与主任张道根共同研究上海产业发展阶段、产业结构调整、制造业转型、服务业创新、智慧城市建设，及规划定位、企业主体、载体提升、项目建设、产业投融资、政策服务环境等“六要素”统筹推进情况，谋划2014年产业和信息化工作思路举措。

11月6日，副主任邵志清出席2013光电子高峰论坛并致辞，介绍了上海新型显示产业情况，并提出了下一步发展思路。

11月12日，副主任吴磊专题调研本市北斗卫星导航产业，分别与上海北斗卫星导航平台有限公司、上海航天技术研究院、市交港局等进行座谈，并结合近期北斗卫星导航产业发展委内大讨论，就产业发展与行业应用等重点问题的工作思路和举措方案进行深入沟通。

11月19日，主题为“创新、服务、开放”的第五届上海市软件创新论坛举行。副主任邵志清致辞，并介绍2013年前三季度本市软件行业运行特点和自贸区开放“增值电信”相关情况。

11月20日，副市长周波、白少康和副秘书长徐逸波召开市政府专题会议，研究本市“恶意呼叫拦截平台”建设工作，市经信委副主任刘健参加会议。

11月20日，主任李耀新带队赴中国电子信息产业研究院（赛迪研究院）调研，学习考察该院在事业单位机制体制改革创新方面的探索经验，在产业经济和信息化建设领域开展研究、咨询和评测等发展信息服务业方面的经验。秘书长戎之勤、副巡视员史文军参加调研，中国电子信息产业研究院院长罗文介绍了相关情况。

11月21日，主任李耀新会见印度驻沪总领事史耐恩及印孚瑟斯公司、塔塔咨询服务有限公司、印度HCL信息系统公司等在沪印度软件企业高管。

11月21日，本年度第二期“花园坊下午茶”活动——“走向新经济分享新案例”专场举行，主任李耀新、副主任邵志清、秘书长戎之勤和副巡视员史文军出席。活动邀请了市发改委、科委、商务委和金融办等委办参加，来自投资界、各区经(商)委、“新技术、新业态、新模式、新经济”企业、工业园区和委内处室代表共议“投时问路——从资本足迹探寻IT驱动的新经济发展”主题。

11月21日，市经信委副主任、市国防科工办主任吴磊、市国防科工办副主任张华芳赴北京调研北斗卫星导航产业相关单位，分别与中国航天电子技术研究院(航天九院)、北京合众思壮科技股份有限公司进行座谈，并就卫星导航产业链上下协作、价值链前后延伸以及相关企业和院所在上海的战略布局等问题进行沟通。

11月21日，工信部信息化推进司司长徐愈赴上海社科院信息研究所，对其承担的工信部专项课题“两化融合综合推进体系问题研究”进行验收，并赴上海大众调研两化融合管理体系与标准的推广实施工作，副主任刘健陪同调研。司长徐愈肯定了课题研究成果，并提出研究成果要做好面向公众的公开共享。

11月25日，民政部和工信部联合在沪召开全国社区公共服务综合信息平台建设推进会。民政部部长李立国、工信部副部长杨学山出席会议并讲话，民政部副部长窦玉沛主持会议并作总结讲话。副市长时光辉出席会议，市经信委副主任刘健参加会议。

11月25日，工信部在上海召开“核高基”重大专项“面向事物处理型桌面计算机关键软硬件研发与规模应用”课题工作会议，听取课题的进展情况以及下阶段工作计划。工信部副部长杨学山、上海市政府副秘书长徐逸波、工信部电子司司长丁文武、软件司副司长陈英、市经信委主任李耀新、副主任邵志清以及科技部、财政部、教育部、中科院、国防科工局的相关同志出席会议。

11月26日，工信部在上海浦东新区召开国家电子商务综合创新实践区总结验收会议。工信部副部长杨学山，浦东新区副书记、代区长孙继伟，工信部信息化推进司副司长董宝青，国家信息化专家咨询委员会副主任杨国勋以及市经信委副主任刘健等参加会议。

11月27日，主任李耀新带队赴安吉星信息服务有限公司和钛马车联网网络技术有限公司调研，两家公司分别介绍了车联网前装、后装市场情况。

11月27日，副主任刘健召开信息安全专题会议，听取本市信息安全保障工作情况汇报，并就下阶段工作落实情况和2014年重点工作进行专题研究，提出具体要求。

11月28日，副主任刘健带队赴上海邮电设计咨询研究院有限公司进行调研，听取邮电设计院有关自贸区信息基础设施规划预研、区域信息基础服务能级地图及新三年信息基础设施发展思路和对策研究等专题工作汇报。副主任刘健对邮电设计院工作给予充分肯定，并对相关研究内容提出了具体要求。

11月29日，副主任刘健带队赴市委机要局(市密码管理局)调研，与局长刘林、副局长王晓岗就共同加强2014年本市密码管理及信息安全保障相关工作进行交流。

11月29日，副主任邵志清代表市经信委与加拿大不列颠哥伦比亚省国际贸易厅副厅长香农·巴斯克维尔女士签署《上海市经济和信息化委员会与加拿大不列颠哥伦比亚省国际贸易厅双向经济合作谅解备忘录》。

12月

12月2日，市经信委召开会议传达学习市委务虚会精神，研究细化2014年产业发展和信息化建设工作思路，主任李耀新在会上发言。

12月3日，2013上海国际“3D打印技术与未来”高峰论坛暨快速成型展览会在上海开幕。市政协副主席、市工商联主席王志雄出席论坛，工信部软件服务业司巡视员李颖、市经信委副主任傅新华分别致辞，中国工程院院士卢秉恒等作主题演讲。

12月4日，上海市社会信用体系建设督导反馈会议在市政府召开，副市长周波在听取督导组组长、公安部科技信息化局局长厉剑的反馈意见后提出意见。

12月4日，副市长蒋卓庆会见法国泰雷兹集团轨道交通信号系统全球总裁方睿思一行市经信委副主任徐子瑛陪同会见。

12月4日，副主任邵志清出席2013 Telematics@China高峰论坛，并发表题为“以推进车联网产业发展为行业典范，大力发展上海信息服务业”的主旨演讲。

12月5日，副主任邵志清赴筹建中的湾谷科技园进行现场调研。副主任邵志清就园区的产业定位、规划实施、招商引资、公共服务和基地申报等事项与杨浦区副区长陈宇剑、上海城投置地(集团)有限公司董事长俞卫中和上海杨浦科技创业中心有限公司总经理谢吉华等领导进行交流，并对相关工作提出具体要求。

12月6日，副主任邵志清会见美国信息产业机构总裁Matt Roberts。

12月10日，市口岸办和中国电信上海公司共同签署“促进中国(上海)自贸试验区建设、推进上海口岸信息化战略合作协议”，副主任刘健见证签约并致辞。

12 月 11 日，副市长周波会见微软公司全球资深副总裁、微软亚太研发集团主席张亚勤博士一行，主任李耀新陪同。

12 月 11 日，副主任邵志清赴临港软件园调研，就临港软件园（一期）开园来的招商进展和上海软件展示（体验）馆建设进程做了实地勘察，并就二/三期规划的启动情况与浦东新区、港城集团进行交流，临港管委会副主任柳靖国陪同调研。

12 月 13 日，副市长周波、副秘书长徐逸波赴超算中心调研，参观中心主机房和计算机科技馆，听取关于中心发展情况及四期建设计划的汇报。主任李耀新、副主任刘健以及市发改委、市财政局等相关领导陪同调研。

12 月 18 日，主题为“网罗天下　贷动未来”的上海金融信息服务业年度峰会暨上海互联网金融高峰论坛举行，主任李耀新参加论坛并致辞。

12 月 18 日，副主任傅新华召开会议，会同交行上海分行和招商银行上海分行小企业部门负责人，就推出软件和信息服务业小企业信用贷款事宜进行商讨。

12 月 23 日，市委副书记、市长杨雄主持召开市政府常务会议。会议原则通过《上海市贯彻落实〈国务院关于促进信息消费扩大内需的若干意见〉行动纲要（2014—2017 年）》。

12 月 23 日，市政府召开专题会议，研究来沪人员灵活就业登记信息共享方案。会议由市府副秘书长吴建融主持，市经信委副主任刘健在会上汇报了“来沪人员灵活就业登记信息共享实施方案”。

12 月 23 日，副主任徐子瑛，副巡视员史文军赴市经团联调研，听取上海产业和信息化“十三五”规划前期研究的意见建议，市经团联会长蒋以任参加会议。

12 月 31 日，上海市公共信用信息服务平台面向信息主体开通试运行。

（李　白）

评优表彰

2013年度上海市明星软件企业、优秀软件产品、优秀软件企业家及软件收入二十强企业

2013年度上海明星软件企业(经营型,57家)

1	上海宝信软件股份有限公司	30	乐线软件开发(上海)有限公司
2	上海贝尔软件有限公司	31	上海新致软件有限公司
3	银联商务有限公司	32	上海益盟软件技术股份有限公司
4	上海中兴软件有限责任公司	33	上海华勤通讯技术有限公司
5	卡斯柯信号有限公司	34	起于凡信息技术(上海)有限公司
6	百视通网络电视技术发展有限责任公司	35	上海数讯信息技术有限公司
7	盛趣信息技术(上海)有限公司	36	上海大唐移动通信设备有限公司
8	花旗软件技术服务(中国)有限公司	37	延锋伟世通电子科技(上海)有限公司
9	龙旗科技(上海)有限公司	38	上海南天电脑系统有限公司
10	联芯科技有限公司	39	上海华虹计通智能系统股份有限公司
11	上海理想信息产业(集团)有限公司	40	上海中信信息发展股份有限公司
12	万达信息股份有限公司	41	上海中和软件有限公司
13	网宿科技股份有限公司	42	上海金仕达卫宁软件股份有限公司
14	上海征途信息技术有限公司	43	上海海隆软件股份有限公司
15	上海微创软件股份有限公司	44	东方财富信息股份有限公司
16	快钱支付清算信息有限公司	45	易保网络技术(上海)有限公司
17	上海华腾软件系统有限公司	46	上海期货信息技术有限公司
18	上海延华智能科技(集团)股份有限公司	47	上海迪爱斯通信设备有限公司
19	携程旅游网络技术(上海)有限公司	48	用友软件股份有限公司上海分公司
20	华存数据信息技术有限公司	49	上海恺英网络科技有限公司
21	上海完美世界网络技术有限公司	50	上海众恒信息产业股份有限公司
22	展唐通讯科技(上海)股份有限公司	51	上海企源科技股份有限公司
23	上海万得信息技术股份有限公司	52	华平信息技术股份有限公司
24	中海网络科技股份有限公司	53	上海亚太计算机信息系统有限公司
25	上海起凡数字技术有限公司	54	上海泛微网络科技股份有限公司
26	上海花千树信息科技有限公司	55	安科瑞电气股份有限公司
27	东软集团(上海)有限公司	56	博彦科技(上海)有限公司
28	上海未来宽带技术股份有限公司	57	上海博科资讯股份有限公司
29	上海博达数据通信有限公司		

说明:2012年度企业总收入在1.5亿元人民币以上(含)。

2013年度上海明星软件企业(出口型,10家)

1	花旗软件技术服务(中国)有限公司	6	易保网络技术(上海)有限公司
2	上海海隆软件股份有限公司	7	上海启明软件股份有限公司
3	上海中和软件有限公司	8	上海冈三华大计算机系统有限公司
4	泰乐通讯技术(上海)有限公司	9	PFU上海计算机有限公司
5	博朗软件开发(上海)有限公司	10	上海恺英网络科技有限公司

说明:2012年度企业出口收入500万美元以上(含)。

2013年度上海明星软件企业(创新型,88家)

1	上海华勤通讯技术有限公司	26	上海华虹计通智能系统股份有限公司
2	上海宝信软件股份有限公司	27	上海维宏电子科技股份有限公司
3	万达信息股份有限公司	28	上海农业信息有限公司
4	龙旗科技(上海)有限公司	29	上海微创软件股份有限公司
5	中标软件有限公司	30	上海众恒信息产业股份有限公司
6	安科瑞电气股份有限公司	31	上海富欣智能交通控制有限公司
7	延锋伟世通电子科技(上海)有限公司	32	盛趣信息技术(上海)有限公司
8	上海金仕达卫宁软件股份有限公司	33	科大智能科技股份有限公司
9	上海摩软通讯技术有限公司	34	起于凡信息技术(上海)有限公司
10	上海华腾软件系统有限公司	35	东方财富信息股份有限公司
11	上海理想信息产业(集团)有限公司	36	上海贝尔软件有限公司
12	上海大唐移动通信设备有限公司	37	上海复旦光华信息科技股份有限公司
13	华存数据信息技术有限公司	38	上海圣然信息技术有限公司
14	华平信息技术股份有限公司	39	上海长城电子信息网络有限公司
15	上海中信信息发展股份有限公司	40	中海网络科技股份有限公司
16	卡斯柯信号有限公司	41	上海新眼光医疗器械股份有限公司
17	上海合合信息科技发展有限公司	42	上海延华智能科技(集团)股份有限公司
18	上海三旗通信科技股份有限公司	43	乐线软件开发(上海)有限公司
19	上海迪爱斯通信设备有限公司	44	上海南天电脑系统有限公司
20	上海亚太计算机信息系统有限公司	45	上海埃帕信息科技有限公司
21	花旗软件技术服务(中国)有限公司	46	上海思伟软件有限公司
22	普元信息技术股份有限公司	47	上海酷宇通讯技术有限公司
23	上海恺英网络科技有限公司	48	上海互联网软件有限公司
24	上海天好电子商务有限公司	49	上海博达数据通信有限公司
25	上海泛微网络科技股份有限公司	50	上海花千树信息科技有限公司

续 表

51	上海普华科技发展股份有限公司	70	上海京颐信息科技有限公司
52	上海寰创通信科技股份有限公司	71	上海上讯信息技术有限公司
53	上海期货信息技术有限公司	72	上海东欣软件工程有限公司
54	上海熙菱信息技术有限公司	73	上海益盟软件技术股份有限公司
55	上海中远资讯科技有限公司	74	上海吉联新软件股份有限公司
56	上海未来宽带技术股份有限公司	75	上海企源科技股份有限公司
57	上海博科资讯股份有限公司	76	上海格尔软件股份有限公司
58	展唐通讯科技(上海)股份有限公司	77	波克城市网络科技(上海)有限公司
59	上海百胜软件有限公司	78	易保网络技术(上海)有限公司
60	上海兴安得力软件有限公司	79	上海海鼎信息工程股份有限公司
61	上海大汉三通通信股份有限公司	80	上海艾麒信息科技有限公司
62	上海格蒂电力科技股份有限公司	81	上海同是工程科技有限公司
63	上海汇纳网络信息科技有限公司	82	上海文华财经资讯有限公司
64	上海爱数软件有限公司	83	上海捷奥信息科技有限公司
65	上海骏梦网络科技有限公司	84	上海麦杰科技股份有限公司
66	上海城市地理信息系统发展有限公司	85	上海软中信息技术有限公司
67	上海安硕信息技术股份有限公司	86	上海海勃物流软件有限公司
68	上海三零卫士信息安全有限公司	87	上海锐道信息技术有限公司
69	上海圣桥信息科技有限公司	88	上海兰台信息技术有限公司

说明：企业三年来(2010、2011、2012年)已登记软件产品在10件或10件以上(含专利、软件著作权)，并且2012年度至少新登记了2～4件产品或专利。

2013年度上海明星软件企业(快速增长型，18家)

1	快钱支付清算信息有限公司	10	上海格蒂电力科技股份有限公司
2	展唐通讯科技(上海)股份有限公司	11	上海新眼光医疗器械股份有限公司
3	上海起凡数字技术有限公司	12	上海清鹤数码科技有限公司
4	东软集团(上海)有限公司	13	上海泽众软件科技有限公司
5	上海酷宇通讯技术有限公司	14	上海勤和互联网技术软件开发有限公司
6	上海维宏电子科技股份有限公司	15	上海棠棣信息科技有限公司
7	上海爱数软件有限公司	16	上海智臻网络科技有限公司
8	上海恺英网络科技有限公司	17	上海京颐信息科技有限公司
9	上海大汉三通通信股份有限公司	18	上海未来宽带技术股份有限公司

说明：2010年经营收入达100万以上，年度总收入增长率高于50%，考察2010、2011、2012年三年的经营收入情况。

2013 年度上海明星软件企业(领先型,16 家)

1	万达信息股份有限公司	9	华平信息技术股份有限公司
2	快钱支付清算信息有限公司	10	上海亚太计算机信息系统有限公司
3	上海万得信息技术股份有限公司	11	上海二三四五网络科技股份有限公司
4	上海未来宽带技术股份有限公司	12	上海百事通信息技术有限公司
5	上海益盟软件技术股份有限公司	13	上海格尔软件股份有限公司
6	上海中信信息发展股份有限公司	14	上海市数字证书认证中心有限公司
7	上海期货信息技术有限公司	15	上海吉联新软件股份有限公司
8	上海众恒信息产业股份有限公司	16	东方财富信息股份有限公司

说明:对于在规定的 15 个领域内的企业,2012 年在该领域收入在全市排名前三位且 2012 年度经营收入不低于 5 000 万元的企业,并提供产品占有上海市场份额的相关证明材料。

2013 年度上海明星软件企业(四新企业,21 家)

1	万达信息股份有限公司	12	上海菱通软件技术有限公司
2	网宿科技股份有限公司	13	上海富欣智能交通控制有限公司
3	上海花千树信息科技有限公司	14	上海艾麒信息科技有限公司
4	上海益盟软件技术股份有限公司	15	上海京颐信息科技有限公司
5	东方财富信息股份有限公司	16	上海景格科技股份有限公司
6	上海企源科技股份有限公司	17	上海卖买提网络科技有限公司
7	安科瑞电气股份有限公司	18	上海长润信息技术有限公司
8	上海二三四五网络科技股份有限公司	19	上海合合信息科技发展有限公司
9	上海圣然信息技术有限公司	20	上海新网程信息技术股份有限公司
10	上海上讯信息技术有限公司	21	上海付费通信息服务有限公司
11	上海熙菱信息技术有限公司		

说明:软件企业发展符合新技术、新业态、新模式、新经济发展趋势,有成功案例且 2012 年企业经营收入达 2 000 万元以上的软件企业。

2013 年度优秀软件产品(162 款)

1	安科瑞电气股份有限公司	安科瑞 ARCM 200 剩余电流式电气火灾探测器软件 V1.0
2	东方财富信息股份有限公司	东方财富 LEVEL-2 行情转发软件 V1.0
3	东方财富信息股份有限公司	东方财富财富密码证券决策软件 V3.0.0
4	东方财富信息股份有限公司	东方财富金融终端软件 V1.0
5	泛亚汽车技术中心有限公司	泛亚车身控制器软件 V1.0
6	华平信息技术股份有限公司	AVCON 视频综合监控指挥平台软件 [简称:AVCONUCC 系统]V6.0
7	华平信息技术股份有限公司	AVCON 应急指挥图像综合管理平台软件 [简称 AVCON 图像综合管理平台]V6.0

续　表

8	聚胜万合信息技术(上海)有限公司	聚胜万合互联网网站广告管理和发布软件 [简称：Media Vista for Publisher]V1.0
9	卡斯柯信号有限公司	卡斯柯 iLOCK 计算机联锁软件 V1.0
10	卡斯柯信号有限公司	卡斯柯分散自律调度集中软件 V2.0
11	卡斯柯信号有限公司	卡斯柯智能自动列车监控软件(iTS)V1.0
12	乐线软件开发(上海)有限公司	乐线线上订单平台软件 V2.6.0.0
13	乐线软件开发(上海)有限公司	乐线游戏道具支付网关软件 V1.0.0.0
14	乐线软件开发(上海)有限公司	乐线支付平台软件 V2.6.0.0
15	普尔盾电气(上海)有限公司	普尔盾 PES-6100 系列微机保护测控装置软件
16	普华基础软件股份有限公司	普华 i-VirtualCloud 云计算系统应用软件 V3.1
17	普元信息技术股份有限公司	普元 BPS 软件 V6
18	普元信息技术股份有限公司	普元 EOS 软件 V6
19	起于凡信息技术(上海)有限公司	起凡游戏平台软件 V2.0
20	上海埃帕信息科技有限公司	埃帕 Cooling 互联网舆情分析软件 V1.1
21	上海埃帕信息科技有限公司	埃帕 Egg 非结构化数据库软件 V1.2
22	上海艾麒信息科技有限公司	艾麒动态加载平台软件 V1.0
23	上海爱数软件有限公司	爱数备份软件 V3.5
24	上海爱韦讯信息技术有限公司	DO-178B 标准文档生成器
25	上海安硕信息技术股份有限公司	安硕村镇银行信贷管理软件 V1.0
26	上海安硕信息技术股份有限公司	安硕村镇银行信贷数据平台软件 V1.0
27	上海百胜软件有限公司	BS3000+百胜服装 ERP 软件 V2.0
28	上海百胜软件有限公司	百胜 eFAST 电子商务管理软件 V1.0
29	上海北塔软件股份有限公司	BTIM 北塔 IT 综合管理软件 V3.0
30	上海北塔软件股份有限公司	北塔网络运维管理软件 V5.0
31	上海博科资讯股份有限公司	博科管理软件计算机辅助设计及自动制造软件 [简称：CAD&Run Run]V1.0
32	上海长城电子信息网络有限公司	长城 ideal 基于 GIS 技术的社区综合服务管理软件 V1.0
33	上海长城电子信息网络有限公司	长城 ideal 教育行政管理软件 V1.0
34	上海创至计算机科技有限公司	创至法律引用辅助软件 V1.0
35	上海大汉三通通信股份有限公司	大汉三通基于 3G 的融合消息服务平台软件 [简称：CTC-CMS]V1.0
36	上海大汉三通通信股份有限公司	大汉三通企信通平台软件[简称：CTC-EMA]V5.0
37	上海大汉三通通信股份有限公司	大汉三通企信通平台软件 V1.0
38	上海大唐移动通信设备有限公司	大唐移动 iNOMS EXPT 分析软件[简称：iNOMS EXPT]

续 表

39	上海大智慧股份有限公司	DTS-大智慧策略交易平台软件 V1.0
40	上海迪爱斯通信设备有限公司	DS 消防通信指挥系统应用软件 V3.0
41	上海东兰信息技术有限公司	东兰 LiveFlow 工作流程管理软件
42	上海二三四五网络科技股份有限公司	启合分发网络监控大师软件 V3.5
43	上海泛微网络科技股份有限公司	泛微协同办公标准版软件 V8.0
44	上海泛微网络科技股份有限公司	泛微协同商务软件 V7.0
45	上海格尔软件股份有限公司	格尔 ECC 证书认证软件 V1.0
46	上海格尔软件股份有限公司	格尔安全认证网关软件 V5.2
47	上海格尔软件股份有限公司	格尔网络保险箱软件 V4.3
48	上海海鼎信息工程股份有限公司	海鼎 M-Data 企业资料管理平台软件 [简称：海鼎 M-Data 软件]V1
49	上海合合信息科技发展有限公司	合合名片全能王 iOS 版中文名片识别软件 V2.6.0.4
50	上海恒为信息科技有限公司	恒为 FPE 高性能数据流处理加速卡驱动软件 V1.0
51	上海恒为信息科技有限公司	恒为 OptiWay 协议处理控制软件 V2.0
52	上海互联网软件有限公司	必优必达电子政务应用软件 V2.0
53	上海互联网软件有限公司	必优必达移动办公平台软件 V1.0
54	上海互普信息技术有限公司	互普威盾内网安全管理软件 V3.2
55	上海花千树信息科技有限公司	花千树交友活动信息发布软件 V1.0
56	上海华腾软件系统有限公司	TOP CAFS 银行卡反欺诈侦测软件 V1.0
57	上海华腾软件系统有限公司	TOP SCF 供应链金融业务平台软件 V2.0
58	上海华兴数字科技有限公司	华兴工程机械控制软件 V2.01
59	上海华岩软件有限公司	华岩公路工程试验检测信息管理软件 V2.02
60	上海华岩软件有限公司	华岩试验室信息管理软件 V1.0
61	上海寰创通信科技股份有限公司	寰创 WLAN AP 软件 V1.0
62	上海寰创通信科技股份有限公司	寰创 WLAN AP 软件 V2.0
63	上海汇纳网络信息科技有限公司	汇纳智能客流视频监控系统分析软件 V1.0
64	上海佳克计算机软件股份有限公司	佳克实物资产全生命周期的数据分析管理软件 V8.0
65	上海嘉扬信息系统有限公司	嘉扬人力资源管理软件 V8.0
66	上海金铖科技发展有限公司	金铖旅馆业治安管理信息系统
67	上海金曲信息技术有限公司	金曲设计管理软件 V7.0
68	上海金仕达卫宁软件股份有限公司	金仕达卫宁公共卫生信息管理软件 V5.0
69	上海金仕达卫宁软件股份有限公司	金仕达卫宁医技信息管理软件 V5.0
70	上海金仕达卫宁软件股份有限公司	金仕达卫宁医院信息管理软件 V4.5
71	上海京颐信息科技有限公司	京颐移动临床信息管理软件[简称：移动临床]V2.0

续　表

72	上海景格科技股份有限公司	景格汽车仿真教学软件 V4.0
73	上海景格科技股份有限公司	景格汽车教学资源平台软件[简称：汽车教学资源库]V1.0
74	上海景格科技股份有限公司	景格汽车虚拟实训中心软件[简称：汽车虚拟实训中心]V2.0
75	上海景格科技股份有限公司	景格汽车整车教学软件 V3.5(延续)
76	上海骏梦网络科技有限公司	骏梦　萌三国 SNS 网页社区游戏软件[简称：萌三国]V1.0
77	上海骏梦网络科技有限公司	骏梦　小小阿狸 SNS 网页社区游戏软件[简称：小小阿狸]V1.0
78	上海骏梦网络科技有限公司	小小忍者海外版网页游戏软件[简称：小小忍者海外版]V2.0
79	上海恺英网络科技有限公司	“楼一幢”游戏软件 V1.3
80	上海恺英网络科技有限公司	“蜀山传奇”游戏软件 V1.0.0.0
81	上海恺英网络科技有限公司	“海盗王国”游戏软件 V1.0.0.0
82	上海恺英网络科技有限公司	恺英“古卷西游”游戏软件 V1.0
83	上海康泰软件有限公司	康泰货代之友企业版软件 V8.00
84	上海蓝鸟科技股份有限公司	蓝鸟锐泰生产管理软件
85	上海浪沙软件有限公司	RUNSA 分销管理软件 V264
86	上海理想信息产业(集团)有限公司	理想 Blazer 业务快速开发软件 V3.0
87	上海利驰软件有限公司	利驰电气 CAD 软件 SuperWORKS 工厂版软件 V8.0
88	上海麦杰科技股份有限公司	麦杰 openPlant 实时数据库软件[简称：openPlant]V3.0
89	上海农业信息有限公司	上农信农村土地承包经营信息管理软件 V1.0
90	上海农业信息有限公司	上农信涉农补贴资金监管平台软件 V1.0
91	上海普华科技发展股份有限公司	普华工程项目管理集成软件[简称 PowerOn]V5.2
92	上海普华科技发展股份有限公司	普华项目管理信息平台软件[简称 powerpip]V4.5
93	上海普坤信息科技有限公司	普坤科技综合资源管理软件[简称：PKIRM]V2.1
94	上海期货信息技术有限公司	Futures Ideal 新一代交易所交易系统 V1.0
95	上海期货信息技术有限公司	Futures Ideal 非实时业务监控软件 V1.0
96	上海期货信息技术有限公司	Futures Ideal 上期所互联网安全改造软件 V1.0
97	上海期货信息技术有限公司	Futures Ideal 异地灾备中心应用软件 V1.0
98	上海齐家网信息科技股份有限公司	齐家商城公共服务平台软件 V1.0
99	上海齐屹信息科技有限公司	齐屹装修服务电子商务平台软件 V1.0
100	上海企源科技股份有限公司	AMT 大型企业集团流程管理平台软件 V1.0
101	上海日出科技有限公司	日出 IT 服务流程管理 OTRS 软件 V2.4.7
102	上海日出科技有限公司	日出业务支撑网运管理门户软件 V1.0.0
103	上海软中信息技术有限公司	软中集团计划预算管理软件 V1.0
104	上海锐道信息技术有限公司	锐道 DORADO 移动互联网 WEB 中间件软件

续 表

105	上海锐道信息技术有限公司	锐道开发框架软件 V2.0
106	上海三零卫士信息安全有限公司	三零卫士 IT 服务企业管理信息化平台软件 V1.0
107	上海三零卫士信息安全有限公司	三零卫士网络安全监控管理软件 V1.0
108	上海上讯信息技术有限公司	上讯运维管理审计软件 V1.0
109	上海圣然信息技术有限公司	圣然功夫派核心软件 V1.0
110	上海圣然信息技术有限公司	圣然小花仙核心软件 V1.0
111	上海圣然信息科技有限公司	圣然摩尔庄园核心软件 V2.0
112	上海圣然信息科技有限公司	圣然赛尔号基础核心软件 V1.0
113	上海市数字证书认证中心有限公司	数字证书综合业务受理平台软件 V1.0
114	上海思伟软件有限公司	思伟管桩自动化生产管理软件 V6.0
115	上海天好电子商务有限公司	天好公共资源交易(招投标管理)平台软件 V5.2
116	上海万得信息技术股份有限公司	Wind 资讯金融终端软件 V2012
117	上海维宏电子科技股份有限公司	维宏机器视觉定位数控软件 V9.0
118	上海文华财经资讯有限公司	文华 Smart 一键通下单软件 V7.0
119	上海文华财经资讯有限公司	文华文文通即时通讯软件 V2.3
120	上海文沥信息技术有限公司	Welink Gateway V2.0
121	上海熙菱信息技术有限公司	熙菱卡口监控深度应用平台软件 V1.0
122	上海新致软件有限公司	新致保险产品交易业务平台软件 V1.0
123	上海新致软件有限公司	新致新托管业务管理平台软件 V1.0
124	上海新致软件有限公司	新致新一代智能化电子病历软件 V1.0
125	上海鑫东信息科技有限公司	新东风价值投资平台软件 V2.0
126	上海亚太计算机信息系统有限公司	亚太医疗电子病案软件
127	上海亚太计算机信息系统有限公司	亚太中医健康监测平台软件
128	上海延华智能科技(集团)股份有限公司	延华卡申建筑能耗监测平台软件 V1.3B
129	上海亦源智能科技有限公司	亦源停车场智能管理软件[简称：PMS]V4.0
130	上海亦源智能科技有限公司	亦源一卡通管理软件[简称：GMS]V4.0
131	上海益盟软件技术股份有限公司	操盘手手机证券软件 V1.0
132	上海益盟软件技术股份有限公司	操盘手手机证券软件 V2.5
133	上海益盟软件技术股份有限公司	益盟操盘手策略模方量化软件 V1.0
134	上海益盟软件技术股份有限公司	益盟操盘手手机版深度分析决策软件 V1.0
135	上海益盟软件技术股份有限公司	益盟操盘手手机证券交易软件 V1.0
136	上海益盟软件技术股份有限公司	益盟操盘手证券投资决策软件 V6.0
137	上海益盟软件技术股份有限公司	益盟操盘手智赢投资组合软件 V1.0

续 表

138	上海益盟软件技术股份有限公司	益盟操盘手智赢优股籍软件 V1.0
139	上海益盟软件技术股份有限公司	益盟操盘手主力版深度分析决策软件 V1.0
140	上海泽众软件科技有限公司	泽众 TestCenter 测试管理软件 V1.0
141	上海征途信息技术有限公司	万王之王三游戏软件 V1.0
142	上海智臻网络科技有限公司	智臻智能客服软件 V4.0
143	上海中和软件有限公司	中和网站用户行为智能挖掘分析服务软件 V1.0
144	上海中交海德交通科技股份有限公司	海德基于 SaaS 模式的公路工程资源可视化管理软件 V1.0
145	上海中信信息发展股份有限公司	光典档案信息资源管理软件 V4.0
146	上海中信信息发展股份有限公司	中信服刑人员综合治理管理软件 V1.0
147	上海中远资讯科技有限公司	中远资讯通用集装箱航运管理软件[简称：SIMP-CONTAINER]
148	上海众恒信息产业股份有限公司	众恒面向煤炭行业安全生产监管物联网管理软件 V1.0
149	上海众恒信息产业股份有限公司	众恒社会管理综合治理信息化平台中间件软件 V1.0
150	上海棕榈电脑系统有限公司	金棕榈旅行社业务流程产品策划及团队控制平台软件 V7.01
151	盛趣信息技术(上海)有限公司	盛趣《分布式数据仓库智能调度》软件 V1.0
152	盛趣信息技术(上海)有限公司	盛趣《游戏私有云主机运营管理》软件 V1.0
153	守内安信息科技(上海)有限公司	守内安 SPAM SQR 邮件垃圾过滤管理软件 V2.9
154	万达信息股份有限公司	万达 SaaS 业务基础平台软件 V2.0
155	万达信息股份有限公司	万达突发公共卫生应急指挥系统应用软件 V1.0
156	万达信息股份有限公司	万达卫生监督管理平台应用软件 V1.0
157	网宿科技股份有限公司	网宿 CDN 平台软件 V2.0
158	维音数码(上海)有限公司	维音数码声像记录软件[简称：VisionLog V3.5.0]
159	易保网络技术(上海)有限公司	易保寿险销售平台软件 V3.5
160	银联商务有限公司	银联商务预付卡服务受理平台软件 V1.0
161	中标软件有限公司	中标麒麟高级服务器操作系统软件 V6.0
162	中海网络科技股份有限公司	中海高速公路自助刷发卡软件 V1.0

说明：该软件产品三年来已累计销售额超过 500 万元，或销售量超过 200 套(免费产品及 2012 年已获评的同名同版本号的产品不再参评)。

2013 年度优秀软件企业家(10 名)

1	上海宝信软件股份有限公司	王力董事长	6	上海博达数据通信有限公司	陈群总经理
2	盛趣信息技术(上海)有限公司	张向东总经理	7	上海大唐移动通信设备有限公司	李东宇总经理
3	网宿科技股份有限公司	洪珂总经理	8	起于凡信息技术(上海)有限公司	陈辉总经理
4	展唐通讯科技(上海)股份有限公司	姚艳总经理	9	东方财富信息股份有限公司	陶涛总经理
5	东软集团(上海)有限公司	邢波总经理	10	上海恺英网络科技有限公司	王悦董事长

说明：该申报人须担任企业的董事长或总经理，在本企业任职满 3 年以上(含 3 年)且企业员工数达 200 人以上(含 200 人)，2012 年度经营收入达 1.5 亿元(含 1.5 亿元)且企业近三年内(2010、2011、2012 年)不亏损。

2013年度软件收入二十强企业

序号	单位名称	营业收入(万元)	注册区县
1	中国银联股份有限公司	675 439	浦东
2	上海盛大网络发展有限公司	665 798	浦东
3	上海宝信软件股份有限公司	363 847	浦东
4	上海华讯网络系统有限公司	251 121	浦东
5	上海贝尔软件有限公司	215 911	浦东
6	巨人网络集团	207 495	徐汇
7	上海中兴软件有限责任公司	200 053	浦东
8	卡斯柯信号有限公司	157 136	闸北
9	花旗软件技术服务(中国)有限公司	106 823	浦东
10	龙旗科技(上海)有限公司	106 620	浦东
11	腾讯科技(上海)有限公司	106 303	徐汇
12	携程旅游网络技术(上海)有限公司	100 699	长宁
13	汇付天下有限公司	100 256	徐汇
14	联芯科技有限公司	95 487	徐汇
15	上海理想信息产业(集团)有限公司	95 036	浦东
16	万达信息股份有限公司	88 474	徐汇
17	富士通(中国)信息系统有限公司	83 103	浦东
18	上海电科智能系统股份有限公司	81 119	普陀
19	上海汉得信息技术股份有限公司	64 389	青浦
20	上海华腾软件系统有限公司	60 943	徐汇

统计报表

软件及相关服务务业调查表

2011年1— 月

表　　号：RCD202表
制定机关：上海市经济和信息化委员会
批准机关：上海市统计局
批准文号：沪统审字〔2012〕30号
有效期至：2014年12月

组织机构代码：□□□□□□□□-□　　行业代码：□□□□

填报单位名称(盖章)：____________

指标名称	代码	计量单位	1—本季	上年同期
单位个数	1000	个		
资产总计	1001	万元		
固定资产原价	1002	万元		
本期固定资产折旧	1003	万元		
营业收入合计	1004	万元		
其中：主营业务收入合计	1010	万元		
其中：软件收入合计	1011	万元		
其中：软件开发收入	1012	万元		
信息系统集成服务收入	1013	万元		
信息技术咨询服务收入	1014	万元		
数据处理和存储服务收入	1015	万元		
集成电路设计收入	1017	万元		
其中：软件外包服务收入	1025	万元		
其中：软件出口额	1030	万美元		
其中：软件外包服务出口额	1031	万美元		
营业成本	1005	万元		
营业税金及附加	1051	万元		
费用合计	1006	万元		
应交增值税	1052	万元		
利润总额	1040	万元		
营业利润	1041	万元		
投资收益	1042	万元		
从业人员工资总额	1060	万元		

续 表

指标名称	代码	计量单位	1—本季	上年同期
从业人员平均人数	1070	人		
研究与发展(R&D)经费支出	1110	万元		
合同金额同比增长	1111	%		—
软件著作权数	1211	件		—

单位负责人：__________填表人：__________联系电话：__________报出日期：________年________月________日

注：①价值量指标请保留一位小数；②"单位个数"由综合单位填报，企业不用填报。

审核要点：(1) 1004≥1010； (2) 1010≥1011； (3) 1011≥1025；

(4) 1011=1012+1013+1014+1015+1017； (5) 1012≥1030＊6.4(参考)； (6) 1025≥1031＊6.4(参考)。

信用服务企业基本情况

20 年

统计登记号：□□□□□□□□□

表 号：01 表
制定机关：上海市经济和信息化委员会

组织机构代码：□□□□□□□□—□

批准机关：上海市统计局

企业(单位)名称(盖章)：____________________

文号：沪统审字〔2011〕10 号

企业(单位)地址：____________________

有效期至：2014 年 4 月

指标名称	代码	计量单位	本年
甲	乙	丙	1
年末从业人员数	01	人	
按学历分：1. 研究生及以上学历	02	人	
2. 大学本科学历	03	人	
3. 大专学历	04	人	
4. 高中及以下学历	05	人	
按从业年限分：1. 五年及以上	06	人	
2. 三年及以上五年以下	07	人	
3. 一年及以上三年以下	08	人	
4. 一年以下	09	人	
按专业技术职称分，其中： 高级技术职称	10	人	
中级技术职称	11	人	
初级及以下技术职称	12	人	
按持有国内执业证书分，其中：注册会计师	13	人	
注册资产评估师	14	人	
注册土地估价师	15	人	

续 表

指标名称		代码	计量单位	本年
	具证券执业资格人员	16	人	
	具证券从业资格人员	17	人	
	律师	18	人	
	企业法律顾问	19	人	
按持有国外证书分，其中：	特许金融分析师(CFA)	20	人	
	英国特许公认会计师(ACCA)	21	人	
	美国注册会计师(AICPA)	22	人	
	北美精算师(FSA)	23	人	
	国际注册信用分析师(CICA)	24	人	
	国际注册信用师(ICCA)	25	人	
	国际信用管理师(ICM)	26	人	
	国际信用管理员(ICA)	27	人	
按持有国内培训证书分，其中：	信用管理师	28	人	
	获信用管理岗位证书人员	29	人	
	注册咨询师	30	人	
	信用分析师	31	人	
	信用评估师	32	人	
	信用调查师	33	人	
	商务调查师	34	人	
	商账管理师	35	人	

单位负责人：　　　填表人：　　　联系电话：　　　报出日期：　年　月　日

信用服务企业财务状况

20　年

统计登记号：□□□□□□□□

表　号：02 表
制定机关：上海市经济和信息化委员会

组织机构代码：□□□□□□□□—□

批准机关：上海市统计局

企业(单位)名称(盖章)：

文号：沪统审字〔2011〕10 号

企业(单位)地址：

有效期至：2014 年 4 月

指标名称	代码	计量单位	本年
甲	乙	丙	1
一、资产负债	—	—	—
固定资产原价(01≥02)	01	千元	
本年折旧	02	千元	
资产总计	03	千元	

续 表

指标名称	代码	计量单位	本年
负债合计	04	千元	
实收资本	05	千元	
二、损益及分配	—	—	—
营业收入合计(06≥07)	06	千元	
其中：主营业务收入	07	千元	
其中：资信评级业务	08	千元	
商业征信(或称企业征信)业务	09	千元	
个人征信业务	10	千元	
信用管理业务	11	千元	
其他业务	12	千元	
主营业务成本	13	千元	
税金	14	千元	
主营业务税金及附加	15	千元	
费用合计(营业费用、管理费用、财务费用)	16	千元	
营业利润(17≥06－13－15－16)	17	千元	
利润总额	18	千元	
三、从业人员劳动报酬	19	千元	
四、中高级技术职称人员人均年薪酬	20	千元	
五、劳动、失业、养老、医疗保险费	21	千元	
六、福利费	22	千元	
七、住房公积金和住房补贴	23	千元	
八、全部从业人员年平均人数	24	人	

以上财务数据________(已/未)经审计。

单位负责人：　　　　填表人：　　　　联系电话：　　　　报出日期：　年　月　日

信用服务企业业务情况

20　年

统计登记号：□□□□□□□□□

组织机构代码：□□□□□□□□—□

企业(单位)名称(盖章)：________________

企业(单位)地址：________________

表　号：03 表

制定机关：上海市经济和信息化委员会

批准机关：上海市统计局

文号：沪统审字〔2011〕10 号

有效期至：2014 年 4 月

业务类型	指标名称	代码	计量单位	本年
甲	乙	丙	丁	1
资信评级业务	资信评级报告	01	份	
	债项评级	02	笔	
	债项评级发债金额	03	千元	
	主体评级	04	户	
	主体评级对象贷款余额	05	千元	
商业征信(或称企业征信)业务	商业征信(或称企业征信)报告	06	份	
	客户数量	07	户	
	客户类型：内资企业	08	户	
	港、澳、台商投资企业	09	户	
	外商投资企业	10	户	
	政府部门	11	个	
	其他	12	户	
个人征信业务	个人信用报告查询	13	份	
	个人信用报告提供	14	份	
信用管理业务	咨询案例	15	项	
	培训人次	16	人次	
	应收账款管理金额	17	千元	

补充资料：

1. 科研活动________项
2. 公开发表专著________项
3. 自主知识产权________项
4. 信用报告用途：

____

____

____

单位负责人：　　　　填表人：　　　　联系电话：　　　　报出日期：　　年　　月　　日

软件企业认定和产品登记名单

2013 年度上海市认定软件企业名单

序号	企业名称	序号	企业名称
1	奥盈琦信信息技术(上海)有限公司	31	上海未达数码科技有限公司
2	上海鸿迪信息技术有限公司	32	上海优斯福信息科技有限公司
3	上海征创信息科技有限公司	33	上海迪亮信息科技有限公司
4	上海微企信息技术有限公司	34	微屏软件科技(上海)有限公司
5	柯奥信息技术(上海)有限公司	35	上海太岚信息技术有限公司
6	上海百琪迈数码科技有限公司	36	上海信擎信息技术有限公司
7	上海诚壹网络科技有限公司	37	上海波司登信息科技有限公司
8	上海步云信息科技有限公司	38	上海乐间信息技术有限公司
9	上海驰云信息科技有限公司	39	上海亿付数字技术有限公司
10	港中旅华贸(上海)信息科技有限公司	40	上海矽感信息科技有限公司
11	上海微趣网络科技有限公司	41	上海意利信息科技有限公司
12	上海文蓝软件技术有限公司	42	上海普江自动化科技有限公司
13	上海研实电气科技有限公司	43	上海优云软件技术有限公司
14	上海商永智能科技有限公司	44	上海穹跃信息技术有限公司
15	上海陛沙门信息技术有限公司	45	上海敬信软件技术有限公司
16	上海光极源网络科技有限公司	46	上海锐探软件技术有限公司
17	上海卓策信息技术有限公司	47	上海创软信息科技有限公司
18	上海质尊溯源电子科技有限公司	48	上海科湃腾信息科技有限公司
19	上海卓像信息科技有限公司	49	上海智隆信息技术有限公司
20	上海朝为电子科技有限公司	50	上海景业信息科技有限公司
21	上海云蟾数码科技有限公司	51	上海利正卫星应用技术有限公司
22	上海北斗卫星导航平台有限公司	52	上海微兴信息技术有限公司
23	上海集睿信息科技有限公司	53	上海学智科技有限公司
24	上海峰谱软件有限公司	54	上海乾憬文化传播发展有限公司
25	上海德拓信息技术有限公司	55	上海泉思电子科技有限公司
26	上海泥巴网络科技有限公司	56	上海掌韵网络科技有限公司
27	上海海控电子科技有限公司	57	富世惠智科技(上海)有限公司
28	上海浣熊信息科技有限公司	58	上海枫佳软件科技有限公司
29	上海维渊信息技术有限公司	59	上游信息科技(上海)有限公司
30	上海智邮网络科技有限公司	60	上海华琛电气有限公司

续 表

序号	企业名称	序号	企业名称
61	上海春宇数字科技有限公司	96	上海旭派信息科技有限公司
62	普尔盾电气(上海)有限公司	97	上海拓璞软件技术有限公司
63	上海深厚数码科技有限公司	98	上海乐拍文化传播有限公司
64	上海骏业网络科技有限公司	99	上海百洋医用数据处理技术有限公司
65	上海元方智库公共管理咨询有限公司	100	上海惠鸿信息科技有限公司
66	上海汉乾信息科技发展有限公司	101	上海银保信息科技有限公司
67	上海贝瑞电子科技有限公司	102	上海天云融创计算机科技有限公司
68	上海百酷信息科技有限公司	103	上海阿申信息科技有限公司
69	上海卖买提网络科技有限公司	104	上海畔慧信息技术有限公司
70	上海乾徽智能科技有限公司	105	上海傲兰杰信息科技有限公司
71	上海摩鹰信息科技有限公司	106	上海启合网络科技股份有限公司
72	上海簇联信息技术有限公司	107	上海雷士光艺实业有限公司
73	上海熙视光电科技有限公司	108	驭航信息技术(上海)有限公司
74	上海金融期货信息技术有限公司	109	上海联彤网络通讯技术有限公司
75	上海第一太平洋信息科技有限公司	110	上海源耀信息科技有限公司
76	索一软件科技(上海)有限公司	111	上海测源数码科技有限公司
77	上海物远物联网科技有限公司	112	上海韵阳信息技术有限公司
78	上海志精网络科技有限公司	113	上海巨岩信息科技有限公司
79	上海光华永盛消防智能系统有限公司	114	上海游果网络科技有限公司
80	上海明镀信息工程有限公司	115	上海视云网络科技有限公司
81	上海苑盛软件科技有限公司	116	上海赢泽信息技术有限公司
82	上海楚为网络科技有限公司	117	上海优刻得信息科技有限公司
83	上海智觉光电科技有限公司	118	上海卡司特曼信息技术有限公司
84	上海天健源达信息科技有限公司	119	上海纵坤信息技术有限公司
85	中钞格尔智能卡科技(上海)有限公司	120	上海三意电机驱动技术有限公司
86	上海易替维网络科技有限公司	121	上海富欣智能交通控制有限公司
87	巨服(上海)信息科技有限公司	122	柏域信息科技(上海)有限公司
88	上海品志文化传播有限公司	123	上海韵能建筑科技有限公司
89	上海视野价值管理软件有限公司	124	上海亿成科技有限公司
90	上海东兰软件有限公司	125	上海启致信息科技有限公司
91	上海宝宏软件有限公司	126	上海甲游网络科技有限公司
92	上海谱盟光电科技有限公司	127	上海软通软件开发技术有限公司
93	上海欣方信息科技有限公司	128	腾讯科技(上海)有限公司
94	上海天缔源数字科技有限公司	129	遨为(上海)数字技术有限公司
95	上海云辰信息科技有限公司	130	上海智聆信息技术有限公司

续 表

序号	企业名称	序号	企业名称
131	上海远州信息科技有限公司	166	上海人人游戏科技发展有限公司
132	上海紫通信息科技有限公司	167	上海同灏数码科技有限公司
133	上海若雅信息技术有限公司	168	上海都玩网络科技有限公司
134	上海戴西实业有限公司	169	上海联轩信息科技有限公司
135	上海必邦信息科技有限公司	170	上海万欣鑫达计算机信息科技有限公司
136	上海才扬软件科技有限公司	171	上海数虎图像科技有限公司
137	上海信义通信息技术有限公司	172	上海网化信息科技有限公司
138	上海同天能源科技有限公司	173	新蛋软件(上海)有限公司
139	上海懿磬信息科技发展有限公司	174	云巅(上海)网络科技有限公司
140	珂琉尔信息技术(上海)有限公司	175	上海硅知识产权交易中心有限公司
141	上海领意信息系统集成有限公司	176	上海逸珍信息科技有限公司
142	上海仁维软件有限公司	177	上海吟隆信息科技有限公司
143	上海安奎拉信息技术有限公司	178	上海悦腾网络科技有限公司
144	上海昱磊软件工程有限公司	179	上海音声信息技术有限公司
145	上海翱鸿电子技术有限公司	180	天霆云计算科技(上海)有限公司
146	上海动慧信息技术有限公司	181	上海岱喆信息科技有限公司
147	上海语联信息技术有限公司	182	上海旦迅信息技术有限公司
148	上海瑞谦软件有限公司	183	上海华亨软件科技有限公司
149	上海零氏信息技术有限公司	184	上海松川信息科技有限公司
150	上海兕维信息科技有限公司	185	上海道欣信息技术有限公司
151	上海威博网络技术有限公司	186	上海果凡科技有限公司
152	上海华盾信息科技有限公司	187	上海莫克易信息技术有限公司
153	宏路网络科技(上海)有限公司	188	上海忠恕物联网科技有限公司
154	上海志行合力软件技术有限公司	189	诺云信息系统(上海)有限公司
155	上海昭赫信息技术有限公司	190	运筹信息科技(上海)有限公司
156	上海强辰信息技术有限公司	191	曼恒蔚图(上海)软件技术有限公司
157	上海杰勤信息技术有限公司	192	上海卡索航空科技有限公司
158	上海睿则恩信息技术有限公司	193	上海奕奕数字技术有限公司
159	上海翰鑫信息科技有限公司	194	上海迈磁科技有限公司
160	上海泰宇信息技术有限公司	195	上海卓越睿新数码科技有限公司
161	滴滴学堂(上海)教育软件有限公司	196	上海双佰智能科技有限公司
162	上海喻世智能科技有限公司	197	上海特天弗电子科技发展有限公司
163	上海衡升智能科技有限公司	198	上海炫律网络科技有限公司
164	上海慧浦神望电子科技有限公司	199	上海滕维信息科技有限公司
165	上海佳码软件科技有限公司	200	上海齐屹信息科技有限公司

续　表

序号	企业名称	序号	企业名称
201	上海穗农信息科技有限公司	236	上海伟博软件有限公司
202	上海寅动信息科技有限公司	237	上海杰融软件技术有限公司
203	上海果盒网络科技有限公司	238	上海寅酷网络有限公司
204	上海酷星网络科技有限公司	239	用友汽车信息科技(上海)有限公司
205	上海昀正信息技术有限公司	240	中通服网优技术有限公司
206	上海文夕信息技术有限公司	241	上海奇城信息技术有限公司
207	上海易络客网络技术有限公司	242	上海东览通信软件有限公司
208	上海铠射信息科技有限公司	243	汇潮支付有限公司
209	上海金仕达卫宁软件科技有限公司	244	上海天跃科技股份有限公司
210	事成(上海)信息技术有限公司	245	上海宜奇信息科技有限公司
211	上海观弈通信技术有限公司	246	上海局放软件技术有限公司
212	上海竞思软件有限公司	247	上海金铖科技发展有限公司
213	赛捷软件(上海)有限公司	248	上海格金信息技术有限公司
214	上海企通软件有限公司	249	上海镐浦实业发展有限公司
215	上海江游信息科技有限公司	250	上海德思普微电子技术有限公司
216	上海雨桐信息科技有限公司	251	上海昊镭软件科技有限公司
217	上海海越赛尔自动化科技有限公司	252	家讯港湾互动媒体技术(上海)有限公司
218	上海常讯信息技术有限公司	253	上海睿杰仕信息技术有限公司
219	昱伟信息系统(上海)有限公司	254	易图视影像设备(上海)有限公司
220	上海天旦网络科技发展有限公司	255	上海水顿智能科技有限公司
221	上海铄放电子科技有限公司	256	上海微甲网络科技有限公司
222	上海安倍思信息技术有限公司	257	东方中安信息技术有限公司
223	上海萌果信息科技有限公司	258	上海正先电子科技有限公司
224	上海海湃计算机科技有限公司	259	光典信息发展有限公司
225	富达自动化管理系统(上海)有限公司	260	上海度深电子商务咨询服务有限公司
226	上海迈智信息技术有限公司	261	上海莱曼特信息科技有限公司
227	上海汇明信息技术有限公司	262	上海树维信息科技有限公司
228	上海汉声信息技术有限公司	263	上海心意答电子科技有限公司
229	上海铼钠克信息技术有限公司	264	上海聚群软件开发有限公司
230	上海赫思缔亚信息科技有限公司	265	非凡(上海)网络技术有限公司
231	上海经邦信息技术有限公司	266	上海旗领软件系统有限公司
232	上海欧佳软件有限公司	267	上海林创信息科技有限公司
233	上海美格网络技术有限公司	268	上海美开电子科技有限公司
234	上海瑞示电子科技有限公司	269	上海金牌软件开发有限公司
235	上海织泰信息科技有限公司	270	上海新虹伟信息科技股份有限公司

续 表

序号	企业名称	序号	企业名称
271	上海安悦四维信息技术有限公司	306	上海翱晟信息科技有限公司
272	上海名传信息技术有限公司	307	上海亚桥金融信息技术有限公司
273	上海科匠信息科技有限公司	308	上海科马软件技术有限公司
274	上海思萌特电子科技有限公司	309	上海伟赛智能科技有限公司
275	上海志心泉系统软件有限公司	310	上海绿联软件有限公司
276	上海优扬新媒信息技术有限公司	311	恩斐凯司信息技术(上海)有限公司
277	纳普(上海)软件有限公司	312	上海隆电信息技术有限公司
278	上海飞迪计算机信息科技有限公司	313	上海昊嘉信息技术有限公司
279	上海科睿展览展示工程科技有限公司	314	上海复全网络技术有限公司
280	上海亿索机电设备有限公司	315	上海蓝色星球科技有限公司
281	上海启道软件有限公司	316	安客诚信息服务(上海)有限公司
282	上海冠安信息技术有限公司	317	上海网擎信息系统有限公司
283	上海万津计算机系统工程有限公司	318	视辰信息科技(上海)有限公司
284	上海晨妙信息科技有限公司	319	上海拓鹏信息科技有限公司
285	上海脉创网络科技有限公司	320	上海新炬网络技术有限公司
286	上海释锐教育软件有限公司	321	上海九迹网络科技有限公司
287	上海科梁信息工程有限公司	322	上海伊赛迪斯信息科技股份有限公司
288	上海创功通讯技术有限公司	323	上海嘉软计算机信息技术有限公司
289	上海畅捷信息技术有限公司	324	上海掌道网络科技有限公司
290	上海音宝软件科技有限公司	325	上海毅弗软件有限公司
291	上海波导信息技术有限公司	326	上海仁开软件科技有限公司
292	晶赞广告(上海)有限公司	327	上海九洲信息技术有限公司
293	铭农(上海)信息科技有限公司	328	上海二六三通信有限公司
294	上海瑞酷数码科技有限公司	329	上海我要网络发展有限公司
295	上海集腾信息科技有限公司	330	企辉软件(上海)有限公司
296	上海锋范软件有限公司	331	上海冉青信息技术有限公司
297	上海方寸信息科技有限公司	332	上海博瑞凯德信息技术有限公司
298	上海禾沛信息科技有限公司	333	上海绿度信息科技有限公司
299	上海聚中信息科技有限公司	334	上海亦策软件科技有限公司
300	上海酷睿网络科技有限公司	335	上海雷诺尔信息技术有限公司
301	上海华云实业公司	336	上海富勒信息科技有限公司
302	上海广升信息技术有限公司	337	上海汇堃信息科技有限公司
303	上海颐东网络信息有限公司	338	上海正品贵德软件有限公司
304	上海驿动自动化科技有限公司	339	上海其高电子科技有限公司
305	上海云角信息技术有限公司	340	易士软件(上海)有限公司

续 表

序号	企业名称	序号	企业名称
341	上海欣圣信息科技有限公司	376	上海引讯信息技术有限公司
342	上海齐科信息科技有限公司	377	上海弘育信息技术有限公司
343	上海百果信息科技有限公司	378	上海劲玩网络科技有限公司
344	上海杰瑞兆新信息科技有限公司	379	上海矗昌信息科技有限公司
345	上海游唐网络技术有限公司	380	上海英立视数字科技有限公司
346	上海大团结文化科技股份有限公司	381	易百信息技术(上海)有限公司
347	上海卓越计算机有限公司	382	上海益客电子商务有限公司
348	上海司南卫星导航定位有限公司	383	上海六感科技有限公司
349	上海商鼎软件科技有限公司	384	开玛电子科技(上海)有限公司
350	上海东徒电子有限公司	385	上海软众网络科技有限公司
351	兴诺软件(上海)有限公司	386	上海哈邻网络科技有限公司
352	上海锐仲信息科技有限公司	387	上海美东软件开发有限公司
353	上海威塔数字科技有限公司	388	上海锐封软件有限公司
354	上海谦盈投资管理有限公司	389	上海艾尚通讯科技有限公司
355	盖泰柯通信系统(上海)有限公司	390	上海通途半导体科技有限公司
356	畅索软件科技(上海)有限公司	391	上海聚米信息科技有限公司
357	上海优谦软件有限公司	392	集欧软件科技(上海)有限公司
358	上海仲博计算机软件有限公司	393	上海易鲲信息科技有限公司
359	上海蔚莱信息技术有限公司	394	上海诞客网络科技有限公司
360	上海汇纳网络信息科技有限公司	395	世熠网络科技(上海)有限公司
361	上海海天信息系统工程有限公司	396	上海顺凯信息技术有限公司
362	上海博科供应链管理系统有限公司	397	上海上大海润信息系统有限公司
363	上海睿云信息技术有限公司	398	上海融盛信息科技有限公司
364	上海网新新思软件技术有限公司	399	上海游娱信息技术有限公司
365	美轮美信息科技(上海)有限公司	400	上海中棱射频技术有限公司
366	上海中畅信息科技有限公司	401	上海米勒信息科技有限公司
367	上海乐彦信息科技有限公司	402	上海才稚网络信息有限公司
368	上海道杰软件科技有限公司	403	上海泽雷信息科技有限公司
369	上海广亿信息技术有限公司	404	上海南谷计算机技术有限公司
370	上海新纵信息技术有限公司	405	上海天链智能科技有限公司
371	上海创动信息科技有限公司	406	上海皓空数码科技有限公司
372	上海宝景信息技术发展有限公司	407	上海伟睿特信息技术有限公司
373	上海睿泰信息科技有限公司	408	上海雷腾软件股份有限公司
374	上海汇招信息技术有限公司	409	上海珍岛信息技术有限公司
375	上海创闻信息技术有限公司	410	上海核星核电科技有限公司

续 表

序号	企业名称	序号	企业名称
411	上海野火网络科技有限公司	446	金禹罗博软件(上海)有限公司
412	上海玖道信息科技股份有限公司	447	纳显(上海)自控技术有限公司
413	上海申朴信息技术有限公司	448	上海布尔软件科技发展有限公司
414	上海厚藤文化传播有限公司	449	上海旺云信息技术有限公司
415	碁震(上海)云计算科技有限公司	450	上海彼安信息技术有限公司
416	上海柏艾环保科技有限公司	451	上海祥虹信息技术有限公司
417	上海梦科信息科技服务有限公司	452	上海东方延华节能技术服务股份有限公司
418	上海连影数码科技有限公司	453	慧泽时代(上海)网络新技术有限公司
419	上海丰进信息科技有限公司	454	上海华谊信息技术有限公司
420	上海掌育网络科技有限公司	455	上海九爱软件科技有限公司
421	灏泷智能科技(上海)有限公司	456	上海安吉星信息服务有限公司
422	上海游互网络科技有限公司	457	上海空中宏电网络技术有限公司
423	上海彦致信息技术有限公司	458	上海普天能源科技有限公司
424	备实必(上海)软件科技有限公司	459	上海立思辰科技有限公司
425	上海致胜信息技术有限公司	460	上海泗博自动化技术有限公司
426	上海哲勤信息技术有限公司	461	上海颠视数码科技有限公司
427	上海乐维网络科技有限公司	462	上海易溯信息科技科技有限公司
428	上海玩客网络科技有限公司	463	上海聚立信息技术有限公司
429	中海信息系统有限公司	464	上海比孚信息科技有限公司
430	上海中研宏科软件有限公司	465	上海杰瀚信息技术有限公司
431	上海怡海软件技术有限公司	466	上海德布森电气有限公司
432	上海建文软件有限公司	467	御和信息科技(上海)有限公司
433	中投视讯文化传媒(上海)有限公司	468	上海创值网络技术有限公司
434	上海安捷睿达信息技术有限公司	469	上海哲骧信息技术有限公司
435	银联智惠信息服务(上海)有限公司	470	上海捷行电子商务有限公司
436	上海达众信息科技有限公司	471	上海通乾投资股份有限公司
437	上海世衡信息科技有限公司	472	上海垒玉信息科技有限公司
438	上海玖维网络科技有限公司	473	上海蒙融信息技术有限公司
439	上海宏力达信息技术有限公司	474	上海悦点信息科技有限公司
440	上海胜日信息科技有限公司	475	上海财大科技发展有限公司
441	上海顽迦网络科技有限公司	476	上海闻政管理咨询有限公司
442	上海合煌能源科技有限公司	477	上海三迭信息科技有限公司
443	上海承泰信息技术有限公司	478	银联国际有限公司
444	上海数腾科技有限公司	479	上海伊软信息科技有限公司
445	上海测联信息技术有限公司	480	上海汉枫电子科技有限公司

续 表

序号	企业名称	序号	企业名称
481	上海启路信息科技有限公司	486	上海佳贝教育信息咨询有限公司
482	上海虹思软件科技有限公司	487	上海富智远见软件技术有限公司
483	上海游易网络科技有限公司	488	上海明杉信息科技有限公司
484	上海卓旭电子科技有限公司	489	上海齐汇通讯技术有限公司
485	上海万标数字科技有限公司	490	上海网仕科技有限公司

2013年上海市登记软件产品名单

序号	企业名称	软件产品名称(版本号)
1	上海威博网络技术有限公司	威博V5MALL电子商务软件[简称：V5MALL]V5.0
2	分众(中国)信息技术有限公司	分众信息互动媒体排片管理软件V1.0
3	上海翰鑫信息科技有限公司	翰鑫百付天下移动支付平台软件V1.0
4	上海盛源信息网络有限公司	盛源林通运动会综合信息发布软件V1.0
5	上海振华重工电气有限公司	振华电气数据关联器软件V1.0
6	上海云贝网络科技有限公司	云贝网聚宝客户关系管理软件V2.0
7	上海振华重工电气有限公司	振华电气数据记录器软件V1.0
8	上海博瑞凯德信息技术有限公司	博瑞凯德输出管理软件V1.0
9	上海品志文化传播有限公司	品志神仙道Android版手机游戏软件[简称：神仙道Android版游戏]V1.0
10	上海成号信息科技有限公司	成号资讯终端调度管理软件V2.0
11	上海同威数码科技有限公司	同威企业信息门户软件V1.0
12	上海软华网络信息有限公司	软华交互式电子手册制作软件V1.0
13	上海中网网络安全技术有限公司	中网驰云应用防火墙软件V5.99
14	趋势科技(中国)有限公司	趋势科技防毒墙服务器版软件(ServerProtect)V5.8
15	上海语天信息技术有限公司	语天自助问答软件V1.0
16	上海卓越睿新数码科技有限公司	卓越教学信息发布软件V1.0
17	上海卓越睿新数码科技有限公司	卓越分布式课堂记录系统应用软件V1.0
18	上海同是工程科技有限公司	安程盾构推进过程的监测与展示软件V1.0
19	上海路歌信息技术有限公司	路歌NANOJET打印编辑软件V1.0
20	易贸资讯(上海)有限公司	易贸商道福佳能源数据管理软件V1.0
21	易贸资讯(上海)有限公司	易贸息旺能源终端软件V8.0
22	上海润品工贸有限公司	润品模具虚拟实训软件V1.0
23	银联数据服务有限公司	银联数据智能队列通讯管理软件V1.0
24	上海踏瑞计算机软件有限公司	踏瑞人才测评教学软件V3.0
25	智慧城市信息技术有限公司	融慧养老及便民服务管理平台软件V1.0
26	上海踏瑞计算机软件有限公司	踏瑞绩效管理关键技能深度实训教学软件[简称：绩效管理教学软件]V3.0
27	上海建坤信息技术有限责任公司	建坤IPAD移动监控软件V1.0
28	上海万申信息产业股份有限公司	万申动力与环境监控软件V3.0
29	快钱支付清算信息有限公司	快钱VPOS收单系统应用软件V1.4.6
30	集思特思(上海)软件开发有限公司	集思特思水文水环境基础信息软件V7.0

续 表

序号	企业名称	产品名称
31	上海深为软件有限公司	深为 S－MVC 开发框架软件 V1.0
32	上海柯斯软件有限公司	柯斯零售通数据采集操作软件 V1.0
33	上海玥达网络科技有限公司	玥达 GPS 车载终端 YD－A2 嵌入式程序软件[简称：玥达 GPS 车载终端 YD－A2]V1.0
34	上海玥达网络科技有限公司	玥达 GPS 车载对讲机 A8 嵌入式程序软件[简称：玥达 GPS 车载对讲机 A8]V1.0
35	上海中信信息发展股份有限公司	光典电子文件中心管理软件 V2.0
36	上海龙创自控系统有限公司	龙创基于分布式网络的智能照明节能管理软件 V1.0
37	趋势科技(中国)有限公司	趋势科技移动安全企业版软件 V8.0
38	趋势科技(中国)有限公司	趋势科技移动安全个人版软件 V2.0
39	上海晟东电力科技有限公司	晟东 ISFA－1000FTU/DTU 控制软件 V2.0
40	上海华腾软件系统有限公司	TOP CI 发卡管理平台软件[简称：TOP CI]V1.0
41	上海师庆科技发展有限公司	师庆城市交通多维空间信息平台软件 V1.0
42	上海森步特信息技术有限公司	森步特 Storage Area Network Boot 网络存储管理系统应用软件 V1.0.1.083
43	光典信息发展有限公司	光典项目质量过程跟踪管理软件 V1.0
44	光典信息发展有限公司	光典企业文档管理云平台软件(互联网版)V1.0
45	上海天文光电科技有限公司	天文光电漂扫设备系统应用软件 V2.0
46	优网科技(上海)股份有限公司	优网云计算管理平台软件[简称：云计算管理平台]V1.0
47	上海东方延华节能技术服务股份有限公司	东方延华建筑能耗监测软件 V1.0
48	上海先锋商泰电子技术有限公司	先锋商泰导航仪专用网站的电子支付软件[简称：电子支付系统]V1.0
49	上海捷奥信息科技有限公司	捷奥 CMP 内容管理平台软件[简称：捷奥内容管理平台]V1.0
50	新华控制工程有限公司	GE 新华 OC6000e 实时控制软件[简称：OC6000e]V2.3
51	商泰软件(上海)有限公司	商泰 NP11 导航仪 CAN 软件 V1.0
52	商泰软件(上海)有限公司	商泰地图描画服务引擎软件 V1.0
53	商泰软件(上海)有限公司	商泰面向导航器的检索引擎软件 V1.0
54	商泰软件(上海)有限公司	商泰 App Radio Advanced App Mode 软件 V1.0
55	上海天好电子商务有限公司	天好投资银行业务管理平台软件 V5.1
56	上海天好电子商务有限公司	天好综合业务办公平台软件 V3.2
57	上海兴畅网络技术有限公司	兴畅新一代网络应用管理软件[简称：兴畅网络应用软件]V3.7
58	上海安脉计算机科技有限公司	安脉教学质量精细化管理软件[简称：教学质量精细化管理]V5.0
59	上海安脉计算机科技有限公司	安脉学校综合管理平台软件[简称：学校综合管理平台]V5.0

续 表

序号	企业名称	产品名称
60	上海魔迅信息科技有限公司	魔迅体感游戏运营平台软件[简称：魔迅体感游戏平台]V1.0
61	上海红定信息技术有限公司	红定金汇通智能操盘软件[简称：金汇通智能操盘软件]V1.0
62	上海锐探软件技术有限公司	锐探传感器处理软件 V1.0
63	上海北鸥信息科技有限公司	北鸥必回家 Android 客户端软件 V1.1
64	上海吟隆信息科技有限公司	吟隆语音认证软件 V1.0
65	上海九爱软件科技有限公司	九爱零售运营管理软件 V1.0
66	上海互联网软件有限公司	必优必达电子监察软件 V1.0
67	上海伯俊软件科技有限公司	伯俊商务智能分析软件 V2.0
68	捷玛计算机信息技术(上海)有限公司	捷玛基于 RFID 的中间件软件 V1.0
69	上海研实电气科技有限公司	研实 PLC 自动化控制软件 V1.0
70	上海候鸟科技有限公司	候鸟智能应用管理软件[简称：候鸟应用管理软件]V3.5
71	上海师庆科技发展有限公司	师庆企业管理综合信息平台软件 V1.0
72	上海长润信息技术有限公司	长润在线考试系统应用软件[简称：WISEEXAM]V1.0.0
73	上海梅花信息有限公司	梅花网苹果版手机 APP 软件 V1.0
74	上海长润信息技术有限公司	长润 IT 运维管理平台软件[简称：WISEITSM]V1.0.0
75	上海梅花信息有限公司	梅花网安卓版手机 APP 软件 V1.0
76	上海梅花信息有限公司	梅花跨平台企业协作系统苹果版软件 V1.0
77	上海语天信息技术有限公司	语天商业数据监测与分析软件 V1.0
78	上海华电源信息技术有限公司	HDY-SMAD 暖通空调负荷计算及分析软件[简称：HDY-SMAD]V1.92
79	上海语天信息技术有限公司	语天国际舆情监测与分析软件 V1.0
80	恒川系统软件开发(上海)有限公司	恒川信用管理软件 V1.0
81	哲尼思(上海)软件科技有限公司	哲尼思物联网智能仓储管理软件[简称：ZENIT.IWMS]V1.0
82	上海恺域信息科技有限公司	恺域商业银行资金分析管理软件 V1.0
83	亚银(上海)信息技术有限公司	亚银合同管理软件 V1.0
84	上海复深蓝信息技术有限公司	复深蓝需求管理软件 V1.0
85	上海华勤通讯技术有限公司	华勤 A61 手机桌面软件 V2.2
86	上海华勤通讯技术有限公司	华勤 TD61 手机录音软件 V1.0.2
87	上海华勤通讯技术有限公司	华勤 P865 手机输入法软件 V1.0.0
88	上海迅扬信息科技有限公司	迅扬移动应用开发软件 V2.0
89	上海华勤通讯技术有限公司	华勤 A55 手机控制软件 V1.0.1
90	上海步云信息科技有限公司	步云客户关系管理及营销平台软件 V1.0

续　表

序号	企业名称	产品名称
91	上海兴格信息技术有限公司	兴格带缩略显示的透明文件夹风格软件[简称：透明文件夹风格软件]V1.0.0.1
92	柯奥信息技术(上海)有限公司	柯奥在线客服软件[简称：UCC]V1.0
93	上海电达信息技术有限公司	电达教育教学评价软件 V1.0
94	上海银晨智能识别科技有限公司	银晨嵌入式高清智能人脸抓拍软件[简称：嵌入式高清智能人脸抓拍软件]V1.0
95	上海商银资讯有限公司	商银报表管理软件 V1.0
96	上海恒融数码科技有限公司	恒融电话银行软件[简称：电话银行软件]V2.0
97	上海掌道网络科技有限公司	掌道 MP 手机跨平台开发与运行软件 V1.0
98	上海艾麒信息科技有限公司	艾玛 3D 数字电视软件 V1.0
99	泰亿格电子(上海)有限公司	启聪博士视听统合训练仪软件 V3.0
100	上海野火网络科技有限公司	野火矢量字引擎及配套工具软件 V1.0
101	上海必智软件有限公司	必智律师事务所综合信息管理软件 V6.0
102	胜托信息技术(上海)有限公司	胜托 Zeno 协同软件 V3.0
103	上海先锋商泰电子技术有限公司	先锋商泰 AVN 系列导航软件 V1.0
104	上海浦东荣丰科学仪器有限公司	荣丰 XDZK－20L－T 真空干燥箱控制软件 V1.0
105	商泰软件(上海)有限公司	商泰车载蓝牙免提控制软件 V1.0
106	商泰软件(上海)有限公司	商泰 NGI 平台 MirrorLink 客户端软件 V1.0
107	上海威探电子科技有限公司	威探 JB－QG－WT8000 火灾报警控制器(联动型)软件 V1.0
108	上海三七玩网络科技有限公司	“三七玩”网页游戏运营平台软件 V1.0
109	上海申博信息系统工程有限公司	Shenbo 船舶产品全生命周期管理软件 V1.0
110	上海永灿信息科技有限公司	永灿网站开发代码生成软件 V1.0
111	耀童网络软件(上海)有限公司	耀童学校管理软件 V5.0
112	上海船舶工艺研究所	STRI 船舶交互装配软件 V1.0
113	上海船舶工艺研究所	STRI 海工装备建造规范标准数据库软件 V1.0
114	上海船舶工艺研究所	STRI 造船精度测量控制 SPPDA 软件 V1.0
115	上海船舶工艺研究所	STRI 造船精度分段质量检测及模拟搭载软件 V1.0
116	聚智海事信息技术(上海)有限公司	聚智 UGN 计划生产管理软件 V3.0
117	聚智海事信息技术(上海)有限公司	聚智 UGN 设计管理软件 V3.0
118	上海迈向科技有限公司	迈向基于云计算的防范经济犯罪信息共享平台软件 V2.0
119	上海迈向科技有限公司	迈向行政执法与刑事司法信息共享平台软件 V6.0
120	上海融序计算机信息科技有限公司	融序信用风险管理软件[简称：RX－CRMS]V1.0
121	上海华勤通讯技术有限公司	华勤 A1200 手机影音多媒体软件 V1.1
122	智鹿智能科技发展(上海)有限公司	智鹿 IDeerMedia 多媒体网络信息发布软件[简称：IDeerMedia]V1.0

续 表

序号	企业名称	产品名称
123	上海华勤通讯技术有限公司	华勤 TD50 界面管理软件 V1.0.2
124	上海华勤通讯技术有限公司	华勤 L596 手机应用软件 V0.0.7
125	上海华勤通讯技术有限公司	华勤 TD53 手机信息管理软件 V4.0.1
126	分众(中国)信息技术有限公司	分众信息商户终端管理软件 V1.0
127	上海摩软通讯技术有限公司	摩软 V368 手机应用软件 V8.0.0
128	上海摩软通讯技术有限公司	摩软 S826 人机接口手机软件 V0.0.4
129	上海摩软通讯技术有限公司	摩软 A56 手机交互应用软件 V3.0.7
130	上海摩软通讯技术有限公司	摩软 A200 手机短信应用软件 V1.0.0
131	上海摩软通讯技术有限公司	摩软 A75 手机软件 V1.1.0
132	上海摩软通讯技术有限公司	摩软 S616 手机软件 V0.0.3
133	上海摩软通讯技术有限公司	摩软 L530 手机即时通讯管理软件 V8.0.1
134	上海摩软通讯技术有限公司	摩软 S816 手机控制软件 V8.0.1
135	上海摩软通讯技术有限公司	摩软 S670 手机通讯应用软件 V8.0.1
136	上海瀚正信息科技有限公司	瀚正智慧城管指挥调度平台软件 V2.0
137	上海百酷信息科技有限公司	百酷电子采购软件[简称：百酷易采通]V6.0
138	上证所信息网络有限公司	上证所信息网络有限公司定期报告展示软件 V1.0
139	上海毕埃信息科技有限公司	毕埃 SNIP 网络智能决策软件 V1.0
140	上海智聆信息技术有限公司	智聆电器节能计划控制软件 V1.2
141	上海三七玩网络科技有限公司	三七玩 WEBGAME 龙将软件 V3.0
142	泰亿格电子(上海)有限公司	启聪博士听力筛查仪软件 V3.0
143	上海盈方微电子股份有限公司	盈方微基于 IMAPX8 芯片的嵌入式软件 V4.0
144	上海申瑞继保电气有限公司	申瑞继保 ESM3000 变压器油中气体在线监测软件 V1.0
145	上海辰戌信息科技有限公司	辰戌视频识别应变软件 V1.0
146	上海安托信息技术有限公司	安托基于 CATIA 的汽车工装数据处理软件 V1.0
147	上海利驰软件有限公司	利驰工业电气产品选型搜索管理软件 V1.2
148	上海安托信息技术有限公司	安托基于 CATIA 的航空管路信息提取软件 V2.0
149	上海安托信息技术有限公司	安托基于 CATIA 的二维工程制图辅助工具软件 V2.0
150	上海安托信息技术有限公司	安托基于 CATIA 的三维设计辅助工具软件 V1.0
151	上海和为科技有限公司	和为三维地理信息服务器软件[简称：实时定位服务器软件]V1.0
152	上海和为科技有限公司	和为指挥中心日常管理客户端软件[简称：日常管理客户端]V1.0
153	上海煜科智能科技有限公司	煜科 YKT-101 多功能标签检测仪软件 V1.18
154	上海华博信息服务有限公司	华博网上应用监控软件[简称：网上应用监控软件]V1.0

续 表

序号	企业名称	产品名称
155	上海银晨智能识别科技有限公司	银晨人像布控软件[简称：人像布控]V2.4.0.0
156	上海泰吉信息技术有限公司	泰吉远程联网环境和动力监控软件 V1.0
157	上海捷视科技有限公司	捷视 CICLASS 数码高清演播系统应用软件 V3.0
158	上海飞熠软件技术有限公司	飞熠建筑通风及能效仿真平台软件 V1.0
159	泰亿格电子(上海)有限公司	启聪博士听处理评估与干预仪软件 V3.0
160	上海苑盛软件科技有限公司	苑盛矿用高压综合保护器(430 平台)软件 V1.0
161	上海苑盛软件科技有限公司	苑盛矿用本安型扩音电话控制软件 V1.0
162	泰亿格电子(上海)有限公司	启聪博士听觉统合训练仪软件 V3.0
163	上海夏先机电科技发展有限公司	夏先车辆远程智能监控软件 V1.0
164	上海梵华信息技术有限公司	梵华采购管理软件[简称：FanHua PMS]V1.0
165	上海梵华信息技术有限公司	梵华摄像机计算工具软件[简称：FanHua CCTool]V1.0
166	上海盛茂信息科技有限公司	盛茂基于多维校准识别的高效交互影像软件 V1.0
167	上海梵华信息技术有限公司	梵华网络监控软件[简称：FanHua NMonitor]V1.0
168	上海和为科技有限公司	和为应急指挥决策服务器软件[简称：应急指挥决策服务器]V1.0
169	畅索软件科技(上海)有限公司	畅索 Android 平台之 Camera 软件 V1.0
170	上海慧康信息技术有限公司	慧康流动人口计划生育管理平台软件 V1.0
171	上海和为科技有限公司	和为指挥中心系统管理客户端软件[简称：指挥中心管理终端]V1.0
172	上海来秋信息科技有限公司	来秋工业检测控制软件 V1.0
173	上海东方数据广播有限公司	东方数据党建信息化软件 V3.0
174	上海恺英网络科技有限公司	恺英“捕鱼大亨”游戏软件[简称：捕鱼大亨]V1.0
175	上海长庚信息技术有限公司	长庚发电厂机组性能监测及运行优化软件 V1.0
176	上海贝曼元脉信息技术有限公司	贝曼元脉增强型终端综合管理软件[简称：B-ITMS+终端管理系统]V1.0
177	上海雀普电子有限公司	雀普公交电子站牌软件 V2.01
178	上海雀普电子有限公司	雀普智能交通管理软件 V1.86
179	上海现代先进超精密制造中心有限公司	超精密凸锥镜测量-抛光修正软件 V1.0
180	上海文蓝软件技术有限公司	文蓝商品交易平台软件 V1.0
181	上海博天信息技术有限公司	博天通用发票管理软件 V1.0
182	上海诺诚电气有限公司	诺诚神经电生理参数分析软件 V1.0
183	上海才至计算机技术有限公司	才至商业 POS 收银软件 V1.0
184	桥弘数控科技(上海)有限公司	桥弘 Austone 驱动器控制软件 V1.0
185	上海米度测控科技有限公司	米度多精度级别变形监测软件 V1.0
186	桥弘数控科技(上海)有限公司	桥弘高速总线驱动器软件 V1.0
187	桥弘数控科技(上海)有限公司	桥弘驱动器调试及控制软件 V1.0

续 表

序号	企业名称	产品名称
188	上海卓像信息科技有限公司	卓像 MPG 投影融合控制软件 V1.0
189	上海鹏达计算机系统开发有限公司	鹏达 OA 办公软件[简称：OA 办公]V2.0
190	上海鹏达计算机系统开发有限公司	鹏达统一身份认证平台软件[简称：统一身份平台]V2.0
191	延锋伟世通电子科技(上海)有限公司	延锋伟世通双温区自动空调控制软件 V1.0
192	上海声通信息科技有限公司	声通 IVR 服务器软件 V1.0
193	上海鹏达计算机系统开发有限公司	鹏达数据共享和交互软件[简称：数据中心]V2.0
194	上海佹达软件技术有限公司	佹达 J-SAP-M-05 型手动火灾报警按钮软件[简称：报警按钮软件]V1.0
195	上海声通信息科技有限公司	声通物流 CRM 软件 V1.0
196	上海佹达软件技术有限公司	佹达 JTY-GD-5002 型点型光电感烟火灾探测器软件[简称：5002 感烟探测器软件]V1.0
197	上海鹏达计算机系统开发有限公司	鹏达精品课程制作工具软件[简称：课程制作工具]V2.0
198	上海佹达软件技术有限公司	佹达 JTW-BCD-5005 型点型感温火灾探测器软件[简称：5005 感温探测器软件]V1.0
199	上海鹏达计算机系统开发有限公司	鹏达实训中心日常管理软件[简称：实训中心管理]V2.0
200	上海鹏达计算机系统开发有限公司	鹏达数字化校园综合信息平台软件[简称：数字化校园]V2.0
201	上海普加软件有限公司	普加项目管理中间件软件[简称：PlusProject]V3.0
202	上海鹏达计算机系统开发有限公司	鹏达移动数字化校园软件[简称：移动数字化校园]V1.0
203	天宇通信集团有限公司	天宇客运车辆行车监控软件 V1.0
204	天宇通信集团有限公司	天宇人防机动指挥通信软件 V1.0
205	天宇通信集团有限公司	天宇在线文档管理软件 V1.0
206	上海戴西实业有限公司	戴西电子政务云平台管理软件 V1.2
207	上海戴西实业有限公司	戴西许可证监控管理软件 V2.0
208	上海戴西实业有限公司	戴西数据中心健康可视化软件 V2.0
209	上海智显光电科技有限公司	智显电梯多媒体显示器驱动软件 V1.0
210	上海杰之能信息科技有限公司	杰之能能耗监测分析软件 V1.0
211	上海银联商务有限公司	银联商务业务管理之大客户管理软件[简称：大客户管理软件]V1.0
212	上海久娱网络科技有限公司	久娱科技疯狂飚车加强版游戏软件 V1.0
213	上海新意新科技有限公司	新意企业数据中心系统管理软件[简称：E-EDC]V1.0
214	上海卓策信息技术有限公司	卓策快递管理软件 V1.0
215	中发智能电网科技(上海)有限公司	中发 Zi3101M 数字式电动机保护测控装置软件 V1.00
216	上海观弈通信技术有限公司	观弈调度控制台软件[简称：Goview Monitor Center]V1.0

续 表

序号	企业名称	产品名称
217	上海高凯信息科技有限公司	高凯 COM－CN－MON－PWS 电源系统综合监控软件 V1.0
218	上海观弈通信技术有限公司	观弈 IP 交换机软件[简称：GOVIEW IPPBX]V1.0
219	上海久娱网络科技有限公司	久娱科技钢铁之心游戏软件 V1.0
220	上海飞旗网络技术有限公司	F7 Optimal QoS 智能网络资源控管软件[简称：智能网络资源控管软件]V4.5
221	上海久娱网络科技有限公司	久娱科技铁甲雄师游戏软件 V1.0
222	上海数讯信息技术有限公司	数讯资源支撑平台软件[简称：资源支撑平台软件]V2.0
223	上海峰谱软件有限公司	峰谱 HW2000 色谱数据处理工作站软件 V1.0
224	上海联鼎软件股份有限公司	联鼎云备份软件 V1.0
225	上海泽众软件科技有限公司	泽众 PerformanceRunner 性能测试软件 V1.0
226	微屏软件科技(上海)有限公司	微屏掌心炸金花软件 V1.0
227	如冈自动化控制技术(上海)有限公司	如冈 TNC 系列 2D/3D 焊割数控软件 V3.1
228	上海唐图信息科技有限公司	唐图全能映像分发软件 V3.0
229	上海雷诺尔信息技术有限公司	雷诺尔软起动器控制软件 V1.0
230	上海旭派信息科技有限公司	旭派触控式高清广告机软件[简称：Visual Mall]V1.0
231	上海海镕信息科技有限公司	海镕智能空调控制软件 V1.0
232	上海海镕信息科技有限公司	海镕空调节能监管平台软件[简称：空调节能监管平台]V1.0
233	上海乐问信息技术有限公司	乐问移动视讯软件 V1.0
234	上海意利信息科技有限公司	意利全球鞋业云时代生产供应链管理软件 V10.2
235	盟智软件(上海)有限公司	路雅云桌面软件 V1.0
236	泰亿格电子(上海)有限公司	泰亿格口部构音词语语法会话训练软件 V5.0
237	泰亿格电子(上海)有限公司	泰亿格言语呼吸发声共鸣训练软件 V5.0
238	上海克拉底网络科技有限公司	克拉底医药分销管理软件 V1.0
239	上海敬信软件技术有限公司	敬信安全管理平台软件 V1.0
240	上海巨耕电气有限公司	巨耕设备有效期管理软件 V1.0
241	上海威塔数字科技有限公司	Weta 智能实时真实感三维制作软件 V2.0
242	上海开弈信息技术有限公司	开弈 HKMS 管理软件 V1.0
243	兆方美迪风能工程(上海)有限公司	兆方美迪风电功率预测软件 V1.0
244	上海誉鸿信息技术有限公司	誉鸿预缓存软件 V1.0
245	上海浦东荣丰科学仪器有限公司	荣丰三复叠生化培养箱控制器软件 V1.0
246	上海欣诺通信技术有限公司	欣诺通用设备管理软件 V1.0
247	上海高威数据技术有限公司	高威 IP 会话连接采集器软件[简称：FlowCollector]V1.0
248	上海迪亮信息科技有限公司	迪亮大宗商品交易管理软件[简称：业务管理软件]V1.0

续 表

序号	企业名称	产品名称
249	上海高威数据技术有限公司	高威 ARP 扫描器软件[简称：ARPScan]V1.0
250	上海高威数据技术有限公司	高威故障跟踪软件 V1.0
251	上海高威数据技术有限公司	高威 TCP 连接模拟软件 V1.0
252	上海优华系统集成技术有限公司	优华催化基准能耗计算软件 V1.0
253	上海华测卫星导航定位有限公司	华测卫星 GNSS 接收机工具软件[简称：CRU]V1.0
254	上海易拓敏捷电脑设备有限公司	易拓敏捷医疗自助服务软件 V1.0
255	上海优华系统集成技术有限公司	优华无相变管壳式换热器计算软件 V1.0
256	上海易拓敏捷电脑设备有限公司	易拓敏捷自助缴费终端软件 V2.0
257	上海学智科技有限公司	学智学习管理软件 V2.0
258	普元信息技术股份有限公司	普元企业门户平台软件[简称：Portal]V7
259	上海第一太平洋信息科技有限公司	第一太平洋信息 FirstBPM 业务流程整合平台软件 V6.0
260	上海开弈信息技术有限公司	开弈代收代付账务系统管理软件 V1.0
261	上海利正卫星应用技术有限公司	利正低轨卫星轨道设计软件 V1.0
262	上海凯哲信息科技有限公司	凯哲联网广告发布软件 V1.0
263	上海熙菱信息技术有限公司	熙菱网络审计与监控软件[简称：SNAM-CM]V3.0
264	上海汉虹精密机械有限公司	汉虹 FT-KY070 蓝宝石单晶生长炉监控软件 V1.0
265	上海汉虹精密机械有限公司	汉虹切方机电气控制软件 V1.0
266	上海左旗电子科技有限公司	左旗文件传输通信系统管理软件 V1.0
267	上海启明谐鸿信息科技有限公司	启明谐鸿物联网行业应用平台软件 V1.0
268	上海华宇电子工程有限公司	华宇 UPS 联网监控软件[简称：UPS 监控]V1.0
269	上海华宇电子工程有限公司	华宇分布式企业网协同安全监管软件[简称：tepmon]V2.0
270	上海华宇电子工程有限公司	华宇机房环境监测软件[简称：环境监测软件]V1.0
271	上海华宇电子工程有限公司	华宇门禁控制管理软件[简称：门禁系统]V1.0
272	上海迪沃信生物工程有限公司	迪沃信生物过程(配制)系统控制软件 V2.1
273	上海优华系统集成技术有限公司	优华板式换热器计算软件 V1.0
274	上海致腾禾景信息技术有限公司	致腾禾景医疗电子病案软件 V1.0
275	上海致腾禾景信息技术有限公司	致腾禾景教育信息管理软件 V1.0
276	上海致腾禾景信息技术有限公司	致腾禾景医院信息管理软件 V1.0
277	上海华宇电子工程有限公司	华宇浦江票务管理软件[简称：浦江票务]V1.0
278	上海鸣志自动控制设备有限公司	鸣志 485LED 智能控制台软件 V1.0
279	上海钦禾节能科技有限公司	钦禾空压机热能回收软件 V1.0
280	上海华宇电子工程有限公司	华宇三岛票务管理软件[简称：三岛票务]V1.0
281	上海鸣志自动控制设备有限公司	鸣志 485LED 智能电源软件 V1.0

续 表

序号	企业名称	产品名称
282	上海鸣志自动控制设备有限公司	鸣志 Dali LED 智能电源软件 V1.0
283	上海华宇电子工程有限公司	华宇三维综合布线绘图软件 V1.0
284	上海鸣志自动控制设备有限公司	鸣志 PLC LED 智能电源软件 V1.0
285	上海华宇电子工程有限公司	华宇水路客运票务软件[简称：水路客运票务软件] V1.0
286	上海鸣志自动控制设备有限公司	鸣志 PLC LED 智能控制台软件 V1.0
287	上海鸣志自动控制设备有限公司	鸣志 Zigbee LED 智能控制台软件 V1.0
288	上海鸣志自动控制设备有限公司	鸣志 Zigbee LED 智能电源软件 V1.0
289	上海天龙电子有限公司	天龙 WDJ 电力需求侧电脑管理系统应用软件[简称：电力需求侧管理软件]V3.0
290	上海华宇电子工程有限公司	华宇水上游览票务软件[简称：水上游览票务软件] V1.0
291	上海华宇电子工程有限公司	华宇智能建筑布线检测辅助软件[简称：布线规划检测]V1.4.2
292	索一软件科技(上海)有限公司	索一 400Plus 服务管理软件[简称：400Plus]V1.0
293	上海卖买提网络科技有限公司	卖买提云计算会员营销平台 V2.0
294	上游信息科技(上海)有限公司	上游《塔防三国志》游戏软件[简称：《塔防三国志》] V2.0
295	上海巨石铁道科技发展有限公司	巨石外公寓指导室标准化管理软件 V2.1
296	上海虹思科技有限公司	虹思图书馆自助终端管理软件 V1.0
297	上海虹思科技有限公司	虹思阅卷系统管理软件 V1.0
298	上海虹思科技有限公司	虹思 Android 移动保单管理软件 V1.0
299	上海雷澳电子科技有限公司	雷澳 CCD 成像镜头广角失真校正软件 V1.0
300	上海科视数码频道制作有限公司	科视数码多功能金融理财资讯综合服务平台软件 V1.0
301	上海志精网络科技有限公司	志精移动视频聚合平台软件[简称：悦视频]V1.0
302	上海亚经网络科技有限公司	亚经清洁新能源(醇醚燃料)安全生产全过程监督管理平台软件 V1.0
303	上海仁维软件有限公司	仁维集成电路晶圆制造自动化动态派工软件 V3.5
304	上海安奎拉信息技术有限公司	安奎拉多目标跟踪及特写拍摄监控操作维护软件 V1.0
305	上海领意信息系统集成有限公司	领意企业银行——电子汇款业务经营软件[简称：EBS] V4.0
306	盘石软件(上海)有限公司	盘石速影网站猎手软件 V1.0
307	上海乐拍文化传播有限公司	乐拍古玩商城软件 V1.3
308	上海乐拍文化传播有限公司	乐拍保真代售软件 V1.3
309	上海乐拍文化传播有限公司	乐拍专家评审软件 V1.4
310	上海二六三通信有限公司	二六三 95050 多方通话服务软件 V1.0
311	上海二六三通信有限公司	二六三通信服务软件 V1.0
312	上海二六三通信有限公司	二六三网络接入服务软件 V1.0

续 表

序号	企业名称	产品名称
313	上海天地软件园数码科技有限公司	天地物联网数据采集和分析监测平台软件 V1.0
314	上海铭创软件技术有限公司	铭创账户登记管理软件 V5.0
315	上海铭创软件技术有限公司	铭创资产估值管理软件 V5.0
316	上海惠鸿信息科技有限公司	惠鸿企业成本核算管理软件[简称：成本核算软件]V1.0
317	上海迪爱斯通信设备有限公司	DS 物联网智能设备监控系统应用软件 V1.0
318	上海奕通信息科技有限公司	奕通智慧旅游软件 V1.1.0
319	上海国响信息技术有限公司	国响设备安全集中管理软件 V1.0
320	上海易宝软件有限公司	易宝软件项目管理软件[简称：项目管理软件]V2.0
321	上海华腾智能系统有限公司	华腾智能车载智能收费终端软件 V1.0
322	巴玛克电气设备(上海)有限公司	巴玛克多单元感应加热电源控制软件 V3.6
323	巴玛克电气设备(上海)有限公司	巴玛克镀膜电源控制软件 V3.0
324	上海格麟倍信息科技有限公司	格麟倍焊接设计辅助软件 V1.0
325	上海昀正信息技术有限公司	昀正集装箱吊机防打保龄控制软件 V1.0
326	上海康济听力技术有限公司	康济唤醒听力软件 V1.0
327	上海智言软件科技有限公司	智言学员网上服务平台软件[简称：学员网上服务平台]V1.0
328	上海诚明融鑫科技有限公司	融鑫物证保全信息管理软件[简称：物证管理]V1.0
329	上海麦杰科技股份有限公司	麦杰 openPlant 分布式企业级实时数据库软件[简称：openPlant]V2.0
330	上海游族信息技术有限公司	游族大侠传网页游戏软件 V1.0
331	上海游族信息技术有限公司	游族大将军网页游戏软件 V1.0
332	上海游族信息技术有限公司	游族七十二变网页游戏软件 V1.0
333	上海游族信息技术有限公司	游族一代宗师网页游戏软件 V1.0
334	上海思必诚信息科技发展有限公司	思必诚 B-Account 公司银行账户往来查询软件 V1.0
335	上海仪电分析仪器有限公司	仪电分析仪器火焰光度计应用软件 V1.0
336	上海仪电分析仪器有限公司	仪电分析仪器荧光分光光度计应用软件 V1.0
337	上海赐宝停车设备制造有限公司	赐宝机械停车设备 PSH(多层)型控制管理软件 V2.1
338	上海赐宝停车设备制造有限公司	赐宝机械停车设备 cpqs 型控制管理软件 V2.2
339	上海基立讯信息科技有限公司	基立讯 jclean 电话号码清洗平台软件 V1.0
340	上海星联信息技术有限公司	星联企业信息门户软件 V1.0
341	上海百琪迈数码科技有限公司	百琪迈服装箱包沙发鞋帽等软性材料制造企业样板制作软件[简称：PGM CAD]V10.0
342	上海乔篷信息科技有限公司	乔篷企业流程管理软件[简称：BPMFlow.NET]V2.5
343	上海动慧信息技术有限公司	动慧 Ultrawise 综合实训平台软件 V1.0
344	上海石易电子科技有限公司	石易综合位置监控软件 V3.0
345	上海利思电气有限公司	利思谐波有源滤波主控软件 V1.0

续 表

序号	企业名称	产品名称
346	上海巨流信息科技有限公司	巨流跨平台广告软件 V1.0
347	上海智梭信息技术有限公司	智梭海量视频分布式智能分析系统应用软件 V1.0
348	赞润通信科技(上海)有限公司	赞润工程向量测试软件 V1.0
349	上海远景数字信息技术有限公司	远景精确时间测试分析软件 V1.0
350	上海慧康信息技术有限公司	慧康机构编制实名制信息软件 V1.0
351	上海慧康信息技术有限公司	慧康经济适用房管理平台软件 V1.0
352	中发智能电网科技(上海)有限公司	中发 Zi3000 综合自动化监控软件 V1.0
353	上海威士迪电子技术有限公司	威士迪防盗指纹锁嵌入式软件[简称：WT-L8]V12.0
354	驭航信息技术(上海)有限公司	驭航企业运营管理软件 V1.0
355	上海仪电物理光学仪器有限公司	仪电物光熔点仪操作软件 V1.0
356	上海仪电物理光学仪器有限公司	仪电物光旋光仪操作软件 V1.0
357	上海仪电物理光学仪器有限公司	仪电物光折射仪操作软件 V1.0
358	上海金档信息技术有限公司	光典档案信息资源管理软件(法院行业版)V2.0
359	上海金档信息技术有限公司	金档企业文档管理云平台软件(移动版)V1.0
360	上海万达全程健康服务有限公司	万达全程 IC 卡识别软件 V1.0
361	上海万达全程健康服务有限公司	万达全程短消息服务软件 V1.0
362	上海万达全程健康服务有限公司	万达全程健康管理平台软件 V1.0
363	上海万达全程健康服务有限公司	万达全程健康数据同步软件 V1.0
364	上海万达全程健康服务有限公司	万达全程健康信息查询软件 V1.0
365	上海万达全程健康服务有限公司	万达全程客户服务软件 V1.0
366	上海万达全程健康服务有限公司	万达全程客户关系管理软件 V1.0
367	上海万达全程健康服务有限公司	万达全程物联网体征数据采集软件 V1.0
368	上海万达全程健康服务有限公司	万达全程移动终端查询软件 V1.0
369	上海意利信息科技有限公司	意利国际品牌时尚服装营销物流管理软件 V12.1
370	上海意利信息科技有限公司	意利国际品牌时尚服装智能营销终端管理软件 V12.1
371	上海世范软件技术有限公司	世范智慧旅游多元渠道数据中心平台软件 V1.0
372	上海利百电子科技有限公司	利百 GSM-R 手持台功能测试软件 V1.0
373	上海百林通信网络科技服务股份有限公司	百林 APCO GSM 自动功率控制优化软件 V2.2
374	上海三意电机驱动技术有限公司	三意轨道交通站台安全栏杆门机驱动器嵌入式软件 V1.0
375	上海钢软信息技术工程股份有限公司	钢软钢材仓储加工配送管理软件[简称：钢软钢材仓储]V4.0
376	上海金档信息技术有限公司	金档数据迁移工具软件 V1.0
377	上海雪鲤鱼计算机科技有限公司	雪鲤鱼手机流媒体技术平台软件[简称：手机流媒体技术平台]V1.0.0
378	上海锐道信息技术有限公司	锐道智能查询框架软件[简称：SQF]V3.0

续 表

序号	企业名称	产品名称
379	上海金档信息技术有限公司	中信系统管理平台软件[简称：CES－SYSTEM]V3.5
380	上海测源数码科技有限公司	测源三维点云处理软件 V1.0
381	上海瑞谦软件有限公司	瑞谦谐波柜集成一体式控制软件 V1.0
382	上海埃林哲软件系统有限公司	埃林哲分销供应链管理软件[简称：分销供应链管理]V1.0
383	上海海丁网络科技有限公司	海丁智力产品与服务电子商务软件 V1.0
384	上海贝特科技工程有限公司	贝特视频拼接融合软件 V1.0
385	上海酷星网络科技有限公司	酷星视频达人秀－WEB应用软件[简称：酷星视频达人秀软件]V1.0
386	上海贝特科技工程有限公司	贝特多媒体中央集成控制软件 V1.0
387	上海钢软信息技术工程股份有限公司	钢软 SES 管理软件[简称：SES]V1.0
388	上海云蟾数码科技有限公司	云蟾天尊侠客传网络游戏软件 V1.0
389	上海迅傲信息科技有限公司	迅傲电子商城软件 V1.0
390	上海锐道信息技术有限公司	锐道 DORADO WEB 中间件软件[简称：DORADO X]V8.0
391	上海锐道软件有限公司	锐道基于双视图的柔性业务流程再造中间件软件[简称：DBPM]V7.0
392	上海泛际科学仪器有限公司	泛际海洋测流大师软件[简称：DP－Pro Ocean]V2.4
393	上海泛际科学仪器有限公司	泛际流量后处理软件[简称：Q Post－Processing]V2.02
394	上海泛际科学仪器有限公司	泛际测流后处理软件[简称：Ocean Post－Processing]V2.0
395	上海辰锐信息科技公司	辰锐移动警务监管中心管理软件 V1.0
396	灏泷智能科技(上海)有限公司	灏泷人脸识别核心软件[简称：FaceSecurity SDK]V1.0
397	上海华勤通讯技术有限公司	华勤 TD51 手机应用软件 V1.4.2
398	上海巨耕电气有限公司	巨耕煤矿设备管理软件 V1.0
399	上海华勤通讯技术有限公司	华勤 A1000 手机软件 V1.0.7
400	上海华勤通讯技术有限公司	华勤 TD25MMI 手机软件 V1.0.2
401	上海华勤通讯技术有限公司	华勤 TD28 交互控制手机软件 V0.2.3
402	上海摩软通讯技术有限公司	摩软 A512 手机软件 V1.0
403	上海摩软通讯技术有限公司	摩软 A651MMI 手机软件 V4.0.1
404	上海欣诺通信技术有限公司	欣诺 PON 协议解析软件 V1.0
405	上海摩软通讯技术有限公司	摩软 T230 通讯应用软件 V8.0.1
406	上海摩软通讯技术有限公司	摩软 V298 手机软件 V8.0.3
407	上海摩软通讯技术有限公司	摩软 T300 手机多媒体软件 V8.0.3
408	上海华盾信息科技有限公司	华盾光路保护操作软件 V1.0
409	上海斯图曼通信技术有限公司	斯图曼近距离通信读写嵌入式应用软件[简称：斯图曼NFC R/W 软件]V1.0

续 表

序号	企业名称	产品名称
410	上海华盾信息科技有限公司	华盾 XDSL 操作软件 V1.0
411	上海威士顿信息技术有限公司	威士顿员工信息管理软件 V1.0
412	上海润帅信息科技有限公司	润帅 Infor 企业管理软件 V1.0
413	宏路网络科技(上海)有限公司	宏路智能广告投放软件 V1.0
414	上海莱曼特信息科技有限公司	莱曼特许可证集中监控管理软件 V4.5
415	宝程信息科技(上海)有限公司	宝程基于工作流的分布式网络漏洞管理软件 V1.0
416	上海柯斯软件有限公司	柯斯多 IO 智能卡操作软件 V2.0
417	上海柯斯软件有限公司	柯斯 PBOC2.0 银行卡操作软件 V1.0
418	上海锐英软件技术有限公司	锐英微博监控软件 V2.0
419	上海甲游网络科技有限公司	甲游《妖神》网页游戏软件[简称：妖神]V1.0
420	上海名传信息技术有限公司	名传标题优化流量排名提升软件 V1.0
421	普元信息技术股份有限公司	普元数据集成平台软件[简称：Primeton DI]V6
422	普元信息技术股份有限公司	普元 ETL 调度监控管理软件[简称：Primeton ETL] V3.1
423	普元信息技术股份有限公司	普元单点登录平台软件[简称：Primeton SSO]V6.5
424	上海赢泽信息技术有限公司	赢泽手机天气生活管家软件[简称：Weather]V1.0
425	诺云信息系统(上海)有限公司	诺云瘦客户端软件[简称：NOC Tropo]V1.0
426	上海中颐电气科技有限公司	中颐软起动器控制软件 V2.0
427	诺云信息系统(上海)有限公司	诺云云系统架构软件[简称：NOC SYSTEMS]V2.0
428	上海先锋商泰电子技术有限公司	先锋商泰 Lite 系列车载智能导航软件 V1.0
429	上海先锋商泰电子技术有限公司	先锋商泰 Cyber 系列导航仪的 Gesture 软件 V1.0
430	上海思伟软件有限公司	思伟护士工作站软件 V1.0
431	上海双佰智能科技有限公司	双佰智能无线掌上公交软件 V1.0
432	上海华勤通讯技术有限公司	华勤 TD23 手机软件 V1.0.0
433	上海仙剑文化传播有限公司	仙剑数字化图片渲染软件 V1.0
434	上海晟淼信息科技有限公司	晟淼网络管理平台软件 V1.0
435	上海三七玩网络科技有限公司	三七玩 WEBGAME 秦美人软件 V2.0
436	上海凌鑫信息技术有限公司	凌鑫备擎企业备份软件 V1.0
437	上海三七玩网络科技有限公司	三七玩 WEBGAME 龙将 2 软件 V3.0
438	上海双佰智能科技有限公司	双佰智能公交调度监管及便民系统管理软件 V1.0
439	上海三七玩网络科技有限公司	三七玩 WEBGAME 侠义水浒传软件 V2.0
440	上海巍岭数码科技有限公司	巍岭 Android OTT Box 应用软件 V1.0
441	上海易娱网络科技有限公司	易娱网络 WEBGAME 龙将 2 软件 V1.0
442	君岳信息科技(上海)有限公司	君岳 EPC 辅助服务器软件 V1.0
443	上海易娱网络科技有限公司	易娱网络 WEBGAME 勇者之塔软件 V1.0

续 表

序号	企业名称	产品名称
444	上海易娱网络科技有限公司	易娱网络 WEBGAME 暗黑西游记软件 V1.0
445	上海岚立电子科技有限公司	岚立智能切断器模块控制软件 V2.0
446	上海兕维信息科技有限公司	兕维爱贺卡软件 V1.0
447	上海生物数据有限公司	生物数据养犬管理电子信息软件[简称：养犬管理电子信息软件]V1.0
448	上海哥瑞利软件有限公司	哥瑞利 SECSwell 软件 V1.0
449	上海未来软件有限公司	未来移动监控软件 V1.0
450	上海未来软件有限公司	未来移动监控安卓版软件 V1.0
451	上海爱可生信息技术有限公司	爱可生数据库高可用读写分离软件 V1.0
452	上海爱可生信息技术有限公司	爱可生 MySQL 数据库审计软件 V1.0
453	上海易替维网络科技有限公司	易替维 SaaS 运营服务平台软件 V1.0
454	上海市数字证书认证中心有限公司	数字证书综合业务受理平台软件 V1.0
455	上海市数字证书认证中心有限公司	数字证书用户在线自助服务平台软件 V1.0
456	巨服(上海)信息科技有限公司	巨服 G 讯通移动客户云服务管理平台软件 V1.0
457	上海煜科智能科技有限公司	煜科 YKB－Ⅰ型全自动高速倒装机软件 V2.1
458	上海煜科智能科技有限公司	煜科读写器识别软件 V7.4
459	上海领驰信息科技有限公司	领驰互联通信导航软件 V1.0
460	上海复弘科技发展有限公司	Heal Force TOPLED－8000 手术无影灯嵌入式软件 V1.0
461	上海复弘科技发展有限公司	Heal Force TOPLED－8080 手术无影灯嵌入式软件 V1.0
462	上海博锐特光电科技有限公司	博锐特测温型红外视频监控软件[简称：红外视频监控]V2.0
463	上海信擎信息技术有限公司	信擎个性化短信业务分析处理软件 V1.0
464	上海信擎信息技术有限公司	信擎数据接口处理软件 V1.0
465	上海信擎信息技术有限公司	信擎智能分析平台管理软件 V1.0
466	上海信擎信息技术有限公司	信擎本地操作控制软件 V1.0
467	上海信擎信息技术有限公司	信擎关键字控制处理软件 V1.0
468	上海信擎信息技术有限公司	信擎消息采集处理软件 V1.0
469	上海信擎信息技术有限公司	信擎消息防火墙软件 V1.0
470	上海信擎信息技术有限公司	信擎消息分析处理软件 V1.0
471	上海信擎信息技术有限公司	信擎接入控制软件 V1.0
472	上海信擎信息技术有限公司	信擎信令业务应用软件 V1.0
473	上海信擎信息技术有限公司	信擎信令模型分析处理软件 V1.0
474	上海信擎信息技术有限公司	信擎业务报表分析处理软件 V1.0
475	上海心通信息技术有限公司	心通教育信息管理软件 V3.0
476	上海喻世智能科技有限公司	喻世绿色校园节能监管平台软件 V1.0

续 表

序号	企业名称	产品名称
477	上海旭游网络技术有限公司	旭游水煮篮球网页游戏软件 V1.0
478	上海立彬信息科技有限公司	立彬建设工程管理软件 V2.0
479	上海企通软件有限公司	企通畅捷通企业管理软件 V5.0
480	上海企通软件有限公司	企通呼叫中心软件 V2.1
481	上海宸新智能系统集成有限公司	宸新 CRMis-餐饮管理软件[简称：餐饮软件]V1.0
482	上海宸新智能系统集成有限公司	宸新多功能管理软件[简称：多功能软件]V1.0
483	上海宸新智能系统集成有限公司	宸新消费管理软件 V1.0
484	上海美琦浦悦通讯科技有限公司	美琦浦魔屏和 IPTV 业务融合软件 V1.0
485	上海格金信息技术有限公司	格金医院综合管理平台软件[简称：格金医院管理平台]V1.0
486	上海晨炎信息技术有限公司	晨炎 Ancient War Ⅱ手机游戏软件[简称：Ancient War Ⅱ]V1.0
487	上海晨炎信息技术有限公司	晨炎 Coastal Super - Combat 手机游戏软件[简称：Coastal Super - Combat]V1.0
488	上海晨炎信息技术有限公司	晨炎 Doodle Truck 手机游戏软件[简称：Doodle Truck]V1.0
489	上海晨炎信息技术有限公司	晨炎 MiniFlyer 手机游戏软件[简称：MiniFlyer]V1.0
490	上海用赢软件有限公司	用赢连锁商业智能管理软件[简称：用赢连锁 BI]V1.0
491	莱泺源(上海)信息科技有限公司	LL - Yuan 电缆监测软件 V3.0
492	上海有为信息技术有限公司	有为学校公共卫生管理平台软件 V1.0
493	上海有为信息技术有限公司	有为学生健康管理信息平台软件 V1.0
494	上海有为信息技术有限公司	有为学生健康档案家长查询平台软件 V1.0
495	上海铱控电力科技有限公司	铱控自动电压控制(AVC)下位机软件[简称：AVC 下位机软件]V3.1.2
496	上海铱控电力科技有限公司	铱控相量测量装置(PMU)下位机软件[简称：PMU 下位机软件]V1.0
497	上海现代商友软件有限公司	现代商友分销连锁管理软件 V1.12.02
498	聚领信息技术(上海)有限公司	Polylink DTI Server 时间服务软件 V1.0
499	上海库源电气科技有限公司	库源 EDA 软件 V16.6
500	聚领信息技术(上海)有限公司	Polylink IPCC 呼叫中心软件 V2.3
501	上海启致信息科技有限公司	启致科技项目管理软件 V1.0
502	聚领信息技术(上海)有限公司	Polylink VMS 多媒体通讯平台软件 V1.0
503	上海基石信息技术有限公司	基石业务流程管理软件[简称：GTBPM]V1.0
504	上海联众网络信息有限公司	联众数字化病案制作应用软件 V6.0
505	上海创功通讯技术有限公司	创功 L360MMI 手机软件 V1.0.0
506	上海葡萄城信息技术有限公司	葡萄城吉流软件 V4.0
507	上海葡萄城信息技术有限公司	葡萄城渠道分销管理软件 V1.0

续 表

序号	企业名称	产品名称
508	上海葡萄城信息技术有限公司	葡萄城医疗注册证管理软件 V1.0
509	上海衡升智能科技有限公司	衡升智能变电站一次设备综合监控平台应用软件 V2.0
510	上海百林通信网络科技服务股份有限公司	百林 NSAT TD 网络结构分析工具软件 V2.0
511	上海经达实业发展有限公司	经达行人闯红灯自动监控报警软件 V1.0
512	上海中移通信技术工程有限公司	中移考勤系统管理软件[简称：考勤管理系统]V1.0
513	上海中移通信技术工程有限公司	中移短信管理平台软件[简称：短信管理平台]V1.0
514	智慧城市信息技术有限公司	融慧视频监控管理平台软件 V1.0
515	上海旭测电子科技有限公司	旭测电子模块测试系统应用软件 V2.0
516	上海坤迪软件信息有限公司	坤迪远程接入平台软件 V2.0
517	上海亿双软件科技有限公司	亿双质量监控应用软件 V1.0
518	上海铱控电力科技有限公司	铱控相量测量装置(PMU)后台机软件[简称：PMU 后台机软件]V1.0
519	上海铱控电力科技有限公司	铱控相量测量装置(PMU)上位机软件[简称：PMU 上位机软件]V1.0
520	上海铱控电力科技有限公司	铱控发电机组一次调频考核统计软件[简称：发电机组一次调频考核统计软件]V1.0
521	上海中移通信技术工程有限公司	中移服务监控管理平台软件[简称：服务监控管理平台]V1.0
522	上海中众软件科技有限公司	中众 F3 企业管理软件 V1.0
523	上海瑞路道路工程技术有限公司	瑞路沥青混合料摊铺碾压动态质量监控软件 V1.0
524	上海瑞路道路工程技术有限公司	瑞路水泥稳定土动态质量监控软件 V1.0
525	上海长江唯诚科技有限公司	唯诚仓库管理软件 V1.0
526	上海长江唯诚科技有限公司	唯诚现场签到软件 V1.0
527	上海长江唯诚科技有限公司	唯诚触摸屏查询软件 V1.0
528	联康软件系统(上海)有限公司	联康资产管理系统应用软件 V1.0
529	上海实训信息技术有限公司	实训用电信息化管理软件 V1.0
530	上海中彦信息科技有限公司	中彦返利通软件 V1.0.0
531	上海丽正软件技术有限公司	丽正城市空气质量监测实时发布软件[简称：EMCAPUB]V1.0
532	上海同灏数码科技有限公司	同灏血之荣耀游戏引擎软件 V1.4
533	上海虹泽信息科技有限公司	虹泽运单影像管理软件 V1.0
534	上海虹泽信息科技有限公司	虹泽信贷无纸化审批管理软件 V1.0
535	上海虹泽信息科技有限公司	虹泽电力营销档案影像管理软件 V1.0
536	巨服(上海)信息科技有限公司	巨服 G 讯通移动智慧展馆云服务平台软件 V1.0
537	上海五福通信技术有限公司	五福呼叫中心软件 V1.0
538	上海五福通信技术有限公司	五福信息导航软件 V1.0
539	上海五福通信技术有限公司	五福推信软件 V1.0

续 表

序号	企业名称	产品名称
540	上海创景计算机系统有限公司	创景嵌入式目标码分析软件[简称：OCVerifier]V1.0
541	埃森哲(中国)有限公司	埃森哲 SAP 数据管理工具软件 V1.0
542	埃森哲(中国)有限公司	埃森哲 SAP 测试数据管理工具软件 V1.0
543	埃森哲(中国)有限公司	埃森哲 SAP 代码审核工具软件 V1.0
544	埃森哲(中国)有限公司	埃森哲 SAP ABAP 快速开发工具软件 V1.0
545	埃森哲(中国)有限公司	埃森哲字典项生成工具软件 V1.0
546	埃森哲(中国)有限公司	埃森哲客户化开发加速工具软件 V1.0
547	埃森哲(中国)有限公司	埃森哲提升项发掘工具软件 V1.0
548	上海创景计算机系统有限公司	创景 RTInsight 系统测试软件[简称：RTInsight]V7.0
549	上海自仪泰雷兹交通自动化系统有限公司	自仪泰雷兹 PMI 自动功能测试平台应用软件 V1.3
550	上海博科资讯股份有限公司	博科基于 MAP 平台的 mySCM 自助套装软件[简称：mySCM]V1.0
551	上海共久电气有限公司	共久起重机车载工作站软件 V1.0
552	德比软件(上海)有限公司	德比 DHotelier 酒店市场销售管理软件 V6.0
553	上海奉贤食品饮料成套设备总厂	古桥 PBSBS 焙烤薯饼成套设备控制软件 V1.0
554	上海奉贤食品饮料成套设备总厂	古桥 PBKP 可调式明火膨化米饼设备控制软件 V1.0
555	上海奉贤食品饮料成套设备总厂	古桥 PDGZ 夹心蛋糕机控制软件 V1.0
556	上海交海信息科技有限公司	交海外省市集装箱营运车辆备案管理软件 V1.0
557	上海软中信息技术有限公司	软中园区一口受理平台软件 V1.0
558	上海天缘迪柯信息技术有限公司	天缘迪柯重点人员研判软件[简称：人员研判软件]V1.0
559	上海音声信息技术有限公司	音声进销存及仓库管理软件 V36.2
560	上海西门子数字程控通信系统有限公司	西门子 HiPath PDS 专业调度软件 V3.0
561	卡斯柯信号有限公司	卡斯柯轨旁安全平台诊断维护软件 V1.0
562	卡斯柯信号有限公司	卡斯柯轨旁安全平台主处理单元软件 V1.0
563	卡斯柯信号有限公司	卡斯柯安全编码处理器软件[简称：iCODER－100]V1.0
564	卡斯柯信号有限公司	卡斯柯轨旁安全平台通用网关软件[简称：GGW]V1.0
565	卡斯柯信号有限公司	卡斯柯轨旁安全平台主通信单元软件[简称：MCU]V1.0
566	卡斯柯信号有限公司	卡斯柯 iTC 系统安全输入输出控制软件[简称：VIOC]V1.0
567	上海凡彻信息科技有限公司	凡彻银行信用卡直销管理软件 V1.0
568	上海摩武网络科技有限公司	摩武赚话费软件 V1.0
569	上海鸣志自动控制设备有限公司	鸣志深度调光 LED 智能电源软件 V1.0
570	上海云角信息技术有限公司	云角客户关系管理软件 V1.0
571	上海宝信软件股份有限公司	宝信 MES 软件 V3.0

续 表

序号	企业名称	产品名称
572	上海宝信软件股份有限公司	宝信报表软件V1.0
573	上海宝信软件股份有限公司	宝信iPlat4C信息系统平台软件V1.0
574	上海复控华龙微系统技术有限公司	复控华龙433MHz透明传输无线模块软件[简称：Transparent Module Software]V1.0
575	上海乐维网络科技有限公司	天尊传奇游戏软件V1.0
576	上海凯创建筑科技有限公司	凯创建筑节能评估与分析软件V1.0
577	上海旦迅信息技术有限公司	旦迅培训及OA协同平台软件V1.0
578	电讯车连(上海)信息科技发展有限公司	电讯车连呼叫中心服务平台软件V1.0
579	上海音声信息技术有限公司	音声嵌入式条码采集软件V1.0
580	中标软件有限公司	中标普华维哈柯文办公软件V6.0
581	上海美慧软件有限公司	美慧基于手机信令的大规模客流密度与分布检测软件V1.0
582	上海聚群软件开发有限公司	聚群轨道温度位移检测软件V1.0
583	上海聚群软件开发有限公司	聚群轨道交通生产办公平台软件V1.0
584	上海聚群软件开发有限公司	聚群轨道交通乘客导乘软件V1.0
585	诺佑信息系统(上海)有限公司	诺佑云计算虚拟化平台软件[简称：NOC Cloud Platform]V2.1
586	上海道生医疗科技有限公司	道生中医舌面脉间信息采集诊测系统应用软件V1.1
587	上海斑彰信息技术有限公司	Bandex Shop Logic数字化工厂管理软件V1.0
588	上海黛美医疗科技有限公司	黛美纸质打印软件V1.0
589	上海域格信息技术有限公司	域格CDMA&EVDO系列模块软件[简称：域格CDMA&EVDO软件]V1.6.0
590	上海域格信息技术有限公司	域格GSM系列模块软件[简称：域格GSM软件]V1.8.0
591	上海域格信息技术有限公司	域格模块拨号软件[简称：域格拨号软件]V1.2.0
592	上海贯城信息科技有限公司	贯城OLine人流量统计软件V1.0
593	上海华亨软件科技有限公司	华亨软交换软件V1.0
594	上海华亨软件科技有限公司	华亨调度指挥软件V1.0
595	上海华亨软件科技有限公司	华亨加密狗控制软件V1.0
596	上海硅峰动力科技有限公司	硅峰城市纯电动环卫车驱动控制软件V1.0
597	上海邦购信息科技有限公司	邦购竞争情报管理系统应用软件V1.0
598	上海集腾信息科技有限公司	集腾业务管理软件V1.0
599	中标软件有限公司	中标普华藏文办公软件V6.0
600	上海维豪信息安全技术有限公司	维豪安全智能客户端软件V1.0
601	上海维豪信息安全技术有限公司	维豪在线制版客户端软件V1.0
602	上海维豪信息安全技术有限公司	维豪时间戳服务软件V1.0
603	上海维豪信息安全技术有限公司	维豪电子文件元数据服务软件V1.0

续 表

序号	企业名称	产品名称
604	上海维豪信息安全技术有限公司	维豪云存储服务软件 V1.0
605	上海维豪信息安全技术有限公司	维豪微信息通信服务软件 V1.0
606	上海维豪信息安全技术有限公司	维豪时间同步服务软件 V1.0
607	上海维豪信息安全技术有限公司	维豪身份验证服务软件 V1.0
608	上海维豪信息安全技术有限公司	维豪门户集成框架服务器软件 V1.0
609	上海维豪信息安全技术有限公司	维豪电子文件元数据管理软件 V1.0
610	上海迪亮信息科技有限公司	迈科 E－HR 管理软件 V1.0
611	上海寅酷网络有限公司	寅酷伏魔者游戏软件 V53.56.1
612	上海视野价值管理软件有限公司	视野全面计划管理软件 V3.0
613	上海欣菱计算机科技有限公司	欣菱项目预算管理软件 V1.0
614	上海杰瑞兆新信息科技有限公司	杰瑞兆新 CPCI 板卡故障诊断软件[简称：CPCI 板卡故障诊断软件]V1.0
615	上海华勤通讯技术有限公司	华勤 E220MMI 手机软件 V1.0.5
616	上海杰瑞兆新信息科技有限公司	杰瑞兆新联合情报协议封装解析软件[简称：联合情报协议封装解析软件]V1.0
617	上海杰瑞兆新信息科技有限公司	杰瑞兆新数据分布式服务分析软件[简称：数据分布式服务分析软件]V1.0
618	上海杰瑞兆新信息科技有限公司	杰瑞兆新双冗余以太网状态监测及协议分析软件[简称：双冗余以太网状态监测及协议分析软件]V1.0
619	上海华邦科创信息科技有限公司	华邦门店排班考勤管理系统应用软件 V1.0
620	上海华勤通讯技术有限公司	华勤 TD55 手机人机接口软件 V1.0.0
621	上海华勤通讯技术有限公司	华勤 P868 手机应用软件 V8.0.0
622	上海杰狮信息技术有限公司	杰狮工作流引擎平台软件 V1.0
623	上海穗农信息科技有限公司	穗农农产品质量安全追溯及分析预警软件[简称：质量安全分析预警软件]V2.0
624	上海摩软通讯技术有限公司	摩软 A230 手机交互控制软件 V8.0.0
625	上海京颐信息科技有限公司	京颐电子病历管理软件 V2.0
626	上海京颐信息科技有限公司	京颐医信通医院运营管理软件 V1.0
627	上海简泰信息科技有限公司	简泰移动外勤业务系统应用软件 V1.0
628	上海互联网软件有限公司	必优必达重点工作督查软件[简称：重点工作督查软件]V1.0
629	上海海鼎网络信息有限责任公司	海鼎企业内部网管理软件(HDIntra)[简称：海鼎 HDIntra 软件]V3
630	上海互联网软件有限公司	必优必达网站群管理平台软件[简称：CMS]V1.0
631	上海卡索航空科技有限公司	卡索飞行动力学仿真软件 V1.0
632	上海东海电脑股份有限公司	东海电子收费车载单元软件 V1.0
633	上海杰狮信息技术有限公司	杰狮移动巡检软件 V2.0
634	上海杰狮信息技术有限公司	杰狮移动图资软件 V1.0

续 表

序号	企业名称	产品名称
635	上海杰狮信息技术有限公司	杰狮共享服务平台软件 V1.0
636	上海杰狮信息技术有限公司	杰狮数据服务平台软件 V1.0
637	上海汉昆光电科技有限公司	汉昆光纤光栅传感分析仪软件 V1.0
638	上海杰狮信息技术有限公司	杰狮移动服务平台软件 V1.0
639	上海杰狮信息技术有限公司	杰狮银行电子地图系统应用软件 V1.0
640	上海忠恕物联网科技有限公司	忠恕智能家居设备无线传感控制软件 V1.0
641	上海摩软通讯技术有限公司	摩软 A600 手机多媒体软件 V1.0.0
642	上海敬邦机电设备有限公司	KEYPOINT 计量标定控制与管理软件 V1.2
643	上海济强电子科技有限公司	济强 VMP 系列打印控制平台软件 V1.0
644	上海数虎图像科技有限公司	数虎图像 VideoStitcher 视频播控软件 V1.0
645	上海度特信息科技有限公司	度特虚拟化容灾备份管理软件 V1.0
646	上海史肯图信息技术有限公司	史肯图档案数字化系统管理软件 V1.0
647	上海华邦科创信息科技有限公司	华邦门店智能补货管理系统应用软件 V1.0
648	上海华邦科创信息科技有限公司	华邦门店无线盘点管理系统应用软件 V1.0
649	富达自动化管理系统(上海)有限公司	MICROS 支付网关软件[简称：MPG]V5.0
650	上海炫律网络科技有限公司	炫律内容管理软件 V2.0
651	上海松川信息科技有限公司	松川无线远传 IC 卡智能燃气表单片机软件 V1.0
652	富达自动化管理系统(上海)有限公司	MICROS 电子易付软件[简称：MICROS ePayment]V5.0
653	前锦网络信息技术(上海)有限公司	前锦收件箱快速引擎软件 V1.0
654	前锦网络信息技术(上海)有限公司	前锦校园招聘企业简历个性化定制软件 V1.0
655	奥盈琦信信息技术(上海)有限公司	MiQue 营销管理软件 V4.0
656	前锦网络信息技术(上海)有限公司	前锦校园招聘企业简历报表定制软件 V1.0
657	泰思通软件(上海)有限公司	泰思通 IDC 业务网管软件[简称：TS - IDC - SNMS (TideStone IDC Service and Network Management System)]V1.0
658	前锦网络信息技术(上海)有限公司	前锦校园招聘在线测评定制软件 V1.0
659	前锦网络信息技术(上海)有限公司	前锦测评系统软件 V1.0
660	前锦网络信息技术(上海)有限公司	前锦职位排名竞价软件 V1.0
661	上海凯创建筑科技有限公司	凯创建筑节能综合遮阳体系设计软件 V1.0
662	前锦网络信息技术(上海)有限公司	前锦网才职能手机版软件 V1.0
663	上海游米网络科技有限公司	游米梦幻港湾游戏软件[简称：梦幻港湾]V1.0
664	前锦网络信息技术(上海)有限公司	前锦个人简历设计秀软件 V1.0
665	前锦网络信息技术(上海)有限公司	前锦简历个人中心软件 V1.0
666	前锦网络信息技术(上海)有限公司	前锦 CRM 助理流程管理软件 V1.0
667	上海建业信息科技有限公司	建业施工企业综合信息管理平台软件 V1.0

续 表

序号	企业名称	产品名称
668	上海软通动力实业有限公司	软通动力制药行业综合管理系统应用软件 V1.0
669	上海奕瑞光电子科技有限公司	奕瑞平板探测器软件开发工具软件 V1.0
670	上海奕瑞光电子科技有限公司	奕瑞 1717 平板探测器主控韧件软件 V1.0
671	上海奕瑞光电子科技有限公司	奕瑞 1717 平板探测器数据采集韧件软件 V1.0
672	上海奕瑞光电子科技有限公司	奕瑞 1417 平板探测器主控韧件软件 V1.0
673	上海特天弗电子科技发展有限公司	特天弗智能公交调度控制软件 V1.0
674	上海诺诚电气有限公司	NCC 临床康复信息化管理软件 V1.0
675	事成(上海)信息技术有限公司	事成汽车售后信息发布软件 V1.0
676	上海经华软件技术有限公司	经华定量装车控制与管理软件 V2.0
677	上海经华软件技术有限公司	经华计量标定控制与管理软件 V1.2
678	上海光英软件科技有限公司	樱花国际日语软件 V1.0
679	上海果盒网络科技有限公司	果盒果币系列奖励制营销软件 V2.0
680	上海文夕信息技术有限公司	文夕客户管理软件 V1.0
681	上海电信恒联网络有限公司	电信恒联合同管理软件 V2.1.2
682	上海电信恒联网络有限公司	电信恒联物业管理软件 V2.1.2
683	上海星慧源科技有限公司	星慧源易生网上作业批阅及成绩统计软件 V1.0
684	上海金仕达卫宁软件科技有限公司	金仕达卫宁软件科技临床知识库管理及应用软件 V2.0
685	上海英领机电科技有限公司	英领发电机组控制软件 V1.0
686	上海斯凯普斯信息技术有限公司	斯凯普斯 SBO 制药行业管理软件 V2.0
687	上海金仕达卫宁软件科技有限公司	金仕达卫宁软件科技医保支付监控审核平台应用软件 V2.0
688	上海中讯锐尔软件科技有限公司	中讯锐尔文件集中打印安全监控与审计软件 V6.0
689	上海圣享科技股份有限公司	iSafe 智能锁管理控制服务器软件[简称：iSafe 服务器软件]V1.0
690	上海杰图软件技术有限公司	杰图虚拟漫游展示制作软件[简称：漫游大师]V6.00
691	上海征创信息科技有限公司	征创客户关系管理应用软件 V1.0
692	上海江游信息科技有限公司	江游街机三国网页游戏软件[简称：街机三国]V1.0
693	上海江游信息科技有限公司	江游之美食大战老鼠游戏软件[简称：美食大战老鼠]V1.0
694	上海雨桐信息科技有限公司	雨桐微博舆情监控软件 V1.0
695	中标软件有限公司	中标普华蒙古文办公软件 V6.0
696	上海奇城信息技术有限公司	奇城信息开发平台软件[简称：奇城平台]V1.0
697	上海美格泰智能技术有限公司	美格泰电子学生证 SAM 卡控制软件 V1.0.1
698	上海维宏电子科技股份有限公司	维宏工业机械手控制系统应用软件 V1.0
699	上海泛际科学仪器有限公司	泛际导航大师软件[简称：DP - Pro DVL]V2.0
700	上海亚派软件有限公司	MyeHR 人力资源管理软件 V5.8

续 表

序号	企业名称	产品名称
701	上海科华实验系统有限公司	科华96孔洗板机软件V2.8.2
702	移康智能科技(上海)有限公司	移康宙斯盾B智能猫眼可视门铃监控软件[简称：宙斯盾]V1.0
703	上海益盟软件技术股份有限公司	益盟一财点睛证券资讯深度优化软件(PC网页版)V1.0
704	上海益盟软件技术股份有限公司	益盟一财点睛证券资讯深度优化软件(手机版)V1.0
705	上海海越赛尔自动化科技有限公司	海越icontrol工业应用工具软件V1.0
706	上海光英软件科技有限公司	光英财务审批软件V1.0
707	上海数腾科技有限公司	数腾(CDAP)多业务应急软件V3.5
708	金禹罗博软件(上海)有限公司	金禹罗博医院门诊护士终端采血管理软件V1.0
709	上海汇明信息技术有限公司	汇明工作台办公管理软件[简称：工作台软件]V1.0
710	上海神箭机电工程有限责任公司	神箭标定管理软件V1.0
711	上海神箭机电工程有限责任公司	神箭布阵态势管理软件V1.0
712	上海神箭机电工程有限责任公司	神箭发控系统管理软件V1.0
713	上海神箭机电工程有限责任公司	神箭机电设备仿真模拟器软件V1.0
714	上海神箭机电工程有限责任公司	神箭控制机构测试软件V1.0
715	上海神箭机电工程有限责任公司	神箭目标探测管理软件V1.0
716	上海神箭机电工程有限责任公司	神箭系统综合兼容管理软件V1.0
717	上海天剑电磁技术有限公司	翼迈大功率系统控制软件V2.0
718	上海天剑电磁技术有限公司	翼迈液晶火力仿真控制软件V2.0
719	上海菱通软件技术有限公司	菱通M-DCM销售物流管理软件[简称：M-DCM]V2.0
720	智慧城市信息技术有限公司	融慧楼宇信息发布软件V1.0
721	上海睿云信息技术有限公司	睿云市场风险管理软件V1.0
722	上海仪电物联技术股份有限公司	仪电物联多媒体信息发布软件V1.0
723	上海繁云信息科技有限公司	繁云-门诊医生工作站软件V4.0
724	上海繁云信息科技有限公司	繁云-住院电子病历软件V4.0
725	上海熙洋信息技术有限公司	熙洋财政扶持管理软件V1.0
726	上海证大喜马拉雅网络科技有限公司	喜马拉雅声音云平台软件V1.0.10
727	上海左旗电子科技有限公司	左旗数据同步管理软件V1.0
728	上海钢之家信息科技有限公司	掌上钢之家安卓版软件[简称：掌上钢之家]V1.0
729	上海益盟软件技术股份有限公司	益盟金管家量化资产管理软件V1.0
730	宇祐通讯科技(上海)有限公司	宇祐T301系列3G苹果皮软件V2.0
731	上海左旗电子科技有限公司	左旗仓储物流管理软件V1.0
732	上海乐象网络科技有限公司	乐象web 3d引擎软件V1.0
733	上海诺尚信息技术有限公司	诺尚热像测温软件V1.0

续 表

序号	企业名称	产品名称
734	上海鸿冠信息科技有限公司	鸿冠档案管理软件[简称：鸿冠档案管理]V1.0
735	上海鸿冠信息科技有限公司	鸿冠弘基商业租赁管理系统应用软件[简称：弘基租赁管理系统]V2.0
736	上海繁云信息科技有限公司	繁云-住院护士工作站软件 V4.0
737	上海鸿冠信息科技有限公司	鸿冠移动计件计量管理系统控制软件[简称：计件计量系统]V1.1
738	昱伟信息系统(上海)有限公司	昱伟制造业指标仪表板应用软件 V1.0
739	上海繁云信息科技有限公司	繁云-住院电子医嘱软件 V4.0
740	上海科华实验系统有限公司	科华酶标仪软件 V2.36
741	上海科华实验系统有限公司	科华半自动生化分析仪软件 V1.304
742	宇祐通讯科技(上海)有限公司	宇祐 T303 系列 MIFI 软件 V2.0
743	上海海湃计算机科技有限公司	海湃 Haypi ThunderBall 游戏软件 V1.0
744	上海淘钢电子商务股份有限公司	淘钢仓库储运信息管理软件 V5.6
745	上海伟视清数字技术有限公司	伟视清 VMS4000 高清网络视频监控软件 V1.0
746	上海康恒信息科技有限公司	康恒互动可视化家庭健康管理软件 V1.0
747	上海力达自控技术有限公司	力达中控服务软件[简称：TcpipSvr]V1.0
748	上海力达自控技术有限公司	力达展馆客户端管理软件[简称：gkClient]V1.0
749	上海天和机械科技发展有限公司	天和制药机械片剂成型软件 V1.0
750	上海泽众软件科技有限公司	泽众 TestCenter 测试管理软件 V5.0
751	上海东峻信息科技有限公司	东峻三维全矢量光电/电磁波仿真软件 V4.0
752	上海交海信息科技有限公司	交海集团人力资源管理软件 V1.0
753	上海艾哲仕信息技术有限公司	艾哲仕 RGS 工作流软件[简称：aZaaS BMP]V1.0
754	上海咏云信息技术有限公司	咏云备份软件 V1.0
755	上海企答信息科技有限公司	企答掌柜工具箱店铺管理软件 V1.0
756	上海企答信息科技有限公司	企答客户关系管理软件 V1.0
757	上海长合信息技术股份有限公司	长合 CHPBX 网络管理软件[简称：NMS&License]V2.0
758	上海群艺科技有限公司	群艺 GA3000 生产过程管理软件 V1.0
759	上海艾克斯网络传播有限公司	艾克斯行为监控软件[简称：AWMS]V1.0
760	上海盛本通讯科技有限公司	盛本指纹模块应用程序软件 V1.0
761	上海群艺科技有限公司	群艺流程通公文管理软件 V1.0
762	上海艾克斯网络传播有限公司	艾克斯 VPN 应用网页浏览器软件[简称：AVPNPES]V1.0
763	延锋伟世通电子科技(上海)有限公司	延锋伟世通 GP51 组合仪表控制软件 V1.0
764	延锋伟世通电子科技(上海)有限公司	延锋伟世通 GP51 音响控制软件 V3.0
765	延锋伟世通电子科技(上海)有限公司	延锋伟世通 LDV 组合仪表控制软件 V1.0

续 表

序号	企业名称	产品名称
766	上海四野网络科技有限公司	四野综合仿真实验室平台软件 V3.0
767	上海睿感智能科技有限公司	睿感 iSensorCloud 传感网(物联网)数据实时监控和管理软件 V1.3.1
768	爱义思(上海)科技发展有限公司	爱义思立体车库控制软件 V1.0
769	上海日出科技有限公司	日出 BOMC 门户管理软件 V1.0
770	上海日出科技有限公司	日出数据清洗工具控制软件 V1.0
771	上海日出科技有限公司	日出业务支撑中心综合运营门户软件 V1.0
772	上海博天信息技术有限公司	博天协同办公管理软件 V1.0
773	上海博天信息技术有限公司	博天进销存管理软件 V1.0
774	上海博天信息技术有限公司	博天 CRM 客户关系管理软件 V1.0
775	趋势科技(中国)有限公司	趋势科技邮件安全系统应用软件 V8.2
776	上海日出科技有限公司	日出移动大屏展示控制软件 V1.0
777	上海日出科技有限公司	日出移动业务拨测软件 V1.0
778	上海福朗信息技术有限公司	福朗网上门诊预约模块软件 V1.0
779	上海西门子数字程控通信系统有限公司	西门子 UC Outlook 集成工具软件 V1.0
780	上海宝信软件股份有限公司	宝信钢区过程控制应用平台软件 V1.0
781	上海宝信软件股份有限公司	宝信高速数据采集软件 V2.0
782	上海西门子数字程控通信系统有限公司	西门子 OSMO 安卓手机客户端软件 V7.0
783	上海美琦浦悦通讯科技有限公司	美琦浦悦魔屏与 IPTV 业务融合软件 V1.0
784	上海宝信软件股份有限公司	宝信大功率变频器调试维护软件 V1.0
785	上海宝信软件股份有限公司	宝信过程逻辑控制平台软件 V1.0
786	上海古鳌电子科技股份有限公司	古鳌 JBYD-GA860-B 点钞机软件 V7.12
787	上海古鳌电子科技股份有限公司	古鳌 JBYD-GA200-A 点钞机软件 V1.0
788	上海英立视电子有限公司	EnRich 嵌入式中间件软件 V1.0
789	上海汇堃信息科技有限公司	汇堃影像科报告管理软件[简称：WK-RIS]V1.0
790	上海铼钠克信息技术有限公司	铼钠克 G-SPEED 五轴数控软件 V3.0
791	上海复旦微电子集团股份有限公司	复旦微电子 CPU 卡操作系统 FMCOS 软件 V2.0
792	易保网络技术(上海)有限公司	易保寿险中国核心业务软件 V3.0
793	港中旅华贸(上海)信息科技有限公司	港中旅华贸仓储管理软件 V1.0
794	上海美慧软件有限公司	美慧机动车实时排放空气污染预警软件 V1.0
795	上海嘉任电子科技有限公司	嘉任轨道交通视频采集软件 V1.0
796	上海优谦软件有限公司	优谦智能磁电流量软件 V1.0
797	万达信息股份有限公司	万达云数据管理中间件软件 V1.0
798	上海南自软件有限公司	南自 SNS-9300 微机保护测控软件 V1.0

续 表

序号	企业名称	产品名称
799	上海人人游戏科技发展有限公司	人人游戏《童话迷踪》移动游戏软件[简称：童话迷踪]V1.0
800	上海冉光信息科技有限公司	冉光易趣数字漫画馆软件 V1.0
801	上海成思信息科技有限公司	成思展示管理软件 V1.0
802	继德软件(上海)有限公司	继德中小企业信用担保服务平台软件[简称：继德JCAS]V1.0
803	上海美思乐电子商务有限公司	美思乐电子商务分销联盟平台软件 V2.2
804	上海睿杰仕信息技术有限公司	睿杰仕数字实训管理平台软件 V2.0
805	上海南自软件有限公司	南自 SNS-2301 通讯管理机软件 V1.0
806	上海南自软件有限公司	南自 SNS-2000 电力 SCADA 软件 V1.0
807	上海南自软件有限公司	南自 SNS-300 数字式多功能表软件 V1.0
808	上海南自软件有限公司	南自 SNS-2300 微机保护测控软件 V1.0
809	上海动游计算机科技有限公司	动游瑜伽体感锻炼软件 V1.0
810	上海宏赛自动化电气有限公司	宏赛注塑机集成控制设备控制软件 V1.0
811	上海汇潮信息技术有限公司	汇潮第三方网络支付软件 V1.0
812	上海盖诺电子有限公司	朗音网络学习平台软件 V1.0
813	上海高智软件系统有限公司	高智 HFS 告警监控代理软件 V1.0
814	上海众达垠讯物联网科技有限公司	垠讯物联网气体监测软件 V1.0
815	上海颐东网络信息有限公司	英赛虎电子文档安全管理系统应用软件[简称：电子文档安全管理系统]V3.0
816	上海浩德科技股份有限公司	浩德 HiDCM 数据中心动环监控软件 V1.0
817	上海爱可生信息技术有限公司	爱可生监控系统 MySQL 数据库支持平台软件 V2.0
818	上海亚桥金融信息技术有限公司	亚桥供应链金融软件 V1.0
819	上海云蟾网络科技有限公司	云蟾天尊之蜀门 ONLINE 游戏软件 V3.0
820	上海杰瑞兆新信息科技有限公司	杰瑞兆新病理切片数字化处理软件[简称：病理切片数字化处理软件]V1.0
821	上海杰瑞兆新信息科技有限公司	杰瑞兆新多总线插件板故障诊断软件[简称：多总线插件板故障诊断软件]V1.0
822	上海智光电力技术有限公司	智光 iFMU-B 断路器在线监测 IED 软件 V1.0
823	上海天存信息技术有限公司	天存 iGuard 网页防篡改软件[简称：iGuard]V3.0.1
824	上海智光电力技术有限公司	智光 iFMU-C 容性设备在线监测 IED 软件 V1.0
825	上海智光电力技术有限公司	智光 iFMU-M 避雷器在线监测 IED 软件 V1.0
826	上海智光电力技术有限公司	智光 iHVM2000 智能变电站在线监测 CAC 软件 V1.0
827	上海酷宇通讯技术有限公司	酷宇酷炫天气软件 V1.0.1
828	上海智光电力技术有限公司	智光 iHVM3000 在线监测及状态评价软件 V2.0
829	上海智光电力技术有限公司	智光变压器油色谱在线监测分析软件 V2.0

续 表

序号	企业名称	产品名称
830	上海睿亚训软件技术服务有限公司	睿亚训云博(Realboard)实践教育平台软件[简称:Realboard]V1.0
831	上海锐道信息技术有限公司	锐道开发框架软件[简称:BDF]V2.0
832	上海夏尔软件有限公司	夏尔超效影像捕获和索引软件 V3.0
833	上海上讯信息技术有限公司	上讯 I 盾数据保护及防泄漏软件 V3.1
834	上海科箭软件科技有限公司	科箭物流信息平台门户软件 V1.0
835	上海科箭软件科技有限公司	科箭物流信息平台交易管理软件 V1.0
836	赛捷软件(上海)有限公司	赛捷 Accpac 企业管理软件[简称:Sage Accpac ERP]V6.1
837	上海科箭软件科技有限公司	科箭物流信息平台管理中心软件 V1.0
838	上海华腾数据信息科技有限公司	优易付网上充付平台软件 V1.0
839	上海吉联新软件股份有限公司	吉联新航运综合管理信息平台软件[简称:G-Marine]V1.0
840	上海景格汽车科技有限公司	景格汽车整车教学软件 V4.0
841	上海吉联新软件股份有限公司	吉联多式联运服务平台软件[简称:MTMP]V1.0
842	上海吉联新软件股份有限公司	吉联综合物流服务管理平台软件[简称:LSMP]V1.0
843	上海棕榈电脑系统有限公司	金棕榈赴台旅游电子版合同上报软件[简称:赴台旅游电子版合同上报软件]V1.0
844	上海棕榈电脑系统有限公司	金棕榈旅游团队保险备案监管软件[简称:保险备案软件]V1.0
845	上海棕榈电脑系统有限公司	金棕榈出境旅游电子版合同上报软件[简称:出境旅游电子版合同上报软件]V1.0
846	上海酷宇通讯技术有限公司	酷宇魔方软件 V1.1.2
847	上海棕榈电脑系统有限公司	金棕榈国内旅游电子版合同上报软件[简称:国内旅游电子版合同上报软件]V1.0
848	上海酷宇通讯技术有限公司	酷宇动态壁纸软件 V1.0
849	上海科源电子科技有限公司	科源电阻式点焊机 TP-PC 软件 V2.0
850	上海科源电子科技有限公司	科源工频电阻点焊机编程器软件 V1.0
851	上海酷睿网络科技有限公司	酷睿桌面 EX 软件 V0.0.1
852	上海酷宇通讯技术有限公司	酷宇百变解锁软件 V1.0
853	上海下一代广播电视网应用实验室有限公司	NGBLab 面向 NGB 的家庭智能网关用户交互界面(UI)软件 V1.0
854	上海酷宇通讯技术有限公司	酷宇酷特效软件 V1.7
855	上海酷睿网络科技有限公司	酷睿 3D 天气软件 V0.0.1
856	上海酷睿网络科技有限公司	酷睿 3D 便签软件 V0.0.1
857	上海酷睿网络科技有限公司	酷睿 3D 机器人软件 V0.0.1
858	上海酷睿网络科技有限公司	酷睿 3D 瑞士军刀软件 V0.0.1
859	上海酷睿网络科技有限公司	酷睿 3D 时钟软件 V0.0.1

续 表

序号	企业名称	产品名称
860	上海捷艾特信息技术有限公司	捷艾特电子账册备案报文生成软件[简称：电子账册备案报文生成软件]V1.0
861	上海捷艾特信息技术有限公司	捷艾特电子账册进出口申报软件[简称：电子账册进出口申报软件]V1.0
862	上海捷艾特信息技术有限公司	捷艾特电子账册单耗管理软件[简称：单耗管理软件]V1.0
863	上海捷艾特信息技术有限公司	捷艾特加工贸易风险控制软件[简称：加工贸易风险控制软件]V1.0
864	久之游信息技术(上海)有限公司	久游网手机休闲游戏(超级舞者)软件 V1.0.0
865	上海阿尔卡特网络支援系统有限公司	"上海阿尔卡特网络"语音质量监控平台软件[简称：语音质量监控平台软件]V1.0
866	上海格瑞特信息技术有限公司	格瑞特电子巡检管理软件 V1.0
867	上海慧龙计算机系统有限公司	慧龙大型直播网上集中培训平台软件 V2.0
868	上海科源电子科技有限公司	科源中频电阻点焊机控制器软件 V1.0
869	上海亿思特电气股份有限公司	亿思特高压变频控制软件 V1.0
870	上海科源电子科技有限公司	科源中频电阻点焊机编程器软件 V1.0
871	上海亿阳信通实业有限公司	亿阳汛情场景保障软件[简称：汛情场景保障]V1.0
872	上海冠安信息技术有限公司	冠安 720 劳动法咨询软件[简称：720 法]V1.0
873	上海宜奇信息科技有限公司	宜奇武装前线游戏软件[简称：武装前线]V1.0
874	上海亿阳信通实业有限公司	亿阳大屏综合展现软件[简称：大屏综合展现]V1.0
875	上海汉音文化传播有限公司	汉音爱中文学习平台软件 V1.0
876	上海常青藤信息技术有限公司	常青藤格林豪泰酒店管理软件 V1.0
877	上海思源光电有限公司	思源 TROM－600 变压器油色谱在线监测软件 V3.0
878	上海杰融软件技术有限公司	杰融 Relax ContactCenter 联络中心管理软件 V2.0
879	上海杰融软件技术有限公司	杰融 Relax Knowledge 知识管理软件 V2.0
880	上海杰融软件技术有限公司	杰融 Relax Training 培训考试管理软件 V2.0
881	上海杰融软件技术有限公司	杰融 Relax Talent 人才管理软件 V2.0
882	上海旗领软件系统有限公司	旗领数字广播系统客户端软件 V1.0
883	上海瑞星软件有限公司	瑞星会员管理软件 V1.0
884	上海旗领软件系统有限公司	旗领 iPhone 呼叫站软件 V1.0
885	上海晨妙信息科技有限公司	晨妙国土资源信息综合服务平台软件 V1.0
886	上海瑞谦软件有限公司	瑞谦基于 iPad 的谐波仿真与计算软件 V1.0
887	领佰思自动化科技(上海)有限公司	领佰思 DRC 设计规则检查软件 V1.0
888	上海思源光电有限公司	思源变电站状态接入控制软件 V1.0
889	上海瑞谦软件有限公司	瑞谦谐波柜控制单元远程设定软件 V1.0
890	上海思源光电有限公司	思源 SEM－T 油色谱套管在线监测软件 V1.0
891	上海创图网络科技发展有限公司	创图 SUN3D 网络三维应用开发软件 V2.5

续 表

序号	企业名称	产品名称
892	上海原动力通信科技有限公司	原动力多功能射频开关控制软件[简称：DTS]V1.0.0
893	上海智昂通讯科技有限公司	智昂客户关系管理应用软件 V1.0
894	中海信息系统有限公司	中海航运管理软件 V3.0
895	中海信息系统有限公司	中海船货代管理平台软件 V1.0
896	上海智昂通讯科技有限公司	智昂呼叫中心中间件软件 V1.0
897	上海新致软件有限公司	新致抗生素药物管理软件 V1.0
898	上海岱嘉医学信息系统有限公司	岱嘉医学设备工作列表软件[简称：A-SiteMWL Server]V1.0
899	上海岱嘉医学信息系统有限公司	岱嘉远程会诊系统应用软件[岱嘉 TeleMedicine]V1.0
900	上海烨盛信息科技有限公司	烨盛鲜花入货送货管理软件 V1.0
901	上海仪电物联技术股份有限公司	仪电物联技防安全管理平台软件 V1.0
902	上海仪电物联技术股份有限公司	仪电物联企业虚拟前台软件 V1.0
903	上海仪电物联技术股份有限公司	仪电物联汽车资讯服务系统服务器端软件 V1.0
904	上海仪电物联技术股份有限公司	仪电物联汽车资讯服务系统客户端软件 V1.0
905	上海仪电物联技术股份有限公司	仪电物联数字电视平台资讯服务软件 V1.0
906	趋势科技(中国)有限公司	趋势科技防毒墙网络版(OfficeScan)软件 V8.0
907	发思特软件(上海)有限公司	FastCAM 激光版全自动共边套料软件[简称：FastCAM Laser]V7.1
908	上海蒙融信息技术有限公司	蒙融禅智交易策略开发平台软件 V1.0
909	趋势科技(中国)有限公司	趋势科技防毒墙服务器版软件(ServerProtect)V5.5
910	上海友网科技有限公司	友网税务征管档案信息管理软件 V2.0
911	富士通(中国)信息系统有限公司	富士通 GSC 团购卡系统管理软件[简称：GSC Voucher]V1.0
912	上海罗盘信息科技有限公司	罗盘智能终端数据采集软件 V1.0
913	上海成思信息科技有限公司	成思交互电视业务管理软件 V1.0
914	上海瑞致计算机科技有限公司	瑞致动态令牌管理软件 V1.0
915	上海禾沛信息科技有限公司	禾沛微博发布管理软件[简称：微博发布管理系统]V1.0
916	上海烨盛信息科技有限公司	烨盛企业人力资源管理软件 V1.0
917	上海烨盛信息科技有限公司	烨盛局域网通信软件 V1.0
918	上海复高软件开发有限公司	复高无线电监测软件 V1.1
919	上海清鹤数码科技有限公司	清鹤流媒体智能平台软件 V2.0
920	上海锐道信息技术有限公司	锐道 DORADO 云计算开发平台软件[简称：CLOUDO]V1.0
921	上海水南信息技术有限公司	水南移动应用软件 V1.0
922	上海界安信息科技有限公司	“界安”振动电缆报警软件 V1.0
923	上海复高软件开发有限公司	复高无线电频谱监测软件 V2.0

续 表

序号	企业名称	产品名称
924	上海德思普微电子技术有限公司	德思普卫星轨道推算软件 V1.0
925	上海谦盈投资管理有限公司	谦盈网络农夫管理软件[简称：webfarmer]V1.0
926	万达信息股份有限公司	万达电子监察与绩效管理软件 V1.0
927	万达信息股份有限公司	万达行政审批管理软件 V4.0
928	上海宇龙软件工程有限公司	宇龙机械加工专业虚拟工厂软件 V2.0
929	上海嘉永计算机系统有限公司	嘉永非接触自动定尺定位软件[简称：嘉永自动定尺定位]V3.0
930	上海嘉永计算机系统有限公司	嘉永钢坯轮廓测量及数控火切机控制软件 V2.0
931	上海银晨智能识别科技有限公司	银晨人像比对软件[简称：大库比对]V1.2.5.1
932	上海若雅信息技术有限公司	若雅综合接入网关 iAGW 软件[简称：若雅 iAGW 软件]V1.0
933	上海盛本通讯科技有限公司	盛本 1D 条码扫描程序软件 V1.0
934	上海盛本通讯科技有限公司	盛本 RAM test 软件 V1.0
935	上海盛本通讯科技有限公司	盛本仓储智能管理软件 V1.0
936	上海盛本通讯科技有限公司	盛本 Android 多功能模式切换软件 V1.0
937	上海盛本通讯科技有限公司	盛本 CIT 测试软件 V1.0
938	上海盛本通讯科技有限公司	盛本 Android USB camera 功能应用软件 V1.0
939	华存数据信息技术有限公司	华存数据 cServer 华存云服务器虚拟化软件 V2.0
940	华存数据信息技术有限公司	华存数据 cService 华存云服务管理软件 V2.0
941	上海若雅信息技术有限公司	若雅移动代理服务器 MAS3.0 软件[简称：若雅 MAS3.0 软件]V1.0
942	上海清鹤数码科技有限公司	清鹤智能信息发布软件 V2.0
943	发思特软件(上海)有限公司	FastCAM 坡口编程套料软件[简称：FastCAM Bevel]V7.1
944	上海龙禹船舶技术有限公司	龙禹精度管理数据采集/分析软件[简称：ROYAL MES]V3.0
945	上海安威士生物科技有限公司	安威士生物识别管理软件 V1.0
946	华存数据信息技术有限公司	华存数据 cStorage 华存云企业云盘软件 V2.0
947	上海创视通多媒体技术有限公司	创视通 VMG 视频会议监控网管软件 V1.0
948	上海超星科技有限公司	超星 RFID 信息仓储管理软件 V1.0
949	华存数据信息技术有限公司	华存数据 cResource 华存云资源管理软件 V2.0
950	上海德思普微电子技术有限公司	德思普无线视频传输系统应用软件 V1.0
951	华存数据信息技术有限公司	华存数据 cClient 华存云桌面软件 V2.0
952	上海瑞致计算机科技有限公司	瑞致典当业务管理平台软件[简称：瑞致典当管理软件]V1.0
953	上海玖道信息科技有限公司	玖道餐饮行业采购管理软件 V1.0
954	上海龙禹船舶技术有限公司	龙禹精度管理 BLOCK 软件[简称：ROYAL BLOCK]V3.0

续 表

序号	企业名称	产品名称
955	上海玖道信息科技有限公司	玖道餐饮行业成本管理软件 V1.0
956	上海瑞致计算机科技有限公司	瑞致呼叫中心报修软件[简称：呼叫中心]V1.00
957	上海智梭信息技术有限公司	智梭智能室内安防卫士软件 V1.0
958	上海普锐马电子有限公司	普锐马工频磁场发生器控制软件 V1.0
959	上海普锐马电子有限公司	普锐马脉冲磁场发生器控制软件 V1.0
960	上海创至计算机科技有限公司	创至法律引用辅助软件[简称：LawRef]V3.0
961	上海普锐马电子有限公司	普锐马衰减振荡波发生器控制软件 V1.0
962	上海普锐马电子有限公司	普锐马振铃波发生器控制软件 V1.0
963	中新软件(上海)有限公司	中新电梯虚拟仿真教学软件[简称：电梯仿真教学软件]V1.0
964	上海龙禹船舶技术有限公司	龙禹精度管理 OTS 软件[简称：ROYAL OTS]V3.0
965	上海衡伟信息技术有限公司	衡伟 HW－ECU6000 水质在线分析仪软件[简称：ECU6000]V01.00.01.17
966	上海中信国安科技工程有限公司	国安关联企业管理软件 V1.0
967	上海中信国安科技工程有限公司	国安项目审计管理软件 V1.0
968	上海中信国安科技工程有限公司	国安餐饮管理软件 V1.0
969	上海数聚软件系统有限公司	数聚智慧决策平台软件[简称：智慧决策平台]V3.0
970	上海首米科技有限公司	首米智能串口播放软件 V1.0
971	上海创至计算机科技有限公司	创至裁判文书纠错软件[简称：文书纠错]V1.0
972	日立(中国)信息系统有限公司	轻舟仕佳人事管理软件 V1.0
973	日立(中国)信息系统有限公司	轻舟仕佳 OA 软件 V1.0
974	日立(中国)信息系统有限公司	轻舟仕佳安全确认 SMS 软件 V1.0
975	上海伟赛智能科技有限公司	爱照护护理工响应系统 Android 客户端软件 V1.0
976	上海伟赛智能科技有限公司	爱照护老年人照护服务管理智能化系统管理软件 V1.0
977	上海伟赛智能科技有限公司	爱照护智能摔倒呼叫机嵌入式软件 V1.0
978	上海创至计算机科技有限公司	创至计算机设备户籍化管理平台软件[简称：户籍化管理]V2.0
979	上海汉得信息技术股份有限公司	汉得移动商务软件[简称：HMBS]V1.3
980	上海汉得信息技术股份有限公司	汉得费控软件[简称：HEC]V2.0
981	千江(上海)信息科技有限公司	千江无线通信网络故障管理软件 V1.0
982	千江(上海)信息科技有限公司	千江无线通信网络资源管理软件 V1.0
983	千江(上海)信息科技有限公司	千江无线通信网络性能管理软件 V1.0
984	上海树维信息科技有限公司	树维数字化校园软件 V4.0
985	上海韬图动漫科技有限公司	韬图汉语动漫教程软件 V1.0
986	上海快视信息技术有限公司	快视刑侦视频分析管理软件 V2.0
987	上海艾泰科技有限公司	HiPER ReOS 多业务路由器实时通信软件 V8.0

续　表

序号	企业名称	产品名称
988	上海玖道信息科技有限公司	玖道 IT 服务管理软件 V2.1
989	上海玖道信息科技有限公司	玖道云收银软件 V1.0
990	上海市数字证书认证中心有限公司	UniTrust 数据可信保全与责任认定服务平台软件 V1.0
991	上海恒驰软件有限公司	恒驰黄金甲安全管理网关软件 V3.5
992	上海立思辰科技有限公司	立思辰信托数字化影像管理软件 V1.0
993	上海立思辰科技有限公司	立思辰税务征管档案管理信息软件 V1.0
994	上海立思辰科技有限公司	立思辰一户式税收征管档案管理软件 V1.0
995	上海固泰科技有限公司	固泰 CAN 总线干扰发生器应用软件[简称：CANspider] V2.1
996	上海众人网络安全技术有限公司	众人科技 iKEY 挑战应答动态口令身份认证软件 V1.0
997	上海五君电气科技有限公司	五君综合监控平台软件[简称：EIDP-1000]V1.0
998	上海象形通讯科技有限公司	象形基于 VoIP 的呼叫中心软件[简称：CIPCC]V1.0
999	影莅驰信息技术(上海)有限公司	影莅驰增强型电视浏览器软件 V1.0
1000	影莅驰信息技术(上海)有限公司	影莅驰内容采集平台软件 V1.0
1001	影莅驰信息技术(上海)有限公司	影莅驰数据广播软件 V1.0
1002	上海华阳检测仪器有限公司	华阳设备点(巡)检管理系统应用软件 V3
1003	上海米勒信息科技有限公司	米勒企业内部管理软件 V1.0
1004	上海衡晶软件有限公司	衡晶模拟称重仪表嵌入式软件 V1.0
1005	上海中帝自动化技术有限公司	中帝 X-Line 智能生产控制软件 V1.0
1006	上海大智慧股份有限公司	大智慧舆情数据终端软件[简称：舆情数据终端]V1.0
1007	影莅驰信息技术(上海)有限公司	影莅驰 VOD 软件 V1.0
1008	上海大智慧股份有限公司	大智慧电视版软件[简称：大智慧电视版]V1.0
1009	影莅驰信息技术(上海)有限公司	影莅驰 NVOD 软件 V1.0
1010	影莅驰信息技术(上海)有限公司	影莅驰 CMS 网页模板管理平台软件 V1.0
1011	影莅驰信息技术(上海)有限公司	影莅驰 Backoffice 管理平台软件 V1.0
1012	上海大智慧股份有限公司	大智慧投资家软件[简称：大智慧投资家]V7.09
1013	上海东方通泰软件科技有限公司	东方通云应用服务器软件[简称：TongAppLaud Appserver]V2.0
1014	上海大智慧股份有限公司	大智慧金融工程实验室数据软件[简称：金融工程实验室]V7.09
1015	上海米思软件科技有限公司	米思进销存管理软件[简称：PSI]V1.0
1016	上海畅捷信息技术有限公司	畅捷实物资产管理软件 V1.0
1017	上海大智慧财富管理有限公司	大智慧金融分析终端软件[简称：大智慧分析家]V1.0
1018	上海大智慧财富管理有限公司	大智慧金融终端投资家机构版软件[简称：投资家(机构版)]V1.0
1019	上海大智慧财富管理有限公司	大智慧金融终端投资家专业版软件[简称：投资家(专业版)]V1.0

续 表

序号	企业名称	产品名称
1020	上海大智慧财富管理有限公司	大智慧金融工程投资终端软件[简称：金融工程实验室]V1.0
1021	泰亿格电子(上海)有限公司	启慧博士语言认知能力测试与训练仪软件 V3.0
1022	泰亿格电子(上海)有限公司	泰亿格喉内窥镜声带振动动态显示仪软件 V4.0
1023	上海日出科技有限公司	日出压力测试性能软件 V1.0
1024	上海日出科技有限公司	日出服务器性能监控软件 V1.0
1025	上海盈方微电子股份有限公司	盈方微基于 IMAPX15 芯片的嵌入式软件 V4.0
1026	上海衡晶软件有限公司	衡晶软件 BS 系列天平嵌入式软件 V1.0
1027	上海南天电脑系统有限公司	南天 FBIS 财政业务综合处理软件 V2.0
1028	泰亿格电子(上海)有限公司	语言博士主题教育软件 V3.0
1029	泰亿格电子(上海)有限公司	语言博士言语语言综合训练仪软件 V3.0
1030	上海科越信息技术有限公司	科越云制单软件 V1.0
1031	泰亿格电子(上海)有限公司	心语博士情绪与行为干预仪软件 V3.0
1032	泰亿格电子(上海)有限公司	嗓音博士电声门图检测仪软件 V4.0
1033	上海达梦数据库有限公司	达梦数据仓库管理平台软件[简称：SDW]V1.0
1034	上海科越信息技术有限公司	科越进口报关管理软件 V4.0
1035	上海航今信息科技有限公司	航今巡检数据管理软件 V1.0
1036	中标软件有限公司	中标麒麟高级服务器操作系统软件(数据中心版)V6.0
1037	上海维塔士电脑软件有限公司	维塔士 iOS 平台动作游戏引擎软件 V1.0
1038	上海启明软件股份有限公司	启明档案目录中心软件 V2.0
1039	上海维塔士电脑软件有限公司	维塔士 Windows Phone 平台策略游戏引擎软件 V1.0
1040	上海启明软件股份有限公司	启明电子化企业信息平台软件 V2.0
1041	上海启明软件股份有限公司	启明神夹档案管理通用软件 V2.2
1042	上海航今信息科技有限公司	航今学生信息管理软件 V1.0
1043	上海航今信息科技有限公司	航今投影仪测试软件 V1.0
1044	延锋伟世通电子科技(上海)有限公司	延锋伟世通 318 音响控制软件 V1.0
1045	上海启明软件股份有限公司	启明网站内容管理软件 V1.0
1046	上海维塔士电脑软件有限公司	维塔士 iOS 平台赛车游戏引擎软件 V1.0
1047	上海维塔士电脑软件有限公司	维塔士语音识别和增强现实工具软件 V1.0
1048	晶赞广告(上海)有限公司	晶赞广告投放服务软件 V1.0.0
1049	上海启明软件股份有限公司	启明中小幼数字化校园平台软件 V2.0
1050	上海启明软件股份有限公司	启明综合办公信息处理软件 V6.0
1051	上海启明软件股份有限公司	启明故障收集管理软件 V1.0
1052	上海方正数字出版技术有限公司	橙云智睿 XML 数据库软件 V1.0
1053	上海标点信息技术有限公司	标点商业银行柜员综合业务仿真软件 V2.0

续 表

序号	企业名称	产品名称
1054	上海谷德软件工程有限公司	谷德空压机节能软件 V1.0
1055	上海伟赛智能科技有限公司	爱照护 e 邻 iPhone 客户端软件 V1.0
1056	上海伟赛智能科技有限公司	爱照护 e 院点餐 ipad 客户端软件 V1.0
1057	上海伟赛智能科技有限公司	爱照护 e 院日托 Android 客户端软件[简称：爱照护日托]V1.0
1058	上海伟赛智能科技有限公司	爱照护 e 院日托 iPad 客户端软件 V1.0
1059	上海寰创通信科技股份有限公司	寰创 WLAN 基站软件 V1.0
1060	上海齐科信息科技有限公司	齐科信息触摸屏商店软件 V1.0
1061	上海齐科信息科技有限公司	齐科信息幼儿园触屏导览软件 V1.0
1062	易图视影像设备(上海)有限公司	易图视瑕疵在线检测软件 V1.0
1063	上海宝信软件股份有限公司	宝信采购供应链管理软件 V3.0
1064	上海宝信软件股份有限公司	宝信统一认证平台软件 V1.0
1065	卡斯柯信号有限公司	卡斯柯调车监控地面主机软件 V1.0
1066	卡斯柯信号有限公司	卡斯柯调车监控车载主机软件 V1.0
1067	卡斯柯信号有限公司	卡斯柯调车监控应用设计工具软件 V1.0
1068	卡斯柯信号有限公司	卡斯柯调车监控终端软件 V1.0
1069	卡斯柯信号有限公司	卡斯柯列控中心 ADV 软件[简称：LKD-ADV]V1.0
1070	卡斯柯信号有限公司	卡斯柯列控中心 BALISE 软件 V1.0
1071	卡斯柯信号有限公司	卡斯柯列控中心 LCT 软件[简称：LCT]V1.0
1072	上海天臣计算机软件有限公司	天臣国资信息监管软件 V1.0
1073	卡斯柯信号有限公司	卡斯柯列控中心 TCPS 软件[简称：TCPS]V1.0
1074	卡斯柯信号有限公司	卡斯柯列控中心 TSDM 软件[简称：TSDM]V1.0
1075	卡斯柯信号有限公司	卡斯柯临时限速服务器 LCT 软件[简称：TSRS-LCT]V1.0
1076	卡斯柯信号有限公司	卡斯柯临时限速服务器 TSPS 软件[简称：TSPS]V1.0
1077	卡斯柯信号有限公司	卡斯柯临时限速服务器 TSRM 软件[简称：TSRM]V1.0
1078	上海城市地理信息系统发展有限公司	城地公共交通综合管理平台软件 V2.0
1079	上海科哲生化科技有限公司	科哲生物化学定量分析软件 V2.0
1080	上海杜巴特电力科技发展有限公司	杜巴特 PAP 工程质量管理软件[简称：PAP 工程质量管理软件]V5.0
1081	上海杜巴特电力科技发展有限公司	杜巴特 PAP 项目文档管理软件[简称：PAP 项目文档管理软件]V5.0
1082	上海杜巴特电力科技发展有限公司	杜巴特核电工程管理软件 V1.0
1083	上海普坤信息科技有限公司	普坤科技自动化测试软件[简称：PKITest]V2.1
1084	上海旗领软件系统有限公司	旗领数字广播系统服务器软件 V1.0
1085	上海元方计算机技术有限公司	元方部门绩效管理信息考评软件 V3.0

续 表

序号	企业名称	产品名称
1086	上海银联电子支付服务有限公司	ChinaPay 联通前置平台软件 V1.0
1087	上海银联电子支付服务有限公司	ChinaPay 跨行资金划拨平台软件 V1.4
1088	上海新大陆翼码信息科技有限公司	翼码移动网络电子回执产品平台软件 V2.0
1089	上海安倍思信息技术有限公司	安倍思统一用户管理平台软件 V1.0
1090	富士通(中国)信息系统有限公司	富士通 GSC 百货收银管理软件[简称 GSC－POS]V2.0
1091	上海优谦软件有限公司	优谦智能 TSD 电磁流量软件 V1.0
1092	上海优谦软件有限公司	优谦智能测控流量软件 V1.0
1093	上海拓鹏信息科技有限公司	拓鹏云信短信发送平台软件 V4.1
1094	上海北信源信息技术有限公司	北信源内网安全管理平台软件[简称：内网安全管理平台]V2.0
1095	上海埃蒙特自动化系统有限公司	埃蒙特玻璃尺寸和边角检测软件 V1.0
1096	上海博天信息技术有限公司	博天平推票开票软件 V1.0
1097	上海悦腾网络科技有限公司	悦腾"北欧传奇"手机游戏软件[简称：天使之战]V1.0
1098	上海埃蒙特自动化系统有限公司	埃蒙特显示玻璃缺陷检测软件 V1.0
1099	上海旗领软件系统有限公司	旗领魔体广播系统客户端软件 V1.0
1100	上海鸿业同行信息科技有限公司	鸿业日照分析软件 V6.0
1101	中智上海经济技术合作公司	中智 eHR 管理自助平台软件 V1.0
1102	上海宝信软件股份有限公司	宝信钢包炉精炼过程控制软件 V1.0
1103	上海宝信软件股份有限公司	宝信铁钢包跟踪管理软件 V1.0
1104	上海宝信软件股份有限公司	宝信冷轧过程控制软件 V1.0
1105	上海宝信软件股份有限公司	宝信料场自动化控制软件 V1.0
1106	上海宝信软件股份有限公司	宝信热轧自动化控制软件 V1.0
1107	上海宝信软件股份有限公司	宝信过程控制平台软件 V2.0
1108	上海宝信软件股份有限公司	宝信煤化工生产操作管理软件 V1.0
1109	上海悦腾网络科技有限公司	悦腾"六神封印"游戏软件[简称：上古封印]V1.0
1110	京瓷信息系统(上海)有限公司	京瓷差旅费精算软件[简称：KTE]V1.0
1111	上海贝特科技工程有限公司	贝特展厅多媒体软件 V1.0
1112	上海正先电子科技有限公司	正先道路停车票据管理平台软件 V1.1
1113	上海正先电子科技有限公司	正先省际客运企业经营申报管理软件 V1.0
1114	世熠网络科技(上海)有限公司	世熠竞技人生 PC 端游戏软件 V1.0
1115	上海旗领软件系统有限公司	旗领魔体广播系统服务器软件 V1.0
1116	上海泥巴网络科技有限公司	泥巴《醉红颜》游戏软件 V1.0
1117	上海远恒电子工程有限公司	远恒仓储物流模拟实习平台软件 V1.0
1118	上海启明软件股份有限公司	启明预算预测管理软件 V1.0
1119	上海华测导航技术有限公司	华测手持智能终端嵌入式软件 V1.0

续 表

序号	企业名称	产品名称
1120	上海鼎方电子科技有限公司	鼎方条码管理软件 V1.0
1121	上海迪聚教育信息咨询有限公司	掘客招投标项目信息采集软件 V1.0
1122	上海创朗软件开发有限公司	创朗微波检测调试诊断软件 V5.0
1123	上海意利信息科技有限公司	意利全球服装云时代生产供应链管理软件 V12.1
1124	上海意利信息科技有限公司	意利国际品牌包袋智能营销终端管理软件 V12.1
1125	上海意利信息科技有限公司	意利国际品牌家纺营销物流管理软件 V12.1
1126	虹软(上海)科技有限公司	虹软心随乐动软件 V1.0
1127	上海华讯网络系统有限公司	华讯网鹰-综合告警软件 V3.0
1128	上海智定科技发展有限公司	智定工业公司综合管理软件 V1.0
1129	上海智定科技发展有限公司	智定卫生行业触摸屏软件 V1.0
1130	上海华讯网络系统有限公司	华讯网鹰-云服务管理软件 V1.0
1131	上海我要网络发展有限公司	51 新炫舞软件 V1.50
1132	上海国际技贸联合有限公司	技贸字符发生器管理软件 V1.0
1133	上海摩普网络技术有限公司	摩普爱诺贝学生手机软件[简称：iNobel]V1.0
1134	上海名传信息技术有限公司	名传车神直通车优化软件[简称：车神]V1.0
1135	上海汇招信息技术有限公司	汇招全流程网上招投标平台软件 V1.0
1136	上海童瑞光电科技有限公司	童瑞火灾报警工作站软件 V1.0
1137	上海申石软件科技股份有限公司	申石安全策略管理软件 V1.0
1138	上海华讯网络系统有限公司	华讯网鹰-业务流量分析软件 V3.0
1139	上海华讯网络系统有限公司	华讯网鹰-性能管理软件 V3.0
1140	上海华讯网络系统有限公司	华讯网鹰-配置分发软件 V3.0
1141	上海华讯网络系统有限公司	华讯网鹰-防火墙策略管理软件 V3.0
1142	上海方寸信息科技有限公司	方寸大法师游戏软件 V1.0
1143	上海华讯网络系统有限公司	华讯统一通信运维管理软件 V2.0
1144	上海巨耕电气有限公司	巨耕能效管理软件[简称：能效管理系统]V1.0
1145	上海斯沐信息科技有限公司	斯沐 DWG Connector 图纸数据管理软件 V1.0
1146	泓远软件(上海)有限公司	泓远易销铺 ShoppingMall 百货管理软件 V1.0
1147	上海智定科技发展有限公司	智定通用 ERP 管理软件 V1.0
1148	上海智定科技发展有限公司	智定广播电视行业综合管理软件 V1.0
1149	上海中信信息发展股份有限公司	光典多媒体档案管理软件 V2.0
1150	上海中信信息发展股份有限公司	光典档案编研系统应用软件 V1.0
1151	上海卓越睿新数码科技有限公司	卓越图像交互调度软件[简称：图像交互调度软件]V1.0
1152	上海筑邦测控科技有限公司	筑邦测控数据采集软件 V1.0
1153	上海宽娱数码科技有限公司	英雄宽频聚合影视软件 V1.0

续 表

序号	企业名称	产品名称
1154	上海卓越睿新数码科技有限公司	卓越直播视频处理软件[简称：直播视频处理软件]V1.0
1155	上海卓越睿新数码科技有限公司	卓越直播仿真还原软件[简称：直播仿真还原软件]V1.0
1156	上海京颐信息科技有限公司	京颐医院科级核算管理软件[简称：科级软件]V1.0
1157	普元信息技术股份有限公司	普元 BAM 软件[简称：Primeton BAM]V3
1158	上海华讯网络系统有限公司	华讯统一调度软件 V2.0
1159	上海清鹤数码科技有限公司	清鹤多媒体播放器软件 V2.0
1160	普元信息技术股份有限公司	普元元数据管理软件[简称：MetaCube]V5
1161	上海卓越睿新数码科技有限公司	卓越远程直播互动控制软件[简称：远程直播互动控制软件]V1.0
1162	上海城市地理信息系统发展有限公司	城地交通综合信息展示平台软件 V3.0
1163	上海秉誉信息科技有限公司	秉誉动力环境监控软件 V2.0
1164	上海华测导航技术有限公司	华测 ARM 平台接收机固件嵌入式软件 V8.02
1165	上海华测导航技术有限公司	华测外置发射电台嵌入式软件 V1.0
1166	上海华测导航技术有限公司	华测内置收发一体电台嵌入式软件 V1.0
1167	上海慧东电气设备有限公司	慧东电缆故障定位软件 V1.3
1168	上海智定科技发展有限公司	智定企业办公自动化管理软件 V1.0
1169	上海方忆新能源科技有限公司	方忆智能锂电池管理软件 V2.1
1170	上海迪维欧电子设备有限公司	迪维欧高清 IP 像机管理软件 V1.1.003
1171	上海浦东软件园汇智软件发展有限公司	浦软汇智云计算门户软件[简称：门户软件]V1.0
1172	上海国际技贸联合有限公司	技贸边检验证台穿越报警监控软件 V1.0
1173	上海浦东软件园汇智软件发展有限公司	浦软汇智运营支持平台软件[简称：运营平台软件]V1.0
1174	上海澳润通信技术有限公司	澳润通信呼叫中心 2000 软件 V4.0
1175	上海国际技贸联合有限公司	技贸智能交通集成应用软件 V1.0
1176	上海国际技贸联合有限公司	技贸轨道公安系统异构电视监控系统集成软件 V1.0
1177	书益文化传播(上海)有限公司	书益数字出版平台软件 V1.0
1178	上海华讯网络系统有限公司	华讯数字展板管理软件 V1.0
1179	上海际维机电设备有限公司	特锐斯汽车检测软件 V1.0
1180	上海华讯网络系统有限公司	华讯视频协作管理平台软件 V1.0
1181	上海华讯网络系统有限公司	华讯 IP 电话录音软件 V2.0
1182	上海昊镭软件科技有限公司	昊镭 3D 体感虚拟漫游软件 V1.0.0
1183	上海铁大电信设备有限公司	铁大区间信号监测站机软件 V1.0
1184	慧泽时代(上海)网络新技术有限公司	慧泽天使计划在线软件[简称：天使计划 OL]V1.0
1185	上海铁大电信设备有限公司	铁大电务调度指挥软件 V1.0

续 表

序号	企业名称	产品名称
1186	上海杜巴特电力科技发展有限公司	杜巴特PAP工程建设管理信息软件[简称：杜巴特PAP软件]V5.0
1187	上海威润信息科技有限公司	威润WATS TH-01DS对讲机测量软件[简称：TH-01DS]V1.0
1188	上海心动企业发展有限公司	心动脚印iOS客户端软件V2.0
1189	上海创视通多媒体技术有限公司	创视通AVX编码器管理软件V1.0
1190	银联智惠信息服务(上海)有限公司	银联智惠Cleon商户管理软件[简称：商户管理系统]V1.0
1191	上海创视通多媒体技术有限公司	创视通CMS资源服务器管理软件V1.0
1192	上海船舶研究设计院	SDARI槽型舱壁快速建模软件V1.0
1193	上海船舶研究设计院	SDARI电子邮件管理软件[简称：EM]V1.2
1194	上海船舶研究设计院	SDARI集装箱船箱数的自动统计软件V1.0
1195	上海船舶研究设计院	SDARI总纵强度计算软件V1.0
1196	上海船舶研究设计院	SDARI Nupas结构常用肘板库软件V1.0
1197	上海昊育信息技术有限公司	昊育电子白板书写软件V1.0
1198	上海昊育信息技术有限公司	昊育多媒体信息发布平台软件V1.0
1199	上海昊育信息技术有限公司	昊育远程多媒体交互教学软件V1.0
1200	上海瑞铂云科技发展有限公司	瑞铂云LabOS-CNAS认证实验室运营平台软件[简称：LasOS-CNAS]V1.0
1201	上海信擎信息技术有限公司	信擎黑白名单分析处理软件V1.0
1202	上海信擎信息技术有限公司	信擎数据采集预处理软件V1.0
1203	上海通途半导体科技有限公司	通途视频图像增强软件V1.0
1204	上海信擎信息技术有限公司	信擎数据分组流量控制软件V1.0
1205	上海鸣啸信息科技发展有限公司	鸣啸地铁客流实时信息显示分析软件V1.0
1206	上海龙创节能系统股份有限公司	龙创综合能源管理平台软件V3.0
1207	上海信擎信息技术有限公司	信擎消息应急控制软件V1.0
1208	上海信擎信息技术有限公司	信擎消息转发处理软件V1.0
1209	上海龙创节能系统股份有限公司	龙创智能系统通讯调试软件V1.0
1210	上海信擎信息技术有限公司	信擎协议分析应用软件V1.0
1211	上海鸣啸信息科技发展有限公司	鸣啸轨道交通动态信息屏软件V1.0
1212	上海鸣啸信息科技发展有限公司	鸣啸轨道交通综合信息查询软件V1.0
1213	上海鸣啸信息科技发展有限公司	鸣啸交互式乘客信息软件V1.0.0.1
1214	上海鸣啸信息科技发展有限公司	鸣啸媒体播放软件V1.0
1215	上海鸣啸信息科技发展有限公司	鸣啸交通综合信息实时路况软件V1.0
1216	上海鸣啸信息科技发展有限公司	鸣啸版式制作软件V1.0
1217	上海鸣啸信息科技发展有限公司	鸣啸乘客信息软件V2.0.0.1

续 表

序号	企业名称	产品名称
1218	上海信擎信息技术有限公司	信擎用户业务鉴权软件 V1.0
1219	上海梁江通信技术有限公司	梁江信令管理操作软件 V1.0
1220	上海易鲲信息科技有限公司	易鲲城建档案管理软件 V2.22
1221	上海罗盘信息科技有限公司	罗盘智能照明管理软件 V1.0
1222	上海罗盘信息科技有限公司	罗盘能源管理软件 V1.0
1223	上海天缘迪柯信息技术有限公司	天缘迪柯交通管理集成指挥平台软件 V1.0
1224	上海罗盘信息科技有限公司	罗盘固定资产管理软件 V1.0
1225	上海天缘迪柯信息技术有限公司	天缘迪柯交通诱导系统管理软件[简称：交通诱导系统]V1.0
1226	上海罗盘信息科技有限公司	罗盘仓库管理软件 V1.0
1227	上海复深蓝信息技术有限公司	复深蓝工单管理系统移动端软件 V1.0
1228	上海复旦光华信息科技股份有限公司	光华 X11 处理子卡配置管理软件[简称：光华 X11]V1.0
1229	上海爱韦讯信息技术有限公司	爱韦讯 ASICE 软件[简称：ASICE]V1.0
1230	上海慧昌智能交通系统有限公司	慧昌车流量检测软件 V1.0
1231	上海慧昌智能交通系统有限公司	慧昌多普勒测速软件 V1.0
1232	上海棕榈电脑系统有限公司	金棕榈智慧旅行社地接管理实训教学软件 V1.0
1233	捷开通讯科技(上海)有限公司	捷开科技 MSM8225 平台手机软件 V1.0
1234	上海久虎网络科技有限公司	久虎 iMag 移动出版平台管理软件 V1.0
1235	上海棕榈电脑系统有限公司	金棕榈智慧旅行社供应商管理实训教学软件 V1.0
1236	上海棕榈电脑系统有限公司	金棕榈智慧旅行社呼叫中心实训教学软件 V1.0
1237	上海昭鸣医疗仪器有限公司	昭鸣语言心理综合评估训练与沟通软件 V5.0
1238	捷开通讯科技(上海)有限公司	捷开科技 MTK6589 平台手机软件 V1.0
1239	捷开通讯科技(上海)有限公司	捷开科技 MSM7227A Firefox 平台手机软件 V1.0
1240	上海松川信息科技有限公司	松川 DH-1 无线远传水表单片机软件 V1.0
1241	上海诺标防伪技术开发有限公司	NOB 多媒体防伪查询软件 V2.0
1242	上海易替维网络科技有限公司	易替维会翼通软件 V5.4
1243	网宿科技股份有限公司	网宿 ECB 云备份平台软件 V1.0
1244	上海松川信息科技有限公司	松川 IC 卡智能燃气表单片机软件 V1.0
1245	上海申石软件科技股份有限公司	申石安全事件管理软件 V1.0
1246	上海松川信息科技有限公司	松川无线路由器单片机软件 V1.0
1247	上海申石软件科技股份有限公司	申石安全符合性管理软件 V1.0
1248	上海海神医疗电子仪器有限公司	海神肌电图诱发电位仪 NDI-092 型软件 V4.00
1249	上海过河兵电子商务有限公司	Elite 阳光政府客户服务中心软件 V3.0
1250	上海城市地理信息系统发展有限公司	城地设施设备采购、招投标管理软件 V2.0

续 表

序号	企业名称	产品名称
1251	上海金档信息技术有限公司	光典虚拟档案室管理软件 V2.0
1252	上海过河兵电子商务有限公司	Elite 制造业客户服务中心软件 V3.0
1253	上海城市地理信息系统发展有限公司	城地通用在线教育平台软件 V2.0
1254	上海瑞路道路工程技术有限公司	瑞路预拌商品混凝土动态质量监控软件 V1.0
1255	上海异瀚数码科技有限公司	异瀚 CloudAqua 数据聚合云软件 V1.0
1256	上海中终软件科技有限公司	中终 F3 企业综合管理软件 V1.0
1257	上海乘友信息技术有限公司	乘友客户价值管理软件[简称：CVM]V1.0
1258	上海华勤通讯技术有限公司	华勤 TD56 手机应用软件 V0.2.3
1259	上海华勤通讯技术有限公司	华勤 TD560 交互控制手机软件 V0.2.3
1260	上海嘉软计算机信息技术有限公司	嘉软船舶备件供应行业运营管理软件[简称：SPS]V6.0
1261	上海浦东软件园汇智软件发展有限公司	汇智客户全生命周期管理应用软件 V1.0
1262	上海浦东软件园汇智软件发展有限公司	汇智资产全生命周期管理应用软件 V1.0
1263	上海摩软通讯技术有限公司	摩软 A719 通信应用软件 V0.2.3
1264	上海摩软通讯技术有限公司	摩软 S626 人机接口手机软件 V8.0.0
1265	上海华盖科技发展有限公司	华盖呼叫中心运营管理平台软件[简称：华盖呼叫中心]V1.0
1266	上海摩软通讯技术有限公司	摩软 A59 界面管理软件 V0.2.3
1267	上海棕榈电脑系统有限公司	金棕榈智慧旅行社客户关系管理实训教学软件 V1.0
1268	上海棕榈电脑系统有限公司	金棕榈智慧旅行社门店销售管理实训教学软件 V1.0
1269	上海棕榈电脑系统有限公司	金棕榈智慧旅行社网站管理实训教学软件 V1.0
1270	上海棕榈电脑系统有限公司	金棕榈智慧旅行社同行分销管理实训教学软件 V1.0
1271	上海棕榈电脑系统有限公司	金棕榈智慧旅行社业务流程管理实训教学软件 V1.0
1272	上海高清数字科技产业有限公司	高清多媒体数字码流生成软件[简称：码流生成软件]V1.0
1273	上海申石软件科技股份有限公司	申石安全作业管理软件 V1.0
1274	华平信息技术股份有限公司	AVCON 物联网无线传感定位软件[简称：AVCON 室内定位系统]V1.0
1275	上海微甲网络科技有限公司	微甲 C+留学/移民中介、合作办学/培训机构管理平台软件 V1.0
1276	上海宏蝠网络有限公司	宏蝠呼啦手机电视互动软件(Android 版)[简称：呼啦(Android 版)]V1.0
1277	捷玛计算机信息技术(上海)有限公司	捷玛基于物联网的货运管理服务平台软件 V1.0
1278	捷玛计算机信息技术(上海)有限公司	捷玛托盘共用管理软件 V1.0
1279	上海迅时通信设备有限公司	迅时电话旺微型呼叫中心管理软件[简称：电话旺]V1.1
1280	上海迅时通信设备有限公司	迅时 ISG 系列综合业务网关管理软件[简称：ISG-VOS]V2.1.34

续 表

序号	企业名称	产品名称
1281	上海成思信息科技有限公司	成思新一代交互电视展示软件 V1.0
1282	上海驿动自动化科技有限公司	驿动阀门智能检测监控系统管理软件 V1.0
1283	上海浪擎信息科技有限公司	浪擎数据库容灾容错软件 V1.0
1284	上海新炬网络技术有限公司	新炬数据迁移割接实施软件[简称：数据割接调度平台]V1.0
1285	上海新炬网络技术有限公司	新炬服务交付管理软件[简称：服务交付平台]V1.0
1286	上海新炬网络技术有限公司	新炬应用性能集中管控软件[简称：新炬运维平台]V1.0
1287	上海新炬网络技术有限公司	新炬业务流程模型管控软件[简称：模型管控平台]V1.0
1288	上海新炬网络技术有限公司	新炬自动化测试软件[简称：自动化测试平台]V1.0
1289	群硕软件开发(上海)有限公司	群硕人才甄选软件[简称：HRRS]V1.0
1290	群硕软件开发(上海)有限公司	群硕在线培训管理软件[简称：AOTMS]V1.0
1291	上海鲁交测控科技有限公司	鲁交内燃机气缸压力与燃烧分析软件[简称：ECAnalyzer]V1.0
1292	中标软件有限公司	中标麒麟高级服务器操作系统软件(高可用集群版)V6.0
1293	中标软件有限公司	中标麒麟高级服务器操作系统软件(虚拟化版)V6.0
1294	上海同亮电子科技有限公司	同亮点扎一体机操控与管理软件[简称：同亮点扎一体机软件]V5.1
1295	上海优品计算机科技有限公司	优品会展信息管理软件 V6.0
1296	上海高凯信息科技有限公司	高凯 COM－CN－MON－PWS 电源设备综合监控软件 V3.0
1297	上海卫德卫尔信息技术有限公司	卫德卫尔 I'm UniAPP 融合应用软件[简称：UniAPP]V3.5.0.0
1298	上海益盟软件技术股份有限公司	益盟操盘手证券投资决策加强版软件 V1.0
1299	上海热线信息网络有限公司	热线电影频道电子商务软件 V3.0
1300	上海热线信息网络有限公司	热线房产电子商务软件 V2.0
1301	上海成思信息科技有限公司	成思增值业务管理软件 V1.0
1302	上海宜远信息科技有限公司	宜远易通综合业务平台软件 V1.0
1303	上海热线信息网络有限公司	热线统一认证软件 V2.0
1304	上海游族信息技术有限公司	游族轩辕变网页游戏软件 V1.0
1305	上海征聚信息技术有限公司	仙侠世界游戏软件 V0.6.0.0
1306	上海游族信息技术有限公司	侠物语社交游戏软件 V1.0
1307	上海新致软件有限公司	新致移动护理软件 V1.0
1308	上海游族信息技术有限公司	游族萌江湖手机游戏软件 V1.0
1309	上海新致软件有限公司	新致医院办公软件 V2.0
1310	上海及雨信息科技有限公司	及雨制造执行软件 V1.0

续 表

序号	企业名称	产品名称
1311	上海及雨信息科技有限公司	及雨仓储物流软件 V1.0
1312	上海其高电子科技有限公司	其高 SignalPad 测控软件 V2.0
1313	上海羿石软件科技有限公司	易石餐饮管理软件 V4.0
1314	东软集团(上海)有限公司	东软活动平台 iPhone 版软件 V1.0
1315	东软集团(上海)有限公司	东软跑步 iPhone 版软件 V1.0
1316	东软集团(上海)有限公司	东软 FSDP 平台软件 V1.0
1317	东软集团(上海)有限公司	东软电子商务交易资金托管软件 V1.0
1318	东软集团(上海)有限公司	东软文件传输平台软件 V1.0
1319	上海毕佳数据系统有限公司	毕佳 51 比购网手机客户端软件[简称：51 比购网软件]V2.2
1320	上海信业智能科技股份有限公司	信业酒店管理信息系统应用软件 V1.0
1321	上海同是工程科技有限公司	同是现场安全监理监控管理软件 V1.0
1322	上海同是工程科技有限公司	同是电水平监测数据分析软件 V1.0
1323	群硕软件开发(上海)有限公司	群硕人力资源管理软件 V1.0
1324	上海宝信软件股份有限公司	宝信应急管理平台软件 V1.0
1325	上海金驰信息科技发展有限公司	金驰数字化创新管理平台软件 V1.0
1326	上海飞乐纽康信息系统有限公司	纽康门诊管理软件 V1.0
1327	上海蓝瑞软件技术有限公司	蓝瑞 ZXJ－Ⅱ综合故障诊断及录波装置故障诊断及实时录波软件 V1.0
1328	上海蓝瑞软件技术有限公司	蓝瑞 ZXJ－Ⅱ综合故障诊断及录波装置远程诊断分析软件 V1.0
1329	慧泽时代(上海)网络新技术有限公司	慧泽战刃游戏软件 V1.0
1330	上海葡萄城信息技术有限公司	葡萄城 ActiveAnalysis 软件 V2.1
1331	上海蓝瑞软件技术有限公司	蓝瑞 ZXJ－Ⅱ综合故障诊断及录波装置实时监控软件 V1.0
1332	趋势科技(中国)有限公司	趋势科技服务器深度安全防护软件[简称：Deep Security]V8.0
1333	京瓷信息系统(上海)有限公司	京瓷物流出库管理软件[简称：MES]V1.0
1334	上海睿泰信息科技有限公司	睿泰多媒体网络在线培训管理软件 V1.0
1335	上海农业信息有限公司	上农信蛋品安全信息管理软件 V1.0
1336	易装网络科技(上海)有限公司	易装网平台软件 V1.0
1337	上海敖维计算机科技发展有限公司	敖维标识打印软件 V1.0
1338	上海杰图软件技术有限公司	杰图三维全景展示制作软件[简称：造景师]V10.0
1339	上海创视通多媒体技术有限公司	创视通 VDS 导播软件 V1.0
1340	上海敖维计算机科技发展有限公司	敖维收发盘软件 V1.0
1341	上海新纵信息技术有限公司	新纵手机保姆软件 V1.3.6
1342	上海农业信息有限公司	上农信水产品生产管理信息软件 V1.0

续 表

序号	企业名称	产品名称
1343	上海七欣软件开发有限公司	七欣低压线路保护器嵌入式软件 V1.0
1344	上海同是工程科技有限公司	安程建设项目进度管理软件 V1.0
1345	上海同是工程科技有限公司	同是现场安全风险巡检手持 iOS 版软件 V1.0
1346	上海农业信息有限公司	上农信水产业务综合管理平台软件 V1.0
1347	安科瑞电气股份有限公司	安科瑞 DTSD1352 三相电子式多功能电能表软件[简称：安科瑞 DTSD1352 电能表软件]V1.0
1348	逻辑通(上海)系统工程有限公司	LOGIKA 制卡管理软件[简称：CCBrk]V1.0
1349	卡斯柯信号有限公司	卡斯柯 CTC 车站终端软件 V1.0
1350	卡斯柯信号有限公司	卡斯柯 CTC 通信前置服务器软件 V1.0
1351	卡斯柯信号有限公司	卡斯柯 CTC 综合维护终端软件 V1.0
1352	卡斯柯信号有限公司	卡斯柯 GSMR 接口服务器软件 V1.0
1353	卡斯柯信号有限公司	卡斯柯 RBC 接口服务器软件 V1.0
1354	卡斯柯信号有限公司	卡斯柯 RBC 终端软件 V1.0
1355	卡斯柯信号有限公司	卡斯柯 TDCS 车站终端软件 V1.0
1356	卡斯柯信号有限公司	卡斯柯 TDCS 分机软件 V1.0
1357	卡斯柯信号有限公司	卡斯柯 TSR 接口服务器软件 V1.0
1358	卡斯柯信号有限公司	卡斯柯调度命令终端软件 V1.0
1359	卡斯柯信号有限公司	卡斯柯动车基地接口服务器软件 V1.0
1360	卡斯柯信号有限公司	卡斯柯运维服务器软件 V1.0
1361	卡斯柯信号有限公司	卡斯柯通信服务器软件 V1.0
1362	卡斯柯信号有限公司	卡斯柯运行图终端软件 V1.0
1363	卡斯柯信号有限公司	卡斯柯站场图终端软件[简称：卡斯柯站场图]V1.0
1364	卡斯柯信号有限公司	卡斯柯中心高可用管理软件 V1.0
1365	卡斯柯信号有限公司	卡斯柯自律机软件 V1.0
1366	上海万津计算机系统工程有限公司	万津藏品信息管理软件 V1.0
1367	上海中棱射频技术有限公司	中棱有源电子标签嵌入式软件[简称：有源电子标签嵌入式软件]V1.0
1368	上海东方申信科技发展有限公司	申信设备维护维修管理软件 V1.0
1369	上海麦杰环境科技有限公司	麦杰工况数据管理及运维软件[简称：工况数据管理及运维平台]V1.0
1370	上海东方申信科技发展有限公司	申信 OPC 服务器软件 V1.0
1371	上海司南卫星导航技术有限公司	司南驾驶员考试评测软件[简称：CDExam]V1.0
1372	上海司南卫星导航技术有限公司	司南滑坡变形监测软件[简称：CSAnalyzer]V1.0
1373	上海农业信息有限公司	上农信松江农业综合业务管理信息平台软件 V1.0
1374	上海农业信息有限公司	上农信西郊国际农产品交易中心展示软件 V1.0
1375	上海蓝矩信息科技有限公司	蓝矩校友综合服务管理平台软件 V1.0

续 表

序号	企业名称	产品名称
1376	胜科金仕达数据系统(中国)有限公司	金仕达极速交易软件[简称：金仕达极速交易]V1.0
1377	上海云渊信息科技有限公司	云渊系统容错软件 V1.0
1378	上海佳游网络科技有限公司	小小名将游戏软件[简称：小小名将]V1.0
1379	杰思敏(上海)信息科技有限公司	杰思敏电子图档管理软件[简称：PDC]V8
1380	上海安倍思信息技术有限公司	安倍思信息安全管控软件 V3.0
1381	上海葡萄城信息技术有限公司	葡萄城 ActiveReports 软件 V6.0
1382	上海现代先进超精密制造中心有限公司	超精密加工数据辅助设计软件 V1.0
1383	上海柯斯软件有限公司	柯斯基于 Java Card 的移动远程支付项目软件 V1.0
1384	上海柯斯软件有限公司	柯斯远程支付智能卡操作软件 V2.0
1385	上海普天能源科技有限公司	普天能源综合能源管理软件 V1.0
1386	上海普天能源科技有限公司	普天能源电动汽车充电流程通信协议测试软件 V1.0
1387	上海昊集信息科技有限公司	昊集多模北斗卫星定位数据处理软件 V1.0
1388	上海意利信息科技有限公司	意利全球家纺云时代生产供应链管理软件 V10.2
1389	上海优扬新媒信息技术有限公司	优扬新媒智能手机应用商城软件 V1.0
1390	上海意利信息科技有限公司	意利国际品牌家纺智能营销终端管理软件 V12.1
1391	上海科匠信息科技有限公司	科匠移动订购系统应用软件 V1.0
1392	上海意利信息科技有限公司	意利国际品牌包袋营销物流管理软件 V12.1
1393	上海宝信软件股份有限公司	宝信 eCop - ASP 特权账号管控与审计平台软件 V1.0
1394	上海汉立信息技术有限公司	汉立在轨故障数据库应用软件 V1.0
1395	上海汉立信息技术有限公司	汉立质量信息管理软件 V1.0
1396	上海爱控自动化设备有限公司	爱控节能控制软件 V1.0
1397	上海硅宇机电有限公司	硅宇中小型空气压缩机控制软件 V2.0
1398	上海汉立信息技术有限公司	汉立医德医风管理软件 V1.0
1399	安科瑞电气股份有限公司	安科瑞 Acrel - PVMS 预付费售电管理软件[简称：安科瑞 Acrel - PVMS 预售电软件]V1.0
1400	上海汉立信息技术有限公司	汉立满意度测评软件 V1.0
1401	上海平安投资有限公司	平安投资仪器仪表测试平台软件[简称：仪器仪表测试平台]V1.0
1402	安科瑞电气股份有限公司	安科瑞 AIM - M200 医疗智能绝缘监测仪软件[简称：安科瑞 AIM - M200 软件]V1.0
1403	上海企顺软件技术有限公司	企顺广电云办公自动化软件[简称：企顺广电云 OA]V1.0
1404	上海金蝶软件科技有限公司	金蝶数据库数据同步产品软件[简称：DTSP]V1.0
1405	上海三洲迅驰数字技术有限责任公司	三洲迅驰数字电视运营支撑软件 V2.0
1406	上海蜜豆软件科技有限公司	蜜豆发型师助手软件 V1.0
1407	上海爱斯佩克环境设备有限公司	爱斯佩克 LC 鼓风干燥箱控制器软件 V1.0

续 表

序号	企业名称	产品名称
1408	上海三洲迅驰数字技术有限责任公司	三洲迅驰数字电视电子节目指南软件 V1.0
1409	上海贯城信息科技有限公司	贯城 OMedia 智能媒体发布软件 V1.0
1410	上海飞睿测控科技有限公司	飞睿 EzDAQ 测控软件 V1.0
1411	上海北塔软件股份有限公司	BTIM 北塔 IT 综合管理软件 V3.6
1412	用友汽车信息科技(上海)有限公司	用友二手车业务软件 V1.0
1413	腾讯科技(上海)有限公司	腾讯部落守卫战(Android 版)游戏软件[简称：部落]V1.0.0
1414	上海天缘迪柯信息技术有限公司	天缘迪柯智能视频诊断软件[简称：智能视频诊断软件]V1.0
1415	上海普天能源科技有限公司	普天能源电动汽车直流充电一体机运营管理软件 V1.0
1416	上海胜北汽车贸易有限公司	胜北买车签约服务平台软件 V1.0
1417	上海科睿展览展示工程科技有限公司	科睿 365 自助相册软件 V1.0
1418	上海科睿展览展示工程科技有限公司	科睿大事记查询互动软件 V1.0
1419	上海蓝蔚科技发展有限公司	蓝蔚全程无线粮情监测软件 V1.0
1420	用友汽车信息科技(上海)有限公司	用友经销商业务协同软件 V1.0
1421	用友汽车信息科技(上海)有限公司	用友经销商车间工时智能管理软件 V3.0
1422	用友汽车信息科技(上海)有限公司	用友经销商客户关爱信息管理软件 V3.0
1423	用友汽车信息科技(上海)有限公司	用友经销商售后车辆智能欢迎管理软件 V3.0
1424	上海胜北汽车贸易有限公司	胜北卡车商城软件 V1.0
1425	上海邮电设计咨询研究院有限公司	邮电统一平台下的 IDC 机房监控软件 V1.0
1426	上海连影数码科技有限公司	连影智能域名解析软件[简称：连影智能 DNS 系统]V7.0
1427	趋势科技(中国)有限公司	趋势科技安全无忧软件[简称：WFBS]V8.0
1428	数码通信息产业(集团)有限公司	数码通 NSOC 云安全管控服务平台软件[简称：NSOC 云安全管控平台]V2.0
1429	上海胜北汽车贸易有限公司	胜北汽车绩效管理平台软件 V1.0
1430	上海胜北汽车贸易有限公司	胜北邮件服务平台软件 V1.0
1431	安科瑞电气股份有限公司	安科瑞 ARD 智能电动机保护器软件[简称：安科瑞 ARD 软件]V1.0
1432	上海胜北汽车贸易有限公司	胜北卡车网平台软件 V1.0
1433	趋势科技(中国)有限公司	趋势科技 PC-cillin 云安全软件(for Mac)V2.0
1434	趋势科技(中国)有限公司	趋势科技 PC-cillin 云安全软件[简称：PC-cillin]V6.0
1435	安科瑞电气股份有限公司	安科瑞 ARCM 电气火灾多功能测控软件[简称：安科瑞 ARCM 软件]V1.0
1436	上海中标凌巧软件科技有限公司	中标凌巧车载终端系统软件 V6.0
1437	趋势科技(中国)有限公司	趋势科技防毒墙控制管理中心软件[简称：TMCM]V6.0
1438	上海英迪信息技术有限公司	英迪公路物流全程可视化公共服务软件 V1.0

续 表

序号	企业名称	产品名称
1439	上海英迪信息技术有限公司	英迪特殊车辆的实时导航综合应急调度监控软件 V1.0
1440	上海极心网络科技有限公司	极心将神游戏软件 V1.1
1441	上海喆思电子技术有限公司	喆思教学质量分析系统管理软件[简称：教学质量中心]V1.0
1442	上海东方申信科技发展有限公司	申信 OPC 客户端软件 V1.0
1443	上海佳游网络科技有限公司	大明龙权 online 网络游戏软件[简称：大明龙权]V1.0.0.1
1444	上海华勤通讯技术有限公司	华勤 E25 手机通讯软件 V1.0.8
1445	上海华勤通讯技术有限公司	华勤 TD760MMI 手机软件 V1.0.0
1446	上海东方延华节能技术服务股份有限公司	东方延华基于 Zigbee 无线传输网络的实时温度监测软件 V1.0
1447	上海摩软通讯技术有限公司	摩软 L509 手机应用软件 V1.0.0
1448	上海摩软通讯技术有限公司	摩软 A832 界面管理软件 V0.0.7
1449	上海瀛宇通信有限公司	瀛宇 Media4display 智能销售软件[简称：Media4display]V1.0
1450	上海飞迪计算机信息科技有限公司	飞迪学校公共卫生管理软件 V1.0
1451	上海信业智能科技股份有限公司	信业楼宇智能集成控制管理软件 V1.0
1452	上海信业智能科技股份有限公司	信业放射性废物库物联网监控管理软件 V1.0
1453	上海信业智能科技股份有限公司	信业智联视频会议系统应用软件 V1.0
1454	上海金陵电子网络股份有限公司	金陵车库管理服务器端软件 V1.0
1455	上海金陵电子网络股份有限公司	金陵多媒体会议服务器端控制软件 V1.0
1456	上海金陵电子网络股份有限公司	金陵门禁管理服务器端软件 V1.0
1457	上海金陵电子网络股份有限公司	金陵智能电子巡更软件 V1.0
1458	上海泽汉无线技术有限公司	泽汉无线电梯远程智能监控系统应用软件 V1.0
1459	华平信息技术股份有限公司	AVCON 移动车载终端软件[简称：AVCON - MCT]V6.0
1460	鼎捷软件股份有限公司	鼎捷人力资源管理软件 V5.0
1461	上海米健信息技术有限公司	米健重症监护信息集成及流程整合平台软件 V2.0
1462	上海金陵电子网络股份有限公司	金陵多媒体会议终端控制软件 V1.0
1463	上海米健信息技术有限公司	米健手术麻醉信息管理软件 V3.0
1464	华平信息技术股份有限公司	AVCON 统一协同通讯平台软件[简称：U7 平台]V7.0
1465	上海德卡电子有限公司	德卡智能卡读写终端接口开发软件 V2.0
1466	安科瑞电气股份有限公司	安科瑞 ARTU 多功能测控装置软件[简称：安科瑞 ARTU 测控软件]V1.0
1467	唯智信息技术(上海)有限公司	唯智汽车物流作业平台软件[简称：ALIS]V2.1
1468	上海蓝色星球科技有限公司	蓝色星球监狱三维空间信息平台软件 V1.0
1469	安科瑞电气股份有限公司	安科瑞 AMC 多回路监控装置测控软件[简称：安科瑞 AMC 测控软件]V1.0

续 表

序号	企业名称	产品名称
1470	华平信息技术股份有限公司	AVCON 移动单兵终端软件[简称：AVCON - MMT]V4.0
1471	安科瑞电气股份有限公司	安科瑞 DDSY1352 单相电子式预付费电能表软件[简称：安科瑞 DDSY1352 预付费表软件]V1.0
1472	上海金陵电子网络股份有限公司	金陵门禁管理终端软件 V1.0
1473	上海金陵电子网络股份有限公司	金陵智能视频监控软件 V1.0
1474	上海驷惠软件科技开发有限公司	蓝海驷惠营运客车安全例检信息管理软件 V1.0
1475	上海帝奈思软件系统有限公司	帝奈思可视化软件 V1.0
1476	耀欣数位科技(上海)有限公司	耀欣高端仓储管理信息软件 V1.0
1477	上海天泰网络技术有限公司	天泰 WEB 应用交付软件 V1.0
1478	上海天泰网络技术有限公司	天泰 WEB 应用审计软件 V1.0
1479	上海望友信息科技有限公司	VayoPro - SPI Expert 软件 V3
1480	上海望友信息科技有限公司	VayoPro 制程软件[简称：VayoPro 软件]V5.0
1481	上海力申科学仪器有限公司	Heal Force EB03 高频电刀嵌入式软件 V3.100
1482	上海力申科学仪器有限公司	Heal Force EB05 高频电刀嵌入式软件 V2.00
1483	上海力申科学仪器有限公司	Heal Force LS2000 高频电刀嵌入式软件 V3.00
1484	恩喜爱思(上海)计算机系统有限公司	恩喜爱思生产文档管理检索软件 V1.0
1485	上海力融信息技术有限公司	力融 ICU/CCU 临床信息管理软件 V1.0
1486	上海现代商友软件有限公司	现代商友 MBP 项目开发支持软件 V1.0
1487	上海现代商友软件有限公司	现代商友 MBP 运输管理软件 V1.0
1488	上海瀛联体感智能科技有限公司	爱猫手机棒系统平台软件 V1.0
1489	上海瀛联体感智能科技有限公司	爱猫体感操作平台软件 V1.0
1490	上海鲁班软件有限公司	鲁班建筑信息模型专业冲突分析应用软件[简称：建筑信息模型冲突分析]V3.0.0
1491	上海中信信息发展股份有限公司	光典馆藏资源管理系统应用软件 V1.0
1492	上海盛理科技有限公司	盛理办公安全管理软件[简称：Security Print]V1.8
1493	上海波导信息技术有限公司	波导手机网站运营软件[简称：手机网站运营平台]V1.0
1494	上海艾泰网络信息有限公司	艾泰网络云缓存加速应用软件 V1.0
1495	安满能软件工程(上海)有限公司	安满能管理系统人事新助手软件[简称：安满能管理系统]V3
1496	上海中信信息发展股份有限公司	中信易捷监狱指挥中心综合信息管理系统应用软件 V1.0
1497	上海钧工智能技术有限公司	钧工智能灯光控制软件[简称：iLED]V1.0
1498	上海湃睿信息科技有限公司	湃睿三维工艺设计软件[简称：湃睿工艺软件]V1.0
1499	上海钧工智能技术有限公司	钧工工业机器人智能控制软件[简称：IMB - IR]V1.0
1500	上海中信信息发展股份有限公司	中信易捷监狱综合业务信息管理系统应用软件 V1.0
1501	上海电银信息技术有限公司	电银彩票 Android 版软件[简称：彩票]V1.0

续 表

序号	企业名称	产品名称
1502	上海电银信息技术有限公司	电银电影票 Android 版软件[简称：电影票]V1.0
1503	上海钧工智能技术有限公司	钧工无线路灯智能管理软件[简称：IMB-WE]V1.0
1504	上海电银信息技术有限公司	电银电影票 iPhone 版软件[简称：电影票 iPhone 版]V1.0
1505	上海电银信息技术有限公司	电银电子支付软件[简称：电子支付软件]V1.0
1506	上海钧工智能技术有限公司	钧工新型工业机器人智能驱动控制软件[简称：IMB-NC]V1.0
1507	上海启道软件有限公司	启道协同设计软件 V3.0
1508	上海万律数码科技有限公司	万律数字展台 hs6000 软件 V1.0
1509	上海电银信息技术有限公司	电银手机充值 Android 版软件[简称：手机充值]V1.0
1510	上海电银信息技术有限公司	电银交通罚款 HTML5 版软件[简称：交通罚款]V1.0
1511	上海伊霍珀信息科技有限公司	伊霍珀数据分析应用软件 V1.2.0
1512	上海中商网络股份有限公司	中商二维码防窜查询管理软件 V1.0
1513	上海志鑫信息技术有限公司	志鑫计算机性能测试软件 V1.0
1514	上海志鑫信息技术有限公司	志鑫数据流量监控软件 V1.0
1515	上海志鑫信息技术有限公司	志鑫库房管理软件 V1.0
1516	上海金档信息技术有限公司	金档电子文件检测软件 V1.0
1517	上海钧工智能技术有限公司	钧工智能节能软件[简称：IMB-iE]V1.0
1518	上海钧工智能技术有限公司	钧工新型码垛搬运机器人智能控制软件[简称：IMB-IRP]V1.0
1519	上海中商网络股份有限公司	中商二维码防伪查询管理软件 V1.0
1520	上海中商网络股份有限公司	中商二维码数码积分管理软件 V1.0
1521	上海钧工智能技术有限公司	钧工新型水平多关节机器人智能控制软件[简称：IMB-IRS]V1.0
1522	上海金档信息技术有限公司	金档数据导入导出软件 V1.0
1523	上海金档信息技术有限公司	金档数字化加工成果抽检软件 V1.0
1524	上海华测导航技术有限公司	华测监测预警软件 V1.0
1525	上海华测导航技术有限公司	华测传感器集成管理器软件 V1.0
1526	上海电银信息技术有限公司	电银手机充值 iPhone 版软件[简称：手机充值 iPhone 版]V1.0
1527	上海电银信息技术有限公司	电银游戏点卡 Android 版软件[简称：游戏点卡]V1.0
1528	上海电银信息技术有限公司	电银游戏点卡 iPhone 版软件[简称：游戏点卡]V1.0
1529	上海电银信息技术有限公司	电银支付核心平台软件[简称：支付核心]V1.0
1530	上海电银信息技术有限公司	电银支付前置平台软件[简称：支付前置]V1.0
1531	上海万律数码科技有限公司	万律幼教 HS8000 软件 V1.0
1532	上海华测导航技术有限公司	华测 GIS 采集软件开发包软件 V1.0
1533	腾讯科技(上海)有限公司	腾讯部落守卫战(iOS 版)游戏软件[简称：部落]V1.0.0

续 表

序号	企业名称	产品名称
1534	乐多数码科技(上海)有限公司	乐多魔与道网页游戏软件 V1.0
1535	上海熙菱信息技术有限公司	熙菱 TotalView 视频卡口深度应用平台软件[简称：TotalView]V2.0
1536	上海金档信息技术有限公司	金档数字化加工看图著录软件 V1.0
1537	上海华测导航技术有限公司	华测静态后处理软件 V1.0
1538	上海华测导航技术有限公司	华测变形监测数据处理软件 V1.0
1539	上海华测导航技术有限公司	华测网络 RTK 软件 V1.0
1540	上海艾文普信息技术有限公司	艾文普轮胎生产过程智能控制软件[简称：AMHS]V1.0
1541	上海万律数码科技有限公司	万律中控 HS360C 软件 V1.0
1542	上海金档信息技术有限公司	金档数字化加工数据移交软件 V1.0
1543	上海金档信息技术有限公司	金档图像格式转换和合并软件 V1.0
1544	上海精研电子科技有限公司	精研连捣前计算机系统应用软件 V4.0
1545	上海双微导航技术有限公司	双微测地通数据采集软件 V6.0
1546	上海师庆科技发展有限公司	师庆城市绿化信息管理平台软件 V1.0
1547	光典信息发展有限公司	光典追索超市门店信息追溯管理软件 V1.0
1548	乐卓网络科技(上海)有限公司	乐卓我去西游游戏软件 V1.0
1549	上海华勤通讯技术有限公司	华勤 TD760MMI 手机软件 V1.0.0
1550	上海镐浦实业发展有限公司	镐浦实业质量可变网络智能视频播放软件[简称：镐浦实业视频播放软件]V1.0
1551	上海益盟软件技术股份有限公司	益盟好股手机炒股票软件 V1.0
1552	智汇科技(中国)有限公司	智汇 CAC 模拟攻击软件 V1.0
1553	智汇科技(中国)有限公司	智汇 DDOS 安全监控软件 V1.0
1554	波克城市网络科技(上海)有限公司	波克城市项目管理软件 V1.0
1555	上海高创捷通信科技有限公司	高创捷音乐播放器软件 V1.0.0
1556	上海伟视清数字技术有限公司	伟视清 VMS1000 网络硬盘录像机软件 V1.0
1557	上海同岩土木工程科技有限公司	同济曙光基坑设计分析软件[简称：同济曙光基坑计算软件]V1.0
1558	上海伟视清数字技术有限公司	伟视清 VMS8000 报警监控联网平台企业版软件 V1.0
1559	上海同岩土木工程科技有限公司	同济曙光高速公路施工安全数据库软件[简称：同济曙光公路远程监控]V1.0
1560	上海同岩土木工程科技有限公司	同济曙光三维有限元分析软件[简称：同济曙光三维有限元分析]V1.0
1561	上海成思信息科技有限公司	成思互动广告管理软件 V1.0
1562	上海闪创信息科技有限公司	闪创废弃物管理综合评估平台应用软件 V1.0
1563	上海铭创软件技术有限公司	铭创衍生金融工具管理软件 V4.0
1564	上海南天电脑系统有限公司	南天银行开发中心项目管理软件 V1.0
1565	上海火速网络科技有限公司	火速移动电子商务平台软件[简称：移动一比多]V1.0

续 表

序号	企业名称	产品名称
1566	上海火速网络科技有限公司	一比多生意罗盘信息管理软件[简称：SYLP]V1.0
1567	上海火速网络科技有限公司	一比多数字营销联盟管理信息软件[简称：CDMU]V2.0
1568	上海海鼎信息工程股份有限公司	海鼎零售企业客户消费与忠诚度管理软件[简称：HDCRM]V3
1569	上海华鸢机电有限公司	华鸢机电 JSA605 梳棉机改造用自调匀整控制软件 V1.0
1570	上海市维坤通信科技有限公司	维坤智能变电站辅助监控平台软件 V2.0
1571	上海恺英网络科技有限公司	恺英"三国战将"游戏软件[简称：三国战将]V1.0
1572	上海银联商务有限公司	银联商务第三方物流支付软件 V1.0
1573	上海银联商务有限公司	银联商务业务管理之风险管理软件 V1.0
1574	上海恺英网络科技有限公司	恺英"创世三国"游戏软件[简称：龙吟三国]V1.0
1575	上海银联商务有限公司	银联商务业务管理之回访巡检管理软件 V1.0
1576	上海银联商务有限公司	银联商务 WiFi 收银一体化接口软件 V1.0
1577	上海外高桥造船有限公司	CSSC-SWS 开孔管理软件 V1.0
1578	上海恺英网络科技有限公司	恺英 XY 社交娱乐平台软件 V1.1
1579	上海同岩土木工程科技有限公司	同济曙光数字照相变形远程监控软件[简称：同济曙光数字照相变形监控]V1.0
1580	上海外高桥造船有限公司	CSSC-SWS 设备基座参数化建模管理软件 V1.0
1581	上海外高桥造船有限公司	CSSC-SWS 型材后处理软件 V2.0
1582	上海禾宜医疗科技有限公司	禾宜 LifeCare 手术麻醉临床信息管理软件 V1.0
1583	上海格蒂电力科技股份有限公司	格蒂电力可视化 IT 自动巡检软件 V1.0
1584	上海成思信息科技有限公司	成思交互电视应用管理软件 V1.0
1585	上海乾隆网络科技有限公司	钱龙黄金眼闪电版证券分析软件 V5.80
1586	上海华腾软件系统有限公司	TOP BMA 电子商务营销分析平台软件[简称：TOP BMA]V1.0
1587	上海黛美医疗科技有限公司	黛美动物 DR 图像处理软件 V2.0
1588	上海乾隆网络科技有限公司	钱龙黄金眼领航版证券分析软件 V5.80
1589	上海统讯科技发展有限公司	统讯 NeuroWorks 企业流程管理平台软件[简称：NeuroWorks 工作流管理平台]V8.5
1590	延锋伟世通电子科技(上海)有限公司	延锋伟世通瑞风Ⅱ仪表控制软件 V1.0
1591	延锋伟世通电子科技(上海)有限公司	延锋伟世通 E31 仪表控制软件 V1.0
1592	延锋伟世通电子科技(上海)有限公司	延锋伟世通 H60A 空调控制软件 V1.0
1593	上海达梦数据库有限公司	达梦数据整合平台软件[简称：DMDIP]V1.0
1594	延锋伟世通电子科技(上海)有限公司	延锋伟世通 Y3010 仪表控制软件 V1.0
1595	延锋伟世通电子科技(上海)有限公司	延锋伟世通 AS21 组合仪表控制软件 V1.0
1596	杉德巍康企业服务有限公司	杉德巍康物流通前置软件 V1.0
1597	延锋伟世通汽车电子有限公司	延锋伟世通 DC1.5 蓝牙模块软件 V1.0

续 表

序号	企业名称	产品名称
1598	延锋伟世通汽车电子有限公司	延锋伟世通 EC7 空调控制软件 V1.0
1599	上海伊赛迪斯信息科技股份有限公司	伊赛迪斯口语考试软件 V1.0
1600	上海优华系统集成技术有限公司	优华催化裂化透明分馏塔计算软件 V1.0
1601	纳普(上海)软件有限公司	NATOP 纳普 MLW 数据系统应用软件[简称：MLW 数据同步服务]V1.0
1602	上海三零卫士信息安全有限公司	三零卫士工业控制系统(ICS)信息安全自查软件 V1.0
1603	上海三零卫士信息安全有限公司	三零卫士运营控制中心平台软件 V2.0
1604	亚银(上海)信息技术有限公司	亚银自助设备管理软件[简称：ATM 管理软件]V3.0
1605	上海市速备信息技术有限公司	速备通用数据备份软件 V1.0
1606	上海和祥医疗器械有限公司	和祥 Hsined 赛软血液净化管理软件 V1.0
1607	光典信息发展有限公司	光典追索配送中心信息追溯管理软件 V1.0
1608	上海卓方信息科技有限公司	卓方风动送样控制软件 V1.0
1609	光典信息发展有限公司	光典追索肉类蔬菜食品追溯城市管理平台软件 V1.0
1610	上海安酷信息科技有限公司	安酷亿仕密码恢复软件[简称：亿仕密码恢复]V1.0
1611	上海道生医疗科技有限公司	道生 DS01－F 中医体质辨识软件 V5.1
1612	备实必(上海)软件科技有限公司	A－AUTO 批处理调度软件 V7.1
1613	泰思通软件(上海)有限公司	泰思通光网络 PON 综合网管软件[简称：TS－PON－INMS(TideStone PON Integrated Network Management System)]V1.0
1614	备实必(上海)软件科技有限公司	RouteChange 路畅运维管理软件 V1.0
1615	上海巨人网络科技有限公司	创世九州游戏软件 V1.0
1616	上海诚明融鑫科技有限公司	融鑫数字影像分析软件[简称：影像分析]V1.0
1617	盘石软件(上海)有限公司	盘石云海日志服务软件 V1.0
1618	永凯软件技术(上海)有限公司	永凯 APS 软件[简称：YUKON APS]V10
1619	上海冈三华大计算机系统有限公司	冈三华大证券交易软件 V1.0
1620	上海华申智能卡应用系统有限公司	华申检验检疫暂时进出口气瓶安全管理软件 V1.0
1621	上海冈三华大计算机系统有限公司	冈三华大冷轧生产管理软件 V1.0
1622	上海先易计算机有限公司	先易连锁行业商业智能软件[简称：先易 FastBI]V10.0
1623	上海智臻网络科技有限公司	智臻智能客服软件 V7.0
1624	上海智臻网络科技有限公司	智臻智能交互机器人软件 V7.0
1625	上海信业智能科技股份有限公司	信业 ECS 中央空调调适系统应用软件 V1.0
1626	上海信业智能科技股份有限公司	信业楼宇电气节能控制系统管理软件 V1.0
1627	上海元亿国际贸易有限公司	元亿 CAMP 虚拟化伴侣工具软件[简称：Easy Director]V2.0
1628	上海盛锐软件技术有限公司	盛锐收入分配软件 V1.0
1629	上海研实电气科技有限公司	研实电气变频器及驱动控制软件 V1.0

续 表

序号	企业名称	产品名称
1630	商高电子科技(上海)有限公司	商高银行信用卡智能营销软件 V1.0
1631	上海信业智能科技股份有限公司	信业建筑机电设备管理应用软件 V1.0
1632	上海信业智能科技股份有限公司	信业建筑群能源管理应用软件 V1.0
1633	上海诚明融鑫科技有限公司	融鑫现场信息快速处理软件[简称:信息快速处理]V1.0
1634	港中旅华贸(上海)信息科技有限公司	港中旅华贸供应商账款监控软件(物流企业版)V1.0
1635	上海宝信软件股份有限公司	宝信基于云存储的商业秘密保护软件[简称:eCop-TSP]V1.0
1636	上海大居软件有限公司	大居工单管理软件 V1.0
1637	港中旅华贸(上海)信息科技有限公司	港中旅华贸供应商账款监控软件(物流集团版)V1.0
1638	上海宝信软件股份有限公司	宝信连铸漏钢预报及结晶器可视化软件 V1.0
1639	上海宝信软件股份有限公司	宝信冷轧轧机工艺数学模型软件 V1.0
1640	上海宝信软件股份有限公司	宝信试验室管理软件 V1.0
1641	上海宝信软件股份有限公司	宝信连铸自动化控制软件 V1.0
1642	上海复高软件开发有限公司	复高 FM 解调软件 V1.0
1643	上海复高软件开发有限公司	复高五通道空间谱测向软件 V1.0
1644	上海复高软件开发有限公司	复高调制识别开发包软件 V1.0
1645	上海诚明融鑫科技有限公司	融鑫视频侦查分析检索软件[简称:视频侦查]V1.0
1646	上海荆艺软件有限公司	荆艺供应链管理平台软件[简称:KSP]V3.0
1647	上海影响力网络科技发展有限公司	影响力 EAP 企业能力资源管理软件[简称:EAP]V3.0
1648	上海弈浦软件开发有限公司	弈浦大头博士围棋软件[简称:大头博士围棋教室]V1.0
1649	上海亿狮摩信息技术有限公司	亿狮摩监控信息平台软件 V2.0
1650	上海雷诺尔信息技术有限公司	雷诺尔 RNB 型变频器矢量控制软件 V1.0
1651	上海锐来科信息技术有限公司	锐来科儿童关爱监护定位服务软件 V1.0
1652	上海雷诺尔信息技术有限公司	雷诺尔 RNHV 高压变频器控制软件 V1.0
1653	智慧城市信息技术有限公司	融慧消防设备管理平台软件 V1.0
1654	上海达梦数据技术有限公司	达梦 Easy119 消防通信指挥软件 V4.0
1655	上海慧龙计算机系统有限公司	慧龙多媒体网络课件制作软件[简称:WizTools]V5.0
1656	上海若雅信息技术有限公司	若雅 IMS 统一通信移动应用软件[简称:IMS 统一通讯客户端]V1.0
1657	上海载德信息科技有限公司	载德信号处理软件[简称:信号处理软件]V1.0
1658	上海载德信息科技有限公司	载德热点信息采集(RDCJ)数据深度分析软件[简称:RDCJ 分析软件]V1.0
1659	上海载德信息科技有限公司	载德设备操控软件(安卓版)[简称:安卓操控软件]V1.0
1660	上海铭创软件技术有限公司	铭创交易网关软件 V6.0
1661	上海城市地理信息系统发展有限公司	城地环境风险源管理平台软件 V2.0

续 表

序号	企业名称	产品名称
1662	上海邮政科学研究院	邮科院混合型分拣机信息管理软件 V1.0
1663	上海邮政科学研究院	邮科院速递物流信盒传输通讯软件 V1.0
1664	上海邮政科学研究院	邮科院新华物流监控软件 V1.0
1665	上海邮政科学研究院	邮科院包裹定位软件 V1.0
1666	捷开通讯科技(上海)有限公司	捷开科技 MTK6575M 平台手机软件 V1.0
1667	上海邮政科学研究院	邮科院多规格条码识别软件 V1.0
1668	上海邮政科学研究院	邮科院挂号信半自动分拣软件 V1.0
1669	上海方程软件科技有限公司	方程 Smart BCP 软件 V1.0
1670	捷开通讯科技(上海)有限公司	捷开科技 MSM8930 平台手机软件 V1.0
1671	捷开通讯科技(上海)有限公司	捷开科技 MTK6572 平台手机软件 V1.0
1672	捷开通讯科技(上海)有限公司	捷开科技 MTK6582 平台手机软件 V1.0
1673	上海巨人网络科技有限公司	巨人网络-最无极游戏软件 V1.0
1674	上海摩威环境科技股份有限公司	摩威水质自动监测软件 V1.0
1675	上海摩威环境科技股份有限公司	摩威在线分析仪器驱动与数据传输软件 V1.0
1676	上海摩威环境科技股份有限公司	摩威 MEMS 环境监测平台软件 V2.0
1677	上海阿尔卡特网络支援系统有限公司	"上海阿尔卡特网络"SIP 媒体网关软件[简称：SIP 媒体网关软件]V2.2
1678	上海银联商务有限公司	银联商务银行卡收银一体化 MIS-POS 软件 V2.0
1679	东方付通信息技术有限公司	东方付通企业线上担保支付管理软件[简称：EASTERN-G-PAY]V1.0
1680	上海心动企业发展有限公司	心动斗战三国网页游戏软件 V1.0
1681	东方钢铁电子商务有限公司	东方钢铁船板电子质保书应用管理软件[简称：BSTEEL-DEDM]V1.0
1682	东方钢铁电子商务有限公司	东方钢铁电子单据管理平台软件[简称：BSTEEL-EDM]V1.0
1683	用友汽车信息科技(上海)有限公司	用友数字化经销商精益车间管理软件 V3.0
1684	用友汽车信息科技(上海)有限公司	用友短信服务平台软件 V1.0
1685	汉海信息技术(上海)有限公司	汉海团购商户后台管理软件 V1.0
1686	上海辰锐信息科技公司	辰锐移动警务终端安全管控软件 V1.0
1687	东方钢铁电子商务有限公司	东方钢铁供应商诚信认证平台软件[简称：BSTEEL-SIA]V1.0
1688	东方钢铁电子商务有限公司	东方钢铁目录式长期协议采购软件[简称：BSTEEL-LAP]V1.0
1689	上海积健精密机械有限公司	CVA 立式注塑成型机控制软件 V1.0
1690	安客诚信息服务(上海)有限公司	安客诚短信息营销管理系统应用软件 V1.0
1691	用友汽车信息科技(上海)有限公司	用友经销商管理软件集团版软件 V5.0
1692	上海雄博精密仪器股份有限公司	雄博电脑验光仪控制软件 V3.3

续 表

序号	企业名称	产品名称
1693	用友汽车信息科技(上海)有限公司	用友经销商呼叫中心软件 V2.0
1694	东方钢铁电子商务有限公司	东方钢铁现货在线寄售交易软件[简称:BSTEEL-JS]V1.0
1695	上海宜事机电设备有限公司	宜事智能停车管理上位守护软件 V1.0
1696	东方钢铁电子商务有限公司	东方钢铁一体化加工管理平台软件[简称:BSTEEL-IEC-JG]V1.0
1697	上海一德电气科技有限公司	一德低压电动机保护控制软件 V1.0
1698	上海新松机器人自动化有限公司	新松自动化生产系统管理软件 V2.0
1699	用友汽车信息科技(上海)有限公司	用友经销商集团总部管理软件 V2.0
1700	东方钢铁电子商务有限公司	东方钢铁一站式商铺商区软件[简称:BSTEEL-SHO]V1.0
1701	上海知更鸟信息技术有限公司	知更鸟电网时间同步系统管理软件 V2.0
1702	上海知更鸟信息技术有限公司	知更鸟工业以太网交换机网管软件 V3.0
1703	上海灵汇通信设备有限公司	灵汇车载卫星天线控制软件 V3.0
1704	上海灵汇通信设备有限公司	灵汇通信指挥系统集中控制软件 V1.5
1705	上海化工宝电子商务有限公司	化工宝公开竞价采购软件[简称:B-CHEM_E-RAT]V1.0
1706	维坤智能科技(上海)有限公司	维坤数字化变电站 3D 实景智能平台软件 V1.0
1707	上海化工宝电子商务有限公司	化工宝核价竞价采购软件[简称:B-CHEM_E-RFQ]V1.0
1708	上海化工宝电子商务有限公司	化工宝综合竞价采购软件[简称:B-CHEM_E-CBS]V1.0
1709	上海铠射信息科技有限公司	铠射电子认证统一服务软件 V1.0
1710	上海立成应用软件研究所有限公司	立成公共财政资金安全管理软件 V2.0
1711	上海立成应用软件研究所有限公司	立成商品销售软件 V2.0
1712	上海立成应用软件研究所有限公司	立成综合管理软件 V1.0
1713	库马电器(上海)有限公司	库马 A1000 型变频器控制软件 V3.0
1714	库马电器(上海)有限公司	库马 A900 型变频器控制软件 V3.0
1715	上海创景计算机系统有限公司	创景 TestMate 汇编单元测试软件[简称:TestMate for ASM]V2.0
1716	上海澳润信息科技有限公司	澳润星 EOC 管理软件 V1.0
1717	居正电气(上海)有限公司	居正 EQ600/IQ600 系列电力仪表软件 V2.10
1718	居正电气(上海)有限公司	居正 EQ990 系列电力仪表软件 V2.10
1719	居正电气(上海)有限公司	居正 MQ600 电动机保护器软件 V2.7
1720	居正电气(上海)有限公司	居正 MQ620 显示模块软件 V2.8
1721	居正电气(上海)有限公司	居正 ENERGY3000 电力监控软件 V1.0
1722	上海源和系统集成有限公司	源和酒店客房控制系统软件 V1.0
1723	上海佳码软件科技有限公司	佳码通天宝藏游戏软件 V1.0

续 表

序号	企业名称	产品名称
1724	上海海高通信发展有限公司	海高 WiFi 室内定位软件 V1.0
1725	居正电气(上海)有限公司	居正 SQ 系列电力仪表软件 V2.10
1726	上海源和系统集成有限公司	源和智能家居系统软件 V1.0
1727	上海源和系统集成有限公司	源和智能建筑集成管理软件 V1.0
1728	上海启路信息科技有限公司	启路 Kr 商业智能发布器软件 V2.0
1729	卡斯柯信号有限公司	卡斯柯 iTS 应用服务器软件 V1.0
1730	上海新科医疗科技有限公司	新柯区域医疗卫生信息平台 V1.0
1731	卡斯柯信号有限公司	卡斯柯 iTS 调度终端软件 V1.0
1732	上海新科医疗科技有限公司	新柯临床医学信息服务平台 V1.0
1733	上海宝信软件股份有限公司	宝信动态车辆调度平台软件 V2.0
1734	上海矩子智能科技有限公司	矩子 AOI 集中管理软件 V2.0
1735	上海矩子智能科技有限公司	矩子手动镭雕控制软件 V2.0
1736	上海矩子智能科技有限公司	矩子维修站应用软件 V3.0
1737	上海矩子智能科技有限公司	矩子自动镭雕控制软件 V2.0
1738	上海泷得自动化技术有限公司	泷得洁净厂房空调自控系统控制软件 V1.0
1739	上海金陵电子网络股份有限公司	金陵无线中控软件 V1.0
1740	上海美宁计算机软件有限公司	证券之星快赢尾盘狙击手 iPhone 版软件 V1.0
1741	上海阿尔卡特网络支援系统有限公司	“上海阿尔卡特网络”基于 OTDR 技术的 ODN 诊断测试软件[简称：OTDR 诊断测试软件]V1.0
1742	上海齐宏检测技术有限公司	齐宏图像智能识别系统分析软件[简称：图像智能识别系统]V1.0
1743	上海金陵电子网络股份有限公司	金陵电子地图软件 V1.0
1744	上海聚中信息科技有限公司	聚中社会网络服务软件 V1.0
1745	上海劲玩网络科技有限公司	劲玩拉拉网页游戏浏览器软件 V1.0
1746	上海游客行网络科技有限公司	游客行龙魂世纪网络游戏软件 V1.0
1747	上海阿尔卡特网络支援系统有限公司	“上海阿尔卡特网络”112NGCC 平台话务监控软件[简称：112NGCC 平台话务监控软件]V1.0
1748	科乐美软件(上海)有限公司	轩辕诀游戏软件[简称：轩辕诀]V1.0.0
1749	上海富策信息科技有限公司	富策全面预算及内控管理平台软件 V5.1
1750	上海珞琪软件有限公司	珞琪 GNSS 形变监测软件 V1.0
1751	上海游互网络科技有限公司	游互网络终极火力在线射击游戏软件 V2.0
1752	上海珞琪软件有限公司	珞琪结构健康监测软件 V1.0
1753	上海征途信息技术有限公司	仙境江湖游戏软件 V1.0
1754	上海联影医疗科技有限公司	联影 uWS-MR 图像后处理工作站软件 V1.0
1755	上海容之自动化系统有限公司	容之自动化监控与管理软件[简称：ROS]V4.0
1756	上海联影医疗科技有限公司	联影 uWS-MCS 医学图像处理软件 V1.0

续 表

序号	企业名称	产品名称
1757	上海尖创电子科技有限公司	尖创多媒体网络信息发布软件 V1.0
1758	上海互联网软件有限公司	必优必达知识管理平台软件[简称：Beyondbit 知识管理平台]V1.0
1759	上海联影医疗科技有限公司	联影 uWS-CT 医学影像处理软件 V1.0
1760	上海互联网软件有限公司	必优必达统一呼叫平台软件[简称：beyondbit 呼叫平台软件]V1.0
1761	上海百瑞复医疗科技有限公司	百瑞复专科临床信息管理软件 V2.0
1762	上海道生医疗科技有限公司	道生舌面诊测信息采集系统应用软件 V1.1
1763	上海宜保金融服务有限公司	宜保经济情景发生器软件 V1.0
1764	上海动联网络科技有限公司	动联时间同步软件 V1.0
1765	上海安悦四维信息技术有限公司	安悦四维 3D 城市场景数据处理应用软件 V1.0
1766	上海锐鸿通信技术有限公司	锐鸿手机 eSmart UI 界面软件 V1.0
1767	上海道生医疗科技有限公司	道生脉象诊测信息采集系统应用软件 V1.1
1768	上海亿径智能科技有限公司	亿径车辆定位控制软件 V1.0
1769	上海外高桥造船有限公司职工技术协会	CSSC-SWS 安全机考题库—安全自点通软件 V1.0
1770	上海成思信息科技有限公司	成思业务管理软件 V1.0
1771	上海瑞酷数码科技有限公司	瑞酷 iOS 移动平台游戏软件 V1.0.0
1772	上海天曼信息科技有限公司	天曼固定资产管理软件 V1.0
1773	上海海基业高科技有限公司	海基业 SJY71 智能模块软件 V1.0
1774	上海教育软件发展有限公司	电达“学分银行”管理平台软件 V1.0
1775	上海天曼信息科技有限公司	天曼学校信息管理软件 V1.0
1776	上海天曼信息科技有限公司	天曼智慧物流管理软件 V1.0
1777	上海天曼信息科技有限公司	天曼协同工作云软件 V1.0
1778	普元信息技术股份有限公司	普元持续集成平台软件[简称：CIP]V3.0
1779	上海莱升信息科技有限公司	莱升发票管理软件 V5.1
1780	上海汇今信息科技有限公司	汇今病案统计管理信息软件 V1.0
1781	上海斯同瑞电气科技有限公司	斯同瑞 Stand60 电力监控软件 V3.0
1782	上海哥瑞利软件有限公司	哥瑞利 DFS 缺陷文件管理软件 V1.0
1783	上海益康计算机有限公司	益康退休养老保险金估算软件 V1.0
1784	上海智建电子工程有限公司	智建综合布线管理软件 V1.0
1785	上海和辰信息技术有限公司	SPLA+睿系列服务软件 V1.0
1786	上海智建电子工程有限公司	KOF 数据中心虚拟化监控 Android 版软件 V1.0
1787	上海智建电子工程有限公司	KOF 数据中心虚拟化监控 iOS 版软件 V1.0
1788	延锋伟世通电子科技(上海)有限公司	延锋伟世通 ZP11 组合仪表控制软件 V1.0
1789	上海崇智信息技术有限公司	崇智快赢尾盘狙击手 PC 版软件 V1.0

续 表

序号	企业名称	产品名称
1790	上海恩韦司信息系统有限公司	恩韦司人脸识别软件[简称：人脸识别软件]V1.0.0
1791	延锋伟世通电子科技(上海)有限公司	延锋伟世通S301单区自动空调控制软件V1.0
1792	延锋伟世通电子科技(上海)有限公司	延锋伟世通B12L空调控制软件V1.0
1793	延锋伟世通电子科技(上海)有限公司	延锋伟世通C490音响控制软件V1.0
1794	延锋伟世通电子科技(上海)有限公司	延锋伟世通MQB音响控制软件V1.0
1795	碁震(上海)云计算科技有限公司	碁震在线服务异常监控平台软件V1.0
1796	鼎捷软件股份有限公司	鼎捷PLM软件V1.0
1797	上海纳科斯信息技术有限公司	纳科斯云桌面客户端软件[简称：NOCSYS TROPO]V1.0
1798	上海纳科斯信息技术有限公司	纳科斯虚拟化数据中心管控平台软件[简称：NOCSYS CIRRO]V2.1
1799	上海宝信软件股份有限公司	宝信精炼自动化控制软件V1.0
1800	上海宝信软件股份有限公司	宝信高炉储铁渣推定模型软件V1.0
1801	上海博辕信息技术服务有限公司	博辕BY-PM企业级综合项目管理软件[简称：博辕项目管理软件]V1.0
1802	上海博辕信息技术服务有限公司	博辕BY-ETRADE网上贸易管理软件[简称：博辕网上贸易管理软件]V1.0
1803	上海祥网瑞电子科技有限公司	祥网瑞文档管理软件V2.0
1804	上海合胜计算机科技股份有限公司	合胜“e店无忧”零售管理软件[简称：e店无忧]V3.1
1805	上海合胜计算机科技股份有限公司	合胜零售业统一编码软件V2.1
1806	上海创动信息科技有限公司	创动幻想联盟游戏软件[简称：幻想联盟]V1.0.0
1807	上海菜管家电子商务有限公司	菜管家仓库管理软件V3.0
1808	上海合胜计算机科技股份有限公司	合胜机场信息系统前端设备运维服务平台软件[简称：CSMP]V1.0
1809	上海菜管家电子商务有限公司	菜管家农产品B2C网上商城管理软件V1.0
1810	上海合胜计算机科技股份有限公司	合胜一体化运维门户软件[简称：Portal]V1.0
1811	上海祥网瑞电子科技有限公司	祥网瑞电信客户身份证件信息管理软件V3.0
1812	上海耕云供应链管理有限公司	耕云促销品管理软件[简称：3Q-PSM]V1.0
1813	上海弘视通信技术有限公司	弘视智能交通中心管理软件V2.1.5
1814	上海众彦信息科技有限公司	众彦布兜全网收藏夹软件V1.0.0
1815	上海众彦信息科技有限公司	众彦比价软件V1.0.0
1816	上海成思信息科技有限公司	成思内容管理软件V1.0
1817	上海众彦信息科技有限公司	众彦淘券软件V1.0.0
1818	上海成思信息科技有限公司	成思新媒资管理软件V1.0
1819	上海博辕信息技术服务有限公司	博辕BY-MALL网上商城管理软件[简称：博辕网上商城管理软件]V1.0
1820	上海祥网瑞电子科技有限公司	祥网瑞快递通软件V1.0

续　表

序号	企业名称	产品名称
1821	上海祥网瑞电子科技有限公司	祥网瑞企业出库凭证管理软件 V1.0
1822	上海祥网瑞电子科技有限公司	祥网瑞增值税发票内容识别软件 V1.0
1823	赞润通信科技(上海)有限公司	赞润进气系统脉冲反吹控制软件 V1.0
1824	英佩数码科技(上海)有限公司	英佩数码艾特通用网络游戏服务器端开发引擎软件 V1.0
1825	上海网穗数码科技有限公司	网穗文档大师软件 V3.0
1826	上海网穗数码科技有限公司	网穗 DocManager 扫描管理软件 V3.0
1827	上海延华智能科技(集团)股份有限公司	延华卡申公安交通指挥中心调度平台软件 V1.0
1828	上海成思信息科技有限公司	成思手机视讯内容管理软件 V1.0
1829	上海安逆杰信息技术有限公司	安逆杰 MT - EWBS 电子书写板软件[简称：MT - EWBS 电子书写板软件]V2.0
1830	上海智翔信息科技股份有限公司	智翔 CortexM3 温控实训软件 V1.0
1831	上海成思信息科技有限公司	成思驻地内容管理软件 V1.0
1832	百时宜信息技术(上海)有限公司	PSImetals China 冶金行业生产管理系统应用软件 V5.0
1833	上海海越赛尔自动化科技有限公司	海越赛尔 iControl 数据采集冗余软件 V1.0
1834	上海安逆杰信息技术有限公司	安逆杰高/标清智能录播产品软件[简称：ANJ - RAB 智能录播产品软件]V1.1
1835	上海网穗数码科技有限公司	网穗数字图书馆扫描识别软件 V1.0
1836	上海网穗数码科技有限公司	网穗税收电子影像管理软件 V1.0
1837	上海网穗数码科技有限公司	网穗信托数字化影像管理软件 V1.0
1838	上海友网科技有限公司	友网一户式税收征管档案管理软件 V1.0
1839	上海友网科技有限公司	友网文档通软件 V2.0
1840	上海友网科技有限公司	友网物流单据扫描管理软件 V3.0
1841	上海友网科技有限公司	友网涉税事项申请管理软件 V1.0
1842	旭上电子(上海)有限公司	旭上高性能网络播放器方案软件 V1.0
1843	上海硕星通信科技有限公司	硕星 3G 无线视频监控软件[简称：硕星监控软件]V1.0
1844	上海杰亦特信息科技有限公司	杰亦特渠道云管理软件(web 版)V1.0
1845	上海海越赛尔自动化科技有限公司	海越赛尔 iControl 数据传输软件 V1.0
1846	上海海越赛尔自动化科技有限公司	海越赛尔 iControl 数据监控软件 V1.0
1847	上海凌极软件有限公司	凌极网络考试平台软件[简称：LINDGE Exam]V3.0
1848	上海凌极软件有限公司	凌极网络媒体平台软件[简称：LINDGE TV]V3.0
1849	上海凌极软件有限公司	凌极网络训练平台软件[简称：LINDGE Play]V3.0
1850	上海凌极软件有限公司	凌极综合评估平台软件[简称：LINDGE Summary]V3.0
1851	上海凌极软件有限公司	凌极网络课程平台软件[简称：LINDGE Study]V3.0
1852	上海凌极软件有限公司	凌极网络作业平台软件[简称：LINDGE Task]V3.0

续 表

序号	企业名称	产品名称
1853	上海凌极软件有限公司	凌极语言测试平台软件[简称：LINDGE Test]V3.0
1854	上海征图机电设备有限公司	征图印刷产品质量检测软件 V2.0
1855	上海神码在线云计算科技有限公司	神码在线共享资源库平台软件 V1.0
1856	上海火速网络科技有限公司	火速搜索营销效果诊断/服务平台软件[简称：HotMvd]V1.0
1857	上海神码在线云计算科技有限公司	神码在线实践教学管理软件 V1.0
1858	上海磐合科学仪器有限公司	磐合有机样品前处理软件 V1.0
1859	上海迪晓喷码技术有限公司	迪晓多向跟踪定位软件 V3.6
1860	上海丰莹电子科技有限公司	丰莹商务整合平台软件 V1.0
1861	上海脉创网络科技有限公司	脉创客户智能管理平台软件 V1.0
1862	上海新旭发机械科技有限公司	新旭发热风循环灭菌柜控制软件 V2.0
1863	上海新旭发机械科技有限公司	新旭发洗烘灌联动线 SND－A 系统控制软件 V2.0
1864	上海新旭发机械科技有限公司	新旭发洗烘灌联动线 SND－B 系统控制软件 V3.0
1865	上海瓦科自动化设备有限公司	瓦科搬运机械手控制软件 V1.0
1866	上海移数通电讯有限公司	移数通多屏互动软件 V1.0
1867	上海移数通电讯有限公司	移数通挂机短信软件 V1.0
1868	沪东重机有限公司	HHM 船用柴油机供应链计划管理软件 V1.0
1869	上海博科资讯股份有限公司	博科 ERI－HRP 医院资源运营管理平台软件 V1.0
1870	上海久创软件开发有限公司	久创综合自动化监控软件 V2.0
1871	上海歆圆电气科技有限公司	歆圆 PAK 变频循环热水泵驱动控制软件 V1.0
1872	上海歆圆电气科技有限公司	歆圆 PBUQ 变频洗衣机 DDM 驱动软件 V1.0
1873	上海迪晓喷码技术有限公司	迪晓智能标识软件 V1.0
1874	上海天健体育科技发展有限公司	天健体育场馆管理软件 V1.0
1875	民理达软件(上海)有限公司	民理达鼓机用户音色软件 V1.0
1876	得理电子(上海)有限公司	得理酷节拍学习软件 V1.0
1877	上海果安网络科技有限公司	果安我是大侠手机网络游戏软件 V1.0.1
1878	上海汇和信息技术有限公司	汇和智慧课堂软件 V3.0
1879	上海汇和信息技术有限公司	汇和智慧云桌面软件 V2.2
1880	企辉软件(上海)有限公司	企辉信息化管理软件 V2.0
1881	上海泛云信息科技有限公司	泛云 SimCloud 仿真云计算平台管理软件 V3.0
1882	上海康摩信息科技有限公司	康摩流体仿真分析软件 V1.0
1883	上海惠动信息技术有限公司	惠动结构仿真分析软件 V1.0
1884	上海上大久亿信息技术有限公司	久亿 JIS－资产管理软件 V1.0
1885	上海上大久亿信息技术有限公司	久亿 JIS－工资管理软件 V1.0
1886	上海上大久亿信息技术有限公司	久亿 JIS－费用管理软件 V1.0

续 表

序号	企业名称	产品名称
1887	上海通方信息系统有限公司	通方 EPM 企业项目管理软件 V1.0
1888	上海通方信息系统有限公司	通方工业智能排产软件 V1.0
1889	上海通方信息系统有限公司	通方烟草行业电子政务管理软件 V1.0
1890	上海巨视数码通讯技术有限公司	巨视视频监控光传输和交换平台软件[简称：VM8000]V1.0
1891	上海三七玩网络科技有限公司	三七玩 WEBGAME 秦美人软件 V3.0
1892	振利软件科技(上海)有限公司	振利保险行业电子商务软件[简称：IShop]V1.0
1893	振利软件科技(上海)有限公司	振利保险行业移动展业软件[简称：MSFA]V1.0
1894	振利软件科技(上海)有限公司	振利保险行业销售支持软件[简称：SFSS]V5.0
1895	上海汇驿软件有限公司	汇驿 LVS 物流可视化软件 V1.0
1896	上海萌果信息科技有限公司	萌果幻想英雄游戏软件 V1.0
1897	上海波恩网络科技服务有限公司	波恩 EDS 多网站信息发布软件[简称：EDS 多网站发布系统]V1.0
1898	上海华虹集成电路有限责任公司	华虹智能卡成品测试和初始化软件 V1.0
1899	上海才稚网络信息有限公司	才智小天地《学汉字讲故事》软件 V1.0
1900	上海梦科信息科技服务有限公司	梦科信息管理集成软件 V7.0
1901	上海六通信息科技有限公司	六通汽车售后市场 DMS 软件 V1.0
1902	上海联讯软件技术有限公司	联讯智能门禁一卡通管理软件[简称：智能门禁一卡通软件]V1.0
1903	触云信息科技(上海)有限公司	触云企业通讯录软件 V1.0
1904	上海歆圆电气科技有限公司	歆圆 PBTW 变频空调器室外控制软件 V1.0
1905	上海联讯软件技术有限公司	联讯建筑设备监控系统管理软件[简称：BA 系统管理软件]V1.5
1906	上海游族信息技术有限公司	游族《一代宗师》手机游戏软件 V1.0
1907	上海睿狐计算机科技有限公司	睿狐蓄电池智能监测管理软件 V1.0
1908	上海子泉软件技术有限公司	子泉散杂货码头费收管理软件 V2.0
1909	上海柏艾环保科技有限公司	柏艾物探数据剖面处理软件 V1.3.03
1910	上海游族信息技术有限公司	游族十年一剑手机游戏软件 V2.0.6
1911	上海思创电子有限公司	思创窗口报价评价软件 V1.0
1912	上海美东软件开发有限公司	美东门户网站软件 V1.0
1913	上海思创电子有限公司	思创触摸查询软件 V1.0
1914	上海廷雨信息科技有限公司	廷雨嵌入式智能视频分析软件 V1.0
1915	上海仕程电子科技有限公司	仕程课程中心平台软件 V1.0
1916	上海淞智信息技术有限公司	淞智企业问卷调查软件 V2.0
1917	上海积成慧集信息技术有限公司	慧集燃气综合展示 GIS/GPS 应用软件 V1.0
1918	上海智翔信息科技股份有限公司	智翔 Quadrant－P 多制式手机工程模式实训软件 V1.0

续 表

序号	企业名称	产品名称
1919	上海意利信息科技有限公司	意利全球包袋云时代生产供应链管理软件 V12.1
1920	上海克顿文化传媒有限公司	克顿传媒资源管理软件 V1.0
1921	达宝软件(上海)有限公司	万达宝 JED 企业管理软件 V2.0
1922	上海茂源软件科技有限公司	茂源高等院校大学生创新创业项目管理软件[简称：大学生创新创业项目管理]V1.0
1923	上海茂源软件科技有限公司	茂源河蟹生态养殖信息化管理平台软件[简称：生态养殖管理平台]V1.0
1924	上海茂源软件科技有限公司	茂源高等院校网络即时信息服务平台软件 V1.0
1925	上海茂源软件科技有限公司	茂源高等院校项目管理自助平台软件[简称：项目管理自助平台]V1.0
1926	上海积成慧集信息技术有限公司	慧集燃气巡检 GIS/GPS 应用软件 V1.0
1927	上海华勤通讯技术有限公司	华勤 TD510 人机交互手机软件 V1.0.0
1928	上海华勤通讯技术有限公司	华勤 A510 桌面控制手机软件 V1.0.0
1929	上海华勤通讯技术有限公司	华勤 TD230 交互控制手机软件 V1.0.0
1930	上海华勤通讯技术有限公司	华勤 A3000 音乐播放器软件 V1.0.0
1931	上海华勤通讯技术有限公司	华勤 TD500 交互控制手机软件 V1.0.0
1932	上海华勤通讯技术有限公司	华勤 TD511 界面应用手机软件 V1.0.0
1933	上海农易信息技术有限公司	上农信三农信息综合服务平台软件 V1.0
1934	上海华勤通讯技术有限公司	华勤 TD29 手机防护软件 V0.1.8
1935	上海摩软通讯技术有限公司	摩软 A811 控制应用软件 V1.0.0
1936	上海摩软通讯技术有限公司	摩软 A350 手机通用销量统计软件 V2.0.0
1937	上海摩软通讯技术有限公司	摩软 A351 手机应用软件 V2.0.0
1938	上海摩软通讯技术有限公司	摩软 A500 手机挥控功能软件 V8.0.3
1939	上海摩软通讯技术有限公司	摩软 A700 界面管理软件 V8.0.3
1940	上海摩软通讯技术有限公司	摩软 AT728 通讯应用软件 V1.0.5
1941	上海摩软通讯技术有限公司	摩软 AT811 手机界面管理软件 V1.0.1
1942	上海摩软通讯技术有限公司	摩软 AT730 手机通信软件 V6.0.0
1943	上海摩软通讯技术有限公司	摩软 A728 手机桌面应用软件 V1.0.2
1944	上海摩软通讯技术有限公司	摩软 AT812 手机应用软件 V0.0.6
1945	上海摩软通讯技术有限公司	摩软 AT831 手机人机接口软件 V1.0.7
1946	上海威怀工业自动化有限公司	威怀运动控制软件[简称：WHspControl]V1.0
1947	上海蓝蔚科技发展有限公司	蓝蔚粮食仓储物流管理软件 V1.0
1948	上海茂源软件科技有限公司	茂源高等院校资产管理自助平台软件[简称：资产管理自助平台]V1.0
1949	上海蓝蔚科技发展有限公司	蓝蔚无线智能采集传输软件 V1.0
1950	上海鱼游网络科技有限公司	i366 手机视频电话软件 V1.0

续 表

序号	企业名称	产品名称
1951	上海引跑信息科技有限公司	INTPLE ScaleOne 虚拟化系统平台软件[简称：虚拟化系统]V6.0
1952	上海引跑信息科技有限公司	INTPLE StoreOne 云存储平台软件[简称：云存储]V6.0
1953	上海齐科信息科技有限公司	齐科学校安全平台软件 V1.0
1954	上海直真视通科技有限公司	直真视通信息发布终端控制软件 V2.0
1955	上海直真视通科技有限公司	直真视通气象信息发布软件 V2.0
1956	上海直真视通科技有限公司	直真视通乘客信息显示管理软件 V2.0
1957	上海直真视通科技有限公司	直真视通信息发布监控管理软件 V2.0
1958	上海直真视通科技有限公司	直真车站控制管理软件 V2.0
1959	上海直真视通科技有限公司	直真语音播报软件 V2.0
1960	上海直真视通科技有限公司	直真 PDP 控制器直播解码软件 V2.0
1961	上海乾隆高科技有限公司	钱龙期货交易软件 V2.0
1962	上海宝钢安大电能质量有限公司	宝钢安大综合功率检测分析软件 V1.0
1963	上海凭安网络科技有限公司	凭安网络科技 166 绿色上网云服务软件 V1.0
1964	上海波司登信息科技有限公司	波司登核心 ERP 管理软件 V2.0
1965	上海波司登信息科技有限公司	波司登 NET POS 管理软件 V2.0
1966	上海网酷物流科技有限公司	网酷电子商务第四方物流综合服务软件[简称：网酷物流]V1.0
1967	上海仕程电子科技有限公司	仕程智能交互反馈软件 V1.0
1968	上海仕程电子科技有限公司	仕程 SCS&T 教学评估管理软件 V1.0
1969	上海淘米网络科技有限公司	淘米赛尔号太空探索对战软件 V1.0
1970	上海天好电子商务有限公司	天好政务服务电子监察软件 V4.1
1971	上海乾隆高科技有限公司	钱龙增值行情软件(机构版)V1.0
1972	上海京颐信息科技有限公司	京颐医院卫材账务管理软件 V1.0
1973	上海京颐信息科技有限公司	京颐医院药品账务管理软件 V1.0
1974	上海京颐信息科技有限公司	京颐医院高值账务管理软件 V1.0
1975	上海京颐信息科技有限公司	京颐医院非卫账务管理软件 V1.0
1976	上海天好电子商务有限公司	天好电子政务基础平台软件 V3.2
1977	上海惠为信息技术有限公司	惠为呼叫中心排班绩效管理软件 V6.0
1978	上海梵影信息技术有限公司	梵影东航货运地面操作系统应用软件 V1.0
1979	上海埃林哲软件系统有限公司	埃林哲门店零售管理软件[简称：Elitesland Pos System]V1.0
1980	上海埃林哲软件系统有限公司	埃林哲物流清关管理软件[简称：Phoenix System]V1.0
1981	新浪(上海)企业管理有限公司	新浪数据分折管理平台软件[简称：新浪数据分析平台]V3.0
1982	上海天好电子商务有限公司	天好统一应用支撑平台软件 V3.1

续 表

序号	企业名称	产品名称
1983	上海天好电子商务有限公司	天好政务服务平台软件 V5.1
1984	上海维赛特网络系统有限公司	维赛特内容分发系统管理软件[简称：PUSH 管理系统]V1.0
1985	上海维赛特网络系统有限公司	维赛特内容分发系统接收端软件[简称：内容分发接收系统]V1.0
1986	上海维赛特网络系统有限公司	维赛特内容分发系统客户端软件[简称：内容分发客户端]V1.0
1987	上海圣然信息科技有限公司	圣然摩尔庄园国际版游戏软件 V1.0
1988	上海奕驰鎏华计算机科技有限公司	EC 物业网络管理软件[简称：小区物业管理系统]V1.0
1989	上海巨人网络科技有限公司	苍空游戏软件 V1.0
1990	上海南洋万邦软件技术有限公司	南洋云应用统一门户管理软件 V1.0
1991	上海米哈游网络科技有限公司	米哈游崩坏学园游戏软件[简称：崩坏学园]V1.3.3
1992	上海日出科技有限公司	日出货运管理软件 V1.0
1993	上海东方明珠广播电视研究发展有限公司	东方明珠地面数字电视网络 MDT－DA 软件 V1.0
1994	上海东方明珠广播电视研究发展有限公司	东方明珠移动多媒体广播覆盖网远程监控软件 V1.0
1995	上海东方明珠广播电视研究发展有限公司	东方明珠调频广播重发系统远程监控软件 V1.0
1996	上海伊尔普信息技术有限公司	伊尔普企业资源计划软件 V2.0
1997	上海家联网络科技有限公司	家联 iComhome 嵌入式软件 V1.0
1998	上海昊嘉信息技术有限公司	昊嘉时空战记游戏软件[简称：时空战记]V1.0
1999	上海友仁信息科技有限公司	友仁钢博士在线云服务平台软件 V1.0
2000	上海家联网络科技有限公司	家联 iAir 嵌入式软件 V1.0
2001	新浪(上海)企业管理有限公司	新浪新闻客户端软件[简称：新浪新闻]V3.2
2002	上海浦东中软科技发展有限公司	PDCSS 即时通讯软件[简称：即时通讯]V1.0
2003	上海理滋芯片设计有限公司	喜智屋电阻触摸智能开关控制软件[简称：CIH－RES SWITCH]V1.0
2004	上海飞为自动化系统有限公司	飞为曝光机控制软件 V1.0
2005	上海创景计算机系统有限公司	创景 ERC32 仿真调试软件[简称：Vision Debugger For ERC32]V2.0
2006	上海创景计算机系统有限公司	创景 Leon 仿真调试软件[简称：Vision Debugger For Leon]V2.0
2007	新浪(上海)企业管理有限公司	新浪语音微博综合管理平台软件[简称：综合管理平台]V2.0
2008	上海思创电子有限公司	思创排队取号软件 V1.0
2009	上海思创电子有限公司	思创虚拟呼叫终端软件 V1.0
2010	上海思创电子有限公司	思创评价管理软件 V1.0
2011	上海思创电子有限公司	思创门诊监控软件 V1.0
2012	上海日出科技有限公司	日出库房管理软件 V1.0
2013	上海思创电子有限公司	思创病房呼叫软件 V1.0

续 表

序号	企业名称	产品名称
2014	上海思创电子有限公司	思创数字语音广播软件 V1.0
2015	上海海鼎信息工程股份有限公司	海鼎商业智能平台软件[简称：海鼎 HDBI 软件]V2
2016	新浪(上海)企业管理有限公司	新浪微博 Android 版软件[简称：新浪微博]V3.1.5
2017	上海新意新科技有限公司	新意新数据交换平台软件[简称：E-DEP]V1.0
2018	上海以山电子科技有限公司	以山 ERP 企业管理软件 V1.0
2019	爱德威软件开发(上海)有限公司	爱德威魔女大战游戏软件 V1.0
2020	上海未来宽带技术股份有限公司	B-STAR 面向电视终端的社区信息发布业务软件 V1.0
2021	上海未来宽带技术股份有限公司	B-STAR 社会化媒体数据统计分析管理软件 V1.0
2022	上海未来宽带技术股份有限公司	B-STAR 社区信息发布后台管理软件 V1.0
2023	上海未来宽带技术股份有限公司	B-STAR 楼道型集成式 HPLUG 缆桥交换机老化监控软件 V2.0
2024	上海未来宽带技术股份有限公司	B-STAR EoC 终端 pib 升级管理软件 V3.0
2025	上海未来宽带技术股份有限公司	B-STAR 有线接入网终端预配置管理软件 V1.0
2026	京瓷信息系统(上海)有限公司	京瓷成本计算管理软件[简称：KCC]V1.0
2027	上海傲林软件技术有限公司	傲林现货订购系统(交易所版)客户端软件[简称：傲林现货订购系统]V8
2028	上海合煌能源科技有限公司	合煌 HEMS/Q 企业能源管理软件[简称：企业能源管理系统]V1.0
2029	上海下一代广播电视网应用实验室有限公司	NGBLab 行业应用试验软件 V1.0
2030	上海合煌能源科技有限公司	合煌 HEMS 能源管理平台软件[简称：能源管理平台]V1.0
2031	上海融盛信息科技有限公司	融盛育龄户籍人员信息管理平台软件 V1.0
2032	上海下一代广播电视网应用实验室有限公司	NGBLab 业务体验中心三屏互动软件 V1.0
2033	上海复旦复华科技股份有限公司	复旦复华光学薄膜特性计算软件 V1.0
2034	上海鸣岐网络科技有限公司	鸣岐新闻资讯凤凰汇软件 V2.9
2035	上海中信信息发展股份有限公司	光典档案信息资源管理软件(安全应用版)V1.0
2036	上海中信信息发展股份有限公司	中信易捷监狱计分考评奖罚系统应用软件 V1.0
2037	上海中信信息发展股份有限公司	中信易捷监狱监督体系系统应用软件 V1.0
2038	上海征途信息技术有限公司	幻世游戏软件 V1.0
2039	上海征途信息技术有限公司	战国时代游戏软件 V1.0
2040	上海神宇高科技发展有限公司	神宇智能化数字式电动机软启动器软件 V1.0
2041	上海仁维软件有限公司	仁维业务规则管理执行引擎软件[简称：BRME]V1.0
2042	通维数码科技(上海)有限公司	通维数码单兵采访传输软件 V2.5
2043	上海汉虹精密机械有限公司	汉虹 HXH-800 多晶铸锭炉软件控制软件 V1.0
2044	港中旅华贸(上海)信息科技有限公司	港中旅华贸数据交换接口软件 V1.0
2045	上海下一代广播电视网应用实验室有限公司	NGBLab 业务体验中心信息发布软件 V1.0

续 表

序号	企业名称	产品名称
2046	上海泽安实业有限公司	泽安地表水在线水文水质监控软件[简称：地表水在线水文水质监控软件]V2.0
2047	上海泽安实业有限公司	泽安水质自动监控软件[简称：水质监控软件]V2.0
2048	上海下一代广播电视网应用实验室有限公司	NGBLab 业务体验中心视频通讯软件 V1.0
2049	上海下一代广播电视网应用实验室有限公司	NGBLab 业务体验中心网络共享软件 V1.0
2050	上海隐志网络科技有限公司	隐志电驴大全 HDiOS 客户端软件 V1.0
2051	上海卓越计算机有限公司	卓越党建网上管理考核软件[简称：党建平台]V1.0
2052	上海拓富信息技术有限公司	拓富临床用药管理软件 V2.0
2053	上海海隆软件股份有限公司	海隆新一代 PLC 自动测试应用软件 V1.0
2054	上海九迹网络科技有限公司	九迹在线 KTV 软件 V1.0
2055	上海道生医疗科技有限公司	道生 DS01－D 系列脉象信息采集体质辨识系统应用软件 V1.1
2056	上海网波软件有限公司	网波道路积水在线监测软件 V1.0
2057	上海乾隆高科技有限公司	钱龙证券投资分析软件(网络版)V4.78
2058	上海翱鸿电子技术有限公司	创鸿在线消费管理平台软件[简称：WebConsume]V1.0
2059	上海金融期货信息技术有限公司	金融期货多层次自动化测试平台软件[简称：多层次自动化测试平台]V1.0
2060	上海金融期货信息技术有限公司	金融期货金融清算软件[简称：金融清算]V1.0
2061	上海金融期货信息技术有限公司	金融期货金融易联平台软件[简称：金融易联平台]V1.0
2062	上海金融期货信息技术有限公司	金融期货数据交换服务平台软件[简称：数据交换服务平台]V1.0
2063	上海锐鸿通信技术有限公司	锐鸿 Over the AirTechnology 软件 V1.0
2064	上海锐鸿通信技术有限公司	锐鸿解锁界面穿透特效应用软件 V1.0
2065	上海佳码软件科技有限公司	佳码黄金矿工游戏软件 V1.0
2066	上海锐鸿通信技术有限公司	锐鸿基于 Android 系统多功能锁屏软件 V1.0
2067	上海瑞谷拜特软件技术有限公司	瑞谷拜特 Z6 智慧园区管理平台软件[简称：BITECH Z6]V1.0
2068	上海锐鸿通信技术有限公司	锐鸿基于 Android 系统智能体感软件 V1.0
2069	上海栢洲智能科技有限公司	栢洲易景视频图像信息联网综合应用平台软件[简称：EZ－View 视频联网平台]V1.0
2070	上海锐鸿通信技术有限公司	锐鸿智能机易智能 Launcher 应用软件 V1.0
2071	新浪(上海)企业管理有限公司	新浪网站图片管理软件 V2.0
2072	上海国响信息技术有限公司	国响 NGB 业务 QOS 支持系统应用软件 V1.0
2073	圣美申医疗科技(上海)有限公司	圣美申微电脑遥控便携式输液器管理软件 V1.0
2074	上海华钦软件技术有限公司	华钦银行凭证业务管理软件[简称：凭证管理]V1.0
2075	上海栢洲智能科技有限公司	栢洲易景图侦工作平台软件[简称：EZ－View 图侦]V1.0

续 表

序号	企业名称	产品名称
2076	上海致胜信息技术有限公司	致胜基于微软数据库平台的商业智能软件 V1.0
2077	上海集睿信息科技有限公司	集睿数据管理平台软件[简称：集睿数据管理平台]V1.0
2078	上海华钦软件技术有限公司	华钦银行现金业务管理软件[简称：现金管理]V1.0
2079	上海师庆科技发展有限公司	师庆网站管理维护平台软件 V1.0
2080	上海师庆科技发展有限公司	师庆教育行业网络服务平台软件 V1.0
2081	上海神宇高科技发展有限公司	神宇微机电动机保护监控软件 V2.9
2082	上海艾帕电力电子有限公司	IPER 高压变频调速装置监控软件 V2.0
2083	上海聚位网络科技发展有限公司	聚位画仙网页游戏软件[简称：画仙]V1.0
2084	上海聚位网络科技发展有限公司	聚位龙城飞将网络游戏软件[简称：龙城飞将]V1.0
2085	上海聚位网络科技发展有限公司	龙灵网页游戏软件[简称：龙灵]V1.0
2086	上海聚位网络科技发展有限公司	聚位妖灵在线网页游戏软件[简称：妖灵]V1.0
2087	上海宝康电子控制工程有限公司	宝康Ⅱ型电子警察摄像机软件[简称：宝康Ⅱ型电警摄像机软件]V1.0
2088	上海宝康电子控制工程有限公司	宝康服务器状态监测软件 V1.0
2089	上海乾隆高科技有限公司	钱龙 Datafeed 软件 V1.0
2090	上海宝康电子控制工程有限公司	宝康视频图像综合管理软件[简称：ViewAll]V1.0
2091	上海乾隆高科技有限公司	钱龙移动证券服务平台软件 V2.0
2092	起于凡信息技术(上海)有限公司	起于凡三国争霸 2 游戏软件 V1.0
2093	盛绩信息技术(上海)有限公司	盛绩《零世界》网络游戏软件[简称：零世界]V2.0
2094	上海格蒂电力科技股份有限公司	格蒂电力远程协同办公综合管理软件 V1.0
2095	上海柯讯孚企业管理咨询有限公司	柯讯孚 iPlanning 全面费用管理软件[简称：iPlanning 全面费用管理]V1.0
2096	上海海屹达信息科技发展有限公司	海屹达 OA 管理软件[简称：OA 管理软件]V1.0
2097	上海海屹达信息科技发展有限公司	海屹达 WEB 信息发布系统管理软件[简称：WEB 信息发布系统管理软件]V1.0
2098	上海海屹达信息科技发展有限公司	海屹达采编发系统管理软件[简称：采编发系统管理软件]V1.0
2099	上海诚明融鑫科技有限公司	融鑫现场信息快速采集录入软件[简称：信息快速录入软件]V2.0
2100	上海信擎信息技术有限公司	信擎统计指标告警软件 V1.0
2101	上海承泰信息技术有限公司	承泰流量通数据优化管理软件 V1.0
2102	上海商永智能科技有限公司	商永人像识别管理信息软件 V1.0
2103	上海信擎信息技术有限公司	信擎集中设备监测管理软件 V1.0
2104	上海信擎信息技术有限公司	信擎 CDR/TDR 合成处理软件 V1.0
2105	上海粱江通信系统股份有限公司	粱江无线业务分析软件 V2.0
2106	腾讯科技(上海)有限公司	腾讯 Q 宠大乐斗 iOS 版游戏软件[简称：Q 宠大乐斗 iOS 版]V1.6.1

续 表

序号	企业名称	产品名称
2107	腾讯科技(上海)有限公司	腾讯QQ空间水印相机软件[简称：QQ空间水印相机]V1.0
2108	展唐通讯科技(上海)股份有限公司	展唐手机定制化UI软件V1.0
2109	上海迪沃信生物工程有限公司	迪沃信CIP清洗系统分析软件V2.2
2110	上海迪沃信生物工程有限公司	迪沃信标准发酵系统分析软件V1.2
2111	上海迪沃信生物工程有限公司	迪沃信生物反应器系统分析软件V3.2
2112	上海迪沃信生物工程有限公司	迪沃信细胞培养系统分析软件V3.1
2113	上海德光电子有限公司	德光彩色套印和静止画面软件V2.0
2114	上海德光电子有限公司	德光高清静止画面软件V2.0
2115	上海意时网络科技有限公司	意时零险掌上旅行安全专家iPhone版软件V2.02
2116	上海意时网络科技有限公司	意时零险掌上旅行安全专家android版软件V2.02
2117	上海现代商友软件有限公司	现代商友MBP顾客信用风险评估管理软件V1.0
2118	上海捷艾特信息技术有限公司	捷艾特保税仓库管理软件[简称：保税仓库管理系统]V1.0
2119	上海捷艾特信息技术有限公司	捷艾特加工贸易内销管理软件[简称：内销管理系统]V1.0
2120	上海仁开软件科技有限公司	仁开MES生产管理软件[简称：MES生产管理软件]V1.0
2121	上海辰锐信息科技公司	辰锐移动警务终端操作系统安全加固软件V1.0
2122	上海现代商友软件有限公司	现代商友MBP顾客信息申请维护管理软件V1.0
2123	上海泛际科学仪器有限公司	泛际ADCP终端软件[简称：ADCP Smart Terminal]V2.0
2124	上海速锐信息技术有限公司	速锐物联网综合管理平台软件[简称：FastIOTS]V1.0
2125	上海三高计算机中心股份有限公司	三高燃气报修平台软件V1.0
2126	上海嘉纳纺织品科技有限公司	歌柏3D人体数据归号软件V1.0
2127	发思特软件(上海)有限公司	FastCAM小数控版全自动共边套料软件[简称：FastCAM Mini]V7.1
2128	上海四博信息技术有限公司	四博钢板面喷激光雕刻系统应用软件V1.0
2129	上海市丰进信息科技有限公司	丰进配电网组态管理软件V1.0
2130	上海神码在线云计算科技有限公司	神码在线数字化校园管理平台软件V1.0
2131	上海东富龙信息技术有限公司	东富龙全自动清洗系统控制软件V1.0
2132	上海交大慧谷信息产业股份有限公司	交大慧谷汽车经销商管理软件V1.0
2133	上海东富龙信息技术有限公司	东富龙隧道式去热源装置控制软件V1.0
2134	亚堂科技(上海)有限公司	亚堂智能终端及移动网络广告系统应用软件[简称：APPDriver]V1.0
2135	上海昂泰兰捷尔信息科技股份有限公司	昂泰专网CDMA移动通信信息管理特控中心软件V1.0
2136	亚堂科技(上海)有限公司	亚堂成果报酬型网络广告系统应用软件[简称：CHANet]V1.0

续　表

序号	企业名称	产品名称
2137	起于凡信息技术(上海)有限公司	起于凡 OA 文档管理软件 V1.0
2138	上海期货信息技术有限公司	Futures Ideal 网络监测及应用性能分析软件 V1.0
2139	上海盛本通讯科技有限公司	盛本烧机测试程序软件 V1.0
2140	上海顺舟电子科技有限公司	顺舟智能照明控制软件[简称：顺舟照明控制软件] V1.00
2141	上海盛本通讯科技有限公司	盛本 Android 机卡绑定程序软件 V1.0
2142	上海盛本通讯科技有限公司	盛本 Android Qchat 应用软件 V1.0
2143	上海孚创动力系统集成有限公司	孚创柴油发电机组模块控制软件 V1.0
2144	上海孚创动力系统集成有限公司	孚创柴油发动机监控仪表控制软件 V1.0
2145	上海翔浩网络技术有限公司	翔浩通信局站动环数据采集软件 V4.0
2146	展唐通讯科技(上海)股份有限公司	展唐手机 OTA 在线升级软件 V1.0
2147	上海恒光警用器材有限公司	奥丁视频资料管理软件 V1.0
2148	上海三高计算机中心股份有限公司	三高自来水工程招投标平台软件 V1.0
2149	上海掌育网络科技有限公司	掌育智能式 APP 安卓手机客户端软件 V1.0
2150	上海游韧网络科技有限公司	游韧热力赛车游戏软件 V1.0
2151	上海掌育网络科技有限公司	掌育智能式 APP 手机客户端 IOS 软件 V1.0
2152	普元信息技术股份有限公司	普元统一测试平台软件[简称：UTP]V3.0
2153	上海鸣岐网络科技有限公司	鸣歧联网对战游戏夺宝三国软件 V1.0
2154	上海创实信息技术有限公司	创实 VB2.0 语言到 JAVA 语言的自动转换工具软件 V1.0
2155	上海宝信软件股份有限公司	宝信加热炉自动化控制软件 V1.0
2156	上海宝信软件股份有限公司	宝信中厚板自动化控制软件 V1.0
2157	上海趣嘉网络科技有限公司	趣嘉天界游戏软件[简称：天界]V1.4
2158	上海趣嘉网络科技有限公司	趣嘉游仙游戏软件[简称：游仙]V2.0
2159	上海创实信息技术有限公司	创实 Perforce 软件自动测试工具的软件 V1.0
2160	上海百果信息科技有限公司	百果医院检验信息管理软件[简称：医院检验软件] V1.0
2161	电装(上海)信息技术有限公司	电装小旅游出行伴侣软件[简称：小旅游]V1.0
2162	上海棠棣信息科技有限公司	棠棣互联网支付业务平台软件[简称：TD-InternetPay] V1.0
2163	上海棠棣信息科技有限公司	棠棣银行卡收单业务平台软件[简称：TD-POSP]V1.0
2164	上海棠棣信息科技有限公司	棠棣预付费卡系统应用软件[简称：TD-PayCard]V1.0
2165	普华永道信息技术(上海)有限公司	普华永道开发流程审核软件[简称：Audit Tool]V1.0
2166	上海百果信息科技有限公司	百果医院信息管理软件[简称：百果 HIS]V1.0
2167	乐线软件开发(上海)有限公司	乐线大主公游戏软件 V1.0
2168	上海敖维计算机科技发展有限公司	敖维供应链管理软件 V1.0

续 表

序号	企业名称	产品名称
2169	上海辰锐信息科技公司	辰锐移动应用管理与代理软件 V2.0
2170	上海致丰电子科技有限公司	致丰赋码视频识别控制软件 V2.0
2171	上海盖世网络技术有限公司	盖世汽车数据资源分析软件 V1.0
2172	上海汉虹精密机械有限公司	汉虹 120 kg 硅单晶生长炉网络集中控制软件 V1.0
2173	上海汉虹精密机械有限公司	汉虹 450 kg 多晶铸锭炉网络集中控制软件 V1.0
2174	延锋伟世通电子科技(上海)有限公司	延锋伟世通 RCCM 空调控制软件 V1.0
2175	上海汉虹精密机械有限公司	汉虹 HXH－450N 五面加热多晶铸锭炉控制软件 V2.0
2176	上海汉虹精密机械有限公司	汉虹 TBJ－08S 蓝宝石掏棒机控制软件 V1.0
2177	上海汉虹精密机械有限公司	汉虹 WSS300 蓝宝石切片机电气控制软件 V1.0
2178	上海汉虹精密机械有限公司	汉虹研磨机电气控制软件 V1.0
2179	延锋伟世通电子科技(上海)有限公司	延锋伟世通 K211 组合仪表控制软件 V1.0
2180	延锋伟世通电子科技(上海)有限公司	延锋伟世通 P42 仪表控制软件 V1.0
2181	发思特软件(上海)有限公司	FastCUT 型材优化套排软件[简称：FastCUT]V6.0
2182	延锋伟世通电子科技(上海)有限公司	延锋伟世通 318 仪表控制软件 V1.0
2183	延锋伟世通汽车电子有限公司	延锋伟世通音响集成控制软件 V1.0
2184	上海大智慧股份有限公司	大智慧策略投资终端软件[简称：大智慧策略投资终端]V7.10
2185	发茵特科技(上海)有限公司	FastPBC 管子相贯线坡口切割控制软件[简称：FastPBC]V3.0
2186	上海要玩网络技术有限公司	要玩娱乐商业人生游戏软件(ipad 版)V1.4.1
2187	上海宝景信息技术发展有限公司	宝景地理信息软件 V1.0
2188	上海宝景信息技术发展有限公司	宝景钢铁企业生产销售管控软件 V2.0
2189	上海宝景信息技术发展有限公司	宝景设备管理软件 V1.0
2190	上海要玩网络技术有限公司	要玩娱乐商业人生游戏软件(iphone 版)V1..5.0
2191	上海宝景信息技术发展有限公司	宝景物流射频识别仓库管理软件 V1.0
2192	上海宝景信息技术发展有限公司	宝景医疗卫生综合信息软件 V2.0
2193	上海农易信息技术有限公司	上农信第三方鲜活农产品物流信息平台软件 V1.0
2194	上海宝景信息技术发展有限公司	宝景移动协同办公软件 V1.0
2195	上海农易信息技术有限公司	上农信福建农业信息综合服务平台软件 V1.0
2196	上海农易信息技术有限公司	上农信农技推广信息综合服务系统开发应用软件 V1.0
2197	上海农易信息技术有限公司	上农信涉农补贴资金监管平台软件 V2.0
2198	上海伊赛迪斯信息科技股份有限公司	伊赛迪斯 TAS－Ⅲ智能化教学诊断软件 V1.0
2199	上海大智慧财汇数据科技有限公司	财汇投资预警数据库应用软件[简称：财汇投资预警数据库]V2.0
2200	上海大智慧财汇数据科技有限公司	财汇禁止投资数据库软件[简称：财汇禁投数据库]V2.0

续 表

序号	企业名称	产品名称
2201	上海伊赛迪斯信息科技股份有限公司	伊赛迪斯网上阅卷软件 V1.0
2202	上海灵亨信息技术有限公司	灵亨动态跟踪伺服软件 V1.0
2203	上海子泉软件技术有限公司	子泉集运生产管理软件 V2.0
2204	上海辰锐信息科技公司	辰锐移动警务终端防非法外联管控软件 V1.0
2205	上海阊阳信息科技有限公司	阊阳港口作业智能监控管理软件 V1.0
2206	上海阊阳信息科技有限公司	阊阳铁路作业智能监控管理软件 V1.0
2207	上海蓝鸟机电有限公司	蓝鸟 150 吨门座起重机控制软件 V1.0
2208	上海江游信息科技有限公司	江游之三国快打游戏软件[简称：三国快打]V1.0
2209	万达信息股份有限公司	万达环保移动执法软件 V1.0
2210	上海毅弗软件有限公司	毅弗轨道交通施工检修调度管理软件[简称：地铁施工软件]V1.0
2211	上海冰格网络科技有限公司	冰格极限格斗网页游戏软件 V1.0
2212	上海恒光警用器材有限公司	奥丁影像智能分析软件 V1.0
2213	上海恒光警用器材有限公司	奥丁智能指挥软件 V1.0
2214	上海灵亨信息技术有限公司	灵亨天线控制软件 V1.0
2215	上海高诚智能科技有限公司	高诚泵闸系统集成软件 V1.0
2216	上海中畅信息科技有限公司	中畅大数据分析软件 V1.0
2217	上海蓝鸟机电有限公司	蓝鸟 INSQL 的 OPC 历史数据服务器应用软件 V1.0
2218	上海蓝鸟机电有限公司	蓝鸟余热发电监控软件[简称：BB_余热发电]V1.0
2219	上海中畅信息科技有限公司	中畅金融业务运维平台软件 V1.0
2220	上海美琦浦悦通讯科技有限公司	美琦浦悦魔屏管理软件 V2.0
2221	上海童格电子科技有限公司	TOG 多媒体会议系统应用软件 V2.0
2222	上海欧计斯软件有限公司	欧计斯项目开发综合应用管理软件 V1.0
2223	上海端诺电子技术有限公司	端诺 HMIPC soft 工业组态监控软件[简称：HMIPC soft]V1.6
2224	上海蓝茂软件技术有限公司	蓝茂全业务管理开发平台软件 V1.0
2225	上海矗昌信息科技有限公司	矗昌居民社保采集认证管理软件 V3.6
2226	上海英立视电子有限公司	EnRich 导视频道软件 V2.0
2227	上海端诺电子技术有限公司	端诺工业显示控制软件 V1.1
2228	上海美琦浦悦通讯科技有限公司	美琦浦悦片源技审软件 V2.0
2229	上海美琦浦悦通讯科技有限公司	美琦浦悦智慧社区平台软件 V2.0.0
2230	上海弘育信息技术有限公司	弘育数字校园软件[简称：Bestsch 数字校园]V1.0
2231	上海通立信息科技有限公司	通立 R9000 系列低数据量高清晰数字化监控硬盘录像机软件[简称：DVR 软件]V1.0
2232	上海英立视电子有限公司	EnRich 增强型电视虚拟机软件 V2.0
2233	上海信测通信技术有限公司	信测通用手持式光功率计软件 V1.0

续 表

序号	企业名称	产品名称
2234	上海信测通信技术有限公司	信测通用手持式 OTDR 软件 V1.0
2235	上海英立视电子有限公司	EnRich 嵌入式浏览器软件 V2.0
2236	上海英立视电子有限公司	EnRich EPG 电子节目指南软件 V2.0
2237	上海英立视电子有限公司	EnRich DTV 综合广告软件 V2.0
2238	上海英立视电子有限公司	EnRich 准视频点播软件 V2.0
2239	上海英立视电子有限公司	EnRich 股票软件 V2.0
2240	上海英立视电子有限公司	EnRich 数据广播软件 V2.0
2241	上海英立视电子有限公司	EnRich 互动电视运营支撑软件 V2.0
2242	上海英立视电子有限公司	EnRich 视频点播软件 V2.0
2243	上海航瞰信息技术有限公司	航瞰北斗双模智能监控平台软件 V2.0
2244	上海虹泽信息科技有限公司	虹泽二维码扫描管理软件 V1.0
2245	中联通信设备有限公司	中联 JSY2000－FY 话务台软件 V1.0
2246	上海千极信息科技有限公司	千极杂志发行智能跟踪管理软件[简称：CTS]V1.0
2247	上海新坐标软件股份有限公司	新坐标影像报告发布软件 V1.0
2248	上海通立信息科技有限公司	通立 IPC 系列嵌入式软件[简称 IPC APP]V1.0
2249	上海三七玩网络科技有限公司	三七玩 WEBGAME 龙纹战域软件 V2.0
2250	天翼视讯传媒有限公司	天翼视讯 3G 转码器软件[简称：天翼视讯 3G 转码器] V1.1.0
2251	上海虹泽信息科技有限公司	虹泽条码全能王软件 V1.0
2252	艾悌亚信息技术(上海)有限公司	艾悌亚玻屏分析检测系统控制软件 V1.0
2253	上海虹泽信息科技有限公司	虹泽图书馆数字化管理软件 V1.0
2254	天翼视讯传媒有限公司	天翼视讯 TV189 超清客户端软件[简称：天翼超清] V2.0
2255	上海虹泽信息科技有限公司	虹泽发票信息识别管理软件 V1.0
2256	上海长见软件科技有限公司	长见 RFID 设备巡检管理软件 V1.0
2257	上海虹泽信息科技有限公司	虹泽票据通软件 V1.0
2258	上海虹泽信息科技有限公司	虹泽社保无纸化管理软件 V1.0
2259	上海虹泽信息科技有限公司	虹泽企业档案管理软件 V1.0
2260	天翼视讯传媒有限公司	天翼视讯 WP 客户端软件 V1.0
2261	上海虹泽信息科技有限公司	虹泽移动客户业务档案信息化软件 V1.0
2262	上海虹泽信息科技有限公司	虹泽律师文件通软件 V1.0
2263	上海虹泽信息科技有限公司	虹泽多媒体会议管理软件 V1.0
2264	上海昂泰兰捷尔信息科技股份有限公司	昂泰专网 CDMA 移动通信信息管理客服中心软件 V1.0
2265	天翼视讯传媒有限公司	天翼视讯客户端软件 V3.0
2266	上海创文信息技术有限公司	创文烈焰游戏软件[简称：烈焰]V1.0

续 表

序号	企业名称	产品名称
2267	环达电脑(上海)有限公司	环达 Mio 车载调度用户终端软件 V1.0
2268	上海天链智能科技有限公司	天链 MES 控制平台软件 V1.2
2269	上海朝阳永续信息技术有限公司	朝阳永续报告浏览软件 V2.0
2270	康博嘉信息科技(上海)有限公司	康博嘉临床路径管理软件[简称：KTCP]V2.0
2271	上海商为电子商务有限公司	商为第五代缴费软件 V3.0
2272	康博嘉信息科技(上海)有限公司	康博嘉移动医患关怀平台软件[简称：KTDPCP]V1.0
2273	康博嘉信息科技(上海)有限公司	康博嘉医院信息管理软件[简称：KTHIS]V3.0
2274	天翼视讯传媒有限公司	天翼视讯全能看 IPhone 客户端软件[简称：全能看 IPhone 客户端]V1.0
2275	上海互联网软件有限公司	必优必达联合办公平台软件[简称：BUCP]V1.0
2276	天翼视讯传媒有限公司	天翼视讯业务计费软件 V1.0
2277	上海朝阳永续信息技术有限公司	朝阳永续上市公司业绩预期软件 V2.0
2278	上海晨熹软件有限公司	晨熹协同办公管理软件[简称：晨熹 ECP]V1.0
2279	上海晨思电子科技有限公司	晨思基于 Mstar STR 开机加速软件[简称：STR]V2.0
2280	上海派拉软件有限公司	派拉 ParaSecure CSSO 云计算身份管理软件[简称：ParaSecure CSSO]V1.0
2281	上海派拉软件有限公司	派拉 ParaSecure PIM 特权身份管理软件[简称：ParaSecure PIM]V1.0
2282	上海炫晶信息科技有限公司	炫晶企业客户管理售前模块软件 V1.0
2283	上海炫晶信息科技有限公司	炫晶企业客户管理售中模块软件 V1.0
2284	上海炫晶信息科技有限公司	炫晶企业客户管理售后模块软件 V1.0
2285	上海哈邻网络科技有限公司	龙之逆袭游戏软件[简称：龙之逆袭]V1.0.0
2286	上海心动企业发展有限公司	心动神仙道网页游戏软件 V2.0
2287	上海泽安实业有限公司	泽安在线水质分析监控软件[简称：监控软件]V3.01
2288	上海立思辰科技有限公司	立思辰微协作多屏互动软件 V1.0
2289	上海道杰软件科技有限公司	道杰图形化快速开发工作流软件 V1.0
2290	上海虹思软件科技有限公司	虹思移动办公应用平台软件 V1.0
2291	上海宇龙软件工程有限公司	宇龙机械加工仿真软件 V1.0
2292	上海家联网络科技有限公司	家联 iOn 嵌入式软件 V1.0
2293	上海宇龙软件工程有限公司	宇龙职业技能考核软件 V1.0
2294	上海港吉电气有限公司	港吉起重机监控软件[简称：HMI]V1.0
2295	上海港吉电气有限公司	港吉卸船机控制软件 V1.0
2296	趋势科技(中国)有限公司	趋势科技下一代应用安全网关应用软件[简称：DeepEdge 300]V2.0
2297	上海天玑科技股份有限公司	天玑玑云桌面虚拟化管理软件 V2.1
2298	上海亦策软件科技有限公司	亦策 QVBI 商业智能软件[简称：QVBI]V1.0

续 表

序号	企业名称	产品名称
2299	上海虹思科技有限公司	虹思物流单据扫描管理软件 V2.0
2300	运软网络科技(上海)有限公司	运软健康信息网 IaaS 平台软件 V1.3
2301	上海富可信息技术发展有限公司	好讯企业即时通讯软件 V2.0
2302	上海煜科智能科技有限公司	煜科 YKT-301 多排标签检测仪软件[简称：YKT-301 程序]V2.21
2303	上海煜科智能科技有限公司	煜科 YKR-2004 读写器标签识别软件[简称：YKR-2004]V2.4
2304	上海秦创通信科技有限公司	秦创 GSM 双卡拨号软件 V1.0
2305	上海魔力小孩网络科技有限公司	魔力小孩学英语——魔力小孩学习系列应用软件 V1.0
2306	上海魔力小孩网络科技有限公司	魔力小孩数学学习软件 V1.0.0
2307	上海魔力小孩网络科技有限公司	魔力小孩拼音学习软件 V1.0.0
2308	上海萌泰网络科技有限公司	萌泰锐研计算机辅助面访工具软件 V1.0
2309	上海魔力小孩网络科技有限公司	魔力小孩识字软件 V1.0
2310	上海金慧软件有限公司	金慧 EPM 综合管理软件 V5.0
2311	上海思创华信信息技术有限公司	思创华信网络资源管理软件 V1.0
2312	上海麦杰科技股份有限公司	麦杰 OpenPlant 实时数据库云平台软件 V1.0
2313	上海思创华信信息技术有限公司	思创华信网络性能管理软件 V1.0
2314	上海思创华信信息技术有限公司	思创华信安全生产管理软件 V1.0
2315	上海济沧海智能科技有限公司	济沧海第二代数字证书介质管理软件[简称：数字证书介质管理]V1.0
2316	上海卓越睿新数码科技有限公司	卓越高校课程中心软件[简称：卓越高校课程中心]V1.0
2317	上海兰宝传感科技股份有限公司	兰宝除异味远程控制软件 V1.0
2318	上海兰宝传感科技股份有限公司	兰宝传感器生产管理软件 V2.0
2319	纳普(上海)软件有限公司	NATOP 纳普 MLW 用户配置管理软件 V1.0
2320	上海威数企盈软件有限公司	威数企盈移动商务智能软件[简称：WMBI]V2.0
2321	上海博采信息技术有限公司	博采 HLNL-7C-4 LED 灯控制软件 V1.0
2322	上海龙的信息系统有限公司	龙的美术馆导览软件[简称：美术馆导览]V2.0
2323	上海量值测控仪器科技有限公司	LANKEA 温度综合检定软件 V3.5
2324	上海宝信软件股份有限公司	宝信转炉自动化控制软件 V1.0
2325	上海宝信软件股份有限公司	宝信化工生产调度管理软件 V1.0
2326	上海宝信软件股份有限公司	宝信化工检化验管理软件 V1.0
2327	上海宝信软件股份有限公司	宝信棒线材自动化控制软件 V1.0
2328	上海建坤信息技术有限责任公司	建坤建设工程设计文件网上行政审批软件 V2.0
2329	上海宝信软件股份有限公司	宝信转炉静态控制模型软件 V1.0
2330	上海宝信软件股份有限公司	宝信热轧加热炉模型软件 V1.0

续 表

序号	企业名称	产品名称
2331	上海宝立自动化工程有限公司	宝立冷连轧机自动板形控制软件[简称：自动板形控制软件]V1.0
2332	上海宝立自动化工程有限公司	宝立冷轧乳化液系统配液及储存自动控制软件[简称：冷轧乳化液系统配液及储存自动控制软件]V1.0
2333	上海惠晨信息技术有限公司	惠晨短信平台软件[简称：惠晨短信平台]V3.1.0
2334	上海云角信息技术有限公司	云角云博云计算管理软件[简称：Yunboard]V1.0
2335	上海绿建信息科技有限公司	绿建规划审批电子防伪水印加密章软件[简称：LOCKPRINT]V1.0
2336	上海旭尚电子有限公司	旭尚智能电网应用软件[简称：智能电网软件]V1.0
2337	上海起凡数字技术有限公司	起凡多核渲染软件 V1.0
2338	上海点客信息技术股份有限公司	点客点点快信短信软件 V8.0
2339	上海中智计算机技术服务有限公司	中智医院绩效考核管理平台软件 V1.0
2340	上海空中宏电网络技术有限公司	空中宏电新流星搜剑录游戏软件[简称：新流星搜剑录]V1.0
2341	上海期货信息技术有限公司	Futures Ideal CA 身份认证软件 V1.0
2342	上海瀚银信息技术有限公司	瀚银手付通移动支付软件 V3.0
2343	上海点客信息技术股份有限公司	点客点点快信短信平台软件 V4.0
2344	上海期货信息技术有限公司	Futures Ideal 套保头寸电子化管理软件 V1.0
2345	上海昂泰兰捷尔信息科技股份有限公司	昂泰专网 CDMA 移动通信信息管理主管部门软件 V1.0
2346	上海高诚智能科技有限公司	高诚水处理自动监控管理软件 V1.0
2347	上海期货信息技术有限公司	Futures Ideal 统计信息平台软件 V1.0
2348	上海高诚智能科技有限公司	高诚防汛墙综合报警软件 V1.0
2349	上海点客信息技术股份有限公司	点客点点淘淘宝店商短信平台软件 V2.0
2350	上海点客信息技术股份有限公司	点客点点快信销售管理平台软件 V1.0
2351	上海点客信息技术股份有限公司	点客点点快信短信平台接口软件 V2.0
2352	上海高智软件系统有限公司	高智在线英语教学(服务器端)软件 V1.0
2353	上海期货信息技术有限公司	Futures Ideal 综合交易平台证券软件 V1.0
2354	上海高智软件系统有限公司	高智在线英语教学(机顶盒)软件 V1.0
2355	东方电子支付有限公司	东方支付跨境贸易电子商务服务软件[简称：跨境通]V1.0
2356	东方电子支付有限公司	东方支付海关税费电子支付软件[简称：税费支付]V1.0
2357	东方电子支付有限公司	东方支付银行税费支付前置软件[简称：PEPP-BFS]V1.0
2358	上海普华科技发展股份有限公司	普华工程项目管理集成软件[简称：PowerOn]V5.3
2359	上海贝特威自动化科技有限公司	贝特威科技视觉检测保险丝检测软件 V1.0
2360	上海金融期货信息技术有限公司	金融期货股指期货市场监察软件[简称：CFFEX 风险监控系统]V1.0

续 表

序号	企业名称	产品名称
2361	上海异锝高新技术有限公司	异锝医院物流管理软件 V1.0
2362	上海共久电气有限公司	共久升降型起重机调速控制软件 V4.0
2363	上海游族信息技术有限公司	游族大侠传手机游戏软件 V1.0
2364	上海诸元智能科技有限公司	诸元智能汽车性能仿真软件 V1.0
2365	上海复旦复华科技股份有限公司	复旦复华光学薄膜优化软件 V1.0
2366	上海共久电气有限公司	共久平移型起重机调速控制软件 V4.0
2367	上海共久电气有限公司	共久轨迹分析软件 V1.0
2368	上海海勃物流软件有限公司	海勃 MILE 集装箱道路集疏运应用与管理信息平台软件 V1.0
2369	上海昂软信息技术有限公司	昂软标准自动工位控制软件 V1.0
2370	上海昂软信息技术有限公司	昂软凸轮轴装配控制软件 V1.0
2371	上海昂软信息技术有限公司	昂软标准手动工位控制软件 V1.0
2372	上海昂软信息技术有限公司	昂软变距异步拧紧控制软件 V1.0
2373	上海缇安埃信息科技有限公司	缇安埃全球服装云时代生产供应链管理软件 V13.0
2374	上海建坤信息技术有限责任公司	建坤工程项目管理软件 V1.0
2375	上海骏图电子科技有限公司	骏图半导体后道封测主控软件 V1.0
2376	模锐电气(上海)有限公司	模锐 NetRay 过程控制软件 V1.0
2377	上海普华科技发展股份有限公司	普华企业多项目管理信息门户软件[简称：PEP]V3.3
2378	上海浪潮通软科技有限公司	浪潮 ERP-GS 建筑管理软件[简称：浪潮 ERP-GS]V5.5
2379	上海中研宏科软件有限公司	中研宏科惠农“一卡通”发放管理软件[简称：一卡通]V1.0
2380	上海中研宏科软件有限公司	中研宏科惠农“一点通”触摸屏信息查询软件[简称：触摸屏一点通]V1.0
2381	上海麦杰环境科技有限公司	麦杰海量实时数据库云计算平台软件 V2.0
2382	上海普华科技发展股份有限公司	普华企业多项目管理基础业务平台软件[简称：PBP]V3.0.15
2383	上海天健源达信息科技有限公司	天健临床路径信息系统应用软件[简称：TS-CP]V8.0
2384	上海天健源达信息科技有限公司	天健无线医疗信息系统应用软件[简称：TS-WMIS]V8.0
2385	上海普华科技发展股份有限公司	普华项目管理总承包版软件[简称：PowerOn EPC]V4.6
2386	上海天健源达信息科技有限公司	天健电子病历信息系统应用软件[简称：TS-EMR]V8.0
2387	上海天健源达信息科技有限公司	天健排队叫号信息系统应用软件[简称：TS-SGIS]V8.0
2388	上海天健源达信息科技有限公司	天健体检信息系统应用软件[简称：TS-PEIS]V8.0
2389	上海万申信息产业股份有限公司	万申智能设备配置管理软件 V1.0
2390	上海利驰软件有限公司	利驰成套电器报价 SuperWinner 软件 V2.0

续 表

序号	企业名称	产品名称
2391	上海华勤通讯技术有限公司	华勤 MA388 交互控制手机软件 V6.0.0
2392	上海普华科技发展股份有限公司	普华工程项目管理集成软件手机版软件[简称：PowerOn Mobile]V1.3
2393	上海普华科技发展股份有限公司	普华项目管理信息平台软件[简称：PowerPIP]V4.6
2394	上海金牌软件开发有限公司	金牌人力资源管理软件 V1.0
2395	上海摩软通讯技术有限公司	摩软 AT729 界面应用管理软件 V1.0.0
2396	上海迪爱斯通信设备有限公司	DS 基于移动互联网的多媒体虚拟集群指挥平台软件 V1.0
2397	上海摩软通讯技术有限公司	摩软 V188 控制应用软件 V0.0.4
2398	上海摩软通讯技术有限公司	摩软 AW980 通讯应用软件 V0.0.2
2399	东方中安信息技术有限公司	东方中安高铁动车 WI-FI 网络行为审计软件 V1.0
2400	上海维宏电子科技股份有限公司	维宏激光切割机数控软件 V12.0
2401	上海爱数软件有限公司	爱数 AnyStorage 存储管理软件 V4.0
2402	仟游软件科技(上海)有限公司	仟游 Civilization Revolution Multiplayer iOS 游戏软件 V1.0.0
2403	芯讯通无线科技(上海)有限公司	芯讯通 SIM900E 模块软件 V1.0
2404	希姆通信息技术(上海)有限公司	希姆通移动警务终端软件 V1.0
2405	上海城市地理信息系统发展有限公司	城地开发园区管理平台软件[简称：园区管理软件]V3.0
2406	上海奇机信息技术有限公司	奇机无线云投影管理软件 V1.0
2407	上海洪剑智能科技有限公司	洪剑智能监狱 AB 门门禁人脸采集软件 V1.0
2408	京瓷信息系统(上海)有限公司	京瓷个人实绩管理软件[简称：PAMS]V1.0
2409	上海伊软信息科技有限公司	伊软企业管理信息软件 V2.0
2410	上海一成汽车检测设备科技有限公司	一成 3D 汽车检测软件 V1.0
2411	用友汽车信息科技(上海)有限公司	用友商用数据交互平台标准版软件 V2.0.0
2412	易百信息技术(上海)有限公司	易百权限软件 V1.0
2413	上海亿云信息技术有限公司	亿云易享云软件 V2.0
2414	上海城市地理信息系统发展有限公司	城地影像智能分析识别软件[简称：城地影像识别软件]V2.0
2415	上海城市地理信息系统发展有限公司	城地智能地址服务软件[简称：城地智能地址软件]V2.0
2416	上海亿云信息技术有限公司	亿云 EBackup.cn 超易备软件 V2.0
2417	上海谷德软件工程有限公司	谷德油田磕头机节能软件 V1.0
2418	上海易同智能科技有限公司	易同智睿可视对讲终端软件 V1.0
2419	用友汽车信息科技(上海)有限公司	用友经销商会员管理模块软件 V1.0
2420	上海览翔网络科技有限公司	览翔实物供销软件 V1.0
2421	上海仝方智能信息科技有限公司	仝方政务项目化管理软件 V1.0

续 表

序号	企业名称	产品名称
2422	上海创程车联网络科技有限公司	创程工程运输车辆管理系统应用软件 V1.0
2423	上海贝锐信息科技有限公司	花生壳 Apple Mac OS 软件 V1.0
2424	上海意时网络科技有限公司	意时谋福利企业弹性福利平台软件 V1.0
2425	上海贝锐信息科技有限公司	花生壳 IOS 主控端软件 V2.0
2426	上海贝锐信息科技有限公司	花生壳动态域名解析内网版软件 V6.5
2427	上海贝锐信息科技有限公司	花生壳动态域名解析软件 V6.0
2428	上海贝锐信息科技有限公司	花生壳远程控制被控端软件 V5.4
2429	上海中晶科技有限公司	MICROTEK 工业影像扫描管理软件 V1.21
2430	上海贝锐信息科技有限公司	图度企业办公平台开源版软件 V2.0
2431	上海同绘家园信息技术有限公司	同绘农村土地综合管理信息软件[简称：土地综合管理信息软件]V1.0
2432	上海常青藤信息技术有限公司	常青藤格林豪泰中央预定软件 V1.0
2433	上海中晶科技有限公司	MICROTEK 工业胶片影像数字化工作站软件 V2.0.1.1
2434	上海中晶科技有限公司	MICROTEK 快捷影像扫描处理软件 V2.50
2435	上海中晶科技有限公司	MICROTEK 生物影像分析软件 V1.1
2436	上海中晶科技有限公司	MICROTEK 生物影像扫描软件 V1.11
2437	上海斯图曼通信技术有限公司	斯图曼近距离通信对等传输终端驱动软件[简称：斯图曼 NFC P2P 软件]V1.0
2438	上海幻维数码创意科技有限公司	幻维三维数字管理软件 V1.0
2439	上海雷诺尔信息技术有限公司	雷诺尔链式动态补偿控制软件 V1.0
2440	上海纳宇电气有限公司	纳宇 760 仪表软件 V1.0
2441	上海纳宇电气有限公司	纳宇 NY5000 能耗管理软件 V1.0
2442	上海国响信息技术有限公司	国响 PS 核心网网管平台软件 V1.0
2443	上海百秋网络科技有限公司	百秋 ECS 电子商务管理软件 V1.0
2444	上海容之自动化系统有限公司	容之电力仪表软件[简称：RAL]V3.0
2445	上海国响信息技术有限公司	国响 EPC 综合网管平台软件 V1.0
2446	胜科金仕达数据系统(中国)有限公司	金仕达黄金 ETF 交易结算软件[简称：基金 ETF 系统]V1.0
2447	上海金自天正信息技术有限公司	金自天正高线自动控制软件[简称：AriHSW]V1.0
2448	上海佳网通讯设备有限公司	佳网视界多媒体信息发布平台软件[简称：DMS]V1.0
2449	上海国响信息技术有限公司	国响 IP 基础网管及综合告警平台软件 V1.0
2450	上海锐英软件技术有限公司	锐英取证云服务软件 V1.0
2451	上海国响信息技术有限公司	国响 HLR HSS 融合网管平台软件 V1.0
2452	上海锐英软件技术有限公司	锐英手机取证软件 V2.0
2453	上海国响信息技术有限公司	国响 LTE 无线网管北向接口管理软件 V1.0
2454	上海武明重工科技有限公司	武明企业质保体系质检智能化管理软件 V1.0

续　表

序号	企业名称	产品名称
2455	上海锐英软件技术有限公司	锐英无线网络数据取证软件 V1.0
2456	上海迈普软件有限公司	迈普速飞软件 V7.0
2457	上海武明重工科技有限公司	武明企业热处理日常管理软件 V1.0
2458	上海锐英软件技术有限公司	锐英互联网综合智能侦控软件 V2.0
2459	上海武明重工科技有限公司	武明企业热处理备料管理软件 V1.0
2460	上海力融信息技术有限公司	力融 eTrack 手术室麻醉软件 V3.0
2461	上海科拓机电科技发展有限公司	科拓 VE4000 图像视觉检测软件 V2.0
2462	上海宝信软件股份有限公司	宝信基础能源管理软件 V3.0
2463	上海宝信软件股份有限公司	宝信电动汽车通信网关软件 V2.0
2464	上海波宝仟赫科技有限公司	恩能智能应急资源管理软件 V2.0
2465	上海力融信息技术有限公司	力融 TRACKAO 手术麻醉管理软件 V2.2
2466	上海力融信息技术有限公司	力融 BloodGasExport 血气分析管理软件 V1.0
2467	上海宝信软件股份有限公司	宝信电动汽车运行监控平台软件 V2.0
2468	胜科金仕达数据系统(中国)有限公司	金仕达期货期权模拟交易软件[简称：期权模拟交易软件]V1.3
2469	上海夺迈智能科技有限公司	夺迈楼宇能源数据智能监控软件 V2.0
2470	上海夺迈智能科技有限公司	夺迈智能运营数据集成管理分析软件 V2.0
2471	上海富友支付服务有限公司	富友物业服务平台软件 V1.00
2472	上海柯华软件有限公司	柯华 QA 质量管理平台软件 V1.0
2473	上海柯华软件有限公司	柯华软件配置管理平台软件 V1.0
2474	上海金融期货信息技术有限公司	金融期货新一代技术平台软件[简称：SES]V1.0
2475	上海金融期货信息技术有限公司	金融期货 IT 监控平台软件[简称：IT 监控平台]V1.0
2476	上海踏瑞计算机软件有限公司	踏瑞薪酬管理关键技能深度实训教学软件[简称：薪酬管理教学软件]V3.0
2477	上海天旦网络科技发展有限公司	CrossFlow 业务性能管理软件[简称：CrossFlow BPC]V2.0
2478	上海天旦网络科技发展有限公司	CrossFlow 网络性能管理软件[简称：CrossFlow NPM]V2.0
2479	上海欣能信息科技发展有限公司	欣能电网发展诊断分析软件 V1.0
2480	开玛电子科技(上海)有限公司	开玛标签管理软件 V1.0
2481	上海洪剑智能科技有限公司	洪剑智能网络智能门禁物业管理软件 V1.0
2482	普华基础软件股份有限公司	普华 Bootloader 软件 V1.0
2483	上海洪剑智能科技有限公司	洪剑智能网络智能识别人脸采集软件 V2.0
2484	上海洪剑智能科技有限公司	洪剑智能网络智能门禁人脸识别软件 V1.0
2485	上海美勋智信息技术有限公司	美勋智安全邮件网关 SMG 软件 V6.5
2486	上海领海信息科技有限公司	领海信息智能挖掘引擎软件 V1.0

续 表

序号	企业名称	产品名称
2487	上海绿建信息科技有限公司	绿建图纸保护和水印加密软件[简称：LOCKMARK] V2.0
2488	上海商鼎软件科技有限公司	商鼎实验室管理软件 V1.0
2489	上海商鼎软件科技有限公司	商鼎学业预警软件 V1.0
2490	上海欣能信息科技发展有限公司	欣能电网检修(抢修)中心信息集成软件 V1.0
2491	上海欣能信息科技发展有限公司	欣能(集团)企业运营监管分析软件 V1.0
2492	上海悦腾网络科技有限公司	悦腾"蜀山传奇"手机游戏软件[简称：蜀山传奇]V1.0
2493	上海东徒电子有限公司	东徒饮用水销售 POS 机嵌入式控制软件 V1.0
2494	上海网仕科技有限公司	网仕 AnyStreaming 流媒体服务器软件 V1.0
2495	上海浦东软件平台有限公司	PDSTS DK-IOT 物联网实训台综合实训软件[简称：PDSTS DK-IOT 物联网实训台软件]V1.0
2496	上海浦东软件平台有限公司	PDSTS DK-IOT400 物联网实训软件[简称：PDSTS DK-IOT400 物联网软件]V1.0
2497	上海浦东软件平台有限公司	PDSTS 基于云计算应用服务的嵌入式系统可靠性测试与验证软件[简称：嵌入式系统可靠性测试与验证平台]V1.0
2498	上海网仕科技有限公司	网仕 AnyStreaming 视频转码器软件 V2.0
2499	上海邦诚电信技术有限公司	邦诚道岔转辙机智能综合监测软件 V2.0
2500	上海邦诚电信技术有限公司	邦诚轨道交通标准化作业软件 V1.0
2501	上海洪剑智能科技有限公司	洪剑智能监狱 AB 门门禁人脸识别软件 V1.0
2502	上海天泰网络技术有限公司	天泰下一代防火墙软件 V1.0
2503	上海勋立信息科技有限公司	勋立 XL-1001 Windows 平台信息远程获取软件 V1.0
2504	上海勋立信息科技有限公司	勋立 XL-1002 Android 平台信息远程获取软件 V1.0
2505	上海勋立信息科技有限公司	勋立 XL-1003 MAC 平台信息远程获取软件 V1.0
2506	上海勋立信息科技有限公司	勋立 XL-1004 苹果 IOS 平台信息远程获取软件 V1.0
2507	上海勋立信息科技有限公司	勋立 XL-2001 WIFI 无线局域网数据获取软件 V1.0
2508	上海勋立信息科技有限公司	勋立 XL-2002 在线网络信息获取软件 V1.0
2509	上海勋立信息科技有限公司	勋立 XL-2004 迷你网络信息获取软件 V1.0
2510	上海勋立信息科技有限公司	勋立 XL-2006 EPON 网络信息获取软件 V1.0
2511	上海勋立信息科技有限公司	勋立 XL-3001 无痕取信软件 V1.0
2512	上海勋立信息科技有限公司	勋立 XL-3002 邮件远程管理软件 V1.0
2513	上海勋立信息科技有限公司	勋立 XL-4001 微博信息综合管理软件 V1.0
2514	上海唐舜电信科技有限公司	唐舜融合型网络媒体话机终端软件 V1.0
2515	上海珍岛信息技术有限公司	珍岛网推宝软件 V1.0
2516	上海欣能信息科技发展有限公司	欣能变电站 61850 调试软件 V1.0
2517	上海欣能信息科技发展有限公司	欣能在线专业看板软件 V1.0

续 表

序号	企业名称	产品名称
2518	上海唐舜电信科技有限公司	唐舜数字内容 P2P 传播 WebCall 控制软件 V1.0
2519	上海银联电子支付服务有限公司	ChinaPay 保险网购平台软件 V1.0
2520	上海子泉软件技术有限公司	子泉统一业务平台软件 V2.0
2521	上海子泉软件技术有限公司	子泉客户关系管理软件 V2.0
2522	上海起凡数字技术有限公司	起凡自适应 UDP 传输模型的实现软件 V1.0
2523	胜科金仕达数据系统(中国)有限公司	金仕达股票质押式回购证券交易软件[简称：金仕达股票质押回购软件]V1.0
2524	上海千尔自动化设备有限公司	千尔机械装置软件 V1.0
2525	胜科金仕达数据系统(中国)有限公司	金仕达约定购回式证券交易软件[简称：金仕达约定购回软件]V1.0
2526	上海韵霖网络科技有限公司	韵霖 IMBA 游戏软件 V1.0
2527	上海三明泰格信息技术有限公司	三明泰格一键便知数据分析软件 V1.0
2528	上海逸动医学科技有限公司	逸动-奥普特膝关节三维运动分析软件 V1.0
2529	上海达梦数据技术有限公司	达梦元数据管理软件[简称：DMMeta]V2.0
2530	上海三明泰格信息技术有限公司	三明泰格需求管理软件 V1.0
2531	上海宝信软件股份有限公司	宝信企业服务总线软件 V2.0
2532	上海翔明信息技术有限公司	翔明贸易出货报关软件 V1.0
2533	上海超捷系统集成有限公司	超捷 MasterSP 软件 V1.0
2534	上海超捷系统集成有限公司	超捷翼视软件 V1.0
2535	上海三明泰格信息技术有限公司	三明泰格营运微视管理软件 V1.0
2536	东方钢铁电子商务有限公司	东方钢铁卖方数据分析服务软件[简称 BSTEEL－FX] V1.0
2537	上海阿尔卡特网络支援系统有限公司	“上海阿尔卡特网络”OSS 集成平台软件[简称：OSS 集成平台系统]V1.0
2538	胜科金仕达数据系统(中国)有限公司	金仕达期货机构交易结算软件[简称：机构交易结算软件]V1.1
2539	上海携景信息技术有限公司	携景信息交流共享系统管理软件[简称：携景信息交流共享系统]V1.0
2540	上海携景信息技术有限公司	携景连锁店系统管理软件[简称：携景连锁店管理系统]V1.0
2541	上海瀛联体感智能科技有限公司	瀛联手机棒客户端软件(IOS 版)V2.0
2542	上海捷艾特信息技术有限公司	捷艾特付结汇管理软件[简称：付结汇管理系统]V1.0
2543	中国银联股份有限公司	中国银联短彩信管理平台软件 V1.0
2544	上海华模精密机械有限公司	华模全电动注塑机控制软件 V2.0
2545	上海泰坦通信工程有限公司	泰坦时钟同步控制软件 V2.0
2546	上海互易消防电子设备有限公司	互易火灾报警系统控制软件 V1.0
2547	中国银联股份有限公司	中国银联收单管理平台软件 V1.0
2548	中国银联股份有限公司	中国银联联合营销持卡人服务软件 V1.0

续 表

序号	企业名称	产品名称
2549	中国银联股份有限公司	中国银联银行卡欺诈系统监控软件 V1.0
2550	中国银联股份有限公司	中国银联风险管理平台软件 V1.0
2551	上海迪爱斯通信设备有限公司	DS 消防协同指挥调度系统应用软件 V1.0
2552	上海高智软件系统有限公司	高智在线英语教学(家长端)软件 V1.0
2553	安科瑞电气股份有限公司	安科瑞 ANAPF 有源电力滤波器软件[简称：安科瑞 ANAPF 软件]V1.0
2554	上海迪爱斯通信设备有限公司	DS 一体化灭火救援指挥系统应用软件 V1.0
2555	上海瀛联体感智能科技有限公司	瀛联高清视频通信软件 V1.0
2556	上海瀛联体感智能科技有限公司	瀛联手机棒客户端软件(Android 版)V2.0
2557	上海迪爱斯通信设备有限公司	DS 一体化灭火救援指挥系统 GPS 车辆动态管理软件 V1.0
2558	上海雷澳电子科技有限公司	雷澳机器视觉在线检测软件 V1.0
2559	趋势科技(中国)有限公司	趋势科技服务器深度安全防护系统应用软件[简称：Deep Security]V9.0
2560	上海迪爱斯通信设备有限公司	DS 信息发布及内容管理系统应用软件 V1.0
2561	中国银联股份有限公司	中国银联移动支付客户端软件 V1.0
2562	上海航天能源股份有限公司	航天能源 sGG-Pas 管网压力预警软件 V1.0
2563	上海航天能源股份有限公司	航天能源 sGG-Pcs 压力远程调节平台软件 V1.0
2564	齐著云科技(上海)有限公司	齐著云全网营销管理软件 V1.0
2565	上海航天能源股份有限公司	航天能源通讯仿真软件 V1.0
2566	上海鹏达计算机系统开发有限公司	鹏达资源库管理平台软件[简称：资源库]V4.0
2567	上海携宁计算机科技有限公司	携宁投行工作平台应用软件 V1.0
2568	上海中兆信息技术有限公司	中兆课题管理软件 V1.0
2569	上海携宁计算机科技有限公司	携宁金融产品基金评价系统应用软件 V1.0
2570	上海航天能源股份有限公司	航天能源 sGG-Infinity 智能气网监控组态软件 V1.0
2571	上海企望信息科技有限公司	企望制造企业资源管理软件[简称：企望制造]V13.0
2572	上海航天能源股份有限公司	航天能源管件压力检测系统应用软件 V1.0
2573	上海中兴通讯技术有限责任公司	网乂网优翻频服务软件[简称：NetArtist AXP]V3.00
2574	上海中兴通讯技术有限责任公司	网乂容量规划软件[简称：NetArtist CPT]V3.00
2575	上海中兴通讯技术有限责任公司	网乂全网智能中心软件[简称：NetArtist GNIC]V3.00
2576	上海中兴通讯技术有限责任公司	网乂微波网络规划软件 V3.00
2577	上海中兴通讯技术有限责任公司	网乂无线网络规划软件 V3.00
2578	上海中兴通讯技术有限责任公司	网乂无线优化测试软件 V3.00
2579	上海中兴通讯技术有限责任公司	网乂无线优化分析软件 V3.00
2580	上海迪爱斯通信设备有限公司	DS 四色预警系统应用软件 V2.3
2581	上海迪爱斯通信设备有限公司	DS 全文检索系统应用软件 V2.3

续 表

序号	企业名称	产品名称
2582	上海顶竹通讯技术有限公司	顶竹 S-Celluar 基站通讯软件 V1.0
2583	上海益客电子商务有限公司	益客网益通软件 V2.0
2584	上海埃帕信息科技有限公司	埃帕 Cooling 社会化媒体品牌评估与分析软件 V1.0
2585	上海埃帕信息科技有限公司	埃帕 EasyInts 电商积分管理软件 V1.0
2586	普华基础软件股份有限公司	普华 CCP 协议栈软件[简称：普华 CCP]V1.0
2587	上海埃帕信息科技有限公司	埃帕 Cooling 汉语分词软件 V1.0
2588	上海景松智能科技有限公司	景松 SF6 密度在线监测数据采集卡嵌入式软件 V1.0
2589	上海辉策信息科技有限公司	辉策 CONSYS 仿真软件 V1.0
2590	上海华讯网络系统有限公司	华讯网鹰-IP 地址管理软件 V3.0
2591	智汇科技(中国)有限公司	智汇 DHCP 认证软件 V1.0
2592	上海埃帕信息科技有限公司	埃帕 ETaxMonitor 海关税费电子支付前置监控系统管理软件 V1.0
2593	上海埃帕信息科技有限公司	埃帕 Spider 互联网爬虫软件 V1.0
2594	上海埃帕信息科技有限公司	埃帕 EasyMDAM 移动设备资产管理软件 V1.0
2595	上海天正信息科技有限公司	天正调度自动化软件 V1.0
2596	上海海基业高科技有限公司	海基业 SJY71 云支付密码器系统服务软件 V1.0
2597	上海埃帕信息科技有限公司	埃帕 Cooling 商业及竞争情报分析软件 V1.0
2598	上海普华诚信信息技术有限公司	普华诚信海量数据挖掘服务软件[简称：PHCX-SJWJ]V1.0
2599	上海宝信软件股份有限公司	宝信机房集中关机软件 V1.0
2600	上海天正信息科技有限公司	天正协同办公软件 V2.0
2601	上海商永智能科技有限公司	商永移动警务软件 V2.0
2602	上海铁奥软件科技有限公司	铁奥魂斗士游戏软件 V1.0
2603	启控电子科技(上海)有限公司	QKCon 集中监控软件 V1.0
2604	上海期货信息技术有限公司	Futures Ideal 综合交易平台软件 V6.0
2605	上海思华科技股份有限公司	思华云存储平台软件 V3.0
2606	上海百林通信网络科技服务股份有限公司	百林 NeST LTE 网络规划工具软件 V2.5
2607	上海米仁科技有限公司	米仁 SP 监控软件 V1.0
2608	上海米仁科技有限公司	米仁 Fallen Apples 软件 V1.0
2609	上海司南卫星导航定位有限公司	司南定位时频监测软件[简称：Compass Timing]V1.0
2610	上海司南卫星导航定位有限公司	司南定位数据分析转发工具软件 V1.0
2611	用友汽车信息科技(上海)有限公司	用友经销商数据交互接口软件 V5.5.0.0
2612	用友汽车信息科技(上海)有限公司	用友经销商财务系统数据交互接口软件 V1.0
2613	用友汽车信息科技(上海)有限公司	用友经销商管理系统数据中心软件 V5.5.1.0
2614	纳显(上海)自控技术有限公司	纳显 UV 喷印图像轮廓智能检测软件[简称：图像轮廓检测软件]V1.0

续 表

序号	企业名称	产品名称
2615	纳显(上海)自控技术有限公司	纳显喷印图像颜色智能检测分类软件[简称:颜色智能检测分类软件]V1.0
2616	用友汽车信息科技(上海)有限公司	用友工程机械经销商管理软件 V2.0
2617	上海圣荷赛信息技术有限公司	圣荷赛私有云管理平台软件 V2.0
2618	宏测信息技术(上海)有限公司	宏测 MS7000 测试系统校准软件[简称:VisualATE Calibration]V1.0
2619	用友汽车信息科技(上海)有限公司	用友汽车管理驾驶舱 BQ 运行平台软件 V1.0
2620	用友汽车信息科技(上海)有限公司	用友商用数据交互平台企业版软件 V2.0.0
2621	上海壹杰信息技术有限公司	壹杰数据中心智能环境监控软件 V1.0
2622	上海硕恩网络科技有限公司	硕恩网络异常主动监控及安全信息软件 V1.0
2623	上海六感科技有限公司	六感互动数字标牌管理软件 V1.0
2624	上海良讯科技有限公司	良讯电子会议系统集中控制软件 V1.0
2625	上海彦致信息技术有限公司	彦致教学资源库软件 V1.0
2626	上海林果实业有限公司	林果第二代 USB-KEY 软件 V1.0
2627	上海翰宇生物科技有限公司	翰宇基因组测序服务跟踪软件 V1.0
2628	上海大智慧财汇数据科技有限公司	财汇财富管理资讯平台软件[简称:财富管理平台]V2.0
2629	上海翰宇生物科技有限公司	翰宇分子生态测序服务跟踪软件 V1.0
2630	上海翰宇生物科技有限公司	翰宇外显子捕获服务跟踪软件 V1.0
2631	上海翰宇生物科技有限公司	翰宇转录组测序服务跟踪软件 V1.0
2632	上海天玑科技股份有限公司	天玑“致简”数据中心运维综合管理软件 V1.0
2633	上海金戈马软件有限公司	金戈马基于 RFID 条码技术的仓储物流管理软件 V1.0
2634	上海中软计算机系统工程有限公司	中软睿税通用发票管理软件 V1.0
2635	腾讯科技(上海)有限公司	腾讯 UI 编辑器-Luban 软件[简称:UI 编辑器-Luban]V3.1.1.1
2636	上海汉枫电子科技有限公司	汉枫嵌入式 WIFI 模块的智能联网软件[简称:HF-Smart Link]V1.0
2637	上海海越赛尔自动化科技有限公司	海越 iControl MES 管理软件 V1.0
2638	上海广大信息技术有限公司	广大视频监控管理平台软件 V10.0
2639	上海同圆发动机测试工程技术有限公司	同圆多功能控制显示软件 V2.0
2640	上海乐我网络科技有限公司	乐我《我的神啊》游戏软件 V1.0
2641	上海煊荣自动化科技有限公司	煊荣 PLC 设备控制软件 V1.0
2642	中国银联股份有限公司	中国银联 Android 手机支付插件软件 V1.0
2643	中国银联股份有限公司	中国银联二代差错服务对接平台软件 V1.0
2644	中国银联股份有限公司	中国银联绩效考核平台软件 V1.0
2645	中国银联股份有限公司	中国银联协同办公管理平台软件 V1.0
2646	中国银联股份有限公司	中国银联差错自动化回归工具软件 V1.0

续 表

序号	企业名称	产品名称
2647	中国银联股份有限公司	中国银联 CUPA 仿真工具软件 V1.0
2648	中国银联股份有限公司	中国银联 MAPS 仿真工具软件 V1.0
2649	中国银联股份有限公司	中国银联大客户服务平台软件 V1.0
2650	中国银联股份有限公司	中国银联分公司经营指标展示平台软件 V1.0
2651	上海同磊土木工程技术有限公司	同磊变电构架信息模型设计软件[简称：3DSubIM] V1.0
2652	中国银联股份有限公司	中国银联统一流程管理平台软件 V1.0
2653	中国银联股份有限公司	中国银联行业综合管理软件 V1.0
2654	中国银联股份有限公司	中国银联移动支付客户服务软件 V1.0
2655	上海海越赛尔自动化科技有限公司	海越 iControl 工业报表软件 V1.0
2656	中国银联股份有限公司	中国银联联合营销管理软件 V1.0
2657	上海蔚莱信息技术有限公司	蔚莱可视云仓储管理软件 V1.0
2658	中国银联股份有限公司	中国银联统一业务门户软件 V1.0
2659	中国银联股份有限公司	中国银联电子邮件支付处理软件 V1.0
2660	中国银联股份有限公司	中国银联 TEEI 底层调度软件 V1.0
2661	汇付天下有限公司	汇付天下第二代信用支付软件 V1.0
2662	汇付天下有限公司	汇付天下钱管家三代软件 V1.0
2663	上海中软计算机系统工程有限公司	中软睿税财务体检软件 V1.0
2664	汇付天下有限公司	汇付天下移动 POSmini 客户端软件[简称：POSmini] V1.0
2665	上海中软计算机系统工程有限公司	睿税企业服务平台软件 V3.0
2666	普华基础软件股份有限公司	普华 UDS 诊断协议栈软件[简称：普华 UDS 诊断协议栈]V2.0
2667	上海永诺信息技术有限公司	永诺客户质量管理软件 V1.0
2668	普华基础软件股份有限公司	普华 XCP 协议栈软件[简称：普华 AUTOSAR XCP] V1.0
2669	上海大智慧信息科技有限公司	大智慧港股通实时行情分析软件[简称：大智慧港股通]V7.50
2670	上海通寅实业有限公司	通寅口袋交易软件 V1.0
2671	上海伊尔普信息技术有限公司	伊尔普电子商业汇票软件[简称：票据系统]V2.0
2672	上海逸景网络科技有限公司	逸景医疗器械行政监管实训软件 V3.5
2673	上海闻泰电子科技有限公司	WINGTECH62707 手机软件 V1.0
2674	普华基础软件股份有限公司	普华 COM 通讯栈软件[简称：普华 AUTOSAR COM] V2.0
2675	上海良讯科技有限公司	良讯视频会议系统管理软件 V1.0
2676	上海万东生物科技有限公司	万东医院消毒供应中心追溯软件[简称：万东医院消毒供应中心追溯系统]V1.0
2677	中国银联股份有限公司	中国银联云计算环境日志采集与分析软件 V1.0

续 表

序号	企业名称	产品名称
2678	中国银联股份有限公司	中国银联前瞻性技术研究管理平台软件 V1.0
2679	延锋伟世通电子科技(上海)有限公司	延锋伟世通 MIBG2 std＋音响控制软件 V1.3.0
2680	上海君睿信息技术有限公司	君睿特种设备动态安全监察软件[简称：动态安全监察系统]V1.0
2681	中国银联股份有限公司	中国银联移动云计算编程引擎软件[简称：移动云计算编程引擎]V2.0
2682	延锋伟世通电子科技(上海)有限公司	延锋伟世通 NGI 音响控制软件 V1.0
2683	中国银联股份有限公司	中国银联云计算资源管理软件[简称：云计算资源管理]V2.0
2684	中国银联股份有限公司	中国银联二代公务卡集中支持软件 V1.0
2685	延锋伟世通电子科技(上海)有限公司	延锋伟世通 PEPS 控制软件 V1.0
2686	延锋伟世通电子科技(上海)有限公司	延锋伟世通 P42M 前排空调控制软件 V1.0
2687	中国银联股份有限公司	中国银联产品管理平台软件 V1.0
2688	上海巨耕信息技术有限公司	巨耕设备管理软件 V1.0
2689	中国银联股份有限公司	中国银联行业密钥管理软件 V1.0
2690	中国银联股份有限公司	中国银联转接、收单、多渠道、国业报文分析软件 V1.0
2691	普华基础软件股份有限公司	普华 i－HA 高可用集群系统应用软件[简称：普华 i－HA]V3.0
2692	中国银联股份有限公司	中国银联产品交易质量分析软件 V1.0
2693	上海师悦信息科技有限公司	师悦招生报名软件 V3.0
2694	集欧软件科技(上海)有限公司	集欧兵圣三国游戏软件[简称：兵圣三国]V1.0
2695	上海巨耕信息技术有限公司	巨耕设备全寿命周期管理软件 V1.0
2696	上海闻泰电子科技有限公司	WINGTECH G5521 手机软件 V1.0
2697	上海龙软信息技术有限公司	龙软金融衍生品交易软件[简称：DTS]V3.2
2698	上海飞田通信股份有限公司	飞田智能车辆调度软件 V3.0
2699	上海倍而纳医疗器械科技有限公司	倍而纳医院消毒供应追溯管理软件[简称：BIONA－CSSD]V2.1
2700	上海倍而纳医疗器械科技有限公司	倍而纳医院感染预防与控制管理软件[简称：BIONA－ICMS]V2.1
2701	上海闻泰电子科技有限公司	WINGTECH S13050A1 手机软件 V1.0
2702	上海力信测量系统有限公司	力信 RMS－D 掘进管理软件 V1.0
2703	银联商务有限公司	银联商务账户个人门户软件 V1.0
2704	普华基础软件股份有限公司	普华 i－SMBCloud 虚拟化系统平台软件[简称：普华虚拟化软件]V6.0
2705	上海邮政科学研究院	邮科院电商小包面单信息批量录入软件 V1.0
2706	上海邮政科学研究院	邮科院 MPF 混合分拣机监控管理软件 V1.0
2707	上海邮政科学研究院	邮科院缓存分拣机控制软件 V1.0
2708	上海邮政科学研究院	邮科院景区自动取票机取票软件 V1.0

续 表

序号	企业名称	产品名称
2709	上海伍豪信息科技有限公司	伍豪色谱数据处理软件 V4.0
2710	上海学伴软件有限公司	学伴移动流媒体直播互动平台软件 V1.0
2711	普华基础软件股份有限公司	普华安全操作系统软件 V1.0
2712	普华基础软件股份有限公司	普华 i-VirtualDesktop USB 重定向应用软件 V2.0
2713	上海巨火网络科技有限公司	仙侠世界用户服务支持平台软件 V1.0
2714	上海爱数软件有限公司	爱数容灾网关软件 V5.0
2715	上海良讯科技有限公司	良讯视频会议 MCU 多点控制软件 V1.0
2716	上海开通数控有限公司	开通智能控制器软件 V2.0
2717	上海爱数软件有限公司	爱数备份软件 V5.0
2718	上海强控设备工程有限公司	强控企业油料监控管理信息平台软件 V1.0
2719	上海强控设备工程有限公司	强控企业智能移动加油管理软件 V1.0
2720	上海哈古天下网络技术有限公司	哈古天下萌将网页游戏软件 V1.0
2721	上海良讯科技有限公司	良讯多媒体会议软件 V1.0
2722	耀欣数位科技(上海)有限公司	耀欣电子标签拣货软件 V1
2723	上海银联电子支付服务有限公司	ChinaPay 用户系统应用软件 V1.0
2724	上海上大久亿信息技术有限公司	久亿屏客—Linux 系统性能集中监控分析软件[简称：久亿屏客]V3.0
2725	上海德米萨信息科技有限公司	德米萨业务通智能管理软件[简称：德米萨 A5 软件] V1.0
2726	上海银联电子支付服务有限公司	ChinaPay 风险交易及反洗钱监控系统应用软件 V1.0.7
2727	上海哲勤信息技术有限公司	哲勤车载温湿度监控软件 V1.0
2728	上海银联电子支付服务有限公司	ChinaPay 国际汇款平台软件 V2.1
2729	上海银联电子支付服务有限公司	ChinaPay 理财平台软件 V1.0
2730	上海联影医疗科技有限公司	联影数字化医用 X 射线摄影系统(盘古 DR)操作处理软件 V1.0
2731	上海宝信软件股份有限公司	宝信企业信息化平台软件 V3.9
2732	东方电子支付有限公司	东方支付航运费率支付平台软件 V1.0
2733	上海品志文化传播有限公司	品志数独世界 iOS 版手机游戏软件[简称：数独世界] V1.0
2734	上海哲勤信息技术有限公司	哲勤仓储温湿度监控软件 V1.0
2735	上海心意答电子科技有限公司	心意答教学质量监测与评价平台软件 V1.0
2736	上海心意答电子科技有限公司	心意答网络电子阅卷与智能成绩分析平台软件 V1.0
2737	恒源祥(集团)有限公司	恒源祥经营品牌能力平台软件 V1.0
2738	上海澳润信息科技有限公司	澳润千兆交换机管理软件 V1.0
2739	上海心意答电子科技有限公司	心意答数码校园平台软件 V1.0
2740	上海品志文化传播有限公司	品志神仙道 iOS 版手机游戏软件[简称：神仙道 iOS 版游戏]V3.0

续 表

序号	企业名称	产品名称
2741	上海鸣动网络科技有限公司	鸣动盛世三国2网页游戏软件[简称：盛世三国2]V1.0
2742	上海起凡数字技术有限公司	起凡自动匹配软件V1.0
2743	上海南广电子技术有限公司	南广广告电子订单管理软件V1.0
2744	上海云人信息科技有限公司	云人YunTable大数据实时分析数据库软件[简称：YunTable]V2.0
2745	上海新奥托实业有限公司	新奥托铝电解虚拟现实仿真实训软件V3.0
2746	上海安卡网络技术有限公司	安卡开店宝平台软件V1.09
2747	上海宝信软件股份有限公司	宝信冷轧处理线自动化控制软件[简称：AutoCRTL]V1.0
2748	东方电子支付有限公司	东方电子支付国内货物进出区软件V1.0
2749	东方电子支付有限公司	东方电子支付保税仓储联网监管软件[简称：保税仓储联网监管软件]V1.0
2750	东方电子支付有限公司	东方电子支付加工贸易联网监管软件[简称：加工贸易联网监管软件]V1.0
2751	上海创闻信息技术有限公司	创闻轨道信号作业监控软件V1.0
2752	东方电子支付有限公司	东方电子支付XZONE区间货物调拨监管软件V1.0
2753	东方电子支付有限公司	东方电子支付INSIDEZONE货物调拨监管软件V1.0
2754	上海豪锋自动化设备有限公司	豪锋TPMS测试软件V1.0
2755	上海思贤信息技术有限公司	思贤手机电视软件V1.0
2756	上海中畅信息科技有限公司	中畅时间服务及校时软件[简称：中畅时间同步软件]V1.0
2757	上海华东电脑系统工程有限公司	华东电脑运维管理软件[简称：运维管理软件]V2.0
2758	上海华东电脑系统工程有限公司	华东电脑数据中心容量管理软件[简称：数据中心容量管理软件]V2.0
2759	上海华东电脑系统工程有限公司	华东电脑门禁管理软件[简称：门禁管理软件]V2.0
2760	上海德药信息科技有限公司	德药合理用药软件[简称：合理用药软件]V1.0
2761	上海德药信息科技有限公司	德药抗菌药品软件[简称：抗菌软件]V1.0
2762	上海锐道信息技术有限公司	锐道DORADO管理控制台软件[简称：DORADO CONSOLE]V7.0
2763	上海锐道信息技术有限公司	锐道DORADO矢量地图软件[简称：DORADO MAP]V1.0
2764	上海数慧系统技术有限公司	数慧电子监察预警软件[简称：电子监察]V1.0
2765	上海企顺信息系统有限公司	企顺理论辅助教学软件[简称：BIZCAT]V1.1
2766	上海中畅信息科技有限公司	中畅统一接口管理平台软件[简称：中畅接口管理平台]V1.0
2767	上海豪锋自动化设备有限公司	豪锋换挡器自动化测试软件V1.0
2768	上海中畅信息科技有限公司	中畅移动财富管理软件(iphone版)V1.0
2769	上海中畅信息科技有限公司	中畅移动财富管理软件(ipad版)V1.0
2770	趋势科技(中国)有限公司	趋势科技企业云存储软件V2.0

续 表

序号	企业名称	产品名称
2771	非凡(上海)网络技术有限公司	非凡云际通发行数据管理平台软件[简称：云际通YJT]V2.1.3.02
2772	上海通乾投资股份有限公司	通乾外汇黄金手机交易软件 V1.0
2773	上海富欣智能交通控制有限公司	JeRail 自动列车监督软件 V1.0
2774	上海下一代广播电视网应用实验室有限公司	NGBLab 基于 AndroidPad 移动视频交互应用软件 V1.0
2775	上海下一代广播电视网应用实验室有限公司	NGBLab 基于 AndroidPhone 移动视频交互应用软件 V1.0
2776	上海下一代广播电视网应用实验室有限公司	NGBLab 基于 IPad 移动视频交互应用软件 V1.0
2777	上海下一代广播电视网应用实验室有限公司	NGBLab 基于 IPhone 移动视频交互应用软件 V1.0
2778	上海通乾投资股份有限公司	通乾汇通财经交易工厂软件 V1.0
2779	上海国富光启云计算科技有限公司	国富云桌面管理平台软件 V7.0
2780	上海宝信软件股份有限公司	宝信核电工况数据接入和分发网关软件 V1.0
2781	上海云蟾网络科技有限公司	云蟾醉逍遥网络游戏软件 V2.0
2782	上海云蟾网络科技有限公司	云蟾客服管理中心软件 V1.0
2783	上海新致软件有限公司	新致企业数字化管理软件 V5.0
2784	上海路辉电子科技有限公司	路辉路灯箱远程监控嵌入式软件 V3.0
2785	上海锐仲信息科技有限公司	锐仲多屏互动软件[简称：多屏互动系统]V1.0
2786	上海中威天安公共安全科技有限公司	中威态势展现辅助决策软件 V1.0
2787	上海中威天安公共安全科技有限公司	中威移动危险源监控与应急平台软件 V1.0
2788	上海中威天安公共安全科技有限公司	中威重大危险源综合管理软件 V1.0
2789	上海利驰软件有限公司	利驰成套电气二次下线 SuperHarness 软件[简称：二次下线]V1.0
2790	上海宝信软件股份有限公司	宝信消息中间件软件 V3.5
2791	御和信息科技(上海)有限公司	御和云管理数据软件 V1.0
2792	上海共久电气有限公司	共久 Opmac40BL 测径仪控制软件 V1.0
2793	胜科金仕达数据系统(中国)有限公司	金仕达新一代数据中心管理平台软件[简称：数据管理平台软件]V4.0
2794	花旗软件技术服务(中国)有限公司	花旗自动化代码生成工具软件[简称：自动化代码生成工具]V1.0
2795	胜科金仕达数据系统(中国)有限公司	金仕达消费支付管理软件[简称：金仕达消费支付管理]V1.0
2796	胜科金仕达数据系统(中国)有限公司	金仕达券商黄金交易结算软件[简称：券商黄金系统]V1.0
2797	胜科金仕达数据系统(中国)有限公司	金仕达国际投资者交易平台软件[简称：金仕达国际投资者交易平台]V1.0
2798	上海汇堃信息科技有限公司	汇堃病理报告管理软件[简称：WK - PATH]V1.0
2799	上海风格软件有限公司	风格综合广播电视信号监测软件 V1.2
2800	上海列顿信息科技有限公司	列顿临床路径管理软件 V3.0

续 表

序号	企业名称	产品名称
2801	上海玩客网络科技有限公司	玩客逆转天下游戏软件 V1.10
2802	胜科金仕达数据系统(中国)有限公司	金仕达反洗钱软件[简称：反洗钱系统]V7.0
2803	胜科金仕达数据系统(中国)有限公司	金仕达净资本监控管理软件[简称：净资本监控系统]V7.0
2804	上海睿高信息科技有限公司	睿高信息炫卡服务软件[简称：炫卡服务系统]V1.0
2805	上海睿锦信息科技有限公司	睿锦信息智能办公软件[简称：智能办公系统]V1.0
2806	上海复蝶智能科技有限公司	复蝶 SPI 设备软件[简称：SPITouch]V1.0
2807	上海宝信软件股份有限公司	宝信企业云应用管理平台软件 V2.0
2808	上海普华科技发展股份有限公司	普华计划引擎组件软件[简称：PowerPM]V1.0
2809	上海玩客网络科技有限公司	玩客逆转三国游戏软件 V2.00
2810	上海普华科技发展股份有限公司	普华基础开发平台软件[简称：PowerDev]V1.0
2811	上海原动力通信科技有限公司	原动力测试数据分析软件[简称：TDAS]V1.0.0
2812	上海顺凯信息技术有限公司	顺凯工程地质勘察信息处理(计算版)软件 V6.0
2813	上海顺凯信息技术有限公司	顺凯工程地质勘察信息处理(专业版)软件 V6.0
2814	上海人行道网络信息技术有限公司	人行道网络加密服务软件 V1.0
2815	上海昊沧系统控制技术有限责任公司	昊沧 AMS 设备管理软件 V3.0
2816	上海繁云信息科技有限公司	繁云-集团医疗信息服务软件[简称：FY-GMIS]V4.0
2817	上海华勤通讯技术有限公司	华勤 AW290 手机应用软件 V1.0.0
2818	上海繁云信息科技有限公司	繁云-临床路径软件 V4.0
2819	上海科霖智能电子设备有限公司	科霖高压开关柜故障早期预警系统应用软件 V2.0.1
2820	上海昊沧系统控制技术有限责任公司	昊沧 PipeSee 管网维护管理软件 V2.0
2821	上海华勤通讯技术有限公司	华勤 TD200 界面控制软件 V1.0
2822	上海华勤通讯技术有限公司	华勤 TD811 通信应用软件 V0.0.1
2823	上海摩软通讯技术有限公司	摩软 A515 交互控制手机软件 V0.0.4
2824	上海龙骑计算机科技有限公司	龙骑妇幼卫生信息管理软件 V3.80
2825	上海摩软通讯技术有限公司	摩软 S828 手机通信软件 V8.0.4
2826	上海摩软通讯技术有限公司	摩软 A2000 手机挥控功能软件 V8.0.6
2827	上海联影医疗科技有限公司	联影正电子发射及 X 射线断层成像扫描系统(PET-CT)操作处理软件 V1.0
2828	上海创功通讯技术有限公司	创功 A3000A 应用管理软件 V1.0.0
2829	上海创功通讯技术有限公司	创功 AW729 桌面应用软件 V6.0.0
2830	上海海控电子科技有限公司	海控多功能录播平台软件 V4.0
2831	上海创功通讯技术有限公司	创功 AT828 人机交互手机软件 V0.0.4
2832	上海创功通讯技术有限公司	创功 AT719 界面应用管理软件 V6.0.0
2833	上海创功通讯技术有限公司	创功 AT500 手机应用软件 V1.0.3

续 表

序号	企业名称	产品名称
2834	上海文华财经资讯有限公司	文华赢顺期货交易软件[简称：赢顺]V6.6
2835	上海联影医疗科技有限公司	联影磁共振成像系统(MRI)操作处理软件 V1.0
2836	上海文华财经资讯有限公司	文华赢智 WH8 程序化交易软件[简称：WH8]V8.1
2837	上海联影医疗科技有限公司	联影 X 射线计算机断层摄影设备(CT)操作处理软件 V1.0
2838	上海二三四五网络科技股份有限公司	二三四五网络服务器跟踪工具软件[简称：二三四五网络服务器跟踪工具]V1.0
2839	上海皓维电子有限公司	皓维 DVRC300 系列数字监控录像软件 V1.0
2840	上海下一代广播电视网应用实验室有限公司	NGBLab 智慧社区闵行城市生活软件 V1.0
2841	上海皓维电子有限公司	皓维高清网络数字视频解码软件 V1.0
2842	上海皓维电子有限公司	皓维数字视频综合管理平台软件 V2.0
2843	上海皓维电子有限公司	皓维数字视频多媒体指挥平台软件 V2.0
2844	上海灵当信息科技有限公司	灵当 CRM 标准版软件 V1.0
2845	万达信息股份有限公司	万达公共卫生应急管理系统应用软件 V4.0
2846	事成(上海)信息技术有限公司	事成维修配件目录软件 V1.0
2847	事成(上海)信息技术有限公司	事成维修配件主数据管理软件 V1.0
2848	上海爻盛信息技术有限公司	爻盛校园文化信息管理软件 V1.0
2849	上海威士顿信息技术有限公司	威士顿工厂排班管理软件 V1.0
2850	上海威士顿信息技术有限公司	威士顿生产过程物料仓储配送软件 V1.0
2851	上海威士顿信息技术有限公司	威士顿生产设备运行维护管理软件 V1.0
2852	上海威士顿信息技术有限公司	威士顿卷烟生产过程质量监视软件 V1.0
2853	上海泽雷信息科技有限公司	泽雷安全策略管理软件[简称：ZeLei PSMS]V1.0
2854	上海龙智数码科技有限公司	龙智 C++语言到 JAVA 语言的自动转换工具软件 V1.0
2855	上海征途信息技术有限公司	巨人游戏软件 V2.0
2856	上海征途信息技术有限公司	巨人网络战鼓游戏软件 V1.0
2857	上海征途信息技术有限公司	黄金国度后台管理软件 V1.0
2858	上海龙智数码科技有限公司	龙智 Cobol 语言到.Net 语言的自动转换工具软件 V1.0
2859	上海高欣计算机系统有限公司	高欣光速输入法软件 V2.5
2860	上海联影医疗科技有限公司	联影医学影像信息管理软件 V1.0
2861	上海宝信软件股份有限公司	宝信热轧粗轧机设定模型软件[简称：RMSet_HR]V1.0
2862	上海信业智能科技股份有限公司	信业物联网传感器管理软件 V1.0
2863	上海征聚信息技术有限公司	千军游戏软件 V2.0
2864	上海达众信息科技有限公司	达众短信平台软件 V2.0
2865	上海信业智能科技股份有限公司	信业建筑群移动巡查管理软件 V1.0

续 表

序号	企业名称	产品名称
2866	上海联影医疗科技有限公司	联影数字化医用 X 射线摄影系统(磐石 DR)操作处理软件 V1.0
2867	上海道生医疗科技有限公司	道生中医体质辨识健康管理系统应用软件 V5.6
2868	银联数据服务有限公司	银联数据批量服务管理框架软件 V1.0
2869	银联数据服务有限公司	银联数据 IC 卡制卡数据准备软件 V1.0
2870	银联数据服务有限公司	银联数据基于 JAVA 的前台处理支撑软件 V1.0
2871	上海星汉信息技术有限公司	星汉 GalaxyPoint 云 BPM 软件 V2.0
2872	上海博康智能信息技术有限公司	博康智能人脸识别软件 V2.0
2873	上海博康智能信息技术有限公司	博康智能视频检测识别软件 V6.0
2874	银联数据服务有限公司	银联数据银行发卡业务云服务平台软件 V1.0
2875	腾讯科技(上海)有限公司	腾讯猛汉游戏怪物编辑器软件[简称：怪物编辑器]V1.0
2876	上海华腾软件系统有限公司	TOP BCS 电子商务商户服务平台软件[简称：TOP BCS]V1.0
2877	腾讯科技(上海)有限公司	腾讯猛汉游戏技能编辑器软件[简称：技能编辑器]V1.0
2878	银联数据服务有限公司	银联数据外卡组织接入通讯服务软件 V1.0
2879	银联数据服务有限公司	银联数据联机交易监控软件 V1.0
2880	银联数据服务有限公司	银联数据作业调度集中控制台软件 V1.0
2881	银联数据服务有限公司	银联数据智能信用卡管理软件 V1.0
2882	腾讯科技(上海)有限公司	腾讯猛汉游戏数据编辑器软件[简称：数据编辑器]V1.0
2883	腾讯科技(上海)有限公司	腾讯猛汉游戏行为树编辑器软件[简称：行为树编辑器]V1.0
2884	腾讯科技(上海)有限公司	腾讯 Adbroker 广告经理软件[简称：Adbroker]V2.3
2885	腾讯科技(上海)有限公司	腾讯 AdExchange 广告交易软件[简称：AdExchange]V3.0
2886	腾讯科技(上海)有限公司	腾讯 AMP 受众管理软件[简称：AMP]V2.0
2887	腾讯科技(上海)有限公司	腾讯腾果广告投放软件[简称：Tango]V2.0
2888	腾讯科技(上海)有限公司	腾讯效果推广助手软件[简称：Editor]V1.0
2889	上海海丰信息技术有限公司	海丰全球实时移动管理办公软件[简称：海丰全球实时办公软件]V1.0
2890	盈光信息技术(上海)有限公司	盈光 BiSTS 银行综合业务仿真培训软件 V1.0
2891	上海孚聪信息科技有限公司	孚聪通道管理软件 V1.0
2892	上海淘米网络科技有限公司	淘米 2125 小游戏网站软件 V1.0
2893	上海淘米网络科技有限公司	淘米摩尔庄园 2 基础游戏软件 V1.0
2894	上海骏业网络科技有限公司	骏业秦时明月 Web 网页游戏软件[简称：秦时明月 Web]V1.0
2895	上海圣然信息科技有限公司	圣然摩尔庄园安卓版应用程序软件 V1.0

续 表

序号	企业名称	产品名称
2896	上海互联网软件有限公司	必优必达区域政府多终端接入的电子政务云平台软件[简称：电子政务云平台]V1.0
2897	上海互联网软件有限公司	必优必达区域政府多终端接入的电子政务云平台移动端软件[简称：电子政务云平台移动端]V1.0
2898	上海圣然信息科技有限公司	圣然摩尔斗斗核心软件 V2.0
2899	上海圣然信息科技有限公司	圣然摩尔卡丁车 IOS 应用程序软件 V1.0
2900	天乐(上海)电子商务有限公司	天乐协同电子商务联盟集成软件 V1.0
2901	依柯力信息科技(上海)有限公司	依柯力汽车行业生产及执行管理软件 V1.0
2902	上海天畅信息技术有限公司	天畅企业移动管理平台软件 V2.0
2903	上海下一代广播电视网应用实验室有限公司	NGBLab 智慧社区闵行天气服务软件 V1.0
2904	上海下一代广播电视网应用实验室有限公司	NGBLab 智慧社区闵行物价服务软件 V1.0
2905	上海下一代广播电视网应用实验室有限公司	NGBLab 智慧社区闵行信息发布软件 V1.0
2906	上海萌果信息科技有限公司	萌果大侠 OL 游戏软件 V1.0
2907	上海数慧系统技术有限公司	数慧空间数据共享软件 V1.0
2908	上海数慧系统技术有限公司	数慧数据工程核查监理平台软件[简称：数慧核查监理软件]V1.0
2909	上海童话网络科技有限公司	万神游戏软件 V1.0
2910	上海数慧系统技术有限公司	数慧数据工程核查平台软件[简称：数慧核查软件]V1.0
2911	上海数慧系统技术有限公司	数慧数据工程质检平台软件[简称：数慧质检软件]V1.0
2912	上海亿阳信通实业有限公司	亿阳大屏综合展现软件[简称：大屏综合展现]V2.0
2913	上海亿阳信通实业有限公司	亿阳热图监控软件[简称：热图监控]V1.0
2914	上海寰雷信息技术有限公司	寰雷 DNS 递归解析软件 V3.1
2915	上海寰雷信息技术有限公司	寰雷 DNS 前置缓存软件 V5.1
2916	上海汇付数据服务有限公司	汇付数据面向 POS 可信交易支付软件 V1.0
2917	上海宝信软件股份有限公司	宝信 RFID 中间件软件 V2.0
2918	上海兴候信息科技有限公司	兴候煤气柜控制软件 V1.0
2919	上海汇付数据服务有限公司	汇付数据面向分销链钱管家三代软件 V1.0
2920	上海兴候信息科技有限公司	兴候废水废物处理控制软件 V1.0
2921	上海汇付数据服务有限公司	汇付数据面向中小商户移动便携 POS 客户端软件 V1.0
2922	上海烛龙信息科技有限公司	烛龙古剑奇谭二整合版游戏软件 V1.0
2923	上海睿想信息科技有限公司	睿想 GMP 综合质量管理软件 V1.0
2924	上海快视信息技术有限公司	快视全程录音录像同步刻录软件 V1.0
2925	上海纪元微科电子有限公司	MMS 同步整流降压电路测试软件[简称：降压器]V1.0
2926	上海汇付数据服务有限公司	汇付数据天天盈移动客户端软件[简称：天天盈]V1.0

续 表

序号	企业名称	产品名称
2927	上海天畅信息技术有限公司	天畅信息移动中间件管理平台软件 V1.0
2928	港中旅华贸(上海)信息科技有限公司	港中旅华贸供应链贸易管理软件 V1.0
2929	上海天畅信息技术有限公司	天畅信息企业短信平台软件 V3.0
2930	上海纪元微科电子有限公司	MMS直流至直流转换电路测试软件[简称:直流转换器]V1.0
2931	上海亿通国际股份有限公司	亿通国际补发运抵报告软件[简称:CLPRS]V1.0.0
2932	上海亿通国际股份有限公司	亿通国际电子对账单软件[简称:EPERS]V1.0.0
2933	上海亿通国际股份有限公司	亿通国际电子装箱单软件[简称:EDIEXPRSS]V1.0.0
2934	上海亿通国际股份有限公司	亿通国际海关转关申报软件[简称:EPTRANS]V1.0.0
2935	上海亿通国际股份有限公司	亿通国际口岸数据通软件[简称:EPAPP]V1.0.0
2936	上海宝信软件股份有限公司	宝信化工能效管理软件[简称:CEN]V1.0
2937	上海宝信软件股份有限公司	宝信烧结自动化控制软件[简称:AutoSinter]V1.0
2938	上海宝信软件股份有限公司	宝信焦炉自动化控制软件[简称:AutoCoke]V1.0
2939	上海温普电力电子有限公司	温普整机测试台软件 V1.0
2940	上海踏瑞计算机软件有限公司	踏瑞工作分析情景模拟实训软件[简称:工作分析教学软件]V3.0
2941	上海踏瑞计算机软件有限公司	踏瑞劳动关系管理及人力资源外包软件[简称:劳动关系管理软件]V3.0
2942	上海踏瑞计算机软件有限公司	踏瑞培训与开发关键技能深度实训教学软件[简称:培训与开发教学软件]V3.0
2943	上海踏瑞计算机软件有限公司	踏瑞评价中心情景模拟实训教学软件[简称:评价中心教学软件]V3.0
2944	上海踏瑞计算机软件有限公司	踏瑞人力资源规划和外包关键技能深度实训教学软件[简称:人力资源规划与外包教学软件]V3.0
2945	上海踏瑞计算机软件有限公司	踏瑞人力资源沙盘模拟教学软件 V2.0
2946	上海踏瑞计算机软件有限公司	踏瑞行为现场直播软件 V3.0
2947	上海踏瑞计算机软件有限公司	踏瑞招聘与甄选关键技能深度实训教学软件[简称:招聘与甄选教学软件]V3.0
2948	上海踏瑞计算机软件有限公司	踏瑞职位分析(素质模型)关键技能深度实训教学软件[简称:职位分析教学软件]V3.0
2949	上海踏瑞计算机软件有限公司	踏瑞职位评价模拟实训软件[简称:职位评价实训软件]V3.0
2950	上海踏瑞计算机软件有限公司	踏瑞职业生涯规划实训教学软件[简称:职业生涯规划教学软件]V3.0
2951	上海卓精电子科技有限公司	卓精直视吊秤嵌入式软件 V2.0
2952	嘉丰(上海)软件有限公司	嘉丰智能群组管理软件 V2.7
2953	银联商务有限公司	银联商务一盒宝设备发行管理平台软件 V1.0
2954	银联商务有限公司	银联商务综合支付服务平台软件 V1.0
2955	上海卓精电子科技有限公司	卓精 OSC-F 系列家用吊秤嵌入式软件 V2.0

续 表

序号	企业名称	产品名称
2956	上海卓精电子科技有限公司	卓精厨房秤嵌入式软件 V2.0
2957	上海石安实业有限公司	石安 HRC 视频音频智能分析管理软件 V1.2
2958	上海卓精电子科技有限公司	卓精无线吊钩秤嵌入式软件 V2.0
2959	银联商务有限公司	银联商务营销平台软件 V1.0
2960	上海精函衡器有限公司	精函计价吊秤嵌入式软件 V1.0
2961	银联商务有限公司	银联商务全民付手机终端软件 V1.0
2962	银联商务有限公司	银联商务技术标准库管理软件 V1.0
2963	银联商务有限公司	银联商务钞箱动态密码锁管理平台软件 V1.0
2964	银联商务有限公司	银联商务清分软件 V1.0
2965	上海道仑软件有限公司	道仑 TOMIS 全面流程管理软件[简称：TOMIS]V1.0
2966	上海冠田机电设备有限公司	冠田 VS_MES_1300 可追溯控制软件 V1.0
2967	亚银(上海)信息技术有限公司	亚银备件管理软件 V1.0
2968	亚银(上海)信息技术有限公司	亚银财务报销系统管理软件 V1.0
2969	上海闻泰电子科技有限公司	WINGTECH F316 固定无线电话机软件 V1.0
2970	酷宝信息技术(上海)有限公司	酷宝虚拟物品自动交易软件 V1.0
2971	上海全景数字技术有限公司	全景互动电视用户收视信息收集软件 V2.0
2972	上海闻泰电子科技有限公司	WINGTECH G3621 手机软件 V1.0
2973	上海闻泰电子科技有限公司	WINGTECH S23056A1 手机软件 V1.0
2974	上海全景数字技术有限公司	全景数字机顶盒切换播放音频软件 V1.0
2975	上海全景数字技术有限公司	全景机顶盒智能升级软件 V2.0
2976	上海全景数字技术有限公司	全景酒店数字多媒体互动信息平台软件 V1.0
2977	上海闻泰电子科技有限公司	WINGTECH 3621L 手机软件 V1.0
2978	上海天域时捷软件工程有限公司	天域智能企业备份服务软件 V1.0
2979	上海闻泰电子科技有限公司	WINGTECH F361 手机软件 V1.0
2980	上海全景数字技术有限公司	全景医院多媒体发布及叫号软件 V2.0
2981	上海全景数字技术有限公司	全景 DVS-7016 视频编码器软件 V1.1.4
2982	上海闻泰电子科技有限公司	WINGTECH92160A 手机软件 V1.0
2983	上海闻泰电子科技有限公司	WINGTECH G92159A1 手机软件 V1.0
2984	上海全景数字技术有限公司	全景 IPC-5102-B-NL-D-R3 红外防暴半球软件 V2.1.4
2985	上海全景数字技术有限公司	全景 IPC-5200H109-D-FR3 红外 720P 防暴一体枪机软件 V0.6.0
2986	上海阿尔卡特网络支援系统有限公司	“上海阿尔卡特网络”IPTV 标准化业务管理软件[简称：IPTV 标准化业务管理软件]V2.8
2987	上海阿尔卡特网络支援系统有限公司	“上海阿尔卡特网络”QoS 服务质量分析平台软件[简称：QoS 服务质量分析]V2.0

续 表

序号	企业名称	产品名称
2988	上海阿尔卡特网络支援系统有限公司	“上海阿尔卡特网络”安防集中监控平台软件[简称：安防集中监控平台软件]V1.0
2989	上海阿尔卡特网络支援系统有限公司	“上海阿尔卡特网络”多屏播放软件[简称：多屏播放软件]V1.0
2990	上海童格电子科技有限公司	TOG多媒体公共广播语音应用软件V2.0
2991	上海铼钠克数控科技有限公司	铼钠克G-SPEED16轴通用数控软件V1.0
2992	上海汇和信息技术有限公司	汇和课程资源教学软件V1.1
2993	视方信息科技(上海)有限公司	视方信息发布软件V1.0
2994	上海品源软件技术有限公司	品源节能控制终端软件V1.0
2995	上海鼎茂兴自动化技术有限公司	射月工业设备管理控制软件[简称：SCADA]V7.0
2996	上海复旦网络信息工程有限公司	复旦网络用户信息传输装置管理软件V1.0
2997	上海东欣软件工程有限公司	东欣钢板堆场管理软件V1.0
2998	上海复旦网络信息工程有限公司	复旦网络城市消防远程监控信息管理软件V1.0
2999	上海复旦网络信息工程有限公司	复旦网络城市消防远程监控受理软件V1.0
3000	上海贝尔软件有限公司	贝尔IMS终端管理和业务发放平台软件[简称：IMS TMSD]V1.5.0
3001	上海山源电子电气科技发展有限公司	山源信息矿灯控制软件V1.0
3002	上海税友软件有限公司	税友电子发票自开票软件V1.0
3003	上海山源电子电气科技发展有限公司	山源信息矿灯调度通信软件V1.0
3004	端点信息技术(上海)有限公司	深渊3D游戏软件[简称：深渊]V2.0
3005	上海苑盛软件科技有限公司	苑盛信息矿灯调度通信软件V1.0
3006	上海苑盛软件科技有限公司	苑盛信息矿灯控制软件V1.0
3007	上海卓岱电子科技有限公司	卓岱无线数据采集传输模块软件[简称：ZD-2GDTU-FS1]V1.0.0
3008	上海格蒂电力科技股份有限公司	格蒂电力全员绩效考核信息管理软件V1.0
3009	上海海鼎信息工程股份有限公司	海鼎销售终端管理软件[简称：海鼎HDJPOS软件]V1
3010	上海东欣软件工程有限公司	东欣钢板条形码管理软件V1.0
3011	上海金牌软件开发有限公司	金牌企业进销存管理软件V1.0
3012	音赛科技(上海)有限公司	音赛射频系统测试软件V1.0
3013	上海东欣软件工程有限公司	东欣造船成本核算管理软件V4.0
3014	上海东欣软件工程有限公司	东欣造船舾装集配管理软件V4.0
3015	上海铼钠克信息技术有限公司	铼钠克ECON雕铣机数控软件V1.0
3016	上海华腾软件系统有限公司	TOP ORM操作风险管理软件[简称：TOP ORM]V1.0
3017	上海华腾软件系统有限公司	Top Callcenter呼叫中心软件[简称：Top Callcenter]V1.0
3018	上海尧铁信息科技有限公司	尧铁移动网络电子书发布软件V1.0

续 表

序号	企业名称	产品名称
3019	上海和为科技有限公司	和为CANBUS交换机控制软件[简称：交换机控制软件]V1.0
3020	上海三七玩网络科技有限公司	三七玩WEBGAME龙将软件V3.1
3021	上海和为科技有限公司	和为射频定位标识器控制软件[简称：卡片控制程序]V0.4
3022	上海三七玩网络科技有限公司	三七玩WEBGAME侠义水浒传软件V3.0
3023	上海维麦信息科技有限公司	维麦虚拟无盘图档管理软件[简称：图档管理软件]V1.0
3024	上海和为科技有限公司	和为射频信号接收机控制软件[简称：分析器控制软件]V3.3
3025	上海星汉信息技术有限公司	星汉AOS酒店宾馆管理软件V2.0
3026	上海力声特医学科技有限公司	力声特人工耳蜗调试软件[简称：MAP]V2.0
3027	上海力声特医学科技有限公司	力声特人工耳蜗调试软件[简称：Mapmanagement]V1.0
3028	上海西派埃自动化技术工程有限公司	西派埃风险管控信息系统应用软件V1.0
3029	上海西派埃自动化技术工程有限公司	西派埃水处理生产运行监测软件V3.0
3030	捷玛计算机信息技术(上海)有限公司	捷玛基于物联网的追溯管理软件V1.0
3031	上海维麦信息科技有限公司	维麦加密防护软件[简称：加密软件]V1.0
3032	上海协同科技股份有限公司	协同低压用户用电信息采集管理软件V1.0
3033	上海协同科技股份有限公司	协同电力大用户用电信息采集管理软件V1.0
3034	上海协同科技股份有限公司	协同电力需求侧管理平台软件V1.0
3035	上海协同科技股份有限公司	协同电力中小用户用电信息采集管理软件V1.0
3036	上海协同科技股份有限公司	协同电能监测仪软件V1.0
3037	上海柯斯软件有限公司	柯斯用于金融IC卡的JAVA COS项目软件V1.0
3038	上海游娱信息技术有限公司	游娱天使之战网页游戏软件V1.0
3039	普元信息技术股份有限公司	普元软件资产管理软件[简称：SAM]V6
3040	普元信息技术股份有限公司	普元服务状态监控软件[简称：SSM]V6
3041	上海动力储能电池系统工程技术有限公司	SPES电池组管理软件V1.0
3042	普元信息技术股份有限公司	普元BPM软件[简称：Primeton BPM]V7
3043	易保网络技术(上海)有限公司	易保产险销售平台软件V3.6
3044	上海承立智能科技有限公司	承立智能机械车库控制软件V4.0
3045	上海汇盛无线电专用科技有限公司	汇盛蓝宝石专用切割机控制软件V1.0
3046	上海远陆中频感应加热设备有限公司	远陆多功能中频控制软件V2.0
3047	易保网络技术(上海)有限公司	易保产险保单管理软件V3.6
3048	上海茂索机电设备有限公司	茂索数据采集控制软件V3.0
3049	易保网络技术(上海)有限公司	易保产险理赔业务软件V3.6
3050	上海胜日信息科技有限公司	胜日维享助手迷你版软件V1.0.26.1

续 表

序号	企业名称	产品名称
3051	易保网络技术(上海)有限公司	易保产险核心业务软件 V3.6
3052	上海新辉电器有限公司	新辉低压开关柜测控软件 V2.0
3053	上海克而瑞信息技术有限公司	CRIC 克而瑞 CRM 软件 V1.0
3054	上海庞哲微波设备有限公司	庞哲微波干燥机控制软件 V2.0
3055	上海中拓软件有限公司	中拓医院信息管理软件 V9.0
3056	上海克而瑞信息技术有限公司	CRIC 知识管理软件 V1.0
3057	上海柯斯软件有限公司	柯斯符合 SWP 协议规范的移动支付卡 OS 软件 V1.0
3058	上海华钟计算机软件开发有限公司	华钟 e 资金结算支持软件 V1.0
3059	上海柯斯软件有限公司	柯斯一代二代 USB-KEY 软件 V1.0
3060	上海克而瑞信息技术有限公司	CRIC 项目顾问软件 V1.0
3061	上海京珠科技发展工程有限公司	京珠科技物业管理软件 V1.0
3062	上海我要网络发展有限公司	我要大型游戏运营平台软件 V1.0
3063	纳秒通信技术(上海)有限公司	纳秒时钟测控软件 V3.0
3064	上海创志实业有限公司	创志自动化生产线系统控制软件 V3.0
3065	上海创志实业有限公司	创志机器人工作站控制软件 V2.0
3066	上海立思辰科技有限公司	立思辰文件保密大师管理软件 V1.0
3067	上海麦博文化传播有限公司	麦博俄罗斯方块(Tetris Deluxe)游戏软件[简称：Tetris Deluxe]V1.0
3068	上海京珠科技发展工程有限公司	京珠监视液晶控制软件 V6.0
3069	上海明杉信息科技有限公司	明杉 WMS 管理软件 V2.0
3070	上海雷诺尔信息技术有限公司	雷诺尔高压软起动器控制软件 V1.0
3071	上海德义机电有限公司	德义汽车制动器检漏测试自动控制软件 V3.0
3072	上海花派信息科技有限公司	花派移动调研问卷软件[简称：调研客]V1.0
3073	上海益盟软件技术股份有限公司	益盟操盘手 L2 资金雷达分析软件 V1.0
3074	上海久科信息技术有限公司	久科微信呼叫中心平台软件[简称：WCC]V2.0
3075	上海益盟软件技术股份有限公司	益盟操盘手主力版证券投资决策软件 V1.0
3076	上海威瑟科技有限公司	威瑟家居商城系统应用软件[简称：家居商城]V1.0
3077	上海浪沙商业软件有限公司	RUNSA 营销管理软件 V2.0
3078	上海巨石铁道科技发展有限公司	巨石机车安全运行音视频远程监控软件 V1.0
3079	上海感晟信息科技有限公司	感晟 InfesonDDS 血液透析管理软件[简称：InfesonDDS 血液透析管理软件]V2.0
3080	上海威瑟科技有限公司	威瑟手机商城系统应用软件[简称：手机商城]V1.0
3081	上海威瑟科技有限公司	威瑟积分换购系统应用软件[简称：积分换购]V1.0
3082	上海明中软件科技有限公司	明中多媒体液晶驱动软件 V1.3
3083	上海威瑟科技有限公司	威瑟快递面单打印系统应用软件[简称：威瑟面单打印系统]V1.0.0

续 表

序号	企业名称	产品名称
3084	快钱支付清算信息有限公司	快钱网上支付系统应用软件 V1.0
3085	快钱支付清算信息有限公司	快钱风险控制系统应用软件 V1.0
3086	快钱支付清算信息有限公司	快钱网银跨行通系统应用软件 V1.0
3087	快钱支付清算信息有限公司	快钱信用卡跨行还款系统应用软件 V1.0
3088	上海龙软信息技术有限公司	龙软程序化交易监控工具软件[简称：SystemMonitor] V1.0
3089	快钱支付清算信息有限公司	快钱电子付款系统应用软件 V1.0
3090	神州数码通用软件(上海)有限公司	神州数码 iSMART 商业智能平台软件[简称：iSMART] V1.0
3091	神州数码通用软件(上海)有限公司	神州数码统一身份管理平台软件[简称：统一身份管理平台]V1.0
3092	上海龙软信息技术有限公司	龙软股票投资风险控制软件[简称：PL Screen]V2.1
3093	美轮美信息科技(上海)有限公司	美轮美征迁安置多业务协同软件 V2.2
3094	神州数码通用软件(上海)有限公司	神州数码移动 4G 板卡流量监控软件[简称：Monitor] V1.0
3095	神州数码通用软件(上海)有限公司	神州数码移动 4G 终端设备协议测试软件[简称：SMT] V1.0
3096	上海乐彦信息科技有限公司	乐彦 EFlow 工作流管理平台软件 V1.0
3097	上海紫通信息科技有限公司	紫通配网自动化终端监控软件 V2.0
3098	上海梦擎信息科技有限公司	梦擎云导航软件 V1.0
3099	上海紫通信息科技有限公司	紫通配网自动化检测仪软件 V2.0
3100	上海颠视数码科技有限公司	颠视手机三国游戏软件 V1.0
3101	上海和国信息科技有限公司	和国实验室管理软件[简称：LIMS]V3.0
3102	胜科金仕达数据系统(中国)有限公司	金仕达实物金销售管理软件[简称：实物金系统]V1.0
3103	胜科金仕达数据系统(中国)有限公司	金仕达 KSBZ 架构软件[简称：KSBZ 架构软件]V2.5
3104	上海玖维网络科技有限公司	玖维计算机远程管理软件 V1.0
3105	上海玖维网络科技有限公司	玖维网络行为安全审计系统管理软件 V1.0
3106	上海铀力电气有限公司	铀力电气有源滤波器控制软件 V1.0
3107	博朗软件开发(上海)有限公司	博朗缺陷跟踪软件[简称：Hydra Defect]V1.0
3108	胜科金仕达数据系统(中国)有限公司	金仕达场外柜台交易软件[简称：场外柜台交易系统] V1.0
3109	博朗软件开发(上海)有限公司	博朗同行评审软件[简称：Hydra PeerReview]V1.0
3110	上海怡海软件技术有限公司	怡海客户关系管理软件 V1.0
3111	上海新赛达信息技术有限公司	新赛达小企业办公助手软件 V1.0
3112	乐线软件开发(上海)有限公司	乐线大当家游戏软件 V1.0
3113	上海携恒物流技术有限公司	携恒车辆物流过程数据共享软件 V1.0
3114	延锋伟世通电子科技(上海)有限公司	延锋伟世通 D015 空调控制软件 V1.0

续 表

序号	企业名称	产品名称
3115	延锋伟世通电子科技(上海)有限公司	延锋伟世通 FE-3 空调控制软件 V1.0
3116	延锋伟世通电子科技(上海)有限公司	延锋伟世通 AVB 音响控制软件 V1.0
3117	延锋伟世通电子科技(上海)有限公司	延锋伟世通 T-BOX 控制软件 V1.0
3118	普华基础软件股份有限公司	普华 IAAS 平台软件[简称:普华 IAAS 平台]V1.0
3119	上海博通安全设备有限公司	博通应急通讯指挥系统平台软件 V1.0
3120	上海建文软件有限公司	建文工程项目管理软件 V8.0
3121	上海澳润信息科技有限公司	澳润星 EOC 智能网络监管软件 V1.0.0
3122	上海浩坤软件技术有限公司	浩坤变频调速控制软件 V3.0
3123	赛瓦软件(上海)有限公司	TWaver HTML5 图形界面组件软件 V1.0
3124	上海万申信息产业股份有限公司	万申数据中心运行环境分析软件 V1.0
3125	万达信息股份有限公司	万达社会安全应急管理系统应用软件 V4.0
3126	万达信息股份有限公司	万达事故灾难应急管理系统应用软件 V4.0
3127	上海英夫泰尔克软件开发有限公司	英夫泰尔克 CVS 综合管理软件 V1.0
3128	上海宝信软件股份有限公司	宝信高炉自动化控制软件[简称:AutoBF]V1.0
3129	万达信息股份有限公司	万达自然灾害应急管理系统应用软件 V4.0
3130	万达信息股份有限公司	万达基于电子病历的医院信息平台软件 V1.0
3131	上海大唐移动通信设备有限公司	大唐移动基于智能终端的网络测试优化系统应用软件[简称:SPAN MiniOutum]V1.0
3132	上海海高通信发展有限公司	海高海量数据存储云平台软件 V1.0
3133	上海浪沙软件有限公司	RUNSA 考勤管理软件 V1.0
3134	上海浪沙商业软件有限公司	RUNSA 店务管理软件 V1.0
3135	上海大唐移动通信设备有限公司	大唐移动全制式专业测试终端软件[简称:L1]V1.0
3136	上海大唐移动通信设备有限公司	大唐移动 LTE 无线网格规划软件[简称:NPS]V3.0
3137	上海大唐移动通信设备有限公司	大唐移动信令监测软件[简称:EXPT Morpho]V4.0
3138	上海高欣计算机系统有限公司	高欣音速启动桌面管理软件[简称:VStart]V5.1
3139	上海万聚电子科技有限公司	万聚 01 型网络检测修复软件[简称:WJ01 型网络检测修复软件]V2.1
3140	上海东方通泰软件科技有限公司	东方通接入服务器软件[简称:TongWTP ConnServer]V4.0.1
3141	上海昊轩电子科技有限公司	昊轩数字语音视屏软件 V2.1
3142	上海点悦信息科技有限公司	点悦信息洛莉联盟游戏软件 V1.0
3143	上海东方通泰软件科技有限公司	东方通文件服务器软件[简称:TongWTP FileServer]V4.0.1
3144	上海东方通泰软件科技有限公司	东方通传输管理中心软件[简称:TongWTP TransManager]V4.0.1
3145	上海瀚讯无线技术有限公司	瀚讯 MiWAVE 网络管理系统告警管理软件 V1.0
3146	上海虹泽信息科技有限公司	虹泽海量图像文档存储管理软件 V1.0

续　表

序号	企业名称	产品名称
3147	上海三旗通信科技股份有限公司	三旗通信 WM90 软件 V1.0
3148	国龙信息技术(上海)有限公司	国龙信息 AT773 手机软件 V1.0
3149	上海骏梦网络科技有限公司	骏梦指上谈兵手机游戏软件[简称：指上谈兵]V1.0
3150	上海瀚讯无线技术有限公司	瀚讯 MiWAVE 网络管理系统配置管理软件 V1.0
3151	上海骏梦网络科技有限公司	骏梦狂霸天下网页游戏软件[简称：狂霸天下]V1.0
3152	上海骏梦网络科技有限公司	骏梦小小阿狸 2 SNS 网页社区游戏软件[简称：小小阿狸 2]V1.0
3153	上海厚藤文化传播有限公司	厚藤文化非物质文化遗产智能申报软件 V1.0
3154	上海瀚讯无线技术有限公司	瀚讯 MiWAVE 网络管理系统拓扑管理软件 V1.0
3155	上海骏业网络科技有限公司	骏业秦时明月 Mobile 手机游戏软件[简称：秦时明月 Mobile]V1.0
3156	上海成思信息科技有限公司	成思内容分发管理软件 V1.0
3157	上海锦宜仪器有限公司	锦宜气体探测器控制软件 V2.0
3158	上海新致软件有限公司	新致网上报账管理软件 V1.0
3159	上海新致软件有限公司	新致全面预算管理软件 V1.0
3160	上海新致软件有限公司	新致医院移动信息平台软件 V1.2
3161	国龙信息技术(上海)有限公司	国龙信息 AW510A 手机软件 V1.0
3162	运筹信息科技(上海)有限公司	运筹数据 1 号精准挖掘引擎(SSB)软件[简称：数据 1 号]V4.0
3163	国龙信息技术(上海)有限公司	国龙信息 AW512 手机软件 V1.0
3164	国龙信息技术(上海)有限公司	国龙信息 AW980DW 手机软件 V1.0
3165	龙旗科技(上海)有限公司	龙旗科技 S240B 手机软件 V1.0
3166	上海创宏信息技术有限公司	创宏个性化教育测评平台软件 V1.0
3167	龙旗科技(上海)有限公司	龙旗科技 Z116E 手机软件 V1.0
3168	上海中信信息发展股份有限公司	中信 wotalk 即时通信协作平台软件 V2.0
3169	龙旗科技(上海)有限公司	龙旗科技 Z550B 手机软件 V1.0
3170	上海新浪乐居信息科技有限公司	乐居电商分润立项软件 V1.0
3171	上海万物通物联网技术有限公司	万物通机构养老无线智能看护软件[简称：机构养老无线智能看护系统]V1.0
3172	上海新浪乐居信息科技有限公司	乐居图片存储应用软件 V1.1.5
3173	上海中信信息发展股份有限公司	中信企业文档管理云平台软件(综合版)V1.0
3174	上海新浪乐居信息科技有限公司	乐居电商运营成交统计手机版软件[简称：E 信通]V1.0
3175	上海中信信息发展股份有限公司	中信易捷监狱后勤保障管理系统应用软件 V1.0
3176	龙旗科技(上海)有限公司	龙旗科技 AE501 手机软件 V1.0
3177	上海房信信息技术有限公司	房信客户关系管理软件 V1.0
3178	龙旗科技(上海)有限公司	龙旗科技 AW70J 手机软件 V1.0

续 表

序号	企业名称	产品名称
3179	上海金档信息技术有限公司	中信系统管理平台软件 V4.0
3180	上海京珠科技发展工程有限公司	京珠建筑设备监控软件 V1.0
3181	上海精视信息技术有限责任公司	精视编解码控制软件 V1.1
3182	上海玖业信息技术有限公司	玖业整机管理软件[简称：整机管理系统]V2.0
3183	捷玛计算机信息技术(上海)有限公司	捷玛基于移动互联网的加盟店管理软件 V1.0
3184	上海网波软件有限公司	网波水资源管理软件 V1.0
3185	上海安捷睿达信息技术有限公司	安捷睿达商业卡运营管理软件 V1.3
3186	上海埃林哲软件系统有限公司	埃林哲医疗器械管理软件 V1.0
3187	上海埃林哲软件系统有限公司	埃林哲企业会员管理应用软件[简称：会员管理系统] V1.0
3188	上海埃林哲软件系统有限公司	埃林哲企业门店管理应用软件[简称：埃林哲门店管理系统]V1.0
3189	上海视云网络科技有限公司	视云视频采集录制应用软件 V1.0
3190	上海哲涛网络科技有限公司	哲涛 SUM 服务器集中监控与管理软件[简称：SUM] V3.6
3191	上海聚原电子科技有限公司	聚原 IC 卡会议签到、培训考核软件 V1.0
3192	上海力控元申信息技术有限公司	力控 HMI 监控组态软件 V1.0
3193	上海富友金融服务有限公司	富友自助业务交易处理软件 V1.01
3194	上海三旗通信科技股份有限公司	三旗通信 WM8131 软件 V1.0
3195	上海三旗通信科技股份有限公司	三旗通信 Web Pcsuit 软件 V1.0
3196	上海三旗通信科技股份有限公司	三旗通信 WM320 软件 V1.0
3197	上海三旗通信科技股份有限公司	三旗通信 WM340 软件 V1.0
3198	上海三旗通信科技股份有限公司	三旗通信 WM721W 软件 V1.0
3199	上海远恒信息技术有限公司	远恒灌溉系统信息化监控平台软件 V1.0.23
3200	上海博科资讯股份有限公司	博科 Yigo 协同 OA 管理软件 V1.0
3201	上海宝信软件股份有限公司	宝信仓库无线数传系统-手持端软件 V1.0
3202	上海二三四五网络科技股份有限公司	二三四五网络批量文件改名王软件[简称：二三四五网络批量文件改名王]V2.8
3203	上海宝信软件股份有限公司	宝信系统卫士软件 V1.0
3204	上海龙日软件技术有限公司	龙日信息化运维系统管理软件[简称：运维管理软件] V1.0
3205	上海克而瑞信息技术有限公司	CRIC 用户行为分析软件 V1.0
3206	上海商为电子商务有限公司	商为赢销宝店电子商务应用软件 V3.5
3207	鼎捷软件股份有限公司	鼎捷 POS 销售终端管理软件 V2.0
3208	腾讯科技(上海)有限公司	腾讯部落守卫战(PC 版)骨骼动画集成软件[简称：集成开发软件]V1.0
3209	上海宝信软件股份有限公司	宝信制造管理系统监控软件 V1.0

续 表

序号	企业名称	产品名称
3210	三洋信息系统(上海)有限公司	三洋场内名人工厂现场管理软件 V1.0.0.0
3211	上海数讯信息技术有限公司	数讯人事考评软件[简称：SDS HR TEST SYSTEM]V1.0
3212	上海数讯信息技术有限公司	数讯流媒体视频软件[简称：SDS MS]V1.0
3213	上海数讯信息技术有限公司	数讯视频监控管理平台软件[简称：SDS VMS]V1.0
3214	国龙信息技术(上海)有限公司	国龙信息 AW890A 手机软件 V1.0
3215	上海金仕达多媒体有限公司	金仕达数学五年级第二学期多媒体教学课件软件[简称：多媒体教学课件]V1.0
3216	腾讯科技(上海)有限公司	腾讯进击的女神游戏软件[简称：进击的女神]V1.01
3217	国龙信息技术(上海)有限公司	国龙信息 AT850A 手机软件 V1.0
3218	上海富友金融网络技术有限公司	富友合作方管理平台软件 V1.10
3219	腾讯科技(上海)有限公司	腾讯 TWatch 软件[简称：TWatch]V0.2
3220	龙旗科技(上海)有限公司	龙旗科技 AW640A 手机软件 V1.0
3221	龙旗科技(上海)有限公司	龙旗科技 AW885A 手机软件 V1.0
3222	上海浮罗物联网科技有限公司	浮罗智能仪表操作系统应用软件 V2.0
3223	中投视讯文化传媒(上海)有限公司	中投视讯手机视频 wap 软件 V1.0
3224	龙旗科技(上海)有限公司	龙旗科技 AW700A 手机软件 V1.0
3225	龙旗科技(上海)有限公司	龙旗科技 M120A 手机软件 V1.0
3226	龙旗科技(上海)有限公司	龙旗科技 P3200A 手机软件 V1.0
3227	上海万达信息系统有限公司	万达社区维稳管理应用软件 V1.0
3228	上海蓝丰信息科技有限公司	蓝丰建设工程扬尘在线监控平台应用软件 V1.0
3229	上海蓝丰信息科技有限公司	蓝丰建设工程扬尘监测系统运维管理软件 V1.0
3230	上海捷奥信息科技有限公司	捷奥合同管理平台软件[简称：捷奥合同管理系统]V1.0
3231	上海起维信息科技有限公司	起维企业级搜索引擎软件 V1.0
3232	上海捷奥信息科技有限公司	捷奥可变数据处理软件[简称：捷奥可变数据处理]V1.0
3233	上海捷奥信息科技有限公司	捷奥银行账户管理平台软件 V1.0
3234	上海起维信息科技有限公司	起维云数据存取平台软件 V1.0
3235	上海唯捷创芯电子技术有限公司	唯捷创芯射频 PA 测试软件 V1.0
3236	上海捷奥软件有限公司	捷奥档案管理平台软件[简称：捷奥档案管理软件]V1.0
3237	上海捷奥软件有限公司	捷奥银行业务运营管理平台软件[简称：捷奥银行运管平台软件]V1.0
3238	上海爱韦讯信息技术有限公司	爱韦讯 ASIDE 软件[简称 ASIDE]V2.5
3239	上海全成通信技术有限公司	全成网站运营分析平台软件 V1.0
3240	上海恒绿信息技术有限公司	恒绿建筑分析软件[简称：恒绿]V1.0
3241	上海淘米网络科技有限公司	淘米赛尔号Ⅱ基础游戏软件 V1.0

续 表

序号	企业名称	产品名称
3242	上海利百电子科技有限公司	利百 WTZJ－IIB 小型化机车综合无线通信设备软件 V2.1
3243	腾讯科技(上海)有限公司	腾讯基于移动终端全区全服弱交互类游戏服务器构架软件[简称：移动终端游戏服务器架构软件]V1.0
3244	上海亚太计算机信息系统有限公司	亚太加油卡查询统计分析决策软件 V1.0
3245	上海飞田通信股份有限公司	飞田出租车 GPS 双向互动式智能召车软件[简称：手机召车]V1.0
3246	上海飞田通信股份有限公司	飞田信息管理软件 V1.0
3247	上海心动企业发展有限公司	心动开天辟地 2 网页游戏软件 V1.0
3248	联芯科技有限公司	联芯科技 TD－LTE/TD－SCDMA 终端 Android 智能平台软件[简称：NOVA]V2.0
3249	上海全成通信技术有限公司	全成手机视频运营分析平台软件 V1.0
3250	上海全成通信技术有限公司	全成两级运营可视化管理平台软件 V1.0
3251	万达信息股份有限公司	万达 IT 综合管理平台软件 V3.0
3252	上海德思普微电子技术有限公司	德思普多功能集群通信基站软件 V1.0
3253	上海德思普微电子技术有限公司	德思普多功能集群通信终端软件 V1.0
3254	联芯科技有限公司	联芯科技 TD－LTE 客户端软件[简称：iSurf]V1.0
3255	上海臻源电力电子有限公司	臻源电能质量控制软件 V1.0
3256	联芯科技有限公司	联芯科技 TD－LTE/TD－SCDMA 终端基带芯片嵌入式软件 V2.0
3257	万达信息股份有限公司	万达应用监控平台软件 V3.0
3258	上海银商资讯有限公司	银商资讯会员卡软件[简称：会员卡系统]V2.0
3259	上海瑞原信息技术有限公司	瑞原 IBS 业务综合监控告警软件 V1.0
3260	上海奥特博格汽车工程有限公司	奥特博格机器人基于激光传感器自动搜索定位应用软件 V2.0
3261	上海奥特博格汽车工程有限公司	奥特博格机器人柔性自动化车身生产应用软件 V2.0
3262	上海望友信息科技有限公司	Vayo－PanaPT Accelerator 软件 V3
3263	上海望友信息科技有限公司	Vayo－SiPro Accelerator 软件 V3
3264	上海霍莱沃电子系统技术有限公司	Hollywell 有源阻抗测试软件 V3.0
3265	上海新帕信息科技有限公司	新帕移动通信基站路测软件 V1.0
3266	上海联影医疗科技有限公司	联影远程会诊软件 V1.0
3267	上海龙奕实业有限公司	Heal Force Lark A8 医用吊塔嵌入式软件 V1.0
3268	上海太联信息科技有限公司	太联 Talink 猎头招聘管理软件 V1.0
3269	联芯科技有限公司	联芯科技 GSM/GPRS/EDGE/TD－SCDMA/TD－LTE 终端基带嵌入式软件 V2.0
3270	联芯科技有限公司	联芯科技 TD－SCDMA 终端调试软件 V1.0
3271	联芯科技有限公司	联芯科技 TD－SCDMA 无线模块嵌入式软件[简称：Meco]V5.0
3272	联芯科技有限公司	联芯科技无线路由器软件 V2.0

续 表

序号	企业名称	产品名称
3273	腾讯科技(上海)有限公司	腾讯智能机器人自动化测试平台软件[简称：ETRobot]V1.0
3274	霍尼韦尔综合科技(中国)有限公司	霍尼韦尔 HUS-D4 四通道解码器软件 V4.2
3275	霍尼韦尔综合科技(中国)有限公司	霍尼韦尔数字安防集成平台 HUS 软件 V4.2
3276	霍尼韦尔综合科技(中国)有限公司	霍尼韦尔 NetAXS123 门禁控制器软件 V5.0.16
3277	霍尼韦尔综合科技(中国)有限公司	霍尼韦尔视频矩阵图形控制软件 V3.10
3278	上海优达软件技术有限公司	优达 WIN7 版消防控制室图形显示装置软件[简称：WIN7 版 CRT 软件]V1.0
3279	霍尼韦尔综合科技(中国)有限公司	霍尼韦尔视频矩阵网络配置管理工具软件 V4.10
3280	上海孚源自动化设备有限公司	孚源 CCD 条码检测软件 V1.0
3281	霍尼韦尔综合科技(中国)有限公司	霍尼韦尔 32 通道网络视频录像机软件 V1.0
3282	霍尼韦尔综合科技(中国)有限公司	霍尼韦尔智能插座软件 V1.0
3283	霍尼韦尔综合科技(中国)有限公司	霍尼韦尔 10 寸楼宇对讲主机软件 V1.0
3284	霍尼韦尔综合科技(中国)有限公司	霍尼韦尔长距激光扫描引擎 N7300 控制软件 V1.0
3285	霍尼韦尔综合科技(中国)有限公司	霍尼韦尔 CPO 冷机站先进控制软件 V2.0
3286	霍尼韦尔综合科技(中国)有限公司	霍尼韦尔 PlantCruise IO 接口模块控制软件 V1.0
3287	霍尼韦尔综合科技(中国)有限公司	霍尼韦尔 PlantCruise 组态工具软件 V1.0
3288	霍尼韦尔综合科技(中国)有限公司	霍尼韦尔 RTU2020 嵌入式软件 V1.0
3289	霍尼韦尔综合科技(中国)有限公司	霍尼韦尔 RTU2020 组态及配置工具软件 V1.0
3290	霍尼韦尔综合科技(中国)有限公司	霍尼韦尔 SmartBuilder 配置工具软件 V1.0
3291	霍尼韦尔综合科技(中国)有限公司	霍尼韦尔先进油库管理系统 ATMS 软件 V2.0
3292	霍尼韦尔综合科技(中国)有限公司	霍尼韦尔 eBus 班车管理软件 V1.0
3293	上海名传信息技术有限公司	名传千里马无线端直通车优化软件[简称：千里马]V1.0
3294	上海真之骏信息技术咨询有限公司	真之骏一站式医疗救助软件 V1.0
3295	上海宝信软件股份有限公司	宝信热轧精轧设定模型软件[简称：FMSet_HR]V1.0
3296	上海宝信软件股份有限公司	宝信热轧过程控制电文模拟助手软件[简称：TA_HR]V1.0
3297	上海宝信软件股份有限公司	宝信能源管理系统模板软件[简称：iEMSt]V1.0
3298	上海万校信息科技有限公司	万校"微课之星"微课制作软件 V3.0
3299	上海华东汽车信息技术有限公司	华东汽电 ETS 流程配置工具软件 V1.0
3300	上海百胜软件有限公司	百胜 E3 电子商务套件软件 V3.0
3301	上海华东汽车信息技术有限公司	华东汽电 ETS 流程执行工具软件 V1.0
3302	上海付费通信息服务有限公司	付费通对账平台软件[简称：对账平台软件]V1.0
3303	上海华东汽车信息技术有限公司	华东汽电电控单元刷新工具软件 V1.0
3304	上海付费通信息服务有限公司	付费通邮件平台软件[简称：邮件平台软件]V1.0

续 表

序号	企业名称	产品名称
3305	上海百胜软件有限公司	百胜 BAP 应用平台软件 V1.0
3306	上海百胜软件有限公司	百胜 BStyle 智慧商务平台软件 V2.0
3307	睿又扬信息科技(上海)有限公司	睿又扬 Vitals 评审质量管理软件[简称：评审质量管理软件]V3.0
3308	上海华东汽车信息技术有限公司	华东汽电电控单元诊断自动化测试工具软件 V1.0
3309	腾讯科技(上海)有限公司	腾讯 Bee 大数据分析平台软件[简称：Bee]V1.0.0
3310	上海众恒信息产业股份有限公司	众恒工作流引擎软件 V1.0
3311	上海华东汽车信息技术有限公司	华东汽电电控单元刷新配置工具软件 V1.0
3312	上海亿通国际股份有限公司	亿通国际海运订舱平台软件[简称：EBW2]V1.0.0
3313	上海百胜软件有限公司	百胜 eFAST 电子商务管理软件 V2.0
3314	上海亿通国际股份有限公司	亿通国际企业供应链协同软件[简称：SCM]V1.0.0
3315	上海百胜翼商网络科技有限公司	翼商 SQ365 营销管理软件 V1.0
3316	上海亿通国际股份有限公司	亿通国际在线服务平台软件[简称：在线服务平台]V1.0.0
3317	上海晓时智能技术有限公司	晓时 SCAN211 电梯外呼单元控制软件 V1.0
3318	上海晓时智能技术有限公司	晓时 SCAN112 电梯轿内单元控制软件 V1.0
3319	上海道澄信息技术有限公司	道澄猎头招聘管理软件 V1.0
3320	上海铭创软件技术有限公司	铭创极速交易平台软件 V8.0
3321	上海风格软件有限公司	风格音视频转码软件 V1.0
3322	上海铭创软件技术有限公司	铭创联合风控管理软件[简称：铭创联合风控软件]V1.0
3323	上海风格软件有限公司	风格广播电台安播监管软件 V2.0.0
3324	上海风格软件有限公司	风格广播电视网络化数字录音设备嵌入式软件 V1.1.3.115
3325	上海觉游电子科技有限公司	觉游电子 JYRBEN 无线宽带通讯网软件[简称：JYRBEN]V1.0
3326	上海华测导航技术有限公司	华测点云处理软件 V1.0
3327	腾讯科技(上海)有限公司	腾讯 QQ 商铺软件[简称：QQ 商铺]V1.8.2
3328	宝付网络科技(上海)有限公司	宝付内卡支付网关软件 V2.0
3329	上海华测导航技术有限公司	华测定位定姿解算嵌入式软件 V1.0
3330	上海汉翔信息技术有限公司	汉翔触宝(Touchpal)输入法应用软件[简称：触宝输入法]V4.7
3331	上海华测导航技术有限公司	华测云图位置在线系统_CS 软件 V2.0
3332	上海华测导航技术有限公司	华测云图位置在线系统_BS 软件 V2.0
3333	上海华测导航技术有限公司	华测云图数据处理软件 V2.0
3334	上海华测导航技术有限公司	华测云图数据采集软件 V2.0
3335	上海华穗电子科技有限公司	华穗 ioLogger 数据记录软件[简称：ioLogger]V1.0

续 表

序号	企业名称	产品名称
3336	上海享护信息科技有限公司	享护居家安全感知软件[简称：XIANGHU HSM]V1.0
3337	上海双致信息科技有限公司	双致考勤信息系统管理软件[简称：考勤系统]V1.0
3338	上海同振信息技术有限公司	同振电子商务软件 V1.0
3339	上海瑞彩通视讯科技有限公司	瑞彩通 IPTV 高清版电视投注应用软件[简称：瑞彩通 IPTV 高清投注软件]V1.0
3340	世界图书出版上海有限公司	世界图书专业数字出版平台内容发布软件[简称：WPCSH - PBP]V1.0
3341	锐珂(上海)医疗器材有限公司	锐珂放射科信息管理系统应用软件[简称：CARESTREAM RIS GC]V3.0
3342	上海安硕信息技术股份有限公司	安硕风险加权资产计量软件 V1.0
3343	上海勤和互联网技术软件开发有限公司	勤和 iSpeak 游戏大厅软件 V1.0
3344	上海勤和互联网技术软件开发有限公司	勤和 iSpeak 公会管理软件 V1.0
3345	上海勤和互联网技术软件开发有限公司	勤和 iSpeak 钱包软件 V1.0
3346	上海惠生通讯技术有限公司	惠生通讯无线业务用户感知分析软件 V1.0
3347	上海惠生通讯技术有限公司	惠生通讯大数据处理系统中间件软件 V1.0
3348	欧唯特信息系统(上海)有限公司	欧唯特项目管理应用软件 V1.0
3349	上海枫享网络科技有限公司	枫享题库管理及评测应用软件 V1.0
3350	上海亚太计算机信息系统有限公司	亚太汽车制造过程质量 ANDON 软件 V3.1
3351	上海旋思科技有限公司	旋思实时历史数据库软件 V2.1
3352	上海晟励智能科技有限公司	晟励分控安防集成联动平台软件 V1.0
3353	上海同振信息技术有限公司	同振 CRM 管理与分析软件 V1.0
3354	华院数据技术(上海)有限公司	华院数据应用集成开发环境(IDE)软件 V1.0
3355	华院数据技术(上海)有限公司	华院数据应用内容管理软件 V1.0
3356	上海心动企业发展有限公司	心动别惹地球手机游戏软件(iOS 版)V1.0
3357	上海宝信数字技术有限公司	宝信高炉智能操炉软件 V1.0
3358	上海心动企业发展有限公司	心动盛世三国游戏软件 V2.0
3359	上海心动企业发展有限公司	心动天地英雄网页游戏软件 V2.0
3360	华院数据技术(上海)有限公司	华院数据智能数字电视内容和栏目价值分析软件 V1.0
3361	杉德银卡通信息服务有限公司	杉德商户服务平台对账软件 V1.0
3362	华院数据技术(上海)有限公司	华院数据开发者自服务平台软件 V1.0
3363	霍尼韦尔综合科技(中国)有限公司	霍尼韦尔 ECC 产品 QMS 报价管理软件[简称：QMS]V2.0
3364	上海树维信息科技有限公司	树维实时通讯中间件软件[简称：实时通讯中间件软件]V4.0
3365	霍尼韦尔综合科技(中国)有限公司	霍尼韦尔 Pricebook 报价管理软件 V1.0
3366	上海树维信息科技有限公司	树维学生综合管理软件[简称：学生综合管理软件]V1.0

续 表

序号	企业名称	产品名称
3367	上海树维信息科技有限公司	树维校园生活服务平台软件[简称：校园生活服务平台软件]V1.0
3368	上海树维信息科技有限公司	树维基础平台监控和预警中心软件[简称：基础平台监控和预警中心软件]V1.0
3369	上海树维信息科技有限公司	树维一卡通应用集群软件[简称：一卡通应用集群软件]V4.0
3370	上海树维信息科技有限公司	树维学生成长档案软件[简称：学生成长档案软件]V1.0
3371	上海树维信息科技有限公司	树维一卡通稽核系统管理软件[简称：一卡通稽核系统管理软件]V4.0
3372	上海树维信息科技有限公司	树维易支付平台软件[简称：易支付]V2.0
3373	霍尼韦尔综合科技(中国)有限公司	霍尼韦尔 Idea Center 创新点子中心软件 V1.0
3374	上海金仕达多媒体有限公司	金仕达数字化校园平台软件[简称：数字化校园平台软件]V1.0
3375	上海金仕达多媒体有限公司	金仕达一卡通系统管理软件[简称：一卡通系统管理软件]V2.0
3376	上海泽众软件科技有限公司	泽众 MobileRunner 移动测试软件 V1.0
3377	上海宏力达信息技术有限公司	宏力达运营管理 GIS 综合展示平台软件 V1.0
3378	上海比孚信息科技有限公司	比孚 E-learning 在线学习软件[简称：E-learning 软件]V1.0
3379	上海伉达软件技术有限公司	伉达 JB-3208BA 型火灾报警控制器软件[简称：BA 型控制器软件]V1.0
3380	上海天缘迪柯信息技术有限公司	天缘迪柯实时数据管理平台软件[简称：实时数据管理平台]V1.0
3381	赛瓦软件(上海)有限公司	TWaver 3D 图形界面软件 V1.0
3382	上海玉帛软件有限公司	玉帛智能配托配箱管理软件 V1.0
3383	上海飞雅信息技术有限公司	yunpos 烘焙业连锁经营管理软件[简称：烘焙大亨]V4.0
3384	普华基础软件股份有限公司	普华云计算运维管理软件 V1.0
3385	上海飞雅信息技术有限公司	yunpos 快餐业连锁经营管理软件[简称：快餐大亨]V4.0
3386	上海三盟软件有限公司	三盟商业地产运营管理软件 V1.0
3387	上海飞雅信息技术有限公司	yunpos 票券管理软件[简称：票券管理系统]V3.0
3388	上海亚太计算机信息系统有限公司	亚太自助式加油站交易软件 V1.0
3389	兆方美迪风能工程(上海)有限公司	兆方美迪光伏功率预测软件 V1.0
3390	上海优异科技有限公司	优异资产管理软件 V1.0
3391	上海联影医疗科技有限公司	联影远程医疗信息应用软件 V1.0
3392	上海振华重工电气有限公司	振华工业实时历史数据库 EZ Historian 软件[简称：EZ Historian]V1.0
3393	上海国体志成信息技术有限公司	国体彩票机检测软件 V1.0
3394	上海诺真自动化科技有限公司	诺真电机检测软件 V1.09

续 表

序号	企业名称	产品名称
3395	上海申朴信息技术有限公司	申朴保健品 B2C 电子商务软件 V1.0
3396	上海交大高新技术股份有限公司	Suats 交通信号控制系统应用软件 V3.52
3397	上海交大高新技术股份有限公司	Suats 交通控制系统操作终端软件 V2.1
3398	上海遥薇(集团)有限公司	遥薇客运站智能信息管理专家软件 V1.0
3399	上海龙智数码科技有限公司	Perforce 配置管理软件 V2013
3400	上海交大慧谷通用技术有限公司	慧谷法院电子档案管理软件[简称：电子档案管理] V1.0
3401	上海交大慧谷通用技术有限公司	慧谷法院公众服务平台软件[简称：公共服务平台] V1.0
3402	卓宝计算机技术(上海)有限公司	卓宝打印机图形处理软件[简称：PGPS]V1.0
3403	上海罗泰信息技术有限公司	罗泰第三方车辆物流运输监控软件[简称：LT TMS] V2.0
3404	上海汇纳网络信息科技有限公司	汇纳 IPVA-S0400 商业零售业客流数据分析平台软件 V1.0
3405	上海世衡信息科技有限公司	世衡智慧社区管理系统应用软件 V1.0
3406	百视通网络电视技术发展有限责任公司	百视通 IPTV 广告库存应用软件 V1.0
3407	百视通网络电视技术发展有限责任公司	百视通 IPTV 超级体育应用软件 V1.0
3408	银联国际有限公司	银联国际境外商户营销平台软件 V1.0
3409	上海商银资讯有限公司	商银资讯订单管理软件 V1.0
3410	上海商银资讯有限公司	商银资讯积分优惠软件 V1.0
3411	上海商银资讯有限公司	商银资讯盒贴箱贴分配软件 V1.0
3412	上海天悦实业发展有限公司	天悦森林屋空气净化控制软件 V1.0
3413	上海罗根医疗科技有限公司	罗根数字化手术室管理软件[简称：Rogan DOR]V2.0
3414	上海陆华光电科技有限公司	陆华空心胶囊检测软件 V1.0
3415	博朗软件开发(上海)有限公司	博朗项目进度报告软件[简称：Hydra PSR]V1.0
3416	上海圣桥信息科技有限公司	圣桥 StorFC 光纤存储管理软件[简称：StorFC]V1.0
3417	上海华建电力设备股份有限公司	华建模块化微机电动机保护监控软件 V5.2
3418	上海爱信诺航芯电子科技有限公司	爱信诺航芯数据加密软件 V1.0
3419	上海圣桥信息科技有限公司	圣桥 StorPFS 并行文件系统管理软件[简称：StorPFS] V1.0
3420	瑞庭网络技术(上海)有限公司	瑞庭爱房团购软件 V1.0
3421	上海仪电分析仪器有限公司	仪电分析仪器可见光谱应用软件[简称：可见光谱应用软件]V2.0
3422	上海圣桥信息科技有限公司	圣桥 Storbridge 海量存储管理软件[简称：Storbridge] V3.0
3423	上海宝信数字技术有限公司	宝信数字三维虚拟装配培训软件 V1.0
3424	万达信息股份有限公司	万达婚姻登记平台软件 V3.0

续 表

序号	企业名称	产品名称
3425	上海仪电分析仪器有限公司	仪电分析仪器气相色谱应用软件[简称：气相色谱应用软件]V2.0
3426	上海仪电分析仪器有限公司	仪电分析仪器紫外光谱应用软件[简称：紫外光谱应用软件]V2.0
3427	上海仪电分析仪器有限公司	仪电分析仪器荧光分光光度计应用软件 V2.0
3428	上海仪电分析仪器有限公司	仪电分析仪器原子吸收应用软件[简称：原子吸收应用软件]V2.0
3429	万达信息股份有限公司	万达居民经济状况核对平台软件 V3.0
3430	上海金蝶软件有限公司	金蝶多通路订单整合平台软件[简称：OMS]V1.0
3431	易保网络技术(上海)有限公司	易保人寿险销售平台软件 V3.6
3432	易保网络技术(上海)有限公司	易保人寿险保单管理软件 V3.6
3433	万达信息股份有限公司	万达救助平台软件 V3.0
3434	上海九慧信息科技有限公司	九慧 ERP360 度运营评估软件 V1.0
3435	上海形上软件科技有限公司	形上 IC 卡燃气表管理软件 V1.0
3436	易保网络技术(上海)有限公司	易保人寿险理赔软件 V3.6
3437	上海金蝶软件有限公司	金蝶时尚连锁管理软件 V1.0
3438	易保网络技术(上海)有限公司	易保人寿险产品工厂软件 V3.6
3439	易保网络技术(上海)有限公司	易保人寿险核心业务软件 V3.6
3440	上海形上软件科技有限公司	形上 IC 卡燃气表控制软件 V1.0
3441	上海形上软件科技有限公司	形上无线 IC 卡燃气表控制软件 V1.0
3442	易保网络技术(上海)有限公司	易保人寿险数据仓库和报表分析软件 V3.6
3443	上海形上软件科技有限公司	形上无线燃气表管理软件 V1.0
3444	上海形上软件科技有限公司	形上无线燃气表控制软件 V1.0
3445	易保网络技术(上海)有限公司	易保财产险数据仓库和报表分析软件 V3.6
3446	花旗软件技术服务(中国)有限公司	花旗第三方支付系统应用软件 V1.2
3447	上海逸动医学科技有限公司	逸动-弗诺膝关节三维运动分析软件 V1.0
3448	云络网络科技(上海)有限公司	云络电子邮件管理软件 V1.0
3449	上海贝尔软件有限公司	贝尔光网络管理软件[简称：1350 OMS]V2.0
3450	云络网络科技(上海)有限公司	云络 Zabbix 服务器分布式页面监控软件 V1.0
3451	沪东重机有限公司	HHM 船用柴油机合格供方管理软件 V1.0
3452	新保软件(上海)有限公司	新保市场营销管理平台软件 V1.0
3453	上海摩软通讯技术有限公司	摩软 A1600 手机挥控功能软件 V0.0.6
3454	上海新柚信息科技有限公司	新柚 XCycler 智能远程电源控制器嵌入式软件[简称：XCycler 嵌入式软件]V1.0
3455	上海宏力达信息技术有限公司	宏力达智能配变及低压电网管理软件 V1.0
3456	上海环思信息技术有限公司	环思牛仔布管理软件 V3.1

续 表

序号	企业名称	产品名称
3457	上海宏力达信息技术有限公司	宏力达智能用电互动服务平台软件 V1.0
3458	上海益效软件有限公司	RUNSA 连锁经营管理软件 V1.0
3459	上海安硕信息技术股份有限公司	安硕非零售客户评级软件 V1.0
3460	上海环思信息技术有限公司	环思色织管理软件 V5.1
3461	上海安硕信息技术股份有限公司	安硕通用担保池融资平台软件 V1.0
3462	银联国际有限公司	银联国际境外转接前置平台软件 V1.0
3463	上海安硕信息技术股份有限公司	安硕担保品管理平台软件 V1.0
3464	上海方正数字出版技术有限公司	橙云智印自助出书平台软件 V1.0
3465	上海美华系统有限公司	美华供应商资信管理软件 V1.0
3466	展唐通讯科技(上海)股份有限公司	展唐手机多功能键盘输入软件 V1.0
3467	上海环思信息技术有限公司	环思织染管理软件 V6.1
3468	展唐通讯科技(上海)股份有限公司	展唐手机一维二维码解码软件 V1.0
3469	银联国际有限公司	银联国际跨境汇款业务处理软件 V1.0
3470	展唐通讯科技(上海)股份有限公司	展唐手机应用加密软件 V1.0
3471	上海华电源信息技术有限公司	HDY 制冷系统设计与仿真分析软件[简称：HDY-SIMAC]V3.0
3472	展唐通讯科技(上海)股份有限公司	展唐 LTE MIFI Viewer 管理软件 V1.0
3473	上海环思信息技术有限公司	环思织造管理软件 V5.1
3474	银联国际有限公司	银联国际跨境缴费业务处理软件 V1.0
3475	上海亚太神通计算机有限公司	亚太神通社会保障市民卡信息管理软件 V1.0
3476	上海云奉通讯科技有限公司	云奉 LTE MIFI Web UI 管理软件 V1.0
3477	上海方正数字出版技术有限公司	橙云智印印刷管理平台软件 V1.0
3478	上海安硕信息技术股份有限公司	安硕汽车金融软件 V1.0
3479	上海环思信息技术有限公司	环思经编管理软件 V3.1
3480	上海安硕信息技术股份有限公司	安硕保理软件 V1.0
3481	上海安硕信息技术股份有限公司	安硕供应链金融平台软件 V2.0
3482	上海方正数字出版技术有限公司	橙云智印电子商务平台软件[简称：POD]V1.0
3483	上海摩软通讯技术有限公司	摩软 E610 手机应用软件 V8.0.6
3484	上海创功通讯技术有限公司	创功 AT720 人机交互手机软件 V1.0.0
3485	上海创功通讯技术有限公司	创功 AT850 手机通信软件 V6.0.0
3486	上海创功通讯技术有限公司	创功 AW829 手机 MMI 软件 V1.0.0
3487	上海启羿信息科技有限公司	启羿主数据管理平台软件 V2.0
3488	上海启羿信息科技有限公司	启羿销售管理平台软件 V3.0
3489	花旗软件技术服务(中国)有限公司	花旗集中式客户支持和项目管理平台软件 V1.0
3490	上海京美电脑机械有限公司	京美通用 CNC 控制器软件 V115.48

续 表

序号	企业名称	产品名称
3491	上海京美电脑机械有限公司	京美电火花放电机软件 V100.23
3492	上海京美电脑机械有限公司	京美慢走丝线割机软件 V420.5
3493	上海双击信息科技有限公司	双击科技外贸邮件搜索管理软件[简称：金蜘蛛(TradeSpider)]V1.0
3494	花旗软件技术服务(中国)有限公司	花旗全球证券信息集中管理及证券交易价格分析配置管理系统应用软件 V1.0
3495	上海双击信息科技有限公司	双击科技国际贸易商业智能服务平台软件[简称：GBI(Global Business Intelligence)]V1.0
3496	上海澳马信息技术服务有限公司	澳马客车校车数据管理系统应用软件 V1.0
3497	上海致物通信科技有限公司	致物通信写号软件 V1.0
3498	上海华电源信息技术有限公司	HDY-CCHP 分布式供能系统设计与仿真分析软件[简称：HDY-CCHP]V2.0
3499	上海帝奈思软件系统有限公司	帝奈思 DLP 大屏幕控制软件 V1.0
3500	上海颃迦网络科技有限公司	颃迦手机大航海软件 V1.0
3501	上海聚立信息技术有限公司	聚立移动内容平台软件 V1.0
3502	上海帝奈思软件系统有限公司	帝奈思安卓版 DLP 大屏幕控制软件 V1.0
3503	花旗软件技术服务(中国)有限公司	花旗数据服务平台监控系统应用软件 V1.0
3504	上海未来宽带技术股份有限公司	B-STAR 电视购物商城后台管理软件 V1.0
3505	上海未来宽带技术股份有限公司	B-STAR CMC 交换机网管软件 V2.1
3506	上海未来宽带技术股份有限公司	B-STAR 用于 Android 智能移动终端的探针多屏应用测试软件 V1.0
3507	上海帝奈思软件系统有限公司	帝奈思接口通信转换软件 V1.0
3508	上海申银万国证券研究所有限公司	申万云智能聊天机器人软件 V1.5
3509	上海申银万国证券研究所有限公司	申银万国 CRM(客户关系管理)软件 V4.0
3510	上海金蝶软件有限公司	金蝶 KIS 记账王云盘版软件 V9.2
3511	上海成生科技有限公司	成生海塘防汛抢险道路管理软件[简称：防汛抢险道路管理信息软件]V1.0
3512	上海申银万国证券研究所有限公司	申万研究报告审核流程管理软件 V1.0
3513	上海国响信息技术有限公司	国响面向智能探针设备的综合业务管理软件 V1.0
3514	上海申银万国证券研究所有限公司	申银万国短信发送平台软件 V1.0
3515	上海胜谷计算机信息技术有限公司	胜谷车间执行管理软件[简称：SE-MES]V2.0
3516	上海热线信息网络有限公司	“上海热线”自助建站软件 V1.0
3517	上海中研宏科软件有限公司	中研宏科惠农一卡通省级联网软件 V1.0
3518	上海中研宏科软件有限公司	中研宏科外网一点通惠农资金查询软件[简称：外网一点通]V1.0
3519	上海申银万国证券研究所有限公司	申银万国股价指数平台软件 V2.0
3520	上海热线信息网络有限公司	“上海热线”CMS 内容管理软件 V1.0
3521	上海申银万国证券研究所有限公司	申银万国海外财务预测与估值模型软件 V1.0

续 表

序号	企业名称	产品名称
3522	上海天正信息科技有限公司	天正事后监督软件 V1.0
3523	上海热线信息网络有限公司	热线搜索引擎软件 V1.0
3524	上海百仑生物科技有限公司	百仑生物过程控制软件 V3.1
3525	上海电信科技发展有限公司	STTD 企业客服软件 V1.0
3526	上海申银万国证券研究所有限公司	申银万国海外盈利预测软件 V3.0
3527	上海夏尔软件有限公司	夏尔自动编译服务器软件 V1.0
3528	上海申银万国证券研究所有限公司	申万研究手机移动办公平台软件 V1.5
3529	上海申银万国证券研究所有限公司	申银万国双数据源审核软件 V2.0
3530	上海申银万国证券研究所有限公司	申银万国海外报告模板软件 V1.0
3531	上海博阳精讯信息科技有限公司	博阳 EBPM 流程管理平台软件[简称：EBPM]V2.0
3532	上海安硕软件有限公司	安硕银行信贷与风险管理客户财务分析软件 V1.0
3533	上海浪劲信息技术有限公司	浪劲稳得分英语学习软件 V2.0
3534	上海恺英网络科技有限公司	恺英“圣杯之战”游戏软件[简称：圣杯传说]V1.0
3535	上海宏力达信息技术有限公司	宏力达电力工器具管理软件 V1.0
3536	上海华勤通讯技术有限公司	华勤 TD201 交互控制软件 V1.0
3537	上海文华财经资讯有限公司	文华期权行情软件 V6.7
3538	上海杰瀚信息技术有限公司	杰瀚高标清同步播出复用软件 V1.0
3539	上海御吉计算机软件开发有限公司	御吉综合档案信息管理软件 V1.0
3540	上海埃威航空电子有限公司	埃威 AIS 船舶动态监控系统应用软件 V1.0
3541	上海埃威航空电子有限公司	埃威船舶识别航行告警气象传真三合一综合接收处理软件 V1.0
3542	上海埃威航空电子有限公司	埃威无线电指向标-差分导航卫星系统播发站控制软件 V1.0
3543	上海强生科技有限公司	强生北斗—GPS 双模公交调度车载终端控制软件 V1.0
3544	上海强生科技有限公司	强生多路视频可视化监控终端控制软件 V1.0
3545	上海强生科技有限公司	强生公务车 GPS 监管系统平台软件 V1.0
3546	上海强生科技有限公司	强生新型出租汽车智能计价器控制软件 V1.0
3547	上海西派埃自动化技术工程有限公司	西派埃专业技能考务管理软件 V1.0
3548	华存数据信息技术有限公司	华存数据 cClient 华存云桌面软件 V2.1
3549	上海外高桥英得网络信息有限公司	英得亚太运营商查询管理软件 V1.0
3550	华存数据信息技术有限公司	华存数据 cStorage 华存云企业云盘软件 V2.1
3551	华存数据信息技术有限公司	华存数据 cResource 华存云资源管理软件 V2.1
3552	上海商鼎软件科技有限公司	商鼎高校教学基本状态数据库软件 V1.0
3553	上海外高桥英得网络信息有限公司	英得报刊采编管理软件 V1.0
3554	上海外高桥英得网络信息有限公司	英得保税港区招商管理软件 V1.0

续 表

序号	企业名称	产品名称
3555	上海沃克软件有限公司	沃克企业服务总线软件[简称：VRouter]V3.0
3556	上海三意电机驱动技术有限公司	三意洗衣机专用直流变频控制器嵌入式软件 V1.0
3557	沪东重机有限公司	HHM 因公出差管理软件 V1.0
3558	上海理想信息产业(集团)有限公司	理想"商务领航"翼勤通应用软件 V1.0
3559	沪东重机有限公司	HHM 船用柴油机技术资料审批管理软件 V1.0
3560	上海东方网股份有限公司	东方网新媒体集成发布软件 V1.0
3561	沪东重机有限公司	HHM 船用柴油机计量委报告管理软件 V1.0
3562	沪东重机有限公司	HHM 船用柴油机市场营销管理软件 V1.0
3563	上海东方网股份有限公司	东方网网达内容管理软件 V5.8
3564	沪东重机有限公司	HHM 船用柴油机总装关键设备资源能力仿真软件 V1.0
3565	上海汉立信息技术有限公司	汉立医疗安全(不良)事件管理软件 V3.0
3566	沪东重机有限公司	HHM 安全信息管理软件 V1.0
3567	上海理想信息产业(集团)有限公司	理想电子政务云平台管理软件 V1.0
3568	上海微创软件股份有限公司	微创教育云基础平台软件 V4.0
3569	上海联影医疗科技有限公司	联影医学影像浏览软件 V1.0
3570	上海微创软件股份有限公司	微创校园云平台软件 V3.0
3571	上海外高桥英得网络信息有限公司	英得高端消费品海关监管管理软件 V1.0
3572	上海外高桥英得网络信息有限公司	英得集团采购 WEB 软件 V1.0
3573	上海联影医疗科技有限公司	联影医学影像存储与通讯软件 V1.0
3574	华存数据信息技术有限公司	华存数据 ICCS－T 云终端访问协议软件 V1.0
3575	上海理想信息产业(集团)有限公司	理想精准用户云视图软件 V2.0
3576	龙尚科技(上海)有限公司	龙尚科技 android 智能机器 SOS 功能软件 V1.0
3577	华存数据信息技术有限公司	华存 ICCS－W 云服务门户软件 V2.0
3578	上海测联信息技术有限公司	测联微社区软件 V1.0
3579	上海理想信息产业(集团)有限公司	理想智慧翼通行业应用软件 V1.0
3580	上海创程车联网络科技有限公司	创程智慧校车远程监控管理软件 V1.0
3581	华存数据信息技术有限公司	华存数据 ICCS－F 分布式存储软件 V2.0
3582	乐线软件开发(上海)有限公司	乐线安全中心软件 V1.0
3583	华存数据信息技术有限公司	华存数据 ICCS－H 服务器虚拟化软件 V1.0
3584	华存数据信息技术有限公司	华存数据 ICCS－P Manager 云计算资源管理软件 V2.2
3585	华存数据信息技术有限公司	华存数据 ICCS－P 集成化云计算系统平台软件 V1.0
3586	上海致物通信科技有限公司	致物通信嵌入式 TCP/IP Toolkit 软件 V1.0
3587	龙尚智联通信科技(上海)有限公司	龙尚智联 WM7285D 酒店电话软件 V1.0
3588	龙尚智联通信科技(上海)有限公司	龙尚智联 A8500 标准通讯模块软件 V1.0

续 表

序号	企业名称	产品名称
3589	上海贝尔软件有限公司	贝尔LTE移动通信无线网络软件[简称：LTE RAN SW]V13.3
3590	上海大智慧股份有限公司	大智慧365策略投资终端软件[简称：大智慧365]V7.50
3591	上海讯联数据服务有限公司	讯联数据商户综合管理和服务平台集成软件V1.0
3592	上海华力创通半导体有限公司	华力创通车载智能终端定位平台软件V2.0
3593	上海迪爱斯通信设备有限公司	DS警情热点分析系统应用软件V1.0
3594	上海理想信息产业(集团)有限公司	理想企业应用移动化平台软件V1.0
3595	上海迈磁科技有限公司	迈磁数字式柜机X射线成像软件[简称：Xsafe FSG Image - pro]V1.0
3596	迅付信息科技有限公司	迅付便民缴费软件V1.0
3597	上海金曲信息技术有限公司	金曲电子签章软件V1.0
3598	上海默创信息科技有限公司	默创物流运输管理软件V1.0
3599	上海迈磁科技有限公司	迈磁数字式胶检测X光机X射线成像软件[简称：Xsafe FSP - U Image - pro]V1.0
3600	上海迪爱斯通信设备有限公司	DS警用可视化动态推演系统应用软件V1.0
3601	上海迈磁科技有限公司	迈磁数字式食品散料机X射线成像软件[简称：Xsafe FSS Image - pro]V1.0
3602	上海创值网络技术有限公司	创值电子商务云服务软件V1.0
3603	上海微创软件股份有限公司	微创政府云基础平台软件V4.0
3604	聚胜万合信息技术(上海)有限公司	聚胜万合广告主站内运营分析软件V1.0
3605	欧姆龙软件(上海)有限公司	欧姆龙Duespc数据采集分析软件[简称：Duespc]V2
3606	乐线软件开发(上海)有限公司	乐线企业社区平台软件V1.0
3607	迅付信息科技有限公司	迅付IPS个人账户软件V1.0
3608	乐线软件开发(上海)有限公司	乐线甜橙派网络社区平台软件V1.0
3609	上海日出科技有限公司	日出大数据处理软件V1.0
3610	上海理想信息产业(集团)有限公司	理想移动会议云管理平台软件V1.0
3611	上海理想信息产业(集团)有限公司	理想掌上翼行通软件V1.0
3612	上海理想信息产业(集团)有限公司	理想移动会议云客户端软件V1.0
3613	上海理想信息产业(集团)有限公司	理想工作流引擎管理软件V1.0
3614	上海理想信息产业(集团)有限公司	理想门户认证服务监控软件V1.0
3615	上海理想信息产业(集团)有限公司	理想无线巡防管理软件V1.0
3616	上海成生科技有限公司	成生气象分析与预报软件[简称：气象分析与预报软件]V1.0
3617	中标软件有限公司	中标麒麟虚拟化平台软件V6.0
3618	上海景格科技股份有限公司	景格课程包教学平台软件V1.0
3619	上海理想信息产业(集团)有限公司	理想知识库管理软件V1.0

续 表

序号	企业名称	产品名称
3620	上海南康科技有限公司	南康合同管理软件 V1.0
3621	欧唯特信息系统(上海)有限公司	欧唯特内容管理软件 V1.0
3622	上海南康科技有限公司	南康工作流管理软件 V1.0
3623	欧唯特信息系统(上海)有限公司	欧唯特订单管理软件 V1.0
3624	上海日出科技有限公司	日出业务知识库管理软件 V1.0
3625	上海日出科技有限公司	日出业务指标分析统计软件 V1.0
3626	上海日出科技有限公司	日出客户行为分析软件 V1.0
3627	上海艾飞能源科技有限公司	艾飞视频质量诊断软件[简称:wiseEye]V1.0
3628	鼎捷软件股份有限公司	鼎捷 APS 软件 V2.0
3629	上海宏力达信息技术有限公司	宏力达电力风险评估管理软件 V1.0
3630	上海盈质信息科技有限公司	盈质质量信息管理软件 V1.0
3631	上海阿法迪智能标签系统技术有限公司	RFID 智能书架应用软件 V1.0.0.13
3632	上海鹰高无线通信技术有限公司	鹰高 SDC1501 下变频器应用软件[简称:SDC1501N]V1.2.0
3633	上海阿法迪智能标签系统技术有限公司	RFID 中心管理软件 V1.0.0.23
3634	上海中兴软件有限责任公司	中兴 MF197MBB 移动通信软件 V1.0
3635	上海华虹计通智能系统股份有限公司	HHJT 公交手持收费机嵌入式软件 V1.0
3636	上海鹰高无线通信技术有限公司	鹰高 SDC1502N 变频器失锁报警应用软件[简称:SDC1502N]V1.2.0
3637	上海鹰高无线通信技术有限公司	鹰高 SDC1503N 变频器遥控应用软件[简称:SDC1503N]V1.2.0
3638	上海质迈测绘服务有限公司	质迈保障房信息管理软件 V1.0
3639	上海华虹计通智能系统股份有限公司	HHJT 基于描述的接口定义自动生成技术软件 V1.0
3640	上海龙奕实业有限公司	Heal Force Lark B25 医用吊塔嵌入式软件 V1.0
3641	上海龙奕实业有限公司	Heal Force Lark B30 医用吊塔嵌入式软件 V1.0
3642	上海龙奕实业有限公司	Heal Force Dolphin A8 医用吊塔嵌入式软件 V1.0
3643	上海龙奕实业有限公司	Heal Force Dolphin B25 医用吊塔嵌入式软件 V1.0
3644	上海龙奕实业有限公司	Heal Force Rino A8 医用吊塔嵌入式软件 V1.0
3645	上海龙奕实业有限公司	Heal Force Rino B25 医用吊塔嵌入式软件 V1.0
3646	上海龙奕实业有限公司	Heal Force Rino B30 医用吊塔嵌入式软件 V1.0
3647	上海中兴软件有限责任公司	中兴 MF28DMBB 移动通信软件 V1.0
3648	上海游客行网络科技有限公司	游客行御龙传网络游戏软件 V1.0
3649	上海谦盈投资管理有限公司	谦盈通用 APP 移动商城软件 V1.0
3650	上海中兴软件有限责任公司	中兴 MF669MBB 移动通信软件 V1.0
3651	上海中兴软件有限责任公司	中兴 MF193AMBB 移动通信软件 V1.0
3652	上海中兴软件有限责任公司	中兴 MF25AMBB 移动通信软件 V1.0

续 表

序号	企业名称	产品名称
3653	上海中兴软件有限责任公司	中兴 MF51MBB 移动通信软件 V1.0
3654	上海中兴软件有限责任公司	中兴 MF63MBB 移动通信软件 V1.0
3655	上海戴西实业有限公司	戴西 RVCP 高性能计算软件[简称：RVCP]V3.0
3656	上海易睦网络科技有限公司	imo 云办公室，企业即时通讯和协同办公平台软件 V5.3
3657	上海震界自动化设备制造有限公司	震界自动化机械手臂控制软件 V2.0
3658	上海布尔软件科技发展有限公司	布尔商业智能总线软件 V4.0
3659	上海一德电气科技有限公司	一德电力监控管理软件 V1.0
3660	上海一德电气科技有限公司	一德微机保护控制软件 V1.0
3661	上海实地信息技术有限公司	实地通用快递基干业务软件 V1.0.0
3662	上海中信信息发展股份有限公司	中信光博藏品管理软件 V1.0
3663	上海美华系统有限公司	美华报关单便捷制作云服务软件 V1.0
3664	上海砾阳软件有限公司	砾阳无线宽带通讯网网络管理软件 V1.0
3665	上海澳马信息技术服务有限公司	澳马客车售后服务管理系统应用软件 V1.0
3666	上海中兴软件有限责任公司	中兴 MF821DMBB 移动通信软件 V1.0
3667	上海中兴软件有限责任公司	中兴 MF91MBB 移动通信软件 V1.0
3668	上海中兴软件有限责任公司	中兴 V9800WCDMA 移动通信软件 V1.0
3669	上海百秋电子商务有限公司	百秋 SAERP 电子商务管理软件 V1.0
3670	鼎捷软件股份有限公司	鼎捷 KanBan 软件 V2.0
3671	上海舒博拉尼制药设备有限公司	舒博拉尼冻干机系统控制软件 V4.0
3672	上海舒博拉尼制药设备有限公司	舒博拉尼固定式进出料系统控制软件 V1.0
3673	上海舒博拉尼制药设备有限公司	舒博拉尼自动进出料系统控制软件 V1.0
3674	上海新致软件有限公司	新致外包项目进度管理软件 V1.0
3675	上海迪爱斯通信设备有限公司	DS 多媒体调度软件 V1.0
3676	上海美华系统有限公司	美华核销辅助软件 V1.0
3677	上海凯道电子科技有限公司	凯道机房集中监控软件 V1.0
3678	上海凯道电子科技有限公司	凯道断电报警客户端软件 V1.0
3679	上海星慧源科技有限公司	星慧源网上阅卷软件 V1.0
3680	上海凯道电子科技有限公司	凯道断电报警服务端软件 V1.0
3681	上海中兴软件有限责任公司	中兴 N5CDMA 移动通信软件 V1.0
3682	上海骏业网络科技有限公司	骏业秦时明月 SNS 网页社区游戏软件[简称：秦时明月]V1.0
3683	上海鹰高无线通信技术有限公司	鹰高变频器频率设置应用软件[简称：SDC1504N]V1.2.0
3684	上海迪爱斯通信设备有限公司	DS 移动智能处警终端应用软件 V1.0
3685	上海鹰高无线通信技术有限公司	鹰高 SDC1505 变频器自动检测软件[简称：SDC1505N]V1.2.0

续 表

序号	企业名称	产品名称
3686	上海昭金信息科技有限公司	昭金动态无功补偿和滤波系统控制监测软件 V1.0
3687	上海益盟软件技术股份有限公司	益盟操盘手金融平台证券深度分析软件 V1.0
3688	上海鹰高无线通信技术有限公司	鹰高 SDC1507 变频器频率设置应用软件[简称:SDC1507N]V1.2.0
3689	上海美华系统有限公司	美华报关单校验云服务软件 V1.0
3690	上海中兴软件有限责任公司	中兴 N807CDMA 移动通信软件 V1.0
3691	上海鹰高无线通信技术有限公司	鹰高 SDC1508 变频器遥控应用软件[简称:SDC1508N]V1.2.0
3692	上海中兴软件有限责任公司	中兴 U281TD 移动通信软件 V1.0
3693	上海益盟软件技术股份有限公司	益盟操盘手领先机构版智能投资策略软件 V1.0
3694	上海新致软件有限公司	新致车险核心系统业务平台软件 V1.0
3695	上海捷行电子商务有限公司	易行天下 B2B 电子客票交易平台软件 V3.1
3696	上海中兴软件有限责任公司	中兴 U805TD 移动通信软件 V1.0
3697	中海网络科技股份有限公司	中海视频交通事件检测软件 V1.1
3698	上海鹰高无线通信技术有限公司	鹰高 SDC1512 变频器参数应用软件[简称:SDC1512N]V1.2.0
3699	上海市建筑科学研究院(集团)有限公司	“建科”公共机构能源管理平台软件[简称:JK-GEMS]V1.0
3700	上海捷行电子商务有限公司	易行天下本地分销软件 V5.0
3701	上海中兴软件有限责任公司	中兴 U960S2TD 移动通信软件 V1.0
3702	上海鹰高无线通信技术有限公司	鹰高 SDC1520 变频器频率设置软件[简称:SDC1520]V1.1.0
3703	上海紫力电气科技有限公司	紫力配网自动化维护软件 V2.0
3704	上海市建筑科学研究院(集团)有限公司	“建科”建筑节能项目监管软件[简称:JK-BESPMS]V1.0
3705	上海理想信息产业(集团)有限公司	理想云数据中心监控软件 V1.0
3706	上海中兴软件有限责任公司	中兴 P736WCDMA 移动通信软件 V1.0
3707	上海思普信息技术有限公司	思普电子行业产品全生命周期管理软件 V1.0
3708	上海中兴软件有限责任公司	中兴 P752E 移动通信软件 V1.0
3709	上海杰图软件技术有限公司	杰图公安现场三维重建及测量软件[简称:刑侦软件]V7.00
3710	上海中兴软件有限责任公司	中兴 P825BWCDMA 移动通信软件 V1.0
3711	上海经华软件技术有限公司	经华定量装车监控管理软件 V1.0
3712	上海中兴软件有限责任公司	中兴 P825FWCDMA 移动通信软件 V1.0
3713	上海虹泽软件有限公司	虹泽图像大数据存储管理软件 V1.0
3714	上海经华软件技术有限公司	经华液体化工品自动定量管理软件 V1.0
3715	上海中兴软件有限责任公司	中兴 V72AWCDMA 移动通信软件 V1.0
3716	上海中兴软件有限责任公司	中兴 Z992WCDMA 移动通信软件 V1.0

续 表

序号	企业名称	产品名称
3717	上海虹思科技有限公司	虹思社保自助终端管理软件 V1.0
3718	上海中兴软件有限责任公司	中兴 N850LCDMA 移动通信软件 V1.0
3719	上海虹思软件科技有限公司	虹思社保数字化社区系统平台管理软件 V1.0
3720	上海虹思软件科技有限公司	虹思人脸动态识别认证安全软件 V1.0
3721	上海中兴软件有限责任公司	中兴云 WLAN 控制软件 V1.1
3722	上海兆日电源有限公司	兆日电源系统控制软件 V5.0
3723	上海力兹照明电气有限公司	力兹测试分析系统控制软件 V3.0
3724	上海理想信息产业(集团)有限公司	理想通信电缆气压监测软件 V6.0
3725	上海优爱宝机器人技术有限公司	优爱宝运动控制软件 V2.0
3726	上海理想信息产业(集团)有限公司	理想互联网智能联络中心应用软件 V1.0
3727	上海宝信软件股份有限公司	宝信云管理平台软件 V1.0
3728	上海时梦信息技术有限公司	时梦显示控制软件 V2.0
3729	上海理想信息产业(集团)有限公司	理想 Hadoop 大数据处理软件 V2.0
3730	上海新致软件有限公司	新致移动在线保单服务软件 V1.0
3731	上海理想信息产业(集团)有限公司	理想集团统一门户营运软件 V2.0
3732	上海理想信息产业(集团)有限公司	理想 CRM(集团级)管理软件 V2.0
3733	上海汉翔信息技术有限公司	触宝中文输入法软件 V5.1.7
3734	上海锐起信息技术有限公司	锐起无盘企业版软件 V1.0
3735	普元信息技术股份有限公司	普元作业调度监控平台软件[简称：Primeton JobCtrl] V5.0
3736	上海宏力达信息技术有限公司	宏力达配电线路在线监测软件 V1.0
3737	普元信息技术股份有限公司	普元云平台软件[简称：Primeton PaaS]V5.0
3738	上海集服电子信息系统有限公司	集服无线录音软件[简称：无线录音软件]V1.0
3739	上海集服电子信息系统有限公司	集服无线集成语音调度软件[简称：无线调度软件] V1.05
3740	上海创程车联网络科技有限公司	创程产品数据管理软件 V1.0
3741	商埃曲网络软件(上海)有限公司	3H 数字电视中间件平台软件 V1.0
3742	上海京颐信息科技有限公司	京颐经费结算管理软件 V1.0
3743	上海京颐信息科技有限公司	京颐供应室信息管理软件 V1.0
3744	上海京颐信息科技有限公司	京颐输液动态监测软件 V1.0
3745	上海奔流电子有限公司	奔流智能抢答器软件 V1.0
3746	上海鸿越信息科技有限公司	鸿越 HMAP 地图服务平台软件 V1.0
3747	上海奔流电子有限公司	奔流通用音乐播放器模组软件 V1.0
3748	上海仰邦信息技术有限公司	仰邦双基色 LED 控制软件[简称：仰邦双基色]V1.0
3749	西阁玛软件系统(上海)有限公司	西阁玛套料软件 V9.1

续 表

序号	企业名称	产品名称
3750	上海桑鸿信息科技有限公司	AAB 节能供水控制软件 V3.0
3751	上海过河兵软件科技有限公司	Elite 多媒体培训考试软件 V5.0
3752	上海桑鸿信息科技有限公司	AAB 叠压节能供水控制软件 V3.0
3753	上海泽众软件科技有限公司	泽众 PreciseProjectManagement 项目管理软件 V1.0
3754	上海新炬网络技术有限公司	新炬 IT 服务管理平台软件 V2.0
3755	上海新炬网络技术有限公司	新炬数据库全局优化软件 V2.0
3756	上海新炬网络技术有限公司	新炬大数据分析管理软件 V2.0
3757	上海新炬网络技术有限公司	新炬数据架构管理平台软件 V2.0
3758	上海新炬网络技术有限公司	新炬自动化运维平台软件 V3.04
3759	上海思亮信息技术有限公司	思亮综合工程信息化督导应用软件 V1.0
3760	上海辰锐信息科技公司	辰锐移动警务终端应用管控软件 V1.0
3761	上海辰锐信息科技公司	辰锐无线视频安全接入系统应用软件 V1.0
3762	上海辰锐信息科技公司	辰锐文件保险箱软件 V1.0
3763	上海合悦信息技术有限公司	合悦指纹仪软件 V1.0
3764	上海裕日软件有限公司	裕日第三代动媒体系统控制及支持软件[简称：裕日动媒体系统控制软件]V1.0
3765	上海旺云信息技术有限公司	旺云新农村合作医疗药品采购管理软件 V1.0
3766	上海垒玉信息科技有限公司	垒玉统一指标管理软件[简称：UIMS]V1.0
3767	上海阿尔卡特网络支援系统有限公司	“上海阿尔卡特网络”文件广播应用软件[简称：文件广播应用软件]V1.0
3768	上海迪爱斯通信设备有限公司	DS 彩信收发系统应用软件 V1.0
3769	上海龙奕实业有限公司	Heal Force Dolphin B30 医用吊塔嵌入式软件 V1.0
3770	上海汇金信息科技有限公司	汇金商品批发交易结算平台软件 V1.0
3771	中海网络科技股份有限公司	中海基于云服务的移动终端应急指挥平台软件 V1.0
3772	上海益通科技有限公司	益通 SOA 架构平台中间件软件 V1.0
3773	中海网络科技股份有限公司	中海 iScope 交通一体化监控平台软件 V3.0
3774	上海博为峰软件技术有限公司	博为峰 TestPlatform 测试平台软件[简称：TP]V6.1
3775	上海艾麒信息科技有限公司	乐七游戏平台软件 V1.0
3776	中海网络科技股份有限公司	中海高速公路双天线不停车收费车道软件 V1.0
3777	上海艾麒信息科技有限公司	乐游即时帮手机软件 V1.0
3778	中海网络科技股份有限公司	中海流程驱动型高速公路联网收费车道平台软件 V1.0
3779	上海哲骧信息技术有限公司	哲骧图像采集软件 V1.0
3780	精诚胜龙信息系统有限公司	精诚胜龙资金管理应用软件 V3.0
3781	上海菱博电子技术股份有限公司	菱博电子屏幕显示控制软件 V1.0
3782	上海三七玩网络科技有限公司	三七玩《侠义水浒Ⅱ》游戏软件 V3.0

续 表

序号	企业名称	产品名称
3783	上海三七玩网络科技有限公司	三七玩 WEBGAME 武易软件 V2.0
3784	上海贝特威自动化科技有限公司	贝特威科技工件角度检测软件 V1.0
3785	上海国视信息科技有限公司	国视会议室管理系统应用软件 V1.0
3786	上海贝特威自动化科技有限公司	贝特威科技发动机活塞检测软件 V1.0
3787	上海贝特威自动化科技有限公司	贝特威科技气体角度检测软件 V1.0
3788	上海国视信息科技有限公司	国视通讯行业业务代理管理系统应用软件 V2.0
3789	上海贝特威自动化科技有限公司	贝特威科技汽车钥匙检测软件 V1.0
3790	御和信息科技(上海)有限公司	广和客户分类分析软件 V1.0
3791	印孚瑟斯技术(中国)有限公司	印孚瑟斯投资管理软件 V2.0
3792	御和信息科技(上海)有限公司	广和生活服务软件 V1.0
3793	御和信息科技(上海)有限公司	广和业务流程软件 V1.0
3794	御和信息科技(上海)有限公司	广和云计算数据软件 V1.0
3795	上海引跑信息科技有限公司	INTPLE FaceOne 人脸识别分析软件[简称：FaceOne] V2.0
3796	芯讯通无线科技(上海)有限公司	芯讯通 SIM968 模块软件 V1.0
3797	希姆通信息技术(上海)有限公司	希姆通 L 系列路测通信软件 V1.0
3798	上海杰之能软件科技有限公司	杰之能软件铁路旅客服务 ERP 软件 V1.0
3799	中海网络科技股份有限公司	中海城市智能交通诱导软件 V1.0
3800	中海网络科技股份有限公司	中海高速公路稽查管理软件 V1.0
3801	中海网络科技股份有限公司	中海省级高速公路视频联网软件 V1.0
3802	盘石软件(上海)有限公司	盘石云计算综合电子取证软件 V1.0
3803	上海杰然软件科技有限公司	杰然 MES 软件 V1.0
3804	万达信息股份有限公司	万达税控开票助手应用软件 V2.0
3805	上海京天物联网科技有限公司	京天 kingsky 车辆监控平台软件[简称：kingsky 车辆监控系统]V1.0
3806	上海景域文化传播有限公司	驴妈妈超级自由行旅游服务平台软件 V1.0
3807	上海景域文化传播有限公司	驴妈妈工单管理软件 V1.0
3808	上海景域文化传播有限公司	驴妈妈供应商信息管理软件 V1.0
3809	上海景域文化传播有限公司	驴妈妈结算管理软件 V1.0
3810	上海景域文化传播有限公司	驴妈妈用户折扣平台软件 V2.0
3811	上海景域文化传播有限公司	驴妈妈旅游 iPhone 版手机客户端软件 V4.0
3812	上海景域文化传播有限公司	驴妈妈旅游 Android 版手机客户端软件 V4.0
3813	上海渐华科技发展有限公司	渐华嵌入式卡拉 OK 软件[简称：K 客]V3.85
3814	上海航天有线电厂	SACP 中频电源控制软件 V1.0
3815	上海航天有线电厂	SACP 直流电源控制软件 V3.0

续 表

序号	企业名称	产品名称
3816	上海航天有线电厂	SACP 双向储能逆变器控制软件 V2.0
3817	上海航天有线电厂	SACP 传真机控制软件 V3.0
3818	上海航天有线电厂	SACP 传真驱动及管理软件 V3.0
3819	上海航天有线电厂	SACP 打印驱动控制软件 V2.0
3820	上海航天有线电厂	SACP 永磁同步电机控制软件 V2.0
3821	上海航天有线电厂	SACP 无刷直流电机控制软件 V2.0
3822	上海传真通信设备技术研究所	SFCEI PC 端接收传真控制软件 V2.0
3823	上海传真通信设备技术研究所	SFCEI 传真接收机控制软件 V1.0
3824	上海传真通信设备技术研究所	SFCEI 网络打印控制软件 V2.0
3825	万达信息股份有限公司	万达空管塔台电子进程单系统应用软件 V1.0
3826	上海东方网股份有限公司	东方网互联网信息智能分析软件 V1.0
3827	上海东方网股份有限公司	东方网社交网络管理软件 V1.0
3828	翌拓电子科技(上海)有限公司	翌拓塑料挤出机电磁感应加热器控制软件 V3.50
3829	上海引跑信息科技有限公司	INTPLE GISOne 分布式空间数据系统管理软件[简称：GISOne]V4.7
3830	花旗软件技术服务(中国)有限公司	花旗客户订车管理软件 V1.0.0
3831	花旗软件技术服务(中国)有限公司	花旗测试数据管理软件 V3.0
3832	上海三迭信息科技有限公司	三迭线上营销平台软件 V1.0
3833	上海闻政管理咨询有限公司	闻政绩效目标申报软件 V1.0
3834	上海众达信息产业有限公司	众达车辆管理软件 V1.0
3835	上海预言软件有限公司	预言 Dig Dug Ball 游戏软件 V1.0
3836	上海腾源软件有限公司	腾源 365 人力资源管理软件[简称：365HRM]V1.6.1
3837	上海颐东网络信息有限公司	英赛虎安全电子文件密码服务中间件软件[简称：密码服务中间件]V6.0
3838	上海颐东网络信息有限公司	英赛虎公文收发系统应用软件[简称：公文收发]V2.0
3839	上海颐东网络信息有限公司	英赛虎云安全高速边界防御系统应用软件 V1.0
3840	上海众达信息产业有限公司	众达视频烟火预警软件 V1.0
3841	上海众达信息产业有限公司	众达智能机房环境在线监测软件 V1.0
3842	上海红菱数字出版科技有限公司	红菱跨系统多终端流媒体数字点播软件[简称：红菱多终端点播软件]V1.0
3843	上海安可科技有限公司	安可钢包管理软件[简称：AK_LMS]V1.0
3844	上海童瑞光电科技有限公司	童瑞光栅信息处理软件 V1.0
3845	上海西山居趣丸网络有限公司	西山居少年精灵王网络游戏软件[简称：少年精灵王]V1.0
3846	上海西玛伟力橡塑机械制造有限公司	西玛伟力油封机控制软件 V2.0
3847	上海西玛伟力橡塑机械制造有限公司	西玛伟力压力成型机控制软件 V4.0

续 表

序号	企业名称	产品名称
3848	上海景瑞信息技术有限公司	景瑞摄像机自动跟踪定位控制软件 V1.0
3849	上海众达信息产业有限公司	众达现场仓库物资管理软件 V1.0
3850	上海福履信息技术有限公司	福履社区公用事业费支付软件 V1.0
3851	上海天正软件有限公司	天正证保通软件 V1.0
3852	上海富华软件有限公司	富华 ZigBee 人员定位管理软件 V1.0
3853	上海科梁信息工程有限公司	科梁 SimuLab 仿真开发与运行管理软件 V1.0
3854	上海富华软件有限公司	富华局域网 IP 广播软件 V1.0
3855	上海富华软件有限公司	富华数据采集管理软件 V1.0
3856	上海富华软件有限公司	富华综合分站管理软件 V1.0
3857	上海赫爽太阳能科技有限公司	赫爽光伏检测设备软件 V2.0
3858	锐珂(上海)医疗器材有限公司	锐珂影像档案传输、处理系统应用软件[简称：Carestream PACS]V11
3859	上海今知在网络科技有限公司	今知在人才发展平台软件 V1.0
3860	上海翰明计算机科技有限公司	翰明网上商城软件 V2.0
3861	上海复深蓝信息技术有限公司	复深蓝自动化测试工具软件 V1.0
3862	上海柯华软件有限公司	柯华移动销售积分激励软件 V1.0
3863	上海复旦光华信息科技股份有限公司	光华 DB_Audit 数据库安全审计软件[简称：DB_Audit] V2.8
3864	上海翰明计算机科技有限公司	翰明电子对账软件 V2.0
3865	上海翰明计算机科技有限公司	翰明回单自助服务软件 V2.0
3866	上海三七玩网络科技有限公司	“三七玩”网页游戏运营平台软件 V2.0
3867	上海复旦光华信息科技股份有限公司	光华酒店 E 通中心平台软件[简称：酒店 E 通]V1.0
3868	上海师庆科技发展有限公司	师庆旅游行业在线统计平台软件 V1.0
3869	上海翰明计算机科技有限公司	翰明集中对账管理软件 V3.0
3870	上海正尔智能科技有限公司	正尔 SWL350 马达保护监控软件 V1.0
3871	上海泽信软件有限公司	泽信医院随访信息系统应用软件[简称：Zesing FVM] V1.0
3872	上海正尔智能科技有限公司	正尔 SWLSine 电能质量分析监视软件 V1.0
3873	上海晨炎信息技术有限公司	晨炎手机游戏通用开发引擎软件 V1.0
3874	上海骏码交通科技有限公司	骏码交通信号机嵌入式软件[简称：JMC 嵌入式]V2.0
3875	上海骏码交通科技有限公司	骏码交通信号中心控制软件[简称：JUNMA]V1.0
3876	上海恩梯梯数据晋恒软件有限公司	恩梯梯数据晋恒规则引擎软件 V1.0
3877	鼎捷软件股份有限公司	鼎捷 EAI 软件 V2.0
3878	上海泽信软件有限公司	泽信临床路径系统应用软件[简称：临床路径系统] V1.0
3879	上海水杉网络科技有限公司	水杉 Aworkflow 工作流软件[简称：Aworkflow]V1.0

续 表

序号	企业名称	产品名称
3880	上海恩梯梯数据晋恒软件有限公司	恩梯梯数据晋恒文件传输软件 V1.0
3881	上海恩梯梯数据晋恒软件有限公司	恩梯梯数据晋恒银行对账单查询软件 V1.0
3882	上海恩梯梯数据晋恒软件有限公司	恩梯梯数据晋恒零售企业现金管理软件 V1.0
3883	上海迈思科技有限公司	迈思 MES 管理系统应用软件[简称：MES]V1.0
3884	上海诺瑞数字技术有限公司	诺瑞易司令社交管理系统应用软件 V1.0
3885	上海诺瑞数字技术有限公司	诺瑞易视界媒体监播系统应用软件 V1.0
3886	华院数据技术(上海)有限公司	华院数据呼叫服务管理软件 V1.0
3887	上海亿付数字技术有限公司	亿付数字电视商城软件 V1.0
3888	上海高晶影像科技有限公司	高晶通道式 X 射线行包安检系统控制软件 V5.0
3889	上海高晶影像科技有限公司	高晶 X 射线鞋类异物检测软件 V3.0
3890	上海高晶影像科技有限公司	高晶危险品图像自动插入(TIP)软件 V1.0
3891	上海高晶检测科技股份有限公司	高晶危险液体探测仪系统应用软件 V1.0
3892	上海高晶检测科技股份有限公司	高晶金属探测器检测控制软件 V1.0
3893	上海高晶检测科技股份有限公司	高晶 THz 危险品检测系统应用软件 V1.0
3894	上海众恒信息产业股份有限公司	众恒警务信息综合应用平台软件 V1.0
3895	上海奕奕数字技术有限公司	奕奕竞技游戏匹配软件 V1.0
3896	上海广野软件有限公司	广野区县投资服务综合信息管理软件 V1.0
3897	上海跃臣信息科技有限公司	跃臣美食专家餐饮系统管理软件 V3.2
3898	上海丽正软件技术有限公司	丽正环境自动监测数据管理软件[简称：EMCAUTO] V1.0
3899	上海熙菱信息技术有限公司	熙菱轻量级数据中心软件 V1.0
3900	上海迈思科技有限公司	迈思板坯库管理系统应用软件[简称：板坯库管理系统]V1.0
3901	上海迈思科技有限公司	迈思钢卷库管理系统应用软件[简称：钢卷库管理系统]V1.0
3902	上海长城电子信息网络有限公司	长城 ideal 基于物联网技术的社区综合服务管理软件 V1.0
3903	上海长城电子信息网络有限公司	长城 ideal 网上行政审批软件 V1.0
3904	上海长城电子信息网络有限公司	长城 ideal 信息发布软件 V1.0
3905	上海长城电子信息网络有限公司	长城 ideal 移动办公软件 V1.0
3906	上海复高计算机科技有限公司	复高基于健康档案的区域卫生信息平台软件 V2.0
3907	上海思诞奥信息工程技术有限公司	思诞奥油田地面集输 GIS 应用软件 V1.0
3908	上海北斗卫星信息服务有限公司	北斗卫星位置增强算法软件 V1.0
3909	上海东方通泰软件科技有限公司	东方通 ETL 工具软件[简称：TI-ETL]V1.0.1
3910	上海卫盾信息科技有限公司	卫盾防统方统一管理平台软件 V3.0
3911	上海佳贝教育信息咨询有限公司	佳贝多媒体幼儿园教学资源软件 V1.0

续 表

序号	企业名称	产品名称
3912	上海遥薇(集团)有限公司	遥薇智能楼宇管理软件 V1.0
3913	上海贝尔软件有限公司	贝尔 WCDMA 移动通信无线网络软件[简称:WCDMA UTRAN SW]V13.3
3914	上海景格信息科技有限公司	景格工程机械资源库平台软件[简称:工程机械资源库]V1.0
3915	上海铀力电气有限公司	铀力电气功率因数矫正器控制软件 V1.0
3916	上海贝尔软件有限公司	贝尔 GSM900/1800 双频移动通信无线网络软件 V13.3
3917	上海思伟软件有限公司	思伟水工混凝土配料控制和生产管理软件[简称:STGL]V1.0
3918	上海思伟软件有限公司	思伟混凝土匀质性在线检测软件[简称:ZCT]V1.0
3919	上海思伟软件有限公司	思伟加气砖自动化生产控制软件[简称:ZGL]V1.0
3920	上海思伟软件有限公司	思伟水工混凝土温度检测与预警软件[简称:SYGL]V1.0
3921	上海思伟软件有限公司	思伟混凝土智能生产调度管理软件[简称:SCDT]V5.0
3922	上海思伟软件有限公司	思伟护士工作站软件[简称:SWN]V2.0
3923	上海思伟软件有限公司	思伟医院护理工作信息化管理平台软件[简称:SNC]V1.0
3924	上海思伟软件有限公司	思伟建设工程质量监督站管理软件[简称:MPA]V1.0
3925	上海文景信息科技有限公司	文景分布式自动化数据交换平台软件 V1.0
3926	上海圣来仕电子信息技术有限公司	圣来仕车辆信息接收处理和远程通讯软件 V1.0
3927	上海圣来仕电子信息技术有限公司	圣来仕地磁式车辆检测和无线传输软件 V1.0
3928	上海华东电脑股份有限公司	华东电脑统一门户平台应用软件 V2.0
3929	上海华东电脑股份有限公司	华东电脑档案管理系统应用软件 V1.0
3930	上海华东电脑股份有限公司	华东电脑行政管理系统应用软件 V1.0
3931	上海华东电脑股份有限公司	华东电脑溯源管理系统应用软件 V1.0
3932	上海华东电脑股份有限公司	华东电脑通用报表系统应用软件 V1.0
3933	上海华东电脑股份有限公司	华东电脑综合查询平台应用软件 V1.0
3934	上海益通科技有限公司	益通 3D 漫游软件 V1.0
3935	如冈自动化控制技术(上海)有限公司	如冈内嵌式零件程序 CAM 软件 V1.0
3936	如冈自动化控制技术(上海)有限公司	如冈热缩管加热机控制软件 V3.0
3937	如冈自动化控制技术(上海)有限公司	如冈数控器激光工艺控制软件 V2.0
3938	上海文广科技(集团)有限公司	文广广电业务/设备网络监管平台软件[简称:文广 SDNMS 软件]V1.0
3939	上海颐东网络信息有限公司	英赛虎辅助定密系统应用软件[简称:辅助定密系统]V1.0
3940	上海文广科技(集团)有限公司	文广基于 IP 的 TS 流矩阵调度软件[简称:文广 IP 信源调度软件]V1.0
3941	上海颐东网络信息有限公司	英赛虎安全综合检测系统应用软件[简称:安全综合检测系统]V1.0

续 表

序号	企业名称	产品名称
3942	百视通网络电视技术发展有限责任公司	百视通 Bestv 互联网电视集成播控平台软件 V1.0
3943	上海游易网络科技有限公司	游易卧龙传说—三国群雄传软件 V1.0
3944	普元信息技术股份有限公司	普元复杂事件处理软件[简称：Primeton CEP]V1.5.0
3945	鼎捷软件股份有限公司	鼎捷云商务 A1 软件 V1.0
3946	上海和昆软件科技有限公司	和昆 Euratex 全自动吊挂系统控制及管理软件[简称：Euratex 吊挂系统]V4.8
3947	鼎捷软件股份有限公司	鼎捷 Portal 软件 V6.0
3948	普元信息技术股份有限公司	普元云计算资源管理平台软件[简称：Primeton IaaS]V5.0
3949	上海龙帛信息技术有限公司	龙帛 ShopPower 门店终端管理软件[简称：ShopPower 门店终端管理软件]V1.0
3950	上海龙帛信息技术有限公司	龙帛大柳煤矿管理软件[简称：大柳煤矿管理]V1.0
3951	上海冒盛自动化科技服务中心	冒盛自动化测试软件 V1.0
3952	上海龙帛信息技术有限公司	龙帛龙行车联网信息服务管理软件[简称：龙行车联网]V1.0
3953	国龙信息技术(上海)有限公司	国龙信息 AW750 手机软件 V1.0
3954	上海骋望信息科技有限公司	骋望料位监控软件 V1.0
3955	普元信息技术股份有限公司	普元智慧数据应用平台软件[简称：Primeton iDate]V5.0
3956	友十(上海)网络科技有限公司	友加手机交友社区软件[简称：友加]V2.0
3957	灏泷智能科技(上海)有限公司	灏泷人像自动比对排查软件[简称：BC]V1.0
3958	国龙信息技术(上海)有限公司	国龙信息 AT701 手机软件 V1.0
3959	国龙信息技术(上海)有限公司	国龙信息 AT820A 手机软件 V1.0
3960	上海东方申信科技发展有限公司	申信生产系统仿真管理软件 V2.0
3961	上海瑞翊信息科技有限公司	瑞翊 GK 风机远程监控软件 V2.0
3962	灏泷智能科技(上海)有限公司	灏泷视频人流量统计软件[简称：BVC]V1.0
3963	上海瑞翊信息科技有限公司	瑞翊 100 kW 风机监控软件 V2.0
3964	灏泷智能科技(上海)有限公司	灏泷银行人脸识别软件[简称：BVK]V1.0
3965	上海东方申信科技发展有限公司	申信设备维护维修管理软件 V2.0
3966	国龙信息技术(上海)有限公司	国龙信息 AE712 手机软件 V1.0
3967	灏泷智能科技(上海)有限公司	灏泷人员状态及疲劳检测软件[简称：DSD]V1.0
3968	国龙信息技术(上海)有限公司	国龙信息 AW920 手机软件 V1.0
3969	国龙信息技术(上海)有限公司	国龙信息 AW996 手机软件 V1.0
3970	上海申博信息系统工程有限公司	申博造船精度测量分析软件 V1.0
3971	上海新朋程信息科技有限公司	新朋程 i 校园学校数据 KPI 决策分析软件 V1.0
3972	上海仪电物联技术股份有限公司	仪电物联文档安全云应用软件 V1.0

续 表

序号	企业名称	产品名称
3973	百视通网络电视技术发展有限责任公司	百视通 BESTV 互联网电视终端 TVOS Service 软件 V1.0
3974	上海索帆信息技术有限公司	索帆 ERP 管理软件 V2.0
3975	上海爱可生信息技术有限公司	爱可生数据库数据复制软件[简称：Action Database Replication]V1.0
3976	普元信息技术股份有限公司	普元数据质量管理平台软件[简称：Primeton QualityCube]V5.0
3977	鼎捷软件股份有限公司	鼎捷易助管理软件 V7.0
3978	上海爱可生信息技术有限公司	爱可生数据库双机集群软件[简称：Action Database HA]V1.0
3979	上海鸣志软件技术有限公司	鸣志移动点检管理软件 V2.0
3980	上海浦东中软科技发展有限公司	PDCSS 法院档案管理软件[简称：法院档案管理]V1.0
3981	上海浦东中软科技发展有限公司	PDCSS 法院人事管理软件[简称：法院人事管理]V1.0
3982	上海浦东中软科技发展有限公司	PDCSS 法院审判管理软件[简称：法院审判管理]V1.0
3983	上海浦东中软科技发展有限公司	PDCSS 法院信访管理软件[简称：法院信访管理]V1.0
3984	上海赢富电子商务有限公司	赢富云订单处理平台软件 V1.0
3985	上海默贝特电梯技术有限公司	默贝特电梯监控软件 V1.0
3986	上海鹏越惊虹信息技术发展有限公司	鹏越商用密码行政执法监督检查 VPN 取证工具软件[简称：商密 VPN 便携式执法工具]V1.0
3987	上海鹏越惊虹信息技术发展有限公司	鹏越商用密码 VPN 合规性管理软件[简称：商密 VPN 合规性管控中心]V1.0
3988	上海浦东中软科技发展有限公司	PDCSS 法院执行管理软件[简称：法院执行管理]V1.0
3989	上海三七玩网络科技有限公司	三七玩 WEBGAME《暗黑西游记》软件 V2.0
3990	上海申博信息系统工程有限公司	申博船体专业涂装工艺设计软件 V1.0
3991	上海聚鸣信息技术有限公司	聚鸣供水管网信息管理软件 V6.0
3992	上海西派埃自动化技术工程有限公司	西派埃环境监测应急指挥中心软件 V1.0
3993	上海西派埃自动化技术工程有限公司	西派埃净水技能实训基地数字化培训软件 V1.0
3994	上海领世通信技术发展有限公司	领世网络录播软件 V3.0
3995	上海领世通信技术发展有限公司	领世网络检测软件 V2.5
3996	上海领世通信技术发展有限公司	领世移动会议室软件 V1.1
3997	上海领世通信技术发展有限公司	领世致邻视频会议终端软件 V2.5
3998	上海领世通信技术发展有限公司	领世视频会议高清硬件终端软件 V2.5
3999	上海领世通信技术发展有限公司	领世磐视会议软件 V1.1
4000	上海声茂电子科技有限公司	声茂听倍康听能评估训练软件[简称：听倍康软件]V1.0
4001	上海宝信软件股份有限公司	宝信化工生产统计软件[简称：CCPS]V1.0
4002	上海圣剑网络科技有限公司	圣剑网络猪猪侠之功夫小英雄游戏软件[简称：功夫小英雄]V1.0

续 表

序号	企业名称	产品名称
4003	上海集迈实业有限公司	集迈 Gynova 手术麻醉信息管理软件[简称：Gynova AIMS]V2.0
4004	上海创识天沪信息科技有限公司	创识 BMP 商户收单软件 V2.0
4005	上海怀思信息技术咨询有限公司	怀思 SAP 行业软件解决方案包软件 V1.0
4006	而东(上海)信息科技有限公司	而东模拟仲裁软件 V1.0
4007	上海华力创通半导体有限公司	华力创通车载视频记录软件 V3.0
4008	上海延华智能科技(集团)股份有限公司	延华卡申公安交通集成指挥平台软件 V1.0
4009	上海延华智能科技(集团)股份有限公司	延华卡申公安交通集成应用软件 V1.0
4010	杰同信息技术(上海)有限公司	杰同复合材料铺层设计 CAD 软件 V1.0
4011	金禹罗博软件(上海)有限公司	金禹罗博试管分拣智能软件 V1.0
4012	上海博镣信息技术服务有限公司	博镣 e-Learning 在线教学软件 V1.0
4013	上海博镣信息技术服务有限公司	博镣 BY-EAIMS 云智能应答机器人软件[简称：博镣云智能机器人]V1.0
4014	上海耕云供应链管理有限公司	耕云销售物流管理软件[简称：3Q-DCM]V1.0
4015	上海耕云供应链管理有限公司	耕云供应链金融服务业务管理软件[简称：3Q-SCMF]V1.0
4016	上海耕云供应链管理有限公司	耕云仓储管理软件[简称：3Q-WMS]V1.0
4017	上海耕云供应链管理有限公司	耕云运输管理软件[简称：3Q-TMS]V1.0
4018	龙尚科技(上海)有限公司	龙尚科技软件版本管理软件 V1.0
4019	上海索乐软件有限公司	"Play+游戏家"手机游戏平台软件 V3.0
4020	百资信息科技(上海)有限公司	百资多国语输入法软件 V1.0
4021	上海浦东软件平台有限公司	PDSTS 服务运营系统应用软件 V1.0
4022	腾讯科技(上海)有限公司	腾讯天涯明月刀游戏软件[简称：天涯明月刀]V0.1.1.12
4023	上海天域时捷信息系统有限公司	天域时捷法院法庭庭审标准化软件 V2.0
4024	上海新朗恩软件有限公司	新朗恩物业管理平台软件 V12.1
4025	上海新朗恩软件有限公司	新朗恩房屋安全检查管理软件 V2.4
4026	百资信息科技(上海)有限公司	百资基础版 Live CD 软件 V2.0
4027	上海驻云信息科技有限公司	驻云架构云系统服务软件[简称：架构云]V1.0
4028	上海麦秸网络科技有限公司	麦秸十堰同城游戏软件 V3.0
4029	联车(上海)信息科技有限公司	联车科技嵌入式系统定时器软件[简称：定时器软件]V1.0
4030	联车(上海)信息科技有限公司	联车科技仪表按键控制软件[简称：仪表按键控制软件]V1.0
4031	上海予桐电子科技有限公司	予桐网络应用分析软件[简称：NAAS]V1.0
4032	上海城市地理信息系统发展有限公司	城地地下工程综合管理信息平台软件 V2.0
4033	纳道投资咨询(上海)有限公司	纳道打印对齐软件[简称：Itipro]V1.0
4034	上海万方数据有限公司	万方数据库信息数据转化软件 V1.0

续 表

序号	企业名称	产品名称
4035	上海华腾软件系统有限公司	TOP CAMS 信用卡申请征审软件[简称：TOP CAMS]V2.0
4036	上海宝星意迈杰企业发展有限公司	宝星意迈杰智能消防疏散管理软件 V1.0
4037	上海英佩软件有限公司	英佩智取三国游戏软件 V1.0
4038	东方财富信息股份有限公司	东方财富 Level-1 行情发布软件 V1.0
4039	上海华腾软件系统有限公司	TOP CCMS 信用消费账单催收管理软件[简称：TOP CCMS]V2.0
4040	上海华腾软件系统有限公司	TOP RMP 一体化反欺诈软件[简称：TOP RMP]V1.0
4041	上海华腾软件系统有限公司	TOP Report 报表平台软件[简称：TOP Report]V1.0
4042	上海孚盟软件有限公司	孚盟经典版企业邮件管理软件 V3.0
4043	上海华腾软件系统有限公司	TOP Rules 泛金融规则引擎软件[简称：Top Rules]V3.4
4044	上海中远资讯科技有限公司	中远资讯 IT 服务集成管理平台软件 V1.0
4045	上海浦东软件平台有限公司	PDSTS 业务管理系统应用软件 V1.0
4046	上海渐华科技发展有限公司	K 客卡拉 OK 软件[简称：K 客]V1.0
4047	上海孚盟软件有限公司	孚盟经典版供应链管理软件 V3.0
4048	上海华腾软件系统有限公司	TOP eTracing 溯源管理软[简称：TOP eTracing]V1.0
4049	上海宝康电子控制工程有限公司	宝康 GBS2300 交通信号控制器控制软件[简称：GBS2300 交通信号机系统]V1.0
4050	上海宝康电子控制工程有限公司	宝康电警卡口数据图片质量检测软件[简称：电警卡口数据图片质量检测软件]V1.0
4051	上海宝康电子控制工程有限公司	宝康新一代交通信号控制软件[简称：新一代交通信号控制软件]V1.0
4052	上海华腾软件系统有限公司	TOP RCS 零售信贷业务管理软件[简称：TOP RCS]V2.5
4053	上海过河兵电子商务有限公司	Elite 云 crm 系统应用软件 V5.0
4054	上海过河兵电子商务有限公司	Elite 企业信息平台软件 V5.0
4055	上海过河兵电子商务有限公司	Elite 客户关系管理(手机客户端)软件 V5.0
4056	上海孚盟软件有限公司	孚盟经典版客户关系管理软件 V3.0
4057	万达信息股份有限公司	万达综合卫生管理平台软件 V1.0
4058	上海华腾软件系统有限公司	TOP SCF 供应链金融业务平台软件[简称：TOP SCF]V2.1
4059	上海孚盟软件有限公司	孚盟经典版订单管理软件 V3.0
4060	上海硅知识产权交易中心有限公司	SSIPEX 企业专利流程管理软件 V1.0
4061	上海麦秸网络科技有限公司	麦秸襄阳同城游戏软件 V3.0
4062	上海孚盟软件有限公司	孚盟经典版贸易管理软件 V3.0
4063	上海华腾软件系统有限公司	TOP Card 信用卡核心软件[简称：TOP Card]V6.0
4064	上海天域时捷信息系统有限公司	天域时捷法院庭审审核软件 V2.0
4065	上海工力自动化仪表有限公司	工力出租汽车计价器嵌入式软件 V1.6

续 表

序号	企业名称	产品名称
4066	上海华腾软件系统有限公司	TOP CAS 商业银行卡应用软件[简称：TOP CAS]V3.0
4067	上海天域时捷信息系统有限公司	天域时捷法院庭审资源管理软件 V2.0
4068	东方财富信息股份有限公司	东方财富新闻资讯发布软件 V1.0
4069	东方财富信息股份有限公司	东方财富公告研报发布软件 V1.0
4070	东方财富信息股份有限公司	东方财富上市公司深度财务数据分析软件 V1.0
4071	东方财富信息股份有限公司	东方财富资金流向分析平台软件 V1.0
4072	东方财富信息股份有限公司	东方财富 Level－2 行情深度分析软件 V1.0
4073	东方财富信息股份有限公司	东方财富红蓝股票池软件 V1.0
4074	东方财富信息股份有限公司	东方财富全球指数行情发布软件 V1.0
4075	上海都玩网络科技有限公司	都玩烈火屠龙游戏软件[简称：烈火屠龙]V1.0
4076	上海中远资讯科技有限公司	中远资讯变更管理平台软件 V1.0
4077	上海中远资讯科技有限公司	中远资讯配置管理平台软件 V1.0
4078	上海中远资讯科技有限公司	中远资讯事件管理平台软件 V1.0
4079	上海中远资讯科技有限公司	中远资讯知识库管理平台软件 V1.0
4080	花旗软件技术服务(中国)有限公司	花旗软件技术人力资源优化和绩效管理软件 V2.0
4081	花旗软件技术服务(中国)有限公司	花旗软件费用报销电子记录管理软件 V1.0
4082	花旗软件技术服务(中国)有限公司	花旗软件座位智能分配管理软件 V1.0
4083	花旗软件技术服务(中国)有限公司	花旗软件服务器与大机服务器数据交互模拟软件 V1.1
4084	花旗软件技术服务(中国)有限公司	花旗移动客户端网页版软件 V1.0
4085	花旗软件技术服务(中国)有限公司	花旗项目测试报告自动化软件 V3.5
4086	上海恒生电讯工程有限公司	恒生视频监控智能分析软件 V1.0
4087	上海恒生电讯工程有限公司	恒生学校安全保障管理平台软件 V1.0
4088	上海恒生电讯工程有限公司	恒生数据安全监控管理软件 V1.0
4089	上海立思辰科技有限公司	立思辰云协作系统应用软件 V1.0
4090	上海默创信息科技有限公司	默创企业运营管理软件 V1.0
4091	上海华通自动化设备有限公司	华通电源模块通用控制软件 V2.0
4092	上海华通自动化设备有限公司	华通故障指示器控制软件 V1.0
4093	上海华通自动化设备有限公司	华通模拟屏控制软件 V1.0
4094	上海华通自动化设备有限公司	华通模拟屏在线监控诊断软件 V1.0
4095	上海华通自动化设备有限公司	华通通信管理机控制软件 V1.0
4096	上海华通自动化设备有限公司	华通无功功率补偿控制器控制软件 V1.0
4097	上海华通自动化设备有限公司	华通中央信号屏控制软件 V2.0
4098	上海爱信诺航天信息有限公司	爱信诺货代财税管理软件 V1.0.0
4099	长江计算机(集团)公司	“长江”安全数据传输软件 V1.0

续　表

序号	企业名称	产品名称
4100	上海华腾软件系统有限公司	TOP ERPM 企业资源管理项目管理软件[简称：TOP ERPM]V1.0
4101	上海爱信诺航天信息有限公司	爱信诺客户服务管理软件 V1.0.0
4102	长江计算机(集团)公司	"长江"财务报表管理软件 V1.0
4103	上海瑞谦软件有限公司	瑞谦工业组态 IOS 版移动客户端软件 V1.0
4104	华平信息技术股份有限公司	AVCON 智慧城市视频共享平台软件[简称：AVCON 智慧城市平台]V1.0
4105	上海华腾软件系统有限公司	TOP Icp 一体化收单平台软件[简称：TOP Icp]V1.0
4106	上海爱信诺航天信息有限公司	爱信诺服务派单管理软件 V1.0.0
4107	长江计算机(集团)公司	"长江"国有资产监督与管理软件 V1.0
4108	上海华腾软件系统有限公司	TOP OCTOPUS 渠道整合平台软件[简称：TOP OCTOPUS]V1.0
4109	上海沃克软件有限公司	沃克核心运维管理平台软件 V1.0
4110	长江计算机(集团)公司	"长江"手持终端控制软件 V1.0
4111	上海华腾软件系统有限公司	TOP Link 基础平台软件[简称：TOP Link]V2.0
4112	鲁斯兰信息科技(上海)股份有限公司	鲁斯兰高炉炉底炉缸监控与报警控制软件[简称：FK-3D-01]V1.0
4113	长江计算机(集团)公司	"长江"智能停车控制软件 V1.0
4114	上海管易云计算软件有限公司	管易 EC-FX 平台管理软件 V3.0
4115	上海爱信诺航天信息有限公司	爱信诺网络发票开具软件 V1.0.0
4116	上海爱信诺航天信息有限公司	爱信诺客户满意度管理软件 V1.0.0
4117	阔一恩(上海)信息科技有限公司	阔一恩高清远程可视化管理软件 V1.0
4118	上海森步特信息技术有限公司	森步特 Operating System Virtualization 智能桌面虚拟化平台应用软件[简称：OSV 智能桌面虚拟化平台应用软件]V1.0.0.605
4119	上海华腾软件系统有限公司	TOP PAS 预付费卡平台软件[简称：TOP PAS]V1.0
4120	上海管易云计算软件有限公司	管易 EC-ERP 电子商务管理软件 V3.0
4121	上海久湛信息科技有限公司	久湛数据分析平台软件 V5.1
4122	上海华腾软件系统有限公司	TOP TSM 可信服务管理平台软件[简称 TOP TSM]V1.0
4123	上海管易云计算软件有限公司	管易 E-CRM 客户管理软件 V3.0
4124	上海先锋商泰电子技术有限公司	先锋商泰 Mirrorlink-Box 嵌入应用软件 V1.0
4125	上海科江电子信息技术有限公司	科江安播自动识别监测平台软件 V3.0
4126	上海华腾软件系统有限公司	TOP CPG 中国现代化支付业务平台软件[简称：TOP CPG]V1.72
4127	上海管易云计算软件有限公司	管易 EC-WMS 仓储管理软件 V3.0
4128	上海科江电子信息技术有限公司	科江设备网络管理平台软件 V3.0
4129	上海长堤科技有限公司	长堤凡人诛仙游戏软件 V1.0

续 表

序号	企业名称	产品名称
4130	上海吾易信息技术有限公司	吾易产品保修移动云服务软件 V1.6
4131	上海科江电子信息技术有限公司	科江数字电视监测平台软件 V3.0
4132	上海先锋商泰电子技术有限公司	先锋商泰车载在线语音检索软件 V1.0
4133	上海匡盈电气有限公司	匡盈电气功率因数控制软件 V1.0
4134	上海安言信息技术有限公司	安言风险评估软件 V1.0
4135	上海管易云计算软件有限公司	管易旺店 EC－Wshop 管理软件 V3.0
4136	上海管易云计算软件有限公司	管易 EC－OMS 订单管理软件 V3.0
4137	上海先锋商泰电子技术有限公司	先锋商泰 Entry Audio 车载音响软件 V1.0
4138	上海牙木通讯技术有限公司	牙木 xForce 域名强制解析软件 V3.1
4139	上海先锋商泰电子技术有限公司	先锋商泰 Digtal Media Receiver 软件 V1.0
4140	上海管易云计算软件有限公司	管易 C－ERP 电子商务管理软件 V3.0
4141	上海管易云计算软件有限公司	管易电子商务绩效考核软件 V3.0
4142	上海东方延华节能技术服务股份有限公司	东方延华区域多建筑能耗分析软件 V1.0
4143	上海井星信息科技有限公司	井星基于云计算的呼叫中心软件 V1.0
4144	上海管易云计算软件有限公司	管易 EC－POS 门店收银管理软件 V3.0
4145	上海牙木通讯技术有限公司	牙木 cache－mv 缓存视图软件 V3.1
4146	上海先豪网络科技有限公司	先豪广告数据分析软件 V3.2
4147	上海华虹计通智能系统股份有限公司	HHJT 基于 RFID 技术的电子签封嵌入式软件 V1.0
4148	上海华虹计通智能系统股份有限公司	HHJT 自行车租赁自助查询机软件 V1.0
4149	上海神箭机电工程有限责任公司	神箭 IO 控制器在线烧写软件 V1.0
4150	上海神箭机电工程有限责任公司	神箭火力控制台显控软件 V1.0
4151	上海神箭机电工程有限责任公司	神箭流场光线追迹控制软件 V1.0
4152	上海神箭机电工程有限责任公司	神箭三维交会动画实时显示系统控制软件 V1.0
4153	上海神箭机电工程有限责任公司	神箭伺服系统测控软件 V1.0
4154	上海神箭机电工程有限责任公司	神箭制导控制系统仿真验证平台软件 V1.0
4155	上海机电工程研究所	SEMEI 动基座对准试验系统控制软件 V1.0
4156	上海机电工程研究所	SEMEI 飞行器仿真系统控制软件 V1.0
4157	上海机电工程研究所	SEMEI 气动光学追迹计算软件 V1.0
4158	上海机电工程研究所	SEMEI 通用空情模拟器软件 V1.0
4159	上海机电工程研究所	SEMEI 中近距抗干扰定位系统控制软件 V1.0
4160	上海机电工程研究所	SEMEI 自动化测量阻值系统应用软件 V1.0
4161	上海机电工程研究所	SEMEI 自检控制设备电路巡检系统控制软件 V1.0
4162	上海机电工程研究所	SEMEI 通用数据精度处理软件 V1.0
4163	上海精诚医疗器械有限公司	精诚体外冲击波碎石机控制软件 V1.0

续 表

序号	企业名称	产品名称
4164	上海晗韧实业有限公司	晗韧数控自动装配生产线控制软件 V3.0
4165	上海精密计量测试研究所	精测所科研生产管理软件 V1.0
4166	上海精密计量测试研究所	精测所装备服役履历信息管理软件 V1.0
4167	上海斯凯普斯信息技术有限公司	斯凯普斯 SBO 包装制造行业管理软件 V4.0
4168	上海埃威航空电子有限公司	埃威综合告警显示器解码俄汉翻译显控软件 V1.0
4169	上海大众科技有限公司	大众车载无线智能终端控制软件 V3.0
4170	上海大众科技有限公司	大众车载终端(部标)调度监控控制软件 V3.0
4171	上海大众科技有限公司	大众出租汽车服务质量评价管理软件 V1.0
4172	上海大众科技有限公司	大众出租汽车调度监控软件 V2.0
4173	上海大众科技有限公司	大众信息发布管理软件 V1.0
4174	上海大众科技有限公司	大众准金融机构贷款系统业务管理软件 V2.0
4175	上海大潮电子技术有限公司	大潮汽车行车记录仪控制软件 V2.0
4176	上海景格科技股份有限公司	景格智能工位机终端软件 V1.0
4177	上海复深蓝信息技术有限公司	复深蓝 IT 服务管理软件 V1.0
4178	商泰软件(上海)有限公司	商泰实时交通信息推送服务软件 V1.0
4179	上海怡海信息技术有限公司	怡海嵌入式智能网络存储系统应用软件 V1.0
4180	商泰软件(上海)有限公司	商泰 C++代码静态分析平台软件 V1.0
4181	上海南天电脑系统有限公司	南天互联网支付前端软件 V1.0
4182	上海新意新科技有限公司	新意新数据库容灾备份一体化软件[简称：E-OBAR] V2.0
4183	易查理曼(上海)信息技术有限公司	易查理曼考乐思教育管理软件 V4.0
4184	上海广世生物工程设备有限公司	广世生物发酵系统控制软件 V3.2
4185	商泰软件(上海)有限公司	商泰模型驱动测试软件 V1.0
4186	上海南天电脑系统有限公司	南天支付账务核心软件 V1.0
4187	上海派博软件有限公司	派博综合管理平台软件 V1.0.1
4188	上海南天电脑系统有限公司	南天银行网点运维管理软件 V1.0
4189	商泰软件(上海)有限公司	商泰车载导航照片分享软件 V1.0
4190	上海翔明信息技术有限公司	翔明无线仓储管理软件 V2.0
4191	上海鑫森电子科技发展有限公司	鑫森售后软件管理软件 V1.0
4192	上海鑫森电子科技发展有限公司	鑫森数字化教学交互软件 V1.0
4193	上海鑫森电子科技发展有限公司	鑫森网络图书馆管理软件 V1.0
4194	上海鑫森电子科技发展有限公司	鑫森校园一卡通管理软件 V2.0
4195	上海触乐信息科技有限公司	触宝(TouchPal)输入法软件 V4.8
4196	上海博应信息技术有限公司	博应 RFID 仓储管理系统应用软件 V1.0
4197	上海复深蓝信息技术有限公司	复深蓝 J2EE 应用开发平台软件 V2.0

续 表

序号	企业名称	产品名称
4198	上海金桥信息股份有限公司	金桥全IP智慧法院软件V1.0
4199	上海瑞鹏软件有限公司	瑞鹏手机助手软件[简称：手机助手]V1.0
4200	上海万得信息技术股份有限公司	Wind资讯股票专家[Android版]软件[简称：Wind资讯股票专家]V4.2
4201	上海万得信息技术股份有限公司	Wind资讯股票专家[iPhone版]软件[简称：Wind资讯股票专家]V4.2
4202	上海万得信息技术股份有限公司	Wind资讯股票专家[Windows Phone版]软件[简称：Wind资讯股票专家]V4.0
4203	上海万得信息技术股份有限公司	Wind资讯股票专家HD[Android版]软件[简称：Wind资讯股票专家]V4.1
4204	上海万得信息技术股份有限公司	Wind资讯股票专家HD[iPad版]软件[简称：Wind资讯股票专家]V4.1
4205	上海金桥信息股份有限公司	金桥智能显控统控软件V1.0
4206	上海瑞鹏软件有限公司	瑞鹏应用市场软件[简称：瑞鹏应用市场]V1.0
4207	上海触乐信息科技有限公司	触宝号码助手软件V4.6
4208	上海迅饶自动化科技有限公司	迅饶OPCBridge协议转换网关软件[简称：OPCBridge]V1.0
4209	上海迅饶自动化科技有限公司	迅饶OPC2BACnetIP网关软件[简称：OPC2BACnetIP]V1.0
4210	万达信息股份有限公司	万达电子病历应用软件V1.0
4211	上海巨曜智能科技有限公司	巨曜一体化电源控制软件V1.0
4212	上海冀晟自动化成套设备有限公司	冀晟生产设备系统控制软件V1.0
4213	上海冀晟自动化成套设备有限公司	冀晟智能设备系统控制软件V3.0
4214	上海冀晟自动化成套设备有限公司	冀晟自动成套设备系统控制软件V2.0
4215	上海工业自动化仪表研究院	SIPAI区域分布式供能管控一体化平台软件V1.0
4216	上海工业自动化仪表研究院	SIPAI优化调度建模计算软件V1.0
4217	上海华盖科技发展有限公司	华盖客户关系管理软件[简称：华盖客户管理]V2.0
4218	上海华盖科技发展有限公司	华盖企管通管理软件[简称：华盖企管通]V2.0
4219	上海智翔信息科技股份有限公司	Ultrawise集成电路数字平台软件V1.0
4220	上海瑞眼科技有限公司	瑞眼年龄、性别及开心度识别软件V1.0.0.1
4221	上海丽正软件技术有限公司	丽正环境质量综合数据发布软件[简称：EMCIPUB]V1.0
4222	上海丽正软件技术有限公司	丽正生物监测数据管理软件[简称：EMCBIS]V1.0
4223	上海金桥信息股份有限公司	金桥智能多级远程办公会议平台软件V1.0
4224	上海复深蓝信息技术有限公司	复深蓝大数据精准营销软件V1.0
4225	上海众烁信息科技有限公司	众烁OA快捷配置软件V3.0
4226	上海复深蓝信息技术有限公司	复深蓝内容管理软件V3.0
4227	上海华鸾机电有限公司	华鸾机电SHY-E100精梳机智能纺纱控制器软件V1.0

续 表

序号	企业名称	产品名称
4228	上海金桥信息股份有限公司	金桥时间轴软件 V1.0
4229	上海爱数软件有限公司	爱数 AnyShare 文档共享管理软件 V3.5
4230	上海金桥信息股份有限公司	金桥三维导览软件 V1.0
4231	上海金桥信息股份有限公司	金桥无线大屏拼接显示控制软件 V1.0
4232	上海昱庄机械科技有限公司	昱庄科技包装流水线控制软件 V3.0
4233	上海昱庄机械有限公司	昱庄全自动纸包机控制软件 V2.0
4234	上海良标智能终端股份有限公司	良标多功能读写器控制软件 V2.0
4235	上海良标智能终端股份有限公司	良标多功能计价器控制软件 V3.0
4236	上海游爱之星信息科技有限公司	游爱之星虎魄刀网络游戏软件[简称：虎魄刀]V1.0
4237	上海广电光显技术有限公司	广电光显高清晰显示触控系统控制软件 V1.0
4238	腾龙电子技术(上海)股份有限公司	腾龙 IOS 平台 MPEG2 智能互联网电视播放软件 V1.0
4239	腾龙电子技术(上海)股份有限公司	腾龙智能电视节目信息(PSI/SI)多功能软件 V1.0
4240	上海优思通信科技有限公司	优思手机屏自动识别功能软件 V1.0
4241	徕卡测量系统(上海)有限公司	徕卡房产图像测量软件 V1.0
4242	徕卡测量系统(上海)有限公司	徕卡矿井土方计量软件 V1.0
4243	徕卡测量系统(上海)有限公司	徕卡 TPS 和 GPS 联合监测软件 V2.0
4244	上海优思通信科技有限公司	优思手机用户防骚扰功能软件 V1.0
4245	盖勒普工程咨询(上海)有限公司	盖勒普 G-NCcrib 数控程序及生产文档流程管理软件 V10.1
4246	上海威腾信息科技有限公司	威腾 NetBunker 网络数据介质管理软件 V3.0
4247	上海华鸢机电有限公司	华鸢机电 SHY-R100 粗纱机智能纺纱控制器软件 V1.0
4248	上海优思通信科技有限公司	优思手机悬浮窗功能软件 V1.0
4249	上海优思通信科技有限公司	优思手机体感未读信息通知功能软件 V1.0
4250	上海优思通信科技有限公司	优思手机触摸屏实现接近功能软件 V1.0
4251	上海优思通信科技有限公司	优思手机新型心情日记功能软件 V1.0
4252	上海优思通信科技有限公司	优思手机随手记功能软件 V1.0
4253	上海优思通信科技有限公司	优思手机全屏电话本功能软件 V1.0
4254	万达信息股份有限公司	万达工商 12315 综合服务应用软件 V3.0
4255	上海精佑通信科技有限公司	精佑手机 cdma 模块上网功能软件 V1.0
4256	上海精佑通信科技有限公司	精佑手机体感自动拨号功能软件 V1.0
4257	万达信息股份有限公司	万达创新社会管理应用软件 V2.0
4258	上海精佑通信科技有限公司	精佑手机用户数据保护应用软件 V1.0
4259	上海精佑通信科技有限公司	精佑手机上传照片功能软件 V1.0
4260	上海风陆信息技术有限公司	风陆基于 RFID 和 3G 技术的危险品物流监控管理软件 V1.0

续 表

序号	企业名称	产品名称
4261	上海傲途伟信自动化科技有限公司	傲途仪表平面图三维设计接口软件[简称：PDMS-IPD接口软件]V1.0
4262	盖勒普工程咨询(上海)有限公司	盖勒普G-MDC工厂设备数据采集及生产管理分析软件V10.1
4263	盖勒普工程咨询(上海)有限公司	盖勒普G-MES精益生产制造执行信息化管理软件V10.1
4264	盖勒普工程咨询(上海)有限公司	盖勒普DNC工厂设备网络化通讯管理软件V9.0
4265	盖勒普工程咨询(上海)有限公司	盖勒普PDM工厂无纸化生产管理软件V10.1
4266	盖勒普工程咨询(上海)有限公司	盖勒普Tracker精益生产刀夹量管理软件V10.1
4267	盖勒普工程咨询(上海)有限公司	盖勒普VM可视化工厂生产管理软件V10.1
4268	上海万得信息技术股份有限公司	Wind资讯金融终端软件V2013
4269	上海光华永盛消防智能系统有限公司	光华永盛电气火灾监控器软件V1.0
4270	安付宝商务有限公司	安付宝提货支付POS软件[简称：提货支付POS软件]V1.0
4271	安付宝商务有限公司	安付宝OK支付APP应用软件[简称：OK支付APP]V1.0
4272	上海骏旗电气有限公司	骏旗变压器测控软件V2.0
4273	上海万欣鑫达计算机信息科技有限公司	万欣系统还原卡软件[简称：万欣系统还原卡]V8.0
4274	上海万欣鑫达计算机信息科技有限公司	万欣智能计算机机房管理软件[简称：万欣智能机房管理系统]V7.0
4275	上海宗俊船舶工程有限公司	宗俊阀门遥控液压监测系统控制软件V2.0
4276	上海墨白计算机科技有限公司	墨白忍者来了游戏软件V1.0
4277	上海嘉闵软件科技有限公司	嘉闵双臂擦窗机控制软件V2.0
4278	上海协赢软件有限公司	协赢社区教育市民终身学习卡综合服务平台软件V1.0
4279	上海萌泰网络科技有限公司	萌泰锐研计算机辅助电话访问软件V1.0
4280	上海海得自动化控制软件有限公司	海得EH10-AI-S01微信号测量软件V3.0
4281	上海海得自动化控制软件有限公司	海得机器视觉识别软件V1.0
4282	上海三七玩网络科技有限公司	三七玩WEBGAME王权无双软件V2.0
4283	上海民航华东凯亚系统集成有限公司	华东凯亚航旅易管理软件V1.0
4284	上海东览通信软件有限公司	东览载波通信集中管理软件V1.2
4285	上海民航华东凯亚系统集成有限公司	华东凯亚空港货站货物安检管理软件V1.0
4286	上海民航华东凯亚系统集成有限公司	华东凯亚空港货站仓储收费管理软件V1.0
4287	上海民航华东凯亚系统集成有限公司	华东凯亚机务维修管理软件V1.0
4288	上海民航华东凯亚系统集成有限公司	华东凯亚机场站坪管理软件V1.0
4289	上海民航华东凯亚系统集成有限公司	华东凯亚面向航空客运的电子商务服务平台软件V1.0
4290	上海民航华东凯亚系统集成有限公司	华东凯亚机务资料管理软件V1.0
4291	上海铁大电信设备有限公司	铁大TDSS2004调监终端软件V2.0

续 表

序号	企业名称	产品名称
4292	上海铁大电信设备有限公司	铁大 TDSS2004 调监服务器软件 V2.0
4293	上海市软件评测中心有限公司	爱测 iTesting 嵌入式软件测试预算软件 V2.0
4294	上海市软件评测中心有限公司	爱测 iTesting 信息系统绩效评估软件 V1.0
4295	上海铁大电信设备有限公司	铁大 TDSS2004 调监 FDS 软件 V2.0
4296	上海铁大电信设备有限公司	铁大 JDG－I 型智能断轨监测终端软件 V1.0
4297	上海市软件评测中心有限公司	爱测 iTesting 信息系统质量管理评估软件 V1.0
4298	上海铁大电信设备有限公司	铁大综合视频监控软件 V1.0
4299	上海铁大电信设备有限公司	铁大调车监控信号联锁仿真软件 V1.0
4300	上海铁大电信设备有限公司	铁大信号智能分析与专家诊断软件 V1.0
4301	上海铁大电信设备有限公司	铁大 DJK－T1 调车监控 CAD 软件 V1.0
4302	上海铁大电信设备有限公司	铁大电务动态智能管理平台软件 V1.0
4303	上海铁大电信设备有限公司	铁大电务安全生产管理信息软件 V1.0
4304	上海巨一科技发展有限公司	巨一移动索力分析软件 V1.0
4305	上海协赢软件有限公司	协赢学习加油站找错别字软件 V1.0
4306	上海奕奕数字技术有限公司	奕奕语音软件 V1.0
4307	上海锐起信息技术有限公司	锐起企业云盘软件 V2.0
4308	上海巨一科技发展有限公司	巨一移动索力采集软件 V1.0
4309	上海巨一科技发展有限公司	巨一 DataExplorer 软件 V1.0
4310	上海巨一科技发展有限公司	巨一监测数据通用分析软件 V1.0
4311	上海巨一科技发展有限公司	巨一监测数据通用采集软件 V1.0
4312	上海巨一科技发展有限公司	巨一结构健康监测及巡检养护管理软件 V1.0
4313	上海巨一科技发展有限公司	巨一路桥隧运营养护管理软件 V1.0
4314	上海巨一科技发展有限公司	巨一建设工程企业资质查看软件 V1.1
4315	上海巨一科技发展有限公司	巨一建设工程企业资质申报软件 V1.1
4316	上海巨一科技发展有限公司	巨一建设工程企业资质专家评审软件 V1.1
4317	上海巨一科技发展有限公司	巨一建设工程企业资质审查软件 V1.1
4318	富士通(中国)信息系统有限公司	富士通 GSC 团购卡系统管理软件[简称：GSC Voucher] V2.0
4319	上海百事通信息技术有限公司	百事通短信运营管理软件 V1.0
4320	上海百事通信息技术有限公司	百事通法宝 365wap 软件 V1.0

特别鸣谢

《2014 上海信息化年鉴》组稿与撰稿单位

中共上海市委组织部
中共上海市委宣传部
上海市人民政府办公厅
上海市人民代表大会常务委员会办公室
上海市经济和信息化委员会
上海市城乡建设和交通委员会
上海市水务局上海市海洋局
上海市绿化和市容管理局
上海市交通运输和港口管理局
上海市国有资产监督管理委员会
上海市发展和改革委员会
上海市公安局
上海市监狱管理局
上海市国家保密局
上海市人民检察院
上海市高级人民法院
上海市司法局
上海市财政局
上海市统计局
上海市审计局
上海市工商行政管理局
上海市科学技术委员会
上海市通信管理局
上海市农业委员会
上海市环境保护局
上海市文化广播影视管理局
上海市知识产权局
上海市卫生局
上海市民政局
上海市体育局
上海市粮食局
上海市旅游局
上海市国家税务局
上海市地方税务局
上海市质量技术监督局
上海市无线电管理局
上海市新闻出版局
上海市人口和计划生育委员会
上海市民防办公室
上海市商务委员会
上海市安全生产监督管理局
上海市住房保障和房屋管理局
中国保险监督管理委员会上海监管局
中国证券监督管理委员会上海监管局
上海邮政公司
“中国上海”门户网站
中国人民银行上海分行
上海市社会保障卡服务中心
上海超级计算中心
上海互联网络交换中心
上海市社区服务中心
上海市计算机病毒防范服务中心
上海市网络与信息安全应急管理事务中心
上海市互联网经济咨询中心
上海市数字证书认证中心有限公司(上海 CA 中心)
上海市信息服务外包发展中心
上海市东方互联网络交换中心
上海集成电路研发中心
上海市社会保障卡服务中心
上海市文广影视集团
文汇新民联合报业集团
解放日报报业集团
上海博物馆
上海市图书馆上海科学技术情报研究所
复旦大学
上海交通大学
上海远程教育集团
浦东新区经济和信息化委员会

徐汇区科学技术委员会(信息化委员会)
长宁区科学技术委员会(信息化委员会)
普陀区科学技术委员会(信息化委员会)
闸北区科学技术委员会(信息化委员会)
虹口区科学技术委员会(信息化委员会)
杨浦区科学技术委员会(信息化委员会)
黄浦区科学技术委员会(信息化委员会)
静安区科学技术委员会(信息化委员会)
宝山区经济和信息化委员会
闵行区科学技术委员会(信息化委员会)
嘉定区科学技术委员会(信息化委员会)
松江区科学技术委员会(信息化委员会)
金山区科学技术委员会(信息化委员会)
奉贤区科学技术委员会(信息化委员会)
青浦区科学技术委员会(信息化委员会)
崇明县科学技术委员会(信息化委员会)
上海市集成电路行业协会
上海市信息服务业行业协会
上海市软件行业协会
上海市通信制造业行业协会
上海市信息家电行业协会
上海市光电子行业协会
上海市信息安全行业协会
上海市交通电子行业协会
上海市信息法律协会
上海信息化发展研究协会
上海市信息系统质量技术协会
上海市信用服务行业协会
上海市信息化培训协会
上海市计算机行业协会
上海市计算机用户协会
上海市电子商务行业协会
上海市信息管线有限公司
上海理想信息产业(集团)有限公司
上海信投股份有限公司
中国电信股份有限公司上海分公司
中国移动通信集团上海有限公司
中国联通(集团)有限公司上海市分公司
中国铁通集团有限公司上海分公司
宝钢集团有限公司
上海建通工程建设有限公司
上海纺织控股(集团)公司
中国石化上海石油化工股份有限公司
上海公共交通卡股份有限公司

上海市人民政府办公信息处理中心

上海市人民政府办公信息处理中心成立于1986年，长期从事政府系统办公自动化和政务信息化工作，先后建设了上海市政府办公厅办公自动化系统、上海市党政机关应急指挥无线集群调度系统、上海市行政机关办公决策服务系统等信息化系统。

近年来，信息中心在上海市电子政务建设中成绩卓越，相继完成上海市政府核心办公业务系统、国家重大科技专项及863项目“上海市电子政务试点示范工程”、“中国上海”门户网站、上海市电子政务网上办事支撑平台、上海市电子政务灾难备份中心信息系统等一系列重大工程建设。编制了上海市电子政务协同工作数据标准，完成了上海市电子政务协同工作数据标准测试及示范应用、电子政务协同工作安全支撑平台关键技术研究及实现、信息安全公共服务关键支撑技术和系统研发及应用等课题研究。自2010年起，信息中心开始了上海市电子政务灾难备份中心信息系统建设，2011年全面完成第一期9家试点单位容灾系统建设任务后，在总结试点项目建设成果的同时，积极推进智慧城市三年行动计划，完成了上海市电子政务灾难备份中心信息系统扩建项目可行性研究报告编制及上报工作。2012年，信息中心还拓展了核心办公业务系统重点应用，开发完成了市政府年度重点工作管理系统和上海市政府信息公开工作管理平台两个重点应用项目。2013年根据本市推行无纸化办公的要求，进一步完善了市政府核心系统“公文、会议通知、简报”等核心业务的网上办理和无纸化传输功能，实现了市政府办公厅日常办公业务全过程网上电子化流转办理。

在1986 — 2013年的办公自动化和政务信息化建设历程中，信息中心取得了优异成绩，十余次获得上海市科技进步二、三奖，蝉联上海市文明单位。

地址：上海市人民大道200号3区3F　　邮编：200003
电话：021-23112058　　传真：021-63291194

国家工程软件产品质量监督检验中心

国家科学技术进步奖

证　书

为表彰国家科学技术进步奖获得者，特颁发此证书。

项目名称：一体化指挥平台

奖励等级：特等奖

获 奖 者：中国电子科技集团公司第三十二研究所

证书号：2010-J-24301-0-01-D28

国家科技进步奖

检验中心

国家工程软件产品质量监督检验中心（以下简称“检验中心”）是在信息产业华东工程软件测评中心基础上筹建的一个面向国民经济建设、军事信息化等重点领域和重大工程，提供工程软件产品质量监督检验的机构。其前身信息产业华东工程软件测评中心是隶属于中国电子科技集团公司第三十二研究所的二级法人，于2001年6月经原信息产业部授权成立，是一个主要给军方和社会提供软件工程和软件测评服务的机构。具有国家计量、国家实验室、总装和国防测评实验室认可资格。十多年来，检验中心承接了300多个软件测试任务，累计发现软件缺陷12 000余个，积累了丰富的实践经验，形成了一系列以人工和软件工具相结合的软件测评技术和手段。

检验中心于2011年11月获批筹建，于2013年1月正式获得国家认监委授权。在人才队伍上，中心现有员工九十余人，其中资深软件测评专家二十余人，拥有硕士以上学历的人数过半。在环境设施上，中心现有两个综合集成测试平台（分布式应用系统软件综合集成测试平台、嵌入式应用系统软件集成测试平台）和三个基础平台（嵌入式软件测试基础平台、通用软件测试基础平台和软件工程化管理基础平台），能全面地对具有高安全可靠运行特性的领域（航空电子、轨道交通、汽车电子、金融、云计算、核高基、国防信息化等）工程软件产品进行质量监督检验服务。

地　址：上海市桂林路418号7号楼7层　　电　话：021-64514258　　邮　编：200233

上海数字农业工程技术研究中心

Shanghai Engineering Research Center of Information Technology in Agriculture

上海数字农业工程技术研究中心以上海市农业科学院为依托，上海交通大学、上海水产大学、上海大学、上海都市绿色工程有限公司、奉贤区农业信息中心等单位共同组建。

中心根据国家和上海市经济建设和科技发展战略，围绕“数字上海”和上海“数字农业”的建设目标，集聚相关单位的人才、设备和技术优势，以数字化技术提升传统农业生产和管理水平，对三农信息化和数字化发展中的重大关键性、基础性、公益性和共性技术问题，进行系统化、配套化和工程化研究开发；稳定提供公益性农业信息技术服务，不断推出具有市场前景的农业信息技术系列新产品，为上海“三农”继而为全国“三农”信息化和数字化建设提供技术支撑。中心力争成为区域农业数字化技术和产品创新以及公益性农业信息服务的重要力量，国际国内先进技术及成果展示和转化的重要基地。

中心目前承担国家“863”计划、国家科技支撑计划、国家科技成果转化基金、国家自然科学基金青年基金、上海市科技创新行动计划、市信息委专项和上海市科技兴农重点攻关计划等课题多项，拥有高学历、复合型知识结构的人才队伍，从事数字农业技术研究的设备和基地，在设施种养殖数字化管理、精准农业技术、农产品安全数字化技术以及农业资源数字化技术等领域取得了丰硕的成果。中心开发并维护“上海数字农业网”“上海植保在线”,为上海乃至国内同行提供公益性、专业化的农业信息技术服务。

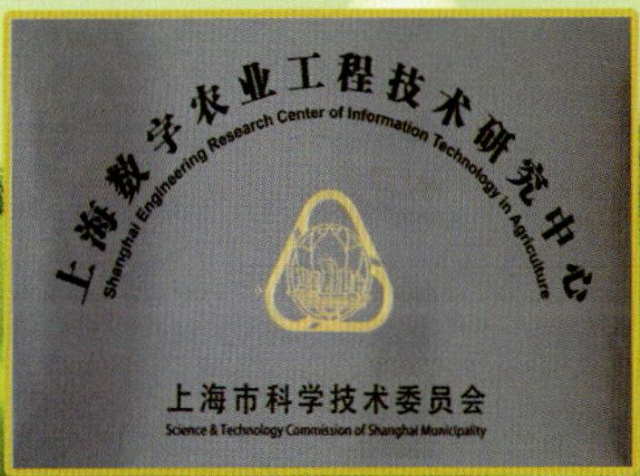

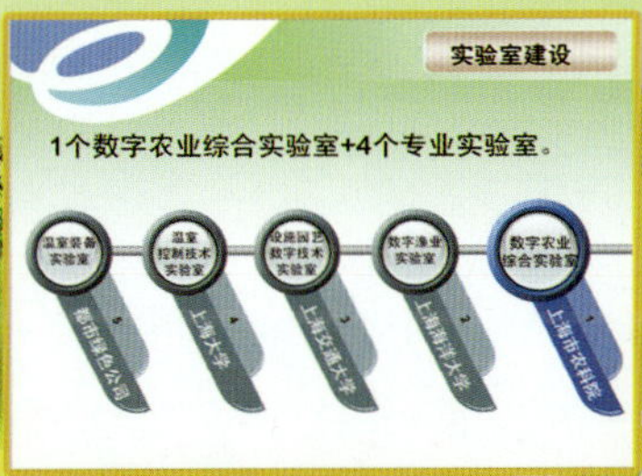

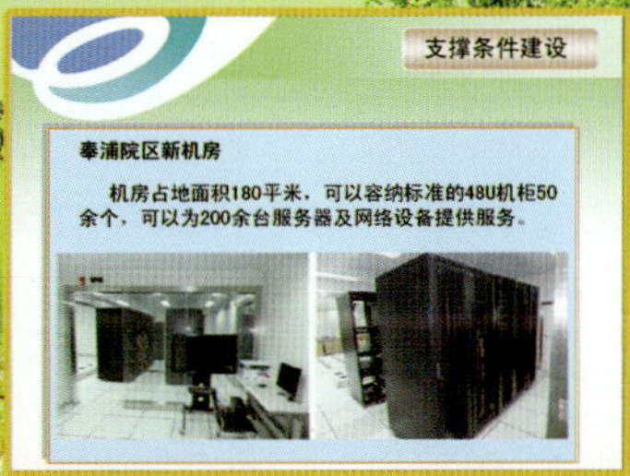

地址：上海市金齐路1000号 邮编：201403
网址：www.sh-ita.cn 电话：021-62200281 E-mail：web@saas.sh.cn

上海理工大学信息化建设

2013年，上海理工大学的信息化建设亮点包括小班化教室建设、校友服务管理系统、电子考勤平台建设、统一短信平台建设、官方微信平台建设和邮件系统改造。

小班化教室建设

多屏互动展示

自动跟踪高清录播

统一短信平台

官方微信平台

邮件系统改造

新一代校园邮件系统核心·协同工作平台

校友服务管理系统

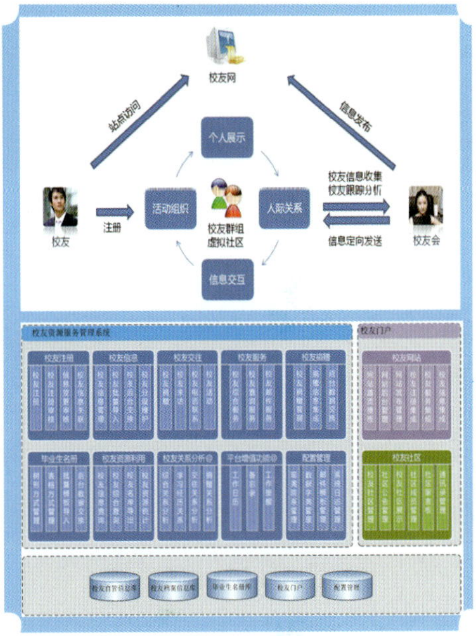

电子考勤平台建设

室外刷卡考勤机

教室端使用的考勤刷卡机

上海大学 Shanghai University

上海大学 “无限校园”

从2012年至今，上海大学在全校建设校园无线网络，为全校师生带来更加便捷、快速的网络体验。网络布线和AP都由学校自行建设、管理和维护。校园无线网络采用集中管理方案部署，AP只有无线接入的功能，所有的设置通过网络中心AP集中控制器直接管理，实现校园无线网络的统一管理，无线AP直接与无线用户通信，用户可以在不同的AP之间实现无缝漫游，享受自由灵活的学习和工作体验。

校园无线网络建设可以将网络世界带到课堂、操场和学校的每个角落，实现“无限校园”，在校师生可以在任何时候、任何地点利用无线网络进行交流和沟通，学生可以利用无线网络学习知识、查询成绩、寻找就业机会，随时随地获取自己需要的信息或服务。“无限校园”为上海大学师生提供了一个智慧型信息化校园的工作学习环境。

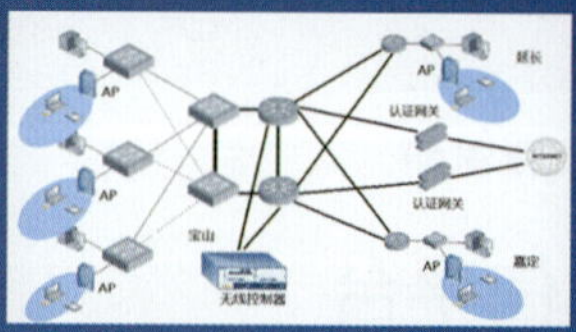

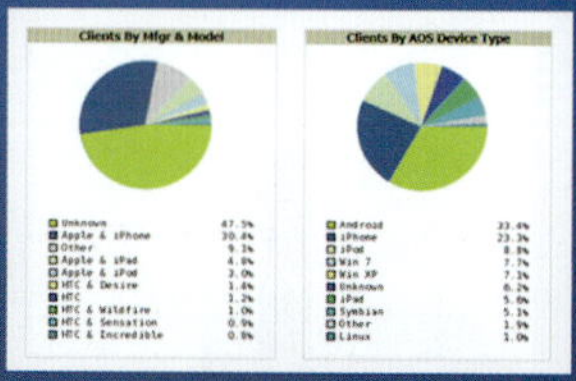

地址：上海市宝山区上大路9号　邮编：200444　电话：021-96928188

信息化护理实训基地

2003年年初，旅美海归学者沈小平来到筹建中的上海思博学院，创办卫生技术与护理学院（以下简称“学院”）。各专业经市政府批准和教育部备案，已于2004年起纳入全国统一高考招生计划，颁发国家承认的大专文凭。目前学院设有护理、卫生信息管理、计算机应用技术（医疗电子信息技术）等3个专业，全职教师64名，全日制学生2 200余名。学院还同30家三级甲等医院和40家二级医院建立了教学实习合作关系。2006年和2007年两次荣获上海市政府“上海市民办高校教学高地建设基金”，共560万元，2011年又荣获中央财政资助基金项目，建成了一流的国家重点建设信息化护理实训基地。2012年,学院批准为“上海市特色示范性高职院校”建设单位，护理专业为“上海市高职高专重点专业”。

经卫生部信息化教育项目办公室审核认定，基地挂牌，成为上海市及长三角地区唯一的“全国医疗卫生信息技术培训基地”。基地建筑面积达5 700平方米，分为基础医学实验中心、基础护理实训中心、临床护理实训中心、急救技能实训中心、网络化护理示教中心、医院信息管理中心六大模块，全部配置高速局域网系统。所有教室拥有先进的网络化多媒体教学系统，并建有8室网络化课堂联播/远程Centra教学系统，2间HIS医院信息管理系统实训室、2套网络化手术直播系统、1套智能化语音实训室和信息发布系统、配备电子白板教学系统和虚拟静脉穿刺系统的的网络化急救技能实训室、微电脑遥控静脉输液系统和移动护士工作站系统等。学院在国内首次建立创新型课程“护理信息学”，教材由人民卫生出版社于2012年3月出版发行。连续8届毕业生近5 000名，就业率达99%，其中超过55%签约于上海市三甲医院，高就业率和高就业质量受到社会各界和广大用人单位的欢迎和好评。

沈小平院长先后获得1999年国务院侨办“海外优秀华教工作者”称号、2008年上海市政府“上海市白玉兰纪念奖”，2009年首届“上海市华侨华人专业人士杰出创业奖”。研究课题《建设一流信息化护理实训基地，探索创新护理人才培养模式》荣获2009年“高等教育上海市级教学成果二等奖”，同年课题还荣获“第十届全国护理高职高专教育研讨会优秀论文一等奖”。2010年以来，沈小平先后获得“第三届上海高等学校市级教学团队带头人”、“上海市归侨侨眷先进个人”奖章、“中国民办教育先进个人”和“上海市海外名师”等称号。

信息化护理实训基地中心护士工作站

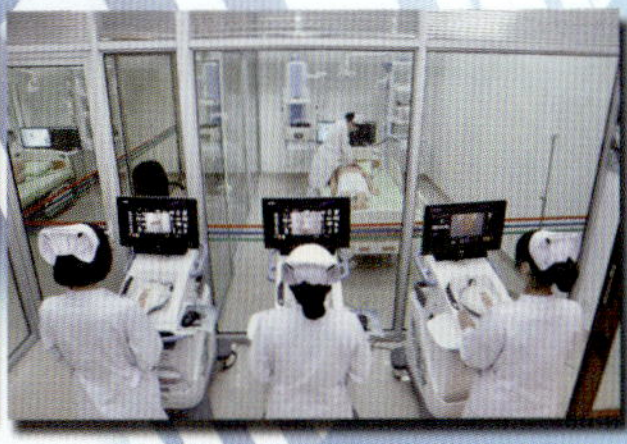

网络化急救技能实训中心和虚拟静脉操作实训室

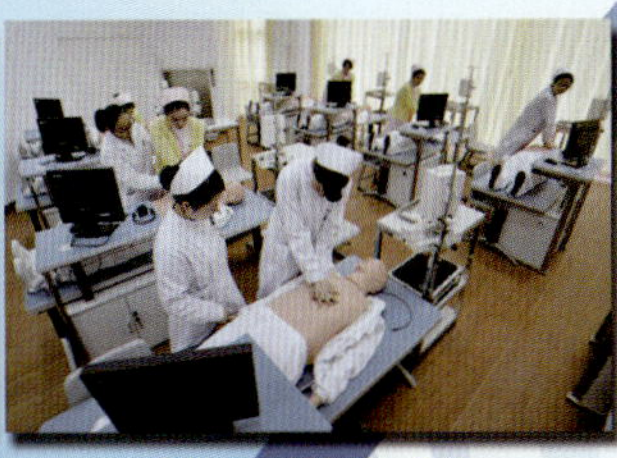

网络化急救综合技能实训室

护理专业学生参加礼仪实践活动

上海开放远程教育工程技术研究中心

上海开放远程教育工程技术研究中心依托上海开放大学，以参与建设上海学习型社会和构建上海终身教育体系为使命，以“远程教育学习服务和数字实验技术”为研究中心，致力于开放远程学习平台、开放教学数字化实验环境、开放学习资源一体化系统、电子书包及其教学环境支持服务系统等四个研究方向。

中心正在建设开放教学数字化实验室，它是集教学、研究、测试、分析于一体的开放教学研究服务平台。目前已构建了数字化智能学习环境，能够支持多种学习场景的情景模拟，支持多屏互动的协作学习和3D影像、增强现实等体验学习，并提供录播、直播，支持远程教学交流等。实验室还提供开放学习测试分析，对在线课程、微课、电子书包等教学产品进行用户体验测试。还可利用实验室先进的设备，从网络环境、学习者行为体征、脑波、设备能耗等角度进行跨学科教学实验和评估分析。

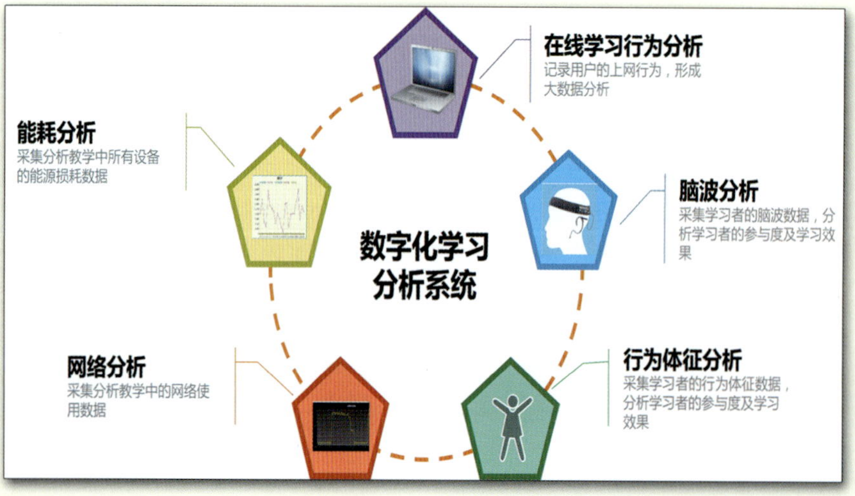

数字化学习分析系统

工程中心承办“2014上海泛在学习国际会议”平行
“开放远程教育工程技术与泛在学习”

工程中心开放教学数字化实验室场景图

易班
yiban.cn

易班2013年工作推进情况

基本数据

2013年是易班建设发展的第五年，也是易班建设工作取得成效最为显著的一年。截至2013年年底，易班共有120余万实名注册用户，覆盖上海58所高校、7所中小学、2所中职，西华大学和厦门大学也作为试点单位参与易班建设。

易班已经成为教育主管部门和高校运用互联网探索大学生思想政治教育和创新高校网络文化建设的重要平台，成为全国具有影响力的学生网络互动社区。

丰富内容建设，整合教育教学资源

2013年，易班与东华大学合作建立易班网络学院（包含资料库、易打印、笔记、题库等子产品），实现了教学资源的快速和海量分享，创造了一种全新的在线学习方式。截至2013年年底，“易打印”产品在厦门大学、东华大学和西华大学试点运营，受到广大师生好评；“资料库”已经存储了来自学生与老师的共32万条学习资料，共完成6门课程题库、共计5 818题的试题录入。题库的开放使用，可帮助同学进行课业的复习。在2013—2014学年上半学期的考试中，不合格率明显下降。

在高校层面，易班坚持“市校共建平台、师生共建内容”的理念，不断强化学校的特色易班建设。现在上海高校中已经形成了复旦大学易班红色课堂、交大信息化整合、海洋就业服务系统、上戏易戏剧、上政团购等一大批高校特色应用。西华大学和厦门大学分别以校园信息化全面整合和校园文化进易班为切入点，形成了沪外高校易班推广的典型案例。

通过活动，加强文化引领

2013年，易班成功举办线上线下校园活动4 416场。成功承办“我的中国梦•最美中国全国大学生微电影大赛”、“易起学雷锋”、“上海大学生公益广告大赛”等具有全国影响力的学生活动。易班还先后举办“上海大学生微电影节”、“新学期新风尚易班代言人选拔”、“上海大学生网络精英夏令营”等活动以及“易班，为你开启缤纷易夏”、“一路有梦•易起追梦”等大型线上主题活动。2013年，易班与社会合作方面也迈出重要步伐，与市委宣传部、市网信办、市文广局、市语委、新华社、《文汇报》、《新民晚报》、东方网等单位都形成了常态的合作机制。

通过服务，提升用户体验

2013年，易班在上海联通和上海移动机房建成了“双活”数据中心，接入了联通1G、电信100M和移动300M独立带宽，并在西安建立了异地灾备机房，实现了高度自动化、绿色节能、高度整合、容灾恢复，大大降低了管理成本，成为思科、EMC等企业的典型案例。一年来，易班先后推出新产品91项，新功能360项，改进或完善功能点4 000余处，手机客户端先后发布2.0和3.0两个大版本和17个小版本，用户体验得到飞跃式的提升。新研发的资料库、笔记、题库、易打印、微博墙等功能更是得到了用户的一致好评。

通过延伸，促进一体化教育

易班在高校学生全覆盖的基础上，将中学（中职）、小学纳入易班建设范围，建成覆盖大中小学的统一信息化平台，开发各类应用，形成资源汇集、共建共享的一体化建设格局。易班校外活动平台——博雅网（www.21boya.cn），2013年成功覆盖场馆238个，街道和社区活动中心35个，校外实践基地106个，完成博雅网2.0改版、中职易班1.0上线、博雅场馆APP的1.0和2.0版本。博雅网承接的市教委、校外联的“家庭护照”运营推广项目受到广大家长和孩子以及15家主流媒体关注。易班中职平台于2013年成功上线，推出了班级平台、校级平台、成绩单管理、校长荐读、校长信箱、个人主页等多个服务功能和应用，并确定在信息技术学校、交通学校等13所中职院校进行试点建设。

直报通 · 园园通 · 课程云

上海学前教育网简介

作为上海教科网“一网五环”工程的重要组成部分，上海学前教育网（www.age06.com）于1999年4月21日正式开通。秉承“搭建信息化平台、提供学前教育一站式服务”的建设初衷与“共建共享”的建设理念，密切关注时代发展与技术进步，坚持以研究带动应用、以应用推进学前教育现代化发展。

近年来，上海学前教育信息化工作着重在三方面深入开展。一是提升全市区县园所教师的信息化应用水平，助推学前教育发展。二是实施上海学前教育信息网的建设规划，开展基于网络的立体化宣传，营造科学的家园共育氛围。三是打造了三大应用平台：“直报通”学前教育信息管理平台、“园园通”管理平台和课程云平台，助推学前教育转型。

“直报通”——对接全国学前教育信息系统的数据直报平台。借助平台不断加强对系统建设和运行维护的组织领导工作，准确、高效、安全地完成了两轮“区县项目数据、幼儿园基础数据”采集、审核与报送工作。

“园园通”——上海学前教育界的“八达通”。实现了市、区、园的三级管理和纵向沟通，实现了家园之间的横向交流，为幼儿园的信息化管理和教师、保健员的业务工作减负增效。目前，上海学前教育网园园通管理平台已经在全市范围的托儿所、幼儿园内全面进行使用，为全市范围内所有公办幼儿园、保教人员、家长提供服务，实现了网上家园互动。小投入、大应用的“园园通”信息应用模式为国内首创，2011年荣获上海市信息技术优秀应用成果奖。

上海100%公民办幼儿园应用“园园通”平台；上海学前教育网有近4万教师、20多万家长用户，日访问量突破6万；“大擂台”“育儿加油站”“育儿周周看”等精品内容和活动逐步成为特色，百度搜索、ALEXA排名在国内同类网站中排第一。

“课程云”（course.age06.com）——教师专业成长的“助推器”。作为“十二五”重点项目，搭建面向全市幼儿园课程资源及活动实施的支持平台，提供开放灵活的教育资源共享服务。积聚二期课改优质课程资源，立足“用中建，建中用”，为解决学前教育资源短缺、城乡区域发展不均衡等核心问题提供支持，进一步助推教师专业成长、课程有效实施，目前已推出大批精品课程案例。

直报通 · 园园通 · 课程云是上海学前教育信息化的建设成果。在上海市教委领导下，上海学前教育信息部将继续携手各区县园所、教师共同努力，让园所更优质、让育儿者更专业、让儿童更快乐，创新突破，建设信息化应用良好环境，促进学前教育转型。

上海市教委信息中心学前教育信息部　黄浦区皋兰路24号（200020）021-33080099-211

上海市杨浦区长白新村街道

——创新治理助推服务　构建“长白民生服务在线”

长白新村街道位于上海市杨浦区东部，辖区内以成熟居民区为主。为解决居民需求多元化、服务资源分散化、办事过程低效化等问题，长白依托智慧社区建设，着力打造“长白民生服务在线”，形成了一个整合社会资源、对接社区需求、创新社会治理的智慧型服务平台。

杨浦区领导调研“长白民生服务在线”改版情况

杨浦区领导视察“长白民生服务在线”接单处理情况

“长白民生服务在线”呼叫中心

“长白民生服务在线”坐落于靖宇东路76号

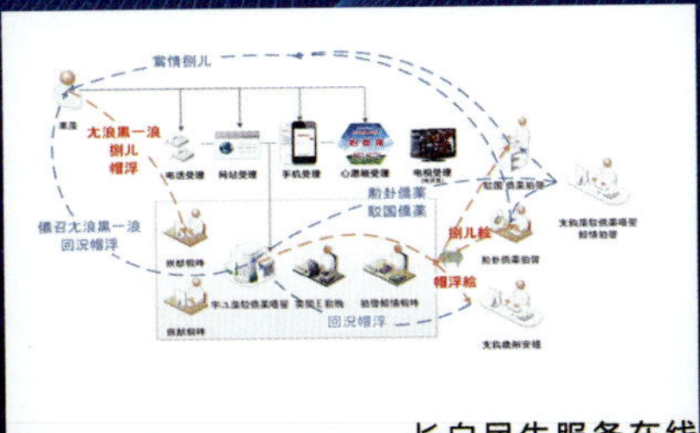

长白民生服务在线

“民生服务在线”采用智能“云空间”，通过热线55661890、网站www.cbmsfw.gov.cn以及线下的心愿贴、心愿箱发布信息，接受咨询、建议与投诉，手机APP、电视IPTV、微信微博等形式正在开发中。“民生服务在线”实现了将政府机关、群团组织、社区单位等各方服务资源整合与统筹，发挥“大脑中枢”作用；实现了问政于民、问需于民、问计于民，为社区服务拾遗补缺；实现了线上线下互通，与居民群众互动，延伸现实服务功能，打造虚拟社区。通过接单处理等过程，“民生服务在线”沉淀的“大数据”还将成为调整服务项目、规范服务流程、打造个性服务的依据，引导社会组织等参与服务，有序规范化地共治社区事务。

上海青浦工業園區

SHANGHAI QINGPU INDUSTRIAL ZONE

上海青浦工业园区（以下简称“园区”）是1995年11月25日，经上海市人民政府批准成立的九大市级工业开发区之一。规划面积16.1平方公里，区域范围东至油墩港、南至上达河、西至青赵路、北至北青公路。是上海通往江苏、浙江两省的交汇点，不仅位于长三角“之”字型经济圈的交接处，而且是长三角制造业产业带的中心，具有承东启西、东联西进产业带的枢纽作用和对长三角、华东地区的辐射作用。

经过18年的发展，园区基础设施配套完善，实现“九通一平”。提出大力发展以“财智集聚、功能多元、生态和谐”为目标的总部基地，重点围绕总部经济、软件信息服务业、先进制造业等开展招商引资，形成“以二促三”和“以三带二”的互动发展格局。已形成了以德国海德堡印刷设备为代表的印刷传媒产业，以日立电梯设备为代表的精密机械产业。以腾讯云计算中心、日本NEC光电为代表的电子信息产业，以高田汽配为代表的汽车零部件产业，以美国英威达、日本尤尼佳为代表的纺织新材料产业。成功引进日本尤妮佳、日本天田首家中国区总部入驻青浦园区，美国派克、汉尼芬、南大苏富特等9个项目相继获得上海市高新技术产业化认定，为园区的转型发展奠定了扎实基础。园区综合实力、社会形象不断提升，连续两年被评为“上海市品牌园区”。为呼应产城联动，坚持高品质开发，引进深圳卓越集团对中央商务区进行开发，进一步完善了园区的产业发展环境和功能配套，优化了园区的投资环境。

2014年，园区将贯彻落实“十八大”精神，紧紧围绕创新驱动、转型发展，坚持突出重点不变调、攻克难点不懈怠、打造亮点不放松，以实干精神和认真态度，关注“三个转型”，实施“优二进三”，做到重点项目有推进，重点区域出形象，重要指标稳增长，规划“一廊”“一片”“一区”“一批”成为园区产城融合的新地标、示范区、主战区和集聚区，打造一个富有活力、拥有实力、积聚潜力、彰显魅力的“升级版”园区。

上海钢铁交易中心

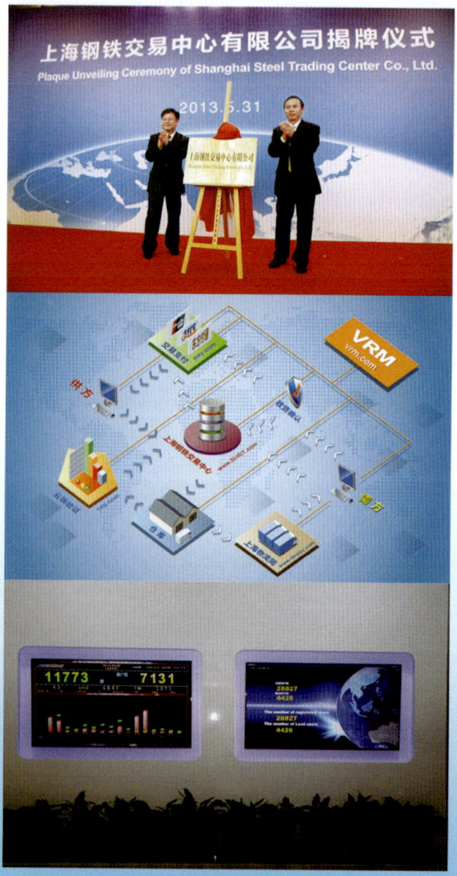

上海钢铁交易中心由宝钢集团牵头组建，按照“政府推动、社会参与企业运营、多元合作”的原则，为钢铁行业上下游客户提供在线交易、金、物流、加工、技术、信息等全流程和一站式的服务，力争成为国内先的第三方钢铁B2B电子商务平台，助力中国钢铁流通行业通过电子商务现产业升级。

上海钢铁交易中心致力于打造一个钢材现货交易的网上CBD，为行业应链上下游客户提供一站式的服务，服务产品主要包括智能化电子交易务、面向中小企业的供应链融资服务、以交易价格指数为核心的信息咨服务、一站式仓储、运输及加工服务。

上海钢铁交易中心于2013年5月31日正式揭牌。经过一年多的运营，易中心平台成交量突破100万吨，吸引客户26 300余家，入驻供应商523家其中钢厂32家。

上海钢铁交易中心以高效的运营机制助力宝钢转型升级。作为宝钢一轮规划发展战略“一体两翼”中的“电子商务”一翼，上海钢铁交易心聚合了宝钢的电子商务体系，与物流、加工、金融等配套服务相结合实现了制造业与服务业的融合。以大力发展行业平台经济助推宝钢实现业升级，践行数字化宝钢、绿色宝钢。

上海钢铁交易中心基于规模化的实盘交易形成钢铁交易和服务的“上价格”和“上海标准”，构建了现代化钢铁供应链服务体系，引领钢铁通变革，提高钢铁流通效率，提升钢铁服务业水平，更好地集聚产业优势资源优势和区位优势，充分发挥示范带动作用，以创新的商业模式拉动造与服务的结合，实现“二三产业联动”，引领中国钢铁工业转型升级。

无线物联 创新无线

专业的物联网设备制造商

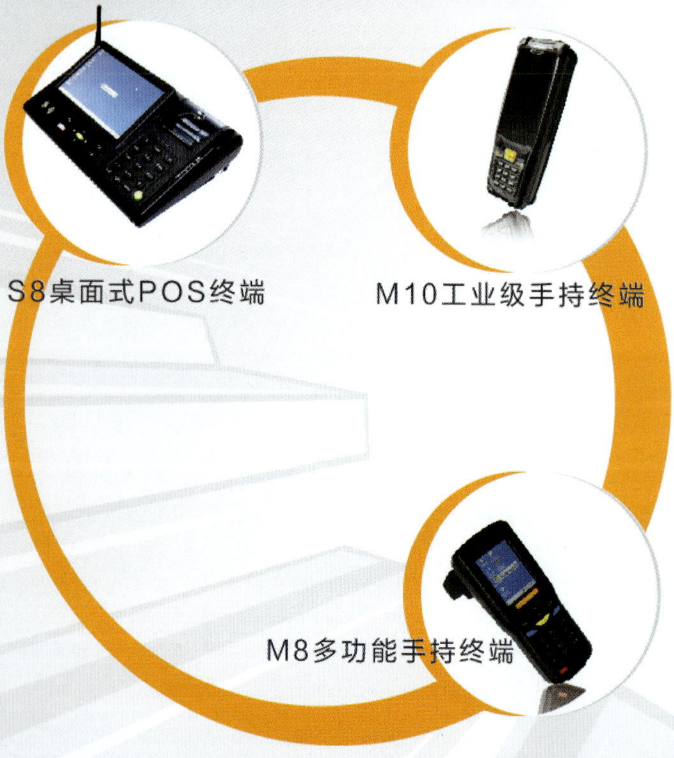

上海孚恩电子科技有限公司在RFID、物联网技术领域拥有十年的行业经验。公司注册资金2 002万元，在上海市国家863软件孵化基地拥有2 000多平方米研发生产基地，专注于RFID自动识别、移动数据采集和物联网领域的软硬件研发、生产和销售。

公司被认定为上海市高新技术企业，并通过ISO9001质量体系认证、ISO14001环境管理体系认证。经过10年技术积累取得了30多项知识产权和多项技术突破。

公司产品涉及各种频段RFID读写器、RFID手持终端、条码无线手持终端、安卓（Andriod）系统手持PDA、UHF手持终端、移动POS和各种RFID电子标签、IC卡等，已广泛应用于生产制造、仓储物流、食品追溯、设备巡检、交通运输、农业监控、小额支付、企校一卡通等应用领域，成为国家商务部手持终端唯一供应商。

公司以“持续创新、以人为本”为经营宗旨，齐心协力，努力打造“中国物联网移动终端第一品牌”。

沪东重机有限公司

沪东重机有限公司是中国船舶工业集团公司所属动力系统及成套设备研发、制造、服务三位一体的大型国有企业。公司在动力系统方面的主要产品为船用中、低速柴油机，其研发、制造历史可追溯到20世纪50年代。公司是国内最早的地铁盾构设备制造企业，同时在陆用电站、海工电站、核电应急发电机组的设计、制造等方面也颇具实力。历经50余年的风雨洗礼和历史积淀，公司已成为中国最具实力的船用柴油机制造企业和国内成套设备优秀供应商，正以深厚的制造底蕴、超群的技术实力、一流的生产能力、优质的服务保障享誉中外。2013年公司实现营业收入35.90亿元，资产总额89.09亿元，负债总额38.52亿元，所有者权益50.56亿元。

公司以自主品牌小缸径低速柴油机的研制为基础，进行柴油机各重要部件的自主研发。随着国际航运业及远洋船舶运输的发展，以柴油机为燃料的船舶发动机所产生的废气排放已成为沿海地区尤其是港口的主要污染源，节能减排环保技术的应用是大势所趋。国际海事组织TierIII排放法规将于2016年1月1日起执行，公司已在减排技术应用方面投入了大量的研发工作，已具备提供SCR系统解决方案的能力，在EGR、WHR等技术上也已着手开发，在业内处于领先地位。电喷型智能ME-C、ME-B柴油机逐步取代传统MC、MC-C型柴油机，成为船东订货的首选，而为柴油机配套的新一代关键部件也成为了柴油及制造企业研发的重要部分，公司在智能机关键零部件开发方面，也走在行业前列，已成功开发电动二次力矩补偿器，并已于2013年提交首个产品装船使用。现设计的电动二次力矩补偿器分为六种规格：Rotcomp50、Rotcomp110、Rotcomp200、Rotcomp400、Rotcomp500、Rotcomp700。

此外，在2012年交付了首个核电产品，在大功率柴油及电站的系统设计、工程组织、实验调试、质量保证、售后服务等方面具有丰富的经验，自行设计、制造并安装了天津经济技术开发区的2×9 500千瓦大功率柴油发电机组，打破了此项技术国外垄断的局面，该电站目前仍为国内最大的国产柴油发电机组。2010年8月，公司获得“国家核安全局颁发的民用核安全电气设备设计/制造许可证”，是国内拥有核级应急柴油发电机组设计、制造资质仅有的两家企业之一。并开展了海工产品、LNG产品等新产品的调研工作，机桨轴打包供应的相关准备工作，为公司进一步调整产品结构奠定了基础。

公司拥有独立的技术研发部门——技术中心，于2009年被正式认定为国家级企业技术中心，下设有“一院、九所、五中心”，是“国家船舶动力工程实验室”的骨干成员单位。公司拥有雄厚的科技研发设计实力，船舶动力系统新产品研制水平处于行业领先地位，在产品优化改进设计、联合开发设计、零部件本土化开发制造等方面与MAN、WARTSILA两大专利公司有着精密的高水平合作，每年承担实施国家及地方政府多项动力机电成套产品及关键技术的重大科技研发项目，致力于领导船舶孔利机电领域的持续快速发展。公司与全球不同国家和地区的近30个知名企业在技术研发方面保持着良好的合作关系，与国内著名大学、科研院所通过“产、学、研”方式紧密合作，始终保持技术领先，并创新开发具有国际竞争力的新产品、新技术，公司取得了优异的科技成果，拥有10余项国家重点新产品、上海市重点新产品、上海市高新技术成果转化项目；20余项科技进步奖，数百项专利及40多项软件著作权等。

在前沿技术研究方面：以动力系统研究院为主体，以动力机点成套产品为对象，以“系统集成技术、先进制造技术、研发测试技术”等关键技术为研究重点方向，承担国家及地方政府下达的科研工作，开展新产品研发设计创新工作，该院配置了先进的有限元结构分析、液压与流体计算、燃烧性能分析、扭振与对中分析、振动与噪音分析、电气与自动化控制设计等软件系统。

在产品开发设计方面：以中速柴油机、低速柴油机、核电系统设备、电站系统装备、工程系统装备、能源环保装备、船舶动力系统、海工机电装备、先进制造工艺等9个设计所为主体，以产品工程化设计、先进制造工艺设计、本土化与优化改进设计为重点方向，开展具有产品项目的生产技术研究、技术支持工作。在引进专利技术产品上，同步开发制造世界先进的柴油机机型及动力系统成套产品。

公司是国内首家体系对外提供专业技术培训服务的船用主机制造企业，公司拥有专业的技术培训中心，能够帮助船企、船东掌握新型电控船用主机的操作方法，并了解、掌握船舶能效和排放的最新要求。

公司拥有国内首屈一指的技术服务网络，在上海、舟山、江阴、广州、湛江等沿海地区设有多个配件、服务站点，具有完善的国内服务网络，并借助与世界两大专利公司MAN公司和WARTSILA公司的良好合作，亦具备海外服务能力，能为客户提供优质的服务。

公司拥有雄厚完善的技术力量，依托完备的技术设施、专业的技术人员和先进的管理理念，可满足客户在各个环节的需求，公司以独立的配件销售体系和能提供高品质的柴油机零部件的优势，赢得客户的信任和良好的合作关系。

随着公司发展的需要，公司将致力于打造专业化、国际化的全球服务中心，创建世界一流全球服务品牌，在国内已有的服务网络基础上增设更多服务站点，海外服务站和代表处将陆续挂牌运营。

上海安吉星信息服务有限公司(以下简称“安吉星”)成立于2009年10月28日,由通用汽车、上汽集团和上海通用共同出资组建。安吉星是为上海通用汽车在华制造、生产和销售的系列车型提供行车安全保障和车载信息服务的行业领先供应商。

通过尖端的信息集成技术，安吉星为中国用户提供了“碰撞自动求助”“紧急救援”“安全保障”“导航系统”“车况检测”、“全音控免提电话”及“手机应用”等十七项随车服务。车主可通过一键式沟通界面迅速连接专业的安吉星客户服务顾问，享受一年 365 天、每天 24 小时的全天候安全保障、通讯导航和安心便利服务。安全护航、实时在线、即时互动、精简易用的专属尊崇服务将为上海通用汽车车主提供更多贴心可靠的高科技体验，开启真正的人车对话服务。

安吉星已经全面搭载于上海通用汽车旗下的主力车型，包括：凯迪拉克 XTS、SLS、CTS、SRX、凯雷德，别克品牌旗下的昂科雷、昂科拉、新君越、新君威、英朗及 GL8 豪华商务车，雪佛兰的科鲁兹、爱唯欧、迈锐宝和沃蓝达等车型。上海通用汽车车主可以在第一年免费使用安吉星服务，通过一年的免费使用，安吉星具有足够的信心令其用户信赖安吉星的全方面人性化服务，使其今后成为安吉星的忠实用户。

经过 19 年的发展，安吉星已经成长为车载信息服务行业的全球领导者。安吉星引入中国市场后，为消费者带来了安全、安心的驾乘体验。自 2009 年 12 月 20 日第一位安吉星中国用户使用至今，安吉星在中国市场不断创造辉煌。截至 2014 年 3 月，安吉星中国实际用户突破 72 万，使安吉星成为中国车载信息服务领域的领导者。

2013 年以来，凭借其尖端的科技和优质的服务，安吉星在国内外斩获多项殊荣。

- **2013—2014 年度中国最佳呼叫中心系列奖项评选活动中荣膺“中国最佳呼叫中心奖”**
- **由全球最大规模车联网盛会 Telematics @ China 高峰论坛颁发的 2013 年度中国最佳车联网品牌——T 圈指数品牌传播大奖**
- **2013 年荣获上海车联网产业发展科技创新优秀单位**
- **2012—2013 年第八届中国最佳客户服务评选中，荣获“中国最佳客户服务管理团队奖”**

来自国内外的奖项的肯定，再一次证明了安吉星的领先科技将引领未来车载信息服务行业的发展方向。

上海中艺抽纱有限公司

中艺抽纱浦东产业园区

2014年扶贫帮困工作

公司年度工作会议

上海中艺抽纱有限公司成立于2002年6月，注册资本为人民币6 300万元，是中国工艺（集团）公司控股子公司，系中央直属在沪企业。主要从事进出口业务，拥有五家投资企业。产品涉及纺织装饰品，床上用品，服装与面料，木制地板和塑料制品等，客户遍及欧亚。

中国工艺 CNACGC

上海中艺抽纱有限公司

CHINA ARTEX SHANGHAI LTD.CORP

地址：上海市遵义南路88号协泰中心24楼
电话：021-61258700
传真：021-61258711

古猗园

古猗园风景名胜区

上海古猗园是国家AAAA级旅游景区，建于明代嘉靖中期，初名“借园”，明万历年间由河南通判闵士籍改扩建，取名“猗园”，清乾隆十一年，洞庭山人叶锦修葺装点后，取名“古猗园”，乾隆五十三年，作为州城隍庙的灵苑和祀神集议的场所。如今，古猗园几经扩建，面积达130余亩，全园分为猗园、花香仙苑、曲溪鹤影、幽篁烟月4个景区，具有古朴、素雅、清淡、洗练的风格。园内保存的唐代经幢、宋代普同塔、南厅、微音阁、小松岗等文物和历史遗迹，弥足珍贵，引人探古问胜。

唐经幢

中国建筑第八工程局有限公司

公司简介

地址：世纪大道1568号　联系电话：021-61691999

中国建筑第八工程局有限公司（以下简称“中建八局”）是中国建筑股份有限公司的骨干企业，2012年新签合同额1 675亿元，主营业务收入893亿元。先后开发应用了二十多种软件和十多个集团级业务管理系统，参与了国家“863”课题“施工企业信息化应用”、“十五”课题“建筑施工企业信息化集成系统”，承接了上海市课题“施工企业暨中建八局企业集成系统”、浦东新区的“中建八局企业资源管理系统”、上海市经济和信息化委员会“离散型项目总部集中管控系统”等课题的研究。

应用的主要系统：

ERP系统
项目信息系统
协同工作平台
专家系统
工程技术信息系统
档案系统
营销系统

所建代表性建筑

珠海歌剧院

三亚凤凰岛七星级酒店

昆明新机场航站楼

京沪高铁南京南站

深圳大运中心主体育场

中国酒泉卫星发射中心

河南新电视塔

上海世纪汇广场

图书在版编目(CIP)数据

2014上海信息化年鉴/《上海信息化年鉴》编纂委员会编. --上海：上海文化出版社，2014.8
ISBN 978-7-5535-0285-4

Ⅰ.①2… Ⅱ.①上… Ⅲ.①信息工作—上海市—2014—年鉴
Ⅳ.①G202-54

中国版本图书馆CIP数据核字(2014)第161319号

出版人 王 刚
责任编辑 熊雪芳
封面设计 汤 靖
责任监制 陈 平

书 名 2014上海信息化年鉴
作 者 《上海信息化年鉴》编纂委员会
出 版 上海世纪出版集团
上海文化出版社
地 址 上海绍兴路7号
邮政编码 200020
网 址 www.cshwh.com
发 行 上海世纪出版股份有限公司发行中心
印 刷 上海文艺大一印刷有限公司
开 本 787×1092 1/16
印 张 37
字 数 1 220千字
插 页 68面
版 次 2014年8月第1版 2014年8月第1次印刷
书 号 ISBN 978-7-5535-0285-4/Z・007
定 价 360.00元

敬告读者 本书如有质量问题请联系印刷厂质量科
电 话 021-64511411